국제기구와 글로벌 거버넌스

박 재 영 저

法 文 社

머 리 말

냉전이 종식된 후 평화로운 국제질서에 대한 기대와는 달리 세계의 여러 곳에서 내전과 테러리즘이 만연하고 대량살상무기가 확산되는 등 새로운 안보 이슈들이 제기되고 있다. 이러한 안보 이슈들과 더불어 냉전시대 안보 우선주의에 의해 문제의 심각성에도 불구하고 제대로 다루어지지 않던 인권・환경・저발전과 빈곤・보건・여성・아동・장애인 등과 같은 비안보적 이슈들이 대거 등장하고 있다. 또한 마약 밀거래와 인신매매 등과 같은 국경을 넘어 벌어지는 범죄뿐 아니라 에이즈와 사스 등과 같은 초국적 보건 문제 그리고 국제사회가 수용할 수 있는 범위를 넘은 대량의 국제이주와 같은 문제들이 대거 발생하고 있다.

이러한 문제들은 국제사회를 구성하고 있는 한 행위자의 노력만으로는 해결될 수 없는 문제로서 전통적인 행위자로서의 국가와 국제기구 이외에 비정부기구(NGO)와 같은 비국가적 행위자를 포함하는 글로벌 거버넌스(global governance)의 필요성을 강화시키고 있다. 이러한 글로벌 이슈들의 해결을 위해 행위자들 가운데서도 국제기구의 역할이 가장 중요시되고 있다.

이는 글로벌 이슈들이 일국의 노력만으로 해결될 수 없는 성격을 지니고 있을 뿐 아니라 해결을 위해 신속하고 효율적인 대응・전 세계적인 차원에서의 정보의 수집과 전문적인 분석・합의된 해결책의 이행의 감시를 필요로 하고 이러한 활동들이 장기적이고 지속적으로 이루어져야 하는데 이러한 것이 가능한 행위자가 바로 국제사회의 다수의 국가들을 포함하고 있으면서 상설적인 조직과 의사결정의 규칙을 가지고 있는 국제기구이기 때문이다.

이러한 이유로 국제기구의 수가 증가하고 역할이 증대하면서 위상이 강화되고 있다. 그러나 이러한 위상의 강화는 국제기구에 대한 요구와 비판을 불러들이는 계기가 되고 있다. 구체적으로 선진국들에 의해 국제기구의 효율성 제고에 대한 요구가 제기되고 개도국들에 의해 국제기구의 민주성・대표성・책임성・투명성 등을 포함한 정당성의 결여에 대한 비판이 제기되고 있다. 중국을 중심으로 한 부상하는 경제 강국들은 이러한 정당성 결여에 대한 비판에 그치지 않고 새로운 국제기구들을 실제로 설립하여 전통적인 국제기구에 대항하고 있다. 새로운 국제기구들은 이제까지 전통적인 국제기구들이 옹호해 온 국제레짐과 상치하는 국제레짐을 옹호함으로써 국제레짐의 복잡성을 가져와 국제사회가 공동으로 지향하여야 할 가치의 혼란을 가져오고 있다. 전통적인 국제기구에 대한 도전은 국제사회의 경제 문제로부터 시작하여 논의의 대상을 확대해 나가고 있는 G-20와 같은 국제사회의 일부의 국가들로서 구성된 비공식적인 국제조직에 의해서도 가해지고 있다.

이러한 전통적인 국제기구에 대한 도전은 국제기구의 개선을 요구하는 데 그치지 않고 근본적인 변혁을 통한 국제기구의 새로운 설계를 요구하는 것으로까지 확대되고 있다. 이러한 요구는 주권에 바탕을 두고 자국의 이익이 우선시되는 현재의 국제기구 체제에 의해서는 기후변화와 같은 개개 국가들의 이익을 뛰어넘어 해결을 추구해야 할 전 지구적이고 초국가적인 문제들을 해결하는 데 있어서 본질적인 한계가 있다는 평가에 바탕을 두고 있다.

이처럼 전통적인 국제기구는 글로벌 거버넌스의 중심적 위치에 놓여 있는 한편 커다란 도전에 직면해 있다. 따라서 지금이야말로 글로벌 거버넌스의 맥락에서 국제기구를 객관적으로 이해하고 평가하며 이를 바탕으로 새로운 대안을 제시하여야 할 때이다.

이를 위해 저자는 국제기구 내부에서 전개되는 동학(dynamics)을 세세하게 전달하고 동시에 국제기구가 외부의 다양한 환경적 요인들과 상호작용을 하는 것을 동태적으로 보여주기 위해 많은 노력을 경주했다. 국제기구와 관련한 이러한 다양한 현상들을 소개하는 것에서 나아가 이러한 현상들을 인과론적으로 살펴볼 수 있도록 저서의 구석구석에서 다양한 적절한 이론들을 소개하는 데 많은 지면을 할애했다. 더불어 가능한 한 가장 최근의 자료들을 찾아내거나 새롭게 발굴하여 이들을 독자들에게 직접 소개하거나 저자 자신이 제시하고 있는 분석의 내용에 중요한 기반이 되도록 정성을 기울였다.

이 저서는 저자가 국제기구정치론 · 유엔과 국제기구 · 유엔과 사무총장 · 유엔회의의 이해 · 모의 유엔회의 핸드북 · 유엔회의 가이드북 · 국제정치 패러다임 · NGO와 글로벌 거버넌스 · 국제관계와 NGO 등의 이름으로 발간한 바 있는 저서들에 바탕을 두고 유관한 내용들을 융합시키고자 노력한 산물이기도 하다. 따라서 국제관계 전반에 걸쳐 관심을 가지고 있는 독자들에게도 도움이 되리라고 사료된다.

한국에서 국제기구는 젊은이들에게 있어 국제공무원으로서 진출하기 위한 대상으로서의 의미가 강하고 연구의 대상으로서의 의미는 여전히 약하다. 따라서 이 서적이 지적 호기심과 흥미를 유발하는 중요한 계기가 되어 국제기구를 연구하는 학자의 길로 접어드는 젊은이들이 많이 나오기를 저자로서 간절히 소원한다.

이 서적이 출간되어 나오기까지 주변 사람들의 도움이 정말로 컸다. 우선 사회과학 분야(특히 정치학 분야)의 서적 전반에 대한 수요 자체가 그리 많지 않음에도 불구하고 출판을 허락하신 법문사 사장님께 감사를 드리고 이러한 허락이 가능하도록 큰 힘을 보태주신 영업부 장지훈 부장님과 권혁기 대리님께 고마움을 표하고자 한다. 또한 여러 권의 원고들을 동시에 편집하고 있는 바쁜 와중에도 편집에 따뜻한 정성을 곁들여주신 편집부 노윤정 차장님께는 미안함과 고마움을 함께 전하고자 한다.

2018년 12월 31일
박 재 영 교수

차　례

제1부 총　론

제2부 국제기구의 연구동향과 이론

제 4 부 국제기구와 국제기구 관련자의 지위

제 5 부 국제기구 회원국 지위

제 6 부 국제기구의 조직과 권한 및 구성원 충원방식

제 7 부 유엔 사무총장

제 8 부 국제기구의 의사결정

제 9 부 국제기구의 영향과 기능

제 10 부 국제기구의 한계와 다자주의의 위기

제 11 부 국제기구의 재정

제12부 국제기구 간 관계

제 13 부 국제기구와 NGO의 관계

제 14 부 국제기구와 지방정부의 관계

국제기구 약어표

A

ACABQ Advisory Committee on Administrative and Budgetary Questions
유엔 행정 · 예산문제자문위원회

ACC Administrative Committee on Coordination
유엔 행정조정위원회

ADB Asian Development Bank
아시아개발은행

ADF Asian Development Fund
아시아개발기금

AfDB African Development Bank
아프리카개발은행

AfDF African Development Fund
아프리카개발기금

AI Amnesty International
국제엠네스티

AIIB Asian Infrastructure Development Bank
아시아인프라투자은행

AMRO ASEAN+3 Macroeconomic Research Office
ASEAN+3 거시경제 조사기구

APCC Asian and Pacific Coconut Community
아시아태평양코코넛공동체

APCEIU Asia-Pacific Centre Of Education For International Understanding
아시아태평양국제이해교육원

APEC[1)] Asia Pacific Economic Cooperation
아시아태평양경제협력체

APO Asian Productivity Organization
아시아생산성기구

---

1) 영어를 그대로 번역하면 「아시아태평양경제협력」이지만 통상적으로 「아시아태평양경제협력체」 혹은 「아시아태평양경제협력회의」라고 부른다. 마찬가지로 「NAM(Non-Aligned Movement)」을 그대로 번역하면 「비동맹운동」이지만 「비동맹운동조직체」라고도 부를 수 있다. 대체적으로 「비동맹회의」라고 일컫는 경우가 많다.

APT	Asia-Pacific Telecommunity 아시아태평양전기통신협의체
ASEM	Asia-Europe Meeting 아시아유럽정상회의(아셈)
ASEAN	Association of South-East Asian Nations 동남아국가연합
AU	African Union 아프리카연합

B

BINGO	Business International Nongovernmental Organization 국제비정부적사업기구
BIS	Bank for International Settlements 국제결제은행

C

CARICOM	Caribbean Community 카리브공동체
CCAQ	Consultative Committee on Administrative Questions 행정문제자문위원회
CEB	Chief Executives Board for Coordination 유엔체제고위급조정이사회
CEDAW	Committee on the Elimination of Discrimination against Women 여성차별철폐위원회
CHR	Commission on Human Rights 인권위원회
CIDIE	Committee of International Development Institutions on the Environment 환경에관한국제개발기구위원회
CoC	Committee on Contribution 분담금위원회
CoE	Council of Europe 유럽평의회
COMECON	Council for Mutual Economic Assistance 상호경제원조회의

COPUOS Committee on the Peaceful Uses of Outer Space
외기권평화적이용위원회

CPC Committee for Programme and Co-ordination
유엔 사업·조정위원회

CSD Commission on Sustainable Development
유엔 지속개발위원회

CSW Commission on the Status of Women
여성지위위원회

CTBTO Comprehensive Nuclear-Test-Ban Treaty Organization
포괄적핵실험금지기구

D

DAC Development Assistance Committee
개발원조위원회

E

EBRD European Bank for Reconstruction and Development
유럽부흥개발은행

EC European Community
유럽공동체

ECA Economic Commission for Africa
유엔 아프리카경제위원회

ECE Economic Commission for Europe
유엔 유럽경제위원회

ECLAC Economic Commission for Latin America and the Caribbean
유엔 중남미카리브경제위원회

ECM European Common Market
유럽공동시장

ECOSOC Economic and Social Council
유엔 경제사회이사회

ECSC European Coal and Steel Community
유럽석탄강철공동체

EEC European Economic Community
유럽경제공동체

EFTA European Free Trade Association
유럽자유무역연합

EIB European Investment Bank
유럽투자은행

ESCAP Economic and Social Commission for Asia and the Pacific
유엔 아시아태평양경제사회위원회

ESCWA Economic and Social Commission for Western Asia
유엔 서아시아경제사회위원회

EU European Union
유럽연합

EURATOM European Atomic Energy Community
유럽원자력공동체

F

FAO Food and Agricultural Organization
식량농업기구

FEALAC Forum for East Asia-Latin America Cooperation
동아시아-중남미협력포럼

G

G-7 Group of 7
선진7개국정상회의

G-20 Group of 20
주요 20개국 그룹

G-77 Group of 77
77개국 그룹

GATT General Agreement on Tariffs and Trade
관세및무역에관한일반협정

GCC Gulf Cooperaton Council
걸프협력회의

GCF Green Climate Fund
녹색기후기금

GEF Global Environment Fund
지구환경금융

GWP	Global Water Partnership 전 지구적 물 제휴

I

ICRC	International Committee of the Red Cross 국제적십자사위원회
IAEA	International Atomic Energy Agency 국제원자력기구
IATA	International Air Transport Association 국제항공운송연합
IBRD	International Bank for Reconstruction and Development 국제부흥개발은행[2)]
ICAO	International Civil Aviation Organization 국제민간항공기구
ICC	International Criminal Court 국제형사재판소
ICFTU	International Confederation of Free Trade Unions 국제자유노조연맹
ICJ	International Court of Justice 국제사법재판소
ICPO[3)]	International Criminal Policy Organization 국제형사경찰기구
ICRC	International Committee of the Red Cross 국제적십자사위원회
ICSC	International Civil Service Commission 국제공무원위원회
ICSID	International Center for Settlement of Investment Disputes 국제투자분쟁해결센터

2) 정식명칭으로서의 국제부흥개발은행(IBRD)을 간단하게 「세계은행(World Bank, WB)」이라고 부르는 경향이 있는데 세계은행이라고 할 때는 국제부흥개발은행뿐만 아니라 국제개발협회(IDA)까지도 포함하는 의미로 쓰인다. 「세계은행그룹(World Bank Group)」이라는 말도 흔히 사용되는데 이는 5개의 국제기구인 국제부흥개발은행(IBRD)·국제개발협회(IDA)·국제금융공사(IFC)·국제투자보증기구(MIGA)·국제투자분쟁해결본부(ICSID)를 통합하여 부르는 명칭이다. 세계은행그룹을 구성하는 각 기구들은 형식상으로 별도의 독립된 기구이지만 국제부흥개발은행(IBRD)의 총재가 세계은행그룹을 구성하는 나머지 국제기구들의 총재직도 겸하고 있어 이들 국제기구들은 운용 면에서 긴밀하게 연결이 되어 있다.

3) 「INTERPOL」이라고도 불린다.

ICTY	International Criminal Tribunal for the former Yugoslavia, 구유고슬라비아 국제형사재판소
IDA	International Development Association 국제개발협회
IDB	Inter-American Development Bank 미주개발은행
IEA	International Energy Agency 국제에너지기구
IFAD	International Fund for Agricultural Development 국제농업개발기금
IFC	International Finance Corporation 국제금융공사
IFRC	International Federation of Red Cross and Red Crescent Societies 국제적십자사연맹
IGO	Intergovernmental Organization 정부간기구
IIC	Inter-American Investment Corporation 미주투자공사
ILC	International Law Commission 국제법위원회
ILGO	Inter-Local-Governmental Organization 지방정부간기구(국제지방정부기구)
ILO	International Labor Organization 국제노동기구
IMF	International Monetary Fund 국제통화기금
IMO	International Maritime Organization 국제해사기구
INGO	International Non-Governmental Organization 비정부간기구(국제비정부기구)
INMARSAT	International Maritime Satellite Organization 국제해사위성기구
INTELSAT	International Telecommunications Satellite Organization 국제전기통신위성기구
IOM	International Organization for Migration 국제이주기구

IPCC	Intergovernmental Panel for Climate Change 기후변화에관한정부간패널
IRO	International Refugee Organization 국제난민기구
ISA	International Sea-Bed Authority 국제해저기구
ISO	International Organization for Standardization 국제표준화기구
ITC	International Trade Center 국제무역센터
ITLOS	International Tribunal for the Law of the Sea 국제해양법재판소
ITO	International Trade Organization 국제무역기구
ITTO	International Tropical Timber Organization 국제열대목재기구
ITU	International Telecommunications Union 국제전기통신연합
IUCN	International Union for the Conservation of Nature 국제자연보호연맹
IVI	International Vaccine Institute 국제백신연구소
IWC	International Whaling Commission 국제포경위원회

J

JIU	Joint Inspection Unit 합동감사단
JPO	Junior Professional Officer 초급전문가

K

KEDO	Korean Energy Development Organization 한반도에너지개발기구

L

LAS League of Arab States
아랍국가연맹

LDC Least Developed Country
최저개발국(최빈국)

LN League of Nations
국제연맹

M

MDB Multilateral Development Bank
다자개발은행

MIGA Multilateral Investment Guarantee Agency
국제투자보증기구

N

NAM Non-Aligned Movement
비동맹운동(비동맹운동조직체/비동맹회의)

NATO North Atlantic Treaty Organization
북대서양조약기구

NDB New Development Bank
신개발은행

NGO Nongovernmental Organization
비정부기구

NIEO New International Economic Order
신국제경제질서

NNGO National Nongovernmental Organization
국내비정부기구

O

OAS Organization of American States
미주국가기구(미주기구)

OAU Organization of African Unity
아프리카단결기구

ODA Official Development Assistance
공적개발원조

OECD Organization for Economic Co-operation and Development
경제협력개발기구

OIC Organization of the Islamic Conference
이슬람회의기구

OIE Office International des Epizooties
국제수역사무국

OPCW Organization for the Prohibition of Chemical Weapons
화학무기금지기구

OPEC Organization of Petroleum Exporting Countries
석유수출국기구

OSCE Organization for Security and Co-operation in Europe
유럽안보협력기구

P

PAHO Pan American Health Organization
범미보건기구

PCIJ Permanent Court of International Justice
상설국제사법제판소

PKO Peace Keeping Operation
평화유지활동

PLO Palestine Liberation Organization
팔레스타인해방기구

T

TGO Transgovernmental Organization
초정부기구

U

UCLG United Citoes and Local Governments
세계지방정부연합

UIA Union of International Association
국제협회연합

UNACLA United Nations Advisory Committee of Local Authorities
유엔지방정부자문위원회

UNAIDS United Nations AIDS
유엔에이즈계획

UNCDF United Nations Capital Development Fund
유엔자본개발기금

UNCHS[4)] United Nations Center for Human Settlement
유엔인간정주센터

UNCTAD United Nations Conference on Trade and Development
유엔무역개발회의

UNDC United Nations Disarmament Commission
유엔군축위원회

UNDCP United Nations International Drug Control Programme
유엔국제마약통제계획

UNDEF United Nations Democracy Fund
유엔민주기금

UNDG United Nations Development Group
유엔개발그룹

UNDP United Nations Development Programme
유엔개발계획

UNEA United Nations Environment Assembly (of the UNEP)
(유엔환경계획) 유엔환경총회

UNEP United Nations Environment Programme
유엔환경계획

UNESCO United Nations Educational, Scientific and Cultural Organization
유네스코(유엔교육과학문화기구)

UNFPA United Nations Population Fund
유엔인구기금

UNGA United Nations General Assembly
유엔총회

UNHCR United Nations High Commissioner for Refugees
유엔난민최고대표사무소[5)]

---

4) 「HABITAT」라고도 불린다.

5) UNHCR은 「United Nations High Commissioner for Refugees」의 약어로서 「유엔난민최고대표」라고 번역되는데 이는 하나의 직책을 나타낸다. 그러나 때때로 이 말을 직책이 아닌 기구인 유엔난민최고대표사무소를 의미하는 것으로도 사용한다. 직책이 아닌 기구의 의미를 명백히 하기 위해 「Office of the UNHCR」라고 표기하기도 한다.

UNHCR United Nations High Commissioner for Human Rights
유엔인권최고대표사무소[6)]

UNICEF United Nations Children's Fund
유엔아동기금

UNIDO United Nations Industrial Development Organization
유엔공업개발기구

UNIFEM United Nations Development Fund for Women
유엔여성개발기금

UNITAR United Nations Institute for Training and Research
유엔훈련조사연구소

UNO United Nations Organization
유엔기구

UNODC The United Nations Office on Drugs and Crime
유엔범죄기구

UNRWA United Nations Relief and Works Agency for Palestine Refugees in the Near East
유엔팔레스타인난민구호사업기관

UNU United Nations University
유엔대학

UNV United Nations Volunteers
유엔봉사단

UNWTO UNited Nations World Tourism Organization
세계관광기구

UPU Universal Postal Union
만국우편연합

W

WB World Bank
세계은행

WCED World Commission on Environment and Development
세계환경개발위원회

---

6) UNHCR과 마찬가지로 UNHCHR도 유엔인권최고대표라는 직책을 의미하기도 하고 종종 유엔인권최고대표사무소를 의미하기도 한다. 따라서 기구라는 의미를 명백히 하려고 앞에 사무소를 의미하는 Office라는 말을 붙여 「Office of the High Commissioner for Human Rights」라고 표기하기도 하고 이 말을 줄여 약어로 「OHCHR」라는 용어를 종종 사용한다.

WFP	World Food Programme 세계식량계획
WHA	World Health Assembly 세계보건총회
WHO	World Health Organization 세계보건기구
WIPO	World Intellectual Property Organization 세계지적재산권기구
WMO	World Meteorological Organization 세계기상기구
WTA	World Technopolis Association 세계과학도시연합
WTO	World Trade Organization 세계무역기구
WTO	Warsaw Treaty Organization 바르샤바조약기구
WWF	World Wide Fund for Nature 세계자연보호기금

제1부

총 론

제1장 국제기구의 정의

1. 국제기구의 정의

국제기구를 어떻게 정의하는가에 따라 국제기구로서 살펴보아야 할 대상이 정해지기 때문에 본격적인 국제기구에 대한 논의에 앞서 우선적으로 국제기구란 무엇을 의미하는가를 살펴보아야 한다.

그러나 국제기구의 정의를 내리는 것이 그리 간단하지가 않다. 이러한 어려움은 시대의 변화에 따라 국가 이외의 다양한 행위자들이 국제정치의 행위자로서 등장하고 있는 사실과 관계가 있으며 동일한 용어가 학자들에 의해 주관적으로 상이하게 사용되고 있는 것과도 관련이 있다.

우리말의 국제기구가 무엇을 의미하는가를 제대로 이해하기 위해서는 우리말로 「국제기구」라고 번역되는 영어의 「international organization」이라는 말이 구체적으로 무엇을 가리키는가를 살펴보는 것이 필요하다.

1) 「international」의 의미

「international organization」의 「international」이라는 말은 여러 가지 의미를 지니고 있는데 이러한 의미들을 하나씩 살펴보면 다음과 같다. 우선 이 용어는 국제사회가 현재와 같은 모습을 지니기 오래 전부터 사용되어 온 용어로서 원래 「inter-state(국가 간)」 혹은 「inter-governmental(정부 간)」이라는 의미를 지녔다. 이러한 의미의 국제기구에 유엔(UN)이나 유엔아동기금(UNICEF)과 같은 「정부간기구(inter-governmental organization, IGO)」가 포함되는데 이러한 국제기구만을 가리켜 「협의의 국제기구」라고 한다.

둘째, 현대에 들어와 「international」이라고 할 경우 전통적인 「국가 간」이나 「정부 간」이라는 의미 이외에 「국경을 넘어 비국가적 행위자인 개인이나 집단

간의」라는 의미 역시 포함된다. 다시 말해 「international」이라는 용어에 「inter-nongovernmental(비정부 간)」이라는 의미도 포함된다. 냉전 종식 후 양적 · 질적으로 급속하게 성장하고 있는 비정부간기구(inter-nongovernmental organization, INGO)가 바로 이런 의미의 국제기구이다. 여기에서 「비정부간기구」라는 말을 사용하지만 실제에 있어서는 「국제비정부기구(international non-governmental organizations)」라는 말도 많이 사용된다. 국제엠네스티(Amnesty International, AI)나 그린피스(Greenpeace International, GI)와 같은 국제적인 민간단체가 이러한 종류의 국제기구에 속한다.

또한 「international」이란 말은 「trans-governmental(초정부적)」이라는 의미로도 사용된다. 구체적으로 이는 외무부와 같은 중앙정부의 대외정책 기관의 통제를 받지 않고 중앙정부의 기타 부서들이 국경을 넘어 다른 국가의 상응하는 부서들과 갖는 관계를 의미한다. 이러한 초정부적 관계에 기초하여 설립된 국제기구를 「초정부기구(trans-governmental organization, TGO)」라고 부른다. 이러한 중앙 대외정책 기관의 채널을 거치지 않고 정부 부서들 사이에 만들어진 초정부기구의 예로서 「국제형사경찰기구(INTERPOL)」와 같은 국제기구를 들 수 있다.[1)]

마지막으로 「international」이라는 말은 「inter-local-governmental」을 의미하기도 한다. 지방화(localization)와 세계화(globalization)의 진전 속에서 일국 내의 지방정부나 지방정부의 연합체가 국경을 넘어 국제적으로 조직화되고 있다. 이러한 국제기구를 「지방정부간기구(inter-local-governmental organization, ILGO)」 혹은 「국제지방정부기구(international local governmental organization)라고 부르는데 중앙정부를 구성요소로 하는 정부간기구(IGO)와 구별을 요한다. 이러한 국제기구에는 세계지방정부연합(United Cities and Local Governments, UCLG)과 자치단체국제환경협의회(International Council for Local Environmental Initiatives, ICLEI) 등이 속한다.[2)]

정부간기구(IGO)라는 협의의 국제기구에 비정부간기구(INGO) · 초정부기구(TGO) ·

1) INTERPOL은 국가 간 형사정책 협력을 확보하고 촉진하며 범죄의 예방과 억제에 기여할 제도를 수립하고 발전시키는 것을 목적으로 1956년에 설립된 기구이다. 이 기구는 개개 국가의 경찰(national police forces)이라고 하는 중앙정부의 한 기관(organ)으로 구성되는 것을 특징으로 하며 통상적으로 국가들 간의 조약을 통해 수립되는 정부간기구와는 달리 INTERPOL의 총회(General Assembly)의 결의문에 의해 설립된 것을 특징으로 한다. 이러한 특징으로 인해 INTERPOL의 국제법적 지위를 둘러싸고 논쟁이 존재한다.

2) 세계지방정부연합(UCLG)은 스페인의 바르셀로나에 세계사무국(World Secretariat)을 두고 있으며 자치단체국제환경협의회(ICLEI)는 독일의 본에 세계사무국을 두고 있다.

지방정부간기구(ILGO)를 더하여 「광의의 국제기구」라고 부른다. 각국 중앙은행 간의 협력을 증진하고 국제금융 안정을 위한 자금의 제공을 목적으로 주요 국가들이 공동 출자하여 설립한 국제은행인 국제결제은행(Bank for International Settlements, BIS)과 같은 국제공동기업과 제너널모터즈(GM)와 같은 다국적기업(MNC)도 간혹 광의의 국제기구 개념에 포함시키는 경우도 없지는 않으나 일반적으로 이들은 국제기구 개념으로부터 배제된다.

2) 「organization」의 의미

「international organization」의 「organization」의 의미를 살펴보고자 하는데 이 말 역시 구체적으로 무엇을 의미하는가에 대해서도 이견이 존재한다. 대체적으로 이 용어는 크게 두 가지 상이하면서도 서로 관련이 있는 용어로 사용되어 오고 있다.

(1) 두 가지 상이한 의미

전통적으로 「organization」이라는 말은 우리말로 「기구」라고 번역되어 「명확하게 발전된 공식적 구조를 갖고 있는 고도로 제도화된 실체」라는 의미로 사용되어 왔다. 이러한 맥락에서 국제기구는 구체적인 구조물로서 「안보·경제·사회·혹은 유관 분야에서 회원들 사이의 협력을 촉진하기 위해 제도적인 장치를 제공하는 국경을 넘는 공식적인 제도(a formal arrangement transcending national boundaries that provides for the establishment of institutional machinery to facilitate cooperation among members in the security, economic, social, or related fields)」로 정의되어 왔다.[3)]

아처(Cliver Archer)와 같은 국제기구 학자도 기구란 말을 이러한 의미로 사용하여 국제기구를 「구성원의 공동이익을 추구할 목적으로 둘 또는 그 이상의 주권국가의 정부들 그리고/또는 비정부 회원들 사이의 동의에 의해 설립된 공식적·지속적 구조」라고 정의하고 있다.[4)]

모든 국제기구를 찾아내어 명부를 작성하고 있는 「국제기구연감(Yearbook of

---

3) Jack C. Plano and Roy Olton, *The International Relations Dictionary*, 2nd ed. (Kalamazoo: New Issues, 1979), p. 288.

4) Cliver Archer, *International Organizations* (London: George Allen and Unwin, 1983), p. 35.

International Organization)」은 국제기구(국제기구 중에서 정부간기구)를 다음 세 가지 요소를 포함한 조직으로 정의하고 있다. i) 국가 정부 간의 협정이라는 공식적인 수단에 기초를 두어야 한다. ii) 이러한 협정의 당사자는 3개국 이상의 국가여야 한다. iii) 정부간기구는 진행 중인 과업(ongoing task)을 수행하는 항구적인 사무국을 두고 있어야 한다.

「organization」이라는 말은 「조직화하다」는 동사인 「organize」의 명사형으로서 추상적인 의미의 「조직화」를 의미하는 말로도 쓰인다. 이러한 추상명사가 보통명사가 되는 경우가 종종 있는데 「조직화」라는 추상명사가 보통명사가 되어 「조직화된 것」을 가리키는 「기구(조직체)」를 의미하는 것도 같은 맥락에서이다.

국제체제는 종종 무정부적이라고 묘사되곤 한다. 그러나 이 말은 곧 국제체제가 질서가 전혀 존재하지 않는 무질서한 체제임을 의미하는 것은 아니라 세계정부(world government)가 존재하지 않는다는 의미이다. 사실상 국제체제는 상당한 정도로 조직화되어 있으며 이러한 조직화는 비공식적 규범·국제법·공식적인 조직체 등의 여러 형태를 띤다. 용어상의 혼란이 없는 것은 아니나 이러한 의미에서 「조직화(organization)」라는 말은 「제도화(institutionalization)」라는 말과 혼용하여 쓰기도 한다.[5)]

(2) 두 의미의 구별

「organization」라는 말은 이처럼 경우에 따라 「조직화」 혹은 「기구」라는 두 가지 의미로 사용되며 각기 별도의 중요한 의미를 내포한다. 따라서 막연히 「organization」이라고 할 때 이 두 의미 중에서 어떤 것을 의미하는가의 혼란에 빠지게 된다. 클로드(Inis L. Claude, Jr.)의 정의는 이러한 혼란을 방지할 수 있는 해결책을 우리에게 제시하고 있다.[6)]

클로드는 1960년대에 이미 단수형인 「organization」과 복수형인 「organizations」를 구별하여 각기 다른 의미를 부여했으며 다른 학자들도 이런 그의 구별을 많이 따르고 있다.

구체적으로 그는 단수형인 「international organization」을 「국가들이 국제관

---

5) 국제제도를 다루는 학자들 가운데 국제제도화의 한 형태로서 국제 법제화(international legalization)가 활발하게 논의되고 있다.

6) Inis L. Claude Jr., *Swords into Plowshares: The Problems and Progress of International Organization*, 3rd. ed. (New York: Random House, 1964), p. 4.

계 행위를 보다 효율적으로 수행하기 위해 공식적이고 지속적인 제도적 구조를 수립하고 발전시키는 과정(process)」을 의미하는 「조직화의 과정(organizational process)」이라는 의미로 정의했다. 다시 말해 국제사회의 조직화(즉 국가와 국민의 목적을 집중·통합시키는 과정)를 총체적으로 지칭하는 데 단수형인 「organization」을 사용했다.

클로드는 이와는 달리 복수형인 「organizations」를 「조직화의 과정에 있어 특정 시점에 도달된 과정의 단계가 보이고 있는 면모(representative aspects of the phase of that process which has been reached at a given time)」로 정의했다.

클로드는 이처럼 단수로서의 「organization」을 「조직화」를 의미하는 추상명사로 사용하고자 했으며 복수로서의 「organizations」를 「조직화된 것」으로서의 「기구」를 의미하는 보통명사로서 사용하고자 했다.

좀 더 구체적으로 말해 클로드는 다변적 외교(multilateral diplomacy)를 하나의 피라미드로 보고 피라미드의 가장 하부에 협상에 적절한 이슈가 존재하고 그 위에 국가들이 규범과 규칙에 합의하는 협상의 과정이 있다고 보았다. 그는 이러한 협상의 과정 전체를 「조직화의 과정」인 단수형 「international organization」으로 보았다. 그러나 이러한 협상의 과정이 반드시 적절한 조직화의 구체적인 성과물을 창출하는 것은 아니라는 전제하에 복수로서의 「international organizations」를 「다자외교의 단계에 있어서 가장 정점을 나타내는 조직체(organizations representing the apex of a pyramid of multilateral diplomacy)」로(즉 조직화 과정의 구체적인 성과물인 조직체로) 보고자 했다. 그가 말하는 국제관계의 조직화의 궁극적인 단계의 조직체는 구체적인 구조물로서의 국제기구인 것이다.

윌레츠(Peter Willetts)도 「international organization」과 「international organizations」를 구별하고 사용하고 있다. 그는 구체적으로 직원·예산·시설 등을 지니고 있는 구체적인 구조를 지니고 있는 물질적인 실체로서의 국제기구는 영어로 「international organizations」라 하여 복수형을 쓴다. 이와는 달리 단수형인 「international organization」은 공식적으로 제도화되어 있는지 아닌지에 관계없이 상호작용의 규칙적인 구조로 본다.[7)]

갤라로티(Giulio M. Gallarotti)도 「international organization」을 「공식적 및

7) Peter Willetts, "Transaction, Networks and Systems," in A. J. R. Groom and Paul Taylor, eds., *Frameworks for International Co-operation* (New York: St. Martin's Press, 1990), p. 255.

비공식적 관리의 과정(both the informal and formal processes of management)」을 지칭하는 용어로 보고 「international organizations」를 「공식적 관리의 과정에 관여하는 제도(institutions engaged in the formal processes of management)」로서 구별하여 사용하고 후자를 전자의 부분집합(subset)으로 간주하고 있다.[8)]

이러한 구분에 기초하여 「international organization」을 우리말로 「국제조직화」로 번역하고 「international organizations」를 우리말로 「국제기구」로 번역하여 구분을 지어 사용하는 것이 바람직하다고 본다. 이러한 구분은 특히 우리가 영어로 된 국제기구 관련 서적을 읽을 경우에 특히 필요하다. 이 책에서는 후자의 의미로서의 「국제기구」를 주로 다루고자 하지만 전자의 의미로서의 「국제조직화」와의 관련을 무시하지 않고 이들 사이의 관계 역시 살펴보고자 한다.

2. 타 개념과의 관계

「국제기구(international organizations)」라는 말과 더불어 「국제제도(international institution)」와 「국제레짐(international regimes)」이라는 말들이 존재한다. 그런데 과연 이들 용어가 구체적으로 무엇을 가리키며 이러한 용어 사이에 어떠한 차이가 존재하는가에 대해 일치된 일반적인 견해가 존재하지 않는다. 따라서 여기에서는 이러한 용어들이 과연 무엇을 의미하며 이러한 용어들이 상호 어떠한 관계를 가지는가를 살펴보고자 한다.

코헤인(Robert O. Keohane)은 국제제도를 가장 포괄적인 개념으로 보고 이를 구성하는 다양한 형태의 국제제도로서 국제레짐·관습·국제기구를 들고 있다. 구체적으로 그는 국제제도를 「역할을 규정하고 활동을 제약하며 기대를 구체화시키는 지속적이고 연계된 공식적 혹은 비공식적 규칙의 집합」으로 정의한다.[9)] 이

8) Giulio M. Gallarotti, "The Limits of International Organization: Systematic Failure in the Management of International Relations," *International Organization*, Vol. 45, No. 2 (Spring 1991), pp. 183-220; J. Martin Rochester, "The Rise and Fall of International Organization as a Field of Study," *International Organization*, Vol. 40, No. 4 (Autumn 1986), pp. 753-775; Friedrich Kratochwil and John Gerard Ruggie, "International Organization: A State of the Art on an Art of the State," *International Organization*, Vol. 40, No. 4 (Autumn 1986), pp. 777-813; Inis Claude, *Swords into Plowshares*, 4th. ed. (Random House: New York, 1984).

9) Robert O. Keohane, "International Institutions: Two Approaches," *International Studies Quarterly*, Vol. 32, No. 4 (December, 1988), p. 383; Keohane, Robert O. 1989. "Neoliberal Institutionalism: A Perspective on World Politics." in Robert O. Keohane, ed., *International Institutions and State Power: Essays in International Relations Theory* (Boulder: Westview

러한 국제제도는 ⅰ) 국제관계의 특정 쟁역에 있어서 정부들에 의해 합의된 명시적인 규칙을 지닌 제도인 국제레짐 ⅱ) 행위자들의 기대하는 바를 규정짓는 묵시적인 규칙들과 이해(understanding)를 지닌 비공식적인 제도로서 관습 ⅲ) 명시적인 규칙·개인과 집단으로의 역할의 구체적인 할당·행동역량을 지닌 목적 지향적인 제도인 국제기구가 포함된다고 본다.[10)]

영(Oran R. Young)과 같은 학자는 국제제도라는 개념과 국제기구라는 개념이 혼용되고 있음을 지적하면서 이 두 개념은 구별되어 분리되어야 함을 강조한다. 다른 한편 국제레짐을 국제제도의 하위개념으로 보고자 한다. 즉 국제제도를 국제레짐을 포함하는 상위개념으로 규정하고 있다. 여기에서 영이 제시한 국제제도·국제레짐·국제기구 개념의 정의와 이들 간의 관계를 좀 더 상세히 살펴보고자 한다.

영은 제도를 「역할 수행자들 사이의 관계를 규정하는 일단의 규칙들 혹은 관행들과 결부되어 있는 인식이 용이한 역할들로 구성된 사회적 관행(social practices consisting of easily recognized roles coupled with clusters of rules or conventions governing relations among the occupants of these roles)」이라고 정의하고 있다.[11)] 영은 이러한 국제제도는 국제질서(international order)와 국제레짐(international regimes)이라는 하위개념으로 구성된다고 본다.

구체적으로 영은 국제질서를 「광범위한 특정 이슈들에 걸쳐 모든 혹은 거의 모든 국제사회의 구성원들의 활동을 지배하는 광범위하고 기본이 되는 제도(broad, framework arrangements governing the activities of all(or almost all) the members of international society over a wide range of specific issues)」로 정의하고 있다.[12)] 이러한 정의하에서 「국제정치질서(international political order)」란 「중앙정부가 부재한 가운데 상호작용을 하는 영토에 기반을 둔 주권을 가진 국가들의 체제」이고 「국제경제질서(international economic order)」란 하나의 포괄적인 경제제도(economic institution)로서 「판매자와 구매자가 국제시장에 자유로이 참여하는

Press., 1989), p. 3.

10) Robert O. Keohane, *International Institutions and State Power: Essays in International Relations Theory* (Boulder, San Francisco, and London: Westview Press, 1989), pp. 4–5.

11) Oran R. Young, *International Cooperation: Building Regimes for Natural Resources and the Environment* (Ithaca, NY: Cornell University Press, 1989), p. 32.

12) Oran R. Young, *International Cooperation: Building Regimes for Natural Resources and the Environment* (Ithaca, NY: Cornell University Press, 1989), p. 13.

교환관계의 체제」라고 본다.[13)]

영은 국제레짐을 국제질서 보다 구체성을 지닌 국제제도로서 「특정할 수 있는 활동 혹은 일단의 활동에 관여하고 있는 행위자들의 행동을 규정하는 제도(social institutions governing the actions of those involved in specifiable activities or set of activities)」로 정의하고 있다.[14)] 이러한 정의와 더불어 영은 예컨대 국제경제질서라는 좀 더 광범위한 국제제도하에 이보다 좀 더 구체적인 제도로서 국제무역 레짐·국제금융 레짐·국가 간의 직접투자를 규정하는 국제레짐 등이 포함된다고 본다. 다시 말해 국제레짐이란 명확하게 정의된 활동·자원·지역과 관련되고 경우에 따라서는 국제사회의 구성원 중 일부만을 포함하는 좀 더 전문화된 제도를 의미한다.[15)]

영은 국제기구를 「물리적인 위치·사무소·직원·시설·예산을 지니고 있는 물적인 실체(material entities possessing physical locations, offices, personnel, equipment, and budgets)」로서 정의한다.[16)] 국제통화기금(IMF)이나 세계은행(WB)과 같은 조직이 이러한 국제기구에 해당한다고 본다. 그는 모든 국제레짐이 이러한 공식적인 기구 혹은 조직을 필요로 하는 것은 아님을 강조하면서 국제레짐을 포함한 국제제도와 국제기구를 구별하고 있다. 요약하자면 영은 국제제도와 국제기구를 별도의 것으로 간주하고 국제제도하에 국제질서와 국제레짐이 존재한다고 본다.

일반적인 영영사전들에 따르면 제도(institution)란 「사회에 있어서 확립된 법·관습·관행(any established law, custom, practice in a society)」이라는 의미와 더불어 「특정 목적의 촉진을 위한 조직(an organization devoted to the promotion of a particular object)」이라는 의미를 모두 포함한다.

본 저서에서는 이러한 사전적인 정의에 충실하여 제도를 규칙과 조직이라는 개별적인 두 의미를 동시에 포함하는 있는 개념으로서 보고자 한다. 코그리아니즈(Cary Coglianese)도 국제제도를 국제적인 규칙(international rules)과 국제기구(international organizations) 모두를 의미하는 용어로 사용하고자 한다.[17)] 또한 씨

---

13) Ibid.

14) Ibid., p. 12.

15) Ibid., p. 13.

16) Ibid., p. 32.

17) Cary Coglianese, "Globalization and the Design of International Institutions," in Joseph S. Nye Jr. and John D. Donahue, eds., *Governance in a Globalizing World*(Washington D. C.:

렌과 스타인모(Kathleen Thelen and Sven Steinmo) 역시 국제제도는 공식적인 기구와 행위를 구조화하는 비공식적인 규칙 및 절차 모두를 포함한다고 본다.[18)]

이러한 견해는 국제제도에 국제레짐과 국제기구를 포함시킨다는 점에서 코헤인의 견해와 유사하나 관습을 국제레짐과 국제기구 이외에 국제제도를 구성하는 별도의 요소로 간주하지 않는다는 점에서 코헤인의 견해와 다르다. 코헤인은 국제제도의 구성요소의 일부로서 국제레짐과 관습을 구분하고 있으나 국제레짐은 「국제관계의 특정 쟁역에 있어서 국가들에 의해 합의가 된 명시적 혹은 묵시적인 규칙을 지닌 제도」로 정의되어 묵시적인 규칙의 성격을 지닌 관습까지도 포함하는 의미로 사용되는 것이 일반적이다.

이 책에서는 위에서 언급했듯이 국제제도를 국제레짐과 국제기구가 포함되는 개념으로 보는 가운데 국제기구와 국제레짐은 일정한 관계를 가질 수 있다는 점에 주의하고자 한다. 구체적으로 국제기구는 국제레짐의 탄생에 중요한 역할을 수행하기도 하고 이미 탄생한 국제레짐을 유지하고 변화시키는 데도 중요한 역할을 한다는 점과 모든 국제레짐이 국제기구에 의해 생성되고 유지되는 것은 아니라 때때로 국제기구 없이 생성되고 유지되는 국제레짐도 존재한다는 점 등이 이러한 예에 속한다.

3. 정부간기구의 정의

1) 정부간기구의 개념과 기준

(1) 정부간기구의 개념

이 책은 국제기구 중에서 정부간기구(IGO)를 가장 주된 논의의 대상으로 삼고 있다. 앞서 「국가 간」 혹은 「정부 간」 기구를 「정부간기구」라고 간단하게 언급했는데 이러한 간단한 정의만 가지고는 다양한 국제조직들 가운데 어떤 것이 정부간기구인가를 찾아내어 이를 바탕으로 경험적이고 계량적인 연구를 하는 것이 어렵다.

Brookings Institution Press, 2000), pp. 297-318.

18) Kathleen Thelen and Sven Steinmo, "Historical Institutionalism in Comparative Perspective," in Kathleen Thelen and Sven Steinmo, eds., *Structuring Politics: Historical Institutionalism in Comparative Analysis* (Cambridge, UK: Cambridge University Press, 1992), p. 2.

정부간기구란 추상적이기는 하나「국가들 사이에 공식적이고 지속적인 다자적인 의사결정 과정을 제공하고 회원들의 집단적인 의지를 집행하기 위한 역량(capacity)을 제공하기 위해 창설된 실체」로 정의될 수 있다.[19] 이러한 추상적인 정의에 기초하여 정부간기구를 경험적으로 정의하기 위한 노력들을 살펴보고자 한다.

(2) 정부간기구의 기준

월러스와 싱어(Michael Wallace and J. D. Singer)는 다음 네 가지의 경험적인 기준(empirical criteria)을 충족하는 국제조직을 정부간기구로 보고자 한다.[20] i) 최소한 둘 이상의 자격을 갖춘 국제체제의 구성요소로 구성되어야 한다.[21] ii) 10년에 1회보다 간격이 더 벌어지지 않고 어느 정도 정기적인 총회를 개최해야 한다. iii) 지속적인 본부와 일종의 지속적인 본부시설(permanent headquarters and some sort of permanent headquarters arrangement)을 지니고 있어야 한다. 4) 다른 정부간기구로부터 독립적이어야 한다.[22]

제이콥슨 등(Harold K. Jacobson, William R. Reisinger, and Todd Mathers)과 생크스 등(Cheryl Shanks, Harold K. Jacobson, Jeffrey H. Kaplan)과 같은 학자들은「정부나 정부대표들에 의해 설립된 조직체로서 정기적인 회합·의사결정을 규율하는 규칙·항구적인 스탭과 본부를 지니도록 충분히 제도화되어 있는 국제기구」를 정부간기구로 정의한다.[23] 이들은 국가들 사이에 조약에 의해 창설된 국제기구를「전통적인 정부간기구(traditional IGO)」라고 칭하고 조약이 아닌 이들에 의

19) Stuart Rodgers, "Stuart-Solutions Regarding Globalization?: The Potential Global Solution," http://rightbrained-fta.blogspot. com/2006/12/stuart-solutions-regarding.html (검색일: 2018. 12. 10).

20) Michael Wallace and J. D. Singer, "Intergovernmental Organizations in the Global System, 1816-1964: A Quantitative Description," *International Organization*, Vol. 24, No. 2 (Spring, 1970), pp. 239-287.

21)「자격을 갖춘 국제체제의 구성요소」란 구체적으로 주요 강대국의 어느 한 쪽으로부터 승인된 국가주권을 가진 단위이거나 국제연맹이나 유엔의 회원국을 의미한다.

22) 구성요소가 다른 정부간기구에 의해 전적이거나 부분적으로 선발되지 않고 조직이 총회의 권위하에서 기능하는 행정적으로 구별되는 사무국 직원에 의해 관리되는 경우 독립적이어야 한다는 조건을 충족한 것으로 여긴다.

23) Harold K. Jacobson, William R. Reisinger, and Todd Mathers, "National Entanglements in International Governmental Organizations," *American Political Science Review* Vol. 80, No. 1 (March, 1986), pp. 141-159; Cheryl Shanks, Harold K. Jacobson, Jeffrey H. Kaplan, "Inertia and Change in the Constellation of International Governmental Organizations, 1981-1992," *International Organization*, Vol. 50, No. 4 (Autumn, 1996), pp. 593-627.

해 설립된 조직을 「파생조직(emanated organization)」으로서 「부차적인 정부간기구(second-order IGO)」로 분류하고 있다.

페베하우스 등(Jon Pevehouse, Timothy Nordstrom, Kevin Warnke)은 가장 최근에 다음과 같은 특징을 지닌 조직을 정부간기구로 정의하고 있다.[24] i) 공식적인 실체(formal entity)이어야 한다.[25] ii) 3개 이상의 주권국가를 구성요소로 한다.[26] iii) 지속적인 사무국을 보유하여야 하며 지속적인 사무국이 아닐 경우 본부 및/혹은 지속적인 스탭과 같은 제도화의 다른 형태를 지녀야 한다.[27] 이들은 국가 간의 조약에 의해 창설되지 않고 기존의 정부간기구에 의해 창설된 파생조직이 모조직(parent organization)으로부터 독립성을 가지지 않을 경우 정부간기구의 부류에서 배제하고 있다.

볼지 등(Thomas J. Volgy, Elizabeth Fausett, Keith Grant, and Stuart Rodgers)은 정부간기구를 정의하고자 하는 다양한 시도들을 검토한 후에 이러한 시도들이 다음과 같은 경험적인 기준들은 공유하고 있다고 본다.[28] i) 구성요소인 국가들 사이의 관례화된 상호작용(routinized interaction) ii) 조직 내의 명시적인 의사결정 방식 iii) 지속적인 관료/사무국 구조 iv) 다른 정부간기구로부터의 조직의 독립(organizational independence)이 이러한 기준에 속한다.[29]

볼지 등은 이러한 선행연구에 기초하여 「공식적인 정부간기구(formal inter-governmental organization, FIGO)」라는 새로운 개념을 만들어 이를 「회원(국)의 집단적인 의지를 집행하기 위한 능력과 더불어 공식적이고 지속적이며 다자적인 국가 간 의사결정 과정을 제공하기 위해 충분한 조직의 구조와 자율성을 가지고 창설된 실체(entities created with sufficient organizational structure and autonomy to

24) Jon Pevehouse, Timothy Nordstrom, Kevin Warnke, "Intergovernmental Organizations," in Paul F. Diehl, ed., *The Politics of Global Governance* (Boulder: Lynne Rienner, 2005).

25) 이는 정부간기구가 국제적으로 인정된 조약에 의해 만들어진다는 것을 가정한 것이다.

26) 이 요소는 비정부기구와 구별하기 위한 것이다.

27) 사무국이나 상설적인 관료조직(permanent bureaucracy)의 존재란 임시회의(ad-hoc conference)와 정부간기구를 구별하기 위한 것이다

28) Thomas J. Volgy, Elizabeth Fausett, Keith Grant, and Stuart Rodgers, "*Ergo FIGO: Identifying Formal Intergovernmental Organizations*," Working Papers Series in International Relations (Tucson, Arizona: University of Arizona, 2006).

29) 이러한 기준들은 임시협정(ad-hoc agreements), G-7 회합이나 조직의 구조 없이 국가들로 구성된 위원회(committee)처럼 제도화되지 않은 채 지속되고 있는 국가들의 협력회합(cooperative meeting), 다른 정부간기구의 하위단위·국가가 아닌 다른 정부간기구에 의해 통제되는 제도(institutions)·비정부 회원에 의해 지배되는 조직(즉 NGO)이라는 다른 형태의 지속적인 다자관계의 제도화와 정부간기구를 구별하고자 하는 것이다.

provide formal, ongoing, multilateral processes of decision making between states, along with the capacity to execute the collective will of their member (states))」라고 정의하고 있다.

구체적으로 볼지 등은 다음과 같은 세 가지 경험적인 관찰이 가능한 특성을 지닌 국제기구를 이러한 공식적인 정부간기구(FIGO)로 분류하고 있다. ⅰ) 국가들의 의사결정을 제도화하고 관리체제에 있어서의 감시(oversight)를 제도화해야 한다. ⅱ) 관료조직을 통해 경영(management)에 있어서의 안정성을 제공하여야 한다. ⅲ) 조직의 운용과 회원국의 집단적인 의지를 집행하는 데 있어서 (회원국의 압력에 취약하지 않은) 자율성을 가져야 한다.

이와 관련하여 이러한 특성들이 과연 어느 정도 충족되어야 하는가의 문제가 발생한다. 예컨대 자율성과 관련하여 분권화된 국제체제에서 국제기구의 절대적 자율성(absolute autonomy)을 요구한다면 이러한 경험적인 사례는 발견할 수 없기 때문이다. 따라서 이들은 이러한 기준들을 현실적으로 다음과 같이 완화하고 있다. ⅰ) 집단적인 의사결정과 더불어 기구의 활동에 대한 회원(국)의 감시가 충분히 제도화되어야 하고 ⅱ) 집단적인 의사결정을 효율화하기 위해 충분한 관료조직을 가져야 하며 ⅲ) 조직을 유지하고 회원에 의해 위임된 과업을 수행할 수 있도록 충분한 자율성을 가져야 한다.[30]

볼지 등은 이러한 기준들을 보다 구체화하기 위해 11개의 구체적인 지표를 설정하고 있다. 이들은 또한 파생조직이 다른 정부간기구에 의해 창설되었다는 점만으로 정부간기구에서 배제하지 않고 이들이 공식적인 정부간기구의 기준으로 제시하고 있는 요건을 충족하고 있는가에 따라 포함 여부를 판단하고 있다.[31]

2) 정부간기구의 파생조직에 대한 다양한 견해

정부간기구의 정의와 관련하여 주의하여 살펴보아야 할 점 가운데 하나는 국가 간에 조약을 통해 설립된 정부간기구에 의해 창설된 기구를 의미하는 파생조

---

30) 집단적인 의사결정·관료조직·자율성이라는 세 가지 요소를 기준으로 할 경우에 G-8은 공식적인 정부간기구의 범주에 속하지 않는다. 참고로 G-8은 미국·영국·프랑스·독일·이탈리아·캐나다·일본 등 서방 선진 7개국(G-7)과 러시아로 이루어져 있다. 이들 국가들의 재무장관과 중앙은행 총재는 1년에 두세 차례씩 회동해 세계 경제 방향과 정책 협조 등을 논의하며 1년에 한 차례씩 각국 대통령과 총리가 참가하는 G-8 정상회담도 개최하고 있다.

31) 이와 관련하여 제일 중요한 기준은 창설한 정부간기구로부터의 독립성이다. 이러한 독립성은 일반적으로 직원과 재원에 있어서의 독립성이라는 두 측면을 가진다.

직(emanated organization)을 어떻게 보아야 할 것인가의 문제이다.

위에서 살펴보았듯이 일부 학자들은 일정한 조건을 충족시키는 한에 있어서 정부간기구로 간주하기도 한다. 구체적으로 독립성을 기준으로 하여 파생조직이 독립성을 가질 경우에 한해 정부간기구로 간주하고자 하는 입장이 있는 한편 파생조직이 공식적인 정부간기구의 기준 모두를 충족할 경우 정부간기구에 포함하고자 하기도 한다. 일부 학자는 파생조직을 부차적인 정부간기구로서 전통적인 정부간기구와 구별을 하고자 하지만 광의의 정부간기구의 부류에 포함시키고 있다.

이들과는 달리 파생조직이 다른 정부간기구에 의해 창설되었다는 점만으로 정부간기구에서 배제하고자 하는 입장도 있다. 이들의 견해에 따르면 정부간기구는 오로지 주권국가 간의 조약을 통해서만 창설되지 정부간기구의 일방적인 행위(예컨대 결의문의 채택)에 의해 창설되지 않는다. 즉 정부간기구의 일방적인 행위에 의해 정부간기구가 설립될 정도로 국제체제가 국제공동체로 발전되지 않았다고 본다. 따라서 이 견해는 예컨대 유엔총회의 결의문에 의해 설립된 유엔개발계획(UNDP)과 유엔무역개발회의(UNCTAD)와 같은 국제기구를 정부간기구로 보지 않고 유엔의 단순한 보조기관(subsidiary organ)으로 보는 등 보조기관과 정부간기구를 엄격히 구분하고자 한다.

파생조직은 통상적으로 모조직인 정부간기구의 하부기관이거나 하부단위체(sub-unit)이다. 따라서 이들을 우리가 흔히 사용하는 용어인 보조기관으로 불러도 무리가 없다. 다음에서 이러한 보조기관을 정부간기구로 볼 것인가를 포함하여 보조기관의 지위에 대해 살펴보고자 한다.

3) 보조기관의 지위

(1) 보조기관의 설립근거

정부간기구는 자신에 부과된 임무나 목적을 수행하기 위해 필요한 경우 보조기관을 설립한다. 보조기관이란 설립헌장에 의해 직접적으로 창설된 헌장상의 기관(constitutional organs)이 그 기능을 원활하게 수행하기 위해 헌장규정에 따라 일방적 행위로 결의문(resolution)의 채택을 통해 창설하는 기관이다. 이런 점에서 보조기관은 조약에 의해서 창설되고 독립된 예산체제를 갖는 등 독립된 법인격을 누리는 유네스코(UNESCO)와 같은 전문기구(specialized agencies)와도 구별된다.[32]

일반적으로 설립헌장은 헌장상의 기관이 보조기관을 창설할 권한을 명시적으로 규정한다. 예컨대 유엔헌장 제7조 제2항은 필요하다면 헌장에 따라 보조기관을 창설할 수 있다고 규정하고 있다. 헌장 제22조와 제29조는 각각 총회와 안보리의 보조기관 창설을 규정하고 있다. 그러나 이러한 명시적인 규정이 없어도 보조기관 창설능력은 정부간기구의 묵시적인 권한에 속한다고 보는 것이 일반적인 견해이다.

(2) 보조기관의 증가 이유

정부간기구에 의해 설립되는 보조기관의 수가 늘어나고 있는데 그 이유를 살펴보면 다음과 같다. 우선 정부간기구가 취급하는 이슈가 매년 증가하여 주요 기관인 총회나 이사회만으로는 처리할 수 없는 일이 생기거나 전문성을 필요로 하는 토의를 요하는 일들이 많이 발생하기 때문이다. 이런 의미에서 보조기관은 실질적으로 정부간기구의 수족의 역할을 한다고 볼 수 있다.

둘째, 헌장의 개정과 같은 절차를 거치지 않고도 결의문의 채택만으로 기관을 설치할 수 있기 때문이다. 정부간기구의 회원국의 수가 증가할 경우 주요 집행기관인 이사회 구성국의 수를 변경해야 하는데 이를 위해서는 (설립)헌장과 같은 기본문서의 개정이 필요하다. 그러나 이러한 기본문서의 개정은 그리 쉬운 일이 아니다. 이와는 달리 위원회 등과 같은 보조기관의 구성국 수의 변경은 헌장의 개정 없이 단순히 이사회의 결의문 통과만으로도 가능하기 때문에 변화하는 상황에 유연하게 대처할 수 있으며 이러한 이유로도 보조기관이 설립된다.

셋째, 재정의 부족이 보조기관 설립의 하나의 이유가 되기도 한다. 예컨대 유네스코(UNESCO)의 경우 총회(General Conference)의 결의문을 통해 카테고리 II 기구(Category II Institute or Centre)를 설립하여 유네스코의 보호하에 두고 유네스코의 전략적인 프로그램 목표와 전 지구적으로 우선순위를 두고 있는 과업 그리고 부문 혹은 부문 간 우선하는 프로그램과 주제의 달성에 기여하도록 하고 있다.[33)]

---

32) 전문기구의 경우 예산과 인사를 독자적으로 결정할 수 있고 유엔 본부와 대등한 지위에 있으며 전문기구의 수장은 유엔 사무총장과 동격이다. 유엔총회 산하의 상설적인 보조기관에도 집행기관으로서 이사회가 존재하나 이사회는 예산과 인사에 관한 독자적인 권한을 갖지 못하고 유엔총회의 승인을 필요로 한다. 이러한 총회 산하의 보조기관의 수장은 유엔 사무총장의 지휘하에 놓이며 유엔 사무차장급에 해당한다. 이런 점에서 유엔총회의 보조기관은 전문기구와 대단히 다르다.

33) 한국에 이러한 유네스코 Category II 기구로서 아시아태평양국제이해교육원(APCEIU)・아시아태

이 기구는 유네스코 총회의 결의문에 의해 설립되었다는 점에서 다른 보조기관과 동일하다. 그러나 소재국과의 협정을 통해 인적자원과 재정 모두를 유치국이 부담한다는 점과 법률적으로도 유네스코의 책임 밖에 놓여 있어 법률적인 자율성을 지닌다는 점에서 유치국의 국내기구로서의 성격을 지니며 이러한 점에서 전통적인 보조기관과 다르다.

따라서 이러한 기구를 국제기구의 보조기관으로 보아야 할 것인지에 대해 논란의 여지가 있지만 유네스코와 같은 국제기구의 결의문을 통해 창설한 기구라는 측면에서 특수한 형태의 보조기관으로 볼 수 있을 것이다. 이러한 보조기관들은 재정적으로 유네스코의 부담이 되지 않는 가운데 유네스코와의 협력을 통해 유네스코의 이념과 비전을 실시하는 데 기여한다는 점에서 이러한 기구의 창설에는 재정적인 요인이 동력이 되고 있다고 볼 수 있을 것이다.

(3) 보조기관의 재정

유엔의 경우 보조기관들은 기관에 따라 유엔에 의해 정규예산으로부터 직접적으로 재정이 지원되기도 하나 많은 경우 정부나 일반 시민을 포함한 비정부적 행위자들로부터의 자발적 기여금(voluntary contribution)에 의해 재정이 조달된다.

(4) 보조기관의 종류

보조기관들은 여러 기준에 의거하여 분류가 가능하다. 예컨대 구성원의 종류에 따라 구분할 경우 회원국 대표로 구성되는 일반적인 보조기관과 개인 자격으로 선출된 구성원으로 구성되는 보조기관으로 분류된다. 이러한 개인 자격으로 선출된 구성원을 두고 있는 보조기관에는 국제법의 성문화를 위해 유엔총회의 결의문에 의해 유엔 내에 설치된 국제법위원회(International Law Commission, ILC)와 국제노동기구(ILO)의 행정 불복 심사기관인 행정재판소(Administrative Tribunal) 등이 있다.[34)]

여기에서는 여러 분류 기준들 가운데 일반적으로 많이 사용되는 기준인 존립의 형태에 따라 보조기관을 위원회 형식의 보조기관 · 지역회의 형식의 보조기관 · 기구

평양무형유산센터(ICHCAP) · 청소년 발달 및 참여를 위한 국제무예센터(ICM) · 국제 물 안전 및 지속가능 관리 센터(i-WSSM) · 세계기록유산센터(ICDH)가 소재해 있다.

34) 국제법위원회의 경우 총회에서 선출된 34명의 국제법 전문가들로 구성되어 있다. 국제노동기구의 행정재판소의 경우는 국제노동기구의 총회(International Labour Conference, ILC)에 의해 선출된 7명의 재판관으로 구성되어 있다.

형태의 보조기관으로 구분하여 살펴보고자 한다.

① **위원회 형식의 보조기관**

보조기관 가운데는 위원회 형식을 지니고 있는 보조기관들이 있다. 유엔 안보리를 예로 들면 안보리는 산하에 제재위원회(Sanctions committee)·대테러위원회(Counter-Terorism committee)·신회원국 가입 심사위원회(Committee on the Admission of New members)·군사참모위원회(Military Staff Committee)·유엔사찰위원회(UN Monitoring Verification and Inspection commission)·배상위원회(compensation commission) 등을 두고 있다.

② **지역회의 형식의 보조기관**

보조기관은 지역회의(regional conference)의 형식을 지니기도 하는데 예로서 국제노동기구(ILO)의 보조기관을 들 수 있다. ILO는 헌장 제38조에 따라 미주지역회의(Conference of American States Members)·아시아지역회의(Asian Regional Conference)·아프리카지역회의(African Regional Conference)·유럽지역회의(European Regional Conference) 등 4개 지역회의(Regional Conference)를 두고 있다.[35)]

식량농업기구(FAO) 역시 헌장 제6조에 의거하여 아프리카 지역회의(Regional Conference for Africa, ARC)·아시아태평양 지역회의(Regional Conference for Asia and the Pacific, APRC)·유럽 지역회의(Regional Conference for Europe, ERC)·중남미와 카리브 지역회의(Regional Conference for Latin America and the Caribbean, LARC)·근동 지역회의(Regional Conference for the Near East, NERC)의 5개 지역회의를 설치하고 있다.

③ **기구 형식의 보조기관**

보조기관은 기구의 형태를 취하고 있기도 한다. 여기에서 기구의 형태란 구체적으로 자체로 별도의 사무국이나 행정적인 부서를 두고 있는 준자율적인 국제기구의 형태를 의미한다.

이러한 예에는 유엔총회가 결의문에 근거하여 설립한 자립적인 보조기관인 유엔개발계획(UNDP)·유엔환경계획(UNEP)·유엔아동기금(UNICEF)·유엔인구기금(UNFPA)·유엔대학(UNU)·유엔무역개발회의(UNCTAD)·유엔난민최고대표사무소

---

35) 이들은 각 지역별 노동·사회 상황 등을 평가하고 국가별 조치를 검토하여 국제노동기구에 권고하는 것을 주된 임무로 한다.

(UNHCR) 등이 있다.

(5) 보조기관의 위상

위에서 살펴보았듯이 보조기관은 여러 형태를 띤다. 보조기관의 여러 형태 가운데 기구 형태를 취하고 있는 보조기관의 경우는 정부간기구로 간주하여야 한다고 본다. 구체적으로 이러한 보조기관을 특정 정부간기구의 「산하기구」라고 부르면서 광의의 정부간기구에 포함시키는 것이 필요하다고 본다.

이는 오늘날 유엔무역개발회의(UNCTAD)이나 유엔개발계획(UNDP)과 같은 국제조직을 정부간기구가 아닌 보조기관으로 분류하지 않는 현실과 일치한다. 또한 결의문에 근거하여 창설된 이러한 보조기관은 설립조약에 근거하여 설립된 정부간기구와 그 지위와 권능 면에서 별 차이를 가지고 있지도 않기 때문이다.

결의문에 의해 설립된 이러한 국제기구 가운데는 위에서 언급한 바 있는 정부간기구의 필요 요건들을 모두 충족시키는 경우도 존재할 수 있다. 이러한 국제기구는 엄격한 의미의 정부간기구로서 간주하면 될 것이다. 즉 정부간기구를 협의의 정부간기구와 광의의 정부간기구로 구분하여 기구 형태의 보조기관이 이 두 부류의 어느 하나에 속하도록 함으로써 정부간기구로서의 위상을 가지도록 하는 것이 필요하다고 본다.

제2장 국제기구의 분류

국제기구는 어떠한 기준을 적용하는가에 따라 여러 가지로 분류될 수 있다. 이러한 분류를 통한 국제기구의 유형화 작업은 대단히 중요하다. 왜냐하면 국제기구의 연구에 있어서도 다른 분야와 마찬가지로 훌륭한 이론화의 작업이란 적절한 기준을 가지고 복잡한 현상을 분류하여 유형화하는 것으로부터 시작되기 때문이다.

이렇게 하여 유형화한 것을 독립변수로 하여 어떤 현상을 설명하기도 하고 종속변수로 하여 설명을 가하기도 한다. 이러한 시도의 일환으로 몇 가지 기준을 가지고 다양한 국제기구들을 분류해 보고자 한다.

1. 단일 기준에 의한 분류

1) 회원자격

우선 회원자격을 기준으로 하여 국제기구를 분류할 경우 국가 혹은 정부의 대표들을 회원으로 하는 정부간기구(IGO)·국가 혹은 정부의 대표가 아닌 국가 내의 개인 또는 집단을 회원으로 하는 비정부간기구(INGO)·자신들이 소속되어 있는 정부의 중앙 대외정책 기관의 통제를 받지 않는 정부 행위자를 회원으로 하는 초정부기구(TGO)·지방정부들로 구성된 지방정부간기구(ILGO)가 있다.[36]

국제기구에 따라서는 여러 종류의 회원으로 구성되어 있는 혼합적 국제기구(hybrid international organization)도 있다. 대표적인 경우로서 정부대표·사용자

---

36) 「정부간기구(IGO)」라고 할 때 통상적으로 각국의 중앙정부로 구성된 중앙정부간기구를 일컫는다. 그런데 최근에 이러한 정부간기구와는 별도로 개개의 지방정부 혹은 이러한 지방정부들의 연합체를 구성요소로 하여 국제적으로 조직된 기구들이 많이 등장하면서 국제기구의 또 다른 한 부류를 형성하고 있다. 이러한 조직들을 「정부간기구」와 구별하여 「지방정부간기구(inter-local-governmental organization)」 혹은 「국제지방정부기구(international local government organization)」라고 부른다. 정부간기구나 지방정부간기구 모두 국경을 가로질러 조직된 국제기구라는 공통점을 가지고 있으나 구성요소가 중앙정부인가 아니면 지방정부인가에 있어서 현격한 차이가 존재한다.

대표 · 노동자 대표를 회원으로 하는 국제노동기구(ILO)를 들 수 있다. 그 밖에 비정부기구 대표 · 정부대표 · 정부기관을 회원으로 하는 국제자연보호연맹(IUCN-The World Conservation Union)이 있다.[37)]

37) 국제자연보전연맹(IUCN)은 국가와 정부기관과 더불어 다양한 비국가적 행위자들로 구성되어 있어 「혼합형 NGO(hybrid NGO)」라고 불리는 흥미로운 기구이기 때문에 여기에서 좀 더 상세히 살펴보고자 한다. 이 NGO는 1948년 건립되면서 「국제자연보호연맹(International Union for the Protection of Nature, IUPN)」이라는 이름을 가졌다. 1956년에 「국제 자연 및 천연자원 보전연맹(International Union for Conservation of Nature and Natural Resources, IUCN)」으로 개명을 했고 1990년에는 「IUCN」이라는 이름에 「World Conservation Union」이라는 명칭을 덧붙여 「IUCN-World Conservation Union」이라고 부르기 시작했다. 그러나 2008년부터 「World Conservation Union」이라는 말을 더 이상 붙이지 않고 단순히 「IUCN」이라고 부르고 있다. IUCN은 유엔총회로부터 옵서버 자격을 영구적으로 부여받은 유일한 환경단체이자 자연보전 분야의 세계 최대 환경단체이다. IUCN 회원은 4개 부류(categories)로 구성되어 있다. 부류 A(Category A)에는 국가 · 정부기관 · 유럽연합(EU)과 같은 정치 및/혹은 경제 통합기구가 속해 있고 부류 B(Category B)에는 국내 NGO와 국제 NGO가 속해 있다. 부류 C(Category C)에는 특이하게도 토착민 기구가 속해 있고 부류 D(Category D)에는 다양한 제휴기관이 속해 있다. 최고의 의사결정 기관인 회원총회(Members' Assembly)에서 부류 A · B · C 모두 투표권과 더불어 발언권을 가지나 부류 D의 경우는 투표권 없이 발언권만을 가진다. 개개 국가 회원은 투표권 3개를 가지는데 만약에 국가 회원 이외에 정부기관들이 회원으로 있을 경우 이 가운데 표 하나는 정부기관들에 의해 집단적으로 행사된다. 즉 IUCN의 국가 회원이 아닌 국가의 정부기관 회원들은 투표권 하나를 집단적으로 행사한다. 정치 및/혹은 경제 통합기구를 구성하고 있는 하나 이상의 회원국과 통합기구 자체가 IUCN의 회원일 경우에 통합기구와 통합기구의 회원국들은 통합기구에 속해 있는 IUCN의 국가회원들의 투표권 전체를 초과하지 않는 범위 내에서 투표권을 행사할 방식에 대해 자체적으로 결정을 해야 한다. 국내 NGO는 1개의 투표권을 행사하고 국제 NGO는 2개의 투표권을 행사한다. 토착민 기구는 하나의 투표권을 행사한다. 제휴기관의 경우는 발언권만을 가질 뿐 투표권은 가지지 않는다. 부류 A의 회원 가운데 국가 회원과 정부기관 회원의 경우는 유엔 회원국들이 부담하는 정규예산 분담비율을 기본으로 하여 이를 간접적으로 적용하여 산출한 회비를 분담하게 된다. 구체적으로 국가 회원들은 11개 등급으로 차등화해 분담금을 부담하며 정부기관들은 국가가 IUCN의 회원인 경우와 회원이 아닌 경우로 구분하여 각각 11개 등급으로 차등화해 분담한다. 부류 A의 회원 가운데 정치 및/그리고 경제 통합기구의 경우는 당해 통합기구의 회원국의 분담금을 모두 더 한 다음 회원국의 수로 나누어 산정된 평균치를 분담한다. 부류 B와 C에 속하는 회원의 경우 9개의 등급으로 나누어져 차등적으로 회비를 내게 되는데 개개 조직의 운용비용(operating expenditure)이 기준이 된다. 부류 D에 속하는 회원은 동일한 액수의 회비를 내는데 2017-2020년의 경우 2,678 스위스 프랑을 내게 된다. 한국은 2006년 9월에 82번째로 국가 회원으로 가입했다. 한국이 국가 회원이 되기 전에는 환경부만이 정부기관 회원으로 1985년에 가입하여 활동했으며 국내 NGO회원으로서 자연보전협회 · 야생동물보호협회 · 국립공원협회 · 자연보호중앙협의회 등 4개 민간단체가 가입돼 있었다. 기존 정부기관 회원에서 국가 회원으로 격상됨으로써 정부기관 회원으로 보유했던 1개의 투표권이 3개의 투표권으로 늘어나 매 4년마다 개최되는 총회인 세계자연보전총회(World Conservation Congress, WCC)에서 회원국에 대한 권고사항 제시와 임원선출 등에 참여하여 한국의 입지를 강화할 수 있게 되었으며 환경부 이외의 다른 중앙 행정기관도 직접 국가 대표로 관련 총회에 참가할 수 있게 되었다. 정부기관 회원도 많이 늘어나 환경부 이외에 문화재청 · 산림청 · 해양환경관리공단 · 제주특별자치도 · 국립공원관리공단 등 다수의 기관이 가입되어 있다. 대부분의 개도국들은 국가회원 자격이 아닌 정부기관 회원 자격만을 보유하고 있다. 2012년 세계자연보전총회가 한국의 제주도 서귀포에서 개최된 바 있고 2016년 총회는 미국의 하와이에서 개최되었다. 총회는 무분별한 개발을 막고 환경을 보전하기 위한 주요 이슈와 정책 방향을 결정하는 환경 분야의 유엔과 같은 역할을 한다.

2) 정치적 목적 여부

정치적 목적을 갖느냐 비정치적 목적(즉 기능적 목적)을 갖느냐에 따라 국제기구를 분류할 수 있다. 이럴 경우 유엔(UN)과 같은 국제기구는 정치적 국제기구로 분류되고 유네스코(UNESCO)와 같은 전문기구들은 비정치적 국제기구로 분류된다.

3) 목적의 단일성 여부

활동의 목적이 단일한가 아니면 복합적인가에 따라 국제기구를 구분할 수도 있다. 지역적 집단방위를 목적으로 하는 북대서양조약기구(NATO)·보건문제만을 다루는 세계보건기구(WHO)·석유수출 국가 간의 협력을 도모하는 석유수출국기구(OPEC)와 같은 국제기구들이 단일목적의 국제기구에 해당한다.

다목적 국제기구의 대표적인 예로는 국제평화와 안전을 위시하여 경제·사회·문화·인권 등 다면적인 목적을 추구하는 유엔(UN)을 들 수 있으며 그 밖에 유럽연합(EU)·아프리카연합(AU)·미주국가기구(OAS)와 같은 국제기구들이 있다.

4) 주권의 제약정도

국제기구들은 회원국들의 독립을 전제로 하여 일정한 정도의 주권 제약을 통해 국가 상호 간의 협력을 추구하기 위해 설립되는 협력기구와 일정한 지역을 단위로 하여 국가들의 독립을 점차적으로 제한하면서 궁극적으로 통합을 목적으로 하는 통합기구로 분류할 수 있다. 국제사회의 거의 모든 국제기구가 전자에 해당되며 후자에 속하는 대표적인 국제기구로는 유럽연합(EU)을 들 수 있다.

5) 지정학적인 조직의 범위

지정학적인 조직의 범위(geopolitical organizational scope)를 기준으로 삼을 경우 국제기구들은 전 지구적 기구(global organization)·지역 간 기구(interregional organization)·지역기구(regional organization)」·지역하부 기구(sub-regional organization)라는 네 가지 유형으로 분류될 수 있다. 이들을 하나씩 살펴보면 다음과 같다.

국제기구 가운데는 지리적인 제약 없이 모든 국가에게 개방이 되어 있는데 이러한 국제기구는 전 지구적 기구로 분류된다.[38] 이러한 국제기구에는 유엔(UN) · 17개의 전문기구 · 세계무역기구(WTO) · 국제원자력기구(IAEA) 등이 존재한다.

두 지역 이상을 가로질러 국가들에게 개방되어 있는 국제기구는 지역 간 기구로 분류된다. 이 경우 지리적인 요인 · 문화적이거나 인종적인 요인 · 혹은 정치적인 요인이 조직 구성의 동인이 된다. 이러한 국제기구의 대표적인 예로서 아시아-유럽정상회의(Asia-Europe Meeting, ASEM)를 들 수 있는데 이 국제기구는 아시아와 유럽이라는 두 지역을 포함한다. 동아시아와 중남미 양 지역 간 유일한 정부 간 다자협의체인 동아시아-중남미협력포럼(Forum for East Asia-Latin America Cooperation, FEALAC)도 이러한 기구의 하나이다.

단일 지역에 속하는 국가들에게 개방되어 있는 국제기구를 지역기구라고 분류하는데 이러한 국제기구에는 유럽연합(EU) · 미주국가기구(OAS) · 아프리카연합(AU) · 동남아국가연합(ASEAN) · 유럽안전보장협력기구(OSCE) 등이 속한다.[39]

특정 지역 내에서 지리적이거나 다른 기준에 의해 제한된 국가들에게 개방된 국제기구를 지역하부 기구로 분류한다. 대표적인 예로서 1981년에 설립된 걸프협력회의(Gulf Cooperaton Council, GCC)를 들 수 있다. 이 기구는 걸프 만 연안 6개국인 쿠웨이트 · 사우디아라비아 · 바레인 · 카타르 · 오만 · 아랍에미리트를 회원국으로 하는 지역협력 기구로서 이들 국가들 사이의 군사와 치안 면에서의 협력 강화와 경제적 · 문화적 통합 촉진을 목적으로 하고 있다.

6) 유엔과의 연관성

규모가 가장 큰 보편적인 국제기구인 유엔(UN)과의 연관성을 가지고 국제기구를 분류하기도 한다. 이 경우 유엔기구(United Nations Organization, UNO)를 중심으로 하여 유엔헌장의 규정에 따라 유엔과 특별협정을 체결하여 협력관계를 유지하고 있는 17개의 전문기구 · 유엔 관련기구 · 여타의 다른 국제기구로 분류된다. 우리나라 외교부의 경우 국제기구의 분류방식으로서 이 방식을 채택하고 있다. 이 기준에 따른 국제기구 분류를 자세히 살펴보면 다음과 같다.

---

38) 전 지구적 기구(global organization)는 「보편적 기구(universal organization)」라고도 불린다.

39) 한국은 아시아개발은행(ADB) 이외에 유럽부흥개발은행(EBRD) · 아프리카개발은행(AfDB) · 미주개발은행(IDB)에도 가입하고 있다. 이들 기구들은 특정지역의 개발을 목표로 설립된 은행이지만 회원은 해당 지역의 국가에게만 한정되어 있지 않다.

(1) 유엔기구

유엔은 헌장에 기초하여 설립된 6개의 주요기관(major organ)과 결의문의 채택을 통해 설립된 다수의 보조기관(subsidiary organ)으로 구성되는데 이들 기관들을 총괄하여 통상적으로 「유엔」이라고 부르나 여러 기관으로 구성되었다는 것을 강조하기 위해 종종 「유엔기구(UNO)」라고도 부른다.

유엔의 6개 주요기관은 구체적으로 총회(General Assembly, GA) · 안보리(Security Council, SC) · 경제사회이사회(Economic and Social Council, ECOSOC) · 신탁통치이사회(Trusteeship Council, TC) · 국제사법재판소(International Court of Justice, ICJ) · 사무국(Secretariat)이다.

보조기관은 총회의 결의문을 통해 설립되기도 하고 경제사회이사회의 결의문을 통해 설립되기도 한다. 유엔개발계획(UNDP)이나 유엔난민최고대표사무소(UNHCHR)와 같은 기구가 유엔총회의 결의문에 의해 설립된 대표적인 보조기관이다. 유엔 경제사회이사회의 결의문에 의해 설립된 대표적인 보조기관에는 여성지위위원회(Commission on the Status of Women, CSW)와 아시아 태평양경제사회위원회(Economic and Social Commission for Asia and the Pacific, ESCAP)와 같은 기구들이 있다.

(2) 전문기구

두 번째 유형으로서 유엔헌장 제57조와 제63조에 근거하여 유엔과 특별협정을 체결하여 특별한 협력관계를 구축하고 있는 17개의 전문기구들(specialized agencies, SAs)이 있다.

17개의 전문기구는 구체적으로 국제노동기구(ILO) · 식량농업기구(FAO) · 유네스코(UNESCO) · 세계보건기구(WHO) · 세계은행(WB) · 국제개발협회(IDA) · 국제금융공사(IFC) · 국제통화기금(IMF) · 국제민간항공기구(ICAO) · 국제해사기구(IMO) · 국제전기통신연합(ITU) · 만국우편연합(UPU) · 세계기상기구(WMO) · 세계지적재산권기구(WIPO) · 국제농업개발기금(IFAD) · 유엔공업개발기구(UNIDO) · 세계관광기구(UNWTO)이다.[40)]

---

40) 2004년에 3월에 세계관광기구(WTO)가 유엔과 관계협정(relationship agreement)에 서명을 함으로써 전문기구의 하나가 되었다. 같은 약칭을 쓰는 세계무역기구(WTO)와의 혼동을 피하기 위해 2005년 12월 1일에 유엔을 의미하는 「UN」이라는 말을 앞에 붙여 「UNWTO (United Nations World

이러한 17개의 전문기구들과 유엔기구들을 합하여 「유엔체제(UN System)」 혹은 「유엔가족(United Nations Family)」이라고도 부른다. 이들을 이처럼 부르는 것은 이들이 유엔헌장에 기초를 둔 특별협정을 통해 긴밀한 협력관계를 맺고 있기 때문이다.[41] 구체적으로 특별협정은 유엔의 경제사회이사회와 각 전문기구 사이에 체결되며 유엔총회의 승인을 받는다. 유엔헌장 제64조에 따라 전문기구들은 매년 경제사회이사회에 보고서를 제출하며 경제사회이사회의 조정기구를 통해 유엔 또는 각 전문기구와 협력한다.

이러한 협력관계의 연원은 유엔이 창설될 당시로 거슬러 올라간다. 그 당시 유엔과 전문기구는 상호 간에 협력이 필요하다는 인식을 공유했다. 구체적으로 유엔은 전문기구의 기술지원(technical assistance)을 비롯한 전문성이 필요했고 전문기구는 유엔의 재정적 자원을 필요로 했다. 이러한 이유로 유엔헌장은 제57조와 제63조에 전문기구와 특별협정을 체결하여 협력관계를 구축할 수 있는 근거 조항을 두기에 이르렀다.[42]

그러나 이들 전문기구들이 유엔체제 혹은 유엔가족에 속한다고 해서 이들을 유엔의 하부직인 구성요소로서 인식히여서는 안 된다. 왜나 하면 이들은 유엔과는 별도의 헌장(charter)·별도의 본부·별도의 독립된 예산체제·별도의 회원국을 가지고 있는 독립된 기구이기 때문이다. 이러한 의미에서 전문기구를 「유엔 전문기구」라고 하여 「전문기구」라는 말 앞에 「유엔」이라는 말을 덧붙이는 것은 적절하지 않다.

(3) 유엔 관련기구

전문기구처럼 유엔헌장 제57조와 제63조에 근거하여 유엔과 특별협정을 체결한 관계는 아니나 유엔과 특별한 협력관계를 형성하고 있는 일단의 국제기구들이 있다. 이러한 국제기구들은 유엔을 중심으로 살펴볼 때 「관련기구(related organizations)」라고 불린다.[43]

Tourism Organization)」이라는 약칭을 쓰기로 결정했다.

41) 유엔과 17개의 전문기구의 관계가 일률적인 것은 아니다. 이러한 차이에 대해서는 제12부 제2장 「유엔과 전문기구의 관계」 부분에서 상론하고 있다.

42) 구체적으로 특별협정은 유엔의 경제사회이사회와 각 전문기구 사이에 체결되며 유엔총회의 승인을 받는다. 유엔헌장 제64조에 따라 전문기구는 매년 경제사회이사회에 보고서를 제출하며 경제사회이사회의 조정기구를 통해 유엔이나 개개 전문기구와 협력한다. 유엔과 17개의 전문기구가 체결한 특별협정의 내용이 여러 면에서 유사한 점이 있기는 하나 일률적인 것은 아니다.

43) 한국 외교부는 홈페이지에서 이들 기구들을 「유엔 독립기구」라고 부르는데 「유엔 관련기구」라

이러한 유형에 속하는 전형적인 국제기구에는 세계무역기구(WTO)와 국제원자력기구(IAEA)가 있다.[44] 이들 기구는 위에서 언급한 전문기구는 아니지만 원자력 문제와 무역문제를 전문적으로 다룬다는 의미에 있어서 전문기구임에는 틀림없다. 이 외에 화학무기금지기구(Organization for the Prohibition of Chemical Weapons, OPCW)・포괄적핵실험금지조약기구 준비위원회(Preparatory Commission for the Comprehensive Nuclear-Test-Ban Treaty Organization)・국제형사재판소(International Criminal Court, ICC)・국제해저기구(International Seabed Authority, ISA)・국제해양법재판소(International Tribunal for the Law of the Sea, ITLOS)・국제이주기구(International Organization for Migration, IOM) 등이 있다.

(4) 기타 국제기구

기타 국제기구란 위에서 언급한 바 있는 국제기구들을 제외한 나머지 국제기구를 일컫는다. 우리에게 익숙한 기구 중 이러한 국제기구에 속하는 국제기구로는 경제협력개발기구(OECD)・아시아태평양경제협력체(APEC)・국제이주기구(IOM)・아시아태평양전기통신협의체(APT)・국제열대목재기구(ITTO)・국제백신연구소(IVI)・화학무기금지기구(OPCW)・포괄적핵실험금지기구(CTBTO)・아시아생산성기구(APO)・아시아개발은행(ADB)과 아프리카개발은행(AfDB) 그리고 유럽부흥

고 부르는 것이 적절하다고 본다. 왜냐 하면 「유엔 독립기구」라고 할 경우 「기타 국제기구」라고 불리는 또 다른 그룹의 국제기구 역시 유엔과 독립적인 지위에 있는 국제기구이기 때문에 차이점을 찾을 수 없기 때문이다.

44) IAEA와 유엔의 관계협정(relationship agreement)은 1957년 11월에 유엔총회의 결의문인 A/RES/1145(XII)에 포함되어 있다. 엄격한 법률적인 면에서 IAEA는 전문기구가 아니지만 사실상에 있어서 IAEA는 전문기구의 하나처럼 활동한다. IAEA가 전문기구와 다른 독특한 점이 있다면 IAEA가 유엔총회에 보고를 하고 적절할 경우 유엔 안보리와 경제사회이사회에 보고한다는 점이다. 이와는 달리 전문기구들은 유엔 경제사회이사회에 보고하도록 되어 있다. 구체적으로 IAEA규정(Statute of the International Atomic Energy Agency)은 여러 곳에서 유엔과의 관계를 언급하고 있는데 가장 대표적인 규정이 제3조 B의 제4항과 제5항이다. 제4항에 따르면 IAEA는 유엔총회에 IAEA의 활동에 관한 연차보고서를 제출하며 적절한 경우 안보리에 대해서도 보고서를 제출하도록 되어 있다. 제5항은 IAEA가 유엔 경제사회이사회와 기타 유엔 기관에 이들 기관의 권능에 속하는 문제에 관해서 보고서를 제출할 것 역시 규정하고 있다). WTO의 지위는 IAEA에 비해 좀 더 복잡하다. WTO의 전신인 GATT나 WTO 모두 유엔과 공식적인 협정을 체결한 바 없다. 이들 기구와 유엔의 관계는 GATT의 초대 사무총장과 당시 유엔 사무총장인 리(Trygve Halvdan Lie)가 서한을 교환한 1952년으로 거슬러 올라간다. 이 서한은 유엔 사무국과 GATT의 임시위원회 사무국(Secretariat of Interim Commission) 사이에 존재하는 비공개적인 사실상의 실무협정(close de-facto working arrangements)에 주목한다고 언급하고 있다. 1995년에 WTO가 창설되면서 WTO 사무총장과 유엔 사무총장 사이에 두 기구의 협력적 관계의 성격을 강조하는 서한의 교환이 있었다. IAEA의 사무총장과 WTO의 사무총장 모두는 전문기구의 사무총장과 마찬가지로 유엔체제고위급조정이사회(UN System's Chief Executives Board For Coordination, CEB)의 회합에 초청된다.

개발은행(EBRD)과 같은 지역개발은행(Regional Development Bank)들이 있다.

2. 복합적인 기준에 의한 분류

위에서 살펴본 것처럼 어떤 하나의 기준을 가지고 국제기구를 분류할 수도 있지만 복수의 기준을 가지고 보다 복합적인 분류를 하는 경우도 있다. 예컨대 제이콥슨(Harold K. Jacobson)은 회원자격의 범위라는 기준과 국제기구가 추구하는 목적의 구체성 여부라는 두 기준을 가지고 국제기구를 분류하고 있다. 구체적으로 회원자격이라는 변인을 제한적(limited)과 보편적(universal)이라는 두 종류로 구분하고 목적이라는 변인은 특정적(specific)과 일반적(general)의 두 종류로 구분하고 있다. 이러한 두 변인에 따라 다음과 같은 네 가지의 국제기구 유형을 만들고 있다.

회원자격이 제한적이고 국제기구의 목적이 특정적인 경우에 해당하는 국제기구에 범미보건기구(Pan American Health Organization, PAHO) 등이 속한다. 회원자격이 제한적이고 일반적인 목적을 추구하는 국제기구에는 아프리카연합(AU)과 같은 국제기구가 속한다. 보편적인 회원자격을 가지면서 특정의 목적을 추구하는 국제기구에는 세계보건기구(WHO)와 같은 국제기구들이 있으며 회원자격이 보편적이고 일반적인 목적을 추구하는 국제기구에는 유엔(UN) 등이 있다.

제3장 국제기구의 역사

1. 초창기

국제기구에 대한 구상이나 계획은 중세 말부터 근대 초기에 걸쳐 많은 사람들에 의해 논의되었다. 그러나 초기 단계이기는 하지만 실제적으로 국제기구가 그 모습을 국제사회에 드러내기 시작한 것은 19세기부터였다.

중세의 종교적 권위를 무너뜨리고 등장한 근대 국제체제는 어떠한 권위에도 종속되지 않는 전제군주에 의해 지배되는 주권국가(sovereign states)를 그 구성요소로 했다. 국가가 자신의 국경 내에서 배타적인 지배권위(governing authority)를 갖는다는 국가주권이라는 아이디어는 1648년 웨스트팔리아 조약(Treaty of Westphalia)으로 구체화되었고 그로부터 유럽정치의 초석이 되었다.

이렇게 하여 발생한 근대 국제체제는 주권국가를 유일한 행위의 주체로 하는 분권적 구조를 지속시켜 왔다. 이 당시 이러한 주권국가를 기본단위로 하는 국제체제가 가능했던 것은 국제적 교류가 빈번하지 않는 가운데 국가가 대체적으로 정치적·경제적·문화적으로 자기 충족적인 단위로서 기능할 수 있었기 때문이다. 이 시대에 있어 국가와 국가 사이의 관계는 양자외교(bilateral diplomacy)를 그 특징으로 하고 있었다.

이러한 국제사회의 기본적인 구조와 특징들이 19세기에 이르러 변화의 모습을 구체적으로 드러내기 시작했다. 이러한 변화의 하나로서 현대의 국제기구의 뿌리가 형성되기 시작했다. 구체적으로 다음과 같은 세 방향에서 국제기구는 뿌리를 내리기 시작했다.[45)]

첫째, 그 당시 서유럽의 강대국들인 영국·프랑스·러시아·프러시아·오스트리아는 나폴레옹 전쟁을 마무리하기 위해 소집된 1815년의 비인회의(Congress of

45) Inis L. Claude Jr., *Swords into Plowshares: The Problems and Progress of International Organization*, 3rd rev. ed. (New York: Random House, 1964), pp. 21-40.

Vienna)를 시작으로 그들 사이의 공통의 문제를 해결하고 그들 사이에 있어서의 행동을 조정하기 위해 전통적인 양자외교의 틀에서 벗어나 국제회의를 통한 다자외교(multilateral diplomacy)를 갖기 시작했다. 비록 이러한 국제회의는 제도화되지는 않았으나 후일 국제기구가 따를 다자적 협의·집단적 외교·강대국에의 특별한 지위의 부여와 같은 중요한 관례(practices)를 구축하도록 했다.

회의외교를 통한 문제의 해결이라는 특징을 지닌 당시의 유럽의 국제체제를 「유럽협조체제(Concert of Europe)」라고 불렀고 이 체제는 상호의존과 이해공동체에 대한 초보적이기는 하나 점증하는 인식이 구체화된 것이었다. 이와 같은 이해공동체는 현대 국제기구에게 있어 없어서는 안 될 필수적인 요건인 것이다.

둘째, 러시아의 니콜라스 황제는 1899년과 1907년 2회에 걸쳐 네덜란드의 헤이그에서 국제평화회의(Hague Peace Conference)를 개최했다. 이들 회의는 전쟁방지를 위해 방책을 논의하고 중재(arbitration)·협상(negotiation)·법적 해결(legal recourse)을 위한 조건을 고안하기 위한 국제회의로서 국제분쟁의 평화적 해결을 위한 의정서(Convention for the Pacific Settlement of International Disputes)의 채택과 더불어 임시 국제심사위원회(International Commissions of Inquiry)와 상설중재재판소(Permanent Court of Arbitration)의 수립을 가져왔다.

동 회의는 소국들(small states)과 비유럽국가들까지도 참여한 최초의 국제회의로서 중남미 국가들에게도 동등한 역할을 부여함으로써 보편성의 원칙을 수립하고 법의 평등을 강화했다. 또한 다자적 외교를 통해 처음으로 의장이 선출되고 위원회가 조직되었으며 호명투표(roll-call votes)가 행해졌다. 이러한 모든 특징들이 후일 20세기에 등장하는 국제기구의 지속적인 특징의 일부가 되었다.

셋째, 현대의 국제기구의 탄생에 보다 직접적인 영향을 미친 것은 바로 국제하천위원회(international river commissions)와 국제행정연합(international administrative union)의 수립이었다. 18세기부터 19세기에 걸쳐 영국과 프랑스를 중심으로 산업혁명과 시민혁명이 진행되어 다른 국가에 급속히 파급되면서 유럽국가들 사이의 인적·물적 교류는 물론 유럽 국가들과 비유럽 국가들 사이의 교류가 비약적으로 확대되었다. 그 결과 국경선으로 둘러싸인 종래의 주권국가라는 것이 개개인의 정치적·경제적·문화적 욕구를 충족시켜 줄 수 있는 단위로서 적합한가에 대해 의문이 제기되었다.

19세기 전반부터 유럽의 국가들은 국경을 초월한 인적·물적 자원의 이동이 활발해지고 통신과 기술의 혁신이 이루어지면서 파생되는 공통의 문제들을 해결하려는 방편으로서 국가와 국가 사이의 조약에 의해 위원회나 사무국을 설치했다. 이러한 초기 단계의 국제기구는 국가 간의 이해관계가 첨예하게 대립되지 않는 비정치적인 분야로부터 출발했으며 가장 최초의 것으로서 국제하천위원회가 수립되었고 각종 국제행정연합이라는 것이 그 뒤를 이었다.

변화의 세 방향 중 처음 두 방향은 여전히 종래의 주권국가를 기본단위로 한다는 점에서 공통점을 지녔다. 그러나 세 번째 방향은 국가 간의 합의를 기초로 하여 국가와는 별개의 조직체를 창출해서 이것을 통해 국가의 행동에 일정한 정도의 제약을 가하고자 했다는 점에서 전통적인 국제체제의 구조에 하나의 커다란 변화였다. 이러한 세 번째 방향을 좀 더 상론하도록 하자.

2. 국제하천위원회와 국제행정연합

1) 국제하천위원회

국가 간의 조약에 의해 설립된 상설적인 기관을 통해 공통의 관심사항을 처리하려는 움직임이 최초로 현실화한 것이 바로 유럽에 있어서의 국제하천을 관리하기 위해 설치된 국제하천위원회였다.

구체적으로 1815년 비인회의에서 모든 국가의 선박에게 라인 강에 있어서 항행의 자유를 평등하게 보장하고 항행상의 장애를 제거하며 규칙에 따른 항행을 감시하기 위해 「라인 강 항해를 위한 중앙위원회(Central Commission for Navigation of the Rhine)」라는 근대적인 국제기구가 창설되었다.

그 후 크리미아 전쟁을 마무리하기 위해 소집된 1856년 파리회의에서 체결된 파리조약은 다뉴브 강의 국제화를 의미하는 자유항행과 평등한 대우를 규정하였으며 그 관리와 감시를 위해 2개의 국제위원회를 설치했다. 그 중 하나는 유럽·다뉴브위원회인데 이 위원회는 잠정적인 위원회로서 다뉴브 강 하류지역의 항행상태를 유지하는 것을 임무로 했으며 유역 국가 이외에 비유역 국가인 유럽의 대국들이 참가했다.

설립된 국제위원회의 또 다른 하나는 다뉴브 강 전체의 항행감시를 임무로 하여 이미 존재하고 있던 유럽·다뉴브위원회의 직무를 계승하도록 예정되어 있었던 유역국위원회였다. 그러나 이러한 예정과는 달리 유역국위원회의 활동이 정지되고 잠정적인 기관으로 예정되었던 유럽·다뉴브위원회의 권한이 확대되면서 다뉴브 강 전체의 항행감시를 임무로 하는 항구적인 기구가 되었다.

다뉴브 강 하류지역으로 다뉴브 강 전체로 관할권이 확대되고 잠정적인 기구로부터 항구적인 기구가 된 유럽·다뉴브위원회는 스스로 항행에 있어서의 장애를 제거하거나 항만건설을 위한 토목건설을 행했으며 통행세를 징수하고 위반하는 선박에 대한 벌금을 부과했다. 이 위원회는 이러한 행정과 경찰로서의 기능 이외에 항행규칙제정 등의 입법적 권한을 가졌고 일정한 사법적 권한도 행사했다. 또 고유의 재산을 소유했으며 특권과 면책을 향유했고 스스로의 기를 게양했으며 전시에 있어서는 중립의 지위가 보장되었다.

이러한 국제하천위원회는 그리 발달한 국제기구라고는 할 수 없지만 조약을 기초로 해서 창출된 국가와는 별도의 기관으로서 이를 통해 국가들에 공통적인 문제를 처리한다고 하는 새로운 국가 간 협력의 방식을 현실화한 최초의 조직으로서의 큰 의의를 지녔다.

이러한 국제하천위원회의 조직은 회원국 정부의 대표로서 구성되어 정기적으로 회합을 갖는 위원회(commission)와 작은 규모의 사무국(secretariat)으로 구성되었다. 국제하천위원회들은 지리적·정치적·경제적·시대적으로 특수한 상황을 전제로 했기 때문에 그 임무나 권한은 위원회에 따라 상이했으며 정형이라고 하는 것을 형성하지는 못했다. 따라서 안전보장·농업·노동문제 등 여러 가지 분야에서 그 후에 발달했던 국제기구의 직접적인 모델이 되지는 못했다.

2) 국제행정연합

국제하천위원회의 뒤를 이어 19세기 후반 이래 유럽 국가들을 중심으로 통신·우편·교통·기술 등의 전문적이고 행정적인 분야에서의 공통의 문제를 국제회의를 개최해서 토의하고 처리하고자 하는 움직임이 활발하게 전개되었다.

국제회의를 개최하여 처리할 이러한 행정사항 중에는 1회만의 회의로는 충분히 다룰 수 없는 계속성이 요구되는 문제들도 있었기 때문에 개개의 문제에 대해 정기적인 회합의 필요성이 대두되었다. 그리하여 회의와 회의 사이를 연결하는 기관으로서 소규모의 상설적인 국제 사무국(permanent international secretariats)이 설립되었다.

이처럼 특정의 문제를 다루기 위해 정기적으로 개최되는 국제회의와 이것을 돕는 사무국을 총칭해서 「국제행정연합(international administrative union)」 또는 「공공국제연합(public international union)」이라고 부르게 되었으며 이러한 국제행정연합이 지닌 가장 혁신적인 면은 국제적인 사무국을 제도화했다는 사실이다.[46)]

국제행정연합으로서 최초로 설립된 것은 1865년에 설립된 국제전신연합(International Telegraphic Union)이다. 이것이 모델이 되어 그 후 1874년 만국우편연합(Universal Postal Union) · 1875년 국제도량형국(International Bureau of Weights and Measures) · 1883년 공업소유권보호연합(International Union for the Protection of Industrial Property) · 1886년 국제저작권연합(International Union for the Protection of Works of Art and Literature) · 1890년에는 국제철도화물운송연합이 수립되는 등 19세기 후반에 다양한 국제행정연합이 설립되었다. 이러한 국제행정연합은 후일 전문기구(specialized agencies) 출현의 씨를 뿌려놓았다고 볼 수 있다.

이러한 국제행정연합은 국가들에 공통된 관심사를 조약에 의해 설치된 상설적인 기관을 통해 처리하고자 했던 기구라는 점에서 국제하천위원회와 더불어 종래의 국제사회의 구조를 기본적으로 변혁하는 것이었다. 그럼에도 불구하고 전통적 국제사회의 기본 구조로부터 오는 다음과 같은 제약을 여전히 지니고 있었다.

첫째, 국제행정연합은 정기적으로 개최되는 회의에서 행정연합을 설치한 조약이나 부속문서를 검토하여 필요할 경우 이것을 개정하는 형식으로 새로운 사태에 대처했다. 새롭게 조약이 개정될 경우 이를 비준한 국가만이 구속될 뿐 비준하지 않은 국가는 구속되지 않았으며 의사결정은 절차적인 문제를 제외하고는 전통적인 주권평등에 기초한 만장일치제에 의해 이루어졌다.

둘째, 국제행정연합의 회의는 정기적으로 개최된다고 하는 것을 제외하고는 종래의 외교회의와 크게 다르지 않았으며 그 자체가 계속성을 가졌다든가 독립의 의사를 갖고 행동하는 것으로 생각할 수 없었다. 사무국은 조약에 의해 설치된 독립된 기관으로서의 면모를 지니고 있었지만 그 직무는 자료의 수집과 배포 및 회의의 준비와 운영 등의 보조적인 범위에 한정되고 실질적인 권한을 지니지 않았다.

결론적으로 말하자면 국제행정연합은 종래의 1회에 그치는 외교회의와는 달리

---

46) 학자들에 따라서는 국제하천위원회도 국제행정연합에 속하는 것으로서 같이 설명하기도 한다.

참가국이 일정했고 공통된 관심사항에 대한 정기적 심의가 가능했으며 상설적인 사무국을 운영하는 것과 같은 정도의 계속성을 확보할 수 있게 되었다는 점에서 획기적이었다.

그러나 고유의 권한과 임무를 전제로 하는 독립기구라고 간주하기에는 아직 불충분했으며 전통적인 외교회의의 특징이 다분히 남아 있었다. 이런 의미에서 국제행정연합은 금일의 국제기구의 맹아적 존재였던 것은 틀림없지만 그 자체를 「국제기구」라고 부르기에는 미진한 요소들을 많이 지니고 있었다.

3. 국제연맹과 국제노동기구

제1차 세계대전 후 국제기구의 성립 역사 중에서 주목할 두 개의 조직체가 설립되었는데 국제연맹(LN)과 국제노동기구(ILO)가 바로 이들이다. 이들 두 국제기구를 출발점으로 해서 금일의 국제기구의 다양화와 일층 진전된 조직화의 움직임이 시작되었다.

이들 두 국제기구와 같은 보편적인 국제기구와 더불어 미주지역을 중심으로 지역적인 국제기구가 발달되기 시작되었으며 이러한 움직임과 더불어 제2차 세계대전 후 유엔이 수립되고 이것을 중심으로 다양한 전문기구와 지역기구가 본격적으로 설립되게 되었던 것이다.

1) 국제연맹(LN)

제1차 세계대전의 발발은 위에서 언급한 19세기의 제도적 장치들이 전쟁의 발발을 방지하기에 부적절하다는 등 이들이 지니고 있는 한계를 드러내는 계기가 되었다.

유럽협조체제에 있어서 가장 중요했던 강대국 사이의 권력의 균형이 2개의 경쟁적인 군사동맹체제로 전환되어 전쟁을 야기하자 국가안보가 위태로울 경우 비정치적 분야에 있어서의 국가 간의 협력이라는 것이 전쟁방지에 불충분하다고 인식하게 되었다. 이러한 인식에 기초하여 처음으로 정치적 문제의 처리를 주요한 임무로 하는 정치적 국제기구로서 국제연맹이 탄생하게 되었다.[47)]

---

47) Karen A. Mingst and Margaret P. Karns, *The United Nations in the Post-Cold War Era: Dilemmas in World Politics* (Boulder, Colorado: Westview Press, 1995), p. 18.

국제행정연합이 주로 행정적·전문적·기술적 분야를 취급한 조직이었던 것과는 대조적으로 국제연맹은 국제평화의 유지를 주된 목적으로 하는 최초의 조직이었다고 하는 점이 우선적으로 주목할 만한 사실이었다. 또한 특정의 전문적인 문제만을 처리하기 위한 국제기구가 아니고 국제사회의 전반적인 문제들을 다루는 포괄적인 국제기구였다는 사실 역시 주목할 만했다.

국제행정연합과 비교할 때 기구적으로 훨씬 정비되었으며 회원국과는 별개의 분리된 고유의 단체로서의 성격을 강하게 가지고 있었다는 점에서 이러한 국제기구의 등장은 대단히 주목할 만한 변화였다. 이러한 특징은 특히 다음과 같은 점에서 현저하게 나타났다.

첫째, 국제행정연합에서 외교회의로서의 성격을 강하게 갖고 있었던 각국 대표가 모인 국제회의가 국제연맹에 있어서는 총회라고 하는 국제연맹의 하나의 기관으로서의 위치가 부여되었다. 그 결과 예컨대 과반수의 의결로 사무총장이 선출되는 등 국제연맹의 총회는 국제연맹의 기관으로서 독자적으로 의사를 형성하는 것이 가능해졌다. 또한 국제연맹의 총회는 연 1회의 정기총회 이외에 필요에 따라 수시로 개최되었으며 연맹의 권한 내에 있는 모든 문제에 대해 심의할 수 있게 되었다.

둘째, 국제연맹에서는 전 회원국의 대표자에 의해 구성된 총회 외에 일부의 회원국의 대표자에 의해 구성된 이사회가 설치되었다. 이사국의 수는 처음에는 4개 상임이사국을 포함하여 8개 국가였으나 그 후 확대되어 1926년에는 15개 국가가 되었다. 국제연맹의 이사회는 소수의 회원국의 대표자에 의해 구성된 기관이었음에도 불구하고 총회와 전적으로 동일한 권한과 임무를 가지고 이사국에 속하지 않는 국제연맹 회원국에 대해서도 영향을 미치는 내용의 의사결정을 할 수 있었다. 이처럼 소수의 회원국에 의해 구성된 이사회에 실질적인 권능을 부여했다고 하는 것은 국제행정연합에 있어서는 생각할 수 없는 조직상의 큰 발전이었다.[48]

셋째, 국제연맹은 사무총장을 수장으로 하는 사무국에 국제행정연합의 사무국과는 달리 실질적인 역할을 부여했다. 예컨대 국제연맹의 사무국은 총회나 이사회와 나란히 연맹의 기관으로서의 위치가 부여되었다. 사무국의 수장인 사무총장

48) 일반적으로 총회를 이사회의 상위기관으로 규정하나 국제연맹의 경우 이사회는 총회와 동일한 권한을 가졌다.

은 평화유지에 관해 이사회를 소집하고 이사회에 부탁된 분쟁의 심리에 필요한 모든 준비를 하며 총회와 이사회 등의 회의에서 사무총장의 자격으로 행동하는 권한이 부여되었다. 이것은 자료의 수집·배포와 국제회의의 준비·운영이라고 하는 보조적인 임무가 부여되었던 국제행정연합의 사무국에 비하면 커다란 사무국 지위의 변화였다. 또 국제연맹의 사무국은 이와 같은 임무와 권한의 강화에 대응해 규모도 확대되었고 직원들은 회원국으로부터 대폭적으로 채용되었다.

2) 국제노동기구(ILO)

제1차 세계대전 후에 설립된 국제기구인 국제노동기구도 국제연맹과 마찬가지의 조직적 특성을 지니고 있었다. 국제노동기구도 내부에 총회(International Labour Conference)·이사회(Governing Body)·사무국 (International Labour Office)이라는 주요한 기관을 두고 종래의 국제행정연합을 뛰어넘는 독립된 조직체로서의 성격을 강하게 가졌다. 이러한 국제노동기구는 국제연맹과 비교해서 다음과 같은 발전된 특징을 지녔다.

국제노동기구의 총회나 이사회에 있어서 회원국의 정부대표(2인)만이 아니라 사용자 대표(1인)와 노동자 대표(1인)도 구성원으로서 심의에 참가하여 투표권을 행사할 수 있게 되었다. 표결방법으로는 국제연맹의 만장일치제와는 다른 단순다수결 또는 2/3의 특별다수결제가 채택되었다.

4. 유엔과 각종 국제기구의 등장

제2차 세계대전의 발발은 국제연맹의 제도적 미비점을 보강하는 계기를 부여했으며 이러한 맥락에서 유엔(UN)이 탄생되었다. 유엔은 국제연맹과 비교할 때 정치적인 면에서 군사행동을 위시한 무력제재 수단까지도 포함하는 등 국제기구로서의 독자적인 기능이 강화되었다. 이러한 것들이 강대국 사이의 갈등으로 인해 비록 헌장상의 규정에 그치고 실제에 있어서 제대로 실현되지는 못했지만 큰 변화의 하나로 간주할 수 있다.

유엔은 각종 보조기관(subsidiary organ)을 탄생시켰으며 특별협정을 통해 다양한 전문기구들(specialized agencies)을 유엔과 연결시켜 유엔체제(UN System)를 구축하였다. 이와 더불어 유엔은 국제원자력기구(IAEA)와 관세 및 무역에 관한 일반협정(GATT) 등과 같은 국제기구들을 전문기구와는 다른 형태의 협력관계를 구축하여 그 영향권 안에 두고자 했다.

전 세계 대다수의 국가들을 회원국으로 하는 이러한 보편적인 국제기구들과 함께 바르샤바조약기구(WTO)·석유수출국기구(OPEC)·북대서양조약기구(NATO)·경제협력개발기구(OECD) 등과 같은 각종 지역기구들이 탄생했고 아시아유럽정상회의(ASEM)에서 보듯이 지역기구와 지역기구 사이의 협력 또한 활성화되었다. 유럽공동체(EC)와 같이 국가 간 통합을 목적으로 하는 초국가적 통합기구도 등장했다.

1838년에 영국반노예사회(The British Anti-Slavery Society)가 설립되면서 비정부기구(NGO)의 수가 점차적으로 증가하기 시작했지만 제2차 세계대전 전까지 그 수는 아직 미미했고 활동 분야도 주로 인도적 원조 분야에 국한되었다. 그러던 것이 제2차 세계대전의 발발로 고통 받는 사람들이 대거 발생하면서 이들을 돕기 위해 많은 비정부기구들이 설립되었다.

이러한 비정부기구들은 일정한 요건을 충족시킬 경우 유엔의 경제사회이사회(ECOSOC)로부터 협의지위(consultative status)를 획득하여 유엔체제에서 제한적이기는 하나 일정한 발언권을 갖게 되었다.[49] 1960년대에 들어서 비정부기구들의 활동이 다양한 분야로 확대되기 시작했다.

5. 냉전의 종식과 다자주의의 위기

탈냉전의 도래는 다음과 같은 글로벌 이슈들을 부상시켰으며 이러한 이슈들의 해결의 주체로서 국제기구들의 역할과 영향력이 강화되었다. 우선 지역 수준에 있어서의 강대국들 간에 영토 문제 등을 둘러싸고 갈등과 대립이 격화되었으며 세계의 도처에서 내전과 테러리즘이 일상화되고 대량파괴무기(WMD)가 확산되는 등 새로운 안보 이슈들의 부상했다.

둘째, 냉전시대에 안보 우선주의 논리에 의해 문제의 심각성과 중요성에도 불구하고 억압되어 있던 인권·환경·저발전과 빈곤·보건·여성·아동·장애인

---

49) 때때로 「협의지위(consultative status)」라는 말 대신에 「자문적 지위(advisory status)」라는 말을 쓰기도 한다.

등과 같은 다양한 비안보적 이슈들이 냉전이 종식되고 안보의 위협이 약화되자 대거 국제사회의 문제로서 등장하게 되었다.

셋째, 냉전의 종식으로 심화된 세계화와 더불어 교통과 통신 등의 발전은 국가간의 벽을 더욱 허물고 낮춤으로써 국경을 넘어 벌어지는 테러리즘·마약 밀거래·인신매매와 같은 비국가적 행위자에 의한 초국가적 범죄뿐 아니라 국경을 넘어 전파되는 에이즈·사스·조류독감·신종플루·메르스·에볼라와 같은 보건문제 등과 같이 일국의 노력만으로는 해결할 수 없는 다수의 초국가적 이슈들이 발생했다.

넷째, 냉전의 종식과 더불어 심화된 세계화는 상호의존의 심화를 가져와 선진국 사이에 협력을 진작시키기도 했지만 다른 한편 갈등과 분쟁 역시 동반했다. 다른 한편 세계화의 진전은 국제사회에 있어서의 부의 양극화를 가져와 개도국과 선진국 간에 남북문제를 야기했다. 이러한 문제들을 조정을 통해 해결할 뿐 아니라 규범과 규칙의 창출과 감시를 통해 해결을 도모할 다자적인 공간을 필요로 하게 되었다.

또 다른 한편 냉전의 종식은 비정부기구의 수를 대폭적으로 증가시켰을 뿐 아니라 영향력 역시 크게 증대시켰다. 이러한 변화에는 냉전의 종식이 가져온 다음과 같은 국제사회의 변화에 기인했다.[50] 우선 냉전의 종식과 더불어 권위주의 체제가 설 땅을 잃고 민주주의가 확산되면서 NGO들이 성장할 수 있는 기본 토양이 구축되었다.

둘째, 냉전의 종식으로 일국의 노력과 국제기구들의 노력만으로는 해결할 수 없는 전 지구적 이슈들이 대거 국제사회에 등장하게 된 것이 NGO의 등장과 성장에 영향을 미쳤다. 이러한 성격의 전 지구적 이슈들은 전 지구적인 지리적 범주라는 특징과 더불어 다면적인 복잡성이라는 특징을 지닌 이슈들이기 때문에 그 해결을 위해 정부에 비해 경험·전문성·대중의 신뢰라는 면에서 큰 비교우위를 지닌 NGO의 조력을 필요로 하게 되었다. 그 결과 개개 국가의 정부와 정부간기구들은 NGO들과의 협력관계의 구축의 필요성을 더욱 강하게 가지게 되었다.

셋째, 냉전의 종식된 후 세계화의 가속화는 여러 측면에서 NGO의 외적인 성장과 활동의 내용에 큰 영향을 미쳤다. 우선 세계화가 본격화되면서 국제사회는

50) 인터넷을 비롯한 새로운 정보통신기술 역시 적은 비용으로 정보를 신속하고 광범위하게 전파할 수 있도록 했고 나아가 정보 공유를 통해 연대의 형성을 용이하게 함으로써 비정부기구의 등장과 활성화에 영향을 미쳤다.

경제전쟁의 시대로 돌입하였으며 그 결과 일국 내의 계층 사이에 뿐만 아니라 국가 간에 부익부 빈익빈을 심화시키면서 빈곤의 문제가 국제사회의 주된 이슈가 되었다. 따라서 NGO들이 이러한 빈곤의 문제에 뛰어들지 않을 수 없게 되었다.

다른 한편 세계화의 본격화는 세계화의 강력한 추동체인 국제통화기금(IMF)·세계은행(WB)·세계무역기구(WTO)와 같은 국제경제기구와 다국적기업의 힘을 상대적으로 강화시켜 주권국가로 하여금 경제 정책을 위시한 다양한 분야의 정책에 이들의 간섭을 수용하지 않을 수 없도록 함으로써 민주주의에 위협을 가했다. 이로써 비정부기구들은 글로벌 거버넌스를 민주화하는 일을 떠맡게 되었다.

NGO들의 국제 수준에 있어서의 비판의 대상은 이러한 국제경제기구와 다국적 기업에 국한되지 않고 국제기구 일반을 포함했으며 비판의 내용도 민주성(내부의 민주적 과정과 대표성)의 결여에 그친 것이 아니라 책임성의 결여와 투명성의 결여를 포함했다. 이러한 NGO로부터의 외부적 비판에 국제기구를 구성하고 있는 개도국들과 더불어 중국을 비롯한 부상하는 강국들이 민주성·책임성·투명성을 포함한 정당성에 대한 요구가 가세하고 선진국을 중심으로 효율성에 대한 요구가 가세하면서 국제기구의 개혁이 중요한 과제로서 부각되었다.

비정부기구들은 이러한 문제의 해결책의 일환으로 국제기구와 다국적 기업 등에게 NGO의 참여를 통한 협력적 관계를 지속적으로 요구했다. 그 결과 다수의 국제기구와 기업들이 NGO와 협력적 관계의 필요성을 인식하고 실천에 옮겼으며 NGO들은 이들과의 관계에 있어서 대결적인 관계로부터 협력적 관계로 점차적으로 전환하였다.

다른 한편 NGO의 위상과 영향력의 강화는 비판을 불러오는 마중물이 되어 국제 수준에서 국제기구와 다국적 기업들에 의해 거꾸로 NGO의 민주성·책임성·투명성의 결여를 중심으로 한 정당성에 의문이 제기되기 시작했다. 2000년대에 들어서서 NGO가 이러한 비판에 본격적으로 직면하게 되었다.

민주성·책임성·투명성의 결여로 인해 정당성의 위기에 직면한 서구 중심의 국제기구들이 개혁에 소극적으로 대응하면서 중국을 비롯한 부상하는 강국들의 주도로 기존의 국제기구와 유사한 기능을 수행하는 경쟁적인 국제기구들이 등장하고 있다. 이와 더불어 기존의 보편적인 국제기구들의 지역적인 문제의 해결에 있어서의 제한적인 능력으로 인한 정당성의 위기로 지역기구들이 다수 설립되고 있다. 또한 기존의 전통적인 형태의 국제기구들이 글로벌 이슈의 해결에 있어서도 제한적인 능력을 보임으로써 주요 20개국 그룹(Group of 20, G-20)과 같은 덜 공식적이고 일부의 국가들만이 참여하는 국제제도가 이들을 대체하여 국제질서를 이끌어 가는 경향도 생겨나고 있다. 이러한 중첩적이고 경쟁적인 성격의 국제제도들의 등장은 국제레짐의 분절화로 인한 국제레짐 간의 충돌을 가져오는 등 국제사회가 공동으로 지향하여야 할 구심점을 상실시키고 있다. 이러한 도전에 직면하여 새로운 다자주의의 필요성이 강조되고 있다.[51]

51) 이에 관한 자세한 논의는 제10부 제2장의 다자주의의 위기 부분에서 상론하고 있다.

제2부

국제기구의 연구동향과 이론

제1장 국제기구의 연구동향

여기에서는 시대적 상황에 따라 국제기구에 대한 연구경향이 거시적으로 어떻게 변화되었는가를 개략적으로 살펴보고자 한다. 개개의 특정 연구경향에 대한 상세한 논의는 다음 장에서 국제기구와 관련한 이론을 설명하면서 집중적으로 전개하고자 한다.

1. 제2차 세계대전 전: 이상주의(idealism)의 지배

제1차 세계대전 이후 제2차 세계대전 전까지 이상주의 학파가 국제기구 연구를 비롯한 국제정치 연구의 전반에 걸쳐 중심을 이루었다. 제1차 세계대전의 발발과 더불어 이제까지의 동맹관계를 기초로 한 세력균형 원리에 의한 국제사회의 평화유지 방식에 일대 비판이 가해지면서 대안으로서 국제연맹(LN)이라는 국제기구가 설립되었고 이와 더불어 이상주의적 경향이 국제기구 연구의 중심을 이루게 되었다.

이상주의자들은 민족국가를 극복할 수 있는 공식적인 조직체로서의 국제기구의 발전에 중점을 두었으며 세계평화와 질서는 국제기구를 통한 상호작용을 통해 가능하다는 기본적인 시각을 지니고 있었다. 이러한 경향은 국제법 학자들이 중심이 되어 전개되었으며 세계법(world law)과 세계정부(world government)에 관심이 집중되었다. 이들의 연구는 서술적이고 규범적이며 법률적인 특징을 지녔다.

이들은 국제기구의 연구에 있어서 국제기구의 비공식적인 과정(informal process)에 관심을 두기보다는 이들 국제기구의 설립헌장과 같은 공식적인 제도(formal institution)와 조직의 구조(organizational structure)에 관심을 집중했다. 이러한 경향을 1980년대에 등장한 신제도주의(new institutionalism)와 구별하여 구제도주의(old institutionalism)라고 부르기도 한다.

2. 제2차 세계대전 중: 기능주의의 등장

제2차 세계대전에 이르는 일련의 사태와 국제연맹이라는 국제기구의 무기력함 그리고 종국적인 제2차 세계대전의 발발은 이상주의자들로 하여금 국제기구에 대한 환상을 버리고 현실을 직시하도록 했으며 국제기구에 대한 현실주의적 시각의 설득력을 더해가도록 했다.

이처럼 제2차 세계대전의 발발로 국제기구를 바라보는 현실주의 시각이 강화되고 있었으나 국제기구를 통한 국제사회의 평화구축이라는 아이디어 자체가 소멸한 것은 결코 아니었다. 즉 이상주의자들은 국제기구를 통한 평화의 확보라는 처방은 여전히 유효한 것으로 보고, 국제연맹의 미비점을 보완한 국제기구로서 유엔(UN)의 설립을 계획하기에 이르렀다. 제2차 세계대전 중에도 국제기구의 연구는 여전히 서술적이고 규범적인 성격을 보유하고 있었다.

제2차 세계대전 중인 1943년에 미트라니(David Mitrany)는 「작동하는 평화체제(Working Peace System)」라는 저술을 통해 평화에 이르는 기능주의적 방법을 제시함으로써 기능주의(functionalism)의 효시가 되었다.[1] 그는 세계질서의 지름길은 국가주권에 대한 반격을 통해서가 아니라 기술적 분야에 있어서의 점진적인 국가 간 협력의 증대를 통해 가능하다고 보았으며 점진적인 국가간 협력이란 국제기구를 통해 가능하다고 보았다. 이러한 기능주의 이론은 1950년대 초에 신기능주의(neofunctionalism) 이론이 등장하기 전까지 통합이론의 주류를 이루었다.

3. 제2차 세계대전 후-1960년대: 현실주의의 지배와 지역통합론의 태동과 활성화

유엔(UN)의 설립으로 인해 제2차 세계대전 이후 잠시 동안인 1945년~1950년 사이에 국제기구에 대한 연구가 새로운 활력을 찾았다. 그러나 연구는 여전히 유엔의 규칙·절차·각종 기관 등 여전히 공식적인 국제기구의 조직의 구조(organizational structure)에 치중되었다.

---

1) David Mitrany, *A Working Peace System: An Argument for the Functional Development of International Organization* (London: Royal Institute of International Affairs, 1943).

그러나 곧 이어 전개된 냉전의 격화로 인해 1950년대와 1960년대에 걸쳐 국제기구 연구는 현실주의 연구경향에 의해 지배되었다. 다른 한편 1950년대 초에 유럽에서 지역통합기구가 등장하면서 이러한 지역통합 현상을 이론적으로 설명하기 위한 노력도 시작되었고 그 후 1960년대 중반까지 통합이 진전되면서 이러한 노력도 활성화되었다. 이러한 노력의 중심에 신기능주의(neofunctionalism)가 있어 1950년대와 1960년대의 통합이론의 주류를 이루었다. 우선 현실주의 연구경향에 대해 살펴보도록 하자.

1) 현실주의 경향

국제연맹과 유엔의 실상을 경험한 현실주의자들은 국제기구에 대해 반감을 가지고 국제평화는 국제기구를 매개로 한 국가 간 상호작용을 통해 가능하다고 생각하는 이상주의자들을 비판했다. 현실주의자들은 보다 나은 세계의 창조를 위한 국제기구의 적극적인 역할을 인정하지 않았다.

현실주의자들은 국제기구를 국가 간의 권력투쟁 속에서 주변적인 역할만을 수행하는 국가를 위한 정책수단에 불과한 것으로 간주했다. 따라서 이들은 국가마다의 이기적인 이익의 추구본성으로 인해 중앙집권적 권위(central authority)를 수립할 목적의 국제기구 설립을 무모한 것으로 보았으며 주권국가가 안보를 위협받고 국가이익이 보전되지 않을 때 국제기구는 작동하지 않는다고 보았다. 이러한 관점에서 현실주의자들은 유엔을 낡은 외교방식을 위한 새로운 장치에 불과한 것으로 간주했다.

그렇다고 현실주의가 현실적으로 존재하는 국제기구를 완전히 무시한 것은 아니었다. 현실주의가 그나마 관심을 가졌던 국제기구는 정부간기구(IGO)이었으며 정부간기구 중에서도 세력균형과 관련된 국제기구에 한정되었다. 따라서 비정부간국제기구(INGO)라든가 안보문제가 아닌 다른 문제를 다루는 정부간기구는 관심의 대상이 아니었다.

앞서 언급했듯이 제1차 세계대전 후의 이상주의 경향의 국제기구 연구와 제2차 세계대전 직후 잠시 동안의 국제기구 연구는 공식적인 실체로서의 국제기구의 구조(organizational structure)에 연구의 초점을 두었고 이에 따라 국제기구의 공식적인 규칙과 절차 그리고 조직상의 특징 등이 주된 연구의 대상이 되었다. 이러한 국제기구 연구방법을 일컬어 국제기구에 대한 법적·제도적 접근이라고 한다.

그러나 현실주의 시각의 영향으로 인해 국제기구의 연구는 공식적인 기구(formal organization)의 연구로부터 국제기구의 정치적인 측면에 대한 연구로 연구의 중점이 옮겨갔다. 안보리의 거부권(veto power)에 대한 연구와 총회에 있어서의 블록투표(bloc voting)에 대한 연구가 이러한 예에 속한다. 국제기구의 연구가 현실주의자들에 의해 평가가 절하되기는 했으나 국제기구의 구조적인 특징을 위시한 공식적인 제도(formal institution)에 대한 연구로부터 제도적인 과정(institutional processes)으로 연구의 중점이 옮겨졌다고 볼 수 있다.

2) 지역통합론

이처럼 현실주의가 국제기구 연구의 주류를 이루는 가운데 1952년과 1957년에 유럽석탄철강공동체(ECSC)와 유럽공동시장(ECM)이라는 지역통합기구가 각각 설립되면서 지역통합에 대한 이론적 관심이 태동했고 1960년대 중반까지 통합의 진전과 더불어 지역통합에 관한 연구 역시 활발하게 전개되었으며 이러한 중심에 신기능주의가 있었다.

이러한 지역통합론에 대한 관심은 우선 학자들의 관심을 세계적인 현상으로부터 멀어져 지역적인 수준(regional level)으로 이동하도록 했다. 이에 따라 자연스럽게 유엔과 같은 보편적인 국제기구로부터 유럽공동체(EC)와 같은 지역통합기구로 관심이 이동하였다.

또한 지역통합론에 대한 관심으로 인해 국가 중심적 견해로부터 탈피하여 비국가적 관계가 강조되기 시작했으며 그 결과 정부간기구뿐만 아니라 비정부기구(NGO)·비정부간기구(INGO)·초정부기구(TGO)·정치집단·개인적 시민의 중요성을 인정하는 견해로 이동했다.

4. 1970년대: 상호의존론의 등장과 현실주의·지역통합론의 퇴조

1960년대 말부터 시작된 동서 간의 냉전구조의 퇴조와 데탕트의 도래·월남전에서의 미국의 군사적인 패배·유럽과 일본의 경제적 도약 등에 의한 미국 패권의 상대적 퇴조 등은 국제정치에서의 현실주의의 적실성에 커다란 도전을 가했다.

또한 국제무역량의 급격한 증가와 다국적기업(MNC)의 활발한 정치적 역할 등은 군사·안보문제가 아닌 경제문제의 중요성을 부각시켰고 이와 더불어 비국가적 행위자(non-state actor)의 역할의 중요성을 일깨웠다. 1960년대에 신생 독립국들이 국제사회에 대거 진입하고 선진국들이 고도성장을 경험하면서 국제사회 전체가 시급하게 대응하여야 할 문제로서 환경오염·인구과잉·식량부족·자원고갈 문제 등이 거론되었다.

이러한 일련의 상황변화는 세계는 상호의존적이고 거미줄처럼 복잡하게 얽혀 있다는 인식을 가져다주었다. 이러한 인식과 더불어 코헤인과 나이(Robert O. Keohane and Joseph S. Nye)는 1977년에 출간된 「권력과 상호의존: 전환기의 세계정치(Power and Interdependence: World Politics in Transition)」라는 책을 통해 국가 중심적인 현실주의 패러다임의 불충분성을 지적하면서 자유주의 국제정치이론의 하나로서 상호의존론(theory of interdependence)을 제시했다.

국제기구 연구와 관련하여 상호의존론은 이제까지 국제기구 연구에 있어서 지배적인 위치를 점해온 현실주의 경향의 쇠퇴를 가져왔으며 이와 더불어 지역통합론의 쇠퇴 역시 가져왔다. 이러한 상호의존론의 영향을 좀 더 구체적으로 살펴보면 다음과 같다.

첫째, 상호의존론은 국가 중심적인 현실주의에서 벗어나 국제기구를 비롯한 비국가적 행위자(non-state actor)에 관심을 두었으며 국제기구라는 개념을 새롭게 정의하고자 했다. 구체적으로 이들은 이제까지 통합이론에 의해 통합을 위한 매개자와 궁극적인 국제질서의 창출자로서 간주되어 온 공식적이고 지속적인 구조를 갖고 있는 물적 실체라는 국제기구 정의로부터 탈피하여 국제기구를 「공식적인 제도와 관계있는 정부 간 및 초정부적 연계망의 군집」이라고 정의했다.[2)]

둘째, 상호의존론은 국제기구에 대한 새로운 정의와 더불어 국제레짐(international regimes)이라는 개념을 새롭게 소개하였다. 구체적으로 상호의존론은 국제체제의 특징을 복합적 상호의존(complex interdependence)으로 규정하고 이러한 상호의존 속에서 국가들은 상호이익을 위해 다양한 쟁역에 걸쳐 협력을 하게 되며 이러한 협력의 증대는 이를 유지할 제도를 필요로 한다는 인식을 하고 이러한 상호의존의 제도화(institutionalization)의 측면에 주목하였다.

---

2) Robert O. Keohane and Joseph S. Nye, *Power and Interdependence: World Politics in Transition* (Boston: Little Brown, 1977), p. 240.

이러한 상호의존의 제도화의 측면에 대한 분석을 위해 제도화된 집단적인 행태 혹은 명시적인 조직을 수반할 수도 그렇지 않을 수도 있는 기대하는 바가 수렴하는 인정된 패턴이라고 정의되는 국제레짐이라는 개념을 도입했다.

이러한 점에서 상호의존론은 뒤이어 등장한 국제레짐론에 토양을 제공한 셈이다. 그러나 국제기구에 대한 논의로부터 멀어진 국제레짐론과는 달리 여전히 국제기구의 역할과 기능에 대해 관심을 두고 있었다는 점에서 이들은 구분이 된다. 이런 의미에서 상호의존론은 국제기구라는 국제제도에 중점을 둔 통합이론과 국제레짐이라는 국제제도에 중점을 둔 국제레짐론의 중간점에 있었다고 볼 수 있다.

상호의존론에서 언급된 국제레짐이라는 개념은 국가행동에 영향을 미치는 독립변수로서의 위상을 차지하기보다는 어떻게 형성되고 변화되는가의 설명을 요하는 종속변수였던 것을 특징으로 한다. 이러한 특징이 국제레짐을 독립변수이자 종속변수로서 취급한 국제레짐론과 구별되는 점이다.

셋째, 상호의존론은 지역 규모의 통합이론과 통합에 대한 관심을 퇴조시켰다. 1960년대의 지역통합론으로 인해 우리들의 관심이 유엔의 연구와 같은 세계수준의 연구로부터 지역 수준으로 이동한 것에 대한 반전이 이루어졌다.

1970년대 중반 통합이론을 이끈 하스(Ernst Haas)는 지역통합의 이론화는 더 이상 하나의 독특한 지적인 추구로서 이득이 없다는 선언을 했다. 그는 지역통합론이 더 이상 현실에 적합하지 않게 된 이유로서 지역통합론이 시급한 해결을 요하는 전 지구적 의제(global agenda)를 다루고 있지 않으며 복합적인 상호의존으로 인해 역외의 힘(extra-regional forces)이 지역 수준에 있어서의 제도의 수립을 어렵게 한다는 것을 지적했다.

5. 1980년대: 신현실주의 이론과 국제레짐론/신자유주의적 제도주의 이론의 대립

1970년대 말과 1980년대 초의 이란의 미국대사관 점거·소련의 아프가니스탄 침공·레이건 행정부에 들어와서 본격화된 동서 간의 대립과 방위예산의 증가 및 핵무기의 현대화 등과 같은 일련의 상황변화는 현실주의 이론의 적실성을 다시 부각시키면서 신현실주의 이론의 전면 부상을 가져왔다. 신현실주의 이론은 국제기구에 대해 앞서 언급한 현실주의 이론과 견해를 같이 한다.

그러나 신현실주의 이론의 분석과는 달리 1980년대의 국제정세는 1950년대의 냉전시대로의 복귀나 나아가 1930년대와 같은 국제체제의 붕괴로 이어지지 않고 국가 간의 협력이 일정한 정도 유지되었다. 이러한 상황은 국가 간의 대결과 갈등을 강조하는 신현실주의 이론의 적실성에 의문을 던지고 국제레짐론과 신자유주의적 제도주의 이론의 등장을 가져왔다.

이로써 1980년대는 미소 간의 대립으로 새롭게 등장한 신현실주의 국제정치 이론과 이에 대한 도전으로 등장한 국제레짐론과 신자유주의적 제도주의 이론 사이의 격렬한 논쟁을 그 특징으로 한다. 여기에서는 후자인 국제레짐론과 신자유주의적 제도주의 이론이 국제기구 연구에 미친 영향을 중심으로 살펴보고자 한다.[3)]

1) 국제레짐론

일단의 국제기구 연구자들은 유엔과 같은 공식적인 국제기구(formal international organization)가 지속적인 다자간 상호작용을 가장 잘 드러내는 것이기는 하나 중앙정부가 부재한 국제체제에서 질서와 협력의 패턴을 창출하는 국제거버넌스(international governance)의 과정이란 이러한 공식적인 구조를 가지고 있는 국제기구에 한정되어 있지 않다는 생각을 하게 되었다. 그 결과 국제기구 연구 분야가 이제까지의 유엔과 같은 정부간기구를 넘어 확장되어야 한다는 주장이 제기되었다.

이러한 맥락에서 상호의존론에 의해 소개된 국제레짐에 관한 논의가 1980년대에 본격적으로 전개되었다. 앞서 언급했듯이 상호의존론에 있어서 국제레짐은 국가의 행동에 영향을 미치는 독립변수로 취급되지 않고 어떻게 하여 생성되는가와 같은 설명을 요하는 종속변수로서 간주되었으나 국제레짐론에 있어서 국제레짐은 종속변수이자 독립변수로서 간주되었다.

국제레짐론의 본격적인 전개로 국제기구의 연구는 공식적인 조직체로서의 연구에서 벗어나 국가 간의 협력과 갈등의 패턴에 대한 연구로 광범위하게 정의되

3) 국제레짐론을 신자유주의적 제도주의 이론과 구별하지 않고 동일한 것으로 부르는 경우가 많으나 신자유주의적 제도주의 이론이 국제레짐 이외의 국제제도에 대해서도 관심을 두고 있는 데 반해 국제레짐론의 경우 국제레짐에 집중한다는 점을 고려하여 구별하기도 한다. 여기에서는 두 논의를 구별하고자 한다. 이와 관련하여 주의할 것은 신자유주의적 제도주의 이론이 국제레짐 이외의 국제제도에도 관심을 두고 있는 것은 사실이지만 다른 국제제도에 비해 국제레짐에 보다 많은 비중을 두고 있음을 간과하여서는 안 된다.

었고 그 결과 국제정치의 연구와 구별할 수 없게 되었다. 다시 말해 국제레짐론은 공식적인 조직체인 국제기구(international organizations)가 아닌 보다 포괄적인 개념인 국제조직화(international organization)에 연구의 초점을 두었으며 그 결과 전통적인 국제기구에 대한 관심으로부터 멀어져 갔다.

국제레짐론은 구체적으로 다음과 같은 논의를 불러일으켰다. 우선 공식적인 기구(formal organizations)가 합리적인 경영을 위한 효율성을 증진시킴으로써 다른 형태의 조직화를 대체할 것이라는 입장에 대항하여 공식적인 구조가 사회질서를 창출하는 가장 효율적인 조직화의 형태일 필요는 없다는 입장의 강화를 가져왔다.

둘째는 국제레짐 연구의 중요성을 인정하는 한편 국제레짐론이 경시하는 국제레짐이 갖는 조직적인 특징(organizational features)에 대한 연구를 할 필요가 있다는 주장을 제기시켰다. 즉 모든 국제레짐이 공식적인 기구나 조직을 필요로 하는 것은 아니라는 전제하에 국제레짐과 국제기구 간의 관계를 연구할 필요성이 제기되었다.

2) 신자유주의적 제도주의 이론

코헤인은 이러한 국제레짐론에서 나아가 1984년에 출간된 「패권 이후(After Hegemony)」라는 책을 통해 신자유주의적 제도주의 이론(neo-liberal institutionalism)을 성립시켰다. 신자유주의적 제도주의 이론은 국제레짐 이외의 정부간기구(IGO)와 비정부간기구(INGO)를 포함하는 국제기구와 더불어 상호주의(reciprocity)처럼 국제레짐과 같은 기능을 하는 비공식적 국제규범을 국제제도로 총칭하면서 이들이 국제적 결과에 미치는 영향과 이들의 형성에 중대한 영향을 미치는 요인들에 대한 연구를 활발하게 전개했다.

6. 1990년대-현재: 다양한 이론의 공존

1980년대는 앞서 살펴보았듯이 중앙정부가 부재한 국제체제에서 질서와 협력의 패턴을 창출하는 국제 거버넌스(international governance)에 연구가 집중되면서 공식적인 구조를 가진 국제기구에 대한 관심이 약화된 시기였다.

냉전이 종식된 후 비정부기구(NGO)를 비롯한 비국가적 행위자들의 역할이 강화되는 가운데 글로벌 거버넌스(global governance)라는 관점에서 국제사회의 문제를 바라보고자 하는 시각이 등장했다. 이러한 관점은 공식적인 조직체로서의 국제기구를 글로벌 거버넌스에 관여하는 다양한 행위자 중 하나로 간주하고 있다.

탈 냉전기에 접어들어 이념적인 논쟁이 쇠퇴하고 일국의 노력만으로는 해결될 수 없는 국제적 이슈들이 대거 등장하면서 국제기구의 수가 증가하고 그 역할이 강화되었다. 이러한 국제기구의 수의 증가와 역할의 강화는 과거에 국제제도 중 국제레짐에 상대적으로 많이 쏠려있던 관심을 국제기구에 불러들이는 역할을 했다. 이러한 변화는 이 시기에 새롭게 탄생한 국제기구 연구 분야의 저널인 「Global Governance」에 게재된 글들의 내용에서 찾아볼 수 있다.

같은 맥락에서 국가들은 왜 국제기구를 통해 행동하려고 하는가와 같은 연구주제에 관심을 쏟기 시작했으며 국제제도(international institutions)의 조직 구조(organizational structure)에 대한 관심 역시 증대하였다. 국제제도의 조직적인 구조가 국제제도에 미치는 영향에 대한 연구가 증가하고 국제제도의 조직의 설계(organizational design)를 어떻게 할 것인가가 중요한 연구주제가 되었다.

그러나 이러한 국제기구에 대한 관심은 과거와는 달리 고립되고 폐쇄된 개체로서 국제기구를 바라보는 시각에서 벗어나 다른 국제기구를 포함한 환경과 상호작용하는 유기물과 같은 존재로의 국제기구를 바라보는 조직사회학적인 시각을 특징으로 했다. 국내조직을 위시한 다양한 조직들에 대한 연구를 통해 일반화된 이론들을 적용하여 국제기구를 분석하고자 하는 경향이 강하게 드러났으며 이러한 예로서 조직사회론 · 당사자-대리인 모델 · 관료조직 이론을 들 수 있다.

이러한 이론들은 공통적으로 국제기구를 국가로부터 일정한 자율성을 지니고 있는 존재로 바라보면서 국제기구의 이러한 자율성이 어디로부터 유래되며 이러한 자율성을 가지고 국제기구가 어떤 일을 하는가를 밝히는 데에 관심을 가진다. 나아가 국제기구를 반드시 순기능만 하는 존재가 아니라 역기능을 할 수도 있는 존재로 바라보고 조직의 창설자에 의해 의도되지 않은 조직의 변화에 주목한다는 점에서도 공통적이다.

이러한 조직의 특징에 뿌리를 두고 일반화된 이론들의 등장과 활성화는 국제기구가 면하고 있는 환경의 변화와 밀접한 관계를 가진다고 볼 수 있다. 구체적으로 이러한 이론의 등장과 활성화는 냉전이 종식한 후 다자협력의 틀로서 국제기구의 수의 빠른 증가와 더불어 동일한 분야에서 활동하는 국제기구의 수가 증대되면서 이들 사이의 경쟁과 조정이 큰 문제로 등장하고 있는 것과 그 맥을 같이한다고 볼 수 있다.

국제기구가 적지 않은 문제 영역에서 과거에 비해 좀 더 많은 권위를 행사하게 된 것과도 무관하지 않다. 우선 일국의 노력만으로는 해결될 수 없으면서 해결에 오랜 기간의 지속적인 노력을 요하는 전 지구적 문제의 대거 등장은 문제해결의 장으로서 국제기구의 권위의 상승을 가져오고 이러한 권위의 상승은 국제기구를 국가의 종속물이 아닌 일정한 정도의 자율성을 가진 존재로 바라보도록 했다.

이처럼 국제기구를 좀 더 자율적인 존재로 바라보게 된 것은 국제기구의 권위의 상승에 의한 실질적인 자율성의 제고 이외에 자율성이라는 개념의 재정의가 전제되어 있다는 것에 주목해야 한다. 과거 국제기구가 국제기구 내의 강한 국가의 이해관계를 거슬러 행동하는 경우에 한해 국제기구의 자율성의 존재를 인정해온 것과는 달리 이들 이론들은 국제기구가 국가에 의해 지시되지 않은 방향으로 행동할 수 있을 경우 자율성이 존재한다고 보고 자율성이 여러 형태와 수준에서 존재할 수 있다고 본다.

조직사회론 · 당사자-대리인 모델 · 관료조직 이론 이외에 구성주의 이론 역시 냉전이 종식된 후 국제기구 연구에 활발하게 적용되기 시작했다. 구성주의 이론은 국제제도 연구에 있어서 양대 이론이라고 할 수 있는 (신)현실주의 이론과 신자유주의적 제도주의 이론이 공통적으로 전제하고 있는 합리주의를 비판하면서 국제기구의 생성 · 국제기구의 확대 · 국제기구의 영향 등에 있어서 대안적인 설명을 제시하고 있다. 구성주의 이론은 유럽연합의 연구에 특히 많이 적용되고 있다.

탈 냉전기에 접어들어 국제기구의 역할이 증대되면서 고도의 전문성을 필요로 하는 이슈들이 대거 떠맡겨지게 되자 국제기구의 의도하지 않은 실패가 증가하고 있다. 이에 따라 국제기구의 실패와 한계를 설명할 필요성 역시 증대하고 있다.

또한 냉전의 종식은 상당한 정도로 국제기구를 정치적인 논리가 아닌 효율성의 관점에서 바라보도록 했고 따라서 이러한 효율성에 기초한 국제기구 사무국의 개혁이 커다란 이슈로 부각되고 있다. 유엔 사무국의 개혁의 경우에서 보듯이 이러한 개혁의 움직임과 더불어 이에 대한 저항은 국제기구 연구자들로 하여금 국제기구의 변화(change)라는 큰 주제에 눈을 돌리도록 하고 있다. 이러한 현상들은 국제기구의 국가 종속성과 국제기구의 순기능성 등을 전제로 하는 전통적인 이론들로서는 설명하기 힘든 현상들이다.

이 시기는 또한 국제기구 연구에 있어서 계량적인 분석이 눈에 띄게 증가한 시기이기도 하다. 새롭게 정부간기구의 데이터베이스가 작성되면서 국가들의 국제기구에의 가입패턴과 이러한 개입패턴에 영향을 주는 요인 등과 같은 분석들이 통계학을 활용하여 활발하게 전개되고 있다.

제2장 국제기구 이론

냉전의 종식과 더불어 대부분의 다자협력이 국제기구의 틀 속에서 전개되고 있으며 국제기구의 수도 빠르게 증가하고 있다. 또한 국제기구는 과거 어느 때에 비해 좀 더 많은 권위를 행사하고 있다. 이처럼 다자외교와 다자제도가 국제사회의 행위자들의 상호작용의 지배적인 형태가 되고 있음에 따라 국제기구에 대한 연구의 필요성이 증대하고 있다.

이러한 환경적인 변화에도 불구하고 한국에 있어서 다자외교와 국제기구에 대한 연구는 활발한 편이 아니고 국제기구 연구를 위한 이론에 대한 관심 역시 크지 않다. 그 결과 국제기구의 현상을 설명하고 예측하는 데 있어서 이론을 적용하고자 하는 많지 않은 경우에 있어서 마저 다양한 이론에 대한 검토 없이 국제관계 전반을 설명하고 예측하려는 국제관계 이론들을 원용하는 데 그치는 경우가 많다.

따라서 여기에서는 이러한 점들을 염두에 두고 국제기구 연구에 보다 밀접한 관련성을 가지고 있는 이론들에 보다 많은 관심을 두고 집중적으로 소개하고자 한다. 이러한 이론들을 살펴보는 데 있어서 이러한 이론들의 특징과 더불어 이러한 이론들의 중점 연구주제가 무엇인가를 살펴보고자 한다.

국제기구의 분류에서 살펴보았듯이 국제기구에는 여러 종류의 것들이 존재한다. 예컨대 정부간기구라고 해도 보편적인 국제기구인가 아니면 지역적 국제기구인가에 따라 이들이 추구하는 목적과 특징이 다르다. 또한 회원국들 사이에 주권평등의 원칙이 비교적 잘 적용되고 있는 국제기구가 있는가 하면 국가 간의 차이를 인정하는 계서적인 구조를 가지고 있는 국제기구도 있다. 또한 주권국가의 단순한 집합체적 성격을 다분히 보유하고 있는 국제기구가 있는가 하면 국제기구의 초국가성이 어느 정도 발달되어 있는 국제기구도 있다. 동일한 국제기구라고 해도 국제정치체제의 변화에 따라 그 성격이 변화하는 경우도 흔히 존재한다.

이러한 다양한 국제기구의 면모에 대해 어떤 단일한 이론도 포괄적이고 체계적인 설명을 제공하기란 불가능하다. 다음에서 살펴볼 다양한 국제기구에 대한 이론들도 역시 국제기구의 여러 면모 가운데 부분적인 면모에 대한 설명만을 제공할 뿐이라는 사실을 먼저 염두에 두어야 할 것이다.

국제기구의 분석에 도움이 되는 이론들 가운데는 다른 이론들의 뿌리를 제공하고 있는 보다 본질적인 이론들이 존재한다. 대표적인 경우로서 합리적 선택이론과 공공재 이론을 들 수 있다. 따라서 이러한 이론들부터 먼저 설명하고자 한다. 이어서 (신)현실주의 이론 · 정치체제론 · 통합이론 · 상호의존론 · 국제레짐론 · 신자유주의적 제도주의 이론 · 글로벌 거버넌스론 · 조직사회론 · 당사자-대리인 모델 · 관료조직 이론 · 구조주의 이론 · 구성주의 이론을 살펴보고자 한다.[4)]

1. 합리적 선택이론(rational choice theory)[5)]

1) 특 징

합리적 선택이론은 일반적으로 국가나 개인을 기본적인 분석단위(basic unit of analysis)로 하며 이러한 행위자들의 합리성을 가정하여 이들이 자신의 이득을 극대화하는 것에 관심이 있다고 가정한다. 신현실주의 이론과 신자유주의적 제도주의 이론을 비롯한 대부분의 이론들이 행위자의 합리성을 전제로 하고 있어 이들 모두를 광의의 합리적 선택이론이라고 볼 수 있다.[6)]

이러한 합리적 선택이론은 국가만을 유일한 행위자로 간주하면서 이들의 합리성을 전제로 하고 있는 이론들과 개인과 같은 행위자를 국제사회의 행위자로 인정하면서 이들의 합리성을 전제로 하는 이론으로 양분할 수 있다. 여기에서는 국가가 아닌 개인을 분석단위로 하는 합리적 선택이론을 소개하고자 한다.

개인을 분석단위로 하는 합리적 선택이론은 국가의 대외정책 결정자인 정치가나 관료의 합리성을 가정한다. 구체적으로 이러한 합리적 선택이론은 관료들이 유권자(voters)와는 다른 개인적인 목표를 추구할 수 있고 자신이 선호하는 정책

4) 구체적인 이론에 대한 설명은 다음 논문의 내용을 보완한 것임: 박재영, "국제기구 연구이론들의 특징과 연구중점," 『국제기구저널』, 제1집(1)호 (2006), pp. 5-42.

5) Roland Vaubel, "A Public Choice Approach to International Organization," *Public Choice*, Vol. 51, No. 1 (1986), pp. 39-57.

6) 이와는 대조적으로 구성주의 이론이 이러한 합리성에 도전을 가하고 있다.

을 실행하기 위해 권력의 형태로 그들의 효용을 극대화하려 한다고 가정한다.

이러한 이론에 따르면 대외정책 결정자는 권력에 그대로 머물기 위해 다수 유권자들에 의해 선출되어야 한다는 제약 속에서 활동을 한다. 국제적인 합의나 약속 같은 것은 이러한 대외정책 결정자에게 또 다른 제약을 가져다 줄 수 있다. 따라서 대외정책 결정자는 자신을 개인적으로 만족시켜주는 합의나 자신에게 표를 얻도록 도와주는 합의 혹은 그 자신이 선호하는 국내정책을 집행하는 데 소요되는 비용을 감소시켜 주는 합의를 얻을 수 없는 한 국제적인 의사결정에 참여하려 하지 않는다고 간주된다.

이 이론에서 유권자는 개개인의 표의 비중이 너무나 작아 선거의 결과에 영향을 미칠 것 같지 않아 일정한 정도 합리적으로 무지하다(rationally ignorant)고 가정된다. 이러한 맥락에서 대외정책 결정자는 인기 있는 정책에 주목하도록 하고 인기 없는 정책을 감추며 그릇된 정보를 전파하기 위해 국제회의나 국제기구를 이용할 수 있다고 가정된다.

2) 연구의 중점

이러한 가정하에 합리적 선택이론은 합리적인 행위자로서의 대외정책 결정자가 국제기구를 어떻게 활용하는가에 연구의 중점을 둔다. 구체적으로 공모적 행태(collusive behavior)로서의 국제조정(international coordination)이나 국제기구와 회원국 간의 노동의 분화(division of labor)와 같은 문제에 연구를 집중한다. 이들을 좀 더 구체적으로 살펴보면 다음과 같다.

(1) 공모적 행태로서의 국제조정

우선 합리적 선택이론은 많은 경우에 있어서 국가 간의 공동의 의사결정을 다수 유권자를 희생한 음모(collusion)로 바라보고자 한다. 통상적으로 정치가의 권위는 국제회의(특히 정상회의)에의 참여로 인해 대중매체의 주목을 받을 경우 상승하며 정치가가 이러한 국제회의의 주최자이거나 국제회의를 이끌어 가는 지도자일 경우 이들의 권위는 더욱 상승한다. 이러한 과정을 통해 정치가는 정부 내의 경쟁자 혹은 반대편에 서 있는 다른 정치가와의 경쟁에서 앞설 수 있게 된다고 본다.

또한 국제기구나 국제회의에서 회원국의 국가에 영향을 미칠 수 있는 정책을 상호 승인함으로써 경쟁적인 국내의 정치가로부터의 비판을 억제할 수 있다고 본다. 구체적으로 말해 참여하는 정치가들은 국가 간의 집단적인 의사결정을 통해 자국 내에서 인기가 없거나 인기가 없을 정책을 국제적인 협상의 일부로서 받아들이게 함으로써 국내적인 책임을 회피할 수 있다는 것이다.

(2) 국제기구와 회원국 간의 노동의 분화

합리적 선택이론은 국제기구와 회원국 간의 노동의 분화에도 관심을 보인다. 이와 관련하여 국가의 정책결정자의 합리성과 더불어 국제기구 직원의 합리성이 가정된다. 즉 국제기구의 직원은 그들의 권력의 극대화를 추구하며 추가적인 권력과 자원에 대해 무제한적인 욕구를 지닌다고 본다.[7]

이로부터 국제기구는 그 일이 불쾌한 것인가 혹은 중요하지 않은 것인가 등에 개의치 않고 획득할 수 있는 일이라면 어떠한 일이라도 얻고자 할 것이라는 가설을 도출한다.[8] 이처럼 국제기구는 국가들로부터 불쾌하고 지저분한 일을 떠맡으려 하고 국가의 정책결정자는 이러한 일을 국제기구에 떠넘기려 함으로써 국제기구와 회원국 간에 노동의 분화가 이루어진다고 본다.

국제통화기금(IMF)을 예로 들면 IMF는 회원국 정부로부터 불쾌한 일을 떠맡아 회원국의 짐을 덜어주는 역할을 한다. 즉 IMF는 구제 금융을 제공할 때 구제금융 수용국에게 국내적으로 인기 없는 가혹한 이행조건(conditionality)을 부과하곤 한다. 이러한 불쾌한 조치의 책임을 피하기를 원하는 구제금융 수용국 정부의 정책결정자는 국내적으로 인기 없는 이러한 이행조건상의 정책을 실시함에 있어서 이러한 정책이 정부가 원해서 실시하는 정책이 아니고 IMF가 부과한 정책이라 어쩔 수 없이 실시하여야만 한다고 발뺌을 할 수 있다는 것이다.

구제 금융을 IMF가 아닌 재정적인 여력이 있는 국가가 개별적으로 제공한다고 할 때 이러한 구제 금융의 제공과 더불어 부과되는 이행조건 때문에 구제금융 제공국은 구제금융 수용국의 국민들로부터 분노를 사게 된다. IMF가 구제 금융을 제공할 경우 구제금융 대여에 수반되는 조건으로 인해 야기되는 구제금융 수용국으로부터의 민족적인 분노가 그렇지 않으면 이러한 역할을 떠맡아야만 했

7) 뒤에서 탈냉전기의 국제기구 연구이론의 하나로 살펴볼 관료조직 이론이 이러한 관점을 체계화하여 국제기구 관련 현상을 일관된 틀 속에서 바라보고자 한다.

8) 이를 일명 「지저분한 일 가설(Dirty Work Hypothesis)」이라고 부른다.

을 국가가 아닌 IMF에게 향하도록 하는 희생양의 역할을 수행한다.

또 다른 예로서 세계보건기구(WHO)를 살펴보면 WHO는 산아제한과 같은 예민한 문제를 국가로부터 넘겨받게 된다. WHO의 회원국이 WHO를 통하지 않고 개별적으로 개도국에게 인적·물적 자원을 제공하면서 산아제한 정책을 시행하고자 할 경우 도덕적이고 윤리적인 비난의 대상이 될 수 있다. WHO가 이러한 비난의 가능성이 있는 역할을 회원국을 대신하여 해준다는 것이다.

3) 결 어

위에서 살펴보았듯이 합리적 선택이론은 전통적인 국제기구에 관한 이론들과는 달리 국제기구를 헌장에 규정된 숭고한 목표를 추구하는 존재로만 바라보지 않을 뿐 아니라 정책 결정자를 공공의 이익을 추구하는 존재로만 바라보지 않는다. 그렇다고 이 이론이 국제기구를 바람직하지 않은 존재로만 바라보는 것은 물론 아니다. 이 이론은 합의된 내용과 관계없이 국제적인 합의를 그 자체로서 환영하는 순진한 국제주의(naive internationalism)에 대한 경고를 발하는 데 의미를 가진다고 평가된다.

이 이론이 보여주듯이 국제기구는 오용될 수 있으며 실제로 오용된다. 이는 어쩌다가 있는 정치가들의 부덕의 소치가 아니라 국민들을 희생으로 한 공모의 경향이 체계적으로 내재해 있기 때문이다. 이러한 공모는 그 자체로서 바람직하지 않을 뿐 아니라 바람직한 형태의 국가 간 협력을 불신하고 배제시킬 위험성 역시 갖는다.

2. 공공재 이론(public goods theory)

1) 특 징

공공재 이론 역시 합리적 선택이론과 마찬가지로 신현실주의의 패권안정론과 같은 이론의 기본을 형성하고 있는 이론으로서의 성격을 갖는다.[9] 여기에서는 공공재 이론이 국제기구 연구와 관련하여 제시하고 있는 연구의 중점이 무엇인가를 중심으로 살펴보고자 한다. 공공재 이론에 뿌리를 두고 있는 패권안정론은 신현

9) 공공재 이론의 뿌리에는 합리적 선택이 전제되어 있다.

실주의 이론 부분에서 별도로 살펴보고자 한다.

하딘(Garrett Hardin)은 「공유자산의 비극(Tragedy of the Commons)」이라는 논문을 통해 무임승차(free-riding)의 유인에 의한 공공재(public goods)의 비극적인 결말을 소개한 바 있다.[10] 공유자산의 비극 논리는 오존층과 같은 자연적인 공유자산 · 보편적인 지식과 같은 인위적인 전 지구적 공유자산 · 평화와 같은 전 지구적인 조건과 같은 국제공공재(international public goods)가 자유시장적인 기제를 통해 공급되고 유지되기 어렵기 때문에 다른 형태의 기제의 필요성을 강조한다.

공공재가 야기하는 문제를 크게 두 가지이다. 그 중 하나는 공공재의 중앙집중적 공급이 부재한 상황에서 어떤 단일한 나라도 공공재로부터 오는 이익 가운데 상당한 부분을 얻지 못하거나 사적인 혜택(private benefit)을 받지 못한다면 이러한 공공재를 공급할 동기를 갖지 못한다는 점이다. 공공재가 야기하는 또 다른 중요한 문제는 공공재란 생산비용을 부담하는 자에게만 국한되어 공급되는 것이 아니기 때문에 무임승차(free-riding)의 가능성이 존재한다는 것이다.

국제기구 연구와 관련하여 공공재 이론은 이러한 공공재의 문제를 해결할 수 있는 존재로서 국제기구를 바라보고자 한다. 구체적으로 공공재 이론은 국가들이 국제기구에게 공공재의 생산과 공급에 필요한 권한을 위임하고 재정적으로 지원하여 이러한 문제를 해결하고자 한다고 본다.

이처럼 공공재 이론은 공공재와 공공 서비스의 생산자이자 분배자로서의 국제기구의 역할에 중점을 두는 한편 국제기구를 구성하고 있는 국가들을 국제기구가 제공하는 공공재에 대해 무임승차를 꾀하는 합리적인 행위자로 바라보고자 한다.

2) 연구의 중점

앞서 언급한 바와 같이 공공재가 제기하는 문제 가운데 하나는 공공재가 중앙집중적으로 공급되지 않는 상황에서 공공재로부터 오는 이익 가운데 상당한 부분이 제공되지 않거나 사적인 혜택이 부여되지 않을 경우 공공재 공급의 동기가 없어진다는 점이다.

공공재 이론에 기반을 두고 있는 패권안정론은 패권국이 자국에게 이익이 되기 때문에 국제기구를 창설하여 이를 통해 공공재를 공급한다고 본다. 패권안정

10) Garrett Hardin, "The Tragedy of the Commons," *Science*, Vol. 162, No. 3859 (1968), pp. 1243-1248.

론은 패권이 쇠퇴하거나 국가이익이 변화할 경우 공공재를 공급하는 국제기구에 발생하는 현상에 연구의 중점을 둔다.

패권안정론은 기본적으로 이러한 상황이 패권국으로 하여금 국제기구를 통한 공공재의 제공을 주저하게 만든다고 본다. 구체적으로 미국이 유엔과 기타의 국제기구에서 지도력을 잃게 되자 분담금을 체납하거나 분담금의 감액을 꾀하는 한편 국제노동기구(ILO)와 유네스코(UNESCO)로부터 탈퇴를 결행한 것과 같은 현상이 발생된다고 본다.

국제기구는 국제통화협정(international monetary agreement) · 국제관세협정(international tariff conventions) · 국제법(international law)과 같은 공공재를 생산하고 공급한다. 위에서 언급했듯이 이러한 공공재는 일반적인 공공재와 마찬가지로 공공재의 공급이 생산비용을 부담하는 자에게만 국한되어 공급되는 것이 아니기 때문에 무임승차(free riding)의 가능성이 존재한다고 본다.

따라서 국제기구에 적용하려는 공공재 이론은 무임승차를 방지하거나 약화시키는 것이 국제기구의 효율성에 중요한 영향을 미친다고 보고 공공재를 둘러싼 무임승차를 어떻게 방지하거나 약화시킬 것인가에 연구의 중점을 둔다. 구체적으로 공공재 이론은 이를 위한 전략으로서 다음과 같이 보상(reward)과 처벌(punishment)을 통해 행위자의 선호(preference)를 바꾸어 놓을 것을 제시한다.

첫째, 공공재 이론은 국제기구가 무임승차에 대해 높은 비용을 부과할 수 있을 때 효율적일 수 있다고 본다. 따라서 국제기구가 국제적 규칙과 규제(international rules and regulations)를 설정하고 국가들로 하여금 이를 준수하도록 하는 전략을 사용할 수 있다.

둘째, 국제기구는 무임승차에 대한 또 다른 효율적인 수단으로서 국제기구에 의해 수립된 규칙을 따르는 국가에게 기구 내의 직책 · 의사결정 권력(decision-making power) · 양도성 원조(concessional aid) · 수익성 있는 사업계약과 같은 사적인 재화(private goods)를 제공하는 전략을 구사할 수 있다.

셋째, 국제기구는 무임승차를 하는 국가에게 제재를 가하고 무임승차를 하지 않고 규칙을 잘 따르는 국가에게 인센티브를 제공하는 이외에 교육과 선전을 통해 이러한 무임승차 경향을 약화시키는 전략을 사용할 수 있다.

이러한 공공재 이론은 적용의 범위가 확대되어 공공재를 공급하는 국제기구의 조직설계(organizational design)라는 좀 더 포괄적인 연구주제로까지 이어지고 있다. 공공재를 공급하는 국제환경기구의 설립과 관련하여 공공재 이론은 예컨대 다음과 같은 조직의 설계를 제시한다.

공공재 이론은 환경문제와 관련하여 중요한 행위자의 이탈(defection)을 방지하고 다양한 목표와 이해관계를 가지고 있는 주권국가들의 지지를 확보하기 위하여 최소한 초기에는 느슨한 조직의 체제를 가져야 한다고 제안한다. 또한 의사결정 방식과 관련하여 공공재 이론은 국제환경기구가 합의제(consensus)와 같은 방식을 채택하여 주권국가들에게 자신의 이익을 침해할 수 있는 결정을 방지할 수 있다는 것을 확실하게 해 주어야 한다고 본다. 이와 더불어 논의의 대상이 되는 환경문제의 범주는 초기에는 한정적이어야 한다고 본다. 구체적으로 말해 시간이 지나면서 논의의 범주가 확대될 수 있다는 기대와 더불어 초기에는 가장 중요한 환경문제에만 우선적으로 집중하여야 한다는 것이다.

3. 현실주의 이론

1) 특 징

현실주의 이론은 국제기구란 주권국가들로서 수평적으로 조직된 국제정치체제 내에 존재하며 이러한 체제의 본질적인 특성으로 인해 주권국가들은 국제기구를 포함한 초국가적 권위에 의한 결정에 그들의 동의 없이 구속되지 않는다는 점을 강조한다.

이 견해에 따르자면 많은 국제문제가 국제기구 밖에서 국가 대 국가의 관계를 통해 결정된다. 국제기구란 단지 국가의 정책결정자들에게 있어서 참여함으로써 치러야하는 비용과 이로 인해 얻게 되는 이득을 신중하게 고려한 후 참여의 여부를 결정하는 정책의 도구(instrument) 이상의 것이 아니다. 그 결과 현실주의에 있어서 국제기구는 국가들의 주권을 약화시키기보다는 강화시킨다.

현실주의 이론가들에 있어서 국제기구는 근본적으로 창설자의 수중하에 놓여 있으며 어느 한 시점에서 과반수를 형성하고 있거나 기타의 다른 방법으로 국제기구를 통제할 수 있는 회원국(들)의 이익에 봉사하도록 이용되는 국가의 종속물이다.[11)]

11) Kim R. Holmes, "New World Disorder: A Critique of the United Nations," *Journal of International Affairs*, Vol. 46, No. 2 (Winter 1993), p. 340.

국제 결과(international outcome)가 국력과 국가이익에 의해 결정된다고 보는 현실주의 이론은 국제기구에 있어서의 의사결정의 결정물이나 정책이란 자기중심적인 국가이익을 추구하는 국가들의 투쟁의 결과물로서 특정 이슈에 있어서 지배적인 위치에 있는 국가(군)의 이익의 반영으로 본다. 각국의 대표들은 자신의 이익을 관철시키기 위한 수단으로서 국제기구를 지배하려 노력하고 국제기구 내에서 타국을 자신의 편으로 만들려는 부단한 노력을 경주한다고 본다.

이처럼 국제기구는 국제기구의 과업수행에 커다란 영향력을 행사할 수 있는 강대국에 의하거나 연합 등의 방법으로 정책목표를 달성하려는 약소국들에 의해 좌지우지되기 쉬우며 이로 인해 국제기구가 독립적인 행동을 취할 가능성이란 매우 제한적이라고 본다.

이처럼 국제기구가 독립적인 행위자가 아니기 때문에 현실주의 이론은 국제정치에 있어서의 결과는 국제기구와 함께 하든지 안하든지 별 차이가 없을 것이라고 본다. 현실주의 이론은 국가와 국제기구의 관계에서 국제기구가 주권국가의 종속물로서 국익추구의 수단이 되고 있음을 보여 주는 사실로서 다음과 같은 것들을 예로 들고 있다.

첫째, 주권국가가 국제기구에 자발적으로 가입함으로써 그들 스스로 국제기구의 법규나 결정에 구속될 것을 사전에 동의했을 때를 제외하고는 주권국가는 국제기구의 결정에 구속을 받지 않는다.

둘째, 국제기구의 회원국들은 자신의 정책에 대한 통제력을 굳게 견지하려하기 때문에 국제기구는 단지 온건한 제도(moderate institution)만을 가진 기구들이다. 국제기구들이 국가정책의 목표를 실현하기 위한 수단으로서 이용되고 있다는 것은 국제기구 사무국의 제한된 권한과 사무국에 대한 주권국가들의 정치적 간섭에서 드러난다.[12)]

셋째, 국제기구에서 구속력 있는 결정의 기초로서 개개 국가의 동의를 필요로 하는 많은 경우가 존재한다. 국제연맹규약은 총회와 이사회에서의 의사결정 방식으로 만장일치제를 채택하고 있었다. 현재에도 유럽자유무역연합(EFTA)·북대서양조약기구(NATO)·아랍국가연맹(LAS)처럼 한정된 수의 회원국을 대상으로 하는 국제기구들은 회원의 자율성을 확보해 주고 이들의 요구를 최대한 반영하게 해

12) 주권국가들의 정치적 간섭이란 유엔의 경우 유엔헌장 제100조 규정에 반하는 것으로서 사무국 직원들이 본국의 요구를 추진하는 경우를 예로 들 수 있다.

주기 위해 만장일치제를 의사결정 방식으로 채택하고 있다.

국제기구에서 명시적으로 법에 의해 주어지는 거부권은 만장일치에 미달하는 결정과 모든 회원국들의 명시적 동의 없이 행동할 수도 있는 국제기구의 사무국 또는 이사회의 결정을 효율적으로 배제하여 회원국들이 원하지 않는 결정을 제지할 권한을 준다. 유엔헌장은 안보리의 상임이사국에게 이러한 거부권을 부여하고 있다.

거부권이 명시적으로 법에 의해 주어지지 않은 경우라도 실제에 있어서 묵시적인 거부권을 보유한 것으로 볼 수 있는 경우들이 존재한다. 즉 다수 국가의 목적을 실현시키기 위하여 일국 또는 일단의 국가들의 협력이 필수적일 경우에 이들 국가들이 협력을 하지 않겠다고 위협함으로써 원하지 않는 결정을 저지할 수 있는 능력에 거부권이 내재해 있다고 볼 수 있다. 예컨대 경제프로그램의 경우처럼 제안된 프로그램을 이행하는 데 특정 국가(군)의 경제협력이 필수적인 경우에 이들은 협력을 하지 않겠다는 위협을 통해 원하지 않는 결정을 사전에 혹은 사후에 저지할 수 있나.[13)]

국제기구에서 탈퇴하겠다는 위협 역시 묵시적인 거부권으로서 원하지 않는 실정이 이루어지는 것을 막는 역할을 한다. 주권국가는 그들의 가입해 있는 국제기구로부터 실제로 탈퇴하거나 탈퇴할 것이라는 위협을 가함으로써 그들이 원하지 않는 국제기구의 결정을 궁극적으로 저지할 수 있는 능력 또한 보유하고 있다고 본다.

과거 소련이 아프가니스탄에서 지속적으로 군대를 주둔시킨 것이라든가 남아프리카공화국의 지속적인 인종차별정책은 그들의 이익에 반하는 국제기구의 결정을 이행하길 거절했던 예로서 분권적인 국제체제에서 국가들은 원하지 않는 것을 끝내 하지 않을 수 있는 묵시적인 거부권을 지니고 있다는 것을 보여 준다.

넷째, 각종 국제기구에 있어서 다수결제에 의해 의사결정이 이루어지는데 이러한 결정은 법적 구속력이 있는 명령(command)이 아닌 권고(recommendation)인 경우가 훨씬 많다. 유엔의 경우 안보리(SC)를 제외하고는 어떠한 기관에 의해서도 구속력 있는 의사결정이 내려지지 않는다. 유엔총회의 결의문은 단지 권고의 효력만 지니는데 이는 경제사회이사회(ECOSOC)와 신탁통치이사회에 있어서도 마

13) Robert E. Riggs and Jack C. Plano, *The United Nations: International Organization and World Politics* (Chicago: The Dorsey Press, 1988), pp. 85-87.

찬가지이다.

국제기구에서 법적 구속력이 있는 결정이 내려진다고 해도 회원국들 사이에 상당한 정도의 합의가 존재하거나 국가들의 중요한 이익이 침해되지 않는 것에 한정되어 있다. 또한 다수결에 의해 법적 구속력이 있는 결정이 이루어지나 탈퇴가 인정되는 경우반대투표를 한 국가나 결정에 참석하지 않은 국가는 탈퇴를 통해 원하지 않는 결정에의 구속을 피할 수 있다.

다섯째, 역사적 경험을 통해 볼 때 국제기구가 주권국가에 의해 의도되지 않은 독립성을 지나치게 추구할 경우 주권국가는 이를 단순히 방치하지 않았음을 보여 준다. 예컨대 함마슐트(Dag Hammarskjöld) 제2대 유엔 사무총장은 유엔 사무총장이란 주권국가들의 견해나 바라는 바와는 상관없이 평화를 유지할 책임이 있다는 주장하에 독자적인 이니셔티브를 쥐고 의욕적인 활동들을 전개하였으나 이로 인해 주권국가로부터 공격의 대상이 되었고 그 결과 후임 사무총장의 권한이 약화되었다.

테인과 씨마트(P. J. G. Kapteyn and P. Verloren van Themaat)는 일반적인 국제기구가 기초하고 있는 다음과 같은 3가지 원칙을 제시하면서 국제기구의 주권국가에의 수단성을 간접적으로 지적하고 있다.[14] 첫째, 의사결정은 국제기구 내의 정부의 대표로 구성된 기관(organs)에 의해 이루어진다. 둘째, 구속력 있는 결정에 이르기 위해서는 만장일치를 필요로 한다. 셋째, 결정의 집행이 참여하고 있는 국가들 자신에게 맡겨진다. 이들에 따르면 이러한 원칙 개개의 것에 대한 예외들은 존재하기는 하나 이러한 원칙의 포기는 국제기구의 초국가성을 보여주는 것이라고 설명하고 있다.

2) 연구의 중점

현실주의에 있어서 국제기구는 국제정치와 강력한 국제적 행위자가 허용하는 것 이상으로 성공적일 수 없다. 탈냉전시대에도 국제기구는 주권국가의 단순한 도구로서 남아 있을 것이며 그들의 성공이나 실패는 항상 그래왔듯이 주로 국제기구에 달려있지 않고 주권국가들이 국제적인 협력이 그들 자신의 국가이익에 적

14) P. J. G. Kapteyn and P. Verloren van Themaat, in L. W. Gormley, ed., *Introduction to the Law of the European Communities: After the Coming into Force of the Single European Act, 2nd ed.* (Denver, Neth.: Kluwer, 1989), p. 2.

합하다고 믿는 정도에 달려있다고 본다.[15)]

따라서 국제기구를 중심으로 전개되는 현상을 분석함에 있어서 국제기구 자체의 연구보다는 이들을 구성하고 있는 국가들의 연구에 중점을 둔다. 이러한 맥락에서 국제기구 내에서의 구성국들 사이의 권력의 배분(distribution of power) 등에 관심을 집중한다.

현실주의가 아주 드물게 국제기구의 행태(behavior)·지속성(persistence)·개혁을 설명하려고 시도하기도 하지만 제대로 된 설명을 제공하지 못하는 한계를 보인다. 예컨대 신현실주의 국제정치 학자인 미어샤이머(John J. Mearsheimer)는 냉전의 종식과 더불어 1990년에 북대서양조약기구(NATO)와 유럽연합(EU)의 즉각적인 붕괴를 예측한 바 있고 길핀(Robert Gilpin)과 크라즈너(Stephen D. Krasner)는 관세 및 무역에 관한 일반협정(GATT)이 세계무역기구(WTO)의 형태로 제도화되기보다는 쇠락될 것을 예측한 바 있다.[16)]

국제기구에 대한 현실주의 인식은 냉전시대 미국과 소련이라는 강대국의 경쟁과 갈등으로 인해 유엔 특히 안보리의 기능이 마비되고 유엔 자체가 독자적인 존재로서의 역할을 제대로 하지 못한 현상 등에 적절한 설명을 제시한다. 그러나 냉전시대에 있어서 개도국에 대한 개발원조와 인도주의적 원조의 제공과 같은 국제기구의 역할을 설명하고 탈냉전기의 강화된 국제기구의 역할을 설명하는 데에 일정한 한계를 지닌다.[17)]

4. 정치체제론

1) 특 징

휜켈스타인(Lawrence S. Finkelstein)은 유엔을 가치의 권위적 배분을 도모하는 정치체제(political system)로 개념화하여 분석할 것을 제안하고 있다.[18)] 그는 이러

15) Kim R. Holmes, "New World Disorder: A Critique of the United Nations," *Journal of International Affairs*, Vol. 46, No. 2 (Winter 1993), p. 324.

16) Daniel L. Nielson and Michael J. Tierney, "Delegation to International Organizations: Agency Theory and World Bank Environmental Reform," *International Organization*, Vol. 57, No. 2 (Spring, 2003), pp. 241-276.

17) 국제기구에 대한 현실주의 시각이 잘 드러나 있는 저서로서 Geoff Simons, *UN Malaise: Power, Problems and Realpolitik* (New York: St. Martin's Press, 1995)이 있다.

18) Lawrence S. Finkelstein, ed. *Politics in the UN System* (Durham and London: Duke University Press, 1988).

한 개념을 유엔체제에 한정하여 적용시키고 있으나 다른 국제기구들에게도 적용될 수 있다고 보인다. 이러한 분석의 틀은 국제기구를 좀 더 동태적으로 이해하는 것을 도울 뿐 아니라 국제기구들이나 국제기구 내의 기관들을 비교하여 연구할 수 있는 틀을 제공한다.

정치체제론은 국제기구를 정치체제로 개념화하기 위해 사회를 위한 가치의 권위적 배분(authoritative allocation of values for the society)이라는 이스턴(David Easton)의 정치에 관한 정의를 다음과 같이 수정하여 확대하고 있다.

첫째, 이스턴에 있어서 어떤 행위가 정치적인 것이 되기 위한 요건으로서 성공적인 가치의 권위적 배분을 전제로 하고 있으나 정치체제론의 경우에는 성공여부에 관계없이 가치의 권위적 배분과 관련된 모든 행위 즉 이를 둘러싼 갈등과 투쟁을 정치의 정의에 포함시키고 있다.

둘째, 가치란 이스턴의 경우 사회가 추구하는 보다 높은 열망을 지칭하나 정치체제론은 관련된 행위자가 추구하는 모든 것이라고 보다 광범위하게 정의하고 있다. 관련된 행위자가 추구하는 가치라는 것은 궁극적으로 얻고자 하는 것일 수도 있고 이러한 궁극적인 것을 얻기 위한 수단이 될 수도 있다.

셋째, 이스턴에 있어서 「권위적」이란 말은 「강제적」이란 의미를 가지나 휜켈스타인의 정치체제론에 있어 이 말은 「정당한(legitimate)」이라는 의미 즉 적용대상으로부터 「적절한(appropriate)」 것으로 수용되는 것을 의미하고 있다.

정치체제론은 국제기구에서 의사결정 권력이 다수의 행위자에 분산되어 있어 가치의 배분이 개개 국가의 동의에 의해 이루어지는 경우가 많다는 점을 지적하고 이러한 국제기구의 가치배분 구조를 카플란(Morton Kaplan)의 전 단위 거부권체제(unit veto system)와 동일시하고 이를 분권화된 체제(decentralized system)로 개념화하고 있다.

정치체제론은 제한된 일부 국제기구의 현상이기는 하나 가치의 배분이 위계적으로 조직된 국내 정치체제에 있어서의 가치의 배분방식과 유사한 면을 지니고 있다는 점에도 주목하며 이러한 국제기구체제를 분권화된 체제와 구별하여 중앙집중화된 체제(centralized system)라고 개념화하고 있다.

구체적으로 국제기구에서 가치의 권위적 배분이 회원국의 표결 없이 국제기구의 행정수반(예컨대 사무총장)이나 스탭들에 의해 이루어지는 경우와 다수결에 의해 법적 구속력이 있는 의사결정이 이루어지는 경우를 전형적인 중앙집중화된 체

제로 보고자 한다.[19)]

정치체제론은 분권화된 체제와 중앙집중화된 체제라는 두 종류의 국제기구체제가 공존하고 있다는 인식하에 이들을 연장선상의 양 극단에 설정하고 이러한 양 극단의 사이에 의사결정이 중앙집중적으로 이루어져야 할지 아니면 모든 회원국의 동의를 필요로 하는 분권적인 방식으로 이루어져야 할 것인지에 대한 심각한 갈등과 긴장이 존재하는 중간지대(intermediate zone)를 설정하고 있다. 국제기구들의 실질적인 가치의 배분양식은 이러한 연장선상의 어느 지점인가에 놓여 있다고 본다.

2) 연구의 중점

(1) 행위자들이 추구하는 가치

정치체제론은 국제기구에 이처럼 두 종류의 가치의 배분 방식이 존재한다고 보고 주권국가들이 국제기구에서 무엇을 가치 있는 것으로서 얻고자 하는가에 관심을 둔다. 이들 주권국가들이 추구하는 목표(objective)는 다양한데 이러한 목표에는 민족자결 · 경제적 평등 · 인권 · 정보의 자유 · 안보 · 영토적인 통합 · 권력 · 물질적 이익 · 분배의 권위 · 특정한 규칙 · 정당성(legitimacy) 등이 포함된다고 본다.

이러한 목표는 목적(ends)과 이러한 목적을 달성하는 데 필요한 수단(means) 모두를 포함한다. 주권국가들은 어떤 특정의 목적을 그 자체로서 추구하기도 하고 혹은 다른 목적을 위한 수단으로 추구하기도 한다. 국제기구에서 정당성이라는 것은 목적으로서 때로는 특정 목적을 위한 수단으로서 주권국가들에 의해 추구되는 가치의 전형적인 예로 본다. 즉 정당성은 국제기구에서 행위자들이 추구하는 목적이 되기도 하고 과거의 규칙을 바꾸고 새로운 규칙을 만드는 데 활용될 수 있어 이러한 목표달성을 위한 수단으로 추구되기도 한다. 원칙(principles)과 규칙(rules)도 목적이 될 수 있는 동시에 주권국가들이 목적으로서 추구하는 가치를 배분하는 수단이 되기도 한다.

19) 어떤 의사결정 방식을 중앙집중식 의사결정 방식으로 보아야 할 것인가에 대해 논란의 여지가 많다. 참고로 휜켈스타인의 경우는 비록 다수결에 의해 법적 구속력을 지니지 않는 의사결정이 이루어진 경우라 하더라도 실질적으로 이러한 결정에 대한 광범위한 복종이 있을 경우까지도 가치배분이 권위적으로 일어나는 것으로 보고자 한다.

(2) 추구하는 가치의 배분과정

정치체제론은 주권국가들이 국제기구에서 추구하는 가치 있는 것이 무엇인가에 이어 이러한 가치 있는 것이 구체적으로 어떻게 배분되는가의 배분과정(allocative process)에 연구의 중점을 둔다. 구체적으로 정치체제론은 다음과 같은 것들에 관심을 두고 연구하고자 한다.

첫째, 정치체제론은 국제기구에서 행위자들이 추구하는 목표에 있어서의 차이가 국제기구의 가치의 배분과정(즉 정치과정)과 정치적 결과에 가져오는 차이와 더불어 추구하는 가치의 중요성(salience)에 있어서의 차이가 의사결정 방식에 가져오는 차이와 같은 문제에 연구의 중점을 둔다.[20)]

둘째, 정치체제론은 가치의 배분에 영향을 미치기 위한 주권국가들의 집단적인 노력에도 연구의 중점을 둔다. 이와 관련하여 국가들이 이념·이익·지역 등에 따른 블록(bloc)의 형성과 이러한 블록에 기초한 집단투표(collective voting) 등에 관심을 둔다.

셋째, 정치체제론은 약소국들이 집단적 블록투표를 통해 유엔체제 내에서 다수의 힘을 발휘하는 것에 대응하여 소수파인 선진국(들)이 개별적이거나 집단적으로 어떠한 조치를 취하는가에 관심을 둔다. 이러한 조치의 일부로서 국제기구로부터의 탈퇴·분담금 지불의 거절·새로운 의사결정제도의 도입 등의 방식을 통한 대응에 연구력을 집중한다.

넷째, 정치체제론은 국제기구의 행정수반과 스탭들 그리고 비정부간기구(INGO)를 국제기구 정치에 있어서 중요한 비국가적 행위자(non-state actors)로 보고 이들이 가치의 권위적인 배분과정에 어떻게 관여하고 영향을 미치는가에 주목한다. 특히 INGO가 인권이나 환경과 같은 문제에 있어서 정부간기구의 의제설정에 주도적인 역할을 함을 강조하고 이들 INGO가 국제기구의 중앙집중적 의사결정 방식을 지지하고 회원국에 의한 의사결정의 통제나 거부권을 감소시킬 것으로 본다.

---

20) 휜켈스타인에 따르면 추구하는 목표가 주권국가에게 중요할 경우 주권국가들은 결정에 대한 통제력을 잃지 않으려고 문제를 국제기구에 부탁하지 않거나 부탁한다 해도 거부권이나 가중표결제와 같은 방식을 통해 의사결정을 하기를 원한다. 따라서 국제기구는 분권화된 체제의 성격을 지니게 된다. 그러나 1956년 수에즈 운하 사건의 발생과 이의 해결을 위한 평화유지군(UNEF I)의 창설 과정에서 보듯이 주권국가들이 자신들만으로 해결할 수 없는 그러나 해결하여야만 하는 중요하고 시급한 문제에 당면할 경우에 중요한 문제임에도 불구하고 중앙집중적인 방식에 의한 의사결정에 의존하게 된다고 본다.

다섯째, 정치체제론은 가치가 어떻게 배분되고 있는가는 국제기구마다 다를 수 있고 동일한 국제기구라고 해도 기관에 따라 다르며 동일한 기관이라고 해도 이슈에 따라 달라질 수 있고, 동일한 이슈라고 해도 시간에 따라 달라질 수 있다고 보고 이에 대한 연구에 주력하고자 한다.

여섯째, 정치체제론은 국제기구의 가치의 배분과정을 총체적으로 살펴볼 때 일정한 진화의 방향이 있는가에 대해 관심을 가진다. 일관된 경향을 나타내고 있지 않으며 또한 해석하기 힘든 경우가 많고 심지어 국제기구의 위상 변화 방향이 진행 중이던 방향과는 정반대로 바뀔 가능성도 있다는 조심스러운 전제하에 휜켈스타인은 국제기구체제가 국가의 주권을 존중하는 분권화된 체제로부터 좀 더 중앙집중화된 체제로 점진적으로 진화해 오고 있다고 주장하고 있다.

6. 통합이론: 기능주의 이론과 신기능주의 이론

1) 특 징

통합이론의 특징을 기능주의 이론과 신기능주의 이론으로 구분하여 살펴보면 다음과 같다.

(1) 기능주의 이론

기능주의(functionalism) 이론은 1940년대와 1950년대 초에 통합이론(integration theory)의 주류를 이루고 있었던 이론으로서 미트라니(David Mitrany)의 저서인 「작동하는 평화체제(A Working Peace System)」가 효시를 이루었다.[21] 「기능주의」라는 명칭은 이 이론이 인간이나 국가의 기능적인 필요로부터 제도적인 장치가 발생한다는 아이디어에 기본을 두고 있는 것으로부터 유래된 것이다.

미트라니는 국가 간의 통합현상을 설명하기 위한 이론 가운데 하나인 연방주의(federalism) 이론의 비현실성을 지적하면서 대안으로서 기능주의 이론을 제시했던 것이다. 연방주의 이론은 기존의 여러 국가들이 국가주권의 전부 혹은 일부를 내놓아 기존의 국가를 대치하는 초국가적 조직체로서의 연방을 수립하는 데에 관심을 둔 이론이다. 즉 연방주의 이론은 주권국가의 존재 자체를 평화를 저해하는

21) David Mitrany, *A Working Peace System* (Chicago: Quadrangle Books, 1966).

요인으로 보고 정치적인 방식을 통해 주권국가를 제거하여 주로 지역적인 차원에서 단일의 지역 국가(연방)를 수립하는 것이 평화를 확보하는 길이라고 보았다.

그러나 미트라니는 주권에 대한 국가들의 강한 집착으로 인하여 국가들이 연방의 수립을 실질적으로 수용하지 않을 뿐 아니라 설혹 수용이 되어 연방이 많이 구축된다고 해도 세계는 여전히 이러한 연방 간의 경쟁을 통해 분리된 상태에 놓인다고 보아 새로운 국제질서를 위해 가장 좋은 선택이 될 수 없다고 보았다.[22]

이러한 인식하에 미트라니는 주권국가라는 존재의 폐기를 목표로 하지 않는 가운데 연방주의 이론의 지역성을 벗어나서 세계적인 차원에서 정치적인 방식이 아닌 비정치적인 방식을 통해(즉 기술적인 분야에 있어서의 협력을 통해) 정치적인 통합을 가져오는 것이 좀 더 실질적인 평화에 이를 수 있는 길이라고 생각했다. 즉 이것이야말로 제대로 작동할 수 있는 평화체제로 보았다.

통합이론으로서의 기능주의 이론은 다음과 같은 논리에 기반을 두고 있다. 현대의 사회란 복잡성이 증대하면서 기본적으로 기술적 · 기능적 사회가 되는데 이러한 사회에서 중요한 것은 국가의 안보가 아닌 국민의 복지이다. 이를 위해 많은 기술적인 문제가 해결되어야 하며 그 결과 기술자와 전문가의 역할이 중요시된다. 점증하는 문제 영역에서 개개의 정부가 그들 국민의 필요(needs)를 충분히 충족시켜줄 수 없다는 것이 점점 명백해지고 상호의존이 증가함에 따라 국가들은 기술적인 문제에 있어서의 국가 간 협력이 국가이익에 부합되는 가치 있는 것으로 바라보게 된다.[23] 따라서 국가 간의 기술적 영역에서의 교류가 확대되고 이들 사이에 다양한 문제들을 조정하기 위해 국제기구가 등장하게 된다. 독립적인 국가들의 통합이란 이처럼 특정의 기술적 분야에 권한을 가진 국제기구의 창설과 더불어 시작된다.

회원국들이 이러한 국제기구의 활동으로부터 이득을 얻게 됨에 따라 국제기구의 권한을 강화함과 동시에 하나의 기술 부문으로부터 다른 관련된 부문으로 협력을 확대하고자 하며 이로 인해 시간이 지남에 따라 국제기구의 힘이 증가한다

---

22) 연방에는 세계적인 규모로서의 연방이 있고 지역적 규모로서의 연방이 있는데 연방화의 움직임의 대다수는 지역적인 규모에서의 것이었다.

23) 연방주의 이론이 헌법적 수단에 의한 정치적 방법인데 반하여 기능주의 이론은 비정치적 분야에서의 협력을 강조하는 비정치적 방법이다. 기능주의 이론은 이처럼 국제관계에 있어서의 관심의 초점을 논쟁적인 정치적인 이슈로부터 비논쟁적인 기술상의 문제로 이전시킨다.

고 본다. 예컨대 철과 석탄으로부터 망간과 같은 관련된 부문으로까지 이러한 국제기구의 권한을 확대시킬 것이며 더불어 권한 자체를 강화시킬 것이라는 것이다.

하나의 기술 부문에 있어서의 협력이 또 다른 부문에서의 협력으로 확산되고 점차적으로 좀 더 많은 결정들이 국제기구에 이양되어 이루어지게 되면서 개개 국가의 정부들은 좀 더 큰 정치 공동체로의 통합을 추구하게 된다고 본다. 한 마디로 전쟁을 방지하고 적극적인 평화장치를 마련하기 위해서는 국제기구가 필요하며 가장 적합한 담당자는 국제적 기술전문가라는 것이다. 여기서 말하는 국제기구는 지역을 단위로 하는 국제기구가 아니라 세계적으로 조직될 수 있는 국제기구를 의미한다.

비정치적 기술적인 부문에서의 협력이 정치적인 부문에서의 통합을 가져올 것이라는 기능주의 이론의 주장에는 다음과 같은 것들이 전제되어 있다. ⅰ) 정치적 문제와 비정치적 문제는 분리될 수 있다. ⅱ) 통합에 있어서 중요한 것은 무엇보다도 비정치적 영역에 있어서의 인간의 필요와 욕구다. ⅲ) 구조적 변화가 태도나 행태의 변화를 가져온나. ⅳ) 협력은 부과되는 것이 아니라 학습되는 것이다. ⅴ) 기술적이고 비정치적인 부분에서의 협력은 점차적으로 분기(ramification)를 일으켜 나간다.

이처럼 국가의 정치적 이익과 기능적 이익이 분리될 수 있고 정치적 분쟁에 관계없이 국제기구는 만들어지며 이를 통해 평화가 달성될 수 있다고 보는 기능주의 이론에 대해 거꾸로 상대방에 대한 높은 정치적 신뢰가 기능적 협력의 전제조건이라고 반론이 제기되곤 한다. 즉 평화는 기능적 협력의 결과가 아니라 사전조건이라는 것이다.

(2) 신기능주의 이론

신기능주의(neofunctionalism) 이론은 1950년대와 1960년대에 있어서의 통합이론의 주류를 형성하고 있던 이론으로서 기능적인 협력이 정치통합으로 자동적으로 이어질 것이라는 기능주의 이론의 예측이 실현되지 않자 이러한 현실을 설명하기 위한 필요성에 의해 등장했다. 이러한 신기능주의 이론은 하스(Ernst Haas)에 의해 주도되었다.

신기능주의 이론은 기본적으로 기능주의 이론의 논리를 그대로 받아들인다. 그러나 기능주의가 파급효과를 학습을 통해 무의식적이고 자동적으로 이루어지는 것으로 보는데 반해 신기능주의 이론은 이러한 학습에 의한 파급이란 정치적인 의지(political will)를 필요로 한다고 본다는 데 큰 차이가 존재한다.

신기능주의 이론은 우선 기술적인 분야에 있어서의 협력의 경험이 학습을 통해 좀 더 큰 정치연합으로 귀결되기 위해서는 기능주의 이론이 소홀히 한 정치의 역할이 회복되어야 한다고 보아 기술적 요소에 정치적 요소를 더해 기능주의 이론을 보완하고자 했던 것이다. 이처럼 신기능주의 이론에 있어서 통합이란 본질적으로 정치적인 현상인 것이다.

이처럼 신기능주의 이론은 확산이 자동적으로 이루어지는 것이 아니라 정치적인 행위자들의 욕구(desire)라는 의도성이 있어야 한다고 보았다. 기술적 · 비정치적인 부문에 있어서의 통합을 경험하고 관찰하였던 사람들이 또 다른 분야에서의 통합을 의도적으로 시도함으로써 통합이 확산될 수 있으며 궁극적으로 새로운 초국가적 제도에 의해 새로운 중심체가 형성되어 충성심의 전이로 인해 통합이 가능하다고 본다.

연방주의 이론은 정부의 지지를 통합의 결정적인 기초로 본다. 기능주의 이론은 사적이고 자발적인 비정치적 그룹(전문기술자)을 통합의 주요한 행위자로 바라본다. 신기능주의 이론은 이들과는 달리 공적이고 정치적인 집단과 관료집단을 통합의 주된 행위자로 본다. 즉 신기능주의 이론은 기술적 통합과 정치적 통합 사이에 매개변수로서 단순한 전문기술자가 아닌 통합에 의해 그들의 이익이 영향을 받게 되는 압력단체 · 정당 · 정부기관 등의 민간 엘리트와 관료 엘리트들의 명분 아닌 실리에 기초한 의도적인 정치적 선택이 개재된다는 것이다. 신기능주의 이론은 이처럼 이들 행위자들이 의사결정에 참여하여 논의하는 소위 정치화 과정(politicization process)을 강조한다.

신기능주의 이론의 서유럽 통합전략은 기술적인 문제를 다루기 위한 국제기구의 창설과 더불어 시작된다. 이러한 국제기구는 자기중심적 이익에 의해 움직이며 사적 · 비정치적 부문이 아닌 공적 · 정치적인 부문을 대표하는 유로크래트(Eurocrats)를 국제적으로 조직화하고 이들을 점차적으로 관여시켜 더 이상의 통합에 대한 지지를 이끌어냄으로써 궁극적으로 정치적인 통합으로 이어지도록 한다는 것이다.[24] 이처럼 신기능주의 이론에 있어서 통합이란 유로크래트의 확신을 갖는 욕구(convinced desire)에 의존한다고 보아 신기능주의적 국제기구는 유로크

24) 유로크래트(Eurocrats)란 유럽의 정치 엘리트와 이익단체들을 의미한다.

래트의 관심과 공감을 얻을 수 있는 프로그램을 가지고 있어야 한다.

미트라니의 기능주의 이론은 세계적 규모로 조직된 국제기구와 회원국의 보편성을 강조하는 데 반해 하스의 신기능주의 이론은 지역적 규모로 조직된 국제기구와 회원국의 지역성을 강조한다는 점에서 차이가 존재한다. 신기능주의 이론의 특징을 간단히 요약하면 다음과 같다.

i) 정치로부터 기술적인 업무를 그리고 권력으로부터 복지를 분리할 수 없다고 본다. ii) 통합을 위해 정치 엘리트의 역할을 부각시키며 엘리트의 의식적 통합 노력을 강조한다. iii) 정부를 거치지 않고 기술을 통한 통합을 주장하는 기능주의 입장과 대조를 이룬다. iv) 국제기구의 창설을 의도적으로 조장하여 통합 수단으로 사용한다. 즉 통합은 국가 간에 사전에 어떤 제한된 분야에서나마 초국가적인 기구의 설치에 의해 시작되어야 한다.

2) 연구의 중점

기능주의 이론과 신기능주의 이론은 왜 주권국가가 국제기구를 창설하고 이에 가입하며 그 결과는 무엇인가에 주요한 연구의 중점을 둔다. 따라서 이들 이론들은 모든 국제기구는 아니지만 많은 국제기구가 왜 창설되며 어떻게 성장하는가에 대한 부분적인 설명을 제공한다.

기능주의 이론은 왜 정부간기구(IGO)가 창설되고 국가들이 이에 가입하는가에 대해 국가 내부에 있어서의 정치참여의 확대와 심화 그리고 지속적인 기술의 발달을 그 이유로 제시하고 있다. 구체적으로 생활수준의 향상에 주된 관심을 두는 대중들이 정치에 참여함으로써 정부는 경제복지(economic welfare)의 향상을 주된 과제로서 다루어야 한다. 기술이 이러한 경제적인 복지를 향상시킬 수 있는 강력한 수단이 되며 국가 간 협력이 이러한 기술이 제공하는 기회를 국가들로 하여금 최대한 이용할 수 있도록 한다. 국제기구란 바로 이러한 국가 간 협력을 위해 창설된다고 본다.

제이콥슨 등(Harold K. Jacobson, William M. Reisinger, and Todd Mathers)은 기능주의가 정부간기구의 창설과 성장에 대해 일반적인 설명을 제공하는 것은 사실이지만 인류의 대량학살을 초래한 전쟁과 탈식민지화(decolonization)의 여파 속에서 새로운 질서를 창출하기 위한 노력 역시 국제기구의 창설과 성장에 중요한 역할을 했다고 본다. 또한 국가 내부에 있어서의 발전 즉 사회문제에의 정부의 주목 역시 중요한 요인으로 보고자 한다.[25)]

기능주의 이론은 국제기구 가운데 국제연맹(LN)과 유엔(UN)처럼 안보가 동인이 되어 창설된 국제기구들에 대해서는 적절한 설명을 제공하지 못하는 한계를 가진다. 또한 유럽 이외의 지역에서 통합의 진전이 제대로 이루어지고 있지 않은 현상 등을 적절하게 설명하지 못하여 정치적 신뢰가 기능적 협력의 전제조건이라는 반론에 직면하기도 한다.

7. 상호의존론

1) 특 징

상호의존론은 현대의 국제체제의 특징을 복합적 상호의존(complex interdependence)으로 보고 이러한 상호의존 속에서 개개 국가들은 다양한 쟁역에 걸쳐 정책협조를 하는 것이 상호 이익이 되며 이러한 정책협조의 증대는 이것을 유지할 제도를 필요로 한다고 본다.

상호의존론은 이러한 상호의존의 제도화에 주목하여 이의 분석을 위해 「제도화된 집단적인 행태(institutionalized collective behavior)」 혹은 「명시적인 조직을 수반할 수도 그렇지 않을 수도 있는 기대하는 바가 수렴하는 인정된 패턴(recognized patterns around which expectations converge, which may or may not be accompanied by explicit organizational arrangements)」이라고 정의되는 국제레짐(international regimes)이라는 개념을 도입했다. 이 개념이 나중에 국제레짐론에 의해 본격적으로 논의되면서 연구의 중심이 국제기구에서 국제레짐으로 기우는 계기가 되었다.

상호의존론은 복합적인 상호의존을 특징으로 하는 국제체제에서 이러한 국제레짐의 형성에 국가 이외의 행위자로서 국제기구의 역할이 중요해진다고 본다. 구체적으로 상호의존론은 국가 간 그리고 국제사회 간에 상호의존이 심화되면 이들 사이에 군사력을 사용할 가능성이 적어지고 이에 따라 군사력이 아닌 다른

25) Harold K. Jacobson, William M. Reisinger, and Todd Mathers, "National Entanglements in International Governmental Organizations," *American Political Science Review*, Vol. 80, No. 1 (March, 1986), pp. 141-159.

영향력의 수단으로서 국제기구가 중요한 역할을 한다고 인식한다. 또한 국가 간 그리고 국가사회 간의 상호의존이 심화되면 이러한 상호의존 관계에 질서를 부여할 필요가 커지며 이를 위해 국제기구가 중요한 역할을 한다고 인식한다.

상호의존론을 제시한 코헤인과 나이는 전통적으로 정의되어 온 공식적이고 지속적인 구조를 갖고 있는 물적 실체라는 국제기구 정의로부터 탈피하여 국제기구를 「공식적인 제도와 관계있는 정부 간 그리고 초정부적 연계망의 군집(clusters of intergovernmental and transgovernmental networks associated with the formal institutions)」이라고 정의하고자 했다.[26]

2) 연구의 중점

상호의존론은 기본적으로 국제기구와 비정부기구 등 비국가적 행위자의 국제정치에 있어서의 역할에 주목함으로써 국가만이 유일한 지배적인 행위자라는 현실주의의 가설을 완화시켰다.

이러한 맥락에서 상호의존론은 상호의존을 특징으로 하는 국제체제에서 국제결과(international outcome)와 국제레짐의 형성에 비국가적 행위자의 하나인 국제기구가 어떠한 영향을 미치는가에 기본적인 관심을 둔다. 이러한 관심하에 상호의존론은 국제기구에서 강대국의 이익이 약소국의 이익을 유린하는 것이 아니라 오히려 국제기구는 협력을 유도하며 약소국의 정치적 행동의 무대가 됨으로써 약소국이 이익을 얻는다는 주장을 제기했다. 즉 군사적인 힘이 차지하는 비중이 작아짐에 따라 강대국에 있어서 이슈 간의 연계가 더 어렵게 되는 반면에 약소국들은 제휴하고 표를 동원하는 등의 방법을 통해 국제기구를 자신들을 위한 정치활동의 무대로 이용할 수 있다고 보았다.

상호의존론은 국제기구를 단순히 국가에 의해 설립된 국가에 순종하는 도구로 보지 않고 정부의 통제를 벗어나 제한적 의미이긴 하나 자율성을 갖는 행위자로 본다. 이러한 자율성을 국가 관료조직의 분절화의 맥락에서 이해하고자 한다. 구체적으로 상호의존론은 국내 관료조직의 분절화가 국제기구로 하여금 관련된 개개 정부 관료부서와 명시적 혹은 묵시적인 연합을 형성하기에 좋은 상황을 제공함으로써 국제기구의 자율성을 증가시킴을 지적하고 있다.[27] 자율적인 혹은 준자

26) Robert O. Keohane and Joseph S. Nye, *Power and Interdependence: World Politics in Transition* (Boston: Little Brown, 1977), p. 240.

율적인 국제기구란 국제적인 수준에서의 개개 정부의 부서이익의 투영의 결과물로 보고 있다.[28] 국내 관료조직의 분절화 현상은 또한 유엔체제를 중앙집중화하려는 다양한 시도에 국제기구들이 저항할 수 있게 해준다고 본다.[29]

상호의존론은 또 다른 종류의 비국가적 행위자인 비정부기구(NGO)와 비정부간국제기구(INGO)가 주권국가와 독립적인 관계 속에서 중앙정부로부터 통제를 받지 않고 국경을 넘어 정부간기구(IGO)의 의사결정에 독립된 역할을 행하며 영향력을 미치고 있는 것에 주목하고 구체적으로 어떠한 영향을 미치는가에 연구의 중점을 둔다.

상호의존론은 또한 비정부기구들과 비정부간기구들이 정부간기구와 직접 상호작용하거나 나아가 이들과 연합을 형성함으로써 자신의 자율성을 행사하고 이로써 주권국가의 자율성을 제한하는 비국가적 행위자로서의 역할을 하는 것에 연구의 중점을 둔다.

상호의존론은 중앙정부의 통제에서 어느 정도 벗어나 자율성을 행사하는 정부기관을 국제정치에 있어서 중요한 행위자로 간주함으로써 국가란 더 이상 하나의 통일된 목소리를 내는 통합된 행위자(unified actor)가 아닌 분절된 행위자(fragmented actor)로 구성되어 있다고 인식한다. 이러한 인식은 국가란 통합된 행위자라는 현실주의 가정을 완화한 것이다.

구체적으로 상호의존론은 국가 간 상호의존의 증가에 따라 전통적으로 국내일에 주된 관심을 갖고 있던 일국 내의 개개 정부기관이 점차적으로 국제기구를 비롯하여 외국의 상응하는 정부기관 등을 포함한 다양한 국제적인 행위자들과 직접적인 접촉·상호작용·연합 등을 통해 중앙정부의 통제에서 일정한 정도 벗어나 자율성을 행사하는 것에 주목한다.

상호의존론은 구체적으로 이들 정부기관들이 중앙정부의 대외기관을 거치지 않고 유관한 국제기구와 직접 접촉하거나 상호작용을 하고 연합을 형성함으로써 국가이익의 일관된 추구를 제한하는 현상에 연구의 중점을 둔다.

상호의존론은 동일한 국가에 속해 있는 정부기관의 대표들이 자신들이 소속되

---

27) Robert O. Keohane and Joseph S. Nye, "Transgovernmental Relations and International Organizations," *World Politics*, Vol. 27, No. 1 (October 1974), pp. 42, 52.

28) Brian Urquhart, "The U.N.'s Crucial Choice," *Foreign Policy*, No. 84 (Fall 1991), p. 161.

29) Lawrence S. Finkelstein, "The Struggle to Control UNESCO," in David P. Forsythe, ed., *The United Nations in the World Political Economy* (London: Macmillan, 1992), p. 8.

어 있는 정부기관의 이해관계에 따라서 단일의 국제기구에서 동일한 이슈에 대해 제각기 다른 의견을 제시하는 현상과 국제기구 내에서 이해관계를 같이하는 각국의 정부기관들 사이에 전개되는 초정부적 연합의 수립(transgovernmental coalition-building) 등에 연구의 중점을 둔다.[30)]

8. 국제레짐론과 신자유주의적 제도주의 이론

국제레짐론이 국제제도 중에서 국제레짐에 집중하는 것과는 달리 신자유주의적 제도주의 이론은 국제레짐뿐만 아니라 국제기구까지도 포함하는 포괄적인 국제제도에 관심을 가진다. 따라서 이들을 구분하여 설명할 수도 있으나 신자유주의 제도주의가 국제기구를 포함한 좀 더 포괄적인 국제제도에 관심을 두고 있다는 것 이외에 큰 차이점이 없기 때문에 더불어 설명하고자 한다.

1) 특 징

상호의존의 시대에는 문제 영역마다 국제 결과(international outcome)로서 국가들 사이에 제도화된 상호작용의 패턴을 의미하는 국제레짐(international regimes)이 존재한다는 인식이 1970년대 후반 상호의존론(theory of interdependence)에 의해 제기된 이래 국제레짐론이 활성화되기 시작했다.

국제레짐에 대한 상호의존론의 이러한 인식은 1980년대에 들어서 국제레짐이란 무정부성을 특징으로 하는 국제체제에서 국제공동체로 하여금 질서를 유지하도록 하고 다양한 문제를 극복하도록 돕는 존재로서 그 인식이 확대되었다.

이와 더불어 「국제관계의 특정 영역에 있어서 행위자들의 기대하는 바가 수렴하는 일련의 묵시적이거나 명시적인 원칙·규범·규칙·의사결정 절차」라고 하는 국제레짐에 대한 크라즈너(Stephen D. Krasner)의 정의가 일반화된 가운데 각종 비안보 문제 영역(non-security issue area)에 적용되기에 이르렀으며 이로써 국제질서에 대한 분권적인 접근이 본격화되었다.

---

30) 예를 들어 유럽연합(EU)에서 각국으로부터 온 모든 농무장관들이 연합하여 모든 재무장관들의 연합과 대응하는 등의 현상에서 보듯이 개개 국가에서 특정 문제의 책임을 맡고 있는 각기 다른 국가로부터의 정부 관료들이 다른 문제의 책임을 맡고 있는 그들과 동일한 정부의 동료들에 대항하여 연합을 결성하는 것에 주목한다: Peter Willetts, "Transaction, Networks and Systems," in A. J. R. Groom and Paul Taylor, eds., *Frameworks for International Co-operation* (New York: St. Martin's Press, 1990), p. 265.

국제레짐론의 관점에서 국제협력이란 단지 국제법과 같은 법의 규칙 및 국제기구와 같은 공식적인 기구에 의존하는 것만이 아니고 국제레짐의 무형적인 구성요소인 일단의 원칙과 규범에도 의존하는 것이다. 이처럼 국제레짐론의 본질적인 의도는 국제법이나 국제기구를 뛰어넘어 국제협력을 가능하게 하는 내재적인 공유된 가정과 규칙 등을 이해하려는 것이다.[31] 즉 국제레짐론의 중요한 과업은 국제레짐에 대한 크라즈너의 정의가 말해 주듯이 국제관계의 주어진 특정 영역에서 행위자들의 기대하는 바가 일치하는 일련의 규칙과 의사결정 절차뿐만 아니라 원칙과 규범을 이해하려는 것이다.

국제레짐 가운데 어떤 것은 공식적인 국제기구를 가지고 있고 어떤 것은 공식적인 국제기구 없이 운용된다. 그러나 이러한 국제레짐으로의 관심의 이동은 전통적으로 있어 왔던 국제기구에 대한 관심과 이해를 국제 거버넌스(international governance)라고 하는 보다 광범위한 것에 대한 관심과 이해로 대체시킴으로써 이제까지 행해져 온 국제기구 연구를 약화시키고 나아가 국제기구의 정체성의 위기(identity crisis)까지 야기하기에 이르렀다.[32]

코헤인(Robert O. Keohane)은 1984년에 출간된 「패권 이후(After Hegemony)」라는 책에서 패권 이후의 국가 간 협력문제에 관심을 두고 국제레짐 개념과 더불어 정부간기구(IGO)와 비정부간기구(INGO)를 포함하는 국제기구와 상호주의(reciprocity)처럼 국제레짐과 같은 기능을 하는 비공식적 국제규범을 국제제도(international institutions)로 총칭하면서 신자유주의적 제도주의 이론을 성립시켰다.[33]

1980년대 말 독일의 통일과 더불어 시작되고 소련의 붕괴로 본격화된 냉전의 종식과 유럽통합의 진전은 신자유주의적 제도주의 이론에 대한 관심을 증대시켰고 과거 비안보적 문제 영역(non-security issue area)에 국한되었던 신자유주의적 제도주의 이론의 분석대상을 안보 문제 영역(security issue area)으로까지 확장시키는 중요한 계기가 되었다. 이러한 경향은 탈 냉전기에 접어들어 민주주의라는

---

31) 국제레짐론은 달리 말해 국제수준에서 정부가 없는 가운데 이루어지는 거버넌스(governance without government)를 이해하려는 것이다: James N. Rosenau and Ernst-Otto Czempiel, eds., *Governance without government: order and change in world politics* (Cambridge: Cambridge University Press, 1992).

32) 국제기구의 중요성 일반과 국제기구의 중요성의 쇠퇴에 관한 글은 다음을 참조하시오: Jon McLin, "Surrogate International Organization and the Case of World Food Security, 1949-1969" *International Organization*, Vol. 33, No. 1 (Winter, 1979), pp. 35-55.

33) 이는 코헤인이 국제제도를 정의함에 있어서 국제레짐·국제기구·관습을 모두 포함하는 것으로 정의한 것과 일치한다: Robert O. Keohane, *After Hegemony: Cooperation and Discord in the World Political Economy* (Princeton, NJ.: Princeton University Press, 1984).

제도와 평화의 상관관계를 밝히고자 활발하게 논의를 전개하고 있는 민주평화론(Democratic Peace Theory, DPT)에서도 잘 드러난다.

분석대상의 확대와 더불어 질적 연구(qualitative research)를 주로 하던 국제제도의 연구방법에 더하여 계량적 연구(quantitative research)가 점차적으로 증가했다. 국제레짐 연구의 상당한 부분이 질적인 연구인 관계로 연구의 결과들이 쌓여도 이들을 과학적으로 비교하는 것이 쉽지 않았다. 그러나 점차적으로 국제레짐을 다루는 계량적인 연구가 늘어나면서 연구의 결과를 바탕으로 결과를 비교하고 대조하는 것이 가능해졌다.

신자유주의적 제도주의 이론은 국제기구를 포함한 국제제도가 거래비용(transaction cost)을 줄이고 정보의 비대칭성을 완화시키며 준 법률적인 틀(quasi-legal framework)을 제공함으로써 국가 간 협력에 중요한 역할을 한다고 본다. 신자유주의적 제도주의 이론에 있어서 국제기구를 포함한 국제제도가 중요한 역할을 하지만 국가로부터의 자율적인 행위자로서 이러한 역할을 한다고 보는 것이 아니라 국가의 행태에 대한 구조적인 제약(structural constraints)으로서만 중요한 역할을 한다고 본다. 즉 국가가 항상 국제기구를 포함한 국제제도에 의해 고도로 구속을 받는 것이 아니라 국가의 행동이 상당한 정도로 현재의 지배적인 제도에 의존한다는 의미이다.

2) 연구의 중점

전통적으로 국제기구 연구는 국제기구의 설립헌장과 조직에 대한 법적・제도적 연구라는 정태적인 연구로부터 시작하여 국제기구에 있어서의 의사결정 과정과 같은 동태적인 연구로 방향을 옮겨가면서 연구의 주된 초점이 국제기구의 성과(performance) 즉 주어진 과업을 얼마나 효율적으로 수행했는가에 두게 되었다.

국제레짐론이 등장하면서 연구의 중점이 국제기구가 아닌 국제레짐으로 옮겨가면서 국제레짐이 ⅰ) 어떻게 창출되고 유지되며 ⅱ) 왜/어떻게 변화하고 ⅲ) 어떠한 영향을 국제 결과에 미치는가의 문제로 전환되었다.[34] 국제레짐론에 의한

34) 그렇다고 초기 국제레짐 이론가들이 국제기구를 완전히 무시한 것은 결코 아니다. 이들은 비록 국제기구와 국제레짐의 존재를 동일시하지는 않았지만 국제레짐의 창출과 유지에 있어서의 국제기구의 역할에도 관심을 두었다. 국제기구 자체가 국제레짐을 구성하고 있는 요소는 아니지만 국제기구의 헌장은 국제레짐(원칙・규범・규칙・의사결정 과정)을 포함하고 있으며 국제기구의 의사결정 과정은 새로운 규범과 규칙의 창출・규칙의 집행과 분쟁의 해결・공공재의 공급・운용활동의 지원을 위해 회원국들에 의해 이용될 수 있다는 사실을 무시하지 않았다: Margaret P. Karns and Karen A Mingst,

이러한 연구의 중점 이동은 국제기구 연구의 필요성에 대한 논쟁을 유발했다.

우선 국제기구에 대한 전통적인 연구의 중요성을 강조하는 입장은 계서적이고 관료적인 구조(hierarchical and bureaucratic structures)가 합리적 경영을 위한 효율성을 증진시킨다고 보고 공식적인 구조를 갖는 기구(formal organizations)가 조직화의 다른 형태(other organizational forms)를 대체할 것이라는 것을 강조했다. 유사한 맥락에서 국제질서를 국제관계의 계서적인 조직화의 결과로 보면서 국제체제에서 계서적이고 중앙집중화된 제도(hierarchical and centralized institutions)가 국제협력과 평화를 촉진할 것이라고 기대했다.

국제레짐론에 동조하는 입장은 계서적인 기구가 사회질서를 창출하는 가장 효율적인 조직의 형태일 필요는 없다고 주장했다. 예컨대 코니베어(John Conybeare)는 국제체제의 문제들에 대한 몇몇 분권적인 해결방식을 초국가적 관료조직의 형성을 통한 문제해결 방식과 구별하고 마약문제로부터 공해문제에 이르는 많은 국제문제들이 계서적인 국제기구의 형태를 창출하지 않고도 만족스럽게 해결될 수 있다고 주장했다.[35)]

이러한 상반된 주장에 대한 절충적인 입장으로서 국제레짐 연구의 중요성을 인정함과 동시에 국제레짐론이 경시하는 국제레짐이 갖는 조직의 특징(organizational features)에 대한 연구의 필요성이 제시되었다. 이를 통해 명시적 혹은 묵시적인 규범으로 구성된 국제레짐과 공식적인 관료적 구조를 가지고 있는 국제기구와의 연관이 중요하다는 인식이 강화되었다. 이러한 인식의 강화는 유엔과 같은 다목적 기구와 국제노동기구(ILO)나 세계보건기구(WHO)와 같은 기능적 국제기구의 수가 크게 증가하고 있는 것을 무시하기 어려운 현실의 반영이라고 볼 수 있다.

이러한 입장은 어떠한 조직의 형태가 국제레짐을 가장 잘 지탱할 수 있을까에 관한 중요한 이슈들을 제기함으로써 국제레짐의 효율성을 확보하기 위한 조직설계(organizational design)에 관한 연구에 관심을 돌리도록 했다.

International Organizations: The politics and Processes of Global Governance (Boulder and London: Lynne Rienner Publishers, 2004), pp. 42-43.

35) John A. Conybeare, "International Organization and the Theory of Property Rights," in Friedrich Kratochwil and Edward D. Mansfield, eds., *International Organization: A Reader* (New York: Harper Collins College Publishers, 1994), pp. 159-174. 조직사회론과 같은 조직에 관한 사회학적 접근은 계서적인 조직이 효율성을 증대시킬 수 있는가의 여부는 조직이 면하고 있는 환경과 조직이 지니고 있는 구조가 어느 정도 적절한가에 달려 있다고 본다.

국제레짐으로 연구의 중점이 이동하는 것이 국제기구에 대한 관심을 버리는 결과를 가져와서는 안 된다는 인식이 국제레짐과 국제기구를 포함시킨 국제제도라는 개념을 가지고 국제협력을 연구하고자 하는 신자유주의적 제도주의 탄생의 배경이 되었다고 볼 수 있다.

신자유주의적 재도주의 이론의 핵심적 내용은 비록 무정부 상태가 국가들로 하여금 기꺼이 협력하려는 것을 제약하지만 국가들은 협력을 하며 이러한 협력은 국제제도의 도움으로 가능하다는 것이다. 국제제도의 중요성을 강조하기 때문에 신자유주의적 제도주의 이론을 국제제도가 어떻게 생성되고 유지되며 변화하는가를 설명하는 국제제도에 관한 이론으로 생각하는 경향이 많다. 이러한 생각이 틀린 것은 아니지만 신자유주의적 제도주의 이론은 이러한 국제제도에 관한 이론이라기보다 보다 본질적으로는 국제협력에 관한 이론이다.

신자유주의적 제도주의 이론은 무정부적인 국제체제에서 협력이 일어나는가와 협력이 일어난다면 어떻게 일어나는가와 같은 질문을 중요한 연구의 주제로 하면서 이에 답을 추구하는 이론이다. 신자유주의적 제도주의 이론은 이러한 질문에 대해 무정부 상태에서도 협력은 일어나며 이러한 협력은 국제제도의 도움으로 가능하다는 대답을 한다.

이처럼 국제제도는 국제협력을 가져오는 국제협력의 생산자이지만 다른 한편에서 국제제도는 국제협력의 반영물이기도 하다. 국제제도가 국제협력의 반영물이라는 것은 국제협력이 일반적으로 국제제도로 구체화되기 때문이다.[36] 이처럼 국제제도가 국제협력의 생산자이자 반영물이라는 양면을 지니는 것을 도체에서 볼 수 있다. 예컨대 기후변화협약이라는 국제제도는 지구온난화 이슈 영역에서 국제협력을 만들어내는 생산자이자 국제협력의 소산인 것이다. 이처럼 신자유주의적 제도주의 이론은 국제협력과 국제제도는 밀접한 관계를 지니고 있다고 보기 때문에 「신자유주의적 국제협력 이론」이라고도 불린다.

(1) 국제제도의 형성 · 유지 · 변화

신자유주의적 제도주의 이론은 국제제도의 형성 · 유지 · 변화에 대한 연구에 집중한다. 국가 간의 협력이 일어나는 조건을 이해하기 위해서는 장기간에 걸쳐

36) 우리는 이러한 맥락에서 흔히 「제도화된 국제협력」이라는 말과 더불어 「협력적 국제제도」라는 말을 사용한다.

협력의 패턴을 반영하는 국제제도가 어떻게 작동하는가를 파악하는 것도 중요하지만 어떤 조건하에서 국제제도가 발생하고 유지되며 또 변화하는가를 이해하는 것이 필요하다고 생각하기 때문이다. 국제제도의 생성·유지·변화에 대한 연구에 있어서 생성과 유지에 비해 변화에 대한 연구가 상대적으로 부진하다.

(2) 국제제도가 국제 결과에 미치는 영향

신자유주의적 제도주의 이론은 국가들이 서로 간에 의사소통을 하고 협력을 할 수 있는 능력은 인간이 만든 제도에 달려 있는데 이러한 제도는 역사와 이슈에 따라서 그 성질과 강도가 다르다고 보고 국제정치의 제도화에 있어서의 변이(variation)가 국가행동에 중요한 영향을 미친다는 것에 주요 관심을 둔다.37)

1980년대와 1990년대에 국제레짐의 수가 크게 증가하면서 학자들의 관심이 국제제도의 형성·유지·변화로부터 국제제도가 국가의 행동과 국제 결과에 미치는 영향으로 확장되었다. 즉 국제제도가 설명을 필요로 하는 종속변수로부터 무언가를 설명하는 독립변수로 활발하게 취급되기 시작한 것이다. 이러한 맥락에서 이미 생성된 국제제도가 국가의 행동과 국제 결과에 미치는 실질적인 영향이라는 국제제도의 효과성(effectiveness of international regimes)의 문제로 이동했다.38)

그러나 연구의 필요성에도 불구하고 이 분야의 연구는 국제제도의 생성·유지·변화에 대한 연구에 비해 연구의 상대적인 심도가 깊지 않다. 이는 국제제도의 효과를 어떻게 개념화하고 어떻게 경험적으로 측정할 것인가에 대한 논란이 여전히 지속되고 있는 것에서도 잘 알 수 있다.

구체적으로 국제제도의 효과성에 대한 연구는 국제제도의 효과성이 구체적으로 무엇을 의미하는가에 대한 논의를 촉발했다. 아직 국제제도의 효과성에 대해 일반적으로 수용된 정의가 존재하지 않는 가운데 이를 ⅰ) 법의 공표(legal promulgation)나 집행된 정책과 같은 산출(output)의 여부를 효과성으로 보는 경우

37) Robert O. Keohane, *International Institutions and State Power: Essays in International Relations Theory* (Boulder, San Francisco, and London: Westview Press, 1989), p. 2.

38) 이리하여 학자들은 관심을 국제레짐의 생성뿐 아니라 이미 생성된 국제레짐이 국가나 국제관계에 어떠한 영향을 미치는가에 대해서도 두게 되었다. 후자의 관점에서 볼 경우 국제레짐론이나 신자유주의적 제도주의 이론은 체제수준의 이론이다. (신)현실주의 이론이 국제체제의 성격을 무정부성으로 보고 권력의 배분 상태를 변수로 하여 국가들의 행동과 국제관계를 설명하려고 한 것과는 달리 신자유주의적 제도주의 이론은 국제체제의 성격을 제도화를 가지고 특징화하면서 이러한 제도화의 정도가 국가행동과 국제관계에 미치는 영향을 설명하고자 한다.

ii) 정치적인 행위자들의 행동의 변화와 같은 결과(outcome)를 효과성으로 보는 경우 iii) 국가의 행동이 바뀌고 이를 통해 국제제도가 궁극적으로 목표하는 문제의 해결을 효과성으로 보는 경우 등 다양하게 존재한다.

이렇게 다양한 수준에서 국제제도의 효과성이 측정될 수 있는데 이와 관련하여 유의할 것들이 있다. 우선 국제제도의 영향이 국가정책의 변화를 가져올 수 있지만 실질적인 행동이 없이 단지 정책상의 변화에 그칠 수가 있다는 점을 고려해야 한다. 이는 국가가 국제제도의 압력에 의해 구체적인 실천계획 없이 마지못해 정책의 변화만을 취할 수 있기 때문이다. 또한 이러한 정책의 변화가 실제적인 행동의 변화로 이어진다고 해도 국제제도가 궁극적으로 목표하는 문제의 해결에 미치지 못하는 경우들도 존재한다는 점 역시 고려해야 한다. 또한 정책상의 변화로까지 이어지지는 않았지만 국제제도에 의해 정책결정자의 인식에 있어서 변화가 생겼다면 이 역시 국제제도의 효과로 보아야 한다는 견해도 존재한다는 점을 고려해야 한다.

이처럼 국제제도의 효과성이 단순히 정책결정자의 인식의 변화를 의미하는지·국제레짐이 규정하고 있는 사항의 정책화를 의미하는지·국가행위의 실질인 변화를 의미하는지·궁극적인 문제의 해결인지에 대한 합의가 존재하지 않는 가운데 국제제도의 효과성을 국제제도의 준수 여부나 준수의 정도와 같은 준수(compliance)의 문제로 보는 경우가 적지 않다. 왜냐 하면 국제제도의 준수 여부와 준수의 정도는 다른 지표들에 비해 측정이 상대적으로 용이하기 때문이다. 그러나 국제제도의 준수가 국제제도의 효과성을 측정하는 데에 있어서 부실한 지표가 될 수 있다는 점 역시 고려해야 한다. 왜냐 하면 실질적인 국가행동에의 변화 없는 국제제도의 규정에 대한 준수가 있을 수 있기 때문이다.

(3) 국제제도의 효과성에 영향을 미치는 요인들

국제제도의 효과성에 대한 구체적인 연구는 어떤 요인들이 국제제도의 효과성에 영향을 미치는가에 대한 연구와 더불어 활발하게 전개되었다. 이러한 연구는 하나의 국제제도를 대상으로 하기도 했지만 복수의 국제제도를 대상으로 하여 국제제도에 따른 효과성의 차이를 비교하여 설명하고자 하는 비교연구를 통해서도 활발하게 전개되었다.

국제제도의 효과성에 영향을 미치는 요인들은 크게 두 방향에서 연구되어 오고 있다. 하나의 방향은 국제제도 외부의 특성에서 요인을 찾는 경우이고 다른 방향은 국제제도 내부의 특성으로부터 요인을 찾는 경우이다. 전자의 경우는 패권국가의 존재 여부를 비롯하여 국제제도가 다루는 문제와 이슈 영역의 구조·국제제도의 가입자 등 구성원의 특성·전반적인 경제상황과 같은 총체적인 배경적인 요인을 일컫는다.

후자의 경우는 투명성·책임성·상호성·제재·보상·검증 등 국제제도가 지닐 수 있는 국제제도 자체의 특성이 국가의 행동에 제약을 부과할 수 있다고 본다.[39] 이러한 견해는 국제제도의 준수나 강제란 오로지 힘에서 나온다고 보는 신현실주의 이론의 주장과는 달리 국제제도 자체가 독립성을 가지고 국가의 행동에 대한 제약을 부과한다고 보고 힘만으로는 국제제도에 대한 준수를 설명할 수 없다고 본다.

(4) 국제제도의 설계

국제제도 효과성의 지표의 하나로서 국제제도에 대한 준수를 가져오기 위해 국제제도가 어떠한 요소들을 포함해야 하는가에 대한 논의가 국제제도 설계라는 연구주제로서 활발하게 전개되었다. 이러한 국제제도의 설계와 관련하여 두 가지 상이한 입장이 존재한다.

그 중 하나는 국제제도의 위반은 강력한 제재의 부재에서 온다고 보고 국제제도의 준수를 확보하기 위해 무임승차하는 국가들을 처벌하기 위해 국제제도는 엄격한 제재체제(sanction system)를 지녀야 한다는 견해이다. 또 다른 견해는 대부분의 국가들은 필요한 자원의 부족으로 인해 국제제도를 위반한다는 보고 국제제도의 준수를 위해서는 재정적인 지원·기술적인 지원·교육 등을 제공하여야 한다고 본다. 전자를 「대결적인 접근(confrontational approach)」이라고 하고 후자를 「협력적인 접근(cooperative approach)」이라고 칭한다.[40]

후자의 접근을 주장하는 학자의 한 사람인 빅토(David G. Victor)는 국제환경레짐들이 구속성이 있는 장치를 포함한 결과 상당히 많은 레짐들이 피상적인 환

39) 예컨대 미첼(Ronald B. Mitchell)과 같은 학자는 기름오염에 대한 사례연구를 통해 상이한 국제규범과 입증절차(verification procedures)가 레짐의 총체적인 효과에 상이한 결과를 가져온다고 주장한다: Ronald B. Mitchell, "Regime Design Matters: International Oil Pollution and Treaty Compliance." *International Organization*, Vol. 48, No. 3 (Summer 1994), pp. 425-458.

40) Frank Biermann and Klaus Dingwerth, "Global Environmental Change and the Nation State," *Global Environmental Politics*, Vol. 4, No. 1 (February 2004), p. 10.

경협력(shallow environmental cooperation)을 양산해 내고 있음을 지적하고 국제레짐의 비구속적인 장치(nonbinding instrument)가 좀 더 융통성을 지니면서 위반에 대한 우려를 덜 제기하여 국가들로 하여금 좀 더 야심적인 목표를 설정하게 하고 광범위에 걸친 공약(far-reaching commitments)을 채택하도록 하여 그 결과 국제레짐이 효과적일 수 있음을 주장한다. 그러나 이러한 비구속적인 장치만으로는 좀 더 효과적인 협력에 이르기 어렵기 때문에 이러한 협력에 이르기 위해 고위급의 정치적인 약속(high-level political engagement)과 국가들의 실행을 검토하고 집중하는 특별한 제도를 필요로 한다고 본다.[41)]

(5) 국제제도의 복잡성

국제제도의 수가 급속하게 증가하면서 상이한 문제를 다루기 위해 창출된 국제레짐 가운데 종종 의도되지 않은 심각한 충돌을 야기하게 되었다. 이러한 현상을 가장 잘 보여주는 예로서 무역 레짐과 환경 레짐 사이에 존재하는 긴장이 언급되곤 한다.

이러한 문제를 국제레짐의 복잡성이라는 개념을 가지고 설명하고자 하는 노력들이 활발하게 전개되고 있다. 라우스티아라와 빅터(Kal Raustiala and David G. Victor)는 국제레짐의 복잡성을 특정 문제 영역을 지배하고 있는 부분적으로 중첩되고 비계서적인 다수의 국제제도(an array of partially overlapping and non-hierarchical institutions governing a particular issue area)라고 정의하고 있다.[42)] 오르시니 등(Amandine J. Orsini, Jean-Frédéric Morin, and Oran R. Young)은 국제레짐의 복잡성을 공통의 주제와 관련되어 있으며 회원의 중첩성을 보이고 효과적으로 관리되고 있든 아니든 관계없이 잠재적으로 문제가 있는 것으로 인정되는 주관적이고 규범적이며 작동적인 상호작용을 야기하는 셋 이상의 국제레짐의 연계망(a network of three or more international regimes that relate to a common subject matter; exhibit overlapping membership; and generate substantive,

41) 빅토는 동일한 맥락에서 환경협력을 위한 거의 모든 노력이 비전과 절차에 관한 것은 길고 공약(commitment)과 관련해서는 짧은 기본협약(framework convention)과 더불어 시작됨을 지적하고 있다: David G. Victor, "Toward Effective International Cooperation on Climate Change: Numbers, Interests and Institutions," *Global Environmental Politics*, Vo.l 6, No. 3 (August 2006), pp. 97-100.

42) Kal Raustiala and David G. Victor, "The Regime Complex for Plant Genetic Resources," *International Organization*, Vol. 58, No, 2 (2004), p. 279.

normative, or operative interactions recognized as potentially problematic whether or not they are managed effectively)으로 재정의하고 있다.[43]

이러한 국제레짐의 복잡성은 단순하게 갈등만을 야기하는 것만은 아니라 때때로 상호 간의 조정으로 귀결되기도 하며 나아가 관련된 모든 제도에게 도움이 되는 협력을 가져오기도 한다. 이러한 레짐 복잡성은 분권적인 국제사회에서 발생할 수 있는 것으로서 위에서 살펴본 국제레짐의 설계와 마찬가지로 국제레짐의 효과성의 문제와 관련되어 있다고 볼 수 있다.

10. 글로벌 거버넌스론(global governance theory)

1) 특 징

글로벌 거버넌스(global governance)라는 개념에 대해 일치된 정의가 존재하지 않지만 일반적으로 세계화의 진전과 급속한 기술의 발전 속에서 아직 어떠한 방식인가가 구체화된 것은 없으나 주권적인 권위(sovereign authority)가 부재한 가운데 국경을 넘어 정부 행위자와 비정부적 행위자들이 국제사회의 문제를 다루어나가는 협력적인 방식들의 총합을 일컫는다. 이러한 의미와 더불어 이들 행위자들이 세계의 문제들을 다루어 나가는 데 있어서 상충하는 혹은 다양한 이해관계가 조정되기도 하고 협력이 행해지기도 하는 지속적인 과정을 의미하기도 한다.

이러한 글로벌 거버넌스는 공식적인 방식에 의해 이루어지기도 하고 비공식적인 방식에 의해 이루어지기도 한다. 구체적으로 국제레짐과 이들의 준수 여부를 감시하기 위한 공식적인 조직에 의해 이루어지기도 하고 비공식적인 제도를 포함하기도 한다. 이러한 글로벌 거버넌스라는 관점이 등장하게 된 배경을 살펴보면 다음과 같다.

과학과 기술의 발전은 교통과 통신의 발전을 가져와 국가 간의 지리적인 거리를 좁히면서 국가의 경계를 뛰어 넘은 교류의 폭발적인 활성화를 가져왔다. 그 결과 마약의 밀거래나 돈세탁과 같은 범죄 · 에이즈와 같은 질병 · 체르노빌 원자력발전소의 방사능 누출과 같은 환경재앙 · 인구문제 · 빈곤문제 · 이민 문제 · 국경을 넘나드는 투기성 자본의 이동 등과 같은 문제들이 특정 국가 내의 문제로

43) Amandine J. Orsini, Jean-Frédéric Morin, and Oran R. Young, "Regime Complexes: A Buzz, a Boom, or a Boost for Global Governance?," *Global Governance*, Vol. 19 (2013), p. 29.

머무르지 않고 다른 국가의 국경을 침투하여 영향을 미침으로써 일국의 노력만으로는 해결되기 어렵게 되었다. 이처럼 이슈 자체가 국경을 넘어 전개됨으로써 특정 영토에 묶여 있는 주권국가들만으로는 이러한 문제들을 해결하는 것이 점차적으로 어렵게 되어갔다.

이러한 상황에 직면하여 주권국가들은 하나의 국가만으로는 해결할 수 없는 문제들과 해결능력을 여전히 가지고 있지만 효율성이 떨어지는 문제들을 자신들의 정부대표들로 구성되어 있는 정부간기구(IGO)에 떠맡겨 국가들 사이의 협력과 조정을 통해 해결하려는 경향을 보였다. 그 결과 많은 정부간기구의 영향력이 확대되고 초국가적 권위를 갖게 되었다. 이러한 방식이나 과정(즉 주권국가와 정부간기구가 중심이 되어 국제문제를 해결하여 나가는 방식이나 과정)을 「국제 거버넌스(international governance)」라고 부를 수 있다.[44)]

그러나 주권국가들은 국제문제의 해결을 위해 정부간기구의 능력을 인정하여 정부간기구로 하여금 자율성과 중심성을 더하도록 허용하는 한편 정부간기구가 회원국의 자율성을 제한하기 때문에 정부간기구의 권능이 지나치게 확대되는 것을 크게 경계한다. 즉 주권국가들은 정부간기구를 필요로 하는 동시에 이들이 자국의 이익에 반하여 원하지 않는 결정을 내릴 것에 대한 우려 때문에 큰 권한을 주기를 꺼리게 되어 정부간기구는 근본적인 한계를 가지게 된다.

이러한 이유로 정부간기구는 제한된 권능만을 가지게 되며 이러한 제한된 정부간기구의 권능 속에서 주권국가들은 국제사회 전체의 공익보다는 종종 자신의 국가이익을 우선시 하여 국익을 확보하기 위한 투쟁을 하게 된다. 그 결과 이러한 과정에서 힘 있는 국가의 이익이 우선시되는 경향을 다분히 보이고 있다. 추구하는 국가이익이라는 것도 자세히 들여다보면 자국민 전체의 보편적인 이익이라기보다는 특정 집단의 편협한 이익인 경우들이 많다.[45)]

정부와 정부간기구가 중심이 된 전통적인 국제문제 해결 방식인 국제 거버넌스의 이러한 한계에 대해 민주성의 결여 · 대표성의 결여 · 정당성의 결여 등 여러 측면에 걸쳐 다양한 조직적인 비판이 지속적으로 가해지고 있다. 다른 한편 비정부기구(NGO)를 위시한 다양한 비국가적 행위자들이 국제문제의 성격에 따라

44) 정부대표들이 정부간기구 밖이나 정부간기구를 통해 국제문제의 해결을 위해 이제까지 나름대로의 중요한 역할을 해왔다. 이러한 종류의 국제문제 해결방식을 「글로벌 거버넌스(global governance)」라는 개념과 구별하여 「국제 거버넌스(international governance)」라고 부를 수 있을 것이다.

45) 이러한 이유 때문에 보다 넓은 범위의 보편적인 이익을 추구하는 NGO들을 필요로 하게 되었다.

그 조합을 달리하면서 다양한 형태로 국제문제의 해결에 관여하고 있다.

이처럼 국제문제에 있어서 전통적인 행위자인 주권국가와 정부간기구가 해결의 주체로서의 한계를 노정하고 비정부기구와 같은 비국가적 행위자들의 역할이 강화되고 있는 상황에서 세계가 어떻게 정치적으로 작동하고 전 지구적인 문제들이 어떻게 다루어지고 있는가를 설명하는 하나의 개념적인 접근법(conceptual approach)이 필요하게 되었다. 이러한 맥락에서 글로벌 거버넌스의 논의 필요성이 등장하게 되었던 것이다.

이러한 글로벌 거버넌스라는 개념적 접근법은 중앙정부의 부재 속에서 나름대로의 국제사회의 질서의 창출과 이러한 질서의 유지를 설명하는 데에 다양한 행위자들을 종합적으로 살펴보고자 한다는 점에서 이전의 이론들이나 개념적 접근법들과 구별된다고 볼 수 있다. 국제레짐론과 신자유주의적 제도주의 이론도 무정부적인 국제사회에서의 질서라는 문제에 관심을 두고 있다는 점에서 글로벌 거버넌스와 크게 다르지 않으나 이들 이론들은 비국가적 행위자를 포함하지 않는 국제 거버넌스의 성격을 가진다는 점에서 차이가 있다.

2) 연구의 중점

글로벌 거버넌스란 원래 가치중립적인 개념으로서 앞서 언급한 것처럼 전 지구적인 문제에 대한 전 지구적인 대응의 다양한 방식 혹은 과정을 의미한다.

국내수준에서는 점차적으로 많은 수의 국가에서 정부 · 정당 · 비정부기구 · 기업 등을 포함하는 민주적인 제도적 장치를 통해 많은 문제들이 다루어져 왔는데 반해 전 지구적 차원에서는 전 지구적 공공정책 연계망(Global Public Policy Network, GPPN)과 같은 경우를 제외하고는 제도화된 협력관계가 이루어지지 않고 있다. 즉 국제사회에서는 다양한 행위자들의 참여하에 전 지구적인 문제들이 다루어지는 제도가 거의 정착되어 있지 않기 때문에 새로운 문제가 등장할 때마다 문제의 논의를 위한 틀이 새롭게 협상되어야만 하는 것이 현실이다.

이 때문에 글로벌 거버넌스론은 개념이 제대로 정립되어 있지 않은 채 국제사회의 문제와 관련하여 다양한 정부 행위자와 더불어 다양한 비정부적 행위자들이 관여한다는 원론적인 논의에서 크게 벗어나지 않고 있다. 이러한 현실 속에서 다음과 같은 것들이 중요한 연구의 중점이 되고 있다.

(1) 정부 · 정부간기구 · 비정부기구 · 기업의 협력요인[46)]

글로벌 거버넌스의 논의에서 가장 중요한 것은 글로벌 거버넌스의 주요한 행위자인 정부 · 정부간기구 · 비정부기구 · 기업 등이 협력관계를 설정하게 되는 요인으로서 이들의 지닌 강점과 약점에 대한 논의이다. 이들은 나름의 강점과 약점을 보유하고 있기 때문에 이들 사이의 관계란 상호 보완적일 수 있으며 어떤 행위자도 다른 행위자를 전적으로 대체하는 관계가 되기 어렵다.

우선 정부는 여러 행위자 중 유일하게 강제할 수 있는 권위와 힘을 보유하고 있으면서 그들의 관할권 내에 있는 사람들에게 세금을 부과할 수 있으며 규제를 가할 수 있다. 정부간기구의 경우 일반적으로 민족국가 체제(nationstate system)에 기초하고 있음으로써 회원국가의 동의와 지원하에 의사결정을 하고 행동을 취한다. 이들 정부나 정부대표들로 구성된 정부간기구는 안정성 · 지속성 · 권위라는 장점을 보유하고 있다. 그러나 이들은 모두 관료적이 되기 쉽고 행동을 취하는 데 더디며 현상유지적인 성향을 갖는 약점을 보유하고 있다. 따라서 변화하는 환경과 사람들의 필요에 더디게 반응하거나 반응하지 못하는 경우가 종종 발생하게 된다.

기업은 변화하는 경제상황이 제공하는 기회와 도전에 빠르게 대응한다. 구체적으로 기업들은 변화하는 고객의 필요와 고객이 바라는 바의 것에 신속하게 대응하는 데에 유능하다. 또한 이러한 목적을 위해 자원을 신속하게 배분하는 데에 능숙하다. 그러나 규제되지 않은 기업들은 경제적인 이득의 분배적인 측면에 취약하다. 기업들은 화폐로 산정될 수 있는 요인에 대해서는 반응을 하나 그렇지 않은 요인들은 무시하는 성향을 지니고 있다. 사회에 최대한 이로운 존재가 되기 위해서 기업들은 독점금지 · 환경보호 · 노동자 보호 등과 같은 분야에서 정부나 정부간기구에 의해 규제되어야만 한다.

비정부기구들은 정보를 수집하고 배분하는 데에 커다란 강점을 가지고 있다. 이들은 이슈들에 관심을 집중하고 이러한 이슈들의 해결을 위한 아이디어를 도출하는 데 효과적이다. 또한 공동의 가치를 구축하고 인식을 고양시킬 수 있다. 나아가 이들

46) Statement by Richard H. Stanley, President, The Stanley Foundation, at the Opening of "The United Nations and Civil Society: The Role of NGOs," 30th United Nations Conference, February 19, 1999. Quoted in The United Nations and Civil Society: The Role of NGOs: 30th United Nations Issues Conference 1999 (Muscatine, Iowa: Stanley Foundation, 1999), p. 7.

은 대의(cause)와 아이디어 그리고 이슈를 둘러싸고 제휴를 촉진하며 사람과 아이디어의 자유로운 흐름을 고무한다. 그러나 이들은 위에서 언급한 행위자들과 비교하여 조직화가 가장 덜 되어 있으며 조직화된 의사결정 과정을 가지고 있지 않다. 이들은 일정한 구성원들을 대변한다고 주장할 수 있지만 글로벌 거버넌스의 정당한 주체가 될 수 있는 외부적으로 정의된 구성원을 가지고 있다는 의미의 대표성을 주장할 수는 없다.[47]

(2) 바람직한 글로벌 거버넌스

많은 경우에 있어 글로벌 거버넌스가 제도적인 뒷받침 없이 산발적으로 전개되는 상황으로 인해 글로벌 거버넌스에 대한 논의는 현실에 기초를 둔 논의보다 규범적인 논의에 기우는 경향을 보인다. 즉 어떠한 행위자들이 과연 어떠한 자격들을 가지고 어떠한 방식으로 글로벌 거버넌스에 참여를 하는가의 현실에 대한 논의보다는 당위적인 논의에 연구의 중점이 놓인다.

다양한 글로벌 거버넌스의 형태 중에서도 바람직한 글로벌 거버넌스(good global governance)의 형태가 존재하기 마련이라는 인식하에 과연 어떤 형태의 것이 바람직한 글로벌 거버넌스인가에 대한 논의가 이루어지고 있다. 구체적인 형태에 앞서 바람직한 글로벌 거버넌스가 기초를 두어야 할 원칙에 대해 논의가 전개되고 있다.

많은 학자들이 다양한 원칙들을 제시하고 있지만 공통적으로 빈번하게 언급되고 있는 원칙들이 있다. 이러한 원칙들에는 민주성(democracy)・대표성(representativeness)・효과성(effectiveness)・책임성(accountability)・투명성(transparency) 등이 포함된다. 그러나 이러한 원칙들을 글로벌 거버넌스에 구체화시키는 데는 많은 어려움이 따른다. 민주성을 그 한 예로 들어 설명해 보자.[48]

전통적인 국제 거버넌스의 주체인 정부간기구의 비민주성이 주요한 비판의 대상이 되어 오고 있다. 예컨대 출자금의 비율에 따른 가중표결제(weighted voting system)를 채택하고 있는 국제통화기금(IMF)이나 세계은행(WB)과 같은 정부간기

47) 글로벌 거버넌스론과 관련하여 문제점의 하나로서 지적할 수 있는 것은 정부・정부간기구・비정부기구・기업 이외에 국제사회에서 중요한 행위자로서 부상하고 있는 지방정부(지방자치단체)가 포함되어 있지 않다는 점이다.

48) 보다 자세한 논의는 다음을 참조하시오: Reginald Dale, "*A New Debate on 'Global Governance'*" http://www.iht.com/IHT/RD/00/rd072500.html (검색일: 2018. 12. 5).

구는 미국을 비롯한 소수의 선진국들에 의해 의사결정이 지배되는 대표적인 정부간기구로서 많은 개도국들에 의해 민주성의 결여(democratic deficit)를 비판 받고 있다. 이러한 비민주성을 극복하기 위해 각 주권국가들이 동일한 발언권을 가지고 참여하는 글로벌 거버넌스의 현실성과 실효성에 의문이 제기된다.

유엔총회가 일국일표제를 채택함으로써 주권국가들의 형식적인 평등이 확보되었지만 총회의 의사결정은 법적 의무를 수반하지 못하고 권고에 그치고 있는 현실을 생각해 볼 필요가 있다. 의사결정 과정이 민주화될 경우 글로벌 거버넌스는 유엔총회처럼 비효율적인 의사결정으로서 어떠한 심각한 문제도 해결할 수 없는 것으로 전락하고 말 것이라는 우려가 제기된다.

글로벌 거버넌스에 관심을 많이 가지고 있는 국가들 대부분은 현재의 국제문제 해결 방식에서 별로 영향력을 행사하지 못하고 있는 국가들인데 반해 미국과 같은 강대국들은 글로벌 거버넌스를 통한 제약을 받으려고 하지 않는다는 현실에도 주목하여야 한다.

강대국이 빠진 글로벌 거버넌스란 별 실효성이 없을 텐데 이러한 국가들이 과연 국가이익을 거스르면서까지 글로벌 거버넌스에 참여할 것인가의 문제가 있다. 이는 1997년에 체결된 이산화탄소 배출량의 감축을 의무화한 교토의정서(Kyoto Protocol)에 서명했는데도 불구하고 2001년 3월 말에 국내사정을 이유로 이의 일방적인 파기를 선언한 미국의 태도가 웅변적으로 보여주고 있다.

정부간기구의 민주성을 확보하기 위해 비정부기구들을 포함시킨다고 해도 이들 비정부기구들 중 일부는 그들이 비판하고자 하는 정부간기구들처럼 비민주적이고 일반대중의 이익이 아닌 협의의 단편적인 이익을 대변하는 것으로 그칠 수도 있다는 우려 역시 제기되고 있다.

3) 글로벌 거버넌스론의 예: 전 지구적 공공정책 연계망

환경보호 · 말라리아와 에이즈(AIDS)와 같은 질병과의 싸움 · 노동기준의 제도화 · 부패와의 전쟁 등 상호 연계된 국제사회에 있어서의 많은 문제들이 국가와 정부간기구를 중심으로 하는 전통적인 정치만으로는 해결될 수 없게 되었다.

이러한 상황에 대한 혁신적인 대응으로서 정부 · 정부간기구 · 비정부기구 · 기업 등과 같은 행위자들이 함께 이러한 문제의 해결을 시도하고 있는 현상을 전 지구적 공공정책 연계망(Global Public Policy Network, GPPN)이라는 개념으로 분석하고자 하는 시도가 있다.

이러한 시도를 하고 있는 대표적인 학자가 라이니케(Wolfgang H. Reinicke)인데 그는 국가나 정부간기구와 같은 전통적인 정치제도로는 세계화의 도전을 제대로 극복할 수 없다며 이들 전통적인 제도에 대한 대안으로서 전 지구적 공공정책 연계망을 제시하고 있다.[49]

전 지구적 공공정책 연계망이란 그 어느 행위자 하나만으로는 달성할 수 없는 것을 함께 이루기 위해 합류한 정부·정부간기구·기업·시민사회 요소들(비정부기구·전문적인 협회·종교집단 등) 사이의 느슨한 동맹체(loose alliance)를 의미한다. 세계댐위원회(World Commission on Dams, WCD)·국제경쟁네트워크(International Competition Network, ICN)·전 지구적 계약(Global Compact)·전 지구적 물 제휴(Global Water Partnership, GWP)·말라리아퇴치의약품벤처센터(Medicines for Malaria Venture, MMV)·국제농업연구 자문그룹(Consultative Group on International Agricultural Research, CGIAR)·인터넷과 관할 정책 네트워크(Internet & Jurisdiction Policy Network)·21세기를 위한 재생에너지 정책 네트워크(Renewable Energy Policy Network for the 21st Century, REN21) 등을 그 예로 들 수 있다.

이러한 연계망은 시민사회 조직들에게 좀 더 큰 목소리를 낼 수 있도록 함으로써 이제까지의 국가 간 의사결정 방식이 비판받아 온 민주성의 결여 문제를 완화시킬 수 있는 글로벌 거버넌스의 한 유형으로 볼 수 있다. 이와 관련하여 다음과 같은 것이 중요한 연구의 중점이 되고 있다.

(1) 전 지구적 공공정책 연계망이 필요한 이유

냉전이 종식되고 1990년대 초부터 세계화가 심화되면서 국제체제에 있어서 효과적이고 정당한 거버넌스를 위한 조직의 조건이 근본적으로 바뀌었다. 경제와 정치 부문에서의 자유화는 기술의 혁신적인 발달과 더불어 전통적인 행위자인 국가와 정부간기구에게 국경과 부문을 뛰어넘는 문제들(crossborder and cross-

---

49) Wolfgang H. Reinicke, "Global Public Policy," *Foreign Affairs*, Vol. 76, No. 6 (November/ December, 1997), pp. 127-138; Wolfgang H. Reinicke, "The Other World Wide Web: Global Policy Networks," *Foreign Policy*, No. 117 (Winter, 1999/2000), pp. 44-57; Thorsten Benner, Wolfgang H. Reinicke, and Jan Martin Witte, "*Shaping Globalization: The Role of Global Public Policy Networks*," http://www.gppi.net/cms/public/66332099a66e4e02b78fe3333903cf8cShaping%20Globalization%2007082002final.pdf (검색일: 2018. 6. 8)

sectional problems)의 효과적인 해결책을 찾도록 압박을 가해왔다.

이와 동시에 비정부기구와 기업들은 각기 초국가적 범주에서 그들의 활동을 효과적으로 재정비하고 국경을 넘는 연계를 가지는 등 세계화의 도전에 대응하면서 국제관계에서 점차적으로 중요한 역할을 수행해 오고 있다. 이러한 결과로 국가는 이제 국제관계 영역에서 유일한 행위자가 아니게 되었으며 국가를 중심으로 한 전통적인 정치제도 역시 이제 더 이상 효율적인 문제해결의 행위자가 될 수 없게 되었다.

이러한 상황에서 정부·정부간기구·비정부기구·기업 등 각종 행위자들은 상호 간의 의존을 깊이 인식하고 국경과 부문을 뛰어 넘는 문제의 협력을 하는 전 지구적 공공정책 연계망의 등장을 가져왔다. 구체적으로 전통적인 국가 중심의 문제해결 방식은 다음과 같은 이유로 더 이상 효율적인 기제(mechanism)가 될 수 없게 되었다.

첫째, 지구적 차원에서 사회적·경제적 통합이 증진되고 지구온난화 문제에서 보듯이 어느 한 국가의 노력만으로는 해결될 수 없는 문제가 발생함으로써 공공정책의 지리적 범주가 주권국가의 국경을 넘어 확대되었다.

둘째, 기술의 발달 등으로 인해 정책상황이 급격하게 변화함으로써 전통적인 제도들과 행위자들이 경직된 위계적인 관료 조직을 가지고 대안을 검토하고 합리적인 결정을 내리면서 이러한 변화를 따라 잡을 신속성을 갖추기가 힘들어졌다.

셋째, 국가 간 무역정책이 수립될 때 이러한 정책이 경제·환경·안보 등에 미치는 영향을 고려하여야 하는 것에서 보듯이 다루어야 할 이슈들이 다면성을 가지고 있어 전통적인 제도들만으로는 새롭고 복잡한 문제들의 해결이 쉽지 않게 되었다.

넷째, 국내정치와 국제정치에 있어서 의사결정자들이 정당성과 책임성의 문제에 직면하게 되었다. 위에서 언급한 도전에 대응하면서 공공정책의 결정이 점차적으로 주권국가의 손으로부터 정부간기구나 다른 다자간 포럼으로 옮겨가게 되고 그 결과 시민들에게 있어 정책결정 과정이라는 것이 덜 투명하게 되었다. 이 때문에 투명성과 의사결정에의 접근이 정부간기구의 중요한 개혁의 과제로 등장했으며 비정부기구들은 시민들을 대신하여 이러한 투명성과 의사결정에의 접근성을 제고시킬 수 있는 중요한 존재가 되었다. 따라서 비정부기구를 비롯한 비국가적 행위자들의 전 지구적 공공정책의 수립에 참여하는 것이 글로벌 거버넌스에 중요한 요소가 되게 되었다.

(2) 공공정책 연계망의 장점과 단점

전 지구적 공공정책 연계망은 다음과 같은 장점과 단점을 지니고 있다고 평가된다. 우선 장점에 대해 살펴보면 전 지구적 공공정책 연계망은 구성원들 사이의 다양한 정보와 지식의 공유를 가능하게 하여 특정 정책이슈를 종합적으로 바라볼 수 있게 해준다. 이러한 지식과 정보의 공유를 통해 혁신적인 결과물을 도출할 수 있게 된다. 종종 이러한 연계망은 어느 한 집단도 혼자만으로는 문제를 해결할 수 없는 위기나 교착상태에 등장하며 의사결정자들 사이에 견해 차이가 클 경우 이러한 연계망은 상충하는 관점을 드러내어 대화를 통해 합의에 이룰 수 있는 환경을 창출한다.

둘째, 연계망은 여러 유관한 집단들을 한 자리에 참여할 수 있는 기회를 제공함으로써 참여정치를 확대시킨다. 연계망의 이러한 포괄성은 정책토론에 정당성을 부여하고 모든 당사자들이 결과를 받아들일 가능성을 높인다.

셋째, 전 지구적 공공정책 연계망은 여러 가지 형태를 지니면서 협력의 과정을 통해 변화와 적응을 할 수 있다. 연계망은 이처럼 진화적인 성격과 유연한 구조를 가짐으로써 성공과 실패 모두로부터 부단한 학습을 가능하게 하며 개방성을 띠게 된다. 이러한 개방성으로 인해 새로운 행위자를 융통성 있게 수용할 수 있다.

전 지구적 공공정책 연계망의 단점은 우선 참여하는 행위자의 수가 많아질 수 있고 그 결과 경우에 따라 많은 거래비용(transaction cost)을 수반할 수 있다는 것이다. 동시에 이해관계를 가지고 있는 사람들의 포함 정도가 연계망의 정당성의 중대한 요소가 된다. 따라서 행위자의 수가 많을 때 야기될 수 있는 효율성의 저하와 관련된 행위자들을 모두 포함시켜야 되는 정당성 사이의 긴장이 존재할 수 있어 적절한 주의와 개선을 필요로 한다.

둘째, 연계망을 통한 상호의존과 장기간의 상호작용은 구조적인 경직화(structural consolidation)를 초래할 수 있다. 즉 연계망은 지나치게 형식화된 관료적 구조를 갖는 폐쇄된 작업장으로 변모할 수 있다.

셋째, 타협의 필요와 합의적 지식(consensual knowledge)을 만들어 내려는 시도로 인해 궁극적인 정책결과로서 최소한의 공통분모가 양산될 수 있다. 다부문

간 연계망(multi-sectoral networks)에서 협상의 교착될 때 치러야 하는 비용이 크기 때문에 관련된 행위자 어느 누구도 과정이 교착상태에 빠지는 것을 원하지 않게 된다. 그 결과 기존의 강력한 이해관계가 도전을 받지 않을 수도 있다. 동시에 연계망의 수평적이고 비공식적인 구조와 조직 원칙으로서의 합의(consensus)에의 의존으로 인해 의사결정이 교착상태에 빠지게 되고 가장 힘이 약한 행위자에게 조차 거부권 입장을 취할 수 있는 여건을 조성한다.

(3) 연계망의 종류

① **협상 연계망**(negotiation network)

전 지구적 협상 연계망은 국경을 넘는 돈세탁이나 전 지구적 물 관리와 같은 복잡한 문제를 둘러싸고 국제적인 표준이나 규범을 정하는 것을 촉진하기 위해 등장하는 연계망의 형태이다. 가장 전형적인 예로서 다음에 살펴볼 세계댐위원회(WCD)를 들 수 있다.

② **조정 연계망**(coordination networks)

조정 연계망은 정부·정부간기구·비정부기구·기업들 사이의 지식의 수집과 교환을 촉진함으로써 공동의 목적을 찾아내고 조정된 행동전략을 발전시키는 것을 돕는다. 그 결과 조정 연계망은 부족한 자원의 배분을 촉진하고 활동의 중첩을 피하도록 한다. 이에 속하는 예로서 전 지구적 물 제휴(Global Water Partnership, GWP)을 들 수 있는데 이 연계망은 물 관리 프로그램에 있어서 가장 좋은 실제의 예와 교훈을 수집하여 전파하기 위해 등장한 연계망이다. 즉 GWP는 취하여야 할 행동전략을 바람직하게 조정하기 위해 지방·국가·지역·전 지구적 수준에 있어 관련된 다양한 행위자들을 통합하는 것을 주된 목적으로 한다.

③ **집행 연계망**(implementation networks)

집행 연계망은 현존하는 국제조약의 실행을 촉구하기 위한 연계망이다. 이러한 예로서 교토의정서에 도입된 유연체제의 하나인 개발청정체제(Clean Development Mechanism, CDM)를 예로 들 수 있다. 이러한 집행 연계망은 특히 비준이 되었음에도 불구하고 여전히 제대로 실행되고 있지 않은 조약을 대상으로 하기도 한다.

(4) 성공적 작동을 위한 조건

라이니케는 이러한 연계망이 합이 영이 되는 게임(zero-sum game)이 아님을 강조한다. 구체적으로 그는 연계망을 통해 권력이 정부와 정부간기구로부터 시민사회로 이전되는 것이 아니며 전통적인 정치제도인 정부와 정부간기구들을 대체하는 것이 아니라 보완하는 것임을 강조한다.

이러한 연계망의 핵심 구성요소인 정부·정부간기구·비정부기구 중에서 정부간기구가 연계망을 만드는 데 가장 중요한 역할을 할 수 있다고 본다. 연계망과 관련하여 중요한 것은 연계망이 정당성을 갖고 합의에 보다 잘 이르는 등 성공적으로 작동하기 위해서 충족시켜야 할 조건이 무엇인가 살펴보는 일인데 다음 다섯 가지를 이러한 조건으로 본다.

첫째, 행위자들 사이에 신뢰를 형성하는 것이 무엇보다 중요하다. 따라서 신뢰형성을 위해 거래비용이 든다고 해도 관련된 행위자들 사이에 초기 단계에서 협의를 갖고 정보교환을 함으로써 행위자들의 상이한 동기·목표·문화 등을 이해하는 것이 중요하다. 회의(conferences)나 워크숍(workshop)은 상이한 행위자들을 어떠한 조건 없이 테이블로 불러들일 수 있는 전략의 핵심요소이다.

둘째, 연계망은 종종 느슨하고 분권적으로 조직되어 있으나 지도력(leadership)이 존재하는 것이 연계망의 성공에 있어서 중요한 변수이다. 연계망에 있어서 지도력은 다양한 행위자들에게 동기를 부여하고 공동의 목적을 향해 이들을 동원하며 행위자들 사이의 대화를 촉진할 수 있는 능력을 필요로 한다.

지도력의 주요한 과업 가운데 하나는 새로운 형태의 협력의 여지를 만들기 위해 조직들 내부에 있어서의 기존의 충성심을 타파하고 방해하는 연합의 형성을 저지하는 일이다. 훌륭한 지도력은 운영상의 투명성을 유지하고 관련된 행위자를 모두 포함하며 대화를 촉진하는 능력을 필요로 한다. 정당성이란 모든 구성요소로부터의 투입(input)을 수용함으로써 생기는 것이다.

셋째, 조직 내부의 관계뿐만 아니라 조직과 조직 사이의 관계에 있어서의 조정(coordination)을 향상시키는 것이 필요하다. 구체적으로 연계망이 성공적으로 작동하기 위해서는 상당히 다양한 조직문화를 조정하고 다양한 이해관계를 가로질러 공동의 입장을 찾아내며 대화를 위한 혁신적인 기법을 구사하는 것을 필요로 한다. 때때로 부족한 자원을 둘러싼 조직 간의 경쟁이 이러한 조정에 있어 극복하기 힘든 장애로 작용하는 경우가 많다.

넷째, 모든 관련된 행위자들을 광범위하게 포괄하는 것이 연계망의 성공적인 작동에 없어서는 안 된다. 또한 연계망이 특정의 개인이나 조직에 의해 지배되는 것을 피하는 것이 무엇보다 중요하다. 좀 더 구체적으로 지위나 힘에 관계없이 초기 단계에 모든 이해관계 당사자들을 포함시키는 것이 필요하다. 또한 개도국의 행위자들이 재정적 자원과 지식자원을 획득하여 연계망에 효과적으로 참여하도록 지원하는 것을 목표로 능력배양(capacity building)이 이루어져야 한다. 더불어 국회의원과 정부기관의 대표를 포함시킴으로써 연계망을 지방과 국가의 정책토의와 기존의 정책결정 기제에 내재화시키는 것이 성공적인 작동에 중요하다.

다섯째, 연계망이 어느 한 행위자에 의해 지배되어서는 안 되는 것과 마찬가지로 재정 면에서도 어느 한 쪽에 일방적으로 의존하지 않고 행위자 모두가 재정의 부담자가 되어야 한다. 성공적인 연계망은 다양한 기금의 원천(funding source)에 의존하는데 단일한 기금원에 의존하게 되면 충분한 기금이 제공되지 않을 뿐 아니라 연계망의 성당싱과 대중 이미지에도 영향을 미치게 된다.

(5) 전 지구적 공공정책 연계망에 대한 평가

전 지구적 공공정책 연계망에 따르면 국제적인 이슈를 다루는 데 있어 비정부기구가 위계적이지 않은 연계망 조직에 정부 및 정부간기구와 더불어 동등한 자격으로 공공정책 이슈에 대한 의사결정에 참가하게 된다. 여기에서 기존의 논의와 다른 것은 비정부기구가 현재의 정부간기구에 참가하는 것이 아니라 연계망이라는 새로운 조직에 정부 및 정부간기구와 더불어 참가한다는 것이다. 또 다른 점은 비정부기구가 다른 행위자들과 동등한 자격으로 참가한다는 점이다.

전 지구적 공공정책 연계망에 대한 논의에서 구체적인 의사결정방식에 대해 전혀 언급하지 않고 있으나 「합의(consensus)」라는 말만을 자주 쓰고 있는 것으로 미루어 짐작해 보면 표결 없는 합의를 유일한 의사결정 방식으로 수용하고 있는 것으로 보인다. 그러나 이러한 합의에 의한 의사결정은 유엔의 의사결정 과정에서 보듯이 보건 등과 같은 문제일 경우 어느 정도 가능하나 정치적인 성격이 강한 이슈일 경우 그 한계를 갖는다고 볼 수 있다.

(6) 전 지구적 공공정책 연계망의 예

① 세계댐위원회(WCD)

1950년대 이후 국가 수준에서 혹은 국제수준에서 대규모 댐을 둘러싼 갈등이 점차적으로 첨예화되었다. 1980년대까지 지역 NGO와 사회 운동조직체들이 외국과 국제 NGO 등과의 연합을 결성하여 신규 대형 댐의 건설을 효과적으로 막기 시작했다. 1990년대 초에 댐건설이 개발 공동체에 있어서 가장 갈등으로 점철된 이슈 중에 하나가 되었다.

댐건설을 둘러싼 비정부기구·기업·세계은행 사이의 갈등과 대화의 단절은 모든 당사자들에게 상당히 비용을 치르도록 했다. 댐건설업자와의 댐건설 계약은 중단되었고 NGO들은 대규모 댐건설에 반대하는 캠페인에 상당한 자원을 집중했다. 또한 세계은행은 점증하는 여론의 압력에 직면하여 댐건설과 관련된 차관을 제공하는 데에 점점 더 어려움을 겪고 있었다.

이러한 상황은 세계적인 환경 NGO인 국제자연보호연맹(IUCN-The World Conservation Union)과 세계은행의 일부 스탭들로 하여금 좀 더 포괄적인 협상의 장을 실험하도록 만들었다. 1997년 비공식 워크숍(workshop)을 통해 대규모 댐의 찬성론자와 반대론자 모두가 초기 대화를 위해 한자리에 모였으며 이를 기반으로 하여 이로부터 1년 뒤에 세계댐위원회(WCD)가 설립되었다. WCD는 2년간의 활동기간을 정하고 이 기간 중에 전 세계적으로 대형 댐에 대한 사례연구를 통해 대형 댐의 개발에 대한 효과를 검토하고 이러한 프로젝트를 위한 새로운 기준과 지침을 만들어 보고하도록 임무를 부여받았다.

WCD는 의장을 포함하여 애초 8명의 위원으로 구성되도록 했으며 사무총장과 사무국이 WCD의 행정을 위한 제도적 장치로서 임명되고 설치되도록 하였다. 또한 위원회의 일을 감시하기 위해 WCD 포럼(WCD Forum)이 설립되도록 했다. 1997년의 비공식 워크숍(workshop)에서 위원들을 뽑기 위해 의장과 사무총장이 먼저 선출되었고 뒤를 이어 처음 안과는 달리 12명의 위원이 선출되었다.

12명의 위원에는 대형 댐 건설을 격렬하게 반대해 온 비정부기구 대표로부터 물 문제를 다루는 행정부의 장관 그리고 대형 댐 건설업을 하는 다국적 기업의 대표까지 포함되었다. 사무총장을 수장으로 하여 사무국은 전 세계에서 온 다양한 학문 분야의 배경과 다양한 전문적인 경력을 가지고 있는 개인들로 구성되었다. WCD 포럼은 60명의 대표로 구성되었는데 구체적으로 수자원 혹은 동력을 다루는 행정부와 대외 혹은 국제원조 기관의 대표로부터 전문적인 산업연합체(professional industry associations)의 대표와 사적 부문(private sector)의 기업체 그리고 비정부간기구 지도자 및 공동체에 기반을 둔 원주민 집단을 두루 포함했다.

WCD는 독립성을 위해 운용예산의 10% 이상이 특정의 한 행위자로부터 오지 않도록 했으며 거의 1,000만 달러에 이르는 자금의 조달에 있어서 어떠한 것도 특정한 조건과 연계되어 제공되지 않도록 했다. 구체적으로 WCD의 재정은 국가 및 정부간기구와 같은 공적 부문과 재단 그리고 사적 부문으로부터 조달되었다.

2000년 11월에 「댐과 개발: 의사결정을 위한 새로운 틀(Dams and Development: A New Framework for Decision Making)」이라는 제하의 보고서가 발간되었다. 이 보고서는 대형 댐의 효과와 더불어 대형 댐의 재정적·경제적·환경적·사회적 영향을 집중적으로 검토했으며 대안에 대한 평가도 제시했다. 보고서는 미래에 대형 댐을 건설해야 할지 아니면 중단해야 할지에 대해 중립적인 입장을 견지했으나 대형 댐 프로젝트는 물과 에너지 개발을 위한 많은 대안 가운데 하나로 간주되어야 한다는 것을 강력하게 촉구했다.

이러한 보고서의 내용을 둘러싸고 관련된 행위자들 간에 다른 평가가 주어진 것은 사실이나 WCD의 과정과 보고서는 대형 댐을 둘러싼 논란에 있어서 중심적인 초점이 되었으며 서서히 대규모 기반시설 프로젝트와 더불어 좀 더 광범위하게는 지속 가능한 개발에 관한 논의에 영향을 미쳐 오고 있다.

총체적으로 WCD 과정은 모든 관련된 행위자들이 보고서를 연구하고 보고서에 대한 그들의 반응과 더불어 관여했다는 점에서 충분한 정당성을 달성했다고 평가되고 있다. WCD는 최종 보고서와 더불어 임무를 마친 후인 2001년 4월에 해산되었다.

그러나 WCD 보고서의 권고를 국가 수준과 제도적 수준으로 확산시켜 다중 이해관계자 과정(multi-stakeholder process)을 통해 토론을 진작시켜 나갈 필요가 있다는 합의에 기초하여 「댐과 개발 프로그램(Dams and Development Programme, DDP)」이 2001년에 유엔환경계획(UNEP) 내에 설립되어 2001년부터 2004년 7월까지 DDP의 단계 1(Phase 1)이 진행되었고 2005년 2월부터 2007년 4월까지 단계 2(Phase 2)가 시행되었다.

② 전 지구적 계약(Global Compact)

전 지구적 약정은 국제기구인 유엔이 주축이 되어 탄생된 글로벌 거버넌스의 한 형태이다. 이는 아난(Kofi Annan) 유엔 사무총장이 1999년 1월 31일 스위스의 다보스에서 열린 세계경제포럼(World Economic Forum, WEF)에 참석하여 새로운 기업윤리 원칙으로서 제안한 것을 기초로 하여 2000년 7월에 기업・국제기구(국제노동기구・유엔환경계획・유엔난민최고대표사무소)・NGO(국제 앰네스티)・노동조직・국제상공회의소와 더불어 공식적으로 출범했다.

이러한 전 지구적 약정이 등장하게 된 배경에는 점차적으로 경제가 지구화되고 있는 상황에서 지구화된 경제의 과실이 적절하게 공유되지 않고 세계시장이 광범위하게 공유된 사회 가치에 뿌리를 두고 있지 않을 경우 지구화된 경제는 위험에 빠지게 된다는 인식으로부터 출발되었다. 이와 더불어 전 지구적 차원에서 다국적기업들의 권리를 확보해 주고 자유로운 무역과 재정을 가능하게 하는 규칙제정 노력은 이루어져 왔으나 환경・노동・인권을 보호하고 부패를 타파하기 위한 규칙제정 노력은 제대로 이루어지고 있지 않다는 인식에도 기초를 두고 있다.

전 지구적 약정은 세계인권선언・국제노동기구(ILO)의 노동에서의 기본원칙과 권리에 관한 선언(Declaration on the Fundamental Principles and Rights at Work)・유엔환경개발회의(UNCED)의 환경과 개발에 관한 리우선언・유엔 부패방지협약에 반영된 인권・노동권・환경보호・반부패와 관련된 10개 조항으로 구성되어 있다.

구체적으로 인권과 관련하여 인권보호 원칙을 존중하고 지지할 것과 단체나 조직 또는 회사 내에서 인권 침해를 금할 것을 규정하고 있다. 노동과 관련해서는 조합결성과 단체계약의 자유를 인정하고 모든 형태의 강제노동을 금지하며 아동노동을 철폐하고 고용과정 및 업무상 발생하는 차별을 철폐할 것을 규정하고 있다. 환경과 관련해서는 환경적 위험에 대한 예방조치를 취하고 환경적 책임을 솔선수범하여 이행할 것과 친환경적 기술의 개발과 보급을 도모할 것을 규정하고 있다. 그리고 반부패(anti-corruption)와 관련해서는 기업은 부당 취득 및 뇌물 등을 포함하는 모든 형태의 부패를 금지한다고 규정하고 있다.

이러한 전 지구적 약정은 강제성을 가지고 있는 규칙이 아닌 일종의 행동강령(code of conduct)으로서 기업들은 특별히 까다로운 절차를 거치지 않고 자발적으로 서명을 통해 계약을 준수하겠다는 의사를 공개적으로 밝히면 된다. 이와 더불어 전 지구적 약정의 웹사이트에 위에서 언급한 원칙을 실행하는 데 있어서 이루어진 진전이나 교훈을 매년 최소한 1회 이상 게재하면 된다. 그러나 기업 중에서 담배회사와 군수품회사는 여기에서 제외된다.

전 지구적 약정의 사무소는 유엔 사무총장 사무실 내에 설치되어 있으며 유엔 회원국과 자선재단으로부터의 자발적인 기부금에 의해 운영된다. 발생할지도 모르는 이해관계의 상충을 피하기 위해 기업으로부터의 재정적인 지원은 받지 않는다.

전 지구적 약정 사무소는 4개의 중요한 노력을 전개하고 있다. ⅰ) 연례 정책대화(Annual Policy Dialogue)를 가져오고 있는데 이는 기업・NGO・공공정책기관의 대표들이 함께 모여 세계화가 초래하고 있는 구체적인 도전에 대해 협력적인 해결책을 모색하기 위한 것이다. ⅱ) 학습포럼(Learning Forum)을 가져오고 있는데 이는 기업들로 하여금 앞서 언급한 9개의 원칙을 지키는 데 있어서 그들이 실제적으로 행해 오고 있는 관행을 바꾸도록 촉구하는 견인차의 역할을 한다. 인터넷 등을 통해 최적사례(best practice)를 공유하고 학자나 NGO 등으로부터 비판의 대상이 되는 사례에 대해 심층 연구가 검토된다. ⅲ) 프로젝트 이니셔티브(Project Initiatives)라는 활동도 있는데 이는 기업들로 하여금 유엔이 아동노동・보건・문맹・차별 등과 같은 분야에서 개도국을 위해 전개하고 있는 프로젝트에 협력 파트너가 될 것을 촉구한다. ⅳ) 전 세계적으로 기업들로 하여금 전 지구적 약정에 참여하도록 유도하는 프로그램으로서 국가확대프로그램(Country Outreach Program) 역시 운영하고 있다.

전 지구적 약정이 사회에 깊이 뿌리를 두기 위해서는 계획과 실행에 있어 NGO의 활발한 참여가 대단히 중요하다. 위에서 살펴본 바대로 정책대화・학습포럼・협력 프로젝트에 NGO의 전문성이 크게 기여할 수 있다. NGO들은 기업들이 10개의 원칙들을 효과적으로 실행할 수 있도록 돕기 위해 이들과 협력하도록 요청받고 있으나 이러한 원칙들을 위반하는 기업관행에 대한 본질적인 우려를 제기할 장(forum)을 가지고 있지 않는 등 전 지구적 약정에 있어서 NGO의 역할은 그다지 뚜렷하지 않다. 이제까지 전 지구적 약정에서 시민사회는 선진국에 기반을 두고 있는 규모가 큰 국제 NGO에 의해 대변되어 왔는데 NGO들은 기본적인 필요가 충족되지 못하고 있는 그룹을 대표할 수 있도록 전 지구적 약정의 구성원이 확대되어야 한다는 주장을 제기해 오고 있다.

11. 조직사회론[50)]

1) 특 징

일단의 국제기구 연구가들은 국내조직 연구에 적용되어 온 조직이론(특히 조직 사회론)을 국제적인 조직인 국제기구에 적용하는 데 많은 관심을 기울여 왔다. 이러한 관심은 냉전시기에도 존재했으나 냉전이 종식된 후 국제기구의 수가 증가하고 역할이 활발해지면서 더욱 커졌다고 볼 수 있다.

냉전 종식 후 조직이론이 관심을 가진 대표적인 국제기구의 하나가 북대서양 조약기구(NATO)였다. 구체적으로 조직이론은 냉전 종식 이후에 있어서의 NATO의 장래에 관한 문제에 관심을 집중했다. 현실주의 논리와는 달리 NATO 회원국들은 현존하는 위협의 부재 속에서도 여전히 NATO의 가치를 인정하고 있고 NATO는 여전히 기능하고 있을 뿐 아니라 심지어 확장되고 있었기 때문이다. 이러한 현상을 설명하기 위해 많은 이론적 논의가 전개되었는데 그 중의 하나가 바로 조직이론에 의한 설명이었다.[51)]

국제기구에 적용하고자 하는 조직이론은 국제기구를 회원국의 이해관계와는 다른 이해관계를 갖고 있는 기구로 바라보고자 하는데 이는 마치 기업의 임원(corporate officials)이나 매니저(manager)가 주주(shareholder)와는 다른 이해관계를 가질 수 있는 것과 같다고 본다.[52)] 냉전 후의 NATO가 지속·확대되는 것을 회원국의 이해관계가 아닌 조직의 이익(organizational interests)이 만들어낸 산물로 파악하고자 한다. 조직은 생존(survival)에 깊은 이해관계를 가지며 있으며 이런 점에서 NATO도 예외가 아니라는 것이다. 일반적으로 조직론은 다음과 같은 특성을 보유하고 있다.

첫째, 조직이론은 국제기구를 창설자가 원하는 바를 순종적으로 행하는 기계

---

50) Gayl D. Ness and Steven R. Brechin, "Bridging the Gap: International Organizations as Organizations," *International Organization*, Vol. 42, No. 2 (Spring 1988), pp. 245-274 참조.

51) Robert B. McCalla, "NATO's Persistence after the Cold War," *International Organization* Vol. 50, No. 3 (Summer 1996), pp. 445-475.

52) 이러한 점에서 국제기구 연구를 위한 이론의 하나로서 다음에 살펴볼 P-A이론 역시 이러한 조직사회론에 속한다.

적인 도구가 아닌 다루기 힘든 도구(recalcitrant tool)로 본다. 앞서 언급했듯이 (신)현실주의는 국제기구를 지배적인 행위자인 주권국가에 의한 피조물로서 독자적인 주도권과 힘을 거의 갖고 있지 않고 지배적인 국가의 국익추구를 돕는 단순한 기계적인 수단으로 바라 본다. 이와는 대조적으로 조직이론은 국제기구를 그들 나름의 환경과 상호작용하면서 설립자가 의도하지 않은 그들 자신의 조직의 이익과 목적을 추구하고 국가로부터의 의도되지 않은 자율성(autonomy)을 향유하는 살아 있는 집합체로 보고자 한다.[53]

둘째, 조직이론은 국제기구를 환경과 상호작용을 하고 환경에 있어서의 변화에 반응하고 적응하는 존재로서 인식함으로써 이들이 지닌 조직의 특성이란 고정된 것이 아니라 변화하는 것으로 바라보고자 한다. 구체적으로 조직이론은 조직을 폐쇄된 체제(closed-system)로 간주하던 전통적인 접근법으로부터 탈피하여 조직을 개방된 체제(open-system)로 바라보는 특징을 지니며 조직의 내적 구조의 관점에서 결과(outcomes)를 설명하려는 시도로부터 벗어나 기구와 기구들이 면하고 있는 환경과의 상호작용을 강조하는 접근법으로의 변화를 그 특징으로 한다.

셋째, 조직이론은 국제기구가 역기능적 역할(dysfunctional role)을 할 수 있으며 이타적이지 않을 수도 있다는 점에 주목한다. 이러한 점에서 조직이론은 앞서 살펴본 기능주의 이론과 크게 구별된다. 기능주의 이론은 국제기구가 행위자들의 가치와 인식에 있어서의 변화를 촉진하고 호혜적인 경제적 거래 속에 국가들을 연계시킴으로써 좀 더 나은 그리고 좀 더 평화로운 국제체제를 만들기 위해 창설되고 운영된다고 본다. 즉 국제기구를 이타적인 목적에 봉사하고 순기능을 하는 행위자로 바라 본다. 조직이론은 이와는 대조적으로 국제기구가 이타적인 공공의 이익이라는 탈을 쓰고 창설자 혹은 국제기구 구성원의 편협한 이해관계에 봉사할 수 있다는 데 주목한다.

기능주의 이론의 시각은 모든 국제기구를 본질적으로 동일하다고 가정하여 모든 국제기구가 국가 간 밀접한 연계에 공헌하고 나아가 좀 더 안정된 그리고 평화로운 국제체제에 공헌한다고 본다. 이와는 달리 조직이론은 동일한 국제기구가

53) 국제기구가 자율성을 가진다는 것은 국제기구가 국제기구의 구성국들이 집단적으로 원하는 것과는 별도로 그들 자신의 의지·행위의 규범·기대·정책의 선호를 갖고 있다는 것이며 때때로 국제기구의 자율성은 국제기구의 관료들의 강한 독단(assertiveness)의 결과로 발생하기도 한다. 따라서 국제기구 현상을 분석함에 있어 현실주의적 견해가 국제기구를 지배하고 있다고 생각되는 국가(들)에 대한 분석에 보다 치중하는 데 반해 조직사회학적 견해는 국제기구 자체가 분석의 단위가 되어야 한다는 것을 강조한다: Ness and Brechin, op. cit., p. 270.

시간을 두고 상이할 수 있고 기구에 따라 이들이 수행하는 과업의 성과에 있어서 다를 수 있으며 효과나 효율성 면에서 차이가 날 수 있다고 본다. 국제기구 간에 이들이 수행하는 과업의 성과에 있어서의 차이로 인하여 목적 달성에 좀 더 효율적인 국제기구는 좀 더 강력하게 가치의 변화를 촉진하고 국가 간의 연계를 증진시킬 수 있으나 어떤 국제기구는 갈등과 분열을 가져올 수도 있다고 본다. 조직이론은 이처럼 국제기구의 부정적인 역할(즉 역기능적인 역할)을 할 수 있다는 데 주목한다.

2) 연구의 중점

조직이론이 중점을 두고 연구하고자 하는 현상은 국제기구의 제반 현상 중 특히 조직의 효과성 혹은 효율성(effectiveness or efficiency)으로 요약되는 조직의 성과(organizational performance)이다. 조직이론은 이러한 현상과 더불어 조직이 면하고 있는 환경(organizational environment) · 기술(technology) · 조직의 목표와 구조(organizational goals and structure) · 조직의 자율성 등의 연구에도 관심을 기울인다. 후자의 현상들은 그 자체로서 독립적인 연구의 대상이 되기도 하지만 조직의 성과에 영향을 미치는 요인으로서도 연구의 대상이 되기도 한다.[54] 이들을 하나씩 살펴보면 다음과 같다.

(1) 조직의 환경

조직이론에 있어서 국제기구에 영향을 미치는 외부적인 환경은 다양하다. 이러한 환경에는 국제기구가 면하고 있는 국제레짐(international regimes)과 같은 환경을 위시하여 다른 국제기구와 주권국가 체제 등이 포함된다.

조직이론은 조직의 환경이란 변화하고 이러한 환경은 조직의 목표 · 구조 · 행태 등에 영향을 미치며 궁극적으로 성과에 영향을 미친다고 본다. 조직이론은 조직의 환경과 국제기구의 자율성(autonomy)과의 관계에도 관심을 두고 있는데 이는 별도의 연구의 중점으로서 살펴보고자 한다.

이러한 조직의 환경 가운데 제도적 환경으로서의 국제레짐을 살펴보자. 기능

54) Ness and Brechin, op. cit.; Norman F. Dufty, "Organizational Growth and Goal Structure, the Case of the ILO," *International Organization*, Vol. 26, No. 3 (Summer 1972), pp. 479-498; Margaret P. Karns and Karen A Mingst, *International Organizations: The politics and Processes of Global Governance* (Boulder and London: Lynne Rienner Publishers, 2004), pp. 56-59.

주의에 따르면 국제기구는 세계를 통합하는 국제레짐의 발전을 촉진시킬 수 있다. 조직사회학(organizational sociology)에 따르면 이러한 인과관계는 거꾸로 국제레짐이라는 것이 국제기구의 창설과 생존을 촉진하거나 억제할 수 있다. 이러한 국제레짐과 국제기구의 관계에 대해 동시적인 관점을 취할 수도 있다. 예컨대 국제기구의 수와 유형이 국제레짐의 강도와 성격의 지표가 될 수 있다.

국제기구의 외부에 존재하는 다른 국제기구(들) 역시 국제기구의 환경으로서 작용한다. 조직이론은 국제사회에서 국제기구의 수가 급증함에 따라 국제기구들 자체가 다른 국제기구의 중요한 외부적 환경을 이루어 국제기구에 중요한 영향을 미치고 있는 것에 특히 주목한다. 동일하거나 유사한 영역에서 활동하는 국제기구 간의 경쟁관계가 국제기구의 행위패턴은 물론 구조와 목적까지도 변화시키고 있는 점을 중시하고 기구 간 관계(interorganizational relations, IORs)에 연구의 중점을 두고자 한다.[55]

주권국가 체제 역시 국제기구의 환경의 하나로서 국제기구에 영향을 미친다. 조직이론은 주권국가 체제가 국제기구의 자율성에 미치는 영향에 주목한다. 조직이론에 따르면 국제기구는 자율성을 확대하기 위해 국가의 주권을 이용하기도 하고 때에 따라서는 주권국가들 사이의 차이를 이용하기도 한다. 예컨대 국제기구 간의 관계가 좀 더 통합되거나 정치적으로 중앙집중화된 방향으로 나아가면서 일단의 국제기구의 자율성이 다른 국제기구에 의해 위협받을 때 국제기구는 그들의 자율성을 보존하거나 증대시키기 위한 수단으로서 주권국가와의 협력을 통해 주권국가를 이용하기도 한다.[56]

이와 같이 조직사회학적 견해는 국제기구가 주권국가를 통해 자율성을 얻을 수도 있다고 보며 공동의 목적을 위해 국제기구와 주권국가가 협력관계에 있을 수 있다는 사실에 주목한다.[57] 국제기구가 주권국가와의 협력을 통해 국제체제가

55) 대표적 문헌으로는 다음과 같은 것이 있다: William DeMars, "Rejected Mediator: The International Committee of the Red Cross in the Ethiopian Conflict," Prepared for Presentation at the 1992 International Studies Association Meeting, East Lansing, Michigan, November 20-21, 1992; Karen A. Mingst, "Inter-organizational Politics: the World Bank and the African Development Bank," *Review of International Studies*, Vol. 13, No. 4 (October 1987), pp. 281-293.

56) 대표적 문헌으로는 Jae-Young Park, Organizational Autonomy, State Sovereignty and Decentralization in International Development Aid, Dissertation (December 1992); 박재영, "국제기구 강화의 부머랭 효과-유엔 개발원조체제의 분석사례," 『한국과 국제정치』, 제10권 제2호 (1994년 가을·겨울), pp. 221-243 등이 있다.

57) Ness and Brechin, op. cit., pp. 252-253.

좀 더 통합되는 것을 방해할 수 있다고 보는 이러한 조직사회학의 견해는 국제기구가 국제체제의 통합이나 초국가적 협력에 기여한다는 바라보는 기능주의 이론의 견해와 상치되는 것이다. 이러한 조직사회론의 견해는 좀 더 많은 국제기구가 창설된다는 것만으로 혹은 이러한 국제기구에 많은 주권국가가 회원국으로 가입하는 것만으로 국제체제가 좀 더 통합될 것이라고 가정할 수 없다는 것을 보여 준다. 이러한 것을 보여주는 예의 하나가 바로 유엔이 전문기구들을 통제하지 못한다는 점이다.

조직사회학은 국제환경이라는 포괄적인 독립변수가 구체적으로 다음과 같은 변이의 영역(dimension of variance)을 가진다고 본다. 우선 국제환경의 동질성과 안정성의 여부가 변이 가운데 하나이다. 예컨대 조직사회론은 이러한 맥락에서 국제환경의 변화라는 독립변수가 국제기구의 성과라는 종속변수에 미치는 영향을 살펴보고자 한다. 이때 이 두 변수 사이에 존재하는 매개변수로서 조직의 구조가 언급된다. 예컨대 유엔인구기금(UNFPA)이 변화하는 환경 속에서 효율적인 과업의 성과를 보였는데 이는 상당히 융통성 있고 비공식적인 운영방식을 특징으로 하는 조직의 구조가 변화하는 환경에의 적응을 도왔기 때문이라고 본다. 즉 국제기구의 경직된 계서적인 구조(hierarchical structure)가 변화하는 환경에의 적응을 방해하여 국제기구의 효율적인 과업의 성과를 방해할지 모른다는 점을 지적한다.

조직사회학은 또한 국제환경의 확장과 같은 변화를 변이의 영역으로 보고 이러한 변이가 국제기구의 구조와 행태에 미치는 영향에 관심을 둔다. 예컨대 조직사회학은 가입국의 확대가 국제 난민프로그램의 행태에 미치는 영향을 살펴보고자 한다. 구체적으로 국제 난민프로그램에 가입국이 확대되면서 조직 내의 정치적인 갈등이 발생하였고 이러한 갈등이 어떤 사람들을 난민으로 규정하여야 하며 어떤 종류의 원조가 제공되어져야 하는가에 영향을 미쳤다고 본다.

(2) 조직의 기술

조직이론은 국제기구가 사용하거나 사용할 수 있는 기술(technology)에 관심을 둔다. 구체적으로 조직사회론은 이러한 기술이 국제기구의 구조와 업무수행의 성과에 영향을 미칠 뿐 아니라 나아가 국제기구라는 존재 그 자체에 영향을 미친다는 인식에 기초를 둔다.

조직의 기술이 국제기구의 구조에 영향을 미치는 예로서 국제기구가 복잡한 기술에 의존하고 있을 경우 국제기구의 성과를 유지하기 위해 분권화된 조직구조를 필요로 한다고 본다. 이는 이러한 불확실하고 일상적이지 않은 기술의 경우 상대적으로 독립적인 부분 간의 조정에 좀 더 많은 노력을 경주할 수 있는 덜 계서적인 분권화된 조직의 구조를 요구하게 되기 때문이다.

조직사회론에 따르면 조직의 기술은 국제기구의 존재 자체에도 영향을 미친다. 예컨대 피임기술이 유엔인구기금(UNFPA)의 존재 그 자체를 가능하게 했으며 이러한 기술이 없이는 UNFPA의 업무는 지금의 그것과 달랐을 것으로 본다. 새로운 기술은 새로운 국제기구의 창설로 이어지기도 하는데 전신의 발명으로 1865년에 국제전기통신연합(ITU)이 설립된 것을 예의 하나로 들 수 있다.

조직사회론은 조직이 보유한 핵심적인 기술이 국제기구의 지배적인 성격을 규정지을 뿐 아니라 과업의 성과를 결정하기도 한다는 데 주목한다. 이러한 맥락에서 식량농업기구(FAO)의 핵심적인 기술이 산업적 임업(industrial forestry)이기 때문에 사회적 임업(social forestry)으로의 전환이 어려웠다고 분석한다.[58] 1968년부터 1981년까지 세계은행 총재를 역임한 맥나마라(Robert Strange McNamara)의 강력한 선언과 공약에도 불구하고 세계은행(WB)이 인구의 통제에 대처하지 못했는데 이는 세계은행의 핵심기술이 인구활동에의 투자가 어떻게 이루어져야 하는가에 무지했기 때문이라고 본다.

기술 가운데 감시기술(monitoring technology)이 국제기구의 성공 여부에 영향을 미친다. 예컨대 UNFPA의 활동의 성공 여부는 사회인구학(social demography)에 기초를 둔 감시기술 즉 인구의 사회·경제적 조건의 성격과 미래에 대한 프로그램의 추정 그리고 주요한 사회 프로그램이 인구의 사회·경제적 조건에 미치는 영향에 대한 감시기술에 달려 있다. 이러한 감시기술로 UNFPA는 인구계획에 관한 정책결정에 큰 효과를 보았다.

(3) 조직의 목표

조직이론은 조직이 가장 우선시 하는 목표가 무엇인가에 대해 연구의 중점을

58) 여기에서 사회적 임업은 ⅰ) 해를 미치는 기후 요인으로부터 농업을 보호하기 위한 환경을 개선하고 ⅱ) 연료용 목재·시골의 가옥 건설을 위한 목재·가축 사료·지방 산업을 위한 임업 생산물 등의 공급을 증대하며 ⅲ) 자연경관의 아름다움을 더하고 시골과 도시인구를 위한 휴양림을 만들며 비숙련 노동자를 위한 직업을 제공하고 ⅳ) 토양침식·생물다양성의 상실·지하수의 고갈·과잉방목과 같은 문제를 통제하며 ⅴ) 시골과 도시 인구의 생활수준과 삶의 질의 향상을 목표로 한다.

둔다. 조직이론은 조직의 궁극적인 목표를 생존(survival)이라는 전제하에 조직의 현상을 이해하고자 한다. 이러한 생존과 더불어 규모(size)와 권력(power)의 확장이라는 조직의 성장 자체가 구체적인 조직의 목표이고 이러한 목표는 회원국들이 선택한 과업의 달성이라는 것에 우선한다는 것을 전제하고 있다. 즉 대부분의 조직들은 생존과 번영을 위해서라면 명시된 조직의 목표들을 수정하거나 포기한다고 본다.

조직이론은 국제기구가 생존이라는 조직의 궁극적인 목표와 번영이라는 목표 이외에 좀 더 세속적이고 단기적인 여러 가지의 목표들을 가지고 있는데, 이러한 목표들이 충돌할 수 있는 가능성에도 주목한다. 국제기구 내에서 목표란 개인이나 그룹에 의해 단독으로 설정되는 것이 아니라 협상에 의해 설정된다. 따라서 목표 설정과 관련하여 지배적인 연합(dominant coalition)에 대한 연구를 하며 조직의 목표의 변화를 이해하기 위해 국제기구 내의 지배적인 연합의 변화를 추적하고자 한다.

조직이론은 여러 요인으로 인해 생존이 위협받거나 조직이 크기(size)가 감소하는 등 조직이 쇠퇴할 수 있는 상황에 직면할 경우 어떠한 대응을 하는가에 관심을 두고 있다. 조직이론은 조직과 이들 구성원이 생존을 확보하기 위한 수단으로서 변화에의 저항(resistance to change)·조직의 필요성에 대한 주장(affirmation of organizational necessity)·변화에의 적응(adaptation to change)이라는 일반적인 행태의 유형을 보인다고 본다.[59] 이들을 구체적으로 살펴보면 다음과 같다.

조직은 변화에의 저항으로서 조직의 환경상에 큰 변화가 있었다는 것을 부인하면서 조직에 있어서의 변화의 필요성을 부인한다. 이렇게 함으로써 현상유지적으로 현재의 역할과 임무를 보호하면서 새로운 역할과 임무에 저항한다. 그리고 또한 조직을 축소하려는 노력에 저항한다.

조직은 조직의 지속적인 필요성을 주장함으로써 생존을 확보하려 하기도 한다. 구체적으로 조직은 조직의 환경에 있어서의 변화를 인정함에도 불구하고 현재의 조직의 활동이 본질적으로 필요하다는 주장을 제기한다.

조직은 변화에의 적응을 통해 생존을 확보하려고도 한다. 즉 조직은 조직의 미래가 위태롭다고 믿는 경우에 회원국으로부터 지지를 유지하기 위해 역할과 임

59) 보다 상세한 논의는 다음 글을 참고하시오: Robert B. McCalla, "NATO's Persistence after the Cold War," *International Organization*, Vol. 50, No. 3 (Summer 1996), pp. 445-475.

무를 수정하거나 새로운 역할과 임무를 창출해 낸다. 가능하다면 지지를 강화하기 위해 새로운 회원국을 가입과 같은 것을 추구한다고 본다.

결론적으로 말해 조직사회론은 국제기구의 연구에 있어 국제기구의 목표를 분석하는 것이 국제기구의 이해에 중요하며 하나 이상의 목표가 존재할 수 있고 이들 복수의 목표들 사이에 갈등이 있을 수 있다는 시각을 가진다. 국제기구의 성과에 대한 경험적인 연구는 조직 내의 상충하는 요구로서의 이러한 국제기구의 목표에 대한 연구와 더불어 더욱 풍부해질 수 있다.

(4) 조직의 구조

조직이론은 국제기구의 구조에도 연구의 중점을 둔다. 구체적으로 구조 자체에 대한 연구와 더불어 조직의 구조에 영향을 미치는 요인에 대한 연구와 이러한 구조가 국제기구의 성과에 미치는 영향에 관심을 경주한다.

조직이론은 국제기구 구조가 분권적인가 아니면 계서적인가를 살펴보고 이러한 구조가 국제기구의 성과와 어떠한 상관관계를 가지는가를 연구한다.[60] 앞서 언급했듯이 국제기구의 분권적 구조는 불안정하고 급속하게 변화하고 있는 환경 속에서 새롭거나 변화 중이거나 쉽게 일상화될 수 없는 기술의 경우에 높은 성과를 가져다준다. 중앙집중적인 계서적인 국제기구의 구조는 동질적이고 안정적인 환경과 이미 잘 알려진 기술의 경우에 좀 더 나은 성과를 가져다준다.

앞서 살펴본 기능주의 이론 · 신기능주의 이론 · 상호의존론 등은 국가의 필요를 충족시키기 위해 집단적 접근의 필요 · 국가들의 활동에 대한 국제적인 규제와 통제의 필요성 · 정책의 조정 필요성 · 초국가적 정부의 필요성을 강조하면서 국제기구를 통한 다자적인 관리과정이 국제관계의 안정화에 공헌한다는 긍정적인 측면만을 지나치게 살펴본다. 나아가 이들은 집중화되고 계서적인 조직구조를 가진 국제기구가 효율적인 국제문제의 해결을 위해 바람직하다는 것을 전제로 한다.

그러나 조직사회학이라는 현대조직이론은 급변하는 환경 속에서 작동하는 기구가 계서적이라기보다는 분권화되었을 때 조직의 목표를 좀 더 달성하기 쉽다고 본다. 관료에의 의존과 정치영역에서 주도면밀하게 조직화된 억압적인 장치에의 의존은 커다란 비효율성을 가져올 수 있다는 것이다.

60) 국제기구의 구조를 분권화되어 있는가 아니면 계서적인가에 따라 구분하여 분권화되어 있는 기구를 영어로 「flat organization」 그리고 계서적인 기구를 「tall organization」라고 부른다.

어떤 특정한 조직의 구조를 가진 기구만으로 주어진 업무를 효율적으로 수행하는 것이 부적절할 수 있다. 예컨대 계서적인 기구만으로는 프로그램을 효율적으로 발전시킬 수 없을 수 있다. 이러한 경우에 분권적이고 좀 더 융통성 있는 다른 기구와 연계하여 공동으로 문제해결을 효율적으로 할 수 있다. 국제사회에서 문제해결을 위해 정부간기구(IGO)·비정부기구(NGO)·비정부간기구(INGO) 등으로 구성된 기구 간 체제 혹은 연계망(inter-organizational system or network)이 실질적으로 등장하고 있는 사실이 이를 입증하고 있다.

이러한 맥락에서 조직사회학은 단일한 국제기구에 대한 관심을 넘어 국제기구들 사이의 상호관계에 많은 관심을 둔다. 특정의 문제 영역에 있어서 국제기구들이 상호관계를 맺고 있는 경우에 이를 개념화하는 방식으로 두 가지가 있다. 이 두 가지 개념은 구체적으로 기구 간 체제(inter-organizational system)와 기구 간 연계망(inter-organizational network)이다. 네스와 브레친(Gayl D. Ness and Steven R. Brechin)은 「기구 간 체제(interorganizational system)」라는 용어와 「기구 간 연계망(interorganizational network)」이라는 말을 구별하지 않고 사용하고 있으나 이들 사이에는 큰 차이가 있어 구별하여 사용하여야 한다.[61)]

우선 연계망(network)이라는 개념은 연계망을 구성하고 있는 요소들 사이의 상호작용의 흐름(flow)에 주안점을 두는데 반해 체제(system)라는 개념은 체제를 구성하는 요소들 사이의 상호작용의 흐름과 더불어 이들 사이의 구조적인 관계(structural relationships)에 주안점을 둔다.

체제는 요소들 사이의 관계가 중앙집중적인 반면 연계망은 분권화되어 있으며 다중심적 성격이 강하다. 체제의 경우는 구조(즉 패턴)가 이미 부여되어 있는 것으로 보는데 이와는 대조적으로 연계망은 이러한 구조(즉, 패턴)가 등장하고 있는 것으로 특징지어진다. 체제의 경우는 경계가 잘 구분되어 정의되어 있는 데 반해 연계망은 이러한 경계의 구분이 잘 되어 있지 않다.

이러한 특징에 기초하여 체제를 정의하면 체제는 어떤 식으로든 상호 연계되어 있으며 서로 의존하고 있는 동태적인 요소들의 인지될 수 있는 경계가 정해져 있는 집합체라고 본다. 이러한 동태적인 요소들은 특정의 법칙에 따라 지속적

61) 이 두 개념의 차이와 상호보완성은 다음 논문을 참고하고 있다: Anthony J. N. Judge, "International Organization Network: A Complementary Perspective," in Paul Taylor and A. J. R. Groom, eds., *International Organization: A Conceptual Approach* (New York: Nichols Publishing Company, 1978), pp. 381-413.

으로 함께 작동하여 일정한 특징적인 총체적인 효과를 만들어 낸다. 이러한 체제는 통합(integration)의 보존에 관심을 가질 뿐 아니라 통합된 전체를 구성하는 상호의존적인 일단의 요소들의 규칙적인 상호작용의 보존에 관심을 두고 있다. 이와는 달리 연계망은 부분적으로 혹은 완전하게 상호 연계되어 있을 수 있는 요소들의 집합체로 정의된다.

체제의 개념과 연계망의 개념은 이처럼 상이하나 상호 보완적이다. 우리의 관심이 과정으로부터 과정의 총체적인 특징으로서의 구조로 옮겨갈 경우 관점을 체제로 이동시켜야 하며 우리의 관심이 단순한 구조로부터 구조를 이루는 상세한 과정들로 옮겨갈 경우 관점을 연계망으로 돌려야 한다. 결론적으로 말해 체제의 관점은 구조라고 하는 것이 상대적으로 단순하다고 전제되고 개념적으로 잘 정의되나 과정들이 복잡하여 개념화하는 것이 어려울 경우에 사용되는 경향을 지닌다. 이와는 대조적으로 연계망 관점은 과정들이 상대적으로 단순하다고 전제되고 잘 정의되나 구조의 복잡성으로 인해 개념화가 곤란한 경우에 사용된다.

이러한 연계망이나 체제에 분석에 있어서 연구의 주요 주제는 ⅰ) 어떻게 이러한 체제나 연계망이 등장하며 ⅱ) 무슨 요인이 효율적인 협력을 가져오고 ⅲ) 어떤 유형의 갈등과 경쟁이 협력을 저해하며 ⅳ) 어떻게 연계망이나 체제의 특질이 변화하고(예컨대 어떤 종류의 상이한 기구들이 얼마나 많이 이러한 연계망이 관련되어 있고) ⅴ) 이러한 결합된 기구들의 행동의 결과란 어떤 것인가 등이다.

(5) 조직의 자율성

조직이론은 조직의 자율성(autonomy)에도 큰 관심을 두고 있다. 조직이론은 모든 조직이 일정한 정도의 자율성을 가진다고 가정하고 다양한 자율성의 원천과 자율성의 결과를 탐구하는 데 관심을 두고 있다. 자율성의 원천과 관련하여 조직이론은 「자원의존(resource dependence)」이라는 개념 등을 통해 국가나 다른 국제기구로부터의 국제기구의 자율성을 설명하고자 한다. 즉 재정이나 정보와 관련하여 국가나 다른 국제기구에 대한 의존이 없을 경우 국제기구는 자율성을 가질 수 있다고 본다.

조직이론은 이러한 자율성의 원천에 대한 분석을 기초로 국제기구가 자율성을 확대하기 위해 어떠한 접근을 하는가의 문제에 관심을 둔다. 구체적으로 자원에 대한 의존을 줄이거나 없애기 위해 어떠한 노력을 전개하는가에 초점을 둔다. 앞서 조직의 환경부분에서 언급한 바 있듯이 조직이론은 국제기구가 주권국가를 이용하거나 주권국가들 사이의 차이를 이용하여 자율성을 보존 내지는 증대시킨다는 점과 공동의 목적을 위해 국제기구와 주권국가가 협력관계에 있을 수 있다는 사실에도 주목한다.

(6) 그 밖의 연구의 중점

조직이론은 환경적인 요인이 조직이 추구하는 목표에 대해 어떠한 영향을 미치고 이러한 환경이 미치는 영향이 조직 내부의 영향력 구조와 조직에 있어서의 지도력에 의해 어떤 영향을 받는가와 같은 문제에도 관심을 둔다. 더불어 조직이 외부의 행위자와 갖는 의사소통의 패턴이 어떠하며 이러한 의사소통 패턴이 조직의 총체적인 목표와 상이한 하위목표의 형성에 갖는 영향에도 관심을 가진다. 이 밖에도 국제기구의 조직문화(organizational culture)에도 연구의 중점을 둔다.

3) 조직이론의 적용 예: 국제노동기구(ILO)

더프티(Norman F. Dufty)는 조직이론에 관한 문헌들로부터 조직의 성장과 목표의 구조에 대한 명제(proposition)를 설정하고 이를 국제노동기구(ILO)에 적용하여 명제의 타당성을 검증하고 있다.[62)]

(1) 조직의 성장

우선 조직의 성장과 관련하여 더프티는 규모(size)와 권력(power)의 확장이라는 조직의 성장 자체가 구체적인 조직의 목표이며 이러한 목표는 조직의 고객(clients)이 선택한 과업의 달성이라는 것에 우선한다는 명제를 추출하고 있다. 성장이 조직이 목표가 되는 이유는 성장이라는 것이 조직 집행부의 업적(achievement)의 상징이며 이는 조직 집행부의 신용 혹은 심지어 영광을 반영하기 때문이다. 특히 조직의 지도자에 있어서 조직을 성장시킨다는 것은 자기실현의 한 형태이기 때문이다.

ILO 초창기에 모든 노동자 대표와 많은 정부 대표에 의해 공유된 ILO의 신념은 노동기준의 국제적인 설정이라는 사회정의의 실현이었다. 그 후 사회정의의

62) Norman F. Dufty, "Organizational Growth and Goal Structure, the Case of the ILO," *International Organization*, Vol. 26, No. 3 (Summer 1972), pp. 479-498.

실현이라는 목표는 경제문제와 분리되어서는 실현될 수 없다는 인식하에 ILO의 관할권이 경제문제로까지 확대되었다. 이러한 관할권의 확대 속에서 ILO는 실업을 흡수하기 위한 공공사업 · 통화와 신용에 대한 국제적인 규제 · 국제교역의 조정과 확대를 제시하는 프로그램을 담고 있는 결의문을 통과시키기까지 했다. 이러한 결의문을 비롯한 일련의 조치는 노동기준의 국제적인 설정이라는 ILO의 초창기 목표와는 상당한 거리가 있는 활동영역의 확장이었다.

ILO는 여기에서 더 나아가 제2차 세계대전 후 거의 모든 문제에 관심을 기울일 수 있도록 헌장을 탄력성 있게 개정했을 뿐 아니라 산업화와 생산성의 증가를 통해 생활수준을 향상시키는 것에 관심을 갖고 그 이전에는 관심을 거의 두고 있지 않던 기술지원으로 목표를 바꾸어 나가면서 ILO의 활동영역을 확장시켜 나갔다. 이로 인해 생활수준을 향상시키는 데 있어서 노동기준의 설정과 같은 노동입법의 중요성이 평가절하 되었다. 개도국에 대한 기술지원으로의 목표의 변경은 유엔으로부터의 재정적인 지원으로 인해 더욱 촉진되었다.

총체적으로 보아 ILO의 주된 목표는 초창기의 사회정의를 강조하는 노동정책으로부터 경제개발과 산업화로 바뀌었고 완전고용이라고 후일 추가된 목표 역시 경제성장을 통해 추구한다는 것으로 바뀌는 등 ILO는 활동영역의 확장을 꾸준히 추구했던 것이다.

(2) 조직의 쇠퇴

위에서 살펴본 논리에 의해 국제기구는 기구의 규모가 줄어드는 것을 반대한다. 기구의 규모가 줄어들지 모른다는 위협은 경쟁적인 기구의 설립으로부터 올 수 있고 혹은 조직의 목적이 달성되었거나 조직의 목적이 더 이상 고객에 의해 수용되지 않을 때(즉 고객이 다른 선호를 가지게 될 때)에도 발생한다. 조직이 쇠퇴할 수 있는 이러한 상황에서 조직은 지속적 존립을 위해 새로운 목표를 계속 강구해야 하고 그 목표들을 달성하기 위한 수단을 다양화하려고 애써야 한다. 더프티는 이와 관련하여 다음과 같은 명제를 제시하고 있다.

조직이 실질적으로 쇠퇴하고 있거나 쇠퇴할 지도 모른다는 위협에 직면할 경우 조직은 자신이 가동할 수 있는 모든 수단을 가지고 대항할 것이다. 만약 이러한 위협이 경쟁적 조직으로부터 올 경우 이에 대한 저항은 정치적인 것이 될 것이고 이때 만약 고객의 지원이 여전할 경우에는 직접적인 저항이 지속될 것이다.

대안적으로는 새로운 목표가 추구될 수도 있다.

ILO의 경우 성공적으로 조직의 쇠퇴를 막아 존립을 유지할 수 있었는데 이는 ILO가 고객의 선호를 계속 유지하는 한편 지도자의 뛰어난 능력으로 인해 이 조직의 존립에 대한 위협이 현실화되기 이전에 조직의 목표구조(goal structure)를 바꿀 수 있었기 때문이라고 본다. 제2차 세계대전 후에 사회정의보다 경제발전과 산업화로 관심이 이동한 것도 회원국들이 후자에 훨씬 더 관심을 가졌기 때문이다.

ILO가 선점한 기능을 새로 설립된 국제기구가 빼앗으려는 위협이 실질적으로 있었다. 구체적으로 1962년 공업화(industrialization)를 다룰 독립된 별개의 국제기구를 설립하려는 움직임이 유엔 내에서 있었는데 이런 움직임에 위협을 느낀 ILO는 이를 저지하기 위한 노력을 전개했다. 구체적으로 ILO는 낭비적인 활동의 중첩을 피하고 여기에서 더 나아가 새로운 필요가 등장할 경우에 기존의 국제기구 및 자원을 최대한 활용하는 것이 필요하다는 것을 강조했다.

이러한 노력에도 불구하고 새로운 국제기구인 유엔공업개발기구(UNIDO)가 탄생하자 ILO는 UNIDO가 ILO의 시설과 경험을 최대한 이용할 것과 활동의 낭비적인 중첩을 피할 것을 확실히 하는 협정을 UNIDO와 체결한 바 있다.[63] 이 역시 ILO의 쇠퇴에 대한 방지책의 일환이었다.

(3) 목표에 대한 환경과 지도력의 영향

유기적 성장이론(organic growth theory)에 따르면 성장은 조직과 그 환경의 균형 속에서 달성 가능하다. 구체적으로 조직의 확장은 동일한 기능을 수행하는 기구가 없는 방향으로 또는 경쟁기구가 취약한 쪽으로 이루어지며 강한 기구가 강하게 버티고 있는 쪽은 당연히 회피하게 된다. 유기적 성장이론은 이처럼 조직 외부의 환경적인 요인이 조직의 성장에 중요한 역할을 할 수 있다는 것을 적절히 지적하고 있으나 너무나 결정론적이다. 이 이론은 조직 내부의 영향력 구조와 조직에 있어서의 지도력이 기구의 목표의 변화에 미치는 영향을 고려하지 않는다.

조직이 면하고 있는 조직 외부의 환경이라는 것이 조직의 목표에 영향을 미치는 것은 사실이지만 환경 그 자체가 직접적으로 조직의 목표에 영향력을 행사

63) 유엔공업개발기구(UNIDO)는 1966년에 유엔의 보조기관으로 설립되었으나 1985년에 전문기구(specialized agency)가 되었다.

하는 것은 아니라 고객들로 하여금 목표변경을 요구하도록 압력을 가하거나 집행부의 수장이 제안한 목표변경에 제약을 가함으로써 목표구조에 간접적으로 영향을 미친다. 조직은 다음과 같은 경우 목표상의 변화를 경험하게 된다.

조직은 추구하던 목표가 달성될 경우 지지 받을 수 있는 다른 목표를 추구해야만 한다. 고객의 선호에 있어서의 변화에 의해 고객이 조직의 목표변화를 원해 목표가 변하는 경우도 있다. 또한 추구하는 목표의 달성이나 고객 선호의 변화 없이 새로운 목표의 도입에 의해 조직의 목표가 변경될 수도 있다. 이때 이전의 목표가 완전히 포기되는 일은 거의 없다.

조직의 집행부 수장의 기본적인 역할이란 환경과 권력구조(power structure)에의 변화에 대응하여 조직의 생존이나 성장을 위해 필요한 경우 새로운 목표를 선택하고 현존하는 목표의 우선순위를 조정하거나 수정하는 것을 용이하게 하는 것이다. 또한 집행부의 수장은 하위목표 간의 관계·하위조직과 고객과의 연합·총체적인 목표구조에 영향을 미칠 수 있는 다른 내적인 요인들을 통제해야만 한다.

집행부의 수장이 자신의 목표와 자신의 조직이념을 조직에 부과할 수 있는 정도는 조직 내에서의 합의의 정도에 반비례한다. 또한 집행부의 수장은 조직 내의 권력구조와 정책연합에 의해서도 제약을 받는데 이러한 제약의 정도는 조직에 가용한 자원의 정도에 반비례한다. 따라서 집행부의 수장은 환경과 제약을 잘 판단하고 상이한 목표를 가지고 있는 고객들을 잘 조정할 수 있어야 한다. 이러한 논의를 바탕으로 더프티는 다음과 같은 4개의 명제를 제시하고 있다.

ⅰ) 조직의 목표구조상의 변화란 어떤 목표의 완전히 채택과 다른 목표의 완전한 포기를 의미하기보다는 우선순위에 있어서의 변화를 의미하기 쉽다. 즉 과거의 목표가 완전히 포기되지 않은 채 제약요인으로 남아 있기 쉽다. ⅱ) 조직 외부의 환경은 목표구조에 상당한 영향을 주며 어떤 목표의 변화가 지지될 수 있는가를 상당한 정도로 결정짓는다. ⅲ) 이러한 환경이 주는 한계 내에서 집행부의 지도력 역시 목표변화에 주요한 역할을 한다. ⅳ) 자원이 상대적으로 풍부할 때 목표 변경에 대한 내부의 반대가 극소화되기 쉽다. 이를 ILO의 경우에 적용하면 다음과 같다.

1930년대 초의 경제불황이라는 환경적인 요인이 ILO의 목표 변경에 영향을 미쳤다. 이러한 경제불황이라는 상황적인 압력에 대한 신중한 평가를 기반으로 하여 ILO의 사무총장은 주도적으로 모든 고객들의 동의할 수 있는 목표를 찾아내고자 했고 그 결과 경제불황이라는 경제적인 부담의 제거가 중요한 목표가 되었다.

제2차 세계대전 후 ILO는 그 이전에는 관심을 거의 두고 있지 않던 기술지원을 통한 경제발전이라는 목표에 중점을 두게 되는데 이는 ILO 사무총장의 주도적인 노력보다는 고객의 요구에 그 근원을 두고 있었다. 고객들의 목표변경에 대한 요구는 ILO의 사무총장에게 목표를 새롭게 정의할 수 있는 기회를 제공했다. ILO의 중점이 이처럼 사회정의로부터 경제발전을 위한 기술지원으로 바뀌었으나 사회정의라는 목표가 완전히 포기된 것은 아니었으며 경제발전이라는 목표와 충돌하곤 했다.

또한 1954년에 소련이 가입하고 1960년 이후 개도국들이 점차적으로 많이 가입하는 상황에서 ILO 사무총장은 어떤 그룹의 국가도 반대하지 않을 비논쟁적인 목표가 필요했고 이러한 목표로 기술지원을 통한 경제발전이 취해졌다. 공유된 규범에 기초를 둔 국제적인 노동입법을 통한 사회정의의 실현이라는 초기의 목표는 다소 이념적으로 동질적인 상황에서만 실현이 가능했던 것이다.

이러한 목표의 변경이 이루어질 수 있었던 것은 또한 기술지원을 위해 사용할 수 있는 별도의 기금이 이미 준비되어 있었다는 것에도 기인했다. 만약에 제한된 자원 속에서 새로운 목표가 강조되었다면 이를 둘러싼 갈등을 피하기 어려웠을 것이다.

(4) 하위목표(sub-goal)의 형성과 의사소통 패턴의 영향

조직의 과업은 여러 부분으로 구분되어 보통 「부(department)」라고 불리는 하위단위에 할당되며 목표와 수단도 이러한 단위에 따라 분리된다. 이들 하위조직들은 자신의 하위목표에 집중함으로써 조직 전체의 목표를 무시할 수 있다. 이러한 경향은 하위단위들이 자신의 목표와 관련된 정보에만 집중하고 내적인 의사소통에만 관심을 둠으로써 강화된다.

조직과 조직 외부의 환경 사이의 의사소통 채널은 조직의 목표를 수정하는데 중요한 역할을 한다. 환경과 연결된 의사소통 채널 중 어떤 것은 조직의 상부와 연계될 수 있고 어떤 것은 조직의 하부와 연계될 수 있다. 이는 환경과 조직간의 관계에서 조직 전체와 각 하부조직이 독립적으로 작동할 수 있다는 것을 의미한다. 특히 개개 부와 같은 하위조직과 교섭하는 고객들은 그 부의 구성원과 비슷한 교육배경을 가지고 있어 이들 하위조직과 고객 간의 연계가 강화될 수 있고 이러한 결속력을 통해 조직의 목표구조상의 변경을 가져올 수 있으며 특정의 하위목표의 달성이라는 방향으로 전체조직의 활동을 몰고 가기도 한다.

조직의 하위단위와 이들 하위단위의 목표에 대한 개인의 충성심은 이러한 하위단위의 목표에 대한 수정에 저항할 가능성을 높인다. 이와는 달리 조직의 목표가 아닌 조직 자체에 대한 개인의 충성심은 조직의 생존과 성장을 위해 필요하다고 생각되는 하위단위의 목표변경을 지지하기 쉽다. 개인들은 조직의 목표 가운데 조직 전체의 총체적인 목표보다 하위단위의 하위목표에 자신들을 일치시키는 경향이 더 강하다. 이 때문에 부와 같은 하위단위의 해체를 가져오는 목표의 변경에 강력하게 저항하기 쉽다. 더프티는 이와 관련하여 다음과 같은 6개의 명제를 제시하고 있다.

ⅰ) 조직의 과업이 조직을 구성하고 있는 여러 하위단위로 분할될 때 하위단위 조직은 조직 전체의 주요한 목표보다 하위목표에 주된 관심을 두게 되고 이로 인해 조직 전체의 목표보다 이러한 하위목표가 더욱 운용 가능한 것으로 발전되기 쉽다. ⅱ) 하부목표와 전적으로 연계된 의사소통 채널이 발전하게 되고 이러한 의사소통 채널은 조직 전체의 목표보다는 하부목표에 관심을 집중하도록 하는 경향을 강화시킨다. ⅲ) 조직과 조직 외부의 환경 사이를 연결하는 의사소통 채널 역시 하위목표를 강화하고 조직의 하부단위와 외부기관 사이의 이익집단 연합을 유도케 한다. ⅳ) 하위목표가 조직 전체의 주요 목표를 유린하는 경향이 있다. ⅴ) 하위목표의 지속적인 존재가 조직 전체 목표의 구조상 변화를 가로막는 경향이 있다. 여섯째, 충성심이 조직의 목표보다는 조직 자체를 향하게 되며 이러한 것이 목표구조의 변화를 용이하게 한다.

ILO의 경우 여러 단위부서로 구성되어 있다. 직업훈련부의 경우 ILO 전체의 목표인 사회정의와 경제개발은 의미 있는 목표가 아니고 개도국에 있어서의 직업훈련이 주요 운용목표이다. 직업훈련부에 연계된 의사소통 채널은 직업훈련부의 목표와 연관이 있지 ILO의 총체적인 목표와 연관이 없다.

ILO의 스탭들과 수혜국 정부에서 ILO의 과업과 관련된 일을 다루는 전문가 사이에 존재하는 의사소통 채널·공유된 규범·이들의 활동 분야에서의 새로운 프로그램의 촉진에 대한 공동의 이해관계가 ILO의 영향력을 강화하는 데 도움이 된다. ILO 사무국의 일부와 고객 집단 간의 연합이 흔히 발생한다. 예컨대 ILO 본부의 부서 가운데 하나와 개도국의 대표들이 ILO 내에서 연합하여 관리개발 프로그램과 직업훈련 프로그램에 대한 압력을 행사한 바 있으며 이러한 연합이 ILO 밖으로 확대되어 국제사용주조직(International Organization of Employers)이라는 이익단체에 의해 지지된 바 있다.

ILO 전체의 목표가 하위목표에 의해 유린되는 것은 ILO의 현장활동 특히 기술지원 활동에서 현저히 드러난다. 예컨대 ILO에 의해 고용된 경영전문가의 경우 사회정의라는 목표가 아닌 특정 국가에 있어서의 경영기술의 향상을 목표로 한다.

국제노동 입법의 실행이라는 ILO 원래의 목표가 목표의 변경에도 불구하고 잔존해 있음으로 인해 고객의 대부분이 원하는 방향으로 조직의 목표를 변화시키려는 노력이 방해를 받았고 ILO 사무총장의 조직목표를 수정하려는 행동의 자유에 일정한 정도의 제한을 가했다.

12. 당사자-대리인 모델(P-A Model)

1) 특 징

국가 중심성을 특징으로 하는 신현실주의 이론과 신자유주의적 제도주의 이론은 국제기구가 국가로부터 갖게 되는 독립성을 제대로 설명하지 못한다. 신현실주의 이론의 경우 국제기구를 국제체제에 내재해 있는 힘의 균형을 반영하는 것으로 인식함으로써 국제기구가 국가행위나 국제관계에 미치는 독립적인 영향이 거의 없거나 아주 없는 것으로 인식하기 때문이다. 신자유주의적 제도주의 이론은 국제기구란 국가들이 소중히 여기는 기능에 봉사하며 이들의 자율성이란 국가들이 국제기구에게 권한을 부여하거나 억제하는 정도에 달려있다고 본다.

이와는 대조적으로 앞서 살펴본 조직이론을 포함한 일부 이론들이 국제기구의 독립성에 관심을 두어 온 것이 사실이나 국제기구가 지니고 있는 자율성과 종속이라고 하는 공존하는 두 가지 속성을 일관된 틀 속에서 설명하기 위한 노력이 제대로 이루어져 오지 않았다. 당사자-대리인 모델(Principal-Agent Model, P-A Model)은 이러한 문제의식을 가지고 국제기구를 국가의 대리인으로 개념화하여 국제기구 연구에의 광범위한 적용을 시도하고 있다.[64]

이 이론은 기본적으로 하나의 행위자인 당사자가 그를 대신하여 다른 행위자에게 일을 위임하였을 때 발생하는 당사자와 대리인 사이의 관계를 다루고자 한다. 이 이론의 뿌리는 경제학자들에 의해 수립된 이론 가운데 하나인 회사에 대한 기능이론(functional theory of the firm)에 있다. 이 이론은 시간이 경과하면서 주주(shareholder)가 회사의 경영자(manager)를 어떻게 통제하는가의 문제를 포함하는 조직의 문제를 다루는 쪽으로 진화되어 갔다.

P-A 모델이 가장 중요하게 고려하는 것은 대리인이 당사자의 이익이 아닌 자신의 이익을 추구하는 현상인 기피(shirking) 현상이다. P-A 모델은 정보의 불균형(information asymmetry)과 상충하는 이익을 이러한 기피의 가장 중요한 원인으로 보며 감시와 유인기제(monitoring and incentive mechanism)를 이러한 것에 대한 치유책으로 본다.

국제관계 학자들은 비교적 최근에 들어서야 국제기구에 대해 이러한 이론을 적용하기 시작했다. 기본적으로 P-A 모델은 국가와 국제기구의 관계를 당사자와 대리인의 관계로서 개념화하고 있다.[65] 즉 국가를 당사자로 보고 이러한 당사자가 대리인으로서의 국제기구에게 기능을 위임하는 것으로 인식하고자 한다. P-A 모델은 특히 유럽연합(EU)에 있어서의 회원국과 초국가적 제도(supranational institutions) 사이의 관계를 설명하는 데 적용되어 왔다.[66]

2) 연구의 중점

P-A 모델은 ⅰ) 주권국가들이 국제기구에게 권한을 위임하고자 하는 이유와

64) P-A 모델을 때로는 「위임이론(Theory of Delegation)」이라고도 부른다.

65) 국제기구 연구와 관련하여 P-A 모델이 갖는 한계 가운데 하나는 주권국가들은 주주가 경영인에게 권한을 위임하는 것과는 달리 국제기구에 직접 참가하여 총회나 이사회와 같은 기관에서 의사결정을 한다는 점이다. 이와는 달리 주권국가가 주권국가의 자격으로서 사무국이나 유럽연합의 집행위원회에 참가하지 않기 때문에 주권국가를 당사자로 보고 이들 사무국이나 집행위원회를 대리인으로 간주하는 것은 문제가 없다. 이러한 이유로 P-A 모델은 주권국가와 사무국 혹은 주권국가와 집행위원회의 관계를 설명하는 것에 적절하다고 볼 수 있다.

66) 대표적인 연구물로는 다음 논문들이 있다: M. A. Pollack, "Delegation, Agency, and Agenda Setting in the European Community," *International Organization*, Vol. 51, No. 1 (Winter, 1997), pp. 99-134; H. Kassim and A. Menon, "The Principal-Agent Approach and the Study of the European Union: Promise Unfulfilled," *Journal of European Public Policy*, Vol. 10, No. 1 (March, 2003), pp. 121-139; Daniel L. Nielson and Michael J. Tierney, "Delegation to International Organizations: Agency Theory and World Bank Environmental Reform," *International Organization*, Vol. 57, No. 2 (Spring 2003), pp. 241-276; Daniel L. Nielson and Michael J. Tierney, "Theory, Data, and Hypothesis Testing: World Bank Environmental Redux," *International Organization*, Vol. 59, No. 3 (Summer, 2005), pp. 785-800.

이러한 위임을 촉진하는 조건 ii) 국제기구가 주권국가와는 다른 독자적인 선호와 이해관계를 가지게 되는 요인 iii) 주권국가가 사용하는 국제기구에 대한 통제의 기제 iv) 국제기구가 자율성을 갖게 되는 조건을 연구의 중요한 중점으로 삼고 있다. 이들을 구체적으로 하나씩 살펴보면 다음과 같다.

(1) 국가가 국제기구에 권한을 위임하는 이유와 조건

주권국가들이 국제기구에 권한을 위임할 경우 일정한 정도의 자율성이 훼손되기 마련이다. 그럼에도 불구하고 주권국가들은 국제기구에게 권한을 위임하고자 한다. 이와 관련하여 P-A 모델은 왜 그리고 어떠한 조건이 권한의 위임을 하도록 하는가를 연구하고자 한다.

이러한 연구를 통해 국제기구가 어떠한 조건에서 주권국가로부터 위임을 받아 일을 처리함으로써 권한이 강화될 수 있는가에 대한 대답을 구할 수 있으며 나아가 보다 본질적으로 주권국가들이 왜 국제기구를 설립하고자 하는가에 대한 대답도 찾을 수 있다. 국가가 국제기구에게 권한을 위임하는 이유 중 가장 빈번하게 지적되는 이유는 다음과 같다.[67]

① 회원국의 감시

P-A 모델에 따르면 국제적인 조약을 회원국들이 잘 준수하는가를 감시하기 위해 국제기구에게 권한을 위임한다. 불완전한 정보와 더불어 집단행동을 하여야만 하는 상황에서 국제기구는 회원국들의 조약의무 준수를 감시할 수 있고 모든 참여자들에게 정보를 제공할 수 있다. 국제기구는 조약의무를 준수하지 않는 회원국을 밝혀냄으로써 국제적인 조약의 준수를 가져올 수 있다.

② 불완전한 계약 문제의 해결

P-A 모델에 따르면 불완전한 계약(incomplete contracting)의 문제를 해결하기 위해 국제기구에게 권한을 위임한다. 국제적인 조약을 하나의 계약으로 볼 수 있는데 계약은 통상적으로 모든 당사국의 의무를 아주 정밀하게 규정하는 것이 어렵다. 따라서 계약의 자세한 내용을 메우고 계약의 의미를 둘러싼 분쟁을 판결하

67) Daren Hawkins, David Lake, Daniel Nielson, and Michael Tierney, "Part Ⅰ. Introduction: 1. Delegation under Anarchy: States, International Organizations, and Principal-Agent Theory," in Daren Hawkins, David Lake, Daniel Nielson, and Michael Tierney, eds., *Delegation and Agency in International Organizations* (Cambridge: Cambridge University Press, 2006) 참조.

기 위해 재판소와 같은 국제기구를 만들어 권한을 위임할 수 있다.

③ **규모의 경제(economies of scale)**

P-A 모델은 국가들이 국제기구가 가지고 있는 전문성으로부터 얻는 것이 많으면 많을수록 국제기구에 권한을 위임하고자 한다고 본다. 효과적인 정책을 만드는 데 전문성에 대한 필요가 크면 클수록 국가는 국제기구에게 권한을 위임하고자 한다. 이와 관련하여 P-A 모델은 국가들이 국제기구에게 권한을 위임하고자 하는 보다 구체적인 조건을 다음과 같이 제시하고 있다.

첫째, 수행하여야 할 과업이 국가들에게 공공재(public goods)를 공급하는 것일 경우 국가들은 국제기구에게 이를 위임하고자 한다. 이러한 사실은 국가들이 국제원자력기구(IAEA)에게 핵확산을 감시하도록 권한을 준 것에서 발견된다.

둘째, 국가들은 그들의 개별적이고 조정되지 않은 국내정책들이 국제적으로 충돌하고 전체 복지를 감소시킬 경우 국제기구에게 권한을 위임하기 쉽다. 국제표준화기구(ISO) 등이 이러한 국제기구의 예에 속한다.

셋째, 수행하여야 할 과업이 어느 단일한 국가의 능력 이상을 요할 때 국제기구로의 권한위임이 발생하기 쉽다. 구체적으로 말해 과업이 상당히 전문성을 요하고 어떠한 단일 국가에 있어서도 빈번하게 사용되지 않거나 고정비용(fixed cost)이 클 경우 이러한 권한의 위임이 발생하기 쉽다. 세계보건기구(WHO)와 같이 전문적인 분야를 다루는 기구의 경우가 이러한 논리에 의해 적절하게 설명될 수 있다.

④ **집단적 의사결정(collective decision-making)**

P-A 모델은 국가들이 정책을 둘러싸고 집단적으로 안정적 합의에 이르기 어려울 경우 균형(equilibrium)을 유도하기 위한 수단으로서 국제기구에게 의제설정 권력(agenda-setting power)과 같은 권한을 위임할 가능성이 높다고 본다.

여기서 「의제설정 권력」이란 이슈를 정의하고 최종적인 의사결정자들 사이에서 합의를 도출해낼 수 있는 제안(proposal)을 처음으로 내놓을 수 있는 권력 즉 제안할 수 있는 권력(power to propose)을 의미하며 이러한 의제설정 권력은 정책의 결과에 중요한 영향을 미친다는 것이 일반적인 견해이다.

이러한 전형적인 경우로서 유럽연합(EU)의 예를 들 수 있다. 유럽연합의 경우 집행위원회(Commission)에게 상당한 정도로 이러한 의제설정 권력이 위임되어 있다. 유럽연합의 집행위원회는 안을 내놓을 때 회원국들에 의해 수용될 수 있는 안을 내놓기 위해 노력하기 마련이며 그 결과 상충하는 이해관계에 균형을 가져올 수 있는 안이 제시되곤 한다.[68]

⑤ 비난의 회피(blame avoidance)

P-A 모델은 국가들이 비난을 회피할 목적으로 국제기구에 일정한 권한을 위임하는 경향이 있다고 지적한다. 구체적으로 말해 국내정치상의 이유로 정부가 급박한 문제를 다루기 위해 무슨 조치인가를 취해야 한다고 느끼지만 실제적으로 정책을 마련하는 것까지는 꺼릴 때 국가들은 비난을 면하기 위한 수단으로서 국제기구에 그 책임을 위임하는 경향이 있다는 것이다.

이러한 논리는 이미 위에서 살펴본 합리적 선택이론의 논리와 매우 유사하다. 이러한 예에 속하는 전형적인 경우로서 난민문제가 유엔난민최고대표사무소(UNHCR)에 위임되고 평화유지활동(PKO)이 유엔에 위임되는 것을 들 수 있다.

⑥ 신뢰성(credibility)의 획득

P-A 모델에 따르면 국가들은 그들의 정책공약의 신뢰성을 향상시키기 위해 국제기구에게 권한을 위임하기도 한다. 유엔의 무기 조사관이 제공한 정보가 미국이 제공한 정보보다 왜곡되지 않은 것으로서 좀 더 수월하게 수용되는 경우를 그 예의 하나로 들 수 있다.

⑦ 정당성(legitimacy)의 확보

P-A 모델은 국제기구로의 권한의 위임은 정당성의 확보를 위해서도 발생한다고 본다. 즉 국가가 일방적이거나 소그룹으로 행동할 수도 있으나 다른 선호를 가지고 있는 국가들을 소외시킬 위험부담이 있다고 판단할 경우 좀 더 많은 정당성을 확보하기 위한 수단으로서 권한을 국제기구에게 위임하는 경향이 있다고 본다. 미국이 이라크 침공을 시도할 때마다 그들의 군사력 사용에 대한 정당성을 획득하기 위해 유엔을 이용하고자 했던 것을 전형적인 예로 들 수 있다.

이처럼 국가들은 국제적인 정당성의 획득을 위해 국제기구에게 권한을 위임하기도 하나 국내적인 정당성을 얻기 위해서도 이러한 시도가 이루어진다. 즉 국가가 국내적으로 국민들에게 인기가 없는 정책을 만들어 집행하고자 할 때 이러한

68) 집행위원회(Commission)가 제안한 안을 수정하기 위해서는 (각료)이사회(Council)의 만장일치가 필요하다.

것들을 국제기구의 정책화함으로써 성공의 전망이 높은 것처럼 보이고 정부의 이러한 시도가 규범적으로 옳다는 인식을 하도록 한다. 앞서 살펴본 합리적 선택이론 역시 이러한 점을 언급하고 있다.

⑧ **타 행위자에 대한 지배(control over others)**

P-A 모델은 동일하거나 유사한 선호를 가진 국가들이 국제기구를 통해 승리연합(winning coalition)을 형성하여 다른 선호를 가지고 있는 국가들을 통제하고자 할 경우에도 국제기구로의 권한 위임이 이루어진다고 본다. 즉 다른 국가의 행동을 탈정당화(delegitimation) 하고자 할 때 이러한 위임이 발생한다.

(2) 국제기구가 독자적인 선호와 이해관계를 가지게 되는 요인

P-A 모델은 국제기구가 가지는 독자적인 선호와 이해관계에 관심을 가진다. P-A 모델에 있어서 국가의 선호 및 이해관계와 국제기구의 선호 및 이해관계가 서로 다르다는 것이 전제되어 있으며 이 모델의 동학(dynamics)은 이 두 행위자 간에 있어서의 선호와 이해관계가 다르다는 것으로부터 나온다.[69] 국제기구가 독자적인 선호와 이해관계를 가지게 되는 요인들로서 다음과 같은 것들이 주로 언급된다.[70]

---

69) 이러한 전제와 관련하여 P-A 모델은 국가와의 관계에서 국제기구가 원하는 것이 무엇인가에 대해 선험적인 규정을 하고 있다는 지적을 받곤 한다. 즉 P-A 모델은 왜 그리고 어떻게 국제기구의 선호 및 이해관계가 국가의 선호 및 이해관계가 일치하지 않는가에 구체적인 설명을 제대로 제공하고 있지 않고 선험적으로 이들 간의 차이를 전제하고 있다는 것이다: Michael Barnett and Martha Finnemore, *Rules for the World: International Organizations in Global Politics* (Ithaca and London: Cornell university Press, 2004), p. 4.

70) 국제기구가 왜 그리고 어떻게 국가와 다른 선호와 이해관계를 가지게 되는가에 대해 P-A 모델 이외의 다양한 이론들이 다양한 논리를 전개하고 있다. 신기능주의 이론은 자기중심적 이익(self-interest)이라는 개념을 가지고 설명한다. 국제기구가 자기이익 중심적인 목표(즉 공동체의 업무와 관련하여 좀 더 영향력 있는 발언권을 확보하기 위해 국제기구의 임무(mandate)를 확대하고자 하는 목표)를 추구하려는 것으로부터 요인을 찾는다. 역사제도주의(historical institutionalism) 이론은 국가의 관료와 국제기구 관료가 가지는 상이한 시간 지평(time horizon)에서 찾는다. 구체적으로 국가의 관료는 선거라는 제약으로 인해 단기적인 것에 관심을 두지 않을 수 없으나 국제기구의 관료는 그들의 장기적인 자율성에 관심을 두며 이 때문에 국제기구는 국가들과 선호나 이익에 있어서 다르지 않을 수 없다는 주장이다. 구성주의(constructivism) 이론은 국제기구 직원들이 지니는 공통의 세계관 혹은 조직문화(organizational culture)의 존재에서 그 원인을 찾는다. 구체적으로 말해 다양한 상황을 가로 질러 지식을 일반화하고 예외를 규칙으로 통합하여 정상적인 것으로 하고자 하는 현대 관료제의 특징을 중요한 원인으로 간주한다. 또한 국제기구의 환경이 가하는 국제기구의 성과에 대한 환류(feedback)로부터의 격리의 정도와 조직 내에서의 부서 간 예산과 물질적 자원을 둘러싼 경합의 정도를 또 다른 원인으로 본다.

① **예산의 확대와 임무의 확장**

일부 P-A 이론가들은 국제기구가 예산의 확대나 임무(mandates)의 확장을 원하기 때문에 국가와 다른 선호와 이해관계를 가지게 된다는 논리를 제시하기도 하는데 이러한 점은 앞서 살펴본 조직이론의 논리와 동일하다.

② **사무국의 인적구성**

국제기구를 처음 설계할 때의 사무국의 인적구성 방식이 국제기구의 독자적인 선호와 이해관계에 영향을 미친다는 논리를 제시하기도 한다. 국제기구를 설립할 때 국제기구의 행정을 담당하는 사무국을 전문가인 국제공무원으로 구성할 수도 있고 회원국 대표로서도 구성할 수 있다.

일반적으로 국제기구의 사무국은 전문가인 국제공무원으로 구성되는데 이들 국제공무원들은 국제기구의 임무와 관련한 지식이나 문제에 기초를 둔 측면에 집중하는 경향을 가지게 마련이며 그 결과 국제기구는 나름의 선호와 이해관계를 갖기 쉽다.[71)]

흔하지 않은 경우이나 사무국이 회원국 정부대표로 구성될 경우 이들은 국익을 극대화하는 데 관심을 가지게 되며 국내정치나 선거정치에 관심을 가지지 않을 수 없어 국제기구가 국가와 다른 선호와 이해관계를 가지기 어렵다.[72)]

③ **고용관례**

일부 P-A 이론가들은 국제기구의 고용관례도 국제기구의 독립성에 영향을 미친다고 본다. 즉 국제기구 직원의 직업 안정과 승진은 이들이 얼마나 잘 국제기구의 업무에 봉사하고 일의 진전을 가져오며 국제기구가 설정한 성과의 기준에 미치는가에 달려 있다. 이러한 내부적으로 이루어지는 평가가 직원들의 내부 지향성을 증대시키는 것을 돕고 국가들과 충돌할 수 있는 독립적인 이해관계를 만들어낸다.

---

71) 관료정치모델(bureaucratic politics model)이 지적하듯이 국제기구 직원들은 그들이 일반적인 매니저이든 전문기술자이든 조직 내에서 그들이 차지하고 있는 자리가 무엇인가에 따라 그들 자신의 선호를 정의하는 경향을 가지게 된다.

72) P-A 모델은 아시아태평양경제협력체(APEC)나 북대서양조약기구(NATO)가 독립적인 선호를 좀처럼 보이지 않는 이유를 이러한 논리로서 설명하고자 한다.

(3) 국제기구에 대한 통제기제(control mechanism)

P-A 모델은 국가들이 왜 일정한 정도의 자율성의 훼손을 감안하면서까지 국제기구에게 권한을 위임하고자 하는가와 국제기구는 왜 국가와 다른 독자적인 선호와 이해관계를 가지게 될까에 대한 이해를 바탕으로 하여 국가들이 자신들로부터 벗어나려는 국제기구를 어떻게 통제하려고 하는가에 연구의 중점을 둔다.

P-A 모델에 따르면 국가는 국제기구를 설계하면서 자신들의 이익추구를 도울 것이라고 기대되는 다양한 임무(mandates)와 과업(tasks)을 국제기구에게 위임하게 되는데 이러한 위임(delegation)은 국가의 자율성 혹은 권위의 잠재적인 손실을 가져오게 된다. 이에 따라 국가는 국제기구로의 권한의 위임으로 야기되는 이러한 대행의 손실(agency loss)을 제한하는 제도적인 장치를 고안하게 된다. 국가들이 만드는 제도적인 통제의 기제는 P-A 이론가들에 의해 비교적 다양하게 제시되고 있으나 가장 대표적인 것을 살펴보면 다음과 같다.[73)]

① 계약의 재설정

우선 당사자인 국가와 대리인인 국제기구 사이에 작성되는 계약의 설계가 통제기제의 하나가 된다. 나중에 초기의 계약을 실제로 재협상하거나 재협상을 하겠다고 위협할 수 있기 때문이다. 예컨대 국가들은 국제기구의 활동의 범위와 같은 것을 규정지을 수 있는데 대행의 기피(agency shirking)가 발생한 경우 기존의 활동의 범위를 제한할 수 있다. 다시 말해 국가들은 국제기구의 임무(mandate)를 바꿀 수 있다.

② 임명의 통제

국가는 대리인인 국제기구에서 일하는 사람을 조심스럽게 선별하여 선발할 수 있도록 함으로써 이들이 그들 국가의 이익을 좀 더 면밀하게 반영하도록 할 수 있다. 즉 임명의 통제(control over appointment)를 가할 수 있다. 유엔이 사무총장을 임명할 때 안보리 상임이사국들은 거부권의 행사를 통해 자국의 이익에의 훼손을 줄이고자 한다.

---

73) D. Roderick Kiewiet and Mattew D. McCubbins, *The Logic of Delegation: Congressional Parties and the Appropriations Process* (Chicago: University of Chicago Press, 1991).

③ 감독

국가는 대리인인 국제기구의 행태를 직접적인 감독(일명 police-patrol oversight) 혹은 제3자에 의한 감독(일명 fire-alarm oversight)을 통해 감시하고자 한다. 여기에서 직접적인 감독이란 상설감시위원회(standing oversight committee)와 같은 조직을 통한 감독을 의미하며 제3자에 의한 감독과 비교하여 좀 더 능동적이고 직접적이며 중앙집중화된 감독 방식이다.

제3자에 의한 감독이란 개별적인 구성요소의 불만(individual constituency complaints)의 제기에 의한 감독을 의미한다. 즉 조직에 고용되어 있는 피고용인이 하나의 내부 고발인(whistle-blower)이 되어 조직 내의 문제에 대한 관심을 불러일으키는 방식을 의미하며 직접적인 감독 방식과 비교하여 덜 중앙집중적이고 덜 능동적이며 덜 직접적이다. 이와 더불어 제3자에 의한 감독에는 대행자의 행태에 관한 사법적인 검토(judicial review of agency behavior)에 의한 감독도 포함된다.

④ 견제와 균형

국가라는 당사자는 국제기구 내에 2개 이상의 대리인들 사이에 조정과 경쟁을 필수적으로 하도록 하는 견제와 균형을 위한 기제를 수립하여 국제기구를 통제할 수 있다. 그리하여 일단의 대리인으로 하여금 다른 대리인을 감시하고 독자적으로 당사자인 국가에 보고하며 심지어 다른 대리인에 의한 결정을 거부할 수 있는 권한을 부여한다.

⑤ 보상과 제재

국가라는 당사자는 국제기구라는 대리인의 특정한 행동에 대해 보상과 처벌을 하는 신뢰할 수 있는 약정의 장치를 수립함으로써 국제기구를 통제할 수 있다. 즉 국제기구로 하여금 예상된 보상을 얻도록 하여 행태의 수정을 유도하거나 국제기구의 행태가 국가의 이익과 일치하지 않을 경우 확실하게 제재를 가하는 새로운 약정을 기안함으로써 통제를 한다. 예산에 대한 통제(control over budgets)와 같은 것을 하나의 예로 들 수 있다.

(4) 국가와의 관계에서 국제기구가 자율성을 갖게 되는 조건

위에서 살펴보았듯이 권한의 위임을 통해 자신들의 자율성이 훼손되는 것을 약화시키기 위해 국가는 국제기구에 대한 통제기제를 만들게 되는데 그럼에도 불구하고 국제기구들은 자율성을 가지게 된다. P-A 모델은 국제기구가 이와 같이 자율성을 가지게 되는 조건에 관심을 가지는데 이러한 조건이란 국제기구에 대한 통제기제의 효율성에 영향을 미치는 요인이기도 하다.

닐슨과 티어니(Daniel L. Nielson and Michael J. Tierney)의 P-A 모델에 따르면 i) 국가의 수가 증가할수록 그들 내부의 조정이 복잡해지며 이로 인해 대리인으로서의 국제기구의 자율성이 증대될 수 있다. ii) 국가들 사이에 있어서의 선호의 이질성이 존재할 경우 국제기구는 자율성을 갖기 쉽다. 제안된 정책 변화와 제도 개혁에 대해 국가들의 동의가 존재하지 않으며 국제기구가 이러한 불일치를 알고 있을 경우 국제기구는 국가들 사이의 이러한 차이를 활용하여 자율성을 가질 수 있다. 이 경우 국가들은 국제기구와의 계약을 바꾸거나 바꾼다고 위협하는 것이 어렵다.[74] iii) 국가들이 정책에 대한 의지가 약할 경우 국제기구는 자율성을 갖는 것이 용이하다. iv) 위임된 것이 재위임 되는 등 위임이 여러 차례에 걸칠 경우 국제기구의 자율성이 증대한다. v) 국가와 국제기구 사이에 정보의 비대칭성(즉 정보의 격차)이 클 경우 국제기구의 자율성이 증대한다.[75]

13. 관료조직 이론

국제기구를 관료조직(bureaucratic organization)으로 간주하여 분석하고자 하는 노력이 최근에 체계적으로 이루어지고 있다. 앞서 살펴보았듯이 합리적 선택이

74) 국가들 사이에 정책의 결과에 대한 선호의 이질성(preference heterogeneity)이 크면 클수록 국가들이 국제기구에 권한을 위임하려 하지 않으며 기존의 관계를 재정립하려 하지 않고 현상을 유지하려 한다고 본다. 다시 말해 선호의 이질성이 커지면 국제기구에 위임을 덜 하게 되고 국제기구와의 현존하는 관계를 재구성하고자 하는 시도는 성공하기 어렵다고 본다. 이와는 대조적으로 정책결과에 대해 국가들의 선호가 비교적 유사할 경우에 국가들은 국제기구에게 권한을 위임하려 하거나 기존의 위임의 고리를 재차 구성하려 한다고 본다. 국가들 사이에 선호가 다양해지면 국가는 국제기구에 권한을 위임하지 않고 일방적으로 행동을 취하는 선택을 할 수 있다. 이는 영국과 미국이 유네스코(UNESCO)로부터 탈퇴한 사실에서도 발견된다. 국가 간에 선호가 다양해지면 국가들은 국제기구가 아닌 유사한 선호를 가지고 있는 다른 국가(혹은 다른 국가들)에게 위임을 할 수도 있다. 이러한 것은 미국의 부시 행정부가 이라크 전쟁 때 유엔을 벗어나 다국적군을 형성하여 대처한 것에서도 발견된다. 선호의 불일치는 또한 일단의 국가들로 하여금 새로운 국제기구를 만들어 그들의 선호와 일치하는 과업을 위임할 수도 있다. 이러한 논리는 새로운 지역기구의 탄생에 적절한 설명을 제공한다. 선진국들이 자유무역을 위해 관세 및 무역에 관한 일반협정(GATT)을 만들고 이에 대항하여 개도국들이 유엔무역개발기구(UNCTAD)를 주도적으로 만든 것도 이러한 논리에 의해 설명될 수 있다.

75) Daniel L. Nielson and Michael J. Tierney, "Delegation to International Organizations: Agency Theory and World Bank Environmental Reform," *International Organization*, Vol. 57, No. 2 (Spring 2003), pp. 241-276

론・기능주의 이론・P-A 모델 등이 국제기구 관련 현상을 설명하고 예측하는 데 있어서 국제기구의 관료에 대해 부분적으로 관심을 둔 것은 사실이지만 국제기구의 여러 면모를 관료조직이라는 관점에서 일관적으로 살펴보고자 하는 시도는 없었다. 이러한 시도는 바넷과 핀모어(Michael Barnett and Martha Finnemore)가 중심이 되어 이루어지고 있는데 이들이 전개하고 있는 이론을 중심으로 관료조직 이론을 살펴보고자 한다.[76]

1) 특 징

앞서 살펴본 조직이론의 경우 국제기구를 조직 일반이 포괄적으로 공유하고 있는 특징의 관점에서 살펴보고자 한다. P-A 모델의 경우 국제기구를 국가(조직 외부의 당사자)로부터 권한을 위임 받은 조직의 대리인으로 파악하고자 한다. 관료조직 이론 역시 국제기구를 조직의 관점에서 분석하고자 하나 이 이론은 일반적인 조직이 아닌 관료조직의 관점에서 국제기구를 살펴보고자 한다는 점에서 조직이론이나 P-A 모델과 구별된다.

관료조직 이론은 국제기구를 관료조직으로 개념화하여 살펴볼 경우에 국제기구 연구와 관련하여 논의의 중심적인 대상이 되고 있는 국제기구 행태의 네 가지 측면인 자율성(autonomy)・권력(power)・역기능(dysfunction)・변화(change)를 분석하는 데 통찰력을 제공한다고 강조한다.

2) 연구의 중점

복잡한 업무를 효율적으로 다루어야 할 필요성이 존재하는 경우라면 언제나 관료조직이 만들어지며 이러한 의미에서 관료제도란 현대생활의 보편적인 특징이다. 관료조직 이론은 국제기구 역시 이러한 관료조직의 하나로서 보고 관료조직의 일반적인 특징을 국제기구의 여러 면에 투사하여 국제기구 관련 현상을 분석하고자 한다. 관료조직 이론이 중점을 두고 있는 연구주제는 다음과 같다.

---

76) Michael Barnett and Martha Finnemore, *Rules for the World: International Organizations in Global Politics* (Ithaca and London: Cornell university Press, 2004), p. 4.

(1) 자율성(autonomy)

관료조직 이론의 관심은 우선적으로 관료조직으로서의 국제기구의 자율성을 설명하는 데 놓여 있다. 좀 더 구체적으로 자율성이란 무엇을 의미하고 자율성을 가질 수 있도록 하는 원천은 무엇이며 자율성을 가지고 무엇을 하는가에 연구의 중점이 놓인다.

우선 관료조직 이론의 자율성 개념은 현실주의의 자율성 개념과 다르다. 현실주의는 자율성이란 힘 있는 국가로 하여금 그들의 이해관계와 반대의 방향으로 행동하도록 강요할 수 있는 경우에만 존재한다고 본다.

그러나 관료조직 이론은 좀 더 포괄적으로 자율성을 개념화하여 현실주의적 의미는 물론 국가로부터 독립적이지만 강한 국가에 의해 적극적으로 부인되지 않는 국제기구의 활동들을 포함하고자 한다. 관료조직 이론에 있어서 이러한 자율성이란 구체적으로 국제기구의 설립 시 조직의 설계에 의해 의도적으로 주어지기도 하고 의도하지 않은 채 우연하게 생기는 것이다.

이러한 자율성의 원천과 관련하여 관료조직 이론은 국제기구가 다른 관료조직과 마찬가지로 권위(authority)를 가지고 있기 때문에 국가·개인·다른 국제적인 행위자와의 관계에서 자율성을 갖는다고 본다. 이러한 권위란 다른 행위자들로부터의 일정한 수준의 동의에 의해 주어지는 것으로서 권위를 가지게 된 행위자는 발언권을 가지게 되고 이를 통해 타행위자에게 영향을 미치게 된다는 논리다.

관료조직 이론은 나아가 이러한 권위란 어디에서 유래되는가를 밝히는 데 관심을 가진다. 권위의 원천을 목표와 수단이라는 두 측면에서 찾는데 구체적으로 인권보호 등과 같은 사회적으로 가치 있는 목표의 추구와 이러한 목표를 추구하는 합리적이고 기술적이며 공정한 방식에서 찾는다.

(2) 권력(power)

관료조직 이론은 또한 이러한 권위를 가지고 국제기구는 어떠한 일을 할 수 있는가를 연구하고자 한다. 이에 대해 국제기구는 권위와 더불어 담론적·제도적 자원(discursive and institutional resources)을 활용하여 다른 행위자들로 하여금 자신의 판단을 존중하도록 유도할 수 있음으로써 권력을 행사한다고 본다. 여기에서 권력을 행사한다 함은 행하는 것을 거부하는 행위를 강제하는 능력 이상의 것을 의미하는 것으로서 종종 무엇이 올바른 행위인가를 말하는 것 등이 포함된다.

(3) 역기능(dysfunction)

관료조직 이론은 모든 관료조직의 역기능의 가능성을 국제기구에도 적용하고자 한다. 이러한 역기능이란 구체적으로 국제기구가 합리적인 논리에 도전하는 정책을 입안하고 집행하며 주어진 임무와 일치하지 않는 방식으로 행동하고 공식적으로 책임을 져야 할 대상의 요구를 거절하거나 혹은 등을 돌리는 형태로 나타난다고 본다.

(4) 변화(change)

관료조직 이론은 조직의 변화에도 관심을 둔다. 국제기구는 다른 관료조직과 마찬가지로 창설자에 의해 의도되지 않은 방식으로 변화하고 진화한다고 본다. 구체적으로 국제기구는 자신들의 규칙과 조직문화에 내재화되어 온 경험에 근거하여 새로운 환경과 도전에 적응하며 창설자가 의도하지 않은 방식으로 새로운 임무와 책임을 떠맡으면서 확장해 나간다. 좀 더 구체적으로 관료조직 이론은 무엇이 국제기구로 하여금 국가들이 요청하지 않은 변화를 촉진하고 변화에 대한 요구에 저항하도록 하며 어떤 유형의 변화가 성공할 가능성이 높은가를 이해하고자 한다.

14. 구조주의 이론

1) 특 징

구조주의(structuralism) 이론은 일반적으로 국제기구를 포함한 국제제도를 선진 자본주의 국가들의 지배를 위한 수단이나 도구로 간주한다. 즉 국가・국제체제・국제체제의 기구・국제체제의 그 밖의 제도 모두를 국제자본의 이익을 반영하는 것이며 이들이 해결하고 관리하고자 하는 경제적인 문젯거리들은 자본주의의 장기적인 발전에 내재해 있는 모순으로부터 야기되는 것으로 본다.

구체적으로 구조주의는 국제기구를 자본주의 질서로 후진국들을 끌어들이는 도구라고 보며 미국을 비롯한 다른 선진 자본주의 국가들이 이러한 국제기구의 정책을 명령하는 것으로 인식한다. 구조주의는 국제기구가 산업의 변화와 자유주의 이념의 발전을 촉진함으로써 근대 자본주의 국가들의 발전을 위한 중요한 도구로서의 역할을 해왔다고 인식한다. 후진국과 관련하여서는 국제기구를 후진국의 토착적인 경제발전과 사회변혁의 가능성을 억제하는 결과를 가져오는 존재로 바라 본다.

2) 연구의 중점

구조주의는 국제기구가 선진국의 자본주의의 유지와 확대에 어떠한 기여를 해오고 있는가와 더불어 후진국의 저발전과 빈곤이 국제기구에 의해 어떻게 지속되고 있는가를 보여주는 데에 연구의 중점을 두고 있다.

국제기구와 세계자본주의 질서 간의 연계에 대해 구조주의가 견지하고 있는 견해는 이들이 세계은행(WB)·국제통화기금(IMF)·세계무역기구(WTO)와 같은 국제기구에 가하고 있는 다양한 비판에 잘 반영되어 있다. 예컨대 페이어(Cheryl Payer)는 세계은행을 평가함에 있어서 「세계은행이란 제3세계의 국가통제를 국제적인 자본의 유입을 규제하려는 민족주의자와 사회주의자들로부터 빼앗아 국제적인 자본에 넘겨주는 선진 자본주의 국가의 가장 중요한 도구」라고 칭하고 있다.[77] 동일한 맥락에서 세계무역기구(WTO)는 후진국에게 불리한 무역조건을 항구화시킴으로써 선진 자본주의 국가들의 이익을 도모하는 도구로서 인식된다.

소련의 붕괴로 인하여 이러한 구조주의적 견해는 다소 위축되는 듯 했으나 탈냉전 후에 가속화되고 있는 세계화의 진행 속에서 후진국에 있어서의 경제적·사회적 조건의 악화와 빈국과 부국 사이에 증대하는 양극화 등으로 인하여 관심이 다시 가열되고 있다.

15. 구성주의 이론

1) 특 징

신현실주의 이론과 신자유주의적 제도주의 이론 모두 행위자의 합리성(rationality)

---

77) Cheryl Payer, *The World Bank: A Critical Analysis* (New York: Monthly Review Press, 1982), p. 20.

을 가정하여 행위자로서의 국가의 특징인 정체성(identity)과 이익(interests)을 외생적으로 주어진 것을 본다. 이와는 대조적으로 구성주의 이론은 이러한 정체성과 이익이라는 것이 객관적으로 외생적으로 주어진 것이 아니라 간주관적으로 사회적으로 구성되는 것으로서 변화할 수 있는 것으로 바라보고자 한다. 즉 행위자의 정체성과 이익은 타인과의 상호관계 속에서 발생한다고 본다. 이러한 맥락에서 구성주의 이론가들은 이러한 정체성과 이익이라는 것이 어떻게 형성되는가에 중점을 둔다.

신현실주의 이론과 신자유주의적 제도주의 이론처럼 이론처럼 주어진 정체성과 이익으로부터 국가행위의 패턴을 설명하고자 한다면 국가행위의 패턴에 있어서의 지속성을 설명할 수 있어도 변화를 설명하는 것이 어렵다. 구성주의 이론은 이와는 대조적으로 국가들이 상호작용을 통해 정체성을 수립하고 이러한 정체성을 기반으로 이익을 정의하며 이러한 이익이 행위자의 행위패턴에 영향을 미친다고 봄으로써 정체성의 변화·이익의 변화·국가행태의 변화를 분석하고자 한다.[78)]

이러한 맥락에서 무정부성(anarchy)이라고 하는 국제체제의 구조라는 것 역시 외부적으로 주어진 고정된 것으로 바라보지 않고 구성요소인 국가들 사이의 상호작용을 통해 사회적으로 구성되는 것으로서 변화할 수 있는 것으로 보고자 한다. 유럽의 안보공동체(security community)의 생성에서 보듯이 국가들은 상호작용을 통해 새로운 이해(understanding)를 창출함으로써 변화를 가져올 수 있다고 본다.

구성주의 이론은 국제체제의 구조를 물질적인 구조로만 보지 않고 규범적인 구조로 보고자 한다. 또한 구조와 행위자의 관계에 있어서 구조가 행위자에게 미치는 영향에 국한하지 않고 행위자가 구조에 미치는 영향을 포함하여 이들 사이의 상호작용을 강조한다.

구성주의 이론에 있어서 국제제도라는 것은 국가 간의 상호작용을 통해 얻어진 정체성과 이익의 구현체(manifestations)이다. 이처럼 구성주의 이론은 국제제도를 사회적 구성물(social construct)로 보고자 한다. 구성주의 이론은 국제제도란 사회적인 상호작용의 산물이라는 종속변수로 간주하는 것으로 그치지 않고 국가의 행위에 영향을 미치는 독립변수로도 보고자 한다. 즉 국제제도 속에서 국가의

78) 정체성(identity)이란 자기 자신 그리고 자기 자신과 다른 행위자의 관계를 어떻게 생각하는가의 것이다.

정체성과 이익이 정의되며 국가의 행위도 영향을 받는다고 본다.[79] 이처럼 구성주의 이론은 합리주의가 합리성이라는 가정하에 국제제도의 구체적인 생성과정과 국가의 행위에 영향을 미치는 과정을 암상자에 넣어둔 것을 열고자 했다.

2) 연구의 중점

구성주의 이론은 국제기구와 관련된 현상을 전적으로 설명하기 위해 등장한 이론은 아니지만 국제기구의 여러 역할 중 국제기구가 국가들을 사회화시키는 역할에 관심을 집중한다. 구체적으로 국제기구는 새로운 규범・가치・이익에 대한 인식에 대해 토론・설득・교육・주장들이 전개되면서 이러한 것들을 수용하도록 하는 장(forum)으로서의 역할을 하고 더 나아가 실질적으로 새로운 규범을 창출하는 역할을 수행한다고 본다.

이러한 점에서 구성주의 이론가들에게 있어서 국제기구는 국가의 행동에 독립적인 영향을 미치는 중요한 국제정치의 행위자가 되며 따라서 이들 구성주의 이론가들에게 있어서 국제기구는 중요한 연구의 대상이 된다. 간단히 말해 구성주의 이론가들에게 있어서 국제기구와 관련한 중요한 연구과제는 국제기구가 어떻게 국가들을 사회화시키며 이러한 것들이 궁극적으로 국가의 행태에 어떠한 영향을 미치는가 하는 것이다.

제2차 세계대전 후 독일이 북대서양조약기구(NATO)와 유럽연합(EU)을 위시한 유럽의 국제기구와의 관계 속에서 자신의 정체성을 수립해 나가고 있는 것 등을 예로 든다.[80] 핀모아(Martha Finnemore)는 유네스코(UNESCO)의 기술원조가 국가의 과학프로그램의 필요가 거의 없었던 국가들에게 있어서조차 국가의 과학프로그램을 촉진하게 되었다는 것을 예로 들면서 UNESCO가 과학정책의 분야에서 국가의 정체성과 이익 등을 규정짓는 것을 도왔다고 주장한다.[81]

---

79) Jeffrey Y. Checkel, "The Constructivist Turn in International Relations Theory," *World Politics*, Vol. 50, No. 2 (January 1998), pp. 324-348; Alexander Wendt, "Anarchy is What States make of It: The Social Construction of power Politics," *International Organizations*, Vol. 46, No. 2 (Spring 1992), pp. 391-425.

80) Margaret P. Karns and Karen A Mingst, *International Organizations: The politics and Processes of Global Governance* (Boulder and London: Lynne Rienner Publishers, 2004), pp. 56-59.

81) Martha Finnemore, *National Interests in International Society* (Ithaca, N.Y.: Cornell University Press, 1996).

제3부

국제기구의 설립 · 소멸 · 승계

제1장 국제기구의 설립

전 지구적인 문제가 많이 발생하면서 이러한 문제를 해결하기 위해 국제기구를 포함한 다양한 형태의 국제제도가 창설되고 있다. 이러한 현실 속에서 국제제도가 국제관계 분야의 연구에 있어서 중요한 주제가 되어오고 있다.

중요한 주제로서의 국제제도에 관한 연구는 국가 행위와 국제 결과에 대한 국제제도의 영향과 더불어 국제제도의 설립·유지·변화 등의 문제에 중점이 주어져 왔다. 이곳에서는 국제기구의 설립의 문제를 살펴보고자 한다. 이를 통해 특히 다른 대륙에 비해 국제기구의 발전이 더딘 아시아에 있어서의 국제기구의 설립과 발전을 좀 더 잘 이해할 수 있을 것이나. 이 장에서는 우선 국제기구의 설립방식에 대해 살펴보고 국제기구 설립에 관한 이론들을 살펴보고자 한다.

1. 국제기구의 설립방식

국제기구는 선행하는 국제기구 없이 새롭게 설립되는 경우도 있지만 기존의 국제기구의 일부가 분리·독립하는 경우도 있다. 이 두 경우를 구별하여 살펴보고자 한다.

1) 국제기구의 신규설립

(1) 조약에 의한 설립

국제기구는 일반적으로 선행하는 국제기구 없이 복수의 국가가 공통의 목적을 실현하기 위해 다자조약을 체결함으로써 새롭게 설립된다. 이러한 다자조약은 「설립조약」 또는 「설립헌장」 등 다양한 이름으로 불리며 이러한 설립조약이나 설립헌장은 체약국 중 일정한 수 이상의 국가들이 비준을 해야 발효된다.[1)]

1) 국제기구의 기본문서인 설립조약이나 설립헌장은 일면 회원국들 사이의 상호 권리와 의무관계를

국제무역기구(ITO)처럼 설립조약이 체결되었으나 일정한 수 이상의 체약국들이 비준을 하지 않아 발효되지 않은 국제기구도 있다. 1948년 3월에 53개국이 관세의 즉각적인 철폐 등 엄격한 내용을 담고 있는 ITO의 설립조약인 하바나 헌장(Havana Charter)에 서명을 했으나 미국 상원과 더불어 미국 이외의 국가들이 비준동의 거부로 ITO는 결국 출범을 하지 못했다. 1982년에 체결된 유엔 해양법 조약은 공해상 심해저 자원을 관리할 목적으로 심해저 활동을 주관·관리하는 국제기구로서 국제해저기구(ISA)의 설립을 규정했으나 1994년에야 비로소 필요한 수의 비준을 얻어 조약이 발효되어 설립이 된 바 있다.

(2) 결의문을 통한 설립

국제기구는 국가 간의 조약에 의하지 않고 기존 국제기구의 결의문에 의해 설립될 수도 있다. 이러한 절차를 통해 설립된 국제기구의 예로는 앞서 국제기구의 분류 부분에서 살펴본 바 있듯이 유엔의 총회와 경제사회이사회의 결의문을 통해 설립된 각종 보조기관(subsidiary organ)을 들 수 있다.

2) 기존의 국제기구로부터의 분리·독립

유엔공업개발기구(UNIDO)는 1967년에 개도국의 공업화를 촉진할 목적으로 총회의 결의문에 의해 유엔총회의 보조기관으로 설립되었다. 개도국들은 UNIDO의 활동을 강화시키기 위해 UNIDO를 전문기구로 전환하기 위한 노력을 경주했고 선진국의 설득에 성공하여 1979년에 기본문서인 UNIDO 헌장이 체결되었고 1985년에 발효되었다. 그 다음 해인 1986년 1월에 유엔의 경제사회이사회(ECOSOC)와 특별협정을 체결하여 전문기구가 되었다.

전문기구로서의 UNIDO는 상호이익을 위해 유엔 경제사회이사회와 협정을 체결하여 특별한 관계를 맺고 있지만 독립된 헌장과 독자적인 예산을 가지고 있는

정하고 있는 국가 간 조약으로서의 성격과 아울러 국제기구의 목적·구조·기능·운영과 회원국에 대한 권한 등을 규정하는 국제기구의 헌법이라고 하는 두 가지 성격을 통상적으로 포함하고 있다. 이러한 기본법으로서의 국제기구의 기본문서는 다음과 같은 특색을 지닌다. 첫째, 유엔헌장 제103조에서 보듯이 설립헌장은 회원국들이 체결한 일반조약보다 그리고 국제기구가 나중에 체결한 조약이나 일방 행위보다 우월하다. 둘째, 기본문서를 체결함에 있어 유보가 인정되지 않는다. 셋째, 기본문서의 개정은 국제기구의 다른 결정에 비해 엄격한 요건을 필요로 한다. 넷째, 국제기구는 특별한 경우를 제외하고는 영구히 존속된다. 다섯째, 기본법으로서 국제기구의 목적·기능·조직·운영에 관한 기본적인 규정을 두고 있다: 유병화, 『국제법 I』, 개정 제2판 (서울: 진성사, 1995), pp. 591-592.

유엔으로부터 독립적인 지위를 누리는 국제기구이다. 현재 개도국들은 유엔환경계획(UNEP)이라는 유엔의 보조기관도 전문기구로 분리・독립시키려는 노력을 보이고 있다.

2. 국제기구 설립에 관한 주요 이론들

국제기구 설립에 관한 주요 이론으로서 신현실주의 이론・신자유주의적 제도주의 이론・구성주의 이론을 차례로 살펴보고자 한다.

1) 신현실주의 이론

(1) 주장

신현실주의 이론은 국제기구를 포함한 국제제도란 지배적인 강대국에 의해 그들 자신의 국익을 추구하기 위한 수단으로 창설되며 이에 대한 가입이 이루어진다고 본다. 특히 신현실주의 이론의 틀 속으로 국제제도의 창출과 유지를 설명하고자 한 패권안정론(hegemonic stability theory, HST)은 국제제도란 패권국가가 경제력을 바탕으로 유인을 제공하거나 군사력과 같은 강제력을 통해 만들어 낸 산물로 본다.

이처럼 패권안정론은 패권국가가 원하고 옹호할 때 국제제도는 창설되고 유지된다고 보아 국제제도를 창설하고 유지하기 위해서는 패권국이 필요하다고 본다.[2] 따라서 권력이 좀 더 균등하게 배분되었을 경우 국제제도의 신설이 어려우며 기존의 국제제도는 쇠퇴할 수 있다고 본다. 이처럼 패권안정론은 행위자의 의사와는 관계없이 국제체제의 구조(즉 패권적 구조)가 국제제도를 공급한다고 보기 때문에 이를 공급 측 이론(supply-side theory)이라고 부른다.[3]

이처럼 패권안정론 가운데 지배적인 강대국의 국익추구의 수단으로서 창출되는 국제제도는 공공재(public goods)로서의 성격을 가지고 있어 광범위한 범위의

2) 효과적인 국제제도의 존재를 지배적인 국가의 존재와 결부시키고 있는 패권안정론은 세계경제의 안정은 안정자(stabilizer)를 필요로 한다는 킨들버거(Charles Kindleberger)의 대공황에 대한 연구에 영향을 받았다. 세계경제의 안정을 국제적인 공공재(international public good)로 바라보는 킨들버거의 주장은 올슨(Mancur Olson)의 영향을 받았다.

3) 이와는 대조적으로 신자유주의적 제도주의 이론은 국제체제의 구조와는 관계없이 이기적인 국가들의 필요에 의해 원하게 되어 국제제도가 발생한다고 보기 때문에 「수요 측 이론(demand-side theory)」이라고 불린다.

국가들에게 보편적인 이익이 된다는 견해와 보편적인 이익이 아닌 패권국가 자신의 이기적인 이익을 강조하며 패권국가의 행위가 공공재의 공급과 필연적으로 연결되어 있는 것은 아니라는 견해가 존재한다.[4] 즉 후자의 견해는 패권국이 창출한 국제제도는 패권국의 이익을 추구하기 위한 것인데 이러한 국제제도가 다른 국가들에게 이익이 될 수도 있고 안 될 수도 있다는 것이다.

패권안정론을 포함한 신현실주의 이론들은 국가를 자기중심적인 이익을 추구하는 합리적인 행위자임을 전제로 한다. 따라서 엄밀히 말하면 패권안정론에 있어서 국제제도의 창출이란 패권국의 존재와 같은 국가들 간의 힘의 배분(distribution of power)만의 함수가 아니라 이익(interest)의 함수이기도 하다고 본다. 즉 패권안정론에 있어서의 국제기구의 창설이란 패권국의 이익 추구에 의해 창설된다는 것이다. 이는 만약에 국제기구가 자국의 국익에 도움이 되지 않는다면 패권국은 국제기구를 설립하고 지지할 이유가 없다는 것을 의미한다.

(2) 평가

신현실주의 이론은 공동의 이익에 기반을 두고 있지 않고 특정 국가 또는 특정 그룹에 속하는 국가들의 이익을 우선하여 창설되는 국제기구에 대해 적절한 설명을 제공한다. 이러한 국제기구의 예로서 세계무역기구(WTO)의 전신으로서 자유무역을 추구하는 선진국의 이익을 위해 창설된 관세 및 무역에 관한 일반협정(GATT)을 들 수 있다.

최근의 예로서는 중국의 강력한 리더십을 바탕으로 아시아태평양 지역에 소재한 국가들의 기반시설 구축 지원을 목적으로 한 다자개발은행(Multilateral Development Bank, MDB)의 하나로서 아시아인프라투자은행(Asian Infrastructure Investment Bank, AIIB)을 설립하여 2015년 12월에 공식적으로 출범한 것을 들 수 있다. 구체적으로 AIIB는 급격하게 성장하고 있는 경제력을 바탕으로 중국이 미국과 일본이 각각 지배하고 있는 세계은행(WB)과 아시아개발은행(ADB)에 대항하기 위해 설립한 국제금융기구이다. 미국이 자신의 우방국들에게 참여하지 말 것을

4) 킨들버거의 경우가 전자에 속한다: Charles Kindleberger, *The World in Depression, 1929-39* (Berkeley: University of California Press, 1973). 길핀이나 크라즈너와 같은 학자가 후자의 입장에 서 있다고 볼 수 있다: Robert Gilpin, *U.S. Power and the Multinational Corporation* (New York: Basic, 1975); Stephen Krasner, "State Power and the Structure of Foreign Trade." *World Politics*, Vol. 28, No. 3 (April 1976), pp. 317-347.

종용했음에도 불구하고 영국을 선두로 유럽 국가들이 대거 가입하고 맹방인 이스라엘까지 대열에 가입한 바 있다.[5)]

또 다른 예로서 중국이 AIIB와 더불어 주도적인 역할을 통해 일명 브릭스(BRICS) 은행이라고도 불리는 신개발은행(New Development Bank, NDB)을 설립하여 2016년에 출범시킨 것을 들 수 있다. 중국은 AIIB의 설립 때와 마찬가지로 국제통화기금(IMF)과 세계은행(WB) 등 기존의 국제금융기구들이 지나치게 서방국가(미국과 유럽 국가들) 위주로 조직되고 운영되고 있다는 것에 불만을 가지고 새로운 국제금융질서를 수립하고자 브라질 · 러시아 · 인도 · 중국 · 남아프리카공화국을 출자국으로 하는 NDB를 설립하였다.

신현실주의 이론은 국제기구 설립을 설명하는 데 있어서 다음과 같은 한계를 가진다고 일반적으로 지적된다. 우선 신현실주의 이론가인 미어샤이머(John J. Mearsheimer)가 1990년에 탈냉전의 영향으로 북대서양조약기구(NATO)와 유럽연합(EU)의 즉각적인 붕괴를 예측한 바 있으나 이들 국제기구가 오히려 확장되었다. 또 다른 신현실주의 이론가인 길핀(Robert Gilpin)과 크라즈너(Stephen D. Krasner)는 관세 및 무역에 관한 일반협정(GATT)이 쇠락할 것으로 예측한 바 있으나 이와는 달리 세계무역기구(WTO)의 형태로 제도화되었다.[6)]

둘째, 신현실주의 이론은 상설 국제형사재판소(ICC)와 같은 국제기구가 미국 · 중국 · 러시아와 같은 강대국의 가입 없이 창설된 것 등을 제대로 설명하지 못한다.

셋째, 유일한 패권국가로서의 미국이 많은 국제기구를 다루는 데 있어서 가지고 있는 불만들을 적절하게 설명하지 못한다는 평가를 받는다. 구체적으로 미국이 국제노동기구와 유네스코 등 여러 국제기구에서 불만을 토로하면서 탈퇴를 하는 것을 적절하게 설명하는 것이 쉽지 않다.

5) 일본은 중국 주도의 AIIB가 영향력을 확대하는 것을 견제하기 위해 자국 주도의 아시아개발은행(ADB)에 4,000만 달러를 출연한다고 선언한 바 있다.

6) Daniel L. Nielson and Michael J. Tierney, "Delegation to International Organizations: Agency Theory and World Bank Environmental Reform," *International Organization*, Vol. 57, No. 2 (Spring 2003), pp. 241-276.

2) 신자유주의적 제도주의 이론

(1) 주장

신자유주의적 제도주의 이론에 있어서 국제제도는 무정부적 국제체제에서 발생하는 협력의 문제(cooperation problem)를 완화시키기 위해 창출된다. 즉 합리적이고 이기적인 행위자들 사이에 일어나지 않을 협력을 촉진하기 위해 창출된다. 복잡한 국제문제를 해결하는 데 있어서 국가들이 직면하는 주요한 협력의 문제로서 죄수의 딜레마가 제시하는 배신(cheating)의 문제 · 집단행동이론과 공유자산의 비극논리가 제시하고 있는 무임승차(free-riding)의 문제 · 조정(coordination)의 문제가 흔히 거론된다.

신자유주의적 제도주의 이론에 있어서 국제제도를 창설하거나 가입하는 결정은 이처럼 기회주의적 행태로 인하여 집단적으로 최적의 결과를 도출해 내지 못하는 협력의 문제가 국제제도가 수행하는 기능에 의해 완화되어 국가들에게 이익을 가져다주기 때문이라고 본다. 즉 국제제도는 이러한 제도에 의해 영향을 받을 행위자에게 중요한 기능을 수행하기 때문에 창출되고 지속된다.

이처럼 신자유주의적 제도주의 이론은 국가들이 협력을 용이하게 하는 장치로서 국제제도의 필요성을 인식해서 국제제도를 창출한다고 봄으로써 국제제도를 국제체제의 구조와 관계없이 창설되는 것으로 바라 본다. 이러한 점에서 국제제도의 창설을 국제체제의 구조의 관점에서 바라보는 신현실주의 계열의 패권안정이론의 견해와 크게 다르다.

패권안정론과의 차이에 대해 좀 더 살펴보면 패권안정론은 국제제도가 다른 국가들에게도 이익이 될 수 있다는 여지를 두고는 있지만 기본적으로 지배적인 국가의 이익을 반영하는 것으로 본다. 이에 반해 신자유주의적 제도주의 이론은 국제제도가 제공하는 상호이익의 가능성을 강조하는 경향을 지닌다.

패권안정론이 국제제도를 힘에 바탕을 두어 창출되는 것이라고 보며 이 때문에 「힘에 기초한 접근법(power-based approach)」이라고 한다. 이와는 대조적으로 신자유주의적 제도주의 이론은 합리적인 국가들이 국제제도가 수행하는 기능이 가져다주는 이익을 원하기 때문에 국제기구가 창출된다고 보며 이 때문에 「이익에 기초한 접근법(interest-based approach)」이라고 한다.[7]

국제제도에 관한 기능적 혹은 계약주의적 이론(functional or contractualist theory)이라고도 불리는 신자유주의적 제도주의 이론의 대표자인 코헤인(Robert O. Keohane)의 이론의 출발점은 배신(cheating)의 문제를 강조하는 죄수의 딜레마의 논리와 더불어 효과적인 협력의 장애로서 거래비용(transaction cost)을 지적하는 시장실패(market failure)의 경제이론이다. 그는 국제제도를 상호 이익이 되는 국제협력에 장애가 되는 배신과 시장실패 등을 극복하고 공동의 이익(joint gain)을 달성하기 위해 자기중심적인 국가에 가용한 수단으로 보았다.

이기적인 국가들에게 이익을 가져다주는 국제기구를 포함한 국제제도의 구체적인 기능에는 어떠한 것들이 있는가를 둘러싸고 다양한 견해들이 제시되어 왔다. 여기에서는 코헤인이 제시한 기능을 중심으로 하되 종종 언급되는 그 밖의 다른 기능들까지 포함하여 국제제도의 기능을 살펴보고자 한다.

첫째, 국제제도는 국가들에게 정보(information)를 제공하여 불확실성(uncertainty)을 줄여 기대를 안정화시켜 협력을 원활하게 하는 기능을 수행한다. 즉 적절한 국제제도가 없을 경우 불확실성 때문에 상호 이익에 되는 협상이 이루어지지 않는다.

어떤 국가의 경우 다른 국가들에 비해 특정의 상황에 관하여 좀 더 많은 정보를 가질 수 있다. 이때 정보를 덜 가지고 있는 국가는 협상의 결과가 불공평할 것이라는 기대 속에 정보를 더 가지고 있는 국가와의 협정의 체결을 꺼리게 된다. 국제제도는 정보가 광범위하게 이용될 수 있도록 정보배분의 불균형을 줄이고 상대적으로 균등한 정보를 제공하여 불확실성을 줄이고 협상비용을 조정함으로써 특정의 협정이 더욱 쉽게 이루어지도록 하는 기능을 수행한다.[8)]

둘째, 세계정부가 부재한 분권화된 국제체제에서 국가들이 서로 협상을 하고 의사결정을 하며 성과를 감시하고 규칙에 대한 준수를 강제하는 것이 쉽지 않기 때문에 거래비용은 결코 무시할 수 없다. 국제제도는 바로 거래비용(transaction cost)을 감소시키는 기능을 수행한다.

---

7) 국가들을 비용과 이익(cost-benefit)의 계산에 기초하여 행동하는 합리적인 행위자로 본다는 점에서 신현실주의나 신자유주의적 제도주의 이론 모두 합리적 선택이론에 속한다. 그러나 이들 사이의 차이는 신자유주의적 제도주의 이론이 국가를 다른 국가들이 얼마나 잘 하고 있는가에 무관심한 행위자로 보는데 반해 신현실주의는 국가를 그들의 상대적인 힘의 지위에 관심을 갖는 행위자로 본다.

8) 이러한 정보제공 기능을 예로 들어 기능주의적 접근법이 제시하는 국제제도의 수요가 발생하는 조건에 관한 가설을 만들어 본다면 「국가들 상호 간에 상호의존이 심화되고 있는 가운데 정보가 결여되어 있을 때 국제제도에 대한 수요가 발생하기 쉽다」는 것과 같은 것이 될 수 있다.

거래비용이란 여러 종류의 비용으로 구성되는데 구체적으로 다루어져야 할 이슈가 무엇인가를 밝혀내는 비용(cost of identifying issues)·거래의 협상비용(cost of negotiating bargains)·협정을 명문화하는 비용(cost of codifying agreements)·합의한 것의 준수 여부를 감시하고 강제하는 비용(cost of monitoring and enforcing compliance)을 의미한다.[9)]

예컨대 유럽연합(EU)과 같은 국제기구는 일시적인 협상(ad-hoc negotiation)의 경우와는 달리 공동의 협상의 장(forum)·공동의 의사결정 절차·합의의 준수에 대한 감시와 같은 바람직한 약정체결 환경(favorable contractual environment)을 제공하여 거래비용을 줄여 거래의 효율성을 높임으로써 국가 간의 합의를 촉진한다.

셋째, 국제제도는 회원국들의 행위에 대한 평가를 도움으로써 협력을 가능하게 한다. 달리 말해 국제제도는 평판효과(reputational effects)를 가져와 협력을 용이하게 한다. 구체적으로 국제제도는 성과를 측정할 수 있는 행위의 기준을 제공하고 이러한 기준들을 특정 사안과 연계시키며 토론의 장(forum)을 제공함으로써 다른 행위자의 평판을 평가하는 것을 돕는다.

이처럼 국제제도는 국가의 평판을 규정짓는 것을 돕고 불복(noncompliance)으로 치러야 하는 비용을 증대시킨다. 신뢰할만하다는 평가를 지닌 행위자는 다른 국가와의 협력에 있어서 상대로서 훨씬 수월하게 수용된다. 예컨대 특정 국가가 다른 국가와 무기제한협정(arms control agreement)을 체결하고자 하는데 특정 국가가 협정체결에 기꺼이 응할 것이냐의 여부는 상대방이 과거 협정에서 얼마만큼 규정을 잘 준수했는가의 여부에 달려있다.[10)]

잠재적인 평판비용(potential reputational costs)이 준수(compliance)를 보장하는 것은 아니지만 자신들의 장기적인 이익에 민감한 합리적인 자기중심적 이기주의자를 위한 기회주의의 분기점(threshold for opportunism)을 상승시킨다.[11)] 코헤인

---

9) 기능주의적 접근법은 국제제도의 여러 기능 중 거래비용을 줄여주는 기능을 가장 강조한다. 이러한 맥락에서 기능주의적 접근법은 국제제도를 「거래비용을 감소시켜주는 일련의 규칙(transaction-cost reducing sets of rules)」이라고 정의하기도 한다. 거래비용 중 협상비용을 줄여준다는 것은 구체적으로 국제제도의 원칙과 규칙이 자신의 행동과 타인에 대한 행동에 지침을 제공함으로써 예측되는 행위의 범위를 좁혀주기 때문에 불확실성을 감소시키고 국제제도에 참여하는 관료들 사이의 유대를 긴밀하게 하여 상호 이익이 있는 협정을 체결하는 정부의 능력을 증가시키는 것을 의미한다.

10) 이러한 것을 미래의 우려(shadow of the future)와 구별하여 「과거의 우려(shadow of the past)」라고 부를 수 있다. 이러한 것을 흔히 「선례의 효과(effect of precedents)」라고 부른다.

11) 평판효과와 국제레짐의 준수에 대한 논의는 다음 글을 참조하시오: George W. Downs and Michael A. Jones, "Reputation, Compliance, and International Law," *Journal of Legal Studies,*

은 여러 저술들을 통해 국제제도의 여러 기능들 가운데 특히 평판효과 기능을 부각시키고 있다.

넷째, 국제제도는 세계정부(world government)가 부재한 가운데 법적 책임의 수립을 위한 틀(framework for establishing legal liability)을 제공함으로써 상호 이익에 되는 관계를 조직화하는 것을 돕는다. 국제제도는 상호간에 서로의 행동양식에 대해 안정적으로 예상할 수 있는 틀을 제공해 주며 새로운 상황에 대해 상호 간의 행동을 조정할 수 있는 관계를 발전시킴으로써 일종의 법적 책임(legal liability)을 수행한다.

국제제도는 완전하지는 않지만 다양한 수준의 법적 책임을 수립하는 기능을 수행한다. 이러한 것에는 계약(contracts) · 협약(conventions) · 유사협정(quasi-agreements) 등이 존재한다. 자력구제(self-help)를 추구하는 대다수의 정부는 보복에 대한 두려움 때문에도 규칙에 순응하지만 특별한 보복이 없이도 국제제도에 순응하는데 이는 자신의 규칙위반이 다른 나라 정부의 규칙위반을 증대시키고 이에 따라 공공악(public bad)을 산출하여 결국은 자신에게 손해가 된다고 보기 때문이다. 간단히 말해 국제제도는 세계정부의 부재 속에서 분권화된 강제의 실시를 가능하게 한다.

다섯째, 국제제도는 이슈 간의 연계를 촉진하여 국가 간 협력을 용이하게 해준다. 국제기구는 이슈 연계(issue linkage)의 전략을 위한 장(forum)을 제공하여 협력을 용이하게 하는데 이는 이슈 간의 연계가 가능할 경우 국가들은 특정 사안에서의 양보가 다른 사안에서의 보상이 될 수 있다고 믿음으로써 양보를 쉽게 할 수 있고 그 결과 협상에 있어서 합의의 폭이 확대될 수 있기 때문이다. 달리 말해 국가가 특정한 사안에서 배신을 할 경우 그 국가가 그러한 사안을 넘어 다른 사안에서 목표를 달성하는 능력에 영향을 미치는 결과를 초래하기 때문이다.

여섯째, 국제제도는 정책의 조정에 있어서 구심점(focal points)을 수립한다. 여기서 구심점이란 다양한 국가들이 취할 행동에 대해 빠르게 결정하도록 돕는 수립된 규범이나 규칙을 의미한다. 국제제도는 집단행동의 문제(collective action problem)에 대해 수용할 수 있는 해결방안을 규정하는 것을 돕는 구심점으로서의 기능을 수행함으로써 단일한 균형점이 부재한 상황에서 협력을 지속시키고 촉진시킬 수 있다. 이러한 기능은 영(Oran R. Young)의 이른바 「뚜렷한 해결방안

Vol. 31, No. 1 (January 2002), pp. S95-S114.

(salient solution)」이라는 개념과 유사하다.[12)]

신자유주의적 제도주의 이론은 왜 국제제도가 창출되는가를 설명하는 것 이외에 패권의 존재를 위시한 국제제도의 창출을 가져온 조건이 사라진 후에도 왜 국제제도가 지속되는가를 설명하고자 한다. 이러한 설명의 일부는 국제제도의 기능 가운데 특히 평판효과와 관련을 둔다. 근시안적인 자기중심적 이익을 추구하는 국가일지라도 보복의 두려움과 선례효과(effects of precedents)에 대한 우려와 더불어 평판의 이유로 인해 국제제도를 따른다는 것이다.

국가들 사이에 만족도가 떨어져감에도 불구하고 국제제도가 지속되는 것에 대한 또 다른 설명은 국제제도를 창출하는데 있어서의 어려움이다. 덜 만족스러운 국제제도를 유지하는 기대효용이 국제제도가 없는 상황보다 클 것이라고 보기 때문이다. 국제제도를 다시 만드는 거래비용이 덜 만족스러운 국제제도를 지키는 비용을 초과하기 때문이다. 즉 국제제도의 창출을 위한 높은 비용이 현존하는 국제제도의 지속성을 돕는다는 것이다.

(2) 평가

상호이익에 근거한 국제기구의 설립의 경우 신자유주의적 제도주의 이론의 관점에서 적절히 설명될 수 있다. 국가 간 통상의 원활화·안전보장의 강화·인적 교류의 촉진과 같은 상호성(reciprocity)이 있는 공동의 이익이 국제기구의 창설을 가져오는 경우가 있다. 상호성이 있는 공동의 이익이라고 할 때 국가들에게 돌아가는 이익의 정도가 정확하게 동일하다는 의미는 결코 아니며 정도의 차이는 있지만 관련 국가들에게 이익이 공히 돌아간다는 것을 의미한다.

아시아 지역 내 해적과 무장 강도 행위에 대한 정보교환·해적발생 동향 분석·각국 정부와 해적 관련 연락체제 유지 등을 목적으로 2006년에 체결된 아시아해적퇴치협정(ReCAAP)에 근거하여 설립되어 2007년에 공식적으로 출범한 해적

---

12) 「focal point」라는 말은 쉘링(Thomas Schelling)이 도입한 개념이라고 하여 「Schelling point」라고도 불리는데 의미에 충실하게 번역할 경우 「구심점」이라는 말보다 「암묵적 합의점」이라는 말이 더 적절하다. 이는 복수의 당사자들 사이에 소통이 부재하거나 원활하지 않은 상황에서 조정에 도달하기 위해 어떠한 선택을 하는가를 설명하기 위한 개념으로서 자신이 상대방의 행동에 대해 가지는 기대와 상대방이 자신의 행동에 대해 가지는 기대가 일치하는 합일점을 의미한다. 즉 당사자들 간에 조정이 필요한 경우 일방은 타방도 같은 선택을 할 것이라고 기대되는 암묵적 합일점을 선택하기 쉽다는 것이다. 이처럼 암묵적 합일점은 개별적으로 기대하는 바를 수렴하도록 함으로써 조정을 가능하게 하기 때문에 의사결정자들은 이를 조정을 위해 유용하게 사용하며 이 때문에 암묵적 합일점은 협상에서 복수의 사람들의 의사나 행동을 조정해가는 중심적인 개념이 된다.

정보공유센터(Information Sharing Center, ISC)라는 국제기구가 이러한 예에 속한다.[13)]

강대국으로서의 중국과 일본의 경쟁 등이 영향을 미친 측면을 무시할 수는 없으나 외환위기 이후에 아시아 지역에서의 금융시장의 안정성을 위한 치앙마이 이니셔티브 다자화(Chiang Mai Initiative Multilateralization, CMIM) 협정과 이에 바탕으로 2011년에 싱가포르에 설립된 ASEAN+3 거시경제 조사기구(ASEAN+3 Macroeconomic Research Office, AMRO)를 또 다른 예로 들 수 있다.[14)]

이러한 신자유주의적 제도주의 이론은 국제기구의 수적인 증가와 역할의 증대를 적절하게 설명할 수 있다. 신자유주의적 제도주의 이론은 신현실주의와 달리 북대서양조약기구(NATO)가 1945년 이후 유럽에 있어서의 평화에 도움이 되는 조건을 창출하는 것을 도움으로써 번성하고 지속될 것이라고 주장했는데 냉전이 끝난 이후 현재 확장되고 있는 것을 적절하게 설명할 수도 있다.[15)] 그러나 신자유주의적 제도주의 이론은 다음과 같은 한계를 지닌다고 지적된다.

첫째, 신자유주의적 제도주의 이론의 경험적인 연구가 몇몇 성공적인 서구의 국제제도인 북대서양조약기구(NATO) · 유럽연합(EU) · 아프리카연합(AU) 등의 설립을 설명하는 데 국한된다는 비판이 제기된다. 국제제도가 주는 기능이란 것이 어느 지역이든 동일할 것임에도 불구하고 유럽에서는 NATO와 같은 국제기구가

13) 아시아해적퇴치협정(ReCAAP))이란 아시아에서의 해적행위 및 선박에 대한 무장 강도행위 퇴치에 관한 지역협력 협정(Regional Cooperation Agreement on Combating Piracy and Armed Robbery against Ships in Asia)을 일컫는다.

14) 아시아 국가들이 1997년에 외환위기를 겪은 후 위기의 관리를 국제통화기금(IMF)에만 맡겨서는 안 된다는 인식과 더불어 이러한 위가의 재발을 방지하기 위해 역내에 금융협력체제를 구축하는 것이 필요하다는 생각을 강하게 가지게 되었다. 그 결과 ASEAN+3 국가들은 2000년에 역내 상호 자금지원체제를 수립하는 치앙마이 이니셔티브(Chiang Mai Initiative, CMI))에 합의를 했으며 이를 통해 양자간 통화스왑 과 ASEAN 통화스왑(ASEAN Swap Agreement, ASA)으로 이뤄진 스왑네트워크를 구축했다. 그러나 이러한 CMI가 양자 간의 스왑 계약방식이기 때문에 가지게 되는 문제점인 미약한 법적 강제력과 취약한 금융지원의 신속성과 실효성을 보완하기 위해 2010년에 ASEAN+3 국가 간 단일 계약에 의한 다자간 스왑협정(swapping agreement)인 치앙마이 이니셔티브 다자화(CMIM) 협정이 체결되었다. 이를 통해 회원국들은 외환위기시에 체계적인 외화유동성을 지원 받을 수 있게 되었고 이러한 것들을 통해 아시가 지역에서의 금융시장의 안정을 도모할 수 있게 되었다. CMIM의 출범과 함께 자금인출국의 도덕적 해이 방지와 사전 위기감지 능력 제고를 위해 독립적 감시기구의 설립 필요성이 제기되어 회원국들의 거시경제 상황과 금융건전성에 대한 분석·감시 업무를 수행하는 ASEAN+3 거시경제 조사기구(AMRO; ASEAN+3 Macroeconomic Research Office)가 2011년 4월에 싱가포르에 설립되었다: 디지털타임스, "치앙마이 이니셔티브 다자화 협정," http://www.dt.co.kr/contents.html?article_no=2017051902101857031001 (검색일: 2018. 12. 18).

15) Christopher Hemmer and Peter J. Katzenstein, "Why is There No NATO in Asia? Collective Identity, Regionalism, and the Origins of Multilateralism," *International Organization*, Vol. 56, No. 3 (Summer 2002), p. 576.

설립되어 있는 반면에 아시아에는 왜 이러한 국제기구가 존재하지 않는가에 대해 적절한 설명을 제공하지 못한다고 지적된다.[16)]

둘째, 신자유주의적 제도주의 이론은 국제제도의 탄생을 가져온 조건이 변화된 이후에도 국제제도가 지속되는 이유를 적절하게 설명한다. 그러나 국제제도란 지배적인 국가에 의해 제공되는 것이 아니라 합리적인 국가들이 원해서 창출된다고 보아 국제제도가 지배적인 국가의 이익이 아닌 상호이익(mutual gain)을 실현시켜 준다고 본다. 그 결과 국제제도들 가운데 참여국의 상호이익이 아닌 지배적인 국가의 이익을 실현시키기 위한 국제제도가 적지 않다는 것을 적절하게 설명하지 못한다.

셋째, 신자유주의적 제도주의 이론은 국제제도가 제공하는 기능에 배타적인 중점을 둠으로써 물질적인 능력의 중요성을 경시한다는 비판을 받는다. 국제기구와 관련하여 신자유주의적 제도주의 이론은 국제기구의 설립과 행동에 영향을 미치는 권력(power)의 역할을 충분히 설명하지 못한다는 비판을 받는다. 이러한 비판은 물론 신현실주의 이론으로부터 제기되는 비판 중 하나이다.

3) 구성주의 이론

(1) 주장

신현실주의 이론이나 신자유주의적 제도주의 이론 모두 국제제도란 합리적이고 전략적인 행위자인 국가가 만들어 내는 것으로서 행위자들의 자기중심적인 이기적인 목적을 만족시켜주기 때문에 만든다고 본다.

이들은 행위자의 행동에 영향을 미치는 이러한 행위자의 이익이라는 것이 사회적 혹은 문화적 요인과 같은 외부적인 요인과 독립하여 생성되는 것으로 본다. 즉 합리주의는 행위자들이 그들의 선호를 실현하기 위해 가능한 모든 대안을 나열한 후 효용을 따져 최대의 효용이라는 결과를 가져다주는 전략적인 선택을 한다는 논리를 바탕으로 하며 이러한 논리를 「결과의 논리(logic of consequences or logic of consequentialism)」라고 하고 이러한 접근을 「산술적 접근(calculus approach)」이라고 칭한다.

구성주의 이론에 있어서 국제제도는 비록 행위자의 목적을 만족시키는 효율적

16) Ibid., pp. 575-607.

인 방식이 아닐지라도 문화적인 맥락에서 적절하고 정당성이 있는(appropriate and legitimate) 것으로 보이기 때문에 창출된다. 즉 국제제도란 자기중심적인 전략적인 계산의 결과가 아닌 것으로서 합리적인 것을 반드시 반영하는 것이 아닐 수도 있다는 것이다. 다시 말해 구성주의 이론은 국제제도를 이익의 수렴으로 보기보다는 공유된 이해(shared understanding)에 의해 구성된다고 본다.[17]

구성주의 이론은 공유된 믿음이나 가치(문화나 관습)와 같은 여러 가지 비합리적일 수 있는 요인들이 정체성과 국가이익의 형성에 영향을 미치고 이러한 정체성과 국가이익이 국제제도를 구현한다고 보고자 한다.[18] 이로써 구성주의 이론은 신자유주의적 제도주의 이론이 신현실주의 이론과는 달리 관심을 보이고 있는 국제제도라는 것의 형성에 보다 풍부한 설명을 가할 수 있는 여지를 제공하고 있다.

이러한 구성주의 이론의 논리를 합리주의 논리인 결과의 논리와 구별하여 「규범 정향적인(norm-oriented) 적합성의 논리(logic of appropriateness)」라고 부른다. 또한 합리주의의 산술적 접근과 구별하여 「문화적 접근(cultural approach)」이라고도 부른다.[19]

(2) 평가

앞서 특정 국가(군)의 이익을 추구하기 위해 설립된 국제기구의 창설에 대해 신현실주의 이론이 적절한 설명을 제시하고 상호성이 있는 국제기구의 창설에 대해 신자유주의적 제도주의 이론이 적절한 설명을 제공한다고 언급한 바 있다. 이와는 달리 특정 국가 또는 특정 그룹에 속하는 국가의 이익이라는 개념뿐 아니라 상호성이 있는 공동의 이익이라는 개념으로도 설명되지 않는 인류의 공동이익을 위해 국제기구가 창설되는 경우가 있는데 이러한 경우에 대해 구성주의 이론이 적절한 설명을 제시한다.

당장 자국에 피해를 가져다주지 않는 환경파괴의 방지 · 자국과 직접적으로 관련이 없는 타국의 인권 침해의 구제 · 타국민의 빈곤의 해소라는 것이 이러한 부류에 속하는 인류 전체의 이익의 예이다. 국가이익을 초월하여 이러한 규범적

---

17) 사회적 행위자는 그들의 사회적 환경 및 집단적으로 공유된 의미의 체제와 독립하여 존재할 수 없다고 본다.

18) 행위자들은 구성주의 이론에 있어서 합리적 선택이론에서보다 계산의 자유를 덜 가진다. 대신에 행위자들은 종종 그들의 사회적 기대에 대한 인식 · 그들의 정체성 · 내재화된 가치 · 유사한 주관적인 고려에 기초하여 상황에 대응한다.

19) 구성주의 이론은 문화를 태도와 가치를 공유하는 것으로 이해한다.

이고 도덕적인 가치가 동인이 되어 창설되는 국제기구로는 유엔환경계획(UNEP)·유엔 인권이사회(Human Rights Council)·유엔개발계획(UNDP) 등이 있다.

구성주의 이론은 국제체제의 구성요소들이 집단적으로 동일한 생각을 부단히 하게 되면(즉 공유된 이해가 있게 되면) 이것이 집단적 정체성이 되어 국제제도로 이어진다는 주장을 한다. 이러한 주장에서 알 수 있듯이 구성주의 이론은 국제제도의 수립을 가져오는 집단적 정체성이라는 것이 국가들 사이에 갈등 없이 조화롭게 성립될 수 있을 것이라는 낙관론적인 가정을 묵시적으로 지니고 있다. 그런데 과연 이러한 집단적인 정체성이라는 것이 상대적인 권력에 있어서 큰 차이를 가지고 있는 국가들로 구성된 국제사회에서 민주적으로 구성될 수 있는 것인가에 대해서는 회의적이지 않을 수 없다.

3. 국제기구 설립을 촉진하는 상황적인 동인

위에서 국가들은 왜 그리고 어떻게 국제기구를 설립하는가에 대해 본질적인 설명을 제시하려는 이론적인 시각들을 살펴보았다. 여기에서는 이론과는 별도로 국제기구 설립을 촉진하는 상황적인 요인들을 몇 가지 살펴보고자 한다.

첫째, 교통과 통신기술의 혁명으로 인한 국제적인 접촉의 증가가 국제기구의 창설을 촉진한다. 이러한 국제적인 접촉의 증가는 이들 사이의 상호교류를 통례화하고 규제할 필요성을 유발하고 이를 위한 수단으로서 국제기구가 등장하게 된다. 이러한 맥락에서 발생하고 성장하게 된 국제기구로는 만국우편연합(UPU)·국제전기통신연합(ITU)·국제항공운송연합(IATA) 등이 있다.

둘째, 세계의 상호의존 특히 경제적인 영역에 있어서의 상호의존의 증가가 국제기구의 발생과 성장을 촉진한다. 이러한 요인으로 인해 설립된 대표적인 국제기구로는 국제통화기금(IMF)·세계은행(WB)·각종 지역통상 및 통화기구(regional trade and monetary organizations) 등이 있다.

셋째, 초국가적 이슈의 확장이 또 다른 촉진요인으로 작용한다. 많은 세계적인 문제들이 지구상의 많은 국가들에게 영향을 미치며 이러한 문제들의 해결이 어떤 단일 국가의 자원만으로 감당하기 어려울 때 이를 위한 수단으로서 국제기구가 발생하고 성장하게 된다. 대표적인 예로서 핵의 확산이라는 일국의 노력으로 해결할 수 없는 문제를 다루기 위해 등장한 국제원자력기구(IAEA)를 들 수 있다.

넷째, 민족국가의 절대주권을 강조하는 국가 중심적인 국제체제의 실패가 또 다른 촉진요인이 된다. 두 차례의 세계대전을 경험하면서 국가 중심적인 국제체제하에서 평화라고 하는 것이 안정적으로 유지되기 힘들다는 인식을 많은 사람들이 하게 되었고 그 결과 이를 극복하기 위한 노력의 일환으로 국제연맹과 유엔이라는 국제기구가 등장하게 되었다.

다섯째, 일부 초강대국에로의 군사력의 집중과 선진 공업국가에로의 경제력 집중이 약소국들로 하여금 연대(coalition)를 형성하고 유지할 필요성을 갖도록 한다. 이로 인해 등장한 대표적인 국제기구의 예로서 비동맹운동(NAM)과 유엔무역개발회의(UNCTAD)를 들 수 있다.

여섯째, 국가의 경계를 넘어서는 초국가적 정치운동(transnational political movements) 역시 하나의 촉진요인이 된다. 이로 인해 발생하고 성장한 국제기구로는 공산주의 인터내셔널(Communist International) · 사회주의 인터내셔널(Socialist International) · 세계반공산주의연맹(World Anticommunist League) 등이 있다.

제2장 국제기구의 소멸과 승계

1. 국제기구의 소멸

많은 수의 국제기구가 새롭게 창설되기도 하지만 또 다른 한편에서 많은 수의 국제기구가 소멸하고 있는 것도 사실이다. 국제기구의 소멸(dissolution)은 설립조약에 관련 규정이 있으면 이에 따라 행해진다. 국제기구의 존속기간이 사전에 정해져 있는 경우에 기간이 만료되기 전에 당사국들 사이에 기구의 존속에 대한 별도의 합의가 없으면 존속기간의 만료와 더불어 국제기구는 자동적 소멸된다. 소멸에 관한 규정이나 존속기간에 대한 규정이 없는 경우 통상적으로 가입국의 만장일치로서 기구가 소멸된다.

소멸되거나 생존하고 있어도 활동을 하고 있지 않은 정부간기구의 대부분은 소련블록 정부간기구와 개도국들의 지역기구들인 것으로 밝혀졌다.[20] 특히 냉전시대 양진영 간의 대립 속에서 존재했던 국제기구들이 소멸되고 있는데 이는 구소련 진영의 국가들이 서구진영의 국제기구로 가입하고 있기 때문이다.

이러한 국제기구의 예로서 1955년에 북대서양조약기구(NATO)에 대항하기 위해 설립되었다가 1991년 7월 1일에 해체·소멸된 바르샤바조약기구(WTO)를 들 수 있다. 또 다른 예로서 동유럽경제상호원조회의(COMECON)를 들 수 있는데, 이 기구는 1960년에 설립되어 동유럽의 사회주의 국가 간 경제협력기구로서의 역할을 하다가 이들 국가들이 자유경제시장체제를 위한 개혁을 추구하면서 1991년 1월 소멸된 바 있다.

---

20) Cheryl Shanks, Harold K. Jacobson, and Jeffrey H. Kaplan, "Inertia and Change in the constellation of international governmental organizations, 1981-1992," *International Organization*, No. 50, No. 4 (Autumn 1996), pp. 593-627. 국제정치 이론인 (신)현실주의 이론과 신자유주의적 제도주의 이론은 정부간기구(IGO)의 지속력(durability)에 대해 각기 다른 예측을 하고 있다. 이에 대한 연구는 다음 글을 참고하시오: Richard Cupitt, Rodney Whitlock and Lynn Williams Whitlock, "The [Im]mortality of International Governmental Organizations," in Paul F. Diehl, ed., *The Politics of Global Governance: International Organizations in an interdependent World* (Boulder and London: Lynne Rienner, 1997), pp. 7-24.

국제협회연합(Union of International Association, UIA)이 발간하는 국제기구연감(Yearbook of International Organizations)에 따르면 2017년 현재 소멸되었거나 명백하게 활동을 하지 않고 있는 기구(dissolved or apparently inactive organizations)의 수는 859개에 이르고 있다.[21)]

2. 국제기구의 승계

1) 권한의 승계

국제기구가 임무를 종료한 후 완전히 소멸하지 않고 다른 별도의 국제기구에 의해 그 권한이 승계되는 경우가 있다. 비교적 최근의 예로서 관세 및 무역에 관한 일반협정(GATT)이 세계무역기구(WTO)로 승계된 것을 들 수 있다.

1947년 출범 이래 국제무역의 기본적인 틀로서의 역할을 해온 GATT는 1995년 12월 GATT 총회에서 공식 폐지가 확정되면서 48년간의 활동에 종지부를 찍었다. 그러나 GATT 규정의 대부분은 「GATT 94」라는 명칭으로 새로 출범한 WTO에 포함됨으로써 GATT협정의 대부분은 WTO체제에서도 유효하게 되었다.[22)] 이러한 권한의 승계는 일반적으로 다음과 같이 세 가지의 상이한 방식을 통해 이루어진다.

첫째, 회원국 간의 개별적인 조약의 체결을 통해서 승계되는 경우가 있다. 유럽공동체(European Community, EC)가 생기기 전에 1952년에 유럽경제공동체(European Economic Community, EEC)가 설립되었고 1958년에 유럽석탄철강공동체(European Coal and Steel Community, ECSC)와 유럽원자력공동체(European Atomic Energy Community, EURATOM)가 설립되어 별개의 기구로서 별도의 이사회와 위원회를 가지고 개별적으로 운영되었다.

여러 개의 공동체가 만들어지면서 유럽 내에서 이들을 통합하자는 목소리가 나오기 시작했고 그 결과 1965년에 일명 「통합조약」이라고 불리는 유럽공동체단일이사회 · 단일위원회설립조약이 회원국들에 의해 체결되고 1967년에 발효됨으로써 이

---

21) Union of International Association, ed., *Yearbook of International Organizations 2017-2018: Guide to Global Civil Society Networks Volume 5* (Statistics, Vidualizations and Patterns (Brussels, Belgium: Union of International Associations, 2017), p. 27.

22) 과거의 GATT를 「GATT 47」로 부르고 WTO에 포함된 GATT를 이와 구별하여 「GATT 94」로 부른다.

들 3개 하부기구의 이사회와 위원회가 하나의 이사회와 하나의 위원회로 결합되면서 하나의 기구로 통합이 되었다.

둘째, 새로운 국제기구의 설립조약 혹은 설립헌장에 의해 승계되는 경우이다. 대표적인 예로는 국제사법재판소(ICJ)의 설립규정에 의한 상설국제사법재판소(PCIJ)의 승계를 들 수 있다. 1945년 설립된 ICJ는 ICJ 규정 제36조 제5항과 제37조에서 1921년에 설립된 PCIJ의 승계를 언급하고 있다. 구체적으로 이 조항들은 PCIJ가 존재하고 있을 때 인정된 PCIJ의 강제적 관할권이 그대로 ICJ의 강제관할권으로 전환된다는 것을 규정하고 있다. 1960년에 체결된 경제협력개발기구(OECD)의 설립조약은 1948년 마샬계획(Marshall Plan)의 실시를 위한 경제협력기구로서 설립된 유럽경제협력기구(OEEC)에 관한 규정을 두어 이를 승계한 바 있다.

셋째, 조약에 의한 승계라는 점에서 공통점을 지닌 위의 두 경우와는 달리 국제기구의 결의문에 의해 승계되는 경우도 있다. 유엔은 1945년 국제연맹과는 별도로 설립되었으며 국제연맹은 유엔이 설립된 이후인 1946년 4월에 해산되었다. 이처럼 두 기구는 일시적이나마 공존한 적이 있는데 양 기구의 총회의 결의문에 의해 유엔이 국제연맹의 기능·활동·자산 등을 승계한 바 있다.

2) 기능의 승계

이러한 권한의 승계 이외에 기능이 승계되는 경우도 있다. 난민의 국제적 보호를 위해 1921년 국제연맹이 설치한 난민최고대표사무소(High Commission for Refugees)와 난민회의에서 독일난민문제를 해결하기 위해 1938년에 창설된 난민을 위한 정부간위원회(Intergovernmental Committe on Refugees)가 1943년에 창설된 유엔구호부흥기관(United Nations Relief and Rehabilitation Administration, UNRRA)에 의해 승계되었다. UNRRA는 1946년에 유엔총회의 결의문에 의해 창설된 국제난민기구(International Refugee Organization, IRO)에 의해 1947년에 승계되었다. IRO의 폐지가 1949년에 결정된 후 1951년에 유엔총회의 결의문에 의해 유엔난민최고대표사무소(UNHCR)가 설립되어 IRO의 기능을 승계하였다.

국제평화와 안전에 위해를 가할 수 있는 국가에 대한 무기 및 기술수출 금지를 목적으로 1949년에 설립되었던 대공산권수출통제기구(COCOM)가 1994년에 해체되었다. 그러나 공산국가가 서방의 선진기술을 취득하지 못하도록 감시해 온 이 국제기구는 「바세나르체제(Wassenaar Arrangement)」라는 이름의 새로운 국제기구에 의해 1996년에 발전적으로 대체된 바 있다.

제4부

국제기구와 국제기구 관련자의 지위

제1장 국제법 주체성과 지위의 법적 근거

1. 개　　요

2017년의 경우 71명의 유엔의 정규 직원과 계약직 직원이 말리와 콩고 민주공화국 등 여러 국가에서 고의적인 공격의 대상이 되어 살해됨으로써 유엔 역사상 최대의 희생자를 낸 해로 기록되게 되었다. 이들 71명 가운데 53명은 평화유지활동 종사자(peacekeeper)이고 18명은 민간인 신분의 사람들이었다.[1)]

이와는 달리 유엔의 직원들이 가해자는 되는 경우도 종종 발생한다. 2004년부터 2016년의 기간 동안 방글라데시 · 브라질 · 요르단 · 나이지리아 · 파키스탄 · 우루과이 등으로부터 파견된 평화유지활동 종사자에 의한 성적 학대와 작취(sexual abuse and exploitation) 혐의 사건이 2,000건에 이르렀다. 이 가운데 300건이 미성년자에 가해진 사건이었다. 그런데 유엔은 물론 평화유지활동이 전개되고 있는 국가도 이들의 범죄행위에 대해 관할권을 가지고 있지 않다. 유엔이 할 수 있는 일이란 범죄자들을 그들의 모국으로 송환하여 그들에 대한 처벌의 여부를 결정짓도록 하는 것이다.[2)]

이러한 일련의 사건들은 국제기구 자체와 더불어 국제기구 구성원과 국제기구에의 참여자들의 국제법상의 지위(즉 국제법상의 권리와 의무)에 대한 관심을 유발한다. 따라서 이곳 제1장에서는 국제기구 자체의 지위를 다루고 제2장에서는 국제기구의 구성원으로서 직원과 임무를 수행에 참가하는 전문가의 지위를 다루고자 한다. 이어서 제3장에서는 국제기구에 국가를 대표하여 참여하는 정부대표들의 지위에 대해 살펴보고자 한다.

---

1) United Nations Press Release, "At Least 71 United Nations, Associated Personnel Killed in Malicious Attacks against Peacekeeping Operations during 2017," https://www.un.org/press/en/2018/org1663.doc.htm (검색일: 2018. 12. 19).

2) Daily Star, "Sexual Abuse at the Hands of UN Peacekeepers," https://www.thedailystar.net/star-weekend/sexual-harassment/sexual-abuse-the-hands-un-peacekeepers-1581139 (검색일: 2018. 12. 19).

2. 국제법 주체의 정의와 근거

1) 국제법 주체의 정의

법의 주체라고 했을 때 이것이 무엇을 의미하는가에 대해 이견이 존재한다. 때에 따라서는 법 정립에의 참가자라는 의미로 쓰이기도 하고 때로는 법규범의 권리와 의무의 주체라는 의미로도 사용된다. 후자의 의미의 법 주체가 통설이며 여기서도 이런 의미로 사용하고자 한다.

전통적 국제법은 국가만을 국제법의 권리와 의무의 향유자로 보았다. 그러나 제1차 세계대전 이후 국제사회의 조직화와 더불어 전통적 국제법 이론에 수정이 가해지면서 개인과 더불어 제한된 범위이기는 하나 국제기구도 국제법상의 권리와 의무의 주체성이 인정되었다.

국가는 국가로서 존재함으로써 당연히 국제법상의 권리와 의무의 본원적인 주체가 되며 타국제법 주체와의 관계에서 일반적인 권리와 의무를 가지게 된다. 이에 반해 국제기구 자체와 더불어 국제기구의 구성원과 참여자들은 제한된 국제법 주체로서 국가의 의사에 기초하여 국제법상의 권리와 의무를 가지며 특정한 분야에 한정하여 부분적인 권리와 의무를 지니게 된다.

이러한 국제기구 자체와 더불어 국제기구 구성원과 참여자의 국제법 주체성은 원칙적으로 국제기구의 설립 기본조약 혹은 특별조약이 명시적으로 규정한 범위 내에서 인정되며 예외적으로 명시적인 규정이 없어도 국제기구의 목적 및 기능과 관련된 임무를 수행하는 데 필요한 범위 내에서 주체성이 묵시적으로 인정된다.

2) 국제법 주체의 근거

(1) 설립 기본조약

설립 기본조약이 국제법의 주체성을 인정한 경우로는 유엔헌장 제104조 · FAO 헌장 제15조 제1항 · IAEA 헌장 제15조(a) · ICAO 헌장 제47조 · ILO 헌장 제39조 · OAS 헌장 제103조 · UNESCO 헌장 제12조 · WHO 헌장 제66조 · WMO 헌장 제27조(a) 등이 있다. 예컨대 유엔헌장 제104조는 이 기구는 그 임무의 수행과 그 목적의 달성을 위해 필요한 법률상의 능력을 각 회원국의 영역에서 향유한다고 규정함으로써 국제법의 주체임을 인정하고 있다.

(2) 특별조약

위에서 언급한 설립 기본조약의 규정들은 나중에 그 국제기구의 국제법 주체성을 인정하는 특별조약에 의해 뒷받침된다. 예로서 1946년에 체결된 유엔의 특권과 면제에 관한 협약(Convention on the Privileges and Immunities of the United Nations)과 1947년에 체결된 전문기구의 특권과 면제에 관한 협약이 있는데 이들은 각각 유엔과 전문기구의 국제법 주체성을 인정하고 있다. 구체적으로 유엔의 특권과 면제에 관한 협약 제1조 1항은 유엔이 계약의 체결·동산 및 부동산의 취득 및 처분·제소권을 가짐을 규정하고 있다.

(3) 묵시적 근거

국제기구의 국제법상 권리와 의무의 주체성은 원칙적으로 이러한 설립 기본조약이나 특별조약의 명시적인 규정에 의해 인정되나 명시적인 규정이 없어도 이러한 설립 기본조약의 목적 및 기능과 관련된 임무의 수행에 필요한 범위 내에서 국제기구의 국제법상 주체성이 묵시적으로 인정된다.

이는 일명 「베르나도테(Bernadotte) 사건」이라고 불리는 유엔 근무 중에 입은 손해배상 사건에 대한 국제사법재판소(ICJ)의 권고적 의견(advisory opinion)이 확인한 바 있다. 구체적으로 공무 수행 중 살해된 유엔의 조정관인 베르나도테를 대신하여 유엔은 가해국 정부에 제소권을 행사할 수 있다는 의견을 제시했다.[3)]

---

3) 스웨덴 국적의 유엔의 조정관인 베르나도테(Folke Bernadotte greve af Wisborg)가 아랍 피난민들을 이스라엘 국가로 된 그들의 과거 지역으로 돌려보내야 한다고 제안하자 1948년 9월 유대 과격파에 의해 예루살렘에서 살해되었다. 이 사건으로 유엔의 직원이 근무 중에 입은 손해의 배상에 관하여 유엔이 그 청구권을 가지게 되는가의 여부가 문제되었다. 1949년 4월 11일 국제사법재판소(ICJ)는 유엔에 국제법적 인격을 인정하여 배상청구권을 가진다고 판시한 바 있다.

제2장 국제기구 자체의 지위

1. 국제기구의 권리

1) 조약체결권

국제기구의 국제법 주체성과 관련하여 과거 논란이 되어왔던 것 중 하나는 국제기구가 국가 또는 다른 국제기구와 조약을 체결할 수 있는 권리를 갖는가의 문제였다. 그러나 제2차 세계대전 후 유엔을 위시한 국제기구들이 설립헌장이나 기본조약에 국제기구의 조약체결권을 명시적으로 규정함으로써 조약체결권을 인정하고 있다.

유엔을 예로 들자면 유엔헌장 제43조는 유엔 안보리가 군사적 조치를 위한 특별협정을 회원국과 체결할 수 있다는 규정을 두고 있으며 제57조와 제63조는 유엔 경제사회이사회가 전문기구와 협의적 관계를 설정하는 협정을 체결할 수 있다고 규정하고 있다. 또한 제71조는 경제사회이사회가 그 권한 내에 있는 사항과 관련이 있는 비정부기구(NGO)와의 협의를 위하여 적절한 약정을 체결할 수 있다고 규정하고 있다.

그러나 설립헌장이나 기본문서에 조약체결권에 관한 명문의 규정이 전혀 없는 경우와 명문의 규정을 두고는 있으나 규정이 언급을 하고 있지 않은 사항에 대해서도 국제기구가 당연히 조약체결권을 갖는가의 문제가 있다. 이에 대해서는 부정설과 긍정설이 존재하며 긍정설에도 여러 종류의 학설이 존재한다. 그러나 베르나도테(Bernadotte) 사건에 대한 국제사법재판소(ICJ)의 권고적 의견에 따라 국제기구는 설립헌장이나 기본조약에 명시적으로 규정되어 있는 사항에 국한되지 않고 해당 국제기구의 목적이나 기능으로부터 그와 같은 권능이 추정되는 경우에도 조약체결권이 묵시적으로 인정된다고 볼 수 있다. 이러한 것은 유엔이 명문의 규정이 없음에도 불구하고 미국정부와 본부협정을 체결한 것에서도 알 수 있다.

2) 국제책임의 청구권

국제기구는 국제법의 주체로서 그가 받은 손해에 대해 국제적 청구를 제기할 수 있는 권한을 가진다. 전술한 베르나도테 사건에 관한 국제사법재판소의 권고적 의견에 따르면 국제기구는 국가의 국제법상의 의무위반으로 자신의 법익이 침해된 경우에 그 임무의 달성에 필요한 한에 있어서 국제적 청구를 할 수 있다.

또한 국제기구는 자신의 직원이 국제공무원으로서 스스로의 독립성을 확보하고 이것에 기초하여 국제기구 자체가 자율성을 행사할 수 있도록 기능수행과 관련하여 직무보호(functional protection)를 할 수 있다. 여기서 직무보호란 국제기구의 직원이 국제 불법행위로 인하여 손해를 입은 경우에 그가 소속되어 있는 국제기구가 그의 직무와 관련되어 있다는 것을 근거로 그 배상을 받도록 국제책임을 추구하는 것을 의미한다.

직원에 대한 국제기구의 직무보호를 인정한 취지는 직원들이 스스로의 독립성을 확보하고 이것에 기초하여 국제기구 자체가 자율성을 행사하기 위해서는 이들이 임무를 수행함에 있어서 국제기구의 보호 이외의 다른 보호에 의존할 필요가 있어서는 안 되기 때문이다. 특히 직원은 그의 본국으로부터의 보호에 의존할 필요가 없어야 하며 이는 본국의 외교적 보호(diplomatic protection)에 의지하게 되는 경우 직원의 독립성을 해칠 수 있기 때문이다.

직무보호의 권리란 피해를 입은 국제기구 직원의 권리가 아니라 국제기구의 고유의 권리이다. 따라서 피해를 받은 직원의 요청이 없이도 국제책임을 물을 수 있다. 이러한 권리가 실제로 행사하기 위해서는 일정한 조건이 충족되어야 하는데 국제기구의 직원이 입은 피해가 해당 국제기구의 직무와 관련이 있어야 하며 가해국 내의 구제절차(local remedy)를 거쳐야만 한다.

국제기구의 직원이 피해를 입었을 경우에 피해자의 국적국은 외교적 보호를 할 수 있는 권리를 가진다. 이 권리 역시 피해자를 대리한 권리가 아니라 국가의 고유한 권리로서 피해자의 요청 없이도 행사할 수 있다. 이처럼 국제기구의 직원은 한 국가의 국민이자 국제기구의 직원이라는 이중성을 가지고 있어 경우에 따라 국적국의 외교적 보호권과 국제기구의 직무보호권이 충돌을 할 수 있는 개연성이 존재한다.

만일 국제기구 직원이 받은 피해가 오직 그의 국적 국가의 이익에만 관련되어 있다면, 그의 국적 국가에 의한 외교적 보호권만이 발동될 수 있다. 만약에 국제기구 직원이 국제기구의 문서를 탈취 당했다면 이는 국제기구의 이익과 관련 있는 경우로서 국제기구의 직무보호권만이 발동될 수 있다. 이러한 경우들에 있어 외교적 보호와 직무보호가 경합하는 일이 발생하지 않는다.

그러나 국제기구 직원이 받은 피해가 국적 국가와 국제기구 모두의 이익과 관련이 있을 경우에는 국적 국가의 외교적 보호권과 소속 국제기구의 직무보호권이 경합하게 된다. 이 경우 어느 쪽이 우선한다는 법원칙은 존재하지 않는다.[4)]

요약하자면 국제기구는 그 직원이 임무를 수행하는 중에 받은 손해에 대해서도 직원의 본국에 의한 외교적 보호와는 별도로 국제기구의 목적 및 임무에 수반되는 권능으로서 국제적 청구를 제기할 수 있다. 국제기구는 이처럼 국제기구 자체가 입은 손해와 직원이 입은 손해에 대해 배상을 청구할 권한을 가진다.

국제기구는 국가·사기업·개인 등과의 관계에서 분쟁이 발생할 경우에 관계 국가의 국내 재판소나 국제 재판소에 제소할 수 있는 권한을 가진다. 유엔은 국제사법재판소(ICJ)에 제소권을 가지지 않으며 단지 권고적 의견을 요청할 권한만 가지고 있다.

3) 외교권

국제기구는 그 목적과 기능의 범위 내에서 외교권을 가지며 그 결과 외교사절을 파견하고 접수할 수 있다. 예컨대 유럽연합(EU)의 회원국들은 개별적으로 한국에 외교사절을 파견하고 있으며 이와 동시에 EU를 대표하는 별도의 외교사절 역시 한국에 파견되어 있다.

4) 특권과 면제

(1) 특권과 면제의 필요

국제기구는 국가와는 달리 고유한 자체의 활동 영역이 없어 필연적으로 국가의 영역에서 활동을 해야만 한다. 따라서 이러한 국가들의 관할권 행사로 인한

---

4) 김대순, 『국제법론』, 제12판 (서울: 박영사, 2007), pp. 257-258. 이와는 달리 외교적 보호권과 직무보호권이 경합하는 경우 국제기구의 직무보호가 직원의 국적국의 외교적 보호보다 우선한다는 견해도 있다: 유병화, 『국제법 I』, 개정 제2판 (서울: 진성사, 1995), pp. 620-622.

간섭을 배제하고 독립성을 보존하며 효율적으로 기능을 수행하기 위해 일정한 범위의 특권과 면제(privileges and immunities)가 주어져야 할 필요가 있다.[5)]

(2) 특권과 면제의 규정

유엔헌장 제105조 제1항은 유엔 자체의 특권과 면제를 규정하고 있는 조항으로서 구체적으로 유엔은 그 목적 달성에 필요한 특권과 면제를 각 회원국의 영역 안에서 누린다고 규정하고 있다. 제2항은 유엔 직원과 유엔 회원국 대표의 특권과 면제에 대해 규정으로서 구체적으로 유엔 직원과 유엔 회원국 대표는 기구와 관련된 그들의 임무를 독립적으로 수행하기 위해 필요한 특권과 면제를 유엔 자체와 마찬가지로 향유한다고 규정하고 있다. 제3항은 총회가 제1항과 제2항의 적용세칙을 결정하기 위해 권고하거나 이 목적을 위하여 유엔 회원국에게 협약을 제안할 수 있다고 규정하고 있다.

유엔헌장처럼 특권과 면제에 관해 일반적인 규정만을 두고 있는 경우에 이런 규정들은 통상적으로 구체적인 조약의 체결을 통해 보완되곤 한다. 유엔 회원국들은 유엔헌장 제105조 제3항에 근거하여 1946년에 유엔의 특권과 면제에 관한 협약(Convention on the Privileges and Immunities of the United Nations)을 체결하여 특권과 면제를 구체화한 바 있다.[6)] 유엔은 또한 1947년에 미국과의 본부협정 체결을 통해 특권과 면제의 구체적인 내용을 규정하기도 했다.

유엔 이외에 전문기구 및 유럽연합(EU)과 같은 지역기구 등도 설립헌장이나 기본문서와는 별도의 특권과 면제에 관한 조약을 체결하여 상세한 규정을 두고 있다. 대표적인 예로서 1947년에 체결된 전문기구의 특권과 면제에 관한 협약(Convention on the Privileges and Immunities of the Specialized Agencies)을 들 수 있다.[7)] 이들과는 달리 국제통화기금(IMF)과 세계은행(WB)처럼 별도의 조약이 아

---

5) 「면제」라는 말 대신에 「면책」이라는 말도 종종 같은 의미로 쓰인다.

6) 유엔 회원국들 사이에는 이러한 협약이 다자조약으로서 체결되었기 때문에 유엔이 별도로 이들 회원국들과 개별적으로 특권과 면제를 위한 협약을 체결할 필요가 없다. 그러나 유엔은 비회원국에서도 활동을 하는 바 이러한 국가들과는 별도의 협약을 체결할 필요가 있다. 대표적으로 한국의 예를 들 수 있다. 유엔은 한국 내에서의 유엔의 특권과 면제를 위해 한국과 1978년에 교환서한(exchange of letters)의 형태로 조약을 체결한 바 있는데 주된 내용은 유엔 회원국들 사이에 1946년에 체결된 바 있는 유엔의 특권과 면제에 관한 협약의 규정을 적용한다는 것이었다. 1991년에 한국이 유엔의 회원국이 되자 그 이듬해인 1992년에 교환서한의 효력을 종료하고, 유엔의 특권과 면제에 관한 협약의 당사자가 되었다.

7) 유엔총회는 유엔과 관계를 가지게 될 전문기구들이 향유하게 될 특권과 면제를 가능한 한 통일할 것을 목적으로 전문기구의 특권과 면제에 관한 협약을 채택하였으며 유엔 회원국들이 여기에 가입

닌 기본문서에 특권과 면제에 관한 상세한 규정을 두고 있는 경우도 있다.

국제기구 자체가 누리는 특권과 면제는 국제기구 직원이 누리는 특권과 면제 및 국제기구에 참여하는 회원국 대표가 누리게 되는 특권과 면제의 내용은 국제기구에 따라 다를 수 있다. 그러나 일반적으로 국제기구 자체는 본부 구내 및 공문서의 불가침과 재판권과 과세권으로부터의 면제 등을 누린다.[8)]

(3) 유엔 자체의 특권과 면제

1946년에 유엔총회가 유엔헌장 제105조 제3항에 근거하여 채택한 유엔의 특권과 면제에 관한 협약이 언급하고 있는 특권과 면제를 국제기구의 특권과 면제의 대표적인 예의 하나로서 살펴보고자 한다.

이 협약은 특권과 면제의 대상으로서 유엔 자체 · 유엔의 사무국 직원 · 유엔의 임무를 수행하는 전문가 · 유엔 회의 등에 참가하는 회원국 대표를 규정하고 있는데 이곳에서는 유엔 자체의 특권과 면제를 살펴보고 다른 대상의 특권과 면제는 다음 장에서 차례로 살펴보고자 한다.

우선 유엔과 그 재산(property) 및 자산(assets)은 소재지 및 보유 주체에 관계없이 명시적으로 면제를 포기하는 특별한 경우를 제하고는 모든 종류의 법적 절차로부터 면제를 향유한다. 그러나 어떤 면제의 포기도 강제집행을 포함하지 않는 것으로 양해한다.

유엔의 구내(premise)는 불가침이다. 유엔의 재산과 자산은 소재지 및 보유 주체에 관계없이 집행적 · 행정적 · 사법적 · 입법적 조치를 통한 수색(search) · 징발(requisition) · 몰수(confiscation) · 수용(expropriation) 혹은 다른 어떤 형태의 간섭으로부터 면제된다. 유엔의 문서와 유엔에 속하거나 유엔이 보유하는 모든 서류는 어디에 있든 관계없이 통상적으로 불가침이다.

유엔은 어떤 종류의 재정적인 통제 · 규칙 · 지불유예에 의해 제약을 받지 않고 기금(fund)과 금(gold) 혹은 모든 종류의 통화를 보유할 수 있고 어떤 통화로도 계정(accounts)을 운영할 수 있다. 또한 유엔은 자유롭게 기금과 금 혹은 통화

을 했다.

8) 뒤에서 보다 상세히 살펴보겠지만 일반적으로 국제기구의 직원은 공적인 자격으로 한 행동에 관한 소송절차의 면제 · 국제기구가 지불하는 급여 및 수당에 대한 과세의 면제 · 국민적 복종의무의 면제 등이 포함된다. 회원국 대표의 특권과 면제는 임무 수행과 관련된 신체의 불가침 · 경찰권의 면제 · 모든 문서의 불가침 등이 있다.

를 한 나라로부터 다른 나라로 혹은 한 나라 안에서 이동시킬 수 있으며 보유하고 있는 통화를 다른 통화로 환전할 수 있다. 이러한 권리를 행사하는 데 있어서 유엔은 회원국 정부가 제시한 의견이 유엔의 이익을 해치지 않고 실행될 수 있다고 인정되는 경우 이를 정당하게 고려한다.

유엔과 그 자산과 소득 및 다른 재산은 모든 직접세로부터 면제된다. 그러나 사실상에 있어서 공공 유틸리티 공급에 부과되는 요금(charges for public utility services)에 불과한 조세로부터의 면제는 청구하지 않는 것으로 양해한다.[9)] 유엔이 공적인 용도로 수입 또는 수출하는 물품은 관세 및 수출입상의 금지와 제한으로부터 면제된다. 다만 이러한 면제하에 수입된 물품은 수입된 국가 내에서 그 국가 정부와 합의한 조건에 따르지 않고는 매각되지 못하는 것으로 양해한다. 유엔의 출판물의 경우 관세 및 수출입상의 금지와 제한으로부터 면제된다.

유엔은 원칙적으로 물품세와 동산 및 부동산의 판매가격에 포함되는 조세에 대하여 면제를 청구하지 않는다. 단 유엔이 공적 용도로 사용하기 위해 이러한 조세가 부과되었거나 부과될 중요한 재산을 구매하는 경우에 회원국은 가능한 한 언제든지 조세액을 감면하거나 되돌려 주기 위한 적절한 행정조치를 취한다.

유엔은 공적 통신의 경우에 회원국의 영역 안에서 우편(mails) · 전신(cables) · 전보(telegrams) · 무선전보(radiograms) · 전송사진(telephotos) · 전화(telephone) 및 다른 통신수단들의 사용에 있어서의 우선순위(priorities)와 이들에 부과되는 요금 및 조세 그리고 신문 및 라디오의 정보에 대한 요금의 문제에 있어서 그 국가 정부가 외교사절을 포함하여 다른 정부에 부여하는 대우보다 불리하지 아니한 대우를 향유한다.

유엔의 공적 서한과 다른 공적 통신은 검열대상이 되지 아니한다. 유엔은 암호(codes)를 사용하고 외교신서사(diplomatic couriers) 및 외교행낭(diplomatic bags)과 동일한 특권과 면제를 향유하는 신서사(couriers)를 통하거나 행낭(bags)으로 서한을 발송하고 접수할 권리를 가진다.

---

9) 전기 · 가스 · 수도 · 전화요금 등을 일컫는다.

2. 국제기구의 주요 의무

국제기구는 위에서 언급한 권리를 향유함과 더불어 다음과 같은 일정한 의무를 부담해야만 한다. 국제기구는 국제법의 주체로서 그가 받은 손해에 대해 국제적 청구를 제기할 수 있는 권한을 가지지만 이와 동시에 국제기구가 범한 위법행위에 대해 국제적인 책임을 진다. 구체적으로 국제기구는 법의 주체성이 인정되는 범위 안에서 국제법상의 위법행위에 대해 국제적 책임을 진다.

피해가 국제기구 자체의 행위가 아닌 국제기구 구성원의 행위에 의해 발생할 경우 국제기구의 책임이 성립하기 위해서는 구성원의 행위가 국제기구의 행위로 귀속되어야 하며 이러한 행위가 법적인 의무의 위반을 수반하여야 한다.

냉전이 종식된 후 평화유지활동이 세계 곳곳에서 전개되면서 평화유지활동에 참여한 군인과 경찰에 의한 접수국 국민에 대한 피해가 빈번하게 발생하여 국제적인 문제가 되고 있다. 이러한 피해에는 2010년에 아이티에 파견된 평화유지군으로부터 시작하여 7년에 걸쳐 확산되면서 아이티 주민 9천5백 명의 목숨을 앗아간 경우와 평화유지활동에 파견된 군인과 경찰에 의한 성의 착취와 학대 등이 포함된다.

이와 관련하여 유엔은 유엔평화유지활동 중 발생한 피해에 대하여 유엔의 배상책임의 원칙을 고수해왔다. 이에 따라 예컨대 1960년 콩고에 파견된 유엔 콩고평화유지활동군(ONUC)이 그 권한을 초월하여 위법한 행위를 한 것에 의해 현지의 벨기에 국민이 손해를 입은 일에 발생되었다. 이에 유엔은 벨기에 정부와 협의하여 150만 달러를 손해배상으로 지불한 바 있다.

국제기구의 활동이 다방면에 걸쳐 확대되면서 국제법상 금지되지 않은 활동으로 인한 해로운 결과에 가져오는 일과 과학적인 불확실성 속에서 과실 없이 전혀 예상치 못한 위험한 결과를 가져오는 일 등에 관여를 하게 됨으로써 이러한 문제 등과 관련한 국제기구의 국제책임의 문제를 성문법적으로 규정할 필요가 꾸준히 제기되어 오고 있다. 이러한 필요에 따라 유엔의 국제법위원회(International Law Commission, ILC)가 오래 전부터 국제기구의 국제책임에 대한 초안(Draft Articles on Responsibility of States for Internationally Wrongful Acts)을 만들어 국가들과 국제기구들로부터의 독회를 통해 수정을 가하는 등 성문법화를 시도해 오고 있으나 아직 최종적인 결론에는 이르지 못하고 있다.

제3장 국제기구 직원과 전문가의 지위

1. 국제기구 직원과 전문가의 권리

1) 특권과 면제의 성격과 규정

국제기구의 직원과 전문가 역시 국제기구 자체와 마찬가지로 고유한 영토를 가지고 있지 않기 때문에 필연적으로 국가의 영역에서 활동을 해야만 한다. 따라서 이러한 국가들의 관할권 행사로 인한 간섭을 배제하고 독립성을 보존하며 효율적으로 기능을 수행하기 위해 일정한 범위의 특권과 면제를 필요로 한다. 따라서 국제기구 본부의 시설 및 재산과 마찬가지로 이들은 국제기구의 목적과 임무를 효율적으로 수행하는 데 필요한 범위 내에서 일정한 특권과 면제를 향유한다.

그러나 이들이 누리는 특권과 면제는 외교관들이 누리는 포괄적인 특권과 면제와는 차이를 가지며 제한적으로 인정되는 것을 특징으로 한다. 그럼에도 불구하고 유엔의 사무총장과 사무차장 그리고 이들의 배우자와 미성년자 자녀는 예외적으로 외교사절의 특권과 면제를 누린다.

1946년에 체결된 유엔의 특권과 면제에 관한 협약은 국제기구 자체의 특권 및 면제와 더불어 유엔 직원과 유엔의 임무를 수행하는 전문가의 특권과 면제도 규정하고 있다. 여기에서는 국제기구의 직원과 전문가의 특권과 면제의 내용의 전형적인 예로서 이를 구체적으로 살펴보고자 한다.

2) 유엔 직원의 특권과 면제

(1) 특권과 면제의 성격과 내용

앞서 언급했듯이 국제기구의 직원들에게 주어지는 특권과 면제의 정도는 일반적으로 외교관들에게 주어지는 특권과 면제의 정도에 비해 약하다. 이러한 차이외에 주목할 만한 차이가 존재하는데 이러한 차이는 면제와 관련하여 존재한다.

즉 외교관의 경우 자국의 재판 관할권으로부터 면제되지 않는데 반해 국제기구 직원의 경우는 자국 정부에 대해서도 면제를 원용할 수 있다. 왜냐 하면 국제기구 직원은 자국정부가 아닌 자신이 소속되어 있는 국제기구에게 일차적인 충성을 하여야 할 의무를 지고 있기 때문이다.

앞서 언급한 유엔의 특권과 면제에 관한 협약 제5조 제18항은 유엔 직원의 특권과 면제에 대해 다음과 같은 규정을 두고 있다. i) 유엔 직원은 공적인 자격으로 행한 구두 및 서면진술과 일체의 행동에 관한 소송절차로부터 면제된다.[10] ii) 유엔 직원은 유엔으로부터 받은 급료와 수당에 대해서는 과세가 면제된다.[11] iii) 유엔 직원은 국가역무(national service obligations)로부터 면제된다.[12] iv) 유엔 직원은 배우자 및 부양가족과 더불어 출입국의 제한과 외국인등록에 관한 법의 적용으로부터 면제된다. v) 유엔 직원은 환전시설의 편의와 관련하여 해당 정부에 파견된 외교사절단을 구성하고 있으면서 자신의 지위와 비교할 만한 지위에 있는 직원에게 주어지는 특권과 동일한 특권을 부여받는다. vi) 유엔 직원은 배우자 및 부양가족과 더불어 국제적 위기가 발생할 때 외교사절에게 부여되는 귀국의 편의와 동일한 편의를 부여받는다. vii) 유엔 직원은 처음 취임할 때 가구와 휴대품(effects)을 무관세로 들여올 수 있다.

유엔의 특권과 면제에 관한 협약의 제5조 제19항은 사무총장(Secretary-General)·사무차장(Under Secretary-General)·이들의 배우자와 미성년자 자녀의 특권과 면제에 대해 언급하고 있다. 이에 따르면 이들은 위에서 언급한 특권과 면제 이외에 별도로 국제법에 의거하여 외교사절에게 주어지는 특권과 면제 및 편의를 부여받는다.[13] 여기서 말하는 국제법이란 외교관계에 관한 비엔나 협약

---

10) 사무총장과 사무차장을 제외한 유엔 직원들은 공적 행위에 관해서만 소송이 면제된다.

11) 유엔은 사무국 직원이 실제적으로 지급받는 보수를 공평하게 하려고 출신 국가의 납세의무가 어떻든 상관없이 사무국 직원의 보수에서 미국 시민이 연방정부와 주정부에 납부하는 세율과 비슷한 세율을 적용하여 이에 해당하는 액수만큼을 공제하는데 이를 「사무국 직원 분담금(staff assessment)」이라 부른다. 사무국 직원 분담금을 통해 적립된 기금은 이들의 출신지 국가의 계좌에 이체되며 회원국 정부는 자국 국적의 유엔 직원에 대해 추가로 납부의 의무를 과하지 않는다. 미국은 예외적으로 자국 국적의 유엔 직원에게 여타의 미국 시민과 마찬가지로 보수에 대한 소득세를 부과하기 때문에 유엔은 사무국 직원의 분담금을 세금 납부용으로 이들에게 돌려줌으로써 이들이 결과적으로 이중 납세되는 것을 방지하고자 한다: 유엔한국협회 번역, *Basic Facts about the United Nations* (New York: United Nations, 1995), p. 42.

12) 한국이 1992년에 본 조약에 가입하면서 이 부분이 한국인에게는 적용되지 않는다는 유보(reservation)를 달았다. 이에 따라 한국인의 경우 유엔의 직원이라는 이유로 인해 병역의 의무와 같은 국민적 역무상의 의무로부터 면제되지 않는다.

(Vienna Convention on Diplomatic Relations)을 일컫는다.

여기서 이들이 일반적인 유엔 직원이 누리는 특권과 면제에 더하여 외교관의 특권과 면제를 누린다는 것은 달리 말해 일반 유엔 직원의 경우 특권과 면제는 이들의 공적인 행위에 한해 인정되나 사무총장과 사무차장의 경우 이들의 공적인 행위는 물론 사적인 행위까지도 적용이 된다는 의미이다.

(2) 특권과 면제의 한계

국제기구 직원들에게 주어지는 이러한 특권과 면제가 남용되는 것을 막기 위해 유엔의 특권과 면제에 관한 협약의 제5조 제20항과 제21항은 특권과 면제에 대한 일종의 한계에 대해 언급하고 있다. 제5조 제20항은 유엔 직원에게 부여되는 특권이란 개인의 사적 이익을 위해 주어지는 것이 아니라 유엔의 이익을 위해 주어지는 것임을 강조하고 있다.

이와 관련하여 유엔 사무총장은 직원에게 주어지는 면제가 사법의 진행을 저해하고 있고 유엔의 이익을 침해하지 않는 가운데 포기될 수 있다고 생각하면 그들의 면제를 포기할 권리와 의무를 갖는다. 사무총장의 경우에는 유엔 안보리가 그 면제를 포기할 권리를 갖는다.

제5조 제21항은 유엔은 적절한 재판을 촉진하고 경찰규칙의 준수를 확보하며 위에서 언급한 특권과 면제 및 편의와 관련하여 오용의 발생을 막기 위하여 항상 회원국의 적절한 당국과 협력할 것을 규정하고 있다.

(3) 특권과 면제의 문제점

국제기구 직원들에게 주어지는 이러한 특권과 면제가 많은 문제를 야기하고 있다. 유엔 직원과 결혼했다가 이혼하여 최저생활을 연명하고 있는 여성들이 유엔가족권리위원회를 결성하여 이전의 배우자들이 면제특권을 남용하여 법원의 생계비 지원 판결을 무시하고 있는 것에 항의하면서 이전의 배우자의 연금과 급여의 일부를 받을 수 있도록 하고 이를 방해할 경우 가압류 처분도 가능하게 해달라고 청원한 바 있다.[14)]

유엔의 재정 감사 활동의 미흡함으로 인해 직원들에 의한 공금유용과 같은

---

13) 유엔 사무총장의 경우 유엔의 최고 책임자로서 어디를 가나 의전상 국가원수의 예우를 받는다.

14) 조선일보, 1998년 11월 23일.

각종 부정행위가 만연하고 있다. 그러나 유엔 직원들의 경우 그 동안 내부의 관행 외에 이들에게 주어진 특권과 면제로 인해 주재국 법원에 의한 사법처리에 난점이 많았으며 각종 부정사건의 경우 해당자의 사임으로 마무리되는 것이 관례였다. 유엔무역개발회의(UNCTAD)의 고위 관리가 유령의 회의비용을 청구하는 수법으로 50만 달러 상당을 유용했다가 적발되어 사임은 물론 이례적으로 UNCTAD의 소재국인 스위스 법원으로부터 사법처리를 받는 일이 발생했는데 이는 유엔의 부정행위 근절을 위한 의지를 보여주는 사례였다.[15)]

3) 유엔의 임무를 수행하는 전문가의 특권과 면제

앞서 언급한 유엔 직원을 제외한 유엔을 위하여 임무를 수행하는 전문가(experts on mission for the United Nations)는 여행기간을 포함하여 임무수행 기간 동안 독자적인 임무수행에 필요한 특권과 면제를 누린다. 특히 다음과 같은 특권과 면제가 부여된다.

전문가들은 체포 또는 구금으로부터의 면제와 개인 수하물의 압류로부터의 면제를 향유한다. 임무 수행 중에 행한 구두나 서면 진술 및 행위에 대한 모든 형태의 법적 절차로부터 면제를 향유하는데 이러한 면제는 유엔의 임무에 더 이상 종사하지 않더라도 계속 부여된다. 모든 문건과 서류의 불가침을 누린다. 유엔과의 통신을 위해 암호를 사용하고 신서사를 통하거나 봉인된 행낭으로 문건 또는 서한을 접수할 권리를 가진다. 통화 또는 외환통제와 관련하여 일시적 공무를 수행하는 외국 정부대표에게 부여되는 것과 동일한 편의를 제공받는다. 개인 수하물과 관련하여 외교사절에 부여되는 것과 동일한 면제와 편의를 누린다.

전문가의 특권과 면제는 개인적인 이익을 위하여 부여되는 것이 아니라 유엔의 이익을 위하여 부여되는 것이다. 유엔 사무총장은 전문가에 대한 면제가 사법절차를 저해하고 유엔의 이익을 해함이 없이 포기될 수 있다고 판단하는 경우에 면제를 포기할 권리와 의무를 가진다.

---

15) 조선일보, 1997년 10월 16일.

2. 국제기구 직원과 전문가의 의무

국제기구와 국가의 관계에서 국제기구의 역할이 강화되기 위해서는 국제기구가 회원국으로부터 자율성을 확보하는 것이 필요하다. 이를 위해 가장 필요한 것 가운데 하나가 주로 회원국의 국민으로부터 채용되어 사무국을 구성하고 있는 국제공무원의 독립적인 지위를 보장해 주는 것이다.

유엔헌장 제100조는 사무국을 구성하고 있는 사무총장과 직원은 그 임무의 수행에 있어 어떤 정부나 유엔 외의 어떤 당국으로부터도 지시를 받거나 구하여서는 안 되며 회원국들은 이들 업무의 국제적인 성격을 존중해서 영향을 주지 않도록 해야 한다고 규정함으로써 사무국 직원의 중립성과 독립성을 확보하고자 한다.

이러한 국제공무원의 독립성을 확보하기 위한 규정은 유엔헌장에 그치지 않고 많은 국제기구의 헌장상에 명기되어 있다. 대표적인 예로서 국제노동기구(ILO) 헌장 제9조와 유네스코(UNESCO) 헌장 제6조를 그 예로 들 수 있다.[16)]

이러한 헌장상의 규정 이외에 국제기구 직원의 행동규범에 관한 규정들이 존재하는데 이들을 살펴보면 다음과 같다. 1954년에 국제공무원제도자문위원회(International Civil Service Advisory Board)에 의해 채택된 「국제공무원 행동표준(Standards of Conduct of the International Civil Service)」이 약 반세기에 걸쳐 국제기구에 근무하는 국제공무원들의 행동강령이 되어 왔다. 현재는 2001년과 2013년에 국제공무원위원회(International Civil Service Commission, ICSC)에 의해 개정되고 유엔총회의 결의문을 통해 수용된 「국제공무원 행동표준(Standards of Conduct for the International Civil Service)」이 국제공무원들의 행동기준이 되고 있다.[17)] 따

16) 구체적으로 ILO 헌장 제9조 제4항은 「사무국장과 직원의 책임은 성질상 전적으로 국제적인 것이다. 사무국장과 직원은 그 임무를 수행함에 있어서 이 기구외의 어떠한 정부나 다른 기구로부터 지시를 받으려 하거나 또는 받아서도 아니 된다. 그들은 이 기구에 대하여만 책임을 지는 국제공무원으로서의 지위를 손상할 우려가 있는 어떠한 행동도 삼간다」고 규정하고 있다. ILO 헌장 제9조 제5항은 「회원국은 사무국장과 직원의 책임이 전적으로 국제적 성질의 것임을 존중하고 그들이 책임을 수행함에 있어서 그들에 대한 영향력을 추구하지 아니한다」고 규정하고 있다. 유네스코 헌장 제6조 제5항은 「사무총장과 직원의 책무는 그 성격상 오로지 국제적인 것이다. 임무 수행에 있어서 어떠한 정부나 이 기구 외의 어떠한 권력으로부터도 훈령을 구하거나 받아서는 안 된다. 사무총장과 직원은 국제적 임원으로서의 지위를 손상시킬 염려가 있는 어떠한 행동도 삼가야 한다. 이 기구의 회원국은 사무총장과 직원의 책무의 국제적인 성격을 존중할 것과 그들의 임무수행에 영향을 끼치려 하여서는 아니 된다」고 규정하고 있다.

라서 국제공무원들에게 요구되는 행동규범을 이들을 중심으로 살펴보고자 한다. 단 여기에서는 국제공무원 행동표준의 세세한 면을 기술하기 보다는 행동에 근간을 이루고 있는 것이라고 볼 수 있는 지도원칙(guiding principles)을 소개하고자 한다.

국제기구의 주된 목표란 우리의 후세대를 전쟁의 재앙으로부터 구하고 모든 남성·여성·아동들로 하여금 존엄과 자유 속에서 살도록 하는 것이다. 국제공무원제도란 바로 이러한 국제기구의 이상을 현실화시킬 책임을 진다. 구체적으로 국제공무원들은 무엇보다 앞서 국제기구들이 추구하는 가치인 평화·기본권의 존중·경제와 사회 발전·국제협력이라는 이상에 봉사하여야 할 소명의식을 가져야 하며 이러한 의식을 행동으로 실천하여야 한다.

국제공무원들은 그들 조직이 옹호하고 있는 이러한 비전을 실천함에 있어 조직의 이익을 자신의 이익 위에 두어야 한다. 조직에 대한 국제공무원의 충성(loyalty)이란 자신이 일하고 있는 국제기구에 대한 것만은 아니며 좀 더 넓은 의미의 충성심을 의미한다. 국제기구의 이상을 실현하기 위해서는 다른 국제기구와의 협력을 필요로 하며 이를 위해 다른 국제기구에서 일하는 국제공무원들에 대한 협조적이고 이해심 있는 접근이 필요하다.

이러한 소명을 구체적으로 실현하기 위하여 국제기구 공무원들은 성실성(integrity)·자율성(independence)·신중성(discretion)·관용(tolerance)·공정성(impartiality)·능력(competence)이라는 자질을 지니고 있어야 한다.

이들 가운데 성실성이라는 것이야말로 국제공무원의 행동의 모든 면을 포괄하고 있다고 볼 수 있다. 이 개념은 구체적으로 정직(honesty)과 청렴(incorruptibility)이라는 측면까지도 포함하는 개념으로서 유엔헌장이 직원의 능력(competence) 및 능률(efficiency)과 더불어 중요한 자질의 하나로 언급하고 있는 것이다.[18)]

17) ICSC를 중국어로는 「국제공무원제도위원회」라고 표기하고 일본어로는 「국제인사위원회」라고 표기하고 있다. 한국의 경우 외교부는 이를 「국제공무원위원회」라고도 부른다. 국제통화기금(IMF) 및 세계은행(WB)과 같은 국제금융기구를 제외하고 유엔과 전문기구는 인사교류를 원활하게 하고 각 기구와 유엔과의 협력을 촉진하기 위해 인사에 있어서 공통의 제도를 채용하고 있다. ICSC는 이를 위한 대표적인 기관이다. 이 외에 행정·예산문제자문위원회(Advisory Committee on Administrative and Budgetary Question, ACABQ)가 존재한다.

18) 직원의 채용과 관련하여 유엔헌장 제101조는 「직원의 채용과 근무조건의 결정에 있어서 가장 고려해야 할 것은 최고 수준의 능률(efficiency)·능력(competence)·성실(integrity)을 확보하는 것이며 직원은 되도록 광범위한 지리적 기초(geographical basis)에 의하여 채용한다는 중요성에 대하여서도 타당한 고려를 해야 한다」고 규정하고 있다.

관용이란 국제공무원에게 있어 필수적인 자질로서 국제공무원들은 모든 사람들에 어떤 차별도 두지 않고 공평하게 존중하여야 한다. 이러한 관용의 정신이야말로 모든 사람들이 필요로 하는 것을 세심하게 배려할 수 있는 분위기와 작업환경을 조성하게 한다. 다문화적인 환경에서 이러한 것을 달성하기 위해서는 수동적인 수용(passive acceptance)을 뛰어넘어서 적극적인 지지(positive affirmation)를 필요로 한다. 즉 일반적으로 관용이라고 하면 손실 · 오만 · 불공정 등을 인내해 내는 것과 같은 수동적인 의미를 많이 생각하나 여기에서 의미하는 관용이라는 것은 수용할 수 없는 사물이나 아이디어에 정당성(validity)을 기꺼이 부여하고자 하는 적극적인 관용(active tolerance)을 의미한다.

국제공무원제도의 공정성이 유지되기 위해서 국제공무원들이 국제기구 밖의 권위로부터 독립적이어야 한다. 구체적으로 국제공무원들은 국제기구 밖의 어떤 정부와 개인 혹은 다른 어떤 존재로부터 훈령을 추구해서도 수용해서도 안 된다. 이러한 행동강령은 파견근무(secondment)에도 동일하게 적용이 된다. 이러한 불편부당성은 특히 정치적이거나 종교적인 신념의 것들을 다루는 데 있어서의 관용과 자제를 의미한다. 국제공무원들에게 있어 개인적인 견해는 침해될 수 없는 것이지만 이들은 논쟁적인 문제에 대해 개인적으로나 혹은 집단의 일원으로서 어느 일방의 편을 들거나 자신들의 신념을 공공연하게 표현하는 자유를 가지고 있지 않다. 이것은 국제공무원들이 개인적인 정치적 견해나 국가적인 관점을 포기하여야 한다는 것을 의미하지 않는다. 이는 항상 넓은 국제적인 관점과 전체로서의 국제공동체(international community)에 대한 이해를 지니고 있어야 함을 의미한다.

특정 국가나 특정 지역의 프로젝트에 책임을 지고 있는 국제공무원의 경우 자율성을 유지하기 위해 특별한 주의를 기울일 것이 요청되기도 한다. 때때로 국제공무원들은 유치국으로부터 지시를 받을 수 있으나 이러한 것이 국제공무원의 자율성과 타협을 하는 것이 되어서는 안 된다. 이러한 지시가 그들의 자율성을 위협한다고 생각할 때는 언제나 그들의 상사와 상의하여야만 한다.

국제적인 시각이란 국제기구의 목적과 목표에 대한 이해와 충성심으로부터 나온다. 특히 국제적인 시각이란 다른 사람들이 상이한 관점을 가질 권리와 상이한 문화적인 패턴을 따를 권리에 대한 존중을 의미한다. 또한 다른 국적 · 종교 · 문화를 가진 사람들과 편견 없이 기꺼이 일하고자 하는 마음을 필요로 한다. 이는 자신의 제안과 의견이 타인들에게 어떻게 비칠 것인가에 대해 부단하게 감수성을 가지고 대하는 것을 필요로 한다. 편향되거나 관용이 없는 것으로 해석될 수 있는 어떤 표현도 세심하게 회피하는 것을 요한다. 일하는 방식이 상이한 문화에 따라 다를 수 있다. 국제공무원들은 자신의 국가 혹은 지역의 태도와 일하는 방식 혹은 일하는 습관에 집착하지 말아야 한다.

제4장 회원국 대표의 지위

1946년에 체결된 유엔의 특권과 면제에 관한 협약이 국제기구에 참여하는 회원국 대표들을 대상으로 규정하고 있는 특권과 면제를 살펴보면 다음과 같다.

유엔의 주요기관과 보조기관에 파견되는 회원국 대표들과 유엔이 소집하는 회의에 참가하는 회원국 대표들은 그들의 임무를 수행하는 동안과 회의 장소로 여행하는 동안에 다음과 같은 특권과 면제를 향유한다. 여기서 대표(representatives)란 대표(delegates)·교체대표(deputy delegates)·자문위원(advisers)·기술전문가(technical experts)·대표단의 비서(secretaries of delegations)를 포함한다.

이들은 체포 또는 구금으로부터의 면세와 개인 수하물의 압류로부터의 면제를 향유하며 대표의 자격으로 행한 구두 또는 서면 진술 및 모든 행위에 대하여 모든 종류의 법적 절차로부터 면제된다. 일반적으로 회원국 대표는 외교관과 거의 동일한 특권과 면제를 누리나 소송으로부터의 면제는 공적인 행위(즉 임무를 수행하는 동안과 회의장소로 여행하는 동안에 대표의 자격으로 행한 구두 또는 서면진술 및 일체의 행위)에 대하여만 적용된다.

회원국 대표는 모든 문건과 서류의 불가침을 누린다. 암호를 사용하고 신서사를 통하거나 봉인된 행낭으로 문건이나 서한을 접수할 권리를 가진다. 임무 수행상 방문 또는 경유하는 국가에서 대표 자신과 그의 배우자는 출입국 제한·외국인 등록·국민적 역무상의 의무(national service obligation)로부터 면제된다. 통화 또는 외환의 통제와 관련하여 일시적으로 공무를 수행하는 외국정부 대표에게 부여되는 것과 동일한 편의를 제공받는다.

회원국 대표는 개인 수하물과 관련하여 외교사절에게 부여되는 것과 동일한 면제와 편의를 제공받는다. 개인 수하물의 일부가 아닌 경우 수입된 물품에 대한 관세(customs duties)나 소비세(excise duties) 또는 판매세(sales taxes)로부터의 면제를 청구할 권리가 없는 경우를 제외하고 위에 규정한 사항과 모순되지 아니하는 외교사절이 향유하는 다른 특권과 면제 그리고 편의를 향유한다.

임무 수행과 관련하여 행한 구두나 서면 진술과 모든 행위와 관련하여 회원국 대표에게 부여된 면제는 이들이 회원국 대표 자격을 상실한 후에도 계속 부여된다. 거주 여부에 따라 조세를 부과하는 경우에 회원국 대표가 임무를 수행하기 위해 어느 국가에 체류하는 기간은 거주기간으로 인정하지 않는다.

이러한 특권과 면제는 개인적인 이익을 위한 것이 아니라 유엔과 관련된 임무의 독자적인 수행을 보장하기 위해 회원국 대표에게 부여되는 것이다. 따라서 회원국은 자국의 대표에 대한 면제가 사법절차를 저해하고 면제를 부여한 목적을 해하지 않고 포기될 수 있다고 판단하는 모든 경우에 면제를 포기할 권리뿐만 아니라 의무도 있다.

1975년에 유엔 회의(United Nations Conference on the Representation of States in their Relations with International Organizations)에서 국제기구에 파견되는 국가대표의 특권과 면제를 규정하는 보편적 성격의 국제기구와의 관계에 있어 국가대표에 관한 비엔나협약(Vienna Convention on the Representation of States in Their Relations with International Organizations of a Universal Character)이 채택되었으나 주요 국가의 비준거부로 인해 아직 발효되고 있지 않다.

제5부

국제기구 회원국 지위

제1장 회원국 가입

국제기구에 있어서의 회원국의 지위와 관련하여 제1장에서는 국제기구 회원국 가입의 문제를 다루고 제2장에서는 회원국의 권리정지·제명·탈퇴 등을 살펴보고자 한다.

1. 회원국 가입

기입에 대한 규정은 설립헌장과 같은 설립 기본조약에 두고 있는 것이 일반적이다. 예외적으로 전문기구 가운데 하나인 유엔공업개발기구(UNIDO)의 경우처럼 가입에 대해 특별한 규정을 두고 있지 않는 경우도 있다.

1) 가입문호의 개방성과 폐쇄성

국가가 원한다고 해서 모든 국제기구에 자유로이 가입할 수 있는 것은 아니다. 즉 국제기구에 가입하기 위해서는 일정한 요건을 충족시켜야 한다. 이러한 요건에 앞서 국제기구 가운데에는 모든 국가에게 일반적으로 가입의 문호가 개방되어 있는 보편적인 국제기구와 특정의 국가에게만 제한적으로 가입을 인정하는 제한적인 국제기구가 존재한다.

앞서 국제기구의 분류 부분에서 살펴보았듯이 유엔·17개의 전문기구·세계무역기구(WTO) 및 국제원자력기구(IAEA)와 같은 유엔 관련기구가 범세계적인 보편적 국제기구(universal organizations)에 속한다. 경제개발협력기구(OECD)나 석유수출국기구(OPEC)와 같은 국제기구는 특정 국가에게만 가입을 인정하는 대표적인 제한적인 국제기구이다.

유럽연합(EU)·미주국가기구(OAS)·아프리카연합(AU)·아랍국가연맹(LAS)·동남아국가연합(ASEAN)·북대서양조약기구(NATO)와 같은 국제기구는 엄격한 의미의 지리적 기준에 의해 제한된 국가에게 가입이 개방되어 있는 지역적 기구(regional organizations)에 해당한다.

아시아개발은행(ADB)·아프리카개발은행(AfDB)·미주개발은행(IDB)·유럽부흥개발은행(EBRD)[1] 등은 특정 지역의 개발을 위한 은행이지만 역외의 국가들에게도 가입이 개방되어 있는 제한적인 국제기구이다.[2] 아시아개발은행(ADB)의 경우 2018년 12월 현재 총 67개 회원국으로 구성되어 있는데 이 중에서 48개 국가가 아시아태평양 지역의 회원국들(regional members)이고 미국을 비롯한 19개국이 역외 회원국이다.

2) 국제기구 구성원의 종류

국제기구의 구성원에는 기본문서가 규정하고 있는 권리와 의무의 완전한 주체인 정회원(full members)·권리와 의무의 일부를 보유하지 않는 준회원(associate members)·옵서버(observers)가 있다. 경우에 따라서는 빈객(guest)이라는 지위를 가진 구성원을 두기도 한다.

준회원·옵서버·빈객은 국제기구에 따라 다르기는 하나 통상적으로 경비부담 의무를 지지 않으며 투표권이라든가 이사회 피선거권 등의 권리를 갖지 않는다. 이들을 하나씩 살펴보면 다음과 같다.

(1) 정회원

기본문서가 규정하고 있는 권리와 의무의 완전한 주체이다. 정회원(full member)은 대표단을 파견하고 의사결정을 위한 책임을 공유하며 대부분의 경우에 해당 국제기구의 비용을 분담한다. 독립국가가 정회원이 되는 것이 일반적이지만 독립국가 이외의 존재가 정회원이 되는 경우가 있다.

독립국가의 일부 지역·비자치지역·민족해방단체·국제기구 등은 일반적으로 준회원이나 옵서버가 될 수 있는데 경우에 따라 간혹 정회원으로 인정되는 경우도 있다. 독립국가 이외의 존재가 정회원이 되는 예는 다음과 같다.

---

1) 유럽부흥개발은행(EBRD)은 동구권과 구소련 국가들의 시장경제체제로의 전환을 지원하기 위해 1991년 설립된 국제금융기구이다. 한국은 창립 회원국으로 이 은행에 참여해 오고 있다.

2) 아프리카개발은행(African Development Bank)과 아시아개발은행(Asian Development Bank)을 약어로 쓰면 모두 「ADB」가 된다. 따라서 이로 인한 혼란을 막기 위해 아시아개발은행은 그대로 「ADB」라고 쓰고 아프리카개발은행의 경우는 「AfDB」라고 표기하여 이들을 구별한다.

중국정부는 1997년 7월 1일에 중국에 반환된 홍콩의 장래와 관련하여 세계무역기구(WTO)와 아시아태평양경제협력체(APEC) 등 15개 국제기구에 종전대로 홍콩이 독자적으로 참여하고 중앙정부는 일절 관여하지 않는다는 방침을 세운 바 있다. 즉 중국은 국가자격을 필요로 하지 않는 국제기구에 홍콩을 「중국홍콩(Hong Kong, China)」이라는 이름으로 단독으로 참가하도록 한다는 것이다.[3] 이로써 이들 기구에 홍콩은 독립국가가 아니면서 정회원으로 참가하고 있다.

현재 홍콩은 많은 국제기구에 가입하고 있는데 홍콩이 단독으로 가입할 수 없는 국제기구, 예컨대 세계은행(WB)이나 국제통화기금(IMF)의 경우 중국정부가 주도적으로 참여하되 중국 대표단의 일원으로 홍콩대표를 참여시켜 공동으로 참가할 계획임을 밝힌 바 있다.[4]

국제연맹은 국가가 아닌 자치령(fully self-governing states)에게 회원국이 될 수 있는 자격을 부여했으며 유엔은 인도를 영국으로부터 완전히 독립하기 이전 자치령 시대에 원회원국(original member states)으로 유엔에 참여시킨 바 있다.

유엔의 설립 당시 사회주의 국가인 소련(Soviet Union)이 소수파였다는 것을 고려하여 소련을 구성하고 있는 공화국으로서 국제법상 국가승인을 받지 않은 백러시아와 우크라이나 양 공화국을 편의상 원회원국으로 참가시켰다.[5] 또한 이 두 공화국은 국제노동기구(ILO)나 유네스코(UNESCO)와 같은 전문기구에도 정회원으로 가입했었다.[6]

전문기구 중 만국우편연합(UPU)과 세계기상기구(WMO)는 기본문서에서 명시적으로 독립국가 이외의 존재를 정회원으로 인정하고 있으며 세계보건기구(WHO)는 기본문서에 규정이 없음에도 불구하고 국가 이외의 존재를 정회원으로 인정하고 있다. 국제원자력기구(IAEA)도 기본문서의 규정이 없으나 우라늄을 생산하는 나미비아를 남아프리카로부터 독립하기 이전인 1983년에 정회원으로 승인한 바 있다.

---

3) 아시아태평양경제협력체(APEC)에는 홍콩 이외에 대만도 가입하여 있다. 대만은 「Chinese Taipei」라는 이름으로 가입되어 있다. 세계무역기구(WTO)에는 홍콩과 대만이 각각 「Hong Kong, China」라는 이름과 「Chinese Taipei」라는 이름으로 정회원에 가입되어 있다.

4) 조선일보, 1997년 6월 19일.

5) 우리가 「백러시아」라고 부르는 나라의 이름을 영문으로 표기하면 「Byelorussia」이었으나 1991년 「Belarus」로 국명이 바뀌었다.

6) 구소련(Soviet Union)에서 연방을 구성하고 있던 공화국 중에서 백러시아와 우크라이나 양 공화국은 1991년 12월 소련이 해체되기 이전까지도 마치 독립국가처럼 유엔에 별도로 가입했다. 1991년 소련이 해체되어 15개의 공화국으로 분리되자 그 당시까지 유엔에 개별적으로 가입하고 있지 않던 나머지 공화국들이 모두 1991년과 1992년 사이에 별도의 회원국으로 유엔에 가입했다.

지역기구의 경우 민족해방기구를 정회원으로 하는 경우가 있다. 대표적인 예로서 아랍국가연맹(LAS)이 1976년 이래 팔레스타인해방기구(PLO)를 정회원으로 하고 있다. 현재는 팔레스타인 국가로서 불리고 있다. 이 밖에 국제기구가 또 다른 국제기구의 정회원이 되기도 한다. 유럽연합(EU)이 한반도에너지개발기구(KEDO)에 원회원국인 한국・미국・일본의 국내 승인을 받아 1997년 9월 20일에 정식으로 가입했던 것을 하나의 예로 들 수 있다.

(2) 준회원

모든 국제기구가 정회원이라는 지위 외에 준회원(associate member)이라는 구성원의 지위를 두고 있는 것은 아니며 두고 있다고 해도 국제기구에 따라 지위를 부여하는 기준과 이들에게 부여되는 권리에도 차이가 존재한다. 이러한 준회원의 지위는 일반적으로 독립국가의 일부 지역・비자치 지역・민족해방단체・국제기구 등에 부여된다.

유엔 경제사회이사회(ECOSOC)에 의해 설치된 지역경제(사회)위원회는 비자치 영토(non-self-governing territories)를 준회원으로 가입시키고 있다. 예컨대 아시아태평양경제사회위원회(ESCAP)는 2018년 12월 현재 53개 국가의 정회원과 더불어 홍콩・마카오・괌을 위시한 9개의 준회원을 두고 있다.

준회원 지위를 두고 있는 식량농업기구(FAO)・유네스코(UNESCO)・세계보건기구(WHO)와 같은 전문기구들은 일반적으로 국제관계의 수행에 책임을 지니고 있지 않은 영토나 일단의 영토(a territory or group of territories that are not responsible for the conduct of its international relations)에게 준회원의 지위를 부여한다. 이러한 지위의 신청은 이들의 국제관계에 책임을 지니고 있는 정회원 혹은 다른 권위체가 이들을 대신하여 하게 된다.

일반적으로 독립국가는 국제기구의 정회원이 되나 그 기구에 가입하지 않은 독립국가의 경우 간혹 준회원이 될 수도 있다. 국제기구가 가입하고 있지 않은 독립국가에게 준회원의 지위를 인정하는 것은 이들과의 협력의 필요성이 있기 때문이다. 예컨대 아시아태평양코코넛공동체(Asian and Pacific Coconut Community, APCC)는 16개의 정회원과 더불어 자메이카와 케냐 두 국가를 준회원으로 하고 있다. APCC는 아시아태평양 지역 이외에 소재해 있는 국가들에게 이러한 준회원국의 지위를 부여하고 있다.

이러한 준회원 지위부여의 기준과 권리는 일반적으로 기본문서인 설립헌장이나 규칙(regulation) 혹은 의사규칙(rules of procedure)에 규정되어 있지만 명문의 규정 없이 준회원의 지위가 부여되는 경우도 있다. 전문기구들을 예로 들면 유네스코(UNESCO)·식량농업기구(FAO)·국제해사기구(IMO)는 기본문서의 명문 규정에 따라 국가 이외의 존재에게 준회원의 지위를 부여한다. 명문 규정은 없으나 국가 이외의 존재에게 준회원의 자격을 주고 있는 전문기구로는 국제노동기구(ILO)가 있다.

일반적으로 준회원은 투표권과 피선거권 등의 권리를 제외하고는 정회원과 비슷한 권리와 의무를 갖는다. 예컨대 유네스코는 다음과 같은 권리를 준회원에게 부여하고 있다. ⅰ) 총회와 더불어 총회 산하의 위원회(commissions and committees)의 심의에 투표권 없이 참여할 수 있는 권리 ii) 투표권에 대한 제한 속에서 총회의 의사규칙에 따라 정회원과 더불어 총회와 총회 산하의 위원회(committees and commissions) 및 총회의 기타 보조기관회의 업무 수행에 관한 일(matters pertaining to the conduct of business of meetings of the Conference)에 참여할 권리 iii) 총회의 잠정의제(provisional agenda)에 포함시킬 의제항목을 제안할 수 있는 권리 ⅳ) 정회원과 마찬가지로 모든 공지·문건·보고서·기록물을 수령할 수 있는 권리 v) 정회원과 마찬가지로 특별회기(special session)를 소집하는 데 참여할 수 있는 권리 vi) 정회원과 마찬가지로 집행위원회에 안(proposal)을 제출하고 집행위원회가 설정한 규정에 따라 집행위원회가 설립한 위원회(committees)에 참여할 수 있는 권리.

유네스코의 경우 준회원은 재정적인 부담을 하되 정회원과 차별을 둔다는 것을 제외하고는 정회원과 동일한 의무를 지도록 하고 있다. 구체적으로 재정적인 부담의 액수를 결정하는 데 있어서 경우 준회원의 경우 정회원과의 지위상의 차이를 고려하여야 한다는 것이다. 구체적으로 준회원의 분담금은 준회원이 만약에 정회원이었다면 부담하게 될 분담액의 비율로 산정되어야 하며 이러한 것은 총회가 결정하는 제한에 구속된다는 것이다.

(3) 옵서버[7)]

독립국가의 일부 지역·비자치 지역·민족해방단체·국제기구 등은 일반적으

7) 옵서버의 정식명칭은 상설 옵서버(permanent observer)이다.

로 준회원이 되거나 옵서버(observer)가 된다. 이와 더불어 특정 국제기구의 비회원국인 독립국가가 옵서버가 되는 경우도 존재한다. 이러한 옵서버 지위를 부여하는 이유는 직접적인 이해관계를 가지고 있는 행위자들로 하여금 관심사항에 대해 의사표시를 할 수 있는 기회를 제공하고 이들로 하여금 토의의 결과물에 대한 존중을 이끌어내기 위한 것이다.

옵서버 지위에 대해 유엔공업개발기구(UNIDO)처럼 설립헌장이 규정하는 경우도 있고 유엔처럼 헌장에 전혀 규정을 두지 않은 채 관행과 선례에 기반을 두고 총회의 결의문에 의해 부여되는 경우도 존재한다.[8] 세계보건기구(WHO)처럼 헌장이 아닌 최고 의사결정기관인 세계보건총회(WHA)의 의사규칙에 따라 사무총장에게 옵서버 지위를 부여할 수 있는 권한을 부여하는 경우도 있다.[9]

이러한 옵서버의 지위를 가지고 있는 조직에게 부여되는 지위는 국제기구에 따라 다르다. 옵서버 지위 부여의 대상에는 앞서 언급했듯이 여러 종류의 조직이 있으며 어떤 대상인가에 따라 이러한 지위에 있어서 차이가 존재한다. 유엔의 경우는 같은 종류의 조직이라도 결의문의 내용에 따라 지위가 달라질 수 있다.

이러한 차이들이 존재할 수 있음에도 불구하고 옵서버에게는 상당히 제한적인 권한만이 주어지는 것이 일반적이다. 구체적으로 옵서버는 투표권을 가지지 않으며 자신과 직접적으로 관련된 문제가 논의되는 경우에 한해 국제기구에 참석하여 토의과정을 지켜보고 국제기구가 정한 절차에 따라 의견을 진술하는 데 그친다.

옵서버의 지위와 관련하여 옵서버를 비회원국 옵서버(non-member state observer)・단체와 국제적인 조직(entities and international organization)・정부간기구(intergovernmental organization)・그 밖의 단체(other entities)라는 4부류로 나누어 구분하고 있는 유엔의 예를 중심으로 설명하고자 한다.

① 비회원국 옵서버

유엔의 첫째 부류의 옵서버는 비회원국 옵서버인데 비회원 국가가 이러한 옵서버의 지위를 가지려면 최소한 하나 이상의 전문기구의 회원국으로서의 지위를 가지고 있어야 한다.

---

8) 이러한 옵서버 지위는 법률 문제를 다루는 유엔총회 제6위원회가 유엔총회 옵서버 지위 취득을 요청하는 결의안을 채택하고 연후에 유엔총회 본회의가 동 결의안을 최종적으로 결의문으로 채택함으로써 주어진다.

9) WHO의 경우는 정회원 신청을 한 국가・준회원 신청이 이루어진 영토(territories)・WHO 헌장에 서명을 했지만 수용하지 않은 국가들에게 이러한 옵서버의 지위를 부여한다.

과거 한국을 비롯한 여러 국가가 유엔에 정회원국으로 가입하기 전에 이러한 지위를 보유하고 있었다. 구체적으로 모나코는 1956년부터 1993년에 가입할 때까지 37년 동안 비회원국 옵서버의 지위를 가졌다. 한국은 1949년부터 1991년 가입 때까지 42년 동안 이 지위를 보유했고 스위스의 경우는 2002년 유엔에 가입하기 전까지 1946년부터 56년간 이러한 지위를 유지하고 있었다. 일본과 독일 등의 국가들도 옵서버 국가로 있다가 정회원국이 되었다. 현재 이 부류에 속하는 옵서버로는 바티칸(The Holy See)과 팔레스타인(Palestein)이 있다.

바티칸은 1964년에 옵서버 지위를 획득했으며 2004년에 통과된 결의문 A/RES/58/314를 통해 권리가 확대되었다. 확대된 권리란 구체적으로 유엔총회 본회의 일반토론(general debate)에 참가할 수 있는 권리(이전에는 본회의에서 발언을 하려면 5개 지역그룹의 동의를 필요로 했다) · 유엔총회의 의제항목에 대한 토론에 참가하여 발언할 수 있는 권리(단 유엔총회의 회기가 시작될 때 의장이 바티칸의 참가를 허용하는 근거가 되는 결의문을 한 차례 언명하여야만 한다) · 회원국이 갖는 우선권을 해하지 않는다는 선세 아래 모든 유엔총회 본회의에서 의제항목에 대한 발언 자명부의 작성 시 국가들 다음에 발언순서를 가질 수 있는 권리 · 반박발언권 · 유엔총회의 회의 및 업무와 관련이 있는 문건(communication: proposal and position paper)을 발간하여 유엔총회의 공식문건으로서 중간자(intermediary) 없이 직접적으로 회람할 수 있는 권리(이전에는 바티칸 자신의 문건을 회람하는 것이 허용되지 않았다) · 유엔총회의 후원 아래 개최된 모든 국제회의의 회의 및 업무와 관련이 있는 문건을 발간하여 국제회의의 공식문건으로서 중간자 없이 직접적으로 회람할 수 있는 권리 · 의장의 결정에 대해 도전할 수 있는 권리를 포함하지 않는다는 조건 아래 바티칸을 포함하는 모든 절차(proceeding)에 관하여 의사규칙 위반지적을 할 수 있는 권리 · 바티칸을 언급하는 결의안(draft resolution)이나 결정안(draft decision)에 공동제안국(co-sponsor)이 될 수 있는 권리(단 이러한 결의안이나 결정안은 회원국의 요청에 의해서만 표결에 부쳐질 수 있다) · 총회장에서 6개의 좌석(앞줄에 3석 뒷줄에 3석)이 제공되며 이러한 좌석들이 회원국 자리 바로 다음이고 다른 부류의 옵서버의 자리 바로 전에 위치할 권리 등을 의미한다. 그러나 투표권과 유엔총회에서 후보를 낼 수 있는 권리는 갖지 않는다.

팔레스타인은 2012년 11월 29일 이전까지는 옵서버의 또 다른 부류인 단체와 국제적인 조직에 속했다. 역사적으로 볼 때 팔레스타인해방기구(PLO)는 1974년 유엔총회 결의문 A/RES/3236(XXIX)을 통해 자결권을 인정받았고 또 다른 결의문 A/RES/3237(XXIX)을 통해 옵서버 단체(observer entity)의 자격을 획득하여 유엔총회뿐 아니라 유엔총회의 후원 아래 개최되는 국제회의의 회의와 업무에 참가할 것을 요청받았다. 또한 유엔의 다른 기관의 후원 아래 개최되는 국제회의의 회의와 업무에 옵서버로서 참가할 자격을 고려할 것을 언급했다.

1988년에 결의문 A/RES/43/160을 통해 중간자 없이 문건을 회람할 수 있는 권리를 획득했다. 구체적으로 당 결의문은 유엔총회와 유엔총회의 후원 아래 개최되는 모든 국제회의의 회의 및 업무와 관련 있는 문건을 중간자 없이 직접적으로 유엔총회의 공식문건으로 발간하여 회람할 수 있는 권리를 부여했고 사무국으로 하여금 PLO가 중간자 없이 직접 제출한 문건을 유엔의 공식문건으로 발간하여 회람하도록 결정했다. 이어서 같은 해인 1988년에 결의문 A/RES/43/177을 통해 유엔은 팔레스타인해방기구(PLO)라는 명칭 대신에 팔레스타인(Palestine)으로 부르도록 했다.

1998년에는 결의문 A/RES/52/250을 통해 다음과 같은 권리와 특권이 부여되었다. 유엔총회의 일반토론에 참가할 권리 · 회원국의 우선권을 해하지 않는다는 전제 아래 유엔총회의 모든 본회의에서 팔레스타인과 중동 문제가 아닌 다른 의제항목의 토론을 위한 발언자명부를 작성할 때 마지막 순서의 국가 이후에 발언순서를 가질 수 있는 권리 · 반박발언권 · 의장의 결정에 대해 도전할 수 있는 권리를 포함하지 않는다는 조건 아래 팔레스타인과 중동 문제에 관한 절차(proceeding)에 관하여 의사규칙 위반지적을 할 수 있는 권리(팔레스타인은 의장의 평결에 대해 이의를 제기할 수는 없으며 토론의 연기/토론의 종료/회의의 잠정적 중지/회의의 연기를 포함한 절차발의를 제기할 수 있는 권리를 가지지 않는다) · 팔레스타인과 중동 문제에 관한 의제항목을 다루는 결의안/결정안/수정안에 대해 공동제안을 할 수 있는 권리(이러한 결의안/결정안/수정안은 오로지 회원국이 요청에 의해서만 표결에 부쳐질 수 있으며 팔레스타인은 이러한 결의안/결정안/수정안의 단일 제안국이 될 수 없다) · 유엔총회의 의제항목에 대한 토론에 참가하여 발언할 수 있는 권리(단 유엔총회의 회기가 시작될 때 의장이 팔레스타인의 참가를 허용하는 근거가 되는 결의문을 한 차례 언명해야 한다) · 팔레스타인에게 6개의 좌석(앞줄에 3석 뒷줄에 3석)을 할당하고 좌석은 비회원국 옵서버 바로 다음에 그리고 기타 옵서버의 전에 위치할 수 있는 권리 등을 팔레스타인은 가진다.

그러나 팔레스타인은 투표권과 후보를 낼 권리를 소지하지 않는다. 옵서버 단체(observer entity)로서 팔레스타인이 1998년 결의문을 통해 부여받은 권리와 특권을 옵서버 국가(observer state)로 취급되는 바티칸이 2004년 결의문을 통해 부여받은 것과 비교할 경우 차이를 발견하기 쉽지 않다.

팔레스타인은 2011년에 유엔 안보리에 유엔의 정회원으로서의 가입을 신청했지만 거부권을 가진 미국과 영국의 반대로 무산되자 2011년 10월 전문기구의 하나인 유네스코의 정회원국을 추구했고 총회의 참석하여 투표한 국가의 2/3이상의 찬성을 받아 정회원국이 되었다. 앞서 언급했듯이 유엔에서 비회원국 옵서버가 되려면 최소한 하나 이상의 전문기구의 회원국으로서의 지위를 가지고 있어야 하는데 이를 통해 비회원국 옵서버의 기본적인 자격조건을 갖추게 되었다.

이를 바탕으로 팔레스타인은 2012년에 유엔총회에서 회원국 2/3의 찬성을 얻으면 되는 비회원국 옵서버로의 지위(정회원보다 낮은 수준의 지위)의 격상을 추구하는 안을 제출했다. 즉 팔레스타인은 자신들의 지위를 비회원국 옵서버 조직에서 비회원국 옵서버 국가로 격상시켜 달라고 요청했던 것이다. 이에 유엔총회는 2012년 11월 29일에 결의문 A/RES/67/19를 193개 회원국 중 138개 국가의 찬성으로 통과시켜 팔레스타인을 비회원국 옵서버 국가로 인정했다.[10] 이로써 팔레스타인은 유엔의 정회원국은 아니지만 옵서버 국가로 지위가 격상되었다.[11]

팔레스타인의 이러한 지위의 변화를 두고 언론들은 유엔 옵서버(UN observer)로부터 투표를 하지 않는 회원국(non-voting member state)으로의 격상이라고 칭한다. 팔레스타인 자치정부 수반은 2013년 1월에 팔레스타인의 공식명칭을 팔레스타인 자치정부(Palestinian Authority)로부터 팔레스타인국(State of Palestine)으로 변경하여 사용하도록 했다.

당 결의문은 지위의 격상과 관련하여 추가적인 권리와 특권에 대해 전혀 언급하고 있지 않지만 팔레스타인은 옵서버 국가가 됨으로써 바티칸처럼 간접적으로 국가 지위를 인정받게 되었다. 따라서 유엔총회 참석은 물론 국제협약의 체결

10) 반대는 9표에 불과했고 기권이 41표였다.

11) 비회원 옵서버 국가의 지위를 얻게 되면 유엔 산하기구와 국제형사재판소(ICC)에 회원국으로 가입할 수 있다. 이럴 경우 팔레스타인이 이스라엘을 국제형사재판소(ICC)에 제소하는 것도 가능하다. 비회원 옵서버 국가의 지위를 부여한다는 것은 국제사회가 팔레스타인을 국가로 간접 승인한다는 의미를 내포하고 있는 것이 사실이다. 이후로 유엔의 공식문건에서 사무국은 팔레스타인을「State of Palestine」으로 부르게 된다. 팔레스타인은 이러한 지위의 변화와 더불어 처음으로 2013년 제68차 유엔총회에서 일반토론 발언(기조연설)을 한 바 있다. 교황청 역시 유엔의 정회원국이 아닌 비회원 지위를 가지고 있지만 원하는 경우 유엔총회에서 연설을 해왔다.

뿐 아니라 유엔 산하의 각종 기구 및 국제형사재판소(ICC)와 같은 다른 국제기구에의 가입 등이 가능해진다.[12]

그러나 옵서버 조직과 마찬가지로 옵서버 국가 역시 투표권을 가지지 않는 것은 동일하다. 그러나 여기에서 말하는 투표권이란 결의안 투표 등을 말하는 것으로서 이를 제외한 회원국 권한을 유엔 총회에서 행사할 수 있다. 이로써 팔레스타인은 유엔 옵서버 국가 자격을 얻은 이래 처음으로 2013년 11월에 유엔 총회에 참석하여 구유고슬라비아 국제형사재판소(ICTY) 재판관 선출에 투표권을 행사했다.

팔레스타인은 미국의 중재로 2013년 7월에 이스라엘과의 평화협상을 재개하면서 협상 기간에는 국제기구 가입을 추진하지 않겠다고 약속한 바 있다. 그러나 이스라엘이 평화협상을 위해 약속한 죄수 석방에 나서지 않자 팔레스타인 자치정부 수반은 2014년 4월에 15개 유엔기구와 국제협약에 독자 가입한다는 신청서에 서명하고 즉각 신청절차에 착수하겠다고 밝혔다. 즉 이스라엘이 죄수 석방에 나서지 않으면 유엔의 비회원 옵서버 국가의 자격으로 할 수 있는 나머지 국제기구 가입도 추진하겠다는 것이다.

팔레스타인의 이러한 조치는 국가로서의 국제적인 지위를 강화하기 위한 일환으로 보인다. 팔레스타인이 가입을 추진하는 기구와 협약은 구체적으로 알려지지 않았지만 전시 부상자 · 포로 · 민간인 등의 보호를 주요 내용으로 하는 제네바협약과 여성과 아동 관련한 국제기구 등이 포함됐다고 알려졌다. 그러나 이스라엘을 전쟁범죄로 고소하기 위한 국제형사재판소(ICC)나 국제사법재판소(ICJ)는 제외된 것으로 전해졌다.[13] 그러나 이스라엘과의 관계 여하에 따라 이들 국제기구에의 가입도 추진될 수 있을 것으로 보인다.

세계무역기구(WTO)의 경우 2018년 12월 현재 164개 정회원과 더불어 많은 옵서버를 두고 있는데 이러한 옵서버에는 바티칸 이외의 22개 독립국가와 각종 국제기구가 포함되어 있다. 이러한 독립국가 22개에는 이란 · 이라크 · 벨라루스 · 우즈베키스탄 등이 포함된다.

---

12) 이스라엘은 팔레스타인의 국제형사재판소(ICC) 가입을 두려워하고 있다. 왜냐 하면 팔레스타인이 이스라엘로부터 점령당한 영토를 반환받기 위해 ICC를 통한 법적 행동에 나설 수 있으며 2008-2009년 가자전쟁의 전범 혐의로 이스라엘을 제소할 수도 있기 때문이다. 팔레스타인은 ICC의 설립조약인 로마조약의 당사국총회에서 옵서버 회원 지위 획득을 추진하고 있다.

13) 연합뉴스(인터넷), 2014년 4월 2일.

아랍국가연맹(LAS)의 경우 역외의 5개 국가들에 옵서버 지위를 부여하고 있다. 이들 가운데 에리트레아(Eritrea) 경우는 아랍어가 공식 언어 중 하나라는 이유 · 브라질과 베네수엘라의 경우는 수적으로 많고 영향력이 있는 아랍 공동체를 가지고 있다는 이유 · 인도의 경우는 아랍 후손이라고 주장하는 사람들이 상당수 있다는 이유 · 아르메니아(Armenia)의 경우는 친아랍 경향(pro-Arabic tendency)을 이유로 옵서버의 지위를 부여하고 있다.

② 단체와 국제조직

유엔의 두 번째 부류의 옵서버는 단체와 국제적인 조직이다. 이 부류에 속했던 유일한 조직이었던 팔레스타인해방기구가 2012년에 앞서 언급한 비회원국 옵서버의 지위를 획득함으로써 현재 이 부류에 속하는 조직은 하나도 없다.

③ 정부간기구

유엔의 세 번째 부류의 옵서버는 정부간기구이다. 유엔은 1994년에 옵서버 지위가 너무 많이 부여되고 있다는 인식 아래 향후 옵서버의 지위는 국가와 유엔총회가 관심을 가지는 활동을 수행하는 정부간기구에 국한한다는 내용의 결의문을 채택하여 옵서버 지위를 부여함에 있어서 제한을 가하고자 했다. 2017년 10월 현재 이 부류에 속하는 85개의 정부간기구는 다음과 같이 2가지 하위부류도 또다시 구별된다.[14)] 유엔의 비롯한 정부간기구들은 상호 간의 협력을 위해 서로에게 옵서버의 지위를 부여하여 교환하고 있는 실례가 다수 있다.

• 첫 번째 하위부류

첫 번째 하위부류는 유엔총회의 회의와 업무에 옵서버로서 상시적 참가초청을 받으며 유엔본부에 상설대표부를 유지할 수 있는 정부간기구이다. 이 하위부류에는 아프리카연합(AU) · 유럽연합(EU) · 국제형사재판소(ICC) 등이 속해 있다.[15)]

---

14) 유엔총회 옵서버들의 전체 리스트는 다음 문건을 보면 된다. United Nations General Assembly, *List of non-Member States, entities and organizations having received a standing invitation to participate as observers in the sessions and the work of the General Assembly: Note by the Secretariat*, A/INF/72/5 (19 October 2017). 또한 유엔총회 옵서버들의 전체 리스트는 다음 사이트에서 볼 수 있다: http://www.un.org/en/members/intergovorg.shtml.

15) 여기에 속하는 대표적인 정부간기구로서 African Union(AU) · Caribbean Community (CARICOM) · European Union(EU) · International Criminal Court(ICC) · International Criminal Police Organization (INTERPOL) · International Organization for Migration(IOM) · International Seabed Authority(ISA) · International Union for the Conservation of Nature and Natural Resources(IUCN) · League of Arab States(LAS) · Organization of the Islamic Cooperation (OIC) 등이 있다. 이들 가운데 특이한 기구로서 IUCN을 살펴볼 필요가 있다. 이 기구는 앞서 제2부 제2장

이 하위부류에 속하는 옵서버 중에서도 EU는 특별한 지위를 누린다. EU는 1974년에 옵서버의 지위를 획득하였는데 2011년에 결의문을 통해 추가적인 권리를 부여받음으로써 유엔의 정회원국이 누리는 권리의 거의 대부분을 향유하게 되었다.

일반적으로 옵서버들은 유엔총회에서 연설을 할 수 있고 토의의 대상이 되고 있는 의제항목에 대해 의견을 개진할 수 있다. 또한 절차적 투표(procedural votes)에 참여할 수 있으며 결의안의 공동제안국이 되고 서명을 할 수 있는 권한을 보유한다. 그러나 옵서버는 결의안이나 수정안을 제출할 수 없고 결의안이라든가 다른 실질문제(substantive matters)에 대해서는 투표에 참여할 수 없으며 임원의 피선과 같은 권리를 향유하지 못한다.

옵서버 가운데 가장 많은 권리와 특권이 주어지는 비회원국 옵서버인 바티칸과 팔레스타인을 살펴보면 이들은 유엔총회의 모든 회의와 업무에 참가하는 것이 가능하다. 이들은 결의안의 공동제안국이 될 수 있고 반박발언권을 가진다. 의사규칙 위반지적 발의권과 관련하여서는 바티칸은 바티칸 이슈와 관련한 것일 경우에 팔레스타인은 팔레스타인과 중동이슈에 관한 것일 경우에 주어진다. 이들은 비공개 유엔총회에도 참가한다. 그러나 결의안이나 수정안을 제출할 수 없고 결의안이라든가 다른 실질문제에 대해서는 투표에 참여할 수 없으며 후보를 낼 수 있는 권리를 향유하지 못한다.

그러나 EU의 경우는 예외적으로 2011년도의 결의문을 통해 추가적인 권리와 특권을 부여받아 유엔 회원국이 누리는 권리와 특권 거의 대부분을 향유하게 되었다. 구체적으로 추가적인 권리와 특권이란 토론에서 발언할 권리(right to speak in debate) · 결의안과 수정안을 제출할 권리(right to submit proposals and amendments) · 반박발언권(right of reply) · 의사규칙 위반지적 발의권(right to raise points of order) · 문건의 회람권(right to circulate documents) 등을 의미한다. 이와 더불어 유엔총회 본회의에서 국가원수나 정부수반들이 행하는 일반토론(general debate)에 참가하고 고위급 회의를 개최할 때 발언자명부에서 앞쪽에 놓이도록

국제기구의 분류 부분에서 언급했듯이 정부 · 정부기관 · 비정부기구 · 토착민 기구 · 제휴기관으로 구성된다. 이처럼 정부적 요소와 비정부적 요소로서 구성되어 있기 때문에 IUCN을 정부간기구로 보기도 하고 비정부기구로 보기도 하며 이도저도 아닌 복합형 국제기구(hybrid international organization)로 분류하기도 한다. 그러나 유엔 옵서버와 관련하여서는 IUCN이 정부간기구로 분류되어 있음을 알 수 있다.

했다. 이러한 권리와 특권은 국가의 대표가 지니는 권리와 크게 다르지 않아 이러한 권리가 수반된 옵서버 지위를 최상의 옵서버 지위(super-observer status)라고 부른다. 이 때문에 유럽연합은 동일한 부류에 속하는 옵서버인 AU를 비롯한 다른 지역기구들(regional organizations)의 불만의 대상이 되고 있다. 그럼에도 불구하고 유럽연합은 여전히 투표권은 갖지 못하는 한계를 지닌다.

• 두 번째 하위부류

두 번째 하위부류는 유엔총회의 회의와 업무에 옵서버로서 항상 참여초청을 받으나 유엔본부에 상설대표부를 유지할 수 없는 정부간기구이다. 이 하위부류에는 동남아국가연합(ASEAN)과 경제협력개발기구(OECD) 등이 속한다.[16] 한국정부가 주도하고 국제사회의 지지를 받아 2012년 국제기구가 된 글로벌녹색성장연구소(Global Green Growth Institute, GGGI)가 2013년 12월에 이러한 옵서버 지위를 획득하였다.

④ 그 밖의 단체

유엔의 네 번째 부류의 옵서버는 그 밖의 단체이다. 국제적으로 유엔총회의 회의와 업무에 옵서버로서 상시적 참가초청을 받으며 유엔본부에 상설대표부를 유지할 수 있는 비정부기구들(NGOs)이다.

현재 이러한 하위부류에 속하는 조직에는 국제적십자사위원회(ICRC) · 국제적십자사연맹(IFRC) · 국제의원연맹(IPU) · 국제올림픽위원회(IOC) · 몰타기사단(Sovereign Military Order of Malta)만이 존재한다. 국제기구에 따라서는 이러한 NGO뿐만 아니라 개인에게도 준회원이나 옵서버의 자격을 부여하기도 한다.

(4) 빈객

빈객(guest)이란 초청을 받는 대상을 일컫는 말로서 그 대상에는 국가뿐 아니라 국제기구와 때때로 개인까지를 포함한다. 이들 빈객들은 관련 국제기구 회의에 항상 참가할 수 있는 자격이 주어지는 것이 아니라 임시적으로 해당 국제기구로부터의 초정이나 해당 국제기구의 회의를 유치한 국가의 초청을 통해 참여하

16) 대표적인 정부간기구로서 African Development Bank(AfDB) · Asian Development Bank (ADB) · Association of Southeast Asian Nations(ASEAN) · Organization for Economic Cooperation and Development(OECD) · Organization for Security and Cooperation in Europe(OSCE) · Organization of American States(OAS) 등이 이 부류에 속한다.

는 것을 특징으로 한다.

국가와 국제기구에게 빈객의 지위를 부여하는 국제기구의 예로서 상하이협력기구(Shanghai Cooperation Organisation, SCO)를 들 수 있다. 이 지역기구는 정회원국(member states)·옵서버 국가(observer states)·대화 동반자(dialogue partners)·빈객(Guest Attendances)이라는 부류를 두고 있다.

구체적으로 2018년 12월 기준으로 8개의 정회원국(러시아/우즈베키스탄/중국/카자흐스탄/키르기스스탄/타지키스탄/인도/파키스탄)과 더불어 4개 옵서버 국가(몽골/이란/아프가니스탄/벨라루스)·6개 대화 동반자(스리랑카/터키/아르메니아/아제르바이잔/캄보디아/네팔)·3개 빈객(투르크메니스탄/독립국가연합/동남아국가연합)을 구성요소로 한다. 빈객은 돌아가면서 연차 정상회의를 유치하여 주재하는 국가의 초청을 통해 참여한다.

유럽평의회(Council of Europe, CoE)라는 지역기구 역시 빈객 제도를 두고 있다. CoE의 경우는 국가나 국제기구가 아니라 다수의 고위 인사를 국적과 믿음을 가지지 않고 빈객으로 초청한다. 종종 정치적·사회적·문화적 이니셔티브의 실행에 기여하는 이들은 CoE의 일을 지배해 온 역동성과 가치를 보여 준다. 빈객의 지위를 가졌거나 가지고 있는 이러한 인사들에는 프랑스 대통령 미테랑(François Mitterrand)·러시아의 대통령이었던 고르바초프(Mikhail Gorbachev)와 옐친(Boris Yeltsin)·독일 수상인 콜(Helmut Kohl)·팔레스타인 자치 정부의 초대 수반이었던 아라파트(Yasser Arafat)·체코슬로바키아의 대통령이었던 하벨(Václav Havel) 등이 있다.

공식적인 헌장·상설적인 사무국·공동의 의제를 실천하기 위한 물질적 자원을 가지고 있지 않다는 점에서 유엔과 같은 국제기구와 차이점을 가지는 국제조직인 비동맹운동(NAM)은 2018년 12월 현재 120개 국가의 정회원·17개의 옵서버 국가·10개의 옵서버 조직에 더하여 빈객을 두고 있다.

관심이 있는 비회원 국가와 조직(국제기구와 비정부기구)이 개개의 정상회의 혹은 작료회의에 임시적인 빈객으로서 초청을 받는다. 이러한 점에서 항구적인 빈객의 지위는 존재하지 않는다. 구체적으로 빈객은 비동맹운동 회의를 유치한 국가가 NAM의 조정실에 의한 적절한 고려 후에 초청을 하게 된다. 이러한 빈객은 회의의 개회식과 폐막식에 참여할 뿐이며 심의에 참여할 수 있는 권리를 가지지 않는다.

3) 가입의 요건

국제기구의 설립에 참가한 국가는 원회원국(original members)으로서 일반적으로 기본문서에 서명하고 비준하는 것으로서 회원의 지위가 인정된다. 그러나 신규 가입국(newly admitted members)의 경우 일반적으로 설립헌장이 규정하고 있는 일정한 요건을 충족시킬 뿐 아니라 일정한 절차를 거쳐야만 가입이 가능하다.

(1) 가입의 요건

① 유엔

유엔은 헌장 제4조 제1항에서 가입요건을 규정하고 있다. 이에 따르면 유엔의 회원국이 되기 위해서는 우선 헌장이 규정하고 있는 의무를 수락할 뿐 아니라 이러한 의무를 이행할 능력과 의사가 있다고 인정되어야 하며 평화를 애호하는 국가이어야 한다.

이러한 유엔의 가입요건과 관련하여 회원국은 헌장의 의무 가운데 하나로서 국제평화와 안전의 유지를 위한 강제조치에 협력할 의무가 있는데 이러한 의무와 영세중립국의 지위가 양립할 수 있는가의 문제가 있다. 이와 관련하여 영세중립국 가운데 스위스는 양립할 수 없다는 판단하에 유엔에 가입하지 않았고 이러한 의무가 없는 전문기구에는 가입을 했으며 2002년이 되어서야 유엔에 가입했다. 오스트리아는 스위스와는 달리 1955년에 영세중립국이 되자마자 군사적 조치에 참가하지 않을 것을 조건으로 회원국으로 가입을 했다.

② 전문기구

전문기구의 경우 일반적으로 유엔의 회원국이 되면 가입권리가 인정된다. 즉 유엔 회원국은 후보자에 대한 가입자격의 심사 없이 가입이라는 일방적인 행위에 의해 회원국이 될 수 있다. 전문기구인 국제통화기금(IMF)의 회원일 경우에 다른 자격요건 없이 또 다른 전문기구인 세계은행(WB)의 회원이 될 수 있다.

한국이 과거 유엔의 회원국이 아니었는데도 전문기구에 가입하는 것이 가능했던 것에서 알 수 있듯이 전문기구에의 가입은 유엔의 비회원국에도 개방되어 있다. 이 경우 유엔 회원국과는 달리 일반적으로 총회와 같은 전체기관에서 2/3 이상의 찬성을 필요로 한다. 유네스코를 예로 들면 유엔 회원국은 자동적으로 유네스코 가입의 권리를 가지며 그렇지 않은 경우에는 집행이사회 권고와 더불어 총회 출석 2/3의 찬성으로 가입이 결정된다. 외교권한이 없는 영토와 영토군의 경우는 총회 출석 2/3의 찬성으로 준회원국 지위 획득하게 된다.

③ 지역기구

특별한 목적을 지닌 지역기구는 가입조건이 엄한 편이다. 예컨대 자유와 민주주의라고 하는 가치관을 공유하는 회원국들 사이에 보다 강력한 통합을 목적으로 설립된 유럽평의회(Council of Europe, CoE)의 설립헌장 제3조는 가입조건으로서 민주화를 요건으로 하고 있는데 이러한 민주화의 정도는 구체적으로 복수정당·인권·법의 지배(rule of law)에 관한 체제가 잘 구비되어 있는가를 기준으로 판단한다.

(2) 가입의 정치적 결정

국제기구의 가입은 때때로 기본조약에 명시된 가입요건에 따라 법률적으로 결정되지 않고 정치적인 고려에 의해 결정되는 경우가 있다. 정치적인 고려에 의해 가입이 결정된 가장 대표적인 국제기구가 냉전시대의 유엔이다. 비슷한 맥락에서 아시아개발은행과 유럽연합도 살펴보고자 한다.

① 유엔

유엔에의 가입에는 안보리의 추천이 필요하며 이때 거부권이 적용된다. 이러한 추천에 기초하여 총회는 참석하여 투표한 국가의 2/3이상의 찬성으로 가입을 확정짓는다. 냉전시대 유엔에의 가입은 신청한 국가의 가입요건의 충족에도 불구하고 미국과 소련 두 국가가 상대방 진영에 속하는 국가들의 가입에 경쟁적으로 이러한 거부권을 행사함으로써 정치적으로 결정되었다.

이러한 이유로 가입이 배제되던 국가들 중 한국과 북한·동독과 서독·남베트남과 북베트남과 같은 2개의 정부가 대립하고 있던 분단국가를 제외한 18개 국가의 가입이 일괄적인 협상에 의해 시도되었는데 이 가운데 중국의 반대로 인한 몽고와 소련의 반대에 의한 일본이 배제된 16개 국가의 가입이 1955년에 이루어진 바 있다.

소련의 반대로 1955년 가입이 좌절되었던 일본은 1956년 소련과 일본의 관계가 정상화되면서 가입을 실현시킬 수 있었다. 그 후 1961년 몽고가 가입했고

1973년에 동독과 서독이 분단국 상태로서 동시에 가입했으며 베트남은 통일 후인 1977년에 가입했다. 1990년 통일이 되면서 별개의 두 국가로 가입했던 동독과 서독이 하나의 회원국이 되었으며 1991년 한국과 북한은 여전히 분단 상태가 지속되는 가운데 유엔에 동시가입을 했다.

② 아시아개발은행

아시아개발은행(ADB)의 가입절차는 가입 신청서의 제출로부터 시작된다. 가입을 심사하기 위한 비공식 이사회가 열리고 이어서 공식 이사회가 열려 여기서 서면투표가 실시된다. ADB 가입은 회원국 2/3이상의 찬성과 총 투표권의 3/4에 해당하는 지지가 있어야 한다. 그러나 미국과 일본이 2017년 12월 기준으로 각각 최대 지분인 15.607%씩을 출자하고 있고 이에 상응하여 12.784%씩의 투표권(voting power)을 보유하고 있어 이들 ADB의 양대 대주주가 반대할 경우 어떠한 국가의 ADB 가입도 불가능하다.

자본주의적 국세경제기구의 가입을 모두 피해왔던 북한이 경제가 어려워지자 1993년에 처음으로 ADB 가입의사를 표시했고 이어서 1997년과 2000년에도 회원국 가입을 신청했지만 미국과 일본의 반대로 인해 모두 거절되었다. 구체적으로 미국은 자국의 국내법에 따라 북한이 테러지원국으로 지정되어 있는 한 국제금융기구 가입에 대해서는 무조건 반대를 하고 있다. ADB는 특정국가가 회원국 가입 신청을 공식적으로 제출한 경우 통상적으로 총회 옵서버 참가를 허용해왔으나 미국은 2001년 4월에 북한이 ADB 연차 총회에 옵서버 자격으로 참석하는 것조차 거부했다. 일본도 1970년대와 1980년대 초 북한 공작원들에 의해 납치된 일본인 문제를 이유로 북한의 ADB 가입을 반대해왔다. 특히 2000년 이후에는 미사일 문제 등으로 북한의 ADB 가입 전망이 더욱 불투명해졌다.[17]

③ 유럽연합

유럽연합(EU)의 경우 1992년에 체결된 「마스트리히트 조약(Maastricht Treaty)」이라고 통칭되는 유럽연합조약(Treaty on European Union, TEU) 제49조에 따라 유럽의 모든 국가는 회원 신청을 할 수 있다. 가입 희망국이 가입신청서를 이사회에 제출하면 이사회는 집행위원회와 협의함과 동시에 재적의원의 과반수로 결

17) VOA, "북한, 1993년부터 줄곧 ADB 가입 신청 거부당해," https://www.voakorea.com/a/a-35-2007-10-23-voa8-91245939/1303526.html (검색일: 2018. 12. 25).

정하는 유럽의회의 동의를 얻은 후에 만장일치로서 가입을 결정하게 되어 있다.

1993년에 개최된 코펜하겐 유럽연합 정상회의에서 유럽연합 가입을 위한 기준이 좀 더 세밀하게 규정되었는데 이를 코펜하겐 기준(Copenhagen Criteria)이라고 부른다. 이 기준은 정치적·경제적·법적 조건으로 구성되어 있다. 정치적 기준이란 민주주의·법치·인권, 소수자의 존중과 보호를 보장하는 제도의 확립이고 경제적 기준은 시장경제 체제의 유지와 유럽연합 경제와의 조화 능력의 구비이다. 법적 기준은 공동체가 발족한 이후 축적되어 온 모든 법의 체계나 법의 유산을 의미하는 아키 코뮈노테르(acquis communautaire)의 수용이다.

4) 가입의 승인과 국가의 승인

어떤 국가의 국제기구로의 가입이 승인된 경우 이것이 국가승인을 의미하는가의 문제가 있는데 가입승인과 국가승인은 별개의 것이라는 학설이 유력하다. 국가로서 승인을 받지 못한 국가와 함께 국제기구에서 활동한다는 것은 모순되지 않는다는 것을 의미한다.

2. 대표권

1) 대표권 문제의 발생

국제기구의 가입국이 합법적으로 정권이 바뀌는 경우 국가 간에 국제법상으로 새로운 정부에 대한 승인절차가 필요 없듯이 국제기구에 있어서도 대표권의 문제가 발생하지 않는다. 일국에서 혁명이나 쿠데타 혹은 내전과 같은 비합법적인 방법에 의해 정부가 변경되었을 경우 국제기구에서 대표권의 문제가 발생한다.

이때 구정부가 무너졌거나 도저히 회생할 기미가 없을 경우(즉 새로운 정부가 전 국토에 대해 사실상의 실효적인 지배권을 장악한 경우)에 국제법상으로 국가 간에 정부의 승인이라는 국제법적 절차를 밟아 새로운 정부가 해당 국가의 정당한 대외적 대표기관임을 승인한다. 이 경우 국제기구에 있어서도 일정한 절차가 필요한데 유엔의 경우를 예로 들면 유엔총회의 절차위원회의 하나인 신임장위원회(Credential Committee)에 의해 절차문제로서 대표권의 문제가 처리된다. 그러나 복수의 정부가 정통성을 경합적으로 주장하는 경우에 이 문제는 신임장위원회가 아닌 총회의 본회의에서 심의하게 된다.

2) 대표적인 사례

대표적인 대표권 문제의 사례로서 유엔의 경우를 살펴보고자 한다. 그러나 어느 정부가 국제기구에서 해당 국가를 정당하게 대표할 수 있는가의 문제는 유엔이 그치지 않고 지역기구를 위시한 다른 국제기구에서도 발생하는 것은 물론이다.

유엔에서의 대표권 문제의 대표적인 예로서 중국의 대표권 문제를 들 수 있다. 중국의 대표권 문제는 안보리 상임이사국의 지위까지 누리고 있던 국민당 정부가 내전의 결과 대만으로 쫓겨나고 1949년 공산당에 의해 북경에 중화인민공화국(People's Republic of China, PRC) 정부가 수립되면서 발생했다.

1950년 제5차 유엔총회에서 대만 정부가 아닌 북경 정부에게 유엔의 대표자격이 부여되어야 한다는 결의안이 제출되었지만 미국을 중심으로 한 서방 측의 반대로 부결되었다. 그 후에도 매년 중국의 대표권 문제가 의제로서 제출되었지만 1960년까지 미국 측의 노력에 의해 의제로서 상정되는 것이 지지되었다.

1960년에 아프리카의 16개 신흥 독립국가들이 유엔에 가입하여 친 중국 세력이 증가했지만 아직 중국 대표권 문제를 의제화하기 위한 과반수에 이르지는 못했다. 시간의 경과와 더불어 친 중국 세력이 증가하자 미국을 중심으로 한 서방 측은 1961년부터 전략을 바꾸어 중국 대표권 문제가 의제가 되는 것을 막지 않는 대신에 이 문제에 대한 결정이 성립하기 위해서는 총회에서 2/3이상의 찬성이 필요하다는 「중요문제 지정 결의안」을 제출하여 이를 채택시켰다.[18)]

비록 1970년 알바니아 등이 제출한 북경 정부 가입 결의안이 과반수의 찬성을 얻는 일이 발생했지만 이에 앞서 중국의 대표권 문제를 중요문제로 지정하는 결의안이 채택되었기 때문에 가까스로 북경 정부의 가입을 주장하는 결의안이 부결되었다. 이때 결의안이 2/3에 미달되어 비록 부결되기는 하였지만 찬성표가 반

18) 유엔헌장에 따르면 총회는 중요문제의 경우 출석하여 투표한 국가의 2/3 다수로서 결정한다. 구체적으로 중요문제란 국제평화와 안전의 유지에 관한 권고 · 안보리 비상임이사국의 선출 · 경제사회이사회와 신탁통치이사회의 이사국의 선출 · 신회원국의 가입의 승인 · 회원국으로서의 권리 및 특권의 정지 · 회원국의 제명 · 신탁통치제도의 운영에 관한 문제 및 예산 문제를 포함한다. 중요문제에 대한 추가 지정을 포함하여 여타 문제에 대한 결정은 출석하고 투표하는 국가의 단순과반수의 찬성을 필요로 한다. 중요문제를 지정할 때 단순다수결이 적용되기 때문에 미국 측의 입장에서 통과가 용이했으며 일단 중요문제로 지정이 되면 2/3 다수결로 의사결정이 이루어지기 때문에 통과가 어려워지도록 하는 효과가 있었다.

대표를 상회하기에 이르렀다.

1971년 미국의 중국방문 계획의 발표 후 곧 있었던 제26차 유엔총회에서 알바니아 등이 북경 정부의 가입을 위한 결의안을 제출했다. 이에 대응하여 서방 측은 대만 정부를 추방하기 위해서는 2/3이상의 찬성이 필요하다는 「역중요문제 지정 결의안」을 제출하였다. 이러한 결의안은 북경 정부의 대표권을 인정함과 동시에 대만 정부의 축출을 방지하고 의석을 보존하기 위한 의도를 가지고 있었다.

유엔총회 의사규칙에 따르면 먼저 제출된 알바니아 등이 제출한 결의안이 먼저 표결되고 그 뒤에 제출된 서방 측의 역중요문제 지정 결의안이 표결의 대상이 되도록 되어 있다. 이대로 표결 순서가 진행될 경우 알바니아 등이 제출한 결의안이 먼저 표결의 대상이 되어 통과될 경우 서방 측의 역중요문제 지정 결의안은 의미가 없어지게 된다.

따라서 서방 측은 표결에 있어 역중요문제 지정 결의안이 알바니아 등이 제출한 결의안에 앞서 우선적으로 표결의 대상이 되어야 한다는 절차발의를 하고 이를 통과시킴으로써 알바니아 등이 제출한 결의안을 저지시키려는 전략을 구사하고자 했다. 이 전략은 역중요문제 지정 결의안을 먼저 표결한다는 우선권 부여 절차발의를 통과시키고 결의안 자체를 채택하게 되면 대만 정부의 축출을 규정한 알바니아 안이 총회에 참석하여 투표한 국가의 2/3 다수결로 총회를 통과하기 어렵다는 판단에 근거를 둔 것이었다.

그러나 이러한 전략에도 불구하고 역중요문제 지정 결의안을 먼저 표결한다는 우선권 부여의 절차발의가 부결됨으로써 알바니아 측의 제출한 결의안이 먼저 표결의 대상이 되었고 그 결과 채택됨으로써 북경 정부가 대만 정부를 추방하고 중국의 정식대표가 되었다.

1971년에 하나의 중국을 인정한 유엔총회 결의 제2758호가 통과된 이후 대만 정부는 유엔과 같은 중요 국제기구와 주요 국가에 의해 미승인 국가로 간주되어 국제기구 가입에 여러 가지 어려움을 겪어오고 있다. 이러한 이유로 대만 정부는 국가 이외의 존재에게 가입을 허용하는 몇몇 국제기구에의 가입으로 제한되어 있으며 이 경우 국가가 아닌 일개 지역의 이름으로 가입했다. 예컨대 세계무역기구(WTO)와 아시아태평양경제협력체(APEC)에는 「Chinese Taipei」라는 이름으로 가입되어 있고 아시아개발은행에는 「Taipei, China」라는 이름으로 가입되어 있다. 이 이름들은 모두 대만이 중국의 일부임을 나타내는 의미를 지니고 있다고 할 수 있다.

1971년 유엔으로부터 축출된 대만 정부는 1993년 이후 줄곧 국호인 「중화민국(Republic of China)」이라는 이름으로 유엔 가입을 신청해 왔으나 중국정부의 저지로 번번이 좌절당해 왔다. 이에 대만 정부는 중국 정부와의 마찰을 약화시키기 위해 최근에는 정식 국호를 접어두고 통칭인 「대만(Taiwan)」이라는 이름으로 가입을 추진하고 있으나 이 역시 받아들여지지 않다.[19] 중국은 물론 하나의 중국을 인정하고 있는 미국으로부터 찬성표를 얻기 힘든 상황에서 사실상 대만 정부의 유엔 가입은 실현될 가능성이 전혀 없어 보인다.

이러한 사정은 대만 정부의 세계보건기구(WHO)로의 가입 시도에서도 그대로 드러난다.[20] 대만 정부는 하나의 중국이라는 원칙을 고수하는 중국과의 마찰을 피함과 동시에 중국을 의식해 유보적인 입장을 취하는 국가들의 지지를 확보하기 위해 국가가 아닌 하나의 보건실체(health entity)로서 옵서버 가입을 추진해 오고 있다. 이를 추진함에 있어서 2007년부터는 국명이 아닌 「대만(Taiwan)」이라는 이름으로 추진하고 있으나 중국의 반대로 무산되고 있다.[21]

3) 대표권의 인정과 정부의 승인

국제기구에서 특정 정부의 대표권을 인정한 것이 국제법상 정부승인에 해당하는가의 문제가 있으나 정부의 승인과는 다르다는 것이 일반론이다.

---

19) 대만 정부는 정식 국호인 중화민국 대신 「대만(Taiwan)」이라는 이름으로 「아시아과학협력연맹(ASCA)」 등 몇몇 국제기구에 가입해 있다.

20) 세계보건기구(WHO) 역시 국가만을 정회원으로 받아들이고 있다.

21) 대만 정부를 지지하는 일부 국가들은 대만이 국가가 아닌 보건실체로서 옵서버로 가입하는 것은 하나의 중국이라는 정책과 아무런 연관이 없을 뿐 아니라 2천300만 주민의 보건 문제와 직결되어 있는 기본적인 인권에 관한 사항이라고 지지의사를 표명한 바 있다.

제2장 가입국의 권리정지·제명·탈퇴

국제기구는 의무를 위반한 국가에 대해 권리의 일부를 행사하지 못하도록 하며 위반의 정도가 좀 더 심각할 경우 전반적인 권리 행사의 정지를 명하기도 한다. 위반의 정도가 아주 심각할 경우 제명과 같은 조치를 취하기도 한다. 가입국은 명문 규정의 유무에 관계없이 국제기구로부터 탈퇴할 수 있는 권리를 보유하고 있다.

1. 권리의 정지

1) 권리의 부분적인 정지

부분적으로 정지되는 권리 중에서 가장 대표적인 것은 투표권의 정지이다. 이러한 투표권의 정지를 가져오는 사유로 가장 일반적인 것은 회원국의 분담금 체납이다. 그러나 분담금의 체납이 전쟁이나 재난과 같이 국가가 통제할 수 없는 상황으로부터 기인한 경우 예외적으로 투표권을 중지하지 않고 허용하는 것이 일반적이다.

분담금 체납 시 투표권을 정지시키는 대표적인 국제기구는 유엔이다. 유엔헌장 제19조에 따르면 유엔에 부담하여야 할 분담금의 지불을 연체하고 있는 유엔 회원국은 그 연체금의 금액이 그 당시까지의 만 2년간에 그 국가가 지불하여야 할 분담금의 금액과 같은 액수이거나 이를 초과할 때에는 총회에서 투표권을 가지지 못하며 단 총회는 지불의 불이행이 이러한 회원국에 있어서 불가피한 사정에 의한 것이라고 인정할 때에는 그 회원국은 투표하게 할 수 있다.[22)]

22) 국가가 만 2년에 해당하는 분담금 이상을 연체하고 있으면 이때부터 투표권이 정지된다. 이때 연체액의 일부를 갚아 연체액이 만 2년에 해당하는 금액보다 적은 액수가 될 경우 투표권 정지가 풀리는가의 문제가 있으나 연체금이 여전히 남아 있는 한에 있어서는 지속적으로 투표권을 정지시켜야 한다는 주장이 설득력을 가진다.

어느 정도의 분담금 체납이 있어야 투표권이 상실되는가를 살펴보면 유엔과 마찬가지로 2년분의 분담금 체납이 있을 때 투표권을 제한하는 국제기구로는 국제원자력기구(IAEA)·국제노동기구(ILO)·식량농업기구(FAO)·유네스코(UNESCO) 등이 있다. 국제민간항공기구(ICAO)의 경우처럼 특정한 기간을 명시적으로 언급하지 않은 가운데 재정상의 의무를 상당한 기간 내에(within a reasonable period) 이행하지 않을 경우 투표권을 정지한다고 규정하고 있는 국제기구도 있다.[23)]

투표권이 정지된다고 할 때 구체적으로 어떤 기관에서의 투표권이 정지되는가를 살펴보면 유엔의 경우는 총회에 있어서의 투표권만 정지되지만 국제민간항공기구(ICAO)의 경우처럼 총회뿐 아니라 이사회에서도 투표권이 정지되는 경우도 있다. 국제노동기구(ILO)의 경우는 총회(International Labour Conference)·이사회(Governing Council)·각종 위원회(committees)를 포함한 모든 기관에서 회원국은 투표권을 행사할 수 없다고 규정하고 있다.[24)] 국제해사기구(IMO)의 경우는 총회·이사회·각 위원회에서 투표권을 상실하게 되고 이사국으로서의 피선거권도 잃게 된다.

투표권의 정지가 분담금이 아닌 다른 이유로부터 오는 경우도 있다. 예컨대 국제민간항공기구(ICAO)의 기본문서인 국제민간항공협약은 회원국 간의 분쟁의 해결과 관련하여 내려진 이사회의 결정이나 중재재판 혹은 상설 국제사법재판소의 판결에 따르지 않는 회원국은 총회와 이사회에서 투표권이 정지된다고 규정하고 있다.[25)]

2) 권리의 일반적 정지

회원국이 분담금의 체납보다는 좀 더 국제기구의 핵심적인 규정에 대한 위반

---

23) Article 62 of the Convention on International Civil Aviation: The Assembly may suspend the voting power in the Assembly and in the Council of any contracting State that fails to discharge within a reasonable period its financial obligations to the Organization.

24) Article 13(4) of the ILO Constitution: A Member of the Organization which is in arrears in the payment of its financial contribution to the Organization shall have no vote in the Conference, in the Governing Body, in any committee, or in the elections of members of the Governing Body, if the amount of its arrears equals or exceeds the amount of the contributions due from it for the preceding two full years: Provided that the Conference may by a two-thirds majority of the votes cast by the delegates present permit such a Member to vote if it is satisfied that the failure to pay is due to conditions beyond the control of the Member.

25) 국제민간항공협정 제18장(제84조-제88조).

을 했을 경우 국제기구는 전반적인 회원국의 권리와 특권을 정지한다. 유엔의 예부터 살펴보자.

유엔헌장 제5조는 「안보리의 예방조치나 강제조치의 대상이 된 유엔 회원국에 대해 총회는 안보리의 권고에 의해 회원국으로서의 권리와 특권의 행사를 정지할 수 있다. 이러한 권리와 특권의 행사는 안보리가 회복할 수 있다」고 일반적인 권리정지에 관해 규정하고 있다.[26]

국제원자력기구(IAEA)는 「헌장이나 헌장에 따라 자국이 체결한 협정규정을 지속적으로 위반할 경우에 이사회의 권고에 따라 총회 2/3 다수결에 의해 회원국으로서의 특권과 권리행사를 정지시킬 수 있다」고 규정하고 있다.[27]

전문기구의 하나인 국제통화기금(IMF)은 회원국이 국제통화기금협정(Articles of Agreement of IMF)의 의무를 이행하지 않는 경우 총회(Board of Governors)가 가중된 표의 85%의 찬성에 의해 강제퇴출(compulsory withdrawal)이라는 조치를 취하기 전에 가중된 표의 70%의 찬성에 의해 회원국의 투표권 및 관련된 권리를 정지할 수 있다고 규정하고 있다.[28]

유럽의 인권기구로서 지역기구인 유럽평의회(CoE)는 가입국이 법의 지배와 인권 및 기본적 자유존중의 원칙에 대한 중대한 위반을 범한 경우 대표를 파견할 권리가 정지되고 각료이사회가 탈퇴를 요청할 수 있다고 규정하고 있다.

2. 제 명

국제기구는 의무에 위반하는 국가에 대해 위에서 언급한 가입국의 권리의 전부나 일부의 행사를 정지하는 것 이외에 강제로 쫓아내는 제명(expulsion)을 하는 경우가 있다. 이는 자의에 의한 것이 아니라는 점에서 탈퇴와 구별된다. 제명과 같이 중요한 결정은 기본문서의 명시적인 규정에 의한 것이 일반적이나 만국우편연합(UPU)처럼 기본문서에 규정이 없음에도 불구하고 회원국을 제명하는 경우도 있다.

---

26) 유엔에서 권리정지의 최종적인 결정권은 유엔총회가 지니지만 정지된 권리를 회복시킬 수 있는 권한은 안보리가 갖는다.

27) IAEA의 경우 다음에 살펴 볼 제명에 관해서는 아무런 규정을 두고 있지 않다.

28) 국제통화기금(IMF)은 최고 의사결정기관으로서 총회(Board of Governors)」라는 기관을 두고 있는데 이 기관은 각 회원국이 임명한 위원(Governors)과 대리위원(Alternate Governors) 각각 1명씩으로. 구성된다.

국제연맹은 연맹규약 제16조 4항에서 연맹의 규약을 위반한 국가는 이사회 만장일치로 제명할 수 있다고 규정하고 있으며 실제에 있어 핀란드를 침략했다는 이유로 1939년 12월 소련을 국제연맹으로부터 제명시킨 바 있다.

유엔헌장은 제5조에서 권리행사의 정지를 규정한데 이어 제6조에서 제명에 대해 규정하고 있다. 구체적으로 헌장 제6조는 헌장에 포함된 원칙들을 지속적으로 위반한 유엔 회원국은 총회가 안보리의 권고에 의해 이 기구로부터 제명할 수 있다고 규정하고 있어 국제연맹의 규약보다 좀 더 신중한 절차를 택하고 있다. 1974년 인권위반을 이유로 남아프리카공화국(South Africa)을 유엔으로부터 제명시키고자 하는 결의안이 통과되었으나 안보리에서의 심의과정에서 미국과 영국 그리고 프랑스가 거부권을 행사함으로써 실현되지 못한 경우가 있다.

유고슬로비아연방(간단히 유고연방)은 인종·종교·문화가 상이한 보스니아-헤르츠고비나·크로아티아·슬로베니아·마케도니아·세르비아·몬테네그로의 6개의 공화국으로 구성되어 있으면서 유엔에 하나의 국가로서 가입해 있었다.

유고연방을 이끌어 온 티토가 1980년에 사망한 이후 분출된 민족주의와 내전의 소용돌이 속에서 1990년대 초 일제히 분열의 길을 걷기 시작하여 1991년에 6개의 공화국 가운데 4개 공화국(보스니아-헤르츠고비나·크로아티아·슬로베니아·마케도니아)이 연방으로부터 독립을 선언했다.[29] 세르비아와 함께 그리스정교 문화권인 몬테네그로는 연방 잔류를 선택하면서 1992년 4월에 세르비아와 몬테네그로가 신유고연방을 수립했다.

1992년 9월 유엔총회는 결의문 A/RES/47/1을 통해 세르비아와 몬테네그로만으로 구성되게 된 신유고슬로비아연방이 유엔의 회원국 지위를 자동적으로 지속시킬 수 없다고 간주하고 두 공화국으로 구성된 신유고슬로비아연방은 신생국으로서 유엔에 회원가입 신청을 새롭게 해야 하며 그렇지 않으면 총회에 참석하지 말아야 한다는 일종의 제명 결정을 내린 바 있다. 유엔총회는 구유고슬로비아연방에 속했던 4개 공화국이 잇따라 독립하자 이들 공화국과 내전을 벌인 신유고슬로비아연방을 고립시키기 위해 새로운 국가로서 유엔에 재가입을 해야 한다고 결의했던 것이다.

그러나 슬로보단 밀로세비치 전 대통령의 신유고슬로비아연방 정부는 세르비

29) 이들 중 보스니아-헤르츠고비나·크로아티아·슬로베니아가 1992년에 유엔에 가입했고 마케도니아는 1993년에 가입했다. 마케도니아가 유엔에 가입할 때 그리스의 반대 때문에 마케도니아라는 국명을 사용하지 못하고 「구유고슬로비아 마케도니아 공화국(FYROM)」이라는 이름을 써야 했다.

아와 몬테네그로로 구성된 신유고슬로비아연방이 구유고슬로비아연방의 유엔 회원국 지위를 계승했다면서 유엔 재가입 신청을 거부함으로써 신유고슬로비아연방은 사실상 유엔 회원국 자격을 상실했다.[30] 그러다가 2000년 11월에서야 유엔에 새롭게 가입함으로써 8년간에 걸쳐 사실상 박탈됐던 유엔 회원국 지위를 다시 획득하게 되었다. 2003년에 두 공화국은 유고슬라비아라는 옛 이름을 버리고 세르비아-몬테네그로(Serbia-Montenegro)라는 국명을 채택하고 국방과 외교 분야를 공유하는 느슨한 형태의 신유고슬로비아연방을 유지해 왔다

그러나 2006년 세르비아와 함께 신유고슬로비아연방을 구성했던 몬테네그로가 2006년에 국민투표를 통해 독립함으로써 세르비아와 몬테네그로로 간신히 명맥을 유지해온 구유고슬로비아연방은 완전히 해체됐다. 독립한 몬테네그로가 2006년도에 유엔에 192번째 국가로서 가입함으로써 세르비아-몬테네그로라는 국명은 세르비아로 바뀌었다.

세르비아 공화국 내부의 자치주였던 코소보가 2008년 2월에 세르비아로부터 역사적인 독립을 선언했다. 유고연방의 티토의 사후 종교적인 이질성 등으로 인해 코소보 내 알바니아인과 세르비아인의 갈등이 심화되기 시작하고 공산주의 체제의 소멸로 민족주의가 대두되고 4개 공화국이 연방으로부터 독립의 움직임이 커지자 세르비아 정부는 1992년에 코소보의 자치권을 박탈했다. 알바니아인이 중심이 된 코소보는 이에 반대하여 세르비아와 무장투쟁을 전개했다. 이 과정에서 세르비아에 의한 인종청소가 벌어지자 나토와 미국의 참전을 했고 결과적으로 세르비아가 패전하면서 내전은 1999년 6월에 종전을 하게 되고 코소보는 유엔 코소보 임시행정임무단(United Nations Interim Administration Mission in Kosovo, UNMIK)의 보호하에 있다가 2008년 독립을 선언했던 것이다. 이로써 코소보는 슬로베니아·크로아티아·마케도니아·보스니아·몬테네그로에 이어 구유고슬로비아연방에서 6번째로 독립한 국가가 되었다.

전문기구로서 국제통화기금(IMF)은 앞서 일반적인 권리의 정지를 설명하면서 언급했듯이 상당한 기간(a reasonable period)이 지난 후에도 IMF 협정의 의무를 지속적으로 이행하지 않을 때 당해 가입국을 IMF로부터 탈퇴할 것을 요청하는 형식을 빌려 제명할 수 있다. 체코슬로바키아는 국제통화기금협정을 위반했다는

30) 슬로보단 밀로셰비치 전 대통령 정부는 유엔 회원자격을 상실한 후에도 뉴욕 대표부를 유지했다. 이곳의 대표들은 기자회견 등을 위한 유엔 건물의 출입은 허용되었으나 유엔총회나 위원회 활동은 허용되지 않았다.

이유로 1954년 9월 IMF 총회의 결의문에 의거하여 탈퇴를 요청 받자 같은 해 12월 31일에 자발적으로 탈퇴했다.[31)]

유엔의 회원국일 경우 별도의 요건을 충족할 필요 없이 가입이 허용되는 전문기구의 경우 가입국이 유엔으로부터 제명되면 자동적으로 전문기구로부터도 제명된다. 국제통화기금(IMF)의 회원국일 경우 가입이 허용되는 세계은행(WB)의 경우 IMF의 회원국 자격을 상실하게 되면 3개월 후 자동적으로 세계은행의 회원국 자격도 상실하게 된다. 실례로서 1954년 IMF에서 제명된 체코슬로바키아가 세계은행으로부터 자동적으로 제명된 바 있다.

지역기구로서 유럽평의회(CoE)는 전술한 것처럼 가입국이 법의 지배와 인권 및 기본적 자유존중의 원칙에 대한 중대한 위반을 범한 경우 탈퇴를 요청하는 형식을 빌려 제명할 수 있다.

3. 탈 퇴

국제기구의 가입이 회원국의 자발적인 의사에 의한 것이기 때문에 회원국은 자유의사에 의해 국제기구로부터 탈퇴할 수 있는 권리를 보유한다. 또한 일단 탈퇴한 국가가 다시 복귀한 경우가 많은 국제기구에서 보듯이 재가입을 인정하고 있다. 이러한 탈퇴의 경우 탈퇴를 위한 예고기간을 두고 있는 경우가 많으며 국제기구에 따라 예고기간에 있어서 차이가 있다. 일반적으로 회원국들은 탈퇴의사를 서면으로 통보하도록 되어 있어 단순히 선언하는 것만으로 탈퇴가 공식적으로 진행되는 것은 아니다.

1) 국제기구별 탈퇴제도

(1) 국제연맹

국제연맹은 탈퇴에 대한 명문규정을 두고 있었으며 2년의 예고기간을 갖고 탈퇴하는 것을 인정했다. 이러한 규정에 따라 1930년대에 일본·독일·이탈리아·다수의 미주 국가들이 탈퇴한 바 있다.

---

31) 체코슬로바키아는 1990년 9월에 재가입을 했다. 체코슬로바키아는 1993년에 체코 공화국과 슬로바키아 공화국으로 분리된 후 개별적으로 IMF의 회원국이 되었다.

(2) 유엔

유엔헌장은 국제연맹 규약과는 달리 탈퇴에 관한 명시적인 규정을 두고 있지 않지만 탈퇴를 금지하고 있는 것은 아니다.[32] 1958년 시리아는 이집트와 통합하여 통합아랍공화국(United Arab Republic)을 만들기 위해 탈퇴했으나 1961년에 유엔에 있어서의 별도의 회원국 지위를 재개한 바 있다.

1965년 인도네시아가 분쟁 당사국인 말레이시아가 안보리 비상임이사국으로 선출되자 이에 대한 항의의 표시로 일방적으로 탈퇴를 선언했다가 1966년에 복귀했다. 그러나 유엔은 이를 탈퇴가 아닌 활동정지로 취급하여 재가입의 절차를 밟지 않았다.

유엔으로부터 강제적으로 제명당하거나 자발적으로 탈퇴한 국가는 유엔과 어떠한 관계를 가지게 되는가의 문제가 있다. 한 마디로 탈퇴나 제명으로 유엔 밖에 있어도 유엔으로부터 완전히 자유스러운 것은 아니다. 왜냐하면 유엔헌장 제2조 제6항은 유엔 비회원국에게도 국제평화와 안전의 유지에 관한 의무를 부과하고 있기 때문이다.

(3) 전문기구

전문기구의 경우 많은 탈퇴 사례들이 존재하는데 회원국 가운데 특히 미국이 비정치적이고 기능적인 전문기구가 정치화되었다는 이유로 탈퇴를 자주해 오고 있다. 특히 미국은 전문기구의 예산에서 차지하는 비중이 가장 크기 때문에 전문기구의 재정에 큰 타격을 주어오고 있다.

국제노동기구(ILO)는 비교적 긴 기간인 2년의 예고기간을 두고 있으며 탈퇴할 경우 가입국으로서의 지위에서 발생하는 모든 재정적 의무를 완수하였음을 조건으로 한다고 헌장에 규정하고 있다. 더불어 가입국이 어떠한 국제노동협정이든 비준을 하였을 경우 국제노동기구로부터의 탈퇴를 하더라도 비준을 한 협정에서 규정된 기간 동안 동 협정으로부터 발생하거나 동 협정과 관련을 가지는 모든 의무의 지속적인 효력에는 영향이 미치지 않는다고 규정하고 있다. 미국은 자신들의 반대에도 불구하고 ILO가 팔레스타인해방기구(PLO)에게 총회의 옵서버 지위를 부여하자 ILO가 정치화가 되고 있다는 이유를 들어 1975년에 2년의 예고기

---

32) 유럽연합(EU)의 경우도 탈퇴에 관한 규정을 두고 있지 않다.

간을 거친 뒤 1977년 11월에 탈퇴했다. 미국은 1980년 2월에 ILO에 다시 복귀한 바 있으나 그 기간 동안 미국의 탈퇴로 인해 예산의 25%가 줄어 재정적으로 큰 타격을 받은 바 있다.

유네스코(UNESCO)는 탈퇴를 통고하면 그 다음 해의 12월 31일에 발효하는 제도를 두고 있다. 미국은 UNESCO의 정치화와 재정상의 무책임한 운영 등의 이유를 들어 1984년 12월 31일에 탈퇴했으며 미국의 뒤를 이어 그 다음 해인 1985년에 영국과 싱가포르가 탈퇴했다. 이후 영국은 1998년에 재가입을 했고 미국은 정회원으로 복귀하지 않은 채 옵서버의 지위로서 참가하다가 2002년에서야 재가입을 했다. 싱가포르는 더 늦게 2007년에서야 복귀했다. 미국은 2017년 10월에도 늘어나는 회원국들의 분담금의 체납·근본적인 조직 개혁의 필요성·유네스코의 반 이스라엘 편향성에 대한 불만을 표출하고 유네스코로부터의 탈퇴를 통보했고 뒤 이어 이스라엘이 12월에 탈퇴를 통보하여 2018년 12월 31일에 발효하게 된다. 미국의 ILO로부터의 탈퇴가 그러했듯이 미국과 영국의 UNESCO로부터의 탈퇴는 UNESCO에 심각한 재정상의 위기를 조성했다.

유엔공업개발기구(UNIDO) 역시 1990년대 중반 몇 년 사이에 탈퇴가 많은 국제기구 가운데 하나였다. 이 기구 역시 UNESCO와 마찬가지로 탈퇴를 통고하면 그 다음 해 12월 31일에 발효하는 제도를 두고 있다. 탈퇴 전력이 있는 국가들과 탈퇴가 발효된 해를 살펴보면 캐나다(1993년)·미국(1996년)·호주(1997년)·영국(2012년)·리투아니아(2012년)·뉴질랜드(2013년)·프랑스(2014년)·포르투갈(2014년)·벨기에(2015년)·덴마크(2016년)·그리스(2016년). 이들의 탈퇴 이유는 주로 UNIDO의 지나친 인원과 비효율적인 활동 등 기구운영에 대한 불만이었다. 2018년 12월 현재 이들 국가 중 UNIDO에 복귀한 국가는 없다.

세계보건기구(WHO)는 탈퇴에 관한 규정을 두고 있지 않으나 소련과 동유럽의 모든 국가들이 1949년과 1950년 사이에 탈퇴를 했다. 그러다가 1957년과 1958년 사이에 우크라이나와 백러시아를 제외하고는 복귀한 바 있다. 세계기상기구(WMO)와 국제해사기구(IMO)의 경우 회원국은 서면으로 12개월 전에 탈퇴를 예고하여야 한다.

만국우편연합(UPU)의 경우도 1년을 탈퇴를 위한 예고기간으로 두고 있다. UPU는 개도국을 돕기 위한 목적으로 우편물을 발송한 개도국이 우편물의 목적지인 선진국의 국내 배달 서비스에 대해 지불하는 비용(terminal fee)을 할인해 주고 있다. 이러한 할인제도로 인해 미국이 매년 3억 달러 정도 부담을 하는데 이러한 할인제도가 세계 2위 경제국인 중국에도 적용됨으로써 중국 기업들이 불공정하게 미국으로 저렴한 가격으로 상품을 수출할 수 있다는 불만을 제기했다. 이와 더불어 미국은 외국에서 들어오는 우편에 대한 사전전자세관자료(advance electronic customs data)의 결여로 인한 안보 문제의 야기 등을 이유로 UPU에서 탈퇴하는 절차를 밟으면서 협약 조건을 재협상하겠다고 2018년 10월에 선언한 바 있다.

(4) 지역기구

지역기구의 예로는 바르샤바조약기구(WTO)를 들 수 있는데 비록 탈퇴에 관한 규정을 두고 있지 않으나 알바니아가 1968년에 소련을 위시한 동구라파 제국가가 체코슬로바키아를 침공하자 이에 항의하여 이 기구로부터 탈퇴한 적이 있다.[33] 유럽평의회(Council of Europe, CoE)의 경우 회원국은 탈퇴의사를 사무총장에게 정식으로 통고하는 것에 의해 탈퇴할 수 있다고 규정하고 있다.

(5) 기타 정부간기구

국제포경위원회(International Whaling Commission, IWC)의 설립헌장인 국제포경규제협약(International Convention for the Regulation of Whaling, ICRW) 제11조는 탈퇴가 발효되는 날을 매년 6월 30일로 지정해 놓고 있으면서 이 날짜에 탈퇴가 발효되려면 회원국은 발효를 희망하는 해의 1월 1일이나 그 이전에 탈퇴를 통고해야 한다고 규정하고 있다.

2018년 9월에 브라질에서 개최된 IWC 총회에서 일본은 상업적 포경의 재개를 요구하는 결의안이 상정되었으나 투표한 국가의 3/4이상의 찬성을 획득하지 못해 부결되었고 채택 요건을 3/4이상의 찬성에서 단순 과반수의 찬성으로 바꾸자는 일본의 제안 역시 부결되었다. 그러자 총회에서 상업적 포경금지에 대한 철회 의사를 밝혔다. 이어서 2018년 12월 26일에는 12월 31일까지 공식적인 탈퇴 의사를 통보하여 2019년 6월 30일에 발표시키겠다는 것을 확정했다.

33) 탈냉전의 도래와 더불어 바르샤바조약기구(WTO)가 해체되었다.

2) 한국과 북한의 탈퇴의 예

(1) 한국의 예

1996년 말에 선진국들의 모임인 경제협력개발기구(OECD)에 가입한 한국은 1997년 10월 연례 외무장관회의에서 개도국의 경제압력 단체의 역할을 하고 있는 77그룹(G-77)으로부터의 탈퇴를 공식적으로 선언했다. 이는 국제기구에 대한 불만의 표시로서 이루어지는 일반적인 탈퇴와는 구분되는 것으로서 「G-77에서의 졸업」이라는 표현이 더 적합하다고 볼 수 있다.

(2) 북한의 예

북한은 핵과 미사일 실험 발사 등으로 유엔 안보리의 결의문을 지속적으로 위반하고 있을 뿐 아니라 열악한 인권보호로 인해 매년 연례적으로 인권이사회·유엔총회 산하 제3위원회·유엔총회 본회의에서 북한의 인권상황을 비판하고 개선을 위한 권고를 하는 결의안과 결의문을 채택되어 오고 있다.

이렇게 유엔 회원국에 부여되는 의무와 책임을 현저히 위반하고 있는 북한과 관련하여 북한이 유엔 회원국 지위를 유지할 수 있는 자격을 가지고 있는가에 대한 문제가 제기되었다. 좀 더 구체적으로 유엔의 의무를 지속적으로 위반해 오고 있는 북한에 대해 권리의 일부나 전반을 정지시키거나 나아가 제명(강제퇴출)시킬 수 있는가에 대한 논의가 제기된 바 있다. 보츠와나 공화국의 경우는 북한의 인권 상황을 우려하여 북한과 단교를 했을 뿐 아니라 유엔총회 연설에서 유엔의 가치와 원칙을 존중하지 않고 준수하지도 않는 북한은 유엔 회원국의 자격을 가지고 있지 않다고 공개적으로 언급한 바 있다.

유엔 회원국은 유엔의 기본정신(헌장 전문)과 목적(헌장 제1조)인 국제 평화와 안전의 유지·인권의 보호와 신장·국가 간 평화적 협력을 위해 노력할 것을 약속하며 회원국으로 가입했다. 특히 분쟁의 평화적 해결과 무력 사용 금지와 같은 원칙(제2조)을 준수할 의무를 진다. 그러나 북한은 지속적으로 유엔 헌장과 국제규범을 심각하게 위반하고 위협하고 있어 유엔 회원국의 기본 자격을 갖고 있는지 의심케 하고 있다.

유엔헌장 제4조 제1항은 유엔 회원국 지위는 유엔헌장에 규정된 의무를 수락하고 이러한 의무를 이행할 능력과 의사가 있다고 기구가 판단하는 그 밖의 평화를 애호하는 모든 국가에 개방된다고 규정하고 있다. 제5조는 안보리에 의해 취하여지는 예방조치나 강제조치의 대상이 되는 유엔 회원국에 대하여는 총회가 안보리의 권고에 따라 회원국으로서의 권리와 특권의 행사를 정지시킬 수 있으며 이러한 권리와 특권의 행사는 안보리에 의해 회복될 수 있다고 규정하고 있다. 제6조는 헌장에 규정된 원칙을 끈질기게 위반하는 유엔 회원국은 총회가 안보리의 권고에 따라 기구로부터 제명할 수 있다고 규정하고 있다. 그러나 유엔 회원국의 가입과 마찬가지로 자격 정지나 제명에도 안보의 상임이사국의 거부권이 작용하는 안보리의 권고와 총회 회원국 2/3이상의 찬성이 필요하기 때문에 북한을 자격을 정지하거나 제명을 하는 것은 거의 불가능한 일이다.

제6부

국제기구의 조직과 권한 및 구성원 충원방식

제1장 국제기구의 조직과 권한 일반

국제기구의 설립을 위한 기본문서는 통상 기구가 추구하는 목적과 더불어 이러한 목적을 달성하기 위한 조직의 구성과 권한 등에 관한 규정을 두고 있다. 여기서는 국제기구의 이러한 조직의 구성과 권한을 살펴보고자 한다.[1)]

국제기구는 목적에 따라 다양한 내부 조직을 가진다. 그러나 일반적으로 i) 「총회」라는 이름으로 흔히 불리는 전체 회원국으로 구성되는 심의기관 ii) 「이사회」 또는 「집행부」라고 흔히 불리는 일부의 회원국으로 구성되는 집행기관 iii) 국가의 대표가 아닌 독립된 인원으로 구성되며 국제기구가 그 목적을 달성할 수 있도록 준비하고 운영을 담당하는 사무국으로 구성되어 있다. 이들을 일컬어 국제기구의 「3대 내부 조직」이라고 부른다.

이러한 3대 내부 조직 가운데 심의기관과 집행기관은 일반적으로 회원국의 정부대표들을 구성원으로 하는 기관들이다. 이 때문에 이들은 「정부간기관(inter-governmental organ)」이나 「국가기관」이라고 불린다. 사무국은 정부대표가 아닌 국제공무원으로 구성되어 있어 「국제기관(international organ)」이나 「비국가기관」 혹은 「초국가기관」이라고 부른다. 발전된 국제기구의 경우 예외적으로 사무국뿐만 아니라 집행기관도 국제기관으로 구성되는 경우가 있다. 이러한 예에 유럽연합(EU)이 해당되는데 구체적으로 EU의 집행위원회(European Commission)가 이러한 기관에 해당된다.

국제기구가 통상 이러한 국가기관과 비국가기관이 섞여 구성되어 있다는 사실은 국제사회의 현실을 그대로 반영하고 있는 것이다. 즉 국가들이 자신의 주권을 제한 받지 않으려는 경향과 동시에 공동의 문제에 필요한 초국가주의(transnationalism)가 반영된 것이다. 전자의 경향이 정부대표로 구성된 기관의 필요성을 가져오고 후자의 경향이 국제공무원으로 구성된 기관의 필요성을 가져온

1) 국제기구의 조직과 권한에 관한 내용의 일부는 横田洋三編著, 『國際機構論』 (東京: 國際書院, 1994), pp. 49-63을 참조했음.

다.[2)]

정부대표로 구성된 기관이 다시 회원국 전체로 구성된 총회와 같은 전체기관(plenary organ)과 일부 회원국만으로 구성된 이사회와 같은 제한된 기관(restricted organ)으로 나뉘어져 구성되어 있다는 사실 역시 국제사회의 현실이 반영된 것이다. 즉 이러한 두 기관의 공존은 국가들의 주권평등의 원칙에 대한 집착과 더불어 국제기구의 능률을 고려해야 할 필요성을 동시에 보여 준다.

주권평등의 원칙이 엄격히 적용되기 위해서는 모든 결정이 총회와 같은 전체기관에서 결정되어야 한다. 또 다른 한편 대단위 국가들이 참여하는 전체기관에서 의사결정이 효율적으로 이루어지는 것이 어렵기 때문에 제한된 수의 회원국으로 구성된 이사회와 같은 기관이 필요하다. 이처럼 회원국 간의 형식적인 평등보다는 조직의 기능적인 필요에 의해 생긴 기관이 이사회이다.

이들 총회 · 이사회 · 사무국이라는 국제기구의 3대 내부 조직 이외에 국제기구는 드물게 분쟁이 발생할 경우 이를 해결하기 위한 사법기관을 두기도 한다. 극히 드물기는 하나 EU처럼 국제기구에 따라 의회라는 기관을 두기도 한다. 국제기구의 주요기관(major organ)은 통상적으로 이들의 손발이 되어 구체적인 일을 담당하도록 산하에 보조기관(subsidiary organ)을 둔다.

국제기구에 어떤 권한을 부여할 것인가는 설립조약이나 설립헌장과 같은 기본문서에 규정된다. 이러한 국제기구의 내부기관의 경우 기본문서에 따라 국제기구에 부여된 권한의 범위 내에서 그 기구에 부여된 임무를 효율적으로 수행하기 위해 필요한 권한이 부여된다.

1. 총 회

모든 국제기구들은 회원국 모두를 구성원으로 하는 총회를 두고 있으며 국제기구에 따라 이를 지칭하는 이름을 달리한다. 일반적으로 「General Assembly」 혹은 「General Conference」라는 용어가 많이 쓰인다.[3)] 이들과는 달리 만국우편

2) 비국가기관의 자율성(autonomy)과 권한은 미약한 단계에 머물러 있는 것이 현실이다. 즉 비국가기관은 통상 회원국의 의사와 무관하게 독자적인 의사결정을 하는 자율적인 주체가 아니다. 따라서 국제기구를 동태적으로 파악하려고 할 때 대개 비국가기관보다는 정부대표들이 국가를 대표하여 국가간 상호작용을 하는 총회와 이사회의 의사결정과 과정에 주목하게 된다. 초국가성이 큰 국제기구인 유럽연합의 경우 중요한 결정은 국제기관이라고 할 수 있는 집행위원회가 아닌 국가기관인 각료이사회에서 결정이 이루어진다는 것이 이러한 것을 보여 준다.

연합(UPU)의 경우는 「Congress」· 세계은행(WB)과 국제통화기금(IMF)의 경우는 「Board of Governors」[4]· 국제전기통신연합(ITU)의 경우는 「Plenipotentiary Conference」라고 부르고 있다. 국제해사기구(IMO)의 경우는 단순하게 「Assembly」라고 부른다. 국제기구에 따라서는 단순하게 「Conference」라고 부르는 경우도 있는데 국제노동기구의 경우는 이 말 앞에 International Labor를 붙여 「International Labour Conference」라고 부른다.

일반적으로 「Governing Council」이라는 말은 다음에 살펴볼 (집행)이사회를 지칭하는 말로 쓰이는데 특이하게도 국제농업개발기금(IFAD)의 경우는 이 말을 총회를 지칭하는 말로 사용한다. 과거에 유엔환경계획(UNEP)의 경우도 이 말을 총회를 지칭하는 말로 사용했는데 2012년에 「United Nations Environment Assembly(UNEA)」로 이름을 바꾼 바 있다.

1) 지위와 구성

총회는 모든 회원국으로 구성된 최고의 의사결정 기관이다. 총회는 원래 심의기관(deliberative organ)으로서의 기구의 활동 전반에 걸친 의제를 토의하는 지위와 역할을 부여받고 있으나 오늘날 총회에서는 회기(session)가 시작되는 초반에 기조연설(keynote speech)이 행해지고 구체적인 토의는 의제의 수가 대단히 많기 때문에 이사회(Council)나 위원회(Committee)에 맡겨지는 경우가 많다.[5]

구체적인 토의가 이사회에 맡겨지는 예의 하나로서 국제통화기금(IMF)을 들 수 있다. IMF에 있어서 형식상의 최고 의사결정 기관은 총회(Board of Governors)이지만 실질적인 의사결정의 많은 부분이 이사회(Executive Board)에서 이루어지는 등 사실상의 의사결정 기관은 이사회이다. 위원회에 맡겨지는 예로서 유엔을 들 수 있다. 유엔총회는 산하에 문제별로 6개의 주요위원회(main committees)를 두고 총회의 의제들을 내용에 따라 이들에게 배분한다.[6]

이러한 점에서 오늘날 이사회나 위원회에 부여된 역할은 중요하다고 하지 않

---

3) 유엔총회는 「General Assembly」라고 불리나 전문기구의 경우는 통상적으로 「General Conference」라고 부른다.

4) 세계은행은 총회(Boards of Governors) · 이사회(Executive Board) · 사무국으로 구성되어 있다.

5) 이 때문에 국제기구의 많은 회원국들이 국제기구의 의사결정 과정에서 자국 정부의 입장을 적극적으로 대변하기 위해 이사국이나 위원국으로 선출되고자 적극적으로 노력한다.

6) 산하의 「위원회(committee)」와 구별하기 위해 유엔총회를 「본회의(plenary)」라고도 부른다.

을 수 없다. 그러나 그렇다고 해서 총회가 전적으로 의미를 지니고 있지 않다고 말할 수 없다. 왜냐 하면 중요한 의제의 경우 이사회나 위원회에 맡겨지지 않고 총회가 직접 다루며 이사회나 위원회에서 결의안(draft resolution)이 채택되었다고 해도 결의문(resolution)으로 채택되기 위해서는 총회에서 최종적으로 채택이 되어야 하기 때문이다.

많은 국제기구에서 구체적인 연간활동계획・기본문서의 개정・국가 혹은 국제기구와 체결하는 조약의 승인・예산・이사국의 선출 등 국제기구의 기본 구조와 관련된 중요한 사항은 위원회가 아닌 총회에서 결정된다. IMF의 경우 총회는 새로운 가입국의 인가와 가입조건의 결정・가입국의 제명・설립헌장 개정의 승인・할당액의 조정・특별인출권(SDR)의 배분과 소각・상임 이사국 수의 증감・이사회로의 권한의 위임 등 중요한 사항에 대해 의사결정을 한다.

유엔의 정기총회처럼 총회는 1년에 1회 정기적으로 개최되는 것이 일반적이다. 그러나 세계기상기구(WMO)・국제해사기구(IMO)・유엔공업개발기구(UNIDO)・유네스코(UNESCO)・식량농업기구(FAO)의 경우 2년에 1회 개최된다. 국제민간항공기구(ICAO)는 3년에 1회 개최되고 유엔무역개발회의(UNCTAD)의 경우는 4년에 1회 개최된다. 만국우편연합(UPU)과 국제전기통신연합(ITU)처럼 5년마다 개최되는 경우도 있다. 이러한 정기총회 이외에 유엔의 경우처럼 특별총회나 긴급특별총회를 필요에 따라 개최하기도 한다.

총회는 주권의 원칙(principle of sovereignty)이 유지되며 국가들은 평등에 기초하여 총회에 참여한다. 따라서 각 회원국은 통상적으로 총회에서 1개의 투표권을 행사하는데 이를 「일국일표제(one-nation one-vote system)」라고 한다. 총회는 결의문을 통해 산하에 보조기관(subsidiary organ)을 설립하여 총회의 실질적인 수족으로서의 역할을 하도록 한다.[7)]

2) 임무와 권한

총회는 국제기구의 최고 심의기관으로서 적절한 권한이 부여되어 있다. 국제기구 내의 다른 기관으로부터 보고를 받고 이를 심의하거나 타기관의 상급기관으로서 감독을 한다. 또한 예산의 결정이나 기구의 운영에 관한 권한 등을 가지고

---

7) 보조기관에 대해서는 제1부 제1장 「국제기구의 정의」 부분에서 상론한 바 있다.

있다. 유엔총회의 경우 이러한 권한 이외에 유엔헌장 제14조에 의해 일반적 복지나 국가 간의 우호관계를 해할 우려가 있다고 인정되는 어떠한 사태도 이의 평화적 조정(peaceful adjustment)을 위한 조치를 권고할 수 있는 권한 등을 가지고 있다.

국제기구 가운데 총회가 회원국에 대해 구속력 있는 의사결정을 하는 경우도 있으나 통상적으로 총회의 결정은 회원국에 대해 법적 구속력을 지니지 않는다. 그러나 법적 구속력이 없는 경우에도 총회의 결의문이 국제여론에 주는 영향이 크기 때문에 각 회원국에 대한 영향력을 무시할 수 없다.

2. 이사회

국제기구는 일반적으로 일부의 회원국으로 구성된 이사회라는 기관을 두고 있다. 통상적으로 이사회는 영어로 「Council」이나 「Executive Council」 혹은 「Governing Council」로 표기하지만 달리 표기하는 국제기구들도 많다. 예컨대 국제통화기금(IMF)·유네스코(UNESCO)·국제농업개발기금(IFAD)의 경우는 이사회를 「Executive Board」라고 부르고 세계은행 그룹 국제기구 가운데 하나인 국제투자보증기구(MIGA)의 경우 「Board of Directors」라고 부른다. 국제원자력기구(IAEA)의 경우 「Board of Governors」라고 부른다.[8] 국제노동기구는 이사회를 「Governing Body」라고 칭한다. 이러한 명칭 이외에 때때로 국제투자분쟁해결센터(ICSID)처럼 「Administrative Council」이라고도 부른다.

1) 지위와 구성

이사회는 국제기구의 일부의 구성국으로 조직되며 각 국제기구가 추구하는 목적을 실현하기 위한 구체적인 활동을 위해 설립된 기관이다.[9] 통상적으로 총회에서 결정된 정책을 집행하는 것을 임무로 하는 집행기관으로서의 지위를 갖는다. 이사회는 또한 총회에서 윤곽만 결정된 프로그램 등을 구체적으로 계획하는 역할

8) 국제통화기금(IMF)과 세계은행(WB)의 경우 「Board of Governors」가 총회를 가리키나 국제원자력기구(IAEA)의 경우는 이와는 달리 이사회를 지칭한다. IAEA의 총회는 「General Conference」라고 불린다.

9) 미주국가기구(Organization of American States, OAS)의 경우처럼 총회와는 별도의 전체 회원국으로 구성된 이사회(Council)를 두고 있는 경우도 있다.

도 한다.[10] 이사회는 총회 등으로부터 임무수행에 필요한 권한을 부여받는 경우가 많다.

국제기구가 여러 목적을 지니고 있는 경우 다수의 이사회가 목적별로 설립된다. 유엔의 경우 ⅰ) 국제평화와 안전유지를 주된 목적으로 하는 안보리 ⅱ) 평화의 기초가 되는 생활수준의 향상·경제와 사회의 발전·문화와 교육 및 보건분야에 있어서의 국가 간 협력·기본적 인권준수의 촉구 등과 관련된 것을 취급하는 경제사회이사회 ⅲ) 신탁통치지역 주민의 독립을 촉진시키는 신탁통치이사회가 설립되어 있다.

이사회 역시 총회와 마찬가지로 부여된 임무를 수행하기 위해 결의문을 통해 각종 보조기관(subsidiary organ)을 설치한다. 이사회의 구체적인 활동은 이러한 보조기관들에 의해 행해진다. 구체적으로 이러한 보조기관들은 정기적으로 회합하여 활동계획을 입안하고 실시하며 이러한 활동의 결과를 이사회에 보고한다. 이사회는 또한 필요할 경우 다른 국제기구와 협정을 체결하여 협력을 구하기도 한다.

이사회는 표결방식으로서 일국일표제에 기초한 단순다수결제(simple majority voting system)를 채택하는 것이 일반적이지만 국제통화기금(IMF)과 세계은행(WB)의 경우처럼 가중표결제(weighted voting system)를 채택하고 있는 경우도 있다. 또한 유엔의 안보리처럼 상임이사국에 거부권과 같은 특별한 권한을 부여하는 경우도 있다.

이사회의 개최 빈도는 이사회에 부여된 임무에 따라 다르지만 총회가 일반적으로 1년에 1회 소집되는 것과는 달리 보다 자주 개최된다. 이사회는 전형적으로 1년에 4회 개최되는데 경우에 따라서는 이보다 적게 개최되기도 한다. 예컨대 유엔의 경제사회이사회(ECOSOC)는 뉴욕과 제네바를 번갈아 돌아가며 매년 1회 약 1개월 동안 개최된다. 국제해사기구(IMO)와 유네스코의 이사회의 경우는 1년에 2회 개최된다. 국제노동기구(ILO) 이사회는 최고 의사결정 기구로 정이사와 부이사로 구성되며 매년 3월·6월·9월 3차례 정례회의를 개최한다.

이사회가 정기적으로 이보다 빈번하게 개최되는 경우도 있으며 필요에 따라 긴급 이사회가 개최되기도 한다. 국제원자력기구(IAEA)의 이사회(Board of Governors)

---

10) 이 경우 총회와 이사회에서 결정된 정책과 프로그램은 다음에 살펴 볼 사무국에 의해 실행에 옮겨진다.

경우는 3월에 1회 · 6월에 1회 · 9월에 2회(총회 직전과 직후) · 12월에 1회 등 매년 5회 회의가 개최된다. 유엔 안보리의 경우 필요에 따라 수시로 개최되는데 이 때문에 각 이사국의 대표는 유엔 본부가 있는 뉴욕에 상주하도록 되어 있다. 세계은행(WB)과 같은 업무적 성격을 가지고 있는 국제기구의 이사회는 일상적인 업무와의 관계로 매주 개최되기도 한다. 예컨대 국제통화기금(IMF)의 이사회(Executive Board)는 매주 3~4회의 공식모임(ordinary meeting)을 가진다. 경제협력개발기구(OECD)의 경우는 회원국의 각료들로 구성되는 각료이사회(Ministerial Council Meeting, MCM)와 상주대표로 구성되는 상주대표이사회(Council at Permanent Representatives)의 두 종류의 이사회를 가지고 있는데 전자는 매년 1회 개최되고 후자는 매달 1회 이상 열린다.

이사회의 구성원인 이사국은 통상적으로 총회에 의해 선출되는데 전 지구적 기구(global organizations)인 경우 이사국은 지리적 배분(geographical distribution)을 고려하여 선출되는 경우가 많다. 유엔의 안보리 10개 비상임이사국과 경제사회이사회의 54개 이사국이 이러한 배분원칙에 따라 선출된다. 전문기구인 유네스코(UNESCO)의 이사회의 경우도 지역을 기준으로 선출된 총 58개 이사국으로 구성된다.[11]

이사회에 따라서는 지역적인 배분원칙에 따라 선출된 이사국과 더불어 배분원칙과 관계없이 임명된 이사국이라는 두 종류의 이사국으로 구성된 이사회도 존재한다. 예컨대 2018년 12월 현재 189개 회원국을 가지고 있는 국제통화기금(IMF)은 24개 이사국을 두고 있는데 이들 가운데 5개 이사국은 자동적으로 임명되고 19개 이사국은 선출된다.

구체적으로 지분율이 높은 미국 · 영국 · 독일 · 프랑스 · 일본 5개국이 자동 임명 이사국이 되고 나머지 국가들은 19개의 지역그룹으로 나누어져 이들 19개 지역그룹이 1개 이사국을 각각 선출한다. 그런데 19개의 지역그룹 가운데 3개 지역그룹은 하나의 국가만으로 구성되어 있어 사실상의 자동 이사국이 되고 있다. 여기에 속하는 국가가 중국 · 러시아 · 사우디아라비아이다. 한국은 호주 · 뉴질랜

11) 유네스코(UNESCO)는 5개 지역그룹을 두고 있는데 개개 지역그룹에 배정된 이사국의 수는 동일하지 않다. 구체적으로 서유럽 국가들 및 캐나다와 이스라엘을 포함하는 제1그룹에는 9개의 의석 · 동유럽 국가들이 속하는 제2그룹에는 7개의 의석 · 중남미 국가 그룹인 제3그룹에는 10개 의석 · 아시아와 태평양 국가들로 구성된 제4그룹은 12개의 의석 · 아프리카 국가들과 아랍 국가들의 제5그룹은 20개의 의석이 배정되어 있다.

드 · 필리핀 · 몽고 · 태평양 도서국 등 16개 국가들과 하나의 지역그룹을 구성하고 있는데 이 그룹의 최대 지분국은 호주이다. 2018년 12월 현재 호주가 이 그룹을 대표하는 이사국이다.

일반적으로 이사회의 구성국인 이사국들은 이사회를 대표할 국가를 스스로 선출하나 총회가 이사회의 대표를 선출하는 경우도 있다. 유엔 경제사회이사회의 경우 이사국들은 총회에서 선출되지만 이사회의 대표인 의장(President)은 총회가 아닌 이사회에서 선출된다.[12] 유엔 안보리의 경우 15개의 이사국들이 알파벳순으로 한 달씩 돌아가면서 의장국을 떠맡는다. 이에 따라 안보리 비상임이사국이었던 한국은 1997년 5월과 2013년 2월에 의장국이 되어 안보리를 이끌어 나간 바 있다.[13]

2) 임무와 권한

이사회의 권한은 국제기구의 설립 기본문서에 의해 부여되거나 이사회의 설립 목적에 따라 총회에 의해 부여된다. 일반적으로 이사회는 기구에 부여된 목적의 실현을 구체화하기 위해 설립된 기관이기 때문에 이러한 목적에 상응하는 강력한 권한을 보유한다.

국제통화기금(IMF)의 경우 이사회는 IMF의 일상적인 업무의 운영을 책임진다. 구체적으로 이사회는 회원국의 연례협의 결과 보고서를 검토하고 세계경제의 위기예방과 해결방안을 논의하며 IMF의 예산과 회계 등 행정적인 안건도 처리한다. IMF에서 총회의 의결사항은 협정문 개정 · 신규 가입국의 가입승인 · 쿼터조정 등 극히 일부의 중요 사항에 국한되고 대부분의 IMF 운영에 대한 사항은 이사회에서 전결 처리된다. 이에 따라 이사회는 앞서 언급한 바대로 1주에 3~4회의 공식 회의를 개최한다.

유엔 안보리는 헌장 제24조 제2항에 의해 국제평화와 안전유지에 관한 1차적인 책임을 떠맡고 있다. 이와 관련하여 헌장 제6장 · 제7장 · 제8장 · 제12장은 안

12) 의장직은 아프리카 그룹(African Group, AG) · 아시아-태평양 그룹(Asia-Pacific Group, APG) · 중남미카리브 그룹(Latin America and the Caribbean, GRULAC) · 동유럽 그룹(Eastern European Group, EEG) · 서유럽 및 기타 그룹(Western European and Others Group, WEOG)이라는 5개 지역그룹별로 돌아가면서 맡는다. 한국의 오준 유엔대표부 대사가 2015년 7월 24일부터 2016년 7월 28일까지 경제사회이사회의 의장직을 수임한 바 있다.

13) 한국은 1996-1997년 그리고 2013-2014년에 안보리 비상임이사국으로 활동한 바 있다.

보리에게 특정의 권한으로서 조사권과 권고의 권한 등을 부여하고 있다. 또한 안보리는 유엔의 다른 이사회와는 달리 헌장 제25조에 따라 회원국에 대해 법적 구속력을 지닌 결정을 내릴 수 있는 권한을 보유하고 있다.

이처럼 이사회에 강력한 권한을 부여하는 것은 유엔 안보리만은 아니다. 회원국들에게 규제를 가하는 국제기구의 경우 이사회의 결정은 구속력을 갖기도 한다. 예컨대 국제민간항공기구(ICAO)나 국제노동기구(ILO)는 유엔 안보리 정도로 강력한 것은 아니지만 구속력 있는 기준을 설정하는 결정을 내린다. 유엔 안보리 상임이사국(P-5)처럼 일부의 이사국이 다른 이사국과 달리 강력한 권한을 가지고 있는 경우도 적지 않다.

3) 엘리트형 기관으로서의 특징

총회의 경우 모든 회원국이 참여한다는 점에서 「대중 민주주의형 기관」이라고 부르고 이사회의 경우 제한된 수의 회원국만이 참여한다고 해서 「선민형 기관」 혹은 「엘리트형 기관」이라고 부른다. 이사회를 제한된 수의 회원국만으로 구성하는 것은 국제기구의 효율성을 고려한 것이지만 이들의 결정에 의해 이사회를 구성하고 있지 않은 회원국들이 구속된다는 것은 주권국가로서는 큰 위험부담이 될 수 있고 주권평등의 원칙에서도 벗어난다. 이러한 위험성에 대한 우려와 효율성에 대한 필요의 타협물로서 이사회는 일반적으로 다음과 같은 제도적인 특징을 지닌다.[14)]

(1) 총회에 대한 이사회의 종속

일반적으로 총회를 최고의 의사결정기관으로 규정하고 이사회를 총회의 지휘와 감독을 받는 부수적인 집행기관으로 규정한다. 예컨대 유엔의 경우 경제사회이사회와 신탁통치이사회는 총회의 지휘와 감독을 받도록 되어 있다. 그러나 예외가 없는 것은 아니다.

유엔헌장 제24조는 안보리가 국제평화와 안전의 유지에 관해서 주요한 책임을 진다고 규정하고 있고 제12조 제1항은 이러한 문제에 관해 안보리가 임무를 수행하고 있는 중에 총회는 이와 관련하여 어떠한 권고도 할 수 없도록 규정하

14) 유병화, 『국제법 I』, 개정 제2판 (서울: 진성사, 1995), pp. 612-617 참조.

고 있음으로써 안보리가 총회에 종속되지 않고 오히려 우월한 권한을 지니도록 했다. 과거 국제연맹(LN)의 이사회는 총회와 동일한 권한을 가졌다. 국제원자력기구(IAEA)의 경우 이사회가 총회보다 권한 면에서 상위에 있다. 구체적으로 이사회는 총회를 대신하여 IAEA의 실질적인 정책 결정을 한다. 구체적으로 이사회는 사업과 예산의 검토 및 총회에의 권고·회원국의 가입 심의·안전조치 관련 협정과 안전기준 발행의 승인·사무총장 지명 등의 권한을 가진다.

(2) 총회에서의 이사국의 선출

총회는 이사국을 직접 선출할 수 있는 권한을 보유함으로써 제도적으로 이사회를 어느 정도 통제하고자 한다. 유엔 안보리의 10개 비상임이사국과 경제사회이사회의 54개 이사국이 총회에서 선출된다.[15] 이러한 일반적인 경향으로부터 벗어나 있는 다음과 같은 경우들도 있다.

유엔 안보리의 경우 상임이사국은 유엔헌장 제23조에 의해 이미 지정되어 있으며 과거 국제연맹규약 제4조 제1항 역시 이사회의 비상임이사국의 국명을 명기하고 있었다. 이렇게 설립조약에 특정 국가가 이사국으로 규정되어 있는 경우도 있지만 국제통화기금(IMF)과 국제해사기구(IMO)처럼 이사국으로 선출될 수 있는 국가의 자격을 설립조약이 제한적으로 규정하고 있는 경우도 있다.

앞서 살펴보았듯이 IMF의 이사회는 24개 이사국으로 구성되는데 이 중 미국·영국·독일·프랑스·일본 5개국은 IMF의 출자 할당액의 상위를 점하고 있다는 이유로 자동으로 이사국에 선임되고 16개 이사국은 지역그룹 내에서 호선에 의해 선출된다. 중국·러시아·사우디아라비아 3개국 역시 지역그룹에 속해 있으나 다른 지역그룹과는 달리 1개국으로만 구성되어 있어 사실상 자동 이사국이 되고 있다.

국제해사기구(IMO) 이사회의 경우 40개 이사국으로 구성되어 있는데 이들 국가들은 3종류의 그룹으로 분리된다. A그룹(Category A)은 10개 이사국으로 구성되는데 이들은 국제적인 해상운송 업무를 제공하는 데 가장 큰 이해관계를 가지고 있는 국가들로 구성된다.[16] B그룹(Category B) 역시 10개 이사국으로 구성되

15) 국제원자력기구(IAEA)처럼 총회가 선출하는 이사국과 전 회기의 이사회가 지정하는 이사국이 동시에 존재하는 경우도 있다.

16) 한국은 2017년 12월에 개최된 제30차 총회에서 A그룹의 이사국으로 선출됨으로써 9회 연속 A그룹에 진출한 국가가 되었다. 참고로 이사국의 임기는 2년이다. 한국은 4년 임기의 국제해사기구의 사

는데 이들은 국제해상무역에 있어 최대의 이해관계를 가지고 있는 10개 이사국으로 구성되며 A그룹 국가는 제외된다. C그룹(Category C)은 20개 이사국으로 구성되는데 이들은 A그룹과 B그룹의 요건을 보유하고 있지 않은 국가들로서 해상교통이나 항해에 특별한 관심을 가지 있고 이들의 선출이 세계의 지역적인 대표성을 가져올 수 있게 하는 국가들이다.[17] 이러한 이사국을 선출하는 데 있어 선박보유 톤수 등이 고려된다. 이처럼 특별한 이해관계를 가지고 있는 국가에게 국제기구의 실질적인 운영을 맡긴다는 것은 합리적이지만 다른 한편 주권평등의 원칙에 대한 수정이라는 측면을 가진다.

(3) 이사회 권한의 제한

일반적으로 총회의 권한은 그 국제기구의 목적과 기능 전반에 걸쳐 인정되지만 이사회의 권한과 기능은 제한적으로 인정된다. 그러나 예외적으로 국제연맹의 이사회는 총회와 마찬가지로 일반적인 권한을 가졌고 오늘날의 전문기구의 이사회도 대체적으로 총회의 성격을 띠고 있다.

(4) 이사회 구성국 수의 증가

이사국의 수는 설립초기에 정해지지만 이후의 회원국 수의 변화나 목적달성을 위해 변경되는 경우도 있다. 예컨대 국제연맹은 4개 비상임이사국을 1926년에 9개 국가로 증가시켰고 1933년에 10개 국가로 늘리고 1936년에 11개 국가로 확장시킨 바 있다.

유엔의 경우도 1960년대 초에 국제사회에 대거 등장한 개도국들의 압력에 의해 1965년에 헌장을 개정하여 안보리 비상임이사국의 수를 6개국에서 10개국으로 늘려 현재에 이르고 있다. 2018년 현재 회원국들 간의 상이한 이해관계로 소강상태에 빠져있지만 이사국 수의 확대를 핵심으로 하는 안보리 개편 문제는 잠재적인 현안 가운데 하나이다.

유엔의 경제사회이사회의 경우도 이사국 증가를 2차례에 걸쳐 해왔다. 설립당시 이사국의 수가 18개국이었으나 수적으로 증가한 개도국의 요구에 의해 1965년에 헌장개정을 통해 27개국으로 늘어났고 1973년에 또 다시 헌장이 개정

무총장도 배출하였으며 2016년에 임기가 시작되었다.

17) 한국에서는 A그룹 이사국을 「해운국」· B그룹을 「화주국」· C그룹을 「지역 대표국」이라고 칭한다.

되어 현재의 54개국이 되었다.

이사국 수의 증가는 단지 유엔에 국한된 현상이 아니라 전문기구도 마찬가지이다. 예컨대 유네스코(UNESCO) 이사회(Executive Board)의 이사국의 수가 처음에 18개였다가 51개로 증가했고 현재 58개이다. 국제통화기금(IMF)의 이사회(Executive Board)의 경우 1992년 11월 1일 전에는 22개였다가 24개로 늘렸다. 앞서 언급한 국제해사기구(IMO)도 이사국의 수를 32개에서 40개로 늘린 바 있다.[18)]

3. 사무국

1) 지위와 구성

총회나 이사회가 정부의 대표로 구성되어 있는 기관인 것과는 대조적으로 사무국은 통상 출신국과 독립적인 지위를 갖는 국제공무원(international civil servants)으로 구성되는 국제기관으로서의 성격을 가진다.[19)] 구체적으로 사무국은 사무국의 수장과 고유의 직원으로 구성되며 상설기관으로서 설립된다. 국제기구 사무국의 수장은 다양한 이름으로 불린다. 예컨대 「Secretary-General」이라는 직책

18) 이사회 구성국 수의 증가와 더불어 위원회 구성국 수의 증가 역시 관찰된다. 예컨대 1959년 유엔총회의 결의문에 의해 총회의 보조기관으로 설립된 외기권평화적이용위원회(COPUOS)는 설립 당시 24개국의 위원국을 두었으나 그간 수차례에 걸친 확대에 따라 2018년 현재 84개의 위원국을 두고 있어 유엔 소속의 위원회 가운데 가장 큰 위원회 가운데 하나이다.

19) 회원국의 대표들로 구성된다는 점에서 국가기관으로서의 성격을 지니지만 회원국 대표들이 자신들의 출신국가로부터 독립하여 공동체 전체의 이익을 위한 의사결정을 할 의무를 지닌다는 점에서 사무국과 같은 국제기관의 성격을 보유하고 있는 국제기구의 기관이 있다. 가장 전형적인 예로서 유럽연합(EU)의 「집행위원회(Commission)」를 들 수 있다. 유럽연합의 집행위원회의 구성원은 국가대표로서가 아니라 개인의 자격으로 선발되며 소속 국가의 이익이 아닌 유럽연합 전체의 이익의 관점에서 의사결정을 하도록 되어 있다. 이러한 점에서 집행위원회의 역할이 「집단적 사무총장(Collective Secretary-General)」의 역할과 비유되기도 한다. 집행위원회는 다음과 같은 초국가성을 지니고 있다. 첫째, 유엔 사무국 직원의 경우처럼 집행위원들의 독립적인 지위가 보장된다. 즉 이들은 공동체 전체의 이익을 위해 독립해서 임무를 수행해야 하며 임무를 수행함에 있어서 어떤 정부 또는 기관으로부터도 지지를 구하거나 받아서는 안 된다. 둘째, 이들은 회원국에 의해 자의적으로 파면되지 않고 유럽연합의 사법재판소의 결정에 의거하여 파면된다. 셋째, 집행위원회의 초국가성은 독립적인 지위의 보장에 그치지 않고 초국가적 권리가 부여되어 있다. 구체적으로 집행위원회는 회원국에게 구속력이 있는 결정을 내릴 수 있는 권한을 지니며 회원국의 행동이 기본조약에 위배되는가의 여부를 감독하는 권한을 지니고 있다. 넷째, 위원회가 가지고 있는 권한 가운데 중요한 권한은 입법을 발의할 수 있는 권한이다. 즉 집행위원회의 발의로부터 유럽연합의 입법절차가 시작된다는 점이다. 유럽연합의 집행위원회와 유사한 과거의 예로서 파리조약에 의해 설립된 유럽석탄철강공동체(ECSC)의 최고기관(High Authority)을 들 수 있다. ECSC에서 구속력 있는 의사결정이 최고기관에 의해 이루어졌으며 최고기관은 예외적인 경우를 제외하고는 회원국으로부터 독립하여 전체공동체의 이익을 위하여 일하고 회원국들에 의해 그의 결정이 거부되지 않는 권한을 지녔다.

명은 UN/ICAO/WMO/UNWTO/ASEAN/OECD/OIC/SCO 등에서 쓰이고 「Executive Director」라는 직책명은 WFP/APEC/UNICEF 등에서 쓰인다. 「Director-General」이라는 직책명은 FAO/ILO/UNESCO/WHO/IAEA/WTO 등에서 쓰인다. ESCAP 등은 「Executive Secretary」라는 직책명을 사용하고 UNDP의 경우 등은 「Administrator」라는 직책명을 사용한다.

이처럼 국제기구의 사무국은 국제공무원으로 구성함으로써 회원국의 영향력으로부터 독립하여 자율성을 확보하고자 하는 것이 일반적이지만 사무국 구성원의 대부분을 국제공무원이 아닌 회원국 정부에서 파견된 사람으로 구성하는 경우도 존재한다. 대표적인 예로서 아시아태평양경제협력체(APEC)를 들 수 있다. 이러한 이유로 APEC 내의 각종 회의조직은 회원국의 주도하에 운영되는 등 사무국은 제한적인 기능과 역할만을 수행해 오고 있다. 심지어 APEC 사무국의 수장인 사무국장(Executive Director)은 매년 회원국을 돌아가며 개최되는 회의의 주최국(의장국)의 대사급 관료가 맡고 사무차장은 차기 개최국(의장국) 출신 관료가 맡아왔다. 그러던 것이 2010년에 APEC 개혁의 일환으로 3년 임기의 전문직 사무국장을 선발하기 시작했고 회원국에서 파견되어 온 사무차장 직은 폐지했다.

국제기구와 국가의 관계에서 국제기구의 역할이 강화되기 위해서는 국제기구가 회원국으로부터 자율성을 확보하는 것이 필요하며 이를 위해 가장 필요한 것이 사무국을 구성하고 있는 주로 회원국의 국민으로부터 채용된 국제공무원의 독립적인 지위를 보장해 주는 것이다.

국제기구들은 사무국 직원의 독립성과 중립성을 보장하기 위한 규정을 두고 있는데 유엔헌장 제100조 · 국제노동기구(ILO)의 헌장 제9조 · 유네스코(UNESCO)의 헌장 제6조 등을 그 예로 들 수 있다. 유엔헌장 제100조 제1항은 사무총장과 직원은 그들의 임무수행에 있어서 어떠한 정부나 유엔 이외의 어떠한 다른 당국으로부터도 지시를 구하거나 받지 아니하며 사무총장과 직원은 유엔에 대하여만 책임을 지는 국제공무원으로서의 지위를 손상할 우려가 있는 어떠한 행동도 삼간다고 규정하고 제2항은 각 유엔 회원국은 사무총장과 직원의 책임의 배타적인 국제적인 성격을 존중할 것과 그들의 책임수행에 있어서 그들에게 영향력을 행사하려 하지 아니할 것을 약속한다고 규정하고 있다. 국제노동기구(ILO) 헌장 제 9 조 제4항과 5항 그리고 유네스코 헌장 제6조 제5항도 유엔헌장과 거의 동일한 내용의 규정을 두고 있다.

이러한 국제공무원의 독립성을 보장하기 위한 국제기구 헌장의 규정과 더불어 다음과 같은 국제법적 장치들이 존재한다.[20] i) 국제공무원의 국적국은 단지 후보자의 선정에만 관여할 뿐 국제공무원의 임명은 전적으로 국제기구의 권한에 의해 행해진다.[21] ii) 국제공무원은 국가나 국제기구와는 달리 매우 제한적이기는 하나 국제법 주체로서의 지위를 갖는다. 예컨대 국제기구의 부당한 처분에 대해 국제행정법원에 제소를 할 수 있다. iii) 국제공무원은 국제기구가 소재해 있는 회원국의 영토상에서 그 기능의 수행과 관련하여 특권과 면책을 향유한다. vi) 국제공무원은 그 기능수행과 관련하여 국제기구의 직무보호(functional protection)를 받는다.[22]

그러나 국제기구의 회원국들은 사무국의 독립성과 중립성을 보장하기 위한 제도적인 장치를 마련하는 동시에 사무국에 영향을 미치기 위한 관행 등을 수립해 오고 있는 것이 사실이다. 이러한 현상은 국제기구 사무국 수장의 선출과 고위직 인사의 임명 방식에서 잘 드러난다.

유엔의 경우 사무총장은 안보리의 추천에 의거하여 총회가 임명하도록 되어 있다. 관행에 따르면 총회는 안보리가 추천한 후보 1인을 박수로서 통과시키는 거수기 노릇을 해 오고 있으며 후보자 1인을 추천하는 데 있어서 안보리 상임이사국의 거부권이 작용한다. 따라서 상임이사국 한 국가만의 반대가 있어도 사무총장에 선출될 수가 없다.

제7대 유엔 사무총장의 선출을 둘러싸고 미국은 자국에 대해 호의적이지 않고 도전적이었다는 이유로 부트로스-갈리(Boutrous-Ghali) 사무총장의 연임을 맹렬히 반대하고 자국에게 호의적이라고 판단한 아난(Kofi Annan)을 적극적으로 지원함으로써 후자의 선출을 가능하도록 한 바 있다. 사무국 수장의 선출과 더불어 사무국 직원 중에서 고위직 역시 회원국 모두의 요망에 응하기보다는 정치적으로 임명되는 것이 통례이다. 이러한 사실은 국제기구의 사무국이 독립적인 비국가적 기관으로서의 성격이 순수하지만은 않다는 것을 잘 보여 준다.

---

20) 유병화, 『국제법 I』, 개정 제2판 (서울: 진성사, 1995), pp. 620-622.

21) 통상적으로 회원국 정부는 정식 지명절차를 거쳐 추천서류를 국제기구에 제출한다.

22) 국제기구의 직무보호권에 대해서는 제4부 제2장 「국제기구 자체의 지위」 부분에서 자세히 설명하고 있다.

2) 임무와 권한

사무국의 임무는 기본적으로 총회와 같은 의사결정 기관 또는 이사회와 같은 집행기관을 보좌해서 이러한 기관들이 결정한 정책을 수행하고 기구의 행정사무를 집행하는 일이다.[23] 좀 더 구체적으로 사무국은 총회와 총회 사이의 기간 중 회원국 간의 관계를 연결하고 조직과 재정을 관리하며 정부간기관이 개최하는 국제회의를 조직하고 운영한다. 또한 국제경제와 사회의 동향을 파악하고 제반 문제를 조사하며 인권·군축·경제개발 등 주요한 문제에 대한 연구를 촉진하고 정보를 수집하여 제공하며 개발사업(development projects)을 입안하여 실시할 뿐 아니라 정부간기관에 대해 자문을 하기도 한다.

그러나 오늘날 국제기구의 사무국이 국제기구의 임무나 목적과 관련된 중요한 정보를 많이 소지하고 있고 예산의 배분이나 기구의 활동을 위한 원안의 작성 등 주요한 권한을 지니고 있는 관계로 국제기구 사무국은 종래의 자료의 수집과 배포 그리고 회의의 준비와 운영이라고 하는 임무 이상의 중요한 역할과 지위를 부여받고 있다. 사무국에 따라서는 국제기구의 의사결정에 깊이 관여하거나 행정업무에서 나아가 정치적인 업무까지 관여하는 경우가 있다.

사무국이 국제기구의 의사결정 자체에까지 깊이 관여하는 예로서 유엔무역개발회의(UNCTAD)의 사무국을 들 수 있다. UNCTAD는 개도국의 경제성장을 증대시키기 위해 국제무역을 촉진하는 것을 목적으로 하는 국제기구로서 3년마다 총회를 열어 정책방침을 결정하는데 이러한 정책의 원안이 사무국의 주도하에 이루어진다. 이러한 원안은 물론 최종적으로 총회의 승인을 얻어야 하지만 원안의 일부 또는 상당한 부분이 최종안으로 채택된다는 점에서 사무국의 역할은 대단히 중요하다고 아니할 수 없다. 아주 드문 경우이기는 하나 사무국이 행정업무를 넘어서 정치적인 업무에 관여하기도 하는데 이러한 전형적인 예로서 유엔 사무국(구체적으로 사무총장)을 들 수 있다.[24]

---

23) 앞서 언급했듯이 이사회는 총회에서 대략적으로 윤곽만 결정된 프로그램을 실질적으로 설계하며 이렇게 해서 구체화된 정책이나 프로그램은 사무국에 의해 실시된다.

24) 유엔 사무총장 전반에 관해서는 제7부 「유엔 사무총장」 부분에서 상론하고 있다.

4. 사법기관

일부 국제기구는 국제기구의 조직이나 활동과 관련하여 당사자 사이에 분쟁이 있을 경우 이를 해결하기 위한 수단으로 사법기관을 둔다. 대표적인 이러한 사법기관의 예로서 유엔에 있어 하나의 독립된 기관으로 인정되고 있는 국제사법재판소(ICJ)를 들 수 있다.

직원의 고용관계를 둘러싼 분쟁을 해결하기 위한 재판소로서 행정재판소가 여러 국제기구에 설치되어 있다. 유엔의 경우 1949년에 결의문을 채택하여 유엔 사무총장이 그 직원과 관련하여 내린 결정이 위법인 경우 유엔 직원들이 제소를 할 수 있는 유엔행정재판소(United Nations Administrative Tribunal, UNAT)를 설립했다. 전문기구와 유엔 사이에 체결한 협정의 규정에 따라 전문기구의 직원들도 이곳에 제소할 수 있었다.

2009년에 60년의 시한이 만료되는 것을 고려하여 2007년에 유엔총회 결의문을 통해 유엔행정재판소를 대체할 2심제의 사법제도를 도입했다. 그 결과 2009년 7월 1일부터 1심 재판소로 유엔분쟁재판소(UN Dispute Tribunal, UNDT)와 2심 재판소로 유엔항소심재판소(UN Appeals Tribunal, UNAT)를 출발시켰다. 이와 더불어 비공식적인 분쟁해결절차(Informal Resolution)인 기존의 옴부즈맨실을 대폭 확대·개편하였다.

국제노동기구에도 국제노동기구행정재판소(International Labor Organization Administrative Tribunal)가 설치되어 있다. ILO 이외의 국제기구들도 ILO의 행정재판소의 관할을 인정하고 ILO 규정이 정하는 절차규정을 채택한다는 것을 선언하고 ILO가 이것을 승인하는 경우 이 재판소에 해당 국제기구 직원이 행정 불복심사를 부탁할 수 있다. ILO를 제외하고 이러한 선언을 하고 ILO가 승인한 국제기구에는 2018년 12월 현재 세계보건기구(WHO)를 포함하여 61개 국제기구가 있다.

이 밖에 국제통화기금(IMF)·미주개발은행(IDB)·세계은행(WB)에도 각각 국제통화기금 행정재판소(International Monetary Fund Administrative Tribunal, IMFAT)·미주개발은행행정재판소(Inter-American Development Bank Administrative Tribunal, IDBAT)·세계은행 행정재판소(World Bank Administrative Tribunal, WBAT)가 설치되어 있다.

지역기구로서 유럽연합(EU)이 사법재판소(Court of Justice of the European Union, CJEU)를 가지고 있다. 판결을 필요로 하는 사건이 많아지면서 개인이나 기업이 제소하는 소송을 유럽연합의 사법재판소로부터 떠맡을 유럽연합 제1심 재판소(Court of First Instance)가 1989년 이래 설치되어 운영되고 있다.

국제기구의 사법기관들은 그 성격상 독립성을 지니고 독자의 조직을 갖고 있는 경우가 많다. 국제기구의 기관을 정부간기관과 국제기관으로 분류할 경우 사법기관은 국제기관에 속하는 것으로서 회원국으로부터의 독립을 확보하기 위해 설립헌장에 특별한 규정을 두고 있다.

유엔의 국제사법재판소(ICJ)의 경우 법관은 직무수행에 있어 공평함과 성실성을 보장하기 위해 정치상·행정상의 직무를 행해서는 안 되며 어떤 영리행위에도 종사할 수 없다. 또한 어떤 사건의 소송대리인도 될 수 없다. 법관은 법관 전원일치에 의하지 않고는 해임되지 않으며 독립적인 직무수행을 위해 임기기간 중 일정한 특권과 면제가 주어진다.

5. 의　회

매우 드문 경우이기는 하나 유럽연합(EU)처럼 국제기구가 의회를 두기도 한다. 유럽연합의 의회(European Parliament, EP)는 각 회원국에서 직접 보통선거로 선출된 임기 5년의 의원으로 구성되며 각국의 인구수에 비례하여 회원국별로 의원의 수가 할당된다.

통일된 선거제도는 존재하지 않으며 각 회원국이 제정한 자체의 선거제도를 통해 자국에 배당된 의원 수만큼 선출한다. 유럽연합 의회의 의원은 국내 의회의 의원을 겸할 수 있다. 국내 정치체제의 입법기관과는 달리 본격적인 입법기능은 아직 가지고 있지 않으며 조언 기능과 견제 기능 그리고 입법과정에의 참여 기능을 가진다.

최근에 국제사회에서 비정부기구(NGO)의 목소리가 커지면서 국제기구들은 이들의 목소리를 정책의 집행 과정뿐만 아니라 정책의 결정과정에 공식적이거나 비공식적으로 반영하기 위한 방안을 모색하고 있다. 이러한 방안 가운데 하나로서 국제기구 내부에 유럽연합의 의회와 같은 조직을 두는 방안이 논의되고 있다.[25]

25) 국제기구와 NGO의 관계에 대해서는 제13부 「국제기구와 NGO의 관계」 부분에서 상론하고 있다.

제2장 유엔의 조직과 권한

1. 유엔조직의 개관

유엔은 헌장에 기초하여 설립된 6개의 주요기관(major organ)과 결의문을 통해 설립된 다수의 보조기관들(subsidiary organs)로 구성되는데 이들 기관을 총괄하여 통상적으로 「유엔(United Nations)」이라고 부른다. 그러나 유엔이라는 용어는 추상적인 개념이기에 유엔이 구체적인 여러 요소들로 구성되어 있는 조직이라는 것을 강조하기 위해 「유엔기구(United Nations Organizations, UNOs)」라고 부른다. 유엔을 구성하고 있는 여러 조직들은 이러한 용어 이외에 「United Nations Entities」 혹은 「United Nations Bodies」라고도 불린다.

유엔은 주요기관으로서 총회(General Assembly, GA) · 안보리(Security Council, SC) · 경제사회이사회(Economic and Social Council, ECOSOC) · 신탁통치이사회 Trusteeship Council, TC) · 국제사법재판소(International Court of Justice, ICJ) · 사무국(Secretariat)을 두고 있다.

유엔은 이러한 주요기관과 더불어 이들 산하에 다수의 보조기관을 두고 있다. 보조기관이란 「국제기구의 설립헌장에 의해 직접적으로 창설된 헌장기관(constitutional organs)이 그 기능을 원활하게 수행하기 위해 헌장의 규정에 근거하여 창설하는 기관」을 일컫는다. 유엔헌장 제7조 2항은 필요하다면 헌장에 따라 보조기관을 창설할 수 있다고 규정함으로써 보조기관을 창설할 수 있는 포괄적인 근거를 제공하고 있다.

유엔헌장 제22조와 제29조는 각각 총회와 안보리가 보조기관을 설치할 수 있다고 규정하여 이들 주요기관이 보조기관을 창설할 수 있는 좀 더 구체적인 근거를 제공하고 있다. 이러한 규정들에 근거하여 총회는 결의문을 통해 산하에 유엔개발계획(UNDP)이나 유엔인권최고대표사무소(OHCHR)와 같은 보조기관들을 두고 있다. 안보리는 보조기관으로서 신규 가입국 심사위원회(Committee on the

Admission of New Members)와 군사참모위원회(Military Staff Committee, MSC) 등을 두고 있다.

경제사회이사회의 경우 헌장이 경제사회이사회의 보조기관 설치권한을 구체적으로 규정하고 있지 않다. 하지만 헌장 제7조 제2항의 포괄적인 규정에 근거하여 결의문을 통해 산하에 여성지위위원회(Commission on the Status of Women, CSW)나 아시아태평양경제사회위원회(Economic and Social Commission for Asia and the Pacific, ESCAP)와 같은 보조기관들을 두고 있다.

이러한 보조기관들은 유엔에 있어서 실질적인 수족의 역할을 하고 있는데 이는 유엔이 취급하는 이슈가 매년 증가하여 총회나 이사회와 같은 주요기관만으로는 처리할 수 없는 일이 생기거나 전문성을 필요로 하는 일들이 많이 발생하기 때문이다.

2. 주요기관의 조직과 권한

유엔은 다른 국제기구처럼 국제기구의 3대 요소라고 하는 총회 · 이사회 · 사무국을 두고 있고 여기에 더하여 국제사법재판소라는 분쟁해결기구까지 두고 있다. 이사회에는 안보리 · 경제사회이사회 · 신탁통치이사회라는 3개의 이사회가 있다. 이들 기구들을 유엔의 「주요기관(main organ)」이라고 부르는데 이들을 지위 및 구성과 더불어 임무 및 권한을 살펴보고자 한다.

1) 총 회

(1) 지위와 구성

유엔은 대부분의 국제기구와 마찬가지로 최고의 의사결정 기관으로서 총회(General Assembly, GA)를 두고 있다. 앞서 언급했듯이 유엔총회는 산하에 다수의 보조기관(subsidiary organ)을 두어 실질적인 일을 하는 손과 발이 되도록 하고 있다.

유엔총회는 보조기관을 위원회(Committee) · 위원회(Commission) · 이사회(Council) · 집행이사회(Board or Executive Board) · 패널(Panel) · 실무작업반(Working Group) · 기타의 형태로 분류하여 그 산하에 두고 있다.

「Committee」라 불리는 위원회에는 주요위원회 · 절차위원회 · 상설위원회 · 기타 위원회가 속해 있다. 「Commission」이라고 불리는 위원회에는 군축위원회(Disarmament Commission) · 국제법위원회(International Law Commission) · 유엔평화구축위원회(United Nations Peacebuilding Commission) · 유엔국제무역법위원회(United Nations Commission on International Trade Law) · 국제공무원위원회(International Civil Service Commission) · 유엔팔레스타인화해위원회(United Nations Conciliation Commission for Palestine) 등이 있다. 이러한 위원회는 제한된 수의 회원으로 구성되고 상위기구인 유엔총회로부터 높은 정도의 독립성을 향유한다.[26]

이사회(Council or Governing Council) 형식의 보조기관에는 인권이사회(Human Rights Council, HRC) · 유엔인간정주계획(United Nations Human Settlements Programme, UN-HABITAT) · 유엔대학(Council of the United Nations University)이 있다. 이사회 형식의 보조기관들은 소수의 회원국을 구성요소로 한다는 점과 유엔총회로부터 거의 간섭을 받지 않고 독립성을 상당한 정도로 누린다는 점에서 공통적이다.

집행이사회(Board or Executive Board) 형식의 보조기관은 유엔난민최고대표사무소(UNHCR) · 유엔아동기금(UNICEF) · 유엔무역개발회의(UNCTAD) · 유엔자본개발기금(UNCDF) · 유엔여성개발기금(UNIFEM) · 유엔개발계획(UNDP) · 유엔인구기금(UNFPA) · 세계식량계획(WFP) · UN팔레스타인난민구호사업기구(UNRWA) 등이 있다. 이러한 형식의 보조기관은 유엔총회에 의해 설립된 계획(Programme)이나 기금(Fund)으로서 주로 자발적 기여금에 의해서 재원이 충당되며 준자율적인 기구로서 기능한다.

패널(Panel) 형식의 보조기관에는 유엔과 전문기구 및 국제원자력기구 외부감사 패널(Panel of External Auditors of the United Nations, the Specialized Agencies and the International Atomic Energy Agency)이 있다.

실무작업반 형식의 보조기관에는 UN팔레스타인난민구호사업기구 재정 실무작업반(Working Group on the Finance of the United Nations Relief and Works Agency for Palestine Refugees in the Near East) 등이 있다. 실무작업반에는 임시

26) 「Committee」와 「Commission」은 적절하게 구분할 우리말이 없어 모두 「위원회」라고 칭하는 것이 일반적이다. 그러나 본문에서 언급했듯이 Commission의 경우 Committee와 비교하여 좀 더 제한된 수의 회원으로 구성되고 상위기구로부터 좀 더 높은 정도의 독립성을 향유한다.

실무작업반(Ad hoc Working Group) · 임시 개방 실무작업반(Ad hoc Open-ended Working Groups) · 개방 실무작업반(Open-ended Working Groups) 등 여러 종류가 있다.

그 밖의 보조기관에는 공동조사단(Joint Inspection Unit, JIU)과 더불어 사법기관인 유엔항소법원(United Nations Appeals Tribunal, UNAT)과 유엔분쟁법원(United Nations Dispute Tribunal, UNDT)이 있다.

총회의 보조기관 중 가장 중요한 역할을 수행하는 6개의 주요위원회를 살펴보면 다음과 같다. 유엔총회는 자신에게 맡겨진 의제들의 상당 부분을 내용에 따라 주요위원회에 배분하여 심의하도록 하고 있다. 실질적인 의제의 심의가 이루어지는 6개의 주요위원회란 i) 군축과 군비관리를 포함한 정치와 국제안보 이슈를 취급하는 제1위원회 ii) 경제 · 개발 · 금융 이슈를 다루는 제2위원회 iii) 인권 · 사회 · 문화 이슈를 취급하는 제3위원회 iv) 평화유지활동(PKO)과 같은 특별 정치 · 탈 식민 이슈를 다루는 제4위원회[27] v) 행정 · 예산 이슈를 취급하는 제5위원회[28] vi) 법률 이슈를 취급하는 제6위원회를 일컫는다. 각 위원회는 모든 회원국이 참여하는 전체위원회(committee of the whole)가 된다.[29]

---

27) 과거에 제1위원회부터 제6위원회까지 6개의 위원회 이외에 특별정치위원회(Special Political Committee)가 있었다. 특별정치위원회는 다른 위원회와는 달리 번호가 부여되지 않고 제1위원회와 제2위원회 중간에 두었다. 그 이유는 제1위원회가 다루지 않는 정치 문제를 다루기 때문이었다. 그러다가 1993년에 유엔총회는 특별정치위원회를 제4위원회와 통합시키는 결정을 했다. 특별정치위원회가 통합되기 전에 제4위원회는 신탁통치와 탈식민 문제만을 다루는 위원회였으나 통합으로 인해 특별정치와 탈식민 문제를 다루는 위원회가 되었다. 지구상에 신탁통치를 받는 지역이 없어지면서 신탁통치 문제는 다루지 않게 되었다. 특별정치위원회를 제1위원회 다음에 두었던 전통으로 인해 유엔의 문건에서 이들 위원회를 열거할 때 종종 제1위원회 뒤에 제4위원회를 두어 제1위원회 · 제4위원회 · 제2위원회 · 제3위원회 · 제5위원회 · 제6위원회 순서를 취한다. 제4위원회는 제1위원회가 다루지 않는 정치를 다루기 때문에 위원회가 개최될 때 제1위원회와 제4위원회는 동시에 열리지 못하도록 되어 있다. 구체적으로 제4위원회가 다루는 특별정치 문제는 구체적으로 다음과 같은 13가지 문제이다: 1) Effects of atomic radiation; 2) International cooperation in the peaceful uses of outer space; 3) United Nations Relief and Works Agency for Palestine Refugees in the Near East; 4) Report of the Special Committee to Investigate Israeli Practices Affecting the Human Rights of the Palestinian People and Other Arabs of the Occupied Territories; 5) Comprehensive review of the whole question of peacekeeping operations in all their aspects; 6) Questions relating to information; 7) Information from Non-Self-Governing Territories transmitted under Article 73(e) of the Charter of the United Nations; 8) Economic and other activities which affect the interests of the peoples of the Non-Self-Governing Territories; 9) Implementation of the Declaration on the Granting of Independence to Colonial Countries and Peoples by the specialized agencies and the international institutions associated with the United Nations; 10) Offers by Member States of study and training facilities for inhabitants of Non-Self-Governing Territories; 11) Implementation of the Declaration on the Granting of Independence to Colonial Countries and Peoples; 12) Assistance in mine action; and 13) University for Peace.

28) 유엔의 재정분담 문제는 제5위원회가 담당하고 있다.

중요한 의제의 경우 산하의 주요위원회에 부탁하지 않고 상급기관인 총회가 직접 다룬다. 또한 위원회에서 결의안이 채택되었다고 해도 결의문으로서 최종적으로 채택되기 위해서는 총회에서 채택이 되어야만 한다. 2017년 11월 14일 대북인권결의안이 유엔총회 제3위원회에서 통과된 후 약 한 달 후인 12월 19일에 총회에서 최종 채택이 된 것도 이러한 이유에서이다.

유엔총회의 회의를 살펴보면 정기총회는 1년에 1회 9월 셋째 주 화요일에 개회되어 통상적으로 12월 셋째 주까지 회합을 가진 후 정지된다.[30] 그리고 필요할 경우 다음 해에 재소집이 되며 새 회기가 시작되기 전날에 회기가 끝난다. 회기가 시작된 후 크리스마스 휴가 전까지의 기간을 「주요회기(main part of session)」라고 부르고 1월부터 새 회기가 시작되기 전까지의 기간을 「속개회기(resumed part of session)」라고 한다. 총회 의장은 2001년까지는 회기가 시작된 후 개최되는 처음 회의에서 선출하였으나 2002년에 총회의 의사규칙이 개정되어 새 회기가 시작되기 최소한 3개월 전에 선출하기로 새롭게 규정했다.

유엔총회는 정기총회 이외에 필요에 따라 특별한 안건이 있을 경우에 특별총회(Spccial Session)를 개최한다. 특별총회는 안보리의 요청이나 유엔 회원국 과반수의 요청이 있을 때 사무총장이 개최 요청을 접수한 날로부터 15일 이내에 개최하여야 한다. 비교적 최근에 개최된 특별총회의 예로서는 2016년에는 세계마약문제를 다룬 특별총회(UN General Assembly Special Session on Drugs)가 있다.

유엔총회는 또한 필요할 경우 긴급특별총회(Emergency Special Session, ESS)를 개최한다. 긴급특별총회는 안보리의 9개 이사국(거부권은 적용되지 않음) 또는 유엔 회원국 과반수의 요청이 있는 경우 사무총장이 24시간 내에 회의를 소집하도록 되어 있다. 긴급특별총회의 예로는 예루살렘을 포함한 팔레스타인 자치지역 전역에서 이스라엘이 추진하고 있는 유태인 정착촌 건설 문제를 다루기 위해 아랍국가연맹 회원국들의 요구에 의해 1997년 4월에 소집된 긴급특별총회를 들 수 있다. 당 긴급특별총회의 속개회의가 수차례 지속되는 가운데 2017년 12월 21일에 가자지구에 있어서의 위기상황을 논의하기 위해 다시 소집된 바 있다.

---

29) 일반적으로 위원회라고 하는 조직은 전체 회원국으로 구성되지 않고 일부 선출된 회원국만으로 구성된다. 그러나 유엔총회의 6개 주요위원회는 예외적으로 회원국 전체로 구성된다.

30) 세 번째 주 화요일을 계산할 때 첫 번째 주가 단 하루라도 평일이 포함될 경우 이를 첫 번째 주로 간주한다. 통상적으로 12월 셋째 주까지 정기회기의 주요 부분의 회합을 가지나 구체적인 날짜는 운영위원회의 권고를 따른다.

각 회원국은 총회에서 1개의 투표권을 행사한다. 표결은 중요문제(important questions)에 대해서는 출석하여 투표한 국가의 2/3의 다수결로 결정한다. 어떤 문제가 중요문제인지 헌장이 열거하고 있는데 구체적으로 평화와 안전의 유지에 관한 권고·안보리의 비상임이사국의 선출·새로운 가입국의 승인·가입국의 특권 정지나 제명·신탁통치제도의 운용·예산 문제·총회의 과반수에 의해 중요사항으로 지정된 문제가 포함되어 있다. 중요문제에 대한 추가 지정은 출석하고 투표한 국가의 단순 과반수로 결정한다.

중요문제 이외의 문제에 대해서는 출석하여 투표한 국가의 과반수로 의결하도록 되어 있으나 실제에 있어서는 많은 의제들이 이와 같은 표결에 의하지 않고 합의로 결정된다. 중요문제인가 아닌가를 결정하는 데 있어서는 출석하여 투표한 국가의 과반수로 결정한다.

현재 유엔 회원국의 수는 193개국이다.[31] 각 회원국은 5명 이내의 대표(representative)·5인 이내의 교체대표(alternate representative)·필요한 수의 고문과 전문가(advisors · technical advisors · experts)로서 대표단을 구성할 수 있다. 총회는 각 회기마다 의장 1명과 21명의 부의장을 선출한다. 2001년 제56차 유엔총회에서는 한국인 한승수 전 외교통상부 장관이 의장직을 수행한 바 있다. 6개 주요위원회의 경우는 1명의 의장·2명의 부의장·1명의 보고관이 의장단(bureau)을 구성한다. 총회의 의장 1인과 부의장 21인 그리고 6개 주요위원회의 의장 6인은 운영위원회(General Committee)를 구성하여 총회와 위원회의 회의의 전반적인 운영과 관련하여 중요한 역할을 수행한다.

(2) 임무와 권한

유엔총회의 임무와 권한에 관한 사항은 유엔헌장(제10조~제17조)에 명시되어 있다. 총체적으로 총회는 유엔의 최고 의사결정 기관으로서 헌장의 범위 내에 있거나 헌장에 규정된 기관의 권한과 임무에 관한 어떠한 문제나 사항에 관해 토의(discussion)와 권고를 할 수 있다. 단 안보리가 분쟁이나 사태와 관련하여 헌장

31) 2011년 7월 9일 독립국가로서 남수단이 탄생했고 곧 이어 7월 13일에 유엔 안보리 결의문 S/RES/1999가 남수단의 유엔가입을 유엔총회에 권고했으며 다음 날 총회에서 가입이 승인되어 193번째 회원국이 되었다. 유엔총회는 2006년 5월에 국민투표를 통해 세르비아-몬테네그로 연방에서 독립한 몬테네그로의 유엔 가입 결의문을 한 달 후인 6월에 통과시켜 유엔의 192번째 회원국이 되도록 했다. 191번째 회원국은 2002년 9월에 가입한 동티모르였다.

이 부여하고 있는 임무를 수행하고 있는 동안은 안보리의 요청이 없이는 권고가 불가능하다. 총회의 임무와 권한을 세부적으로 살펴보면 다음과 같다.

총회가 국제평화와 안전의 유지를 위해 할 수 있는 토의와 권고는 구체적으로 다음과 같다. 우선 총회는 군비축소와 군비규제를 규율하는 원칙을 포함하여 국제평화와 안전의 유지를 위한 협력의 일반원칙을 토의하고 회원국과 안보리에 권고할 수 있다. 또한 총회에 회부된 구체적인 국제평화와 안전의 유지에 관한 문제에 대해 토의와 권고가 가능한데 앞서 언급했듯이 안보리가 분쟁이나 사태와 관련하여 헌장이 부여하고 있는 임무를 수행하고 있지 않는 경우로 제한된다. 이런 점에서 총회의 역할은 안보리에 비해 부차적인 역할을 한다고 볼 수 있다.

그러나 1950년에 한국전쟁이 발발했을 때 총회가 「평화를 위한 단합 결의문(Uniting for Peace Resolution)」 A/RES/377(V)을 같은 해 11월 3일에 채택함으로써 안보리가 상인이사국의 거부권 행사로 말미암아 마비되어 평화유지에 필요한 조치를 취할 수 없을 때 총회가 무력 행사를 포함한 조치를 권고할 수 있게 되었다.

미국의 입장에서 소련의 거부권을 봉쇄하기 위해 유엔의 중심을 안보리에서 총회로 옮겨 총회의 권능을 강화하려고 했다는 의미에서 「총회 강화 결의문」이라고도 불리고 결의문의 채택을 위해 노력한 당시 미국 국무장관의 이름을 따서 「애치슨 계획(Acheson Plan)」이라고도 불리는 당 결의문은 만약에 유엔총회가 회기 중이 아닐 경우에는 긴급특별총회라는 기제를 사용하여 회합할 수 있도록 함으로서 긴급특별총회라는 새로운 기제를 출범시키기도 했다.[32)]

이러한 결의문 A/RES/377(V)에 근거한 긴급특별총회는 안보리 상임이사국의 거부권 적용 없이 15개 이사국 가운데 9개국 이상의 찬성에 의하거나 유엔 회원국 과반수의 요청이 있는 경우에 소집된다. 긴급특별총회가 소집되어 권고를 하려면 참석하여 투표한 국가의 2/3의 찬성을 필요로 한다. 이는 총회에서 평화와 안전의 유지에 관한 권고는 중요문제로 지정이 되어 있기 때문이다.

---

32) 이후에 결의문에 근거하여 안보리에 의해 소집된 긴급특별총회에는 제1차 긴급특별총회(1956년의 수에즈운하 위기)·제2차(헝가리사태)·제3차(1958년의 레바논 위기)·제4차(1960년의 콩고사태)·제6차(1980년 소련의 아프가니스탄 침략)·제9차(1982년 이스라엘의 골란고원 점령)가 있다. 회원국에 의해 소집된 긴급특별총회에는 제5차(1967년 제3차 중동전쟁)·제7차(1980년과 1982년 이스라엘과 팔레스타인 분쟁)·제8차(1981년 남아프리카공화국의 나미비아 점령)·제10차(1997년-2004년/2007년/2009년/2017년/2018년 이스라엘과 팔레스타인 분쟁)가 있다. 2018년 4월에 화학무기를 사용한 시리아를 제재하고자 하는 결의안이 러시아의 거부권 행사로 안보리에서 부결되자 서방 측 국가들이 중심이 되어 긴급특별총회의의 소집을 고려했고 2017년 12월 미국이 예루살렘을 이스라엘의 수도로 하는 선언이 있고 이에 반대하는 결의안이 안보리에서 미국의 거부권 행사로 부결되자 긴급특별총회를 소집하여 반대 결의안 채택을 고려했으나 소집이 이루어지지 않았다.

즉 안보리 상임이사국의 거부권 행사로 안보리가 평화유지의 책임을 다할 수 없을 때 15개 안보리 이사국 가운데 9개국 이상이 동의하여 평화유지를 위한 조치를 위한 긴급특별총회의 소집을 요청하거나 유엔 회원국 과반수가 긴급특별총회의 소집을 요청할 수 있다. 안보리 상임이사국 중 한 국가의 반대만으로도 안건의 상정이 기각되는 것과는 소집된 긴급특별총회에서 전체 193개 회원국 가운데 2/3의 찬성표를 얻으면 결의문이 채택될 수 있다.

총회는 다른 주요기관의 보고를 받고 토의하고 권고할 수 있다. 예컨대 안보리로부터 연례보고(annual report)나 특별보고(special report)를 받아 이를 토의하고 권고할 수 있다. 더불어 총회 자체의 여러 보조기관들로부터의 보고서도 토의하고 권고할 수 있다.

총회는 유엔의 예산을 심의하고 승인하며 각 회원국의 예산 분담률을 결정한다. 총회는 자체의 임원뿐 아니라 다른 주요기관의 구성요소(안보리의 비상임이사국·경제사회이사회와 신탁통치이사회 이사국·안보리와 합동으로 국제사법재판소의 재판관)와 총회 산하의 일부 보조기관의 구성요소를 선출하거나 임명한다.

총회는 정치 분야를 비롯한 여러 분야에서 연구를 제안하고 권고할 수 있다. 구체적으로 정치 분야에서 국제협력을 촉진하고 국제법의 점진적 발전과 법전화를 장려한다. 또한 경제·사회·문화·교육·보건 분야에서 국제협력을 촉진하고 인종·성·언어·종교에 대한 차별 없이 모든 사람의 인권과 기본적 자유의 실현을 돕기 위해 연구를 제안하고 권고할 수 있다.

총회는 일반적 복지나 국가 간의 우호를 해칠 우려가 있다고 인정되는 사태에 대해 평화적 조정(peaceful adjustment)을 위한 조처를 권고할 수 있다. 총회의 대외적 권한으로는 국제기구를 일방의 당사자로 하는 협력협정 등을 체결하는 경우 이 기구를 최종적으로 대표하는 권한이 있다. 그 밖에 회원국 가입을 심의하고 유엔헌장 개정을 제의할 수 있다

이처럼 총회는 안보리가 고려하고 있는 평화와 안전에 관한 문제를 제외하고 포괄적으로 유엔의 영역 안에 속하는 어떠한 문제에 대해서도 토의를 하고 권고를 할 수 있다. 그러나 각국의 분담금 비율의 채택을 포함한 예산 문제의 승인을 제외하고 총회의 결의문은 구속력이 없는 권고에 그친다. 그러나 법적 구속력이 없는 경우에도 총회의 결의문이 국제여론에 주는 영향이 크기 때문에 각 회원국에 대한 영향력을 무시할 수는 없다.

(3) 개혁 논의

아난 제7대 유엔 사무총장은 2005년 3월 「보다 큰 자유: 모든 사람을 위한 개발, 안보 그리고 인권을 향하여(In Larger Freedom: Towards Development, Security and Human Rights for All)」라는 보고서(A/59/565)를 발간하여 유엔개혁의 지침을 밝혔다. 이 보고서는 총회의 문제점으로 다음 사항들을 지적하고 있다.[33)]

우선 총회의 본회의와 위원에서 다수의 결의안과 결의문이 채택되는 방식인 합의(consensus)의 문제점을 지적하고 있다. 합의란 공식적인 반대가 제기되지 않은 가운데 표결에 의하지 않고 통과시키는 의사결정 방식이다. 이러한 합의를 도출하기 위해서는 광범위하게 상이한 견해들의 최소한의 공통분모만을 포함하게 되고 그 결과 힘이 없는 미약한 결의안으로 귀결될 수밖에 없다는 것이다. 동 보고서는 이러한 이유를 들어 지나치게 합의에만 집착해서는 안 된다는 것을 지적하고 있다. 더불어 보고서는 총회가 결의문의 집행에 좀 더 많은 주의를 경주하여야 할 것임을 지적하고 있다. 왜냐 하면 많은 결의문들이 통과되어도 준수되지 않고 사문화되고 있기 때문이다.

보고서는 또한 총회가 문제를 다루는 데 있어서 본질적이고 실질적인 이슈를 다루기보다는 지나치게 광범위한 의제들을 다루는 경향이 있음을 지적하면서 총회의 의제를 간소화하고 집중할 것을 권고하고 있다. 즉 의제에 있어서 선택과 집중이 필요하다는 것을 주문하고 있다.

이 밖에 보고서는 총회 의장의 역할과 권한을 강화하고 위원회 구조와 절차를 간소화하는 등의 조치를 통해 위원회 체제의 효율성을 제고할 것을 권고하고 있다. 총회의 업무와 관련하여 시민사회의 역할을 향상시킬 것 역시 권고하고 있다. 또한 재정적 지원이 수반되지 않는 임무(unfunded mandates)를 최소화하기 위해 위원회의 결정을 심의하기 위한 기제(mechanism)를 수립할 것도 권고한 바 있다.

유엔총회는 동 보고서와는 별도로 2005년 9월에 결의문 A/59/313을 통과시켜 「총회의 재활성화를 위한 임시실무그룹(Ad-hoc Working Group on the Revitalization of the General Assembly)」을 구성했다. 여러 차례의 회의를 가진 후

33) 여러 유엔 사무총장들이 유엔을 개혁하기 위한 노력을 해왔지만 유엔개혁의 큰 지침을 제시했다는 점에서 아난 사무총장의 개혁안을 중심으로 설명하고자 한다.

임시실무그룹은 2006년에 총회 활성화를 위한 보고서(A/61/483)를 내놓았다. 이 보고서는 3부분으로 구성되어 있는데 실무그룹이 권고하고 있는 내용을 살펴보면 다음과 같다.

우선 보고서는 가장 중요한 이슈로서 총회의 역할 및 권한과 관련하여 다음과 같이 권고하고 있다. 주요한 권고를 선별하여 소개하면 다음과 같다. i) 국제평화와 안보 문제에 있어서 안보리가 일차적인 책임을 가지는 것은 인정하나 배타적인 것은 아니며 이러한 문제에 있어서 총회의 역할을 재확인한다. ii) 안보리가 총회에 제출하는 연례보고서가 좀 더 실질적이고 분석적일 수 있도록 질이 개선되어야 한다. iii) 경제사회이사회가 총회에 제출하는 보고서는 좀 더 간결하여야 하며 행동 지향적이어야 한다. 보고서가 행동 지향적이기 위해서는 총회가 행동을 취할 필요가 있는 중요한 분야를 강조하고 구체적인 권고를 하여야 한다. iv) 총회・안보리・경제사회이사회 사이의 일의 중복을 피하고 협력・조정・보완성을 향상시키기 위해 이들 기관 사이의 정기적인 회의를 지속시켜야 하며 주제별 쌍방향 토론(thematic interactive debate)을 조정할 필요가 있다. v) 총회 의장의 역할과 직책을 강화하기 위해 의장실(Office of the President of the General Assembly)에 4개의 전문적인 직책을 추가하고 적절한 회의시설을 확보한다. vi) 총회 의장은 후임자를 위해 최적사례(best practice)와 교훈에 관한 보고서를 임기 말에 만들어 제출한다. vii) 사무국으로 하여금 총회 결의문 내용의 이행현황을 보여주는 연례도표를 준비할 것을 요청한다. viii) 유엔이 개최한 정상회의와 전 지구적 회의에서 채택한 결정의 이행현황을 검토하기 위해 경제사회이사회로 하여금 총회를 지원하도록 촉구한다. ix) 총회의 본회의와 위원회의 결의안과 결의문은 좀 더 간결하고 초점이 있어야 하며 행동 지향적이어야 하며 전문단락(preambular paragraph)이 최소화되어야 한다. x) 총회는 사적 부문(private sector)과 비정부기구(NGO)를 포함한 시민사회(특히 개도국의 이러한 행위자들)와의 상호작용을 향상시켜야 한다. 단 유엔의 간정부적인 성격(intergovernmental nature)을 고려하고 총회의 의사규칙을 따라야 한다.

보고서의 둘째 부분은 사무총장의 선출에 관한 것으로서 주요 내용은 다음과 같다. i) 유엔헌장 제97조에 따라 사무총장은 안보리의 추천에 따라 총회가 임명한다는 점을 상기한다. ii) 사무총장의 선출절차는 좀 더 투명해야 한다. iii) 가장 우수한 사무총장 후보를 선별하고 임명하는 과정에서 지역순환제와 성 평등

(gender equality)에 적절한 주의를 기울인다. ⅳ) 사무총장 입후보자는 임기가 개시되기 최소한 6개월 전에 입후보하고 지역그룹이나 다른 그룹과의 비공식 회의를 허용할 것을 촉구한다. ⅴ) 후보자의 자질로서 유엔헌장의 원칙에 충실하고 폭넓은 지도력과 외교적인 경험의 중요성을 강조한다.

보고서의 마지막 부분은 총회의 업무방식을 다루고 있는데 주요한 권고는 다음과 같다. ⅰ) 특정 의제항목을 2년 혹은 3년 주기로 논의하고 유사한 의제항목을 묶어서 논의하며 의제항목을 제거하는 것과 같은 방식으로 총회의 의제를 줄인다.[34] ⅱ) 총회의 의사규칙을 6개 공식 언어(official languages) 모두로 발간한다. ⅲ) 더욱 더 6개의 주요위원회가 유사한 의제를 묶어서 논의하거나 의제항목을 통합하도록 하고 특정 의제에 할당된 시간을 재고할 것을 요청한다. ⅳ) 제2위원회와 제3위원회가 상호 연관이 있는 의제항목에 대해 공동의 비공식 논의를 지속적으로 고려할 것을 요청한다. ⅴ) 운영위원회(General Committee)는 회기 동안 주요위원회의 의장단과 정기적으로 모여 총회와 위원회의 업무 진척의 정도를 점검하고 업무진척을 촉진시키며 업무중첩을 최소화하기 위해 권고한다는 것을 내용으로 하는 총회 의사규칙 제42조의 효과적인 집행의 요청을 반복한다. ⅵ) 사무총장으로 하여금 좀 더 간결하고 분석적인 보고서를 제출할 것을 촉구하며 유엔이 우선적으로 관심을 두고 있는 분야에 있어서 핵심정책보고서를 매 2년마다 제출할 것을 고려하는 것을 환영한다.

총회는 이후에도 매년 결의문을 통해 임시실무그룹의 설립과 이들에 의한 보고서 제출을 결정해 오고 있다. 예컨대 2007년의 경우 8월에 결의문 A/61/292을 통과시켰으며 이에 따라 동년 9월에 모든 회원국에게 개방되는 임시실무그룹을 설립했다. 이 실무그룹에게는 관련 결의문의 이행 상태를 평가하고 총회의 역할·권한·효과성과 효율성을 제고할 수 있는 방법을 찾아 총회에 보고서를 제출하는 역할이 부여되었다. 이에 따라 임시실무그룹은 2008년 9월에 권고사항을 담고 있는 「총회의 재활성화를 위한 임시실무그룹의 보고서(Report of the Ad Hoc Working Group on the Revitalization of the General Assembly)」라는 제하의 보고서(A/62/952)를 제출했다. 2010년의 경우 보고서 A/63/959·2011년의 경우에는 보고서 A/64/903를 제출한 바 있다.

---

34) 유엔총회의 본회의와 위원회 모두에 있어서 다수의 동일한 의제항목이 매년 논의되며 매년 신규로 논의되는 의제항목은 소수에 그친다. 매년 상정되는 통과되는 결의문을 영어로 「Annual Resolution」이라고 칭하며 쿠바에 대한 경제제재를 해제하라는 결의문이 대표적인 예이다.

임시실무그룹은 최근에 4개의 주제이슈(thematic issues)인 총회를 재활성화하기 위한 방법의 하나로서의 결의문의 집행 · 경제사회이사회와 안보리를 포함한 다른 유엔기관들과 총회의 업무관계의 개선 · 사무총장 선출에 있어서의 총회의 역할과 책임 · 총회 의장의 제도적 메모리(institutional memory)의 강화에 집중하여 논의하고 이러한 논의를 기초로 권고를 하고 있다. 이러한 권고는 총회의 운영을 비롯한 총회의 전반에 걸쳐 중대한 영향을 미치고 있어 주목을 요한다.

2) 안보리

(1) 지위와 구성

안보리(Security Council, SC)는 미국 · 영국 · 프랑스 · 중국 · 러시아 5개 상임이사국과 총회에서 선출하는 10개 비상임이사국으로 구성된다. 상임이사국은 원래는 제2차 세계대전에서 승리한 강대국인 미국 · 영국 · 프랑스 · 중국 · 소련으로 구성되었다. 상임이사국 중에서 중국을 대표하는 정부는 원래 중화민국 정부였으나 1971년 10월의 제26차 총회에서 중화인민공화국을 대표로 인정한다는 결의문이 통과됨으로써 중화인민공화국 정부가 중화민국 정부를 대체했다.[35] 그리고 소련(Soviet Union)이 붕괴된 후 1991년에 러시아(Russian Federation)에 의해 대체되었다.

1960년대 초에 국제사회에 대거 등장한 개도국들의 압력에 의해 1965년에 헌장의 개정을 통해 안보리 비상임이사국의 수가 원래의 6개에서 10개로 증가했다. 이들 10개 비상임이사국은 총회에서 선출되는데 이들의 선출 시 국제평화와 안전의 유지 및 유엔의 기타 목적에 대한 공헌과 공평한 지리적 안배가 고려된다. 지리적 안배에 따라 아프리카 지역에서 3개국 · 아시아 지역에서 2개국 · 중남미카리브 지역에서 2개국 · 동유럽 지역에서 1개국 · 서유럽 및 기타지역에서 2개국이 선출된다. 이들 10개 비상임이사국 중에서 하나는 아랍국가로서 아시아지역과 아프리카지역에서 번갈아가며 나온다. 비상임이사국의 임기는 2년이고 임기의 시작은 1월 1일이다. 임기가 만료된 직후에는 재선될 수 없으며 매년 5개 이사국이 바뀐다.

---

35) 영문으로 중화민국은 「Republic of China, ROC」로 표기하고 중국인민공화국은 「People's Republic of China, PRC」로 표기한다. 중화민국은 현재 「타이완」이라고 흔히 불리며 중화인민공화국은 「중국」을 지칭한다.

한국은 유엔에 가입한 1991년 이후 처음으로 1996-1997년에 비상임이사국으로 활약한 바 있으며 2007~2008년 비상임 이사국에 입후보할 계획이었으나 유엔 사무총장으로의 진출에 집중하기 위해 비상임이사국 진출을 뒤로 미룬 바 있다. 한국은 15년 만인 2012년에 다시 비상임이사국에 선출되어 2013년부터 2014년 12월 말일까지 2년 동안 안보리의 이사국으로 활동한 바 있다.

안보리의 의장국은 매달 바뀌며 이사국 중에서 국가명의 영문 알파벳순에 의해 순환한다.[36] 의장은 의제를 설정하고 회의를 주재하며 모든 위기를 감시하는 역할을 한다. 유엔헌장 제28조 제1항에 따라 안보리의 이사국은 어느 때고 만나 임무를 수행할 수 있도록 대표들을 유엔본부가 있는 뉴욕에 상주시켜야 한다.[37] 이러한 조항이 유엔헌장의 일부가 된 것은 위기에 신속하게 대처할 수 없었던 국제연맹의 경험으로부터 유래된 것이다.

안보리 이사국은 1개의 투표권을 지닌다. 회의 개최의 시기/장소/방법 · 의사규칙의 채택 · 의장의 선임방법 · 회의의 공개와 비공개 여부 · 보조기관의 설치 · 이해 관계국의 참가와 분쟁 당사국의 참가의 권유 등에 대한 결정과 같은 절차문제(procedural matter)는 15개 이사국(5개 상임이사국과 10개 비상임이사국) 중에서 9개 이사국의 찬성으로 결정된다.

이와는 달리 실질문제(substantive matter)의 경우는 5개 상임이사국을 포함한 9개 이사국의 찬성으로 의결된다. 즉 실질문제가 통과되기 위해서는 5개 상임이사국 모두의 찬성과 더불어 최소한 4개 비상임이사국의 찬성을 확보하여야 한다. 이러한 강대국 만장일치의 원칙을 「거부권(veto power)」이라고 부른다. 따라서 실질문제 결정에서 상임이사국의 반대투표는 거부권 행사가 된다. 이처럼 실질문제에 대한 결정은 5개 상임이사국 모두의 찬성표를 필요로 한다고 하나 기권을 거부권의 행사로 인식하지 않는 것이 안보리의 오랜 관행으로서 확립되었으며 상임이사국의 결석 역시도 거부권의 행사로 보지 않는 관행이 형성되어 있다.[38]

---

36) 여러 가지 이유로 매 1개월마다 안보리의 이사국들이 돌아가면서 의장직으로 맡는다. 한 국가가 오랜 기간 동안 의장직으로 단독으로 수임할 경우 만약 이 국가가 안보리가 다루어야 의제들과 관련하여 일관된 편파성을 가진다면 논의의 결과에 중대한 영향을 미치지 않을 수 없기 때문에 이를 피하기 위한 것도 하나의 중요한 이유가 된다.

37) 유엔헌장 제28조 제1항은 「안보리는 계속적으로 임무를 수행할 수 있도록 조직된다. 이를 위하여 안보리의 각 이사국은 기구의 소재지에 항상 대표를 둔다」라고 규정하고 있다.

38) 유엔 안보리 상임이사국의 거부권과 관련하여 상임이사국의 기권과 결석이 거부권의 행사인가의 여부를 두고 논란이 야기된 바 있다. 유엔헌장의 문구에 따르면 실질문제에 대한 결정은 5개 상임이사국 모두의 찬성표를 필요로 한다고 하나 기권은 거부권을 행사한 것으로 인식하지 않는 것이 안보리의 오랜 관행으로서 확립되었다. 소련이 중국의 대표권 문제를 둘러싸고 불만을 표시하기 위해 1950년 1

유엔 안보리에 있어서 어떤 사항이 절차문제인가 아니면 실질문제인가를 결정하는 것 역시 실질문제로 간주되어 상임이사국 5개국을 포함한 9개 이사국의 찬성을 필요로 한다. 절차문제인가 아니면 실질문제인가를 결정하는 것 역시 상임이사국의 거부권의 대상이 되어 이를 두고 상임이사국의 「이중 거부권(double veto)」이라고 부른다.

이중 거부권이란 어떤 사안이든지 이러한 사안이 절차사항이라고 결정되는 것을 막기 위해서 거부권을 사용하는 것을 말한다. 즉 거부권의 적용을 회피하기 위해 어떤 사안을 절차적인 것으로 취급하려는 시도를 안보리 상임이사국은 어느 국가도 거부할 수 있고 나아가 그러한 사안을 다루는 결의안을 거부권을 행사하여 거부할 수 있다는 것을 의미한다. 이러한 이중 거부권의 성격은 「나는 안보리의 결정을 거부할 수 있으나 나는 내가 거부할 수 있는 문제를 결정할 수 있다(I can veto the decision of the Council, but I can determine the question which I will veto)」는 말에 그대로 담겨 있다.[39] 한 마디로 이중 거부권이란 어떠한 사안도 상임이사국의 뜻을 거슬러 절차적인 문제로 간주될 수 없다는 것으로 보장해주는 것이다.

이중 거부권은 헌장 규정상 적법한 것이지만 남용되는 경우가 적지 않다. 구체적으로 명백히 절차적인 문제임에도 불구하고 거부권을 행사하여 채택을 막기 위해 실질적인 문제라고 주장하는 경우이다. 이러한 남용의 문제가 발생하는 것은 유엔헌장이 절차문제와 실질문제를 명백히 구별하고 있지 않기 때문이며 같은 사안이 관점에 따라 절차적일 수도 실질적일 수도 있는 양면을 가질 수도 있기 때문이다.

이러한 문제를 해결하기 위한 방편의 하나로서 1949년 4월 총회는 결의문(A/RES/267(III))의 채택을 통해 안보리에게 절차문제로 간주되어야 하는 문제의 목록을 권고한 바 있다. 이에 따르면 국제평화와 안보의 유지와 관련한 문제의 총회로의 이전·총회에게 안보리 소관인 분쟁이나 상황에 대한 권고의 요청·사무총장에게 특별총회의 소집의 요청·총회에 제출할 연례보고서의 승인·유엔의 의석이 아닌 다른 장소에서의 회합의 개최·안보리 기능의 수행을 위해 필요하

월부터 안보리를 떠났고 이 사이에 한국전쟁과 관련한 중대한 결의문이 채택된 바 있다. 소련이 이러한 결의문의 채택에 반발하면서 상임이사국의 결석이 거부권의 행사냐 아니냐의 논란이 발생했는데 이를 계기로 상임이사국 중 어느 한 국가의 결석 시에도 결의문이 채택되는 관행이 시작되었다.

39) Security Council Official Records(SCOR), 49th Meeting, p. 425

다고 생각되는 보조기관의 설치가 절차문제에 해당한다. 그러나 당 결의문은 이러한 목록이 고정된 것이 아니며 다른 문제들도 안보리 이사국들이 동의가 있으면 절차문제가 될 수 있다는 것을 강조함으로써 절차문제의 성격을 애매모호하고 논쟁적으로 만들었다는 평가가 있다. 이러한 논란에도 불구하고 의제의 채택·의제에 의제항목의 추가·개인의 안보리 회합에의 참여 요청·정회나 휴회와 같은 사안은 절차적인 것으로서 안보리 이사국들 사이에 일반적인 합의가 존재하는 것으로 간주된다.

위에서 언급했듯이 유엔총회의 경우 중요문제의 경우 출석하여 투표하는 국가의 2/3이상의 찬성을 필요로 한다. 그러나 무엇이 중요한 문제인가를 결정하는 것은 1/2이상의 찬성 즉 단순다수결로 결정한다. 이처럼 총회의 경우는 문제를 중요문제와 그렇지 않은 문제로 구분하고 안보리의 경우는 절차문제와 실질문제로 문제를 구별하여 가결필요표수를 달리하나 경제사회이사회는 문제의 구별 없이 출석하여 투표하는 국가의 과반수를 가결필요표수로 한다.

유엔 회원국이 아니거나 안보리의 이사국이 아닌 국가의 경우 그 국가의 이해관계가 특별하게 영향을 받는다고 안보리 이사국들이 동의할 경우 이사회의 토의에 참가할 수 있다. 최근에는 이러한 규정을 느슨하게 해석하여 많은 국가들로 하여금 토의에 참가하도록 하고 있다. 유엔 회원국이 아닌 국가의 경우 분쟁의 당사국이라고 안보리가 고려할 경우 통상적으로 참가할 것을 요청받는다.

안보리 역시 보조기관을 두고 있는데 이러한 보조기관에는 유엔에의 가입을 희망하는 국가에 대한 심사를 하는 신규 가입국 심사위원회(Committee on the Admission of New Members)와 안보리가 사용할 수 있는 병력확보를 위해 개별국가와 특별협정을 체결하는 권한을 가진 군사참모위원회(Military Staff Committee) 등이 있다.

(2) 임무와 권한

안보리는 헌장 제24조에 의해 국제평화와 안전의 유지에 관한 일차적인 책임을 진다. 헌장은 안보리로 하여금 이러한 책임을 다하도록 하려고 제6장·제7장·제8장·제12장에서 특정의 권한으로서 조사권이나 권고의 권한 등을 규정하고 있다. 안보리는 유엔의 다른 이사회와는 달리 헌장 제25조에 따라 회원국에 대해 법적 구속력을 지닌 결정을 내릴 수 있는 권한을 보유하고 있다.

헌장 제6장은 분쟁의 평화적 해결을 위한 안보리의 권한을 규정하고 있다. 이에 따르면 안보리는 어떠한 분쟁이나 국제적인 마찰로 이어지거나 분쟁을 발생하게 할 우려가 있는 사태에 대해 조사할 수 있고 이러한 분쟁과 사태가 국제평화와 안전을 위태롭게 할 우려가 있다고 결정하면 적절한 조정의 절차나 방법을 권고할 수 있다. 그러나 이러한 권고는 회원국에 대해 법적 구속력을 가지지 않는다.

헌장 제7장은 분쟁의 강제적 해결을 위한 안보리의 권한을 규정하고 있다. 이에 따르면 안보리는 평화에 대한 위협이나 평화의 파괴 또는 침략행위의 존재를 결정하고 국제평화와 안전을 유지하고 회복하기 위해 권고를 하거나 강제조치를 결정할 수 있다. 여기서 강제조치란 비군사적 조치와 군사적 조치를 의미한다. 이처럼 안정보장이사회는 헌장 제7장에 근거하여 권고를 하거나 강제조치를 결정할 수 있는데 이 중에서 강제조치의 결정은 법적 구속력을 지닌다.

비군사적 조치는 헌장 제41조에 언급되어 있는데 경제관계와 철도·항해·항공·우편·전신·무선통신과 기타 교통통신 수단의 전부나 일부의 중단과 외교관계의 단절을 포함한다. 군사적 조치는 헌장 제42조에 근거한 조치로서 안보리가 이미 취한 비군사적 조치가 불충분할 것으로 인정하거나 불충분한 것으로 판명되었다고 인정하는 경우에 한해 취해지는 국제평화와 안전의 유지 혹은 회복에 필요한 공군이나 해군 또는 육군에 의한 조치를 의미한다. 구체적으로 유엔 회원국의 공군·해군·육군에 의한 시위와 봉쇄 그리고 다른 작전을 포함한다.

군사적 조치의 예로는 1950년 한국전쟁이 발발했을 때 유엔이 취한 군사조치와 1991년 이라크와 쿠웨이트 사이의 전쟁 시 연합군에 의한 군사조치를 들 수 있다. 비군사적인 조치의 예로는 북한의 핵실험과 관련하여 취해진 일련의 대북 경제제재(economic sanction)를 들 수 있다.

이처럼 안보리는 국제평화와 안전유지에 대하여 일차적인 책임을 지고 분쟁 혹은 국제적인 마찰로 이어지거나 분쟁을 발생하게 할 우려가 있는 사태를 평화적으로 처리하고 평화에 대한 위협·평화의 파괴·침략행위 등에 대해 권고를 하거나 강제조치를 결정한다.

이 밖에 안보리는 군비규제계획의 작성(제26조)·국제사법재판소의 판결사항의 집행(제94조)·지역적 분쟁에 대한 지역적 처리의 장려(제52조)·지역적 강제행동의 허가(제53조) 등을 한다. 이와 더불어 회원국의 가입·회원국의 권리와 특권의 정지·회원국의 제명을 총회에 권고한다(제4조-제6조). 사무총장의 임명을 위해 총회에 권고를 하고(제97조) 국제사법재판소의 판사를 선출한다(국제사법재판소규정 제8조).

안보리는 평화유지활동(PKO)과 관련하여서도 권한을 갖는다. 헌장 제6장에 의한 분쟁의 평화적 해결방식은 구속력이 미흡하고 제7장의 분쟁의 강제적 해결은 안보리 상임이사국의 거부권 행사로 많은 제약을 받는다. 따라서 유엔은 이러한 한계를 타개하기 위한 방편으로 필요한 경우 제한적 범위 내에서 자위적인 무력사용 등을 허용하는 「평화유지활동」이라는 현실적인 대안을 창안하게 되었다. 이러한 평화유지활동은 안보리의 승인 아래 사무국 내의 평화유지활동국(Department of Peacekeeping Operation, DPKO)의 세부적인 계획으로 이루어진다.

안보리는 결의안에 대해 합의에 이르지 못하거나 표결로 통과시키지 못할 경우 결의문 대신에 법적 구속력이 없는 의장성명(Presidential Statement)을 채택할 수 있다. 이러한 의장성명은 종종 막후교섭의 산물로서 표결이 아닌 합의에 의해 채택된다. 이러한 의장성명은 안보리가 주의를 기울이고 있고 향후 강제조치가 뒤따를 수 있다는 경고성의 정치적 압력을 가할 의도로 채택된다.[40] 또 다른 조치로서 의장성명이 아닌 언론발표문(Press Statement)을 채택할 수도 있다.[41] 이러한 언론발표문 역시 결의문과는 달리 법적 구속력을 가지지 못하며 통상적으로 안보리가 중요한 회의를 가진 후 회의에서 논의된 내용을 포함한다.

이처럼 안보리의 토의의 결과는 결의문이나 의장성명 혹은 언론발표문의 채택과 같은 세 가지 형태를 취한다. 사안에 따라 어떤 형식을 취할 것인가를 두고 안보리 이사국들 사이에 긴 협상이 진행되곤 한다. 이 중에서 언론발표문이 가장 강도가 낮고 이러한 언론발표문보다 강도가 높은 것이 의장성명이며 가장 강도가 높은 것이 결의문이다. 의장성명은 안보리의 기록으로 남는다는 점에서 언론발표문보다 더 강력한 형식으로 간주된다. 언론발표문과 의장성명의 경우 15개 안보리 이사국의 합의(consensus)가 필요하고 결의문의 경우는 5개 상임이사국을 포

40) 안보리는 2006년 10월 6일 북한이 핵실험 위협을 한 지 4일 만에 북한에 대해 핵실험계획을 포기할 것을 촉구하는 의장성명을 발표한 바 있다. 이 의장성명에 미국 등이 요구한 유엔헌장 7장에 따른 제재 부분이 빠지면서 핵실험 시 어떤 제재 조치를 취할 것인가에 대해 구체적으로 명기하지는 않았지만 핵실험을 강행하면 유엔헌장이 규정한 의무와 책임에 따라 안보리가 대북제재에 나설 수 있다는 것을 경고하고 있다. 이러한 의장성명은 앞으로 상황 변화에 따라 구속력을 갖는 제재 결의안을 채택하는 밑거름으로 작용할 것으로 예상되었는데 북한이 핵실험을 강행하자 이를 바탕으로 구속력을 갖는 강제적인 경제제재 조치가 실질적으로 취해졌다.

41) 「언론발표문」이라는 말 대신에 「언론성명」이라는 표현을 쓰기도 한다.

함한 9개 이사국 이상의 찬성을 필요로 한다.

(3) 개혁 논의

안보리의 개혁 논의의 배경에는 우선 대표성의 결여가 있다. 유엔이 회원국 51개국으로 출발할 당시 안보리의 이사국 수는 상임이사국 5개국과 비상임이사국 6개국을 합쳐 11개국이었다. 신생독립국들이 유엔 가입으로 회원국의 수가 크게 늘면서 1965년에 헌장개정이 이루어져 상임이사국의 수는 그대로 둔 채 비상임이사국의 수만 6개국에서 10개국으로 늘어났다. 그 결과 이사국의 수는 11개국에서 15개국(상임이사국 5개국과 비상임이사국 10개국)이 되었다.

2018년 12월 현재 유엔 회원국의 수가 193개국임에도 불구하고 이사국의 수는 여전히 15개국에 머물러 있으며 개도국들이 유엔 회원국의 2/3이상을 점유하고 있음에도 불구하고 안보리의 상임이사국의 자리에 진출해 있지 않다.[42] 이때문에 개도국들은 안보리의 대표성을 제고시키기 위한 개혁을 강조해 왔다.

다른 측면에서의 대표성의 문제가 일본과 독일에 의해 제기되었다. 유엔에서 미국에 이어 두 번째와 세 번째로 많은 예산을 분담해 오고 있던 일본과 독일이 재정적인 기여에 상응하는 지위로서 상임이사국으로의 진입을 요구했다. 구체적으로 이들은 대표 없는 곳에 과세 없다는 입장을 개진하고 있다.[43]

개혁 논의의 또 다른 배경은 국제평화와 안전의 유지를 위한 안보리의 실효성에 대한 문제제기이다. 냉전시대에 동서 양진영 사이의 이념적인 대립으로 안보리가 거의 마비상태에 빠져 있었다. 냉전이 종식된 이후 냉전시대처럼 이념적인 대립이 원인이 된 것은 아니지만 지역분쟁·국제 테러리즘·핵확산 등으로 인해 국제사회의 평화와 안전이 크게 위협받고 있음에도 불구하고 안보리는 상임이사국들의 자국의 이익에 따른 거부권의 행사로 제 역할을 제대로 수행하지 못하고 있다.

이러한 요구에 직면하여 유엔은 탈 냉전기에 접어든 1993년 제48차 유엔총회에서 「안보리 개혁 논의를 위한 실무그룹」을 조직하여 안보리의 개혁을 논의해 왔다. 이들 실무그룹의 논의의 핵심은 크게 두 가지로 구분될 수 있다. 하나는

42) 중국을 전형적인 개도국의 하나로 볼 것인가 말 것인가에 대해서는 이론이 있을 수 있다.

43) 2018년까지 유엔의 정규예산 분담률의 순위에서 일본과 독일이 미국의 뒤를 이어 2위와 3위를 기록하고 있었으나 2019년부터는 중국이 미국 다음으로 높은 분담률을 부담하게 됨으로써 일본과 독일은 3위와 4위에 머물게 되었다.

안보리의 이사국의 구성과 규모를 어떻게 할 것인가와 같은 조직개편 문제이고 또 다른 하나는 거부권의 사용범위를 포함하여 운영개선을 어떻게 할 것인가의 문제이다.[44] 그러나 실제에 있어서 거의 모든 논의는 조직개편 문제에 집중되어 오고 있다.[45]

안보리의 개혁 논의는 이해관계를 같이 하는 국가들 사이의 그룹을 통해 전개되었다. 안보리의 상임이사국 그룹 · 비동맹 그룹 · 일본/독일/브라질/인도와 같은 상임이사국 진출 희망국 그룹(Aspirant Group) · 한국을 포함한 중견국가 그룹(Middle Power Group)이 존재한다.[46] 그러나 이들 사이의 이해관계의 첨예한 대립으로 인해 아무런 진전을 거두지 못해 오고 있다. 이들에 의해 제기된 여러 제안들을 분류하여 소개하면 다음과 같다.

우선 상임이사국과 비상임이사국을 동시에 확대하여야 한다는 안이 있다. 이 안은 1996년 제51차 유엔총회 의장인 라잘리(Razali Ismail)가 제안한 것이라고 해서 흔히 「라잘리 안」이라고 불린다. 상임이사국 5개국(선진국 2개국+개도국 3개국)과 비상임이사국 4개국을 증설한다는 것이 주요 내용이다.

두 번째 안은 소위 「Quick Fix 안」으로 불리는 것으로서 말 그대로 신속하게 확정한다는 안이다. 즉 안보리의 확대개편에 전반적인 합의가 도출되려면 장시간을 요하기 때문에 잠정적이기는 하지만 우선적으로 2개 상임이사국(일본과 독일)과 3개 비상임이사국 자리를 증설하자는 안이다.

세 번째 안은 비상임이사국만을 확대한다는 안이다. 상임이사국의 확대개편까지 논의에 포함시킬 경우 합의에 이르기가 쉽지 않기 때문에 우선적으로 현재의 2년 임기에 선거를 통해 선출되는 비상임이사국의 수를 늘리자는 안이다. 이 안은 한국을 비롯한 중견국가가 지지하는 안이다.

네 번째 안은 기존의 이사국과는 다른 새로운 형태의 이사국을 두자는 안이다. 이러한 제안은 구체적으로 3가지 다른 제안으로 분화된다. 우선 지역순환 상임이사국안이 있다. 지역별로 상임이사국 자리를 배정한 다음 지역 내 국가들이

44) 간혹 「인도주의적 위기가 발생할 경우는 거부권을 사용할 수 없게 하여야 한다」는 것과 같은 논의가 진행되기도 한다.

45) 이러한 문제들 이외에 총회와 안보리의 관계를 어떻게 가져갈 것인가 역시 안보리 개혁 이슈 중의 하나이다.

46) 일본 · 독일 · 브라질 · 인도와 같은 상임이사국 진출 희망국 그룹을 간단히 「G-4」라고 부른다. 안보리 개혁을 둘러싸고 견해를 같이 하는 중견국가들의 그룹을 「Coffee Club」이라고도 부른다. 또한 안보리의 개혁은 표결이 아닌 합의에 의해 이루어져야 함을 강조한다고 하여 「합의연합(Uniting for Consensus, UfC)」이라고도 불린다.

일정한 주기를 두고 돌아가면서 상임이사국의 역할을 하자는 안이다. 주기를 아주 길게 한다고 해도 어느 때인가는 순환하여야 한다는 의미에서 기존의 항구적인 상임이사국과는 다르다. 또 다른 안은 순환 이사국안으로 30개 후보 국가군을 선출한 다음 이 중 10개국씩 돌아가며 이사국의 역할을 맡는다는 안이다. 마지막으로 준상임이사국안이 있다. 4-5년을 임기로 하되 연임을 가능하게 하자는 안이다.[47)]

이러한 논의가 위에서 언급한 1993년에 구성된 실무그룹을 중심으로 10여년 지속되었음에도 불구하고 별다른 성과를 보이지 않자 아난 사무총장은 2003년 9월에 16명의 위원으로 구성된 고위급패널(High-Level Panel)을 구성하여 안보리 개혁을 위시한 유엔개혁을 위한 보고서를 작성하도록 했다.[48)] 이에 따라 2004년 12월에 「보다 안전한 세계: 우리들의 공유된 책임(A More Secure World: Our Shared Responsibility)」이라는 제하의 보고서가 탄생했다. 아난 사무총장은 이 보고서를 토대로 「보다 큰 자유: 모든 사람을 위한 개발, 안보 그리고 인권을 향하여(In larger Freedom: Towards Development, Security and Human Rights for All)」라는 제하의 사무총장 보고서를 제출하여 안보리 개혁을 비롯한 유엔개혁에 대한 권고안을 제시했다.

사무총장 보고서의 안보리 개혁안은 2개의 안으로 구성되어 있다. 첫 번째 안은 거부권 없는 상임이사국 6개석을 신설하고 기존 2년 임기의 비상임이사국 3개석을 신설하여 총 24개 이사국을 갖는 소위 A안이다. 여기에서 거부권이 없는 상임이사국 6개석은 아시아지역에 2개석 · 아프리카지역에 2개석 · 미주지역에 1개석 · 유럽지역에 1개석이 배정되도록 되어 있다.

또 다른 안은 「B안」이라고 불리는 것으로서 상임이사국의 수는 그대로 유지하고 대신에 4년 임기에 재선이 가능한 소위 「준상임이사국」이라고 불리는 새로운 개념의 이사국을 8개석 신설하고 기존의 2년 임기의 비상임이사국 1개석을 신설하는 안이다. 8개의 준상임이사국은 4개 지역(아시아 · 아프리카 · 유럽 · 미주지역)에서 각기 2개국씩 선출되며 임기가 연장될 수 있다는 특징을 지닌다.

이 두 개의 안은 큰 차이를 가짐에도 불구하고 모두 거부권을 가진 상임이사국의 증설을 포함하고 있지 않고 이사국의 수를 현재의 15개국에서 24개국으로

47) 현재 비상임이사국은 2년 임기에 연임이 불가능하고 2년을 기다린 후에야 재선될 수 있다.
48) 패널의 공식 이름은 「High-Level Panel on Threats, Challenges and Change」이다.

늘린다는 점에서 동일하다. 아난 사무총장은 이러한 안과 더불어 2005년 9월 제60차 유엔에서 개최되는 정상회의 전까지 안보리 개혁 논의를 끝내고자 했다.

그러나 실제의 회원국들의 논의 과정에서 개편 논의는 내용 면에서 이 두 가지 안이 중심이 되지 않았으며 성과 면에서는 아무런 결과 없이 일단 막이 내렸다. 상임이사국 진출을 강력하게 희망하는 G-4 국가들 · 이들이 상임이사국이 될 경우 국제사회에서 상대적 열세와 박탈감을 느끼게 될 한국을 위시한 중견국가들(Middle Powers) · 이들 G-4 국가들이 상임이사국에 진출할 경우 자신들의 영향력 감소를 감수하여야만 하는 기존 상임이사국들(P-5) · 개도국을 위한 상임이사국 자리가 증설될 경우 누가 이 자리를 차지할 것인가를 두고 뜻을 달리하는 개도국들의 입장이 어긋났기 때문이다.

안보리 개편 논의가 1993년에 안보리 개편을 위한 실무그룹이 설치된 이래 유엔총회 내에서 주요 이슈로서 논의되어 왔지만 회원국들 간의 이견으로 교착상태가 지속되자 이러한 실무그룹과는 별도로 안보리 개혁을 위한 정부 간 교섭(inter-governmental negotiation)이 2009년부터 시작되었으나 각국의 주장이 열거된 문건을 작성하는 단계에 멈춰서 있다. G-4 국가는 상임이사국과 비상임이사국 모두를 확대하는 안을 중심으로 한 개혁을 위한 결의안의 초안작성을 추진했지만 중국 · 한국 · 이탈리아 등의 반발로 실패했다.

2012년에 안보리의 개혁에 관한 정부 간 교섭이 유엔본부에서 개최되었다. 여기에서 이탈리아와 한국 등 합의연합(Uniting for Consensus, UfC)은 임기 2년의 비상임이사국만을 확대해야 한다는 이제까지의 입장으로부터 최장 6년 임기의 준상임이사국을 신설하는 입장으로 전환했음을 강조하고 상임이사국의 확대를 일관되게 요구하는 일본을 비롯한 G-4도 양보해야 한다고 강조했다. 즉 합의연합은 준상임이사국의 신설하는 안을 제시하면서 20년 후에 심의를 다시 할 것을 의무화하여 G-4가 요구하는 상임이사국 확대와 상임이사국 가입 논의의 문을 열어놓고자 했다.

일본은 상임이사국 진입을 목표로 상임이사국과 비상임이사국의 동시 확대를 일관되게 주장해온 이제까지의 입장이 벽에 부딪히자 방향을 전환하여 현행 비상임이사국보다 임기가 길고 일정기간이 경과한 뒤에는 상임이사국으로의 승격이 가능한 준상임이사국의 창설에 대해서도 논의할 의향이 있다는 새로운 입장을 처음으로 표명했다. 일본은 20년 가까이 유엔 안보리 상임이사국 진출을 타진해왔지만 사실상 불가능하다고 판단해 준상임이사국을 거쳐 상임이사국으로 우회 진출하는 쪽으로 전략을 수정한 것으로 보인다.

종합적으로 보아 안보리 이사국을 증설한다는 원칙에는 공감하고 있지만 상임이사국의 증설 여부와 거부권 문제 등 구체적인 쟁점을 둘러싸고는 적지 않은 입장차를 보이고 있다. 구체적인 쟁점별 논의 동향을 요약하여 살펴보면 다음과 같다.

우선 이사국의 구성 문제를 살펴보면 G-4 그룹과 아프리카 국가들은 상임이사국과 비상임이사국의 동시 증설을 주장하고 한국을 비롯한 합의연합은 비상임이사국만의 증설을 주장하는 차이를 보인다. 이러한 견해 차이를 봉합하기 위해 타협안으로서 장기 임기(현재의 비상임이사국의 임기인 2년보다 긴 임기)에다가 연임까지 가능한 제3의 안이 논의되고 있다.

이사국의 규모와 관련하여 현재의 15석에서 21석으로 증설하여야 한다는 안부터 27석으로까지 증설하여야 한다는 안이 서론되고 있으니 25석 정도가 적절하다는 것이 대체적 의견이다. 미국의 경우 21석 이상으로 확대하는 것은 수용할 수 없다는 입장을 견지하고 있다. 이처럼 여러 의견이 대두되고 있지만 대표성의 제고를 위해 이사국 수의 확대는 필요하나 효율성을 해칠 정도로 과도하게 확대되어서는 안 된다는 것이 일반적인 논의의 원칙으로 거론되고 있다.

거부권 문제와 관련하여서는 기존 상임이사국의 거부권을 어떻게 할 것인가의 문제와 상임이사국이 증설될 경우 신규 상임이사국의 거부권을 어떻게 할 것인가의 문제로 구분하여 살펴볼 필요가 있다. 우선 기존 상임이사국의 거부권과 관련하여 아프리카 국가들은 거부권의 폐지를 주장하나 기존 상임이사국들은 거부권 수정에 대해 강하게 거부하고 있다. 단 상임이사국 중 프랑스의 경우 대량범죄(mass crime)의 경우 거부권 사용의 제한을 제안한 바 있다. 기존의 상임이사국이 반대하는 한 현실적으로 거부권을 폐지할 가능성이 희박하다는 점에서 거부권의 행사범위를 제한하는 방안이 현실적 대안으로 논의되고 있다.

상임이사국이 증설될 경우 이들의 거부권과 관련하여 G-4는 거부권을 부여하여야 하나 15년 후 검토회의 시까지 자발적으로 거부권 행사를 자제할 수 있다는 입장을 보이고 있다. 아프리카 그룹은 원칙적으로 거부권은 폐지되어야 하지만 폐지되지 않을 경우 신규 상임이사국에게도 동등하게 부여되어야 한다는 입장을 보이고 있다.

쟁점에 대한 입장을 그룹별로 구분하여 보다 상세하게 살펴보면 다음과 같다. 우선 G-4는 상임이사국과 비상임이사국의 동시 증설을 지지하며 신규 상임이사국에게도 거부권을 부여하되 재검토(15년 후)까지 거부권을 행사하지 않겠다는 입장이다. G-4 내에서도 이견이 존재하는데 인도와 브라질은 강경한 입장을 유지하는 반면에 독일과 일본은 장기 임기 의석 신설 후 재검토를 거쳐 상임 의석으로 전환할 수 있다는 안을 제시하는 등 상대적으로 유연한 입장을 보이고 있다.

한국·이탈리아·파키스탄·아르헨티나·스페인·캐나다·코스타리카·콜롬비아·멕시코·터키·몰타·산마리노 등 12개국으로 구성된 합의그룹은 안보리의 대표성·책임성·민주성 제고 원칙에 부합하도록 정기적 선거를 통해 선출되는 비상임이사국만의 증설을 지지한다. 합의그룹이라는 이름에서 보듯이 안보리의 개혁이 표결이 아닌 합의에 의해 이루어져야 한다는 것을 강조한다. 안보리의 개혁 핵심이슈인 안보리의 구성과 규모 그리고 거부권과 작업방식 등에 대하여 일괄적으로 타결할 것을 주장한다. 안보리의 개혁 달성을 위한 유연성 발휘 차원에서 타협안으로 장기 임기의 연임이 가능한 새로운 형태의 이사국 신설을 검토할 수 있다는 유연한 입장을 제시한 바 있다.

아프리카 그룹(AU 54개국)은 「유엔개혁에 관한 에줄위니 공동입장(Ezulwini Common African Position on UN Reform)」이라고 불리는 입장을 견지하고 있다. 이 입장은 상임이사국에 아프리카 국가가 단 1개국도 포함되어 있지 않다는 역사적 불공정성에 강한 반감을 가지고 아프리카 그룹에 거부권 보유 상임이사국 2석과 비상임이사국 5석(현재의 3석에서 2석 증설) 배정을 요구하고 있다. 거부권은 폐지되어야 하나 폐지되지 않을 경우 신규 상임 이사국에게도 동등하게 부여되어야 한다는 입장을 보이고 있다. 구체적으로 어느 국가가 상임이사국이 될 것인가는 아프리카 그룹이 자체적으로 결정하겠다는 입장이다. 아프리카 그룹은 중도적인 타협안으로 제시되고 있는 장기 임기의 의석 신설 방안에는 반대하고 있다.

기존 상임이사국은 기본적으로 현상유지를 선호하나 안보리의 개혁 필요성에 대한 전반적 공감대를 감안하여 적극적 개입을 자제하면서 원칙적 입장만을 표명하고 있다. 이들은 기존 상임이사국의 거부권의 수정에 불가하다는 입장을 공통적으로 견지하고 있으나 상임이사국의 증설 여부에 대해서는 이견을 보인다.

미국·영국·프랑스는 상임이사국 증설을 지지한다. 구체적으로 미국은 소규모 증설(21석 이상 확대 불가)에 찬성하고 특정 국가를 명시하지 않은 상임이사국 증설(예컨대 그룹 내 자체 결정이나 지역 순환 등)에는 반대한다. 오바마 대통령의 경우 인도와 일본의 상임이사국 진출은 지지한다는 입장을 가지고 있었다. 영국과 프랑스는 G-4와 아프리카의 상임이사국 진출을 지지하며 프랑스는 아랍 국가의 상임 진출도 지지하고 있다.

이에 비해 중국과 러시아는 신중한 접근을 강조하고 있다. 구체적으로 중국은 합의연합과 협력관계를 유지한 가운데 안보리 내의 개도국 대표성의 제고와 합의의 중요성을 강조한다. 실질적으로 안보리의 개혁 논의의 진전 자체를 원하지 않으며 상임이사국 증설 방안에 적극적으로 반대하는 입장이다. 러시아는 기존 상임이사국의 기존 권한의 제한에 반대하며 이사국 수에 있어서 21개석 정도에 이르는 소규모 증설이 바람직하다는 입장을 보이고 중도 방안인 제3의 이사국 형태에 대해 검토가 가능하다는 입장이다.

아프리카・중남미・아주 지역 개도국을 중심으로 한 L.69그룹은 상임이사국과 비상임이사국의 동시 증설과 심나리의 소국의 이사국 참여가 필요하다는 입장이다. 상임이사국의 거부권 보유 문제에 대해서는 L.69 내부적으로 이견이 존재한다.49)

3) 경제사회이사회

(1) 지위와 구성

경제사회이사회(Economic and Social Council, ECOSOC)는 총회에서 선출되는 임기 3년의 54개 이사국으로 구성되고 매년 18개국씩 바꾸며 재선도 가능하다. 이들 이사국들은 지리적인 배분을 고려하여 아프리카지역 14개국・아시아지역 11개국・중남미카리브지역 10개국・동유럽지역 6개국・서유럽 및 기타지역 13개국으로 구성된다. 설립 당시 이사국의 수가 18개였으나 수적으로 증가한 개도국의 요구에 의해 1965년에 헌장의 개정이 이루어져 27개 국가로 늘어났고 1973년에 또 다시 헌장이 개정되어 현재의 54개 국가로 늘어났다.

어떤 유엔 회원국이든 이사국이 될 수 있는 자격을 가지지만 경제력을 가지

---

49) 「L.69」이라는 그룹의 이름은 이들이 제출한 결의안의 문건번호인 A/61/L.69에서 유래한 것이다. L.69그룹은 총 25개 국가로 구성되어 있다. 구체적으로 아프리카 지역의 남아프리카공화국/베냉/부룬디/카포베르데/라이베리아/모리셔스/나이지리아/르완다/세이셸・중남미 지역의 자메이카/브라질/바베이도스/그레나다/가이아나/아이티/세인트빈센트 그레나딘・아주 지역의 인도/부탄/피지/나우루/팔라우/파푸아뉴기니/솔로몬제도/투발루/바누아투이다.

고 있는 선진국들이 좀 더 선출에 유리하다고 할 수 있다. 안보리처럼 상임이사국이 존재하는 것은 아니지만 현실적인 필요에 의해 중국을 제외한 강대국들이 사실상 계속해서 선출되고 있다.[50)]

경제사회이사회의 의장(President)은 1년 임기로 선출되며 중소국가에서 나오는 것을 전통으로 하고 있다.[51)] 경제사회이사회 의장단은 1인의 의장과 4인의 부의장으로 구성되며 이들은 1년간 이사회 회의의 조직과 운영을 관장하게 된다.[52)] 경제사회이사회는 1년에 한번 7월에 4주의 회기로 회의를 갖는다. 이렇게 개최되는 회의를 「경제사회이사회의 실질회의(Substantive Session of the Economic and Social Council)」라고 부른다. 1998년 이래로 경제사회이사회는 매년 4월에 세계은행(WB) 및 국제통화기금(IMF)과 회의를 가져오고 있다. 경제사회이사회에서 이사국은 1인의 대표를 가지며 1개의 투표권을 행사한다. 모든 결정은 출석하여 투표하는 이사국의 과반수에 의해 성립한다.

경제사회이사회는 산하에 많은 보조기관을 두고 있다. 주요 보조기관으로서 세계의 여러 지역의 경제(사회) 문제를 다루는 지역위원회(regional commission)와 사회발전과 인권 등 기능적인 사항을 다루는 기능위원회(functional commission)가 경제사회이사회를 지원하고 있다.

구체적으로 기능위원회는 연구와 권고를 통해 경제사회이사회의 업무수행을 보조하며 결의안과 협정안을 채택함으로써 경제사회이사회와 총회에 활동지표를 제공한다. 이러한 기능위원회에는 사회개발위원회(Commission for Social Development)·마약위원회(Commission on Narcotic Drugs)·범죄예방형사사법위원회(Commission on Crime Prevention and Criminal Justice)·개발과학기술위원회(Commission on Science and Technology for Development)·지속가능발전위원회(Commission on Sustainable Development)·여성지위위원회(Commission on the Status of Women)·통계위원회(Statistical Commission)·인구개발위원회(Commission

50) 한국은 유엔에 1991년에 가입한 후 1993년-1995년 사이에 처음으로 경제사회이사회 이사국으로 선출되었다. 그 후 1998년-2000년·2001년-2003년·2004년-2006년·2008년-2010년·2011년-2013년·2014년-2016년에 이사국을 수임함으로써 2008년 이후에 줄곧 이사국이 되었고 2016년에도 선출되어 2017년-2019년 기간 동안 이사국을 맡게 되었다.

51) 세인트빈센트 그레나딘(Saint Vincent and the Grenadines)의 주유엔대사인 Inga Rhonda King이 2018년 7월에 경제사회이사회 의장직에 선출되어 2019년 회기인 2018년 7월부터 2019년 7월까지 의장직을 수행하게 된다. 앞서 언급했듯이 한국 유엔대표부 오준 대사는 한국인으로는 처음으로 2015년 7월에 경제사회이사회 의장에 선출되어 2016년 회기인 2015년 7월부터 2016년 7월까지 의장직을 맡은 바 있다.

52) 김현종 유엔 주재 한국대사가 2008년 1월에 경제사회이사회의 부의장에 선출된 바 있다.

on Population and Development)가 있다.

지역위원회로는 지역이 안고 있는 경제(사회) 문제를 해결할 목적으로 설립되어 자문과 실제 활동을 통해 경제사회이사회를 지원해 오고 있다. 이러한 지역위원회에는 아프리카경제위원회(Economic Commission for Africa, ECA)·아시아태평양경제사회위원회(Economic and Social Commission for Asia and the Pacific, ESCAP)·유럽경제위원회(Economic Commission for Europe, ECE)·중남미카리브경제위원회(Economic Commission for Latin America and the Caribbean, ECLAC)·서아시아경제사회위원회(Economic and Social Commission for Western Asia, ESCWA)가 있다.

이러한 보조기관 이외에 상설위원회와 전문가기구를 두고 있다. 이러한 종류의 보조기관에는 사업조정위원회(Committee for Program and Coordination)·인간정주위원회(Commission on Human Settlement)·공공행정위원회(Committee on Public Administration)·에너지·천연자원위원회(Committee on Energy and Natural Resources)·정부간기구협상위원회(Committee on Negotiations with Intergovernmental Agencies)·비정부기구위원회(Committee on Non-Governmental Organizations) 등이 있다.

(2) 임무와 권한

경제사회이사회가 수행하는 임무는 유엔의 경제적·사회적·문화적·인도적 활동을 지휘하고 관리하는 일이다. 구체적인 임무와 권한은 유엔헌장 제62조~제66조에 규정되어 있다.

우선 경제사회이사회는 경제·사회·문화·교육·보건 및 관련 사항에 관해 연구하고 보고를 하거나 제안할 수 있고 이에 관해 총회·회원국·관련 전문기구에 권고를 할 수 있다. 인권과 기본적 자유를 존중하고 준수할 것을 촉진하기 위해 권고할 수 있으며 그 권한에 속하는 사항에 관하여 국제회의를 소집하고 총회에 제출하기 위한 협약안을 작성할 수 있다. 경제사회이사회는 회원국이나 전문기구의 요청에 따라 총회의 승인을 얻어 서비스를 제공할 수도 있다.

경제사회이사회는 유엔헌장 제71조에 따라 그 권한 내에 속하는 사항과 관련이 있는 비정부기구(NGO)와의 협의(consultation)를 위해 적절한 약정을 체결할 수 있다. 이러한 권한을 통해 NGO에게 협의지위(consultative status)를 부여함으로써 시민사회와의 연계와 협력의 구심점이 되고 있다.

경제사회이사회는 또한 헌장 제57조와 제63조에 근거하여 전문기구와 제휴관계를 가지며 이러한 제휴관계의 내용은 이들과의 협정의 체결을 통해 구체화된다. 경제사회이사회는 전문기구와의 제휴협정에 근거하여 전문기구와 협의를 하고 전문기구에 권고를 함으로써 전문기구의 활동을 조정할 수 있다. 경제사회이사회는 전문기구로부터 정규적인 보고를 받기 위한 적절한 조치를 취할 수 있다.

경제사회이사회는 경제와 사회 분야 등에서 활동하는 보조기관의 업무를 총괄하고 조정하며 유엔개발계획(UNDP)・세계식량계획(WFP)・유엔아동기금(UNICEF) 등의 집행이사국(3년 임기의 36개 국가)을 선출하는 권한을 보유하고 있다. 이 밖에 총회가 위임하는 사항을 수행한다.

(3) 개혁 논의

유엔은 국가 간의 사회적・경제적 협력을 유엔의 핵심적인 과업의 하나로서 설정하고 경제사회이사회를 주요기관의 하나로서 설립했다. 그러나 유엔헌장 제60조는 제9장(경제적 및 사회적 국제협력)에서 규정된 기구의 임무를 수행할 책임은 총회와 총회의 권위하에 경제사회이사회에 부과된다고 규정함으로써 안보리와는 달리 경제사회이사회를 총회의 권위 아래에 두었다. 이러한 헌장의 규정에 따라 경제사회이사회는 2등급 조직이 되었고 권고를 할 수 있는 권한만 주어지고 구속력 있는 의사결정력은 부여되지 않았다.[53] 그 동안 유엔의 개혁의 일환으로서 이러한 경제사회이사회를 둘러싸고 다양한 의견이 제시되어 왔다. 그 한 축은 기존의 경제사회이사회를 개혁하여야 한다는 입장이다. 또 다른 축은 법적 구속력을 갖는 의사결정을 할 수 있는 전적으로 새로운 기구를 만들어야 한다는 입장이다.

후자의 경우는 다양한 이름의 기구들이 제시되었지만 공통적인 것은 안보리나 선진8개국 정상회의(G-8)보다는 좀 더 대표성이 있고 개방적이면서 지금의 경제사회이사회보다는 좀 더 능력을 가지고 있고 좀 더 권한을 갖는 전 지구적 의사결정 기구여야 한다는 것이다.[54] 이런 대안이 실현되기 위해서는 헌장의 개정을

53) Jeans Martens, "The Never-ending Story of ECOSOC Reform: L27 as Emerging Alternative to G-8?" http://www.globalpolicy.org/eu/en/publ/reform_ecosoc_en.pdf (검색일: 2014. 11. 27).

54) 다양한 이름 가운데 몇 개를 예로 들면 경제안전이사회(Economic Security Council)・경제사회

전제로 하며, 이를 위해서는 안보리 상임이사국 모두의 찬성을 포함하여 총회 재적 국가의 2/3이상의 찬성을 필요로 한다. 따라서 별로 실현 가능성이 높아 보이지 않는 것이 사실이다.

전자의 경우는 헌장의 개정이 반드시 필요한 것은 아니나 회원국들의 정치적 의지의 변화가 필요하다. 2005년에 유엔에서 개최된 세계정상회의(World Summit)에서 채택한 결과문건에서 이러한 아이디어가 받아들여졌는데 그 구체적인 내용을 살펴보면 다음과 같다. i) 경제사회이사회의 정치적인 중요성을 강화하기 위해 1년에 1회 장관급 회의인 연례각료검토회의(Annual Ministerial Review, AMR)를 갖는다. ii) 경제사회이사회의 과업은 다른 것에 앞서 새천년개발목표(MDGs)를 포함하여 국제적으로 합의된 개발목표를 감시하고 집행하는 일이다. 2년에 1회 고위 개발협력포럼(Development Cooperation Forum, DCF)을 개최하여 국제개발정책에 있어서의 경향을 분석하고 개발목표와 다른 부문에 있어서의 정책 간의 일관성을 촉진한다.

그러나 세계정상회의 이후 이에 대한 구체적인 합의에 이르지 못하고 있다가 세계정상회의에서 채택한 위의 내용을 바탕으로 2007년에 유엔총회가 경제사회이사회의 강화(Strengthening of the Economic and Social Council)에 대한 결의문 A/RES/61/16을 채택했다. 이 결의문은 경제사회이사회 강화 차원에서 연례각료검토회의와 매 2년마다 개발협력포럼의 개최 등 회원국과 기타 다양한 이해관계자 참여 제고를 위한 개혁조치를 도입하고 있다.

이 결의문이 채택된 이후에도 경제사회이사회 강화와 효율성을 제고하기 위한 논의가 지속되다가 2013년 제68차 총회에서 9개월 동안의 협의 끝에 타결되어 「Review of the implementation of General Assembly resolution 61/16 on the strengthening of the Economic and Social Council」이라는 제하의 결의문 A/RES/68/1이 채택되었다. 당 결의문의 주요 내용은 다음과 같다.

우선 경제사회이사회의 역할이 정책대화와 권고를 위한 지도적인 포럼·새롭게 부상하는 도전을 다루는 지도적인 조직·지속가능한 발전의 균형적인 통합을 위한 장(forum)·보편적인 약속/감시/모든 수준에 있어서의 진전에 대한 보고를 위한 책임 있는 토론장(platform)으로서 강화되었다. 이러한 역할 강화를 위해 다

안전이사회(Economic and Social Security Council)·세계경제이사회(World Economic Council)·지속가능발전이사회(Council for Sustainable Development)·전 지구적 경제이사회(Global Economic Council) 등이 있다.

음과 같은 새로운 기능과 작업방식(working methods)의 요소들이 도입되었다.

구체적으로 새로운 기능에는 새로운 고위급정치포럼(High-level Political Forum) · 연례주제(annual theme) · 새로운 통합 부문(integration segment) 회의 · 새로운 보고과정 · 좀 더 광범위한 외부활동을 통한 가시성(visibility)과 영향의 확대 · 좀 더 효과적인 감시 · 변화하는 개발협력의 환경에 대한 고려 · 책임성에 대한 좀 더 많은 집중 · 비국가적 행위자들에 대한 좀 더 민감한 대응 · 경제사회이사회의 작업일정의 조정 등이 포함된다.

구체적으로 새로운 작업방식은 다음과 같다. i) 그동안 7월 한 달 동안 집중적으로 개최되어 왔던 경제사회이사회 실질회의(Substantive Session)를 연간 분산하여 개최한다. 구체적으로 개발을 위한 운용활동 부문(operational activities for development segment)의 회의는 2월 · 인도적인 일 부문(humanitarian affairs segment)의 회의는 6월 · 연례각료검토회의(AMR)와 개발협력포럼(DCF) 등을 포함한 고위급 부문(High-level segment, HLS)의 회의는 7월에 개최한다. 새롭게 신설된 회의인 통합 부문(integration segment) 회의는 회원국 · 보조기관 · 유엔체제 · 기타 관련된 이해 당사자들(stakeholders)의 의견을 통합하여 정리하는 회의로서 지속 가능한 개발의 3요소의 균형 있는 통합을 촉진하게 된다. 기존의 조정 부문(coordination segment) 회의와 일반 부문(general segment) 회의는 조정 및 관리회의(Coordination and Management Meeting, CMM)로 대체되어 감시 기능을 수행하기 위해 정기적으로 개최한다. ii) 뉴욕과 제네바에서 번갈아 개최되던 실질회의를 뉴욕에서 개최하는데 인도적인 일 부문 회의만은 제네바와 뉴욕에서 번갈아 개최한다. iii) 경제사회이사회의 작업주기(Work Programme Cycle)를 1월에 시작하여 12월에 종료하는 것으로부터 7월에 시작하여 7월에 끝나는 주기(July-to July Cycle)로 바꾼다. 이러한 작업주기의 변경에 따라 의장단 선출을 12월에서 7월로 변경하며 산하 위원회 등의 작업주기도 조정한다.

4) 신탁통치이사회

(1) 지위와 구성

신탁통치이사회(Trusteeship Council, TC)는 국제연맹으로부터 물려받은 위임통치 지역 · 제2차 세계대전 후 패전국으로부터 분리된 전 식민지 지역 · 자발적으로 유엔의 신탁통치 지역으로 들어온 11개 신탁통치 지역의 점진적인 독립을 성취할 목적으로 설립된 유엔의 주요기관이다.

신탁통치이사회는 유엔헌장 제86조에 따라 3그룹의 국가들로 구성되었다. 첫째 그룹은 신탁통치 지역을 위임받아 통치하는 국가들이고 둘째 그룹은 안보리 상임이사국으로서 첫째 그룹에 속하지 않는 국가들이며 셋째 그룹은 총회에서 선출되는 임기 3년의 연임 가능한 비신탁통치국이다.

첫째 그룹은 신탁통치의 시정국(administering state)이고 둘째와 셋째 그룹에 속하는 국가들은 비시정국(non-administering state)이다. 시정국과 비시정국의 수에 있어서의 균형을 위해 셋째 그룹에 속하는 국가의 수는 첫째 그룹에 속하는 국가 수에서 두 번째 그룹에 속하는 국가 수를 뺀 나머지가 된다.

1960년까지 신탁통치이사회는 7개의 시정국과 이러한 7개의 시정국에 속하지 않은 안보리의 2개 상임이사국 및 총회에서 선출된 5개의 비시정국으로 구성되어 있었다. 그 후 신탁통치 지역이 점차적으로 독립을 달성함에 따라 1968년 이래 헌장의 규정에 따른 구성이 불가능해졌으며 현재는 5개 안보리 상임이사국만으로 구성되어 있다.

최후의 신탁통치 지역이었던 팔라우(Palau)가 1994년 10월 1일에 독립하여 185번째 유엔 회원국이 되면서 신탁통치이사회는 역사적 사명을 완수했으며 현재는 개점휴업상태에 있다. 이 때문에 신탁통치이사회는 1994년 5월 25일 의사규칙을 개정하여 연례모임을 가져야 하는 의무를 없애고 필요할 경우에 회의를 개최하는 것으로 개정했다.

(2) 임무와 권한

신탁통치이사회는 신탁통치제도하에 있는 신탁통치지역의 행정을 감독하여 지역주민의 복지를 증진시키고 자치나 독립을 향해 점진적 발전을 하도록 돕기 위해 설립되었다.

신탁통치이사회는 신탁통치지역 주민의 정치 · 경제 · 사회 · 교육발전에 대한 시정권자의 보고서를 심의하고 신탁통치지역 주민의 청원을 수리하여 심사하며 신탁통치지역을 정기적으로 방문하는 등의 헌장상의 권한을 갖는다.

(3) 신탁통치이사회의 미래

2005년 3월 아난 제7대 사무총장은 유엔 개혁의 일환으로 신탁통치이사회의 폐지를 제안한 바 있다. 그런데 신탁통치이사회를 공식적으로 폐지하려면 유엔헌장의 개정이 필요하다.

신탁통치이사회의 장래에 관해 글로벌거버넌스위원회(Commission on Global Governance)는 「우리들의 지구촌 이웃(Our Global Neighborhood)」이라는 1996년 보고서를 통해 신탁통치이사회에게 해양·대기·외기·남극대륙으로 구성되는 인류 공동의 지구환경에 대한 권한을 주기 위해 유엔헌장 제12장(신탁통지제도)과 제13장(신탁통치이사회)을 개정할 것을 권고한 바 있다. 이는 지금까지의 신탁통치 개념을 지구환경에 대한 인류공동의 신탁통치 개념으로 발전시키자는 의미이다.

5) 사무국

(1) 지위와 구성

사무국(Secretariat)은 유엔의 주요기관 가운데 하나로서 사무총장과 필요한 직원들로 구성된다. 사무총장은 안보리의 추천을 받아 총회에서 선출되며 임기는 5년이고 중임할 수 있다. 한국 국적의 반기문 외교통상부 장관이 2006년 말에 제8대 사무총장에 당선되어 2007년부터 업무를 시작하여 2011년 말에 1차 임기를 마쳤고 2012년 1월 1일부터 2016년 말까지 5년간 연임을 했다.

사무국 직원들은 사무총장에 의해 임명되며 유엔에 대해서만 책임을 지는 국제공무원으로서 독립성과 중립성을 유지해야 한다. 정부의 대표로 구성되는 총회나 이사회와는 달리 사무국이 이러한 국제공무원으로 구성된 이유는 회원국의 영향력으로부터 독립하여 자율성을 확보하고자 한 것이다. 구체적으로 유엔헌장 제100조는 사무국 직원인 사무총장과 직원은 그 임무의 수행에 있어 어떠한 정부나 유엔 외의 어떠한 당국으로부터도 지시를 받거나 구하여서는 안 되며 회원국들은 이들 업무의 국제적인 성격을 존중해서 영향을 주지 않도록 해야 한다고 규정하고 있다.

사무총장을 수반으로 하는 유엔의 사무국은 첫 스펠링을 대문자를 사용하여 「Secretariat」라고 표기한다. 유엔 내의 총회와 유엔이 개최하는 전 지구적 회의

(global conference) 등도 사무국을 가지게 되는데 유엔 자체의 사무국과는 달리 소문자로서 「secretariat」라고 표기되며 이 경우 사무국은 구체적으로 총회 · 회의 운영국(Department for General Assembly and Conference Management, DGACM)을 지칭한다.[55]

(2) 임무와 권한

유엔 사무국의 임무는 유엔이 다루고 있는 문제만큼이나 다양하다. 구체적으로 사무국은 평화유지활동(PKO)을 관리하고 국제분쟁을 중재하며 경제적 · 사회적 추세에 대해 조사하고 인권과 지속 가능한 개발과 같은 주제에 대해 연구물을 준비하기도 한다. 이 밖에 세계의 미디어에 유엔의 활동을 알리고 세계적으로 관심이 되고 있는 이슈를 주제로 한 회의를 조직하며 발언과 문건을 유엔의 공식 언어로 통역하고 번역하는 일을 한다.[56]

유엔 사무총장은 수석 행정관으로서 사무국의 업무를 지휘 · 감독하고 국제사법재판소(ICJ)를 제외한 유엔의 모든 기관의 회의에 참가하여 사무총장의 자격으로서 행동하며 이들 기관들로부터 위임을 받아 이들 기관의 결정사항을 집행하는 임무를 수행한다. 사무총장은 유엔의 업무를 평가하고 방향을 제시하며 해결을 요하는 당면 문제를 제시하는 내용을 포함하는 연례보고서(Annual Report)를 총회에 제출한다.

국제기구의 사무국은 아주 드문 경우이기는 하나 행정업무를 넘어서 정치적인 업무에도 관여하기도 한다. 이러한 전형적인 사례가 바로 유엔의 사무국(보다 구체적으로 유엔의 사무총장)이다. 사무총장은 국제평화와 안전의 유지를 위협한다고 인정되는 사항에 대하여 정치적 재량권을 가지고 안보리의 주의를 환기시킬 수 있다. 사무총장은 회원국 간에 분쟁이 발생하는 경우 분쟁해결을 위한 조정의 역할을 맡는 등 다양한 정치적 역할을 수행하기도 한다.

(3) 개혁 논의

안보리의 개혁과 더불어 유엔의 개혁과제의 핵심을 이루고 있는 것이 사무국

---

55) The Permanent Mission of Switzerland to the United Nations, *The PGA Handbook: A Practical Guide to the United Nations General Assembly* (New York, 2011), p. 22.

56) United Nations, *Basic Facts about the United Nations* (New York: UN DPI, 2004), pp. 14-15.

의 개혁이다. 사무국의 개혁도 선진국과 개도국 사이의 견해 차이가 존재한다. 기본적으로 개도국들은 유엔의 운영개혁(management reforms)이라는 것이 유엔의 정책방향 설정에 개도국들이 효과적으로 참여할 수 있는 능력을 약화시킨다는 기본적인 인식을 가지고 있기 때문이다. 사안에 따라서는 사무국 직원의 저항까지 가세하여 결코 쉬운 일이 아니다. 이러한 사무국 개혁의 문제를 아난 사무총장의 유엔 사무국 개혁에 대한 논의를 중심으로 살펴보고자 한다.

아난 사무총장은 2005년 3월에 「보다 큰 자유: 모든 사람을 위한 개발과 안보 및 인권을 향하여(In Larger Freedom: Towards Development, Security and Human Rights for All)」라는 제하의 유엔기구 전반에 걸친 역사상 가장 획기적인 개혁안을 담고 있는 보고서를 제시했다. 그리고 2006년 3월에는 「유엔에의 투자: 전 세계적으로 보다 강한 유엔을 위하여(Investing in the United Nations: for a stronger Organization Worldwide)」이라는 제하의 보고서를 발간하여 6개 분야에 걸쳐 유엔 강화를 위한 23개의 권고를 제시했다.

두 보고서가 사무국 개혁과 관련하여 제시하고 있는 여러 내용 가운데 주목할 내용에는 다음과 같은 것들이 포함되어 있다. ⅰ) 내각 방식의 의사결정 기제(cabinet-style decision-making mechanism)의 수립. ⅱ) 예산과 인적자원에 관한 규칙의 개정. ⅲ) 사무총장에게 제한적 예산집행 재량권(Limited budgetary discretion)을 포함한 좀 더 많은 운용권한(managerial authority)과 재량권의 부여. ⅳ) 내부감사실(Office of Internal Oversight Services, OIOS)의 강화. ⅴ) 독립감사자문위원회(Independent Audit Advisory Committee)의 설립. ⅵ) 윤리실(Ethics Office)의 신설. ⅶ) 5년 이상 된 과업(mandate)의 재심의(5년 이상 지속되어 온 사업이 여전히 정말로 필요한 것인지 혹은 이러한 과업에 할당된 자원이 새롭게 부상하는 도전에 대응하여 재할당이 될 수 있는 것인지 알기 위한 검토).

이러한 개혁 제안과 관련하여 선진국과 개도국 간에 갈등을 야기하고 있는 것은 사무총장의 운영 재량권의 문제와 유엔 사업의 재심의 문제이다. 우선 사무총장의 운영 재량권과 관련하여 선진국들은 사무국의 업무 효율성을 제고하고 자원의 효율적인 활용을 위해 예산/인사/조직관련 정책·규정·규칙의 개정 등 사무국 운영에 필요한 사무총장의 재량권을 확대하고자 한다. 이에 대해 개도국들은 예산과 인사 등에 관한 현재의 규정과 규칙을 유지하면서도 사무국의 운영개선이 가능하다고 보고 재량권 사용은 총회의 결정사항임을 강력하게 주장하고 있다.

이 문제를 둘러싼 선진국과 개도국의 대립이 극에 이르고 있는데 그 이유는 사무총장의 재량권 확대는 개도국이 수적인 우위를 점하고 있는 총회의 권한 축소로 이어진다는 우려 때문이다. 개도국들은 그렇지 않아도 유엔 내부의 권력이 총회를 떠나고 있는 상황에서 총회가 가지고 있는 마지막 권한인 예산에 대한 권한을 사무총장에게 넘기는 것에 크게 반발하고 있는 것이다. 사무총장은 안보리가 추천한 인사를 총회가 추인하여 선출하며 안보리의 추천과정에서 상임이사국의 거부권이 작용한다. 이 때문에 사무총장은 구조적으로 상임이사국의 영향력 하에 놓이게 되며 사무총장의 권한의 강화는 이들 상임이사국의 영향력의 강화로 이어지는 것을 우려한다.

유엔 사업의 재심의 문제에 관하여 선진국은 효율적인 자원의 사용을 위하여 총회와 기타 기관의 결의문으로 채택된 후 5년 이상 지속되고 있는 사업을 일괄적으로 심의하여 사업의 지속 여부를 결정하여야 한다는 주장을 제기하고 있으나 개도국들은 효율성만을 내세워 개도국들이 관심을 가지고 있는 사업이 폐지되거나 축소되는 것을 우려하고 강력하게 반대하고 있다. 팔레스타인에 대한 지원 사업처럼 정치적인 고려가 필요함을 강조한다.

이러한 입장의 충돌 속에서 개도국들은 수적 우위를 기반으로 2006년 5월에 선진국의 입장에 반대하는 결의문을 총회에서 통과시켰다. 이에 대한 강력한 대응으로 미국을 중심으로 한 선진국들은 예산의 일부만을 승인함으로써 재정적인 기여를 지렛대로 사용하고 있는 형국을 전개시킨 바 있다.

반기문 사무총장의 재임 기간에도 사무국 개혁이 중요한 문제의 하나였다. 이 가운데 주목할 개혁의 하나는 직원의 이동 순환근무제(Staff Mobility Framework)를 도입한 것이다. 이동 순환근무제가 실시되기 전에는 직원이 특정 지역에서 채용이 되면 특별한 문제가 없는 한 그곳에서 정년퇴직을 하도록 되어 있었다. 바뀐 제도에 따르면 같은 직위에서 일정 기간 동안 근무를 한 후에는 반드시 여타 기능 또는 지역으로 이동해야 한다. 일정 기간이란 많은 직원들이 선호하는 국제기구 소재지인 미국의 뉴욕 · 스위스 제네바 · 오스트리아 비인과 같은 곳에서는 최장 7년이고 내전이나 무력 충돌이 발생하는 험지의 경우는 최장 3년이며 기타 지역은 최장 4년이다.

이 제도는 선호하는 근무지에서 일을 하고 있는 유엔 직원들을 중심으로 한 직원노조(UN Staff Union)로부터의 강력한 반발에 직면하였으나 이들과 7년 동안 싸우면서 유엔 총회 회원국들의 설득에 성공하여 순환근무제를 성공적으로 도입되었다.

6) 국제사법재판소

(1) 지위와 구성

국제사법재판소(International Court of Justice, ICJ)는 국제연맹 때 설치된 상설국제사법재판소(Permanent Court of International Justice, PCIJ)를 이어받은 후신으로서 유엔의 주요기관 중 하나이다. 국제사법재판소는 총회와 안보리에서 선출된 9년 임기에 중임이 가능한 15명의 재판관으로 구성되며 3년마다 5명씩 선출된다. 임기가 종료된 경우에도 후임자가 충원될 때까지 계속 직무를 수행하여야 하며 충원 후에도 착수한 사건은 완결지어야 한다. 임기가 종료되지 않은 재판관의 후임으로 선출된 재판관은 전임자의 잔여 임기 동안만 재직한다. 재판소는 임기 3년의 소장(President)과 부소장(Vice-President)을 선출하며 이들은 재선될 수 있다. 재판관은 이들의 국적이 아닌 개인적 자질에 기초하여 선출되며 세계의 주요한 법체계가 국제사법재판소에서 대표되도록 유념하여야 한다. 2인 이상의 재판관이 동일한 국가 출신이어서는 안 되며 재판관은 임기 중에 다른 직업에 종사하여서도 안 된다.

재판부는 통상적으로 전원출석으로 개정되나 분쟁 당사국의 요청이 있는 경우 소재판부(Chamber)를 설치할 수 있다. 소재판부의 결정은 전원재판부에 의해 내려진 것으로 간주된다. 소재판부에는 업무의 신속한 처리를 위하여 당사자의 요청이 있는 경우에 5인의 재판관으로 구성되는 간이절차소재판부(Chamber of Summary Procedure)·노동이나 통신과 같은 특정의 사건을 처리하기 위해 최소한 3인의 재판관으로 구성되는 소재판부·특정의 사건을 처리하기 위해 재판소가 재판관의 수에 관해 당자사와 협의한 후에 설치하는 소재판부라는 3종류가 있다.

이 재판소는 유엔헌장과 불가분의 일체를 이루는 국제사법재판소규정(Statute of the ICJ)에 따라 그 임무를 수행하도록 되어 있다. 모든 유엔 회원국이 당사국이 되지만 회원국이 아니더라도 안보리의 권고와 총회가 규정하는 조건에 따라서 국제사법재판소 규정의 당사국이 될 수 있다.

(2) 임무와 권한

국제사법재판소의 주된 기능은 국가들에 의해 맡겨진 법적인 분쟁을 해결하는 것이다. 재판의 준칙은 조약 · 국제관습 · 법의 일반원칙 · 법규결정의 보조수단으로서의 판결과 학설이며 당사자 사이에 합의가 이루어질 경우 형평과 선(ex aequo et bono)을 준칙으로 적용할 수도 있다.

강제적 관할권은 없으며 일정한 예외를 제외하고는 한쪽 당사자의 청구만으로는 재판의 의무가 생기지 않는다. 그러나 판결은 구속력을 가지며 당사국이 이를 이행하지 않을 때에는 안보리가 적당한 조치를 취하게 된다.

국제사법재판소는 본래의 재판 이외에 총회 · 안보리 · 기타 전문기구의 요청에 따라 권고적 의견(advisory opinion)을 제시할 수 있다. 구체적으로 총회와 안보리는 어떠한 법적 문제에 대해서도 국제사법재판소에 권고적 의견을 요청할 수 있으며 여타의 유엔 보조기관과 전문기구도 총회의 승인을 받을 경우 각자의 활동범위 내에서 발생하는 법적 문제에 대해 권고적 의견을 요청할 수 있다.

제3장 국제공무원의 선출과 충원제도

1. 국제공무원의 선출과 충원방식

국제기구 사무국의 직원을 일반적으로 「국제공무원(international civil servant)」이라고 부른다. 이러한 국제공무원은 비서나 보안요원 등과 같이 기능직 일을 담당하는 일반직 직원(general service staff)과 전문성을 가지고 전문 분야에서 일하는 전문직 직원(professional service staff)으로 구분된다.[57] 여기에서는 전문직 직원을 중심으로 살펴보고자 한다.

전문직에는 여러 직급이 존재한다. 유엔 사무국의 경우에 사무총장(Secretary-General, SG)을 가장 상위에 두고 그 밑에 부사무총장(Deputy Secretary-General, DSG)·사무차장(Under-Secretary General, USG)·사무차장보(Assistant Secretary General, ASG)의 직급을 두고 있다. 이들 밑에 간부직원으로서 국장과 차장에 해당하는 D-2와 D-1이라는 D급 간부직원이 있다.[58] D급 간부직원 밑에 P급 전문직원(P-5·P-4·P-3·P-2·P-1)이 있다.[59]

어떤 수준의 국제공무원이냐에 따라 충원방식에 있어서 차이가 존재한다. 통상 국제기구의 수장의 경우는 회원국들 사이에 협의와 선거 등을 통해서 충원을 하게 된다. 그 밖의 국제공무원의 경우는 일반적으로 선거를 통하지 아니하고 별도의 다양한 충원제도를 통해 선발된다. 이를 구별하여 살펴보고자 한다.

1) 국제기구 수장의 선출 방식

국제기구 사무국의 수장의 선출 방식을 살펴보면 일반적으로 이들의 최종 선

57) 「일반직 직원」은 「기능직 직원」이라고도 불린다.

58) 여기에서 D는 「Director」를 의미하며 D-2를 「선임국장」 D-1을 「국장」이라고도 부른다.

59) 여기에서 P는 「Professional」을 의미하며 P-5는 우리 직제로 볼 때 심의관·P-4는 과장·P-3은 서기관·P-2는 사무관·P-1은 사무관보에 해당한다.

출은 최고의 의사결정 기관인 총회에서 이루어진다. 그러나 총회에서 사무총장의 선출을 둘러싼 경선이 없고 단일 후보를 두고 형식적으로 통과의례만을 거치는 것이 관례이다. 이러한 단일후보를 내세우는 데는 몇 가지 다른 유형이 있다. 그러나 최근에 바뀐 세계보건기구 사무총장 선출방식에서 보듯이 부분적으로 총회에서 경선이 이루어지는 경우도 생겨나고 있다. 다양한 선출방식을 살펴보면 다음과 같다.

(1) 합의-승인형 방식

합의형 방식이란 세계무역기구(WTO) 사무총장의 선출 방식과 같이 내부 전체의 합의에 의해 한 후보를 옹립하는 방식이다. 투표 등과 같은 뚜렷한 공식적인 절차 없이 선출을 관장하는 기관(WTO의 경우는 일반이사회)의 수장이 각국 대표들과 활발한 막후 접촉을 하면서 이들과의 협의를 통해 후보자를 압축시켜 후보의 단일화를 가져오는 이른바 합의유도 방식에 의해 선출된다. 각국의 합의에 따라 후보가 단일화가 되면 이를 최종 선출기관(WTO의 경우 일반이사회)에서 승인함으로써 확정되는 것이다. 이러한 합의형 선출 방식은 경제협력개발기구(OECD)와 유엔 사무총장 선출 방식에서도 볼 수 있다.

WTO 사무총장 선출 방식을 좀 더 세부적으로 살펴보면 다음과 같다. 선출절차가 개시되면 회원국들은 1개월 이내에 자국 후보자를 지명하고 후보자 등록 문건을 일반이사회(General Council) 의장에게 제출한다. 제출된 문서는 접수직후 전 회원국에 회람된다. 후보자는 후보자 등록 기간이 종료한 후 3개월 동안 회원국들을 대상으로 선출을 위한 선거캠페인을 할 수 있다. 이 기간 동안 후보자는 가능한 한 빠른 시일 내에 일반이사회 공식 회의에서 비전 등을 제시하고 질의에 응답을 하는 시간을 가진다.

선거캠페인 기간이 종료된 후 2개월의 기간 동안 복수의 후보자들을 1인으로 압축하는 절차가 진행된다. 이때 일반이사회 의장은 조정자의 도움을 받아서 각 개별 후보자들에 대한 선호와 지지 정도를 평가하기 위해 모든 회원국과 협의를 한다. 구체적으로 회원국 대표들이 사무총장 후보자에 대한 비공식 투표를 여러 차례 하는 등의 다양한 방식을 통해 합의에 다가서는데 비공식 투표는 일종의 인기투표와 같은 것으로서 낮은 지지도는 일반적으로 사퇴의 압력으로 작용한다. 즉 지지도가 가장 낮은 후보자가 사퇴하는 과정을 여러 차례 반복하게 된다. 이러한 여러 과정을 통해 끝까지 사퇴하지 않고 살아남는 후보가 선출되는 방식이다.

최종 단계에서 일반이사회 의장은 합의를 형성할 가능성이 가장 높은 후보자를 제시하고 일반이사회에 의한 선출을 권고하고 일반이사회가 이를 승인함으로써 사무총장이 임명된다. 이처럼 WTO의 사무총장은 선출이 아니라 회원국들의 합의를 거치면서 임명된다. 선거캠페인 기간이 종료된 후 2개월이라는 선출기한까지 후보자들이 1인으로 압축되지 않아 합의에 의한 선출이 불가능할 경우 최후의 수단으로서 투표에 의한 선출 가능성도 고려된다. 그러나 투표는 합의 관행의 예외로 이해되고 이후 선출에 있어 어떠한 전례도 형성하지 않는 것으로 되어 있다.

(2) 지명형 방식

지명형 선출 방식이란 유엔인권최고대표(UNHCHR)와 유엔난민최고대표(UNHCR) 등을 선출할 때 사용하는 방식이다. 이러한 방식은 유엔 사무총장이 여러 회원국의 의견을 청취한 후 단일후보를 자신이 지명하여 총회에서 승인하는 방식이다. 이 과정에서 사무총장은 큰 재량권을 행사할 수 있는 것처럼 보이나 실제에 있어 강대국들의 외압이 크게 작용하는 것이 현실이다.

(3) 경선-승인형 방식

경선-승인형 방식은 국제기구의 (집행)이사회에서 경선이 벌어져 투표를 통해 하나의 후보를 선출한 뒤 총회에서 확정하는 방식이다. 국제원자력기구(IAEA)의 사무총장(Director General) 선출 방식이 경선형 방식의 전형적인 경우이다.

구체적으로 회원국은 후보자 등록 마감일까지 자국의 후보자를 지명하여 후보자 등록 문건을 이사회에 제출한다. 후보자 등록 마감일이 종료되면 후보자들의 명단이 회람된다. 이어서 35개 국가로 구성된 이사회(Board of Governors)에서 경선을 통해 이사국의 2/3의 표를 얻은 사람이 후보로 지명되고 총회(General Conference)에서 과반수 찬성으로 확정된다.

이사회에서 2/3이상의 찬성을 받은 후보가 없을 경우 새로운 절차가 처음부터 다시 반복된다. 즉 회원국들이 자국의 후보자를 새롭게 지명함으로써 새로운 후보자들의 명단이 작성되어 이사회에 제출되고 여기에서 투표를 통해 2/3를 획득한 후보가 선출되어 총회에 넘겨져 과반수의 찬성으로 승인을 받으면 최종적으로 사무총장직에 선출이 되게 된다.

(4) 경선 - 경선형 방식

경선-경선형 방식은 최근에 바뀐 세계보건기구(WHO)의 사무총장 선출 방식이다. 이 빙식은 경선-승인형 방식이 이사회에서의 경선의 결과를 총회에서 고무도장 찍듯이 그대로 승인하는 것과는 달리 총회에서 다시 경선을 하는 방식을 의미한다. 구체적으로 세계보건기구(WHO)의 경우 집행이사회(Executive Board)에서 3명의 사무총장(Director-General) 후보를 경선으로 투표로 선출하고 이 3명의 후보자를 놓고 총회(World Health Assembly, WHA)가 투표를 통해 최종 한명을 사무총장으로 선출하는 방식이다. 이러한 방식은 사무총장의 선출과 관련하여 총회의 권한을 강화한 개혁적인 조치의 하나이다. WHO 이사회의 의사규칙(Rules of Procedure of the Executive Board of the World Health Organization) 제52조를 중심으로 사무총장 선출 방식을 살펴보면 다음과 같다.

이사회에서의 사무총장 후보자의 지명(nomination)을 위한 이사회 개최일이 정해지면 그로부터 최소한 9개월 전에 사무총장은 회원국들에게 지명을 위한 후보자를 제안하도록 통보해야 하며 회원국들은 이사회 개최 최소한 4개월 전에 이사회에 후보자 등록을 마쳐야 한다.

이사회는 후보자 지명을 위한 이사회가 개최되기 3개월 전에 모든 회원국들에게 등록한 후보자들에 관한 이력서 등을 포함한 정보를 제공하여야 한다. 이러한 정보를 회원국들에게 보낸 직후에 사무총장은 이사회 의장과 상의하여 후보들이 자신과 자신의 비전을 알릴 수 있는 기회로서 모든 회원국과 준회원들에게 개방되고 이사회 의장이 사회를 보는 포럼을 소집하여야 한다.

이러한 포럼은 후보자 지명을 위한 이사회가 개최되기 최소한 2개월 전에 개최되어야 한다. 후보자가 1인일 경우에는 포럼은 개최되지 않는다. 후보자들이 참여할 수 있는 포럼에는 두 종류가 있다. 그 중 하나는 인터넷상에서 회원국들과 상호작용을 할 수 있는 웹 포럼(Web Forum)이고 다른 하나는 회원국들과 일반인들을 대상으로 비전을 발표하고 질의와 응답을 하는 포럼으로서 이러한 포럼은 공식 언어로 웹방송으로 중계가 된다. 후보자들은 등록을 필한 다음 후보자 명부가 공개된 후에 이러한 포럼에의 참여 이외에 다양한 방시의 캠페인에 들어가게 된다.

34개 이사국들은 이사회가 제안하고 총회가 승인한 기준을 충족하지 못한 후보자들을 거르기 위한 절차에 참여한다. 이사국들은 전문성과 성실성에 가장 높은 중요성을 부여하고 지리적 배분과 성 균형에 적절한 배려를 하여 최종 면접의 대상이 될 후보자 명단(a short list of candidates)을 결정한다.

이후 가능한 한 빨리 후보자들에 대한 인터뷰가 있게 되는데 인터뷰에서 후보자들은 프레젠테이션을 하고 이사국들과 질의와 응답을 가지게 된다. 이사회는 이러한 후보자들 가운데 3인을 비밀투표에 통해 지명하기 위한 회합의 날짜를 확정해야 한다. 만약에 단지 1인 혹은 2인의 후보자만 있어 3인의 지명이 불가능할 경우 이사회는 3인 미만의 후보를 지명할 결정을 할 수 있다.

이사국들은 최종 3명을 지명할 때까지 종종 여러 차례의 공식적인 토론과 투표를 가지게 된다. 3인의 후보자를 지명하기 위해 개개 이사국들은 3인의 후보자 이름을 비밀투표 용지에 적는다. 첫 번째 투표에서 과반을 얻는 후보자들이 지명되게 되는데 만약에 과반을 얻은 후보자의 수가 선발하고자 하는 후보자의 수에 미치지 못할 경우 투표에서 가장 적은 표를 얻은 후보자를 탈락시키는 방법을 통해 원하는 수의 지명자에 이를 때까지 투표를 반복한다. 가장 적은 표를 얻는 후보자의 표의 수가 동일할 경우 이들만을 대상으로 투표를 하여 가장 적은 표를 얻은 후보자를 탈락시킨다. 이사회가 3인 이하의 후보자를 지명하고자 할 경우에도 동일한 기제를 적용한다. 지명된 후보자의 이름은 이사회의 공개회의에서 발표되고 통회에 보내지게 된다.

3명으로 선출된 후보자들은 다시 총회에서의 최종 선발을 위해 전 세계적으로 캠페인을 하는 시간을 갖는다. 그런 다음에 총회의 194개 구성원들은 비밀투표를 통해 사무총장을 최종적으로 선발하게 된다. 이러한 총회의 역할은 이사회에서 선발된 후보자 1인을 승인하는 역할만을 수행한 2016년 이전의 사무총장 선출 방식에서의 총회의 역할과는 크게 달라진 점이다.

총회에서 최종적으로 사무총장에 선발되기 위해서는 전체 표의 2/3의 찬성표를 획득해야 한다. 첫 번째 라운드에서 2/3 찬성을 얻은 후보자가 없으면 가장 적은 표를 얻은 후보자가 탈락하게 된다. 두 번째 라운드에서도 2/3의 찬성표를 얻은 후보자가 없을 경우 3번째 라운드가 실시된다. 이때는 회원국의 단순과반수를 얻는 후보자 선발되게 되며 이때 어느 후보자도 단순과반의 표를 얻지 못하면 마지막 라운드의 투표를 하게 되고 여기에서는 가장 많은 표를 얻은 후보자가 최종적으로 사무총장으로 선발되게 된다.

(5) 고정형 방식

고정형 방식이란 특정 국가나 특정 지역이 국제기구의 수장을 독점하는 선출 방식이다. 대표적인 사례가 세계은행(WB)과 국제통화기금(IMF)인데 전자의 총재(President)는 미국에서 나오고 후자의 총재(Managing Director)는 유럽에서 나오고 것이 관례처럼 되어 있다.

구체적으로 세계은행의 경우 2018년 현재 12명의 총재가 선출되었는데 예외없이 미국인이었다. 제12대 총재에는 김용이라는 한국계 미국인이 2012년 4월에 선출되어 2012년 7월 1일부터 공식적으로 총재 업무를 시작했고 2017년에 연임에 성공하여 2022년 6월말까지 총재직을 수행하게 되었다. 국제통화기금의 경우 2018년 현재 12명의 총재가 선출되었는데 하나의 예외 없이 모두 유럽국가 출신이었다. 이들의 국적은 벨기에 · 스웨덴 · 프랑스 · 네덜란드 · 독일 · 스페인 6개국이며 그 가운데 프랑스 국적의 총재가 6명이나 된다.

IMF의 총재는 집행이사회의 24개 이사국의 과반수의 찬성으로 선출된다. 과반수란 집행이사의 수의 과반수가 아니라 집행이사국별 지분율에 비례한 투표권(voting power)의 과반수를 의미한다. 즉 24명의 집행이사가 대표하는 국가별 투표권을 합하여 50% 이상의 지지를 얻는 후보가 총재로 선출되는 것이다. 이처럼 24개 이사국의 투표권의 과반수의 찬성으로 선출된다고 하지만 실제로는 막후에서 미국과 주요 유럽 국가들(구체적으로 EU 재무장관들)이 결정해 왔다. 즉 집행이사회에서 투표를 통해 투표권의 50% 이상의 찬성을 획득하면 총재로 선출되지만 투표 없이 합의로 선출해 오고 있다.

과거 1944년에 미국의 브래튼우즈에서 IMF의 창설을 결의할 때 이미 총재는 유럽인으로 하고 부총재는 미국인으로 할 것을 합의한 바 있으며 이러한 것이 관례적으로 지켜져 왔다. 2018년 현재 4개의 부총재직을 두고 있는데 이 가운데 수석 부총재를 미국인이 맡고 지분율에 있어서 미국에 이어 2위와 3위를 차지하고 있는 일본과 중국이 각각 1개의 부총재를 차지하고 있고 나머지 하나는 여성의 몫으로 할당하고 있다.

세계은행 총재는 25개국 대표로 구성된 이사회(Board of Executive Directors)에서 투표를 통해 지분율에 기초한 투표권의 단순 과반수(simple majority)를 얻은 후보자가 선출되도록 되어 있지만 실제에 있어서는 세계은행의 최대 지분을 갖고 있는 미국이 총재를 지명하고 이러한 지명에 대해 다른 이사국이 거부하지 않음으로써 합의로 선출되어 왔다. 그러나 2012년 제12대 총재를 선출 시 세계은행 68년 역사상 처음으로 합의가 아닌 경선으로 통해 앞서 언급한 한국계 미국인인 김용을 선출한 바 있다.

2011년에 세계은행 총재 선출과 관련하여 동의가 이루어진 새로운 절차에 의하면 경선이 벌어질 경우 후보들은 집행이사회와 개별적인 면접을 행하도록 되어 있다. 이러한 면접이 끝난 후 이사회는 심의를 하게 되는데 새로운 절차는 3인 이상의 후보자가 있는 경우 이사회가 개개 후보자에 대한 지지를 알아보기 위한 목적의 비공식 투표(straw poll)를 권고하고 있다. 이러한 과정을 통해 결정의 시간이 임박하면 대부분의 집행이사국들이 투표보다는 합의를 선호할 가능성이 높다고 보며 새로운 절차는 집행이사회의 목적은 총재를 합의로 뽑는 것이라는 것을 선언하고 있다.

중국과 브라질 등 선발 개도국을 중심으로 세계은행과 국제통화기금의 서구 중심의 리더십 구조에 대한 반발이 점차적으로 거세지면서 개편을 강력하게 요구하고 있다. 이는 세계은행이 제12대 총재를 선출할 때 처음으로 합의가 아닌 투표로 선출했다는 사실에서 알 수 있고 백인이 아닌 아시아계 미국인을 미국이 지명한 것에서도 잘 알 수 있다.

국제기구의 수장을 선출하는 여러 방식 중 특히 고정형이 국제기구 사무국의 독립성과 중립성을 심하게 훼손할 수 있는 것으로서 이에 대해 많은 국가들의 반발이 거세지고 있다. 앞서 설펴보았듯이 특히 국제통화기금과 세계은행의 총재 선출에 대한 불만이 점차적으로 거세지고 있다. 그러나 이들 국제기구의 투표권 지분 구조상 다른 지역 출신이 유럽과 미국이 지지하는 후보를 제치는 것이 원천적으로 어렵다. 미국과 유럽 국가들이 투표권이 50%를 초과하기 때문이다.

고정형 방식을 가능하게 해온 것은 미국과 유럽 국가들이 이해관계를 같이 해온 결과인데 이들 사이에 균열이 점차 커지고 있다. 예컨대 유엔아동기금(UNICEF)이 1946년 창설된 이래 미국이 이 기구의 총재(Executive Director)의 직을 독차지해 온 것에 대해 유럽연합(EU)이 반발하고 유럽연합 국가들 일각에서는 세계은행 총재직도 이제는 미국 이외의 국가가 맡아야 한다는 의견이 제기되고 있다. 그러나 2018년에 임기를 시작한 제7대 총재를 포함해 여전히 미국인이 이 국제기구의 총재직을 맡아오고 있다.

국가들의 반발에 의해 고정형의 전통이 깨지고 있는 국제기구도 등장하고 있다. 세계무역기구(WTO)의 전신이었던 무역 및 관세에 관한 일반협정(GATT)의 경우 초기부터 줄곧 유럽국가의 인사가 사무총장을 맡았으나 1993년 GATT 제4대 사무총장 선거에서 중남미 측이 독자후보를 내는 등 반발을 보인 적이 있었다. 그렇지만 유럽의 독식을 깨지는 못했다.

1995년에 GATT를 승계한 세계무역기구(WTO)의 경우 이러한 유럽인의 독주가 허물어지고 있다. 초대 사무총장에는 이탈리아 출신이 선출됨으로써 유럽인 선출의 전통이 유지되었으며 이러한 것이 가능한 것은 미국의 지지가 있었기 때문이다. 그 후 미국도 유럽의 후보를 지지하지 않는 가운데 제2대 사무총장에 뉴질랜드 출신이 선출되고 제3대에 태국인이 그 뒤를 이었다. 그러다가 2005년과 2009년부터 임기가 각각 시작된 제5대와 제6대 사무총장에 각각 프랑스 출신이 선출되었다. 2013년에는 브라질 출신이 선출되고 2017년에 연임이 되면서 유럽 독점의 관례가 무너지고 있다고 볼 수 있다.

2) 기타 국제공무원의 충원방식[60)]

여기에서는 국제공무원으로서의 진출을 위한 방식으로서 정규 전문직 직원으로서의 충원방식과 이러한 정규의 전문직 직원으로서의 충원에 앞서 이러한 직위의 일을 경험할 수 있는 예비적 직위의 충원방식을 구분하여 살펴보고자 한다.

(1) 정규 전문직 직원으로서의 채용

직원의 채용과 관련하여 유엔헌장 제101조는 「직원의 채용과 근무조건의 결정에 있어서 가장 고려해야 할 것은 최고 수준의 능률(efficiency)·능력(competence)·성실(integrity)을 확보하는 것이며 직원은 되도록 광범한 지리적 기반(geographical basis)에 의하여 채용한다는 중요성에 대하여서도 타당한 고려를 해야 한다」고 규정하고 있을 뿐 구체적인 채용방식에 대해서는 언급하고 있지 않다. 일반적으로 국제공무원은 다음과 같은 충원방식을 통해 임명된다.

60) 보다 자세한 것은 다음 책을 참조하시오: 박재영, 『교수님, 국제기구 진출 어떻게 하나요』 (서울: 법문사, 2005).

① **공석공고**(Vacancy Announcement, VA)

가장 일반적인 충원방식이 공석공고를 통한 방식이다. 이는 구체적으로 직원이 퇴직하거나 전출 등으로 공석이 발생하거나 새로운 자리가 신설되어 자리를 채우려고 하나 내부의 적임자가 없는 경우에 국제적으로 공개모집을 통해 충원하는 제도이다. 따라서 이러한 충원방식은 부정기적으로 시행되게 된다.

보직의 직무내용과 자격요건을 주요 내용으로 하는 공석공고는 해당 국제기구로부터 회원국 정부와 관련 기구에 배포되어 공지된다. 대개 1차 시험으로 서류심사를 하고 2차 시험으로 면접을 한다. 이러한 수시충원 방식은 전 세계적인 차원에서 경쟁이 이루어지는 것이기 때문에 이를 통해 국제기구에 진출하는 것은 쉬운 일이 아니다.

공석공고의 경우 알아두어야 것으로서 후보자 등록제도가 있다. 이 제도는 유엔을 비롯한 국제기우로의 진출을 희망하는 사람이 공석공고를 포함한 채용을 위한 절차의 개시를 기다리지 않고 국제기구에 적합한 경력을 보유하고 있다는 판단하에 자신의 전문성을 바탕으로 하여 사전에 자신의 이름을 명부(roster)에 등록시켜 놓는 제도이다.

국제기구에서 충원의 필요성이 발생하였으나 내부로부터 적임자를 찾지 못할 경우 후보자 명단에 등록되어 있는 사람들 가운데에서 적임자가 있는가를 살피게 된다. 후보자 명단에서 관심을 가질 만한 사람(들)이 발견되면 연락을 취하여 채용하고자 하는 직책과 관련된 사항을 알려주고 관심 여부를 묻게 된다. 후보자 역시 관심이 있다고 하면 후보자에 대해 보다 본격적인 검토가 기구 내에서 이루어지게 되는데 구체적으로 이미 제출한 이력서 등을 기구내의 관련자들에게 회람하여 검토하도록 한다. 서류 검토에 이어 면접을 요청하게 된다.

② **채용방문**

충원방식 가운데 채용방문이라는 방식도 있다. 예컨대 2018년 11월에 한국정부 내 기획재정부가 국내 젊은 인재들에게 국제금융기구 진출 정보와 채용 기회를 제공하기 위해 개최한 국제금융기구 채용설명회에 참여한 미주개발은행(IDB)・유럽부흥개발은행(EBRD)・국제통화기금(IMF)・아프리카개발은행(AfDB)・글로벌녹색성장연구소(GGGI)는 채용에 관련된 설명과 더불어 한국인 인력의 채용을 목적으로 사전에 이미 서류심사를 통과한 인터뷰 후보자를 대상으로 컨설턴트·리서치 어시스턴트·리서치 펠로우·JPO·인턴의 채용을 위한 인터뷰를 진행한 바 있다.

국제기구의 공석은 일반적으로 위에서 언급한 공석공고에서와 같이 전 세계의 후보자를 대상으로 공모하지만 채용방문의 경우 현저히 과소진출 상태에 있는 국가 국민의 국제기구 진출을 돕기 위해 국제기구가 이미 서류전형을 통과한 그 국가 국민과의 면접을 통해 실질적인 충원을 할 목적으로 인사 담당관을 파견한다.

이러한 경우 채용방문의 대상은 아무 국가나 되는 것은 물론 아니다. 이 역시 특정 국가의 국적을 가지고 이미 해당 국제기구에 진출해 있는 직원의 수가 일정한 기준에 의해 산정된 직원의 수에 못 미친다고 판단될 때 국제기구가 세계적인 차원에서의 공모를 하지 않고 특정 국가 사람들만을 대상으로 서류심사와 면접을 통해 선출하게 되는 것이다. 이런 면에서 채용방문 형식은 과거 유엔이 실시한 바 있는 국별경쟁채용시험(National Competitive Recruitment Examination, NCRE)의 성격을 가진다고 볼 수 있다. 특히 국제금융기구들이 채용방문 등을 통해 한국인의 채용에 많은 관심을 기울이고 있는 이유는 이러한 국제금융기구에 있어서의 한국의 지분율에 비해 한국인 직원의 비율이 이에 많이 미치지 않기 때문이다.

이와는 달리 채용방문은 또한 앞으로 생길 수 있는 공석으로의 채용을 위해 자격이 있는 사람을 미리 발굴하기 위한 목적에서 행해지기도 한다. 이 경우 직위는 전 세계적인 공개적 경쟁을 통해 충원하고자 하는 직위로서 채용설명회 기간 동안 우선 한국인을 대상으로 하는 사전 면접(pre-screening interview)인 것이다. 동 인터뷰를 통해 선발된 지원자들은 최종적으로 채용이 되는 것이 아니라 조만간 있을 전 세계적인 공석공고에 의한 충원절차로서 추가적인 절차를 거쳐 선발 여부가 최종적으로 결정되게 된다.

채용방문의 형식은 대체적으로 다음과 같다. 우선 국제기구는 채용방문을 하고자 하는 국가의 관련 정부부서를 통해 언제 채용방문이 있을 것이라는 것을 알린다. 위에서 언급한 국제금융기구들의 한국 채용방문에 대해서는 한국의 재정경제부가 공지한 바 있다. 이러한 공고와 더불어 채용 분야와 채용 조건 등을 포함한 구체적인 계획이 국내 신문 등에 공고가 된다.

이러한 공고를 보고 지원자는 해당 국제기구의 인터넷 홈페이지에서 이력서 서식(Personal History Form)을 다운로드 받는 등 구비서류를 작성하여 해당 국제기구에 보낸다. 해당 국제기구는 이들에 대한 서류심사를 통해 서류심사 합격자를 선발하게 되고 그 후 해당 국가를 방문하여 이들에 대한 면접을 실시한다. 앞서 언급했듯이 채용방문을 할 때 채용설명회를 갖는 것이 통례이다. 채용 설명회에서는 당해 국제기구에 대한 설명과 더불어 직원채용의 요건 · 지원 자격 · 근무 여건 등에 대해 소개를 한다.

③ 정부의 지원하에 국제기구의 고위직에 채용되는 경우

자국인을 국제기구에 진출시켜 국제기구에의 영향력을 증대하고자 하는 정부의 정책적인 지원을 받아 정부의 공무원 · 기업인 · 대학교수 · 연구소 연구원 등 전문성을 가지고 있는 사람이 국제기구의 비교적 높은 직급으로 진출하는 경우이다.

한국 정부의 요구와 더불어 한국의 정규예산 분담률이 높음에도 불구하고 한국인의 진출이 많지 않은 국제기구의 경우에 한국에게 이러한 전문적인 인력의 파견을 스스로 요청하기도 한다.

④ 국제기구 파견 공무원이 정식 국제기구 직원으로 채용되는 경우

한국 정부의 인사혁신처는 국제적인 경쟁이 치열한 환경에서 국익을 대변하고 국제기구와의 전략적인 협력을 강화하며 국가위상을 강화하기 위해 매년 국제기구 고용휴직 공무원 선발 공고를 통해 국제기구로 파견할 역량 있는 공무원을 선발해 오고 있다. 2016년 이래로 이렇게 파견된 공무원의 수가 100명에 이르고 있다.

이러한 국제기구 고용휴직 제도는 공무원이 휴직한 뒤 국제기구 직원으로 근무하는 제도로서 3년간 근무하되 필요한 경우 2년 연장할 수 있다. 보수나 체재비는 한국 정부가 부담한다. 한국의 공무원들이 일하는 주요 국제기구에는 국제원자력기구(IAEA) · 세계은행(WB) · 국제노동기구(ILO) · 국제통화기금(IMF) · 경제협력개발기구(OECD) · 유엔개발계획(UNDP) · 세계보건기구(WHO) 등이 포함된다. 이러한 국제기구에 공무원의 신분으로 파견되었다가 정규직에 도전을 하고 능력을 인정받아 정규 전문적 국제기구 직원으로 채용되는 경우가 있다.

(2) 정규 전문직 직원으로 채용되기 위한 예비적 직위의 충원방식

① 수습직원 프로그램

국제기구에 따라서는 자신의 기구에서 한시적으로 일을 하도록 하다가 능력이 인정될 경우 정규직원으로 채용하는 수습직원 프로그램을 운영하고 있다. 수습직원 프로그램들은 대체적으로 두 종류로 분류된다. 그 중 하나는 파견국이 파견자와 관련한 일체의 경비를 부담하는 경우이고 또 다른 경우는 이들을 받아들이는 국제기구가 이러한 경비를 부담하는 경우이다.

파견국이 파견자와 관련한 일체의 경비를 부담하는 수습직원 프로그램의 대표적인 경우가 초급 전문가(Junior Professional Officer, JPO) 프로그램이며 국제기구에 따라서는 「준전문가(Associate Professional Officer(APO) 프로그램」이라는 이름을 가지고도 있다. 파견자를 받아들이는 국제기구가 이러한 경비를 부담하는 수습직원 프로그램의 대표적인 경우가 젊은 전문가 프로그램(Young Professional Program, YPP) 이다. 이러한 차이에도 불구하고 이들 수습직원 제도는 국제기구가 일정 기간 젊고 유능한 인재들을 수습직원으로 근무시킨 후 근무실적에 따라 정규직원으로 채용하는 제도라는 점에서 공통점을 지닌다.

모든 국제기구는 정규직원 지원자의 경력을 매우 중요시 여기기 때문에 이러한 수습직원 프로그램을 통해 실무경력을 쌓을 경우 정식직원으로 채용되는 데 아주 유리하다. 이러한 제도들 역시 특정국가의 사람들의 특정 국제기구 진출이 부진할 경우 이들을 채용할 목적으로 시행되는 것이 일반적이다.

• 초급전문가 제도와 준전문가 제도

JPO제도를 운용하고 있는 대표적인 국제기구로는 유엔 사무국(유엔 사무국 내의 여러 부서) · 유엔개발계획(UNDP) · 유엔환경계획(UNEP) · 유엔공업개발기구(UNIDO) · 유엔인구기금(UNFPA) · 유엔아동기금(UNICEF) · 유네스코(UNESCO) · 유엔난민최고대표사무소(UNHCR) · 유엔인권최고대표사무소(UNHCHR) · 식량농업기구(FAO) · 국제원자력기구(IAEA) · 국제민간항공기구(ICAO) · 국제노동기구(ILO) · 국제이주기구(IOM) · 세계식량계획(WFP) · 세계지적재산권기구(WIPO) · 유엔자원봉사단(UNV) · 경제협력개발기구(OECD) · 국제재생에너지기구(IRENA) · 국제사법재판소(ICJ) · 국제형사재판소(ICC) · 세계보건기구(WHO) · 국제농업개발기금(IFAD) ·

화학무기금지기구(OPCW)·유엔국제상거래법위원회(UN CITRAL)·세계기상기구(WMO) 등이 있다.

식량농업기구(FAO)와 유엔공업개발기구(UNIDO)는 JPO제도 이외에 각각 「Associate Professional Officer(APO) 프로그램」과 「Associate Experts(AE) 프로그램」이라고 불리는 준전문가 프로그램도 운용하고 있다. AE 프로그램은 JPO/APO 프로그램과 마찬가지로 지원자가 소속되어 있는 국가의 재정적인 부담 속에 이루어지는 수습직원 프로그램이지만 이들 사이에 다음과 같은 약간의 차이가 존재한다. AE란 특정 분야에 있어서의 전문성을 가지고 있는 전문가로서 대부분의 경우에 있어서 현장의 프로젝트 사이트에서 기술적인 성격의 프로젝트 관련 임무를 수행한다. 이와는 달리 JPO나 APO는 기술적인 배경을 가지고 있지 않으며 일반적으로 국가 혹은 지역사무소(National or Regional Office)에 있으면서 프로그램이나 프로젝트를 지원하고 조정하는 역할을 한다.

JPO 제도의 목표는 국제기구의 수습직원(P1/P2급)과 동등한 조건에서 실제로 근무하도록 하여 국제기구 업무에 필요한 자질을 습득하게 함으로써 향후 국제기구 진출에 필요한 전문 인력을 양성하는 것이다. 한국은 1996년부터 이러한 JPO 파견 제도를 운영해 오고 있다. 2015년까지 1차 서류심사와 2차 면접시험(필요시 필기시험 실시) 모두를 외교부가 주관했는데 2016년부터는 JPO 제도를 운영하고 있는 국제기구가 직접 주관하고 있다.

2017년의 경우에는 유엔 사무국 내의 인도주의업무조정국(OCHA)/인적자원관리실(OHRM)/평화구축지원실(PBSO)·유엔인권최고대표사무소(UNHCHR)·유엔난민최고대표사무소(UNHCR)·유엔개발계획(UNDP)·유엔아동기금(UNICEF)·국제재생에너지기구(IRENA)·국제형사재판소(ICC)·세계보건기구(WHO) 등 11개 기구가 파견 대상 국제기구였다.

2018년에는 국제사법재판소(ICJ)·국제농업개발기금(IFAD)·국제이주기구(IOM)·국제재생에너지기구(IRENA)·경제협력개발기구(OECD)·화학무기금지기구(OPCW)·유엔 사무국 내의 정무국(DPA)·유엔국제상거래법위원회(UNCITRAL)·유엔개발계획(UNDP)·유엔환경계획(UNEP)·유네스코(UNESCO)·유엔아동기금(UNICEF)·유엔인권최고대표사무소(UNHCHR)·세계식량계획(WFP)·세계보건기구(WHO)·세계지식재산기구(WIPO)·세계기상기구(WMO) 등이 파견 대상 국제기구였다.

• 젊은 전문가 프로그램

YPP 프로그램 역시 젊은 전문가들이 국제기구의 전문적인 직원이 되는 중요한 경로로서의 역할을 한다. 이 프로그램은 전형적으로 2년간의 계약기간을 가지며 이 기간 동안 해당 국제기구는 다자이슈에 있어서의 경력을 쌓는 데 유용한 다양한 훈련의 기회를 제공한다.

YPP제도를 운용하고 있는 대표적인 국제기구에는 아프리카개발은행(AfDB) · 아시아개발은행(ADB) · 미주개발은행(IDB) · 경제협력개발기구(OECD) · 세계무역기구(WTO) · 유엔(UN) · 유네스코(UNESCO) · 세계은행(WB) · 국제금융센터(IFC) · 이슬람개발은행(IsDB) · 서아시아경제사회위원회(ESCWA) · 유엔개발계획(UNDP) 등이 포함된다.

YPP와는 다른 이름하에 YPP와 같은 성격의 프로그램에는 국제통화기금(IMF)의 경제전문가 프로그램(Economist Program, EP) · FAO의 준전문가 프로그램(Junior Professional Program, JPP) · 국제민간항공기구(ICAO)의 젊은 항공 전문가 프로그램(Young Aviation Professionals Program, YAPP) · 유엔아동기금(UNICEF)의 새롭게 부상하는 재능 이니셔티브(New and Emerging Talent Initiative, NETI) · 석유수출국기구국제발전기금(OFID)의 젊은 전문가 개발 프로그램(Young Professional Development Program, YPDP) 등이 있다.

여기에서 한국의 젊은이들이 많은 관심을 두고 있는 유엔의 YPP 프로그램에 대해 상세히 살펴보고자 한다. 유엔의 YPP 프로그램은 2010년까지 국별경쟁채용시험(National Competitive Recruitment Examination, NCRE)이라는 이름으로 불리던 프로그램이다. 이는 국제기구에 진출한 특정 국가의 직원의 수가 그 국가에 배정된 직원 수의 적정범위(desirable range)에 도달하지 못한 과소진출국(underrepresented country)일 경우 그 국가 사람들을 대상으로 시행하는 시험을 말한다.

따라서 공석공고에 의한 충원방식이 전 세계 차원에서의 경쟁에 의한 것인데 반해 이 시험은 대상 국가의 국민들 사이의 경쟁에 의해 선발하는 시험이므로 경쟁이 상대적으로 낮다고 볼 수 있다. 유엔의 하위직급의 대부분은 이러한 방식으로 충원된다. 한국이 유엔에 가입한 이후 국별경쟁채용시험이 오랜 기간 동안 지속된 바 있는데 이는 한국이 유엔에 가입한 이후 정규예산 분담금의 지속적으로 상승하면서 한국 국적을 가진 직원의 쿼터가 늘어났기 때문이다.

국별경쟁채용시험 합격자는 채용후보자 명부에 등재되어 응시 분야 관련 공석이 생기면 충원대상자로 우선적으로 고려되나 시험 합격이 반드시 채용을 보장하는 것은 아니었다. P-1급에서 P-3급 전문직 직원의 채용증대를 목표로 실시되며 선발 공고가 날 때 선발 분야가 명시되었다.

이 프로그램이 2011년에 YPP 프로그램으로 이름이 바뀌었지만 유엔 직원의 수적인 면에서 과소진출국을 대상으로 한다는 점과 합격자는 채용후보자 명부에 등재되어 응시 분야 관련 공석 발생 시 충원대상자로 우선적으로 고려됨으로써 채용의 확률은 매우 높지만 합격이 반드시 채용을 보장하는 것은 아니라는 점 등 NCRE과 달라진 것은 거의 없다. 단지 학력과 경력 등에 따라 P-1이나 P-2 직급으로 임용되지만 수습직원 프로그램이기 때문에 2년 근무 후 계속근무 여부를 심사하게 된다는 점에서 크게 다르다.

② 유엔자원봉사단

유엔자원봉사단(UN Volunteers, UNV)은 유엔개발계획(UNDP)의 산하기구로서 전 세계의 지속 가능한 개발과 평화유지에의 기여를 목적으로 다양한 국제기구의 전 세계에 걸친 현장 사무소에 봉사단원을 파견하여 농업·보건·교육·인권·정보통신 기술·지역개발·산업과 인구 등 115여개 전문 분야에서 인도주의적 구호·재건사업·인권 보호·선거 관리와 평화구축 등을 수행하는 국제기구이다.

UNV는 수요에 따라 온라인 후보자 명부에 등록된 지원자를 선발해 파견한다. UNV가 운영하는 프로그램에는 청년을 대상으로 하는 UNV 청년봉사단 파견 프로그램과 전문가를 대상으로 하는 UNV 전문봉사단(Specialist Volunteers) 파견 프로그램이 있다. 파견자는 6~24개월 동안 근무하며 근무지역과 환경에 따라 차등적인 생활비와 체재비를 지원한다. 한국의 경우 외교부가 UNV와 협력해 두 프로그램에 한국인을 피견해 오고 있다.

외교부는 우리나라 젊은이들에게 국제기구에서 활동할 수 있는 기회를 제공하고 나아가 이를 기초로 한 국제기구 진출을 적극 지원하는 차원에서 1986년부터 지금까지 200여명의 UNV 봉사단원을 파견해 왔다. 특히 우리 국민이 본격적으로 UNV를 통해 국제기구 봉사활동에 참여하게 된 것은 2013년 UNV 사무국과 체계적인 협력 사업을 개시한 이후이다.

파견자들은 자원봉사자로서 국제기구 근무를 통해 다양한 국제적인 이슈들을 경험하고 해결에 기여함으로써 파견 종료 후에 국제기구의 정규직에 선발되어 진출하는 데 큰 도움을 받고 있다. 즉 UNV의 봉사단원 파견 프로그램(특히 청년 봉사단원 파견 프로그램)은 한국 젊은이들의 국제기구 진출에 큰 디딤판의 역할을 한다. 구체적으로 UNV 봉사단원 프로그램을 마친 파견자들은 JPO에 선발되기도 하고 관련 국제기구에 정규 직원으로 채용되는 경우도 다수 있다. 이는 국제기구들이 채용에 있어서 현장에서의 경험을 중요시하기 때문이다.

③ 인턴제도

유엔을 비롯한 대부분의 국제기구들은 대학생을 간혹 대상으로 하기도 하나 주로 대학원생을 대상으로 하는 무급의 전일제 인턴제도를 운영하고 있다. 이러한 인턴제도는 젊은이들에게 정규 직원으로서의 국제기구 진출과 관련하여 다음과 같은 의의를 지닌다.

우선 인턴제도는 학생들에게 세계가 직면하고 있는 주요한 문제들에 대한 이해와 국제기구들이 이러한 문제를 어떻게 해결해 나가고 있는가에 대한 깊은 통찰력을 제공하기에 중요한 의미를 지닌다. 둘째, 인턴제도는 장차 국제기구에 정식직원으로서 진출하기를 원하는 사람들의 경력 관리 면에서 좋은 경력으로서 중대한 역할을 한다. 이는 미국이나 유럽의 많은 학생들은 시간 차이를 두고 한개 이상의 국제기구에서 인턴십을 차근차근 밟아가는 것에서도 잘 알 수 있다. 셋째, 국제기구 인턴십은 전문 분야 경력이 부족한 학생들이 국제기구 근무가 본인의 적성에 맞는지 미리 경험해 볼 수 있는 기회를 제공한다. 마지막으로 인턴십은 국제기구의 직원들과 인적 네트워크를 형성할 수 있는 기회를 제공해 준다. 이는 유엔이 인턴십을 마친 학생의 경우 인턴십을 마친 국제기구의 부서에서 충원이 있을 경우 인턴십을 마치고 6개월이 경과하지 않으면 지원을 하지 못하도록 하는 것에서도 잘 알 수 있다.

한국 정부도 이러한 인턴제도가 한국의 젊은이들이 정규 직원으로서 국제기구에 진출하는데 중요한 기여를 한다는 인식을 가지고 국제기구에서 인턴으로 선발된 학생들을 재정적으로 지원하고 있다. 예컨대 외교부는 중남미 지역 국제기구 인턴 파견 사업을 지원하고 있다. 구체적으로 외교부는 미주국가기구(OAS)와 중남미카리브경제위원회(ECLAC) 등에 3~4학년의 대학생과 대학원생을 매년 선발하여 전문교육을 제공하고 체재비와 항공료를 지원하여 파견하고 있다. 여성가족부의 경우도 전문교육을 제공하고 국제기구 인턴십이나 여성 관련한 국제회의에 참가할 때 소요되는 항공료와 체재비를 지원하는 국제전문 여성인턴 프로그램을 운영하고 있다. 환경부 역시 전문교육을 제공하고 교육에서 우수한 성적으로 거둔 학생에게 인턴십을 위한 항공료와 체재비를 제공하는 국제환경전문가 양성과정을 운영하고 있다.

④ 단기 컨설턴트 프로그램

국제기구가 특정 프로젝트를 계획했으나 내부 정규직원만으로 이러한 프로젝트를 수행하기 힘들다고 판단할 경우 단기 컨설턴트에게 역할이 주어진다. 단기 컨설턴트의 경우 인턴과는 달리 해당 일과 관련한 경력을 소지하는 등 일정한 정도의 전문성을 가지고 있을 경우 가능하다.

국제기구의 단기의 계약직 컨설턴트가 되어 경험을 축적함과 동시에 인맥을 구축하여 이를 바탕으로 국제기구에 진출하는 경우가 있다. 단기 계약직이기는 하나 컨설턴트로서 상사에게 뛰어난 능력과 훌륭한 인격을 검증 받을 경우 충원 시 호의적인 평가를 받을 수 있기 때문이다.

이러한 컨설턴트로서 국제기구의 프로젝트에 관여할 수도 있지만 국제기구가 개최하는 큰 규모의 국제회의에 참가하여 국제기구 관계자로부터 좋은 평가를 얻어 국제기구에 진출하기도 한다.

2. 국별 쿼터제도

1) 국별 쿼터제도의 도입 여부

국제기구 직원의 충원제도에서 눈 여겨 보아야 할 점 가운데 하나는 국제기구에 따라서 직원 수에 있어서 국별 쿼터(national quota)를 두고 있다는 점이다. 능력을 위주로 선발을 한다고 할 경우 특정 국가군의 국적을 가진 국민들이 국제기구를 수적으로 지배할 수 있기 때문이다.

이러한 이유로 인해 일단의 국제기구들은 특정 국적의 국민의 수를 일정한 적정범위(desirable range)를 설정하여 진출자의 수를 제한하고 있다. 또 다른 일단의 국제기구들은 국가별 수적 제한을 명실공이 두고 있지 않거나 공식적으로는 국가별 수적 제한을 두고 있지 않으나 비공식적으로는 제한을 두는 경우도 있다.

이러한 경우를 구분하여 살펴보고자 한다.

(1) 국별 쿼터를 두고 있는 국제기구

회원자격을 범세계적으로 모든 국가에게 개방하고 있는가 아니면 특정 지역과 같은 특정의 자격을 지닌 국가로 한정하고 있는가를 기준으로 국제기구를 분류할 경우에 국제기구들은 보편적 국제기구(universal organization)와 지역기구(regional organization)로 구분된다. 이러한 기준에 따를 경우 유엔기구들(UNOs) · 17개의 전문기구들 · 세계무역기구(WTO) · 국제원자력기구(IAEA)와 같은 국제기구는 범세계적인 보편적 국제기구에 해당한다.

이러한 보편적 국제기구는 지역기구와는 달리 전 세계라는 광범위한 지역을 대상으로 하기 때문에 직원채용에 있어서 종종 지리적 배분(geographical distribution)을 중요한 기준으로 간주하는 경향을 갖는다. 이러한 기준이 존재하지 않을 경우 직원을 채용할 때 지역적인 편중을 가져오기 쉽기 때문이다. 따라서 많은 보편적 국제기구들은 설립헌장이나 결의문 등에 다른 기준들과 더불어 가능한 한 광범위한 지리적인 기초에 근거하여 충원할 것을 규정하고 있다.

유엔의 경우를 예로 들면 유엔헌장 제101조는 직원의 채용과 근무조건의 결정에 있어서 가장 고려해야 할 요소로서 최고 수준의 능률(efficiency) · 능력(competence) · 성실성(integrity)과 더불어 광범한 지리적 기초(geographical basis)를 규정하고 있다. 즉 객관적 기준으로서의 능률 · 능력 · 성실성과 정치적 기준으로서 지리적 배분을 조화시키는 일을 요구하고 있다.[61)]

또한 국제기구를 정규예산에 의해 운영되는 국제기구와 자발적 기여금(voluntary contribution)에 의해 운영되는 국제기구로 분류할 수 있는데 정규예산에 의해 운영되는 국제기구의 경우는 회원국의 분담금에 의존하게 되며 이때문에 분담금의 비율 등을 기준으로 하여 국가별 직원의 수를 결정하는 경우가 많다.

그렇다고 모든 보편적 국제기구와 정규예산에 의해 운영되는 국제기구가 예외 없이 일률적으로 직원을 충원할 때 지리적 배분의 원칙을 적용하고 있는 것은 아니라는 점에 주의해야 한다. 따라서 국제기구 진출에 관심을 두고 있는 사람들

61) 과거 아시아와 아프리카 신흥 독립국들이 유엔에 대거 진출하자 유엔 사무국의 인원구성도 이를 반영하지 않을 수 없었다. 그 결과 신흥 독립국 출신의 사람들이 지리적 배분의 원칙을 적용하여 비교적 높은 지위에 채용된 바 있으며 이로 인해 능력주의 원칙과 관련하여 문제가 되기도 했다. 지리적 배분에 의한 직원채용이 국제기구의 비효율성을 가져온다는 선진국들의 시각도 있다.

은 자신이 관심을 두고 있는 국제기구가 채용에 있어서 지리적 배분과 같은 제한을 두고 있는가의 여부를 알아보고 제한이 있다면 구체적으로 어떤 제한을 두고 있는가를 파악하는 것이 필요하다. 그런 다음 한국의 국적을 가지고 이미 진출한 기존의 직원의 수가 얼마나 되는가를 파악하여 자신의 진출 가능성을 살펴보는 것이 필요하다.

(2) 국별 쿼터를 두지 않은 국제기구

보편적 국제기구가 아닌 지역기구들은 일반적으로 국별 쿼터를 두고 있지 않다. 유럽연합(EU) · 미주국가기구(OAS) · 아프리카연합(AU) · 경제협력개발기구(OECD) · 석유수출국기구(OPEC) · 동남아국가연합(ASEAN)과 같은 국제기구가 이러한 예에 속한다.

분담금에 의해 조달되는 정규예산이 아닌 자발적 기여금에 크게 의존하는 국제기구들은 매년 얼마만큼의 기금이 확보될 것인가를 알 수 없는 상황에서 재정적인 기여 등과 같은 기준을 가지고 진출 가능한 직원의 수를 계산한다는 것이 불가능하다. 따라서 자발적 기여금에 크게 의존하고 있는 국제기구들은 일반적으로 형평성 있는 지리적 배분이라는 원칙을 적용하고 있지 않다.

이러한 국제기구의 예로는 유엔난민최고대표사무소(UNHCR) · 유엔아동기금(UNICEF) · 유엔대학(UNU) · 세계식량계획(WFP) · 유엔개발계획(UNDP) · 유엔훈련조사연구소(UNITAR) · 국제무역센터(ITC) · 국제공무원위원회(ICSC) · 유엔팔레스타인난민구호사업기관(UNRWA) · 국제사법재판소(ICJ) 등을 들 수 있다.[62]

---

62) 세계식량계획WFP)은 자발적인 기여금에 크게 의존하고 있는 국제기구로서 공식적으로 지리적인 배분원칙을 적용하고 있지 않았으나 2004년 2월에 중대한 결정을 한 바 있다. 그 결정이란 직원의 충원과 관련하여 단순한 지침의 용도로서 사용될 비공식적인 공식(informal formula)을 도입했다는 것이다. 즉 실질적으로 채워져야 할 쿼터를 산정하는 것이 목적이 아니라 단순히 충원과 관련하여 하나의 참고로 활용하기 위한 목적이라는 것이다. 이 공식에 따르면 국제 전문직 직원(international professional staff) 가운데 60%를 우선 자발적 기여금의 주요 제공국에게 배정하고 나머지 40%를 기타 국가들에게 배정한다. 자발적 기여금 제공국들은 자국의 기여금이 전체 기여금에서 차지하는 비율에 따라 직원의 수를 배정받게 된다. 그러나 자발적 기여금 제공국의 하나인 미국이 특별한 대우를 받는다. 미국은 재정적인 기여도에 관계없이 국제 전문직 직원 전체 중에서 최대한 20%를 배정받도록 되어 있다. 따라서 주요 기여금 제공국들에게 배정된 전체 국제 전문직 직원의 60%에서 미국에 배정될 직원(전체 국제 전문직 직원의 20%)을 제한 나머지를 가지고 기여도에 따라 배분을 하게 된다. 기타 국가들에게 배정될 전체 국제 전문직 직원의 40%를 기타 국가들에게 어떤 기준으로 배분할 것인가에 대해서는 정한 바가 없고 단순히 최소한 3명의 직원이 진출해 있으면 적절하게 대표되었다고 간주하기로 하고 있다. WFP 당국에 따르면 현재 많은 국가들이 자국인 직원을 3인 이상 가지고 있다고 한다: WFP/EB.1/2004/4-B/Rev.1 (WFP Policy on Staff Recruitment and Geographical Representation of Member States).

이러한 지역기구와 자발적 기여금에 크게 의존하고 있는 국제기구들 이외에 보편적 국제기구라도 직원의 수가 적은 경우도 대체적으로 국별 쿼터를 두고 있지 않다. 국제기구 가운데 지리적 배분의 대상이 될 직원의 수가 회원국의 수보다 적은 경우를 포함하여 직원의 규모가 작은 국제기구의 경우에 지리적인 배분 원칙이 규정이 되어 있다고 해도 실제로 이것을 적용할 구체적인 원칙 같은 것을 가지고 있지 않아 선언적인 의미에 그치는 경우가 일반적이다. 이러한 예에 속하는 국제기구가 국제해사기구(IMO)・세계기상기구(WMO)・만국우편연합(UPU) 등이다.

(3) 국별 쿼터를 두지 않으나 비공식적인 제한을 두는 국제기구

세계은행(WB)・국제개발협회(IDA)・국제금융공사(IFC)・국제투자보증기구(MIGA)・국제투자분쟁해결센터(ICSID)를 세계은행 그룹(World Bank Group)에 속하는 전문기구라고 하는데 이들 역시 국별 쿼터를 두고 있지 않다.

이들과 더불어 국제통화기금(IMF) 역시 국별 쿼터를 두고 있지 않다. IMF의 충원 지침에 따르면 직원선발의 가장 중요한 기준으로서 지원자의 전문적인 기술과 개인적인 자질을 적용한다. 그럼에도 불구하고 지원자가 다른 지원자와 동일한 장점(merit)을 가지고 있는 경우 양성의 균형(gender balance)을 향상시키고 가능한 한 광범위한 지리적인 배분을 달성하고자 노력한다고 규정하고 있다.

그러나 실제에 있어 IMF는 대체적으로 회원국의 출자금 비율에 따라 직원을 구성하는 것을 관행으로 하고 있다. 그렇다고 해서 출자금의 비율과 직원의 수가 반드시 비례하는 것은 아니다. 국가에 따라서는 출자를 했음에도 불구하고 직원을 전혀 가지고 있지 않는 경우도 많고 일본처럼 출자금의 비율에 비해 소수의 직원만을 가지고 있는 국가가 있는가 하면 이와는 달리 필리핀처럼 출자금의 비율이 상당히 낮은데도 불구하고 비교적 많은 직원을 가지고 있는 경우도 있다.

IMF 이외에 세계무역기구(WTO)도 국별 쿼터를 두고 있지 않으며 국제원자력기구(IAEA)의 경우 공식적인 쿼터는 두고 있지 않다. 그러나 비공식적으로 재정적인 기여를 기준으로 직원의 수를 배정한다.

2) 국별 쿼터제도의 운영

(1) 일반적인 특징

국별 쿼터제도를 운영하고 있는 국제기구들은 나름의 적정한 직원의 수를 산정하는 방식을 가지고 있다. 그러나 그렇다고 해서 모든 국제기구들이 제각기 다른 방식을 채택하고 있는 것은 물론 아니다. 여기에서는 국제기구들이 직원을 구성하는 데 있어서의 일반적인 특징이 무엇인가를 우선 살펴보고자 한다.

대부분의 국제기구들은 설립헌장 등을 통해 「직원들은 가능한 한 광역의 지리적인 기초에 의해서 충원되어야 한다(Staff members are required to be recruited on as wide a geographical basis as possible)」는 사무국 구성에 있어서의 형평성의 원칙(principle of equity)을 명시적으로 규정하고 있다.[63] 그러나 이러한 원칙을 현실적으로 적용하는 데 있어서는 적지 않은 차이를 보인다.

① 적용대상의 결정

이러한 형평성의 원칙을 적용한다고 할 때 가장 먼저 직면하는 문제는 모든 직책을 형평성 있는 지리적인 배분의 대상으로 할 것인가 아니면 특별한 직책만을 대상으로 할 것인가의 문제이다. 이와 관련하여 모든 국제기구들은 일반직 직원(기능직 직원)을 이러한 원칙이 적용되는 대상으로부터 제외하고 있다. 왜냐 하면 대부분의 경우 일반직 직원은 국제기구가 소재하고 있는 국가의 국민들 가운데 채용하기 때문이다.

국제기구의 직책 가운데는 정규예산이 아닌 특별예산에 의해 재정적으로 지원이 되는 경우가 종종 있는데 이러한 직책의 경우도 세계보건기구(WHO)를 제외하고는 형평성의 원칙을 적용하지 않는다. 통역가나 번역가와 같은 언어와 관련을 갖는 직책의 경우도 제외된다. 1년 미만의 기간 동안 고용되는 직원들에 대해서도 직책에 관계없이 이러한 원칙을 적용하지 않는다. 이처럼 형평성의 원칙의 적용을 받지 않는 직책들을 제외할 경우에 원칙의 적용을 받는 직원의 수는 전체 직원의 수의 20%를 밑돈다. 이러한 것은 유엔 사무국의 경우 2017년 12월 31일 기준으로 전체 직원 38,105명 가운데 이러한 원칙의 적용을 받고 있는 직

63) 그러나 형평성이란 구체적으로 무엇을 의미하는가에 대해서 어느 것도 명백하게 언급하고 있지 않다.

원의 수가 3,074명에 불과하다는 사실에 의해서도 잘 알 수 있다.[64] 형평성 있는 지리적 배분의 원칙이 적용되는 이러한 직원의 수를 「기본 인원수(base figure)」라고 하고 결국 기본 인원수를 일정한 기준에 따라 배분하게 되는 것이다.

국제기구들은 각 국가별로 지리적 배분의 대상이 되는 직원의 수를 계산하는 데 있어서 직급의 높고 낮음을 고려하지 않는 것이 일반적이다. 즉 어느 하나의 직책이 고위직이든 하위직이든 관계없이 모두 하나의 자리로 계산하여 이러한 자리의 수에 대한 형평성 있는 배분을 하고자 한다. 극히 드문 예이나 국제기구에 따라서는 직책마다 점수를 매겨 계산을 하기도 한다. 구체적으로 높은 직책일 경우 높은 점수를 주고 낮은 직책일 경우 낮은 점수를 주어 이러한 점수에 있어서의 형평성을 고려하여 자리를 배분하고자 한다. 이러한 것을 「직급 가중 접근법(post-weighting approach)」이라고 부른다.

② 수요한 기준의 적용

이러한 맥락에서 국제기구들은 구체적인 국가별 진출 직원의 수를 결정하는 데에 국제기구의 회원 여부 · 재정적인 기여 · 인구라는 세 가지 기준을 일반적으로 고려한다. 국제기구에 따라 이러한 기준 모두를 채택하는 경우도 있고 단 하나의 기준만을 택하는 경우도 있다. 식량농업기구(FAO)의 경우는 위에서 언급한 3가지 요인에 더하여 지리적 배분의 대상이 되는 사업예산계획 직위의 총 개수(overall number of Programme of Work and Budget positions subject to geographic distribution)를 기준의 하나로 삼고 있다

이처럼 어떤 기준을 적용하는가에 있어 국제기구들 사이에 차이가 존재하며 이러한 기준들을 적용하는 데 있어서 어느 기준을 상대적으로 중요한 것으로 간주할 것인가를 둘러싸고도 국제기구 간에 차이가 존재한다.

이러한 기준들 가운데 가장 보편적으로 적용되는 것이 국제기구에의 회원여부이다. 모든 회원국은 회원국이라는 이유로 전체 지리적 배분의 대상이 되는 자리 중에서 일정한 비율의 자리를 배정받는다. 유엔의 경우는 지리적 배분의 대상이 되는 자리 가운데 40%를 이러한 기준에 의해 떼어 놓은 다음 이를 회원국의 수로 나누어 동일하게 배분한다. 이 때문에 어떠한 회원국이라도 최소한의 자리를 가지게 된다.

---

64) United Nations, General Assembly, *Composition of the Secretariat: Staff Demographics: Report of the Secretary-General*, A/73/79 (12 April 2018).

회원국의 여부라는 요인 이외에 재정적인 기여와 인구라는 요인이 또 다른 두 가지 주요 요인이다. 우선 재정적인 요인을 살펴보면 전체 지리적 배분의 대상이 되는 자리들 가운데 얼마나 많은 자리를 이러한 요인에 의해 배분하는가는 국제기구에 따라 다르며 유엔의 경우는 55%를 배정한다. 이러한 비율로 배정된 자리 전체를 국가마다의 재정적인 기여도에 따라 국가별로 배분하게 된다.

인구라는 요인 역시 지리적인 배분의 기준 가운데 하나가 되고 있는데 유엔의 경우는 지리적 배분의 대상이 되는 모든 자리 가운데 5%를 인구라는 요인으로 배정하며 이렇게 배정된 자리들은 다시 세계 인구에서 차지하는 개개 국가의 인구 비율을 계산하여 개개 국가에 배정된다.

③ 적정범위의 설정

국제기구들이 기준에 따라 진출 가능한 직원의 수를 엄격하게 계산한 다음에 융통성을 갖기 위해 적정범위(desirable range)를 설정하는 것이 일반적이다. 즉 특정 국가의 국제기구 직원의 수를 할당할 때 정확한 인원수를 할당하는 것이 아니라 상한(ceiling)과 하한(bottom)이 존재하는 일정한 범위를 할당하는데 이를 두고 「적정범위」라고 한다.

적정범위를 계산하기 위해 여러 방식이 동원되지만 일반적으로 특정 기준(들)을 적용하여 직원의 수를 정한 다음에 여기에 위로 일정한 퍼센트(%) 그리고 아래로 일정한 퍼센트(%)를 정해 상한과 하한을 정한다. 그런 다음 실제 직원의 수가 이러한 범위 내에 들어올 경우 적정범위 내에 속한다고 간주한다.

(2) 국별 계산방식

여기에서는 국별 계산방식의 예로서 유엔의 경우를 집중적으로 살펴보고 이와 더불어 유엔과 차이를 보이고 있는 국제기구의 예로서 유네스코의 경우를 살펴보고자 한다. 유엔의 경우는 비교적 오랜 기간에 걸쳐 동일한 계산방식을 사용해 오고 있는 예로서의 의의를 지니며 유네스코의 경우는 비교적 자주 변경을 가한 예로서의 의미를 지닌다. 국제기구의 직원 쿼터 계산방식을 살펴봄에 있어서 이러한 국제기구별 계산방식이 확고하게 고정되어 있는 부동의 것이 아니라 바뀔 수 있다는 점을 염두에 두어야 한다.

① 유엔의 계산방식

유엔총회는 1962년에 지리적 배분(geographical distribution)의 계산방식을 재검토하여 적정범위의 설정을 위한 세 가지 요인으로서 국제기구의 회원이라는 사실·인구·예산에의 기여를 제시한 바 있다. 그 후 여러 차례의 수정이 있은 후 1987년 12월에 현재 사용되고 있는 계산방식이 채택되었으며 이러한 방식이 1988년 1월부터 지금까지 적용되어 오고 있다. 유엔의 산정방식을 살펴보면 다음과 같다.

앞서 언급한 것처럼 국별 적정범위를 계산하는데 있어서 가장 먼저 해야 되는 일은 지리적 배분의 대상이 되는 기본 인원수를 정하는 것이다. 유엔의 경우 번역과 통역 일을 하는 직책(language post)과 특정한 임무를 단위로 개설되는 직책(mission post)이 제외된 가운데 정규 프로그램에 의해 재정적으로 지원이 되는 1년 이상의 고용이 보장된 P급 이상의 전문직 직원의 수를 기본 인원수로 한다.[65)]

이처럼 모든 전문직 직원이 지리적 배분의 대상이 되지 않고 지리적 배분의 대상이 되고 있는 전문직 직원은 상당히 제한적이기 때문에 일반적으로 이들을 「좀 더 제한적 부류의 전문직 직원(more restricted category of professional staff)」이라고 부른다.[66)] 이러한 규칙에 따라 계산할 경우 지리적 배분의 대상이 되는 전문직 직원의 수는 2017년 12월 31일 기준으로 3,074명이 되며 이것이 바로 계산의 기초가 되는 기본 인원수가 된다.[67)]

유엔의 경우 이러한 기본 인원수를 회원국이라는 사실·인구·예산에의 기여라는 세 요인을 동원하여 국별 배분을 하게 되는데 이들 요인들은 제각기 다른 가중치(weight)를 갖고 있다. 세 요인이 차지하는 총 퍼센트는 물론 100%인데 이 가운데 유엔 회원이라는 요인 40%·인구요인 5%·재정적인 기여요인 55%의 가중치를 갖는다.

---

65) 이에 따라 위에서 언급한 바 있는 일반직 직원(general service staff)과 단기간 고용된 직원들은 제외된다.

66) 이는 전문적 직원이면서도 지리적 배분의 대상이 되고 있지 않은 직원들도 존재한다는 것을 의미하는데 지리적 배분의 대상이 되고 있는 전문직 직원에 이들까지 포함하여 「좀 더 넓은 부류의 전문적 직원(wider category of professional staff)」이라고 구별하여 부른다.

67) 2017년 12월 31일 현재 지리적 배분의 대상이 되는 전문직 직원의 수에 관해서는 유엔문서 United Nations, General Assembly, *Composition of the Secretariat: Staff Demographics: Report of the Secretary-General*, A/73/79 (12 April 2018)을 참조하시오.

주목할 사실은 유엔에 대한 재정적인 기여도라는 요인이 가장 높은 비중을 차지하고 있다는 점이다. 이는 재정적인 기여도가 높은 국가의 국적을 가지고 있는 사람들에게 채용의 기회가 그 만큼 더 주어진다는 것을 의미한다. 또 한 가지 주목을 끄는 것은 회원국이라는 요인의 가중치가 40%라는 점이다. 이는 재정적인 기여도가 극히 미미한 국가라고 해도 기본적으로 최소한의 자국인을 유엔에 진출시킬 수 있는 길을 터놓은 것이다.

이처럼 개개 국가들은 우선 유엔 회원국일 경우 기본적으로 회원국이라는 요인에 의해 일정한 수의 인원을 배정받게 되고 이러한 회원국 요인은 언급한 바대로 40%의 가중치를 가지게 된다. 따라서 기본 인원수에 40%를 곱해 회원국 전체에게 배분될 인원의 수를 계산한 다음에 이를 회원국의 수로 나누면 개개 회원국들에게 동등하게 배분되어야 할 인원의 수가 나오게 된다.

다음에 개개 국가들은 전 세계 인구에서 자신의 국가 인구가 차지하는 비율에 따라 직원의 수를 배정받게 되는데 여기에는 앞서 언급한 바대로 5%의 가중치가 적용된다. 구체적으로 기본 인원수에 5%를 곱해 모든 회원국 전체에게 인구에 의해 배정될 인원수를 계산한 다음 이 인구수에 개개 국가가 회원국 전체 인구에서 차치하는 비율을 곱하면 개개 국가가 인구의 수로 인해 차지하게 되는 직원의 수가 나오게 된다. 마지막으로 기본 인원수가 재정적 기여율에 따라 배분되는데 이 경우는 앞서 언급했듯이 55%가 가중된다. 이 역시 기본 인원수에 55%를 곱해 재정적 기여로 인해 회원국 전체가 배정을 받을 인원수를 계산한 다음 여기에 개개 국가들이 전체 재정적 기여에서 차지하는 비율을 곱하게 되면 개개 국가가 재정적 기여도에 따라 배분받을 인원수가 나오게 된다.

이러한 계산 후 각 요인에 의해 배정된 직원의 수를 더하면 이것이 중간점(mid-point)이 되고 이를 기반으로 적정범위가 계산된다. 구체적으로 배정된 직원의 수의 15%가 더해져 상한(upper limit)이 되고 15%가 빠져서 하한(lower limit)이 된다. 여기에 더하여 상한과 하한에 각각 적용되는 15%는 4.8명보다 적어서는 안 되고 상한은 14명보다 적어서는 안 된다는 원칙이 추가적으로 적용된다.[68] 이러한 추가적인 원칙은 인구나 재정적 기여 등에 있어서 작은 국가도 최

68) The upper and lower limits of each range will be based on a flexibility of 15 per cent upwards and downwards from the mid-point of the desirable range, but not less than 4.8 posts up and down, the upper limit of the range being not less than 14 posts.: General Assembly resolution 42/220, *Personnel Questions: Composition of the Secretariat*, A/RES/42/220

소한의 인원을 직원으로 가질 수 있도록 하는 역할을 한다.

이러한 계산법에 따를 경우 2017년 12월 31일을 기준으로 할 경우 한국에 배정될 유엔 직원의 수의 적정범위는 42명~56명이다. 그 당시 실제로 진출한 한국인 직원의 수가 41명이었기 때문에 하한에 1명이 부족한 상태였기 때문에 한국은 과소진출국으로 분류가 되었다.[69)]

② 유네스코(UNESCO)

UNESCO의 경우 1995년 · 1999년 · 2003년에 계산방식에 있어서 변경을 가했다. 여기에서는 2003년도에 채택되어 지금까지 적용되고 있는 것을 살펴보고자 한다. 가장 큰 변화 중의 하나는 2003년 전까지 회원국의 여부와 재정적인 기여도만을 계산의 기준으로 적용해 오던 것을 바꾸어 회원국 여부와 재정적인 기여에 인구요인을 포함시켰다.

또한 가중치에 있어서의 변화도 있었다. 1995년 변경 이전에 회원국 요인의 가중치가 76%이고 재정적 기여 요인의 가중치가 24%였던 것을 1995년에 각각 70%와 30%로 변경했고 1999년에는 65%와 35%로 바꿨다. 2003년에는 회원국 여부의 가중치 65% · 재정적인 기여도의 가중치 30% · 인구요인의 가중치 5%로 변경했다.[70)]

유네스코는 지리적 배분의 대상이 되는 기본 인원수를 계산하는 데 있어서 정규예산으로 재정적 지원이 이루어지는 전문직과 전문직 보다 좀 더 높은 직위의 자리(professional and higher categories)로 계산하는데 여기에 통역이나 번역 및 교정 일을 하는 언어 직은 제외된다. 2018년 12월 기준으로 기본 인원수는 850명인데 이는 1990년 1월부터 유네스코 총회(General Conference)에 의해 설정된 것이다.

850명의 기본 인원 가운데 회원국 지위를 가지고 있는 국가들 전체에 돌아갈 인원수는 850×65%=552.5명이 된다. 이것을 회원국 수인 195로 나누면 한 국가 당 2.8명이 된다. 또한 850명 가운데 재정적 기여도에 따라 전체 회원국들에게 배정될 인원수는 850×30%=255명이 된다. 255명을 개개 국가의 재정적 기여도인 분담금의 비율로 나누면 개개 회원국의 인원수가 도출된다. 마지막으로

(21 December 1987).

69) United Nations, General Assembly, *Composition of the Secretariat: Staff Demographics: Report of the Secretary-General*, A/73/79 (12 April 2018).

70) UNESCO, UNESCO HR Manual (October 2017).

850석 가운데 인구요인에 의해 회원국 전제에게 배정될 인원수는 850×5%=42.5명이 된다. 42.5명을 회원국 전체의 인구에서 개개 회원국의 인구가 차지하는 비율에 따라 회원국 각각에게 배정될 인원수가 정해진다.

특정 회원국의 인원수는 이들 3개 요인에 따라 해당 국가에 배정된 인원수를 더하면 되는데 유엔의 경우와 마찬가지로 해당 국가에 배정된 총 인원수는 중간점이 되어 상한과 하한을 둠으로써 적정범위를 설정하게 된다. 유엔의 경우 중간점으로부터 15%가 상한과 하한인데 유네스코의 경우는 25%의 상한과 하한을 둔다. 이와 더불어 최저 하한(lowest minima)을 2명으로 두고 최저 상한(lowest maxima)을 4명을 두고 있으며 이것이 바로 최소한의 쿼터(minimum quota)가 된다.

3) 국별 쿼터제도에 대한 불만

국제기구의 국별 쿼터제도에 대한 국가들의 불만은 두 가지로 요약될 수 있다. 하나는 본질적인 불만으로서 직원의 수 산출방식 자체에 대한 불만이다. 또 다른 종류의 불만은 산출방식에 대한 불만은 별도로 하고 실제로 국제기구에 진출하고 있는 자국 직원의 수와 직원의 수 산출방식에 따른 적정범위의 수 사이에 간극이 존재하는 것에 대한 불만이다. 후자의 경우를 좀 더 자세하게 살펴보면 다음과 같다.

국가별로 계산된 적정범위의 직원의 수와 실질적으로 진출하고 있는 직원의 수를 대비하여 볼 때 네 부류의 국가군들이 존재한다. 우선 전혀 진출을 못하고 있는 국가(unrepresented country)·적정범위의 하한보다 적은 수의 직원을 가지고 있는 국가(underrepresented country)·적정범위 내의 직원의 수를 가지고 있는 국가(country within their desirable range of representation)·적정범위의 상한보다 많은 직원의 수를 가지고 있는 국가(overrepresented country)가 이들에 해당한다.

참고로 2017년 12월 31일 기준으로 유엔의 경우 진출한 인원이 전혀 없는 국가는 라오스와 캄보디아를 포함하여 19개 국가(이들의 적정범위는 3~14명)이고 과소진출 국가는 일본(적정범위가 172~233인데 75명만이 진출)과 북한(적정범위가 3~14인데 1명만 진출)을 비롯하여 44개 국가이며 과도진출국은 필리핀(적정범위가 8~18명인데 19명이 진출)과 스페인(적정범위가 48~66명인데 81명이 진출)을 비롯하여

27개 국가이다. 나머지 103개 국가가 적정범위 내에 속하는 국가들이다.[71)]

이 중에서 해당 국제기구에 자국인이 전혀 진출하지 못하고 있는 국가와 하한을 밑도는 수의 직원을 진출시키고 있는 국가들의 불만은 당연히 존재한다. 그러나 이 경우에 주의해서 살펴보아야 하는 것은 자국인 진출을 위한 노력에도 불구하고 국제기구가 자리를 마련해 주지 않아 적정범위에 미치지 못하는 경우와 자리는 확보 가능하나 국가 내부의 사정으로 인해 진출이 제대로 이루어지지 않는 경우가 존재한다.

후자의 경우는 국제기구에 불만을 제기할 수 있는 경우가 아니며 이러한 경우에 속하는 국가의 대표적인 사례가 일본이다. 일본의 경우 2017년 12월 31일 기준으로 유엔에서의 직원 수의 적정범위가 241명~326명인데 실제 진출한 인원은 108명에 그쳐 하한에서 133명이 부족한 상태이다.[72)]

(1) 개도국의 불만

직원의 수를 산출하는 기존의 계산방식을 수용하면서 실질적인 진출 직원의 수에 불만을 가지고 있는 국가들도 있으나 대다수 개도국들은 현재의 계산방식에 불만을 가지고 기존의 계산방식 자체를 바꾸어야 한다는 입장을 가지고 있다. 인도의 경우 인구는 많으나 재정적인 기여도가 높지 않은 관계로 적은 수의 적정범위로 가지고 있다. 2017년 12월 31일을 기준으로 약 13억4,000만 명의 인구를 가진 인도가 46~62명의 적정범위에 61명이 진출해 있다. 약 5,100만 명의 인구를 지닌 한국의 경우 앞서 언급했듯이 적정범위 42~56명에 41명이 진출과 것과 대비를 이룬다.[73)] 이 때문에 인도는 인구라는 요인의 가중치를 높일 것을 주장하기도 한다.

이러한 불만이 집단적인 반발로 이어져 세계보건기구(WHO)의 경우 이러한 기준이 일정한 정도 완화되기에 이르렀다. 2002년 5월 제55차 세계보건기구 총회 본회의에서 파키스탄·인도·중국 등의 주도로 개도국 진영의 국가들이 찬성하는 사무국 직원채용 기준변경을 권고하는 결의안이 상정되어 표 대결을 벌인 결과 통과되어 결의문이 되었다. 이 결의문의 구체적인 내용은 사무국 직원을 채

71) United Nations, General Assembly, *Composition of the Secretariat: Staff Demographics: Report of the Secretary-General*, A/73/79 (12 April 2018).

72) Ibid.

73) Ibid.

용할 때 각 회원국의 분담금 비율에 대한 비중을 대폭 낮추는 대신 회원국 당 기본 인원을 늘리고 인구 규모의 가중치를 늘림으로써 선·후진국간 국제기구 직원의 수에 있어서의 큰 차이를 일정한 정도 줄이자는 것이다.[74)]

이러한 요구가 받아들여져 회원국 여부의 가중치가 40%에서 45%·재정 기여도의 가중치가 55%에서 45%·인구에 대한 가중치가 5%에서 10%로 변경되었다. 이러한 변화의 핵심은 개도국들에게 불리한 재정적인 기여도의 가중치를 줄이고 대신 개도국에게 대체적으로 유리한 회원국 여부와 인구에 대한 가중치를 높이는 것이다.

세계보건기구(WHO) 총회의 결의안 통과와 이에 따른 직원의 수 산출방식의 실질적인 변경은 다른 국제기구들에게도 서서히 영향을 미쳤다. 예컨대 앞서 살펴본 바 있는 유네스코의 경우 2003년에 회원국 여부 요인 가중치는 65% 그대로 둔 채 새롭게 인구요인을 추가하여 5%의 가중치를 두었으며 재정적 기여 요인을 35%에서 30%로 줄인바 있다.

개도국들은 이러한 직원의 수를 산정하는 방식뿐만 아니라 유엔에서 유럽과 북미 출신의 유엔 직원들이 대체적으로 아시아·아프리카·중남미 출신의 직원들에 비해 높은 직책을 부여받고 있는 것에 불만을 가지고 있다. 개도국 출신 직원들이 더 나은 능력과 경력을 구비하고 있음에도 불구하고 이러한 일이 발생하는 것에 대해 개도국들은 분개하고 있다. 또한 선진국 직원들이 개도국 직원들에 비해 승진이 빠르게 이루어지고 있다는 것도 불만 요소 가운데 하나이다.[75)] 이처럼 개도국들은 유엔이 충원·배치·승진에 있어서 인종적 편견을 가지고 형평성을 잃고 있다는 문제를 줄곧 제기하고 있다.

(2) 일반 선진국들의 불만

이러한 개도국의 주장과 관련하여 일부 선진국들은 지리적 배분의 원칙에 의한 직원채용이 국제기구의 비효율성을 가져오는 중대한 요인이라고 보고 있다. 이들의 주장에 따르면 지리적 배분의 원칙에 따라 일부 국가의 사람들이 능력에

74) 파키스탄은 총회 폐막을 하루 앞둔 본회의에서 사무국 직원채용 기준변경에 관한 결의안 초안을 전격적 상정했고 일본·호주·미국·캐나다 등이 강력히 반발하고 나섰다. 이에 따라 WHO 사무총장이 막후 중재를 시도하여 당초 파키스탄이 주장했던 분담금 적용기준을 삭제하자는 표현 대신에 분담금에 대한 비중을 낮추자는 내용으로 수정안을 마련됐다. 그러나 일본·호주·미국·캐나다 등은 파키스탄 등이 제시한 수정안의 수용을 거부함으로써 결국 표결에 의한 결의안 통과가 강행됐다.

75) Thalif Deen, “Politics: UN Recruitment Clouded by Charges of Racial Bias,” http://www.one world.org/ips2/mar01/23_10_084.html (검색일: 2018, 10. 8).

관계없이 일정한 부분 채용되고 있다는 것이다. 즉 유엔헌장 101조에서 언급하고 있는 채용의 정치적 조건으로서의 지리적 배분의 원칙을 존중하다 보니까 또 다른 채용의 중요 조건인 능력(competence)이라는 요소가 무시되고 있다는 것이다.

객관적으로 보아 지리적 배분이라는 원칙과 유능한 직원은 완전하게 양립하기가 쉽지 않다. 선진국의 경우는 자국 내뿐만 아니라 외국에서 수준 높은 교육을 받은 유능한 인재들이 넘치나 개도국의 경우는 고등교육을 받은 인재가 적을 뿐 아니라 이러한 인재들마저 국가공무원으로 충원되는 등 훌륭한 인력을 국제기구에 공급하는 것이 사실상 쉬운 일이 아니다.

그러나 개도국에 따라서는 전문성과 열정 등 훌륭한 자질을 지니고 있는 훌륭한 인적 자원을 적지 않게 보유하고 있고 개도국으로부터의 지원자 역시 쉽지 않은 경쟁시험을 통과하여야만 P-1이나 P-2로 임명이 되기 때문에 개도국 젊은 이들의 능력을 싸잡아 저평가하는 것은 옳지 못하다.[76] 국제기구가 전 세계에 걸쳐 다양한 국적의 직원들을 충원함으로써 국제기구가 정치적 · 사회적 · 문화적 다양성에 좀 더 적절하게 반응할 수 있다는 점에서도 지리적 배분의 원칙은 폐지되어서는 안 될 것이다.

76) 유엔개발계획(UNDP)의 사무총장이었던 브라운(Mark Malloch Brown) 같은 사람은 개도국들이 훌륭한 인적자원을 보유하고 있어 지리적 배분의 원칙을 깨고 더 많은 직원을 개도국으로부터 충원해야 한다는 주장을 제기한 바 있다: Linda Fasulo, *An Insider's Guide to the UN* (Yale University Press: New Haven and London, 2004), p. 23.

제7부

유엔 사무총장

제1장 사무총장의 지위[1)]

1. 사무총장의 지위에 관한 헌장상의 주요 규정

유엔 사무총장의 권한과 역할에 관한 법률적인 기초는 사무국(Secretariat)의 설치근거가 포함되어 있는 유엔헌장 제7조에 놓여 있다. 유엔헌장은 이를 기초로 사무국에 관한 구체적인 규정들을 제15장(제97조~101조)에 별도로 두고 있다. 이처럼 유엔헌장이 사무국에 관하여 독립된 장(chapter)을 두고 있다는 점은 사무국과 관련하여 단 하나의 조항(article)만을 두었던 국제연맹규약과 크게 대조를 이룬다. 여기에서는 유엔헌장 제15장을 중심으로 사무총장의 권한과 역할을 살펴보고자 한다.

유엔헌장 제15장은 한 마디로 말해 사무총장의 권한과 역할에 대해 명확성을 결하고 있다. 유엔헌장은 사무총장이 유엔의 최고 행정가라는 점(제97조) · 총회/안보리/경제사회이사회/신탁통치이사회에서 사무총장의 자격으로 활동하고 이러한 기관이 위임하는 임무를 수행할 수 있다는 점(제98조) · 국제평화와 안전의 유지를 위협한다고 판단하는 문제에 안보리의 주의를 환기할 수 있다는 점(제99조)만을 언급하고 있을 뿐이다.

이처럼 사무총장의 권한 및 역할과 관련한 헌장의 규정이 애매모호하여 다양한 해석의 여지를 불러일으켜 왔다. 역사적인 실제의 경우에서 볼 때 사무총장에 따라 정도의 차이는 존재했지만 일반적으로 이러한 모호성은 사무총장의 활동공간을 넓히는 쪽으로 진화해 왔다. 즉 사무총장의 역할은 헌장에 간결하게 언급되어 있으나 이로부터 기대되었던 것을 훨씬 넘어서서 이루어져 오고 있다. 사무총장에 관한 헌장상의 중요한 규정을 살펴보면 다음과 같다.

---

1) 박재영, 『유엔과 사무총장』 (서울: 도서출판 예응, 2006), pp. 60-77.

1) 제7조 제1항

제7조 제1항은 「유엔의 주요기관으로서 총회 · 안보리 · 경제사회이사회 · 신탁통치이사회 · 국제사법재판소 · 사무국을 설치한다」라고 규정하고 있다. 이 규정은 사무국이 유엔의 주요기관(major organ)의 하나로서의 설립근거를 밝히고 있다.

2) 제97조

제97조는 「사무국은 1인의 사무총장과 기구가 필요로 하는 직원으로 구성된다. 사무총장은 안보리의 권고로 총회가 임명한다. 사무총장은 기구의 수석 행정직원이다」라고 규정하고 있다. 이 규정은 사무국의 구성과 사무총장의 어떻게 선출되고 임명되는가에 대해 언급하고 있다. 더불어 사무총장이 수석 행정직원으로서의 지위를 가진다고 밝히고 있다. 여기서 주목할 부분은 사무총장을 사무국의 수석 행정직원이 아닌 기구의 수석 행정직원이라고 언급하고 있는데 이는 유엔의 수석 행정직원이라는 의미이다.

3) 제98조

제98조는 「사무총장은 총회 · 안보리 · 경제사회이사회 · 신탁통치이사회의 모든 회의에 사무총장의 자격으로 활동하며 이러한 기관에 의하여 그에게 위임된 다른 임무를 수행한다. 사무총장은 기구의 사업에 관하여 총회에 연례보고를 한다」라고 규정하고 있다.

이 규정은 사무총장으로 하여금 사무국 이외의 유엔의 주요기관에서 사무총장의 자격으로 활동할 수 있도록 함으로써 행정적인 역할을 뛰어넘어 정치적인 역할을 할 수 있는 여지를 제공하고 있는 조항이다. 사무총장은 이 규정에 근거하여 자신의 의견을 개진하는 등의 영향력을 발휘할 수 있는 여지를 가지게 된다.

4) 제99조

제99조는 「사무총장은 국제평화와 안전의 유지를 위협한다고 그 자신이 인정하는 어떠한 문제에도 안보리의 주의를 환기할 수 있다」라고 규정하고 있다. 이

규정은 사무총장에게 정치적인 권한을 부여하고 있는데 그런 점에서 이전의 어떠한 국제기구와도 구별이 되는 획기적인 조항으로 알려져 있다. 이 규정은 수석 행정가로서의 사무총장의 지위를 언급하고 있는 제97조와도 크게 대조를 이루고 있는 조항으로서 규정이 만들어질 당시 뿐 아니라 그 이후에도 지속적으로 많은 논란을 불러 일으켰다.

이 규정을 만들 때 안보리에로의 주의 환기를 사무총장이 반드시 해야 하는 의무조항으로 할 것인지 아니면 재량을 가진 권한조항으로 할 것인가를 두고도 논란이 있었다. 그러나 헌장의 규정에서 보듯이 의무를 의미하는 「shall」이라는 조동사를 사용하지 않고 「may」라는 조동사를 사용함으로써 사무총장의 재량을 가지고 행사할 수 있는 권한으로 규정지었다.

유엔이 이러한 획기적인 규정을 가지게 된 배경에는 국제연맹이 사무총장의 정치적 무기력함으로 인해 실패했다고 하는 교훈이 자리 잡고 있었다. 그 결과 유엔의 설립자들은 사무총장에게 정치적인 권한이 부여되어야 한다는 점에 의견을 같이 했다. 그러나 과연 정치적인 권한을 어떤 범위와 내용으로 인정할 것인가를 두고는 합의에 이르지 못했기 때문에 애매모호한 채로 해석의 여지를 남겨두게 되었다.

이 때문에 사무총장이 누구냐에 따라 헌장 제99조는 달리 해석이 되었고 그 결과 실질적인 사무총장의 정치적인 권한의 범위와 내용이 달라졌다. 역대 사무총장의 헌장 제99조에 대한 적극적인 해석과 적용에 의해 형성된 헌장 제99조의 구체적인 내용을 살펴보면 다음과 같다.

우선 사무총장의 진상조사(fact-finding)를 할 수 있는 권한을 들 수 있다. 제99조가 객관적으로 적용되기 위해서는 사무총장은 안보리의 주의를 환기하기 전에 과연 특정의 문제가 국제평화와 안전의 유지를 위협하는 것인가의 여부가 먼저 확인되어야 하며 이 때문에 제99조는 논리적으로 이러한 진상조사권을 포함한다고 보았다. 리(Trygve Halvdan Lie) 제1대 사무총장이 이러한 권리를 1946년 그리스 사태와 관련하여 처음으로 주장하여 안보리에 의해 수용되었다.[2)]

진상조사권과 더불어 또 다른 정치적 권한의 하나로서 안보리가 다루는 문제

2) 유엔총회 의사규칙 제70조는 「사무총장 또는 사무총장이 그의 대리인으로 지명한 사무국 직원은 총회가 검토하고 있는 문제에 대해 언제든지 구두 또는 문서로 발언할 수 있다」고 규정하고 있다. 안보리 의사규칙 제22조는 「사무총장이나 사무총장의 대리인은 안보리에 의하여 토의 중인 여하한 문제라도 동 이사회에 구두 또는 서면의 진술서를 작성할 수 있다」고 규정하고 있다.

에 개입할 수 있는 권한이 인정되었다. 이러한 개입권은 우선 사무총장이 안보리 의장의 허락을 얻지 않더라도 언제든지 구두나 문서로서 진술할 수 있는 권한을 포함한다. 이러한 권한 역시 제1대 사무총장의 노력의 산물이다. 그 결과 이러한 내용의 규정이 유엔총회 의사규칙 제70조와 안보리 의사규칙 제22조에 포함되었다. 이에 따라 사무총장 혹은 그를 대리하는 사무국 직원은 안보리나 총회가 검토하고 있는 어떠한 문제에 대해 언제든지 구두나 문서로 진술할 수 있다.

이 외에도 개입권은 의사일정에 관여할 수 있는 권한과 법적 의견을 제시할 수 있는 권한 등을 포함한다. 그러나 보다 핵심적인 개입권이라면 분쟁이나 갈등을 해결하기 위한 노력의 일환으로 사무총장이 정치적으로 개입할 수 있는 권한을 의미한다.

5) 제100조

제100조 제1항은 「사무총장과 직원은 그들의 임무수행에 있어서 어떠한 정부나 기구 외의 어떠한 다른 당국으로부터도 지시를 구하거나 받지 아니한다. 사무총장과 직원은 기구에 대하여만 책임을 지는 국제공무원으로서의 지위를 손상할 우려가 있는 어떠한 행동도 삼간다」라고 규정하고 있다. 이 규정은 유엔 사무총장과 사무국 직원이 국제공무원으로서 지녀야 할 의무로서 유엔 이외의 행위자들로부터의 독립성과 중립성을 언급하고 있다. 더불어 국제공무원으로서 품위를 유지하여야 할 의무에 대해서도 규정하고 있다.

제100조 제2항은 「개개 유엔 회원국은 사무총장 및 직원의 책임에 대해 전적으로 국제적인 성격을 존중할 것과 그들의 책임수행에 있어서 그들에게 영향력을 행사하려 하지 아니할 것을 약속한다」라고 규정하고 있다. 이 규정은 제100조 제1항이 국제공무원으로서의 유엔 직원이 적극적으로 준수하여야 할 독립성과 중립성 유지 의무를 적시하고 있는 것과 병행하여 회원국들로 하여금 이들의 독립성과 중립성을 유지하도록 영향력 행사를 자제할 것을 의무로서 부여하고 있다.

6) 제101조

제101조 제1항은 「직원은 총회가 정한 규칙에 따라 사무총장에 의하여 임명된다」라고 규정함으로써 사무총장의 인사권을 언급하고 있다. 제101조 제2항은

「경제사회이사회와 신탁통치이사회 그리고 필요한 경우 유엔의 다른 기관에 적절한 직원이 상임으로 배속된다. 이 직원은 사무국의 일부를 구성한다」라고 규정함으로써 사무국을 구성하고 있는 직원이 사무국이 아닌 유엔의 주요기관에 배속될 수 있음을 언급하고 있다.

제101조 제3항은 「직원의 고용과 근무조건의 결정에 있어서 가장 중요한 고려사항은 최고수준의 능률·능력·성실성을 확보할 필요성이다. 가능한 한 광범위한 지리적 기초에 근거하여 직원을 채용하는 것의 중요성에 관하여 적절히 고려한다」라고 규정하고 있다. 이 규정은 직원채용 조건을 언급하고 있는 조항으로서 우선 지원자의 자질의 기준이 무엇인가에 대해 언급하고 이와 더불어 또 다른 채용조건으로서 광범위한 지리적인 배분의 고려라는 정치적인 조건을 언급하고 있다.

2. 사무총장의 권한

위에서 살펴본 헌장상의 규정을 중심으로 하고 만약 다른 관련 규정들이 있다면 이를 더하여 사무총장의 권한을 좀 더 구체적으로 살펴보고자 한다. 편의상 사무총장의 권한을 행정적인 권한과 정치적인 권한으로 나누어 살펴보고자 한다.

유엔헌장의 설계자들 가운데 일부는 사무총장의 역할을 전통적인 비정치적 성격의 행정수반으로 제한하고자 했고 또 다른 일부는 좀 더 명백하게 정치적인 행위자로서 규정하고자 했다. 상반된 이러한 견해는 끝내 헌장에 모두 포함되게 되었으나 병행되는 것이 필연적으로 쉽지 않았다.

1) 행정적 권한

(1) 사무국 업무의 지휘와 감독

사무총장은 수석 행정관(chief administrative officer)으로서 연구·번역·미디어 관계 등을 포함한 사무국의 업무를 지휘하고 감독하는 권한을 갖는다. 유엔의 설립이 논의되던 당시 미국의 루즈벨트 대통령은 사무총장의 직책을 세계의 조정자(world moderator)로서 정의하고자 했지만 유엔헌장은 결국에 사무총장의 직책을 조직의 수석 행정관으로 정의했다. 이는 유엔이라는 관료조직의 관리자로서의 사무총장의 역할을 강조한 것이다.

(2) 인사권

사무총장은 유엔헌장 제101조 제1항과 유엔의 직원규칙에 의거하여 유엔의 수석 행정직원으로서 사무국 직원에 대한 인사권을 행사할 뿐 아니라 유엔의 산하기관의 직원에게 대한 인사권까지 행사한다. 인사란 구체적으로 임명 · 승진 · 전임 등을 의미한다.

사무총장은 사무국 직원 모두의 인사에 관한 전권을 가지지만 중요한 고위직 자리는 대개 회원국들과의 공식적인 협의를 통해 결정한다. 실제에 있어 유엔의 고위직들은 사무총장의 독자적인 판단에 의해 전문적인 기술 관료들에게 돌아가는 것이 아니라 강대국들의 압력에 의해 이들 국가의 출신들에게 분배되어 오고 있는 것이 사실이다.

(3) 예산 편성권과 집행권

사무총장은 유엔의 예산을 편성하고 집행하는 데에 주도적인 역할을 한다. 2017~2018년도 정규예산으로서 유엔총회에서 채택된 액수는 56억 1,400만 달러이고 2017년 7월 1일~2018년 6월 30일을 회계기간으로 하는 평화유지활동경비의 액수는 73억 달러인데 사무총장은 이러한 예산들을 운용하게 된다.

사무총장은 예산안을 편성하는 과정에서 자신이 중점을 두고자 하는 활동여하에 따라 예산을 증감함으로써 영향력을 발휘할 수 있다. 특히 예산 혹은 운영과 관련된 일을 다룰 경우 사무총장은 정보의 독점을 통해 영향력을 증진시킬 수 있다.

구체적으로 사무총장은 각 부서에서 올라온 소요경비 견적서들을 승인하여 통합함으로써 예산안을 확정한다. 이렇게 하여 확정된 예산안은 총회의 행정 · 예산문제 자문위원회(Advisory Committee on Administrative and Budgetary Questions, ACABQ)에 보내져 심의를 받은 후 권고와 더불어 예산을 관장하는 총회의 제5위원회에 송부되며 제5위원회는 ACABQ의 권고를 기초로 예산원안을 심의하도록 되어 있다. 제5위원회에서 출석하여 투표한 회원국의 단순다수결의 찬성에 의해 결정이 된 예산원안은 최종적인 결정을 위해 총회의 본회의에 회부되고 총회 본회의에 회부된 예산안은 출석하여 투표한 회원국의 2/3의 찬성을 얻어 최종적으로 채택되도록 되어 있다.

그러나 1986년 미국의 주도로 결의안을 통과시켜 예산안이 총회의 제5위원회에 오기 전에 사업 · 조정위원회(Committee for Programme and Coordination, CPC)를 거치도록 했으며 이곳에서 합의(consensus)로서 예산의 상한과 계획내용을 결정하도록 했다. 이로 인해 미국을 비롯한 선진국들이 원하지 않는 예산안은 통과될 수 없게 되었다. 그러나 1986년 이래로 지켜져 오던 이러한 관행이 2007년 12월에 2008~2009년도 사업예산(programme budget)을 결정하는 데 있어서 미국의 반대에도 불구하고 합의가 아닌 다수결로 통과된 바 있다.

(4) 조정과 통합

사무총장은 유엔 사무국 내의 조정기관인 유엔체제고위급조정이사회(UN System's Chief Executives Board for Coordination, CEB or UNCEB)의 의장으로서 유엔체제 내 기구들 간의 조정을 하는 역할을 한다. CEB의 주된 기능은 사무국 상호 간의 조정으로서 구체적으로 소속 기구들 사이에 체결된 협정의 실시를 감독하고 이들의 사업 활동과 행정 문제 등 제반 활동을 조정하는 것이다. CEB는 통상 1년에 2회 개최되며 주기적으로 유엔의 사업 · 조정위원회(Committee for Program and Coordination, CPC)와 합동으로 만나 조정을 촉진한다.[3)]

CEB는 유엔 · 유네스코를 포함한 17개의 전문기구들 · 3개의 유엔 관련 기구(IAEA/WTO/IOM) · 유엔개발계획(UNDP)을 포함하여 유엔총회에 의해 설립된 12개의 기금과 프로그램들(Funds and Programmes)의 수장으로 구성되어 있다. 2001년에 1949년부터 2000년까지 행정조정위원회(Administrative Committee on Coordination, ACC)라는 이름을 가지고 있던 조직이 개명된 것이다. 하부에 주된 조직으로서 고위급 프로그램위원회(High-Level Committee on Programmes, HLCP) · 고위급경영위원회(High-Level Committee on Management, HLCM) · 유엔개발그룹(UN Development Group, UNDG)을 두고 있다.

---

3) 유엔의 사업 · 조정위원회(Committee for Program and Coordination, CPC)는 1962년에 경제사회이사회의 결의문에 의해 설치된 상설위원회이다. CPC는 경제적 · 사회적 개발 분야에서 유엔과 전문기구가 추진하는 각종 사업활동에 대한 조정과 검토 · 예산안 검토 · 유엔의 각종 사업에 대한 평가를 주된 기능과 임무로 한다. 1986년까지 21개 위원국으로 구성되어 있다가 그 이후 34개 위원국으로 구성되어 있으며 위원국은 지리적 배분의 원칙에 따라 3년을 임기로 선출된다. 먼저 언급한 CEB의 경우 구성원이 사무국의 수장들이고 CPC의 경우는 정부대표들로 구성되었다는 점이 큰 차이 중의 하나이다. 박해윤 전 주노르웨이 대사가 2018년 6월에 한국인으로서는 처음으로 CPC 의장에 선출되었다. 의장은 지역그룹을 순환하여 선출된다.

(5) 보고서의 제출

사무총장은 중요한 이슈에 대해 보고를 하거나 연례보고서(Annual Report) 등을 제출하는 권한을 가지며 이를 통해 일정한 영향력을 행사한다. 사무총장은 이러한 보고나 보고서를 통해 유엔의 활동에 대한 평가를 함과 동시에 미래에 우선적으로 해야 될 일에 대한 개요를 제시할 수 있다. 이러한 보고서에는 헌장 제98조에 따라 제출할 의무를 지는 연례보고서와 더불어 회원국들이 수시로 사무총장에게 작성하여 제출할 것을 요구하는 특정의 보고서라는 두 종류가 있다.

이러한 보고서는 종종 회원국들의 특정 이슈에 대한 논의의 출발점이 되기 때문에 중요한 역할을 한다. 이러한 보고서에서 사무총장은 자신의 관점에서의 문제의 심각성·문제의 원인·문제의 처방 등에 대한 의견을 제시함으로써 회원국들의 논의의 방향을 이끌어 나갈 수 있다.

일반적으로 유엔이 필요로 하는 자원을 손에 쥐고 있는 정부의 대표들과 비교해 볼 때 사무총장의 의사결정에의 영향력이란 상대적으로 미약하다. 그러나 형식적으로는 대부분의 의사결정이 사무국 이외의 기관에 의해 이루어지는 것 같아 보여도 이러한 의사결정에 이르기까지의 과정에서 사무국의 의향과 판단이 결정적인 역할을 하는 경우가 적지 않다. 두 종류의 보고서를 하나씩 살펴보면 다음과 같다.

유엔헌장은 사무총장으로 하여금 유엔의 활동에 관하여 연례보고서를 제출하도록 하고 있는데 사무총장은 이러한 권한을 통해 유엔의 활동과 관련하여 그의 견해를 피력하고 제안을 하며 회원국들에게 그의 목소리를 전달한다. 유엔 사무총장들은 유엔총회에 제출하는 연례보고서를 통해 유엔이 행동을 취하도록 하는데 주도력을 발휘하고자 했거나 강대국들에게 국제사회의 문제에 대해 의견의 일치를 추구할 것을 요청하기도 했다.

사무총장은 또한 회원국의 요청에 의해 작성한 보고서를 통해서도 영향력을 행사할 수 있다. 예컨대 2006년 10월 11일 아동학대에 관한 유엔 사무총장 연구보고서가 총회 제3위원회에서 공표된 바 있다. 이 보고서는 2001년 아동권리위원회의 요청에 의해 총회가 아닌 사무총장으로 하여금 아동학대에 관한 실태를 조사하고 각국이 취할 수 있는 조치를 권고하도록 요구해서 만들어진 것으로서 전세계 아동들이 당하고 있는 폭력의 성질과 정도·원인과 예방책·근절을 위한 권고 내용을 담았다.

부트로스-갈리(Boutros-Ghali) 제6대 사무총장은 「평화를 위한 의제(An Agenda for Peace)」라는 보고서를 작성하여 갈등에 관한 종합적인 분석을 하고 이러한 문제를 해결하기 위해 유엔이 무엇을 해야만 하는가에 대한 구체적인 제안을 한 바 있다. 그의 제안 가운데 「평화구축(peace-building)」이라는 개념은 유엔의 주요한 과업의 하나가 되었으며 지금도 여전히 많은 주목을 받고 있다. 그는 또한 「개발을 위한 의제(Agenda for Development)」라는 보고서를 작성하여 개발에 대한 국제적인 관심을 고취하는 한편 유엔이 나아가야 할 개발에 관한 이정표의 구실을 하도록 했다.

(6) 다른 기관에 의해 위임된 업무의 수행

사무총장은 유엔헌장 제98조에 의거하여 유엔의 다른 기관(즉 총회·안보리·경제사회이사회·신탁통치이사회)에 의해 그에게 위임된 다른 임무를 수행한다. 이러한 위임된 업무를 수행하는 가운데 사무총장은 일정한 영향력을 행사할 수 있다.

업무가 타 기관에 의해 맡겨지는 경우 결정의 큰 윤곽이 주어지고 보다 세부적인 결정은 사무국에게 맡겨져 사무국의 재량이 작용할 수 있는 여지가 주어진다. 즉 일단 이루어진 결정을 실제에 적용하는 데 있어서도 필연적으로 자유재량의 여지를 남기지 않을 수 없고 이러한 여지에 사무국과 사무총장의 영향력이 침투될 수 있다. 특히 정부대표들 사이에 많은 이견이 존재하고 이들 사이에 견해의 차이가 매우 클 경우에 정부대표들은 합의점을 찾거나 중재를 부탁하기 위해 때로는 큰 방향만을 설정해 주고 구체적인 정책을 만들기 위해 사무총장에 의존하는 경우가 많다.

유엔의 평화유지활동의 경우 평화유지활동의 실시 여부에 대한 결정은 안보리가 내리고 예산에 대해서는 총회가 결정을 내리며 이러한 결정은 사무국에 의해 집행된다. 이들 안보리와 총회로부터의 결정이란 추상성을 피할 수 없기 때문에 이를 구체적으로 집행하는 과정에서 사무총장은 광범위한 재량권과 이니셔티브를 행사할 수 있다.

2) 정치적 권한

(1) 유엔의 대외적 대표

사무총장은 대외적으로 유엔을 대표한다. 사무총장은 구체적으로 회원국 정부와의 관계뿐만 아니라 비회원국 정부・유엔 이외의 다른 국제기구・비정부기구(NGO) 등 다른 행위자들과의 관계에서 유엔을 대표한다.

(2) 국제평화와 안전유지를 위한 권한

유엔헌장 제99조는 사무총장은 국제평화와 안보유지에 위협이 된다고 판단되는 사안에 대해 안보리의 주의를 환기시킬 수 있다고 규정하고 있다. 제97조가 유엔 사무총장이 수석 행정직원임을 말하고 있는데 반해 제99조는 유엔 사무총장의 독립적인 정치적인 역할과 기능에 대해 언급함으로써 사무총장으로 하여금 국제적인 정치 문제에 대해 말할 수 있는 권위(authority)를 부여하고 있다. 이처럼 제99조는 사무총장의 지위를 행정가로부터 정치적인 행위자로서 바꾸어 놓고 있는데 이러한 권리는 이전에 어떠한 국제기구의 수장들에게 부여된 어떠한 권력도 뛰어넘는 획기적인 것이었다.

사무총장은 이 조항에 근거하여 정치적 역할을 직접 혹은 특사(special mission)・옵서버(observer)・중개자(mediator) 등을 통해 수행하면서 타협과 화해를 촉진한다. 사무총장은 어떠한 분쟁이든 안보리의 잠정의제(provisional agenda)에 올려놓을 수 있는 권리를 가지고 있다. 그러나 안보리 이사국들이 어떠한 분쟁이든 논의를 꺼려할 경우 사무총장은 대개 막후에서 일을 하게 된다.

사무총장은 그의 대부분의 시간을 주선(good offices)과 중개(mediation)에 보내게 된다. 이러한 것들은 때때로 유엔의 심의기관의 요청에 의하여 이루어지기도 하며 그 자신의 주도력에 의해 이루어지기도 한다.[4] 사무총장의 기능은 주요 강대국들의 중개 노력 등에 의해 좌절되거나 대체되고 혹은 보완되기도 한다.[5]

---

4) 주선(good offices)은 분쟁의 평화적 해결을 위하여 제3자가 회담장소의 제공을 비롯한 분쟁당사국 사이의 교섭에 편의를 제공하는 것이다. 즉 주선은 제3자가 분쟁당사국을 설득하여 교섭에 임하도록 하는 것을 의미하며 이 때문에 분쟁당사국 사이에 교섭이 개시되면 주선의 임무는 종료하게 된다. 중개(mediation)는 제3자가 주선의 임무를 넘어서 직접 분쟁당사국 사이의 교섭에 개입하고 심지어 해결책을 제의하는 것을 말한다.

5) Kjell Skjelsbæk, "The UN Secretary-General and the Mediation of International Disputes," *Journal of Peace Research*, Vol. 28. No. 1 (1991), pp. 99-115.

위기를 완화하고 적대적인 당사자들에게 자유롭게 이야기 하고 의중을 시험할 수 있는 기회를 제공하는 것을 목표로 하는 사무총장의 주선이나 조용한 외교를 통해 유엔은 냉전이 종식되기 이전에 국가간 갈등을 감소시키는 것을 도와 왔다. 그러나 냉전이 종식된 후 안보리가 이러한 국제적인 위협을 다루는 데 점차적으로 적극적이 되면서 사무총장의 이러한 역할에 영향을 미치고 있다.

유엔은 다른 국제기구와 마찬가지로 기본적으로 총회나 이사회와 같은 정부대표로 구성되어 있는 기관에 의해 의사결정이 이루어진다. 그렇다고 해서 정부대표로 구성되어 있지 않는 사무국과 같은 기관의 의사결정에 있어서의 중요한 역할을 무시해서는 안 된다. 대표적인 사례로서 흔히 언급되는 것이 1950년대와 1960년대에 있어서의 유엔의 평화유지활동(PKO)에 있어서의 함마슐트(Dag Hammarskjold) 사무총장의 역할이었다.

(3) 주요기관의 회의에서의 활동

사무총장은 유엔헌장 제98조에 따라 총회·안보리·경제사회이사회·신탁통치이사회의 모든 회의에 사무총장의 자격으로 활동한다. 이러한 회의에서 사무총장은 기조연설을 하거나 의제에 대해 제안을 하고 질의응답을 하기도 한다. 이를 통해 사무총장은 유엔 내의 정부대표들로 구성된 기관에서 자신의 견해를 알릴 수 있다. 국제연맹규약과 비교하여 볼 때 유엔헌장 제98조는 앞서 언급한 유엔헌장 제99조와 더불어 사무총장의 권한을 획기적으로 변화시킨 것이다.

유엔총회 의사규칙 제70조도 사무총장 또는 사무총장이 그의 대리인으로 지명한 사무국 직원은 총회가 검토하고 있는 문제에 대해 언제든지 구두나 문서로 진술할 수 있다고 규정하고 있다. 또한 제112조는 사무총장 또는 사무총장이 그의 대리인으로 지명한 사무국 직원은 위원회나 소위원회가 검토하고 있는 문제에 대해 언제든지 구두나 문서로 위원회나 소위원회에서 진술할 수 있다고 규정하고 있다.

(4) 의제의 제안

유엔총회 의사규칙 제12조에 의하면 사무총장은 정기총회에서 논의될 잠정의제(provisional agenda)를 작성하여 적어도 회기 개최 60일 이전에 회원국에게 통지하도록 되어 있다. 또한 제14조에 따라 유엔 회원국 또는 유엔 주요기관은 정기총회 개회일로 확정된 날보다 적어도 30일 전에 의제에 첨가할 의제항목(agenda item)의 포함을 요구할 수 있는데 이러한 권한을 사무총장도 가지고 있다.

이와 같은 방식을 통해 사무총장은 매년 유엔의 정기총회 등에서 구체적으로 논의될 세부적인 의제를 제안할 수 있다. 사무총장은 구체적이고 세부적인 의제를 제안하기 이전의 단계로서 특정 문제를 이슈화하고 나아가 의제화하기 위해 앞서 언급한 보고서를 작성하여 제출할 수 있는 권한을 종종 행사한다.

3) 행정과 정치의 복합적 권한

사무총장의 역할 중에서 행정적인 권한과 정치적인 권한이 복합적으로 작용하는 임무가 있는데 그것이 바로 평화유지활동(PKO)이다. 구체적으로 사무총장은 평화유지활동 임무를 감독하는 책임을 지며 이러한 업무를 담당하는 사무차장을 임명한다. 안보리가 평화유지활동의 임무를 승인하고 총회가 이에 대한 예산을 결정하며 관리와 운영은 사무총장이 책임진다.

일반적으로 안보리는 평화유지활동과 관련하여 일반적인 지침을 주는 데 그치고 구체적인 집행을 사무총장의 책임하에 사무국이 하게 되는데 현지사정의 급격한 변화 속에 신속한 결정을 요하는 경우가 많아 사무총장이 정치적인 판단을 스스로 하여야 할 때가 빈번하게 발생한다.

3. 사무총장의 의무

1) 독립성과 중립성의 유지 의무

국제기구와 국가의 관계에서 국제기구의 역할이 강화되기 위해서는 국제기구가 회원국으로부터 자율성을 확보하는 것이 필요하다. 이를 위해 가장 필요한 것 가운데 하나가 주로 회원국의 국민으로부터 채용되어 사무국을 구성하고 있는 국제공무원의 독립적인 지위를 보장해 주는 것이다.

유엔헌장 제100조는 사무국을 구성하고 있는 사무총장과 직원은 그 임무의 수행에 있어 어떤 정부나 유엔 외의 어떤 당국으로부터도 지시를 받거나 구하여서는 안 되며 회원국들은 이들 업무의 국제적인 성격을 존중해서 영향을 주지 않도록 해야 한다고 규정함으로써 사무국 직원의 중립성과 독립성을 확보하고자 한다.

페레스 데 케야르(Pérez de Cuéllar) 제5대 유엔 사무총장은 「유엔 사무총장의 역할의 특징을 한 마디로 하자면 독립성이다. 유엔 사무총장직을 가지고 있는 사람은 하나 혹은 일단의 국가들을 두려워해서거나 혹은 이들의 비위를 맞추기 위한 시도로서 행동하고 있는 것으로 결코 비추어져서는 안 된다. 헌장 제100조는 사무총장이 따라야 할 금과옥조이다」라고 주장한 바 있다.

국제공무원의 독립성을 보장하기 위한 이러한 제도적인 장치가 있다고 해서 현실 세계에서 국제기구의 독립성이 엄격하게 보장되는 것은 물론 아니다. 사무국의 직원들 가운데 고위직의 경우 회원국 모두의 요망에 응하기보다 정치적으로 임명되는 것이 통례인데 이를 통해 독립성이 훼손되기도 한다.

제7대 유엔 사무총장의 선출을 둘러싸고 국가들이 보인 자국의 이익을 둘러싼 갈등은 국제기구의 독립성과 중립성이 허구적일 수 있다는 것을 잘 보여주는 예이다. 미국은 자국에 대해 호의적이지 않고 도전적이었다는 이유로 부트로스-갈리(Boutrous-Ghali) 제6대 사무총장의 연임을 맹렬히 반대하고 미국에 대해 호의적이라고 판단된 아난(Kofi Annan)을 적극적으로 지원함으로써 후자의 선출을 가능하도록 했다.

2) 품위 유지의 의무

유엔 사무총장은 국제기구에 근무하는 다른 직원들과 마찬가지로 일정한 행동규범이 요구된다. 1954년에 국제공무원제도자문위원회(International Civil Service Advisory Board, ICSAB)에 의해 「국제공무원 행동표준(Standards of Conduct in the International Civil Service)」이 채택되어 국제공무원들의 행동강령이 되어 왔다.

그 후 2001년에 국제공무원위원회(International Civil Service Commission, ICSC)에 의해 개정되어 「국제공무원 행동표준(Standards of Conduct for the International Civil Service)」이라는 이름으로 유엔총회의 결의문 A/RES/56/244를 통해 수용되었고 2013년에 ICSC에 의해 동일한 이름하에 또 다시 개정되어 유엔총회의 결의문 A/RES/67/257에 의해 채택되어 오늘에 이르고 있는데 다른 국제공무원들과 마찬가지로 사무총장의 품위 있는 행동의 준거가 되고 있다.[6)]

6) 「국제공무원 행동표준」의 구체적인 내용은 제4부 제3장 「국제기구 직원과 전문가의 지위」 부분에서 상론하고 있음.

4. 사무총장의 대우와 특권[7)]

1) 일반적인 대우

(1) 국가원수 급의 예우

유엔 사무총장은 뉴욕의 유엔 본부에만 머물지 않고 분쟁의 해결을 비롯한 다양한 목적을 수행하기 위해 세계 각국을 누비고 다니게 된다. 이때 방문지에서 어떤 대우를 받는가에 대해 살펴보고자 한다. 이와 관련하여 유엔헌장과 같은 조약에 명시적으로 언급된 것은 없다.

그러나 회원국마다 유엔을 중시하는 정도에 따라 다소 차이는 있지만 외교관례상 통상적으로 유엔 사무총장은 세계 최고의 외교관으로 국제사회에서 국가원수 내지 행정수반에 준하는 예우를 받게 된다. 왜냐 하면 유엔 사무총장은 193개 회원국의 이해관계와 입장을 대변하며 전 세계에 걸쳐 적지 않은 수의 유엔 직원들을 통솔해야 하는 최고 행정관이기 때문이다. 국가원수들과는 달리 사무총장을 위한 별도의 전용기는 없다.

당선이 확정된 후 뉴욕에서 한국에 들어왔을 때 한국정부 역시 반기문 차기 사무총장을 국가원수에 준하는 예우를 했다. 예컨대 청와대는 대통령 접견시 반기문 차기 사무총장의 좌석을 주요국 정상과의 회담 때처럼 대통령 좌석과 나란히 배치했으며 대통령이 집무실 밖에 서서 기다리다가 반기문 차기 사무총장을 접견실로 안내한 바 있다.

(2) 유엔여권의 사용

유엔 사무총장은 국제공무원으로서 유엔 마크가 정중앙에 찍힌 하늘색 유엔여권(Laissez-Passer)을 소지하게 된다.[8)] 사무총장은 다른 국제기구 직원과 마찬가지로 자국의 여권과 유엔여권을 모두 사용할 수 있으며 일부 예외적인 경우를 제외하고는 유엔여권을 소지할 경우 세계의 어느 국가나 자유롭게 여행할 수 있다. 국가원수 내지 행정수반의 대우를 받기 때문에 각국의 공항을 별도의 보안검색

---

7) 박재영, 『유엔과 사무총장』(서울: 도서출판 예응, 2006), pp. 101-107.

8) 「Laissez-Passer」는 「자유통행증」을 의미한다.

없이 드나들 수 있다.

(3) 연봉과 수당

유엔 사무총장의 공식 연봉은 22만 7,253달러로서 2018년 12월 31일 달러 환율을 가지고 우리 돈으로 환산하면 약 2억 5,400만 원 정도다. 이 연봉 액수는 유엔총회에 의해 결정되는데 1997년 이래 한 번도 인상된 적이 없이 고정되어 있다. 하지만 각종 수당 등이 별도로 나오기 때문에 일 년에 받는 액수는 35만 달러가 넘는 것으로 알려져 있다. 여기에 판공비는 별도로 나온다. 유엔 사무총장은 24시간 그림자처럼 따라다니는 전담경호를 받게 된다.

(4) 관저의 사용

사무총장은 뉴욕 맨해튼 이스트 강변의 4층짜리 대형 관저를 사용하게 된다. 관저는 유엔에서 걸어서 갈 수 있는 곳에 위치하고 있으며 미국 유엔협회의 소유로 되어 있다. 미국유엔협회는 1년에 1달러의 상징적인 임대료만 받고 제공하고 있다. 이곳에서 각종 공식 혹은 비공식 연회가 열린다.

(5) 대규모 보좌진

뉴욕 유엔 본부 건물은 40층짜리인데 38층까지만 사무실로 사용한다. 사무실로서는 가장 높은 층인 38층 전부가 사무총장 집무실과 사무총장의 보좌를 위해 사용된다. 구체적으로 이곳에는 사무차장급 비서실장이 지휘하는 비서실과 경호・의전 팀이 있으며 대략 100명의 직원들이 근무한다. 사무총장은 이들의 보좌를 받아 유엔의 살림살이를 꾸려간다.

2) 특권과 면제[9)]

유엔헌장 제105조 제2항은 유엔 회원국 대표와 더불어 유엔 직원이 유엔과 관련된 그들의 임무를 독립적으로 수행하기 위해 필요한 특권과 면제를 특권과 면제를 향유한다고 규정하고 있다. 이러한 규정은 유엔헌장 제105조 제3항에 근거하여 체결된 유엔의 특권과 면제에 관한 협약에서 구체화되고 있다.

9) 사무총장을 위시한 국제기구 직원의 특권과 면제에 관해서는 제4부 제3장 「국제기구 직원과 전문가의 지위」 부분에서 자세히 언급하고 있다.

유엔의 특권과 면제에 관한 협약의 제5조 제18항은 유엔 직원의 특권과 면제를 자세하게 열거하고 있는데 이와 관련하여 주목할 것은 이들의 특권과 면제는 이들의 공적인 행위에 한해 인정된다는 점이다. 즉 이들이 향유하는 특권과 면제는 외교관들이 누리는 포괄적인 특권 및 면제와는 차이를 가지며 제한적으로 인정되는 것이 특징이다.[10)]

그러나 동 협약의 제5조 제19항은 유엔의 사무총장과 사무차장 그리고 이들의 배우자와 미성년자 자녀를 일반적인 유엔 직원과는 달리 취급하고 있다. 구체적으로 동 조항에 따르면 이들은 유엔 직원에게 부여되는 일반적인 특권과 면제 이외에 별도로 국제법(외교관계에 관한 비엔나 협약)에 의거하여 외교사절에게 주어지는 특권과 면제 및 편의를 부여받는다.

여기서 이들이 일반적인 유엔 직원이 누리는 특권과 면제에 더하여 외교관의 특권과 면제를 누린다는 것을 달리 말하면 일반적인 유엔 직원의 경우 특권과 면제는 이들의 공적인 행위에 한해 인정되나 사무총장과 사무차장의 경우 이들의 공적인 행위는 물론 사적인 행위까지도 적용이 된다는 의미이다.

유엔 직원의 면제와 관련하여 유엔 사무총장은 직원에게 주어지는 면제가 사법의 진행을 저해하고 있고 유엔의 이익을 침해하지 않은 가운데 포기될 수 있다고 생각하면 그들의 면제를 포기할 권리와 의무를 갖는다. 사무총장의 경우에는 유엔 안보리가 그 면제를 포기할 권리를 갖는다.

5. 사무총장 영향력의 원천

1) 도덕적인 권위

사무총장의 영향력의 원천은 물질적인 권력(power)이 아니라 영향력(influence)이다. 이러한 영향력은 다수에 의해 수용되는 정당성(legitimacy)이라는 것을 가진 권위(authority)로부터 나온다. 이러한 영향력이란 유엔헌장에 구현되어 있는 가치와 원칙에 의지하는 능력에 의해 강화된다.

즉 물리적인 힘을 결여하고 있는 사무총장은 유엔헌장의 원칙들로부터 나오는 도덕적인 지위(moral status)와 평판이 나있는 공정성(reputed impartiality)에 의지

10) 외교관의 특권과 면제에 관한 좀 더 상세한 것은 「외교관계에 관한 비엔나 협약(Vienna Convention on Diplomatic Relations)」을 참조하시오.

하여야 한다. 회원국들로부터의 정치적 지지도 중요하지만 어느 특정의 지리적인 그룹이나 이념적인 그룹으로부터의 호의(favor)를 구애할 수 없다.

2) 설득력

공식적인 권한을 거의 가지고 있지 않고 경제력이나 물리적인 힘과 같은 물질적인 힘(material power)을 가지고 있지 않은 사무총장의 영향력이라고 하는 것은 남을 설득하는 능력(persuasive power)에도 크게 달려 있다.

6. 사무총장의 지위를 보여주는 별칭[11)]

유엔 사무총장이라는 지위와 관련하여 여러 가지 별칭이 존재한다. 예컨대 아난 사무총장은 유엔 사무총장을 일컬어 「세계의 치어리더이며 프로모터이고 동시에 세일즈맨이자 고해신부」라고 표현하고 있는데 이는 전 세계의 모든 문제에 다양한 역할을 통해 관여해야 하는 바쁜 자리임을 상징적으로 말해 주고 있다. 이러한 별칭들은 유엔 사무총장의 직책이 갖는 성격의 일부를 나름대로 표현하고 있다. 유엔 사무총장이라는 자리가 어떤 자리인가를 이러한 별칭을 통해 한번 살펴보면 다음과 같다.

1) 지구상에서 가장 어려운 직업

리(Trygve Halvdan Lie) 제1대 유엔 사무총장은 사무총장의 직책을 「지구상에서 가장 어려운 직업(the toughest job)」 혹은 「지구상에서 가장 불가능한 직업(the most impossible job)」이라고 부른 바 있는데 이는 사무총장의 직책이 얼마나 어려운 일인가를 단적으로 드러내 보여주는 경우이다.[12)]

11) 박재영, 『유엔과 사무총장』 (서울: 도서출판 예응, 2006), pp. 78-81.

12) 사무총장 직책에 대한 리(Trygve Halvdan Lie)의 이러한 평가에 대해 아난 제7대 유엔 사무총장은 스스로 사무총장직을 「the world's most exalting job」라고 평가한다고 반기문 차기 사무총장에게 소개한 바 있다.

2) 세속의 교황

비록 세속의 문제를 다루는 자리이지만 항상 인류의 보편적인 가치와 유엔헌장의 규범에 기초하여 활동하여야 한다는 당위적인 측면을 강조하여 「세속의 교황(secular pope)」이라는 별칭이 사무총장에게 따라다니기도 한다. 이러한 명칭은 또한 유엔헌장의 가치를 세계에 전파하고 실천하고자 현실적으로 노력하고 있다는 측면을 가리키기도 한다.

3) 세계의 최고 경영자

193개국이 참여하고 있는 세계 최대 국제기구인 유엔을 실질적으로 관리하면서 국제분쟁을 조정하는 역할도 맡고 있어 유엔 사무총장은 흔히 「세계의 최고 경영자(CEO)」 혹은 「최고위 외교관」이라고 불린다. 반기문 사무총장은 취임 이전에 유엔 사무총장을 「1인 1표의 권리를 갖는 192명 주주에게 봉사하는 최고 경영자(CEO)」로 비유하는 한편 이러한 192명의 주주가 모두 한 나라의 주권을 대표하기 때문에 하나하나를 결코 무시할 수가 없는 어려움이 있다는 점을 지적한 바 있다.

4) 지구촌 대통령

물론 지구촌에 지구촌 전체를 통치하는 별도의 독립된 정부가 설립되어 있지 않을 뿐 아니라 사무총장은 일국의 대통령처럼 자신의 의지를 현실세계에 구현할 수 있는 힘이나 자원을 가지고 있지 않다. 그러나 사무총장은 명실공이 지구촌 시민의 이익을 대표해서 국제분쟁을 조정하고 지구촌 차원의 비전을 제시하는 역할을 맡는다고 하여 「지구촌 재상」 혹은 「지구촌 대통령」으로도 불린다. 이러한 맥락에서 「미국엔 대통령이 2명 있다」는 말이 있는데 이는 유엔이 미국 내에 있기 때문이다.

5) 국제공무원의 꽃

국제기구의 직원을 일반적으로 「국제공무원(international civil servant)」이라고 부르며 유엔을 국제기구 가운데 가장 많은 다양한 일을 하는 가장 큰 국제기구라고 칭한다. 이런 연유로 유엔의 수장인 사무총장은 「국제공무원의 꽃」이라는 별칭을 가지고 있는데 이는 국제공무원이라면 누구나 선망하는 정점의 자리라는 의미를 포함하고 있다.

6) 속죄양

사무총장은 종종 「속죄양」이라고도 불리는데 이 말의 유래를 살펴보면 다음과 같다. 사무총장은 영어로 「Secretary-General」이라고 표기하며 약어로 간단하게 「SG」라고 부른다. 속죄양의 영문표기는 「Scape Goat」로서 이 역시 줄여서 약어로 표기할 경우 「SG」로 표기할 수 있다. 이처럼 「속죄양」이라는 말은 약어면에서 사무총장이라는 말의 영어 약어와 동일할 뿐 아니라 사무총장의 직책의 특성을 그대로 나타낸다고 하여 종종 사용된다.

여기서 「속죄양」이란 사무총장이라는 자리가 외화내빈의 자리라는 부정적인 의미를 내포하고 있고 힘이 지배하는 국제질서 속에서 실질적인 힘이 없다는 뜻을 함유하고 있다. 뿐만 아니라 유엔의 무능함이 노정될 때마다 사무총장에게 그 탓이 돌려진다는 것을 빗대어 쓰는 표현이기도 하다.

7) 무능한 전능자

모든 일을 할 수 있지만 결코 성과를 내기가 쉽지 않다는 의미로서 사무총장을 「무능한 전능자」라는 칭하기도 한다. 미국 등 강대국의 틈바구니에 끼인 「허수아비」라고 불리는 것도 같은 맥락이다.[13] 국제사회의 분쟁은 대부분 강대국과 약소국 또는 강대국간 첨예한 이해싸움이다.

그러다보니 실질적 힘이 없는 유엔 사무총장이 객관적이고 중립적으로 이를 조정하는 데는 한계가 있을 수밖에 없다. 아주 빈번하게 자국의 이익을 추구하고자 하는 안보리 5개 상임이사국 사이에서 위험한 줄타기 곡예를 벌여야 할 상황에 내몰리기도 한다.[14] 그러다 보니 강대국간 첨예한 갈등과 거리가 비교적 먼

13) 취임 전 일부에서는 과연 반기문 차기 사무총장이 자신을 강력하게 지지했던 안보리의 두 강국인 미국과 중국을 동시에 만족시킬 수 있을지 의문을 제기한 바 있다.

14) 반기문 사무총장이 취임선서식을 마치고 하루도 지나지 않아 벌써부터 중국·러시아·일본의 유엔대사들이 북핵 문제의 해결과 관련하여 유엔 사무총장의 지나친 개입에 부정적인 뜻을 밝힌 바 있다. 구체적으로 이들은 유엔 사무총장이 6자회담 관련 특사파견이나 이니셔티브를 행사하는 것은 바람

환경 · 기아 · 테러 · 마약 문제 등에 집중하는 경향을 내보이기도 한다.[15)]

8) 비서와 장군

사무총장의 영어 표기는 「Secretary-General」인데 이는 「비서」를 의미하는 「Secretary」라는 말과 관직명의 뒤에 붙어 신분이나 권한 등에 있어 「최상위」를 위미하는 「General」이 합쳐진 말이다. 그러나 「General」이라는 단어는 명사로서 장군이라는 의미를 가지는데 이러한 의미로 「Secretary-General」이라는 말을 사용하면 「비서-장군」이라는 의미가 된다.

이 말은 사무총장이 누군가에 따라 어떤 사무총장은 유엔헌장에 명시된 것에서 크게 벗어나지 않고 강대국이 원하는 것을 따르는 비서 스타일을 가지고 있는가 하면 어떤 사무총장은 헌장의 내용을 좀 더 확대하여 해석하고 권한을 확대하여 지도력을 발휘하는 장군 스타일을 가지고 있다는 의미가 될 수 있다. 역대 사무총장 가운데 제2대 사무총장인 함마슐트 사무총장은 전형적인 장군 스타일의 사무총장이었고 발트하임 제4대 사무총장은 전형적인 비서 스타일의 사무총장이었다고 평가된다.

9) 조정자

별칭이라고 볼 수는 없으나 프랭클린 루스벨트 미국 대통령이 유엔 사무총장을 스코틀랜드 교회 수장을 뜻하는 「moderator(조정자)」로 부르자고 제안한 데서도 알 수 있듯이 사무총장직은 전 세계 193개 회원국의 복잡한 이해관계를 공평하게 풀어야 하는 고난도 외교기술이 요구되는 직책임을 의미한다.

직하지 못하다는 견해를 제시했다. 이에 대해 반기문 사무총장은 곧이어 재개될 북핵 6자회담에서 실질적인 성과가 나오길 희망한다고 전제한 뒤 사무총장의 역할은 문제 해결을 위한 틀이 활성화되도록 촉진하고 협조하는 역할이라면서 협상 추이를 주시하면서 나름대로 역할을 준비하겠다고 밝힌 바 있다.

15) 한국경제(인터넷), 2006년 10월 3일.

제2장 사무총장의 선출[16)]

유엔헌장은 유엔의 최고 수장의 선거와 관련하여 충분한 규정을 두고 있지 않나 이러한 부족함은 다른 절차적인 규칙(procedural rules)과 관례(practices)에 의해 보충되고 있다. 다음에서 이러한 것들을 기반으로 사무총장의 선출 및 선출과 관련한 사항을 살펴보고자 한다.

1. 유엔헌장의 규정

1) 주요 규정

유엔헌장 제97조는「사무총장은 안보리의 권고에 의해 총회에 의해 임명된다(The Secretary-General shall be appointed by the General Assembly upon the recommendation of the Security Council)」고 규정하고 있다.

이 규정에서 주목할 부분은 임명된다는 것을 의미하는「appointed」라는 말이다. 원래 1944년에 개최된 덤바턴오크스회의(Dumbarton Oaks Conference)에서 만들어진 유엔헌장 초안 제10장 제1항은 사무총장이 총회에 의해 선출된다고 규정하고 있었는데 나중에 헌장을 확정한 샌프란시스코 회의에서 임명된다는 말로 바뀌었다. 이는 사무총장의 기능이 정치적인 것이 아니라 행정적인 것임을 좀 더 강조하기 위한 것으로 보아야 한다.「임명(appointment)」이라는 용어는 행정적인 기능을 강조하는 데 반해「선출(election)」이라는 용어는 정치적인 기능을 좀 더 명백하게 드러내는 말이기 때문이다.

유엔헌장 제97조에 따르면 사무총장이 (안보리의 권고에 의해) 총회에 의해 임명된다고 하여 마치 사무총장 선출에 있어서 총회가 주도적인 역할을 하는 듯 보이나 실제에 있어서 총회의 역할이라고 하는 것은 선출을 공식화하는 행위에

16) 박재영,『유엔과 사무총장』(서울: 도서출판 예응, 2006), pp. 82-100.

국한되어 왔던 것이 사실이다. 즉 안보리는 마치 선발위원회(Selection Committee)와 같은 역할을 하면서 실질적인 선출을 해왔다.

샌프란시스코회의에서 유엔헌장에 대한 최종 협상이 벌어지고 있을 때 중소국가들은 총회가 사무총장의 선출 권한을 갖도록 노력했으나 실패로 끝나고 말았다.[17] 안보리 상임이사국들이 자신들의 협력과 지원 없이는 어떠한 사무총장도 효과적일 수 없다고 주장하면서 이에 대신하여 사무총장 선출에 대해 거부권을 가질 것을 주장했기 때문이다.[18]

결론적으로 말해 유엔 사무총장은 안보리가 추천한 후보를 총회가 추인하는 절차를 거쳐 선출한다고 보면 된다. 따라서 안보리의 결정이 중요하며 특히 거부권의 행사가 가능한 5개 상임이사국의 의사가 중요하지 않을 수 없다. 왜냐 하면 안보리의 추천과정에서 상임이사국의 반대표를 얻은 후보는 탈락하기 때문이다. 이제까지 안보리가 추천한 후보를 총회가 합의에 의하든 표결에 의하든 추인하지 않은 후보는 없다.

사무총장 선출 역사상 이러한 규정이 적용되지 않은 경우가 1회 있었다. 초대 사무총장인 리(Trygve Halvdan Lie)가 재선에 도전했을 때 소련은 그가 유엔의 한국전 개입을 지지했다는 이유로 반대하여 교착상태에 빠졌다. 이에 안보리는 후보자를 추천하는 데 실패했다는 사실을 총회에 통보했고 총회는 리의 임기를 3년간 연장시키는 결의문을 채택하여 그의 재임 임기를 3년간 연장시킨 바 있다.

2) 부수적 규정

(1) 안보리의 의사결정

사무총장 선출과 관련하여 안보리가 총회에 사무총장을 권고하기 위해 어떤 의사결정 방식이 적용되는가의 문제가 있다. 안보리에 있어서 의사결정 방식은

---

17) 유엔에 대한 구상은 제2차 세계대전 중 연합국의 주요한 국가들에 의해 이루어졌다. 미국・영국・소련・중국은 1943년 모스크바 삼상회의에서 국제연맹을 대체하는 새로운 국제기구로서 유엔을 설립하고자 하는 구상을 내어놓았다. 이듬해인 1944년 이들은 미국 워싱턴의 덤바튼오크스(Dumbarton Oaks)에 모여 유엔헌장의 초안(덤바튼오크스안)을 작성하였다. 연합국 50개국은 1955년 샌프란시스코에서 회의를 개최하여 덤바튼오크스안을 기초로 하여 유엔헌장을 확정하였다.

18) 이와 관련하여 총회가 선택권을 가지게 될 경우 후보자는 선출되기 위해 전 회원국들을 대상으로 로비를 해야만 할 것이고 그 결과 부정과 부패를 피하기 어려웠을 것이라는 주장도 제기되었다. 그러나 안보리 이사국들을 대상으로 해서도 이러한 일이 발생하지 않을 것이라는 것은 장담하기 어렵다고 진단되었다.

다루고자 하는 문제가 어떤 문제인가(즉 절차적인 문제인가 아니면 비절차적인 문제인가)에 따라 달리 규정되어 있다.

안보리는 15개의 이사국(상임이사국 5개국과 2년 임기의 비상임이사국 10개국)으로 구성되어 있는데 다루고자 하는 문제가 절차적 문제인 경우 15개 이사국 중 9개국 이상의 찬성만 있으면 가결된다. 이때 9개국 중 상임이사국이 포함 여부는 문제가 되지 않는다.

비절차적 문제인 경우에는 이사국 중 9개국 이상의 찬성이 있어야 가결된다는 점에서는 절차적인 문제를 다룰 때와 동일하나 9개국 중에는 반드시 5개 상임이사국 모두가 포함되어 있어야만 한다는 것이 다르다. 즉 비절차적 문제가 가결되려면 상임이사국 5개국 모두의 찬성은 물론 비상임이사국 10개국 중 최소한 4개국이 찬성을 해야 가결된다는 말이다. 다른 모든 이사국이 찬성을 한다고 해도 단 하나의 상임이사국만이라도 반대를 한다면 가결되지 않는다는 점에서 상임이사국의 거부권이 적용된다.

그렇다면 안보리에서의 사무총장의 선출 문제는 절차적인 문제인가 아니면 비절차적인 문제인가를 따져보아야 하는데 이는 당연히 비절차적 문제이다. 따라서 상임이사국의 거부권이 적용되기 때문에 안보리의 5대 상임이사국을 포함한 9개 이사국의 찬성이 있어야 가결된다. 사무총장 선출 역사를 살펴볼 때 탄트 제3대 사무총장과 부트로스-갈리 제6대 사무총장의 초선 때를 제외하고는 거부권이 사무총장의 선출과정에서 결정적인 역할을 했다.

상임이사국의 거부권 행사로 재선이나 삼선에 실패한 사례가 있다. 제6대 사무총장인 부트로스-갈리가 재선에 도전했을 때 미국을 제외한 14개 이사국 모두의 지지를 받았으나 미국의 거부권 행사로 인해 실패로 끝났다. 제4대 사무총장인 발트하임은 전례를 뒤엎고 3선에 입후보하여 미국・영국・프랑스・소련 모두의 지지를 획득했으나 중국이 제5대 사무총장은 제3세계에서 나와야 한다는 주장을 펴면서 15차례의 투표에 걸쳐 지속적으로 거부권을 행사함으로써 3선의 꿈이 좌절된 바 있다.

안보리 상임이사국의 거부권 행사와 관련하여 살펴보아야 할 문제는 상임이사국이 표결에 불참하거나 참가하여 기권을 하는 경우이다. 이 경우 거부권을 행사하지 않은 것으로 간주한다는 관례가 안보리 내의 관례로서 굳어져 있다. 제5대 사무총장인 페레스 데 케야르(Pérez de Cuéllar)는 선출 시 소련 대표가 기권을 했음에도 불구하고 거부권을 행사하지 않은 것으로 간주되는 전례에 따라 선출될 수 있었다.

(2) 총회의 의사결정

안보리가 추천한 사무총장 후보를 총회는 어떤 의사결정 방식을 적용하여 최종 선출하는가의 문제도 있다. 총회의 의사결정 방식은 다루고자 하는 문제가 헌장에 언급되어 있는 중요문제인가 아닌가에 따라 달라진다. 헌장이 언급하고 있는 중요문제의 경우 출석하여 투표한 국가의 2/3이상의 찬성이 있어야 가결되며 그 밖의 문제는 출석하여 투표한 국가의 1/2이상의 찬성이 있으면 가결되도록 되어 있다.

사무총장의 선출은 중요문제로서 헌장이 분류해 놓고 있지 않아 이 문제는 출석하여 투표한 국가의 1/2이상의 찬성이 있으면 된다. 그러나 총회는 1946년에 결의문 A/RES/11/1을 채택하여 예외적으로 2/3 다수결을 요구하는 결정을 내릴 수 있도록 했다.

2. 헌장 이외의 절차규칙

사무총장의 선출과 관련하여 헌장은 최소한의 것만 언급하고 있어 사무총장의 선출은 다른 절차규칙(procedural rules)과 수용된 관례(accepted practices)에 의해 보충되어 왔다. 따라서 이러한 관례에는 어떠한 것들이 있나 살펴보아야 한다.

유엔헌장은 사무총장의 선출과 관련하여 사무총장은 안보리의 권고에 의해 총회에 의해 임명된다는 것만을 언급하고 있기 때문에 후속적으로 유엔총회에서 여러 개의 결의문이 통과되어 유엔헌장이 결하고 있는 부분을 채우고자 했다.[19] 그러나 이러한 절차규칙이 수립되었음에도 불구하고 실제에 있어서 그대로 다 적용된 것은 아니라는 점을 염두에 두어야 한다.

19) "Selecting the UN Secretary-General," http://www.unsg.org/role.html (검색일: 2018. 10. 21); "Security Council Report," www.securitycouncilreport.org (검색일: 2018. 10. 21).

1) 총 회

(1) 총회 1946년 결의문

헌장규정 이외에 사무총장 선출을 위한 최초의 절차규칙은 총회가 1946년에 채택한 결의문 A/RES/11/1을 통해 수립되었고 이를 통해 사무총장 선출에 관한 기본적인 토대가 수립되었다.

이 결의문은 초대 사무총장의 임기를 연임이 가능한 5년으로 규정했으며 또한 총회와 안보리가 미래의 사무총장의 임기를 경험에 비추어 자유롭게 변경할 수 있다는 규정 역시 두었다. 안보리에 의해 단 한명의 지명자(nominee)가 총회에 추천된다는 규정도 두었다. 안보리는 11개 이사국 중 5개 상임이사국을 포함한 7개 이사국의 찬성이 있어야 권고할 수 있도록 했다.[20] 총회가 안보리가 권고한 후보를 임명할 때 총회가 2/3의 다수가 필요하다고 결정하지 않는 한 단순과반수를 필요로 한다고 정했다. 또한 안보리나 총회는 사무총장 선출과정의 일환으로 토론이나 표결을 함에 있어서 비공개회의(closed meeting)와 비밀투표(secret balloting)로 하도록 규정했다.[21]

1946년에 취임한 제1대 사무총장인 리(Trygve Halvdan Lie)는 1950년 10월 재선에 도전했으나 유엔의 한국전 개입에 대한 그의 지지를 문제 삼은 소련이 줄곧 거부권을 행사하여 교착상태에 빠졌다. 이에 유엔총회는 안보리의 추천 없이 결의문을 통과시켜 그의 임기를 3년 연장했다. 이때까지 사무총장 선출에 있어서 총회의 역할을 다분히 능동적이었는데 이때 이후 1996년까지 총회의 역할은 매우 수동적으로 변했다.

(2) 총회 1997년 결의문

1997년 8월에 사무총장 선출과 관련하여 또 다른 총회 결의문 A/RES/51/241이 채택되었는데 이 결의문은 사무총장 선출과정에 있어서 총회의 가장 중요한

20) 처음에 안보리는 11개 이사국(5개 상임이사국과 6개 비상임이사국)으로 구성되었다. 그러던 것이 1965년에 헌장이 개정되면서 비상임이사국이 4개국이 늘어 총 이사국이 15개국이 되었다. 따라서 안보리에서 권고가 있기 위해서는 15개 이사국 중에서 5개 상임이사국을 포함하여 9개국 이상의 찬성이 있어야 한다고 바뀌었다.

21) 비공개회의 규정에도 불구하고 총회는 이러한 규정에 수정을 가하여 1946년 이후 총회 의장의 제안에 의해 비공개회의가 아닌 공개회의에서 사무총장을 선출하는 절차를 밟아오고 있다.

역할을 재확인했다.[22)]

우선 결의문은 사무총장의 선출과정이 좀 더 투명해져야 한다는 내용을 포함했다. 이외에 총회 의장이 유엔 회원국들과 후보 가능성이 있는 사람들에 대해 협의하여 결정하고 이들의 명단을 안보리에 전달할 수 있는 권한이 포함되었다.

또한 처음으로 지역순환(regional rotation)의 실행을 규정짓고 후보자를 찾아내는 데 있어서 좀 더 성 평등(gender equality)을 고려할 것을 요청했으며 원만하고 효율적인 업무이전을 위해 사무총장직을 떠맡기 전 늦어도 한 달 전에는 임명이 이루어지도록 할 것을 촉구했다.[23)] 다음 사무총장(아난 이후의 제8대 사무총장)의 임명 전에 단임제 옵션을 포함하여 임기를 논할 것을 요청하기도 했다.

(3) 총회 2006년 결의문

2006년에 채택된 결의문 A/RES/60/286은 1997년에 통과시킨 결의문 A/RES/51/241의 많은 부분을 반복했다. 모든 유엔 회원국들이 사무총장의 선출과정에 관여할 것을 강조했으며 안보리 의장으로 하여금 사무총장 선출과정의 전개와 더불어 정기적으로 총회와 협의할 것을 요청했다.

(4) 총회의 의사규칙

총회의 의사규칙의 규칙 141(Rule 141 of the Rules of Procedure of the General Assembly)도 앞서 언급한 총회 결의문과 유사하게 총회는 안보리의 추천을 심의하고 비공개회의에서 비밀투표로 표결한다고 규정하고 있다.[24)]

---

22) 당 결의문은 「유엔체제의 강화를 위한 개방된 고위 실무그룹(Open-ended High-Level Working Group on the Strengthening of the United Nations System)」의 보고서를 채택한 것이다.

23) 발트하임의 경우 전임자의 임기만료 10일 전에 안보리에 의해 총회에 추천이 되었으며 그가 재선이 될 때는 임기만료 24일 전에야 추천이 완료되었다. 케야르의 경우는 처음 선출될 때 전임자의 임기만료 20일 전에 총회에 추천되었고 두 번째 선출 시에는 임기 만료 2달 20여일 정도 남겨두고 총회에 추천이 되었다. 부트로스-갈리는 전임자의 임기만료 1달 10일 전에 추천이 이루어졌다. 아난의 경우는 1996년 처음 선출될 때 전임자의 임기만료 18일을 남겨두고 추천되었으나 2001년 재선 시는 5달 남짓 남겨두고 여유 있게 추천이 되었다.

24) Rule 141 of the Rules of Procedure of the General Assembly: When the Security Council has submitted its recommendation on the appointment of the Secretary-General, the General Assembly shall consider the recommendation and vote upon by secret ballot in private meeting.

2) 안보리

(1) 안보리 의사규칙

안보리의 의사규칙의 규칙 48(Rule 48 of the Provisional Rules of Procedure of the Security Council)은 안보리에서의 지명(nomination)을 위한 심의는 비공개회의로 열려야 한다고 규정하고 있다.[25)]

(2) 위스누무르티 지침

안보리가 사무총장 후보를 지명하는 과정에 적용하고 있는 것으로서 「위스누무르티 지침(Wisnumurti Guidelines)」이라는 것이 있다. 이는 1996년 당시 인도네시아의 유엔 대사이면서 안보리의 11월 의장이었던 위스누무르티(Nugroho Wisnumurti)가 사무총장 선출과정에 있어서의 지침으로서 제안한 것을 채택한 것으로서 지속적으로 선출과정에 영향을 미치고 있는 것이다. 이 지침에는 색깔을 달리하는 투표지를 통해 후보자에 대해 투표하는 것 등이 포함되어 있다.

3. 수용된 관례(비공식 규칙)

1) 5대 상임이사국 출신의 배제

유엔 사무총장은 안보리의 5대 상임이사국을 제외한 국가 출신으로 선임하는 것이 관례로 되어 왔다. 유엔 이전의 국제연맹 시대에는 사무총장을 강대국 출신으로 임명하는 것이 일반적이었으나 유엔에 와서 사정이 달라졌다. 정치적 영향력을 가진 사무총장을 특정 상임이사국 출신으로 하는 것에 대해 다른 상임이사국의 부정적 시각이 영향을 미쳤고 강대국들의 이해관계는 안보리에서 해결되는 것으로 판단하고 사무총장은 소국(small state) 출신으로 하자는 데 묵시적 합의가 이루어졌기 때문이다. 이 때문에 대부분의 사무총장은 소국가 출신으로서 출마 이전에 거의 알려져 있지 않던 인물들이다.

---

25) Rule 48 of the Provisional Rules of Procedure of the Security Council: Unless it decides otherwise, the Security Council shall meet in public. Any recommendation to the General Assembly regarding the appointment of the Secretary-General shall be discussed and decided at a private meeting.

사무총장 자리에 상임이사국 출신이 배제되는 관례 때문에 이들 상임이사국들은 자연스럽게 저마다 사무총장 선출에 있어서 자국의 이익에 반할 것이라고 판단하는 후보를 거부권 행사를 통해 배제하고자 한다. 따라서 약소국 출신의 후보자라고 해도 특정 상임이사국에 치우쳐 다른 상임이사국의 반대를 불러오면 사무총장이 되는 것은 원천적으로 불가능하다.

1946년 1월 안보리가 초대 사무총장 후보인 리(Trygve Halvdan Lie)를 선임할 때부터 상임이사국들은 사무총장 후보가 상임이사국 중 어느 한 쪽에 기울어지지 않는지를 매우 중요시하여 왔다. 초대 유엔 사무총장으로 드골(Charles de Gaulle)·아이젠하워(Dwight Eisenhower)·이든(Anthony Eden) 등이 거론되었으나 이들 모두 배제되었고 논란이 없는 노르웨이 출신의 리가 선출된 것도 이러한 이유 때문이다. 국제정치 현실과 정치적 타협이라는 현실로 인해 유엔 사무총장의 선출과정은 로마 가톨릭교의 교황 선출을 포함한 다른 국제기구들에 있어서의 주요 인물의 선출과정과 많은 유사성을 지니고 있다.

1960년대 초에 소련의 지배자였던 흐루쇼프(Nikita Sergeyevich Khrushchev)는 유엔의 사무총장직을 없애고자 하는 데 앞장섰다. 그는 서방진영에 속한 국가들이 수적으로 절대적인 우세 속에 있던 당시 상황에서 사무총장이 이들 서방진영의 국가 가운데 나올 가능성이 높고 그럼으로써 서방에 치우칠 수 있다고 생각했다. 이러한 생각하에 그는 사무총장을 대체하는 것으로서 상이한 정치그룹을 대표하는 3인(서방진영 출신 1인·공산주의 국가 출신 1인·비동맹 국가 출신 1인)으로 구성되는 집단적 집행체인 트로이카(troika) 구상을 제시했다. 그러나 이러한 결정은 중립적인 국가의 지지를 획득하지 못해 실패로 끝났다.

2) 중소국가 혹은 중립국

역대 사무총장의 출신 국가를 살펴보면 1대 사무총장인 리가 노르웨이·2대 함마숄트가 스웨덴·3대 탄트가 미얀마·4대 발트하임이 오스트리아·5대 페레스 데 케야르가 페루·6대 부트로스-갈리가 이집트·7대 아난이 가나·8대 반기문이 한국이었다.

이 중에서 노르웨이·스웨덴·오스트리아는 대표적인 중립국가로 분류할 수 있고 미얀마·페루·이집트·가나·한국은 중소국가라고 볼 수 있다. 이처럼 역대 사무총장의 출신국가는 중소국가(small or medium-sized state) 혹은 중립국(neutral state)인 경우가 대부분이었다. 이는 강대국 사이의 복잡하고 민감한 이해관계를 중립적 위치에서 중재해야 하는 자리이기 때문이다.

이 때문에 세계 11위 정도의 경제력을 가지고 있으면서 미국과 동맹관계를 가지고 있는 한국이 유엔 사무총장직에 도전한다는 것은 상당히 무모한 일로 간주되기도 했다. 한국의 사무총장 배출은 기존의 이러한 전통에 있어서 예외인 것만큼은 틀림없었던 것 같다.

3) 대륙별 순환원칙

사무총장 선임과 관련한 관례의 또 다른 것으로서 대륙별 안배를 들 수 있다. 1대 사무총장 리(노르웨이)와 2대 사무총장 함마슐트(스웨덴)는 모두 유럽 출신으로서 지역순환 원칙이 없었지만 3대 사무총장 탄트(미얀마)부터는 대체적으로 지역별 교대 수임이 이루어져 왔다. 즉 아시아(미얀마 출신의 3대 탄트 사무총장)·유럽(오스트리아 출신의 4대 발트하임 사무총장)·중남미(페루 출신의 5대 사무총장 페레스 데 케야르)·아프리카(이집트 출신의 6대 사무총장 부트로스-갈리)·아프리카(가나 출신의 7대 사무총장 아난)로 순환이 되었다.[26)]

이처럼 최종 선출된 사무총장의 지역적인 분포만을 보았을 때 지역순환의 원칙이 관례로서 굳어진 듯이 보인다. 그러나 사무총장 선출시 출마한 지원자들의 지역적인 분포를 보게 되면 이러한 원칙에 대한 동의가 일반적으로 존재하는 것 같지 않다. 예컨대 제2대 사무총장 선출시 스웨덴의 함마슐트와 더불어 폴란드·필리핀·캐나다·인도 출신이 후보등록을 했다. 제4대 사무총장 선출시 오스트리아의 발트하임 이외에 핀란드와 아르헨티나 출신이 후보자였다. 제5대 사무총장 선출시 페루의 페레스 데 케야르 이외에 탄자니아·오스트리아·이란 출신이 후보등록을 했다. 제6대 사무총장 선출의 경우에는 이집트의 부트로스-갈리 이외에 짐바브웨·네덜란드·이란·캐나다·노르웨이 출신이 경합했다.

지역순환 원칙이 지켜져야 할 관례인가에 대한 논란은 사무총장 선출과 관련하여 1997년에 채택된 결의문 A/RES/51/241에 의해 약화되었다. 당 결의문은 처

26) 제6대에 이어 제7대에도 아프리카 지역출신이 사무총장이 된 것은 이러한 관례에 어긋나는 것이다. 이와 관련하여 부트로스-갈리 사무총장이 미국의 반대에 직면하여 재임에 실패하자 그 이전까지 어떠한 형태로든 재임이 이루어져 왔던 것을 고려하여 재임의 몫으로 다시 아프리카 출신을 선출했다는 분석이 있다.

음으로 지역순환에 대해 언급하고 있는데 구체적인 내용은 사무총장직에 가장 우수한 후보를 찾아내어 지명하는 과정에서 지역순환에 지속적으로 적절한 주의가 기울어져야 하며 또한 성 평등에도 적절한 주의가 기울어져야 한다는 것이다. 이와 같은 맥락에서 제8대 사무총장은 아시아에서 나와야 한다는 주장이 제기되었다.[27)]

이렇듯 총회 결의문이 지역순환의 원칙에 대해 언급하고 있음에도 불구하고 미국은 제8대 사무총장의 선출에 있어서 사무총장 후보는 어느 지역 출신인가에 관계없이 가장 뛰어난 자질을 갖추고 있는 사람이 선출되어야 한다는 주장을 제기했으며 나아가 사무총장이 동유럽 지역에서 나와야 한다는 주장을 선출과정 초반에 제기한 바 있다. 즉 미국은 지역순환 원칙을 인정하지 않는 원칙적인 자세를 견지하는 한편 지역순환을 인정한다면 이제까지 한명도 배출한 바 없는 동유럽 지역에서 새로운 사무총장이 배출되어야 한다는 입장을 보였다. 이와 관련하여 당시 볼턴(John Robert Bolton) 유엔주재 미국대사는 미국 시사주간 타임 2006년 2월 27일자와의 인터뷰에서 유엔 사무총장은 그 동안 서유럽에서 3명 · 아프리카에서 2명 · 라틴아메리카에서 1명 · 아시아에서 1명이 나왔지만 동유럽에서는 1명도 배출하지 못했다고 지적한 바 있다.[28)]

---

27) 제8대 유엔 사무총장은 결국 아시아 지역에서 배출되었는데 이와 관련하여 아시아 국가의 하나인 일본이 후보를 내지 않은 것은 여러 가지 이유가 존재한다. 우선 앞서 살펴보았듯이 약소국이나 중립국이 아니라는 점과 더불어 안보리 상임이사국의 진출을 염두에 두고 있다는 점이 주요한 이유이다. 이와 더불어 같은 아시아 국가이면서 사무총장 선출에 거부권을 행사할 수 있는 중국이 아시아에서의 패권을 둘러싸고 경쟁관계에 있는 일본 국적의 사무총장을 지지할 가능성이 희박하기 때문이기도 하다. 한국의 반기문 후보가 유엔 사무총장직에 도전하면서 여기에서 더 나아가 제3대 사무총장이 동남아 출신이었던 만큼 이번엔 동북아에서 나와야 한다는 논리를 펴기도 했다.

28) 유엔에는 편의상 5개의 지역그룹(regional group)이 존재한다. 아프리카 그룹(African Group, AG) · 아시아-태평양 그룹(Asia-Pacific Group, APG) · 중남미카리브 그룹(Latin America and the Caribbean, GRULAC) · 동유럽 그룹(Eastern European Group, EEG) · 서유럽 및 기타 그룹(Western European and Others Group, WEOG)이 이러한 5개 그룹에 속한다. 이러한 지역그룹은 유엔과 관련 있는 직책에의 선출이 있을 경우 지리적 대표성에 기초하여 분할을 하며 정책을 조율하고 협상과 표결에 있어서 공동전선을 형성하기도 한다. 일부 동유럽 출신들이 유엔에 동유럽 그룹이 엄연히 존재하고 있는데도 불구하고 유엔의 60년 역사에 있어서 동유럽 출신의 사무총장이 배출된 적이 없다는 불만을 제기했다. 지금까지의 사무총장 7인 가운데 유럽 출신이 3인이었다는 사실과 동유럽 국가들이 현재 유럽연합(EU)에의 가입을 간절히 원하고 있다는 점을 지적하면서 제8대 사무총장이 동유럽에서 나와야 한다는 주장이 별로 설득력이 없다는 주장도 있다. 제8대 사무총장에 아시아 출신이 되어야 한다는 주장 가운데 하나로서 세계인구의 60% 이상을 차지하고 있는 아시아가 이제까지 7명의 사무총장 중 단 한명만을 배출하고 있다는 점을 제기하기도 했다.

4) 임기와 연임

앞서 언급했듯이 총회가 1946년에 채택한 결의문 A/RES/11/1은 초대 사무총장의 임기를 연임이 가능한 5년으로 규정함과 동시에 총회와 안보리가 미래의 사무총장의 임기를 경험에 비추어 자유롭게 변경할 수 있다고 규정했다. 따라서 제2대 사무총장부터는 초대 사무총장과는 다른 임기와 연임을 적용할 수 있었음에도 불구하고 임기 5년에 1회의 연임이 관례화되어 오고 있다. 그러나 전혀 예외가 없었던 것은 물론 아니다.

제1대 사무총장인 리(Trygve Halvdan Lie)는 1950년에 3년을 임기로 하는 사무총장직에 재임명이 되었다. 제3대 사무총장인 탄트(U Thant)는 1년 동안 사무총장 대행(Acting Secretary-General)을 한 후 4년 임기의 사무총장으로 임명되었으며 그 후 두 번째 임기를 완벽하게 부여할 것인가를 둘러싸고 최종 결정이 날 때까지 2개월 동안 임기가 연장된 적이 있다. 1996/1997년 유엔체제의 강화를 위한 개방된 고위 실무그룹(Open-ended High-Level Working Group on the Strengthening of the United Nations System)에서 7년 단임제가 강력하게 제기된 바도 있다.

기술적으로 5년 임기를 몇 번 연임하느냐에 대해서는 제한이 없지만 이제까지 관례상 두 번 이상 연임한 경우가 없다. 대부분의 사무총장은 두 번의 임기를 마쳤다. 제6대 사무총장을 지낸 이집트의 부트로스-갈리를 제외한 나머지 6명은 모두 연임 기간에는 다소 차이가 있지만 재선에 성공했다. 그러나 3회 연임한 사무총장은 없었다.

5) 안보리의 비공식 예비투표와 본투표

안보리는 통상적으로 비공개회의를 통해 상임이사국 5개국을 포함한 9개국 이상의 이사국의 지지를 받은 후보를 총회에 추천한다. 앞서 언급했듯이 사무총장은 5개 상임이사국 중 한 나라라도 반대하면 임명될 수 없다.

다수 후보가 출마할 경우 안보리에서 비공식 예비투표(Straw Poll)를 통해 이들 5개 상임이사국 중 한 국가라도 거부권을 행사한 후보를 탈락시키는 방법으로 후보군을 좁힌다. 이러한 예비투표는 복수의 후보자들 가운데 총회에 추천할 단일후보를 선발하기 위한 방식인데 상임이사국의 반대가 없으면서 상임이사국을 포함한 9개국의 찬성을 받은 후보 가운데 최다 득표를 하는 후보를 추천하게 된다. 이러한 비공식 예비투표는 1981년에 제5대 사무총장을 선출하는 과정에서 처음으로 시작되었다. 유엔 사무총장을 뽑기 위한 공식투표가 있기에 앞서 행해지는 「Straw Poll」이러고 불리는 비공식 예비투표에 대해 살펴볼 필요가 있다.

「Straw Poll」이란 말은 바람이 어느 방향으로 불고 있는가를 알기 위해 볏짚(straw)을 사용했던 것으로부터 유래되었으며 안보리에는 이사국들의 여론의 풍향을 알아보기 위해 행해진다.[29] 이는 비공식 형태의 투표로서 공식적인 출마자들을 상대로 한 안보리 15개 이사국의 호감도(지지도) 조사라고 볼 수 있는 것으로서 이들의 의견을 묻는 것 이상의 의미가 없다. 투표의 결과는 법적 구속력을 가지지 않는 가운데 인기 없는 후보자를 초반에 사퇴하도록 유도하는 역할을 하게 되기 때문에 「모의투표」라고 생각할 수 있다.

예비투표가 1981년에 시작된 이후 1991년 제6대 사무총장의 선출과정에 있어서의 초반까지 두 가지 특징이 있었다. 하나는 안보리 이사국들은 투표용지의 후보자의 이름이 적혀 있는 칸의 아래 칸에 찬성 여부만 표시하게 되어 있었고 반대나 기권을 표시하는 칸이 존재하지 않았다는 점이다. 두 번째 특징은 상임이사국과 비상임이사국 사이에 투표용지를 구별하지 않았다는 점이다. 초반을 지나면서 이러한 특징들도 변화했다.

첫 번째 변화란 안보리 이사국들은 공식적인 출마자에 대해 찬성(encourage)뿐만 아니라 반대(discourage) 혹은 기권(no opinion)까지도 표시하게 되었다는 점이다.[30] 두 번째 변화는 일정한 시점에서의 예비투표에서 다른 색깔(상임이사국은 파란색/비상임이사국은 흰색)의 투표용지를 사용하여 투표를 하게 함으로써 상임이사국의 입장을 파악할 수 있도록 했다는 점이었다. 이처럼 1991년을 기점으로 이사국들은 찬성・반대・기권의 의사표시를 모두 할 수 있게 되었고 색깔을 달리

---

29) 골프에서 티샷(tee shot)을 하기 전에 바람의 방향을 알아보기 위해 잔디를 뜯어 날리는 것을 의미하기도 한다.

30) 이사국들은 자신이 선호하는 후보에게만 의사표시를 하는 것이 아니라 모든 후보자 하나하나에 대해 이러한 의사표시를 하게 된다. 어느 특정 후보를 찬성한다고 하여 나머지 후보 모두에게 반대나 기권의 의사표시를 하지 않아도 된다. 즉 극단적인 경우 이사국 하나하나는 모든 후보자에 대해 다 찬성을 할 수도 있고 다 반대할 수도 있으며, 다 기권할 수도 있다. 1991년 제6대 사무총장을 선출할 때 나중에 사무총장으로 선출된 부트로스-갈리와 그의 경쟁자였던 짐바브웨의 재무장관은 예비투표에서 두 후보 모두 이사국으로부터 9표 이상의 찬성표를 받았고 이러한 상태에서 공식투표를 통해 최종 승자가 가려졌다.

하는 투표용지를 사용하기 시작했다.

예비투표를 몇 번 시행할 것인가는 정해진 바가 없고 이사국들의 협의에 따라 결정하게 되는데 통상적으로 상임이사국 5개국을 포함한 9개 이사국의 찬성을 받는 후보가 나타날 때까지 계속한다.[31] 이러한 요건을 충족한 후보가 나타나면 안보리는 공식투표로서 본투표를 실시하여 그 후보를 유엔총회에 추천할 후보로 결정한다. 본투표에서는 거수로 의사결정을 한다.

예비투표를 하면서 처음에는 투표용지의 색깔을 구별하지 않으나 일정한 시점에서 구별된 투표용지를 사용하게 되는데 언제부터 구별된 용지를 사용할 것인가 역시 이사국들의 합의에 의해서 결정하게 된다. 안보리가 총회에 후보자를 추천하는 시기 역시 정해진 바의 것이 없다.

이러한 예비투표의 실시는 이제까지의 선출과정에 있어서의 경직성을 감소시키고 많은 융통성을 가져다주었다. 그러나 선출과정에 있어서의 투명성의 손실을 가져온 것 역시 사실이다. 왜냐 하면 예비투표는 비공식투표로서 아무런 기록도 남기지 않기 때문이다.

6) 총회의 합의에 의한 결정

총회는 의사결정 방식으로서 투표제를 채택하고 있으나 실제에 있어 표결 없이 합의로(by consensus/without a vote) 의사결정을 하는 경우가 많다. 사무총장의 선출에 있어서도 총회는 안보리가 지명하여 통보를 한 단일 후보자에 대해 토론 없이 투표를 하지 않고 박수로서(by acclamation) 최종적으로 선출하는 것을 관례로 해 오고 있다.[32] 회원국이 투표절차를 요구하면 투표에 들어가야 하며 이 때 비밀투표를 하도록 되어 있다. 그러나 1971년 이후 그런 사례가 없었다.[33]

간단하게 말해 안보리에서 실질적으로 사무총장이 선출되고 총회는 이를 추인하는 역할을 해 오고 있다. 그러나 이러한 관례에 대해 제8대 유엔 사무총장의 선출을 계기로 다른 움직임이 보였다. 비록 관철되지는 않았으나 일부 국가를 중

31) 가까운 예로 아난 제7대 사무총장을 선출할 때 6번의 예비투표를 거치면서 조정을 했으며, 반기문 사무총장의 경우는 4번의 예비투표를 가졌다.

32) 소련이 제1대 사무총장의 재선에 지속적으로 거부권을 행사하자 총회가 예외적으로 표결을 통해 그의 임기를 3년 연장시킨 바 있다.

33) 유엔총회에서 박수로 차기 사무총장을 선출하자는 제안에 대해 어느 한 나라라도 투표를 하자고 요구하면 투표를 해야만 한다. 반기문 후보는 그의 선출을 위한 총회가 열리기 이틀 전쯤 아시아 그룹 대표들을 만나 이번 총회에서 박수로 선출되도록 도와달라고 연설을 한 바 있다.

심으로 사무총장의 선출에 있어서 거수기 노릇만 해온 총회가 일정한 역할을 해야 한다는 주장이 제기되어 많은 관심을 불러일으킨 바 있다.

7) 불어구사 능력

영어와 불어를 구사할 수 있는 능력 역시 하나의 비공식적인 자격으로 간주되고 있다. 시라크(Jacques René Chirac) 프랑스 대통령은 태국 영자일간지 더 네이션(The Nation)지와 인터뷰에서 차기 유엔 사무총장은 영어와 불어를 모두 구사할 수 있어야 하며 국제사회 통합 리더십을 가져야 한다고 말한 바 있다.

프랑스는 불어에 능통한 후보가 아닐 경우 함량 미달로 치부하여 사실상 거부권을 행사해 왔다. 프랑스가 프랑스어를 못하면 유엔 사무총장이 될 수 없다고 내세우는 주된 이유 중의 하나는 유엔의 주요한 활동대상이 아프리카인데 이곳의 많은 국가들이 프랑스어를 사용한다는 것이다.[34]

8) 외교관 출신

역대 사무총장들이 선출될 당시의 직위를 살펴보면 제1대 사무총장의 경우 외무장관이었고 제2대와 제5대의 경우 외무차관이었으며 제6대는 외무담당 부총리였다. 제3대와 제4대는 주유엔 대사였다. 제7대 사무총장인 아난의 경우는 유엔의 평화유지활동(PKO) 담당 사무차장이었다.

여기에서도 보듯이 아난을 제외하고는 모든 역대 사무총장들이 외교를 담당하는 부서의 중요 책임자들이었다. 반기문 제8대 사무총장 역시 선출될 당시 외교통상부 장관의 직책을 가지고 있었기 때문에 이러한 전통은 지속되고 있는 것으로 보인다.

4. 선출과정에 대한 개혁 요구

1) 일반적인 개혁 요구사항

역대 사무총장의 선출과정을 살펴보면 후보자들이 일반 대중들에게 제대로 알

34) 이 때문에 영어와 더불어 불어를 구사해야 프랑스뿐만 아니라 아프리카권의 지지를 이끌어내는 것이 용이하다.

려지지 않은 상태에서 선출이 이루어져 왔고 사무총장의 최종 선출도 직무가 개시되기 직전에야 간신히 이루어지는 등 불투명하다는 평가를 받아왔다. 최종적으로 선출된 후보는 종종 안보리 이사국들 사이에 장시간의 정치적이며 비밀스런 협상의 타협물인 후보자였다. 총회는 안보리가 선출하여 추천한 후보자의 배경과 비전 등에 관해 거의 사전 지식 없이 통과 의례적으로 추인을 해왔다.[35)]

위에서 살펴보았듯이 유엔헌장은 사무총장의 선출과정에 대해서 거의 언급하고 있는 것이 없을 뿐 아니라 전 세계에서 가장 큰 국제기구의 수장을 선출하는 것임에도 불구하고 사무총장으로서 갖추어야 할 기준이나 자질에 대해서도 전혀 언급을 하고 있지 않다.[36)] 이 때문에 새로운 사무총장을 선출하기에 앞서 선출과정이 개혁되어야 한다는 제안이 종종 제기되곤 했다. 이러한 제안들은 선출과정이 민주적인 감시가 가능해야 하고 책임성을 제기할 수 있어야 하며 후보자의 자질을 검증할 수 있어야 한다는 내용을 주로 담곤 했다.[37)]

좀 더 구체적으로 이러한 제안들은 후보자들의 상대적인 장점 · 사무총장 직무에 대한 후보자들의 견해 · 유엔에 대한 비전 등을 평가할 수 있는 명백한 기준과 제도적인 장치의 부재를 문제점으로서 집중적으로 부각시켰다. 이들 제안들이 권고하고 있는 것들 가운데는 공식적인 인물물색위원회(formal search committee) · 비공식적인 후보 심사나 인터뷰 · 구체적인 시간일정 · 공식적인 후보자 명단 · 출신배경을 점검하기 위한 표준화된 체제 등이 포함되어 있다.

2) 비교적 최근의 개혁 요구사항

2006년 제8대 유엔 사무총장 선출과 관련하여 적지 않은 시민단체들이 사무총장 선출 방식에 대한 개혁을 요구했다. 정부 측에서는 캐나다 정부가 좀 더 개

---

35) 2006년도 제8대 유엔 사무총장 선출과정은 다른 사무총장 선출 때와는 전례 없이 투명했고 공개적이었다고 평가된다. 후보자들은 캠페인 강령을 만들었고 캠페인 웹사이트를 개설했으며 다보스포럼과 같은 공공행사에서 연설을 하기도 했기 때문이다. 또한 상임이사국들은 지원자들을 비밀로 한 채 협상을 하곤 했는데 제8대 사무총장 선출의 경우 공식적인 후보들을 발표하는 등의 태도를 보였기 때문이다.

36) 유엔 사무총장은 분쟁과 갈등의 당사자 사이에서 유일한 대화의 채널로 남는 경우가 종종 있으며 이럴 경우 주선(good offices)의 임무를 수행해야만 한다. 사무총장은 실제로 공평무사하여야만 하며 타 행위자에 의해 그럴 것이라고 인식되어야만 한다. 사무총장은 굉장한 인내심을 지니고 있어야 하며 불안정(insecurity) · 두려움 · 분개의 근원을 이해하여야만 하며 정당한 열망(legitimate aspiration) 역시 이해하여야 한다.

37) "Selecting the UN Secretary-General," http://www.unsg.org/role.html (검색일: 2018. 5. 12)

방적이고 엄격한 선출과정을 요청하는 익명의 비공식문건을 의미하는 넌페이퍼(non-paper)를 배포하는 등 주도적으로 개혁을 요구했다.[38] 이와 더불어 제8대 사무총장 선출에 자국의 후보를 냈던 인도가 나름의 의견을 제시했고 총회 역할 활성화를 위한 비공개 모임에 대한 의견도 제시했다.

(1) 캐나다의 주장

캐나다 정부가 제시한 문제의 핵심은 안보리가 단 한명의 후보자만을 자의적으로 지명하고 총회는 이를 단순히 추인한다는 점이다. 좀 더 구체적으로 후보자의 자질을 평가하기 위한 합의된 점검리스트(check list)가 존재하지 않고 공식적으로 후보자를 선별하지 않으며 관련 정보를 제공받지 않고 심지어 비공식적인 협의도 없는 가운데 개도국들은 안보리에 의해 지명된 후보자에 대해 의견을 표명하도록 요구된다는 것이다. 유엔의 미래에 대한 후보자의 비전과 유엔 사무국을 위한 실천계획이 어떤가를 총회의 구성원들은 물어볼 기회가 없다는 것이다. 또한 후보자의 정치적 리더십이 어떤가를 체감할 수 있는 제도화된 과정이 부재한다.

캐나다 정부는 이러한 비판을 바탕으로 하여 구체적으로 5년이나 7년의 임기의 단임제・후보자와 지역그룹(regional group) 사이의 토론・유엔의 다른 고위직 선출 시 현재 적용하고 있는 과정의 채택을 권고했다. 특히 캐나다 정부는 최근 세계경제포럼(World Economic Forum WEF)에서 사무총장 후보들이 국제적인 청중들 앞에 나섰던 것처럼 사무총장 후보자들과 유엔 회원국들 사이에 포럼 개최의 현실적인 가능성을 주장했다.

(2) 인도의 주장

사무총장 선출에 있어서 개도국들의 관심은 인도에 의해서 강력하게 표출되었다. 캐나다의 제안이 현재의 선출 시스템의 골격을 유지한 가운데의 개선방안으로서 온건한 개혁을 주장한 것인데 비해 인도의 제안은 근본적인 변화를 제시했다는 점에서 좀 더 과격한 것이었다고 볼 수 있다.

구체적으로 인도는 안보리가 총회에 단 한명의 지명자만을 추천하지 말고 세 사람의 후보자를 추천할 것을 제안했다. 인도가 후보를 복수 추천하는 방안을 제

---

38) 「넌페이퍼(non-paper)」란 비공식적으로 자신의 입장을 밝히는 문건을 말한다.

시한 이유는 인도를 지지할 가능성이 높은 비동맹권이나 개도국의 입지를 강화하기 위한 의도로 해석이 되기도 했다.[39)]

이러한 인도의 제안은 안보리 상임이사국 모두에 의해 거부되었다. 캐나다를 포함한 다른 국가들에 의해서도 이 제안은 거부되었는데 그 이유는 회원국들을 갈라놓고 신임 사무총장의 지지기반을 약화시킬 가능성이 있다는 것이다. 이 제안은 아시아지역 그룹의 많은 국가들에 의해서도 반대되었는데 이들 역시 다수의 아시아인이 지명될 경우 아시아 국가들 자체를 분열시키게 된다는 것이다.

(3) 총회 역할 활성화를 위한 비공개 모임의 주장

100여개 유엔 회원국들이 4월 달에 총회 역할 활성화를 위한 비공개 모임을 갖고 사무총장 선출과정이 보다 투명하고 많은 회원국들의 의사가 반영되어야 한다는 데 뜻을 모았다. 이 모임은 개도국들이 중심이 되어 유엔에서 회원국 전체를 구성원으로 하는 총회의 권한이 확대되어야 한다는 데 중점을 두고 있는 모임으로서 사무총장의 선출에 있어서도 총회의 역할이 훨씬 의미 있고 실질적이어야 한다는 점을 강조하고자 했다.

이 모임은 구체적인 개선방안으로서 안보리가 복수의 후보를 추천하고 총회가 이 중에서 선택하는 방안·안보리가 추천한 후보에 대해 총회가 인사청문회 등 공식적인 검증절차를 갖도록 하는 방안·유엔 관련 연구소에서 공청회를 개최한 방안 등을 제시했다.

(4) 안보리 상임이사국의 입장

선출과정의 변경에 대한 이러한 다양한 요구에 대해 안보리 상임이사국들은 안보리로 하여금 한명의 후보만을 총회에 추천하도록 규정하고 있는 1946년 총회 결의문 A/RES/11/1을 인용하며 절대 양보할 수 없다는 입장을 견지했다. 이들은 사무총장은 안보리의 추천에 근거하여 총회가 임명한다는 유엔헌장의 골격을 유지하면서 투명성 확대를 위한 개선책을 마련하겠다는 입장을 가지고 있었다.

---

39) 사무총장 후보를 내세운 인도는 제8대 유엔 사무총장 선출 방식과 관련하여 3명의 후보를 복수 추천하는 방안을 제안했다. 이는 국제무대에서 비동맹운동의 선두주자로서의 위치를 확고하게 다져온 인도로서 비동맹권이나 개발도상국들의 지지 가능성을 높게 보았기 때문이며 이런 점에서 사무총장 선출에 있어서 총회의 역할을 강화할 필요성이 있었던 것이다. 종합적으로 보아 인도는 중국을 견제한다는 점에서 전략적인 가치를 지니고 있어 미국의 지지를 얻기도 용이하여 사무총장 진출 가능성에 대해 긍정적인 판단을 했을 것으로 보인다.

5. 새로운 제도화의 시도

유엔총회는 반기문 사무총장의 임기가 2016년 12월 31일에 끝나는 것에 대비하여 새로운 사무총장의 선출에 적용될 제도적 개선을 내용의 일부로서 담은 결의문 A/RES/69/321을 2015년 9월 11일에 채택했다. 사무총장 후보의 선정 과정을 공개하는 것을 주된 내용으로 하는 결의문의 내용을 살펴보면 다음과 같다.

우선 절차적인 큰 변화를 살펴보면 과거에는 안보리 5개 상임이사국이 비공개로 막후에서 신임 사무총장을 선정한 후 총회에 승인을 위한 통보를 했는데 이제부터는 안보리와 총회가 회원국 모두에게 후임 사무총장의 선출절차의 시작을 알리고 선출절차를 안내하는 내용의 공동서한(joint letter)을 발송하여야 한다. 이후에 가장 획기적인 절차로서 각 회원국들로 하여금 총장 후보자를 추천하도록 했다. 회원국들이 추천한 사무총장 후보자들의 명단과 이들의 상세한 이력서(curricula vitae)를 포함한 문건들은 유엔총회를 통해 회원국들에게 공개적으로 회람된다. 그런 다음 각 후보자들은 비록 비공개적이기는 하지만 유엔총회에서 자신의 경력과 유엔을 이끌어 나갈 비전을 제시하는 발표를 하도록 했다.

결의문이 담고 있는 또 다른 큰 변화는 사무총장의 자격을 새롭게 규정했다는 점이다. 사무총장 후보자는 가장 높은 수준의 효율성, 능력, 성실성을 지녀야 하며 유엔의 목적과 원칙에 대한 확고한 지지를 보여야 한다. 이와 더불어 국제관계에 있어서 입증된 지도력 · 관리 능력 · 폭넓은 경험이 있어야 하며 뛰어난 외교력 · 의사 소통력 · 다중 언어 구사력을 지녀야 한다.

이러한 변화와 더불어 유엔총회 결의문은 총회에 의한 사무총장 후보자의 추천과 최종적인 선출에 있어서 성 평등과 지리적 형평성을 기초로 하여 동등하고 공정한 배분의 필요성을 강조했다. 본 결의문은 회우원국들에게 여성 후보자들을 추천할 것을 고려하도록 요청했다.

이러한 변화에도 불구하고 안보리는 여전히 어떤 후보자를 선정할 것인가에 대한 최종적인 결정권은 보유한다. 즉 유엔총회에서 후보자들이 비공개 발표절차를 마친 다음 이 가운데 한 사람을 차기 사무총장으로 선정할 수 있는 주체는 여전히 안보리이다. 안보리는 최종적으로 선정된 후보자를 총회에 추천하고 총회가 이를 승인하면 해당 후보자가 신임 사무총장으로 확정된다.

제3장 사무총장의 활동의 특징과 성과[40)]

이 장에서는 역대 사무총장이 수행한 활동의 특징과 더불어 이들이 이룩한 성과를 일별해 보고자 한다. 이러한 사무총장의 활동의 특징과 성과는 그가 어떤 철학과 인성의 소유자인가에 따라 달라졌을 뿐 아니라 그가 면하고 있던 국제사회의 환경과 주요 강대국들의 관계가 어떠했는가에 따라서도 달라질 수밖에 없었다. 또한 현직 사무총장이 얼마나 재선에 관심을 가지고 있느냐가 통상 그의 첫 번째 임기의 활동의 특징과 성과에 영향을 미치지 않을 수 없었다.

이러한 성과에 미칠 수 있는 요인들을 염두에 두고 역대 사무총장의 활동의 특징과 성과를 살펴보고자 한다. 활동의 특징은 특히 유엔헌장이 다른 국제기구와는 아주 다르게 제99조를 통해 유엔 사무총장에게 부여한 정치적인 역할을 개개 사무총장이 어떻게 인식하고 이를 행동에 옮겼는가에 초점을 두고 살펴보고자 한다.[41)]

1. 1대 사무총장 리(1946년 2월~1953년 4월)

1) 개 요

1946년 1월 29일에 노르웨이의 외무장관 출신인 리(Trygve Halvdan Lie)가 초대 사무총장으로 선출되었다. 애초 미국은 주미 캐나다 대사를 지지했으나 북미 사람이라는 이유로 소련에 의해 거부되었다. 소련은 초대 사무총장이 제2차 세계대전 때 나치의 지배를 받은 국가 출신이어야 한다는 주장을 제기하면서 거의 알려진 바 없는 노르웨이의 외무장관이자 한때 노동운동가였던 리를 제안했다.

40) 박재영, 『유엔과 사무총장』 (서울: 도서출판 예응, 2006), pp. 108-126.

41) 사무총장의 선출과정에 관한 부분은 미국 유엔협회의 다음 글을 많이 참조했다: UNA-USA, Selecting the Next UN Secretary-General: A Report by the United Nations Association of the United States of America (New York: UNA-USA, May 2006).

안보리가 이를 받아들여 리를 총회에 추천했고 총회가 그를 초대 사무총장으로 임명했다.

리는 1950년 10월 재선에 도전했지만 역설적이게도 사무총장으로 그를 지지한 소련에 의해 거부되었다. 소련은 그가 유엔의 한국전 개입을 지지했다는 이유로 그의 재임을 끈질기게 반대하면서 유엔에서의 서방 측 국가들의 영향력을 줄이기 위한 방편의 하나로서 필리핀을 포함한 개도국 출신의 후보자들을 제안했다. 미국을 위시한 우방 국가들이 리 이외의 대안을 거부하자 안보리는 교착상태에 빠지게 되었다. 미국은 소련의 거부권을 피하기 위한 방편으로 유엔총회로 이 문제를 가져가 결국 표결을 통해 결의안을 통과시켜 그의 임기를 3년 연장시키는 데 성공했다.

임기가 이런 방식으로 연장되었음에도 불구하고 소련은 이러한 조치의 법적 효력을 부인하며 그를 사무총장으로 대우하지 않았다. 이 때문에 유엔의 운영이 어려워지자 그는 결국 1952년에 자진하여 사퇴하기에 이르렀다. 리는 또한 1949년에 공산화된 중국이 유엔의 의석을 차지하는 것을 강력하게 지지함으로써 미국의 분노를 사기도 했다.

이러한 일련의 것들은 리의 재임기간이 중국에 공산정권이 수립되고 한국전쟁의 발발하는 등 동서 양진영의 대립이 격화되던 시기였다는 점과 밀접한 관련을 갖는다. 또 다른 한편 리가 행정가로서의 사무총장을 뛰어넘어 사무총장의 정치적인 권한을 적극적으로 실천하고자 한 사무총장이었다는 점과도 관련이 깊다. 이 시기는 또한 유엔 회원국의 분포로 보아 아직 미국의 지배가 가능하던 시기이기도 했다. 이러한 것은 미국의 주도에 의해 리의 임기가 총회에 의해 연장된 것에서도 잘 알 수 있으며 안보리가 거부권 행사로 평화와 안정의 유지에 대한 일차적인 책임을 못할 때 총회가 이러한 역할을 할 수 있다는 취지하에 미국의 주도로 평화를 위한 단합 결의문(Uniting for Peace Resolution)이 1950년에 통과된 것에서도 잘 알 수 있다.

2) 주요 역할

1대 사무총장의 역할이란 중요하지 않을 수가 없었다. 왜냐 하면 미래의 사무총장의 역할에 대한 선례를 구축하는 열쇠가 되기 때문이다. 리는 정치적 권한을 적극적으로 행사하고자 하였고 그 결과 사무총장의 정치적인 역할을 성공적으로 개척하여 후임자로 하여금 발전적으로 승계하도록 한 사무총장으로 평가된다.

앞서 살펴보았듯이 유엔헌장 제99조는 「사무총장은 국제평화와 안전의 유지를 위협한다고 그 자신이 인정하는 어떠한 사항에도 안보리의 주의를 환기할 수 있다」라고 규정하고 있다. 1946년의 그리스 사태와 관련하여 리는 어떤 사항이 유엔헌장 제99조에 의거하여 안보리에 주의를 환기시킬 사항인가의 여부를 결정하기 위해 사무총장이 진상조사(fact-finding)를 행할 수 있는 권리를 가져야 한다고 주장하였다. 이러한 그의 주장이 안보리에 의해 받아들여지면서 사무총장에게 커다란 정치적인 힘이 되었다.

리는 이러한 진상조사권과 더불어 사무총장이 자신의 의견을 안보리에서 제시할 수 있는 권한을 수립한 것으로도 유명하다. 리는 헌장 제99조에 근거를 두고 안보리가 토의하고 있는 동안 어느 때고 구두진술(oral statement)이나 문서진술(written statement)로써 안보리가 다루는 일에 개입할 수 있다는 주장을 제기하여 미국의 반대에 부딪치기도 했지만 결국에 이러한 주장이 절차상의 일반적인 규칙으로서 수립되었다. 나아가 안보리뿐만 아니라 총회에 대해서도 사무총장의 주도하에 구두나 문서로 진술을 할 수 있는 권한을 수립했다.

2. 2대 사무총장 함마숄트(1953년 4월~1961년 9월)

1) 개 요

제1대 사무총장인 리가 1952년 11월 사표를 제출하자 안보리는 후임 사무총장의 선출에 들어갔다. 미국은 처음에는 리의 재선 때 소련이 지지한 후보 가운데 하나인 필리핀 출신 후보를 지지했으나 소련이 이를 반대했다. 소련은 또한 유럽 국가들이 지지한 캐나다 후보 역시 반대하면서 인도 출신의 여성을 지지했다. 그러나 중국이 이에 반대함으로써 2차 투표까지 합의를 이끌어내지 못했다.

이에 안보리의 유럽 국가들이 소련에게 비공식으로 4인의 새로운 후보를 제시했고 이 가운데 하나의 후보인 스웨덴의 함마숄트(Dag Hammarskjöld)가 소련에 의해 받아들여졌다. 이에 안보리는 3차 투표를 실시하여 그를 총회에 추천하고 총회는 표결로서 그를 제2대 사무총장으로 임명했다.

함마슐트는 모든 국가들이 만장일치로 임기를 연장해 주지 않으면 그만두겠다고 공언을 했는데 무난하게 안보리에서 추천이 되고 총회에서 표결 없이 1957년에 재선에 성공하였다. 그러나 불행하게도 1961년 콩고에서 발생한 내전을 중재하러 가다 비행기 추락사고로 숨졌다. 동서 양진영이 얽힌 분쟁지역에서 중립적인 평화를 회복하기 위한 역할을 적극 모색한 것과 관련하여 암살설이 떠돌기도 했다.

함마슐트는 역대 사무총장 가운데 가장 훌륭한 업무 수행가로 평가를 받는다.[42] 국제사회에서 분쟁이 발생하면 세계의 언론들이 「다그에게 맡겨라(Leave it to Dag)」하고 하거나 「다그에게 시켜라(Let Dag do it)」라고 촉구했던 것에서 그에 대한 평가의 일면을 엿볼 수 있다. 이러한 그에 대한 평가는 1961년 사후에 유엔을 강화시킨 그의 행동을 높이 사서 그에게 노벨평화상이 주어진 것에서도 잘 알 수 있다.[43] 이 때문에 후임 총장들의 눈높이도 일단 함마슐트에 맞춰졌다.

함마슐트가 재직한 기간은 냉전이 절정에 이른 시기로서 유엔에서 뿐만 아니라 세계 곳곳에서 미국과 소련이 두 축이 되어 크게 대립하던 시기였다. 이 시기는 아직 신흥 독립국가들이 국제사회에 대거 등장하기 이전으로서 총회의 회원국들이 아직 미국의 수중하에 놓여 있던 시대이기도 했다. 따라서 상임이사국의 거부권 행사로 안보리가 마비가 될 경우 미국의 주도하에 총회가 이러한 역할의 일부를 떠맡는 것이 가능했다.

2) 주요 역할

그가 선임되던 당시는 제1대 사무총장의 시기와 마찬가지로 냉전하에서 동서 양진영 사이에 대결이 극심하던 때였다. 이런 와중에 동서 양진영은 중립적인 인물로서 정치적 지도력을 발휘하려는 사무총장보다는 행정가형 사무총장을 선호하지 않을 수 없었다. 이러한 기류하에 선출된 함마슐트는 처음 임기 동안에는 행정가형으로서의 사무총장인 면모를 많이 보였다.

---

42) 반기문 유엔 사무총장 역시 역대 사무총장 중 분쟁해결에 가장 적극적으로 협상에 나섰던 함마슐트를 가장 존경하는 사무총장이라고 언급한 바 있다. 그는 미국이나 서유럽에서는 사무총장으로서 유엔 개혁이나 행정을 잘하는 행정가형의 사무총장을 원하는 것 같으나 자신은 행정가적 역량과 정치적인 지도력을 겸비한 사무총장을 지향한다고 말한 바 있다.

43) 유엔 사무총장으로서 처음 노벨평화상을 수상한 경우이며 그 후 아난 제7대 사무총장이 유엔 자체와 더불어 노벨평화상을 수상했다. 페레스 데 케야르가 사무총장을 하고 있던 1988년에는 사무총장이 아닌 유엔의 평화유지군(PKF)이 노벨평화상을 탄 바 있다.

그러나 이러한 그의 태도는 연임이 되면서 크게 변했다. 재선이 된 후 그는 역대 사무총장 중에서 헌장 제99조를 가장 적극적으로 해석하고 이를 실천에 옮겨 사무총장의 정치적인 기능을 확대시켰다. 즉 함마슐트는 다른 어떤 사무총장보다도 사무총장의 정치적인 지도력을 향상시킨 사무총장으로서 사무총장의 역할을 확장시키는 데 중대한 기여를 했다. 이러한 그의 기본 철학은 유엔헌장의 명시적인 규정에 준거한 지시가 없어도 국제평화와 안정이 파괴되거나 위협을 받을 경우 사무총장은 유엔헌장의 기본정신에 입각하여 행동에 나설 수 있다는 것이었다.

그는 비공식적인 외교활동을 전개할 수 있는 사무총장의 광범위한 재량권이 헌장 제99조에 내포되어 있다고 보고 이를 그의 중재의 역할에 대한 법률적인 근거로 주장했다. 즉 그는 헌장 제99조가 유엔의 독립적인 행위자로서의 사무총장에 대해 언급을 하고 있는 것으로 해석을 했으며 이러한 해석은 결과적으로 「북경공식(Peking Formula)」이라는 것을 탄생시키기에 이르렀다. 이러한 북경공식이라는 것이 무엇인가를 살펴보고자 하는데 「북경」이라는 말이 포함된 것으로 미루어 중국과 관계가 있음을 쉽게 알 수 있다.

한국전쟁 중 유엔군 지휘하의 미국인 조종사 15명이 중국에 의해 체포되어 구금되는 일이 발생했다. 이 사건으로 인해 함마슐트는 자신의 외교적인 능력을 보여줄 수 있는 여지를 가지게 되었다. 1954년 12월 유엔총회는 사무총장으로 하여금 이들 포로의 석방을 위한 조치를 취할 수 있도록 권한을 부여하는 결의문을 통과시켰다.[44] 당 결의문은 이와 관련하여 구체적인 지침을 제공하지 않았고 그의 판단에 의해 가장 적절하다고 판단되는 수단을 사용할 것을 허용했다.

그는 당 결의문이 중국을 비난하는 내용을 포함하고 있으며 이 문제를 둘러싸고 미국의 입장에 지나치게 경도되어 있는 것을 알고 이 문제를 해결하기 위해 이 결의문으로부터 자신을 분리하여 중립적인 자세를 취하는 것이 현명하다고 판단했다. 따라서 그는 이 결의문에 구속되는 것을 거부하고 개입할 수 있는 그의 권한이란 유엔의 정치적 기관의 사전 승인이 없이도 가능하다는 주장을 명백하게 제시했다. 이러한 주장과 더불어 그는 1956년에 북경에 가서 주은래와 협상을 통해 포로들을 석방시키는 성과를 거두었다.

44) General Assembly resolution 906(IX), *Complaint of Detention and Imprisonment of United Nations Military Personnel in Violation of the Korean Armistice Agreement*, A/RES/906(IX) (10 December 1954).

그는 이러한 중국과의 협상이 총회에 의해 채택된 결의문에 기초를 두고 행해진 것이 아니라 헌장 제99조가 부여하고 있는 사무총장의 본연의 권한에 기초하고 있음을 강조했고 그런 연유로 이를 「북경공식」이라고 부르게 되었다.[45] 사무총장은 그의 북경방문과 그곳에서의 협상을 정당화하기 위한 근거로서 유엔헌장 제99조하에서 주어진 사무총장의 특별한 권리를 인용했던 것이다. 다시 말해 그에게 있어서 「북경공식」이란 외교적이지 않게 작성된 결의문(undiplomatically formulated resolutions)과 자신을 분리하고자 하는 그의 기조를 말한다고 할 수 있다.[46]

이러한 일련의 과정에서 보듯이 그의 철학은 사무총장이란 어떤 한 국가를 위하여 일하는 것이 아닐 뿐 아니라 총회의 표결에서 표명된 다수 국가를 위하여 일하는 것도 아니었고 사무총장은 유엔헌장에 주어진 일반적 원칙에 대한 헌법적인 책임하에서 일을 하는 것이었다.

1956년의 수에즈운하 위기(Suez Canal Crisis)가 그로 하여금 주도력을 발휘할 수 있는 여지와 기회를 제공했다. 1956년 7월 이집트가 수에즈운하 회사를 국유화하자 10월에 유엔 안보리는 운하의 운영을 위한 일정한 원칙을 세우는 결의문을 채택했다. 이러한 원칙의 이행을 협의하는 가운데 이 지역에서 적대행위가 발발했다. 10월 29일 이스라엘군이 이집트에 대해 공격을 가하면서 시나이와 가자지구(Gaza Strip)를 점령했으며 며칠 후 영국과 프랑스 군대는 수에즈운하 지역에 상륙했다. 안보리는 10월 31일에 이 문제를 논의했으나 프랑스와 영국의 거부권 행사로 인해 어떠한 결정도 채택될 수 없는 교착상태에 빠지게 되었다. 그러자 「평화를 위한 단합 결의문(Uniting for Peace Resolution)」하에 이 문제가 총회에 회부되어 11월 1일부터 10일까지 긴급특별총회가 개최되었다.

긴급특별총회는 휴전과 점령지로부터의 외국군대의 철수를 요청했으며 사무총장에게 48시간 내에 이러한 규정들에의 준수를 확보하기 위해 유엔긴급군(United Nations Emergency Force, UNEF)을 모집하여 파견하기 위한 계획을 제출할 것을

45) 그는 「북경공식」을 다음과 같이 정의하고 있다. "acting in his role as Secretary-General under the Charter of the United Nations and not as a representative of what was stated in the General Assembly resolution."

46) 아난 제7대 사무총장이 1998년 2월에 이라크를 방문하여 사담 후세인과 양해각서를 체결하여 무기검사관(weapons inspector)을 귀환할 수 있도록 했다. 이와 관련하여 안보리의 상임이사국들을 다루는 데 있어서 그는 안보리의 공식적인 위임(mandate) 없이 이라크를 방문할 헌법적인 권리를 가지고 있다고 믿는다는 점을 명백하게 했다. 이로써 그는 그 자신과 안보리를 일정한 정도 분리시켰다. 이를 두고 현대판 「북경공식」이라고 불렀다.

지시했다. 이때 유엔총회는 평화유지군을 구성하기 위한 구체적인 사항들과 이들의 실질적인 활동의 방향에 관한 구체적인 지침을 사무총장에게 위임하였다.

사무총장은 긴급군을 파견할 국가와의 협상과 더불어 병력의 철수를 위한 교전단체들과의 협상을 전개하였고 최종적으로 이집트가 자국 영토의 일부에 유엔군을 전개하는 것에 동의함에 따라 총회 결의문이 채택된 후 11일 후에 적대행위의 중지를 확보하고 감시하기 위한 유엔긴급군이 이집트 영토에 도착했다. 유엔긴급군의 파견에 이어 프랑스와 영국군이 수에즈운하 지역으로부터 철수했고 이스라엘군도 1957년 3월 8일까지 철수를 완료했다.

유엔의 최초 평화유지군인 유엔긴급군의 창설은 유엔 내에 있어서 대단히 혁신적인 일이었다. 이것은 유엔헌장 제42조에 규정되어 있는 것과 같은 평화강제를 위한 것이 아니고 분쟁 당사국의 동의와 협력에 기초하여 수행되는 평화유지를 위한 활동인 것이었다. 함마슐트 사무총장은 캐나다의 번즈 장군(Lieutenant-General E.L.M. Burns)의 임명을 통해 유엔긴급군을 지휘해 나갔다. 이는 한국전 때 미국이 연합군을 지휘했던 것과 크게 대조를 이루는 것이었다.

지난 1989~1995년 영국 외무장관을 지낸 더글러스 허드(Douglas Richard Hurd)는 파이낸셜 타임스 기고문에서 미국과 영국이 유엔 안보리의 승인 없이 이라크를 침공한 사례 등을 들어 오늘날 최악의 정치적 재앙은 유엔이 유명무실한 존재가 된 데 기인한다고 보고 차기 사무총장에게 1956년 영국·프랑스·이스라엘의 수에즈운하 침공 당시 유엔이 보여주었던 건설적 리더십을 복원해야 한다고 주문함으로써 차기 사무총장이 앞으로 어떻게 유엔을 이끌어가야 하는지 방향을 제시한 바 있다.

그는 당시 유엔이 불과 며칠 만에 긴급군을 조직하고 당사자인 영국·프랑스·이스라엘·이집트로부터도 유엔긴급군의 개입에 대한 동의를 이끌어냈다고 하면서 당시의 유엔긴급군은 미국 주도로 조직된 게 아니라 함마슐트 당시 사무총장과 열렬한 지지자들의 주도 아래 유엔 사무국의 능력 있는 사람들에 의해 수행됐다고 강조했다. 이처럼 그는 수에즈운하 위기가 해결될 수 있었던 것에는 함마슐트의 주도적인 리더십이 있었고 이와 더불어 능력 있는 사무국 직원과 더불어 열렬한 지지국의 존재를 강조했다.[47]

또한 함마슐트는 안보리와 같은 유엔의 기관으로부터 구체적인 위임(specific

47) 연합뉴스(인터넷), 2006년 11월 24일.

mandates)이 있을 경우에 이를 융통성 있고 느슨하게 해석을 했을 뿐 아니라 결의문이 구체성을 결하고 있는 상황이거나 권한의 부여가 전혀 없는 상황에 있어서 사무총장의 독립적인 역할을 강조했다. 그는 진공을 메우기 위해 안보리나 총회의 권한 부여나 사전 승인 없이도 긴급행동을 할 수 있는 사무총장의 권리와 의무를 주장했다. 이러한 그의 철학은 1958년의 레바논 위기의 처리과정에서 잘 드러났다.

안보리의 지시에 따라 사무총장은 아랍연합공화국(United Arab Republic, UAR)의 일당이 시리아와의 접경을 가로질러 레바논에 침투했다는 레바논 측의 주장을 조사하고자 옵서버 그룹을 구성했다. 레바논 대통령의 요청에 의해 미국 해병이 레바논에 파견된 이후 소련의 거부권 행사로 인해 사무총장으로서 후속적인 조치를 취하기 위해 필요한 추가적인 지침과 권한의 부여가 안보리로부터 주어지지 않았다. 이러한 상황에 직면한 그는 그가 적절하다고 판단하는 추가적인 조치를 취함으로써 진공상태를 메우겠다고 선언했고 이에 따라 그는 구체적으로 효과적인 국경감시를 위해 옵서버 그룹을 충분하게 증가시켰다.

1960년도의 콩고위기는 함마슐트 사무총장의 정치적 역할의 절정과 동시에 이로 인한 역풍을 동시에 보여주는 계기가 되었다.[48] 콩고위기에 직면하여 사무총장은 처음으로 유엔헌장 제99조에 의거하여 안보리의 소집을 요구했다. 안보리는 광범위한 지침하에 사무총장에게 유엔콩고평화유지활동군(Opération des

48) 콩고위기의 전개과정을 소개하면 다음과 같다. 1959년 벨기에는 자신의 지배하에 있던 콩고를 장차 독립시키겠다는 계획하에 지방선거를 실시했다. 그러나 벨기에의 괴뢰정부 수립을 위한 기도로 간주한 민족주의자들의 저항에 직면하여 벨기에의 의도와는 달리 대표적인 민족주의자인 루뭄바(Patrice Lumumba)를 총리로 하고 카사부부(Joseph Kasa-Vubu)를 대통령으로 하는 정부가 탄생되었다. 얼마 후 벨기에인 사령관에 반발하여 일부 군대가 모반을 시도했고 이러한 혼란 속에서 광물자원이 풍부한 카탕카주는 분리를 꾀했다. 이에 벨기에는 자국민을 보호한다는 명분하에 군대를 파견했으나 주로 카탕카주에만 진주하고 모이스 촘베의 분리주의 정권을 지지했다. 콩고정부는 벨기에 군대를 축출하고 국내 질서를 회복하기 위해 유엔에게 군사지원을 요청했다. 이에 함마슐트 사무총장은 외부세력의 개입을 배제함으로써 콩고를 냉전으로부터 격리시키기 위해 처음으로 제99조에 근거하여 안보리 긴급회의를 소집했다. 안보리는 벨기에 군대의 철수를 요청하고 동시에 사무총장에게 법과 질서의 회복과 콩고 정부에 대한 군사지원을 위한 필요한 조치를 취할 권한을 부여했다. 이에 근거하여 함마슐트 사무총장은 유엔콩고평화유지활동(ONUC)을 조직하여 파병하였다. 유엔의 평화유지군의 진주에도 불구하고 상황은 호전되지 않아 벨기에 군대는 여전히 콩고 내에서 철수하지 않았고 카탕카주의 분리 상태는 지속되었다. 이에 콩고정부는 벨기에 군대가 완전 철수하지 않으면 소련에게 군대를 요청하겠다는 최후통첩을 사무총장에게 보내기까지 했다. 유엔 평화유지군이 벨기에 군대가 진주하고 있던 카탕카주와 나머지 지역에 들어가면서 벨기에 군대의 완전한 철수가 가까스로 이루어졌다. 콩고정부는 카탕카주에서의 반란군 진압을 위해 유엔의 군대를 사용하자는 요구를 함마슐트가 거부하자 소련에게 도움을 청하는 동시에 카탕카주에 대한 진입을 시도했으나 성공하지 못했다. 이러한 일련의 시도는 온건한 노선을 추구하며 일정한 정도 지방자치를 선호한 카사부부 대통령과 서구 열강의 반발을 가져왔다. 이에 카사부부 대통령은 루뭄바 총리를 해임했으며 그 뒤에 그는 카탕카주 분리주의 정권에 인도되어 살해되었다.

Nations Unies au Congo, ONUC)을 파병할 것을 결정했다. 그러나 현지의 국내 정치상황이 복잡하고 전개되고 외부 세력의 이해관계가 복잡하게 얽히면서 이러한 지침은 적실성을 점차적으로 견지하기가 힘들어졌다. 신속한 대응을 필요로 하는 상황이었기에 더더욱 하나하나 구체적인 지침을 구하는 것도 물리적으로 어려웠다. 이러한 상황에 직면한 함마슐트는 평화유지군의 운영과 관련하여 그 자신의 판단과 현지에서의 그의 대리인의 의사결정 등에 의존하지 않을 수 없었다.

소련은 사무총장이 콩고에서 취한 이러한 일련의 정책이 안보리의 지침을 뛰어넘는 것이었고 소련의 이익에 적대적이었다면서 함마슐트에게 신랄한 비판을 가하면서 그의 사임을 주장했다. 즉 ONUC의 활동이 친서방주의적이며 유엔을 식민세력을 지원하기 위한 수단으로서 이용되어져 왔다는 것이다. 이러한 문제의 해결책으로서 소련은 현재의 1인 사무총장체제를 대체하는 것으로서 서유럽 · 사회주의 국가 · 중립국가들 각각을 대표하는 3인으로 구성되는 집단적 행정기관체제를 의미하는 삼두체제(troika)를 제안했다. 함마슐트는 이러한 대안을 거절하고 대신에 미국인과 소련인을 포함하여 5명의 고위 보좌관이 정치적인 문제에 대해 자문을 하는 방식을 제안했으나 그의 사망으로 이러한 논의는 지속될 수 없었다. 소련은 그의 사망 후 이러한 주장을 거두어들였다.

위에서 보았듯이 함마슐트는 역대 사무총장 중에서 가장 적극적으로 사무총장의 정치적 기능을 확장시킨 사람이다. 이러한 적극적인 역할은 콩고에서의 유엔의 활동으로 절정을 이루었지만 소련과 같은 강대국의 이익과 부딪치면서 역풍을 맞게 되었다. 그 결과 후임 사무총장의 정치적 역할이 어떤 식으로든 위축되지 않을 수 없었다.

3. 3대 사무총장 탄트(1961년 11월~1971년 12월)

1) 개 요

함마슐트의 급작스러운 사망으로 미국과 소련은 후임자 선출에 들어갔다. 미국과 소련은 안보리의 교착상태를 막기 위해 표결에 앞서 후보자에 대한 합의를 도출하기 위한 사전에 대화를 폭넓게 가졌다. 비서구인이어야 한다는 개도국의 요구에 부응하여 미국과 소련 양측은 미얀마 출신의 주유엔대사인 탄트(U Thant)

를 지지하기로 합의했다. 그러나 프랑스와 아랍 국가들이 그를 반대하자 그의 재직기간을 함마슐트의 잔여 임기로 한정한다는 타협안이 제기되었고 이것이 수용되어 사무총장에 선출될 수 있었다.

그리하여 1961년 11월 3일 탄트는 임시 사무총장(사무총장 서리)으로 임명되었다. 그로부터 1년 뒤인 1962년 11월 30일 아시아인으로서는 처음으로 제3대 정식 사무총장으로 선출되었는데 앞서의 1년을 염두에 두고 임기를 4년으로 했다. 그는 1966년 12월 2일 재임되어 5년 후인 1971년 말에 퇴임했다.

그가 재직한 기간은 아직 국제사회가 동서 간의 냉전에서 벗어나지 않았던 기간으로서 쿠바 미사일위기와 같은 일촉즉발의 위기가 발생한 것에서도 알 수 있듯이 국제사회가 여전히 냉전하에 있었던 때이다. 아울러 이 시기는 신흥 독립국가들이 국제사회에 대거 등장하던 시대이기도 하다. 이러한 특징들이 탄트 사무총장의 선출 자체와 이후의 그의 역할에 영향을 미치지 않을 수 없었다.

2) 주요 역할

사무총장으로서의 탄트의 접근방식은 정치적인 역할에 적극적이었던 전임자인 함마슐트와는 달랐다. 그렇다고 그가 사무총장의 적극적인 역할에 대해 견해를 달리한 것은 물론 아니나 전임자들과는 달리 신중성을 더했다.

리가 사무총장의 정치적인 권한의 외연을 확장하기 시작했고 그 뒤를 이은 함마슐트가 이를 확대하여 발전시켰다고 볼 수 있다. 탄트의 경우는 이들 전임자처럼 사무총장의 정치적인 역할을 확장한다든지 혹은 새로운 선례를 구축한다든지 하는 일을 하기 보다는 신중함을 유지한 채 두 선임자들이 구축한 것들을 지켜나가는 선에서 사무총장으로서의 역할을 수행했다는 것이 그에 대한 일반적인 평가이다.

그는 전임자들의 예로부터 강대국들의 견제 속에서 이들의 지지를 확보하는 것이 중요하다는 것을 인식하고 이들의 지지를 확보하고자 노력하는 한편 그의 재직기간에 국제사회에 대거 등장한 신흥독립국가들의 대변자로서의 역할을 하고자 했다. 그는 재임기간 동안 쿠바 미사일위기와 베트남 전쟁 등에 개입하여 분쟁해결을 위한 방안을 제시하곤 했다. 이외에도 키프로스·콩고·서이리안(West Irian) 문제 등에서도 개입하여 분쟁의 평화적인 해결에 기여하고자 했다.

4. 4대 사무총장 발트하임(1972년 1월~1981년 12월)

1) 개 요

탄트 사무총장의 후임으로 초반에 핀란드 출신 후보와 오스트리아의 외무장관인 발트하임(Kurt Waldheim)이 암암리에 거론되었다. 전자는 미국과 영국의 지지를 받았으나 아랍 국가들과 소련이 반대했고 후자의 경우는 소련이 지지했으나 영국과 중국이 반대했다. 이들 외에 중남미 후보가 두 명 있었으나 미국과 소련이 각기 반대했다.

이런 와중에 발트하임이 부상하여 3차 투표에서 안보리 이사국들에 의해 총회에 추천되었는데 이것이 가능했던 것은 그를 반대하던 중국이 기권을 하면서 반대를 접었기 때문이다. 안보리의 추천을 받은 총회는 표결 없이 그를 추인했다. 발트하임의 경우 사무총장직에 도전할 당시 공개적인 캠페인을 최대한 자제한 가운데 다크호스 전략을 구사해 사무총장직에 성공적으로 오를 수 있었던 예로 잘 알려져 있다.

발트하임이 1976년에 재선에 도전했을 때 소련과 미국 측은 발트하임의 재선에 합의했으나 중국이 1차 투표에서 거부했다. 그러나 2차 투표에서 중국이 거부권을 철회함으로써 재선이 될 수 있었다. 발트하임은 이제까지의 관례를 깨고 3선에 도전했으나 중국의 집요한 반대에 직면하여 끝내 성공하지 못했다.

발트하임이 재직한 1970년대는 국제사회가 냉전으로부터 일시적으로 벗어나 강대국 간에 화해의 기운이 감돌던 데탕트 기간이었다. 또한 1971년에 중국이 유엔에서 대만을 대신하여 유엔 안보리 상임이사국이 되면서 안보리의 구성이 달라진 시기이기도 하다.[49] 또한 1960년대에 국제사회에 대거 등장한 신흥 독립국가들이 신국제경제질서(NIEO)와 같은 것을 통해 국제사회에서의 가치의 권위적 배분을 부르짖던 시대이기도 했다.

유엔이 창설될 당시 유엔은 미국의 지배하에 있었다고 해도 과언이 아니었다. 그러나 냉전으로 인한 소련과의 대립·1960년대 대거 국제사회에 등장한 신생독립국들의 적극적인 활동·1971년 대만정부를 대체한 중국의 안보리 상임이사

49) 발트하임의 선출과정에서 보았듯이 중국의 상임이사국 진출은 안보리 내의 정치도 상당 부분 바꾸어 놓았다.

국으로의 진입으로 유엔은 더 이상 미국의 뜻대로 움직여지는 기구가 아니었다. 이에 미국은 1970년대부터 유엔 분담금을 삭감하는 등 재정적 문제로 유엔에 압박을 가하면서 유엔과의 갈등에 빠지게 되었다.

2) 주요 역할

전임 사무총장인 탄트의 경우와 마찬가지로 발트하임은 강대국들의 도전과 견제 속에서 적극적인 정치적 역할을 대체적으로 자제하였다. 데탕트로 강대국 간의 갈등이 약화되면서 안보리 상임이사국들은 안보리의 권한이 사무총장이나 총회에 의해 약화되는 것을 막아야 한다는 공통의 이해관계를 가지게 되었다. 이러한 기운은 중동파견 평화유지군인 제2차 유엔긴급군(UNEF Ⅱ)의 운영에 관한 결의문에서 안보리가 사무총장의 행동을 더욱 엄격하게 통제할 것을 제시한 것에서도 잘 드러난다.

총체적으로 발트하임은 역대 유엔 사무총장 가운데 가장 비서 스타일의 사무총장으로 평가되며 이런 면에서 함마슐트 제2대 사무총장과 대비되어 오고 있다. 그렇다고 해서 발트하임 사무총장이 전혀 정치적인 지도력을 발휘하지 않은 것은 물론 아니다. 예컨대 이란에서의 인질위기가 발생하자 그는 헌장 제99조에 근거하여 안보리 회의를 소집하였다. 발트하임이 안보리의 회의 소집권을 발동한 것은 사무총장 역사상 두 번째의 일이었다. 그는 또한 키프로스·남북 예멘·앙골라·기니·중동지역에서의 평화유지활동을 성공적으로 이행했다.

5. 5대 사무총장 페레스 데 케야르(1982년 1월~1991년 12월)

1) 개 요

기존의 유력한 후보들이 상임이사국의 거부권에 직면하여 교착상태에 빠져있을 때 그 때까지 공식적으로 경선에 참가하지 않고 있던 제3의 인물이 타협의 산물로서 선출되기 쉽다. 바로 페레스 데 케야르(Javier Pérez de Cuéllar) 제5대 사무총장이 이런 과정을 통해 사무총장에 선출되었다.

앞서 언급했듯이 발트하임은 1981년에 이제까지의 전례를 뒤엎고 3선에 입후보하여 미국·영국·소련 모두의 지지를 획득했으나 중국이 제5대 사무총장은 제3세계에서 나와야 한다는 주장을 펴면서 15차례의 투표에 걸쳐 지속적으로 거부권을 행사했다. 중국은 아프리카를 대표하는 탄자니아 외무장관을 지지했으나 미국의 계속해서 반대함으로써 6주 동안 안보리가 교착상태에 빠졌다. 결국 이 두 후보는 중국과 미국의 벽을 넘을 수 없다고 판단하여 후보를 철회했다.

두 후보가 경선에서 철회한 후 있은 1차 예비투표(Straw Poll)에서 미국에서 교육을 받았고 1965년~1977년 사이에 유엔난민최고대표를 역임한 이란 출신이 유일하게 선출에 필요한 9표를 얻어 1위를 했지만 상임이사국인 소련이 친서방적이라는 이유로 반대를 했다. 이리하여 1차 예비투표에서 선출에 필요한 표에 미달하는 찬성 8표를 얻어 2위를 한 페루의 외교관인 페레스 데 케야르에게 기회가 갔다. 곧 이어 행해진 공식투표에서 상임이사국 5개국을 포함한 10개의 찬성표를 얻어 1981년 12월에 사무총장으로 선출되었다. 그 당시 외교가 밖에는 알려진 바 없는 인물인 페레스 데 케야르는 이렇게 하여 이사국들 사이의 마지막 디협의 신물로시 놀랍게 등징했딘 깃이다. 그는 1986년 10월에 만장일치로 재선에 성공했다.

그가 사무총장으로 재직하던 1980년대 전반은 1970년대의 화해와 협력의 시대가 사라지고 미소 간의 대결로 다시금 제2의 냉전에 의해 교체된 시기이기도 했다. 그러나 그의 두 번째 임기의 후반부는 냉전의 종식의 시작된 시기이기도 했다. 이러한 시대적인 상황이 그의 역할에 일정한 영향을 미치지 않을 수 없었다. 그는 냉전의 종식과 더불어 유엔의 권위를 회복시킨 사무총장으로 기억된다.

2) 주요 역할

페레스 데 케야르는 그의 임기 초반에 탄트와 발트하임 전임 사무총장이 지난 20년 동안 보여 준 것처럼 정치적 역할을 자제하는 기조를 유지했다. 그러나 이러한 기조는 1980년대 후반부터 달라지기 시작했다. 즉 1980년대 후반에 냉전이 종식되기 시작하면서 강대국들 사이에 일정한 정도의 합의가 형성되고 이로써 안보리가 국제사회의 평화와 안전에 대한 일차적인 책임이라는 본영의 임무를 수행하는 것이 상대적으로 용이해졌다. 이에 따라 갈등 해결에 있어서의 유엔의 역할에 대한 관심과 기대가 고조되었다.

이러한 상황하에 주요 분쟁들이 안보리에 맡겨지고 강대국들이 분쟁을 평화적으로 해결하고자 함으로써 사무총장의 중재 노력이 활성화될 수 있었다. 이로써 콩고위기를 시작으로 지난 20년 동안 위축되었던 사무총장의 정치적인 역할이 다시금 부활하게 되었다. 그 결과 페레스 데 케야르 사무총장에게 나미비아·아프가니스탄·이란-이라크 국경·앙골라·엘살바도르·서부사하라에서 새로운 평화유지군이나 감시단의 활동을 위한 정치적인 역할이 맡겨졌으며 그 결과 1988년에는 유엔의 평화유지군이 노벨평화상을 수상하기에 이르렀다.

구체적으로 그는 평화유지활동을 강력하게 옹호했고 이란과 이라크의 전쟁을 끝낸 휴전을 직접 교섭했으며 아프가니스탄으로부터 소련의 철수를 확보했고 1991년의 캄보디아 평화협정을 막후에서 이끌어냈다. 그의 지도력하에 레바논에 억류되었던 미국인들이 풀려났으며 그는 직접 엘살바도르와 반군 사이에 평화협정을 교섭하기도 했다.

그러나 1986년 옥스퍼드 대학의 초청강연에서 한 연설에서 알 수 있듯이 그는 역대 사무총장의 역할에 있어서의 기복을 직시하고 지나치게 소극적인 역할의 문제점과 동시에 과도한 정치적인 역할의 문제점 모두를 지적하면서 중도적인 입장의 중요성을 역설하고 있다. 그의 연설의 중요한 부분을 소개하면 다음과 같다:

유엔 사무총장은 다음과 같은 양 극단을 피해야만 한다. 하나의 극단이란 바로 유엔헌장을 너무나 자유분방하게 해석하여 사무총장의 역할을 과도하게 확대하고자 하는 것이다. 이는 허망하고 희망사항에 그치기 쉽다. 또 다른 극단이란 헌장에 의해 명백하게 주어진 책임에만 사무총장의 역할을 한정시키는 것이다. 이는 자기절제와 논쟁을 피하고자 하는 욕망에 굴복하는 것이다. 이 두 극단은 모두 유엔의 생명력을 해친다.

6. 6대 사무총장 부트로스-갈리(1992년 1월~1996년 12월)

1) 개 요

페레스 데 케야르 사무총장의 뒤를 이어 이집트 출신인 부트로스-갈리(Boutros Boutros-Ghali)가 아프리카 출신으로서는 처음으로 사무총장이 되었다. 이 당시 아프리카 국가들은 아프리카 차례라는 주장을 제기했고 비동맹 그룹 국가들도 아프리카 출신이 아닐 경우 총회에서 반대표를 던지겠다고 으름장을 놓았다. 이들은 중국으로부터 아프리카인이 아닐 경우 안보리에서 거부권을 행사하겠다는 약속을 받아내기도 했다. 아프리카단결기구(OAU)는 6명의 아프리카 후보를 내놓았다. 미국과 유럽도 몇 명을 후보를 내어놓았으나 개도국들의 단합된 반대에 직면했다.

이러한 가운데 안보리는 공식투표로 나아가기 전에 5차례의 비공식 예비투표(Straw Poll)를 실시했는데 아프리카 짐바브웨 재무장관과 부트로스-갈리가 서로 앞서거니 뒤서거니 하였다. 마지막 예비투표에서는 아프리카 짐바브웨의 재무장관이 가장 앞섰으나 놀랍게도 그 다음 실시된 공식투표에서는 부트로스-갈리가 상임이사국을 포함한 11개의 찬성표와 4개의 기권표를 얻음으로써 안보리에서 선출이 되었다. 이어 총회에서는 표결 없이 박수로 추인이 되었다.

1996년 재선에 도전하여 안보리 이사국 15개국 중 14개국의 지지를 확보했지만 미국으로부터의 유일한 반대에 직면하여 역대 사무총장 중에서 연임의 꿈을 이루지 못한 유일한 사무총장이 되었다. 미국은 반대의 이유로서 유엔 사무국 개혁의 실패를 들었으나 실제에 있어서 코소보와 소말리아 문제 등에 대해 미국의 뜻을 거스르고 제3세계의 입장을 옹호하는 태도를 자주 노정하면서 미국의 미움을 샀던 것이다. 이런 이유로 인해 부트로스-갈리 사무총장은 함마슐트 사무총장 이래로 가장 유엔의 독자적인 역할과 독립성을 추구한 사무총장으로 평가된다.

그가 사무총장으로 재직한 기간은 바야흐로 냉전이 종식되고 본격적으로 탈냉전의 새로운 국제질서가 시작되고 전개되어 가는 시점이었다. 이 시대는 냉전시대의 안보우선주의 논리에 의해 중요성에도 불구하고 제대로 관심을 두지 못했던 다양한 비안보적 문제들이 대거 국제사회에 등장하던 시기이다. 냉전의 종식으로 강대국들 사이의 관계가 대결을 지양하면서 유엔에 대해 거는 기대가 컸던 시기이기도 했다. 또한 이념적인 대결이 완화된 가운데 유엔 역시 효율성과 민주성 등을 중심으로 개혁의 목소리가 본격화된 시기이기도 하다.

2) 주요 역할

부트로스-갈리 사무총장은 탈냉전의 본격적인 전개와 더불어 비안보적인 이슈들을 중요한 과제로 간주하고 유엔의 활동영역을 확장시켜 나갔다. 그리하여 대규모의 전 지구적 회의(global conference)가 유엔의 주도하에 자주 개최되었다.

대표적인 회의에는 1992년의 리우 유엔환경개발회의・1993년의 비엔나 세계인권회의・1994년의 카이로 인구회의・1995년의 북경 세계여성회의 등이 있다. 이러한 회의와 더불어 그는 향후 논의의 중요한 이정표를 제시한 보고서들을 내놓았다.

그 중 대표적인 것이 1992년 6월에 제출한 「평화를 위한 의제(An Agenda for Peace)」라는 보고서이다. 부트로스-갈리는 이 보고서에서 갈등에 관한 종합적인 분석을 하고 이러한 문제를 해결하기 위해 유엔이 무엇을 해야만 하는가에 대한 구체적인 제안을 했다.[50] 그의 제안 가운데 「평화구축(peace-building)」이라는 개념은 유엔의 주요한 과업이 되었으며 여전히 많은 주목을 끌고 있다. 그는 또한 1994년 5월에 「개발을 위한 의제(Agenda for Development)」라는 보고서를 제출하여 유엔의 개발에 관한 이정표를 설정하기도 했다.

부트로스-갈리 사무총장은 유엔 개혁의 일환으로 사무국 개혁을 단행하였다. 그는 개혁의 일환으로 12개 부서를 통폐합하고 14명의 사무차장 직책과 사무차장보 직책을 없앴다. 유엔이 1995년에 사상 최대의 재정적인 위기에 봉착하자 직원채용을 동결하고 사무실을 축소하는 등 유엔의 경비절감 정책을 취했다.

그는 전임 사무총장 시대에 시작된 평화유지활동을 이어서 운용하는 한편 캄보디아・소말리아・유고슬라비아 등에서의 새로운 평화유지활동을 새롭게 실시했다. 그는 내전으로 야기된 사태에 유엔이 개입하는 것을 지지하였으며 이러한 개입은 전통적인 평화유지(peacekeeping)를 넘어 평화강제(peace enforcement)를 포함하기도 했다.

7. 7대 사무총장 아난(1997년 1월~2006년 12월)

1) 개 요

제6대 사무총장인 부트로스-갈리가 1996년에 재선에 도전했으나 미국이 집요하게 반대했다. 미국은 아프리카 가나 출신으로서 당시 유엔 평화유지 담당 사무차장이었던 아난(Kofi Annan)을 지지했으나 가나가 미국의 입김을 크게 받고 있다고 인식한 프랑스가 4회에 걸쳐 거부권을 행사하면서 강력하게 반대했다. 그러

50) 1995년 1월에 「Supplement to an Agenda for Peace」를 추가적으로 발간했다.

나 막판에 프랑스가 반대의사를 철회함으로써 아난은 사무총장으로 선출될 수 있었다.

아난 사무총장은 1962년 유엔 사무국 직원으로 유엔에 발을 들여놓은 후 34년간 유엔과 전문기구에서 지속적으로 일해 온 대표적인 유엔 전문가로서 유엔 직원으로부터 시작하여 사무총장이라는 최고의 자리에 오른 최초의 사람이었다.

아난은 사무총장 선출과 관련하여 여러 기록을 남겼는데 그 중 하나가 아난의 재선이 전례 없이 일찍 확정되었다는 점이다. 그의 임기가 2001년 12월 31일에 끝나기 때문에 만약에 그가 재선에 성공한다면 그의 새로운 임기는 2002년 1월 1일부터 시작되도록 되어 있었다. 그러나 놀랍게도 그의 5년 임기의 연임이 2001년 6월 말에 이미 만장일치로 확정되었던 것이다.

아난의 5년 연임은 또한 각 지역그룹마다 10년씩 돌아가며 총장을 맡는 관례를 깼다. 왜냐 하면 전임 사무총장인 부트로스-갈리 역시 아프리카인으로서 이미 5년을 단임으로 재직했기 때문에 아난은 아프리카 지역그룹 몫으로 나머지 5년만 사무총장직에 머물 것이라고 예상했기 때문이다. 이렇게 그의 연임이 논란 없이 일찍 확정된 것은 초임 때의 그의 역할에 대한 긍정적인 판단에 연유했다고 볼 수 있다.

그가 처음 선출될 당시 비서 스타일의 사무총장이 될 것이라는 예상이 지배적이었다. 그러나 이러한 예상을 뒤엎고 그는 재임 기간 동안 국제분쟁 조정자로서의 역할을 확대하는 등 정치가형으로서 강력한 리더십을 보였다. 이 과정에서 그는 자신이 사무총장이 되는 데 결정적인 역할을 한 미국과도 여러 차례 대립하는 모습도 보였다.[51] 이 때문에 그를 두고 유엔에 서기(Secretary)로 들어왔다가 장군(General)으로 나간 사무총장이라고 평가한다. 유엔 사무총장의 일을 행정 책임자에서 세계 최고 외교관의 역할로 탈바꿈시킨 함마숄트 사무총장 이래 가장 뛰어난 유엔 책임자라는 평가도 동시에 받고 있다.[52]

51) 2003년에 아난 사무총장이 미국의 이라크 전쟁은 불법이라고 비난하면서 미국과 아난 사무총장 사이의 갈등은 절정에 이르렀다. 구체적으로 아난 사무총장은 2002년 8월 1일 미국의 대이라크 공격은 현명하지 못한 것이라면서 미국에 대해 사담 후세인 이라크 대통령을 축출하기 위한 군사공격을 하지 말라고 경고한 바 있다. 아난 총장은 후세인 대통령을 축출하려는 미국의 정책은 유엔의 정책이 아니며 유엔 안보리는 이에 관한 어떤 결정도 내린 적이 없다고 밝혔다.

52) 미국과 다른 상임이사국들이 반기문 사무총장의 선택에 동의한 것은 전임 아난 총장처럼 국제분쟁에 적극 개입하지 않고 유엔 개혁에 집중하기를 바란 결과로 알려졌다.

2) 주요 역할

아난 사무총장은 빈곤과 저발전 · 안보 · 인권 문제를 국제사회의 주요 이슈로 부각시키면서 유엔의 역할을 확대했다.[53] 이제까지 유엔이 이러한 문제를 등한시해온 것은 결코 아니지만 아난 사무총장은 이러한 문제들이 상호 긴밀하게 연계되어 있어 해결을 위해서는 통합적으로 접근해야만 한다는 인식을 강력하게 소유하고 이러한 문제들의 실질적인 개선에 나섰다.

이러한 인식하에 아난은 2000년에 유엔에서 새천년정상회의(Millennium Summit)를 개최하여 2015년을 목표로 개도국의 빈곤과 저발전을 퇴치하기 위한 8개 항목의 새천년개발목표(Millennium Development Goals, MDGs)를 설정했고 그로부터 5년 후인 2005년 9월에는 후속조치검토회의를 개최하여 이러한 목표의 이행상황을 점검하고 결의를 다시 다졌다. 그는 인도주의 관점에서의 빈곤퇴치 문제 등에서 적잖은 성과를 거두었다는 평가를 받고 있다. 또한 아프리카를 비롯한 제3세계의 에이즈 퇴치에도 힘을 쏟았다.

아난은 인권에 대한 유엔과 국제사회의 책임과 의무도 강조했다. 그는 1999년 북대서양조약기구(NATO)가 안보리의 승인 없이 코소보에 개입하긴 했지만 새롭게 부상하고 있는 인도주의적 개입(humanitarian intervention)이라는 규범을 지지하면서 전통적인 주권개념의 변화를 강조했다. 유엔 개혁의 일환으로 인권을 강화하기 위해 이제까지의 경제사회이사회 산하의 인권위원회(Commission on Human Rights)를 폐지하고 보다 강화된 인권이사회(Human Rights Council)를 총회 산하에 설립하는 데 중요한 역할을 하기도 했다.

아난은 또한 평화와 안전을 위한 유엔의 전통적인 책임을 강조하면서 1997년 이라크 전쟁 재개 위기 국면의 타개와 코소보 사태의 막후 중재 등 세계 분쟁에 적극 개입하여 세계평화에 기여하고 국제 테러리즘과 같은 새로운 도전에 대처해

---

53) 아난 사무총장은 2005년 3월에 「보다 큰 자유: 모든 사람을 위한 개발, 안보 그리고 인권을 향하여(In Larger Freedom: Towards Development, Security and Human Rights for All)」라는 유엔개혁을 위한 보고서를 작성하여 빈곤으로부터의 자유 · 두려움으로부터의 자유 · 존엄한 삶을 영위할 자유라는 세 가지의 자유를 정의롭고 평화로운 세계의 건설을 필수적인 요소로 제시했다. 이 보고서는 역사상 가장 획기적인 개혁안을 담고 있다고 평가된다. 구체적인 개혁안으로서 안보리 확대 · 안보리의 무력사용의 결정을 위한 기준의 설정 · 반테러 국제조약의 추진 · 인권위원회를 인권이사회로의 강화 · 핵확산금지조약 준수/핵무기 감축/핵실험 중단 촉구 · GDP의 0.7% 빈곤국 지원을 위한 시간표 설정의 촉구 · 사무국 투명화를 위한 내부감시국 강화 · 신탁통치이사회 폐지 등이다.

온 공로를 인정받아 2001년 10월 유엔과 공동으로 노벨평화상을 수상하기까지 했다. 그의 임기 중에 평화구축위원회(Peacebuilding Commission)를 신설하기도 했다.

그러나 그의 높았던 이상에 비해 성과는 미미했다는 평가도 있다. 특히 그는 수단 다르푸르의 대량학살과 같은 인도적인 위기를 막지 못했다는 비난을 받는다. 수단 정부 지도자들이 다르푸르 지역에서의 인종학살을 중단시키기 위해 현지에 유엔 평화유지군을 파견하도록 허용해 달라는 아난 사무총장의 요청을 거부했기 때문이다. 사무국의 윤리국 신설과 같은 성과가 없었던 것은 아니나 약속했던 유엔 개혁도 선진국과 개도국의 의견 불일치와 사무국 직원들의 반발로 사실상 손을 놓았다.

아난 총장은 유엔 구매체제에 대한 부패 의혹 · 평화유지군의 성추행 · 이라크에 대한 석유식량 계획과 관련한 유엔 고위 관계자의 수뢰 의혹 · 자신의 아들이 부친의 직위를 이용해 불법으로 세금감면을 받으려 했다는 의혹 등으로 임기 중 최대 시련을 겪기도 했다.

8. 8대 사무총장 반기문(2007년 1월~2016년 12월)

1) 개 요

아난의 후임 사무총장을 선출하는 데 출사표를 던진 당시 한국의 반기문(Ki-moon Ban) 외교통상부 장관이 과연 최종적으로 사무총장에 선출될 수 있을 것인가를 둘러싸고 부정적인 견해와 긍정적인 견해가 교차했다.

우선 부정적인 견해는 한국이 미국과 강한 동맹관계를 맺고 있는 국가이기 때문에 사무총장에 선출된 후 미국 측에 쏠릴 것이라는 우려와 더불어 중국이나 러시아가 탐탁하게 생각하지 않을 것이라는 것을 강조했다. 이와 더불어 또 다른 부정적인 견해는 한국이 분단된 한반도의 일부로서 유엔을 위시한 국제사회에 해결하여야 할 문제를 던져주고 있는 국가라는 부정적인 이미지가 강해 국제사회의 문제를 적극적으로 해결하는 해결사로서의 능동적인 이미지를 가지기 어렵다는 점을 강조했다.

이러한 견해와는 달리 긍정적인 견해는 대다수의 아시아와 아프리카 국가들처럼 식민지배의 역사를 공유한 한국이 한국전쟁의 참화까지 겪었지만 이를 극복하고 경제를 일으켜 국제사회에서 수혜국으로부터 공여국으로 바뀐 유일한 국가이자 민주주의를 성공적으로 정착시킨 국가라는 성공적인 이미지가 있음을 강조했다. 더욱이 이러한 성공의 뒤에는 민주주의 정체성을 가진 한국정부 수립과정에 있어서의 유엔의 적극적인 지원이 있었고 한국전쟁 시기에 유엔이 제공한 군사적 지원과 물적 지원이 있어 한국은 유엔의 지원을 통해 성공적으로 경제와 민주주의를 일으킨 국가라는 긍정적인 이미지의 중요성을 강조했다.

긍정적인 견해는 이와 더불어 냉전이 종식된 후에 유엔은 동서 간의 이념적 대결에서 벗어나면서 남북대결로 선진국과 개도국 간의 갈등과 대결이 격화되는 가운데 한국이 선진국과 개도국을 잇는 가교의 역할(bridging role)을 할 수 있을 것이라는 기대를 강조했다.

제8대 사무총장 후보로서 반기문 한국 외교통상부 장관의 주요 경쟁 상대는 태국의 부총리 출신 · 스리랑카의 유엔 군축담당 사무차장 출신 · 인도의 유엔 사무차장 출신 · 요르단의 유엔주재 대사 등이 있었다. 이 가운데 가장 강력한 경쟁 상대는 인도 후보자였다. 반장관은 자신을 과도하게 드러내는 캠페인이 오히려 거부권을 가진 안보리 상임이사국들을 자극하여 역풍을 불러올 수 있다는 판단하에 자신을 드러내지 않고 조용히 물밑에서 설득하면서 바닥을 다지는 로키(low-key) 전략을 구사했다.

주요 경쟁자인 한국의 반 후보와 인도 후보를 중심으로 투표결과를 살펴보면 다음과 같다. 2006년 7월 25일에 있은 1차 비공식 예비투표에서 4명이 투표의 대상이 되었으나 반 후보가 찬성 12표와 반대 1표 그리고 기권 2표를 받고 인도 후보가 10표와 반대 2표 그리고 기권 3표를 받아 1위와 2위를 기록하면서 근소한 차이로 반 장관이 앞섰다. 9월 14일에 있은 2차 비공식 예비투표에서는 기존의 후보에 요르단 후보가 새롭게 후보 대열에 참가했으며 여기에서 반 후보는 찬성 14표와 반대 1표를 받았고 인도 후보는 찬성 10표를 얻었다. 9월 28일에 개최된 3차 비공식 예비투표에는 새롭게 라트비아 여성 대통령과 아프가니스탄의 카불대학교 총장이 후보로 참여했으며 여기에서 반 후보가 찬성 13표와 반대 1표 그리고 기권 1표를 얻었고 인도 후보는 찬성 8표와 반대 3표 그리고 기권 4표를 획득했다. 반 후보의 경우는 1차부터 3차까지 1개의 반대표를 지속적으로 받았는데 상임이사국과 비상임이사국이 동일한 색깔의 투표용지를 사용해 왔기 때문에 반대표가 상임이사국으로부터 나온 것인지 비상임이사국에서 나온 것인지가 최대의 관심사였다. 13차 비공식 예비투표 후에 스리랑카 후보가 사퇴를 선언했다. 같은 날 안보리는 4차 비공식 예비투표부터는 상임이사국과 비상임이사국의 투표용지 색깔을 달리하여 투표를 하는 것에 합의했는데 이는 안보리가 총회에 추천할 후보의 결정이 임박했다는 의미를 가진다.

10월 2일의 4차 비공식 예비투표에서는 이제까지의 3차에 걸친 비공식 예비투표와는 달리 처음으로 상임이사국과 비상임이사국이 색깔을 달리하는 용지를 사용하여 투표가 이루어졌다. 여기에서 반 후보는 상임이사국의 반대가 없이 찬성 14표와 기권 1표를 받았고 인도의 후보가 찬성 10표와 반대 3표 그리고 기권 2표를 얻었지만 반대표에 상임이사국이 포함돼 있어 개표 후 반 후보 지지를 선언하며 전격 사퇴해 반 후보가 안보리의 본투표에서 단독후보가 되었다. 10월 9일에 열린 안보리의 본투표에서는 끝까지 살아남은 반장관이 단독 후보로 남은 가운데 선정되었고 총회의 승인을 얻어 최종적으로 선출되었다.

2011년 6월 6일에 반 사무총장은 연임 도전을 선언했다. 안보리 상임이사국 모두 그의 연임을 지지했고 비상임이사국들 모두 긍정적이었으며 사무총장직에 입후보한 경쟁자도 없었기 때문에 안보리가 비공개 회의를 열어 반 사무총장을 단독후보로서 연임을 추천하는 결의문을 만장일치로 채택했고 총회가 합의로 승인함으로서 어려움 없이 연임에 성공했다. 이로써 1945년 유엔이 설립된 이래 반미 성향이 강했던 6대 부트로스-갈리를 제외한 모든 사무총장들이 연임된 전례를 벗어나지 않았다.

반 사무총장의 선출과 더불어 향후의 활동에 영향을 주었으리라고 생각되는 중요한 요인에는 전임 사무총장의 사무총장으로서의 직무 스타일과 그의 가족이 연루된 스캔들을 들 수 있을 것이다.

앞서 언급했듯이 전임 사무총장이 연임 기간 동안 국제분쟁 조정자로서의 역할을 확대하는 등 정치가형으로서 강력한 리더십을 보이면서 자신이 사무총장으로 선출되는 데 결정적인 역할을 한 미국과도 여러 차례 대립을 했다. 이 때문에 미국을 중심으로 다음 사무총장은 관리자형의 인물이 되어야 한다는 생각이 강하게 제기되었다.

아난 사무총장이 임기를 1년 앞두고 차기 유엔 사무총장을 선출하려고 할 즈음에 아난의 아들이 아버지의 지위를 이용해 유엔이 이라크에 실시하고 있던 석

유-식량 프로그램에 관여하여 돈을 횡령한 사실로 인해 유엔이 부패했다는 인식이 강하게 제기되었다.[54)]

반 사무총장은 취임사에서 역대 사무총장들의 유엔을 개혁하고자 하는 의지를 계승하고 소란스럽지 않게 결단력을 가지고 조용히 일을 추진하는 지도력을 보이겠다는 것을 강조한 것도 이러한 기대에 부응하기 위한 것으로 볼 수 있다.

2) 주요 역할

반 사무총장은 여러 국제분쟁을 중재하는 역할을 제대로 수행하지 못했다는 부정적인 평가를 받기도 한다. 예컨대 시리아 내전에서의 유엔의 적절한 개입이 이루어지지 않았다는 점에서 비판을 받았다. 그러나 이는 사무총장의 중재자로서의 능력의 부재라기보다는 근본적으로 정부군을 지지하는 러시아 및 중국과 반정부군을 지원하는 미국이라는 거부권을 가진 안보리 상임이사국의 이해관계가 대립함으로써 사무총장이 필요한 조치에 대한 안보리의 동의를 이끌어내는 것이 쉽지 않았기 때문이다. 이러한 성격의 분쟁에 있어서 사무총장의 무기력함은 전임 사무총장들과 크게 다르지 않다는 평가를 내릴 수 있을 것이다.

반 사무총장은 취임 시부터 국제사회의 분쟁의 해결방식으로 조용한 외교(quiet diplomacy)를 원칙으로 내세웠다. 이에 따라 분쟁의 해결을 위해 분쟁 당사자들에게 직설적인 비난을 가하기보다는 막후에서 이들의 태도변화를 유도하기 위해 자신이 직접 중재에 나서거나 분쟁을 중재할 특사를 파견하여 면대면의 대화를 가지는 방식의 접근을 했던 것이다. 그러한 노력에도 불구하고 재임 중 스리랑카 내전·예멘 내전·남수단 내전에서 지속 가능한 평화의 회복과 유지를 가져오는 데 실패했다.

이러한 중재 노력의 실패는 분쟁의 성격에서 오는 측면이 강하다. 이러한 실패의 사례들의 공통점을 찾아보면 안보리 상임이사국의 직접적인 이해관계가 크지 않은 국가에서 발생한 내전이라는 사실이다. 이로 인해 상임이사국이 분쟁의 해결을 위해 적극적으로 나설 동인이 존재하지 않고 내전이기 때문에 전쟁에 관한 국제법이 적용되지 않고 내란죄와 같은 국내 형법이 적용되기 때문에 전쟁의 양상이 가혹하게 진행되고 쉽게 중재를 받아들이기 어려운 것이다.

---

54) 석유-식량 프로그램이란 유엔이 이라크에 가한 금융제재로서 이라크의 석유수출에 대한 대가를 돈이 아닌 식량으로 지불하는 프로그램을 일컫는다.

반 사무총장의 조용한 외교는 이러한 실패 사례와는 달리 세르비아로부터의 코소보 독립・50년 넘게 지속된 미얀마 군부독재의 종식과 미얀마의 민주화・코트디브아르의 내전 종식과 정권의 이양 등에 성과를 낼 수 있었다고 평가된다. 코트디브아르 내전이 유엔의 중재와 더불어 성공할 수 있었던 요인은 안보리 상임이사국 간에 이해관계의 대립이 거의 없는 가운데 프랑스가 유일하게 과거 식민지였던 코트디브아르에 관심을 가졌기 때문이다.

반 사무총장은 아이티에서 2010년 평화유지군으로 주둔한 네팔 군인으로부터 시작된 콜레라가 확산되면서 7년에 걸쳐 아이티에서 9천5백 명이 사망하고 8만 명이 감염된 보건재앙에 초기부터 적절하게 대응하지 못한 것에 대해 비판을 받는다. 이러한 적지 않은 인명의 손실과 고통에 대해 유엔 차원에서 충분히 대응하지 못한 것에 대해 반 사무총장은 늦은 감이 있지만 2016년에 유엔의 대신하여 공식적으로 사과를 한 바 있다.

반 사무총장은 그의 재임 기간 오래도록 아이티・중앙아프리카공화국・콩고민주공화국 등에서 빈번하게 자행된 평화유지군에 의한 성 착취와 학대(sexual exploitation and abuse, SEA)에 유엔이 실효적인 조치를 취하지 못하고 방치했다는 비판도 받는다. 물론 이러한 문제의 근본적인 원인에는 평화유지활동이 전개되고 있는 국가의 법이 처벌을 규정하고 있고 UN의 행동강령도 존재하지만 기본적으로 유엔이 평화유지군에 대한 직접적인 사법권을 가지고 있지 않고 파견국이 자국 사법체계에 따라 형사기소 등 처벌을 하게 되어 있다는 사실이 있다. 그 결과 유엔이 성 범죄자를 파견국에 송환을 하지만 파견국은 이들은 실제 성범죄로 자국 내에서 처벌을 한 경우가 거의 없었기 때문이다.

반 사무총장은 2016년 3월 4일에서야 성 착취와 학대로부터의 보호를 위한 특별 조치에 관한 유엔 사무총장의 연례보고서를 발간하여 평화유지활동 종사자들이 저지르는 성범죄에 대한 책임을 개선하고 피해자들에 대한 지원을 증가시키기 위한 단호한 조치를 포함한 강력한 개혁안을 제시했다.

이러한 개혁안은 군부대나 경찰에 의해 자행된 광범위하거나 체계적인 성 착취와 학대에 대한 신뢰할만한 증거가 있을 경우 군부대나 경찰을 파견국에게 송환시키고 파견국에게 가해자의 기소 여부에 대한 권한은 여전히 맡겨져 있지만 파견국이 이들에 대한 조사와 실질적인 징계조치를 취하도록 압박의 수위를 높이는 것을 주요 내용으로 한다. 이와 더불어 가해자의 국적에 관한 정보를 공식적으로 발간하여 공개하며 가해자와 가해자가 소속되어 있는 국가에게 평화유지활동의 대가로서 지불하도록 되어 있는 보수 등을 정지한다는 내용도 포함되어 있다.

이러한 보고서의 개혁내용을 유엔총회의 결의문으로 채택하려는 시도도 있었지만 효과가 권고에 그치는 관계로 안보리로 하여금 법적 구속력을 가지는 결의문(S/RES/2272(2016))을 2016년 3월 11일에 채택하도록 했다. 당 결의문은 사무총장의 개혁안을 지지한다는 것을 주된 내용으로 하는 동시에 반 사무총장에게 성범죄 의혹에 대해 제대로 조사를 진행하지 않고 가해자에 대한 책임을 묻지도 않으며 사무총장에게 조사과정을 보고하지 않는 군부대와 경찰을 교체하라고 요청하는 내용을 담고 있다. 이를 계기로 평화유지활동 참가자들에 의한 성범죄가 상당한 정도 감소할 것으로 예상되는데 이러한 조치가 좀 더 일찍 취해졌으면 하는 아쉬움은 남는다.

이러한 비판에도 불구하고 총체적으로 반 사무총장은 그의 업적과 관련하여 높은 평가를 받는다. 이를 단적으로 보여주는 것이 유엔총회가 10년 임기 마무리를 앞두고 있던 반기문 사무총장의 업적을 높이 평가하는 의장성명을 합의로 채택한 사실이 보여 준다. 이 성명은 특히 기후변화에 대항하는 전 지구적인 조치 마련을 가능케 했던 리더십 · 지속가능발전 의제 채택으로 인한 세계가 추구할 새로운 비전의 제시 · 양성평등 등 인권 부문에 대한 흔들림 없는 지지 등을 업적으로 꼽았다. 이들을 구체적으로 살펴보면 다음과 같다.

반 사무총장은 지구온난화 문제의 해결을 위한 포스트 교토체제 수립을 위한 법적 틀을 성공적으로 마련했다. 지구온난화 문제의 해결을 위한 기후변화협약 교토의정서의 시효가 끝났음에도 불구하고 이러한 교토체제를 대체할 새로운 기후변화협력체제의 수립을 위한 노력이 10년 가까이 지속되었지만 국가들 간의 이해관계의 충돌로 진척을 보지 못했다. 반 사무총장이 취임 이후 약 9년에 걸친 집요한 외교적인 지도력의 발휘로 2015년 12월에 전 세계 195개 국가 모두가 참여하는 동시에 법적 구속력을 가진 파리협정을 이끌어내는 데 성공했다.

반 사무총장이 지속 가능한 개발을 전 지구적 의제의 가장 선두에 두고 이를 성공적으로 촉진한 것도 중요한 업적의 하나로 평가된다. 구체적으로 그는 2007년의 기후변화정상회의(Climate Change Summit)를 시작으로 외교적인 주도력을 발휘한 결과 2015년 9월에 유엔개발정상회의(UN Sustainable Development Summit)를 개최하여 새천년개발목표(MDGs)를 대체하여 향후 15년 동안 국제사회 구성원 모두가 실천해 나아가야 할 17개의 새로운 개발목표를 제시한 「우리 세계의 변혁: 2030 지속가능발전의제(Transforming Our World: The 2030 Agenda for Sustainable Development)」를 채택하는 데 성공했다.

반 사무총장은 사회적 약자인 여성의 권리 보호와 여성의 세력화(women empowerment)에도 지도력을 발휘했다. 구체적으로 그는 양성평등과 여성의 역량 강화를 위하여 유엔 내에 분산되어 있던 4개의 여성 관련 기구들을 하나로 통합하여 2010년 7월에 유엔여성(UN Women)이라는 기구를 새롭게 만들어 여성 문제를 좀 더 통합적이고 효율적으로 다룰 수 있도록 하는 데 공헌을 했다. 이와 함께 유엔직원 가운데 고위 관리직의 여성의 수를 40% 정도 증가시켰다. 아난 사무총장 시기에 하위직에 있어서의 성 평등이 어느 정도 이루어졌지만 고위직에 있어서는 큰 불평등이 존재했던 것을 해소하는 데 크게 기여했다. 또한 세계 곳곳에서 종교와 관습으로 인해 박해를 받는 여성인권의 신장에 크게 기여한 것으로 평가받고 있다.

반 사무총장은 여성 이외의 또 다른 사회적 약자인 청년들의 권리 보호와 청년의 세력화(youth empowerment)에 시동을 거는 중요한 역할을 한 것에 대해 높은 평가를 받고 있다. 그는 청년들과 협력하고 청년들을 위해 일하는 것이 유엔이 우선시해야 할 일 가운데 하나로 정의하고 2013년에 사무국 내에 유엔 사무총장 청년 문제 특사 사무소(Office of the Secretary-General's Envoy on Youth)를 설치하고 특사를 임명하여 유엔 내부와 외부에서 이들의 세력화를 가능하게 하는 초석을 다졌다. 구체적인 조치로서 청년에 관한 체제 수준의 행동계획(System-Wide Action Plan on Youth)을 발전시키기 위해 유엔봉사단(UNV)으로 하여금 청년봉사단 프로그램(Youth Volunteer Programme)과 청년개발에 관한 유엔기관 간 연계망(UN Inter-Agency Network on Youth Development, IANYD)을 설치하도록 했다. 아울러 2012년을 원년으로 하여 매년 경제사회이사회 청년포럼(ECOSOC Youth Forum)을 개최하여 청년들이 함께 모여 이들의 가지고 있는 생각과 문제 해결책 그리고 혁신성을 통해 유엔에서의 정책토론에 기여할 수 있는 중요한 토론장이 되도록 했다. 청년고용 10년의 선포를 위한 국제캠페인(International Campaign for the Proclamation of a Youth Employment Decade) 역시 그의 기여 가운데 하나이다. 2015년 12월에는 청년과 평화 그리고 안보에 관한 결의문 S/RES/2250(2015)가 안보리에 의해 채택되도록 했다. 이는 평화구축과 폭력 극단주의와 투쟁하는 데 있어서의 젊은 남성과 여성의 역할에 중점을 둔 역사적인 결의문으로 평가된다.

반 사무총장은 사회적 약자이자 소수자인 성소수자(레즈비언·게이·양성애자·트랜스젠더)의 권리와 같은 논쟁적인 문제를 다루는 것도 피하지 않았다. 그는 구체적으로 이들에 대한 차별과 폭력을 국제적으로 근절하기 위한 활동에 앞장섰고 이들에 대한 평등과 관용을 촉구하고 이들의 권리를 위해 국제사회가 지속적인 노력을 할 것을 촉구했다.

반 사무총장은 또한 에이즈와 더불어 살아가는 사람들의 인간으로서의 존엄성을 사무총장의 우선적인 의제의 하나로 간주하고 실질적으로 에이즈 문제 해결에 큰 기여를 한 것으로 평가받아 유엔에이즈(UNAIDS)로부터 지도력을 높이 사는 상(UNAIDS Award for Leadership)을 수상했다. 그가 취임했을 때와 임기 말기를 비교하면 치료의 대상이 300만 명이었던 것이 1천900만 명으로 증가했고 사망자의 수도 반으로 감소했으며 새롭게 에이즈에 감염된 아동의 수가 2/3 줄었다.

이와 더불어 앞서 언급한 바와 같이 유엔 직원들을 중심으로 한 직원노조(UN Staff Union)의 강력한 반발을 물리치고 직원의 이동 순환근무제(Staff Mobility Framework)를 도입한 것을 사무국 개혁에 있어서 가장 중요한 역사로 기록될 것으로 보인다.

제8부

국제기구의 의사결정

제1장 의사결정의 유형

1. 개　　요

국제기구는 그 임무를 수행하기 위해 의사결정을 필요로 하며 유엔총회와 같은 경우 의사결정 자체가 가장 중요한 활동이다. 국제기구의 의사결정과 관련하여 주의하여 살펴보아야 할 부분은 의사결정의 유형·의사결정의 참여자·의사결정 방식·의사결정 과정·의사결정의 효력 등이다. 여기에서는 의사결정의 유형에 대해 살펴보고자 한다.

국제기구 학자인 콕스와 제이콥슨(Robert W. Cox and Harold K. Jacobson)은 「영향력의 해부(The Anatomy of Influence)」라는 책에서 국제기구가 내리는 결정의 유형을 대표관련 결정(representational decision)·상징적 결정(symbolic decision)·영역관련 결정(boundary decision)·프로그램적 결정(programmatic decision)·규칙창출 결정(rule-creating decision)·규칙감시 결정(rule-supervisory decision)·운용활동 결정(operational decision)의 일곱 가지로 분류하고 있다.[1)]

또 다른 국제기구 학자인 휜켈스타인(Lawrence S. Finkelstein)은 이러한 일곱 가지 결정유형에 조직관련 결정(organizational decision)을 의사결정의 유형의 하나로서 추가하고 있다. 따라서 여기에서는 이들 여덟 가지 의사결정의 유형을 하나씩 살펴보고자 한다.[2)] 이러한 의사결정의 유형을 살펴보는 것은 그 자체로도 의미가 있지만 이들을 독립변수로 하여 다른 현상을 설명하기도 하고 이들을 종속변수로 하여 이에 대해 설명을 가하기도 한다는 점에서 의미를 가진다. 예컨대 주권국가들은 어떤 유형의 의사결정을 할 경우 주권을 공동으로 행사하려고 하고

1) Robert W. Cox and Harold K. Jacobson, *The Anatomy of Influence: Decision-Making in International Organization* (New Heaven and London: Yale University Press, 1974), pp. 8-12.

2) Lawrence S. Finkelstein, *The IRs of IGOs: A Preliminary Excursion into the Significance of What International Intergovernmental Organizations Do with Each Other.* Paper Presented at the Annual Meeting of the International Studies Association, Los Angelas, March 19, 1980.

어떤 유형의 의사결정을 할 경우 주권을 국제기구에게 위임하고자 하는가와 같은 의미 있는 연구를 할 수 있을 것이다. 또한 국제기구의 재정적 어려움이 국제기구의 여러 유형의 결정 가운데 어떤 결정에 더 중점을 두도록 할 것인가에 대한 연구 역시 의사결정과 관련한 의미 있는 연구가 될 수 있다.

2. 의사결정의 유형

1) 대표관련 결정(representational decision)

국제기구는 조직 내에서 권력(power)과 권위(authority)의 공식적인 배분에 관한 결정을 내린다. 신입 회원국의 가입 결정과 기존 회원국의 제명 결정·이사회라든가 위원회의 구성원 선출·사무국의 고위직 국제공무원 선출에 관한 결정 등이 이러한 결정에 속한다. 타이완 정부를 유엔으로부터 축출하고 중국을 대체시킨 결정이라든가 남아프리카공화국을 유엔으로부터 축출하고자 취한 행동에 관한 결정 등이 이러한 결정 유형에 속한다.

2) 상징적 결정(symbolic decision)

상징적 결정이란 상징적인 이슈에 대한 결정을 의미한다. 「상징적」이라는 말은 「실질적」이라는 말과 대조를 이루는 말로서 실질적이고 구체적인 행동을 의도한 것이 아니라는 특징을 보유한다. 따라서 어떤 결정이 상징적 결정이 되기 위해서는 의사 결정자의 입장에서 당해 결정이 구체적이고 직접적인 행동을 의도한 것이 아니고 상징적인 의도를 가지고 있어야 한다.

이러한 결정의 예로서 1960년 유엔의 탈식민지화 선언·1974년 유엔의 신국제경제질서 수립선언·1963년 유엔의 모든 형태의 인종차별 철폐에 관한 선언 등을 들 수 있다. 이러한 결정의 의도는 일단의 행위자들이 옹호하는 목표나 이념의 수용성(acceptability) 혹은 지배 엘리트들이 오랜 기간 동안 유지해온 규범의 정당성(legitimacy)을 검증하기 위한 것이다. 처음에는 상징적 결정이었던 것이 이러한 결정으로부터 구체적인 결과가 수반되면서 다른 종류의 결정으로 변화하는 경우도 있다. 국제노동기구(ILO)에 있어서 사회주의 국가들의 가입에 대한 논란이 처음에는 상징적인 결정으로서의 성격을 가지고 있었으나 곧 이어 이들 국가들의 가입 문제가 보다 구체화되면서 대표관련 결정으로 그 성격이 변화된 것을 예의 하나로 들 수 있다.

3) 영역관련 결정(boundary decision)

영역관련 결정은 「경계설정 결정」이라고도 불리는데 다른 국제기구와의 외적 관계에 대한 이슈를 다루는 결정을 의미한다. 구체적으로 국제기구 간의 독자적인 영역(domain)의 설정 문제·국제기구 상호 간의 협력 문제·영역의 중첩에 따른 조정 문제 등에 관한 결정을 포함한다. 국제사회에 있어서 국제기구의 수가 증가할수록 이러한 문제가 빈번하게 발생하며 이러한 종류의 결정이 더욱 필요해진다.

4) 프로그램적 결정(programmatic decision)

프로그램적 결정은 국제기구에 가용한 자원을 어떤 활동에 어떻게 배분할 것인가에 관한 전략적인 결정을 의미한다. 이러한 배분은 국제기구가 추구하는 목표들과 국제기구가 운영하는 프로그램들 가운데 어느 것에 중점을 더 둘 것인가와 관련하여 행위자들 사이의 협상의 결과로서 이루어진다. 이러한 결정에는 국제기구가 어떤 기능을 떠맡을 것인가 그리고 떠맡은 기능들 사이에 어떤 균형을 취할 것인가에 대한 결정도 포함된다.

5) 규칙창출 결정(rule-creating decision)

규칙창출 결정은 국제기구의 본질적인 영역 내에 속하는 문제에 관해 규칙이나 규범을 정의하는 결정을 의미한다. 이러한 결정의 결과는 협정이라든가 결의문과 같은 공식적인 형식을 띨 수 있다. 국제노동기구(ILO)가 협정의 형태나 권고의 형태로 국제적인 노동기준을 택하는 것과 같은 결정도 이러한 예에 속한다.

결정의 결과가 이보다 덜 공식적인 형태를 띨 수도 있다. 구체적으로 사무총장의 성명 혹은 국제기구 내에서 구성원들의 마음속에 광범위하게 수용되고 있는 목표나 규범과 같은 것이 표결의 대상이 되지 않고 구체화된 것과 같은 것이 이러한 경우에 속한다.

6) 규칙감시 결정(rule-supervisory decision)

규칙감시 결정이란 이미 승인된 규칙의 적용에 관한 결정을 의미한다. 이러한 규칙감시 결정은 다음과 같은 여러 단계를 거친다. 우선 앞서 국제기구의 기능 중의 하나로 언급한 규칙감시 기능에서 보듯이 규칙을 잘 지키고 있는지 아니면 위반하고 있는 지에 관한 정보수집(information-gathering) 절차가 가장 먼저 온다. 그 다음에 수집한 정보를 통해 규칙의 실질적인 위반과 준수 여부에 대한 검증(verification)이 뒤따른다. 마지막 단계에서 이러한 검증을 바탕으로 한 규칙위반에 대한 제재(sanction)나 처벌(punishment) 혹은 준수에 대한 보상(reward)이 따라오게 된다.

7) 운용활동 결정(operational decision)

운용활동 결정이란 승인된 규칙·정책·프로그램하에서 이루어지는 국제기구에 의한 서비스의 제공이나 자원의 사용에 관한 결정을 의미한다. 프로그램적 결정이 국제기구에 있어서의 자원의 전략적인 배분에 관한 결정이라면 운용활동 결정이란 이러한 광범위한 전략적인 배분하에서의 자원의 전술적인 배분에 관한 결정을 의미한다. 전문기구에 의한 기술원조(technical assistance)의 제공에 대한 결정과 국제금융기구에 의한 차관의 제공과 관련한 결정 등이 이러한 결정에 속한다.

8) 조직관련 결정(organizational decision)

조직관련 결정이란 간단히 말해 국제기구의 조직 자체와 관련된 결정을 의미한다. 구체적으로 조직의 구조(structure)·재정(finance)·직원 등과 관련된 결정을 의미한다.

제2장 의사결정에 영향을 미치는 행위자

1. 개 요

국제사회에서 정부와 그 관료들만으로는 이제 더 이상 환경 · 지속적인 개발 · 폭증하는 인구와 같은 도전들에 적절히 대응하는 것이 힘들어지고 있다. 그 결과 비정부기구(NGO)나 미디어와 같은 비국가적 행위자들(non-state actors)이 국제기구의 정치와 구조에 미치는 영향이 점증하고 있다. 의사결정에 있어서의 중요한 역할을 하는 이러한 행위자들 모두를 하나하나 살펴보기 전에 다음과 같은 점에 유념하여야 한다.

첫째, 형식적으로 의사결정의 권한이 국제기구 내의 총회나 이사회라는 정부대표들로 구성된 기관에 속해 있는 이상 주된 역할은 정부대표가 한다. 그러나 국제기구의 의사결정에 있어서 사무국과 같은 국제기구 내의 비정부적 기관이 미치는 영향력과 비정부기구의 영향력이 시대와 더불어 커지고 있다.

둘째, 첫 번째 경우와는 반대되는 경우인데 유럽연합(EU)에서와 같이 정부대표로 구성되어 있지 않은 기관인 집행위원회(European Commission)가 의사결정에 있어서 주요한 역할을 하게 되는 경우에도 실제에 있어서는 회원국의 의향을 충분히 청취해서 국가이익을 조정하는 관행이 확립되어 있다.

셋째, 국제기구에 따라 또는 의사결정의 대상으로서의 이슈의 성격에 따라 어떤 의사결정 참여자가 의사결정에 있어 좀 더 중요한 역할을 하는가가 달라질 수 있다.

2. 의사결정에 영향을 미치는 행위자들

1) 정부대표

정부대표들은 간혹 비정부간기구(INGO)의 옵서버(observer)나 자문관(advisor)으로 참여하기도 하지만 주로 국제기구의 의사결정에 참여하여 정부의 입장을 발표하고 이를 관철시키기 위한 노력을 전개한다. 정부의 수반뿐 아니라 행정부의 장관이나 관련 국제기구 대표부의 구성원 혹은 개인이 정부대표가 된다.

정부대표는 정부로부터의 지시를 수행하며 또한 이들이 관여하고 있는 국제기구에 대한 정보를 본국 정부에 제공하는 일은 한다. 이러한 과정에서 정부대표는 자신이 본국에 보고하는 내용과 보고 방식에 의해 본국 정부로부터 자신에게 내려지는 지시의 내용에 영향을 미칠 수 있다.

국제기구 내에서 정부대표의 영향력은 그가 차지하고 있는 위치와 개인적인 특성으로부터 나온다. 우선 정부대표가 점유하고 있는 위치에 대해 살펴보자. 여기서 위치란 개인적으로 그가 지닌 지위를 의미하며 미국의 대표인가 한국의 대표인가와 같은 것이다. 이 밖에 위치란 국제기구에서 그가 지닌 지위를 의미하기도 하는데 유엔 안보리 의장과 같은 직책을 하나의 예로서 들 수 있다.

국제기구에서의 직책의 보유는 권위·정보에의 접근·절차의 통제·관련기구의 의사결정에의 참여를 가능케 하여 영향력을 향상시킬 수 있다. 유엔 안보리의 의장과 같은 지위를 가질 경우를 예로 들면 의장은 새로운 의제를 제안할 수 있고 그의 영향을 제고시킬 수 있는 정보를 독점하는 것이 가능하다. 또한 안보리 의장은 많은 이슈에 있어 정부대표들이 타협점을 찾고 국가 간 이견을 좁히며 정책을 정의할 목적으로 상의와 협의의 대상이 된다. 이와 더불어 개개 국가에 대해 사적으로 이야기할 수 있는 위치를 십분 활용하여 그의 영향력을 발휘할 수 있다.

정부대표의 영향력은 그가 차지하는 위치 이외에 개인적인 특성으로부터도 나온다. 그러나 모든 국가의 정부대표에 동일하게 해당하는 것은 아니다. 강대국의 정부대표일 경우 그가 어떤 개인적인 특성을 갖고 있는가가 그의 영향력을 크게 좌우하지 않는다. 이는 일반적으로 국제기구의 의사결정은 그러한 기구의 운영에 필요한 지적 · 물적 자원(intellectual and material resources)을 보유하고 있는 소수의 강국에 의해 지배되기 때문이다.

이와는 달리 강대국이 아닌 국가의 대표는 그가 갖고 있는 개인적 특성에 의해 영향력을 미칠 수 있는 가능성이 크다. 이러한 개인적 특성에는 그가 지닌 카리스마 · 매력 · 협상가나 중개자로서 쌓아온 능력 · 비슷한 국가의 대표들을 하나의 표결블록(voting bloc)으로 동원할 수 있는 능력(즉 연합을 동원할 수 있는 능력) · 전문적인 지식 · 언어 구사력 · 경험 · 명성 등이 포함된다.

2) 사무국의 수장

국제기구의 경우 기본적으로 총회나 이사회와 같은 정부대표로 구성되어 있는 기관에 의해 의사결정이 이루어진다. 그렇다고 해서 정부대표로 구성되어 있지 않는 사무국과 같은 기관이 의사결정에 있어서 수행하는 중요한 역할을 무시해서는 안 된다.

일반적으로 국제기구가 필요로 하는 자원을 손에 쥐고 있는 정부의 대표와 비교해 볼 때 사무국의 수장이 의사결정에 미치는 영향력이란 상대적으로 미약하다. 그러나 형식적으로는 대부분의 의사결정이 정부대표로 구성된 기관에 의해 이루어지는 것 같아도 이러한 의사결정에 이르기까지의 과정에서 사무국의 의향과 판단이 결정적인 역할을 하는 경우가 적지 않다.

사무국의 수장은 공식적인 권한과 비공식적인 권한을 행사한다. 우선 사무국의 수장이 행사하는 공식적인 권한을 살펴보면 사무국의 수장은 권한의 하나로서 직원의 임명권을 행사한다.[3] 때때로 사무국의 수장은 국제기구에 가용한 물적 자원 가운데 일부를 배정하며 기술원조(technical assistance)를 위한 기술전문가(technical experts)와 같은 인적 자원을 배정하기도 한다. 또한 국제기구 내의 정부대표로 구성된 기관에서 자신의 견해를 알리는 권한을 보유하고 있으며 특히 예산과 관련된 결정에 있어 주도권을 행사한다. 국제기구에 따라서는 사무국의 수장이 회의를 주재하고 의제를 제안하기도 한다.

이러한 공식적인 권한 이외에 사무국의 수장은 국제기구 내에서 의사소통 연계망(communication network)의 중앙에 있음으로 인해 영향력을 획득한다. 특히

3) 사무국의 수장은 직원의 임명권을 가지지만 이러한 임명권은 국제공무원 채용규칙과 정치적인 고려에 의해 영향을 받을 수도 있는 것 또한 사실이다.

국제기구의 예산이나 운영과 관련된 일을 다룰 경우 사무국의 수장은 정보의 독점을 통해 영향력을 증진시킬 수 있다. 또한 국제기구 내의 정부대표로 구성된 기관에서 정부대표들 사이에 견해 차이가 매우 클 경우 정부대표들은 합의점을 찾기 위하거나 중재를 부탁하기 위해 큰 방향만을 설정해 주고 구체적인 정책을 만들기 위해 사무국의 수장에 의존하는 경우가 많다.[4] 사무국의 수장은 이를 통해 영향력을 행사할 수 있다.

결론적으로 말해 국제기구에 있어서 회원국 정부의 대표들이 의사결정에 큰 힘과 영향력을 행사하고 이러한 결정에 필요한 물적 자원과 인적자원을 제공하지만 사무국의 수장은 설득 · 의제설정 · 결정의 이행을 통해 결정에 중요한 영향력을 미친다.

3) 사무국 직원

사무국의 직원은 여러 활동 가운데 특히 국제기구의 운용활동(operational activities)과 관련된 의사결정을 하는 데 있어서 독립적인 영향력을 행사하기 쉽다. 예컨대 특별 연구원의 연구비(fellowship)의 배정 · 기술 전문가의 배정 · 특정 국가에의 대부(loan)의 승인 · 병력의 전술적인 전개와 같은 결정은 사무국의 수장만으로 혹은 사무국의 수장과 정부대표로 구성된 기관과의 협의만으로 결정하기에는 너무나 많은 결정으로 이루어진다.

이럴 경우 결정의 큰 윤곽이 주어지고 보다 세부적인 결정은 사무국의 직원들에게 맡겨져 이들의 재량이 작용할 수 있는 여지가 주어진다. 일단 이루어진 결정을 실제에 적용하는 데 있어서도 필연적으로 자유재량의 여지를 남기지 않을 수 없으며 이러한 여지에 사무국의 직원의 영향력이 침투될 수 있다.

4) 비정부기구의 대표자

냉전의 종식 후에 국제기구의 결정 사항에 관심을 가지고 있는 비정부기구(NGO)가 국제기구의 의사결정에 어떤 형식으로든 참여하는 경우가 증가하고 있다. 국제기구들은 점차적으로 이들 NGO에게 발언의 기회를 부여하고 있고 이들

4) 예컨대 선진국과 개도국 간의 이해관계가 크게 상충하는 경우 사무국 수장의 조정능력이 중요해진다. 세계무역기구(WTO)에서 사무총장은 선진국과 개도국 사이에 이해가 첨예하게 맞서는 무역분쟁 해결에 남다른 수완을 발휘할 것으로 기대된다.

의 참여 없는 국제기구의 의사결정은 이제 정당성(legitimacy)이 결여되었다고 할 정도에 이르고 있다.

NGO가 국제기구에서 정부대표와 같은 투표권(voting right)을 위시한 광범위한 권한을 가지는 예는 거의 없다. 현재 일정한 제한된 수의 NGO가 국제기구에서 협의지위(consultative status)를 얻어 의사결정에 제한된 영향력만을 행사한다. 그 예로 일정한 요건을 충족시킨 NGO가 유엔의 경제사회이사회(ECOSOC)로부터 협의지위를 획득한 후 회의에 참가하여 구두진술(oral statement)과 서면진술(written statement)을 하고 경우에 따라서는 의제를 제안하는 등의 역할을 인정받고 있다. NGO는 유엔 이외에 전문기구와 더불어 유럽평의회(Council of Europe, CoE)나 미주국가기구(OAS)와 같은 지역기구로부터도 협의지위를 획득하고 있다.

그러나 이러한 NGO들이 협의지위를 획득한다고 해도 통상적으로 의사결정에 있어서 중요한 투표권을 인정받고 있지 않아 그 한계를 가지고 있다. 따라서 NGO는 자신의 이해관계와 밀접히 연결되어 있는 이슈에 대한 결정이 있을 경우 투표권을 가지고 있지 않은 국제기구에서의 결정보다는 이러한 결정이 있기 전 개개 국가 내에서의 결정에 영향을 미치도록 더 많은 노력을 경주하는 경향을 보인다.

5) 지방정부간기구의 대표

세계화와 지방화라는 현상이 동시에 진행되는 가운데 지방정부(지방자치단체)가 국제사회의 중요한 행위자의 하나로서 부상하고 있다. 국제사회의 대부분의 이슈가 지방 수준에서 발원되고 있으며 이 때문에 문제 해결에 있어서 이러한 지방정부의 역할이 긴요해지고 있기 때문이다.

통상적으로 중앙정부의 대표들로 구성된 정부간기구는 개별적인 지방정부 대표의 의사결정 참여를 인정하고 있지 않다. 단지 지방정부들을 구성요소로 하여 국제적으로 조직된 국제기구의 하나인 지방정부간기구(inter-local-governmental organizations, ILGO) 가운데 일정한 요건을 갖춘 기구에게 협의지위를 부여함으로써 정부간기구에의 참여를 제한적으로 허용하여 왔다. 그러나 이들에게 독자적인 지위를 인정한 것이 아니라 이들은 NGO의 하나로 분류되어 왔다.

비교적 최근에 이르러 몇몇 소수의 정부간기구가 이들에게 비정부기구라는 지위가 아닌 지방정부간기구라는 독자적인 지위를 인정하기 시작했다. 그러나 이들에게 주어지는 국제기구에서의 권한은 협의지위를 가지고 있는 NGO에게 주어지는 지위를 크게 벗어나고 있지 않다.

6) 타 국제기구의 대표

국제기구의 대표는 일반적으로 두 가지 상이한 방식을 통해 다른 국제기구의 의사결정에 참여하게 된다. 그러나 이러한 경우들은 국제기구 간의 관계에 있어서 예외적인 것이며 일반적으로 국제기구는 다른 국제기구에 대해 거의 영향을 미치지 않는다.

우선 이들에게 협의를 할 수 있는 권한이 부여되어 있을 경우 이러한 협의를 통해 다른 국제기구의 의사결정에 참여한다. 구체적으로 국제기구들은 적지 않은 경우 다른 국제기구에게 옵서버 자격을 부여하여 관련된 이슈를 논하는 데 있어서 발언의 기회를 부여한다.

또 다른 참여방식은 다른 국제기구와 프로젝트를 통해 협력하는 경우이다. 이러한 관계의 전형적인 하나의 경우가 바로 유엔개발계획(UNDP)과 전문기구의 관계이다. UNDP는 프로젝트에 필요한 자금을 제공하고 일반적인 감독을 하며 전문기구는 프로젝트의 실행을 위한 기술과 인력을 제공한다.

7) 개 인

국제기구의 사법기관이나 중재재판 기관의 구성원은 일반적으로 개인의 자격으로서 선출된다. 개인은 종종 중개(mediation)와 같은 임시적인 임무를 수행하기 위해 임명되기도 한다.[5] 이들은 국제기구 밖에서 특출한 경력을 가진 사람이기에 임명되며 이런 임무와 관련하여 실질적인 자율권을 행사한다.

개인은 또한 국제기구에서 전문성을 가지고 자문관(consultant)으로서의 역할을 하면서 국제기구 내에서의 의사결정에 참가한다. 이들은 전문가의 도움이 필요한 많은 분야에서 최종적인 결정권을 행사하기도 한다. 예컨대 세계보건기구(WHO)가 특별한 질병을 앓고 있는 환자들의 보호와 치료에 관한 보고서를 준비

5) 중개(mediation)란 제3자가 분쟁 당사자들의 동의하에 이들의 교섭과정에 참여하여 자신이 적절하다고 생각하는 해결책을 제시하는 행위를 의미한다.

하기 위해 전문가위원회를 소집하는데 이 경우 전문가들은 개인의 자격으로서 의사결정에 중요한 역할을 수행할 수 있다. 이러한 위원회를 통제할 국제기구의 능력은 제한적일 수밖에 없다.

개인은 종종 인권을 다루는 조약을 관리하는 위원회의 위원으로 선출되어 활동하기도 한다. 예컨대 여성차별철폐협약을 관리하는 여성차별철폐위원회(Committee on the Elimination of All Forms of Discrimination Against Women, CEDAW)는 23명의 전문가로 구성되는데 이들 모두는 개인의 자격으로 선출되어 개인의 자격으로 활동한다.

이처럼 개인은 전문성을 가지고 국제기구의 요청에 의해 국제기구의 의사결정 과정에 참여하기도 하지만 때때로 개개 국가정부의 요청에 의해 정부대표단의 일원으로서 국제기구의 의사결정에 참여하기도 한다.

8) 지식인의 인식공동체

국경을 넘어 존재하는 지식인의 인식공동체(epistemic community)가 국제기구의 의사결정에 영향을 미치기도 한다.[6] 지식인의 인식공동체는 사회가 중요하다고 생각하는 현상에 대해 공통의 인과모델(common causal model)과 정치적 가치(political values)를 지닌 전문가들로 구성된다. 지식인의 인식공동체는 자신들이 옹호하는 인과모델이 진리라는 신념과 더불어 이러한 진리를 공공정책으로 전환시켜야 한다는 생각으로 연합되어 있다.

세계보건기구(WHO)를 예로 들면 지식인의 인식공동체는 건강 관리(health care)와 관련하여 자문위원회・연구그룹(study group)・비정부기구(NGO)・WHO가 인정하는 국내기관 등 여러 통로를 통해 WHO의 의사결정 과정에 접근하고 있다. WHO는 과거에 기술적인 측면의 건강 관리에 중점을 두었으나 지식인의 인식공동체에 의해 건강 관리의 중점이 기술적인 측면뿐만 아니라 사회・경제적인 측면에도 놓이게 되었다. 이러한 WHO의 인식의 변화는 개개 국가의 차원에서 모든 사람은 적절한 건강 관리에 대한 기본적인 권리를 보유하며 정부는 국

6) 지식인의 인식공동체가 지니고 있는 합의된 지식(consensual knowledge)이 국제기구의 정책에 중요한 변화를 가져오고 이러한 국제기구의 정책이 회원국의 관련된 분야에 있어서의 정책에도 영향을 미친다는 논리가 하스(Haas)를 중심으로 전개되고 있다. 이에 관한 보다 자세한 논의는 다음 책을 참고하시오: Ernst B. Haas, *When Knowledge Is Power: Three Models of Change in International Organizations* (Berkeley, Los Angeles, Oxford: University Of California Press, 1990).

민들에게 건강 관리를 베풀 책임이 있다는 인식의 변화를 유도했다.

9) 대중매체(mass media) 종사자

국제기구가 고려하고 있는 이슈가 일반인들에게 중요할 경우에 한해 대중매체 종사자는 국제기구의 의사결정에 일정한 역할을 한다. 이러한 대중매체 종사자들은 관련된 행위자들에게 정보를 전달하는 역할을 함으로써 국제기구의 의사결정에 영향을 미칠 수 있다. 이들은 또한 문제의 특정 측면을 강조함으로써 특정 정책결정자의 입장을 강화시키고 이들과는 다른 의사결정자의 입장을 약화시킬 수 있다.

인도적 구호활동 분야에서의 대중매체의 역할을 두고 「씨엔엔 효과(CNN Effect)」라고 부른다. 이는 CNN과 같은 대중매체가 정부 및 유엔과 같은 국제기구로 하여금 인도적으로 간섭하도록 하기도 하고 인도적 활동에 어려운 일이나 복잡한 일이 발생할 경우 인도적 활동에 반대여론을 형성시키기도 하는 등 중요한 역할을 한다는 것을 의미한다.[7)]

10) 기 업

다국적기업(MNC)과 같은 행위자는 비록 의사결정 과정에 직접적으로 참여는 하지 않아도 간접적인 통로를 통해 국제기구의 의사결정에 중요한 영향을 미친다. 이러한 기업의 역할은 특히 환경 문제와 관련이 깊다. 환경관련 각종 국제회의에서 환경비용을 증가시키는 정책이 채택되면 다국적기업들이 곧장 타격을 받게 되기 때문에 이를 저지하기 위한 로비가 이들에 의해 적극적으로 행해진다. 예컨대 지구 온난화를 야기하는 이산화탄소의 주범으로서 화석연료 사용에 대한 규제가 현실화되고 있는 것과 관련하여 석유 대재벌들의 로비가 국제기구의 의사결정에 중요한 요인으로 작용하고 있다.

오존층 보존을 위한 1987년 몬트리올 의정서(Montreal Protocol on Substances that Deplete the Ozone Layer)의 채택에 있어서도 세계 최대의 프레온 가스 생산 회사인 미국의 듀퐁(Du Pont)사의 입장이 매우 중대한 역할을 했다. 듀퐁사는 인

7) Edward Newman, "Realpolitik and the CNN Factor of Humanitarian Intervention," in Dimitris Bourantonis and Jarrod Wiener, eds., *The United Nations in the New World Order: The World Organization at Fifty* (London: Macmillan Press Ltd., 1995), p. 197.

공 화합물질인 프레온이나 할론 가스가 대기배출 후 10년 정도 지나면 성층권에 도달해 오존층을 파괴한다는 이론이 1974년에 처음 발표되었을 때 과학적 근거가 불분명하다고 반박하고 이러한 프레온 가스 사용규제 움직임에 조직적으로 저항했다. 그러나 대체물질을 개발한 후 듀퐁사는 이의 판촉을 위해 이러한 가스 규제에 선도적인 역할을 한 바 있다.

제3장 의사결정의 방식

1. 개　　요

의사결정을 하는 방식을 크게 분류하면 표결에 의한 방식과 표결에 의하지 않는 방식(즉 합의제 방식)의 두 종류가 있다. 표결에 의한 방식은 만장일치제와 다수결제로 구별되며 다수결제에는 단순다수결제 · 특별다수결제(조건부 다수결제) · 특정다수결제 · 이중다수결제의 4가지로 구분된다. 이러한 다수결제는 한 국가가 하나의 표만을 행사하는 일국일표제(one-nation one-vote system)에 기초하고 있을 수도 있고 때때로 가중표결제(weighted voting system)에 기초하고 있을 수도 있다.

의사결정 방식은 국제기구의 구성원인 주권국가와 국제기구의 관계를 잘 보여준다는 점에서 주목을 요한다. 즉 주권국가가 효율적인 국제 문제의 해결을 위해 국제기구에게 어느 정도의 주권을 양도하려 하는지를 잘 드러낸다. 이러한 논의를 통해 주권국가가 어떤 경우에 어떤 의사결정 방식을 원하며 이러한 것이 주권과 관련하여 무엇을 의미하는 것인가를 이해하는 것이 중요하다.

의사결정 방식을 살펴보는 데 있어서 하나의 국제기구가 언제나 하나의 의사결정 방식만을 가지고 있는 것은 아니라는 사실에 유념해야 한다. 동일한 국제기구에 속하는 여러 기관들이 제각기 다른 의사결정 방식을 지니고 있을 수 있고 동일한 기구의 동일한 기관이라도 다루는 이슈의 성격에 따라 다른 의사결정 방식을 사용할 수도 있는 것이다.

또한 의사결정 방식을 살펴봄에 있어서 공식적인 의사규칙(rules of procedures, ROP)에만 의존해서는 안 된다는 것에도 유의하여야 한다. 왜냐하면 의사규칙이 규정하고 있는 것과는 달리 관행에 의해 다른 의사결정 방식을 채택하고 있는 국제기구들이 종종 존재하기 때문이다.

2. 정족수 조건(quorum requirements)[8)]

의사결정의 방식은 의사결정을 유효하게 하는 정족수(quorum)에 대한 논의부터 시작해야 한다. 정족수란「의사결정 단위의 이름으로 개회나 의사결정과 같은 업무를 수행하기 위해 회의에 참석하여야만 하는 구성원의 최소한의 수」를 의미한다. 개회를 하거나 의사결정을 시작하기 위해 회의에 참석하여야만 하는 최소한의 대표단의 수를 의미하는 이러한 정족수를 결정 자체가 유효하게 성립하기 위해 몇 표가 필요한가를 의미하는「가결필요표수」와 혼동하는 경우가 많아 주의를 요한다.[9)]

정족수에는 개회 정족수(quorum for opening)와 의결 정족수(quorum for decision)라는 두 가지가 있다. 우선 의사결정이 유효하게 이루어지기 위해서는 의사진행에 필요한 최소한의 출석수가 충족되어야 한다. 이렇게 회의를 개시하기 위해 충족시켜야 하는 출석수를「개회 정족수」라고 한다. 일반적으로 회원국 수의 1/3 또는 1/2을 개회 정족수로 하는 경우가 많으나 국제원자력기구(IAEA)의 이사회처럼 이사국 수의 2/3를 개회 정족수로 하는 경우도 있다. 유엔총회의 경우 개회 정족수로서 회원국의 1/3이상의 출석을 요하고 총회 산하의 6개 위원회(committee)의 경우는 회원국의 1/4이상의 출석을 필요로 한다.

개회정족수를 채워 일단 회의가 유효하게 개시된다고 해도 유효한 의사결정을 하려면 또 다른 별도의 좀 더 많은 수의 출석수를 요구하는 경우가 있다. 이러한 출석수를「의결 정족수」라고 부른다. 따라서 개회 정족수를 채워 개회가 되기는 했으나 의결 정족수를 채우지 못할 경우 토의는 가능하지만 의사결정을 할 수 없다. 유엔의 경우 총회와 위원회를 불문하고 동일하게 의결 정족수로서 구성국의 1/2이상의 출석을 요구한다.

앞서 언급했듯이 유엔총회의 경우 회원국의 1/3이상이 참가하고 위원회의 경우는 회원국의 1/4이상이 참가해야 개회를 하고 토의를 할 수 있다고 총회 의사규칙은 규정하고 있지만 제대로 지켜지지 않고 있다. 즉 제시간에 개회 정족수에 이르는 국가들이 참여하지 않아 마냥 개회와 토의를 늦추어야 하는 상황이 빈번

8) 박재영,『유엔회의 가이드북』(서울: 법문사, 2014), pp. 148-149 참조
9) 유엔총회는 통상적으로 가결 필요표수로서 참석하여 투표한 국가의 1/2이상을 요구한다.

하게 발생하곤 했다. 따라서 유엔총회나 위원회가 개회되어 업무편성(organization of work)을 확정지을 때 관례에 따라 이러한 규정을 유보한다고 명시적으로 밝히고 있다.[10] 그러나 이러한 개회 정족수에 대한 유보에도 불구하고 회원국의 1/2 이상이 참가해야 의사결정을 한다는 의결 정족수 규정만큼은 엄격하게 적용된다.

유엔 안보리의 경우 총회와는 달리 정족수에 대한 특별한 규정을 두고 있지 않으나 표결방식에 관한 규정으로부터 의결 정족수를 유추할 수 있다. 구체적으로 안보리에 있어서 회의 개최의 시기/장소/방법 · 의사규칙의 채택 · 의장의 선임 방법 · 회의의 공개/비공개 여부 · 보조기관의 설치 · 이해 관계국의 참가 및 분쟁 당사국의 참가의 권유 등에 대한 결정과 같은 절차상의 문제에 대한 의사결정은 단순히 9개 이사국의 찬성을 필요로 한다. 그 밖의 문제 즉 절차문제가 아닌 실질문제에 대한 결의문의 채택에는 5개 상임이사국(P-5)을 포함한 9개 이사국의 찬성투표가 필요하다고 규정함으로써 의결 정족수로서 최소한 9개 이사국의 출석이 필요하다는 것을 알 수 있다.

3. 표결에 의한 의사결정 방식

국제기구의 의사결정 방식에는 앞서 언급했듯이 표결에 의한 방식과 표결에 의하지 않는 의사결정 방식인 합의제가 있다. 이곳에서는 만장일치제와 다수결제로 구분되는 표결에 의한 의사결정 방식을 먼저 살펴보고자 한다.

1) 만장일치제(unanimity system)

국내사회에서는 오래 전부터 다수결제가 수용되어 왔으나 국제사회에서는 전통적으로 만장일치제가 국제회의라든가 국제기구의 주요한 의사결정 방식이었다. 의사결정이 이루어지기 위해 모든 국가의 찬성을 필요로 하는 만장일치제는 자신이 반대하는 결정에는 구속되지 않는다는 주권국가의 주권의 지고성(supremacy)이 강하게 반영되는 제도로서 모든 국가에게 거부권(veto power)을 부여한 것과 동일하고 이는 국제기구가 주권국가의 단순한 집합체에 불과하다는 것을 잘 보여

---

10) 유엔총회의 위원회는 회기 개시 후 보통 첫 위원회 문건으로서 「업무 편성(Organization of Work)」을 발간하여 배포하는데 여기에 유엔총회의 결정에 따라 개회 정족수 요건을 적용하지 않는다는 구절이 포함되어 있다.

준다.

이처럼 만장일치제는 국가로 하여금 자국에게 불리한 결정에 구속되지 않게 하고 자국에게 불리한 권고나 비난하는 결의문이 채택되지 않게 한다는 점에게 국가의 주권보호에 가장 유용한 표결방식이다. 또한 한 국가의 반대만으로도 의사결정이 일어나지 않기 때문에 특히 약소국에 매력적인 의사결정 방식이다.

그러나 이러한 장점은 이러한 표결방식을 채택한 국제연맹(LN)에서 보았듯이 실제에 있어 국제기구가 목적을 추구하는 데 있어 치명적인 장애로 작용하기도 했다.[11] 이 때문에 이러한 문제를 해결하기 위한 방편의 하나로서 유엔의 경우에서 보듯이 다수결제가 도입되었던 것이다.

현재 만장일치제는 회원국의 수가 한정되어 있는 아랍국가연맹(League of Arab States)[12]·북구각료이사회(Nordic Council of Ministers)·유럽자유무역연합(EFTA)·북대서양조약기구 이사회(NATO Council)[13] 등에서 여전히 채택되어 있다. 유엔 안보리도 절차문제가 아닌 실질문제의 경우 5개 상임이사국에 한해 거부권제도라는 만장일치제가 적용된다.

만장일치제를 채택하고 있는 이러한 국제기구들을 일별해 보면 이러한 의사결정 방식은 구속력 있는 결의문을 채택하는 일이 많은 지역적 국제기구의 의사결정 방식으로 종종 채택되고 있다는 사실을 알 수 있다.

2) 다수결제(majority voting system)

다수결제는 19세기 후반에 국제행정연합(international administrative union)에 먼저 도입되었으나 보편적 국제기구에 도입된 것은 유엔이 최초였다. 국제연맹까지는 만장일치제가 주류를 이루었으나 그 이후 다수결제가 주류를 이루어 왔다. 이처럼 다수결제는 만장일치제와 비교하여 상대적으로 근래에 비정치적인 성격의 국제기구인 행정적·기술적 국제기구에 우선적으로 도입되었으며 정치적인 성격의 국제기구에 채택되는 데는 많은 시간이 경과되어야만 했다.

11) 국제연맹 이사회와 총회의 의사결정은 동일하게 주요 사항의 경우 만장일치에 의해 이루어졌으며 절차문제의 경우는 다수결에 의해 이루어졌다.

12) 「League of Arab States」를 간단히 「Arab League」라고도 부른다.

13) 「NATO Council」은 NATO의 가장 주된 의사결정 조직으로서 「North Atlantic Council(NAC)」이라고도 불린다. 구체적으로 이 조직에서 결정(decision)에 도달하고 성명안(Draft Communique)을 채택하려면 만장일치를 필요로 한다. 여기에서 성명안은 다른 국제기구에 있어서의 결의안(Draft Resolution)에 해당한다.

다수결제는 다양한 견해를 통합하는 기술로서 만장일치제와는 달리 반대하는 국가가 있어도 의사결정이 이루어 질 수 있고 자신이 반대한 결정도 존중할 의무를 지기 때문에 국가 주권의 지고성이 약화된 것이다. 따라서 국가들은 자신의 의사에 반하는 결정이 일어날 수 있는 가능성을 최소화할 필요를 갖게 된다. 특히 중요한 결정의 경우 이러한 필요성은 배가된다. 국제기구들은 이러한 위험부담을 줄이기 위해 다음과 같은 여러 가지 제도적 안전장치를 두고자 한다.

ⅰ) 국제기구는 단순다수결제 외에 특별다수결제(조건부다수결제)와 특정 다수결제를 두고 있을 뿐 아니라 이중다수결제를 두기도 한다. ⅱ) 이러한 여러 가지 다수결제 중 어떤 것을 택할 것인가를 결정하기에 앞서 한 국가에 한 표를 인정하는 일국일표제(one-nation one-vote system)가 아닌 특정의 기준에 따라 국가마다 다른 표수를 인정하는 가중표결제(weighted voting system)를 도입하기도 한다. ⅲ) 냉전시대 소련처럼 평상시에는 하나의 국가로 행동하면서 유엔총회에서는 3개의 표(소련·우크라이나·벨로루시)를 행사하는 경우도 있었다. ⅳ) 주권국가들은 또한 원하지 않는 결정이 이루어진다고 해도 이를 최소화할 수 있는 장치를 두고자 했으며 그 결과 다수결제를 통한 의사결정의 효력은 일반적으로 법적 구속력이 없는 권고(recommendation)에 그치도록 하고 있다.[14)]

(1) 일국일표제와 가중표결제

구체적으로 다양한 종류의 다수결제를 살펴보기 이전에 다음에서 이러한 다수결제가 기초하고 있는 일국일표제 혹은 가중표결제에 대해서 살펴보고자 한다.

① 일국일표제

경제적 혹은 전문적인 특정의 임무를 수행하는 국제기구를 제외하고 대다수의 국제기구는 일국일표제를 채택하고 있다. 이러한 일국일표제는 인구·면적·국력 등에 관계없이 어떤 국가든 균등하게 모두 1표를 갖는 방식으로서 주권평등의 원리에 입각하고 있다. 예컨대 유엔총회에서는 2018년 9월 현재 인구 약 3억2천8백만 명에 유엔에 대한 분담금을 22% 부담하고 있는 미국이나 인구 약 1만2천4백 명에 분담금 0.001%를 내고 있는 투발루(Tuvalu) 모두 평등하게 한 표를 행사한다.

---

14) 앞서 살펴보았듯이 실제로 구속력이 있는 결정을 채택하는 경우가 많은 지역적 국제기구의 경우 만장일치제를 택하는 예들이 많다.

이러한 일국일표제를 채택하고 있는 대표적인 국제기구로는 유엔(UN)·유네스코(UNESCO)·식량농업기구(FAO)·세계보건기구(WHO)·세계기상기구(WMO)·국제해사기구(IMO)·국제전기통신연합(ITU)·만국우편연합(UPU)·국제원자력기구(IAEA)·국제민간항공기구(ICAO)·유엔공업개발기구(UNIDO)·세계지적재산권기구(WIPO) 등이 있다.

일국일표제는 수적으로 우세한 개도국들로 하여금 국제기구의 의제를 통제하고 기존의 규범에 도전할 수 있도록 한다. 이에 대해 수적으로 열세를 보이고 있는 소수파 국가인 선진국은 이러한 일국일표제에 불만을 가지고 있다. 세계무역기구(WTO)의 출범을 가져온 우루과이 라운드(Uruguay Round, UR) 법안에 반대했던 미국 의회의 의원들은 WTO가 무역분쟁에 대한 표결 시 일국일표제를 채택해 미국의 주권을 침해할 소지가 있다면서 미국이 유엔의 안보리에서처럼 WTO에서도 거부권을 가져야 한다고 주장한 바 있다. 당시 WTO 운영비의 23%나 부담하는 미국이 거의 한 푼의 운영비도 내지 않는 90여 개 국가와 동일하게 1표씩을 행사하는 것은 모순이라고 지적한 바 있다.[15)]

강대국 입장에서의 일국일표제에 대한 이러한 불만은 국제기구 학자인 클로드(Inis L. Claude, Jr.)의 말에 잘 나타나 있다. 그에 따르면 일국일표제를 따르는 다수결은 세계인구의 다수를 대표하지 않는다는 점에서 비민주적이고 세계의 실질적인 힘의 상당한 부분을 반영하지 않기 때문에 비현실적이며 진정한 공동체의 지배적인 의지를 반영하지 않기 때문에 별로 도덕적이지 못하다.[16)]

② 가중표결제

다음으로 다수결제가 때때로 기초하고 있는 가중표결제를 살펴보도록 하자. 근대에 들어서서 라인 강 항해 중앙위원회(Central Commission for Navigation of the Rhine, CCNR)와 국제전기통신연합(ITU) 이래의 국제행정연합 등에서 가중표결제가 사용되었다. 소국들의 강력한 반대로 무산되기는 했으나 유엔헌장의 최초 초안은 유엔의 의사결정 방식으로서 가중표결제를 채택하고 있었다.[17)] 현재에 있어서는 국제통화기금(IMF)과 세계은행그룹(World Bank Group) 등 대개의 국제금

---

15) 한국일보, 1994년 12월 1일.

16) Inis L. Claude, Jr., *Swords into Plowshares*, 3rd. ed. (New York: Random House, 1964), p. 119.

17) Ruth E. Russel, *A History of the United Nations Charter: the Role of the United States, 1940-1945* (Washington, D. C.: Brookings Institution, 1958), p. 378.

융기구에서 가중표결제가 채택되어 있다.[18] 여기에서는 가중표결제를 IMF를 대표적인 예로서 설명하고자 한다.

가중표결제에서 무엇을 기준으로 표를 가중시킬 것인가는 국제기구마다 다르다. 예컨대 인구나 재정적인 공헌도를 나타내는 출자액 혹은 그 밖에 국제기구가 관련하고 있는 분야에 있어서의 중요성을 나타내는 기준을 채택하고 있다. 일국일표제가 형식적인 평등에 기초한 방식이라면 가중표결제는 실질적인 불평등을 인정한 방식이다.

IMF의 경우 표결력을 결정짓는 출자 지분은 각 회원국의 경제력을 반영하는 국내총생산(GDP)·세계경제와의 통합의 정도를 반영하는 개방도(openness)·IMF의 대출 수요를 나타내는 경제 변동성(economic variability)·IMF의 재원에 기여할 수 있는 능력을 나타내는 외환 보유액(international reserves)에 기초하여 가중치를 두는 등 아주 복잡한 과정을 통해 결정된다. 가중치로서 국내총생산의 경우 50%·개방의 정도는 30%·경제적 변동성은 15%·외환 보유액은 5%가 주어진다. IMF에서 모든 회원국은 각기 기본적으로 250표를 가지며 출자 지분에 따라 가중표가 달리 할당된다. 구체적으로 할당액으로서 10만 특별인출권(Special Drawing Rights, SDR) 당 한 표를 더 갖는다.[19]

IMF의 출자 지분은 IMF로부터 받을 수 있는 자금 지원의 기준이 되며 이에

18) 세계은행그룹(World Bank Group)에 속하는 5개의 국제기구인 국제부흥개발은행(IBRD)·국제개발협회(IDA)·국제금융공사(IFC)·국제투자보증기구(MIGA)·국제투자분쟁해결본부(ICSID) 가운데 국제투자 분쟁에 대한 조정과 중재를 통해 국제적인 민간투자를 촉진하는 기능을 하는 국제투자분쟁해결본부(ICSID)만이 가중표결제가 적용되지 않는다.

19) 특별인출권(SDR)은 IMF 장부상의 통화단위로서 회원국의 국제수지가 악화되었을 때 IMF로부터 담보 없이 필요한 만큼의 외화를 인출해 갈 수 있는 권리를 의미한다. SDR은 장부상의 통화로서 진정한 통화가 아닌 관계로 다른 통화로 교환한 다음에야 사용이 가능하다. 2018년 4월 현재 1 SDR은 1.45 미국 달러에 해당한다. 세계적으로 공식적인 공용화폐가 부재한 가운데 달러가 사실상의 공용화폐처럼 사용되고 있는 상황에서 미국 경제가 악화될 경우 미국의 달러 가치도 동반하여 하락하는 문제가 발생하게 되어 이러한 문제를 해결하기 위해 세계적으로 사용량이 많은 달러뿐 아니라 유럽의 유로화와 영국의 파운드 및 일본의 엔 그리고 2016년부터 중국의 위안까지 총 5개의 통화를 통합하여 공통화폐인 SDR을 만들게 되었다. 이러한 특별인출권은 일반인출권(General Drawing Rights, GDR)과 대비되는 것이다. 일반인출권은 출자를 통해서만 기금을 인출할 수 있는 권리로서 자국에게 할당된 출자금에 비례하여 사용될 수 있는 인출권이다. 일반인출권은 통상의 금융과는 달리 자국의 통화를 다른 가입국의 통화와 교환하는 형식을 통해 사용된다. 예컨대 한국이 유로화가 필요하다면 특별인출권의 환율에 따라 원화를 지급하여 그에 상당하는 유로화를 매입한 후 일정기간이 경과한 후에 유로화를 지급하고 다시 자국 통화인 원화를 매입하는 환매의 형식을 취한다. 일반인출권은 할당된 출자액의 200%를 초과할 수 없다. 그런데 할당된 출자를 할 때 자국의 통화로 할당된 출자금의 75%를 납입한 관계로 실제 인출할 수 있는 한도액은 할당된 출자액의 125%가 된다. 특별인출권은 출자 없이 회원국들의 합의에 의해 발행 총액을 결정하고 IMF에서의 출자 할당액에 비례하여 특별히 인출할 수 있는 권리를 의미한다.

비례하여 투표권이 부여된다. 출자 지분을 늘려야 국제경제 정책현안에 대해 발언권을 높일 수 있는 것이다. 그러나 회원국이 원한다고 지분을 마음대로 늘릴 수는 없다. 왜냐 하면 한 국가의 출자 지분율 상승은 다른 국가의 지분율 하락을 반드시 수반하기 때문이다. IMF는 매 5년마다 출자 지분의 적정성 여부를 검토한다.

한국의 지분율은 1998년 이전에 0.554%이었으나 1998년부터 0.764%로 늘게 되어 IMF 구제자금 등의 규모가 늘게 되었고 IMF에서 가중표가 증대되어 발언권이 강화된 바 있다. 그나마 한국의 지분이 이처럼 늘게 되는 데는 무려 10년 가까운 세월이 걸렸다. 그러나 이러한 변화에도 불구하고 실상 한국의 경제규모는 세계에서 12~13위 수준인데 출자 지분율 0.764%는 184개 회원국 중에서 28위에 불과했다.

2003년에 출자 지분의 적정성 여부 검토가 있었지만 한국은 출자 지분을 늘리지 못했는데 이는 이들 국제기구에서 주도권을 쥐고 있는 미국과 유럽 국가들이 지분율 조정에 따라 자국의 영향력이 약화될 것을 우려해 한국의 출자금 증액에 반대했기 때문이다.[20)]

그러던 것이 2006년에 싱가포르에서 개최된 연차총회에서 한국을 비롯한 4개국의 특별증액이 결정되어 한국의 지분율이 0.764%에서 1.346%로 상향 조정되어 세계 19위 국가가 되었다. 이에 따라 표결력(voting power)도 1.33%가 되었다. IMF는 이번에는 첫 단계로 한국을 비롯한 4개국의 출자 지분율만 늘리고 앞으로 2년 동안 IMF 지분을 결정하는 방식을 완전히 바꿔 IMF의 모든 지분 구조를 개혁하는 대수술을 2008년까지 단행하기로 했다.

그러나 이러한 약속은 2010년에 이르러서야 지켜지게 되었다. 구체적으로 2010년 서울에서 개최한 G-20 제5차 정상회의에서 IMF 지배구조의 민주적 개혁과 관련하여 총 24명의 이사직 중 2명의 이사직을 유럽에서 신흥개도국으로 이전함과 더불어 IMF 지분의 6%를 신흥개도국으로 이전하고 6.2%를 과소대표국(under-represented country)으로 이전한다는 IMF의 역사상 가장 큰 변혁에 대한 합의가 이루어졌다. 그러나 이러한 IMF 거버넌스 개혁안은 2015년에야 발효조건이 충족되어 효력을 발하게 되었다.

20) IMF 내에서 선진국과 개도국 사이에 입장 차이가 존재하는 한편 선진국 내에서도 미국과 다른 선진국 사이에도 입장 차이가 존재한다.

2018년 4월 현재 189개 회원국 가운데 상위 6개국의 할당된 지분율과 이에 기초한 표결력(voting power)을 살펴보면 다음과 같다: ⅰ) 미국: 지분율(17.46%) 표결력(16.52%) ⅱ) 일본: 지분율(6.48%) 표결력(6.15%) ⅲ) 중국: 지분율(6.41%) 표결력(6.09%) ⅳ) 독일: 지분율(5.60%) 표결력(5.32%) ⅴ) 프랑스: 지분율(4.24%) 표결력(4.03%) ⅵ) 영국: 지분율(4.24%) 표결력(4.0%). 한국의 경우는 189개 국가 가운데 16번째로 1.81%의 지분율과 1.73%의 표결력을 보유하고 있다.[21)]

위에서 눈여겨보아야 하는 것은 경제 강국들의 경우 지분율과 표결력이 동일하지 않고 차이가 있으며 표결력이 지분율에 비해 비율이 낮은 것을 알 수 있다. 이는 앞서 언급했듯이 모든 국가들에게 기본적으로 250표를 할당하면서 선진국의 할당액의 일부가 개도국들에게 이전되었기 때문이다. 이와는 달리 개도국들의 경우 지분율에 비해 표결력이 높은데 이는 250표를 받았기 때문이다. 예컨대 팔라우의 경우는 지분율이 0.001%인데 표결력은 0.03%이다.

IMF의 최고 의사결정 기관은 모든 회원국들의 위원(governor)으로 구성된 총회(Board of Governors)이며 이곳에서 IMF 출자 지분에 의거한 투표권을 바탕으로 의사결정이 이루어진다. 총회는 의결 정족수로서 총투표권의 2/3이상을 소유한 위원들의 과반수 참석이 필요하며 통상적으로 과반수의 찬성을 가결필요표수로 한다. 그러나 중요한 사항의 경우는 전체표의 70% 이상 혹은 85% 이상의 표를 필요로 한다. 예컨대 쿼터의 개정과 협정문 개정 등 중요문제의 경우는 85%의 찬성을 필요로 하며 이 때문에 전체 의결권의 15% 이상을 가진 미국이 유일하게 거부권을 행사할 수 있다.[22)]

총회는 협정문 개정이나 쿼터의 개정 등 중요한 사항에 대한 결정을 하나 이들을 제외한 모든 결정은 실질적으로 이사회(Executive Board)가 총회의 위임을

21) International Monetary Fund, "IMF Members' Quotas and Voting Power, and IMF Board of Governors," https://www.imf.org/external/np/sec/memdir/members.aspx (검색일: 2018. 4. 2). 세계은행(WB)의 경우 개개의 회원국들은 기본적으로 250표를 가지며 보유하는 액면가가 10만 달러인 주식 1주 당 1표를 추가로 갖게 된다. 2018년 4월 현재 189개 회원국 가운데 상위 6개국의 할당된 지분율과 이에 기초한 표결력(voting power)을 살펴보면 다음과 같다: ⅰ) 미국: 지분율 16.89% 표결력(15.98%) ⅱ) 일본: 지분율 (7.27%) 표결력 (6.89%) ⅲ) 중국: 지분율 (4.68%) 표결력 (4.45%) ⅳ) 독일: 지분율 (4.24%) 표결력 (4.04%) ⅴ) 프랑스: 지분율 (3.97%) 표결력 (3.78%) ⅵ) 영국: 지분율 (3.97%) 표결력 (3.78%). 한국의 경우는 189개 국가 가운데 16번째로 1.65%의 지분율과 1.59%의 표결력을 보유하고 있다: World Bank, "International Bank for Reconstruction and Development Subscription and Voting Power of Member Countries," http://siteresources.worldbank.org/BODINT/Resources/278027-12155248 04501/IBRDCountryVotingTable.pdf (검색일: 2018. 4. 30).

22) 앞서 살펴보았듯이 2018년 4월 현재 IMF 189개 회원국 가운데 미국은 17.46%의 출자 지분율과 16.52%의 표결력을 가지고 있다.

받아 한다. 즉 IMF의 최고 의사결정 기관은 전체 회원국이 참여하는 총회이지만 실질적인 의사결정의 대부분은 이사회가 한다.

IMF의 이사회는 IMF 쿼터가 많은 국가인 미국 · 일본 · 독일 · 프랑스 · 영국이 지정하는 지명이사(appointed executive directo) 5개국과 기타 회원국의 선출로 확정되는 선출 이사(elected executive director) 19개국으로 구성되었으나 IMF의 설립헌장인 협정문(Articles of Agreement)이 2010년에 개정되고 2016년에 발효됨에 따라 임명 이사가 없어지고 모든 이사가 선출되도록 되었다.

이사회는 의결 정족수로서 총투표권의 1/2이상을 소유한 이사들의 과반수 참석을 필요로 한다. 통상적으로 합의(consensus)로 의사결정을 하지만 때때로 표결에 의해 결정하기도 한다. 표결 시 사안의 중요도에 따라 총회에서와 마찬가지로 전체표의 50% 이상 · 70% 이상 · 85% 이상의 다수결을 요한다. 예컨대 회원국이 IMF로부터 외환을 차입하려고 할 때 이사회의 85%의 찬성이 필요하다.

이러한 가중표결제를 실시할 경우 대국의 경우 의사결정에 큰 영향력을 행사할 수 있는 반면 대국이 아닌 국가는 의사결정 과정에서 행사할 수 있는 영향력이 극히 미미해진다. 이 때문에 개도국들은 지구화 시대에 있어서 국제사회에서 중요한 문제가 되고 있는 재정과 금융 문제가 가중표결제를 채택하고 있는 IMF나 WB에 의해 다루어지고 있다고 보고 이러한 문제가 일국일표제를 채택하고 있는 유엔이 중심이 되어 논의되어야 한다는 주장과 더불어 이러한 역할을 하는 유엔의 기관을 강화하여야 한다는 주장을 줄곧 제기해 오고 있다.[23)]

이러한 IMF의 민주성의 결여(democratic deficit)를 해소하기 위해 다음에 살펴볼 이중다수결제(double majority voting system)의 도입을 주장하기도 한다. 그러나 경제력에 따라 발언권에 차이를 두고 있는 IMF나 WB 등의 활동에 집착하고 있는 선진국들은 개도국들의 이러한 주장에 귀를 별로 기울이고 있지 않다.

단순한 가중표결제 즉 특정 기준에 따라 단순히 가중된 표를 배분하는 방식에 대한 비판이 가해지자 이를 완화하기 위해 몇 가지 방식이 도입되었다. 우선 앞서 살펴본 IMF와 같이 출자금에 따라 추가적인 표의 배분이 있기 전에 모든 회원국들에게 동일한 수의 기본적인 표를 제공하는 방식이 그 중 하나이다.

또 다른 방식은 전문기구의 하나인 국제농업개발기금(IFAD)처럼 개별 국가가

23) 유엔의 경제사회이사회가 54개의 이사국을 가지고 있는 등 그 규모가 지나치게 방만하며 산하기관들이 산재해 있다는 인식하에 경제안보리라는 새로운 조직으로 축소하여 기능을 강화하거나 현재의 경제사회이사회의 기능을 강화하자는 주장을 전개하고 있다.

아닌 국가그룹 사이에 있어서 표수를 균등하게 분배하는 방식이다. 구체적으로 IFAD는 회원국을 경제협력개발기구(OECD) 회원국 · 석유수출국기구(OPEC) 회원국 · 기타의 개발도상 국가라는 세 그룹(Category Ⅰ · Category Ⅱ · Category Ⅲ)으로 분류하고 이들 세 그룹에게 일률적으로 600표씩을 균등하게 부여한다. 그러나 그룹 내에 있어서의 600표의 배분방식은 그룹들에게 맡겨졌다. 이에 따라 OECD 그룹의 경우는 600표의 17.5%를 균등하게 배분하고 나머지를 분담금의 비율에 따라 배분한다. OPEC 그룹의 경우는 600표의 25%를 동등하게 배분하고 나머지를 분담금 비율에 따라 배분한다. 개도국 그룹의 경우는 600표 전체를 국가별로 균등하게 배분한다.

이러한 IFAD 방식의 특징은 우선 국가그룹 사이에 국가 수에 있어서의 차이는 있으나 그룹별로 동등한 표를 부여함으로써 개발 문제에 관한 교섭 시 국가그룹 사이에 평등성을 갖도록 하고 있다는 점이다. 가중표결제를 도입해 국가 간에 표에 있어서 차이가 발생하기는 하나 이것이 개개 국가에 따른 가중표의 할당이 아닌 그룹 내에 있어서의 할당이기 때문에 전체적으로 선진국과 후진국 간의 표 차이가 그리 크지 않다.

(2) 다수결제의 종류

다수결제는 통상적으로 크게 단순다수결제(simple majority voting system)와 특별다수결제(qualified majority voting system)로 분류된다. 단순다수결 혹은 특별다수결이라고 할 때 그 계산의 기준은 일반적으로 출석하여 투표하는(present and voting) 회원국의 수를 의미한다. 따라서 결석한 국가나 출석해서 기권하는 국가는 이러한 계산에서 제외된다. 대표적인 이러한 예를 유엔헌장 제18조 제3항에서 볼 수 있다.[24)]

그러나 결석하든 출석하든 그리고 출석하여 투표를 하든지 하지 않든지 상관하지 않고 모든 회원국의 수를 기준으로 하여 단순다수결 또는 특별다수결을 계산하는 기준으로 삼는 경우도 있다. 유엔헌장 제108조 · 국제민간항공기구(ICAO) 조약 제52조 · 미주국가기구(OAS)의 헌장 제56조와 제57조 등이 이러한 예에 속

24) 극단적인 예를 들어보자. 유엔 회원국 193개 국가 중에서 12개 국가가 불참하고 나머지181개 국가가 총회에 참석하여 결의안 통과를 위한 채택절차를 밟았다고 가정하자. 그 중에서 170개 국가가 기권을 하고 5개 국가가 반대를 하고 6개 국가가 찬성을 한 경우 출석하여 투표한 국가 11개 국가 중에서 과반인 6개 국가가 찬성했기 때문에 이 결의안은 통과된다.

한다.[25] 단수다수결제와 특별다수결제를 각각 살펴보면 다음과 같다.

① **단순다수결제**

가장 보편적인 다수결제가 단순다수결제인데 이는 투표의 과반수의 찬성에 의해 의사결정이 이루어지는 것을 말한다. 오늘날 대개의 국제기구는 중요문제를 결정할 때를 제외하고는 단순다수결제를 채택하고 있다. 유엔의 총회・경제사회이사회・신탁통치이사회・국제사법재판소 등이 이러한 단순다수결을 채택하고 있는 국제기구의 대표적인 예이다.

② **특별다수결제**

과반수보다 더 많은 수 이상의 찬성을 요하는 경우를 단순다수결제와 비교하여 「특별다수결제」라고 부른다. 이러한 특별다수결에는 2/3・3/5・3/4・4/5 등 여러 종류가 있다. 이 중에서 가장 일반적인 경우가 유엔헌장 제18조 제2항과 제108조・국제노동기구(ILO) 헌장 제19조에서 보는 것과 같은 2/3이다. 일반적으로 계획이나 예산의 승인과 헌장의 개정 등과 같은 중요한 사항에 적용된다.

유엔헌장 제18조 제2항을 좀 더 자세하게 살펴보면 유엔총회는 중요문제(important questions)의 경우 출석하여 투표한 국가의 2/3 다수로서 결정한다고 규정하고 있다. 유엔헌장은 구체적으로 중요문제가 무엇인지 구체적으로 열거하고 있는데 이에는 국제평화와 안전의 유지에 관한 권고・안보리 비상임이사국의 선출・경제사회이사회와 신탁통치이사회의 이사국의 선출・신회원국의 가입의 승인・회원국으로서의 권리 및 특권의 정지・회원국의 제명・신탁통치제도의 운영에 관한 문제 및 예산 문제를 포함한다. 중요문제에 대한 추가 지정을 포함하여 여타 문제에 대한 결정은 출석하고 투표하는 국가의 단순과반수의 찬성을 필요로 한다.

유엔헌장 제108조에 따르면 헌장의 개정은 총회 구성국의 2/3의 투표에 의하여 채택되고 안보리 모든 상임이사국을 포함한 유엔회원국의 2/3에 의하여 각자의 헌법상 절차에 따라 비준되었을 때 모든 유엔 회원국에 대하여 발효한다. 중요사항의 경우는 출석하여 투표한 국가의 2/3인데 반해 헌장의 개정의 경우는 총회 구성국의 2/3의 찬성이 있어야 한다.

25) 유엔헌장 제108조는 다음과 같다: 이 헌장의 개정은 총회 구성국의 3분의 2의 투표에 의하여 채택되고 안보리의 모든 상임이사국을 포함한 유엔 회원국의 2/3에 의하여 각자의 헌법상 절차에 따라 비준되었을 때 모든 유엔 회원국에 대하여 발효한다.

국제원자력기구(IAEA)와 같은 국제기구도 총회나 이사회 모두 통상적인 결정은 단순다수결에 의해 이루어지나 중요문제에 관해서는 출석하여 투표한 이사국의 2/3의 다수결 즉 특별다수결에 의해 결정된다. 좀 더 엄격한 요건으로서는 세계지적재산권기구(WIPO)조약 제6조 제3항 e에서처럼 3/4과 국제민간항공기구(ICAO)조약 제93조에서처럼 4/5를 가결필요표수로 하는 경우도 있다.

앞서 살펴보았듯이 IMF의 경우 총회와 이사회 모두에 있어서의 의사결정은 출자액을 기준으로 가중된 표의 단순다수결을 요하는 경우와 특별다수결을 요구하는 경우가 있다. 구체적으로 특별다수결의 경우 가중된 표의 70% 이상의 찬성과 85% 이상의 찬성을 요구하는 두 경우가 있다.

이 가운데 특히 가중된 표의 85%의 찬성을 요구하는 특별다수결의 경우 선진국(특히 미국) 위주의 지배구조로 평가된다. 미국의 경우 2018년 4월 기준으로 투표권 16.52%를 보유하고 있어 미국의 찬성 없이는 85% 이상을 요구하는 특별다수결이 적용되는 사안이 통과되지 못한다. 이와 관련하여 주목할 것은 85%의 찬성을 요하는 사안이 처음 2개에서 상당수로 증가해 오고 있다는 점이다. 이로써 미국은 자신의 반대만으로 부결될 수 있는 사안을 많이 갖는 사실상의 거부권의 소유자로서의 지위가 강해지고 있다.

단순다수결과 비교할 때 특별다수결은 의사결정의 효과 면에서 보다 큰 권위를 갖게 되어 국가들로부터의 이러한 의사결정에 대한 준수를 확보하기가 보다 용이하다. 특별다수결은 보통 가맹 · 재정 · 조약의 채택과 같은 대외적인 사항 · 일정한 선거 등의 사항을 결의할 때 많이 적용된다. 또한 가중표결제를 사용할 경우 특별다수결을 사용하는 경우가 많다.

위에서 특별다수결제로서 단순다수결보다 가결필요표수를 더 많이 요구하는 표결제도를 살펴보았는데 이러한 특별다수결제에는 또 다른 종류의 다수결제를 포함한다. 이러한 종류의 특별다수결제로서 특정다수결제와 이중다수결제를 살펴보고자 한다.

특정다수결제는 다수결의 요건을 「몇 분의 몇 이상」이라는 식으로 정하지 않고 「찬성하는 회원국의 수가 몇 이상」이라거나 「찬성표가 몇 표 이상」 또는 「특정 국가의 동의가 있거나 특정 국가의 반대가 없을 것」과 같은 식으로 정하는 표결제도를 의미한다.

유엔 안보리의 경우 실질문제의 경우 15개 이사국 중에서 5개 상임이사국을 포함한 9개국의 찬성을 필요로 하는데 상임이사국 모두의 찬성이 필요하다는 점에서 만장일치제의 성격을 가지고 있는 동시에 9개 이사국 이상의 찬성을 필요로 한다는 점에서 특정다수결제의 성격 역시 보유하고 있다고 볼 수 있다.

특별다수결제에는 이러한 특정다수결제 이외에 이중다수결제(double majority voting system)가 있다. 이는 다수결제 중에서 충족시켜야 할 조건으로서 두 가지를 가지고 있는 다수결제를 의미한다. 이러한 의사결정 방식을 채택하고 있는 국제기구로서 유럽연합(EU)의 이사회(Council)와 지구환경기금(Global Envir- onment Facility, GEF)의 이사회(Council)를 들 수 있다. 그리고 몇몇 다자개발은행(MDB)도 수장(head)의 선출 방식에도 이러한 이중다수결제가 도입되어 있다.

우선 유럽연합 이사회(Council)의 이중다수결제를 살펴보면 다음과 같다. 2004년에 유럽연합의 헌법조약안이 채택되기 전에 유럽연합의 이사회는 신입 회원국의 가입을 위시한 극히 중요한 사안을 만장일치제에 의해 의사결정을 했고 대부분의 중요문제는 가중다수결제(1국 1표제가 아니라 대체로 인구를 주된 기준으로 하여 회원국들이 차등적인 수의 투표권을 주고 이를 행사하도록 한 다수결제)에 의해 결정했으며 사안에 따라 단순다수결제에 의해서도 의사결정을 했다.[26)]

2004년 5월에 중유럽과 동유럽 10개국이 EU에 가입하여 25개 회원국으로 확대되자 이에 대응하여 6월에 EU 정상들은 브뤼셀에서 유럽연합의 헌법조약안을 채택하고 10월에 로마에서 이에 서명했다. 유럽연합 헌법조약안은 10개국의 가입으로 인한 EU의 확대에 대응하여 의사결정 방식을 바꾸고 대통령과 외무장관직을 신설하는 등의 정치통합에 중점을 두었다. 유럽연합의 헌법조약안이 의사결정 방식을 바꾸게 된 배경과 그 내용을 살펴보면 다음과 같다

10개국이 가입하여 25개 회원국으로 수가 증가하기 전에 15개 회원국은 경제력에 있어서 그다지 큰 차이를 보이지 않는 등 동질적인 측면이 많아 이사회에서 주요 사안을 만장일치제를 통해 결정하는 데 그다지 큰 문제가 존재하지 않았다. 그러나 경제력 등에 있어서 기존의 회원국과는 큰 격차를 가지고 있어 기존의 회원국들과 이해관계를 달리할 수밖에 없는 10개의 신규 회원국들이 담합

---

26) 유럽연합 이사회의 의사결정의 기본적인 주된 방식은 1국 1표제가 아니라 대체로 인구를 주된 기준으로 하여 회원국들이 차등적인 수의 투표권을 주고 이를 행사하도록 한 다수결제인 가중다수결제였다. 시간이 지나면서 마스트리히트조약·니스조약·리스본조약 등을 거치면서 또 다른 의사결정 방식 가운데 하나인 만장일치제의 적용 분야가 상당한 정도로 줄고 대신에 가중다수결제나 단순이중다수결제(리스본조약 이후)의 적용 분야가 상당한 정도로 늘었다.

하여 의사결정에 관여하게 되면 기존 회원국들의 피해는 물론 유럽연합의 운영이 사실상 마비될 것이라는 우려를 하지 않을 수 없게 되었다.

유럽연합의 헌법조약안을 만드는 과정에서 이러한 문제를 해결하기 위한 여러 가지 방안이 논의되었다. 여러 방안들은 그들 간의 차이에도 불구하고 비동질적인 회원국의 증가로 인해 의사결정을 어렵게 하는 비효율적인 만장일치제를 적용하는 분야를 줄이자는 점에서는 공통적이었다. 그러나 만장일치제의 적용 분야를 줄이는 대신에 기존에 사용되어 온 가중다수결제를 확대하여 적용할 것인가 아니면 기존의 가중다수결제에 바꾸어 주요 사안의 결정에서 회원국의 수뿐만 아니라 유럽연합 인구의 다수를 점하는 나라의 찬성도 필수적으로 감안하는 단순이중다수결제를 도입할 것인가를 둘러싸고는 논란이 있었다. 이러한 논란 끝에 결국 유럽연합의 헌법조약안은 만장일치제의 적용 분야를 줄이고 대신에 단순이중다수결제를 도입하여 적용 분야를 늘린다는 후자를 택했다.

가중다수결제에 변화를 가한 단순이중다수결제(simple double majority voting system) 방식이란 구체적으로 25개 회원국의 최소 55%(13개국) 이상이 합의하고 이들 찬성국가들이 EU 전체 인구의 65% 이상을 대표할 수 있을 경우 의제를 가결시키고 전체 인구의 35%와 4개국 이상의 동의로 의제의 채택을 반대할 수 있도록 한 것을 특징으로 한다.[27] 이는 강대국의 독주를 견제하면서 소국의 목소리를 적절하게 보장하기 위해 마련한 절충안으로서 이를 통해 영국·프랑스·독일과 같은 강대국의 담합에 의한 의사결정이 어렵게 되었다.[28]

이러한 단순이중다수결제는 이전까지 적용되어 온 가중다수결제(1국 1표제가 아니라 대체로 인구를 주된 기준으로 하여 회원국들이 차등적인 수의 투표권을 주고 이를 행사하도록 한 다수결제)와 다른 것으로서 가중다수결에 비해 이사회의 의사결정의 속도와 효율성을 증대시키고 좀 더 단순하고 좀 더 투명성을 지니며 좀 더 민주적 정당성을 지닌 것으로 평가된다.

유럽연합의 헌법조약안의 단순이중다수결제는 2001년 2월에 서명되고 2003년 2월에 발효된 니스조약에서 도입된 가중다수결제를 대체하는 것이다. 니스조약은 회원국의 수와 찬성하는 국가들의 인구수라는 2개의 요건 외에 국별 가중치 요

27) 전체 인구의 35%와 4개국 이상의 동의로 의제의 채택을 반대할 수 있도록 한 것을 「부결을 위한 최소투표수(blocking minority)」라고 한다.

28) 그러나 이와 더불어 완전한 통합이 불가능한 현 단계에서 융통성을 두기 위한 예외 규정을 두었다. 외교·국방·예산부담 등 주요 현안과 관련하여 특별히 이견을 가지고 있는 나라는 이를 거부하거나 예외 인정을 요구할 수 있도록 했다.

건을 규정하고 있었고 이 때문에 니스조약이 규정한 가중다수결제는 엄격히 말해 「가중삼중다수결제(weighted triple majority voting system)」라고 부를 수 있는 것이었다. 헌법조약안은 의사결정의 효율성 제고를 위해 국별 가중치 요건을 제거함으로써 찬성 요건을 단순화하였다.[29)]

그러나 이러한 변화를 포함한 유럽연합의 헌법조약안은 급속한 통합에 따른 국가 정체성 상실과 회원국 간의 경쟁에 대한 우려 등을 이유로 2005년 5~6월에 프랑스와 네덜란드의 국민투표에 의해 부결되었고 그 결과 효력을 발생하지 못하게 되었다. 효력발생의 조건인 유럽연합 25개 회원국 전체의 비준을 얻지 못했기 때문이다.

2007년 12월에 이러한 유럽연합의 헌법조약안 대신 기존 유럽연합의 조약들을 개정하는 형식의 개혁조약(Reform Treaty)인 리스본조약이 채택되고 서명되었다.[30)] 리스본조약은 의사결정 방식에 있어서는 2004년에 채택되었다가 2005년에 부결된 유럽연합 헌법조약안의 내용을 거의 그대로 유지했다.[31)] 구체적으로 리스본조약은 국가별 가중치 요건을 삭제하고 회원국 수의 55% 이상의 찬성과 역내 인구의 65% 이상이 찬성하면 주요 정책을 결정할 수 있고 전체 인구의 35%와 4개국 이상의 동의로 의제의 채택을 반대할 수 있도록 한 것을 특징으로 하는 단순이중다수결제(simple double majority voting system)를 채택했으며 과도기간을 두어 2014년 11월 1일부터 단계적으로 확대 적용하여 2017년 3월 31일에 완전 도입하기로 했다.[32)]

리스본조약의 실시로 유럽연합 이사회가 취하게 된 의사결정 방식을 종합적으로 살펴보면 다음과 같다. 과거 이사회가 사안의 중요도에 따라 만장일치제 · 특별다수결제(가중다수결제) · 단순다수결제를 실시해 왔는데 리스본조약 이후에도 만장일치제와 단순다수결제는 여전히 이사회의 의사결정방식으로 사용되고 있으며

29) 구체적으로 니스조약에서의 가중다수결의 요건은 회원국의 과반이라는 요건과 더불어 찬성 국가의 인구합계가 전체의 62% 이상 및 총 345표 중 255표 이상(가중다수결 부결을 위한 최소투표수(blocking minority)는 69표)이었다.

30) 유럽연합 헌법조약안은 국기 · 국시 · 국가 등을 제정하는 규정 등을 포함하는 등 유럽연합에 초국가적인 지위의 부여를 통해 기존의 모든 유럽연합의 조약들을 대체하려고 했는데 반해 리스본 조약은 기존의 조약들을 개정하는 개혁조약에 머물렀다.

31) 리스본조약은 헌법조약안이 도입하고자 한 의사결정방식뿐 아니라 다른 많은 조항들도 그대로 포함했다.

32) 구체적으로 유럽연합의 이사회가 집행위원회나 고위 대표(High Representative)가 제시한 제안에 대한 표결 시 통과를 위해서는 국가수의 55%와 인구수의 65%가 찬성해야 하고 이들에 의한 제안이 아닐 경우에는 국가수의 72%와 인구수의 65%의 찬성이 필요하다.

달라진 것은 가중다수결제가 단순이중다수결제로 바뀌고 과거 만장일치제로 결정되던 분야가 많이 줄고 대신에 단순이중다수결제가 적용되는 분야가 늘어났다. 위에서 단순이중다수결제에 대해 언급했기 때문에 리스본조약 이후의 이사회의 단순다수결제와 만장일치제를 살펴보면 다음과 같다.

우선 단순다수결의 경우 조약이 달리 규정하지 않는 한 이사회의 의사결정에는 단순다수결이 적용된다. 그러나 관행상 이사회의 내부규칙・이사회의 일반사무국(General Secretariat)의 조직・조약에 규정되어 있는 위원회를 지배하는 규칙 등에 적용된다. 이때 이사회의 각 회원국은 가중표가 아닌 1국 1표를 가진다.

만장일치제의 경우 리스본조약이 발효되기 전에는 공동 외교안보・다년간의 재정계획・사회정책・환경관련 예산・조세・국방 등은 만장일치제로 의사결정을 했으나 리스본조약이 발효되고는 조세와 국방만 만장일치제를 유지하고 다른 분야는 다수결제를 확대했다. 즉 만장일치제는 조세나 국방과 같은 가장 중요한 몇 개의 분야에 있어서의 의사결정에만 적용된다.

조약의 제48조 제7항은 이사회에게 만장일치제를 대신하여 일정한 분야의 의사결정에 이중다수결제에 의해 의사결정을 할 수 있도록 하는 연결조항(bridging clause)을 두고 있다. 나아가 일정한 정책의 경우 이사회는 예컨대 국경을 가로질러 함의를 갖게 되는 가족법과 같은 경우 이중다수결제의 사용을 확대하기 위한 결정을 만장일치로 결정할 수 있도록 했다. 그러나 일반적으로 이사회는 만장일치제의 대상이 되지 않은 경우에서까지도 만정일치를 추구하는 경향을 보인다.

GEF의 경우는 국가별로 재정적 기여에 따라 가중된 투표권을 가지게 되는데 의안이 통과되기 위해서는 전체 참여국 수의 60% 이상의 찬성이 있어야 하고 이와 더불어 찬성한 국가들의 가중된 의결권의 합이 참가국 전체 투표권의 60% 이상이 되어야 한다. 이 때문에 GEF의 의사결정 방식을 리스본조약 이후부터 현재까지의 유럽연합 이사회의 의사결정 방식인 단순이중다수결제(simple double majority voting system)와는 달리 「가중이중다수결제(weighted double majority voting system)」라고 부를 수 있다. 그러나 실제에 있어서는 GEF의 이사회의 경우 합의로 의사결정을 하고자 하며 합의에 도달하기 어려울 경우 이사회 구성요소 중 하나가 공식적인 표결을 요청할 수 있으며 이때 가중이중다수결제가 사용된다.

지역을 단위로 하는 다자개발은행 가운데 아프리카개발은행(AfDB)의 경우는 국가별로 가중된 투표권의 전체 합 가운데 과반의 찬성과 더불어 아프리카 지역 회원국들의 투표권의 과반의 찬성을 얻어야 총재로 선출될 수 있다. 이 때문에 아프리카개발은행의 총재는 아프리카인이 될 가능성이 높다. 이러한 면에서 이 역시 「가중이중다수결제」라고 부를 수 있다.

미주개발은행(IDB)의 경우도 아프리카개발은행의 경우와 마찬가지로 총재로 선출이 되기 위해서는 미주개발은행 회원국들이 국가별로 가중되어 소지하고 있는 투표권 전체 가운데 과반의 찬성을 획득하여야 할 뿐 아니라 미주지역에 소재해 있는 국가수의 과반의 찬성을 획득하여야 한다. 전자의 요건으로 인해 가중된 표를 많이 지지고 있는 미국이 반대하는 경우 미주개발은행의 총재가 되기 어렵다.

아시아개발은행(ADB)의 경우도 미주개발은행과 동일한 방식으로 총재를 선출한다. 따라서 가중된 표를 많이 가지고 있는 미국과 일본이 반대하는 어떠한 후보자도 총재가 되기 어렵다 실제에 있어서 아시아개발은행의 총재는 항상 일본인이다.

3) 표결에 의한 의사결정에서의 표결방식

표결은 여러 방식에 의해 이루어지는데 가장 보편적인 방법이 거수에 의한 표결(vote by a show of hands) 방식이다. 유엔처럼 다수의 국가를 회원으로 하는 경우 거수에 의한 표결은 어느 국가의 대표단들이 어떤 의사표시를 했는지를 종합적으로 알기가 어렵다. 기립에 의한 투표(vote by standing) 방식이 유엔총회의 의사규칙에 언급은 되어 있으나 실제로 사용되는 경우가 거의 없다. 현재 유엔총회를 위시한 대개의 국제기구는 「전자투표」 방식을 실시한다.

국제기구에서 선거를 할 때는 일반적으로 비밀투표(vote by secret ballot) 방식을 사용한다. 그러나 비밀투표 방식은 선거에만 이용되는 것은 아니며 세계보건기구(WHO)의 총회에서처럼 다수결의 찬성이 있으면 기타의 사항에 대해서도 비밀투표 방식이 사용될 수 있다.

국제통신연합(ITU)이나 만국우편연합(UPU)과 같이 5년마다 개최되는 등 정기총회가 자주 열리지 않는 국제기구의 경우 새로운 회원국의 가입 등을 결정하기 위해 우편투표(postal ballot) 방식이 이용되기도 한다.

마지막으로 살펴 볼 표결방식으로 「호명에 의한 투표방식(vote by a roll-call)」이 있다. 이는 국제기구에 있어 특이한 투표방식인데 회의를 주재하는 의장이 대표를 호명하면 찬성・기권・반대 등의 대답을 함으로써 투표하는 방식이다. 이 제도의 취지는 각 대표단의 입장을 명확하게 파악하기 위한 것으로서 각 대표단의 투표내용이 공식적으로 기록된다.[33] 전자투표가 보편화되고 있는 국제기구에서 호명에 의한 투표는 기록투표(recorded vote)라는 표결방식으로 대체되고 있다.

4. 표결에 의하지 않는 의사결정 방식: 합의제

의사결정은 종종 표결이 아닌 합의제 방식에 의해 이루어지기도 한다. 이러한 합의제와 관련하여 합의의 의미・합의제의 실제 용례・합의제 사용의 호의적 조건・합의의 장점과 단점 등을 이해하는 것이 필요하다.

1) 합의제의 의미와 종류

「합의」라는 말은 통상적으로 일반적인 의견의 일치가 존재하는 상태를 지칭하나 국제기구의 의사결정과 관련하여 사용될 경우는 제한적으로 표결에 의하지 않는 채택절차를 의미한다. 국제기구 내에서 표결에 의하지 않는 선택이란 관련 행위자들 사이에 의견의 완전한 일치가 있을 경우 가능하기도 하지만 일반적으로 의견의 완전한 일치가 현실적으로 용이하지 않기 때문에 완전한 의견의 일치가 없는 가운데에서도 이루어진다.

(1) 엄격한 의미의 합의제

합의라는 용어는 여러 의미로 사용되는데 가장 엄격한 의미의 합의란 의사결정에 참여하는 국가들 중 하나의 이탈도 없이 모든 국가들이 찬성을 하는 상태를 의미한다. 이를 「진정한 합의(genuine consensus)」 혹은 「완전한 합의(full consensus)」라고 칭한다. 이 경우 합의란 표결과정을 거쳐 모든 국가들이 찬성을

33) 국제기구 연구 가운데 투표성향과 관련된 경험적인 연구 시 호명투표 방식에 의한 기록에 많이 의존하게 된다. 예컨대 유엔총회에서 표결 블록(voting bloc)이 어떻게 형성되어 있는가와 같은 연구 및 강대국으로부터 원조를 받은 국가가 강대국의 편에 서서 표를 던지는가와 같은 연구 등에 호명투표 기록이 필요하다.

할 때 의사결정이 이루어지는 만장일치제와 표결과정이 없다는 점에서만 차이가 존재한다.

그러나 국제기구에서 이러한 의미로 합의제를 사용하는 경우는 거의 없다. 왜냐하면 이러한 합의는 모든 국가들에게 거부권을 부여하여 한 국가만의 반대만으로도 의사결정이 일어나지 않기 때문이다. 이러한 합의제에 융통성(flexibility)을 부여하기 위해 다양한 형태의 변형된 합의제(modified consensus)가 사용된다.

(2) 변형된 합의제

변형된 합의에는 다음과 같은 세 종류가 있다. 우선 비켜서기(stand aside/step aside)가 허용되는 합의가 있다. 여기서 비켜서기란 하나 이상의 국가들이 의사결정의 내용에 불만이 있어 찬성대열에 합류는 하지 않지만 적극적인(명시적인) 반대의사를 표명하는 것을 자제함으로써 합의의 성립을 방해하지 않으려고 자리를 비켜주는 것을 의미한다.

이러한 경우 비록 합의로 의사결정이 이루어지기는 했지만 반대나 불만을 가진 국가들이 포함되어 있어 이러한 합의를 보통 「일반적 합의(general consensus)」 혹은 「유사 합의(pseudo consensus)」라고 칭한다. 이 경우 합의란 공식적인 반대의 부재(absence of any formal objection)를 의미하며 합의로 통과되기 위해서는 모두가 지지를 표하거나 최소한 반대하거나 불만을 가지고 있는 국가가 침묵을 지켜야 한다.[34] 적극적인 반대의사를 가지고 있는 국가가 있을 경우 이러한 합의란 성립되지 않으며 이러한 경우 의사결정은 표결을 통해 이루어지지 않을 수 없다.

이러한 경우 반대하거나 불만을 가진 국가가 명시적인 반대의사의 표시를 하지 않아 합의의 성립을 막지는 않지만 이들의 반대의사나 불만 혹은 유보(reservation)를 기록으로 남기는 것을 원한다.[35] 이를 위해 유엔을 비롯한 많은 국제기구들이 이러한 불만의 표시를 공식적으로 하여 기록에 남길 수 있는 제도

34) OECD에서는 이러한 의미의 합의(즉 반대하는 회원국이 없을 경우 의사결정을 하는 방식)를 지칭할 때 영어로 「consensus」라는 표현을 사용하지 않고 「mutual agreement」라는 표현을 사용한다. 이와는 달리 모든 회원국의 찬성을 요구하는 의사결정 방식을 「만장일치(unanimity)」라고 한다. 이 두 가지 의사결정 방식과 관련하여 전자를 「소극적 합의」라 하고 후자를 「적극적 합의」라고 칭한다.

35) 비켜서기가 허용되는 합의제의 경우에 국가들은 결의안 등에 명시적인 반대의사를 표시하여 합의에 의한 의사결정을 막거나 진정으로 찬성을 하기 때문이든 아니면 불만은 있지만 반대의사를 표명하여 합의로의 의사결정을 방해할 의사가 없기 때문이든 여하튼 적극적인(명시적인) 반대의사를 표명하지 않아 합의로의 통과를 가능하게 하든지의 선택을 하게 된다.

를 운영하고 있는데 이것이 바로 투표설명(explanation of votes, EOV) 제도이다.[36)]

둘째, 일정한 수의 국가들의 명시적인 반대가 있어도 합의로의 의사결정을 결정하는 종류의 합의제도 있다. 이러한 예에는 Consensus-Minus-One 혹은 Consensus-Minus-Two 등이 있다. Consensus-Minus-One이라는 원칙은 한 국가만의 반대가 있을지라도 결의안 등과 같은 제안이 합의로 채택되게 되는 원칙으로서 따라서 의사결정이 이루어지지 않기 위해서는 2개 이상의 국가의 반대가 있어야 함을 의미한다.

통상적으로 하나의 대표단이 결의안 등 제안에 강하게 반대를 할 경우에 반대하는 대표단이 나머지 대표단들이 합의로 통과시키는 것을 괜찮다고 생각할 때까지 계속해서 토의를 한다. 이렇게 하여 자국 대표단이 동의를 하지는 않지만 전혀 지지를 받지 않는다는 생각이 들지 않도록 한다.

합의제를 의사결정의 기본적인 원칙으로 규정하고 운용하면서 융통성을 두기 위해 제한적인 경우에 한해 Consensus-Minus-One이라는 원칙을 적용하는 국제기구의 예로서 경제협력개발기구(OECD)를 들 수 있다. 이 원칙은 한 국가만의 반대가 있더라도 제안이 채택되게 되는 원칙으로서 의사결정이 이루어지지 않기 위해서는 2개 이상의 국가의 반대가 있어야 한다는 것을 의미한다.

이러한 Consensus-Minus-One 원칙은 OECD에서 부패방지협약의 실무그룹 회의와 조세투명성 관련 글로벌 포럼 회의에 국한하여 관행적으로 채택되어 온 원칙으로서 이러한 원칙으로 인해 동료검토(peer review)를 받는 당사국이 결과물인 평가보고서(evaluation report)의 채택에 반대해도 채택이 되게 된다. 즉 이 원칙은 동료검토의 대상이 되고 있는 국가는 거부권을 행사할 권리를 가지지 않는다는 것을 의미한다.[37)]

이 원칙은 종래의 엄격한 합의제 의사결정 방식에 수정을 가해 융통성을 둔 것으로서 이제까지는 제한적으로 적용되어 오고 있으나 효용성에 대한 긍정적 평

---

36) 결의안의 일부에 불만을 가지고 있는 국가가 반대의사를 공식적으로 표시하지 않음으로써 합의를 가능하게 하는 데는 이들에게 주어지는 투표설명(explanation of vote, EOV)의 기회가 있기 때문이다. 국가 대표단들은 투표설명을 통해 불만을 표시하는 것은 물론 여기에서 더 나아가 중요한 조항에 대해 유보(reservation)를 기록에 남길 수 있기 때문이다. 즉 합의에 완전히는 찬성하지 않는 국가는 투표설명을 통해 이러한 요소들에 대해 발표하고 기록으로 남길 수 있기 때문이다.

37) 검토의 대상이 되는 국가는 자국에 대한 평가보고서의 채택을 막을 수는 없지만 자신의 견해와 의견을 적용 가능한 문건(applicable document)에 충분히 반영할 수 있는 권리를 가진다.

가가 늘고 있는 추세이며 OECD의 다른 위원회의 동료검토에 확대하여 적용하는 여부가 관심이 되어 오고 있다.

셋째, 부분적 탈퇴를 허용하는 종류의 합의제이다. 동남아국가연합(ASEAN)이 이러한 방식을 통해 의사결정을 하고 있다. 과거 ASEAN은 명문 규정에 의한 것이 아닌 관행으로서 합의제라는 의사결정 방식을 채택하고 있었다. 이 합의제는 다른 종류의 합의제와는 달리 전체 회원국의 의견의 일치가 이루어지지 않으면 가부 결정을 하지 않고 의견이 일치될 때까지 결정을 연기하며 대화와 타협을 계속했다.

이러한 성격의 합의제는 각 국가의 주권과 소수의 의견을 존중하여 ASEAN의 결속을 유지하고 확대하는 데 크게 공헌해왔지만 다른 한편 이로 인해 ASEAN의 합의제는 결정에 이르기까지 많은 시간을 소모하게 되며 합의된 결정의 내용은 합의에 가장 소극적인 국가까지도 포함할 수 있는 것이어야 함으로써 최저 공통분모의 타협적인 산물에 불과하고 토의의 대상이 되는 문제들은 종국적으로는 모든 회원국이 동의할 수 있는 성격의 문제여야 함으로써 결속을 해칠 문제들은 아예 논의 자체가 유보되었다. 결국 이러한 특징으로 인해 긴급을 요하는 의사결정의 경우 문제가 심각했으며 여러 가지 비효율성을 지녔다.

이러한 단점으로 인해 의사결정 방식으로서의 합의제가 반대하는 국가도 구속되는 다수결로 바꾸어야 한다는 주장이 있었지만 합의제 자체를 포기하지 않고 다음과 같은 두 가지 방식에 의해 합의제의 단점을 보완하는 선에서 개선이 이루어졌다.

그 중 하나는 국가들 사이에 타협이 극도로 곤란할 경우 종래의 합의방식에서 크게 벗어나는 것이지만 역내 경제협력이라는 이슈에 한해 예외적으로 타협이 곤란한 국가를 제외하고 합의에 이르도록 했다는 점이다. 이는 특정한 이슈에 있어서의 부분적 탈퇴를 인정함으로써 전원이 일치하는 합의라는 결정방식을 유지하고자 함에 그 의의가 있었다. 구체적으로 반대하는 국가를 구속하지 않고 찬성하는 국가만으로 협력을 추진하겠다는 것이었다. 이처럼 ASEAN은 반대하는 국가를 구속하지 않고 나머지 찬성하는 국가들만의 협력이 가능하도록 부분적 탈퇴를 허용하는 관행을 가져 왔다.

또 하나의 보완책은 역외 국가 또는 역외 국가군과의 협력 문제에 있어 이러한 협력을 통해 특정 회원국이 이익을 얻게 되고 나머지 회원국들이 불이익을 받지 않을 경우 나머지 회원국들이 특정 회원국의 입장을 지원하는 결정을 내리도록 했다는 점이다. 이는 ASEAN으로서 통일된 행동을 보임으로써 역외의 교섭 상대에게 협상력을 크게 증대시키기 위한 것으로서 특정 회원국의 이익을 위해 ASEAN이라는 틀을 활용하고 있다는 것을 보여주었다.

2007년 11월 ASEAN 10개 회원국은 싱가포르에서 열린 연례정상회의에서 유럽연합(EU) 방식의 통합을 위한 아세안 헌장과 경제공동체 청사진에 서명했고 2008년 12월에 발효됨으로써 내용의 일부로서 의사결정 방식이 명문화되었다.

헌장은 협의(consultation)와 합의(consensus)를 ASEAN안에 있어서의 의사결정의 기본적인 원칙으로서 계속 유지한다는 점을 천명하고 있다.[38] 이는 「아세안 방식(ASEAN Way)」이라는 오랜 전통을 기본적으로 반영한 것으로 볼 수 있다.

헌장은 이어서 이러한 합의에 이르지 못할 경우에 아세안의 정상회의(ASEAN Summit)가 구체적인 의사결정을 어떻게 내릴 것인가를 결정할 수 있다는 대원칙을 규정하고 있다.[39] 이 조항은 협의와 합의라는 아세안 방식에 대한 예외로서 케이스 별로 다수결에 의한 의사결정을 할 수 있는 길을 새롭게 열어놓은 것으로서 큰 의미를 지닌다. 그러나 ASEAN 헌장에는 합의가 이루어지지 않을 경우 다수결에 의한 의사결정에 대해 어떠한 규정도 명백하게 두고 있지 않기 때문에 이론의 여지가 있을 수 있지만 ASEAN 정상회의가 합의를 할 경우에 한해 이러한 다수결에 의한 결정을 할 수 있다고 볼 수 있다.

헌장은 위의 규정들에 대한 단서 조항으로서 위의 규정들이 유관한 ASEAN의 법적 장치들(legal instruments)에 포함되어 있는 의사결정의 방식에 영향을 미치지 못한다고 규정하고 있다.[40] 이는 헌장의 다른 조항이나 헌장 이외의 ASEAN과 관련 있는 법적 제도에서 이미 규정하고 있는 의사결정 방식에는 영향을 미쳐서는 안 된다는 것을 의미한다.

이러한 의사결정과 유관한 사항으로서 주목하여야 할 또 다른 내용은 의사결정의 집행과 절차에 관한 것으로서 그렇게 하도록 합의가 이루어질 경우 경제문제에 관한 공약의 이행에 국한하여 ASEAN Minus X 공식(formula)을 포함한 융통성 있는 유연한 참여를 위한 공식이 적용될 수 있다는 사항이다. 여기에서 ASEAN Minus X 공식이란 아직 준비가 되지 않은 소수의 회원국들이 나중에 합

38) 아세안 헌장(ASEAN Charter) 제20조 제1항
39) 아세안 헌장(ASEAN Charter) 제20조 제2항
40) 아세안 헌장(ASEAN Charter) 제20조 제3항

류할 것이라는 기초에 바탕을 두고 준비가 된 다수의 회원국들이 먼저 이행을 해 나가는 것을 허용하는 제도이다. 즉 아직 준비가 되어 있지 않아 반대를 하는 국가를 구속하지 않은 채 찬성하는 국가만으로 협력을 추진하도록 하여 부분적 탈퇴를 인정함으로써 전원이 일치하는 합의라는 결정방식을 유지하고자 하는 제도이다. 이러한 제도는 ASEAN 헌장이 만들어지기 이전에 관행으로서 이루어져 오던 것으로서 새로운 것이라기보다 관행이 명문화된 것으로 볼 수 있다.

(3) 「by consensus」와 「without a vote」의 차이

우리가 합의로 의사결정을 한다고 할 경우 「합의로」는 영어로 「by consensus」라고 하는데 이와 유사하면서도 미묘한 차이를 가지는 「표결 없이」를 의미하는 「without a vote」라는 용어가 종종 사용된다.[41)]

전자는 대표단들이 정도의 차이는 있으나 모두 참여하여 의제에 대해 긍정적으로 자신들을 일체화시킨 협상에 기초를 둔 경우에 사용되며 후자는 반대는 하지 않았지만 몇몇 대표단들이 협상에 적극적으로 참여하지 않고 의제에 깊은 관심을 보이지 않은 경우에 사용된다. 일부 국가들이 공식적인 반대의사를 표시하지 않더라도 합의에 소극적이었음을 표현하기 위해 의사결정 방식으로서 표결 없는 채택(adoption without a vote)을 주문하기도 한다. 이들 이외에 박수에 의한 채택(adoption by acclamation)도 비슷한 의미로 쓰이는데 이는 의장단의 선출과 같은 선거가 있을 때 많이 사용된다.

2) 합의제의 역사와 배경

이러한 합의제가 유엔에서 처음 적용된 것은 1962년 외기권의 평화적 이용을 위한 위원회(Committee on Peaceful Use of Outer Space, COPUOS)에서였다. 두 번째로 적용된 것은 1964년 소련과 프랑스가 주도적으로 유엔의 평화유지활동비 지불을 거절하자 2년 치에 해당하는 분담금 체납 시 총회에서의 투표권이 정지된다는 유엔헌장 제19조의 적용을 둘러싸고 발생한 논란의 결과였다. 구체적으로 유엔 사무총장은 이를 수습하기 위해 주도적으로 긴밀한 협의를 진행했으며 그 결과 총회는 표결을 거치지 않고 동 조항을 적용하지 않기로 의결을 했고 이를

41) 「without a vote」와 더불어 「without objection」라는 표현이 동일한 의미로 사용되는 경우가 있다.

계기로 합의제가 정착하기 시작했다.

이러한 합의제가 1960년대에 이르러 유엔에서 의사결정 방식으로 활발하게 사용하게 된 다양한 배경들을 살펴보자. 우선 지역그룹(regional group) 및 기타 협의체(caucusing group)의 등장과 더불어 이들의 활발한 역할이 교섭(negotiation)과 협의(consultation)에 있어서 주도적인 역할을 하면서 광범위한 비공식 협의를 가능하게 했다.

둘째, 1960년대에 회원국의 수가 증가하고 의제의 수가 증가하면서 정해진 시간 내에 문제를 해결하기 위해 회원국들은 비공식 협의(informal consultation)를 수용하지 않을 수 없게 되었고 나아가 결의안을 공식적으로 제안하기에 앞서 미리 제출하여 협의를 하지 않을 수 없게 되었던 것이다.

셋째, 1960년대 이래 다수의 신생국가들이 국제기구에 가입하게 됨으로써 어떠한 지역그룹이나 이해그룹도 결정이 성립하는 데 필요한 다수를 확보하기 어렵게 되자 표결에 따른 대결을 피하기 위한 정치적인 편의제도로서 등장했다.

넷째, 이러한 합의제가 활발하게 사용되게 된 보다 직접적인 요인은 총회에서 수적 우위를 바탕으로 한 후진국들 표의 우위와 선진국들의 힘의 간극을 메우는 데 유용했기 때문이다. 즉 1960년대 말까지 개도국들은 수적인 우위를 바탕으로 소수의 선진국들이 반대하는 결의문들을 다수결을 통해 통과시켰다. 그러나 개도국들은 이러한 결의문들을 실질적으로 집행하는 데 필요한 자원을 보유하고 있는 선진국들을 강제할 수 있는 힘과 수단을 결하고 있어 다수결 표결이 별 의미가 없다는 것을 깨닫게 되었다. 그 결과 합의가 중요한 의사결정 방식으로 등장하였는데 이는 바로 수적 우위를 점하고 있는 개도국과 이들이 통과시킨 결의문의 집행에 요구되는 자원을 보유한 선진국의 타협물인 것이다.

이러한 배경으로 인해 합의를 통한 의사결정이 1960년대에 중요한 의사결정 방식이 되었다. 냉전의 정식과 더불어 합의제가 더욱 활성화되었는데 여기에는 다음과 같은 배경이 작용했다. 우선 냉전이 종식되면서 유엔이 이제 더 이상 동서 간의 이념적인 대결에 얽매이지 않게 되면서 공식 회의에서의 표의 대결에서 벗어나 활발한 비공식 협의를 통한 합의제가 더욱 더 사용빈도가 높아졌다.

또한 냉전의 종식과 더불어 국제사회의 지구화(globalization)가 가속화되면서 초국적인 이슈들이 점차적으로 증가하고 이의 해결이 긴요해지자 국가들 사이에 표의 대결이 아닌 협력이 필요하게 된 것 역시 합의제가 냉전 종식 후 좀 더 활발하게 사용되는 이유다.

3) 합의에 의한 의사결정에 호의적인 조건

합의에 의한 의사결정을 가져오는 데 호의적인 조건이 무엇인가와 같은 질문은 우리가 관심을 두어야 하는 이론적인 질문 가운데 하나이다. 이와 관련하여 기존의 연구들이 밝혀온 일반적인 조건들을 살펴보면 다음과 같다.

첫째, 어떤 문제를 둘러싸고 국가들 간에 시초부터 심각한 의견의 차이가 없어 표결에 의하지 않고 결의안이나 결의문이 채택될 수 있는 상황이 존재할 때 합의에 의한 의사결정이 일어나기 쉽다. 이 경우의 합의는 절차적으로도 실질적으로도 만장일치에 가깝다.

둘째, 이와는 대조적으로 다루어야 할 문제가 상당히 논쟁적이어서 표결로 결정할 경우 회원국 사이에 갈등과 대립이 심화될 것이 우려되어 대립하는 세력 간에 수용할 수 있는 타협점을 찾아 사전에 긴밀한 협의와 교섭을 행하여 표 대결이라는 최종 국면을 피할 필요가 존재할 때 합의에 의한 의사결정이 일어나기 쉽다.

셋째, 협상과 의사결정에 있어 동등한 크기의 그룹들이 존재하여 어떠한 그룹도 의사결정을 지배할 수 없을 때 합의에 의한 의사결정이 일어나기 쉽다.

넷째, 안정된 다수와 소수를 대표하는 그룹들이 존재하며 이러한 그룹의 국가들이 정당한 결정(legitimate decision)을 하는 데에 없어서는 안 될 지지자라고 인식될 경우 합의제에 의한 의사결정이 일어나기 쉽다. 어떨 경우 이러한 그룹이 없어서는 안 될 행위자로 인식되는가는 일률적으로 말하기 힘드나 가장 전형적인 경우가 바로 결정을 시행하는 데 있어서 이들로부터의 인적 혹은 물적 자원의 기여가 없어서는 안 될 경우이다.

다섯째, 문제 영역(issue areas)과 관련하여 군축 문제·군비통제 문제·전 지구적 개발전략의 수립 등의 분야에서 합의에 의한 의사결정이 일어날 가능성이 높다.[42] 비슷한 맥락에서 콕스(Robert W. Cox)는 다수결제라는 표결에 의한 의사결정 방식이 특정 유형의 의사결정에는 적절하지 못하다는 지적을 하고 있다. 구

42) Klaus Törnudd, "From Unanimity to Voting and Consensus: Trends and Phenomena in Joint Decision-Making by Governments," *Cooperation and Conflict*, Vol. 17, No. 2 (1982), pp. 163-177.

체적으로 그는 다수결제가 특히 강대국에 의한 군사적 혹은 재정적 행동을 필요로 하는 결정을 취하는 데는 전혀 적합하지 않다고 본다.[43]

4) 합의제 규정방식과 실제의 사용방식

국제기구가 합의제 방식으로 의사결정을 한다고 할 경우 다음과 같은 여러 경우가 존재하기 때문에 구별이 필요하다.

(1) 유일한 의사결정 방식으로 다수결제를 규정하고 있으나 실제에 있어서 다수결에 앞서 합의에 의한 의사결정을 시도하고 합의가 불가능할 경우 다수결을 적용하는 경우

이는 의사규칙에 합의제가 아닌 표결에 의한 의사결정만이 규정되어 있음에도 불구하고 규정된 의사결정에 앞서 우선적으로 합의로 의사결정을 시도하고 합의에 의해 의사결정이 이루어지지 않을 경우에 의사규칙에 언급되어 있는 표결로 의사결정을 하는 방식이다. 대부분의 국제기구들이 이러한 방식으로 합의제를 사용하고 있다.

대표적인 예로서 유엔 총회와 안보리를 들 수 있는데 이들 기관은 의사결정 방식으로서 표결제만을 규정하고 있음에도 불구하고 이러한 규정을 공식적으로 개정하지 않은 채 의사결정 방식으로서 규정에 없는 우선적으로 합의제를 사용하고 있다. 유엔총회는 헌장에 언급되어 있는 표결방법보다 오히려 헌장에 언급되어 있지 않은 합의를 의사결정 방식으로 더 많이 이용하고 있다. 안보리도 의사결정 방식으로서 이러한 합의를 종종 사용하고 있다.

(2) 유일한 의사결정 방식으로 합의제를 규정하고 실제도 합의만을 적용하는 경우

첫 번째 경우와는 달리 합의제를 유일한 의사결정 방식으로 하여 합의 이외의 의사결정 방식을 사용하지 않는 경우이다. 이러한 방식으로 합의제를 사용하는 국제기구에는 유엔총회의 결의문에 의해 설치된 유엔의 보조기관의 하나인 외기권의 평화적 이용위원회(Committee on the Peaceful Uses of Outer Space,

---

43) Robert W. Cox, "Introduction: Perspectives and Problems," in Robert W. Cox, ed., *International Organization: World Politics* (Edinburgh: Macmillan, 1969), p. 9.

COPUOS)와 동 법률소위원회(Legal Subcommittee) · 국제해저기구(International Sea-bed Authority, ISA)의 이사회 · 평화유지활동특별위원회(Special Committee on Peacekeeping Operations, SCOPKO) 등이 있다.

(3) 의사결정 방식으로서 합의제를 규정하고 실시하나 융통성을 가지고 합의제를 의사결정에 적용하는 경우

두 번째 경우처럼 합의제를 유일한 의사결정 방식으로서 엄격하게 적용할 경우 일국이라도 강경하게 반대하는 국가가 있으면 의사결정이 이르지 못하여 결과적으로 이러한 국가가 의사결정 전체를 좌지우지하게 된다. 이는 표결을 하지 않는다는 점만이 다를 뿐 의사결정을 위해 전원합의를 필요를 한다는 점에서 만장일치제와 크게 다르지 않다. 따라서 이러한 문제를 해결하기 위해 합의제를 순수한 형태로 적용하지 않고 융통성을 두는 경우가 있다. 이는 앞서 합의제의 한 종류로서 살펴본 변형된 합의제에 해당하는 동남아국가연합(ASEAN)의 ASEAN Minus X와 경제협력개발기구(OECD)의 Consensus-Minus-One이 여기에 해당된다.

(4) 처음에 유일한 의사결정 방식으로서 합의제를 규정했으나 나중에 규정을 바꿔 제한적인 의제의 의사결정에서 합의에 의한 의사결정이 실패할 경우에 특별다수결제를 적용하도록 규정한 경우

경제협력개발기구(OECD)가 이러한 국제기구에 속하는데 이 기구는 오랜 기간 동안 전통적으로 적극적인 반대가 없을 경우 의사의 합치가 있다고 보는 합의제를 통해 의사결정을 내려왔다. 그리고 앞서 살펴보았듯이 제한된 경우에 한해 Consensus-Minus-One 원칙이 적용되어 왔다.

이처럼 OECD는 오랜 동안 합의제를 유일한 의사결정 방식으로 규정하고 적용해 왔으나 회원국의 수가 대폭적으로 늘어나면서 의사결정 방식에 변화를 가할 필요성이 대두되었다. 구체적으로 회원국 수의 증가는 회원국 간의 이질성의 확대를 가져와 합의를 통한 의사결정이 어려워지게 되었다. 또한 긴급한 대응을 필요로 하는 사안이 많아지면서 신속하게 의사결정을 할 필요가 증대되었으나 합의구축에 많은 시간이 소요되어 적절한 대응이 어려워졌다.

이에 따라 기존의 의사결정 방식의 효율화를 꾀하기 위한 노력이 경주되었으며 그 결과 2006년에 지배구조 개혁의 일환으로 기존의 의사결정 방식인 합의제에 더하여 제한적인 의제의 의사결정에 특별다수결제(qualified majority voting system)를 도입했다. 이에 따라 회원국 수의 60% 이상의 국가들이 찬성하고 예산분담률이 25%를 넘는 3개국 이상의 반대가 없을 경우 의사결정이 이루어지도록 했다.[44] 구체적으로 OECD는 각 위원회의 존폐 문제나 예산한도 내 사업계획 및 예산배분 등의 의제에서 이러한 의사결정 방식을 도입하였으며 시험적인 적용 후에 도입 대상 의제의 확대 문제를 검토하기로 한 바 있다.[45] 이러한 특별다수결제가 도입되었어도 특별다수결을 적용하기 전에 합의에 의사결정을 2차례까지 시도하고 그래도 합의에 이르지 못할 경우 특별다수결제를 적용해야 한다.

(5) 다수결에 의한 의사결정이 규정되어 있지만 규정의 개정 없는 가운데 실제의 의사결정에 합의가 적용되는 경우

의사규칙상에는 다수결로 의사결정을 하도록 규정하고 있으나 실제로는 합의로 의사결정을 하도록 하여 합의가 이루어지지 않을 경우에도 다수결을 시도하지 않도록 하는 경우도 존재한다. 이 경우 다수결로 결정될 일을 합의를 구하도록 함으로써 다수결을 부인하게 된다. 1986년 이래 유엔의 예산편성에 있어 적어도 총회에 이르기 전 단계에서 합의에 의해 채택하는 관행이 유지되어 오고 있는 것이 이러한 경우에 속한다.

이러한 관행은 개도국에 의해 유엔이 지배되는 것에 반발한 분담금을 많이 내고 있는 국가의 발언권을 증대시키기 위한 미국의 요구에 의해 시작된 것으로서 이러한 합의 방식이 유지되는 한 미국을 비롯한 선진국이 강력하게 반대하는 예산안은 위원회 등과 같은 총회 이전의 단계를 통과할 수 없게 되었다. 이러한 방식은 나름의 장점이 없는 것은 아니나 규정상 다수결로 결정될 일이 실제에 있어서는 소수결로 바뀌게 되어 법적인 문제를 발생시킨다. 1986년 이래로 지켜져 오던 이러한 관행이 미국의 반대에도 불구하고 2007년에 깨져 유엔의 예산안이 합의가 아닌 다수결로 통과된 바 있다.

44) 이러한 특별다수결제는 좀 더 정확히 말하면 가중다수결제에 해당한다.

45) 이후 OECD의 의사결정 방식과 관련하여 Consensus-Minus-One 원칙과 특별다수결제가 합의제의 긍정적인 측면이 간과되지 않는 가운데 중요한 의제대상에 확대되어야 한다는 주장이 제기되어 오던 가운데 2014년 12월에 이제까지의 의사결정 방식을 좀 더 명확히 하는 결의문이 채택되어 오늘에 이르고 있다. OECD의 의사결정 방식에 대한 자세한 설명은 뒤에서 별도로 하고 있다.

세계무역기구(WTO)로 대체되기 전의 무역 및 관세에 관한 일반협정(GATT)은 제25조에서 다수결에 의한 의사결정을 명시적으로 규정했음에도 불구하고 합의로 의사결정을 하는 관행을 이어왔었다. 이에 따라 어느 국가라도 명시적으로 반대 의사를 표명하면 의사결정이 이루어지지 않았었다.

(6) 합의제와 다수결제가 의사결정 방식으로서 동시에 규정되어 있어 합의에 실패 시 다수결로 하도록 규정하고 있으나 실제의 의사결정에 합의만이 적용되는 경우

앞서 언급했듯이 GATT는 다수결에 의한 의사결정을 명시적으로 규정했음에도 불구하고 합의로 의사결정을 하는 관행을 이어왔다. GATT의 후신인 세계무역기구(WTO)는 이러한 GATT의 합의제 관행을 명문화하고 여기에 다수결제를 결합하여 의사결정 시 일차적으로 합의를 시도하고 실패할 경우 표결을 통해 다수결로 의사결정을 하도록 했다.

구체적으로 WTO의 설립협정 제9조 제1항은 WTO가 GATT에서 지켜졌던 합의에 의한 의사결정의 관행을 계속 유지하여 달리 규정하지 않는 한 합의에 의해 결정을 시도하고 합의가 이루어지지 않는 경우 문제가 된 사안을 표결에 의해 결정하도록 했다. 이때 당 협정 또는 다자간무역협정에 달리 규정되어 있지 않는 한 각료회의와 일반이사회의 결정은 단순다수결에 의한다고 규정하고 있다. 이러한 대원칙하에 의사결정을 하되 다음과 같은 예외적인 부분을 두었다.

첫째, 분쟁해결을 위한 패널의 설치 · 패널과 항소기구의 보고서 채택 · 보복권한의 부여에 대한 결정은 역합의 혹은 부정적 합의(reverse consensus or negative consensus)에 따라 의사결정을 하도록 했다. 「역합의 또는 부정적 합의」란 사안에 대해 합의로서 부정적인 결정을 하자고 하지 않는 한 긍정적인 결정을 내리는 것을 의미한다. 예컨대 WTO의 분쟁해결절차(DSU) 제6조 제1항은 제소하는 국가가 패널의 설치를 요청하는 경우에 합의로서 패널을 설치하지 않기로 결정하지 아니하는 한 요청된 패널이 자동적으로 설치된다고 규정하고 있다.[46]

둘째, 합의 도출에 실패할 경우 표결로 의사결정을 한다는 일반적인 원칙에서 벗어나 특정 사안의 경우 반드시 합의로만 의사결정을 하도록 규정짓고 있다. 이

46) 이러한 역합의 또는 부정적 합의는 제소를 당한 국가가 분쟁해결 절차를 방해하는 것을 막기 위해 WTO가 도입한 의사결정 방식으로서 GATT와 구별되는 것 가운데 하나이다.

러한 합의를 「강제적 합의(mandated consensus)」라고 부르는데 이러한 사안에는 과도 기간이나 단계별 이행 기간을 조건으로 하는 약속의 이행으로서 의무면제·분쟁해결 절차의 개정·복수국가 사이의 무역협정의 추가와 관련된 사안이다.

셋째, 합의에 도달하지 못할 경우 표결을 하게 되고 이때 일반적으로 단순다수결을 따르도록 되어 있으나 예외적으로 특별다수결을 규정한 경우가 존재한다. 예컨대 협정 해석의 채택과 회원국의 의무면제에 대한 결정은 회원국 3/4 다수결로 결정하도록 되어 있으며 협정의 개정과 신규 회원국의 가입의 경우는 2/3 다수결을 규정하고 있다.

이렇게 반드시 합의로만 의사결정을 하도록 한 경우를 제외하고 합의 부재 시에 단순다수결이든 특별다수결이든 다수결에 의한 의사결정을 규정하고 있음에도 불구하고 이제까지 다수결로 의사결정이 이루어진 적이 거의 없이 관행으로서 합의에 의한 의사결정을 해 오고 있다. 1995년에 일반이사회가 에콰도르의 가입을 2/3 다수결로 승인한 것이 유일한 예외를 구성하고 있다.

5) 합의제의 사용비율

유엔총회의 경우 헌장에 언급되어 있는 표결에 의한 의사결정보다 오히려 헌장에 언급되어 있지 않은 이러한 합의에 의한 의사결정이 훨씬 더 많으며 전체 의사결정 중에서 합의로 채택된 결의문과 결정의 비율이 약 75~80%에 이르고 있다. 위원회별로 합의로 채택되는 결의안/결정안의 비율을 2013년 제68차 유엔총회의 경우를 예로 들어 살펴보면 다음과 같다.

ⅰ) 제1위원회: 총 48개의 결의안과 5개의 결정안이 채택되었는데 이 중에서 32개가 합의로 채택되어 합의 채택비율이 60% ⅱ) 제2위원회: 총 41개의 결의안이 채택되었는데 이중 37개가 합의로 채택되어 합의 채택비율이 90% ⅲ) 제3위원회: 총 72개 결의안 중 58개가 합의로 채택되어 합의 채택비율이 81% ⅳ) 제4위원회: 총 25개 결의안 중 11개가 합의로 채택되어 합의 채택비율이 44% ⅴ) 제5위원회: 모든 결의안이 합의로 채택되어 합의 채택비율이 100%, ⅵ) 제6위원회: 21개 결의안과 5개의 결정안이 채택되었는데 이들 모두가 합의로 채택되어 합의 채택비율이 100%.[47)]

47) 외교통상부, 제68차 유엔총회 결과보고서 (서울: 외교부, 2014), pp. 56, 73, 79, 92, 100, 102.

이는 비록 특정 한 해 있어서의 비율이기는 하지만 다른 해에 있어서도 크게 다르지 않다. 이들 6개 위원회의 평균 합의 채택률은 79%이다. 안보리에서도 거부권 행사에 의한 이사국들 간의 갈등을 해소하기 위한 방편으로 비공식 협의 과정을 통한 이러한 합의가 종종 이용되고 있다.

6) 합의제의 장점과 단점

합의에 의한 의사결정의 장점을 살펴보면 다음과 같다. 우선 국제기구가 결의를 합의에 의해 채택한 경우 적극적인 반대국가가 없다는 점 때문에 다수결에 의한 채택보다 중요한 의미를 갖는다. 이렇게 하여 채택된 결의문은 세계여론(world opinion)으로서의 위상을 강화할 수 있어 이러한 결의문을 위반하거나 훼손하는 것이 쉽지 않다.

둘째, 합의는 회원국 사이의 심각한 대결을 회피하게 한다는 점에서 큰 이점을 가진다. 다수결에 의해 의사결정이 이루어질 경우에 찬성한 국가와 반대한 국가 사이에 지속적인 대립과 갈등이 있을 수 있는데 합의는 이러한 것을 방지할 수 있다.

합의에 의한 의사결정은 이러한 장점만을 가지고 있는 것은 아니다. 합의제는 구체적으로 다음과 같은 문제점을 가지고 있다. 우선 합의는 국가들 사이에 합의할 수 있는 공통분모를 찾아내야 하므로 결의문 이르기까지 비교적 많은 시간을 필요로 하게 된다. 이는 어떠한 하나의 국가라도 반대의사를 공식적으로 표시할 경우 합의를 무산시켜 표결을 통한 의사결정을 불러올 수 있어 이들 모두의 의견을 수렴해야 하기 때문이다.

둘째, 합의에 이르기 위해 타협을 하게 됨으로써 결의문의 내용이 애매모호하게 된다는 단점을 가진다. 이 때문에 후일 합의한 내용의 해석을 둘러싸고 이견을 보이면서 국가 간에 갈등을 야기하고 그 결과 결의문의 내용이 준수되지 않을 가능성을 높일 수 있다. 또한 애매함으로 인해 사무국이 이러한 결의문의 내용을 정확하게 집행하는 것이 쉽지 않다.

셋째, 합의를 통한 결의문의 채택이 항상 국제사회의 문제 해결을 위한 최상의 선택은 아니라는 점이다. 회원국들은 모든 회원국으로부터 지지를 받지 않더라도 강력한 결의문을 채택하는 것이 문제 해결에 도움이 될 것인지 아니면 모든 회원국들이 합의할 수 있도록 상대적으로 약화된 결의문을 채택하는 것이 문제 해결에 더 도움이 되는지를 판단하여야 한다.[48)]

넷째, 합의제는 양날의 칼을 가지고 있다고 볼 수 있다. 한편으로는 모든 사람들에게 수용될 수 있는 결정을 찾는 데 적극적인 노력을 하지 않는 소수의 국가들이 다른 국가들로 하여금 그들과 같이 가게 만들려고 함으로써 토의를 지배할 수 있다. 다른 한편 합의를 추구하는 다수의 국가들이 이를 수용하고자 하지 않은 소수의 국가들로 하여금 그들의 의견을 수용하도록 압박을 가할 수도 있다.

7) 합의를 구축하기 위한 방식

유엔회의에서 쟁점을 둘러싸고 국가들 사이에 논란이 적지 않아 협상이 교착상태에 빠지는 경우가 종종 있다. 그러나 이러한 상황에도 불구하고 종국적으로 합의에 이르는 경우가 적지 않다. 이와 관련하여 과연 상충하는 다양한 견해들이 어떻게 합의에 도달할 수 있는가의 질문이 제기된다. 따라서 여기에서는 합의에 도달하기 위해 동원되는 다양한 기술들을 여러 가지 범주로 분류하여 살펴보고자 한다.[49)]

(1) 쟁점사항 배제 방식

쟁점이 되는 내용을 결과문건에서 배제하는 방식이다. 국가들 간에 특정 쟁점을 둘러싸고 합의에 도달하는 것이 완전히 불가능하다고 판단되는 경우에 결과문건의 내용에서 아예 언급하지 않는 경우이다. 특정 의제항목과 관련하여 가장 중요한 사항은 쓰레기통을 뒤지면 나온다는 것이 이러한 점을 상징적으로 보여주는 말이다.

2009년 네덜란드의 코펜하겐에서 개최된 기후변화협약 제15차 당사국총회(COP15)에서 채택된 결과문건인 코펜하겐 합의(Copenhagen Accord)에 온실가스 총량과 국가별 감축량을 어떻게 정할지 언급이 없었다. 문제의 핵심은 온실가스를 줄이는 것인데 어떤 국가가 얼마만큼 온실가스를 줄인다는 구체적 내용이 빠진 채 지구 온도 상승을 2도로 제한하자고 합의 한 것에 그치고 말았다. 이는 국

48) 다음 글을 참고하였음: Dr. Michael McBride and Aaron Holtz, “Model United Nations of the Far West: Tips for Drafting More Effective Resolutions,” http://www.munfw.org/images/MUNFW%20Effective%20Resolutions.pdf (검색일: 2014. 12. 20).

49) 박재영, 『유엔회의 가이드 북』 (서울: 법문사, 2014), pp. 104-112.

가별 감축량에 대한 논의가 논쟁으로 인해 배제되었기 때문이다.

(2) 쟁점사항 병행 방식

상이한 견해나 상반되는 견해가 충돌하여 어느 한 견해가 수용되기 어려울 경우 위에서 언급한 것처럼 결과문건으로부터 모두 배제하는 방식을 따르기도 하지만 때때로 이러한 견해들 모두를 균형 있게 반영하기도 한다.

유엔총회 제2위원회에서 개도국의 빈곤과 저발전을 해소하기 위한 조치의 일환으로서 선진국은 개도국의 제도개혁과 선정(good governance)을 강조했다. 이와는 달리 개도국들은 금융체제의 의사결정과정에 개도국의 참여확대·선진국의 대개도국 공적개발원조(ODA) 증액·정보통신 기술의 이전·외채경감·선진국 시장에의 접근 등을 요구한 바 있다. 결국 대부분 조항들이 균형 있게 언급되는 선에서 문안의 합의가 이루어진 바 있다.

유엔회의에서 선진국과 개도국 사이에 빈부격차가 심화되고 있는 현상에 직면하여 외채 문제를 통한 접근이 종종 중요한 조치의 일환으로 논의되곤 한다. 개도국들은 선진국들이 외채를 전반적으로 탕감할 것을 요구하고 선진국들은 개도국들이 선정 등 외채의 탕감이 빈곤퇴치에 기여할 수 있는 환경을 조성할 것을 강조하고 있어 입장에 있어서의 큰 차이를 보여 왔다. 이러한 입장차이로 합의에 이르지 못하자 개도국과 선진국 즉 채무국과 채권국의 입장이 균형 있게 반영된 문구에 합의함으로써 결과문건이 합의로 통과된 바 있다.

(3) 쟁점사항 절충 방식

이는 제기된 쟁점사항들의 절충점을 찾아내어 결과문건에 포함시키는 방식이다. 쟁점을 봉합하기 위한 절충점을 찾을 때 흔히 사용되는 방식으로는 용어의 강도 조정, 구체적인 대상·실천목표·이행시기에 대한 언급을 의도적으로 생략한 채 원칙과 방향만을 제시하거나 단순히 유념한다(주목한다)는 문안을 두는 방식, 과거에 언급했던 사항을 확인만 하는 문안을 두는 방식 등이 있다.

① 용어의 강도 조정

2013년 11월에 폴란드의 바르샤바에서 개최된 기후변화협약 제19차 당사국총회(COP19)에서 미국을 포함한 선진국들은 중국을 포함한 개도국들의 온실가스

누적 배출량이 2020년경에는 선진국들의 누적 배출량을 초과하게 될 것이라면서 교토의정서를 대체하여 2020년부터 출발할 신기후변화체제에서 개도국을 포함한 모든 국가들이 감축의무를 져야 하며 이러한 감축협상은 2015년까지 종료되어야 한다고 주장했다. 이와는 달리 개도국들은 1992년 기후변화협약과 1997년 교토의정서의 기본 원칙으로 자리 잡은 선진국과 개도국의 명확한 구분이 향후 협상에서도 유지되어야 한다며 선진국들의 역사적 책임을 강조했다.

이에 대해 선진국들은 온실가스 감축에서 선진국과 개도국을 구분하고자 하는 것은 2011년 이미 합의한 더반플랫폼(Durban Platform)을 무력화시키려는 시도라고 반발했다. 그 결과 애초 합의문 초안에는 교토의정서를 대체하여 2020년부터 적용될 신기후변화체제를 2015년까지 마련하는 것을 회원국들이 「공약한다(commit)」는 내용이 담길 예정이었는데 주요 온실가스 배출국인 중국과 인도의 반대로 공약한다보다는 의미가 떨어지고 구속력이 약한 「기여한다(contribute)」라는 단어가 대신 합의문에 포함되었다.

이렇게 제19차 당사국총회에서 공약한다가 기여한다는 표현으로 대체된 것은 구속력 있는 「공약한다」는 말이 「약속하고 검토한다(pledge and review)」는 말로 대체된 제16차 당사국총회의 결과와 크게 다르지 않다. 이러한 약속하고 검토한다는 접근(pledge and review approach)은 국가가 처해 있는 상황과 능력에 맞춘다는 구속력이 없는 약속을 의미한다.

② 의미를 달리할 수 있는 애매모호한 표현

기후변화협약 제17차 당사국총회(COP17)에서 각국 대표단은 새로운 기후규제를 위한 협상을 2015년까지 완료하고 2020년부터 각국에서 효력을 발휘토록 합의했다. 그러나 이러한 신기후변화체제의 법적 지위를 어떻게 할 것인가를 둘러싸고 논쟁이 지속되었다.

유럽연합(EU)은 신기후변화체제의 법적 구속력을 확실히 해두고자 구속력을 가지는 「법적 문건(legal instrument)」이라는 문안을 주장했으나 구속력이 없는 「법적 결과물(legal outcome)」이라는 표현을 고집하는 인도의 강력한 반발에 직면했다. 새벽까지 논쟁이 지속되자 당사국총회 의장인 남아프리카공화국 외무부장관이 의장의 직권으로 10분 내로 유럽연합의 대표와 인도의 대표가 담판의 결과물을 가져올 것을 요청했다. 그러나 주어진 시간이 초과되었음에도 합의에 이르지 못하자 브라질 대표가 「법적 효력을 가지는 합의 결과물(agreed outcome with legal force)」로 하자는 타협안을 제시했고 양측이 이를 수용함으로써 협상이 일단락되었다.

그러나 이 용어가 어느 정도의 법적 구속력을 지니는 것인가의 법적 의미가 확실하지 않다. 그 당시 중국을 비롯한 일부 국가는 구속성을 가지지 않는다는 의미로 해석하는 등 이 용어를 둘러싸고 해석을 달리하고 있어 향후 신기후변화 체제를 둘러싼 협상과정에서 다시 논쟁거리로 부상할 가능성이 적지 않았다.

법적 효력을 가지는 합의 결과물은 일방적인 선언(unilateral declaration) · 국내 비준을 요하지 않는 국제협정(international agreement not subject to domestic ratification) · 국제법하에서 일반적으로 법적 구속력을 가지지 않는 당사국총회의 결정(COP decisions that are generally not legally binding under international law) 등을 다양하게 의미한다고 해석된다.

③ 조치의 대상/실천목표/이행시기의 명료화 회피

냉전이 종식된 후 개최되는 다수의 국제회의에서 일단의 국가들은 회의의 성과를 높이기 위한 방도로서 취할 조치의 대상뿐 아니라 실천목표와 이행시기를 명료하게 하고자 한다.[50] 그러나 이러한 조치의 구체적 시행과 관련하여 물적 혹은 인적 자원을 부담하게 될 국가들은 이러한 시도에 반대한다. 이 경우 합의에 도달하기 위해 조치의 대상 · 실천목표 · 이행시기를 명확히 하는 것을 회피하는 선에서 타협이 이루어지곤 한다. 이러한 경우에 속하는 예들을 살펴보면 다음과 같다.

• 조치 대상의 명료화 회피

대상을 불명료하게 한 예로서 대체에너지를 둘러싼 논쟁을 들 수 있다. 유럽연합이 대체에너지에 풍력과 수력만을 포함할 것을 주장하자 미국은 이에 반발하여 이산화탄소(CO2)의 발생을 줄인 화석연료도 포함할 것을 주장했다. 이처럼 어떤 것을 대체에너지로 보아야 할 것인가를 둘러싸고 의견이 대립하자 절충점으로서 구체적인 대체에너지를 언급하지 않고 다양한 대체에너지를 개발한다는 제안이 채택되었다.

---

50) 이와 더불어 이전 회의에서 결정된 사항의 이행여부를 점검하고 필요한 새로운 조치를 추가하는 것을 주요 기능으로 하는 후속조치검토회의(review conference)를 주기적으로 개최하는 것 역시 특징 가운데 하나이다.

• 실천목표의 명료화 회피

실천목표를 불명료하게 한 예를 살펴보면 다음과 같다. 제13차 기후변화협약 당사국총회(COP13)가 인도네시아의 발리에서 개최되었다. 여기에서 유럽연합 국가들이 중심이 되어 선진국들은 2020년까지 온실가스의 배출을 1990년 수준인 20~45%를 감축해야 한다는 조항을 발리 로드맵에 포함시켜야 한다고 주장했다. 미국이 이에 대해 강력하게 반발하자 미국을 끌어들이기 위한 절충안으로서 구체적인 온실가스 배출 감축량을 생략한 채 막연하게 온실가스를 상당히 감축한다는 문안을 두는 것으로 타협한 바 있다.

제19차 기후변화협약 당사국총회에서도 이와 비슷한 유형의 타협이 이루어졌다. 이전 당사국총회에서 2020년까지 1,000억 달러를 조성해 개도국을 지원하기로 합의를 한 바 있는데 제19차 당사국총회는 여기에서 한 걸음 더 나아갈 것이라는 기대와는 달리 이를 위한 구체적인 실천목표를 생략한 채 선진국들은 개도국들의 기후관련 원조를 위해 2020년까지 공적기금을 증가하는 수준(increasing levels)에서 제공한다는 추상적인 내용만을 담는 데 그쳤다.

한국이 유치한 바 있는 녹색기후기금(Green Climate Fund, GCF)의 초기 재원조달을 어떻게 할 것인가와 관련하여서도 구체적인 실천목표에 대한 언급이 없이 매우 유의할 만한 규모로 초기재원을 조달한다고 애매모호하게 합의한 바 있다.

• 대상과 실천목표 명료화 회피

대상과 실천목표를 불명료하게 한 예로는 생물다양성 분야에서 보호대상이 될 종의 명칭을 구체적으로 언급하고 구체적인 보호목표를 설정하자는 주장과 이에 반대하는 주장이 맞서자 절충안으로서 종의 구체적 명칭과 보호목표가 생략된 채 생물종의 손실을 현저히 줄여나갈 것을 각국 정부에 촉구한다는 선에서 타결된 것을 들 수 있다.

• 이행시기 명료화 회피

이행시기를 명료하게 할 것을 회피한 사례로서 2002년 남아프리카공화국에서 개최된 지속 가능한 개발을 위한 세계정상회의(WSSD)에서 2015년까지 세계의 빈곤인구를 절반으로 줄이기 위해 세계연대기금(World Solidarity Fund, WSF)을 설립하기로 한 합의를 들 수 있다. 자금을 갹출하여야 하는 선진국들은 수혜국인 개도국과는 반대로 세계연대기금의 설립에 대해 소극적인 자세를 취했다. 그 결과 설립시한을 못 박지 않는 조건으로 선진국들은 설립 제안을 수용하였다.

• 실천목표와 이행시기 명료화 회피

실천목표와 이행시기를 명료하게 하지 않는 선에서 절충을 한 예를 들면 다음과 같다. 유럽연합이 2010년까지 전체 에너지 사용량의 15%를 청정에너지로 대체할 것을 요구했으나 미국과 산유국들이 이에 강력히 반대했다. 그 결과 절충점으로 구체적인 시한과 몇 %를 대체할 것인가에 대한 언급을 생략한 채 막연하게 청정에너지의 사용비율을 늘려간다는 선에서 합의가 되었다.

④ 쟁점사항 연계 방식

하나의 이슈에 대한 쟁점을 타결하기 위해 쟁점이 되고 있는 또 다른 이슈를 불러들이는 방식으로서 「이슈 연계(issue linkage) 방식」이라고도 부를 수 있다. 2015년까지 식수 제공을 못 받는 세계 인구를 절반으로 줄이고 전 세계 어린이에게 초등교육을 보장하자는 제안에 대해 미국이 반대를 했으나 결국 유럽연합으로부터 에너지 분야에서의 양보를 얻어내면서 입장을 변경하여 원래의 제안이 채택되었다.

⑤ 구체적인 논의를 뒤로 미루는 방식

구체적인 논의를 뒤로 미루는 방식에는 여러 가지가 존재한다. 향후 논의의 출발점이 될 수 있도록 타당한 조치를 포함한 보고서를 제출하도록 하여 일단 구체적인 쟁점사항에 대한 논의를 뒤로 미루는 방식 · 조치의 필요성만을 언급하는 방식 · 쟁점사항에 대해 심의한다는 언급을 하는 방식 · 문제 해결을 위한 구체적인 추진절차만을 언급하는 방식 등이 존재한다. 이들을 하나하나 살펴보면 다음과 같다.

• 보고서 요청 문구

결과문건에 쟁점이 되는 조치를 언급하지 않고 어떤 조치가 타당한가에 대한 제안을 담고 있는 보고서를 일정한 기간 내에 제출할 것을 요청하는 문구를 둔다. 나중에 해당 보고서가 제출되면 대표단들이 이 보고서가 제안하고 있는 조치를 출발점으로 하여 구체적인 조치에 대해 논의를 하게 된다.

과거 유엔총회 제2위원회에서 빈곤퇴치를 위한 재원조달 방식이 논의되었는데 이와 관련하여 개도국들은 방식의 일부로서 세계연대기금의 설치를 주장했다. 미국・유럽연합 국가들・캐나다・일본 등 선진국들은 회원국 및 유엔 사무국과 사전에 협의가 없었다는 이유와 기금운영 및 자금조달 방식 등에 대한 합의도 없이 기금설치를 결의하는 것은 본말이 전도된 것이라고 이유를 들어 반대 입장을 표명한 바 있다. 이에 대해 선진국들과 개도국들은 사무총장이 회원국 및 여타 이해 당사자(stakeholder)와 필요한 협의를 거쳐 다음 회기에 동 기금설치에 관한 보고서를 제출하도록 한다는 문구를 두어 합의에 이른 바 있다.

간혹 보고서의 요청 없이 단순히 다음 기회에 어떤 조치가 취해져야 하는가를 제시한다는 문안을 두기도 한다. 2012년 카타르 도하에서 개최된 기후변화협약 당사국총회에서 개도국의 기후변화에 대한 대응을 돕기 위한 선진국들의 재정지원의 문제가 큰 쟁점이 되었다. 선진국들은 2010년 멕시코 칸쿤(Cancun)에서 개최된 당사국총회에서 매년 지원금을 늘려 2020년부터 한해에 1,000억 달러를 모으기로 약속을 했으나 얼마만큼씩 분담하여 어떤 방식으로 조달할 것인가에 대한 논의를 미루어오고 있었다. 도서국가연합(AOSIS)을 위시한 일부 강경한 개도국들은 2015년까지 600억 달러를 지원하겠다는 약속을 문건으로 남길 것을 요구했다. 이러한 두 입장이 충돌하는 가운데 자금조성에 관한 전략을 다음 해 당사국총회 때 제시한다는 수준에서 절충안이 마련되어 협상이 마무리되었다.

• 조치 취할 필요성 언급 문구

결과문건에 쟁점이 되는 조치를 언급하지 않은 채 조치를 취하여야 할 필요성만을 강조하는 문구를 둔다. 과거 유엔총회 제2위원회에서 개도국들은 전문기구의 하나인 유엔공업개발기구(UNIDO)에 대한 충분한 재정지원을 선진국들에게 촉구하는 문안을 포함시키고자 했다. 이에 대해 미국과 유럽연합 국가들은 추가 재정부담 부담 가능성 등을 이유로 반대 입장을 표명하여 문안에 대한 합의를 이룰 수가 없었다. 결국 유엔공업개발기구에 대한 재정지원의 필요성만을 강조하는 문구의 삽입으로 합의가 이루어진 바 있다.

• 쟁점사항 검토의 문구

결과문건에 쟁점이 되는 조치를 언급하지 않고 쟁점이 되고 있는 사항에 대해 검토한다는 문구를 둔다. 제55차 유엔총회 제4위원회에서 외기권의 평화적 이용에 관한 위원회(COPUOS)의 회원국 수의 확대 문제가 큰 쟁점이 되었다.

회원국 확대에 반대하는 국가와 찬성하는 국가 간의 이견으로 합의도출이 어려웠다. 이때 의장의 중재로 비공식 협의를 거쳐 회원국의 수 확대 문제를 검토한다는 조항을 추가함으로써 결의문이 합의로 통과된 적이 있다. 이것은 물론 확대를 한다거나 안 한다는 내용이 아닌 중립적인 표현인 것이다.

• 문제 해결을 위한 절차만 언급

결과문건에 쟁점이 되는 조치를 언급하지 않고 문제 해결을 위한 추진절차만을 합의하는 경우도 있다. 폴란드 바르샤바에서 2013년에 개최된 기후변화협약 제19차 당사국총회에서 2020년부터 모든 국가들에게 적용될 새로운 기후체제를 수립하기 위해 국가들이 얼마만큼의 온실가스를 감축할 것인가 등을 둘러싸고 이견이 심화되자 개개 국가의 감축 목표를 2015년까지 제출하고 2015년까지 협상을 종료한다는 로드맵을 합의하는 데 그쳤다. 즉 협상의 타결이 아닌 협상의 타결을 위한 로드맵 마련이라는 절차적인 합의에 그쳤다.

또 다른 예를 들면 2012년 브라질의 리우데자네이루에서 개최된 RIO+20에서 2015년에 끝나는 새천년개발목표(MDGs)를 보완하는 지속가능개발목표(SDGs)를 개발하는 것에는 합의를 했으나 구체적인 목표를 둘러싸고 국가들 사이에 특히 개도국과 선진국 사이에 의견이 갈리자 향후 추진절차에 대해서만 합의를 하는 데 그쳤다. 구체적으로 유엔의 5개 지역을 대표하는 30개 국가를 임명하여 지속가능한 개발목표(SDGs)의 개발을 위한 유엔총회의 공개실무작업반(Open Working Group of the General Assembly)을 설립하여 제68차 유엔총회 회기(2013년 9월~2014년 8월) 중에 유엔총회의 심의를 위해 지속가능개발목표에 대한 제안서를 준비하도록 했다.

• 유념한다(주목한다)는 문구를 두는 방식

결과문건에 쟁점이 되는 조치를 언급하지 않고 단순히 유념한다(주목한다)는 문안을 둔다. 이러한 의미의 영어표현으로서 흔히 「Takes note of」 혹은 그냥 「Notes」라는 문구가 사용된다. 어떤 주장에 제기되고 이에 대한 반대가 심하여 합의가 어려울 경우 상반된 주장 가운데 어느 한쪽 주장을 수용하는 것이 쉽지 않다. 이 경우 이러한 주장 중 어느 일방의 주장에 대해 「유념한다(주목한다)」는 문안을 둔다.

이때 먼저 제기된 주장에 대해 유념한다(주목한다)는 문구를 두는 것이 보통이다. 유념한다(주목한다)는 말은 어떤 주장을 승인한 것도 승인을 안 한 것도 아닌 중립적인 표현으로서 어떤 주장을 유념할 뿐 수용한다는 의미는 결코 아니라는 점에 주의해야 한다.

• 과거에 합의가 된 사항을 재확인하는 방식

쟁점사항을 둘러싸고 이견이 좁혀지지 않을 경우 쟁점과 관련하여 이전에 합의가 되었던 사항이나 과거에 언급한 바 있는 사항을 재확인하는 선에서 합의하는 방식이다. 동일한 문제를 둘러싸고 새로운 합의가 어려울 경우 과거에 합의된 사항을 재확인하는 선에서 끝나는 경우가 많은데 이러한 것을 「동의가 이루어진 언어(agreed language)」 혹은 「협상이 이루어진 언어(negotiated language)」라고 한다.

예컨대 새로운 결과문건을 만드는 과정에서 특정의 문구를 둘러싸고 대표단 사이의 이견으로 어떠한 합의에도 이르지 못할 경우 대안적인 입장(fallback position)으로서 종종 과거에 협상의 결과로서 채택된 결의나 결정의 일부분인 단락이나 문장 혹은 표현을 수용하면서 협상을 마무리한다. 동의가 이루어진 언어 혹은 협상이 이루어진 언어란 과거이기는 하지만 동일한 사항을 두고 이미 합의가 있었넌 것이기에 또 나른 논란이 되지 않기 때문이다. 이러한 문구로서 흔히 사용되는 것으로는 재확인한다(reaffirm)·인정한다(recognize)·인정한다(acknowledge)·상기한다(recall) 등이 있다. 이러한 표현들은 구체적인 일련의 새로운 약속이나 행동(a set of concrete new commitments and actions)이 결여된 것을 보여 준다.

5. 복잡한 의사결정 방식의 예: OECD

경제협력개발기구(OECD)는 2006년에 지배구조 개혁에 의해 의사결정 방식을 바꾸었다. 주요 개혁의 내용 가운데 하나는 기존의 합의제에 특별다수결제를 도입한 것이다. 이는 회원국 수의 60%가 찬성하면 의사결정을 하되 합계를 하여 정규예산의 25% 이상을 부담하는 3개국 이상의 반대가 있을 경우 채택을 할 수 없도록 한 의사결정 방식이다. 두 번째 개혁 내용은 근본사안(fundamental cases)·특별사안(special cases)·일반사안(normal cases)에 따라 상임위원회와 이사회가 취하는 상이한 의사결정 방식을 규정했다. 마지막으로 최고 위사결정 기관인 이사회에서의 의사결정의 신속화를 위해 a point 사안과 b point 사안을 도입했다.

여기에서 「a point 사안」이란 상임위원회에서 합의를 이루어 이사회에서 별도의 토론을 거치지 않고 채택할 수 있는 사안이다. 「b point」 사안이란 상임위원회에서 합의를 이루지 못해 이사회에서 토론을 한 후 결정해야 하는 의제를 말한다.

2006년의 지배구조 개혁에 이어 2014년에는 합의를 OECD 의사결정의 원칙임을 재확인하고 모든 의사결정 방식의 완전한 활용을 촉구했으며 a point와 b point를 명확히 했다. 더불어 사안별 상임위원회와 이사회의 의사결정 방식을 명확히 하고 사안별 리스트를 조정하는 이사회의 결의문이 통과되었다. 이러한 일련의 개혁들이 반영된 의사결정 방식을 종합적으로 살펴보면 다음과 같다.

우선 분야별로 존재하는 위원회의 경우는 합의에 의한 의사결정 방식을 통해 의사결정을 한다. 상임위원회와 이사회의 경우는 사안에 따라 다른 의사결정 방식을 택하고 있다. 구체적으로 지배구조의 승인 등을 포함한 중요한 전략적인 이슈들을 포함하는 근본사안의 경우는 최고 의사결정기관인 이사회가 결정을 하든지 이사회의 위임에 의해 상임위원회가 결정을 하든지 합의(mutual agreement)에 의하거나 극히 제한적인 사안(신규 회원국의 가입과 특별사안의 창설)에 한해 만장일치(unanimity)에 의해 의사결정을 한다. 좀 더 구체적으로 살펴보면 상임위원회에서 합의를 이룬 사안인 a point 사안의 경우는 이사회에 상정이 되어 토론 없이 채택된다. 상임위원회에서 합의를 이루지 못한 사안의 경우는 이사회에서 상정 후 토론을 거쳐 합의(사안에 따라 만장일치)를 해야 채택된다. 상임위원회를 거치지 않고 이사회가 직접 결정하는 사안의 경우 통과를 위해 이사회의 합의(사안에 따라 만장일치)를 필요로 한다. 이사회에 의해 상임위원회에 위임이 된 사안의 경우 상임위원회 역시 합의(사안에 따라 만장일치)를 필요로 한다.

이때 합의가 없으면(즉 한 회원국만이라도 명시적인 반대가 있으면) 의사결정(법적 구속력이 있는 결정과 법적 구속력이 없는 권고)이 이루어지지 않는다. 이처럼 근본사안의 의사결정에는 엄격한 합의가 적용되고 있어 회원국의 확대에 대비하여 변화를 검토해야 한다는 의견도 있다. 그러나 회원국 가운데 영향력이 크지 않은 국가들은 지금의 엄격한 합의제의 유지를 선호하고 있다. 이처럼 엄격한 합의제지만 이러한 합의 과정에서 회원국은 기권을 할 수 있으며 이 경우 기권을 한 회원국에게는 의사결정의 효과가 미치지 않는다.

주요 예산 등 조직운영과 관련된 사안인 특별사안의 경우는 최고 의사결정기관인 이사회가 결정을 하거나 이사회의 위임에 의해 상임위원회가 결정을 할 때 특별다수결제를 통해 하게 된다. 특별다수결제란 앞서 언급했듯이 총 분담금 합계가 25% 이상의 3개국 이상의 반대가 없으면서 회원국 수의 60%가 찬성하면 의사결정이 이루어지는 의사결정 방법이다. 좀 더 구체적으로 상임위원회에서 a point 사안으로 이사회에 상정될 경우에는 토론 없이 채택된다. 상임위원회에서 b point 사안으로 이사회에 상정될 경우 토론과 더불어 2차례 회의 이내에 합의를 할 경우 합의로 채택된다. 이러한 합의 시도에 실패할 경우 특별다수결제를 통해 의사결정을 하게 된다. 이사회에 의해 상임위에 위임된 특별사안의 경우 2차례 이내의 회의에서 합의에 실패할 경우 특별다수결제를 적용하여 의사결정을 한다.

근본사안과 특별사안에 포함되지 않은 사안인 일반사안은 근본사안이나 특별사안과는 달리 상임위원회에 위임이 되지 않는다는 특징을 보유한다. 일반사안이 상임위원회에서 광범위하고 실질적인 지지(broad and substantial support)를 받을 경우 a point 사안으로 간주되어 이사회에 상정되어 토론 없이 채택된다. 상임위원회에서 회원국 수의 15%가 반대하거나 하나 이상의 회원국이 보호기제(safeguard mechanism)를 발동할 경우 b point가 되어 이사회에서 상정되어 특별한 절차를 거치게 된나. 이때 이사회는 특별이사회를 개최하여 보호기제를 발동한 국가의 문제에 대한 설명에 이어 해결방안을 논의하나 2차례 이내의 회의에서 합의를 이루지 못할 경우 이사회는 이 사안을 상임위원회로 되돌려 보내게 된다. 상임위원회를 거치지 않고 이사회가 직접 의사결정을 하는 경우 회원국 수의 15%가 반대하거나 하나 이상의 회원국이 보호기제(safeguard mechanism)를 발동하지 않을 경우 채택을 하게 된다.

이사회는 의사결정의 결과물로서 법적 구속력이 있는 결정(decision)과 법적 구속력이 없는 권고(recommendation)를 합의로서 채택하는 권한을 가지고 있다. 구속력 있는 결정이든 구속력이 없는 권고든 합의로 채택 시 기권을 한 국가에게는 적용이 되지 않는다. 회원국은 이사회에서 결정이나 권고를 채택할 때 이렇게 자국에게 적용이 되지 않도록 기권을 할 수 있을 뿐 아니라 특정한 부분에 유보를 거는 것이 가능한데 실제에 있어서 이러한 경우는 거의 드물게 발생한다. 이는 사안이 최종 결정을 위해 이사회에 상정이 되기 전에 거의 언제나 합의에 도달하기 때문이다.[51)]

---

51) OECD, *International Regulatory Co-operation and International Organisations: The Cases of the OECD and the IMO* (Paris: OECD, 2014), p. 59

제4장 의사결정의 과정

1. 의사결정의 위한 회의의 일반적 방식

유엔회의뿐 아니라 각종 국제회의에 있어서의 의사결정을 위한 국제회의의 기본적인 과정은 크게 다르지 않다. 국제회의 방식은 크게 두 종류로 구분이 가능하다. 하나는 결의안이 상정되기 이전 단계에서 비공식 협의가 본격적으로 진행되는 방식이다. 이 방식은 국가들이 자국의 입장을 1회에 걸쳐 공식적으로 표명하는 통상적으로 「기조연설(keynote speech)이」라고 불리는 일반토론(general debate)을 하는 공식 회의에 이어서 집중적이고 광범위한 비공식 협의를 통해 하나의 결의안이 도출되는 비공식 회의가 뒤따른다. 마지막으로 이러한 결의안을 공식화시키기 위해 상정・토론・심의・채택을 위한 공식 회의가 개최되는 방식이다. 이러한 유형의 회의 방식은 유엔총회 본회의(plenary)에서 전형적으로 볼 수 있고 대부분의 위원회 회의도 이러한 방식을 따른다.

또 다른 방식은 전자와는 달리 결의안이 상정된 이후에 본격적인 비공식 협의가 진행되는 방식이다. 이 방식은 국가들이 자국의 입장을 1회에 걸쳐 공식적으로 발언하는 공식 회의에 이어 비공식 협의가 없거나 거의 없는 가운데 공식 회의가 개최되어 결의안이 상정된 후 하나의 결의안을 도출하기 위해 집중적이고 광범위한 비공식 협의가 이어지는 회의 방식이다.[52] 유엔의 경우 이러한 방식의 회의가 그다지 사용되지 않는데 예외적으로 제2위원회가 이러한 방식을 취하고 있다.

52) The Permanent Mission of Switzerland to the United Nations, *The PGA Handbook: A Practical Guide to the United Nations General Assembly* (New York, 2011), p. 56.

2. 의사결정과 협의체

위에서 언급했듯이 국제기구의 의사결정에 있어서 대부분의 중요한 결정들은 비공식 회의에서의 비공식 협의를 통해 이루어진다. 이러한 비공식 협의는 통상적으로 개개 국가들 사이에 전개되는 것이 아니라 이해관계에 따라 형성된 그룹들 사이에 전개되는데 이러한 그룹을 「협의체(caucusing group)」라고 부른다.

국가들은 정치 · 역사 · 문화 · 지리적인 위치 등에 기초하여 이러한 협의체를 구성하여 공동의 이익을 추구함으로써 개개 국가 단위로 행동했을 때의 제한적인 힘과 영향력의 한계를 극복하고자 한다. 즉 협의체를 구성하여 협상에 임하는 이유는 다자외교의 장에서 한두 국가의 개별적인 노력만으로 국익을 추구하는 것이 어렵기 때문이다. 이 때문에 약소국은 물론 심지어 수적인 약세에 놓여 있는 강대국들도 협의체를 통한 영향력의 확대를 추구하지 않을 수 없다.

유엔의 경우 이러한 협의체는 결의문의 통과를 통해 구성된 것이 아니라 자생적으로 발생하여 1957년에 4개의 지역그룹(regional group)인 중남미 그룹 · 아시아-아프리카 그룹 · 동유럽 그룹 · 서유럽과 기타 그룹이 유엔총회의 승인을 얻으면서 시작되었다. 나중에 아시아-아프리카 지역그룹이 둘로 분리되면서 2018년 11월 현재 193개 회원국들은 다음의 5개 지역그룹에 속해 있다: 54개 국가로 구성된 아프리카 그룹(African Group, AG) · 53개 국가로 구성된 아시아-태평양 그룹(Asia-Pacific Group, APG)[53] · 33개 국가로 구성된 중남미카리브 그룹(Latin America and the Caribbean, GRULAC) · 23개 국가로 구성된 동유럽 그룹(Eastern European Group, EEG) · 29개 국가로 구성된 서유럽 및 기타 그룹(Western European and Others Group, WEOG).

이러한 지역그룹은 아직은 실질문제에 대한 협의보다는 유엔총회의 조직과 운영 등 절차문제와 각종 선거관련 입후보 조정 및 후보국 추천 업무를 주로 처리하고 있다.[54] 예컨대 유엔의 주요기관과 보조기관의 이사국이나 위원국 등의 선

53) 2011년까지 아시아-태평양 그룹(Asia-Pacific Group)은 「아시아 그룹(Asian Group)」이라고 불렸다. 그러나 이 그룹의 약 1/5을 차지하는 비아시아 도서국들의 요구로 명칭이 바뀌어 유엔의 공식 문건에 사용되고 있다. 이 그룹의 공식명칭은 「Group of Asia and the Pacific Small Island Developing States」이다.

54) 미국은 어떤 지역 그룹에도 속하지 않고 서유럽 및 기타 그룹에 옵서버 자격으로 참석하며 선거 시에는 서유럽 및 기타 그룹으로 분류된다. 키리바시(Kiribati)는 지리적으로 아시아에 속하나 2013년

출을 위한 의견의 조정과 후보국의 추천 등이 이러한 지역그룹의 비공식 협의를 거쳐 이루어진다. 예컨대 안보리의 비상임이사국과 경제사회이사회의 이사국 그리고 총회의 의장 등이 지역그룹의 형평성에 기초하여 선출되는데 이때 지역그룹 내의 비공식 협의의 결과로서 추천이 이루어지고 선출로 이어진다.[55)]

이러한 5개 지역그룹 이외에 지역적 연관성이나 전 지구적 의제에 대한 공통의 비전 혹은 공통의 이해관계를 가진 국가들이 유엔을 비롯한 국제무대에서 공동의 입장을 정립하고 공동으로 대처하여 국제사회에서 영향력을 확대하려고 유사한 입장을 가지고 있는 국가들이 그룹을 형성하고 있다. 이러한 그룹에는 상시 협의체와 더불어 이슈별로 유사한 생각을 하는 그룹인 유사 입장 국가그룹(Group of Like-Minded Countries, GLMC)이 존재한다. 이들을 하나하나 살펴보면 다음과 같다.[56)]

상시 협의체에는 유럽지역의 28개 국가로 구성된 유럽연합(EU)[57)] · 동남아지역 10개 국가로 구성된 동남아국가연합(ASEAN) · 아랍지역 22개 국가로 구성된 아랍국가연맹(League of Arab States, LAS) · 카리브지역 15개 국가로 구성된 카리브공동체(Caribbean Community, CARICOM) · 걸프지역 6개 국가로 구성된 걸프협력회의(Gulf Cooperation Council, GCC)[58)] · 오세아니아의 16개 도서국가로 구성된 태평양제도포럼(Pacific Islands Forum, PIF) · 57개 이슬람 국가로 구성된 이슬람협력

12월 현재 어떠한 지역그룹에도 속하지 않고 있다. 터키는 아시아 그룹과 서유럽 및 기타 그룹에 동시에 참여하나 선거 시에는 서유럽 및 기타 그룹으로 분류된다. 이스라엘은 서유럽 및 기타 그룹에 속하나 제한적인 능력(limited competency)을 가진다.

55) (1) 54개 국가로 구성된 아프리카 그룹(African Group, AG). 안보리 비상임이사국 3개석 · 경제사회이사회 이사국 14개석 · 인권이사회 이사국 13개석이 배정되어 있고 4와 9로 끝나는 해에 총회 본회의 의장이 이 지역그룹에서 나온다. (2) 53개 국가로 구성된 아시아-태평양 그룹(Asia-Pacific Group, APG). 러시아와 중앙아시아 국가들은 동유럽 그룹에 속해 있으며 호주 · 뉴질랜드 · 터키 · 이스라엘은 서유럽 및 기타 그룹에 속해 있다. 안보리 비상임이사국 2개석 · 경제사회이사회 이사국 11개석 · 인권이사회 이사국 13개석이 배정되어 있고 1과 6으로 끝나는 해에 총회 본회의 의장이 이 지역그룹에서 나온다. (3) 33개 국가로 구성된 중남미카리브 그룹(Latin America and the Caribbean: GRULAC). 안보리 비상임이사국 2개석 · 경제사회이사회 이사국 10개석 · 인권이사회 이사국 8개석이 배정되어 있고 3과 8로 끝나는 해에 총회 본회의 의장이 이 지역그룹에서 나온다. (4) 23개 국가로 구성된 동유럽 그룹(Eastern European Group: EEG). 안보리 비상임이사국 1개석 · 경제사회이사회 이사국 6개석 · 인권이사회 이사국 6개석이 배정되어 있고 2와 7로 끝나는 해에 총회 본회의 의장이 이 지역그룹에서 나온다. (5) 29개 국가로 구성된 서유럽 및 기타 그룹(Western European and Others Group: WEOG). 안보리 비상임이사국 2개석 · 경제사회이사회 이사국 13개석 · 인권이사회 이사국 7개석이 배정되어 있고 0과 5로 끝나는 해에 총회 본회의 의장이 이 지역그룹에서 나온다.

56) 외교부, 『유엔개황』 (서울: 외교부 국제기구국, 2013), pp. 14-19.

57) 2013년 7월 1일에 크로아티아가 가입하면서 회원국 수가 28개가 되었다.

58) 정식 명칭은 「페르시아만아랍국협력회의(Cooperation Council for the Arab States of the Persian Gulf, CCASG)」이다

기구(Organisation of Islamic Cooperation, OIC)[59] · 132개 개도국으로 구성된 경제 문제 그룹인 77그룹(G-77 and China) · 118개 국가로 구성된 정치 문제 그룹인 비동맹 그룹(NAM) · 캐나다/호주/뉴질랜드 3개국으로 구성된 칸즈(CANZ) · 남아프리카지역의 15개 국가로 구성된 남아프리카개발공동체(Southern African Development Community, SADC) 등이 있다.

이슈별로 유사한 생각을 가지고 있는 유사 입장 국가그룹의 예를 들면 다음과 같다. 안보리 개혁이라는 이슈를 둘러싸고 아프리카 국가들로 구성된 아프리카 그룹(African Group) · 상임이사국 진출을 열망하는 브라질/독일/인도/일본으로 구성된(Group of 4, G-4) · 한국이 포함된 합의연합(Uniting for Consensus, UfC) 그룹 · 아프리카/중남미카리브/아시아태평양의 41개 개도국으로 구성된 L69 그룹[60] · 스위스/코스타리카/요르단/리히텐슈타인/싱가포르로 구성된 S5 그룹(Small Five Group)이 존재한다.

핵군축 이슈의 경우 유럽연합(EU) · 아랍그룹(Arab Group) · 메르코수르(MERCOSUR)[61] · 중앙아시아 그룹(Central Asia Group)[62] · 신의제연합(New Agenda Coalition, NAC)[63] · 비동맹 그룹(NAM) 등의 그룹이 존재한다.

경제/개발/금융 이슈를 둘러싸고는 유럽연합(EU) · 77그룹(G-77 and China) · 저스칸즈(JUSCANZ)[64]와 같은 그룹이 존재한다. 인권 이슈를 둘러싸고는 저스칸즈(JUSCANZ) · 유럽연합(EU) · 비동맹 그룹(NAM) · 이슬람협력기구(OIC) · 아프리카 그룹(African Group) · 중남미카리브 그룹(GRULAC)이 존재한다.

기후변화 이슈를 둘러싸고는 유럽연합(EU) · 미국/일본/캐나다/호주/뉴질랜드/노르웨이/아이슬란드/러시아/우크라이나 등으로 구성된 우산그룹(Umbrella Group, UG) · 개도국들로 구성된 77그룹(G-77 and China) · 기후변화로 인한 해수면 상

---

59) 이슬람회의기구가 2011년에 「이슬람협력기구」로 명칭이 변경되었다.

60) L69 그룹은 G-4와 유사한 안보리 개혁을 추구한다. 상임이사국에 6개국(G-4와 아프리카 2개국)을 추가하고 몇 개의 비상임이사국을 추가하여 이사국의 수를 20개 중반(mid-twenties)까지 늘릴 것을 제안했다. 더불어 비상임이사국에 작은 개도국(small developing countries)이 포함되어야 함을 강조한다.

61) 메르코수르(MERCOSUR)는 정회원국(브라질 · 아르헨티나 · 우루과이 · 파라과이 · 베네수엘라) · 준회원국(볼리비아 · 칠레 · 페루 · 콜롬비아 · 에콰도르) · 옵서버(멕시코)로서 구성되어 있다.

62) 키르기스스탄 · 카자흐스탄 · 타지키스탄 · 투르크메니스탄 · 우즈베키스탄을 구성국으로 한다.

63) 스웨덴 · 아일랜드 · 뉴질랜드 · 남아프리카공화국 · 이집트 · 멕시코 · 브라질로서 구성된 그룹이다.

64) 저스칸즈(JUSCANZ)는 일본(Japan) · 미국(United States) · 캐나다(Canada) · 호주(Australia) · 뉴질랜드(New Zealand)를 구성국으로 한다. 여기에서 보듯이 서방국가 그룹(Western Group)은 일반적으로 유럽 국가들로 구성된 유럽연합(EU)과 나머지 국가들로 구성된 저스칸즈(JUSCANZ)라는 2개의 소그룹으로 분리되어 협의하는 경향을 보이고 있다.

승에 취약한 43개 군소 도서국가로 구성된 도서국가연합(Alliance of Small Island States, AOSIS) · 한국/스위스/멕시코/모나코/리히텐슈타인을 구성요소로 하는 환경협력그룹(Environmental Integrity Group, EIG)이 존재한다.

유엔의 예산과 관련한 이슈를 둘러싸고는 정규예산 분담률을 1% 이상 부담하고 있는 국가인 미국/일본/독일/영국/프랑스/이탈리아/캐나다/스페인/한국/네덜란드/호주/스위스/러시아/벨기에/스웨덴으로 구성된 제네바 그룹(Geneva Group) · 77그룹(G-77 and China) · 유럽연합(EU) · 저스칸즈(JUSCANZ) 그룹이 존재한다.

유엔 내의 5개 지역그룹 이외에 존재하는 이러한 그룹들은 5개 지역그룹과는 달리 유엔에 의해 협의체로서 공식적인 위상을 부여받고 있지는 않다. 이들은 다만 상황에 따라 다양한 이슈에 있어서 합의에 이르기 위해 회의를 갖는 그룹인 것이다.

이러한 협의체는 의장국 등의 형태로 대표를 선출하여 자신들의 공동이익을 공식적으로 대변하고자 한다. 본회의나 위원회에서 발언할 때 이들 의장국들은 그룹을 대표하기 때문에 개개 국가의 발언에 앞서 우선적으로 발언할 수 있도록 배려를 받는다. 그러나 총회의 효율성을 제고하기 위한 노력의 일환으로서 그룹 의장국의 발언에 이은 소속 국가의 발언은 의장국의 발언을 반복하는 것이 되어서는 안 된다고 권고하고 있다.

그룹의 의장국이 그룹의 의견을 대변한다고 해도 이러한 협의체 내에 의견을 달리하는 국가들이 존재하지 않는 것은 아니다. 따라서 국가들은 협의체 내에서 이들 간에 합의를 이끌어내기 위해 최대한의 노력을 경주한다. 이는 이러한 합의가 존재할 때 외부적으로 보다 많은 영향력을 효율적으로 행사할 수 있기 때문이다.

협의체에 속하는 국가들은 이처럼 공동의 이익을 위해 합의를 도출하고자 하지만 모든 이슈에 걸쳐 완전한 합의에 도달하는 것은 아니다. 종종 일부 국가들은 국익을 위한 우선순위에 있어서의 차이로 인해 표결에서 협의체와 의견을 달리하여 입장을 피력하기도 한다. 이러한 이유로 인해 이들을 「투표블록(voting bloc)」이라고 부르지 않고 단순히 「협의블록(caucusing bloc)」이라고 부른다.

각국 대표단은 자국이 소속되어 있는 협의체와 입장을 반드시 같이하여야 하는 것은 아니며 적절한 경우에 한해 입장을 같이한다. 유엔에는 이러한 협의체의 경계를 넘어 논의되는 이슈들이 많으며 유엔 전체 차원에서 합의를 도출하기 위해 특정 국가나 국가들이 다른 협의체에 「관여국(involved nations)」이라는 지위를 가지고 참여하게 되는 경우도 많다.

탈냉전의 도래와 더불어 유엔총회의 의사결정에 있어서 동서 간의 분열은 쇠퇴하고 있으며 남북 간의 분열은 여전히 지속되며 냉전기의 동서 간의 분열만큼 두드러지고 있다. 냉전이 종식되고 나서 투표연합(voting alignments)이 개발노선(developmental lines)에 따른 국가들마다의 선호하는 바에 의해 형성되는 경향을 보이고 있다.[65)]

그러나 남반구의 국가들의 일체성은 1970년 한창 때와 비교하여 훨씬 덜하다. 이들 국가들 사이에 있어 증대되고 있는 사회·경제적 차이와 지역적인 필요에 대한 인식의 차이 그리고 이들을 결속시킬 카리스마적 지도자의 부재가 공동의 정책입장을 취하는 것을 어렵게 만들고 있다. 이슈마다의 변이는 있으나 일반적으로 유럽연합(EU)의 회원국들이 단일한 투표 블록으로 표결에 임하는 경향을 보이고 있다.[66)]

유엔 이외의 국제기구의 지역그룹의 사례로서 유네스코를 살펴보면 다음과 같다. 이 그룹은 처음에는 비공식적인 그룹으로서 출발하였으나 유네스코 내의 여러 조직들이 선거를 통해 의석수를 배분하는 데 있어서 지역별 대표성과 형평성 등이 강조되면서 공식화가 되어 지약별 의견의 수렴의 장으로서 기능을 하고 있다. 지역그룹은 구체적으로 그룹 I(서유럽과 북미 국가)·그룹 II(동유럽 국가)·그룹 III(중남미와 카리브 해 국가)·그룹 IV(아시아와 태평양 국가)·그룹V(a)(아프리카 국가)·그룹V(b)(아랍 국가)로 구분된다.

3. 의사결정과 비공식 회의/비공식 협의

유엔총회의 본회의와 위원회를 비롯한 대부분의 국제회의에서 대표단들은 공식회의를 개최하여 통상 1회씩의 일반토론(general debate) 발언과 의제항목별 토론(individual debate) 발언을 하고 차후에 다시 공식 회의를 열어 결의안을 상정하고 이에 대한 찬반토론 발언을 하고 채택절차를 밟는다.[67)]

65) Soo Yeon Kim and Bruce Russett, "The New Politics of Voting Alignments in the United Nations General Assembly," *International Organizations*, Vol. 50, No. 4 (Autumn 1996), pp. 629-652.

66) Karen A. Mingst and Margaret P. Karns, *The United Nations in the Post-Cold War Era: Dilemmas in World Politics* (Boulder, Colorado: Westview Press, 1995), p. 55.

그러나 이러한 일련의 공식 회의에서 실질적인 토론이 이루어지는 일은 거의 없다. 의제항목(agenda item)을 둘러싼 실질적인 토론은 공식 회의가 아닌 비공식 회의(informal meeting)에서 비공식 협의(informal consultation)를 통해 이루어진다. 이러한 비공식 협의는 지정된 회의실(conference rooms)로부터 국제회의의 의장국 혹은 핵심적인 국가의 대사관저에 이르기까지 다양한 곳에서 이루어진다. 이처럼 국제기구의 의사결정에 있어서 비공식 회의에서 전개되는 비공식 협의의 역할은 대단히 중요하다.[68] 대체적으로 의사결정의 95%가 비공식 회의에서 이루어지고 5%만이 공식 회의에서 이루어진다.

비공식 회의가 실질적인 토론의 장이 될 수밖에 없는 이유는 간단하다. 공식 회의장에서 물밑 협상을 전개하기 어렵고 다른 국가들과 실질적인 대화를 가지기 어렵기 때문이다. 공식 회의는 미디어 등을 통해 자신의 국가의 국민과 외부에 공개될 수 있기 때문에 국가 대표단들은 국익을 일관되게 추구하는 모습을 보일 수밖에 없다. 이 때문에 실질적인 협상은 누가 구체적으로 어떤 양보를 했는가를 알기 어려운 비공식 회의에서 이루어진다. 비공식 회의는 회의 내용을 기록으로 남기지 않는다는 점에서 공식 회의와 다르며 이러한 점 때문에 국가들이 공식 회의 때보다 좀 더 유연하게 토의에 임할 수 있다.

유엔이 설립된 1940년대에 있어서 유엔은 문제의 해결을 위한 장이 아니라 미소 양진영 간의 이념의 선전장과 대결장으로서의 역할을 주로 하면서 대부분의 의제들은 비공식 회의장이 아닌 공식 회의장에서 논의가 되곤 했다. 그러나 이러한 경향은 앞서 살펴본 바 있는 유엔에 있어서 지역그룹을 위시한 협의체가 뿌리를 내리는 것과 더불어 변모하기 시작했다. 구체적으로 지역그룹 간에 절차적인 문제를 둘러싼 협의가 일반화되고 많은 문제들이 소위원회(subcommittee)와 실무작업반(working group)을 통해 해결되기 시작하면서 비공식 협의가 빈번해졌다.

1960년대 신생 독립국들의 유엔으로의 대거 등장은 새로운 협의체의 탄생을 가져왔고 이들 협의체의 탄생은 협의체 내에서의 비공식 협의뿐 아니라 협의체 사이의 비공식 협의의 필요성을 가져왔던 것이다.[69] 이와 더불어 합의(consensus)

---

67) 여기에서 「일반토론(general debate)」이란 회의에서 다룰 의제항목(agenda item)이 복수로 존재할 경우 이들 하나하나에 대한 입장을 표시하기에 앞서 회의 초반에 의제항목들 전체를 두고 국가의 총괄적인 입장을 내어넣고 토론하는 것을 의미한다. 그러나 실제에 있어서는 일방적으로 입장을 제시하는 것으로 그치지 대표단 사이에 토론이 전개되는 것은 아니다.

68) 비공식 회의를 영어로 「informal meeting」이라고 쓰기도 하지만 때때로 「informal」이라는 단어가 명사가 되어 비공식 회의를 지칭하기도 한다.

에 의해 많은 의사결정이 이루어지면서 비공식 협의의 필요성은 더욱 증대되었다. 이러한 비공식 회의는 공식 회의와 공식 회의 사이에 갖는 것이 일반적이지만 지극히 이례적이기는 하지만 공식 회의를 하던 도중에 갖기도 한다.

1) 협의체별 비공식 회의와 위원회 전체의 비공식 회의

이러한 비공식 회의는 협의체별로 개최되기도 하고 대표단 전체가 모여 갖기도 한다. 협의체별 비공식 회의의 결과물로서 유럽연합(EU)안 혹은 77그룹(G-77 and China)안과 같은 그룹별 결의안이 제안된다. 이러한 그룹별 비공식 회의에 그룹의 구성국들만 배타적으로 참여하는 것은 물론 아니다. 예컨대 유럽연합(EU)에 속하지 않는 국가라고 해도 이들과 견해를 같이할 경우 이들 그룹의 비공식 회의에 참여할 수 있다.

비공식 회의는 이처럼 비슷한 견해를 가지고 있는 국가들이 그룹별로 모여서 개최하기도 하나 모든 구성국들에게 개방되는 비공식 회의도 개최된다. 이러한 비공식 회의를 「공식적 비공식 회의(formal informal meeting)」라고도 칭한다. 이러한 비공식 회의를 통해 가지게 되는 협의를 영어로 「전체 비공식 협의(informal consultation of the whole)」라고 부른다.

이러한 비공식 회의는 여러 수준에서 이루어지며 이러한 수준에는 공식-비공식회의(formal-informal meeting)·비공식-비공식 회의(informal-informal meeting)·비공식-비공식-비공식 회의(informal-informal-informal meeting) 등이 존재한다.

2) 공식 회의와의 차이

이러한 비공식 회의는 공식 회의와 여러 면에서 차이를 가진다.[70] 여기에서는 가장 중요한 차이점을 유엔을 중심으로 살펴보고자 한다. 우선 회의의 기록 면에서 차이가 있다. 공식 회의의 경우 회의가 공식적으로 기록이 되나 비공식 회의의 경우 공식적인 기록을 작성하지 않는다.

둘째, 참가자의 수에 있어서 차이가 존재한다. 공식 회의라고 해서 모든 국가

69) M. J. Peterson, *The General Assembly in World Politics* (Allen & Unwin: Boston, 1986), pp. 92-93.

70) 내용의 일부를 다음 책을 참고하였음: The Permanent Mission of Switzerland to the United Nations, *The PGA Handbook: A Practical Guide to the United Nations General Assembly* (New York, 2011), p. 104.

의 대표단이 참가하는 것이 아닌 것처럼 전체 비공식 회의에도 모든 국가가 참가하는 것은 아니다. 그렇지만 공식 회의와 비교하여 비공식 회의의 경우 참가하는 국가의 수가 훨씬 적다. 이는 비공식 회의에는 결의안에 관심을 많이 가지고 있는 국가의 대표들만이 주로 참석하기 때문이다.

셋째, 의사규칙의 적용 여부에 차이가 있다. 공식 회의의 경우 유엔총회의 의사규칙이 적용된다. 비공식 회의의 경우는 공식적인 의사규칙이 적용되지는 않지만 종종 공식 회의의 방식을 적용할 것이 고무된다.

넷째, 결정의 효력에 있어서 차이가 있다. 공식 회의의 결정은 그 자체가 공식적인 결정이다. 그러나 비공식 회의의 결정은 여전히 비공식적인 것이기 때문에 공식 회의에서 승인이 되어야 공식화가 된다.

4. 의사결정 과정에서 회원국의 영향력 행사방식

국제기구 내에서 영향력(influence)은 어디에서 나오는가? 이러한 문제는 제한된 자원과 국력을 가지고 있는 국가에게 있어서 대단히 중요한 문제이다. 유엔을 비롯한 국제기구에 있어서 영향력이 행사될 수 있는 방식을 네 가지로 나누어 살펴보면 다음과 같다.[71]

1) 제안자

우선 회원국이 제안자(initiator)가 됨으로써 영향력을 갖기 쉽다. 하나의 국가나 일단의 국가가 이니셔티브를 취하면서 중요한 안(즉 이로부터 일어날 의사결정으로부터 각국이 큰 영향을 받을 제안)의 제안자로서 혹은 이러한 제안들에 대한 대안의 제안자로서 영향력을 행사하는 경우이다. 이 경우 영향력의 강도란 물론 그 제안이 갖는 중요성에 달려있다고 볼 수 있다.

이러한 제안자는 새로운 국제기구의 창설을 위해 이니셔티브를 취할 수도 있고 기존의 국제기구에서 결의안의 초안 마련과 같은 형태의 이니셔티브를 취할 수도 있다. 제안자가 국제기구에서 영향력을 발휘할 수 있는 것은 의사결정의 초

71) Robert W. Cox and Harold K. Jacobson, "The Framework for Inquiry," in Robert W. Cox, Harold K. Jacobson and etc., eds., *The Anatomy of Influence: Decision Making in International Organization* (New Heaven and London: Yale University Press, 1974), pp. 12-14 참조.

기부터 중요한 결정과정에 지속적으로 관여하게 되고 이로 인해 결과물에 대해 큰 영향을 미칠 수 있기 때문이다.[72)]

한국은 호주와 더불어 아시아태평양경제협력체(APEC)를 창설하는 데 있어서 제안자로서 중요한 역할을 했고 나아가 동북아에 있어서의 새로운 안보협력기구 창출을 위한 제안자로서의 역할을 위해 활발한 활동을 전개하고 있다.

2) 거부권자

거부권자(vetoer)일 경우 영향력을 갖기 쉽다. 이는 국가가 의사소통(communication)의 선상에서 차지하는 전략적인 위상 때문이거나 소지하고 있는 광범위한 정치적 자원으로 인해 다른 국가(들)의 주도권을 억제하고 거부할 수 있는 행위자가 됨으로써 영향력을 행사할 수 있음을 의미한다.

앞서 살펴본 제안자로서의 영향력이 「긍정적인 영향력(positive influence)」이라 한다면 거부권자의 영향력은 부정적인 「영향력(negative influence)」이라고 말할 수 있다. 이것은 법에 의해 주어지는 거부권이라는 공식적인 것에만 국한되는 것이 아니고 어떤 수단에 의하든 의사결정을 방지할 수 있는 기능적 의미까지를 포함한다.

국제기구에서 명시적으로 법에 의해 주어지는 거부권은 만장일치에 미달하는 결정을 배제하고 모든 회원국들의 명시적 동의 없이 행동할 수도 있는 국제기구의 사무국이나 이사회의 결정을 효율적으로 배제함으로써 회원국들이 원하지 않는 결정을 제지할 수 있는 권한을 제공한다. 유엔헌장에 의해 안보리의 5개 상임이사국은 이러한 거부권을 보유하고 있다.

거부권이 명시적으로 법에 의해 주어지지 않은 경우라도 실제에 있어서 묵시적인 거부권을 보유한 것으로 볼 수 있는 경우들이 존재한다. 다수 국가의 목적을 실현시키기 위하여 일국이나 일단의 국가들의 협력이 필수적일 경우에 이들 소수 국가들이 협력을 하지 않겠다고 위협함으로써 원하지 않는 결정을 저지할 수 있으며 이러한 능력에 거부권이 내재해 있다고 볼 수 있다.

예컨대 개도국들이 수적인 우위를 가지고 결의안을 통과시키려 하나 만약 그 결의안이 포함하고 있는 조치를 실행하는 데 적지 않은 재정적인 자원이 필요하

72) 국제기구의 국제공무원이 결의안의 초안을 작성하여 국가의 대표로 하여금 제출케 하는 경우처럼 실질적인 제안자와 공식적인 제안자가 다른 경우도 물론 있다.

다면 이러한 재정적인 자원을 부담하게 될 국가의 반대로 이러한 결의안은 상정조차 되지 않는 경우가 있다. 타국 대표단이 재정적인 자원이 지원이 수반되는 제안을 할 때 미국 대표단이 그러한 제안이 갖는 제정적인 함의를 아느냐는 질문으로 응수하곤 하는데 이로 인해 제안이 철회될 경우 영향력이 행사된 것을 알 수 있다.

3) 중개자

중개자(broker)일 경우도 영향력을 갖기 쉽다. 이는 회의의 구성원들 사이에서 중개인(go-between)이나 합의 구축자(consensus-builder)와 같은 역할을 함으로써 영향력을 발휘할 수 있는 경우는 의미한다.

여기에서 말하는 중개란 학술적인 용어로서 조정(mediation)을 의미하는 것으로서 제3자가 분쟁 당사국 간에 개입하여 분쟁 당사자 간의 해결을 촉구하여 분쟁을 해결하는 방식이다. 구체적으로 중개란 분쟁 당사국 간의 협의로는 합의점을 찾기 어려울 경우에 전문적 지식을 바탕으로 보다 원만한 해결안을 도출하여 권고하는 행위이며 이러한 면에서 제3자자가 제시한 분쟁해결책이 구속력을 가지는 중재(arbitration)와 다르다.

중개란 단순히 다른 국가들의 영향력을 조절하고 타협 짓는 것에 불과하기 때문에 영향력이 될 수 없다고 생각할지 모른다. 그러나 우리가 영향력이라고 하는 것을 한 국가의 행위에 의한 타국가의 행위의 변경을 의미한다면 중개자는 어떤 이슈에 관련된 모든 행위자들의 행동에 있어서 변경을 가져옴으로써 영향력을 행사할 수 있다.

국제기구에서 제안이 구체화되기 전에 보통 비공식적인 타협과 설득을 주로 하는 협상이 선행된다. 타협안을 모색하는 과정에서 정직한 중개자(honest broker)의 역할을 할 수 있는 국가는 상당한 영향력을 행사할 수 있다. 이것이 바로 스칸디나비안 국가들이 영향력을 발휘하는 방식이기도 하다.

성공적인 중개자는 경쟁자들이 의도한 부분이 아니었으나 모두가 동의할 수 있는 분쟁의 해결에 무엇인가를 보태는 역할을 한다. 중개국은 그들의 역할을 성공적으로 이행함으로써 장기적으로 명성과 신뢰를 쌓을 수 있고 이러한 명성과 신뢰로 인해 정치적인 의사소통의 연계망(communication network)에 있어서 전략적인 위치를 차지할 수 있다. 즉 점차적으로 타국가가 상의의 대상으로 삼고 또 지속적으로 정보를 제공한다. 이러한 것이 한 국가에 있어서 정치적인 자원이 된다. 그러나 이러한 자원은 명성을 계속 유지하는 것에 달려있다.

개도국은 개도국들의 대표들을 하나의 블록으로서 동원할 수 있는 능력을 가질 경우 이를 통해 국제기구에서 영향력을 행사할 수 있다. 강대국은 아니지만 경제력을 지닌 국가로서 국제기구에서 영향력을 가질 수 있는 경우는 그들이 갖고 있는 전문지식을 통해서나 협상가 또는 중개자로서의 역할을 통해서이다.

냉전시대에 있어서 국가들은 동서 간의 분열과 더불어 남북 간의 분열과 같은 다원적인 분열로 인해 국제기구 내에서 중개자의 역할을 수행하기가 힘들었다. 그러나 탈냉전 시대에 접어들어 국제기구나 국제회의에서 국가들은 주로 남·북으로 이원적으로 분열되어 있는 이슈가 많아 중개자로서의 역할이 상대적으로 쉬워졌다.

이러한 상황에서 중위국(middle power)으로서의 한국이 선진국과 개도국의 공정한 중개자로서의 역할을 할 여지가 상당히 증가했다. 아시아태평양경제협력체(APEC) 내에서의 개도국과 선진국 간의 대립에 대한 중개와 환경관련 국제회의에서의 개발을 중시하는 개도국의 입장과 환경을 중시하는 선진국의 입장 차이를 조화시킬 수 있는 대안의 제시능력 등이 이러한 중개자로서의 역할에 관건이 될 것으로 보인다.

4) 통제자

특정 국가가 자원의 통제나 공식적인 권위 혹은 또 다른 이유로 인해 의사결정에 있어서 그들의 견해가 고려되어야만 하는 경우가 있는데 이때 특정 국가는 이로 인해 통제자(controller)로서의 영향력을 갖는다.

앞서 언급한 제안자·거부권자·중개자로서의 영향력이란 어떤 특정 이슈와 관련하여 구체적인 활동을 통해 가지게 되는 영향력이다. 이와는 달리 통제자로서의 영향력이란 이러한 구체적인 활동이 없는 가운데 생기는 영향력으로서 타행위자의 인식에 의해 주어지는 영향력이다. 즉 잠재적인 영향력에 대한 평가에 의해 발생하는 영향력인 것을 특징으로 한다.

이러한 영향력은 영향력 있는 제안자나 거부권자 혹은 중개자로서의 과거의 역할로부터 유래될 수 있고 이러한 명성으로 인해 타행위자들이 의사결정에 앞서 상의해 오는 경우 등이 이에 해당한다. 어떤 국가가 국제기구에서 제안을 하려다가 그만둘 수 있는데 이는 이러한 제안을 내놓을 경우 특정 국가의 강력한 반대에 의해 성공할 수 없을 것이라는 인식 때문이다. 이처럼 국제기구에서는 어떤 중요한 제안을 내어놓거나 거부하지도 않으면서 영향력을 행사하는 경우가 있는데 이것이 바로 통제자로서의 영향력인 것이다.

5. 의사결정 과정에서의 회원국의 협상력과 전략[73)]

1) 협상력의 정의와 협상력에 영향을 미치는 요인들

협상력(bargaining power)이란 협상에서 자신이 원하는 조건으로 합의를 얻어낼 수 있는 힘을 의미하며 다양한 요인들에 의해 영향을 받는다. 이러한 협상력에 영향을 미치는 요인들은 아주 다양하며 어떠한 관점을 지니는가에 따라 강조하는 요인들을 달리한다.

국제정치학의 현실주의 관점은 협상력이란 국가가 소지한 능력에 달려 있다고 본다. 구체적으로 경제력과 군사력 등을 포함한 일국의 총체적인 힘을 협상력의 중요한 요인으로 본다.

이처럼 현실주의 관점이 힘을 거의 유일한 협상력의 요인으로 강조하는 것과는 달리 자유주의 관점은 다양한 요인들을 협상력의 중요한 원천으로 파악하고자 한다. 구체적으로 자유주의 관점도 현실주의 관점처럼 힘을 협상력에 영향을 주는 요인의 하나로 간주를 하지만 힘을 관계적인 측면에서 상대적인 것으로 파악하지 않는 현실주의와는 달리 상대에 대한 의존에 있어서의 차이를 의미하는 비대칭적인 상호의존(asymmetric interdependence)으로부터 기인하는 것으로 파악하고자 한다. 즉 협상 상대방에 대한 의존의 정도가 크면 클수록 협상력이 떨어진다고 본다.

자유주의 관점은 이러한 요인에 더하여 갈등을 야기하고 있는 이슈에 국가가 부여하는 상대적인 중요성(relative salience)의 정도·협상에서 정부가 양보할 수 있는 능력에 대한 국내적인 제약의 유무와 제약의 정도[74)]·협상 당사자가 합의

73) 박재영, 『유엔회의 가이드북』(서울: 법문사, 2014), pp. 494－498.

74) 국내적인 제약의 유무와 정도란 구체적으로 협상의 예상되는 결과에 대한 국내의 이해관계자

에 도달하지 않는 선택을 수용할 수 있는 정도[75] · 시간의 제약이 가져오는 압박의 정도[76] · 협상이 결렬되었을 경우 취할 수 있는 대안의 존재 여부 등과 같은 구조적인 요인들도 협상력의 요인으로 간주한다.

자유주의 관점은 이러한 구조적인 요인들 이외에 공정성(fairness)/규범(norm)/정의(justice) 등에 바탕을 둔 정당성(legitimacy)에의 호소 · 논리적인 설득 · 외부세력의 동원 · 협상과정에의 조직적인 참여 등과 같은 행태적인 요인들 역시 협상력에 영향을 미치는 요인들로 중요시한다. 행태적인 요인에는 이러한 요인들 이외에도 상대방의 이해관계를 포함한 상대방의 동향에 대한 정보력 · 협상 이슈에 대한 전문적 지식과 경험 · 협상 상대와의 인간관계 등이 협상력에 영향을 미치는 추가적인 요인들이다.

2) 협상전략

국가들은 협상에서 협상력을 높이기 위한 전략으로서 위에서 살펴본 협상력에 영향을 미치는 요인들을 협상의 중요한 수단으로서 활용하고자 한다. 강대국들은 일반적으로 경합적 협상방식을 택하면서 힘을 주요한 협상수단으로 삼는 경향을 보인다. 이들의 경우 실제적으로 힘을 사용하거나 사용하겠다는 위협이 신뢰를 가질 수 있기 때문이다.

반면에 중소국가들은 힘의 사용이나 위협이 신뢰를 갖기 어려울 뿐 아니라 이러한 협상 수단의 사용은 강대국으로부터 보복을 불러올 수 있다는 것을 두려워한다. 따라서 중소국가들은 협력적 협상방식을 택하면서 힘이 아닌 다른 협상수단을 통한 협상전략을 구사하고자 한다. 협상결과는 대체적으로 힘에 의해 결정되지만 중소국가들도 일정한 협상수단을 동원할 경우 협상결과에 영향을 미칠 수 있다. 다음은 중소국가들이 협상에서 흔히 동원하는 협상수단들이다. 이들의

(stakeholder)의 반발의 여부와 반발의 정도가 협상력과 밀접한 관련을 가진다는 의미이다. 퍼트남(Robert Putnam)의 의하면 이러한 반발이 크면 클수록 두 수준 게임이론(two-level game theory)에서 언급하는 윈셋(win-set)이 작아지면서 상대방에 대한 협상력이 증가한다. 미국과의 자유무역협정(FTA) 협상이 진행되는 가운데 전개된 대규모 반대시위와 정치인의 단식투쟁 등은 협상자로 하여금 물러설 수 있는 여지를 좁혀 협상력을 고양시킴으로써 상대방인 미국 측에 강한 압박을 가했다.

75) 협상의 일방이 이번에 반드시 협상을 타결해야만 한다고 매달리게 되면 협상력이 약화되고 그 결과 더 많은 양보를 하지 않을 수 없게 된다. 이러한 현상을 「협상탈출의 실패」라고 칭하기도 하는데 과거 미국과의 통상협상에서 상대적으로 약한 협상력을 지녔던 한국정부가 흔히 빠졌던 함정이다: 김현종, 『김현종, 한미 FTA를 말하다』, (서울: 홍성사, 2010).

76) 협상 참여자가 시간에 쫓길수록 협상력은 약해지고 마감시간(deadline)에 가까울수록 협상자의 양보비율(concession rate)이 높아진다.

협상전략은 강대국들과 견주기 힘든 구조적인 요인이 아닌 행태적인 요인에 바탕을 둔 전략인 것을 특징으로 한다.

첫째, 중소국가들은 규범과 정의에 기초를 둔 정당성에 호소하는 것을 중요한 협상수단으로 활용한다. 이 협상수단은 한마디로 도덕적인 압박(moral pressure)을 가하는 협상수단이다. 이러한 전략을 구사하고 있는 전형적인 예로서 지구온난화로 인한 기후변화 협상을 하는 가운데 도서국가연합(Alliance of Small Island States, AOSIS)을 구성하고 있는 국가들의 전략을 들 수 있다.

구체적으로 이들은 기후변화 협상에서 지구의 온난화를 초래하는 데 있어서 가장 기여를 해 오지 않았음에도 불구하고 영토가 물에 잠겨 국가의 존재가 기로에 놓이는 등 지구온난화로 인해 가장 큰 피해를 입고 있다는 주장을 전개하는 전략을 구사하면서 지구온난화를 완화시키기 위한 이산화탄소의 감축에 가장 적극적인 입장을 취하고 있다.

둘째, 중소국가들은 공동의 이익에 대한 논리적인 설득이라는 협상수난을 활용하는 전략을 구사하고자 한다. 이는 협상에 임하는 국가(군) A가 상대방 국가(군)인 국가(군) B에게 국가(군) A의 입장을 배려하는 것이 국가(군) B에게도 이익이 된다는 것을 논리적으로 설득하는 것을 일컫는다. 이는 자국의 목표를 타국의 입장과 연결을 지어 공동의 이익을 강조하는 전략이다.

기후변화 협상과 관련하여 살펴보면 선진국들은 개도국들이 지구온난화를 완화하고 적응하는 것을 지원하는 데 소요되는 비용을 부담하는 것에 적지 않은 반감을 가지고 있는 것이 사실이다. 이와 관련하여 추상적인 규범에의 호소만으로는 선진국들을 설득하는 것이 불가능하다.

따라서 이러한 규범에의 호소와 더불어 현재의 시점에서 선진국이 행동을 취하지 않을 경우 예상되는 미래의 높은 비용을 강조하면서 지구온난화의 완화와 적응을 위한 조치를 취하는 것이 결과적으로 선진국의 이익에도 크게 부합됨을 강조하는 전략을 일컫는다.

셋째, 중소국가들은 외부세력의 동원이라는 협상수단을 활용하는 전략을 구사하고자 한다. 이는 말 그대로 협상의 당사자가 아닌 제3자를 동원하는 전략을 의미한다. 구체적으로 미디어와 대중의 지지를 동원하는 것을 포함한다. 또한 비정부기구(NGO)와 로비그룹을 통해 논의의 대상이 되고 있는 의제와 관련한 유용한 정보를 획득하고 이에 대한 전문성을 제고하는 것을 포함한다.

예컨대 기후변화 협상을 포함한 환경협상에서 협상력을 높이는 중요한 수단 가운데 하나가 과학적인 증거를 제시하는 것이라는 점을 고려할 때 이러한 전략은 그 중요성을 더한다고 할 수 있다. 또한 정보의 불균등성(information asymmetry)이 협상력에 커다란 부정적인 영향을 미친다는 여러 연구결과를 감안할 때 외부세력을 동원한 정보의 획득을 통한 전문성의 확보는 중요한 영향력의 원천이 될 수 있다.

넷째, 중소국가들은 협상과정에의 조직적인 참여라는 협상수단을 활용하는 전략을 구사하고자 한다. 구체적으로 응집력이 있는 연합(cohesive coalition)을 구축하고 연합의 구성국들과 자원의 공유(resources pooling)를 추구하는 것이다. 이러한 연합의 목적은 정보를 교환하고 공유하며 때때로 공동의 입장을 개발하고 합의하기 위한 것이다.

기후변화 협상의 예를 들면 이 협상에 참여하고 있는 주요 협상그룹에는 유럽연합 · 미국/일본/캐나다/호주/뉴질랜드/노르웨이/아이슬란드/러시아/우크라이나 등으로 구성된 우산그룹(Umbrella Group, UG) · 개도국들로 구성된 77그룹 · 기후변화로 인한 해수면 상승에 취약한 43개 군소 도서국가로 구성된 도서국가연합(AOSIS) · 한국/스위스/멕시코/모나코/리히텐슈타인을 구성요소로 하는 환경협력그룹(Environmental Integrity Group, EIG)이 존재한다.[77)]

이들 그룹들은 결집력의 정도에 있어서 차이를 보인다. 이 그룹 중에서 27개 국가들로 구성된 유럽연합의 경우 가장 결집력이 높아 공동의 입장을 구체화하고 거의 예외 없이 한 목소리를 낸다. 우산그룹의 경우 이들을 구성하고 있는 선진국들은 다양한 국가적 상황으로 인해 동질성이 강하지 못해 공동의 관심사에 대한 정보를 공유하는 등의 느슨한 연합으로서의 특징을 지닌다. 77그룹은 기후변화에 고도로 취약한 소국과 원유수출에 강력한 이해관계를 가지고 있는 사우디아라비아를 포함하는 등 상당히 이질적인 구성체임에도 불구하고 단일한 목소리를

77) 애초에 OECD국가 중 EU에 속하지 않은 선진국들 사이의 정보교류와 토론을 위한 그룹으로서 저스칸즈(JUSSCANNZ) 그룹이 존재했고 미국 · 일본 · 캐나다 · 호주 · 뉴질랜드 · 노르웨이 · 아이슬란드 · 한국 · 스위스 · 멕시코 등이 이 그룹에 속했다. 그러나 이 그룹은 협상그룹이라기보다는 의견교환을 위한 협의체의 성격을 보유하고 있었다. 따라서 기후변화 협상과정에서 협상력을 제고하기 위해 입장을 같이 하는 한국 · 스위스 · 멕시코가 이 그룹에서 빠져나와 환경협상 그룹인 환경협력그룹(Environmental Integrity Group)을 결성하여 기후변화 협상에서 주요 그룹들 사이의 이해관계 상충으로 진전이 없는 사안들에 대해 조정자의 역할을 도모하고 있다. 저스칸즈를 구성하고 있는 나머지 국가들에 러시아와 우크라이나가 추가되어 우산그룹(Umbrella Group)이라는 협상그룹을 구성했다. 이로써 저스칸즈는 기후변화 협상과 관련하여 더 이상 존재하지 않는 그룹이 되었다.

내면서 강력한 응집력을 보이고 있다. 한국이 속해 있는 환경협력그룹은 공동의 입장을 가지는 경우 공동으로 협상에 임하나 그렇지 못할 경우 개별적으로 협상에 참가한다.

위에서 간단하게나마 강대국의 협상전략과 중소국가들의 협상전략을 살펴보았다. 이러한 협상전략은 크게 힘(power)에 기반을 둔 협상전략과 영향력(influence)에 기반을 둔 협상전략으로 구분할 수 있다. 전자는 주로 경고·위협·강요·물리력 등을 동원하여 상대방을 강제하는 경우를 일컫는다.

후자는 논리적인 주장이나 도덕적인 설득 등을 통해 자발적인 협력을 하도록 상대방을 고양하는 방식을 의미한다. 즉 힘이란 상대방을 외적으로 강제하는 물리적인 강제력을 의미하는데 반해 영향력이란 상대방을 생각이나 느낌에의 동조와 같이 내적으로 강제하는 심리적인 강제력을 의미한다.

6. 의사결정의 사례: 유엔 안보리

1) 협의체의 종류

유엔총회 내에 협의체가 존재하듯이 안보리 내에도 이러한 협의체가 존재한다. 그 중 하나가 상임이사국으로 구성된 「P-5 Caucus」라고 불리는 상임이사국 협의체이고 다른 것이 비상임이사국 중에서 비동맹 그룹에 속하는 국가로서 구성되는 「NAM Caucus」라고 불리는 비동맹 그룹 협의체이다.

비상임이사국 중에서 비동맹 그룹 협의체에 속하는 국가의 수가 많을 때는 7개 국가에 달해 이들 모두가 안보리에서 결집력을 가지고 나머지 국가들과 다른 입장을 가지고 표결에 임하는 경우 이들은 원하지 않는 결정이 이루어지는 것을 집단적으로 막을 수 있다. 따라서 이를 두고 안보리 5개 상임이사국들의 거부권에 이은 「제6의 거부권」이라고 부른다.

안보리 비상임이사국 중에는 1996년~1997년 사이에 비상임이사국이었던 한국처럼 두 협의체 중 어느 것에도 속하지 않은 국가들이 존재할 수 있다. 이들 국가들이 어느 협의체에도 속하지 않을 경우 소외되어 어떤 이슈에 대한 의사결정을 앞두고 무엇이 어떻게 진행되고 있는지를 알기 힘들기 때문에 정보의 공유의 필요성이 생기며 이를 위해 기존의 협의체와 어느 형식으로든 연계를 맺어야 할 필요성을 갖게 된다.

한국은 비동맹 외교에 주력한 결과 1997년에 비동맹 그룹의 옵서버(observer) 자격을 획득한 바 있으나 비동맹 그룹의 정회원이 아니다. 따라서 1996년부터 1997년까지 2년간 안보리 비상임이사국으로 선출된 한국은 안보리의 비동맹 협의체에 정식 회원이 될 수 없었다. 이러한 상황에서 한국은 안보리에서 비동맹 그룹 협의체에 빈객(guest)의 자격으로 참여한 바 있다. 빈객의 지위로서의 한국은 비동맹 그룹 협의체에 전적으로 의견을 같이 하는 것이 아니라 사안에 따라 이들과 의견을 같이한다는 유보적인 입장을 갖고 있었다.[78)]

2) 의사결정의 과정

안보리의 경우 중요한 결정은 대부분 공식 회의장(Security Council Chamber)이 아닌 비공식 회의실(consultation room)에서 이루어진다. 대중 매체에 공개되지 않는 비공식 회의는 아무런 공식기록을 남기지 않으나 여기에서 의제의 채택 여부와 의제의 결론이 담판 지어진다. 이 과정에서 상임이사국들 사이에 힘겨루기가 적나라하게 드러난다. 어떤 이슈가 안보리의 의제로서 다루어지기 위해서는 5개 상임이사국의 찬성이 필요하다. 따라서 어느 한 상임이사국의 반대만으로도 이슈의 의제화가 실패하는 경우가 종종 발생한다.

의제채택 발표에 이어 곧 바로 공식 회의가 열려 토의에 들어간다. 사전에 발언신청을 받기 때문에 의사일정은 미리 결정된 순서에 따라 진행된다. 안보리 공식회의의 공개토의(open debate)에는 이사국뿐만 아니라 비이사국 그리고 관련된 국제기구의 대표들이 참석하여 자신들의 입장과 대안을 제시한다.

안보리에 있어서의 중요 안건은 주로 5개 상임이사국에 의해 결정된다. 그러나 처음부터 5개 상임이사국들이 한 자리에 모여 논의하는 것은 아니다. 일반적으로 미국과 영국이 비공식적인 협의를 거쳐 의견을 조정하고 그 후 프랑스의 의견을 타진한다. 3개 국가가 협의를 통해 결의안의 골격이 정해진 후 이 결의안은 러시아에 그리고 나서 중국에 제시되어 이들의 의견이 타진된다.[79)] 이 과정에

78) 한국은 NAM Caucus의 빈객의 지위에 있었으나 이들 회원국과 적극적으로 공동의 보조를 택한 적이 없고 오히려 많은 문제에 있어서 P-5 Caucus와 공동보조를 취했다.

79) 미국과 영국은 추구하는 목표가 같다는 주된 이유하에 동일한 언어사용으로 인해 보다 친밀하게 접근하여 안보리 의사결정에 있어 동일보조를 취하는 경우가 많으나 서유럽에서의 패권에 관심을 가지고 있는 프랑스는 안보리 의사결정에서 미국 및 영국과는 다른 입장을 표명하는 경우가 많다.

서 어귀의 수정 등이 가해진다.

이렇게 해서 완성된 결의안은 비상임이사국에 제시된다. 5개 상임이사국은 비상임이사국과의 비공식 협의를 통해 그들이 원하는 결의안의 최종 통과를 위해 최소한 4개 비상임이사국의 찬성을 얻고자 노력한다. 이러한 비공식 협의과정을 거친 후 공식 회의에서 안보리의 결의문으로서 채택된다. 대개의 경우 공식적인 회의는 비공식 회의에서 타결된 것을 공식적으로 채택하는 역할만을 수행한다.

안보리에서 비공식 협의를 거치면서 최종적으로 의사결정이 어떻게 귀결되는가를 예를 통해 살펴보도록 하자. 1990년에 걸프전이 발생했을 때 채택된 안보리 결의문 S/RES/665는 외국인을 인질로 한 이라크에 대해 한정적인 무력 행사를 용인한 결의문이었지만 결의문의 어느 곳에도 「무력 행사」라는 말을 찾을 수가 없었다. 미국의 원안에는 「무력 행사」라는 말이 사용되고 있었으나 중국과 러시아가 난색을 표시하여 영국이 「최소한도의」라는 형용사를 붙일 것을 제안해서 5개 상임이사국의 안은 정리가 되었다. 그러나 안보리 내의 비동맹 그룹에 속하는 비상임이사국들이 반발하자 이들을 대신한 중국이 「무력 행사」라는 말을 아예 삭제할 것을 요구하는 바람에 결국 「특정 상황이 필요로 하는 경우 이것에 견주어 상응하는 조치를 사용한다(use such measures commensurate to the specific circumstances as may be necessary)」고 하는 애매모호한 표현으로 귀결된 바 있다.

안보리는 결의안에 대해 합의에 이르지 못하거나 표결로 통과시키지 못할 경우 결의문 대신에 법적 구속력이 없는 의장성명(Presidential Statement)을 채택할 수 있다. 또 다른 조치로서 언론발표문(Press Statement)을 채택할 수도 있는데 이러한 언론발표문 역시 결의문과는 달리 법적 구속력을 결하고 있다.

3) 탈냉전기의 변화

냉전시대에는 안보리 내에서도 동서 양진영 간의 갈등 그리고 비동맹 그룹의 존재 등으로 말미암아 안보리 이사국들 사이에 비공식 협의를 통한 의견의 수렴이 어려웠다. 따라서 안보리의 최종적인 의사결정은 많은 경우 공식 회의의 표결을 통해 이루어지지 않을 수 없었다.

냉전의 종식과 더불어 안보리 상임이사국 사이의 갈등과 대립이 약화되면서 보다 많은 결정이 공식 회의의 표결을 통하지 않고 비공식 협의의 과정을 통해 이루어지게 되었다. 그러나 이러한 비공식 협의 과정을 통한 의사결정은 다음과 같은 문제점을 야기하고 있다.

실질적인 의사결정이 공식 회의에서 표결에 의해 결정되는 경우가 빈번했던 냉전시대에는 유엔헌장 제31조와 제32조에 따라 안보리의 결정에 의해 영향을 받을 수 있는 안보리의 이사국이 아닌 유엔 회원국과 유엔의 회원국이 아닌 분쟁 당사국이 안보리의 공식 논의에 참여하여 당사국 발언을 할 수 있었으며 그 결과 의사결정에 있어서 자국의 의사표명을 할 수 있는 기회를 가질 수 있었다.

그러나 냉전 종식 후 상임이사국들 사이에 협력의 기운이 높아지면서 많은 이슈가 공식 회의보다는 비공식 협의를 통해 결정되자 이러한 이슈에 이해관계를 가지고 있는 안보리의 이사국이 아닌 타행위자들이 실질적인 의사결정이 이루어지고 있는 곳에서 발언할 수 있는 기회를 상실하게 되었다. 구체적으로 말해 공식회의가 아닌 많은 거래와 타협 등이 오가는 비공식 협의 과정에 안보리 이사국이 아닌 이해 관계국의 참여란 불가능한 것이었기 때문이다. 안보리의 의사결정이 이처럼 비공식 협의 과정을 통해 실질적으로 이루어짐으로써 의사결정에 있어서 효율성은 제고될 수 있으나 의사결정의 투명성을 확보하기가 힘들어진다는 문제점이 등장한다.

이러한 문제를 극복하기 위해 아리아 공식(Arria Formula)이 제시되었는데 이는 유엔 건물의 지하에 있는 회의장으로 옮겨가 안보리 이사국과 비이사국이 만날 수 있도록 하는 것이다. 즉 이는 비이사국에게 의견을 제시할 수 있는 기회를 제공하는 것으로서 현재 많이 활용되고 있다.

아리아 공식 회의를 좀 더 자세히 살펴보면 유엔 안보리 이사국들이 심각한 의견대립이 예상되는 문제에 대해 유연한 회의절차와 더불어 솔직하게 의견을 나누기 위해 활용되는 회의록도 작성하지 않는 비공식적이고 비공개적인 회의이다. 이 회의는 1992~1993년에 유엔 안보리 이사국이었던 베네수엘라의 대표였던 아리아(Diego Arria) 대사의 이름에서 유래된 것으로서 그가 안보리 의장일 때 소집한 회의의 방식을 의미한다.

이러한 회의는 안보리가 개최하는 안보리 이사회 전체의 비공식 협의를 위한 비공식 회의와 다음과 같은 점에서 구별된다. 우선 이 회의는 이사회의 활동을 구성하지 않고 하나의 이사국 혹은 복수의 이사국에 의해 소집된다. 참여는 개개 이사국의 결정에 달려 있다. 둘째, 이 회의는 전체 비공식 협의가 안보리 비공식

회의실(Security Council Consultation Room)에서 열리는 것과는 다른 회의실(Conference Room)에서 개최된다. 셋째, 회의 소집국은 다른 이사국들에게 장소 · 일시 · 시간 등을 알려주는 서면의 초청장을 만드는데 이때 이 초청장은 유엔 사무국으로부터의 통보가 아니라 소집국의 팩스로 보내진다. 넷째, 유엔저널(Journal of the United Nations)에 공시되지 않는다. 여섯째, 사무국의 직원은 통역인과 회의 담당관(Conference Officer)을 제외하고 초청을 받지 않으면 참여하지 않는다.

제5장 의사결정의 효력

1. 일반적인 경우

국제기구의 의사결정의 결과는 대부분 법적 구속력을 결하고 있다. 예컨대 유엔총회의 경우 미국의 대 쿠바 경제제재 조치의 종식을 촉구하는 내용의 결의문을 연례행사처럼 매년 압도적인 표 차이로 통과시켜온 바 있으며 이 결의문은 총회의 여타 결의문과 마찬가지로 법적 구속력을 결하고 있다. 미국은 이러한 결의문을 즉각 거부해 왔고 이러한 거부는 국제사회의 비난을 받는 데 그치곤 했다. 국제사회는 이러한 유엔총회의 결의문의 채택을 통해 쿠바에 경제봉쇄정책을 취하고 있는 미국에 심리적인 압박을 가하는 데 그치고 있다.[80]

이러한 결의문은 대개 회원국 정부에게 권고를 하거나 사무국에게 특정의 행동을 하도록 의도된다. 국가의 정부에 대한 권고는 법적 구속력이 없으나 사무국에게 특정 행동을 취할 것을 명령하는 결의문은 사무국에 대해 구속력을 갖는다.

일반적으로 국제기구의 의사결정의 결과물은 법적 구속력을 결하고 있지만 그럼에도 불구하고 이를 경시해서는 안 되는 측면을 가지고 있는 것도 사실이다. 왜냐하면 원래 법적 구속력이 없는 의사결정이라고 해도 시간이 흐르면서 법적 구속력을 갖추게 되는 경우가 없지 않기 때문이다. 또한 결의문이 법적 구속력을 결하여도 결의문이 채택되면 국제적 문제 자체 혹은 이러한 국제적 문제의 처리방법에 대한 집단적 정당화(collective legitimization)의 역할을 하여 무엇이 옳고 무엇이 그릇된 것인가에 대한 판단의 기준을 제공하기 때문이다.

2. 예외적인 경우

이처럼 국제기구의 의사결정의 결과는 많은 경우 국가를 구속하지 않는 권고

80) 동아일보(인터넷), 1997년 10월 7일.

의 성격을 지니나 법적 구속력을 갖는 경우가 없는 것은 물론 아니다. 예컨대 회원국에 대해 직접적으로 적용되고 회원국의 국내법에 우월한 유럽연합(EU)의 규칙(regulation)이 이러한 예외의 하나이다.[81] 북유럽 국가의 정부 간 협력을 위해 1971년에 설립된 지역기구인 북유럽각료이사회(Nordic Council of Ministers)의 결정은 만장일치에 의해 이루어지며 이러한 결정은 회원국에게 법적 구속력을 갖는다.[82]

이 밖에 국제민간항공기구(ICAO)와 세계보건기구(WHO) 등 일부 전문기구의 기술규칙 · 유엔 안보리의 결의문(resolution)과 결정(decision) · 국제사법재판소(ICJ)와 같은 사법기구의 판결도 법적 구속력을 가진다. 또한 국제기구의 인사 · 기관 · 예산 등 국제기구의 내부사항에 관한 결정도 법적 구속력을 가진다. 유엔을 예로 들자면 제22조와 제68조에 의거한 새로운 국제기구의 설치결정 · 제17조에 의거한 예산을 승인하고 경비를 할당하는 결정 · 제101조에 의한 직원들을 임명할 규칙의 제정은 법적 구속력을 갖는다.

국제기구의 결정이 법적 구속력을 가지는 경우에 있어서도 경우에 따라 이러한 구속력은 매우 제한적이다. 경제협력개발기구(OECD)는 의사결정에 있어 협의(consultation)라는 특별한 방식을 채택하고 있는데 이 방식이 이러한 한계를 잘 보여 준다. 여기서 협의란 회원국들이 정책조정을 함에 있어서 관계국들이 직접 협의하고 상호 검토하는 방식을 일컫는다. OECD는 이러한 방식에 의해 각 분야의 위원회가 문제를 검토하고 건의를 하며 이사회(Council)는 이에 기초하여 주로 합의(consensus)로 의사결정을 한다. 이러한 것들을 합의로 채택할 때 기권(abstain)이 인정되며 이 경우 기권한 회원국에는 적용되지 않는다.

법적 구속력이 있는 결의문들이 실제로 이행되지 않는 경우들도 존재한다. 예컨대 안보리 결의문의 경우 유엔 가입 회원국들은 이를 의무적으로 이행하도록 돼 있으나 이스라엘 및 팔레스타인과 관련한 안보리 결의문 중 이행되지 않고

81) 유럽연합(EU)은 권고와 의견(recommendation and opinion) · 결정(decision) · 지침(directive) · 규칙(regulation) 등 다양한 형태로 결정을 내린다. 규칙의 경우 별도의 국내법적인 수용절차 없이 모든 회원국에게 적용되며 각국의 국내법에 우선한다. 지침의 경우 규칙과는 달리 구체적인 시행이 개별 회원국에게 맡겨지며 시행을 위해 별도의 국내법 제정을 필요로 한다. 결정이란 회원국 · 개인 · 법인 등 특정 사안과 관련 있는 대상 등 불특정 다수가 아닌 특정 대상에 대해서만 적용된다는 점에서 규칙과 다르고 실현방안이 회원국에게 위임되지 않고 직접 적용된다는 점에서 지침과 다르다. 권고와 의견은 법적 구속력이 없는 것을 특징으로 한다. 권고와 의견만을 제외하고 법적 구속력을 지닌다.

82) 북유럽각료이사회의 결정은 때때로 개개 회원국 의회에 의해 승인되어야만 한다는 조건하에 법적 구속력을 가진다. 북유럽각료이사회와 더불어 북유럽 국가들의 통합을 가져오고 있는 국제기구로 북유럽협의회(Nordic Council)가 있는데 이 기구의 의사결정은 권고의 성격을 갖는다.

사장된 사례가 많다. 이러한 결의문 가운데 하나로서 안보리 결의문 452호(1979년 7월 20일)를 예로 들어보자. 당 결의문은 이스라엘이 팔레스타인 점령지역에 정착촌을 건설하는 행위는 법적 타당성이 결여된 것이며 4차 제네바 협정의 전시 민간인 보호 조항에 위배된다고 규정하면서 정착촌 건설을 중단할 것을 요구했다. 이스라엘은 그러나 정착촌 건설하고 확장하는 것을 멈추지 않았다.

유엔 안보리가 내리는 제재조치는 법적 구속력이 있음에도 불구하고 이러한 제재조치에 대한 위반이 많다. 과거 유엔은 회원국들에게 구속력이 있는 결의문을 통해 이라크에 대한 경제제재로서 석유금수 조치를 취하였다. 그러나 유엔이 이라크에 가하고 있는 석유금수 조치에도 불구하고 터키가 인접국 이라크로부터 원유를 밀수입한 바 있다.

제6장 북한인권 문제에 관한 유엔의 의사결정

1. 서　　론

2014년 3월 28일에 인권이사회(Human Rights Council, HRC)는 북한 내 심각한 인권침해에 관여한 인사들을 적절한 국제형사사법기제에 회부하여 제재하는 방안을 권고하는 북한인권 결의안을 채택했다. 이어서 같은 해 11월 18일에 유엔총회 제3위원회는 북한의 인권 상황을 국제형사재판소에 회부하고 최고 책임자들에게 제재를 가해야 한다는 강력한 내용의 개정된 결의안(revised draft resolution)을 압도적인 표차이로결의문을 채택하였다. 나아가 12월 22일에 안보리가 북한의 인권 문제를 포함한 북한상황을 정식 의제항목으로 채택했다.

여기에서는 북한인권 문제가 논의된 이러한 일련의 과정을 면밀하게 추적하여 국제기구에서 의사결정이 어떠한 의사규칙하에 어떠한 절차와 방법을 통해 이루어지는가를 하나의 실질적인 사례로서 살펴보고자 한다. 이를 통해 국제기구 의사결정 과정의 동태적인 면모를 이해하게 될 것이다. 북한의 인권 문제를 다루는 결의안과 결의문이 2003년에 시작되어 2018년에도 예외 없이 채택된 바 있다. 그러나 의사결정의 가장 동태적으로 이루어진 해가 2014년이기에 여기에서는 2014년을 최종적인 해로 하여 논의를 전개하고자 한다.[83]

2. 유엔의 북한인권 문제 논의와 의사결정

북한인권 문제의 구체적인 논의 과정에 앞서 인권관련 유엔기구 상호 간의 관계를 살펴볼 필요가 있다. 북한의 인권 문제는 다루는 주요 국제기구는 유엔과 유럽연합(EU)인데 여기에서는 유엔을 중점적으로 살펴보고자 한다. 유엔은 인권문제를 전문적으로 다루는 주요 기관으로서 사무국의 한 조직인 인권최고대표사

83) 박재영, 『유엔회의 가이드북』 (서울: 법문사, 2014), pp. 3-30.

무소(OHCHR)와 더불어 정부 간 기관인 인권이사회(HRC)와 총회를 두고 있다. 여기에서는 정부대표들이 인권 문제를 논하는 기관인 인권이사회와 총회를 중심으로 살펴보고자 한다. 총회의 경우 6개의 위원회 중에서 인권 문제를 다루는 제3위원회와 함께 본회의를 살펴보고자 한다. 이들이 각각 북한인권 문제를 어떻게 다루는가를 살펴보기 전에 이들 사이의 관계부터 살펴볼 필요가 있다.

인권이사회는 총회 본회의의 산하기구로서 총회 본회의에 의해 선출된 47개 이사국으로 구성된다. 유엔총회 제3위원회는 모든 유엔 회원국으로 구성된 기관으로서 본회의의 하부기관이다. 유엔총회 본회의 역시 모든 유엔 회원국으로 구성된 기관으로서 이들 인권이사회와 제3위원회의 상위기관이다. 이들 간의 관계가 명확하게 규정되어 있지 않아 활동의 중첩과 중복 등의 문제가 발생하고 있다.

이들 사이의 관계와 관련하여 현재 인권이사회의 보고서가 유엔총회 제3위원회에 보고되어 논의되고 있는 것이 타당한가에 대한 논쟁이 존재한다. 이에 대해 일부에서는 인권이사회와 제3위원회가 모두 총회 본회의의 하부기관이기 때문에 인권이사회의 보고서가 제3위원회가 아닌 본회의에 보고되어 논의가 되어야 한다는 주장이 지속적으로 있어 왔다. 이에 대해 총회의 운영위원회가 인권이사회의 보고사항 가운데 권고적 사항은 제3위원회에서 토의하고 보고서 전반에 관해서는 본회의에서 토의한다는 타협안을 결정한 바 있다.

이들 간의 관계에 있어서 보다 중요한 문제는 유엔총회의 산하기관인 인권이사회의 자율성 및 독립성과 관련된 것으로서 인권이사회를 총회의 종속적인 기관으로 보아서는 안 되고 보조적인 기관으로 보아야 한다는 주장이다. 인권이사회는 국가인권 상황을 심의하고 이행을 검토하는 것에 주도적인 역할을 하며 총회는 이러한 역할을 하는 이사회의 상위기관으로서 이사회로부터 연례보고를 받으며 새로운 기준을 설정하는 결정이나 모든 이슈에 있어서 예산의 함의를 가지고 있는 결정을 승인하는 권한을 보유하고 있다. 그럼에도 불구하고 인권이사회는 총회와 독립하여 자신의 의제를 자유롭게 설정할 수 있어야 하고 인권이사회의 결정은 독립적인 권위를 가져야 하며 운영상의 자율권도 가져서 기술지원을 포함하여 권고를 관련 국가와 더불어 유엔체제에 속하는 조직들에게 제시할 수 있어야 한다. 또한 인권이사회는 총회에 채택을 위해 권고를 할 수 있어야 한다.

이렇게 인권이사회의 독립성이 존중되어야 하지만 그렇다고 해서 총회가 이사회의 의제를 논의하는 것을 막아서는 안 된다. 여기에서 다루고자 하는 북한인권 문제와 관련하여 북한인권 결의안이 매년 3월경에 인권이사회에서 채택될 뿐 아니라 11월경에 유엔총회 제3위원회에서 별도의 결의안이 채택되며 이어서 12월에 유엔총회 본회의에서 결의문이 채택되곤 한다. 인권이사회에서 채택된 결의안이 총회에서 다시 논의되고 채택되는 것을 두고 활동의 중첩이라고 이야기할 수도 있으나 인권이사회의 경우 47개 이사국의 결정인 관계로 유엔의 모든 회원국을 포함하고 있어 보편성을 가지고 있는 총회(제3위원회와 본회의)가 이를 다시 논의하고 채택하는 것을 필요로 한다.

1) 인권이사회와 북한인권 문제

인권이사회는 유엔 경제사회이사회의 산하기구였던 인권위원회(Commission on Human Rights, CHR)를 계승하여 2006년에 총회의 산하기구로 설립된 기구이다. 인권이사회의 전신인 인권위원회는 2003년을 시작으로 2005년까지 3년 연속 북한인권 결의안을 채택한 바 있다. 인권이사회의 경우 2008년부터 2014년까지 매년 북한인권 결의안을 채택해 왔다. 이 두 기관에서 북한인권 결의안이 채택될 당시의 표결현황은 다음과 같다.

연도	찬성표	반대표	기권표	한국입장
2003	28	10	14	불참
2004	29	8	16	기권
2005	30	9	14	기권
2008	22	7	18	찬성
2009	26	6	15	공동제안
2010	28	5	13	공동제안
2011	30	3	11	공동제안
2012	합의			공동제안
2013	합의			공동제안
2014	30	6	11	공동제안

(1) 북한인권 특별보고관의 임명

인권위원회는 인권보호를 위한 특별절차의 하나로서 주제별 특별보고관(Thematic Special Rapporteur)과 국별 특별보고관(Country Special Rapporteur) 제도를 가지고 있었다. 이러한 제도(특히 국별 특별보고관 제도)는 인권이 열악한 국가들의 반대에도 불구하고 인권이사회에 계승되었다.[84]

인권위원회는 2004년에 결의안을 통해 태국인 문타폰(Vitit Muntarbhorn)을 북한인권 특별보고관으로 임명하여 북한인권 상황을 조사하여 그 결과와 더불어 이를 바탕으로 한 권고사항을 인권이사회와 총회에 보고하도록 했다. 그의 임기는 인권이사회로까지 연장되어 2010년 6월까지 북한인권 특별보고관으로서의 역할을 수행했으며 인도네시아 사람인 다루스만(Marzuki Darusman)이 2016년 7월까지 그의 뒤를 이었다.[85] 이들은 북한 내 현지조사를 위해 지속적으로 방북을 요청해 왔지만 북한의 거부로 한국을 비롯한 주변국을 방문하거나 탈북자들과 면담을 가지고 그 결과를 바탕으로 매년 두 차례 북한인권 상황에 대한 보고서를 작성하여 인권이사회와 유엔총회에 제출해왔다.[86]

(2) 북한인권조사위원회의 최종보고서 발표

2013년 3월 21일에 인권이사회는 결의문 A/HRC/RES/22/13을 통해 북한인권조사위원회(Commission of Inquiry on Human Rights in the DPRK)를 설치하여 커비(Michael Kirby)를 위원장으로 하고 세르비아의 인권활동가인 비세르코(Sonja Biserko)와 북한인권 특별보고관인 다루스만을 위원으로 임명했다.

북한인권조사위원회는 그 동안의 활동을 바탕으로 2014년 2월 17일에 북한의 인권 문제를 다루는 데 있어서 일대 전환점이 되는 최종보고서(A/HRC/25/63)를 발표했다.[87] 최종보고서는 다음을 핵심적인 내용으로 한다. ⅰ) 북한의 최고위층이 수립한 정책에 따라 북한 내에서 반인도범죄에 해당하는 인권 침해가 광범위

---

84) 주제별 특별보고관의 임기는 3년이며 3년이 연장될 수 있다. 국별 보고관의 임기는 1년이고 매년 임기가 연장되어 최대 6년까지만 가능하도록 되어 있다.

85) 다루스만 북한인권 특별보고관의 후임으로 아르헨티나 사람인 퀸타나(Tomas Ojea Quintana)가 신임 북한인권 특별보고관으로 임명되어 2016년 8월 1일부터 임기를 시작했다.

86) 북한인권 특별보고관 이외에 유엔 사무총장도 매년 북한인권 상황에 대한 보고서를 유엔총회에 제출해 오고 있다.

87) Human Rights Council, *Report of the commission of inquiry on human rights in the Democratic People's Republic of Korea*," A/HRC/25/63 (7 February 2014).

하게 자행되고 있다(실행단락 75). ii) 북한당국이 자국 주민을 보호하는 데에 명백하게 실패한 만큼 국제사회는 반인도범죄로부터 북한의 주민들을 보호할 책임이 있음을 인정해야 한다(실행단락 86). iii) 유엔이 북한에서 반인도범죄를 저지른 주요 가해자들에게 책임을 엄중히 묻기 위해 유엔 안보리로 하여금 북한의 상황을 국제형사재판소(ICC)에 회부하는 방안과 유엔이 특별재판소(ad-hoc tribunal)를 설립하는 방안 등이 있다(실행단락 87).[88] 이러한 내용과 더불어 보고서는 북한인권 피해자 등과의 지속적인 만남과 자료의 축적을 위해 현장기반조직(Field-Based Structure, FBS)의 설치를 권고했다.[89]

이 보고서에서 주목해야 할 부분은 북한의 인권 문제를 다루는 데 있어서 예전과는 달리 국제형사재판소로의 회부나 유엔총회의 특별재판소의 설치와 같은 사법적인 조치를 권고하면서 이의 근거로서 북한의 주민들에 대한 국제사회의 보호책임(Responsibility to Protect, R2P)을 언급하고 있다는 점이다. 여기서 보호책임이란 1999년에 미국이 주도한 나토군이 인도적 개입(humanitarian intervention)의 이름하에 발칸반도를 공습하면서 그 적법성과 효율성 등이 크게 논란을 불러일으키자 이러한 논란을 피하기 위해 2005년 뉴욕에서 개최된 세계정상회의에서 정상들이 합의한 새로운 개념으로서 현재 확립되어 가고 있다고 볼 수 있는 국제규범이다. 세계정상회의의 결과문건outcome document의 단락 138과 139에 언급되어 있는 보호책임에 대한 개념은 다음과 같다: 국가는 집단학살(genocide) · 전쟁범죄(war crimes) · 인종청소(ethnic cleansing) · 반인도범죄(crimes against humanity)와 같은 범죄로부터 자국의 주민을 보호할 일차적인 책임을 지지만 국제사회 역시 국가들이 그렇게 할 수 있는 역량에 도달할 수 있도록 도와야 할 책임을 지닌다. 만약에 국가가 이러한 책임을 지는 데 명백히 실패할 경우에 국제사회는 방관하지 말고 이러한 실패의 결과에 의해 영향을 받는 사람들을 보호할 책임을 가진다.[90]

88) 유엔 안보리의 결의문을 통해 국제형사재판소에 제소하는 것이 중국과 러시아의 거부권 행사로 어려울 경우에 대비하여 유엔총회에 의한 유엔 내 특별재판소 설치를 권고하고 있다. 이것마저 어려울 경우에 대비하여 북한인권조사위원회 활동을 지속해 나갈 기관을 유엔 인권이사회 산하에 설립하는 안도 제시하고 있다. 보고서는 책임자에 대한 제재를 언급했지만 김정은 조선노동당 제1비서의 실명은 거론하지 않았다. 그러나 반인도범죄에 대한 주요 조사결과를 알리는 서한을 북한의 최고지도자인 김정은에게 보낸다고 하면서 보고서의 부록에 서한의 내용을 포함시킴으로써 김정은 조선노동당 제1비서를 사실상의 제재의 대상에 포함시키고 있다.

89) 현장기반조직(field-based structure, FBS)을 「북한인권현장사무소」라고 부를 수 있다.

90) 안보리는 2006년 이후로 25개의 결의문과 6개의 의장성명에서 보호책임을 언급함으로써 세계정상회의 결과문건에 언급된 보호책임의 원칙을 재확인하여 오고 있다. 일부를 예로 들자면 안보리는

이러한 북한인권조사위원회의 보고서 발표가 있자 제네바 주재 북한 유엔대표부는 성명을 통해 북한인권조사위원회가 제시한 증거들을 부인하고 북한인권 실태조사는 인권보호라는 명목하에 북한체제를 전복하려는 전략의 일환이라고 강력하게 반발했다. 아프리카의 보츠와나와 같은 국가는 보고서 내용을 이유로 북한과의 단교를 선언했다.

(3) 인권이사회에서의 북한인권 결의안 채택

북한인권조사위원회의 보고서 내용을 바탕으로 하여 보고서 내용을 구체화하기 위해 유럽연합과 일본이 주도하고 한국과 미국 등 45개 국가가 공동제안국으로 참여하여 결의안을 작성하여 공개했다.[91] 결의안은 주된 내용으로서 북한 내 인권 침해에 관여한 인사들을 적절한 국제형사사법기제에 회부하는 방안과 이들 인사들에 대한 제재방안 등을 권고했다. 이 결의안 A/HRC/25/L.17은 2014년 3월 28일에 상정되어 찬성 30표·반대 6표·기권 11표로 채택되었다.

결의안 채택 이전의 토론과정에서 국별 인권 결의안이 채택 필요성을 둘러싸고 논쟁이 지속되었다. 구체적으로 일부 강경한 비동맹 그룹 국가들은 모든 회원국들이 매 4년마다 인권심사를 받는 보편적정례인권검토(Universal Periodic Review, UPR) 제도를 시행하고 있기 때문에 특정 국가의 인권 문제와 관련하여 국별 인권 결의안을 채택하는 것은 정치적 의도가 있는 것이라고 강하게 비난하면서 폐지를 요구했다.

다른 한편 서방 측은 보편적정례인권검토의 경우 매 4년마다 하는 것이므로 특정 국가에서 심각한 인권 침해가 발생할 경우 다음 보편적정례인권검토가 있을

2006년에 무력갈등하에서의 민간인의 보호에 관한 결의문 1674(S/RES/1674)를 만장일치로 통과시키면서 이 결의문에서 처음으로 보호책임을 공식적으로 언급한 바 있고 좀 더 최근인 2014년 4월과 8월에는 각각 결의문 2150(S/RES/2150)과 결의문 2171(S/RES/2171)을 통과시키면서 보호책임을 수용하고 있다. 또한 안보리는 보호책임의 한 맥락에서 상임이사국이 집단학살·전쟁범죄·인종청소·반인도범죄와 같은 반인륜적 범죄 상황의 경우 거부권 행사를 자제할 책임이 있는가의 여부를 둘러싼 논쟁의 해 오고 있다. 보호책임의 원칙은 국제사회의 관여가 주권을 침해하는 개입(intervention)이 아니라 인권을 지키는 본분으로서의 책임(responsibility)임을 강조함으로써 전통적 국가주권 개념에 더욱 강한 도전을 가하고 있다고 볼 수 있다. 이러한 보호책임의 원칙은 유엔헌장 제6장과 8장에 근거하여 경제제재를 비롯한 평화적 수단에 의해 구체화될 수 있고 이것이 실패할 경우 유엔헌장 제7장에 의거하여 무력제재를 포함한 강제적인 수단에 의해서도 구체화될 수 있다. 이 원칙은 안보리의 결의문 1970(S/RES/1970)과 결의문 1973(A/RES/1973)을 통해 2011년 리비아 사태 당시 카다피의 학살로부터 리비아 국민을 보호하기 위해 처음으로 적용된 바 있다.

91) 47개 인권이사회 이사국 가운데 한국을 비롯한 32개 이사국과 더불어 알바니아를 비롯한 13개의 비이사국이 공동제안국으로 참여했다. 이것에서 알 수 있듯이 인권이사회의 결의안의 경우 비이사국도 공동제안국에의 참여가 허용된다. 물론 비이사국이 결의안의 채택절차에는 참여할 수 없다.

때까지 기다려야 함으로 국별 인권 결의안의 채택이 필요하다고 주장하면서 보편적정례인권검토와 국별 인권 결의안의 채택은 상호 보완적임을 강조했다. 강경한 비동맹 그룹 국가들의 반대에도 불구하고 북한인권 결의안이 찬성 30표・반대 6표・기권 11표라는 큰 표 차이로 통과된 것은 적지 않은 수의 비동맹 그룹 국가들이 찬성이나 기권을 한 결과이며 이는 비동맹 그룹 국가들 사이에서도 인권 문제를 둘러싸고 입장차이가 있음을 보여주는 것이었다.

통과된 결의안은 핵심 내용으로서 북한에서 최고 지도부의 정책에 의해 반인도범죄가 자행되고 있어 총회가 북한인권조사위원회의 보고서를 안보리에 제출하고 안보리가 이에 대응하여 북한의 인권상황을 국제형사재판기제에 회부하여 반인도범죄에 대한 책임이 있는 자들에게 제재조치를 취하는 등의 적절한 조치를 취할 것을 권고하고 있다. 앞서 북한인권조사위원회의 최종보고서는 안보리가 북한인권 문제를 국제형사재판소(ICC)에 회부하거나 유엔총회가 특별재판소를 설치하는 방안을 권고했으나 인권이사회의 결의안은 이들을 구체적으로 명시하지 않은 채 북한인권 상황을 적절한 국제형사재판기제(appropriate international criminal justice mechanism)에 회부할 것을 권고했다.

결의안은 이러한 내용에 더하여 북한인권 특별보고관의 임기를 1년 연장했고 북한인권조사위원회 후속조치를 담당하고 북한인권 상황에 대한 감시와 기록을 강화하기 위해 현장기반조직(FBS)을 유엔의 인권최고대표사무소(OHCHR)의 산하에 설치할 것을 요청했다. 또한 북한인권 특별보고관에게 북한인권조사위원회의 후속조치에 대한 내용도 보고서에 포함시킬 것을 요청했다.

(4) 안보리의 아리아 공식 회의의 개최

유엔 인권이사회의가 북한의 인권 침해를 비난하고 지도자의 책임추궁과 제재 검토를 유엔 안보리에 요청하는 결의안을 채택하자 호주・미국・프랑스가 4월 17일에 이에 대한 대응방안을 논의하기 위해 소위 「아리아 공식 회의(Arria-formula Meeting)」라고 불리는 비공식 회의를 공동으로 개최했다. 비록 비공식 회의이고 중국과 러시아가 참가하지 않았지만 북한인권 문제를 논의하기 위해 유엔 안보리가 소집된 것은 역사상 처음이었다는 점에서 적지 않은 의미를 가진다.

이 회의에 초청된 북한인권조사위원회의 위원장과 위원들은 안보리 이사국들에게 브리핑을 하고 북한의 인권 침해에서 가장 책임이 있는 이들을 국제형사재판소에 회부하여 이들에 대한 제재를 취할 것을 요청했다.[92] 회의에 참가한 13개 안보리 이사국들 가운데 발언을 한 11개 이사국들은 모두 북한의 인권상황이 공식적으로 안보리의 의제가 되어야 할 것임을 제안했다. 몇몇 이사국들은 유엔 인권최고대표와 북한인권 특별보고관이 북한의 인권상황에 대해 정기적으로 이사회에 브리핑을 할 것을 요청했다. 발언을 한 11개 이사국들 가운데 6개 이사국들은 북한인권조사위원회가 권고한 바대로 재판소의 관할권에 따라 행동을 취하기 위해 북한의 상황을 국제형사재판소에 회부할 것을 요청했다. 다른 5개 이사국들은 북한인권 문제를 심의하고 국제형사재판소에 회부하는 것이 안보리의 의무라고 지적했다.

북한인권조사위원회의 보고서가 안보리 문건(S/2014/276)으로서 회람되었다. 호주·미국·프랑스는 4월 17일에 있었던 아리아 공식 회의 결과를 담은 비공식 문건을 첨부한 서한을 안보리 의장에게 보내 북한의 인권 침해 상황을 유엔 안보리가 공식의제로 채택해 다뤄야 한다고 촉구하는 동시에 안보리의 적절한 조치를 요구했다.

(5) 북한인권 특별보고관의 보고서 발표

2014년 6월 18일에 다루스만 북한인권 특별보고관이 「북한인권 상황에 대한 특별보고관의 보고서, 마주르키 다루스만(Report of the Special Rapporteur on the Situation of Human Rights in the Democratic People's Republic of Korea, Marzuki Darusman)」이라는 제하의 북한인권에 대한 보고서(A/HRC/26/43)를 발표했다. 이 보고서에서 특별보고관은 북한인권조사위원회의 조사결과와 권고에 기초하여 그의 임무를 수행함에 있어서 취하고자 하는 방향에 대한 생각을 밝히고 있다. 특별보고관은 북한인권조사위원회의 조사 결과의 국제법적인 함의와 국제공동체의 보호책임(R2P)을 강조했다.

2) 유엔총회 제3위원회와 북한인권 문제

유엔의 인권이사회뿐만 아니라 총회에서도 북한인권 문제는 토의대상이 되어 왔고 그 결과 북한을 대상으로 하는 국별 인권 결의안이 2005년부터 연례적으로

92) Voice of Canada, "COI 위원장 "北인권 침해 책임 지도자 ICC에 회부해야"" http://www.hrnkcanada.org/bbs/board.php?bo_table=headline&wr_id=332 (검색일: 2014년 11. 25).

상정되어 채택되어 왔다. 이러한 결의안들은 합의로 채택된 바 있는 2012년과 2013년을 제외하고는 모두 압도적인 표 차이로 표결에 의해 채택되었다. 좀 더 구체적으로 2005년부터 매년 유럽연합과 일본의 주도로 작성된 결의안이 채택될 당시의 제3위원회와 본회의의 표결현황은 다음과 같다.

연도	제3위원회				본회의			
	찬성	반대	기권	한국	찬성	반대	기권	한국
2005	88	22	62	기권	88	21	60	기권
2006	91	21	60	찬성	99	21	56	찬성
2007	97	23	60	기권	101	22	59	기권
2008	95	24	62	공동제안	94	22	63	공동제안
2009	97	19	65	공동제안	99	20	63	공동제안
2010	103	18	60	공동제안	106	20	57	공동제안
2011	112	16	55	공동제안	123	16	51	공동제안
2012	합의			공동제안	합의			공동제안
2013	합의			공동제안	합의			공동제안
2014	111	19	55	공동제안	미정			공동제안

북한인권 결의안이 사상 처음 유엔총회 본회의에 제출된 2005년의 경우 찬성 88표·반대 21표·기권 60표로 찬성이 반대보다 4배 이상으로 많았다. 이후 북한인권 결의안에 대한 찬성 국가는 2008년 한 차례를 제외하고는 꾸준한 증가세를 보였고 마지막으로 표결이 실시된 2011년에는 123개 국가로 늘었다. 2012년과 2013년에는 별도의 표결 없이 합의로 결의안이 통과됐다. 반면 결의안에 반대하는 국가는 2005년 21개 국가로부터 2011년 16개 국가로 줄었다. 또한 기권 국가 수도 2005년 60개에서 2011년에는 51개로 줄었다.

2012년의 경우 북한과 북한을 지지하는 골수 국가들인 중국·쿠바·이란·니카라과·러시아·시리아·베네수엘라가 특정 국가를 겨냥해 결의안을 채택하는 방식에는 찬성하지 않는다는 기존 입장을 재확인하면서 제3위원회와 본회의에 불참하여 북한인권 결의안이 합의로 통과되었다. 2013년의 경우는 벨라루스·중국·북한·이란·러시아·시리아·베네수엘라가 제3위원회와 본회의에 같은 이유로 불참하면서 합의로 통과되었다.

불참이 강력한 반대의사 표시의 하나로 행사될 수 있음을 고려할 때 두 해에 걸친 결의안의 합의 통과의 의미를 과대평가할 일은 아니다. 그러나 이러한 변화를 과소평가할 일도 아니다. 이들이 표결에 참여하여 반대표를 던지지 않아 결의안이 합의로 채택될 경우 결의안은 세계여론으로서의 성격이 강화되기 때문이다. 북한인권 결의안들이 압도적인 표차 이로 통과되어 왔고 통과가 예상되는 마당에 마냥 반대표를 던지는 것의 의미를 다시 생각한 조치일 수도 있다는 것을 고려하면 이는 중국을 비롯한 이들 국가들이 북한의 인권 문제를 대하는 태도에 있어서의 미묘한 변화라고 볼 수 있다.

2005년에 유엔총회 제3위원회와 본회의에 북한인권 결의안이 처음으로 상정됐을 때 당시 한국의 노무현 정부는 기권을 선택했다. 2006년의 경우 노무현 정부는 같은 해 10월에 북한이 처음으로 핵실험을 한 것을 이유로 북한인권 결의안에 찬성을 택했다. 2007년 10월에 남북정상회담이 열리고 곧 이어 개최된 유엔총회 제3위원회와 본회의에서 한국은 북한인권 결의안에 기권을 했다.

그러나 2008년에 이명박 정부가 들어서면서 앞서 살펴보았듯이 인권이사회에서는 공동제안국으로의 참가 없이 찬성표를 던졌지만 유엔총회 제3위원회와 본회의에서는 공동제안국으로 참가했다. 한국이 북한인권 결의안에 대해 처음으로 공동제안국으로 참여하자 북한은 이것을 반민족적이고 반통일적인 행위로서 6.15선언과 10.4선언의 전면적 부정이라고 강하게 비난한 바 있다. 한국은 2008년 유엔총회 제3위원회와 본회의에서 공동제안국으로 참여한 이래로 인권이사회와 유엔총회(제3위원회와 본회의)에서 일관되게 공동제안국으로 참여했다.

(1) 유럽연합과 일본이 주도한 북한인권 결의안의 제출과 상정

국제사회가 지속적으로 북한인권 결의안을 채택하면서 북한에 대해 압력을 행사했음에도 불구하고 북한의 인권상황은 오히려 더욱 악화되어 왔다. 이 때문에 앞서 살펴보았듯이 인권이사회는 2014년 3월에 안보리가 북한인권 문제를 국제형사재판기제에 회부할 것을 권고하는 결의안을 채택하기까지에 이르렀던 것이다. 이러한 북한인권 문제에 대한 국제사회의 단호함은 2014년 제69차 유엔총회에도 이어졌다.

2014년 10월 8일에 유럽연합과 일본은 북한인권조사위원회의 보고서를 기초로 하여 안보리가 북한 지도부가 행한 반인도범죄를 국제형사재판소에 회부할 것을 권고하는 결의안의 초안을 작성하여 비공개로 회람했다. 이러한 초안은 우호적인 회원국들의 비공식 협의를 통한 문안수정 작업을 거쳐 세부내용이 확정된 후 10월 22일에 41개 공동제안국의 이름하에 결의안 A/C.3/69/L.28으로서 제출되고 11월 6일에 총회 제3위원회에 상정되었다.

이 결의안은 2005년부터 유엔총회 제3위원회와 본회의에서 연례적으로 채택되어 온 역대 북한인권 결의안 9개와는 비교가 되지 않는 강력한 수준의 것이었는데 이러한 강력한 내용은 실행단락 7과 8에 극명하게 드러나 있다. 구체적으로 실행단락 7은 북한의 최고위층에서 수립된 정책에 따라 반인도범죄가 자행되어 왔다는 북한인권조사위원회의 조사결과를 인정한다고 언급하고 있다. 이를 바탕으로 실행단락 8은 구체적으로 유엔 안보리가 북한상황을 국제형사재판소에 회부하는 것을 검토할 것과 반인도범죄에 가장 책임이 있는 사람들을 목표로 한 제재 문제를 검토할 것을 포함하여 안보리가 적절한 조치를 취할 것을 요청하고 있다. 실행단락 7과 8은 북한 최고지도자가 광범위한 북한 내 인권 침해에 사실상 직접적 책임이 있다는 것으로서 누구라고 특정하지는 않았지만 김정은 조선노동당 제1비서를 겨냥한 것임에 틀림없다.

결의안은 이러한 내용 이외에 북한인권조사위원회가 보고서에서 북한인권 피해자 등과의 지속적인 만남과 자료축적을 위해 설치를 권고한 것에 따라 유엔의 인권최고대표사무소(OHCHR)가 현장기반조직(FBS)을 한국 내에 설치하기로 한 조치를 환영하는 내용을 포함하고 있다. 북한인권조사위원회가 설치를 권고한 이후 한국・일본・태국이 유치경합에 나섰는데 한국으로의 유치가 확정되었다.

중국은 북한인권 결의안이 제출된 다음 날인 10월 23일에 외교부 대변인을 통해 인권 문제를 국제형사재판소에 회부하는 것은 한 국가의 인권상황 개선과 관련하여 아무런 도움이 되지 않는다고 유럽연합과 일본이 주도한 결의안에 반대 입장을 명확히 했다.

(2) 북한인권 특별보고관의 제3위원회의 보고

10월 28일에는 다루스만 북한인권 특별보고관이 제3위원회에서 북한의 인권상황에 대한 조사결과를 보고했다. 이 보고에서 그는 북한인권조사위원회가 북한인권 상황의 국제형사재판소 회부와 책임자들에 대한 제재를 권고하고 있다면서 이를 이행하는 것이 국제사회가 결의를 보여주는 유일하고 가장 중요한 길이라고 밝혔다.

(3) 북한의 적극적인 유화적 대응

인권이사회와 유엔총회에서 이러한 일련의 흐름이 있자 예전과는 달리 북한은 2014년 유럽연합과 일본이 주도하고 있는 북한인권 결의안의 채택을 저지하기 위해 총력전을 전개하기 시작했다. 구체적으로 북한은 9월 13일 「조선인권연구협회」라는 기구의 명의로 북한이 인권보호에 문제가 없다는 내용의 인권백서를 발간하여 대외에 선전했다. 북한은 9월 중순에 강석주 노동당 국제담당 비서를 독일·벨기에·스위스·이탈리아 4개국과 더불어 벨기에 소재의 유럽연합에 파견했고 김영남 최고인민회의 상임위원장을 아프리카에 급파했으며 이수용 외무상을 15년 만에 유엔총회에 파견했다.[93]

9월 23일에 유엔총회 기간 중에 사상 처음으로 유럽연합과 일본이 초안을 작성 중인 북한인권 결의안에 대한 국제사회의 지지를 확보하기 위해 북한인권 고위급 회의가 유엔인권최고대표(UNHCHR)·한국의 외교부 장관·미국 국무부 장관·일본 외무상·유럽 주요국 장관들이 참석한 가운데 개최되었다. 북한은 자신의 입장을 적극적으로 개진하여 옹호하기 위해 이 회의를 주도하고 있는 미국에게 참석을 요청했으나 거부당했다.

다루스만 북한인권 특별보고관이 제3위원회에서 북한인권 실태를 보고하기 하루 전인 10월 27일에 북한은 북한의 인권상황을 국제형사재판소에 회부하고 책임자를 제재하도록 하자는 권고 내용의 삭제를 조건으로 북한인권 특별보고관과 유엔인권최고대표의 방북을 허용하는 제안을 하는 등 환심공세를 적극적으로 전개했다. 이러한 제안은 유엔에 북한인권 특별보고관이 설치된 2004년 이래 처음 있는 일이었다. 10월 30일에는 유럽연합 인권특별대표의 방북을 허용하는 제안을 하기도 했다. 11월 7일에는 북한은 유엔본부에서 사상 처음으로 북한인권에 관한 설명회를 개최했고 북한 외무성 국제기구국 국장을 다루스만 북한인권 특별보고관의 전담대사로 임명했다. 북한은 11월 8일에는 미국과의 막후협상을 통해 억류

93) 북한 외교의 실세인 강석주 노동당 국제담당 비서가 유럽연합을 방문하여 결의안에 담긴 북한의 인권 문제를 국제형사재판소에 회부하는 조항을 삭제하기 위해 2003년 중단된 유럽연합과 북한 사이의 인권대화를 재개할 것과 유럽연합 인권특별대표(EU Special Representative for Human Rights)를 북한에 초청하는 안을 제시했다.

중이던 미국인 2명을 전격 석방했다. 북한은 이처럼 일련의 유화적인 행동을 취하는 한편 국제형사재판소 회부를 포함하는 결의안의 채택을 강행한다면 예측할 수 없는 결과가 초래될 것이라고 국제사회에 위협을 가하는 이중적인 태도를 보였다.

(4) 쿠바의 수정안 제출

이러한 가운데 북한과 우호관계가 돈독한 쿠바가 유럽연합과 일본이 주도한 결의안의 골자인 실행단락 7과 8을 삭제하고 북한인권 문제를 검토하기 위한 새로운 협력적인 접근법을 촉구하는 내용의 새로운 실행단락을 삽입할 것을 제안하는 수정안(A/C.3/69/L.63)을 공동제안국 없이 단독으로 작성하여 일부 유엔 회원국들에게 배포했고 11월 13일에 사무국에 제출했다.

여기서 새로운 협력적 접근법이란 북한과 다른 국가들 간의 인권대화・북한과 유엔인권최고대표사무소 간의 기술협력・유엔 북한인권 특별보고관의 북한방문을 의미한다.[94] 이러한 수정안이 제출된 것은 이제까지 인권이사회와 총회(제3위원회와 본회의)를 불문하고 북한인권 결의안을 채택하는 과정에서 처음 있는 이례적인 일로서 북한 최고 지도부의 국제형사재판소로의 회부를 의도한 결의안의 채택을 막으려는 북한의 의중을 대변한 것이었다.

(5) 유럽연합과 일본에 의한 개정된 결의안의 제출

쿠바가 수정안을 제출하자 유럽연합과 일본은 원결의안의 41개 공동제안국보

---

94) 여기서 인권 문제에 대한 기술협력이란 유엔인권최고대표사무소의 역할 가운데 하나로서 인권 개선을 위한 방법을 제공하는 것을 의미하는데 특정 국가가 인권 문제의 개선에 관심을 두고 있어도 인권 문제가 복잡한 문제이기 때문에 어디서부터 손을 대야하는 것인가를 모르는 경우가 태반이기 때문이다. 기술협력이란 구체적으로 인권 문제 개선을 위한 공무원 연수나 인권제도의 개선을 위한 자문과 같은 방식으로 이루어진다. 북한은 이러한 기술협력을 거부해 왔다. 인권대화란 인권 개선을 유도해 내기 위한 방편으로 장기적인 관점에서 대화를 하는 것을 의미한다. 구체적으로 관계개선이나 원조 등을 지렛대로 하여 인권개념에 대한 서로의 시각을 교환하고 사법제도 등을 상호 비교하는 등의 방법을 통해 인권 개선을 시도하는 것을 의미한다. 2000년대 초에 북한은 미국의 대북 강경론에 맞서 유럽연합 국가들과의 관계개선을 시도하면서 수교를 원했다. 이때 유럽연합은 관계개선을 지렛대로 하여 인권 상황에 대한 비난과 더불어 제기되는 인권 개선에 대한 압력을 부당한 내정간섭으로 간주하는 북한의 인권개선을 위한 방식으로 인권대화 방식을 택했다. 그리하여 2001년부터 북한과 유럽연합 사이에 인권대화가 있었다. 그러나 이러한 시도에도 불구하고 북한이 인권 개선에 전혀 의지를 보이지 않자 전통적으로 인권을 존중히 여기는 유럽연합이 2003년부터 국제사회의 다자외교의 장에서 북한인권 결의안을 주도적으로 제안하기 시작했고 그 결과 이러한 인권대화는 중단되었다. 여하튼 국제사회에서 북한의 인권 개선의 문제에 가장 주도적인 역할을 하는 주체가 유럽연합인데 이는 미국과 한국이 북한과의 관계상 북한의 인권 문제를 거론하는 것이 쉽지 않다는 판단에 의한 것이다. 이로써 대북 문제에 있어서 미국은 북한의 핵 문제를 포함하여 대학살상무기 문제에 중점을 두고 유럽연합은 북한의 인권 문제를 집중적으로 다루는 역할부담이 자연스럽게 행해지고 있다.

다 17개 국가가 늘어난 58개 국가를 공동제안국으로 하여 원결의안 A/C.3/69/L.28을 개정된 결의안 A/C.3/69/L.28/Rev.1을 11월 14일에 제출했다. 이 개정된 결의안은 2개의 실행단락을 첨가했다. 그 중 하나는 유엔인권최고대표사무소의 현장기반조직(FBS)이 독립적으로 운영되고 충분한 자원을 가질 수 있으며 비난과 위협의 대상이 되지 않도록 회원국들에게 요청하는 것이다. 또 다른 실행단락은 원결의안이 상정된 이후 북한이 보여 준 일련의 유화적인 조치를 감안한 조항으로서 북한에게 대화와 공식적인 국가방문 등과 같은 방식을 통해 인권에 있어서의 구체적인 개선을 촉진하기 위하여 국제적인 협상의 상대들과 건설적으로 계속하여 관계를 맺을 것을 요청했다. 그러나 이러한 2개 실행단락을 추가했지만 원결의안의 핵심내용인 북한 고위층의 정책에 따른 반인도범죄 행위를 인정하는 것과 북한의 인권상황을 안보리를 통해 국제형사재판소로 회부할 것을 권고하는 조항은 그대로 유지했다.

쿠바가 북한의 입장을 대변하여 유화적인 조치를 포함한 수정안을 제출하자 적지 않은 국가들이 쿠바의 수정안에 입장을 같이 하여 수정안이 통과될지 모른다는 우려가 있었다. 왜냐 하면 자국 지도자들 역시도 국제형사재판소에 회부될 수 있다는 개연성을 우려해야 하는 인권 후진국들이 유럽연합 측 결의안에 강한 거부감을 느끼는 가운데 유화적인 입장을 취하고 있는 쿠바의 수정안을 찬성하는 쪽으로 기울 가능성이 높았기 때문이다. 그럼에도 불구하고 유럽연합 측이 원래의 입장을 고수한 것은 수정안의 유화적인 내용을 단순한 위기 모면용으로 간주했기 때문이다.

(6) 양진영의 치열한 외교전

11월 13일에 쿠바의 수정안이 제출되고 이어서 11월 14일에 유럽연합 측의 개정된 결의안이 제출되면서 양진영의 막바지 외교전이 치열하게 전개되었다. 미국 국무부의 킹(Robert King) 북한인권 특사는 북한 측을 옹호하고 있는 국가로서 벨라루스·이란·쿠바·베네수엘라 등을 거론하며 강하게 비난을 했다.[95] 다루스만 북한인권 특별보고관도 서울에서 기자회견을 열고 북한 지도부의 책임을 묻는 조항이 모두 삭제된 쿠바의 수정안은 유엔인권이사회가 채택한 북한인권조사

95) 로버트 킹 미 국무부 대북인권특사는 2009년 11월 상원 인준을 통해 북한인권 문제를 전담하는 대북인권특사로 임명되었다.

위원회 보고서를 역행하는 것이라면서 쿠바의 수정안을 강하게 비판했다.

다른 한편 북한은 김정은 조선노동당 제1비서의 최측근인 최룡해 조선노동당 비서를 17일부터 1주일 동안 러시아에 파견했는데 이러한 급작스런 방문은 북한 인권 결의안의 처리와 관련하여 러시아의 협력을 얻기 위한 노력의 일환으로 볼 수 있다. 중국 외교부 대변인은 11월 14일 정례브리핑에서 유럽연합 측 결의안과 관련하여 인권 문제를 정치화하여 다른 국가를 압박하는 데 반대하며 인권에 대한 이견은 대화나 협력을 통해 처리해야 한다는 점을 강조했다.

(7) 쿠바의 수정안 부결과 유럽연합 측 개정된 결의안의 채택

유럽연합과 일본이 주축이 된 개정된 결의안과 쿠바의 수정안이 11월 18일에 상정이 되고 채택절차에 들어갔다. 수정안이 결의안에 앞서 채택의 대상이 된다는 의사규칙에 따라 쿠바의 수정안이 표결에 부쳐졌다. 「기록투표(recorded vote)」라는 절차발의로 기록투표에 들어갔으며 투표 결과는 찬성 40표・반대 77표・기권 50표로 부결되었다. 쿠바를 비롯해 러시아・중국・남아공 등은 이 결의안이 부당하게 한 국가를 목표로 하고 있다면서 그것은 나쁜 선례가 될 수 있다고 비난해 왔으나 표결에서 수정안을 통과시키는 데 실패했다.

이어서 유럽연합과 일본이 주도한 개정된 결의안이 상정된 후 채택절차에 들어가지 전 4시간 정도에 걸쳐 토론이 진행되었다. 북한의 외무성 부국장은 결의안이 북한에 대해 근거 없는 비방으로 가득 차 있고 미국의 적대적인 대북정책이 뒤에 놓여 있음을 강조하고 결의안이 만약 통과된다면 예상하지 못한 심각한 결과가 초래될 것이라는 위협을 가하면서 반대표를 던질 것을 호소했다.

토론과정에서 북한과 전통적인 우호관계를 가지고 있는 국가들 역시 결의안에 대한 강력한 반대의사를 표명했다. 이란은 개별 국가를 특정해 인권 결의안을 채택하는 것은 유엔헌장이 요구하는 보편성・비선별성・객관성의 원칙을 위배하는 것이라고 주장했다. 중국 내에 공개처형제도와 같은 인권의 문제와 더불어 소수민족에 대한 탄압과 같은 문제를 가지고 있으면서 전통적으로 서구의 관점에서 인권 문제를 바라보는 것을 거부해 온 중국은 인권 문제를 다루는 데 있어 대화와 협력 및 상호존중이 중요하다고 강조했다. 북한의 인권 문제를 국제형사재판소에 회부하는 조항을 삭제하자는 수정안을 냈다가 부결당한 쿠바는 국제형사재판소 회부가 특정 국가의 개도국 압박수단으로 활용되는 선례가 만들어져서는 안

된다고 주장하면서 비동맹 국가들이 단합하여 결의안에 반대해 줄 것을 촉구했다. 에콰도르는 제3위원회에서 특정 국가를 겨냥하거나 특정 국가에 대한 결의안을 채택하는 것이 해당 국가의 인권을 개선하는 데 아무런 도움이 되지 않는다고 주장하면서 유엔 인권이사회에서 진행되는 보편적정례검토(UPR)가 전 세계 각국의 인권상황을 검토하는 유일한 방안이라는 입장을 재확인했다. 인도네시아는 국제사회가 대화와 협력이 가능한 환경을 조성하기 위해 노력할 것을 촉구하면서 동시에 북한도 인권대화를 재개하고 유엔의 북한인권 특별보고관을 초청하겠다는 약속을 지킬 것을 강조했다.[96]

상정된 유럽연합 측의 결의안에 대한 토론이 끝난 후 개정된 결의안의 채택 절차에 들어가면서 기록투표의 요청에 따라 기록투표가 행해졌다. 그 결과 찬성 111표・반대 19표・기권 55표라는 압도적인 표 차이로 통과되었다.[97] 이러한 결과는 북한의 인권상황을 국제형사재판소에 회부하여 최고 책임자들에게 제재를 가해야 한다는 강력한 내용의 결의안을 저지하고자 수개월 동안 유엔의 안과 밖에서 총력 외교전을 전개한 북한에게는 예상치 못한 충격적인 것이었다.

이렇게 채택된 결의안의 의의는 2011년에 북한인권 결의안이 채택될 당시의 사정과 비교해 보면 좀 더 잘 알 수 있다.[98] 2011년 경우 제3위원회의 표결결과는 찬성 112표・반대 16표・기권 55표이었다.[99] 찬성 111표・반대 19표・기권 55표라는 2014년의 표결결과를 고려할 때 북한이 총력전을 폈고 쿠바를 대리인으로 하여 반대진영의 요구를 일부 수용하는 과감성을 보인 수정안을 제시했음에도 불구하고 찬성표를 1개 줄이고 반대표를 3개 늘리는 데 그쳤음을 알 수 있다.

가장 주목할 점은 쿠바가 제시한 수정안을 찬성한 국가 수가 40개였는데 유럽연합 측의 개정된 결의안에 대한 반대표는 19표에 불과했다는 점이다. 이는 쿠바의 수정안에 찬성했던 국가들 가운데 1/2이상이 개정된 결의안에 반대표를 던지지 않고 기권으로 돌아섰다는 것을 의미한다. 왜 이런 현상이 일어났을까를 추론해 볼 필요가 있다. 아마도 이는 쿠바의 수정안에 찬성표를 던졌으나 채택에

96) 미국의 소리, "유엔 북한인권 결의안 반대・기권한 나라들," http://m.voakorea.com/a/ 528048.html (검색일: 2014. 11. 27).

97) 반대한 19개 국가들은 북한 이외에 Belarus・Bolivia・China・Cuba・Ecuador・Egypt・Iran・Laos・Myanmar・Oman・Russia・Sri Lanka・Sudan・Syria・Uzbekistan・Venezuela・Vietnam・Zimbabwe이다.

98) 앞서 언급했듯이 2012년과 2013년이 경우 중국을 비롯한 일부 국가가 참여하지 않은 가운데 합의로 통과되었기 때문에 비교가 불가능하다.

99) 2011년 유엔총회 본회의의 표결결과는 찬성 123표・반대 16표・기권 51표이었다.

실패한 국가들이 개정된 결의안에 반대표를 던지더라도 통과를 저지하는 것이 불가능하다는 판단하에 반대표를 던져 굳이 북한의 심각한 인권 문제를 옹호하는 인권 후진국이라는 불명예를 떠안을 필요가 없다고 판단했기 때문이라고 생각할 수 있다. 이러한 일련의 상황은 어느 국가가 어떤 식의 표를 던졌는가를 유엔의 공식적인 기록으로 남기는 기록투표 방식이 요청된 결과라는 측면도 갖는다.

개정안에 대한 표결행태를 비동맹 그룹(NAM)과 연관을 지어 살펴보는 것도 의미가 있다. 북한이 회원국으로 되어 있는 비동맹 그룹의 국가들은 통상적으로 인권 문제 등을 포함하여 내정간섭에 강하게 반발을 해왔다. 이 때문에 이들이 일국의 최고지도자를 국제형사재판소에 회부할 것을 의도하는 미증유의 강력한 결의안에 집단적으로 반발할 것이라는 것을 예상하는 것은 그리 어렵지 않은 일이었다. 이러한 맥락에서 북한은 표결을 앞두고 특정 국가 하나를 목표로 하는 결의안은 위험한 선례를 구축하여 다른 개도국들도 이러한 대상이 될 것이라는 논리를 동원하여 비동맹 그룹 국가들을 대상으로 설득하는 등 치열한 로비를 전개했다.

그럼에도 불구하고 쿠바의 수정안에 36개 비동맹 그룹 국가들만이 찬성표를 던졌고 개정된 결의안의 채택과정에는 108개 비동맹 그룹 국가가 참여해 17개 국가만이 반대표를 던지고 나머지 91개 국가는 찬성을 하거나 기권을 하여 북한의 입장에 등을 돌렸다는 사실은 예상하기 어려운 일이었다. 특히 비동맹 그룹의 맹주격인 인도와 인도네시아가 개정된 결의안 표결에 기권을 했다는 것은 비동맹 그룹 국가들의 전반적인 분위기와 입장을 잘 대변해 주는 것으로 볼 수 있다.[100]

이러한 예상하기 힘들었던 결과는 본질적으로 북한인권에 대한 국제사회의 인식의 변화에 기인한다고 볼 수 있다. 이에 더하여 유럽연합 측의 전략적인 대응이 이러한 결과를 가져오는 데 일조를 했다고 볼 수 있다. 구체적으로 유럽연합 측은 원결의안과 개정된 결의안 모두에서 의도적으로 「김정은(Kim Jung-un」이라는 직접적인 표현을 사용해 대상을 특정화하는 대신에 「북한인권조사위원회가 반인도범죄를 구성할 수 있다고 말한 바 있는 행위에 가장 책임이 있는 것으로 보이는 사람들(Those who appear to be most responsible for acts that the Commission has said may constitute crimes against humanity)」이라는 우회적인 표현을 사용하

100) 중앙일보, "북한 "누가 뭐라든 우리 길 가겠다" 반발" http://joongang.joins.com/article/467/16472467.html (검색일: 2014. 11. 25).

여 반발을 완화하고자 했던 것이다. 유럽연합 측은 또한 북한과 쿠바의 유화적인 제안에 대응하여 이들의 제안을 긍정적인 것으로 언급하는 부분을 추가하여 개정된 결의안을 제시한 것도 이러한 결과를 가져오는 데 부차적인 역할을 했다고 볼 수 있다.

이러한 강력한 내용을 포함하고 있는 북한인권 결의안의 채택의 가장 중요한 시발점은 2014년 2월에 발표된 북한인권조사위원회의 보고서의 권고내용이었다. 이전에 늘 반복되어 온 전통적인 방식으로는 북한의 인권 문제를 개선하기 어렵다는 북한인권조사위원회 위원들의 인식의 변화가 북한인권 문제에 대한 접근방식을 크게 바꾸어 놓았다. 이들의 변화된 접근방식은 북한이 최고지도자에 대해 민감하다는 사실을 바탕에 둔 치밀한 계산하에 고안된 것이라고 볼 수 있을 것이다. 이러한 전략이 북한인권의 실질적인 개선으로 이어질 것인가는 아직 불투명한 것이 사실이지만 이제까지 국제사회의 인권 개선 요구에 미동도 하지 않던 북한이 이번에 다양한 유화적인 태도를 적극적으로 보인 것은 이러한 전략이 의미 있는 변화를 가져올 수도 있다는 가능성의 일부를 제시한 것으로 볼 수 있다. 이러한 기회가 북한의 진정한 아킬레스건이 무엇인지 알게 된 중요한 계기가 되어 앞으로 인권대화를 비롯하여 북한인권 개선을 위한 압박수단에 있어서 중대한 변화가 있을 것으로 보인다.

(8) 북한의 반발 외교와 유럽연합 측의 외교

북한은 다양한 유화적인 제안을 했음에도 불구하고 최고지도자의 국제형사재판소로의 회부를 권고하는 결의안이 압도적으로 통과되자 투표결과를 강하게 비난하면서 핵실험의 가능성을 언급하는 등 강력히 반발했다. 북한은 11월 24일에 유엔총회 제3위원회의 결의안을 거부하는 공식서한(S/2014/849)을 안보리에 보내기까지 했다. 이 서한에서 북한은 미국의 적대정책이 북한으로 하여금 새로운 핵실험을 자제하지 못하도록 했다고 언급했다.

총회 제3위원회에서 북한인권 결의안이 통과된 후 한국·미국·영국·프랑스·호주 등을 비롯한 안보리 10개 이사국들이 12월 5일 북한상황을 의제로 공식적으로 채택할 것을 요청하는 공식서한(S/2014/872)을 안보리 의장에게 제출했다. 북한인권 문제가 원래의 안보리의 12월 의제항목에 없었기 때문에 추가의제항목(additional agenda item)이 되어야 하며 안보리에서 특정 의제항목을 추가의

제로 포함하기 위해서는 이사국이 통상적으로 서한을 통해 의장에게 요청을 하고 15개 이사국의 의견을 묻게 된다.[101] 반대 의견이 있을 경우에는 표결을 하게 되며 이때 의제항목의 추가는 실질문제가 아닌 절차문제이기 때문에 안보리 상임 아사국의 거부권의 적용이 없이 15개 이사국 중에서 9개 이사국의 찬성표만 얻으면 통과가 된다.

안보리 10개 이사국들이 북한인권 문제를 안보리의 의제로 만들기 위한 노력을 했던 이유를 살펴볼 필요가 있다. 북한인권과 관련하여 제3위원회에서 통과된 결의안이나 본회의를 통과한 결의문은 법적 구속력을 가지지 않는 권고에 불과하다. 따라서 이러한 결의안이나 결의문이 담고 있는 권고의 내용이 법적 구속력을 가지기 위해서는 일단 안보리에서 북한인권 문제가 의제로 채택이 되고 토론을 거쳐 결의문으로 채택되지 않으면 안 되기 때문이었다.[102]

또한 아직 본회의에서 북한인권 결의문의 채택절차를 남겨놓고 있음에도 불구하고 이들 국가들이 북한인권 문제의 안보리 의제화를 서두르는 데는 다음과 같은 이유가 있었다. 이는 2014년 12월 31일자로 임기가 종료되는 5개 비상임이사국의 자리를 대신할 새로운 비상임이사국이 북한인권 문제의 안보리 의제화에 보일 태도와 밀접한 관계가 있다. 구체적으로 이들 신규 비상임이사국들이 유엔총회 제3위원회에서 유럽연합 측 결의안에 대해 취한 표결의 패턴으로 판단해 볼 때 의제의 채택이 불투명해지기 때문이었다.

안보리는 2년 임기의 10개 비상임이사국으로 구성되어 있는데 이들 10개국의 임기가 모두 같은 해에 종료되는 것이 아니라 매년 5개국씩 교체되도록 되어 있다. 2014년 11월 현재 비상임이사국인 10개 국가 가운데 한국을 비롯한 아르헨티나·호주·룩셈부르크·르완다 5개국의 임기가 2014년 12월 31일자로 끝나고 차드·칠레·요르단·리투아니아·나이지리아 5개국의 임기는 2015년 12월 31일에 끝나게 된다. 2014년 10월 16일의 선거에서 스페인·뉴질랜드·베네수엘라·말레이시아·앙골라가 선출되어 12월 31일에 임기가 끝나는 비상임이사국들을 교체하여 2015년 1월 1일부터 임기를 시작하게 되어 있었다.

---

101) 북한인권 문제가 원래의 안보리의 12월 의제항목에 없었기 때문에 추가의제가 된 것이다.

102) 그 당시 9개국 이상이 북한인권 문제의 의제화에 찬성하고 있어 의제화에는 문제가 없을 것으로 예상되었다. 그러나 실질적인 조치를 수반한 법적 구속력이 있는 결의문의 통과에는 거부권이 적용되게 되어 있어 중국과 러시아의 거부권 행사로 북한인권 문제를 국제형사재판소에 회부하는 것은 불가능할 것이 확실하다. 그럼에도 불구하고 북한인권 문제를 안보리의 의제화하려는 것은 북한에 대한 강한 압박으로서의 큰 정치적인 의미를 가지기 때문이다.

쿠바의 수정안이 부결되고 유럽연합 측 개정된 결의안이 채택된 11월 18일 당시 10개 비상임이사국들과 5개 상임이사국이 제3위원회에서 유럽연합 측 결의안에 던진 표의 향방을 볼 때 중국과 러시아가 반대표를 던졌고 나이지리아가 기권을 했으며 나머지 12개 이사국들은 찬성을 했다. 따라서 5개 비상임이사국이 교체되기 전의 안보리 이사국 구성대로라면 의제항목의 채택에 필요한 9개국 이상의 찬성이 확실할 뿐 아니라 이미 10개 이사국이 의제항목 채택을 요청하는 서한을 의장에게 보냈기 때문에 안보리에서의 의제항목 채택에는 문제가 없을 것으로 판단할 수 있었다.

비상임이사국의 투표행태에 국한하여 살펴볼 때 2014년 12월 말일까지 비상임이사국 지위를 가지는 5개 비상임이사국 모두 결의안에 찬성표를 던졌는데 반해 신규 비상임이사국이 될 국가 가운데 스페인과 뉴질랜드만이 찬성표를 던졌고 베네수엘라는 반대를 했으며 말레이시아와 앙골라는 기권을 했다. 이 때문에 2015년 1월이 되면 제3위원회 표결에 반대하거나 기권한 안보리의 이사국이 6개국으로 늘어나 의제항목으로의 채택을 장담할 수 없게 되었던 것이다.[103]

안보리 의장에게 북한인권 문제를 의제항목으로 채택해 달라는 서한에 대응하여 북한도 12월 15일에 특히 미국을 비난하는 내용의 공식서한(S/2014/ 896)을 안보리에 보냈다. 한편 북한은 북한인권 결의안의 유엔총회 본회의 채택이 12월 18일로 유력시되고 있고 북한인권 문제의 안보리 상정이 이르면 12월 22일로 임박하자 미국 내 백인 경찰에 의한 일련의 흑인 피살을 중대한 인종차별 문제로 부각시키면서 미국을 비난하는 동시에 최근 불거진 미국의 중앙정보국(CIA)의 고문 문제도 중대한 인권 침해로서 국제평화와 안보에 위협이 되기 때문에 안보리 의제로 긴급히 다루어야 한다고 하면서 맞불 외교에 나섰다.

북한의 태도와 관련하여 주목할 부분은 북한인권 문제의 유엔 안보리 상정 추진을 미국의 군사적 침략의 명분을 만들기 위한 것이라고 인식하고 있다는 점이다. 이는 2011년 초에 리비아에 심각한 인권 침해에 대해 유엔 안보리가 취한 일련의 조치를 염두에 둔 것으로 보인다. 그 당시 리비아 내전에서 카다피 군대가 민간인 시위자들에게 공습을 감행하자 유엔 안보리는 리비아 주민의 보호를 위해 보호책임(R2P) 원칙에 근거하여 경제제재와 리비아 지도자인 카다피를 반인

103) 미국의 소리, "유엔 북한인권 결의, 18-19일 본회의 채택 전망," http://www.voakorea.com/content/article/2543902.html (검색일: 2014. 12. 24).

도범죄로 국제형사재판소에 회부하는 결의문 S/RES/1970을 채택했다. 이러한 조치에도 불구하고 카다피 정부가 근본적인 변화를 보이지 않자 리비아 주민의 보호를 위해 유엔헌장 제7장에 규정되어 있는 군사적 조치를 허용하는 결의문 S/RES/1973을 채택했다.[104] 결국 카다피는 2011년 10월 20일에 반군에 의해 사살되었다.

리비아 사태와 관련하여 유엔이 취한 조치의 핵심은 보호책임(R2P)을 국제적인 개입의 근거로 하여 안보리가 리비아의 최고 지도자를 반인도범죄로 국제형사재판소에 회부하고 비군사적 제재조치와 군사적 제재조치를 결정했다는 점이다. 북한인권에 대한 유엔의 대응과 리비아 사태에 대한 유엔의 대응을 비교해 볼 때 북한인권 문제의 경우 총회가 안보리에 조치를 권고하고 있음에 반해 리비아 사태의 경우 유엔총회의 권고 없이 안보리가 직접 조치를 결정했다는 점에서 차이가 있다. 북한의 경우는 안보리가 유엔총회의 권고를 수용하여 북한에 대한 이러한 조치를 취할지 모른다는 두려움을 가지고 있었다고 볼 수 있다.

북한의 태도와 관련하여 주목할 또 다른 부분은 북한이 북한인권 결의안을 주도한 유럽연합과 일본에 대한 비난은 거의 하지 않고 미국과 한국(특히 미국)에 대한 비난에 집중하고 있었다는 점이다. 국제사회에서 북한과 관련하여 유럽연합은 인권 문제에 집중하고 미국은 핵 문제에 집중하는 일종의 역할 분담을 오래전부터 해 오고 있다. 한국과 미국은 유엔총회에서 북한의 인권 문제를 제기하는 데에 주도적인 역할을 할 경우 남북관계와 북미관계가 파탄에 이르러 북핵 문제의 해결을 어렵게 할 것이라는 우려가 있어 북핵 문제의 해결을 위한 하나의 압박 수단으로서 북한의 인권 문제를 활용하면서도 북한의 인권 문제를 논하는 과정에서 로키(low-key) 전략을 의도적으로 사용해 오고 있다.[105]

이러한 전략의 일환으로서 한국은 북한인권 결의안의 작성 과정에서 공동제안국으로 참여는 하지만 대북관계를 고려하여 문안협상 등에 적극적으로 참여하여 발언하는 등의 자세를 지양하는 가운데 다른 공동제안국들과 긴밀한 협조를 해 오고 있다. 이러한 점들을 고려할 때 북한이 유럽연합에 대한 비난을 삼가는 것

104) 안보리의 결의문 제1973호는 회원국들에 의한 군사적 조치를 허용하기는 했으나 리비아 영토에 어떠한 형태의 외국군도 주둔할 수 없다는 내용을 포함시켰다. 이 결의문은 안보리 상임이사국인 중국과 러시아가 거부권을 행사하지 않고 기권을 함으로써 채택될 수 있었다.

105) 로키 전략이란 자신을 과도하게 드러내기보다는 조용하게 기반을 다지는 전략으로서 통상적으로 일단 반대 입장은 분명히 하면서도 불필요한 갈등을 피하기 위해 구사된다.

은 설명을 필요로 한다.

북한은 북한의 인권 문제에 대해 비판적 입장을 취해 온 유럽연합 회원국들과 2001년에 정식 외교관계를 수립하면서 인권대화를 수용하는 태도를 보인 바 있다. 그러나 북한 주민의 기본권 훼손 등에 대한 유럽연합의 지적에 대해 북한 당국이 부인으로 일관하자 유럽연합이 인권위원회와 같은 국제기구에서 북한인권 결의안을 주도하면서 인권대화가 중단되기는 했지만 북한은 유럽연합이 일국의 인권 개선을 위해 정치적인 의도를 상당히 배제한 가운데 지속적이고 일관된 인권정책을 펴온 것을 잘 알고 있다. 따라서 이러한 유럽연합을 비난하여 유럽연합 회원국 모두를 적으로 돌리기보다 핵 문제의 연결선상에서 북한인권 문제에 접근하고 있다고 볼 수 있는 미국과 한국(특히 미국)을 주요한 비난의 대상으로 삼고자 했다고 볼 수 있다.

그러나 이번 결의안의 통과가 단지 몇 국가만의 노력에 의해 이루어진 것이 아니라 전통적으로 북한에 우호적인 국가들을 포함하여 국제사회 구성원 대부분이 찬성하거나 반대하지 않은 결과라는 냉엄한 사실을 인식하게 됨으로써 결의안 통과와 관련하여 한국과 미국만을 특정화해서 지속적으로 비난하는 것은 명분을 가지기 어렵게 되었다.

이렇게 유엔총회 제3위원회에서 통과된 결의안은 12월 중에 총회 본회의에서 다시 채택절차를 밟아 정식 결의문이 되는 절차를 남겨두고 있었다. 제3위원회의 표결이 유엔회원국 193개 국가 가운데 8개국을 뺀 185개 국가가 표결에 참가한 결과였기 때문에 본회의에서 제3위원회의 표결결과가 뒤집힐 가능성은 전혀 없었다. 또한 지금까지 제3위원회에서 채택된 결의안이 본회의에서 부결된 전례 역시 전혀 없었다.

3) 유엔총회 본회의와 북한인권 문제

유엔총회 본회의는 북한인권조사위원회의 보고서가 제시한 권고에 따라 안보리가 열악한 북한의 인권상황을 국제형사재판소에 회부하고 인권유린에 가장 책임 있는 사람들을 제재하도록 권고하는 내용이 포함된 북한인권 결의안을 12월 18일에 표결에 부쳐 찬성 116표 · 반대 20표 · 기권 53표의 압도적인 차이로 가결했다. 이렇게 제3위원회에서 채택된 바 있는 결의안이 본회의를 통과하면서 결의문 A/RES/68/183으로 지위가 바뀌었다.

11월 18일 제3위원회를 통과할 당시 찬성 111표·반대 19표·기권 55표였던 것과 비교하면 찬성 5표와 반대가 1표가 각각 늘어났다. 북한이 전통적으로 우호적인 국가들의 표 단속을 상당히 했을 터인데 찬성표가 5표나 늘어났다는 점과 북한인권 결의안이 처음 유엔총회 제3위원회에 제출되었을 때 공동제안국이 41개 국가였던 것이 개정된 결의안이 제출될 때 58개 국가로 늘어났고 본회의의 경우에는 60개 국가로 증가하였다는 점은 북한인권에 대한 국제사회의 문제의식이 한층 강화되고 있음을 명백히 보여주었다고 볼 수 있다.

표결절차에 앞서 북한 대표단은 미국의 적대적인 대북 정책에 따라 결의안이 추진되고 있다면서 북한인권 개선에는 도움이 되지 않고 북한 체제 붕괴에 초점을 맞춘 결의안을 거부한다고 밝혔다. 북한인권 결의안이 본회의마저 통과함에 따라 12월 22일에 예정된 안보리의 회의에 관심이 고조되었다.

본회의에서 결의안이 통과되자 북한은 통과된 결의안인 결의문을 전면 배격하며 북한의 핵 포기를 골자로 하는 6자회담의 9.19 공동성명을 비롯한 모든 합의의 무산을 주장했다. 구체적으로 9.19 공동성명은 2005년 6자회담에서 나온 합의로서 북한이 모든 핵무기와 핵 프로그램을 포기하는 대신에 체제보장과 경제지원을 획득한다는 것을 주요 내용으로 하는 합의였으나 북한은 이후 2006년·2009년·2013년 3차례 핵실험으로 함으로써 이를 이미 무력화했다. 북한은 나아가 인권을 구실로 북한을 군사적으로 침공하려는 미국의 적대시 정책이 명백해진 만큼 한반도 「비핵화」라는 말 자체가 더는 성립할 수 없게 됐다고 하면서 핵무기를 포함한 자위적 국방력을 강화해 나가기 위한 노력에 박차를 가할 것이라고 강조했다.

4) 안보리와 북한인권 문제

유엔 안보리는 12월 22일에 「북한상황(Situation in the DPRK)」이라는 의제항목을 찬성 11표·반대 2표·기권 2표로 채택했다. 안보리 총 15개 이사국 중에서 11개 이사국(한국·미국·영국·프랑스·호주·르완다·요르단·칠레·아르헨티나·리투아니아·룩셈부르크)이 찬성했고 중국과 러시아가 반대했으며 의장국인 차드와 나이지리아가 기권을 했다.

유엔헌장의 규정에 따르면 안보리는 안보리의 토의로 인해 영향을 받는 비이사국들을 안보리의 회의에 투표권 없이 초청할 수 있도록 되어 있다. 이에 따라 북한은 안보리 회의에 참석해 입장을 개진할 수 있었지만 안보리가 인권을 논의하는 것은 안보리의 권한을 넘어선 것으로서 안보리가 북한상황을 의제항목으로 상정한 것을 거부한다면서 참석하지 않았다.

특정 국가의 인권 문제가 안보리의 의제항목으로 채택된 경우로서 북한이 최초는 아니다. 이에 앞서 2005년의 짐바브웨가 처음이었고 뒤를 이어 2006년에 미얀마 등이 있었다. 그러나 이 두 사례는 안보리가 총회의 권고가 없는 가운데 이사국의 요청에 의해 의제항목으로 채택한 경우들인데 반해 북한의 인권 문제는 안보리가 총회의 권고를 수용하여 의제항목으로 채택하였다는 점에서 차이를 가진다. 이로서 안보리가 총회 결의문의 권고를 받아들여 인권 문제를 의제항목으로 채택한 것은 북한의 경우가 최초이다.

안보리의 의사규칙(ROP)에 따르면 결의안의 채택과 같은 실질사항에 대해서는 상임이사국의 거부권이 작용하고 회의의 개최시기에 대한 결정 등과 같은 절차사항에 대해서는 상임이사국의 거부권이 적용되지 않아 15개 이사국 중에서 9개국 이상의 찬성이 있으면 된다. 의사규칙은 특정 의제항목이 실질사항인가 절차사항인가에 대한 논란이 있을 경우 이에 대한 결정은 실질사항으로서 상임이사국의 거부권이 작용되도록 규정하고 있다. 따라서 상임이사국 중에서 자신이 반대하는 의제항목이 있을 경우 절차사항임에도 불구하고 실질사항임을 주장하여 거부권을 행사함으로써 의제항목의 채택을 막아 논의 자체를 막는 경우들이 있다. 상임이사국들이 특정 의제항목을 둘러싸고 절차사항인가 실질사항인가를 두고 일차적으로 거부권을 행사할 수 있고 나아가 채택된 의제항목의 논의에서 거부권을 행사할 수 있다고 해서 상임이사국들은 이중 거부권(double veto)을 가지고 있다고 한다.[106] 의제항목에 대한 실질적인 논의에 앞서 채택할 것인가의 여부는 절차사항임에도 불구하고 중국이나 러시아가 실질사항이라고 시비를 걸 경우 의제로의 채택이 불가능했지만 이러한 이의 제기가 없었다.

인권 문제를 안보리에서 논의하는 것에 대한 반발을 완화시키고자 의제항목의 명칭을 「북한인권」이라고 하는 대신 「북한상황」이라고 했다. 안보리의 경우 안보

---

106) 안보리에서 서방 측의 안에 대해 중국과 러시아가 빈번하게 동시에 거부권을 행사하기 때문에 이를 두고 이들 2개 상임이사국이 「이중 거부권」을 행사했다고도 한다.

문제를 다루는 기구이기 때문에 인권 문제를 다룬다고 해도 이러한 인권 문제가 안보에의 함의를 가지고 있어야 한다. 따라서 특정 국가의 인권 문제가 안보적 함의를 가지고 있느냐를 둘러싸고 논쟁이 있을 수밖에 없다. 따라서 이를 피하기 위해 「북한인권」이라는 명칭보다 「북한상황」이라고 보다 포괄적인 명칭을 부여했다고 볼 수 있다.

그러나 이러한 의제항목 명칭에도 불구하고 안보리는 실질적으로는 북한의 인권 문제를 중점적으로 논의의 대상으로 하게 된다. 의제항목 명칭이 어떠하든 북한의 인권 문제가 안보리의 의제항목으로 채택된 것은 처음인데 안보리의 관례에 따르면 일단 의제항목으로 채택이 되면 3년 동안 언제든지 재차 논의가 가능하도록 되어 있다. 나아가 이 기간 동안에 이사국이 문제를 제기하여 1회라도 논의가 될 경우 그 시점에서 3년이 다시 연장되도록 되어 있다. 구체적으로 북한의 인권 침해 상황이 심각하다고 생각하는 이사국은 안보리의 회의를 요청할 수 있게 된다. 이러한 과정을 통해 북한인권 문제를 안보리의 영구적인 의제로 만들 수도 있다.

평소 개별 국가의 인권 문제를 안보리가 논의하는 것을 반대한다는 입장을 견지해 온 중국과 러시아가 북한의 인권 문제를 의제항목으로 채택하는 단계에서 반대했기 때문에 실질적인 논의 단계에서 법적 구속력을 가지는 결의문이 채택되기는 불가능하다.[107] 앞서 언급한 바 있는 짐바브웨와 미얀마의 인권 문제가 안보리의 의제항목으로 채택은 되었지만 상임이사국인 중국과 러시아가 거부권을 행사하여 결의문이 채택되지 못했고 시리아 내전과 관련해 인권탄압의 책임자를 국제형사재판소에 회부하자는 결의문이 추진되었으나 이 역시 중국과 러시아가 반대하여 부결된 바가 이러한 어려움을 보여 준다.

그럼에도 불구하고 북한의 인권 문제가 하나의 의제항목으로 채택되어 수시로 논의가 가능해지고 이러한 것이 북한을 지속적으로 압박할 것이라는 점에서 큰 의의가 있다고 볼 수 있다. 또한 핵 문제에 이어서 인권 문제마저 안보리의 정식 의제항목으로 채택됨에 따라 북한은 국제사회로부터의 더욱 큰 압박을 피할 수 없을 것으로 보인다. 의제채택이 안보리의 단독 결정에 의한 짐바브웨나 미얀마

107) 북한상황이 정식 의제항목으로 안보리에서 채택된 이후 통상적인 절차에 따라 이사국들이 입장을 발표했다. 이때 중국은 인권 문제를 정치화하고 인권을 구실로 타국에게 압박을 가하는 것과 안보리에서 북한인권 문제를 다루는데 반대한다는 입장을 표명했고 러시아는 인권 문제는 유엔 인권이사회에서 다뤄야 한다고 주장했다.

와는 달리 유엔총회가 북한인권 결의문을 채택한 후에 안보리의 의제항목으로 채택되었기 때문에 세계여론으로서의 영향력을 더 가질 것으로 보인다. 이러한 일련의 과정을 통해 북한인권 문제를 안보리의 정식 의제항목으로까지 채택하도록 할 수 있었던 요인에는 우호적인 국가들의 지원도 있었지만 보다 중요한 요인은 북한 문제에 대해 치밀하고 체계적인 접근으로 성숙됨을 보여 준 한국의 다자외교라고 생각된다. 한국이 비록 2014년 12월에 비상임이사국의 임기가 끝나지만 비상임이사국으로서의 지위를 한껏 잘 활용한 사례로 기억될 것이다.

제9부

국제기구의 영향과 기능

제1장 국제기구의 영향에 관한 이론적 논의
제2장 국제기구 영향력 제고의 조건
제3장 국제기구의 기능

제1장 국제기구의 영향에 관한 이론적 논의

1. 국제제도의 영향을 둘러싼 이론적 논의

앞서 살펴보았듯이 국제제도 연구가들 사이에 왜 국제제도가 창출되는가에 대한 활발한 논의가 전개되어 왔다. 이러한 논의와 더불어 이러한 국제제도가 국가의 행위와 국제관계에 영향을 미치는가를 둘러싸고 활발한 논의가 전개되어 왔다.[1] 이에 관한 이론적인 논의를 (신)현실주의 이론 · 신자유주의적 제도주의 이론 · 구성주의 이론을 중심으로 소개하고자 한다.

1) (신)현실주의 이론

국제제도를 힘 있는 국가에 의해 창출되어 이들 국가의 이익에 종사하는 종속물로 바라보는 (신)현실주의는 국제제도가 국가의 이익에서 벗어나 국가들의 행위에 독립적인 영향력을 가질 수 없다고 본다. 즉 국제제도가 국가들로 하여금 단기적인 힘의 극대화를 추구하는 자로서 행동하는 것을 막을 수 없다고 본다.

(신)현실주의에 있어서 국제제도는 힘 있는 국가에 의해 만들어지며 힘 있는 국가의 이익을 반영한다. 따라서 힘 있는 국가의 종속물로서 힘 있는 국가의 이익에서 벗어난 독립적인 역할을 할 수 없다. (신)현실주의는 국제기구를 단순히 협상과 전통적인 외교의 장소(locus)로서 또 다른 수단을 통한 국가 간 권력정치의 장(forum)으로 보고자 한다.

(신)현실주의 이론은 총체적으로 국가의 행위와 국제관계를 국제체제의 구조

---

1) 국제정치에 있어서의 국제제도의 영향을 둘러싼 논의는 다음 논문을 중심으로 전개되었다: John J. Mearsheimer, "The False Promise of International Institutions." *International Security* Vol. 19, No. 3 (Winter 1994-1995), pp. 5-49; Robert O. Keohane and Lisa L. Martin, "The Promise of Institutionalist Theory," *International Security*, Vol. 20, No. 1 (Summer 1995), pp. 39-51; John J. Mearsheimer "A Realist Reply," *International Security*, Vol. 20, No. 1. (Summer 1995), pp. 82-93.

의 산물로 보고자 한다. 따라서 국제제도가 국가의 행위에 미치는 영향과 관련하여 신현실주의는 국제제도가 국가의 행위와 국제관계에 실질적인 영향을 거의 미치지 않는다고 본다.

신현실주의 이론의 하나인 패권안정론은 국제제도란 무정부적 국제체제에서 규율을 부과할 수 있는 패권국가에 의해 창출되고 또 지도되는 것으로서 패권국의 종속으로부터 벗어나 독자성을 가지고 국가의 행위와 국제관계에 영향을 미칠 수 있는 존재가 아니라고 본다. 이러한 맥락에서 패권안정론은 국제기구 역시 자율성을 갖는 행위자가 아니라 패권국의 도구에 불과하다고 간주한다.[2]

이처럼 패권안정론은 국제제도를 국제사회에 있어서의 집단적인 결과를 결정하는 데 독자적인 역할을 거의 하지 않는 하찮은 것으로 바라보는데 이는 패권안정론이 국제정치체제에서 권력정치를 집단적인 결과의 가장 중요한 결정자로 보며 국제제도란 내재해 있는 이러한 권력구조의 단순한 반영물로서 집단적인 결과의 실질적인 결정요인인 권력의 변화에 따라 같이 변화하는 것으로 보기 때문이다.[3] 즉 패권안정론에 있어 국제제도란 국제체제의 권력구조에 종속되어 있는 것으로서 국가행위에 독립적인 영향을 미치지 않는 매개변수에 불과하다고 본다.

그러나 (신)현실주의는 자신들이 주장하듯이 국제기구가 정말로 부수적인 것이라면 왜 그렇게 많은 국가들이 국제기구를 만들고 가입하는가에 대해 적절한 설명을 제공하지 못한다. 국제제도가 단지 주변적인 영향만을 가지고 있다는 주장은 유럽연합(EU)·북대서양조약기구(NATO)·세계무역기구(WTO)·지역적인 무역기구와 같은 국제제도에 국가들이 깊이 관여하고 있는 것에 그럴듯한 설명을 제시하지 못한다.

코헤인과 마틴(Robert R. Keohane and Lisa L. Martin)은 국제제도의 영향과 관련하여 던져야 하는 진정한 경험적인 질문이란 내재해 있는 국제체제의 구조의 효과와 국제제도 자체의 효과를 어떻게 구별할 것인가를 아는 것이라고 주장한다.[4]

---

2) 이 점이 국제제도의 독자적인 영향력을 강조하는 신자유주의적 제도주의 이론과 크게 대조되는 점이다.

3) Susan Strange, "Cave! Hic Dragones: A Critique of Regime Analysis," in Stephen D. Krasner, ed., *International Regimes* (Ithaca: Cornell University Press, 1983), pp. 337-354.

4) Robert R. Keohane and Lisa L. Martin, "The Promise of Institutionalist Theory," *International Security*, Vol. 20, No. 1 (Summer 1995), p. 47.

2) 신자유주의적 제도주의 이론

과거에 국가의 행위나 국제관계는 국제제도에 대한 언급이 없이 설명되었다. 그러나 신자유주의적 제도주의 이론의 옹호자들은 자율적이고 합리적인 국가들의 무정부적 체제 속에서도 국제제도의 수립을 통해 협력이라는 것이 일어날 수 있다고 본다.

앞서 살펴보았듯이 (신)현실주의 이론은 국제제도란 국가행위에 거의 영향을 미치지 않으며 국제정치에 있어서의 결과(outcome)에 단지 부수적인 영향만을 미친다고 본다.[5] 국제체제의 무정부성과 이것이 만들어내는 안보딜레마가 국제제도를 부수적인 것으로 혹은 기껏해야 국제정치에 주변적인 것으로 만든다고 본다.

이와는 달리 신자유주의적 제도주의 이론은 신현실주의 패권안정론과는 달리 국제체제의 구조적인 변수인 패권국의 존재에 의해 영향을 받지 않고 국제제도가 창출되고 유지될 수 있으며 국제제도가 종종 권력과는 독립적으로 일정한 정도로 국가의 행위와 국제관계에 영향을 미칠 수 있다고 본다.

좀 더 엄밀하게 말해 신자유주의적 제도주의 이론은 국제제도가 국가이익과 선호의 형태를 바꾸지는 않지만 일정한 기능을 수행함으로써 일정한 조건하에서 국가행위에 대해 상호 기대하는 바를 규정하고 안정화시킴으로써 국가의 선택을 제약할 수 있다고 본다.[6]

신자유주의적 제도주의 이론이 이처럼 국제제도의 영향을 둘러싸고 (신)현실주의 이론과 이견을 보이는데 이러한 견해의 차이가 국제제도의 실질적인 영향에 있어서의 차이인가 아니면 국제제도의 영향이라는 추상적인 개념을 달리 정의하고 있는 것으로부터 유래되는 결과인가의 문제를 제기할 수 있을 것이다.

이러한 의문에 대해 두 이론이 국제제도의 효과성(effectiveness)을 다른 방식으로 평가하고 있기 때문에 국제제도의 국가의 행위와 국제관계의 결과에 미치는

---

5) John J. Mearsheimer, "The False Promise of International Institutions," *International Security*, Vol. 19, No. 3 (Winter 1994/1995), pp. 5-49; Joseph M. Grieco, "Anarchy and the Limits of Cooperation: A Realist Critique of the Newest Liberal. Institutionalism" *International Organization*, Vol. 42, No. 3. (Summer 1988), pp. 485-507.

6) Robert O. Keohane, *After Hegemony: Cooperation and Discord in the World Political Economy* (Princeton University Pres: New Jersey, 1984); Jeffrey W Legro, "Which Norms Matter? Revisiting the "Failure" of Internationalism,"*International Organization*," Vol. 51, No. 1 (Winter 1997), pp. 31-63

영향을 평가하는데 있어서 다른 견해를 보인다고 볼 수 있다. 구체적으로 (신)현실주의 이론의 경우는 국가들이 장기적인 공동체 목표를 위해 단기적이고 자기중심적인 이익을 버리는 것과 같이 국가들로 하여금 그렇지 않으면 그렇게 행동하지 않았을 방식으로 행동하도록 하는 한에 있어서 국제제도는 중요하다고 본다. 이와는 대조적으로 신자유주의적 제도주의 이론은 협력을 통해 상호이익을 달성하는 것과 같이 국제제도가 국가들로 하여금 그렇지 않으면 할 수 없었을 것을 할 수 있도록 해 주기 때문에 영향력이 있다고 판단한다. 이처럼 (신)현실주의 이론은 국제제도를 국가의 행동에 대한 제약(constraints)으로서 파악하고 신자유주의적 재도주의 이론은 국가들로 하여금 상호이득이 되는 협력적인 결과에 도달하는 것을 가능하게 해 주는 것으로 개념화한다.[7]

(신)현실주의 이론은 신자유주의적 제도주의 이론이 국제제도의 영향을 언급함에 있어서 배신의 두려움을 극복하는 것이 훨씬 더 어려운 안보이슈를 대체적으로 무시하고 대신에 경제이슈에만 집중하고 있다고 비판한다. 또한 신자유주의적 재도주위 이론이 국가들의 상대적 이득(relative gain)에 대한 관심이 협력에의 주요한 장벽이 되고 있음을 무시한다고도 비판한다. 국가가 상대적인 이득을 깊이 염려할 때 국제제도가 협력을 촉진한다는 것은 증거가 없다는 지적이다. 이와 더불어 신자유주의적 제도주의 이론은 (신)현실주의 이론으로부터 실증적인 관점에서 국제제도가 없었다면 현재의 협력이 일어나지 않았을 것이라는 것을 입증하지 못한다는 비판을 받는다.

신자유주의적 제도주의 이론에 대한 구성주의 이론의 비판에 따르면 신자유주의적 제도주의 이론은 국제제도를 기껏해야 자기중심적인 국가들의 선택과 전략을 제약하는 창설물로 간주함으로써 국제제도에게 단지 제한적인 역할만을 부여한다. 이는 신자유주의적 제도주의 이론이 국가의 정체성(identity)과 이익(interest)을 주어진 것으로 보기 때문에 당연한 귀결이다. 이와는 달리 구성주의 이론은 국제제도의 효과가 신자유주의적 제도주의 이론이 말하고 있는 효과보다 더욱 깊어 국가의 정체성과 이익의 수준으로까지 도달하여 이를 바꾸고 바뀐 정체성과 이익이 국가의 행동과 국제관계에 영향을 미친다고 주장한다.

7) Randall L. Schweller and David Priess, "A Tale of Two Realisms: Expanding the Institutions Debate," *Mershon International Studies Review*, Vol. 41, No. 1. (May, 1997), p. 3.

3) 구성주의 이론

구성주의 이론은 (신)현실주의 이론과 신자유주의적 제도주의 이론이 공통적으로 기반을 두고 있는 합리주의가 합리성이라는 가정하에 국제제도의 구체적인 생성과정과 국가의 행위에 영향을 미치는 과정을 암상자에 넣어둔 것을 열고자 했다.

구성주의 이론에 따르면 행위자들은 그들 사이의 상호작용을 통해 사회화되어 오고 있고 내재화되어 오고 있는 정체성・가치・규범에 따라 행동한다. 행위자들은 합리적인 계산을 하기 보다는 어떤 행동이 그들의 정체성・가치・규범과 일관성이 있는가에 대해 숙고를 하고 행동을 한다.

구성주의 이론은 국제제도가 국가들 사이의 사회화(socialization)・관습화(habitualization)・학습(learning) 등의 과정을 통해서 심층적으로 국가들의 정체성과 이익(선호)에 영향을 미침으로써 국가의 행위에 영향을 미친다고 본다. 좀 더 구체적으로 행위자는 사회학습(social learning)과 설득의 과정을 통해 적절한 행위의 새로운 규범과 규칙을 내면화하고 이들의 정체성과 이익(선호)을 다시 정의한다.

이는 국제제도가 국가의 정체성과 이익(선호)에 영향을 미치지 않는 가운데 기껏해야 자기중심적인 이기적인 국가의 선택과 행위를 제약하는 것에 그친다고 보는 신자유주의적 제도주의 이론과 대조를 이루는 점이다.[8)] 이러한 맥락에서 구성주의 이론의 관점에서 국제기구가 옹호하는 국제적인 규범이 어떻게 국가의 행위에 영향을 미치는가와 같은 연구와 더불어 일국에 있어서의 규범이 어떻게 국제적으로 확산되어 국제적인 규범이 되는가에 대한 연구가 다수 행해졌다.

이처럼 구성주의 이론은 국제제도와 규범이 행위자의 정체성과 이익(선호)의 형성과 발전에 미치는 역할에 관심을 가진다. 구성주의 이론은 이러한 국제제도와 규범이 국가의 정체성과 이익(선호)에 영향을 주는 사회화와 학습을 중요시 여기는데 국제기구가 이러한 사회화와 학습에 중요한 역할을 한다고 본다.

이러한 맥락에서 구성주의 이론은 예컨대 유엔 회원국들의 정체성이 유엔

---

8) 구성주의 이론에 따르면 신자유주의적 제도주의 이론은 이론적인 경제성(theoretical parsimony)을 위해 국가의 합리성을 선험적으로 가정함으로써 국제제도가 국가의 정체성과 국가이익에 영향을 미쳐 행동에 변화를 가져오는 과정을 암상자에 넣고 있다.

의 개발프로그램과 평화유지 임무에의 참여를 통해 구성될 수 있는 방식을 강조한다. 이처럼 구성주의 이론에 있어 사람들과 조직들은 사회제도에의 참여를 통해 특정의 정체성을 발전시킨다. 요약하여 말하자면 제도가 행위자를 구성한다(Institutions constitute actors)는 것이다. 신자유주의적 제도주의 이론에 있어서 국제제도는 규제적인 기능(regulative function)을 한다. 이와 대조적으로 구성주의 이론에 있어서 국제제도는 행위자의 정체성과 이익(선호)을 구성하며 단순하게 행위를 규제하지 않는다.

이를 좀 더 부연하면 규범이나 규칙에는 두 종류가 있는데 그 중 하나는 우리에게 보다 더 익숙한 규제적인 규범이나 규칙(regulative norms or rules)이고 또 다른 것은 구성적인 규범이나 규칙(constitutive norms or rules)이다. 전자는 우리에게 익숙한 것으로서 무엇을 해서는 안 된다는 규범이나 규칙이다. 후자는 종종 덜 평가되기는 하나 마찬가지로 중요한 규범이나 규칙으로서 행위자로 하여금 특정방식으로 행동하지 못하도록 금지하기보다는 오히려 특정 행동을 구성하고 있는 경우이다. 어떤 특정한 행위나 바둑이나 운동경기 등과 같은 게임을 구성하고 지배하는 규범이나 규칙을 일컬으며 국제체제에서 국가 간 정치의 기본적인 조직원칙(the basic organizing principles of international politics)이 바로 이러한 것에 해당한다. 구성주의 이론은 규범이나 규칙의 구성적인 성격을 중요시 여긴다.

(신)현실주의 이론이 국제제도가 국가의 행위와 국제관계의 결과에 미치는 영향을 지나치게 부인하는 것에 반해 구성주의 이론은 이를 지나치게 강조한다는 비판을 받는다. 즉 구성주의 이론은 국가가 국제제도를 좇아 행동을 한다고 주장하지만 이러한 주장은 국가의 행동에 대한 강력한 설명이 되지 않을 수도 있다는 비판이 제기된다. 왜냐하면 국가의 행동이라고 하는 것은 다양한 상황적인 제약과도 연관되어 있기 때문이다.

구성주의 이론은 행위자들이 상호작용을 통해 공유한 아이디어가 권력과 이익을 규정짓는다고 본다. 그러나 (신)현실주의 이론의 관점에서 볼 때 구성주의 이론은 국제제도가 종종 강력한 행위자에 의해 지켜지지 않는다는 점을 고려하지 않으며 어떤 아이디어들은 이러한 것들을 물리칠 수 있는 물질적인 능력을 가지고 있는 강력한 행위자들에 의해 좌절된다는 점을 간과한다는 것을 강조한다.

4) 합리주의와 구성주의의 결합

(신)현실주의 이론과 신자유주의적 제도주의 이론이 바탕을 두고 있는 합리주의와 구성주의의 논란 속에서 이들 사이의 보완성에 대한 논의가 활발하게 전개되고 있다. 우선 훼아론과 웬트(James Fearon and Alexander Wendt)는 실제의 세계에서 행위자는 때때로 그들 행위의 결과를 계산하면서 행동을 하기도 하고 때때로 그들의 정체성과 가치에 따라 행동한다고 주장하면서 합리주의와 구성주의는 보완적이라고 보고자 한다.[9]

쉼멜펜니히(Frank Schimmelfennig)는 「수사적 행동(rhetorical action)」이라는 개념을 통해 합리주의와 구성주의를 결합하고자 한다. 국가는 종종 지배적인 규범과 정당성의 기준에 미약하게 사회화가 되며 물질적인 이익에 따른다고 본다. 이러한 국가에게 물질적인 이익이 아닌 규범에 따른 행동을 하도록 규범에 기초한 주장(norm-based argument)을 전략적으로 사용하는데 이를 일컬어 「수사적 행동」이라고 한다.[10] 유럽연합(EU)의 예를 들어 설명하면 다음과 같다.

EU와 같은 제도적인 환경하에서 정치적 행위자로서의 회원국들은 자신에 대한 평판을 비롯하여 그들의 선호와 행위의 정당성에 대해 관심을 둔다. 따라서 자신의 이익을 공동체의 정당성 기준에 근거하여 정당화시킬 수 있는 행위자는 그렇지 않은 다른 행위자로 하여금 수치심을 느껴 규범에 일치하는 행위를 하게 할 수 있고 이익과 권력만으로 초래될 수 있는 집단적인 결과를 바뀌도록 할 수 있다.[11] 즉 이익에 따라 행동할 수 있는 대상에게 수치심의 동원(mobilization of shame) 혹은 양심의 동원(mobilization of conscience)을 통해 행위를 바꿀 수 있다고 본다.

구성주의자들 일부는 규범의 전략적 조작(strategic manipulation)의 가능성을 심사숙고하기 시작했다. 예컨대 핀모아와 식킹크(Martha Finnemore and Kathryn Sikkink)는 도구적인 합리성(instrumental rationality)이 정체성 · 선호 · 규범의 사회

---

9) James D. Fearon and Alexander Wendt, "Rationalism vs. Constructivism: A Skeptical View," in Walter Carlsnaes, Thomas Risse and Beth A. Simmons, eds., *Handbook of International Relations* (London: Sage, 2002), pp. 52-72.

10) Frank Schimmelfennig, "The Community Trap: Liberal Norms, Rhetorical Action, and the Eastern Enlargement of the European Union," *International Organization*, Vol. 55, No. 1 (Winter 2001), pp. 47-80.

11) Ibid.

적 구성에 있어서 중요한 역할을 한다는 것을 강조했다. 이들은 국제적인 인권규범의 진화를 설명하기 위하여 합리주의와 구성주의의 요소를 결합하여 규범의 옹호자가 전략적으로 규범에 대한 국제적인 지지를 만들어내는 과정을 서술하고 있다.

규범의 옹호자는 매우 세밀한 수단과 목적에 대한 계산을 하고 효용을 극대화하며 자신의 규범적 약속(normative commitment)을 반영하면서 다른 사람의 효용을 바꾸는 것을 추구함으로써 전략적 사회구성(strategic social construction)에 관계한다고 본다. 좀 더 구체적으로 말해 국제적인 행위자들은 다른 행위자들로 하여금 규범을 따르도록 고무하는데 이때 사회화와 동료압력(socialization and peer pressure)의 과정을 거치게 된다. 이러한 과정이란 적절한 행동에 대해 칭찬을 하고 규범의 위반에 대해 비난을 하는 담론적인 전략(discursive strategy)과 훌륭한 행위에 대해서는 보상을 하고 관련 규범을 따르지 않는 사람에게는 제재를 가하는 물질적인 전략을 종합한 것이다.

샌드홀즈와 그레이(Wayne Sandholtz and Mark Gray)는 행위자들은 그들의 복지를 향상시키기 위한 욕망과 적절하거나 정당한 방법으로 행동하고자 하는 욕망 모두에 의해 동기화가 된다. 즉 경제적 합리성과 규범적 합리성은 상호 보완적이라고 본다. 개개인은 비록 효용과 규범 사이의 상호작용에 대해 이해를 제대로 하고 있지 않지만 통상적으로 효용과 규범에 대해 동시에 판단하고 선택을 하는 경우 이 두 가지를 모두 고려한다.[12)]

리세(Thomas Risse)는 하버마스(Jürgen Habermas)의 의사소통행동이론(theory of communicative action)에 기초하여 주장의 논리(logic of arguing)를 제시한다.[13)] 하버마스에 따르면 민주주의 의사결정은 단순히 경쟁하는 고정된 이익(선호) 사이의 타협이 아니라 의사소통을 통해 이성적 합의를 이루어내는 과정이다. 이 이론은 의사소통(communication)을 전략적인 행동(strategic action)으로 간주한다. 이러한 주장에 따르면 행위자들은 의사소통을 통해 서로를 납득시키고 그렇게 하여 서로의 이익(선호)에 영향을 미친다.

의사소통이라는 것이 기존에 수립되어 있는 이익(선호) 및 권력과 같은 중요

12) Wayne Sandholtz and Mark M. Gray, "International Integration and National Corruption," *International Organization*, Vol. 57, No. 4 (Fall 2003), p. 761.

13) Thomas Risse, "Let's Argue! Communicative Action in World Politics'. *International Organization* Vol. 54, No. 1 (Winter 2000). pp. 1-39.

한 설명요인(explanatory factors)과 별도로 결과에 영향을 미치는 요인을 형성하는가의 문제에 있어서 합리주의는 의사소통이 다른 설명요인에 비해 미진한 역할을 한다고 본다. 이와는 대조적으로 주장의 논리는 의사소통이 다른 요인들과는 독립적으로 결과에 대해 별도의 영향을 미친다고 본다.

이처럼 논쟁(argumentation) · 심의(deliberation) · 설득(persuasion)은 합리주의에서 말하는 전략적인 협상(strategic bargaining)과 구성주의가 말하는 규범에 이끌리는 행위(norm-guided behavior)와는 구별되는 사회적인 상호작용의 양태를 구성한다고 본다.

2. 국제제도의 영향에 관한 이론적 논의의 함의

(신)현실주의 이론은 국제체세의 무정부성과 이로 인한 안보딜레마로 인해 권력이 국가 행위의 중요한 동기를 구성한다고 본다. (신)현실주의 이론은 국제제도를 권력의 단순한 반영물로 바라 본다. 때문에 국가가 국제제도를 따르는 것처럼 보여도 실상은 국제제도에 내재화된 권력에 영향을 받는 것으로 간주한다. 이처럼 (신)현실주의 이론은 국가의 행위와 국제관계에 미치는 국제제도의 영향이란 독립적이지 않다고 본다.

(신)현실주의 이론이 국제제도를 권력의 반영물로 바라보는 것과는 대조적으로 신자유주의적 제도주의 이론은 국제제도란 이들이 수행하는 기능이 국가들에게 이익을 가져다주기 때문에 권력과는 독립적으로 생성된다고 본다. 신자유주의적 제도주의 이론은 국제제도가 국가 행위에 대해 상호 기대하는 바를 규정하고 안정화시키면서 국가의 선택에 영향을 행사함으로써 권력과는 독립적으로 국가의 행위와 국제관계에 영향을 미친다고 본다.

구성주의 이론은 국제제도가 국가의 정체성이나 이익 자체를 변화시켜 국가의 행위에 보다 본질적인 영향을 미친다고 본다. 이러한 구성주의 이론의 견해는 국가의 정체성과 이익에 영향을 미치지 않는 가운데 기껏해야 자기중심적인 이기적인 국가의 선택과 행위를 제약하는 데에 그친다고 보는 신자유주의적 제도주의 이론과 대조를 이룬다.

결과적으로 (신)현실주의 이론은 국제제도가 국가의 행위와 국제관계에 독립적인 영향이 없음을 강조하고 신자유주의적 제도주의 이론과 구성주의 이론은 질적인 차이는 존재하나 공통적으로 국제제도의 영향을 강조한다. 이들 세 종류의 이론들은 이처럼 국제제도가 국가의 행위나 국제관계에 미치는 영향에 대해 상이한 판단을 내리고 있지만 이러한 상이한 판단은 부분적으로 이들이 어떠한 현상을 영향이라고 볼 것인가에 대해 상이한 견해를 가지고 있다는 것으로부터도 유래한다.

(신)현실주의 이론의 경우는 국제제도의 영향이라는 것을 국가가 하려는 것을 하지 못하도록 하는 것을 의미하는 행동에 대한 제약이라는 관점에서 파악하고 신자유주의적 제도주의 이론은 국가들이 할 수 없었던 것을 가능하게 해 주는 것이라는 관점에서 접근한다. 구성주의 이론은 국가의 행위를 제약하는 것보다는 구성하는 것이라는 관점에서 영향력을 논의하고자 한다.

합리주의와 구성주의를 결합하고자 하는 노력에서 보듯이 국가의 행위에 영향을 미치는 것은 힘과 효용으로 정의되는 이익뿐만 아니라 정체성과 가치이다. 이 때문에 국제기구를 포함한 국제제도의 영향에 대한 논의에 있어서 합리주의 전통의 (신)현실주의 이론과 신자유주의적 제도주의 이론의 논의 뿐 아니라 합리주의 전통을 비판하고 나선 구성주의 이론의 논의가 동시에 필요하다. 이러한 논의를 통해 어떠한 조건에서 국제기구를 포함한 국제제도가 국가의 행위나 국제관계에 어떠한 영향을 미치며 어떠한 조건의 경우 이러한 국제제도가 국가의 행위나 국제관계에 영향을 미치지 못하는가를 경험적으로 밝히는 것이 우리의 과제일 것이다.

제2장 국제기구 영향력 제고의 조건

1. 서 론

우리는 종종 국제기구의 영향력의 존재 여부에 대해 논하기도 하고 국제기구의 영향력을 전제로 하여 영향력의 강화나 약화에 대해 논의를 하기도 한다. 앞서 살펴보았듯이 국제기구의 영향력의 존재 여부를 판단하는 기준은 국제기구로 인한 국가의 행동이나 국제 결과에의 변화의 여부이다. 이러한 변화를 이론에 따라서는 국가가 하려는 것을 하지 못하도록 하는 행동에 대한 제약의 여부로 파악하기도 하고 국가들이 할 수 없었던 것을 가능하게 해주었는가의 여부로 파악한다.

국제기구의 영향력은 이처럼 다양한 측면에서 포착될 수 있는 현상이지만 이러한 국제기구의 영향력 행사란 국제기구의 국가로부터의 독립성을 전제해야만 한다. 따라서 여기에서는 국제기구의 영향력의 전제조건인 국제기구의 국가로부터의 독립성이 어떤 조건에서 제고될 수 있는가에 대해 살펴보고자 한다.[14)]

우선 국제기구들이 독립성을 가지려면 주권국가들이 자신들의 자율권이 제한될 수 있음에도 불구하고 국제기구 밖에서 스스로 문제를 해결하려 하지 않고 국제기구에 문제를 맡겨야만 하는데 이를 국제기구의 독립성 확보를 위한 1차적인 단계라고 할 수 있다.

나아가 국제기구에 문제 해결의 임무가 맡겨진다고 해도 이러한 문제가 다루어지는 방식이 2차적인 단계로서 국제기구의 독립성에 영향을 미친다. 문제가 다

---

14) 하프텔과 톰손(Yoram Z. Haftel and Alexander Thompson)은 국제기구의 독립성(independence)이 자율성(autonomy)·중립성(neutrality)·위임(delegation)이라는 세 가지 측면(dimension)을 가지고 있다고 보고 국제기구의 독립성을 종합적으로 살펴보고자 했다. 그는 국제기구의 독립성에 영향을 미칠 수 있는 요인으로서 회원국들 사이의 경제적 상호의존(economic interdependence)·권력의 배분(distribution of power)·경로의존(path dependence)이라는 세 가지 요인을 추출해 가지고 실증적인 분석을 했다. 그 결과 경제적 상호의존과 경로의존이 국제기구의 독립성에 영향을 미치고 있음을 밝히고 있다: Yoram Z. Haftel and Alexander Thompson, "The Independence of International Organizations: Concept and Application," Journal of Conflict Resolution, Vol. 50, No. 2 (April 2006), pp. 253-275.

루어지는 방식은 국제기구에 있어서 의사결정 방식과 긴밀하게 연관되어 있는데 이는 구체적으로 의사결정의 주체・의사결정의 방법・의사결정의 효력이라는 3가지 측면을 갖는다.

우선 국제기구 내에서 어떤 기관이 의사결정에 주요한 역할을 하는가가 국제기구의 독립성과 밀접한 관계를 가진다. 국제기구 대부분에 있어서 의사결정은 총회나 이사회와 같은 정부대표들로 구성된 기관에서 이루어지는데 이는 국가들이 자신에게 영향을 미칠 의사결정이 자신의 참여 없이 이루어지는 것에 대한 우려를 가지고 있기 때문이다.

국제기구 내의 사무국이라든가 유럽연합의 집행위원회와 같이 주권국가와는 독립적인 지위에 있으면서 정부대표들로 구성되어 있지 않은 기관에게 문제해결을 위한 의사결정의 주체로서의 역할이 부여되어 있을 경우 국제기구는 독립성을 가질 가능성이 높아질 수 있다.

의사결정의 주체와는 별도로 의사결정의 방법이 국제기구의 독립성에 영향을 미친다. 이는 주로 정부대표로 구성된 기관에서의 의사결정의 방법과 관련이 있는 것으로서 만장일치제에 따른 의사결정일 경우 주권국가의 자율성이 최대한 보장되는데 반해 다수결에 의한 의사결정의 경우 주권국가가 원하지 않는 의사결정이 이루어질 수 있다는 점에서 국제기구의 독립성의 제고될 수 있을 것이다.

마지막으로 의사결정의 효력 역시 국제기구의 독립성에 영향을 미치는 또 다른 요인이다. 정부대표로 구성된 기관이든 회원국과 독립적인 구성원들로 구성된 기관이든 이들이 구속력 있는 의사결정을 비롯한 권위 있는 의사결정을 내릴 수 있을 때에 국제기구의 독립성의 강화될 수 있기 때문이다.

여기에서 국제기구의 의사결정 방법과 의사결정의 효력은 구분하기 보다는 동시에 살펴보아야 한다. 왜냐하면 이 둘 사이에 밀접한 관계가 존재하기 때문이다. 과거 회원국의 수가 적은 보편적 국제기구나 지역기구가 만장일치제를 통해 구속력 있는 의사결정을 했으나 회원국의 수가 늘면서 만장일치제 대신 다수결제를 채택하면서 의사결정의 효력을 권고에 그치도록 하는 경우가 많아졌기 때문이다.

이처럼 국제기구의 독립성은 여러 단계의 다면적인 측면을 가진다. 이러한 국제기구의 독립성은 주권국가들이 국제기구를 통한 문제 해결을 꺼리고 국제기구에서 문제 해결을 꾀한다 해도 정부대표들로 구성된 기관에서 의사결정을 하고자 하며 정부대표로 구성된 기관에서 의사결정을 하더라도 원하지 않는 의사결정을 저지할 수 있는 만장일치제나 합의제와 같은 방법을 통해 의사결정을 하려 하거나 법적 구속력이 없이 권고에 불과한 효력을 가지는 다수결제를 통한 의사결정을 선호하는 본질과 깊게 연관되어 있다.

학자들은 국제기구의 영향력이라는 현상을 연구하면서 이러한 것을 가능하게 하는 조건에 관심을 가져온 것이 사실이다. 그러나 이들은 국제기구의 영향력의 조건을 다면적으로 접근하지 않고 어느 한 측면에 국한하여 접근해 왔다. 비록 이러한 한계를 가지고 있으나 이들 학자들이 이러한 조건과 관련하여 제시해 온 산발적인 가설들이 국제기구의 독립성의 제고와 이에 바탕을 둔 국제기구의 영향력 제고를 위한 조건을 이해하는 데 중요한 아이디어를 제공하는 데 기여하고 있다. 따라서 여기에서는 이러한 가설들을 좀 더 종합적으로 살펴보고자 한다.

2. 국제기구의 독립성 제고의 조건

1) 주권국가가 문제 해결을 국제기구에게 맡기는 조건

어떤 조건하에 주권국가들은 자율성의 훼손이 예상됨에도 불구하고 해결을 요하는 문제를 국제기구에 맡기려 하는가에 대해 다음과 같은 가설들이 존재 한다.

첫째, 해결을 요하는 문제에 대해 개개 주권국가가 주관적으로 부여하는 이슈의 중요성(issue salience)과 관련된 가설로서 이슈의 중요성이 클수록 국제기구에 이슈를 맡기려 하지 않을 것이라는 것을 핵심 내용으로 한다.

이와 관련하여 국가의 안전이나 생존과 관련한 이슈의 경우에는 국제기구에 그 해결을 맡기려 하지 않을 것이라는 가설이 가능한데 실제로 조엔슨(Christer Jönsson)은 국가안보와 같은 상위정치(high politics)를 다루는 이슈의 경우에 주권국가는 국제기구로 하여금 중요한 역할을 하도록 허용하지 않을 것이라는 주장을 제시하고 있다.[15)]

휜켈스타인(Lawrence S. Finkelstein)은 이러한 가설을 제한적으로 수용하여 상당히 중요성이 높은 이슈라도 국가 자신이 해결할 능력이 없고 또 그러한 이슈가 다룰 수 없는 상황에 빠져드는 것을 두려워할 때는 국제기구에게 문제의 해

15) Christer Jönsson, "Interorganization Theory and International Organization," *International Studies Quarterly*, Vol. 30, No. 1 (March 1986), pp. 39-57.

결을 맡길 수 있다는 가설을 제시하고 있다.[16)]

로즈노(James N. Rosenau)는 이러한 가설을 체계적으로 검증하기 위한 시도를 한 것은 아니지만 국제기구가 식량원조·난민·인권과 같은 사회적 이슈 영역에서 보다 큰 권위를 인정받고 있고 이와는 대조적으로 힘의 사용·재산권·초국가적 기업에 대한 규제·자원에 대한 주권 등과 같은 이슈에 있어서는 국가의 자율성이 여전히 강조되고 있다는 관찰을 제시한 바 있다.[17)]

둘째, 이슈의 중요성과 더불어 이슈의 복잡성을 주권국가가 이슈를 국제기구에 맡길 것인가와 관련을 지어 제시하는 가설들도 있다. 이러한 가설들은 이슈가 기술적으로 복잡하면 할수록 국제기구는 그들이 갖고 있는 전문성으로 인해 문제의 해결을 떠맡을 가능성이 커진다고 본다.

효과적인 정책을 만드는 데 전문성에 대한 필요가 크면 클수록 국가는 국제기구에게 문제의 해결을 맡기고자 한다는 가설과 관련하여 당사자-대리인 모델(P-A 모델)은 좀 더 구체적으로 다음과 같은 조건하에서 주권국가들이 국제기구에게 문제 해결을 맡기려고 한다고 본다.

이러한 조건에는 ⅰ) 국제원자력기구(IAEA)에게 핵확산을 감시하도록 권한을 부여하는 것처럼 국제기구가 전문성을 가지고 국가들에게 공공재(public goods)를 공급할 경우 ⅱ) 국제표준화기구(ISO)에게 국제적인 표준화의 권한을 부여하는 것처럼 국제기구가 전문성을 가지고 개별적이고 조정되지 않은 국내정책들의 국제적 충돌을 방지하는 경우 ⅲ) 세계보건기구(WHO)에게 세계보건 문제에 관한 권한을 부여하는 것처럼 과업이 상당히 전문성을 요하고 어떠한 단일 국가에 있어서도 빈번하게 사용되지 않거나 고정비용(fixed cost)이 클 경우가 포함된다.

셋째, 행위자 간의 능력의 배분이라고 정의되는 이슈 영역의 구조와 주권국가에 의한 국제기구로의 문제 해결의 위탁을 관련짓는 가설도 있다. 구체적으로 이러한 가설은 특정 이슈 영역에 있어서 능력이 한 국가 혹은 소수의 몇 개 국가에 집중되어 있는 경우가 능력이 많은 국가들에 분산되어 있는 경우보다 국제기구가 문제해결의 주체가 될 가능성이 낮다고 본다. 같은 맥락에서 양극체제보다

16) Lawrence S. Finkelstein, "The Politics of Value Allocation in the UN System," in Lawrence S. Finkelstein, ed., *Politics in the United Nations System* (Durham: Duke University Press, 1988), p. 12.

17) James N. Rosenau, *The United Nations in a Turbulent World, Occasional Paper Series by International Peace Academy* (Lynne Rienner Publishers, Boulder and London, 1992), p. 45.

다극체제에서 국제기구의 권한이 강화될 수 있다고 본다.[18]

넷째, 국가들 간에 선호의 유사성(preference similarity)도 문제를 국제기구에 위탁하려는 주권국가의 행태에 영향을 미치는 중요한 요인의 하나로 간주된다. 이러한 주장은 선호의 유사성이 클수록 주권국가가 국제기구에게 문제의 해결을 맡길 가능성이 커지고 선호의 이질성(preference heterogeneity) 즉 선호의 다양성이 클수록 주권국가들은 국제기구를 통하지 않고 일방적으로 행동을 취하는 선택을 할 가능성이 커진다는 가설로 제시되고 있다.

2) 국제기관이 의사결정에 중요한 역할을 하게 되는 조건

국가로부터 독립적인 지위에 있는 국제공무원으로 구성된 사무국이나 유럽연합의 집행위원회와 같은 국제기관이 어떠한 경우에 문제 해결을 위한 의사결정의 중요한 주체가 될 것인가와 관련하여 다음과 같은 가설들이 있다.

첫째, 국가들이 정책을 둘러싸고 집단적으로 안정적 합의에 이르기 어려울 경우에 균형(equilibrium)을 유도하기 위한 수단으로서 국제기구 내의 국제기관에게 의제설정 권력(agenda-setting power)과 같은 권한을 위임할 가능성이 높다고 본다.

이러한 가설은 유럽연합(EU)의 경우에서 실제적으로 입증된다고 볼 수 있다. 구체적으로 유럽연합은 국제기관인 집행위원회(Commission)에게 상당한 정도로 이러한 의제설정 권력을 위임하고 있다. 앞서 당사자-대리인 모델(P-A모델)에서 언급했듯이 의제설정 권력이란 이슈를 정의하고 최종적인 의사결정자들 사이에서 합의를 도출해 낼 수 있는 제안(proposal)을 처음으로 내놓을 수 있는 권력인 제안할 수 있는 권력(power to propose)을 의미한다. 집행위원회의 이러한 제안할 수 있는 권력은 이사회의 결정할 수 있는 권력(power to decide)과 대비되어 언급되곤 한다. 이는 집행위원회가 이사회에 제안을 해야만 많은 문제들이 비로소 정책이나 법이 된다는 것을 의미하는 것으로서 이러한 의제설정 권력은 하나의 정치권력으로 간주된다. 구체적으로 이러한 의제설정권력은 문제의 성격을 규정함으로써 후속적으로 토론이 이루어지고 최종적으로 결정이 되는 방식에 영향을 미친다.

---

18) Jönsson, op. cit.

둘째, 주권국가들 사이의 공동인식 역시 국제기구 내 국제기관의 의사결정 주체성에 영향을 미치는 요인으로 간주된다. 이러한 요인에 바탕을 두고 코플린(William D. Coplin)은 주권국가들 사이에 불신으로 인해 공동인식이 약할 경우 국제기관으로서의 상설 행정조직은 의사결정 권한을 갖기 힘들며 대신에 주권국가가 의사결정 과정을 지배할 가능성이 높다는 가설을 제시하고 있다.

달리 말해 국제기구의 활동영역과 목적이 제한적이고 이러한 제한적인 특수목적이 국제기구를 통해 달성될 수 있다는 합의가 국가들 사이에 이루어져 있으며 이러한 목적이 회원국 간에 대립을 가져올 지도 모르는 상충하는 이해관계에 관한 것이 아닐 경우에 국제기구의 국제기관인 상설 행정조직이 지배적인 정책결정자로서의 역할을 할 가능성이 높다는 것이다.

이러한 가설을 입증하는 사례로서 만국우편연합(UPU)과 국제전기통신연합(ITU)이 언급된다. 구체적으로 주권국가는 이들 국제기구의 사무국에 많은 정도의 자율성을 부여하고 있는데 이것은 이들의 일상적인 일들이 통상적인 것(routine)이거나 기술적인 것으로서 이들 사무국과 주권국가 사이에 긴장이 거의 존재하지 않는다는 사실에 기인한다고 본다.[19]

셋째, 의사결정의 유형이 국제기구 내 국제기관에 의한 의사결정과 밀접한 관련이 있다고 보는 견해도 있는데 이러한 견해는 위의 두 번째 경우와도 연관성을 가진다.

제이콥슨(Harold K. Jacobson)에 따르면 정부는 국제기구 내의 정부대표로서 구성된 기관에서 의사결정이 이루어지도록 함으로써 중요한 국익에 영향을 미칠 결정을 통제하고자 하지만 때때로 개개 국가의 정부는 많은 이슈에 관한 통상적인 결정(routine decisions)이 정부의 적극적인 참여 없이 일어나는 것을 허용하려고도 한다고 지적하고 있다.

그는 많은 예외가 있을 수 있다는 신중한 전제하에 어떤 유형의 결정을 내리고자 할 때 정부대표들이 지배적인 역할을 하고자 하며 어떤 유형의 결정에 정부대표들의 적극적인 참여 없이 결정이 이루어지도록 허용하는가에 대한 가설을 제공하고 있다.

이에 따르면 정부대표들은 제8부 제1장 의사결정의 유형에서 언급한 바 있는

19) William D. Coplin, *Introduction to International Politics: A Theoretical Overview* (Chicago: Markham Publishing Company, 1971), pp. 163-172.

국제기구의 의사결정의 유형 중에서 대표와 관련된 결정 · 규범창설 결정 · 규칙창출 결정 · 프로그램적 결정에 있어서 지배적인 역할을 하려고 한다. 그리고 정보에 관련한 결정 · 규칙감시에 관한 결정 · 운용적 결정에 있어서의 정부의 관여는 큰 변이가 존재한다고 본다.[20]

제이콥슨은 대표와 관련한 결정에서 정부대표들은 지배적인 역할을 하려는 사례로서 유엔 사무총장을 위시한 사무국의 고위직 선출 결정에 정부대표들이 지배적인 역할을 하는 것을 들고 있다. 규범창설 결정과 규칙창출 결정은 정부에 제한을 가할 수 있는 성질의 것이기 때문에 정부가 이러한 결정에 최종적인 권위를 행사하고자 하며 프로그램적 결정이란 국제기구에 가용한 자원을 어떻게 배분할 것인가에 관한 결정으로서 새로운 프로그램이 많은 비용을 필요로 하는 경우 정부는 결정에 깊이 관여하고자 한다는 것이다.[21]

넷째, 효율성과 정치적 위험성과의 관계가 국제기관으로의 권한의 위임(이양)에 영향을 미친다고 본다. 이는 구체적으로 주권국가에게 협력의 증진으로부터 잠재적으로 기대되는 이득의 크기와 더불어 결정의 내용과 결정의 결과에 대한 불확실성으로 인해 주권국가가 떠맡아야 할 정치적 위험부담의 정도에 따라서 주권국가는 주권의 공동행사(pooling of sovereignty)와 주권의 위임(delegation of sovereignty)을 결정하게 된다는 것이다. 여기에서 주권의 위임이란 정부대표가 아닌 사무국을 위시한 국제기관에 의한 의사결정을 일컫고 주권의 공동행사란 정부대표들에 의한 의사결정을 의미한다. 이는 모랍식(Andrew Moravcsik)이 제시하고 있는 가설로서 그는 국제기구에서 주권국가가 국제기관에게 주권을 위임하는 정도에 있어서의 변이에 관심을 두고 이것을 결정짓는 요인에 대해 논의를 전개하고 있다.[22]

그에 따르면 주권국가가 국제기구에 가입하게 되면 이득과 동시에 국가 자율성의 감소를 동시에 경험하게 된다. 국제기구의 가입으로부터 받게 되는 이득은 거래비용의 감소 등을 통해 국가들 사이의 협상의 효율을 높인다. 국제기구는 개

---

20) Harold K. Jacobson, *Networks of Interdependence: International Organizations and the Global Political System*, 2nd. ed. (New York: Alfred A. Knopf: 1984), pp. 113-114.

21) 때때로 정부는 이러한 결정과 관련하여 큰 방향을 제시하고 세세한 결정은 사무국으로 하여금 내리도록 하기도 한다.

22) Andrew Moravcsik, "Preference and Power in the European Community: A Liberal Intergovernmentalist Approach," in Simon Bulmer and Andrew Scott, eds., *Economic and Political Integration in Europe: Internal Dynamics and Global Context* (Cambridge: Blackwell Publishers, 1994), pp. 63-67.

개 국가가 추구하는 정책에 집단적 정당성을 부여함으로써 국내정치에 있어 특정의 사회집단으로부터 정치지도자의 자율성을 높일 수 있다. 또한 국제기구는 그렇지 않고는 달성할 수 없는 목표를 달성하게 해준다. 국가들은 이러한 이득과 교환하여 어떠한 결정이 일어날지 모르는 정치적 위험부담을 져야만 한다.

모랍식은 의사결정 방식을 크게 만장일치제·주권의 공동행사에 의한 의사결정·주권의 위임에 의한 의사결정으로 구분하고 국제기구에 있어서 주권의 위임은 주권의 공동행사에 비해 의사결정에 있어 보다 효율적이나 좀 더 큰 정치적인 위험을 가져올 수 있어 실제로 드물다는 것을 지적하고 결론적으로 국가는 주권의 위임이 가져올지 모르는 커다란 정치적 위험보다는 비효율적인 의사결정과 결정의 불완전한 이행을 선택한다고 본다.

3) 만장일치제가 아닌 방식에 의한 권위적인 결정의 조건

대부분의 국제기구에 있어서 이슈가 맡겨질 경우 주요한 의사결정이 국제기구 내의 정부대표로 구성된 기관에 의해 이루어지는 경우가 대부분이다. 이때 만장일치제나 합의제에 의해 의사결정을 하는 경우와 다수결제에 의해 의사결정을 하는 경우로 구분하여 살펴볼 수 있는데 만장일치제나 합의제를 채택할 경우 법적 구속력을 갖는 것이 일반적이다. 이와는 달리 다수결에 의해 의사결정을 하는 경우 법적 구속력이 없는 권고 성격의 의사결정을 내리는 경우가 대부분이다.

소수의 제한된 국가만을 회원국으로 하며 이러한 회원국들 사이에 일정한 정도의 동질성이 존재하는 경우로서 지역기구를 들 수 있는데 이러한 지역기구들은 아직 만장일치제나 합의제를 사용하는 경우가 많다. 회원국의 수가 늘면서 국가들 사이의 이질성이 확대되면서 그 효율성의 부족으로 인해 만장일치제의 사용이 줄고 다수결제의 채택이 늘어나고 있는 것이 현실이다. 그러나 만장일치제나 합의제가 아닌 다수결에 의해 법적 구속력이 있는 의사결정이 이루어지는 경우는 지극히 드문 것 역시 사실이다. 이러한 사실에 비추어 볼 때 다수결제에 의한 법적 구속력 있는 의사결정이라는 측면의 국제기구의 독립성과 영향력의 제고는 현실과 많은 괴리가 있음을 알 수 있다.

그러나 이중다수결제와 같은 변형된 다수결제나 Consensus-Minus-One과 같이 비켜서기가 허용되는 합의제에 의한 구속력 있는 의사결정이 일부 국제기구에서 이루어지고 있고 이러한 의사결정 방식이 미미하나마 점차적으로 확산되고 있음을 고려한다면 이러한 측면에서의 국제기구의 독립성과 영향력의 제고에 비관적인 평가만을 할 것은 아니다.

이러한 관점에서 비록 이들이 변형된 의사결정 방식이지만 이러한 결정 방식이 채택되는 데 기여한 조건이 무엇인가에 대한 연구가 필요하다. 이중다수결제를 택하고 있는 유럽연합의 이사회의 경우를 예로서 살펴보면 이러한 조건의 초보적인 단초를 찾아낼 수 있다.

유럽연합의 이사회는 사안에 따라 동일한 것은 아니지만 적지 않은 경우에 투표블록(voting block)으로서 독일을 위시한 대국의 블록과 몰타와 같은 소국들의 블록이 작동한다. 국가의 수로 보아 우위에 있는 소국 블록과 인구를 많이 가지고 있는 대국을 고려하여 다수결의 조건으로서 회원국 수의 55% 이상의 찬성과 역내 인구의 65% 이상의 찬성을 주요 정책의 결정을 위한 조건으로 하고 있다. 이는 두 블록의 국가의 수와 인구를 면밀하게 검토한 결과로 만들어진 것으로서 하나의 블록이 일방적으로 의사결정을 지배하는 것을 방지하는 역할을 한다. 즉 의사결정이 일어나기 위해서는 소국의 블록도 대국의 블록으로부터 일정한 정도의 동조를 얻어내야 하고 마찬가지로 대국의 블록도 소국의 블록으로부터 일정한 정도의 동조를 이끌어 내야만 하는 것이다.

이러한 의사결정 방식을 가능하게 하는 조건으로서 투표블록이 의사결정에 중요한 요소로서 작동한다는 전제하에 어느 블록도 다른 블록의 지원이 없이는 의사결정을 지배할 수 없다는 형평성을 들 수 있을 것이다.

제3장 국제기구의 기능

1. 개　　요

한국이 1990년대에 경제협력개발기구(OECD)에 가입하려 했을 때 가입을 둘러싸고 찬반 논쟁이 치열하게 전개되었다. 이때 가입을 해야만 하는 이유로서 다음과 같은 OECD의 기능이 빈번하게 언급되고 이를 통해 한국이 국익을 증진할 수 있다는 논리가 전개된 적이 있다.

세계경제 분야 등에 관한 고급정보는 OECD에서 생산되고 공감대가 형성되면 세계무역기구(WTO) 등과 같은 다른 국제기구에 넘어가 제도화된다. 즉 새로운 규범의 산실 역할을 한다. 따라서 한국이 OECD 회원국이 되면 과거처럼 국제규범의 틀 내에서 사후적으로 쫓아가는 수동적 입장에서 벗어나 새로운 국제질서의 창출과정에 직접 참여하는 능동적이고 주도적인 입장으로 바뀌어 국제무대에서 한국의 국익을 미리 반영할 수 있다.[23)]

국제기구의 기능을 논함에 있어서 다양한 학자들이 다양한 기능들을 언급하고 있다. 일찍이 국제기구 학자인 제이콥슨(Harold K. Jacobson)은 국제기구의 중요기능으로서 정보 기능·규범창출 기능·규칙창출 기능·규칙감시 기능·운용활동 기능을 언급한 바 있다.[24)]

국제제도의 기능을 이론적 시각에서 체계적이고 포괄적인 설명을 가하고 있는 이론이 신자유주의적 제도주의 이론의 기능주의적 접근법이다. 이 이론은 국제기구의 주된 기능을 국가들 간에 협력을 가능하게 한다는 것이며 구체적으로 다음과 같은 세부적인 기능이 협력을 가능하게 한다고 본다.[25)] ⅰ) 분권화된 국제사

23) 서울신문(인터넷), 1996년 7월 7일.

24) Harold K. Jacobson, *Networks of Interdependence: International Organizations and the Global Political System*, 2nd. ed. (New York: Alfred A. Knopf: 1984), pp. 81-84.

25) 신자유주의적 제도주의 이론의 국제제도의 기능에 대해서는 이미 국제기구의 설립에 관한 이론 부분에서 자세히 언급하고 있으니 참조하시오.

회에서 법적 책임의 수립을 위한 틀(framework for establishing legal liability)을 제공한다. ii) 정보배분에 있어서의 불균형을 줄이고 상대적으로 균등한 정보를 제공하여 불확실성을 줄여줌으로써 특정의 협정이 더욱 쉽게 이루어지도록 한다. iii) 거래비용(transaction cost)을 감소시켜 거래의 효율성을 높임으로써 협력을 가능하게 한다. iv) 이슈 연계(issue linkage)를 가능하게 하는 장(forum)을 제공한다. v) 평판효과(reputational effects)를 가져와 협력을 용이하게 한다. vi) 다양한 입장이 존재하는 가운데 수용 가능한 해결책을 제공하여 조정을 가능하게 한다.[26)]

구성주의 이론 역시 국제제도의 기능에 대해 언급하고 있다. 구체적으로 구성주의 이론은 신자유주의적 제도주의 이론이 언급하고 있지 않은 국제기구의 중요한 기능의 하나로서 국제제도의 사회화(socialization) 기능을 강조한다. 당사자-대리인 모델(P-A Model) 역시 왜 당사자들이 대리인에게 일정한 업무를 국제기구에 위임하는가에 대한 논의를 통해 간접적으로 국제기구의 기능에 대해 언급하고 있다.

이 밖에 다수의 다른 학자들과 이론들이 국제기구의 기능에 대해 직간접적으로 언급하고 있는데 이곳에서는 제이콥슨의 국제기구의 기능·기능주의 접근법을 강조하는 신자유주의적 제도주의 이론의 국제기구의 기능·구성주의 이론이 강조하는 국제기구의 기능·당사자-대리인 모델(P-A Model)이 제시하고 있는 국제기구의 기능을 중심으로 국제기구의 기능에 대해 살펴보고자 한다.

이러한 국제기구의 기능의 분류는 국제기구의 연구에 있어 중요하다. 이러한 기능 유형을 독립변수로 하여 종속변수인 국제기구의 현상의 변이(variation)를 설명할 수도 있기 때문이다. 국제기구가 어느 기능을 수행할 때 다른 기능을 수행할 때와 비교하여 주권국가로부터 상대적으로 많은 자율성을 누릴 수 있는가와 같은 연구가 이러한 예의 하나가 될 수 있다.

국제기구의 기능과 관련하여 주의할 것은 하나의 국제기구가 반드시 하나의

---

26) 킹스버리(Benedict Kingsbury)와 같은 학자가 언급하고 있는 국제제도의 기능은 다음과 같다. 1) 기대하는 바를 안정화시킨다. 2) 거래비용을 줄인다. 3) 미래의 그림자를 길게 드리우거나 이슈 연계를 위한 기초를 제공함으로써 배신(defection)의 비용을 증대시킨다. 4) 투명성을 증대시킨다. 5) 감시를 제공하거나 용이하게 한다. 6) 분쟁을 해결한다. 7) 헌신의 청중비용(audience cost of commitments)을 증가시킨다. 8) 구심점(focal point)을 제공한다. 9) 규칙의 준수와 관련이 있는 평판비용(reputational costs)과 이익(benefits)을 증가시킨다: Benedict Kingsbury, "The Concept of Compliance as a Function of Competing Conceptions of International Law," *Michigan Journal of International Law*, Vol. 19 (1998), p. 345.

기능만을 수행하는 것이 아니라 복수의 기능을 수행할 수도 있으며 복수의 국제기구가 함께 단일의 기능을 수행하기도 한다는 점이다.

2. 국제기구의 주요 기능

1) 정보 기능(informational function)

정보 기능이란 국제기구가 회원국들이 공통적으로 관심을 갖는 일에 관련된 정보(즉 자료나 견해)를 수집하고 분석하며 교환하고 전파하는 기능을 의미한다. 예컨대 세계기상기구(WMO)는 기후변동에 관한 정보를 제공하고 유엔 인권이사회(Human Rights Council, HRC)는 세계 각지에 있어서의 인권의 침해에 관한 실태에 대한 정보를 제공하며 유엔아동기금(UNICEF)은 아동노동 등 아동의 인권침해 실태에 대한 정보를 제공하여 이러한 이슈에 대한 관심과 문제 해결을 위한 노력을 촉구한다.

유엔개발계획(UNDP)의 경우 매년 각국의 평균수명·교육수준·소득규모 등을 고려해 인간개발지수(Human Development Index, HDI)를 산정해 국가들의 순위를 공개함으로써 세계 각국의 삶의 질을 높이기 위한 간접적인 노력을 한다.[27] UNDP는 인간개발지수 이외에 다방면에 걸쳐 남녀평등의 정도를 측정한 남녀평등지수(Gender-related Development Index, GDI)와 더불어 여성들의 정치·경제활동과 정책결정 과정에의 참여도를 측정한 여성권한척도(Gender Empowerment Measure, GEM)도 발표하고 있다.

국제기구는 현재 직면해 있는 현실에 대한 정보의 제공을 통해 특정 문제에 관한 관심을 불러일으키고 문제 해결을 위한 노력을 촉구하는 데에 그치지 않고 앞으로 직면하게 될 현실에 대한 정보를 제공하여 사태가 심각한 상태로 악화되기 전에(구체적으로 말해 문제가 발생하기 전 혹은 문제가 발생한 초기에) 적절하게 대처하기 위한 조기경보(early warning)에 높은 관심을 보이고 있다.

세계은행(WB)은 기후변화의 악영향으로 인해 향후 2050년까지 1억 4,000만 명이 자국의 국경 내에서 이주할 가능성이 있다고 보고서를 통해 밝혔다. 최악의 기후 조건을 피해 생존하기 위한 이러한 이주 현상은 주로 저개발 지역인 아프

27) 2018년 9월에 공개된 HDI는 전 해인 2017년의 자료에 기반을 둔 것인데 이에 따르면 노르웨이가 1위이고 한국은 22위이다.

리카 사하라이남 · 남아시아 · 중남미 등 3개 지역에서 발생할 것으로 보고서는 전망했다. 보고서는 구체적으로 물 부족 · 흉작 · 해수면 상승 · 폭풍 해일 등의 현상으로 생존이 불가능해진 지역에 사는 사람들은 각국의 영토 안에서 다른 곳으로 이동할 수밖에 없을 것이라고 지적하면서 온실가스 배출량을 줄이려는 전 지구적 노력과 국가적 차원의 개발 계획 등을 포함한 일치된 행동이 동반된다면 이주민 전망치를 1억 명 이상 줄일 수 있다며 세계 각국의 긴급한 대응 노력을 촉구했다.[28]

국제기구들은 국제적인 최적사례(best practice)와 같은 정보도 제공하여 회원국들로 하여금 공유할 수 있도록 한다. 즉 국제기구는 경제개발 계획의 작성 · 자연재해 방지대책 · 보건 및 사회 분야 정책 입안 등에 있어 국가 간 정책 입안과 집행 사례에 대한 정보를 수집한 후에 가장 효과적인 방안을 발굴하여 국제사회가 공유할 수 있도록 하여 국제사회 전체의 공익을 추구한다. 예컨대 아시아태평양경제사회위원회(ESCAP)가 한국에 있어서 개발 원동력이 되었던 새마을 운동의 경험을 아시아태평양 지역의 국가들에게 전수하고 있는 것을 그 한 예로 들 수 있다. 국제기구의 이러한 기능은 국제기구가 재정적인 어려움에 직면하면서 더욱 더 확장되고 있는 기능이다.

이처럼 국제기구는 정보의 제공을 통해 특정 문제에 관한 관심을 불러일으키고 문제 해결을 위한 노력을 촉구한다. 또한 최적사례의 공유 등을 통해 국제사회 전체의 공익을 추구한다. 이와 더불어 국제기구는 국가들에게 정보를 제공하여 불확실성(uncertainty)을 줄여 기대를 안정화시켜 협력을 원활하게 하는 기능을 수행한다. 즉 적절한 정보가 없을 경우 불확실성 때문에 상호 이익에 되는 협상이 이루어지지 않는다. 어떤 국가의 경우 다른 국가들에 비해 특정의 상황에 관하여 좀 더 많은 정보를 가질 수 있다. 이때 정보를 덜 가지고 있는 국가는 협상의 결과가 불공평할 것이라는 기대 속에 정보를 더 가지고 있는 국가와의 협정의 체결을 꺼리게 된다. 국제기구는 정보가 광범위하게 이용될 수 있도록 정보배분의 불균형을 줄이고 상대적으로 균등한 정보를 제공하여 불확실성을 줄이고 협상비용을 조정함으로써 특정의 협정이 더욱 쉽게 이루어지도록 하는 기능을 수행한다.[29]

---

28) 이승우, "세계은행: 기후변화에 2050년까지 1억4천만 명 이주 가능성," http://m.yna.co.kr/kr/contents/?cid=AKR20180317012700071 (검색일: 2018, 3. 20)

29) 이러한 정보제공 기능을 예로 들어 기능주의적 접근법이 제시하는 국제제도의 수요가 발생하는

2) 규범과 규칙의 창출 기능 (norm and rule-creating function)

국제기구는 규범을 창출하는 기능을 수행하며 제한적이기는 하지만 규칙을 창출하는 기능도 일부 수행한다. 이러한 규범과 규칙창출 기능은 신자유주의적 제도주의 이론이 국제제도의 기능의 하나로서 언급하고 있는 세계정부가 존재하지 않는 분권화된 국제사회에서 법적 책임의 수립을 위한 틀(framework for establishing legal liability)을 제공하는 기능을 수행함으로써 국가 간 협력을 가능하게 한다는 견해와 다르지 않다.[30] 규범창출 기능과 규칙창출 기능을 구별하여 살펴보면 다음과 같다.

(1) 규범창출 기능(norm - creating function)

규범창출 기능이란 표준(standard)을 정의하고 선포하는 기능으로서 국내외 정치가 행해지는 환경에 영향을 미칠 의도로 고안된 법적 구속력이 없는 규범(norm)을 만들어 내는 기능을 의미한다. 즉 인권이나 민주주의 등과 같은 보편적 가치를 창설하고 참여국의 사회화(socialization)를 통해 확산을 가능하게 한다.

국제기구가 이러한 규범을 창출한 대표적인 예로서 유엔총회의 결의문에 의한 세계인권선언(1948년) · 식민지독립부여선언(1960년) · 신국제경제질서선언(1974년) 등을 들 수 있다. 이러한 국제기구의 기준 설정 기능은 비록 법적 구속력은 없지만 국제관계에 적지 않은 영향을 미치며 경우에 따라서는 후일 법적 구속력을 가지는 규칙으로 발전하기도 한다. 대표적인 예로서 1948년에 있었던 세계인권선언이 후일 국제인권규약으로 발전한 것을 들 수 있다.

유네스코(UNESCO)의 경우 1997년 제29차 총회에서 인간 게놈과 인권에 관한 일반 선언(Universal Declaration on the Human Genome and Human Rights)을 회원국 전체의 합의로 채택한 바 있다. 이 선언은 인간 유전자를 모든 인류의 유산으로 규정하고 금전적 목적으로 이를 이용할 수 없으며 특히 인간의 존엄성을

조건에 관한 가설을 만들어 본다면 「국가들 상호 간에 상호의존이 심화되고 있는 가운데 정보가 결여되어 있을 때 국제제도에 대한 수요가 발생하기 쉽다」는 것과 같은 것이 될 수 있다.

30) 구체적으로 신자유주의적 제도주의에 따르면 자력구제를 추구하는 대다수의 정부는 보복에 대한 두려움 때문에도 규칙에 순응하지만 특별한 보복이 없이도 국제제도에 순응하는데 이는 자신의 규칙위반이 다른 나라 정부의 규칙위반을 증대시켜 「공공악(public bad)」을 산출하여 결국은 자신에게 손해가 된다고 보기 때문이다. 간단히 말해 국제제도는 세계정부의 부재 속에서 분권화된 강제의 실시를 가능하게 한다.

해치는 인간복제 행위는 허용할 수 없다고 규정하고 있다. 이 선언은 법적 구속력을 갖지는 않으나 회원국들이 여기에 근거하여 국내 법률들을 보완함으로써 인간 유전자 연구에 적지 않은 영향을 미치고 있다.

이러한 규범을 창출하는 유엔총회의 결의문은 법적 구속력이 없는 권고에 불과하다. 이러한 결의문이 만장일치나 합의 혹은 압도적인 다수로 채택될 경우 개도국들은 이러한 결의문의 법적 구속력을 인정해야 한다는 주장을 제기하기도 하나 유엔총회가 국제사회의 입법기관으로 예정되어 있지 않기 때문에 만약에 표결을 통해 만장일치로 채택되었다 해도 여전히 법적으로는 권고에 불과하다. 유엔총회의 결의문 자체가 구속력 있는 법을 만드는 것은 아니나 법이 창조되는 중요한 전 단계로 보아 「연성 법(soft law)」이라고 부르기도 한다.[31)]

(2) 규칙창출 기능(rule-creating function)

규칙창출 기능 역시 표준(standard)을 정의하고 선포하는 것과 관련을 가지나 이 경우의 표준은 위에서 언급한 규범과는 달리 법적 구속력을 가지는 규칙이라는 차이를 갖는다.[32)]

그러나 국제기구의 결정이 일반적으로 구속력이 없다는 점과 예외적으로 구속력 있는 규칙을 창출하는 경우에 있어서도 여러 면에서 한계를 갖는다는 점을 고려할 때 국제기구 자체의 규칙창출 기능은 현재로서는 매우 제한적이라 할 수 있다. 예외적으로 법적 구속력을 가지는 규칙을 창출하는 경우를 살펴보면 다음과 같다.

국제기구는 기구의 운영에 관한 내부적인 조치로서 조직의 활동에 불가결한 내부사항에 관한 상세한 규칙을 만들어 가지고 있는데 이러한 규칙은 예외적으로 법적 구속력을 갖는다. 국제기구의 총회라든가 이사회의 의사절차를 상세히 규정하는 의사규칙(rules of procedure, ROP)·사무국 직원의 고용에 관한 상세한 것을 규정하는 직원규칙(staff rules and regulation)·활동의 순서나 내용을 상세하게 규정하는 업무규칙(operational manual)이 이러한 내부사항에 관한 규칙의 대표적인 예들이다. 이러한 내부규칙은 총회라든가 이사회와 같은 주요한 의사결정 기

---

31) 조약이나 관습처럼 법적 구속력이 있는 규범들을 일컬어 「경성 법(hard law)」이라고 칭한다.

32) 일국 내에서 입법기능을 가지고 있는 국회의 기능을 연상하면 된다. 국회에서 만든 법은 국회라는 기관에만 적용되는 것이 아니며 입법과정에 참가한 사람들만을 구속하지 않고 모든 국민에게 적용된다.

관의 결의문의 채택에 의해 제정되는 것이 일반적이지만 사무국의 수장인 사무총장 등이 발하는 행정명령을 통해서도 내부규칙이 제정된다.

이렇게 총회나 이사회 혹은 사무국의 수장 등이 내부규칙을 제정할 수 있는 것은 국제기구의 설립조약이 이러한 권한을 명시적으로 부여하고 있기 때문이다. 예컨대 유엔헌장 제101조 제1항은 직원은 총회가 만든 규칙에 따라 사무총장이 임명한다고 규정하고 있고 이에 근거하여 유엔의 직원규칙(Staff Regulations and Rules of the United Nations)이 만들어졌다. 명시적인 근거규정이 부재한 가운데 내부규칙이 제정되는 경우도 있으나 내부규칙을 제정하는 기관의 절차・권한・활동 등이 일반적으로 기본조약에 의해 규정되었기 때문에 광의로 보아 내부규칙은 기본조약에 근거하여 제정되었다고 볼 수 있다.

그러나 이러한 내부규칙들은 국제기구의 기관과 회원국만을 구속하고 회원국이 아닌 다른 국가를 구속하지 않는다는 점과 국제기구의 내부적인 사항에 국한된다는 점에서 제한성을 갖는다. 유엔 안보리는 회원국에게 법적 구속력을 갖는 결정을 내릴 수 있는 권한을 지니고 있지만 이러한 안보리의 결정은 기본적으로 특정한 상황에서 그리고 특정한 대상에 대해서만 이루어진다는 점에서 일반성을 지닌 규칙의 창설과는 차이가 존재한다.[33]

국제기구의 규칙창출 기능을 좀 더 광의로 보아 국제기구 자체가 구속력 있는 규칙을 창설하는 것은 아니지만 국제기구가 구속력 있는 조약의 체결을 위한 교섭과 조약의 실질적인 체결을 위한 토론장(forum)을 국가들에게 제공한다는 의미로 국제기구의 규칙창출 기능을 말하기도 한다. 유엔총회에서 이러한 방식으로 많은 규칙들이 만들어지는데 대표적인 것으로서 집단살해죄의 방지와 처벌에 관한 조약(일명 Genocide조약)・국제인권규약・우주조약・인종차별철폐조약・고문방지협약과 고문방지협약 선택의정서 등을 들 수 있다. 유엔에서 조약이 체결되는 과정을 고문방지협약 선택의정서의 예를 통해 살펴보면 다음과 같다.[34]

2002년 4월 22일 유엔 경제사회이사회(ECOSOC)의 산하기구인 인권위원회는

---

33) 위에서 언급했듯이 유엔총회의 결의문의 내용은 단순한 권고사항이지만 안보리 결의문은 법적 구속력을 갖는다. 즉 가입 회원국들은 이를 의무적으로 이행하여야 한다. 그러나 이러한 유엔 안보리의 결의문의 내용 중 이행되지 않고 사장된 사례들이 많다. 특히 이스라엘 및 팔레스타인과 관련한 안보리 결의문의 내용 중 지켜지지 않은 경우가 많다.

34) 고문방지협약의 원래 명칭은 「고문 및 그 밖의 잔혹하고 비인간적인 또는 굴욕적인 대우나 처벌의 방지에 관한 협약 선택의정서(Optional Protocol to the Convention against Torture and Other Cruel, Inhuman or Degrading Treatment or Punishment)」이다.

고문방지협약 선택의정서안(Draft Optional Protocol to the Convention against Torture and Other Cruel, Inhuman or Degrading Treatment or Punishment by the Commission on Human Rights)이 포함되어 있는 결의안을 채택하고 이를 경제사회이사회가 채택할 것을 권고하는 결의문 E/CN.4/RES/2002/33을 과반수의 찬성으로 채택했다.[35)]

그 후 같은 해 7월 24일 경제사회이사회는 인권위원회의 결의문이 채택을 권고한 선택의정서안이 포함되어 있는 결의안을 채택하고 이를 유엔총회가 선택의정서를 채택할 것을 권고하는 내용의 결의문 E/RES/2002/27을 과반의 찬성을 통해 표결로 통과시켰다.

이에 따라 유엔총회 산하 제3위원회는 유엔총회가 선택의정서를 채택하고 회원국들에게 서명하고 비준할 것을 요청하는 결의안 A/C.3/57/L.30을 11월 7일에 채택하고 이러한 결의안이 총회에서도 채택될 것을 요청하는 보고서 A/57/556/Add.1을 12월 3일에 채택했다. 최종적으로 유엔총회 본회의는 12월 18일 과반의 지지를 얻어 선택의정서를 채택하고 회원국들에게 서명과 비준을 요청하는 결의문 A/RES/57/199를 채택했다. 그 후 고문방지협약 선택의정서는 20개국 이상이 비준하면서 2006년 6월에 발효되었다.[36)]

그러나 이러한 규칙창출은 국제기구를 이용한다는 점과 조약 내용의 확정이 조인이 아닌 해당 국제기구의 총회의 결의문에 의해 채택된다고 하는 점에서 전통적인 조약체결 과정과 다르다. 이는 엄밀히 말해 국제기구 자체가 입법을 하는 것이 아니고 국제기구에서 개개의 국가들이 법을 정립하는 행위이며 이렇게 해서 성립된 조약에 비준하지 않는 국가는 이에 구속되지 않는다.

유럽연합(EU)의 경우는 예외적으로 회원국들에게 법적 구속력이 있는 규칙 등을 만들 수 있는 권한을 보유하고 있다. EU의 법은 모든 EU 행동의 기초가 되는 일차적인 법(primary law)으로서의 조약(treaty)이 있고 집행위원회가 발의하고

---

35) 이 의정서는 유엔 고문방지협약을 보완·강화한 일종의 시행방안이다. 고문방지협약은 반인간적 범죄인 고문의 사후구제는 물론 사전예방을 위해 유엔이 1984년 채택한 국제협약으로서 1987년 6월 정식 발효했다. 가입국 대표 1인(임기 4년) 씩으로 구성된 고문방지위원회가 개인과 인권단체 등으로부터 고문 제보를 접수하면 해당 국가를 직권조사한 뒤 의견을 제시하거나 국제사법재판소 제소 등의 조치를 취하게 된다.

36) 과거에 인권위원회는 유엔 경제사회이사회의 산하 보조기관이었다. 인권위원회는 2006년에 인권이사회로 승계되었고 경제사회이사회의 산하기구로부터 총회의 산하기구로 위항이 바뀌었다. 인권위원회에서 통과된 결의문은 경제사회이사회에 회부되어 이곳에서 총회에게의 채택을 권고하는 결의문을 통과시키게 된다. 이에 따라 총회가 경제사회이사회의 권고에 따라 결의문을 채택하게 되면 최종적으로 결의문 속에 포함된 조약이 채택되게 된다.

의회와 이사회가 참여하여 제정하는 이차적인 법(secondary law)인 규칙·지침·결정·권고·의견이 있다. 이들을 하나씩 살펴보면 다음과 같다.

i) 규칙(regulation)의 경우 제정됨과 동시에 별도의 국내법적 편입 절차 없이 모든 회원국 정부·법인·개인을 포함한 EU 전체에 법적 구속력을 가진다. 일반적으로 적용된다는 점에서 개별적인 적용 대상을 가지고 있는 지침이나 결정과 차이가 있다. ii) 지침(directive)의 경우 회원국이 추구해야 할 정책의 목표와 제정의 시한을 제시하고 회원국들이 국내 입법을 통해 구체적으로 시행할 것을 위임한다. 효력을 발하기 위해 국내 입법이 필요하다는 점과 일부 회원국들만이 적용 대상이 될 수 있다는 점에서 규칙과 구별된다. iii) 결정(decision)의 경우 특정의 회원국·법인·개인 등 특정 사안과 관련된 대상에게 발하는 구체적이고 개별적인 명령을 의미한다. 적용이 일반적이지 않고 특정된다는 점에서 규칙과 다르고 구체적인 실시가 회원국에 위임되지 않고 직접 법적인 구속력을 가진다는 면에서 지침과 상이하다. iv) 권고와 의견(recommendation and opinion)은 EU의 공동 정책의 목표를 제시하거나 특정 사안에 대해 의견을 제시하는 것으로서 법적 구속력을 가지지 않는다.

3) 규칙감시 기능(rule-supervisory function)

국제기구는 그들이 제정한 규칙의 준수를 확보하기 위해 여러 가지 조치를 취하는 기능을 갖는다. 구체적으로 국제기구는 규칙위반의 증거를 포착하는 것으로부터 시작하여 이러한 증거를 입증하고 이에 근거하여 제재조치를 수행하는 것까지를 포함하는 기능을 수행하는데 이러한 기능 전반을 가리켜 「규칙감시 기능」이라고 한다.

당사자-대리인 모델(P-A 모델)은 국제적인 조약을 회원국들이 잘 준수하는가를 감시하기 위해 국제기구에게 권한을 위임할 수 있다고 본다. 불완전한 정보하에서 집단행동을 하여야만 하는 상황에서 국제기구는 회원국들의 조약의무 준수를 감시할 수 있으며 모든 참여자들에게 의무 준수와 관련된 정보를 제공할 수 있다. 국제기구는 조약의무를 준수하지 않는 회원국을 밝혀냄으로써 국제적인 조약의 준수를 가져올 수 있다고 본다.

유엔은 인권이사회(HRC)의 활동을 통해 국가들이 국제인권 기준들을 잘 준수하고 있는가를 감시한다. 인권관련 조약의 준수 여부를 감시하는 국제기구의 경우는 조약 당사국에게 이행보고서 제출의 의무를 지우거나 타조약국에게 제소가능을 부여하거나 권익이 침해된 개인으로 하여금 직접 청원권 등의 행사를 하도록 함으로써 간접적으로 감시 기능을 수행한다.

여성차별철폐협약의 당사국인 한국은 2015년 7월에 여성차별철폐협약 이행상황에 관한 제8차 국가보고서를 제출했으며 이에 대한 심의가 한국 대표단이 참석한 가운데 2018년 2월 22일 개최한 제69차 여성차별철폐위원회의에서 이루어졌다. 여성차별철폐위원회는 23개의 분야에 걸쳐 총 53개에 달하는 심의의 결과를 제시했다.

구체적으로 이주여성 지원을 목적으로 한 다문화가족지원법 개정 등에 관해서는 긍정적으로 평가를 한 반면 23개의 분야에 있어서 총 53개에 달하는 우려사항과 권고사항을 제시했나. 위원회는 우려사항으로 한국의 인권위가 2006년과 2016년 정부에 포괄적 차별금지법 제정을 권고했으나 아직 제정하지 않은 점과 2005년 남녀차별금지법 폐지 이후 성차별 방지에 관한 별도의 법률이 제정되지 않은 점을 제시했다. 권고사항으로는 형법상 강간죄 성립요건을 폭행이나 협박이 있는 경우로만 한정하지 말고 피해자의 동의 여부를 중점에 두도록 시정을 요구했고 성폭력 피해자에 대한 허위 고소 등 형사절차 남용 방지 및 피해자의 성적 배경이 사법절차에서 증거로 사용되지 않도록 할 것 등을 권고했다.[37)]

국제기구 중 가장 강력한 규칙감시 기능을 행하는 국제기구로 유럽연합(EU)을 들 수 있는데 EU는 회원국의 조약 위반을 적발하여 EU의 사법기관인 유럽재판소에 제소할 수 있는 강제이행 제도를 가지고 있다. 그러나 EU와 같은 경우는 대단히 예외적인 경우이다.

예컨대 EU의 지침(directives)을 회원국이 기한 내에 국내 입법을 하지 않거나 입법이 불완전하여 애초에 의도했던 효력을 발생시키지 못할 경우 집행위원회는 당사국을 유럽재판소에 제소할 수 있다. 집행위원회뿐만 아니라 회원국들도 다른 위반 회원국을 상대로 시정조치를 요구하고 경우에 따라 제소할 수도 있다. 구체적으로 EU는 2015년 시리아 내전 등으로 인해 중동과 아프리카 국가에서 난민들이 대거 몰려오자 회원국별로 일정한 수를 할당하도록 결정했다. 그러나 폴란

---

37) 중앙일보(인터넷), "인권위, 정부에 '유엔 여성차별철폐 권고' 이행 촉구," http://news.joins.com/article/22468657 (검색일: 2018. 3. 23).

드는 이에 반발하며 난민을 전혀 수용하지 않았고 이로 인해 2017년 12월 7일 난민을 전혀 수용하지 않은 헝가리와 할당된 2천 명 가운데 12명만 받아들인 체코 등과 함께 유럽재판소에 제소되었다. 그러나 이들 국가는 EU의 이 같은 결정이 자국의 주권을 침해했다며 유럽사법재판소에 제소했지만 패소했다.[38)]

EU 다음으로 강력한 규칙감시 기능을 수행하고 있는 국제기구로서 화학무기금지기구(Organisation for the Prohibition of Chemical Weapons, OPCW)가 있다. 이 기구는 화학무기금지협약(Chemical Weapon Convention, CWC)의 이행을 확보하기 위한 국제기구로서 검증의정서의 채택을 통한 검증과 사찰에 있어 현행 군축 및 비확산 조약 가운데 가장 진전된 체제를 보유하고 있다.[39)] 화학무기금지협약은 당사국에게 화학무기를 개발·생산·획득과 비축·보유·이전·사용 등을 금지하고 협약 발효 후 10년 이내에 모든 화학무기를 폐기해야 하는 의무를 부여하고 있다.

협약은 사용의혹 조사와 통상사찰뿐 아니라 화학무기 제조와 사용 의혹이 있는 회원국에 대한 강제사찰(challenge inspection)을 포함한 강력한 검증체제를 갖추고 있어 체계적이고 효율적인 감시가 가능하다. 특히 화학무기금지협약은 강제사찰 제도를 가장 먼저 도입한 것으로 잘 알려져 있으며 당사국 일방의 협약준수 여부에 관해 의혹이 제기될 경우 다른 당사국의 요청이 있으면 신고 시설과 미신고 시설에 대한 구별 없이 사찰을 통고한 후 12시간 이내에 현장을 사찰할 수 있고 사찰 대상 국가의 동의를 필요로 하지 않는 등 화학무기금지협약은 이제까지의 대량살상무기의 확산을 막기 위한 노력 가운데 가장 강력한 검증체제를 구비하고 있다.[40)]

화학무기금지협약은 협약 비당사국은 화학무기 전구물질은 물론 일반 화학 산업에 필수적인 목록 화학물질에 대해서 협약 당사국과 자유롭게 교역할 수 없다고 규정하여 협약에 가입하지 않은 국가에 대한 제재조항도 가지고 있다. 네덜란드 헤이그에 본부를 두고 있는 화학무기금지기구(OPCW)는 화학무기 감소에 대한 공로를 인정받아 2013년에 노벨평화상을 수상한 바 있다.

---

38) VOA, "EU, 난민 할당 거부한 회원국 제소," https://www.voakorea.com/a/4153888.html (검색일: 2017. 12. 8)

39) 화학무기금지협약(CWC)의 정식 명칭은 「화학무기의 개발·생산·비축·사용금지 및 폐기에 관한 협약(Convention on the Prohibition of the Development Production Stockpiling and Use of Chemical Weapons and on Their Destruction」이다.

40) 그러나 이제까지 강제사찰이 실제로 이루어진 적은 없다.

핵확산금지조약(NPT) 역시 화학무기금지기구처럼 국제원자력기구(IAEA)라는 강력한 이행기구와 검증의정서를 갖추고 회원국의 협약 이행을 감시하고 이에 대한 위반이 있을 경우 강력한 제제를 할 수 있는 체제를 보유하고 있다. IAEA는 핵무기 비보유국의 핵물질 관리 실태를 점검하는 일 외에 현장에서 직접 사찰을 행하기도 한다.[41)]

이러한 사찰에는 당사국이 신고한 최초 보고서에 대한 확인 및 검증을 위해 실시하는 임시사찰(핵시설에 대한 봉인과 감시 장비 설치 포함) · 임시사찰 완료 후 보조약정서를 체결하고 동 약정서에 근거하여 정기적으로 실시하는 통상사찰(핵시설에 대한 봉인 과 감시 장비 작동 점검 포함) · 임시사찰과 통상사찰을 통해 의심할만한 증거를 포착하거나 정보가 충분하지 않을 경우 일반 사찰과 달리 불시에 IAEA가 요구하는 시설을 사찰하는 특별사찰이 있다. IAEA는 이러한 3종류의 사찰을 통해 가입국의 모든 핵시설에 봉인과 감시 장비를 설치하고 24시간 감시한다.

그러나 이러한 사찰제도는 신고가 된 시설의 약정된 장소에만 접근이 허용되고 협정과 당사국 동의의 범위 내에서만 사찰이 가능했다. 특별사찰 역시 당사국이 동의하는 범위 내에서 가능하여 유엔 안보리의 제재에 의하지 않고는 신고누락과 은닉시설에 대한 강제사찰을 실시할 수 없었다.

IAEA는 1997년 4월에 안전조치 체제를 더욱 강화하여 미신고 핵시설의 파악을 보다 용이하도록 핵안전조치협정(Safeguards Agreement)의 추가의정서(Additional Protocol)를 채택하여 감시 기능을 더욱 강화했다. 그 결과 IAEA는 핵시설을 임의로 불시에 사찰할 수 있게 되었고 과거 핵발전소에 국한되던 것을 민간 핵연구시설까지 사찰범위를 확대시켰다.[42)] 또한 과거와는 달리 미신고 시설에 대해서도 사찰을 할 수 있게 되었으며 핵시설로부터 일정한 거리에 감시시설을 설치하여 환경시료를 채취할 수 있게 되었다. 즉 추가의정서에 의해 언제든 어디든 사찰할 수 있다는 원칙에 기초하여 과거 국내 핵발전소와 주요 핵시설을 대상으로

41) 물론 이러한 조치의 수락 여부는 해당 국가와 IAEA의 협정에 달려 있는 것으로서 모든 회원국은 이러한 조치를 수락하여야 할 의무를 지고 있지 않으나 실질적으로 많은 회원국들은 이에 응하고 있다.

42) 추가접근은 사전에 서면통보를 통해 이루어지며 접근사유와 접근할 때 수행할 활동이 구체적으로 명시된다. 설계정보의 검증을 위한 방문과 수시 또는 일반 사찰 중에는 부지상의 어떠한 장소에 대해서도 2시간 전 사전 통보만으로 추가접근이 이루어질 수 있다. 그렇지 않을 때는 24시간 전 사전 통보가 이루어져야 한다. 의문이나 불일치의 경우 IAEA는 추가접근을 요청하기 전에 의문이나 불일치를 해소하기 위한 기회를 국가에 제공한다. 추가접근은 정규 근무시간 중에 이루어져야 한다.

한 것으로부터 나아가 핵 활동과 관련한 계획을 포함해 거의 모든 핵 활동으로 신고의 대상과 사찰의 범위가 확대됐다.

사찰 결과 안전조치협정을 준수하지 않은 것이 판명되면 IAEA 사무총장은 이사회에 이를 보고하며 보고를 받은 이사회는 제재 여부에 대한 결의문을 채택하고 유엔 안보리 · 총회 · 모든 IAEA 가입국에 이를 보고한다. 안보리는 필요할 경우 제재를 부과하는 결의문을 통과하여 경제적 · 외교적 · 군사적 제재조치를 취할 수 있다. 이러한 제재조치는 안보리 이사국으로 구성되는 제재위원회를 구성하여 실시된다.

IAEA보다는 못하나 비교적 강력한 규칙감시 기능을 갖는 국제기구로서 국제노동기구(ILO)를 들 수 있다. ILO의 공식적인 국제노동 기준에는 국제노동협약(International Labour Convention)과 국제노동권고(International Labour Recommendation)가 있다. 협약은 비준한 국가에 대해 법적 구속력을 지니는 반면 권고는 법적 구속력을 지니지 않지만 일반적으로 협약과 더불어 채택되어 협약의 국내 실행과 정책에 지침이 된다. ILO는 이러한 협약의 준수 상황이나 권고의 실시 상황을 감시한다.

특정 국가가 협약을 위반했을 때 다른 회원국의 정부대표 · 노동자 대표 · 사용자 대표는 이러한 위반에 대한 불만(complaint)을 이사회(Governing Body)에 제기할 수 있다. 이들 이외에도 노동조합이나 사용자 단체 역시 불만을 제기할 수 있는데 이러한 불만이 제기되면 이사회는 해당 위원회(예컨대 결사의 자유 위원회)에 제기된 불만을 검토하여 이사회에 보고하도록 한다. 해당 위원회가 사실의 확인을 거쳐 최종적인 판정을 내린 후 이사회에 보고하면 위반국을 비난하고 위반의 시정을 권고하는 결의문을 총회에서 통과시킬 수 있다. 이러한 권고를 위반한 경우 이러한 위반에 대한 불만이 앞에서 언급된 행위자들에 의해 이사회에 다시 제기될 수 있다.

위에서 일부 국제기구의 감시 기능에 대해 살펴보았는데 총체적으로 보아 이러한 방식의 감시 기능을 행하고 있는 국제기구는 대단히 드물다. 가장 일반적인 감시의 방식은 국가의 행동이 조약의 목적이나 제반 준칙에 합치하고 있는가를 살펴보아 이에 대한 위반이 있을 경우 보고서 등에서 지적하는 느슨한 방식을 사용한다.

앞서 언급했듯이 규칙위반의 증거를 포착하는 것으로부터 시작하여 이러한 증거를 입증하고 이에 근거하여 제재조치를 수행하는 것까지를 포함하는 것을 국제기구의 「감시 기능」이라고 하는데 국제기구들은 일반적으로 검증에 한계를 지니며 제재수단을 가지고 있지 않거나 가지고 있다고 해도 미약한 제재수단만을 가지고 있다.

4) 운용활동 기능(operational function)[43)]

운용활동 기능은 국제기구의 가용한 재화나 용역 자원을 관련된 행위자에게 제공하는 기능을 의미하며 재정원조·기술원조·군사력의 배치와 같은 것들이 포함된다.

구체적으로 유엔개발계획(UNDP)의 개발 프로젝트의 실시·세계보건기구(WHO)의 의약품이나 의료 서비스의 제공·세계은행(WB)의 개도국에 대한 융자의 제공·국세통화기금(IMF)의 외화 부족국에 대한 외화의 지원·식량농업기구(FAO)에 의한 긴급 식량원조·유엔아동기금(UNICEF)과 유엔난민최고대표사무소(UNHCR)의 난민이나 피난민을 위한 인도적 구호프로그램·유엔 사무총장의 분쟁의 조정·분쟁의 확대방지를 위한 유엔의 평화유지활동(PKO) 등이 이러한 기능의 전형적인 예들이다.

국제기구는 운용활동 기능의 하나로서 자신의 활동영역에서 회원국의 정책이나 활동을 조정하는 기능을 수행한다. 이러한 조정 기능은 국제기구의 회원국이 수가 증가하고 국제기구의 수가 증가하면서 더욱 중요해지고 있는 기능 가운데 하나이다. 예컨대 경제협력개발기구(OECD)는 회원국 간 상호 관심 분야에 대한 정책을 토의하고 조정하는 국제기구로서 회원국들이 개도국에 대해 제공하는 공적개발원조(Official Development Assistance, ODA) 정책을 조정하는 것을 일례로 들 수 있다. 구체적으로 OECD의 개발원조위원회(Development Assistance Committee, DAC)가 이러한 역할을 맡고 있다.

이러한 조정 기능은 국제기구의 회원국에 대해서만 행해지는 것은 아니고 때때로 동일하거나 유사한 분야에서 활동하고 있는 다른 기구들의 활동에 대해서도 행해진다. 예컨대 난민보호 분야에서 유엔난민최고대표사무소(UNHCR)가 유엔아동기금(UNICEF)·세계식량계획(WFP)과 같은 국제기구와 국경없는 의사회(MSF)·

---

43) 학자들에 따라서는 이를 「현업적 기능」 또는 「업무적 기능」이라고도 부른다.

어린이구호회(Save the Children)와 같은 비정부기구(NGO)의 활동을 조정하는 기능을 수행하고 있다.

국제기구는 조정 기능과 더불어 중재기능을 수행하기도 한다. 하천을 둘러싼 국가 간 분쟁들이 유엔 등 국제기구를 통해 해결된 사례가 적지 않다. 예컨대 캄보디아·라오스·태국·베트남을 흐르는 메콩 강도 오랫동안 인접국 사이에 분쟁의 씨앗이 되어오다 유엔의 중재로 타협점을 찾은 바 있다.

국제기구의 운용활동 기능은 하나의 국제기구에 의해 수행되기도 하지만 복수의 국제기구들에 의해 합동으로 수행되는 경우가 많다. 유엔의 인도지원조정실(Office for the Coordination of Humanitarian Affairs, OCHA)의 주관으로 유엔의 산하기관인 유엔아동기금(UNICEF)·유엔개발계획(UNDP)·세계식량계획(WFP)과 전문기구인 식량농업기구(FAO)·세계보건기구(WHO) 등이 식량난을 겪고 있는 북한에 대한 지원을 합동으로 계획하고 합동으로 계획을 집행하는 것을 예의 하나로 들 수 있다.[44]

전문기구들의 전통적인 기능은 정보 기능이었는데 개도국들이 1960년대 이래로 국제기구에 대거 진출하면서 국제기구의 목표와 임무도 개도국 위주로 바뀌어 가고 있다. 이러한 목표와 임무의 변화 가운데 가장 두드러지게 나타나는 것은 국제기구들이 개도국들을 위한 운용활동에 많은 예산을 투입하고 있다는 것이다. 그 결과 개도국들로부터 더 많은 분담금과 자발적 기여금(voluntary contribution)을 제공하라는 압력을 받으면서 자신들을 위한 활동이 점차 줄어들고 동시에 국제기구 내에서 영향력과 권력을 잃어 가고 있는 선진국들은 점차적으로 이러한 국제기구에 관심을 잃어가고 그 결과 국제기구의 재정적인 위기는 더 심각해지고 있다.

5) 토의와 교섭의 장소(forum)로서의 기능

국제기구는 국제기구의 관할권 내에 속하는 제반 문제에 대해 국가들이 이익을 표명하고 이익을 집약하는 토론과 교섭의 장소로서의 기능을 한다. 이러한 과정 속에서 국가들은 집단적 정당성(collective legitimacy)을 추구한다. 이 때문에 토의와 교섭의 장소로서의 기능을 「집단적 정당성 기능」이라고 부르기도 한다.[45]

---

44) 구체적으로 FAO와 WFP는 식량지원을 하고 FAO와 UNDP는 비료와 종자 그리고 농기구를 제공하고 UNICEF와 WHO는 아동용 분유와 의약품 및 의료장비를 지원한 바 있다.

구체적으로 국가들은 국제기구를 통해 국제사회의 지지와 명분을 확보하고 공감대를 형성하도록 노력하며 국제연대를 형성하기 위한 최종적인 외교적 압박수단으로도 활용한다. 미국이 이라크 침공을 시도할 때마다 그들의 군사력 사용에 대한 정당성을 획득하기 위해 유엔을 이용하고자 했던 것을 전형적인 예로 들 수 있다.

표출된 행위자들의 가치가 토론을 거쳐 명확해지면서 경우에 따라 새로운 가치에 집단적 정당성이 부여되기도 하며 경우에 따라서는 기존의 가치로부터 정당성이 박탈되기도 한다. 즉 동일하거나 유사한 선호를 가진 국가들이 국제기구를 통해 승리연합(winning coalition)을 형성하여 다른 선호를 가지고 있는 국가들의 행동을 탈정당화(delegitimation)하고 통제하고자 할 경우에도 국제기구가 이용된다.[46]

1964년 개도국들은 무역과 경제에 대한 자신들의 요구를 제시할 수 있는 토론장으로서 유엔무역개발회의(UNCTAD)를 창설했고 1970년내 유엔총회는 개도국들에 의해 신국제경제질서(New International Economic Order, NIEO)를 요구하고 구체화시키기 위한 토론장으로 활용되었다. 개도국들은 일국일표주의라는 평등주의에 입각하고 있으면서 다수결제를 택하고 있는 국제기구들을 자신들의 견해를 주장하는 토론장으로 선호하는 반면 선진국들은 가중표결제와 같이 국가 간의 실질적인 불평등을 전제로 하고 있는 국제통화기금(IMF)이나 세계은행(WB)과 같은 국제기구를 토론장으로 선호한다.

국제기구가 이러한 토론장으로서의 기능을 수행하는 예로서 한국과 일본 사이에 동해의 표기를 둘러싸고 국제회의에서 전개된 치열한 외교전을 들 수 있다. 1991년 유엔에 가입한 한국은 1992년 제6차 유엔지명표준화회의(United Nations Conference on the Standardization of Geographical Names, UNCSGN)를 시작으로 국제수로기구(International Hydrographic Organization, IHO) 등 다양한 국제기구를 통해 각국 대표들을 설득하기 위한 외교적 노력을 집중했다.

---

45) 국제기구의 이러한 기능에 대한 상세한 것은 다음 논문을 참고하시오: Inis L. Claude, "Collective Legitimization as a Political Function of the United Nations," in Friedrich Kratochwil and Edward D. Mansfield, eds., *International Organization*: A Reader (New York, Harper Collins College Publishers: 1994), pp. 192-201.

46) Daren Hawkins, David Lake, Daniel Nielson, and Michael Tierney, "Part Ⅰ. Introduction: 1. Delegation under Anarchy: States, International Organizations, and Principal-Agent Theory," in Daren Hawkins, David Lake, Daniel Nielson, and Michael Tierney, eds., *Delegation and Agency in International Organizations* (Cambridge: Cambridge University Press, 2006).

국제기구는 이처럼 토의와 교섭의 장소로서의 기능을 하지만 때때로 이러한 토론장으로서의 역할에서 나아가 구속력 있는 결정이 이루어지기도 하고 구속력이 없는 결의문이나 권고가 채택됨으로써 규칙창출 기능 혹은 규범창출 기능을 수행하기도 한다.

한 가지 더 추구하여 살펴볼 것은 국가들은 국제적인 정당성의 획득을 위해 국제기구에게 권한을 위임하기도 하나 국내적인 정당성을 얻기 위해서도 이러한 시도가 이루어진다. 즉 국가가 국내적으로 국민들에게 인기가 없는 정책을 만들어 집행하고자 할 때 이러한 것들을 국제기구의 정책화함으로써 성공의 전망이 높은 것처럼 보이고 정부의 이러한 시도가 규범적으로 옳다는 인식을 하도록 한다.[47)]

6) 이슈의 연계를 가능하게 하는 장으로서의 기능

국제기구는 이슈 연계(issue linkage)의 전략을 위한 장(forum)을 제공하여 협력을 용이하게 한다. 이는 이슈 간의 연계가 가능할 경우 국가들은 특정 사안에서의 양보가 다른 사안에서의 보상이 될 수 있다고 믿음으로써 양보를 쉽게 할 수 있고 그 결과 협상에 있어서 합의의 폭이 확대될 수 있기 때문이다. 달리 말해 국가가 특정한 사안에서 배신을 할 경우 그 국가가 그러한 사안을 넘어 다른 사안에서 목표를 달성하는 능력에 영향을 미치는 결과를 초래하기 때문이다.

7) 사회화 기능(socializing function)

국제기구에서 새로운 규범·가치·이익(interests)에 대한 인식에 관하여 토론·설득·교육·주장들이 전개되면서 이러한 것들을 수용하도록 하는 공간으로서의 역할을 한다. 물론 여기에서 더 나아가 실질적으로 새로운 규범과 규칙을 창출하는 기능을 수행하기도 한다.

이러한 기능은 구성주의 이론이 특히 강조하는 기능으로서 구성주의 이론은 국제기구가 어떻게 국가들을 사회화시키며 이러한 것들이 궁극적으로 국가의 행태에 어떠한 영향을 미치는가에 관심을 두고 있다. 이처럼 국제기구는 국제기구에 참여하는 국가 정부와 이들의 대표를 사회화시키는 기능을 수행할 뿐 아니라

47) Ibid.

개인과 집단을 사회화시키기도 한다.

앞서 구성주의 이론 편에서 이미 언급한 바 있듯이 제2차 세계대전 후 독일이 북대서양조약기구(NATO)와 유럽연합(EU)을 위시한 유럽의 국제기구와의 관계 속에서 자신의 정체성을 수립해 나가고 있는 것을 예로 들 수 있다. 또한 유네스코(UNESCO)를 통해 국가적인 과학프로그램의 필요가 거의 없었던 국가들조차 국가의 과학프로그램을 촉진하게 되었다는 것을 또 다른 예로 들 수 있다.

국제기구를 포함한 국제제도의 사회화 기능은 구성주의 이론으로만 설명되는 것은 물론 아니다. 국제기구의 사회화 기능을 설명하기 위한 여러 가지 이론적인 접근들이 2000년대 들어서 활발하게 논의되고 있다. 예컨대 페베하우스(Jon C. Pevehouse)는 국가의 민주화에 미치는 국제기구의 영향과 구체적인 영향의 기제(mechanism)에 대해 논하고 있다.[48]

8) 그 밖의 기능

(1) 불완전한 계약 문제를 해결해 주는 기능

국제기구 가운데 유엔의 국제사법재판소(ICJ)와 같은 사법기관은 불완전한 계약(incomplete contracting)의 문제를 해결해 주는 기능을 가진다. 국제적인 조약을 하나의 계약으로 볼 수 있는데 계약은 통상적으로 모든 당사국의 의무를 아주 정밀하게 규정하는 것이 어렵다. 따라서 계약의 자세한 내용을 메우고 계약의 의미를 둘러싼 분쟁을 판결하기 위해 재판소와 같은 국제기구를 만들어 이러한 기능을 수행하도록 한다.[49]

(2) 회원국들에 대한 비난을 회피해 주는 기능

국가들이 자신들을 대상으로 하는 비난을 회피할 목적으로 국제기구에 일정한 권한을 위임하여 이러한 기능을 수행하도록 한다. 구체적으로 국내정치상의 이유로 정부가 급박한 문제를 다루기 위해 무슨 조치인가를 취해야 한다고 느끼지만

---

48) Jon C. Pevehouse, "Democracy from the Outside-In? International Organizations and Democratization," *International Organization*, Vol. 56, No. 3 (Summer 2002), pp. 515-549.

49) Hawkins, David Lake, Daniel Nielson, and Michael Tierney, "Part Ⅰ. Introduction: 1. Delegation under Anarchy: States, International Organizations, and Principal-Agent Theory," in Daren Hawkins, David Lake, Daniel Nielson, and Michael Tierney, eds., *Delegation and Agency in International Organizations* (Cambridge: Cambridge University Press, 2006).

자체적으로 실제로 정책을 마련하는 것까지는 꺼릴 때 국가들은 비난을 면하기 위한 수단으로서 국제기구에 그 책임을 위임하여 그러한 기능을 수행하도록 한다.

이러한 논리는 국제기구에 관한 이론의 하나로서 살펴본 합리적 선택이론의 논리와 매우 유사하다. 이러한 예에 속하는 전형적인 경우로서 난민 문제를 유엔난민최고대표사무소(UNHCR)로 하여금 다루도록 하고 평화유지활동(PKO)을 유엔으로 하여금 수행하도록 하는 것을 들 수 있다.[50)]

(3) 집단적 의사결정을 용이하게 하는 기능

국가들이 정책을 둘러싸고 집단적으로 안정적 합의에 이르기 어려울 경우 균형을 유도하기 위한 수단으로서 국제기구에게 의제설정 권력(agenda-setting power)과 같은 권한을 위임하여 집단적 의사결정을 용이하게 하는 기능을 수행하도록 한다. 여기서 의제설정 권력이란 이슈를 정의하고 최종적인 의사결정자들 사이에서 합의를 도출해낼 수 있는 제안(proposal)을 처음으로 내놓을 수 있는 권력 즉 제안할 수 있는 권력(power to propose)을 의미한다.

이러한 전형적인 경우로서 유럽연합(EU)의 예를 들 수 있다. 유럽연합의 경우 집행위원회(Commission)에게 상당한 정도로 이러한 의제설정 권력이 위임되어 있다. 유럽연합의 집행위원회는 안을 내놓을 때 회원국들에 의해 수용될 수 있는 안을 내놓기 위해 노력하기 마련이며 그 결과 상충하는 이해관계에 균형을 가져올 수 있는 안이 제시되곤 한다.[51)]

신자유주의적 제도주의도 비슷한 맥락에서 국제기구가 회원국들이 모두가 수용할 수 있는 해결방안을 찾아 조정(coordination)에 이르는 것을 돕는 구심점(암묵적 합일점)으로서의 기능을 수행함으로써 단일한 균형점이 부재한 상황에서 협력을 지속시키고 촉진시킬 수 있다고 본다. 신자유주의적 제도주의는 또한 거래비용이라는 개념을 통해 국제기구가 국가 간의 합의를 촉진한다는 것을 설명한다. 세계정부가 부재한 분권화된 국제체제에서 국가들이 서로 협상을 하고 의사결정을 하며 성과를 감시하고 규칙에 대한 준수를 강제하는 것이 쉽지 않기 때문에 거래비용은 결코 무시할 수 없다. 국제기구는 바로 거래비용(transaction cost)을 감소시키는 기능을 수행한다.

---

50) Ibid.

51) Ibid.

(4) 회원국들의 행위에 대한 평가를 도움으로써 협력을 가능하게 하는 기능

국제기구는 평판효과(reputational effects)를 가져와 협력을 용이하게 하는 기능을 수행한다. 구체적으로 국제기구는 평판을 측정할 수 있는 행위의 기준을 제공하고 이러한 기준들을 특정 사안과 연계시키며 토론의 장(forum)을 제공함으로써 다른 행위자의 평판을 평가하는 것을 돕는다. 따라서 합리적인 행위자로서의 국제기구의 회원국은 미래에 자국이 타국의 협력을 필요로 할 때 타국의 협력을 구하기 위해 현재의 시점에서 좋은 평판을 생성하고 유지하고자 한다. 그 결과 국제기구는 회원국 간의 협력을 증진하게 된다.

(5) 쌍무적 문제를 다자적 문제로 공론화시키는 기능

국제기구는 쌍무적 문제를 공론화시키는 장소로서의 역할을 한다. 문제의 일방 당사자가 문제 해결을 기피할 경우 유엔 등의 국제기구를 통해 쌍무적인 문제를 국제화시켜 정식으로 공론화하고 나아가 국제적인 지원을 이끌어내는 데 성공할 경우 문제 해결에 압박을 가하여 해결의 기회를 가질 수 있다.

예컨대 한국은 위안부 문제를 다룸에 있어서 일본이 해결에 적극적으로 나서지 않자 이 문제를 한국과 일본 간의 특수한 문제로서의 위안부 문제가 아닌 국제사회에서 지금도 자행되고 있는 보편적인 문제인 전시 성폭력의 문제로 공론화하여 국제적인 지지하에 일본에 압박을 가하는 전략을 구사하여 일정 부분 성공을 거두어 오고 있다.

3. 국제기구의 기능을 가능하게 하는 국제기구의 특성

위에서 살펴본 바대로 국제기구는 다양한 기능을 수행한다. 여기에서는 국제기구가 이러한 가능을 할 수 있도록 하는 국제기구의 특성이 무엇인가를 살펴볼 필요가 있다.

우선 아보트와 스니달(Kenneth W. Abbott and Duncan Snidal)은 중앙집중화와 독립성을 언급한다. 이들에 따르면 국제조직화(international organization) 혹은 국제제도화(international institutionalization)는 여러 형태를 지니는데 그 가운데 공식적인 국제기구(formal international organization)가 다른 형태의 조직화(혹은 제

도화)와 구별되어 가지는 특성이 바로 중앙집중화(centralization)와 독립성(independence)이라는 것이다. 이 두 가지 특성은 모두 국제기구의 효율성을 제고시킨다고 본다.[52)]

우선 중앙집중화라는 특성을 살펴보면 이는 확고하고 안정적인 조직의 구조와 행정적인 장치(concrete and stable organizational structure and administrative apparatus)를 가지고 있음을 의미한다. 구체적으로 중앙집중화라는 특성은 집단적 활동의 효율성을 증대시키고 국가들의 이해·환경·이익에 영향을 미치는 조직의 능력을 제고시킨다고 본다.

독립성이란 특정의 영역에서 일정한 정도의 자율성(autonomy)을 가지고 활동하는 능력을 의미하며 때때로 국가 간 분쟁과 갈등에서 중립성(neutrality)을 가지고 행동을 할 수 있는 권위를 수반한다고 본다. 이러한 특성은 국제기구의 효율성을 증대시키며 특히 중립성은 개별적 혹은 집단적인 행동의 정당성에 영향을 미친다고 본다.

이들은 국제기구가 이러한 특징을 가지고 다음과 같은 기능을 수행한다고 본다. ⅰ) 협상과 협정의 집행을 촉진한다. ⅱ) 분쟁을 해결한다. ⅲ) 갈등을 관리한다. ⅳ) 기술원조와 같은 운용활동을 수행한다. ⅴ) 규범을 구체화한다. ⅵ) 국제적인 담론(international discourse)을 규정한다.

둘째, 중앙집중성과 독립성에 더하여 전문성이 규모의 경제를 가져와 효율성을 제고시킴으로써 국제기구의 기능을 가능하게 한다. 이러한 기능에는 ⅰ) 공공재(public goods)를 공급하는 기능으로서 국제원자력기구(IAEA)가 핵확산을 감시하는 기능을 들 수 있다. ⅱ) 개별적이고 조정되지 않은 국내정책들이 국제적으로 충돌하고 전체 복지를 감소시키는 것을 막기 위한 조정 기능으로서 국제표준화기구(ISO)를 하나의 예로 들 수 있다. ⅲ) 수행하여야 할 일이 상당히 복잡하여 대다수의 국가들이 소지하고 있는 능력 이상의 전문성을 필요로 할뿐 아니라 전문성을 가진 국가라 하더라도 그 일이 빈번하게 사용되지 않거나 유지하는 데 고정비용(fixed cost)이 클 경우 이러한 일을 수행하는 국제기구의 기능을 필요로 하며 세계보건기구(WHO)와 같은 전문 분야를 다루는 기구의 경우가 이러한 예의 하나가 된다.[53)]

52) Kenneth W. Abbott and Duncan Snidal, "Why States Act through Formal International Organizations," *The Journal of Conflict Resolution*,"Vol. 42, No. 1 (Feb., 1998), pp. 3-32.

53) Daren Hawkins, David Lake, Daniel Nielson, and Michael Tierney, "Part Ⅰ. Introduction:

셋째, 신뢰성을 국제기구의 또 다른 특성으로 볼 수 있다. 이러한 특성으로 인해 예컨대 유엔의 무기 조사관이 제공한 정보가 미국이 제공한 정보보다 왜곡되지 않은 것으로서 회원국들에 의해 좀 더 수월하게 수용된다.[54]

---

1. Delegation under Anarchy: States, International Organizations, and Principal-Agent Theory," in Daren Hawkins, David Lake, Daniel Nielson, and Michael Tierney, eds., *Delegation and Agency in International Organizations* (Cambridge: Cambridge University Press, 2006).

54) Ibid.

제10부

국제기구의 한계와 다자주의의 위기

제1장 국제기구의 한계

1. 국제기구의 한계

국제기구는 일반적으로 합의제를 통한 의사결정의 비효율성·법적 구속력의 결여·실효적인 이행장치의 부재·사활적 이익이 걸린 문제의 해결능력 부재라는 한계를 지닌다.

유럽연합(EU)처럼 특별한 국내적 절차 없이 회원국 모두를 법적으로 구속하는 의사결정을 일부 내릴 수 있고 이러한 의사결정을 강제할 수 있는 기제를 보유하고 있는 등 초국가성이 상대적으로 발전된 국제기구가 없는 것은 아니지만 국제기구 대부분은 이러한 한계로부터 자유롭지 못하다. 이러한 한계는 본질적으로 국가주권을 존중하는 국가 중심적 접근에 기인한다고 볼 수 있다.

1) 의사결정의 비효율성

국제기구는 의사결정 과정상의 비효율성을 특징으로 하는 경우가 많다. 예외가 없는 것은 아니나 다수의 국제기구가 의사결정 방식으로서 공식적인 반대의사가 없는 가운데 표결 없이 의사결정을 하는 합의제(consensus)를 채택하고 있다.

어떤 문제를 둘러싸고 국가들 사이에 심각한 의견의 차이가 없어 합의의 의한 의사결정이 이루어지기도 하지만 다루어야 할 문제가 상당히 논쟁적이어서 표결로 결정할 경우 회원국 간에 갈등과 대립이 심화될 것을 우려하여 대립하는 세력 간에 수용할 수 있는 타협점을 찾아서 사전에 긴밀한 협의와 교섭을 행하여 표 대결이라는 최종 국면을 피할 목적으로 빈번하게 사용되는 것이 사실이다.

이러한 합의제는 회원국 간의 심각한 대결을 회피한다는 점에서 큰 이점을 가지지만 합의에 이르기까지 상당한 시간이 소요된다든가 합의 내용이 타협의 산물로서 애매모호하게 되고 행동 지향성(action-orientation)을 결여하고 추상적이고 원칙적인 언급에 그치는 경우가 많게 된다.

합리적인 행위자로서 개개 국가들은 이기적인 자국의 이익을 추구하며 그 결과 죄수의 딜레마 상황이 발생한다. 이러한 상황을 극복하기 위한 시도의 일환으로서 규칙이나 규범과 같은 국제레짐을 만들어 지키고자 한다. 이러한 국제레짐은 결의문이나 협정 등의 여러 형태를 띤다. 그러나 이러한 국제레짐은 가장 바람직한 것이 아니라 단순히 당사자들 사이의 차이점의 균등한 절충에 불과할 수 있고 가장 최소한의 공통분모 선에서의 합의에 지나지 않을 수 있으며 협력에 의해서만 달성될 수 있는 목표라는 것만을 확인하는 것인 경우가 많다.

2) 구속성 없는 의사결정

예외적인 경우가 없는 것은 아니지만 일반적으로 국제기구가 내린 의사결정은 법적 구속력을 결하는 경우가 많다.[1] 예컨대 유엔총회는 미국의 대 쿠바 경제제재 조치의 종식을 촉구하는 내용의 결의문을 연례행사처럼 예외 없이 지난 4반세기 동안 매년 압도적인 표 차이로 통과시키고 있으나 그때마다 미국은 이를 즉각 거부하고 이로 인해 국제사회의 비난을 받는 데 그쳐 오고 있다. 국제사회는 구속력이 없는 이 같은 결의문의 채택을 통해 쿠바에 경제봉쇄정책을 취하고 있는 미국에 심리적인 압박을 가하는 데 그치고 있다.

이러한 결의문은 대개 회원국 정부에게 권고를 하거나 사무국에게 특정의 행동을 하도록 의도된다. 사무국에게 특정 행동을 취하도록 하는 결의문은 사무국에 대해 구속력을 지니지만 회원국 정부에 대한 권고는 법적 구속력을 가지지 않는다.[2]

3) 실효적인 이행장치의 부재

예외가 없는 것은 아니지만 국제기구는 통상적으로 실효적인 이행장치를 제대로 갖추고 있지 못하다.[3] 앞서 언급했듯이 장기간의 회의와 협상과정을 거쳐 결

1) 예외적으로 법적 구속력이 있는 의사결정에 대해서는 제8부 제5장의 의사결정의 효력 부분을 참고하시오.

2) 물론 국제기구의 결의문이 법적 구속력을 결하고 있다고 해서 이를 지나치게 경시해서는 안 된다. 왜냐하면 원래 법적 구속력이 없는 결정이라도 시간이 흐름에 따라 법적 구속력을 갖게 되는 경우가 있기 때문이다. 또한 결의문이 채택되면 이러한 결의문이 법적 구속력을 결하여도 국제적 문제나 이러한 국제적 문제의 처리방법에 대한 집단적 정당화(collective legitimization)의 역할을 하여 무엇이 옳고 무엇이 그릇된 것인가에 대한 판단의 기준을 제공하기 때문이다.

과문서를 국제기구에서 채택하더라도 많은 경우 결과문서는 법적 강제력이 없는 결의문이나 선언의 형태를 취하고 있다.

나아가 법적 강제력이 있는 결과문건을 채택하였다고 해도 각국 정부에게 이의 이행을 강제할 수 있는 제도적인 장치를 결하고 있어 의사결정의 결과가 사문화될 가능성이 존재한다. 즉 유엔 안보리와 같은 기구를 제외한 많은 국제기구들은 의사결정의 결과를 이행치 않을 경우 제재를 가할 수 있는 강제적 장치를 결하고 있다.

문제는 이러한 법적 구속력을 가지는 의사결정을 강제할 이행장치를 가지고 있다고 해도 실효성이 미미한 경우가 많다는 점이다. 유엔헌장 제7장은 분쟁의 강제적 해결을 위한 안보리의 권한을 규정하고 있다. 이에 따르면 안보리는 평화에 대한 위협·평화의 파괴 또는 침략행위의 존재를 결정하고 국제평화와 안전을 유지하고 회복하기 위해 권고를 하거나 법적 구속력이 있는 강제조치(경제제재와 같은 비군사적 조치와 군사적 조치)를 결정할 수 있다. 그러나 이러한 제재조치에 대한 위반이 많다. 예컨대 미사일 발사 시험 등 북한의 군사적 도발에 대한 대북제재 결의안 S/RES/2371(2017)가 2017년 8월에 유엔에서 만장일치로 통과되었지만 한 달도 되지 않아 북한은 여섯 번째 핵 실험을 실시하는 등 제재조치를 거듭 위반해 오고 있다.

4) 사활적 이익이 걸린 문제의 해결 능력 부재

국제기구는 사활적 이익이 걸린 문제를 다룰 경우 문제 해결 능력을 거의 상실한다. 국제기구는 강대국이 중요하다고 간주하는 문제에 대해 강대국의 의사에 반하는 결정을 내리거나 이러한 결정을 강제로 집행할 능력을 결하고 있다. 강대국이 아니더라도 주요 국가 간의 사활적 이익이 걸린 분쟁이 발생할 경우 유엔

3) 예외적으로 강제적인 이행장치를 가지고 있으면서 실효적인 이행을 강제하는 국제기구의 예로서 유럽연합을 들 수 있다. 유럽연합의 경우 회원국은 자국의 국내법이 유럽연합의 법과 저촉될 경우 국내법을 유럽연합의 법에 합치시켜야 하는 의무를 지니게 된다. 만약 회원국이 유럽연합의 법에 규정된 의무를 이행하지 않을 시 집행위원회가 일차적으로 해당 회원국을 대상으로 행정조치를 취하고 그 조치에 대해 다툼이 있으면 유럽사법재판소에 이행강제소송을 제기하게 된다. 집행위원회뿐만 아니라 회원국도 유럽사법재판소에 소를 제기할 수 있다. 단 회원국은 소를 제기하기 전에 반드시 해당 사안에 대해 집행위원회의 의견을 구해야만 한다. 회원국이 집행위원회에 의견을 요청하면 집행위원회는 각 해당 회원국에 상대방 회원국의 주장에 대한 자신의 주장과 의견을 구두와 문서로 제출할 수 있는 기회를 준 후에 적절한 의견을 제시한다. 만일 위원회가 해당 사안이 회부된 때로부터 3개월 이내에 의견을 제시하지 않으면 회원국은 해당 사안을 유럽사법재판소에 회부할 수 있다. 하지만 이러한 회원국에 의한 소의 제기는 회원국 간의 양자관계를 고려하여 거의 이용되고 있지 않다.

등 국제기구를 통한 분쟁해결이 성공한 경우가 극히 적다. 따라서 이와 같은 문제의 경우 이해 당사국간 양자협상 등을 통해 해결방안을 모색하는 사례가 일반적이다.

2. 국제기구의 네 가지 실패유형[4)]

1) 개 요

갤라로티(Giulio M. Gallarotti)는 제대로 관리되지 않은 국제기구가 오히려 해가 될 수 있는 것처럼 국제기구의 과도함 역시 해를 미칠 수 있다고 주장한다. 예컨대 개도국에 대한 식량원조는 자체적인 식량생산에 대한 개도국의 노력을 둔화시키고 의존을 심화시킬 수 있다는 것이다.

갤라로티는 국제기구에 대한 전통적인 연구가 지닌 문제점으로서 다음을 지적하고 있다. 구체적으로 전통적인 연구가 국제기구의 구조·기능·역할·목표 등에 치중했고 국제기구가 국제관계에 미치는 결과에는 관심을 훨씬 덜 두었다고 지적하고 있다. 그는 또한 국제기구가 국제관계에 미치는 결과에 관심을 가졌다 해도 전통적인 연구는 국제기구를 통한 다자적인 관리의 과정이 국제관계의 안정화에 기여한다는 국제기구의 긍정적인 역할의 측면만을 강조하고 이러한 다자적 관리의 한계나 부정적인 측면을 무시하거나 과소평가했다고 지적한다.

갤라로티는 (신)기능주의 통합이론과 상호의존론을 이러한 전통적인 연구의 예에 속하는 대표적인 경우로 지적하고 이러한 이론들은 국가의 필요를 충족시키기 위한 집단적인 접근의 필요성·국가들의 활동에 대한 국제적인 규제와 통제의 필요성·정책의 조정 필요성·초국가적 정부의 필요성 등을 역설한다고 본다.

그는 이러한 전통적인 연구에 대해 제기되고 있는 우파와 좌파 모두로부터의 비판을 소개하고 있다. 그에 따르면 이러한 비판 가운데 상대적으로 온건한 경우는 국제기구가 갖는 비효율성을 비판하고 좀 더 과격한 경우는 국제기구가 가져오는 불안정적 결과를 비판한다.

우파로부터의 비판 가운데 하나는 국제기구 특히 유엔이 때때로 국제분쟁에서

---

4) 여기 내용은 갤라로티의 다음 글을 바탕으로 하고 있는데 한국과 관련된 적절한 예는 저자가 추가한 것이다: Giulio M. Gallarotti, "The Limits of International Organization: Systematic Failure in the Management of International Relations," *International Organizations*, Vol. 45, No. 2 (Spring 1991), pp. 183-220.

게릴라 단체의 입장을 지지하는 경우에서 볼 수 있듯이 국제적인 분쟁을 중재하는 방식이 선동적이어서 분쟁이 해결되기보다는 불안정을 초래할 수 있다고는 것이다. 또 다른 우파의 지적은 유엔이 자유시장적 접근에 대해 부정적이어서 개도국의 저발전의 문제를 항구화시킨다는 것이다.

국제기구에 대한 좌파적인 시각은 국내의 지배구조에 대한 비판과 마찬가지로 국제기구라는 초국가적 지배구조가 계급 패권을 제도화한다고 비판한다. 이들의 비판은 주로 국제통화기금(IMF)이나 세계은행(WB)과 같은 국제금융기구에 집중되어 있는 것을 특색으로 한다.

국제기구에 대한 합리적 선택과 공공 선택적 접근은 시장이 충분히 재화를 배분하고 국제적인 문제를 다룰 수 있기 때문에 국제기구를 통한 초국가적 관리는 국제관계에 있어서 비효율적이라고 본다.[5] 또한 국제적인 협력이란 공모적이고 재분배적인 성격을 지니고 있다고 지적하고 이러한 성격으로 인해 국제체계 전반과 국내의 특정 집단에 있어서 복지의 손실을 가져온다고 본다.[6]

신자유주의적 제도주의 이론도 국제기구에 대한 합리적 선택과 공공 선택적 접근과 유사하게 국제정치에 있어서 질서와 협력은 좀 더 분권적인 방식에 의해 가능하다는 입장을 지니고 있다. 기본적으로 국제제도를 협력의 촉진자로 바라보는 신자유주의적 제도주의 이론은 국제기구의 역할에 대해 비판적인 것보다 좀 더 긍정적인 것이 사실인데 전통적인 접근과 다른 점이 있다면 다루어야 할 문제를 국제기구가 어떻게 관리할 것인가의 관리의 조건에 민감하다는 점이다.

이러한 분권적인 접근은 국가 간 관계라고 하는 것이 쟁역(issue area)에 따라 달라질 수 있기 때문에 규제의 필요 정도가 다를 수 있다고 본다. 규범이 이미 존재하고 적절한 정책이 시행되고 있는 관계에 있어서 국제제도란 단지 협력을 위한 조직의 비용 또는 거래비용을 줄이는 역할만 하면 되고 다른 경우에 있어서는 보다 신중하고 보다 광범위한 규제를 필요로 한다는 상대적인 입장을 보인다.

갤라로티는 우선 이러한 기존의 비판들이 국제기구의 실패를 일반적인 현상이 아닌 특정의 쟁역에 국한하거나 특정의 국제기구에 한정하여 설명하는 데 그치고 있다고 비판한다. 나아가 그는 쟁역에 관계없이 그리고 국제기구에 관계없이 일

5) John Conybeare, "International Organization and the Theory of Property Rights," *International Organization*, Vol. 34, No. 3 (Summer 1980), pp. 307-308.

6) Roland Vaubel, "A Public Choice Approach to International Organization," *Public Choice*, Vol. 51, No. 1 (1986), pp. 39-57.

어날 수 있는 국제기구의 실패의 유형을 일반화하는 작업을 시도하고 이것에 기초하여 국제기구가 효율적이기 위한 처방을 제시하고 있다. 다음은 그가 제시하고 있는 국제기구의 네 가지 실패 유형이다.

2) 국제기구의 네 가지 실패유형

(1) 복잡한 문제의 불완전한 관리

국제기구가 다루어야 할 문제들이 복잡할 뿐 아니라 관련된 행위자들 사이의 관계가 복잡하고 예측하기 힘들기 때문에 국제기구가 이를 제대로 이해하고 이를 성공적으로 관리한다는 것이 어렵다. 따라서 국제기구가 이러한 것들을 관리하고자 할 때 필연적으로 불안정적인 관리가 될 수밖에 없다. 즉 국제기구는 이러한 복잡성과 예측 불가능성으로 인해 발생하는 위기를 막지 못하며 때때로 제대로된 해결책을 제공하지 못함으로써 오히려 문제를 야기하거나 악화시킬 수 있다.

예컨대 1987년 2월 G-7 국가들은 협상을 통해 2년 동안 급격한 가치의 하락을 보인 달러화를 강화시키기 위한 루브르 합의(Louvre Accord)를 채택했다. 루브르 합의의 핵심 내용은 급격한 달러화의 하락이 각 국가의 경제성장과 구조조정 계획을 저해할 수 있으므로 환율 안정화를 위해 공동의 노력을 전개하자는 것이었다. 그러나 이러한 협정의 체결을 보고 달러화의 하락이 아직 끝나지 않았다고 판단한 투자자들의 행동에 의해 G-7 국가들이 예상한 것과 반대되는 결과가 나타났다. 국제기구에 의한 개입이 없었거나 덜 관여했다면 좀 더 나은 결과를 볼 수 있었을 지도 모른다.[7)]

(2) 해로운 대체(adverse substitution)

국제기구가 제시하는 단기적인 해결책으로 말미암아 국가 간 분쟁을 포함한 다양한 국제 문제에 대한 보다 본원적이거나 장기적인 해결책을 스스로 추구하고

7) 1990년대 후반에 발생한 한국을 비롯한 아시아 국가들의 외환위기를 다루는 데 있어서의 국제통화기금의 대처 역시 이러한 사례의 하나로서 언급되곤 한다. 즉 이들 국가에 있어서의 외환위기는 거액의 재정적자와 높은 인플레이션으로 유발된 멕시코 등의 외환위기와는 달리 민간 부문의 무리한 차입경영이 있는 와중에 해외 채권자들이 갑자기 융자금을 회수하는 바람에 발생하는 민간부분의 위기였다. 이 때문에 멕시코 등의 국가에 내린 처방과는 다른 처방이 필요함에도 불구하고 IMF는 어떻게 해야 할지 모르는 가운데 멕시코 위기에 성공적으로 대응한 경험을 그대로 적용함으로써 문제 해결에 제대로 하지 못했다는 비판을 받은 바 있다.

자 하는 국가의 욕구가 약화된다는 지적이다.

예컨대 1964년 사이프러스 내의 그리스계 주민과 터키계 주민 간의 유혈 충돌을 방지하고 질서를 유지하고자 전개된 평화유지활동(UNFICYP)은 그 당시 사이프러스에 존재하던 비정상적인 현상의 유지를 공고히 하여 관련 당사자들로 하여금 문제 해결의 급박함을 덜 느끼게 함으로써 장기적인 관점에서 보아 가장 중요한 항구적인 정치질서를 수립하는 데 부정적인 역할을 수행했었을 수 있다고 본다. 중동의 평화유지활동으로서 1956년에 시작된 유엔긴급군(UNEF)의 경우도 마찬가지로 궁극적으로 이루어져야 할 안보결정을 연장하는 결과를 가져와 적절한 기회를 놓치고 사태를 더욱 악화시킬 수 있었다고 본다.

또한 국제기구에 의한 식량원조는 개도국의 국내 농업생산의 의욕을 저하시켜 장기적으로 농업에 있어서의 자급자족을 감소시켰으며 결과적으로 기아 문제와 식량의존을 조성했다고 본다. G-7 정상회담과 같은 경제 정상회담은 본질적인 협상을 위한 토론장으로서 역할을 하기 보다는 국내정치의 도구로서 그리고 국내적으로 인기 없는 경제정책에 정당성을 부여하는 경향을 보여 왔다는 지적이다.

(3) 분쟁의 격화

국가 간 분쟁이 발생한 경우 국제기구는 때때로 분쟁을 오히려 격화시켜 불안정한 결과를 가져올 수 있다는 지적이다. 구체적으로 국제기구가 분쟁 당사자 중 어느 한쪽 편을 들어줌으로써 분쟁이 격화될 수 있고 또한 국제기구가 국제문제에 있어 관련 당사자들 사이에서 이들에 의한 경쟁적인 해결책을 부추겨 분쟁의 해결에 장애를 만듦으로써 분쟁을 격화시킬 수 있다는 것이다.

국제기구는 종종 국가 간의 갈등을 해결하기 위한 수단으로서의 역할보다는 종종 갈등을 촉진하거나 확대시키는 등 국제적인 정치전(international political warfare)을 위한 장소로서의 역할을 한다. 유엔은 특히 냉전시대에 국가들을 당혹하게 만드는 토론장으로 이용되어 왔다. 문제 해결을 위한 실질적인 협상이 되기 위해 당사자들은 그들 사이의 차이점을 가능한 한 좁히고 상호비방을 피하며 극단론자들을 토론으로부터 배제해야 한다. 그러나 유엔에서는 이와는 반대로 종종 이슈가 좁혀지기보다 확대되며 상호비방이 일반적이고 또한 가장 폭력적인 대표가 논의를 지배한다. 이와 같은 의도적인 도전적 토론으로 인해 분쟁이나 갈등의 평화적 해결 노력이 손상된다. 국제기구는 또한 국제적인 분쟁이나 갈등에 직접 참여하여 이러한 분쟁이나 갈등을 확대시키거나 탄압하는 경우도 있다.

국제기구가 어느 한 국가나 국가군에 불리하게 동원될 경우에 이들은 분쟁이나 문제를 이러한 국제기구에 제기하는 것을 꺼리게 된다. 그 결과 국제기구는 다자간의 협력을 도모하기 위한 기관이라는 이상에 거슬리게 되고 안정과 타협을 위한 기관으로서의 효용을 제대로 발휘하지 못하게 된다. 냉전 초기 소련은 미국이 지배하는 유엔을 회피했으며 미국은 나중에 소련과 제3세계가 지배하는 유엔을 회피했다.

국제기구는 또한 중요성이 좀 덜한 문제를 해결하면서 종종 좀 더 중요한 문제의 해결에 있어서의 장애를 만들기도 한다. 예컨대 1948년에 유엔 안보리는 민족자결주의의 원칙에 의거하여 인도와 파키스탄의 분쟁의 대상이었던 캐시미르 지역의 자결을 인정하는 결의문을 통과시킴으로써 인도와 파키스탄의 관계에 쐐기를 박았다. 단기적으로 결의문이 성공적이었다고 할 수 있을지 모르나 장기적으로 보아 이러한 결의문은 채택되지 않은 것이 더 좋았을 수 있다는 것이다.

(4) 도덕적 해이(moral hazard)[8)]

국제기구는 국가의 무책임한 행위로부터 발생할 지도 모르는 위기를 방지하거나 또는 이러한 위기가 가져올 지도 모르는 다루기 힘든 결과에 대한 안전장치(insurance)를 제공한다. 그 결과 국가들은 행동에 있어 신중성을 잃고 문제의 근본적 원인이 되는 자신의 행위를 제거하고자 하는 의욕을 감소시킨다.

이는 자동차 보험에 가입한 사람이 운전에 주의를 덜 쏟을 수 있다는 것과 비슷한 논리로서 갤라로티는 이러한 현상을 일컬어 국제기구가 절대적인 보장을 제공함으로써 과도한 도덕적 해이를 가져온다고 표현하고 있다.

관세 및 무역에 관한 일반협정(GATT)은 관세율의 인하를 규정하고 있으나 이러한 관세율 인하의 결과 외국으로부터 저가품이 대량 수입되어 자국생산에 중대한 손해가 초래된 경우 협정 전의 고관세율을 부활시킬 수 있다는 도피조항(escape clause)을 두고 있다. 이러한 면제조항은 곤경에 빠져있는 국내의 산업에 대해 부분적인 안전방치를 제공하고 국제수지의 어려움을 완화시켜 주는데 이러한 보호 혹은 안전장치로 말미암아 개개 국가들은 그들 자신의 경제를 관리하는데 있어서 무모하기 쉽다는 것이다.

---

8) 「도덕적 위험」이나 「도덕적 불감증」이라고도 번역된다.

외채 문제가 악화될 경우 국제통화기금(IMF)과 같은 최종적으로 기댈 곳이 있다는 것이 개개 국가로 하여금 장기적인 국내안정을 위해 필요한 국내경제의 조정을 하고자 하는 유인을 약화시킨다. 또한 무역적자가 외국으로부터 빌릴 수 있는 자금에 의해 해소될 수 있다는 사실로 말미암아 국가는 높은 가격이 무역균형에 미칠 부정적인 결과를 별로 걱정하지 않고 지나치게 통화팽창을 시도한다는 것이다.[9)]

3) 바람직한 국제기구의 형태와 조건

갤라로티는 좀 더 제한적이고 덜 중앙집중화된 국제기구가 바람직할 수 있다는 논의를 전개하면서 각종 문헌들이 제시하고 있는 바람직한 제한된 국제기구의 형태를 소개하고 있다.

국제레짐 이론에 따르면 이미 국제레짐이 존재하는 경우 여러 면에서 집중적인 관리의 필요성이 감소된다. 구체적으로 이미 존재하는 국제레짐은 이것으로부터의 이탈의 비용을 높이며 상호성에 대한 기대를 발생시키고 광범위한 규제의 필요성이나 공식적인 제도구축의 필요성을 제거시킴으로써 제한적인 관리를 통해 국제적인 행동에 대한 기대의 수렴을 촉진할 수 있다고 본다.

신자유주의적 제도주의 이론은 국제제도가 거래비용을 감소시킴으로써 국가간 협력을 가능하게 한다고 본다. 구체적으로 국제제도는 국가들의 선호에 대한 자료와 정보를 수집・전파하고 국가들 사이의 의사소통을 촉진하며 의사결정의 비용을 절감시키는 역할 등의 기능을 수행한다. 또한 국제제도는 국제적 의제를 설정하고 연합의 형성을 돕는 촉진제로서의 역할과 더불어 약소국들에 의한 정치적 주도권과 이슈 연계의 장소로서의 역할을 한다. 요약하자면 국제제도가 통제라는 집중적인 관리보다 덜 의욕적인 제한된 기능을 수행할 경우 국제협력이 촉진된다는 것이다.

인식공동체 이론은 특정 영역에서 인정받는 전문성과 능력을 가지고 있고 이

9) 1990년대 후반 아시아의 외환위기를 진정시키기 위해 IMF가 긴급 통화안정 기금을 제공하면서 이러한 위기가 발생한 원인 중의 하나로서 1995년 IMF가 멕시코를 구제했기 때문이라며 도덕적 해이를 거론한 바 있다. 이러한 도덕적 해이는 두 방면에서 거론되었는데 그 중 하나는 멕시코에 구제금융이 제공됨으로써 전 세계의 채권자들에게 마음 놓고 아시아에 자금을 빌려줘도 되고 만약 문제가 발생하면 IMF가 자금의 회수를 가능하게 해줄 것이라고 믿게 했다는 것이다. 또 다른 하나는 멕시코에 구제금융이 제공됨으로써 아시아 국가들의 경우도 외환위기가 발생하게 되면 IMF에게 의존할 수 있다는 인식을 가져다주어 외환위기가 일어나지 않도록 하는 데에 좀 더 신중하지 않게 되었다는 갓이다.

러한 영역 내에서 정책과 관련된 지식에 대한 권위적인 주장을 가지고 있는 전문가들의 연계망을 의미하는 인식공동체(epistemic community)가 집중적인 통제의 틀을 대신할 수 있다고도 본다. 일단의 공공선택 이론가들은 제도적으로 보조되는 시장적 해결(market solution)이 집중적인 관리의 틀보다 우월하다고 본다.

집단행동 이론가들에 따르자면 공공선(public good)을 취득하거나 창출하는 것보다 공공악(public bad)을 제거하는 것이 좀 더 용이한데 이는 공공악을 제거하는 데 있어서 집단행동의 목표가 좀 더 한 곳으로 집중될 수 있고 국가들은 공공선으로부터의 효용보다는 좀 더 많은 공공악으로부터의 비효용을 경험하기가 쉽기 때문이다. 이처럼 공공악의 제거가 일차적인 목표일 경우에는 제한적인 국제기구가 효율적일 수 있다고 본다.

갤라로티는 제한적인 국제기구가 효율적일 수 있다고 해서 아무런 조건 없이 제한적인 국제기구가 효율적이라는 것은 아니라면서 이제까지의 논의를 기초로 하여 국제기구가 효율적으로 초국가적 관리를 할 수 있는 조건을 제시하고 있다.

i) 국제기구는 관련된 변수 간의 관계가 이해하고 예측하기 어려운 복잡하고 무질서한 체계의 관리보다는 상대적으로 단순한 이슈 내의 관계나 이슈 간의 관계를 관리하는 데에 좀 더 효율적일 수 있다. ii) 국제기구는 문제를 해결하는 데 있어서 단기적이고 임시방편적인 접근법을 제공할 때보다 본질적이고 장기적인 해결책을 촉진하거나 고무할 때 좀 더 효율적일 수 있다. iii) 국제기구는 국가 간의 경쟁을 촉진하는 위치에 놓이지 않을 때 효율적일 가능성이 있다. 국가 간의 갈등과 분쟁을 관리하는 데 있어서 유엔은 상호작용의 토론장으로서 긍정적인 가치를 지니고 있음에도 불구하고 의도적이든 의도하지 않았든 대결과 경쟁을 유발함으로써 국제적인 갈등과 분쟁을 격화시키는 부정적인 역할을 해왔다. 이러한 역할은 심지어 국제기구가 도덕적적으로 옳은 편에 설 경우에도 발생한다.

제2장 다자주의의 위기

1. 다자주의의 정의

다자주의(multilateralism)라는 용어가 다양한 학자들에 의해 다양하게 정의된다. 러기(John Ruggie)의 정의에 따르면 다자주의는 「3개 이상의 국가들이 일반화된 행위원칙(generalized principles of conduct)에 따라 정책을 조정해 나가는 방식」을 의미한다. 여기서 일반화된 행위원칙이란 특정 국가의 특정 이익과 특정 상황에 따른 임시방편적인 대응이 배제된 행위원칙으로서 불편부당성(impartiality) · 일관성(consistency) · 국제법에 대한 존중(respect for international law)이라는 요소들을 내포한다.

러기는 이러한 일반화된 행위원칙과 더불어 다자주의의 중요한 특성으로서 다자간 협력체제 내의 일국에 대한 외부 행위자의 공격을 참여국 모두에 대한 공격으로 간주하는 것과 같은 불가분성(indivisibility)과 관련 국가들이 항상 그리고 모든 이슈에 있어 단기적이고 개별적인 이득을 기대하기보다는 장기적이고 공동의 이득을 추구한다는 확산된 상호성(diffuse reciprocity)을 강조하고 있다.[10)]

이러한 러기의 정의에 따르면 다자주의는 외교에 있어서 자신의 이익뿐 아니라 타국의 이익도 최대한 고려하는 공동체 의식을 중요한 밑바탕으로 하여 국익과 국제협력의 균형을 추구하는 것을 전제로 하고 있다. 따라서 다자주의 속에서 어떠한 국가든 자의적으로 행동을 할 수 있는 여지가 적어지며 국제관계의 결과가 쌍무관계에서와 같이 적나라한 협상력에 의거하지 않고 합의된 원칙에 의해 결정될 수 있는 가능성이 높아진다.

그러나 위에서 언급한 규범적인 요소들을 지닌 다자주의가 흔하게 존재하지 않는 현실 속에서 학자들이나 실무가들은 일반화된 행위원칙에 근거를 두지 않고

---

10) John Gerard Ruggie, "Multilateralism: The Anatomy of an Institution," *International Organization*, Vol. 46, No. 3 (Summer 1992), pp. 561-598.

3개 이상의 국가들이 단순히 정책을 조정해 나가는 방식을 다자주의로 인식하는 경향을 보이고 있다. 다자주의를 「일단의 셋 혹은 그 이상의 국가들에 있어서 국가정책 조정의 실행(practice of coordinating national policies in groups of three or more states)」이라고 정의한 코헤인(Roberto O. Keohane)이 이러한 부류의 학자에 속한다.[11] 이는 엄밀히 말해 러기가 의미하는 다자주의가 아닌 「다국주의(multi-nationalism)」라는 말로 정의될 수 있는 것으로서 「다자주의」라는 말과 구별을 요하는 개념이다. 그러나 실제에 있어서는 이 두 경우를 구별하지 않고 동일시하는 경우가 많다.[12]

여기에서는 이러한 현실을 감안하여 다자주의라는 용어를 러기가 말하는 엄격한 의미에 국한하지 않고 다국주의의 의미도 포함하는 용어로 사용하고자 한다. 단 이 경우에 있어서도 러기가 의미하는 진정한 다자주의(genuine multilateralism)를 구별해 내기 위한 노력을 한다는 전제가 필요하다. 일반적으로 다자주의라는 용어를 구성원의 지리적 분포 등을 기준으로 하여 「지역주의(regionalism)」라는 용어와 구별하여 사용하는데 여기에서는 지역주의를 다자주의의 한 형태로 간주하고자 한다.

2. 탈냉전기의 다자주의의 현주소

냉전의 종식과 더불어 전반적인 흐름으로서 다자주의가 강화되고 확산되는 한편 이에 대한 패권국으로서의 미국의 저항에 의한 일방주의 경향 역시 강화되고 있다. 이러한 두 경향과 더불어 탈냉전기의 다자주의의 특징을 살펴보고자 한다.

1) 다자주의의 강화/확산과 이에 대한 저항

냉전의 종식 후에 새로운 안보이슈 · 다양한 비안보적 이슈 · 초국가적 이슈 · 남북 문제가 대거 등장한 가운데 냉전시기와는 달리 강대국들이 자신들의 이해관계에 중요하지 않은 국가나 지역에서 발생하는 갈등이나 분쟁으로부터 등을 돌림으로써 강대국들이 과거에 하던 이러한 역할의 일부를 유엔과 같은 다자기구들이

11) Robert O. Keohane, "Multilateralism: An Agenda for Research." *International Journal*, Vol. 45 (Autumn 1990), p. 731.

12) 실제에 있어서는 「다국주의」이나 「다자주의」의 측면을 부분적으로 보유했기 때문에 다자주의로 혼동할 수 있는 경우들이 존재하는 것 역시 사실이다.

떠맡지 않을 수 없도록 만들었다. 이러한 경향은 국제체제가 국가들 간의 권력의 분산을 특징으로 하는 체제로 전환하면서 더욱 강화되었다고 볼 수 있다.

그 결과 유엔을 위시한 다자기구들의 역할이 확대되었고 유엔을 비롯한 다자주의 국제기구들이 복잡한 초국가적 문제들을 다루기 위한 핵심적인 외교적 틀이 되고 있다. 즉 이러한 복합적인 상황이 다자주의를 국제 문제의 해결을 위한 지배적인 방식이 되도록 했다. 이러한 다자주의의 강화와 확산은 전 지구적 규모의 국제회의가 유엔을 중심으로 1990년대 이래로 대거 개최되어 온 사실에서 단적으로 드러난다.

이처럼 다자주의가 강화되고 확산되고 있는 것은 사실이나 이러한 강화와 확산은 비안보적인 쟁역에 현저하게 드러나는 반면에 안보쟁역에서는 강화나 확산의 정도가 미미하다. 비안보적 쟁역에서의 다자주의의 진전은 통상과 금융 문제의 경우 유엔을 중심으로 이루어지고 있는 것이 아니라 세계무역기구(WTO)와 국제통화기금(IMF) 같은 유엔 밖의 국제기구를 중심으로 진개되고 있는 특징을 보이고 있다.

냉전의 종식이 가져온 패권체제에서의 다자주의의 강화와 확산은 또 다른 한편 미국과 같은 패권국가의 행동의 자유를 훼손시킴으로써 힘을 바탕으로 한 일방주의(unilateralism)로의 이탈을 촉진하고 있다. 구체적으로 미국은 일부 국제제도(국제레짐과 국제기구)가 미국의 주권과 국익을 침해하고 미국에 적대적인 국가들이 이들 국제제도를 활용하여 미국의 행동을 제약하려 하고 있다고 보고 국제협력을 강조하는 다자주의를 이탈하여 강력한 군사력을 바탕으로 국제협력보다는 자국의 이익을 최우선적으로 고려하는 일방주의 유혹에 빠지고 있다.

이러한 경향을 전형적으로 보여주는 대표적인 사례로서 미국의 대이라크 전쟁 돌입을 들 수 있다. 또 다른 예로서 기후변화협약 교토의정서 탈퇴 · 포괄적핵실험금지조약(CTBT)의 비준 거부 · 생물무기협약(BWC)의 검증의정서 거부 · 미국과 소련 간에 체결되었던 탄도탄요격미사일(ABM) 협정의 일방적 공식 탈퇴로 인한 폐기 · 소형무기 규제를 위한 유엔 행동계획(Program of Action, PoA)의 반대 · 국제형사재판소(ICC)의 설립조약인 로마조약의 비준 거부 · 수입 철강에 대한 관세의 일방적 부과 · 농업보조금 지급 · 일방적인 이스라엘 편들기 등을 들 수 있다.

이러한 경향은 대선경쟁에서 새로운 팍스 아메리카나(Neo-Pax Americana)를 기치로 내건 트럼프가 집권하면서 더욱 더 심화되고 있다. 미국의 국익을 위해 과거 행정부가 체결한 자유무역협정(FTA)이 미국에 불리한 것이라는 이유로 환태평양경제동반자협정(Trans-Pacific Strategic Economic Partnership, TPP)의 탈퇴선언을 시작으로 이미 체결한 자유무역협정의 재협상을 요구하고 수입 철강과 알루미늄 등에 높은 관세를 부과하는 등 자유무역에서 보호무역으로 선회하고 있으며 특히 중국과의 무역전쟁을 불사하고 있다.[13] 유럽연합이나 한국 등 미국의 전통적인 우방 국가에게도 이러한 보호무역 조치를 예외로 하지 않을 뿐 아니라 더 많은 방위비 분담까지도 요구하고 있다.

트럼프는 파리기후변화협정으로부터의 탈퇴를 선언하고 반 이스라엘 편견을 이유로 2017년에 유네스코(UNESCO)로부터도 탈퇴를 선언했다. 그리고 2015년에 주요 6개국(유엔 안보리 5개 상임이사국과 독일)·유럽연합(EU)·이란이 체결한 합의인 포괄적 공동 행동계획(흔히 이란핵합의)을 파기했다. 심지어 미국에 불공정하여 미국의 국익을 해친다는 이유로 세계무역기구(WTO)로부터의 탈퇴를 언급하는 등 국익의 보류로 여기던 다자기구까지 비판의 대상으로 삼고 있다. 이처럼 미국의 주도하에 수립된 국제질서와 규칙들을 스스로 무너뜨리거나 무너뜨리고자 한다. 이러한 이면에는 중국의 힘을 약화시키고 미국의 힘을 키움으로써 경제를 비롯한 다방면에 걸쳐 중국의 초강대국으로의 부상을 견제함으로써 미국의 패권에 대한 도전을 막으려는 의도가 있다고 볼 수 있다.[14]

냉전이 종식된 1989년 이래로 유엔의 부분적인 실패에도 불구하고 다자외교의 중심센터로서의 유엔의 미래와 관련하여 많은 기대감을 가지도록 했고 이러한 기대는 약 10년간 지속되었다. 그러나 미국의 일방주의 성향으로 인해 유엔과 같은 국제기구는 무기력해졌다. 유엔에 대한 기대에 처음으로 찬물을 끼얹은 것은 미국이 중요한 역할을 하고 있는 북대서양조약기구(NATO)가 1998년에 유엔 안보리의 승인 없이 코소보 사태와 관련하여 군사적 공격을 가한 것이었다. 이어서 미국이 2003년에 안보리의 결의 없이 이라크에 대한 침공을 감행함으로써 보여

---

13) 아시아태평양 지역 12개국이 참여한 다자간 자유무역협정인 TPP는 오바마 전 대통령이 이 지역에서 영향력 확대를 꾀하고 있는 중국을 견제하기 위한 계획의 일환으로 추구한 것으로서 미국의 아시아 중시 정책을 보여주는 것이었다.

14) 다른 한편 미국이 다른 강대국들과 다른 점이라면 민주주의와 인권 등과 같은 보편적인 가치의 추구와 더불어 국제사회의 평화·안정·자유무역과 같은 공공재를 국제사회에 공급함으로써 지도력을 행사해 왔었으나 이제 이러한 역할을 포기함으로써 팍스 아메리카나(Pax Americana)를 상실하고 있다는 비판이 국내적으로 거세지고 있다. 즉 미국 우선주의(America First)가 미국의 지도력을 상실하도록 하고 국제질서를 파괴한다는 비판을 받고 있다. 또한 미국의 이러한 일방주의는 중국이나 러시아와 같은 경쟁국들이 이제까지 미국이 행사해 온 국재사회에서의 리더십 공백을 메우려고 할 것이라는 우려도 있다.

준 초강대국의 일방주의 역시 이러한 기대를 저버리도록 했다.

이러한 일방주의 예들이 미국이 다자주의를 전면 폐기하고 일방주의를 택하고 있다는 것을 의미하는 것은 결코 아니다. 미국은 국제통화기금(IMF)을 비롯하여 자국의 국익을 보존하거나 확대하는 데 중요한 역할을 하고 있다고 판단되는 국제제도의 역할을 선별적으로 중요시하고 있다. 또한 1984년에 탈퇴했던 유네스코에 2002년에 복귀한 예에서 볼 수 있듯이 미국은 국익이 침해될 우려가 있는 경우 다자주의에 복귀하는 경향도 보이고 있다. 이러한 경향을 두고 미국 스스로는 일방주의가 아닌 다자주의 하나하나를 개별적으로 검토해 미국의 국익에 부합하는 지를 판단하는 「맞춤식 다자주의(a la carte multilateralism)」라고 평가하고 있다. 미국은 또한 일방주의를 취하기 전에 최대한 다자주의를 통해 집단적 정당성을 획득하고자 하는 노력을 경주하는 특징을 보이고 있다.

2001년에 발생한 9.11테러의 예에서 보듯이 미국 혼자서 문제를 해결할 수 없는 상황의 전개는 미국으로 하여금 국제협력과 다자주의의 중요성을 무시할 수 없도록 만들고 있다.[15] 이와 더불어 미국의 일방주의에 대해 활발하게 전개되고 있는 국제사회의 반발과 견제 역시 미국으로 하여금 힘을 바탕으로 한 일방주의의 추구의 위험을 느끼도록 하고 있다.

미국에 우호적이지 않은 다자주의에 대한 미국의 저항이란 탈냉전기의 새로운 현상은 결코 아니다. 이 때문에 미국의 다자주의에 대한 저항이 마치 새로운 현상인 것처럼 지나치게 강조하여 부각시키는 것은 사실에 크게 부합하지 않는다. 냉전시기에 있어서 미국의 다자주의에 대한 저항은 국제노동기구(ILO)와 유네스코(UNESCO)로부터의 탈퇴와 유엔의 정규예산 분담금의 고의적인 연체 등의 예에서 전형적으로 볼 수 있었다. 이러한 미국의 다자주의에 대한 저항이 조명을 받는 것은 탈냉전 초기에 유엔을 지배하고 있었던 국가들(특히 안보리 상임이사국들) 사이의 협력의 근간이 미국의 대이라크 전쟁으로 무너지면서 유엔이 무기력한 상태에 빠지게 된 것으로부터 유래되었다고 보인다.

미국의 다자주의에 대한 저항과 관련하여 탈냉전시기에 크게 달라진 것이 있다면 과거 다자주의로부터의 이탈이라는 위협을 통해 많은 경우 미국은 국제 결과에 국익을 관철시킬 수 있었는데 반해 탈냉전시기 특히 21세기에 들어서서 미

15) 9.11 테러는 좀 더 구체적으로 말해 미국으로 하여금 국가 간 협력을 기초로 하는 다자주의의 필요성을 절감하게 하는 동시에 국제사회에 있어서의 리더십과 주도권의 필요성이라는 서로 상반된 필요를 절감하게 하는 것이 사실이나 궁극적으로 다자주의를 포기할 수는 없을 것으로 본다.

국을 제외한 대다수의 국가들이 미국의 일방주의로의 위협에 조직적으로 대항함으로써 국익의 관철이 용이하지 않게 되었다는 점이다. 이러한 것은 미국을 제외한 여타 국가들의 반대로 인해 미국이 2001년에 역사상 처음으로 유엔의 인권위원회(Commission on Human Rights)와 마약통제위원회의 위원국으로 선출되지 못한 것에서 그 예를 찾아볼 수 있다.[16)]

2) 다자주의 구성요소의 변화

탈냉전기의 다자주의 특징의 하나로서 다자주의에 참가하는 구성요소에 있어서의 변화를 언급할 수 있다. 구체적으로 전통적인 행위자인 정부와 정부간기구(IGO) 이외에 비정부기구(NGO)와 다국적기업(MNC)과 같은 비국가적 행위자들이 다자주의에 활발히 참여하고 있다. 이러한 다양한 행위자의 다자주의 참여로 글로벌 거버넌스의 논의가 활발하게 진행되고 있다. 특히 NGO의 활발한 참여는 인류 전체의 공익이 아닌 국익의 관점에서 문제 해결에 접근하는 개개 국가 정부나 정부간기구에 압력으로 작용하여 현재의 다자주의가 결하고 있는 민주성·투명성·책임성·효율성과 같은 선정(good governance)의 요소를 갖춘 진정한 다자주의를 강화시키는 데에 공헌하고 있다. 이러한 맥락에서 유엔과 같은 정부간기구의 개혁이 중요한 과제로서 부각되고 있다.

탈냉전기의 다자주의는 정부 행위자에 있어서의 변화도 포함하고 있다. 구체적으로 전통적인 실무자 중심의 다자외교로부터 벗어나 개개 국가들의 국가수반들이 대거 참여하는 다자주의로의 변화를 경험하고 있다. 국가수반의 다자주의에의 참여는 실무자 중심의 회의의 경직성을 해소하여 의사결정을 보다 용이하게 하고 이들의 참여하에 이루어진 결정에 대한 지속적인 관심을 유도함으로써 다자주의를 강화하는 측면을 지니고 있다.

3) 다자주의 구성요소 간의 갈등

다자주의가 다루는 중요 이슈와 이를 둘러싼 구성원들 사이의 관계를 다자주의의 또 다른 측면으로 간주할 수 있다. 구체적으로 냉전시대 국제적인 의제를

16) 2006년에 인권위원회(Commission on Human Rights)를 대체하여 인권이사회(Human Rights Council)가 출발하였다.

지배했던 안보 문제가 우선순위 면에서 경제·환경·사회·세계화와 관련한 이슈 등으로 이전되면서 남북갈등(South-North conflict)이 고조되고 있다. 즉 탈냉전기의 다자주의는 앞서 언급한 바처럼 패권국으로서의 미국과 다른 국가들 사이의 긴장과 대립이 존재하는 외에 선진국과 개도국 사이의 갈등이 중요한 특성을 이루고 있다.

4) 다자주의 구성요소 간의 합종연횡

다자주의를 둘러싼 행위자들 사이의 합종연횡이 발견된다. 앞서 간단히 언급한 바대로 세계화로 인해 국제통화기금(IMF)과 세계무역기구(WTO)와 같은 유엔 밖의 국제경제기구와 더불어 다국적기업으로 힘이 옮겨가고 있고 이로 인해 유엔이 상대적으로 힘이 약화되고 있다. 유엔은 이러한 상대적인 힘의 약화를 막기 위한 노력의 일환으로 NGO와의 동반자관계(partnership)를 강화하고 있으며 NGO는 이들 다국적기업과 국제경제기구에 대한 비판을 강화하고 있다.

5) 다자주의의 지리적 다수준화

다자주의가 전개되고 있는 지리적인 수준을 다자주의의 한 측면으로 볼 때 탈냉전 이후 다자주의는 다수준적으로 변화하고 있다. 세계화의 진전은 다자주의로 하여금 전 지구적 수준에서 활발하게 전개하도록 함과 동시에 지역을 단위로 역내 국가 간 협력을 통해 공동의 이익을 추구하기 위한 지역주의의 활성화를 가져와 지역 수준에 있어서의 다자주의 역시 활성화시키고 있다.

이러한 경향은 아시아태평양 지역에서의 아시아태평양경제협력체(APEC)·아세안지역포럼(ARF)·ASEAN+3 등 다자외교 협의체의 활발한 움직임에서도 나타난다. 또한 아시아유럽정상회의(ASEM)에서 보듯이 지역주의와 지역주의 사이의 협력 또한 활성화되고 있어 일개 지역의 범주를 넘는 다자주의의 확대가 이루어지고 있다.

6) 다자주의 내부 효율성 제고 노력

다자주의의 내부적인 효율성 제고 노력이 활발하게 전개되고 있다. 2002년 남아프리카공화국에서 개최된 지속 가능한 개발을 위한 세계정상회의(WSSD)에서 보듯이 최근의 다자회의는 매번 새로운 논의를 전개하는 것이 아니라 일정한 주기로 후속조치검토회의(review conference)를 개최하여 이전의 약속사항의 이행상황을 검토하는 데 관심을 두는 등 다자주의의 실효성을 위한 노력을 경주하고 있다.

7) 다자주의와 일방주의의 타협

미국의 일방주의적 성향과 다른 국가들의 다자주의적 성향이라는 두 경향이 일정한 정도의 타협점을 찾고 있는 경향도 일부 발견된다. 미국은 일방주의적 태도를 취할 유인을 지니고 있으며 동시에 기본적으로 미국에 대항한 세력균형의 형성을 막고 패권의 유지를 위해 선의의 패권국(benign hegemon)의 모습을 견지할 필요성도 지니고 있다. 또한 일방주의를 위해 치러야 하는 비용과 인명의 손실을 줄이기 위해 다자주의를 최대한 이용할 필요가 있다.

미국이 아닌 다른 국가들은 자신들이 힘을 합해도 미국의 힘을 견제하는 것이 용이하지 않은 현실 속에서 미국이 일방주의를 택해 제도적인 견제가 전혀 불가능한 것보다 다소 양보를 통해서라도 다자주의 틀에 미국을 최소한이라도 묶는 것이 현실적일 수 있다는 계산 아래 일정한 수준에서 미국의 입장을 수용하면서 타협을 모색하고자 하는 경향을 보이고 있다.

이러한 것이 가능한 것은 특히 미국을 제외한 유엔 안보리 상임이사국들이 유엔 밖에서 중요한 국제 문제의 결정이 일어나는 것에 대한 공동의 위협을 느끼고 있으며 그들에게 거부권을 보장하고 있는 안보리가 명실 공히 가장 중요한 의사결정 기관이 되어야 한다는 공통의 인식을 하고 있기 때문이라고 볼 수 있다. 이러한 경향을 전형적으로 보여주고 있는 예가 2003년 10월 16일에 안보리에서 만장일치로 통과된 이라크 지원 결의문이다.

8) 정당성의 쇠퇴와 경쟁적 다자주의의 등장

다자주의는 정당성의 상실이라는 도전에 직면해 있다. 다수의 개도국과 중국을 위시한 새롭게 부상하는 강국들은 현재의 다자주의가 서구의 원칙과 이해관계에 편도가 되어 있고 이러한 것을 바로잡을 개혁의 요구에 소극적일 뿐 아니라 국제개발과 안보 문제 등과 같은 많은 전통적인 문제들을 제대로 다루어오고 있지 못하다는 이유로 점차적으로 정당성을 잃어가고 있다고 본다. 이러한 다자주의는 20세기의 산물로서 21세기의 도전을 다루기에는 적절하지 않다고 본다.[17)]

제2차 세계대전 이후에 설립된 협상과 협정의 체결을 위한 토론장에 대해 저항이 증가하고 있다. 이러한 현상은 보편적인 국제기구가 아닌 지역에 바탕을 둔 지역기구들의 설립이 증가하면서 보편적인 다자기구를 통한 협력이 퇴조하고 있는 것에서 잘 알 수 있다. 이러한 퇴조는 상대적으로 경제력이 증가하고 있는 중국을 포함한 브릭스 국가들(BRICS)의 기존의 다자주의에 대한 도전에 의해 이끌려지고 있는 것이 일반적인 관찰이지만 전 지구적인 패권국가로서의 지위를 잃어가고 있는 미국에 의해서도 이끌려지고 있다.

보편적인 국제기구를 통한 다자주의에 대한 도전은 지역적인 국제기구의 새로운 설립을 통해 이루어지고 있다. 좀 더 구체적으로 말해 서구 중심의 전 지구적 다자주의가 지역적 다자주의의 도전을 받고 있는 것이다. 이러한 것을 단적으로 보여주는 사례가 부상하는 경제 강국에 의해 2015년에 설립된 2개의 다자개발은행인 아시아인프라투자은행(Asian Infrastructure Investment Bank, AIIB)과 신개발은행(New Development Bank, NDB)이다. 전자의 경우는 중국의 주도에 의해 설립되어 중국 이외의 다수의 국가들의 차등적 출자에 의해 운용되는 국제은행으로서 전 아시아 지역의 기반사업을 지원하는 데 초점을 두고 있다. 「브릭스 은행」이라고도 불리는 후자 역시 중국의 주도에 의해 설립되었다는 점에서는 동일하나 브릭스 국가들 간에 동등한 기반에서 운영되고 있다는 점에서 아시아인프라투자은행과 차이를 지니며 개도국의 기반사업과 지속 가능한 개발에 필요한 자금을 지원하는 역할을 주로 한다.

이러한 새로운 다자개발은행들은 서구의 국가들과 일본에 의해 주도되고 있는 기존의 다자기구인 국제통화기금·세계은행·아시아개발은행에 처음으로 본격적인 도전을 가하면서 설립된 경쟁적인 다자기구이다. 이러한 다자개발은행들이 설립된 배경에는 중국을 비롯하여 부상하는 경제력을 가진 국가들이 국제통화기금과 세계은행을 비롯한 국제금융기구들이 미국·유럽국가들·일본 등의 이익을 우선시한다고 주장하면서 새로운 경쟁적인 성격의 기구 설립을 통해 미국 주도의 국제금융 질서를 자국을 중심으로 재편하고자 하는 의도가 있는 것이다.[18)]

17) Sebastian Forsch, “The European Union’s Changing Approach towards Multilateralism,” EU Diplomacy Papers 8/2017 (Belgium: Department of EU International Relations and Diplomacy Studies, College of Europe, 2017), p. 7.

좀 더 구체적으로 우선 미국을 비롯한 서구 국가들과 일본 등이 지배하는 기존의 다자금융기구들은 새롭게 부상하는 경제력을 지니고 있는 국가들의 경제력에 상응하는 출자금의 증액과 표결력의 상승을 제대로 반영하지 않아 많은 불만의 대상이 되어 왔다.[19] 또한 미국이 높은 출자비율과 이에 따른 표결력을 바탕으로 국제통화기금과 세계은행에서 출자비율의 변경과 같은 중요한 결정에 거부권을 행사해 오고 있다는 것이 중요한 불만요소 가운데 하나였다.

둘째, 이들 국제금융기구들의 총재 선출에 있어서도 편향성을 지녀왔다. 예외가 하나도 없었던 것은 아니지만 세계은행의 경우는 미국·국제통화기금의 경우는 유럽 국가·아시아개발은행은 일본이 각각 총재의 직책을 맡아왔던 것이 사실이다. ADB의 경우 일본은 20%도 안 되는 지분율을 바탕으로 총재직을 다른 국가에게 넘긴 적이 한 번도 없었다.

셋째, 기존의 국제금융기구들이 융자를 제공할 때 개도국들에게 경제개혁을 요구할 뿐 아니라 여기에서 더 나아가 사회개혁뿐 아니라 정치개혁을 요구하기까지 하면서 국내 문제에 대한 간섭의 문제를 제기해왔던 것이 불만의 또 다른 요소였다. 특히 이행조건으로서 제시되는 경제개혁 프로그램이 융자를 받는 국가들의 이익보다는 미국과 유럽의 이해만 대변한다는 비판도 받았다.

중국 등이 주축이 되어 새롭게 설립된 국제금융기구들은 다수의 개도국들이 공유하고 있는 이러한 불만요소를 기반으로 출발했기 때문에 이러한 요소들을 배제하려는 노력을 하지 않을 수 없었으며 이러한 노력은 실제적으로 설립헌장에 반영되거나 운영상의 원칙으로 반영되고 있다. 예컨대 중국은 상당히 높은 지분율과 의결권에도 불구하고 아시아인프라투자은행에서 거부권을 행사하지 않겠다는 방침을 선언했다. 또한 신개발은행의 경우는 창립에 참가한 브릭스 국가들이 출자 지분율과 의결권을 동등하게 지니도록 했으며 은행의 총재의 경우 5년마다 돌아가면서 하도록 했다.

기존의 국제금융기구들이 융자를 받는 국가들에게 자유시장 모델을 이식하고자 하고 융자를 받는 국가의 개발요구를 등한시하는 개혁조치(시장과 구조의 개혁조치)를 요구하는 엄격한 이행조건(conditionality)을 중국 주도의 국제금융기구들은

18) 물론 중국의 입장에서는 이러한 새로운 다자기구의 설립이 기존 기구들에 대해 경쟁적이지 않고 보완적인 것임을 강조한다.

19) 이러한 불만이 새로운 기구의 설립으로 이어지는 것을 꺼린 미국이 이들에게 출자금의 상승과 이에 따른 표결력의 상승을 일정 부분 현실화했지만 이러한 불만 자체를 진화하지 못했다.

회피하고자 한다. 기존의 국제금융기구들은 이러한 이행조건을 통해 긴축조치와 금융자유화 조치를 강요해왔고 이러한 강요는 때때로 개도국에게 재앙을 불러오곤 했다.

이와는 대조적으로 중국 주도의 국제금융기구들은 기본적으로 융자를 지원 받는 국가들에게 특정의 가치체계를 이식시키려고 하지 않고 국내 문제에 간섭하려 하지 않는 기본적인 태도를 견지하고 있어 국내 문제에 대한 간섭을 꺼리는 다수의 개도국들에 의해 선호되고 있다. 이러한 특징은 융자 제공에 대한 이행조건뿐만 아니라 개도국들의 공적개발원조(ODA) 제공에 수반되는 조건에도 적용된다. 전통적인 원조 제공국들인 경제협력개발기구(OECD)의 개발원조위원회(DAC) 국가들은 원조의 제공과 더불어 선정(good governance)과 같은 조건을 부과하였으나 중국을 비롯하여 새롭게 원조 제공국으로 부상하고 있는 국가들은 내정 불간섭의 원칙하에 이러한 조건을 부과하려 하지 않는다.

이러한 경쟁적 다자주의(contested multilateralism)의 등장은 국제레짐의 복잡성(regime complexity)을 가져오고 있다.[20] 좀 더 구체적으로 경쟁적 다자주의에 의한 다자주의의 분절화(fragmentation)는 기존의 국제레짐을 손상시키는 결과를 가져올 수 있다. 예컨대 새로운 다자주의에 의한 엄격한 이행조건의 부재는 실제에 있어서 적절한 환경이나 노동 기준에 대한 준수와 인권의 존중 등과 같은 규범적인 요소들을 제거한다는 점에서 많은 우려를 낳고 있다.

이러한 흐름 속에서 다자주의가 이제까지 전통적으로 기반을 두고 있던 원칙에 대한 상이한 이해가 강화되고 있다. 전통적인 원칙에 기반을 둔 다자주의의 경우는 전 지구적으로 사회와 환경 그리고 인권에 관한 기준을 촉진하는 것을 중요시 하였으나 새로운 다자주의는 경제개발에만 초점을 두고 있다. 다시 말해 전자는 전 지구적 이익이라는 관점을 지니고 있는 데 반해 후자는 철저히 국가 이익에 편도가 되어 있는 것이다.

9) 덜 공식적인 국제제도의 증가

공식적인 제도란 공식적인 국제적인 협정에 의해 설립되고 임무를 수행하는 직원을 가진 항구적인 사무소를 가진 제도로서 국제통화기금(IMF) · 경제협력개발

20) Julia C. Morse & Robert O. Keohane, "Contested Multilateralism," *The Review of International Organizations*, Vol. 9, No. 4 (2014), pp. 385-412.

기구(OECD) · 세계은행(WB) · 세계무역기구(WTO) 등과 같은 국제기구를 일컫는다.

냉전 종식 후에는 이와는 다른 형태의 덜 공식적인 국제제도가 국제사회에 있어서 영향력 있는 행위자의 하나로서 등장하고 있다. 덜 공식적인 제도란 기구(organization)가 아니라 국가를 위시한 다양한 조직들을 한 곳으로 불러 모으는 연계망(network)을 의미한다. 이러한 제도는 여느 국제기구들과는 달리 일반적으로 설립헌장 · 공식적인 규칙 · 직원과 사무국의 부재 등을 특징으로 하는 제도를 일컫는데 탈냉전 이전부터 존재해온 G-7(혹은 G-8)과 파리클럽(Paris Club)을 전형적인 예로 들 수 있다. 냉전 종식 후에 생긴 덜 공식적인 국제제도의 전형적인 예로서는 G-20을 들 수 있다.[21)]

G-7과 G-8은 비전통적인 국제제도이다. 전통적인 국제기구는 설립헌장이나 국제조약 혹은 국제협정을 통해 설립된다. 이들은 통상적으로 주요 기관으로서 총회 · 이사회 · 사무국을 두고 있다. G-7과 G-8은 공식적인 국가 간 협정에 의해 설립되지 않았고 이러한 기관들을 가지고 있지 않으며 의사규칙 등 규칙을 지니고 있지 않다는 점에서 덜 구조화된 비공식적인 조직이다.

G-7과 G-8은 관료제도에 의해 상대적으로 방해를 받지 않기 때문에 구성국들의 지도자들은 개인적인 바탕에서 서로를 알게 되고 상대방들의 국내 정치적 · 경제적 제약과 우선순위 등을 알게 된다. 이러한 비공식적 제도들은 구성국들에게 정책의 조정 · 공동의 이니셔티브 · 국가와 국가가 아닌 다른 행위자들과의 상호작용을 위한 토론장을 제공한다. 실제에 있어서 이들은 중요한 국제적인 경제문제에 대한 비공식적이고 실질적인 토론을 위한 효과적인 토론장으로서의 역할을 함으로써 구성국들의 정책결정자들 사이에 있어서 상당한 이해와 조정을 가능하게 하는 데 기여해 왔다.

간혹 상설적인 기관의 형태를 갖추자는 제안이 있기는 하나 최소한 몇 개의 국가들로부터 강력한 저항을 받아왔다. 그럼에도 불구하고 G-7과 G-8은 국제사회에서 중요하고 영향력 있는 행위자가 되었다. 이러한 G-7이나 G-8의 가장 잘 알려진 면모는 이들을 구성하고 있는 국가나 정부의 수반들이 갖는 연례 정상회의이다. 이들의 연례 정상회의는 미디어뿐만 아니라 점차적으로 학술적이거나 다른 전문적인 저술에 의해 다루어지곤 한다.[22)]

21) G-7은 「Group of Seven Industrialized Nations」의 약어이다.

22) Peter I. Hajnal, *The G8 System and the G20: Evolution, Role and Documentation* (Aldershot, Hampshire, England: Ashgate, 2007), pp. 2-5.

G-20은 국제사회의 20개 주요 산업화된 경제와 부상하는 경제를 가진 국가들이 함께하는 국제적인 포럼이다.[23] 이들 20개 국가들은 전 세계 국내총생산(GDP)의 약 85퍼센트·무역의 75%·전 세계 인구의 2/3를 차지한다. 이러한 면에서 G-20의 포괄성과 대표성을 인정하는 입장도 존재한다.

이러한 G-20은 브레턴우즈체제 내에서 구성요소 국가들 사이에 협력과 조정을 진전시키는 것을 목적으로 국제적인 이슈에 대한 견해를 비공식적으로 교환하고 이에 대한 합의를 형성하고자 대화를 가지기 위한 비공식적인 기제로서 설립되었다. 좀 더 구체적으로 G-20의 주요 임무는 토론을 촉진하고 국제적인 금융 안정을 촉진하기 위해 선진국과 신흥 경제국 간의 정책이슈를 연구하고 검토하는 것이다.

G-20은 19개의 국가와 유럽연합이라는 지역기구 이외에 유엔(UN)·국제통화기금(IMF)·세계은행(WB)·세계무역기구(WTO)·금융안정위원회(Financial Stability Board, FSB)·국제노동기구(ILO)·경제협력개발기구(OECD) 등도 참여가 허용된다. G-20은 국제통화기금이나 세계은행과 같은 국제기구들과 경쟁을 하기도 하지만 G-20 회의에서 다루면서 대체적인 윤곽을 논한 이슈들을 실질적으로 다루기 위해 이러한 국제기구들에 의존하기도 한다.

G-20은 호주/캐나다/사우디아라비아/미국으로 구성된 1그룹·인도/러시아/남아프리카공화국/터키로 구성된 2그룹·아르헨티나/브라질/멕시코로 구상된 3그룹·프랑스/독일/이탈리아/영국으로 구성된 4그룹·한국/중국/일본/인도네시아로 구성된 5그룹이라는 5개의 소그룹으로 조직되어 있다.

G-20의 설립배경을 살펴보면 이 조직은 1997~1998년의 아시아 외환위기로 국제금융시장의 불안정해지자 안정을 도모하기 위한 수단의 일환으로 선진국과 신흥 경제국들 사이에 경제정책을 조정하고 협력을 꾀할 협의체의 필요성에 따라 1999년 12월에 출범하였다. 구체적으로 아시아의 외환위기를 통해 신흥 경제국들에 있어서의 외환위기가 선진국들에 있어서의 금융시장에 심각한 파급효과를 가져올 수 있다는 것을 목격하고 경제와 금융 문제에 대한 논의에 있어서 이들 신흥 경제국들을 배제해서는 안 된다는 것을 인식하게 되었고 그 결과 선진국과 신흥 경제국 사이에 정책 조정을 고무하기 위한 국제경제 토론장으로서 G-20이

---

23) G-20은 G-7 국가(프랑스·미국·영국·독일·캐나다·이탈리아·일본)와 더불어 12개의 신흥 경제국(아르헨티나·호주·브라질·중국·인도·인도네시아·멕시코·러시아·사우디아라비아·남아프리카공화국·한국·터키)과 유럽연합(EU)으로 구성되어 있으며 주요 20개국의 모임으로 통칭된다.

출발하게 되었다. 즉 신흥 경제국을 포함한 개도국이 점차적으로 국제사회의 경제에 미치는 중요성이 증가하자 선진국들은 이들을 바람직한 파트너로 포함하지 않을 수 없게 되었던 것이다.

그러나 세계경제의 주요 현안과 국제금융체제의 개편과 같은 이슈들에 대한 논의는 여전히 G-8(G-7+러시아)이 중심이 되어 논의됨으로써 G-20은 부차적인 지위에 머물렀다. 이를 보여주는 예로서 G-20의 경우는 재무장관과 중앙은행장이 참여를 했는데 반해 G-7(혹은 G-8)의 경우 이들 이외에 국가의 정상들이 참여했다.

이러던 것이 2008년 가을에 서브프라임 사태와 대형 금융기관 파산으로 시작된 미국에서의 금융위기가 전 세계로 확산되자 금융위기와 관련된 제반 문제에 대한 논의와 새로운 국제금융통화질서의 수립을 위한 논의를 포함한 주요 세계경제 이슈들의 해결을 위한 논의의 필요성으로 인해 신흥 경제국들이 국제경제에 관한 최고 지도자급의 논의에 완전한 참여자로서 초빙되었다. 이로써 G-20은 G-8를 대체할 최고의 협의체로 지위가 격상되었다. 구체적으로 2009년 미국 피츠버그에서 개최된 G-20회의에서 정상들은 새로운 G-20이 국제경제 협력의 일차적인 가장 중요한 수단으로서 G-8을 따라잡을 것이라고 공표했다.

이후부터 G-20의 정상들이 연례적으로 회합하고 있으며 재무장관과 중앙은행장들이 필요에 의해 모임을 가져오고 있다. 1년에 한 번씩 회원국이 순번제로 돌아가면서 의장국을 맡으면서 정상회의를 개최하고 이끌어 나간다. 정상회의 개최국은 그해 정상회의에서 다룰 의제들과 일정 등을 정하는 데에 커다란 영향력을 갖는다. 한국은 2010년 11월 서울에서 G-20 정상회의를 개최한 바 있다. G-20 회합에서는 주로 국제경제와 국제금융 문제에 초점을 두고 있지만 개발·식량안보·환경 등과 같이 국제경제와 국제금융 문제와 관련이 있는 문제들도 논의의 대상이 되고 있다. 나아가 긴급한 해결을 요하는 대외정책 이슈들 역시 점차적으로 논의에 포함되어 오고 있다.

G-20 정상회의의 성과를 이어나가고 항구적인 세계경제의 최고위급 포럼이 되기 위해서는 사무국 설치의 설치 등 공식적인 제도로의 탈바꿈이 필요하다는 의견도 제시되고 있다. 그 이유 가운데 가장 중요한 하나는 G-20 정상들이 합의한 내용이 제대로 이행되는 것이 필요한데 이러한 합의가 이행되도록 행정적으로 돕고 이행상황을 감시하고 평가하기 위해서는 항구적인 조직으로서의 사무국이

필요하다는 주장이다. 이러한 사무국은 독립적인 사무국일 수도 있고 기존의 국제기구에게 사무국의 역할을 위탁할 수도 있을 것이다.

이러한 G-20은 비공식성과 유연성을 특징으로 하며 국제적으로 구속력이 있는 결과물을 생산하는 것을 의도하고 있지 않기 때문에 이들 국가의 지도자들은 곧 법적인 약속에 구속될 것이라는 두려움이 없이 전 지구적 이슈들을 토론할 수 있다.

이러한 방식의 다자주의에 대한 비판도 물론 존재한다. 이러한 비판은 통상적인 국제기구들이 갖는 문제점과 크게 다르지 않다. 즉 글로벌 거버넌스에 관여하는 영향력 있는 행위자로서 심각한 민주성의 결여(democratic deficit)를 가진다. 구체적으로 G-7과 비교해서는 훨씬 더 대표성을 가지고 있는 것은 사실이지만 국제사회 전체에 영향을 미칠 수밖에 없는 회의의 결과물(의사결정과 행동)을 단지 20개 국가들이 국제법 등에 근거를 두지 않고 결정하는 것이 갖는 민주적 정당성의 결여가 존재한다. 이러한 문제의 제기는 G-20 자체가 국제적인 경제협력을 위한 최고의 토론장(premier forum for international economic cooperation)이라고 선언한 것에 비추어 볼 때 타당성을 지닌다. 이러한 선언은 국제사회 대부분의 국가들을 포함함으로써 좀 더 많은 정당성을 지니고 있는 유엔을 포함한 글로벌 거버넌스와의 관계에서 전 지구적인 운영위원회(steering committee)의 성격을 지님을 의미하기 때문이다.

이러한 민주적 정당성의 문제와 더불어 유엔과 같은 대표성이 있는 국제기구에 대해 책임을 지지 않는 등 이들의 결정에 뒤따르는 책임성의 문제도 존재한다. 현재의 전 지구적 경제 거버넌스의 구조는 주요 국내적·지역적·다자적 개발은행을 지배하고 이로써 G-20의 비회원국들의 목소리를 무색하게 하는 G-20 국가들에 의해 지배되고 있다. 예컨대 G-20에 속하는 국가들의 재무장관과 중앙은행장이 G-20이 아닌 전 세계 대부분의 국가들을 회원국으로 하는 보편적인 국제기구에 참석할 경우 이들은 G-20에서 미리 결정된 정책 등을 투사하려고 하는 협의체로서 역할을 할 위험성이 있다는 것이다.

또한 G-20의 투명성 부족은 G-20 구성국이 아닌 국가들과 시민사회가 G-20의 의사결정에 영향을 미치는 것을 거의 불가능하게 한다. 다수의 장관급 회의의 의제의 경우 비록 사적 부문의 행위자들에게 정보에 대한 접근법이 부여되어 있기는 하나 이러한 정보는 부분적으로 공표되는 등 한계를 가진다. 또한

G-20 회의를 유치하는 국가가 투명성과 참여에 대한 규칙을 결정하는 것이 관례인데 이들 국가들은 시민사회의 참여와 토론을 위한 공간을 매우 제한하고 있으며 입장을 달리하거나 항의하는 것을 유죄화하기도 한다.[24)]

3. 새로운 다자주의의 필요성 대두

초국가적 문제들을 해결하는 데 있어서 본질적으로 주권에 기초하고 자국의 이익을 우선시하는 소위 국가에 기반을 둔 접근법(states-based approach)으로 말미암아 국제사회에서 전 지구적 공공재(global public good)에 미치지 못하는 결과물을 도출하거나 아예 다자협상이 교착상태에 빠져 어떠한 결과물도 산출하지 못하는 경우가 빈번하게 발생한다.

이는 예컨대 기후변화의 문제나 지구 전체를 파괴할 수 있는 대량살상무기의 확산과 같이 개개 국가들의 이익을 뛰어넘어 해결을 도모해야 할 필요가 있는 전 지구적인 문제들이 발생하지만 이러한 문제들이 여전히 주권국가의 이익을 보호하는 방식에 의해 다루어지고 있기 때문이다.

이러한 방식을 글로벌 거버넌스(global governance)와 대비하여 「국제 거버넌스(international governance)」라고 부르는데 이러한 거버넌스의 주체는 주권국가와 주권국가들이 설립한 정부간기구이다. 국제 거버넌스에서 주권의 지고성이 국제관계의 가장 중요한 원칙으로 작동하는데 여기에서 국제기구는 주권국가들에 예속된 조직으로서 일반적으로 이들의 자율성의 정도는 주권국가들이 부여하는 자율성의 정도에 달려 있다는 한계를 지닌다. 이러한 문제의 성격과 이의 해결방식에 있어서의 불일치를 타개하기 위해 새로운 대안이 될 수 있는 새로운 글로벌 거버넌스의 다자주의 체제가 필요하다.

전통적인 다자주의가 아닌 새로운 혁신적인 다자주의가 필요하다는 이러한 주장과 더불어 현재 존재하는 다자주의의 개선을 주장하는 입장들도 물론 존재한다. 그 중 하나는 전통적으로 다자주의는 특정 이슈만을 다루거나 유사한 이슈들을 주제별로 묶어 다루어 왔는데 전 지구적 이슈들이 상호 밀접하게 연계되어 있는 관계로 통합적으로 접근할 필요가 있을 뿐 아니라 전 지구적 공공재라는

24) Heinrich Boll Stiftung (The Green Political Foundation), “Power and legitimacy of the G20 in a multilateral governance system,” https://www.boell.de/en/2016/12/05/power-and-legitimacy-g20-multilateral-governance-system (검색일: 2018. 7. 8).

개념을 포괄하고 다수의 국가 및 비국가적 이해관계자들과의 파트너십을 효과적으로 이용하는 것을 촉진해야 한다는 주장이다.[25)]

주권국가의 국경을 넘는 복잡한 이슈들이란 어떤 한 국가의 노력만으로는 해결될 수 없다는 인식하에 전 지구적인 도전에 대항하기 위해서 보편적이고 규칙에 기반을 둔 진정한 의미의 다자주의의 필요성이 다시금 강조되고 있다.

25) Carlos Lopes, “Challenges to Multilateralism,” https://www.uneca.org/es-blog/challenges-multilateralism (검색일: 2018. 8. 23).

제11부

국제기구의 재정

제1장 국제기구의 수입

1. 개　　요

국제기구의 조직을 유지하고 활동을 하는 데 있어서 중요한 것이 재정이다. 특히 국제기구가 독립적인 존재로서 자율성을 지니기 위해서는 회원국으로부터 독립하여 자율적으로 설립헌장이나 내부규칙에 따라 수입을 확보하고 지출을 시행하며 수입과 지출에 관한 결정을 회원국에게 강제할 수 있어야 한다.

이러한 재정적인 자율의 정도는 국제기구마다 다르며 국제기구의 발달의 정도를 가늠할 수 있는 기준의 하나가 될 수 있다. 일반적으로 국제기구가 자율성을 결하고 있다는 것은 국제기구의 예산제도에 명백히 드러난다. 이는 근본적으로 국제기구가 국내 정부처럼 과세를 부과할 수 있는 권능을 지니고 있지 않기 때문이다.

가계로부터 국가에 이르기까지 일반적인 재정의 경우는 수입을 계산하고 이를 기초로 지출을 결정한다. 국제기구의 재정은 이와는 반대로 지출될 금액을 먼저 결정하고 나서 이것을 충당할 수입을 결정한다. 즉 회원국들이 활동에 필요한 비용에 대해 합의를 한 후에 대개의 경우 이를 충당할 수 있는 비용을 분담금 비율에 따라 할당한다.

국제기구의 주요 수입원은 통상 총회에서 할당되어 회원국들이 지불하는 정규예산 분담금(assessed contributions to the regular budget)이다. 회원국의 자발적 기여금(voluntary contribution)이 또 다른 재원이 되는 경우도 있다. 국제통화기금(IMF)을 위시한 국제금융기구는 회원국이 출자한 기금을 회원국에 이자를 받고 유상으로 대여하여 수익을 얻고 있다. 국제기구에 따라서는 특별한 지출을 위해 채권을 발행하는 경우도 있다. 그 밖에 다른 여러 가지 재원이 있으나 이들의 차지하는 부분은 미미하다. 국제기구 수입의 주요 원천을 살펴보면 다음과 같다.

2. 수입원의 종류

이곳에서는 국제기구의 수입원의 종류로서 정규예산 분담금 · 자발적 기여금 · 출자금 · 기타 수입원으로 구분하여 살펴보고자 한다.

1) 분담금

분담금(assessed contribution)과 관련하여 분담금의 할당방식 · 분담비율을 정하는 데 적용되는 기준 · 사정의 변경 · 분담금의 범위 · 분담금의 통화 · 분담금의 체납과 지불의 강제 등에 대해 살펴보고자 한다.

(1) 분담금 할당방식

분담금을 할당하는 방식에는 모든 국가에게 동일한 분담금을 할당하는 방식 · 등급을 설정하고 선택하도록 하는 방식 · 사정(assessment)에 기초하여 할당하는 방식 등이 있다. 이러한 할당방식을 하나씩 살펴보면 다음과 같다.

첫째, 동일한 분담금의 할당방식이란 주권평등의 원칙을 엄격하게 적용하여 국가들의 지불능력에 있어서의 차이를 고려하지 않고 모든 회원국에게 동일한 분담금을 부담지우는 방식이다. 따라서 지불능력이 없거나 지불능력이 떨어지는 국가에게 불리한 제도이다. 실제에 있어 이러한 분담금 할당방식을 택하고 있는 국제기구는 거의 없다. 예외적으로 채택하고 있는 중요한 국제기구로는 석유수출국기구(OPEC)가 있다. 세계지적재산권기구(WIPO)가 과거 1993년부터 1997년까지 이러한 단일 분담금 제도를 운용한 바 있다.

둘째, 등급을 설정한 후 회원국에 의해 선택하도록 하는 방식(contribution class system)이 있다. 과거 국제연맹이 이러한 제도를 택했었다. 현재에는 만국우편연합(UPU)이 1/2 분담금 등급(a class of contribution)으로부터 50 분담금 등급에 이르기까지 11개의 분담금 등급을 가지고 있으며 국제전기통신연합(ITU)은 1/16단위부터 40단위까지 22개의 등급을 설정하고 회원국으로 하여금 선택하도록 하고 있다.[1] 세계지적재산권기구(WIPO)는 현재 14등급을 설정해 놓고 있다.[2]

---

1) 구체적으로 ITU는 분담금 단위등급으로서 40 · 35 · 30 · 28 · 25 · 23 · 20 · 18 · 15 · 13 · 10 · 8 · 5 · 4 · 3 · 2 · 3/2 · 1 · 1/2 · 1/4 · 1/8 · 1/16의 22개를 설정하고 있다. 이 가운데 1/8과 1/16은 최

이처럼 여러 개의 분담금 등급을 정한 후 회원국으로 하여금 분담금의 등급을 선택하도록 하는 경우 회원국들이 되도록 낮은 등급을 택하려는 경향을 보이기 마련이다. 따라서 많은 경비를 필요로 하는 커다란 국제기구의 경우는 채택이 곤란하며 실제에 있어 이를 채택한 실례가 거의 없다.

셋째, 사정(assessment)에 기초하여 할당하는 방식이 있다. 유엔을 비롯하여 대다수의 국제기구가 채택하고 있는 분담금 할당방식으로서 특정의 기준을 가지고 개개 회원국을 사정하여 분담금을 할당하는 방식이다.

분담금의 지불은 강제성을 가지기 마련이기 때문에 분담금을 할당하는 권한은 일반적으로 모든 회원국을 구성원으로 하는 총회가 보유한다. 일반적으로 사정의 중요한 기준은 국민소득이며 국제기구에 따라 다른 요소가 고려되기도 한다.

(2) 분담금의 사정기준

분담금 사정의 기준은 다양하나 몇 가지로 구분이 가능하다. 우선 대부분의 국제기구가 사용하고 있는 기준으로서 지불능력(capacity to pay)이 있다.[3] 지불능력과 더불어 다른 기준을 복합적으로 사용하는 경우도 있다. 대표적인 경우가 국제민간항공기구(ICAO)인데 국민소득에 의해 표시된 지불능력과 더불어 민간항공상의 이해관계와 중요성을 주된 요소로 하여 산정한다. 국제해사기구(IMO)의 경우는 로이드 선급협회(Lloyds Register)에 등록된 회원국의 선박 총톤수에 85% 가중치를 주고 지불능력에 15% 가중치를 두고 계산하여 분담금을 사정한다.

국제기구에 따라서는 지불능력이 아닌 다른 기준을 적용하는 경우도 있다. 국제포경위원회(International Whaling Commission, IWC)가 이러한 예에 속한다. IWC는 구체적으로 고정 분담금에 해당 체약국이 소유하고 있는 포경 모선의 수 · 포획한 고래를 처리하는 장소의 수 · 전년도 어획 기간 동안 잡은 고래의 종류와 수 · 전년도 회기에 참석한 대표단의 인원수를 기초로 하여 산출된 분담금액을 가산하여 산정한다. 대다수의 국제기구들이 적용하고 있는 지불능력에 따른 분담

저개발국만이 선택할 수 있다. UPU는 구체적으로 1/2 · 1 · 3 · 5 · 10 · 15 · 20 · 25 · 35 · 40 · 50이라는 11개의 다른 분담금 단위등급을 가지고 있다. 여기에서 1/2 분담금 단위등급은 최저개발국만을 위한 등급이기 때문에 회원국들이 일방적으로 고를 수 있는 분담금 단위등급은 아니다.

2) 과거의 방식을 대체하여 1994년 1월부터 새롭게 시작된 제도는 「단위 분담금 제도(unitary contribution system)」라고 불리는 제도로서 다음과 같은 14등급을 두고 있다: I (25) · II (20) · III (15) · IV (10) · IVbis (7.5) · V (5) · VI (3) · VIbis (2) · VII (1) · VIII (1/2) · IX (1/4) · S (1/8) · Sbis (1/16) · Ster (1/32). 괄호 안의 수치는 분담금 단위(units of contribution)를 의미한다.

3) 「지불능력」이라는 말 대신에 「분담능력」이라는 말을 사용하기도 한다.

률 산정 방식을 상세히 살펴보면 다음과 같다.

(3) 지불능력에 따른 분담률 산정

일반적으로 국제기구는 회계연도마다 지출액에 있어서의 변동이 있기 때문에 지불능력에 준거하여 분담액을 정하는 것이 아니라 전체 예산에서 분담하여야 할 분담률(scale of contributions)을 정하게 된다. 여기에서는 유엔의 분담률이 어떻게 산정되는가를 살펴보고자 한다.

회원국의 지불능력에 기초하여 분담금을 산정하는 유엔은 이러한 지불능력을 개개 회원국이 세계 국민총소득(Gross National Income, GNI)에서 차지하는 비중을 기초로 하고 여기에 외채부담과 저소득계수가 고려되어 산정된다.[4] 지불능력을 산정하는 데 적용되는 요소를 좀 더 구체적으로 살펴보면 다음과 같다.[5]

i) 회원국별 GNI의 규모: 분담률 협상이 있는 해로부터 2년 전의 해를 기준연도로 하여 이전 6년 동안의 GNI 평균과 이전 3년 동안의 GNI 평균의 산술평균을 산출한다.[6] ii) 외채부담의 조정(Debt-burden Adjustment, DBA): 외채가 많은 국가에 대해서는 외채 부담을 감안하여 분담률 산정의 기준이 되는 연간 GNI를 8년 분할 상환을 전제로 한 외채 상환액만큼을 축소 조정한다. iii) 저소득계수(Low Per Capita Income Adjustment, LPCIA): 일인당 국민소득이 세계 평균보다 낮은 경우에 GNI 액수를 축소하여 조정한다. 구체적으로 DBA를 반영한 GNI에서 세계 평균과의 간격(비율)의 80%(gradient)를 추가로 차감한다.[7] iv) 분담률의 상한(ceiling)과 하한(floor): 어떤 국가의 분담률도 22%를 넘지 않으며 0.001%보다 낮아서는 안 된다. v) 최빈국(least developed countries, LDC)의 분담률 상한: 0.01%를 넘지 않는다.[8]

유엔총회 산하 제5위원회인 분담금위원회는 이러한 요소들을 고려하여 매 3

---

4) 국민총소득(GNI)이란 한 국가의 국민이 국내외의 생산 활동에 참여하여 한 해 동안 벌어들인 총소득을 의미한다.

5) United Nations, General Assembly, *Report of the Committee on Contributions*, A/73/11 (4-29 June 2018).

6) 2019년-2021년에 적용될 분담금 산정의 경우 GNI 계산을 위해 적용된 기간은 2014년-2016년과 2011년-2016년이었다.

7) 이 조건에 의해 인도와 중국처럼 재정적 자원은 많지만 인구 역시 많아 부유하지 않은 국가들에게 할인을 제공하게 된다.

8) 유엔은 매 3년마다 경제사회이사회의(ECOSOC)의 개발정책위원회(Committee for Development Policy, CDP)의 보고를 통해 소득 · 인간지수 · 경제지수를 고려하여 최빈국을 지정한다.

년마다 회원국의 분담률을 심의하여 정한다. 2016년-2018년의 정규예산에서 1% 이상의 분담률을 부담하는 국가들은 다음과 같다: 미국 22.000%・일본 9.680%, 중국 7.921%・독일 6.389%・프랑스 4.859%・영국 4.463%・브라질 3.823 %・이탈리아 3.748%・러시아 3.088%・캐나다 2.921%・스페인 2.443%・오스트레일리아 2.337%・한국 2.039%・네덜란드 1.482%・미크로네시아 1.435%・사우디아라비아 1.146%・시리아 1.140%・터키 1.018%이다.[9)]

1% 이상을 부담하는 회원국들을 「핵심 분담 국가」라고 칭하는데 이들이 부담하는 분담률을 모두 더하면 약 82%가 된다. 한국은 분담률 2.039%로서 회원국 전체 193개 국가 중에서 13위에 해당하는 높은 분담률을 부담하고 있으면서 2017년에 5,870만 달러를 분담했다. 2016년~2018년에 있어서의 북한의 분담률은 0.005%로서 134위에 머물고 있다.

2016~2018년의 분담률의 경우 두드러진 특징은 일본・독일・프랑스・영국 등의 분담률이 하강한 반면에 중국의 분담률이 2013~2015년의 분담률인 5.150%에서 7.921%로 대폭 상승하여 분담률 부담 순위 6위로부터 3위로 뛰었다. 유엔이 분담률을 계산할 때 중국처럼 1인당 국민소득이 낮은 국가들에게 분담률 면에서 경감의 혜택을 주는데도 불구하고 중국의 분담률이 높아졌다는 점을 눈여겨보아야 한다. 일본의 경우는 직전 3년의 분담률이 10.83%에서 9.680%로 하락했는데 2000년에 20.57%까지 분담했다는 것을 고려할 때 중국과 큰 대조를 이루고 있다. 그 결과 유엔 내에서의 일본의 위상은 저하되고 중국의 위상은 더욱 상승할 것으로 보인다.

2019~2021년의 분담률이 2018년 8월에 결정되었는데 이에 따르면 중국의 분담률이 대폭 상승하여 12.0005%를 분담하게 되면서 미국 다음으로 분담률이 높아졌는데 일본은 8.564%로 분담률이 떨어지면서 분담률 2위의 자리를 처음으로 중국에게 내주게 되었다. 한국은 2.0%로 193개 국가 가운데 13위를 기록했고 북한의 경우는 0.005%로 143위에 머물고 있다.

유엔 평화유지활동(PKO) 경비의 분담률 산정에 대해 살펴보면 다음과 같다. 유엔에서 정규예산 밖의 특별계정(special account)으로 운영되고 있는 평화유지활동을 위한 비용은 1973년 총회의 결정에 따라 회원국들이 공동으로 분담한다. 과

9) United Nations Secretariat, *Assessment of Member States' Advances to the Working Capital Fund for the Biennium 2016-2017 and Contributions to the United Nations Regular Budget for 2016*, ST/ADM/SER.B/932 (28 December 2015).

거에는 별도의 분담률을 정하지 않은 채 유엔의 정규예산의 분담률과 연계지어 다음과 같이 할당했다. 평화유지활동 경비를 위한 분담률은 회원국을 4개의 그룹으로 구별하여 개개 국가의 분담률을 계산했다.

우선 안보리 5개 상임이사국으로 구성된 그룹 A는 정규예산 분담률에 추가로 보충 분담률을 더 부담했다. 서방 선진국으로 구성된 그룹 B는 정규예산 분담률과 동일한 분담률을 부담했다. 개도국들이 포함된 그룹 C는 정규예산 분담률의 20%에 상당하는 분담률만을 부담함으로써 80%의 개도국 할인을 받았다. 최저개발국(least developed country, LDC)으로 구성된 그룹 D는 정규예산 분담률의 10%만을 부담함으로써 90%의 최빈국 할인을 받았다.[10)]

그룹 A에 속하는 안보리 상임이사국들은 그룹 C와 그룹 D에 속하는 국가들이 가 할인을 받음으로써 부족해진 부분을 보충 분담률로서 떠맡는데 이때 개개 상임이사국이 떠맡게 되는 보충 분담률은 개개 국가의 분담률에 기초하여 할당되었다.

2000년 12월에 채택된 유엔총회 결의문 A/RES/55/235를 근거로 회원국들은 이전에 4개 그룹으로만 구분이 되었던 것과는 달리 10개 그룹(Level A에서 J까지)으로 구분이 되기 시작했다. 평화유지활동 경비의 분담률을 산정하는 데 있어서 정규예산과 전혀 별개의 분담률을 산정하지 않고 정규예산의 분담률과 연계지어 할당하고 있으며 전체 회원국의 1인당 국민총소득(Per Capita GNI)을 의미하는 세계평균소득(World Average Income, WAI)이 기초가 된다.

구체적으로 회원국은 Level A부터 Level J까지 10개 그룹으로 분리되어 개개 국가별 분담률이 산정된다. i) Level A 그룹은 안보리 5개 상임이사국으로 구성된 그룹으로서 정규예산 분담률에 추가로 보충 분담률을 더 부담한다. ii) Level B 그룹은 한국 등 어느 그룹에도 속하지 않은 국가들로 구성된 그룹으로서 정규예산 분담률과 동일한 분담률을 부담한다. iii) Level C 그룹은 브루나이·쿠웨이트·싱가포르·카타르·아랍에미리트 연방(UAE)이 속해 있는 그룹으로서 정규예

10) 2018년 3월 현재 최빈국의 명단(List of Least Developed Countries)은 다음과 같다: Afghanistan, Angola, Bangladesh, Benin, Bhutan, Burkina Faso, Burundi, Cambodia, Central African Republic, Chad, Comoros, Democratic Republic of the Congo, Djibouti, Eritrea, Ethiopia, Gambia, Guinea, Guinea-Bissau, Haiti, Kiribati, Lao People's Democratic Republic, Lesotho, Liberia, Madagascar, Malawi, Mali, Mauritania, Mozambique, Myanmar, Nepal, Niger, Rwanda, Sao Tome and Principe, Senegal, Sierra Leone, Solomon Islands, Somalia, South Sudan, Sudan, Timor-Leste, Togo, Tuvalu, Uganda, United Republic of Tanzania, Vanuatu, Yemen, Zambia (총 47개 국가).

산 분담률에서 7.5%의 할인을 받아 정규예산 분담률의 92.5%를 부담한다.[11] ⅳ) Level D 그룹은 전체 회원국의 1인당 국민총소득(Per Capita GNI)을 의미하는 세계평균소득(World Average Income, WAI)의 2배 이하가 되는 국가들이 소속된 그룹으로서 정규예산 분담률에서 20%의 할인을 받아 정규예산 분담률의 80%를 부담한다. ⅴ) Level E 그룹은 WAI의 1.8배 이하인 국가들의 그룹으로서 정규예산 분담률에서 40%의 할인을 받아 정규예산 분담률의 60%를 부담한다. ⅵ) Level F 그룹은 WAI의 1.6배 이하인 국가들의 그룹으로서 정규예산 분담률에서 60%의 할인을 받아 정규예산 분담률의 40%를 부담한다. ⅶ) Level G 그룹은 WAI의 1.4배 이하인 국가들의 그룹으로서 정규예산 분담률에서 70%의 할인을 받아 정규예산 분담률의 30%를 부담한다. ⅷ) Level H 그룹은 WAI의 1.2배 이하인 국가들의 그룹으로서 정규예산 분담률에서 80%(혹은 자발적으로 70%)의 할인을 받아 정규예산 분담률의 20%(또는 자발적으로 30%)를 부담한다. ⅸ) Level I 그룹은 WAI 이하인 국가들의 그룹으로서 정규예산 분담률에서 80%의 할인을 받아 정규예산 분담률의 20%를 부담한다. ⅹ) Level J 그룹은 최빈국 그룹으로서 정규예산 분담률에서 90%의 할인을 받아 정규예산 분담률의 10%를 부담한다.[12]

Level A 그룹 국가들은 안보리 상임이사국 5개 국가로 고정되어 있고 Level C 그룹 국가들의 경우 결의문에 의해 정해진 국가들이며 Level J 그룹 국가들은 매 3년마다 유엔 경제사회이사회의의 개발정책위원회(Committee for Development Policy, CDP)의 보고를 통해 소득·인간지수·경제지수를 고려하여 유엔총회에서 지정된다. 따라서 이들 Level A·C·J에 속하는 국가들은 다른 그룹에 속할 수가 없다. Level C부터 Level J에 속하는 국가들이 정규예산 분담률에서 할인을 받기 때문에 이러한 부족분을 Level A 국가들이 추가적으로 떠맡는다.

2016~2018년에 적용되고 있는 평화유지활동 경비 분담률은 미국이 1위로 28.57%이고 중국은 일본을 제치고 2위로서 10.29%로 올라섰으며 일본은 3위로 9.68%에 머물렀다. 정규예산 분담률에 있어서는 중국이 일본에 이어 3위이나 평화유지활동 분담률에 있어서는 이들의 관계가 역전이 되었다.

---

11) Level C에 속하는 국가들은 유엔총회의 다음 결의문에 의해 정해진 국가들이다: General Assembly resolution 55/235, *Scale of Assessments for the Apportionment of the Expenses of United Nations Peacekeeping Operations*, A/RES/55/235 (30 January 2001).

12) General Assembly resolution 67/239, *Scale of Assessments for the Apportionment of the Expenses of the United Nations Peacekeeping Operations*, A/RES/67/239 (11 February 2013).

Level B에 속해 있는 한국은 정규예산 분담률(2.039%)과 동일한 분담률인 2.039를 부담했으며 이 부담률에 따라 2017년에 총 1억 6,900만 달러를 지불한 바 있다. 최빈국 바로 위의 단계인 Level I에 속해 있는 북한의 경우는 정규예산 분담률(0.005%)에서 80%가 할인된 0.001%를 평화유지활동 경비 분담률로서 부담했다.

유엔 이외의 국제기구의 분담률 산정을 살펴보면 전문기구인 식량농업기구(FAO)·유네스코(UNESCO)·국제노동기구(ILO)·유엔공업개발기구(UNIDO)·세계보건기구(WHO)·전문기구는 아니나 유엔과 특별한 관계를 맺고 있는 국제원자력기구(IAEA)도 역시 유엔처럼 분담능력에 기준을 둔 분담금 할당제를 채택하고 있다. 경제협력개발기구(OECD)의 경우 회원국의 경제규모(최근 3년간의 국민소득 통계에 기초)에 따라 매년 분담률을 결정한다.

전문기구들이 분담능력에 기준을 두고 분담률을 결정할 때 기구 나름의 별도의 기준을 택하기보다는 유엔의 분담률을 기준으로 하여 산정하는 것이 일반적이다.[13] 예컨대 유네스코(UNESCO)의 경우 유엔에서 결정된 분담률을 기초로 해서 양 기구의 회원국 수의 차이를 고려하여 적절히 조정하여 계산한다. 국제노동기구(ILO)의 경우 분담률의 결정 기준에 대한 특별한 규칙은 없으나 될 수 있는 한 유엔의 분담률과 조화시킨다는 원칙을 가지고 있다. 세계기상기구(WMO)의 경우 총회(Congress)에서 분담률이 결정되지만 점차 유엔의 분담률에 접근하는 것을 방침으로 하고 있다.

(4) 사정(assessment)의 변경

모든 국가에게 적용되는 분담률의 산정기준은 예측이 가능하도록 빈번하게 또는 급작스레 바뀌어서도 안 된다. 그리고 산정기준은 회원국 분담능력의 변화를 반영할 수 있도록 경직되어 있어서도 안 된다.

과거 국제연맹은 연맹규약 제6조 제5항에 따라 회원국에 고정된 분담률을 적용했다. 1924년에 이르러 국제연맹 총회가 할당하는 것에 따르기로 개정은 되었지만 국제연맹의 의사결정 방식 자체가 만장일치제였기 때문에 분담률의 변경 역시 총회의 만장일치를 필요로 하여 유연성을 가질 수가 없었다.

---

13) 따라서 유엔 정규예산의 분담률이 어떻게 결정되는가에 따라 특정 국가가 가입하고 있는 국제기구 전반에 부담하여야 하는 비용에 많은 차이를 가져오게 된다.

앞서 언급했듯이 만장일치제에 의한 국제연맹의 경직성에 대한 개선책으로 제2차 세계대전 이후 많은 국제기구가 다수결제를 의사결정 방식으로 채택했다. 유엔과 전문기구들도 역시 다수결제를 도입했고 이에 따라 총회에서 다수결을 통해 분담금의 사정(assessment)의 기준을 변경할 수 있게 되었다.

유엔의 경우 회원국의 정규예산 분담률을 정하는 기준으로 처음에는 한 해의 국민소득 또는 2~3년의 평균 국민소득에 의거했으나 점차 장기간의 평균 국민소득에 기준을 두게 되었다. 구체적으로 여러 단계를 거쳐 기간이 길어져 1983년에는 10년이라는 기간이 사용되었다. 다시 여러 단계를 거쳐 1995년부터는 3년 동안의 평균소득과 6년 동안의 평균소득을 평균한 소득을 기준으로 한다.

예컨대 2016년부터 2018년까지 적용될 분담률을 산정하는데 있어서 기준기간(base period)은 2008년부터 2013년까지의 6년 동안(six-year base period)과 2011년부터 2013년까지의 3년 동안(three-year base period)이었다. 즉 2016년부터 2018년까지 적용될 분담률은 통계기간을 6년(2008년~2013년)으로 하여 산출된 연평균 총국민소득과 3년(2011년~2013년)으로 하여 산출된 연평균 총 국민소득을 각각 적용하여 산출된 분담률의 평균치이다. 2016년부터 적용할 분담률인데도 불구하고 가장 최근의 해인 2015년이 포함되지 않은 것은 모든 유엔 회원국들의 해당 통계가 가용하지 않기 때문이다.

유엔에서 분담액 결정은 유엔총회 산하의 분담금위원회(Committee on Contributions, CoC)에서의 검토를 걸쳐 유엔총회에서 최종적으로 결정된다. 분담금위원회는 회원국들의 분담률을 총체적으로 기재한 분담률 표를 작성한다. 분담률표가 일단 작성되면 별다른 이유가 없는 한 3년간 유효하며 매 3년마다 심의하여 결정한다.[14)]

이처럼 유엔은 사정된 분담률의 급격한 상승과 하락을 막아 국가예산 과정의 안정성을 주기 위해 오랜 기간 동안의 국민소득 평균치를 사용하며 일단 정해진 분담률을 3년간 사용한다. 이러한 긴 기간의 적용은 국민소득이 증가하고 있는 국가에게 유리하나 국민소득이 하락하고 있는 국가에게 불리하다.

유엔은 과거 이러한 제도와 더불어 매 3년 분담률을 정할 때 분담률의 과도한 상승과 하락을 방지하기 위해 「분담률 과다변동 제한제도(Scheme of Limit)」라

---

14) 참고로 유엔의 경우 예산권은 총회가 가지고 있으며 1974년도 예산부터 예산회계 연도를 1년에서 2년으로 바꾸어 2년을 단위로 예산이 편성되며 총회가 이를 승인한다. 2017년 12월 유엔총회는 53억 9,700만 달러를 2018-2019년도 정규예산으로 승인했다.

는 분담금의 급격한 변화를 방지하는 제도를 1986년에 도입하였다. 이는 분담률이 일정한 정도 이상으로 오르내리지 못하도록 하는 제도인데 국민소득이 감소하고 있는 국가들의 철폐요구에 의해 이 제도가 가져다주는 효과를 점차적으로 축소하여 적용하다 2001년에 폐지했다.

(5) 분담금의 범위

① 분담금의 하한

국제기구가 활동하기 위해서는 회원국들은 분담금을 지불할 의무를 져야만 한다. 소국에게 주권평등의 원칙에 의해 대국과 동등한 투표권이 인정된다면 모든 회원국들은 국제기구에 최소한의 재정적 기여를 해야만 하며 이를 위해 분담금의 하한(bottom or floor)을 결정할 필요가 있다.

이러한 필요에 따라 국제기구들은 분담금의 최저 비율(floor rate)을 정해 왔다. 유엔의 경우 최저 비율이 1973년까지는 0.04%이었으며 1977년까지는 0.02%이었다. 1978년부터 0.01%를 유지하다가 1998년 이래로 현재까지 0.001%가 적용되고 있다.

이렇게 분담률의 하한이 낮아진 것은 많은 개도국들의 가입에 따른 것이다. 전문기구로서 국제노동기구(ILO) · 식량농업기구(FAO) · 유네스코(UNESCO) · 세계보건기구(WHO) · 국제원자력기구(IAEA)는 유엔의 하한을 따르고 있다. 기타의 전문기구나 지역적 국제기구도 나름의 하한을 정하고 있다.

② 분담금의 상한

분담금의 최고 비율(ceiling rate)을 설정할 경우 최고 비율을 정하지 않았다면 이보다 높은 분담률을 부담해야만 하는 국가가 이득을 보는 것은 사실이다. 또한 이러한 국가들이 이익을 보는 만큼 지불능력이 없는 국가가 손해를 본다고도 생각할 수 있다.

그러나 분담금의 상한을 설정하는 것을 이러한 재정적인 관점에서만 보아서는 안 되고 정치적인 의의를 살펴보아야만 한다. 국제기구가 소수의 대국에게 경비문제에 있어 크게 의존한다면 대국이 자의적으로 국제기구를 좌지우지하는 것을 막기 힘들어지기 때문에 상한을 설정할 필요성이 있는 것이다.[15)]

---

15) 유엔의 경우 22%라는 상한을 두고 있는데도 불구하고 미국은 분담금의 체납을 통해 유엔을 원하는 방향으로 이끌려 하고 있다.

즉 유엔의 예산이 일부 국가의 분담금에 크게 의존할 경우 국제기구의 독립을 저해할 수도 있다는 논리에 의거하여 분담금 비율의 상한을 규정하게 되었다. 1946년에 당시의 지불능력만을 기준으로 하여 분담금을 사정한 결과 미국이 전체의 49.89%를 분담하게 되었다. 그러자 미국은 분담금위원회의 이러한 사정에 반대하여 일개 회원국이 분담금의 1/3이상을 지불해서는 안 된다는 주장을 제기했으며 그 결과 미국 주장의 일부가 수용되어 1948년에 미국의 분담률이 39.89%가 되었다.

1948년 유엔총회는 어떠한 회원국도 경비의 1/3이상을 지불할 수 없다는 원칙을 확인했고 1957년 유엔총회는 결의문을 통해 상한을 30%로 정했으며 1972년에는 25%로 떨어뜨렸으며 그 결과 1974년 이래 25%라는 상한이 적용되어 왔다.[16] 그러던 것이 2000년에 다시 22%로 줄이는 결정이 통과되어 2001년부터 22%가 적용되어 오고 있다.

평화유지활동 경비 분담금의 상한에 대해서는 정해진 것이 없지만 가장 높은 분담률을 부담하고 있는 미국이 현재의 분담률에 대해 지속적으로 문제를 제기해오고 있어 상한 설정 문제가 어떻게 귀결될 것인가에 주목할 필요가 있다. 2017년 기준으로 미국의 평화유지활동 경비 분담률은 28.4691%이었으며 금액으로 약 21억 달러에 달했다. 이는 185개의 다른 유엔회원국들의 분담률의 합보다 많고 다른 4개 안보리 상임이사국의 분담률 합보다 많았다. 이는 기본적으로 회원국의 3/4에 해당하는 수의 국가들이 정규예산 분담률로부터 최대 90%가 할인이 된 평화유지활동 경비 분담률을 적용받고 있기 때문이기도 하다.

그 당시 미국이 30% 정도의 평화유지활동 경비를 분담해 오고 있는 것에 불만을 가지고 의회는 1994년에 재정회계년도 1996년을 시작으로 분담률의 최대치를 25%로 제한하는 법을 통과시킨 바 있다. 이는 유엔의 다른 회원국들과의 합의에 기초하지 않은 일방적인 것이었기 때문에 미국은 평화유지 분담금을 연체하지 않을 수 없었다. 2000년에 유엔은 위에서 언급한 바처럼 정규예산 분담률의 상한을 22%로 줄이는 것과 더불어 미국의 평화유지활동의 분담률을 분담률 산정 공식을 바꿈으로써 30%로부터 27%로 떨어뜨리는 데 합의했다. 그러나 27%가 상한으로서 항구적으로 바뀐 것은 아니었다. 미국 의회는 25%가 넘는 분담률에

16) 1985년 이래로 스웨덴 정부가 중심이 되어 좀 더 균등한 분담금의 배분이야말로 유엔이 모든 국가의 국제기구라는 것을 더욱 잘 반영할 것이라는 주장하에 10% 상한을 주장한 바 있다.

도 불구하고 연체를 막기 위해 이러한 분담률을 승인해 오고 있으며 트럼프 행정부에 들어와서도 여전히 평화유지활동 경비 분담률의 상한을 25%로 하는 것에 깊은 관심을 보여 오고 있다.

「상한의 제한을 받는 국가」라고 할 때 미국만을 생각할 수 있으나 최저개발국(최빈국)의 명단에 올라 있는 국가의 경우에도 정규예산 분담률의 상한을 가진다. 이들 국가들은 1983년 이래로 0.01%를 상한으로 하고 있다.

(6) 분담금의 통화

국제기구들은 그들이 위치하고 있는 국가에서 수입의 대부분을 사용하기 때문에 분담금을 받을 때 일반적으로 소재국의 통화를 요청하게 되며 소재국의 밖에서의 활동을 위해 소재국의 화폐가 아닌 다른 교환이 가능한 통화도 필요로 한다.

대부분의 국제기구는 미국의 뉴욕·스위스의 제네바·오스트리아의 비인에 소재해 있다. 소재지가 뉴욕에 있는 국제기구의 경우는 미국 달러, 제네바의 경우는 스위스 프랑을 요청하게 된다. 비인의 경우는 과거 오스트리아의 실링 화를 사용했으나 2002년 1월 1일부터 유로화를 사용하게 되면서 유로화를 요청한다.

유엔의 경우 분담금은 미국 달러화로 지불하는 것이 원칙으로 되어 있으나 미국 달러화의 지불이 곤란한 회원국이 유엔 재무관의 결정을 경과할 경우 다른 통화에 의한 지불이 인정된다.

(7) 분담금의 체납과 지불의 강제

① 분담금의 체납(arrears of contributions)

국제기구에 있어서 분담금의 체납이 점점 증가하고 있다. 국제기구 중에서도 특히 개도국만으로 구성되어 있는 국제기구나 개도국을 주된 구성원으로 하는 국제기구들에게 연체 문제가 보다 심각하다. 이러한 분담금의 체납 문제는 유엔의 경우도 예외가 아니다.

적지 않은 유엔 회원국들이 다양한 이유로 인해 분담금을 제때에 그리고 전체 액수를 내지 못하기 때문이다. 유엔은 법에 의해 상업적인 기구(commercial institutions)로부터 차입하는 것이 금지되어 있기 때문에 과도한 분담금의 체납은 국제기구에 심각한 재정적인 위기를 안겨준다.

분담금 체납은 주로 지불능력의 결여와 같은 재정적인 이유로 발생하나 이러한 이유만으로 발생하는 것은 아니다. 특정 국제기구의 특정 정책과 정치화(politicization)에 대한 불만·유엔총회의 일국일표제에 대한 불만·유엔의 행정과 관리에 대한 불만·자국의 높은 분담금 비율에 대한 불만과 더불어 정치적 압력을 가하기 위한 전술적인 이유로도 발생한다.[17] 또한 비합법적인 방식으로 정권이 교체되는 경우에 신정부가 구정부의 분담금을 지불하지 않으려는 경우에도 발생한다.

미국(의회)은 유엔을 자신의 뜻을 따르도록 하려는 수단으로서와 분담률을 줄이기 위한 수단으로서 분담금을 연체함으로써 연체와 관련하여 가장 심각한 문제를 야기해 왔다.[18] 미국은 과도한 분담률에 대한 불만이나 정치적인 이유를 들어 분담금의 연체뿐 아니라 유엔 예산의 총액을 삭감까지 했다. 예컨대 트럼프 미국 대통령은 2017년 9월 유엔 개혁과 공평한 분담금을 강력히 촉구하면서 평화유지활동 경비 총액 중 6억 날러를 삭김했고 같은 해 12월에는 예루살렘은 이스라엘 수도라는 선언에 대해 반대 결의안이 통과되자마자 정규예산 총액 가운데 2억 8,500만 달러를 삭감한 바 있다.

유엔에 있어서 분담금의 체납 역사는 오래 전으로 거슬러 올라간다. 소련과 다른 사회주의 국가들이 프랑스와 더불어 1956년에 수에즈 운하 위기가 발생했을 때 이집트 지역으로부터 프랑스·영국·이스라엘군의 철수 감시 등의 임무를 수행하도록 파견된 제1차 유엔긴급군(United Nations Emergency Force, UNEF)과 1960년에 콩고에서 내전이 발생했을 때 콩고로부터 벨기에군의 철수 감시등의 임무를 수행하도록 파견된 유엔 콩고평화유지활동군(United Nations Operation in the CONGO, UNOC)의 경비에 대해서 법적 지불의무를 부정하고 체납을 했다. 유엔총회는 국제사법재판소(ICJ)에 이 문제에 대한 권고적 의견(advisory opinion)을 요청했고 ICJ는 평화유지활동비가 유엔헌장 제17조 제2항의 유엔 비용에 속하기 때문에 회원국들은 지불할 의무가 있다는 의견을 제시했다. 이들은 이러한 권고적 의견에도 불구하고 한 동안 체납을 지속한 바 있다.

2018년 4월 30일 기준으로 2018~2019년도 정규예산 분담금의 연체는 15억

17) Karen A. Mingst and Margaret P. Karns, *The United Nations in the Post-Cold War Era: Dilemmas in World Politics* (Boulder, Colorado, Westview Press: 1995), p. 35.

18) 미국은 예산년도(budget year)가 달라 전통적으로 분담금을 마감일보다 늦게 내는데 이러한 사실만은 연체와는 상관이 없다.

6,000만 달러에 달하고 평화유지활동 경비 분담금 체납액은 22억 7,000만 달러에 달한다. 유엔 회원국은 국제사법재판소(ICJ)를 위시한 국제재판소(international tribunals)의 경비도 분담하는데 회원국의 분담금 체납액 총액은 830만 달러에 달한다.

유엔은 정규예산 경비를 충당하기 위해 간혹 평화유지활동 경비로부터 차입을 했으며 그로 인해 평화유지활동을 위해 병력과 장비를 제공한 국가들에게 신속하게 그들이 이미 지불한 비용을 보상해 주지 못했다. 정규예산 분담금이 제대로 지불되지 않는 한 정규예산 비용을 충당하기 위해 평화유지 계정으로부터의 차입은 계속될 수 있을 것이다.

② 지불의 강제

국제기구에 따라 다르기는 하나 많은 국제기구의 설립헌장이나 기본문서는 분담금의 지불의무를 이행하지 않은 회원국에게 지불을 강제하기 위해 투표권의 정지라든가 이사회 입후보의 자격정지 혹은 일반적 권리정지나 제명 등의 제재조치를 규정하고 있다.

유엔의 경우 헌장 제19조는 「이 기구에 대한 분담금의 지불을 연체하고 있는 유엔 회원국은 연체금의 금액이 그 당시까지의 만 2년간에 그 국가가 지불하여야 할 분담금의 금액과 같은 액수이거나 또는 이를 초과할 때 총회에서 투표권을 가지지 못한다. 단 총회는 지불의 불이행이 이러한 회원국에 있어서 불가피한 사정에 의한 것이라고 인정할 때에는 그 회원국을 투표하게 할 수 있다」고 규정하고 있다. 이처럼 유엔은 체납한 회원국에 대한 제재로서 총회에서의 투표권 박탈을 규정하고 있다.[19)]

다수 국가에 의해 지불이 거부되어 제19조의 적용이 문제가 되었던 예외적인 사례로는 앞서 언급한 소련과 프랑스를 위시한 국가들이 평화유지활동 경비의 지불을 거부한 경우인데 정책적인 배려에 의해 타협이 이루어져 제19조의 적용을 하지 않았다. 이러한 예외는 있으나 유엔헌장 제19조는 회원국의 분담금 지불을 강제하는 수단으로서 역할을 하고 있다. 특별한 사정을 들어 끝내 지불을 포기하는 국가도 종종 발생하지만 이러한 규정으로 인해 대개의 유엔 회원국은 그들의

---

19) 유엔헌장 제19조를 반대로 해석하면 만 2년 치에 해당하는 분담금의 금액보다 적은 연체금을 가진 국가는 투표권을 가질 수 있다고 주장할 수 있다. 그러나 일단 만 2년 치 이상의 분담금의 연체가 발생하여 투표권이 중지되면 연체금의 일부를 갚는다고 해도 연체액의 전체를 갚지 않는 한 지속적으로 투표권을 중지해야 한다는 주장도 있다.

연체액이 2년분에 달하기 이전에 지불하려고 노력하고 있다.

이러한 규정에 따라 유엔총회는 2018년에 결의안의 통과를 통해 제73차 유엔총회 회기 중에 리비아(Libya)의 투표권을 박탈했고 코모로스(Comoros)·소말리아(Somalia)·상투메 프린시페(Sao Tome and Principe)는 불가피한 사정을 인정하여 투표권을 허용한 바 있다.

국제노동기구(ILO)의 경우도 유엔과 같이 분담금 지불 체납금액이 2년 분 이상에 이르면 투표권을 상실하나 유엔의 경우 총회에서의 투표권 상실이 전부인 것과는 달리 ILO의 경우는 총회·이사회·위원회 등에서도 투표권을 상실한다는 점이 다르다. 국제해사기구(IMO)의 경우 재정상의 의무를 1년간 태만히 한 회원국은 원칙으로서 총회·이사회·해상안전위원회·법률위원회·해양환경위원회에서 투표권을 상실한다.

분담금의 체납을 막기 위한 방식의 하나로서 체납된 분담금에 이자를 물리는 국제기구도 간혹 있다.[20] 대표적인 국제기구로 국제전기통신연합(ITU)을 들 수 있는데 이 국제기구는 연체가 시작된 지 4개월부터 6개월까지는 연 3%의 이자를 부과하고 7개월 이상은 연 6%의 이자를 부과한다. 이러한 기구들의 분담금 연체율을 살펴보면 유엔에 비해 큰 차이로 낮은데 이는 이자를 부과하는 제도가 의도한 바대로 작동하고 있음을 보여주는 것이다.[21]

아난 제7대 유엔 사무총장은 분담금의 연체에 대해 연체금을 물리는 방안을 검토하고 있음을 시사를 한 적이 있다.[22] 유엔의 재정난을 해결하기 위해 분담금 체납액에 대해 이자를 부과하는 안 외에 분담금의 조기 납부를 유도하기 위한 유인(incentive)을 제공하는 안 등 여러 아이디어가 제시되고 있으나 국가 간의 입장 차이로 쉽게 합의에 이르지 못하고 있다.

2) 자발적 기여금(voluntary contribution)

(1) 자발적 기여금 일반

국제기구는 정규예산 분담금만으로 필요한 자금을 확보할 수 없을 경우 혹은

---

20) 대개의 국제기구의 경우 체납된 분담금에 이자를 부과하지 않는다.

21) Ruben P. Mendez, "Financing the United Nations and the International Public Sector: Problems and Reform," *Global Governance*, Vol. 3, No. 3 (September-December. 1997), p. 295.

22) 중앙일보(인터넷), 1997년 12월 1일.

종래 통상적인 예산에 규정되어 있지 않은 새로운 프로그램을 실시할 필요가 있는 경우에 회원국으로부터 별도의 자발적 기여금을 모금한다.[23] 이렇게 하여 모금된 자발적 기여금은 통상적인 예산과는 별도의 기금으로서 처리된다.

특히 유엔의 경우 냉전의 종식 후 많은 전 지구적 이슈를 다루면서 예산의 증액 필요성이 크게 대두되고 있으나 미국의 압력으로 인해 이에 상응하는 정규예산의 증가가 용이하지 않았다. 이 때문에 연구 프로젝트 · 워크숍 · 정부 간 회합을 포함한 많은 유엔의 활동을 위해 자발적 기여금을 추구하지 않을 수 없게 되었으며 과거 통상적으로 정규예산에 의해 지원되던 활동들이 점차적으로 자발적 기여금에 의해 지원되지 않을 수 없게 되었다.

많은 전문기구들의 경우 자체의 정규예산 분담금과 자체의 자발적 기여금을 가지고 각종 프로그램들을 실시하고 있다. 유엔의 경우 자발적 기여금은 통상 유엔의 「프로그램(Program)」과 「펀드(Fund)」라고 불리는 보조기관에서 중요한 재정의 원천이 되고 있다. 자발적 기여금은 유엔의 전체 재정적 자원의 1/2이상을 차지하면서 유엔의 인도적 구호와 개발 활동의 대부분을 재정적으로 지원하고 있다. 과도하리만큼 자발적 기여금에 의존적인 국제기구에는 세계식량계획(WFP) · 유엔아동기금(UNICEF) · 유엔개발계획(UNDP)이 포함된다.

이러한 유엔의 보조기관 중에서는 자체 내에 정규예산 분담금이 없을 뿐 아니라 유엔 정규예산으로부터의 예산 지원이 없이 전적으로 자발적 기여금에 의해 운영되는 기관이 있다. 대표적으로 유엔훈련조사연구소(UNITAR) · 유엔여성개발기금(UNIFEM) · 세계식량계획(WFP) · 유엔인구기금(UNFPA) · 유엔아동기금(UNICEF) · 유엔개발계획(UNDP) · 유엔민주기금(UNDEF) 등이 이러한 예에 속한다.

이와는 달리 유엔의 보조기관 중에는 유엔의 정규예산의 일부와 자체적으로 조달한 자발적 기여금에 의거하여 운영하는 기관들도 있다. 유엔팔레스타인난민구호기구(UNRWA) · 유엔환경계획(UNEP) · 유엔난민최고대표사무소(UNHCR) · 유엔

23) 이를 「자발적 기부금」이라고 부르는 경우도 있고 한국정부의 경우 「사업 분담금(voluntary contributions)」이라는 말을 사용한다. 이렇게 자발적 기여금을 사업 분담금으로 부르는 이유는 이러한 자발적 기여금이 실질적으로 의무 분담금의 성격을 지니고 있다고 보기 때문이다. 구체적으로 UNDP 등과 같이 의무 분담금이 없이 회원국들이 제공하는 자발적 기여금으로만 운영되는 기구의 경우 자발적 기여금의 개발지원 성격 등을 감안하여 회원국에 대하여 의무 분담률 수준의 사업 분담금 기여를 권고하고 있고 과거의 납부 사례와 해당 기구의 서약회의(pledging conference)에서의 기여금 서약 등에 의거하여 매년 일정액의 기여가 의무적인 상황도 존재하기 때문이다. 그러나 여전히 자발적 기여금은 말 그대로 강제할 수 없는 성격의 기여이기 때문에 강제성을 떠올릴 수 있는 「분담금」이라는 말을 사용하는 것을 문제가 없지 않다고 본다.

무역개발회의(UNCTAD) · 유엔마약범죄사무소(UNODC) 등이 이러한 예이다.

UNODC의 경우를 예로서 좀 더 구체적으로 살펴보면 이 기구는 유엔으로부터의 소규모의 정규예산 지원과 더불어 큰 규모의 자발적 기여금에 의해 운영된다. 자발적 기여금의 제공 주체는 주로 정부 · 유엔기구(UN Agencies) · 다자간 신탁기금(multi-donor trust funds) · 정부간기구(IGO) · 국제금융기구(IFIs) · 사적 부문 단체와 재단(foundation)을 포함한 개인 공여자(private donor)이다.

(2) 자발적 기여금의 종류

이러한 자발적 기여금은 특정의 용도가 지정되지 않은 일반 목적 기금(general-purpose funds, GP)과 특정의 용도가 지정된 특별 목적 기금(special-purpose funds, SP)으로 구분된다.

2016년도 UNODC 예산의 구성을 살펴보면 총 3억 1,640만 달러 가운데 유엔 정규예산으로부터의 지원이 1,950만 달러로 전체 예산에서 약 6%를 차지했고 자발적 기여금은 2억 9,690만 달러로서 전체 예산에서 약 94%를 차지했다. 자발적 기여금 총액 가운데 용도를 지정하지 않고 제공된 기여금의 총액은 390만 달러로서 약 1.3%에 불과하고 나머지 98.7%에 해당하는 2억 9,300만 달러는 용도가 지정되어 제공되었다.[24)]

이러한 통계에서 보듯이 전체 예산에서 자발적 기여금에 의해 충당되는 비율이 대단히 높을 뿐 아니라 이러한 자발적 기금도 공여자가 용도를 지정하여 기탁하는 특정 목적 기금이 거의 주를 이루고 있어 안정적인 다자기구로서의 역할이 상당한 부분 위축되고 있음을 알 수 있다.

UNDP는 전적으로 자발적 기여금에 의해서만 운영되는 국제기구인데 이 기구는 기여금을 두 가지로 구분하고 있다. 하나는 용도가 지정되지 않은 자발적 기여금(unrestricted or unearmarked voluntary fund)인데 이를 「정규 자원(regular resources)」 혹은 「핵심 자원(core resources)」이라고 칭한다. 그리고 특정의 주제 · 국가 · 지역 · 프로젝트나 프로그램 등으로 용도가 지정된 자발적 기여금(earmarked voluntary fund)을 「기타 자원(other resources)」 혹은 「비핵심 자원(non-core resources)」이라고 칭한다.[25)]

---

24) United Nations Office on Drugs and Crime, *UNODC Annual Report Covering Activities During 2016* (Vienna: UNDOC, 2017), p. 102

25) 용도를 지정하지 않고 제공하는 자원과 용도를 지정하고 제공하는 자원은 각각 「핵심 정규 자원

이러한 UNDP의 기타 자원(비핵심 자원)에는 특정 프로그램이나 프로젝트로 용도가 제한된 기여금(funds earmarked to programmes and projects)·정부 비용분담(government cost-sharing)·수직적 기금(vertical funds)·유엔통합기금(UN pooled fund) 등이 있다.[26)]

2017년의 경우 UNDP의 총 자발적 기여금은 49억1천5백반 달러였는데 이 가운데 정규 자원이 6억1천2백만 달러로 12%를 차지했는데 반해 기타 자원은 43억3백만 달러로 88%를 차지했다. 이처럼 UNDP의 경우도 자발적 기여금에서 특정한 용도를 지정한 기여금의 차지하는 비중이 절대적이다.

유엔 인도주의 업무 조정국(OCHA)은 자발적 기여금이 공여자에 의해 용도제한이 없거나(unearmarked) 가볍게 용도가 제한되어 있을(softly unearmarked) 경우 유연하다(flexible)고 간주한다. 자발적 기여금이 특정 용도로 제한이 되어 있지 않을 경우 용도가 제한되지 않은(unearmarked) 기여금으로 간주된다.

(3) 용도가 제한된 자발적 기여금

여기에서는 자발적 기여금 가운데 급속도로 성장하여 절대적인 부분을 차지하고 있는 용도가 특별한 주제·부문·프로그램이나 프로젝트·지역·국가 등으로 제한된 자발적 기여금에 대해 보다 상세히 살펴보고자 한다. 이러한 용도가 한정된 자발적 기여금은 용도에 가해지는 제한의 정도(혹은 수준)에 따라 일반적으로 유연한 용도제한(soft earmarking)과 경직된 용도제한(hard earmarking)으로 구분된다.

용도에 가해지는 제한의 정도는 상대적인 것으로서 예컨대 특정한 주제로만 용도가 한정된 경우의 자발적 기여금은 특정의 주제와 더불어 특정의 지역이라는 조건까지 부과된 자발적 기여금에 비해 좀 더 유엔하게 용도가 제한되었다고 간주할 수 있다. 경직된(엄밀한) 용도제한은 기금제공의 모든 측면 혹은 상당한 측면이 공여자에 의해 정의되는 경우를 의미하고 유연한 용도제한이란 기금제공의 일부 측면은 공여자에 의해 정의가 되나 이러한 측면을 제외한 다른 측면은 기금 수령자에게 재량에 맡겨진 경우를 의미한다.[27)] 여기에서는 두 종류의 용도가

(core regular resources)」과 「비핵심(특별예산)자원(non-core (extrabudgetary) resources)」이라고도 불린다.

26) UNDP는 비핵심 자원의 유형을 이러한 방식으로 구분하고 있다.

27) 참고로 유엔난민최고대표사무소(UNHCR)의 경우는 모든 자발적 기여금을 용도제한이 없는 경우

제한된 자발적 기여금을 나누어 살펴보고자 한다.

용도제한의 정도가 어느 정도인가에 관계없이 용도를 제한하는 자발적 기여금들은 많은 비판의 대상이 되어오고 있다. 이러한 비판에는 이러한 기여금은 제도적인 분절화(fragmentation)와 비효율성을 가져올 뿐 아니라 다소간의 차이는 있으나 기본적으로 유엔체제의 결속력(cohesion)과 일관성(coherence)을 저해한다는 것 등이 포함되어 있다.

① 비교적 엄밀하게 용도가 제한된 자발적 기여금

개별적인 공여자들에 의해 특정한 프로젝트로 용도가 제한된 자발적 기여금으로는 다자성양자신탁기금(multi-bi trust fund/single-donor trust fund/fund earmarked to specific programmes and projects)・수직적 기금(vertical fund/global fund/global thematic fund)・정부 비용분담(government cost sharing, GCS)을 대표적인 것으로 들 수 있다. 우선 다자성양자신탁기금부터 하나씩 살펴보면 다음과 같다.

• 다자성양자신탁기금

다자성양자신탁기금은 「단일 공여자 신탁기금(single-donor trust fund, SDTF)」 혹은 「특정 프로젝트와 프로그램에 용도가 제한된 기금(fund earmarked to specific programmes and projects)」이라고도 불리는데 이러한 기금조달 방식이 중요한 방식의 하나로서 설립되게 된 배경부터 살펴보면 다음과 같다.

자발적 기여금의 경우 소수의 국가들이 자발적 기여금의 대부분을 제공하기 때문에 이의 용도를 둘러싸고 이들 국가들의 영향력이라는 것을 무시할 수 없다. 그러나 개도국들이 수적 우위를 무기로 하여 자발적 기여금의 용도와 관련하여 영향력을 행사하고자 함으로써 기여금을 제공하는 선진국들의 영향력이란 제한적일 수밖에 없다. 아울러 선진국들은 개도국에 의해 자발적 기여금의 증액을 부단히 압력 받고 있다.

이러한 상황에서 선진국들은 국제기구의 채널을 통해 자발적 기여금을 제공할 유인(incentive)을 잃게 되었다. 그 결과 국제기구들은 이러한 선진국에게 자발적 기여금 제공의 유인을 제공하기 위해 자발적 기여금의 제공을 위한 채널을 다양하게 만들어 오고 있다. 이 중 대표적인 것이 바로 다자성양자신탁기금이다.[28]

(unearmarked)・유연하게 용도가 제한된 경우(softly earmarked)・용도가 제한된 경우(earmarked)・엄밀하게 용도가 제한된 경우(tightly earmarked)로 구분하고 있다.

28) 국제기구 내에서는 「신탁기금(trust fund)」을 「특별 목적 기금(special-purpose fund)」이라고

다자성양자신탁기금 제도란 기금 제공자가 특정 국가나 지역 등을 의미하는 지리(geography)나 특정 부문을 의미하는 주제(theme) 때로는 지리와 주제 모두를 지정하여 다변적 국제기구에 기금을 맡기면 국제기구는 기금 제공국을 대신하여 프로그램이나 프로젝트를 집행해 주는 제도를 말한다.

다자성양자신탁기금은 수혜자와 용도를 지정한다는 의미에서 양자원조(bilateral aid)의 성격을 지니며 동시에 국제기구에 기금을 제공하여 국제기구에 의해 관리된다는 면에서 다자원조(multilateral aid)의 성격을 지니고 있다. 이렇게 신탁기금이 이러한 두 가지 성격을 지니고 있다고 하여 이를 「다자성양자신탁기금」이라고 칭하는 것이다.

이러한 다자성양자신탁기금의 증가로 인해 다변적 국제기구가 기금을 받아 스스로의 거시적인 판단에 의해 프로그램이나 프로젝트를 계획하고 집행해 오던 전통적인 틀이 깨지고 프로그램이나 프로젝트의 분절화(fragmentation)가 촉진되고 있다. 다자성양자신탁기금이라는 자발적 기여금은 이렇게 전통적인 자발적 기금의 성격을 크게 변화시키고 있으며 나아가 국제기구의 다자주의(multilateralism) 역시 변모시키고 있다.

다자성양자신탁기금 제도는 공여국이 원하는 국가에게만 기금이 제공되고 이들이 원하지 않는 국가에게는 이러한 기금이 제공되지 않도록 함으로써 다자주의 원칙과의 불일치의 문제를 지니고 있을 뿐 아니라 관리상의 문제 · 책임성(accountability)의 문제 · 예측 가능성의 저하의 문제를 야기하고 있다는 비판을 받고 있다.[29] 이처럼 다자성양자신탁기금은 자발적 기여금에 있어서 영향력을 행사하려는 공여국의 의지가 투영된 기금제공 방식이다.[30]

도 부른다. 또한 「용도가 지정된 기금(earmarked fund)」이라고도 부른다.

29) Department of Public Information of the United Nations, *Member States Pledge Approximately $80 Million in Support of United Nations development Activities for 2008*, DEV/2646-SAG/415 (12/November/2007).

30) 자발적 기여금 제공에 따른 영향력 제고의 노력은 다른 형태로도 존재했다. 유엔헌장 제101조 제3항은 국제기구 직원을 채용함에 있어서 객관적 기준으로서의 능률 · 능력 · 성실성과 더불어 정치적 기준으로서 지리적 배분을 조화시키도록 규정하고 있지만 이 규정은 자발적 기여금으로 운영되는 기구에는 공식적으로 적용하지 않기로 원래 동의된 바 있었다. 이러한 동의의 의도는 이러한 기준에 구애를 받지 않고 자유로이 가장 적절한 사람을 찾아 직책을 부여한다는 것이었다. 그러나 선진국들이 자신들이 제공하는 통상적인 자발적 기금에 대한 통제력을 갖기 위해 자국의 국적을 가진 사람이 이러한 기금을 제공받는 국제기구에서 중요한 직책을 갖도록 노력함으로써 이러한 동의의 진정한 의도를 왜곡시키고 있다 (South Center, *For a Strong and Democratic United Nations: A South Perspective on UN Reform* (Geneva: Sout Center, 1996), pp. 87-88). 이는 다자성양자신탁기금이라는 제도를 통해 자신이 제공하는 기금에 대한 통제력을 행사하고자 하는 것과 마찬가지로 자발적 기여금으로 운영되는 기구의 중요한 직책을 점유함으로써 자신이 제공한 자발적인 기여금에 대한 영향력을 확보하려는 노력

• 수직적 기금

수직적 기금은 「전 지구적 기금(global fund)」 혹은 「전 지구적 신탁기금(global thematic fund)」이라고도 불리는데 이러한 기금조달방식은 고시인성(high visibility)의 단일 이슈의 옹호 캠페인(advocacy campaigns)에 상응하여 만들어진 기금이다. 다시 말해 특정적으로 하나의 이슈나 주제에 집중하는 공적개발원조(ODA)를 배분하는 전 지구적 프로그램을 의미한다.

이러한 수직적 기금은 여러 기금 제공 원천(funding sources)을 가지고 있다. 구체적으로 공여국 정부의 자발적 기여금이 가장 큰 비중을 차지하고 있지만 이 밖에 민간기업 · 사회적 기업 · 자선재단과 개인을 포함한 사회의 모든 부분에서 제공한 기여금으로 재원이 조성된다.

이 기금은 국제적인 차원에서 보건 · HIV/AIDS · 환경과 같은 특정 분야를 지원하기 위한 국세적 규모의 기금이다. 이러한 기금에 속하는 예에는 세계백신면역연합(Global Alliance for Vaccines and Immunization, GAVI) · 지구환경기금(Global Environment Facility) · 에이즈와 결핵 및 말라리아 퇴치를 위한 전 지구적 기금(Global Fund to Fight HIV/AIDS · Tuberculosis and Malaria, GFATM), 모두를 위한 교육-우선추진구상(Education for All-Fast Track Initiative, EFA-FTI) 등이 있다.

이러한 수직적 기금은 유엔에 의해 관리되지 않기 때문에 유엔은 기여금의 배분 등에 있어서 주도적인 역할을 수행하지 않는다. 대신에 이 기여금은 그들 기금 자신의 지배구조와 기금조달 구조(funding structure)에 의해 기여금의 배분에 관한 의사결정이 이루어진다. 유엔과 같은 국제기구는 단지 집행자로서의 역할을 하는 데 그치기 때문에 특정한 주제와 이슈를 위한 수직적 기금은 자체가 자율적인 기금으로서 특정의 프로젝트를 위해 엄밀하게 용도가 제한된 기금(strictly/tightly earmarked fund)으로 분류된다.

• 정부 비용분담 방식

정부 비용분담 방식(government cost-sharing modality)은 「프로그램 국가 정부 비용분담(programme country government cost sharing)」과 「현지 자원(local resources)」

의 하나로 볼 수 있다.

혹은 「국내 자원(domestic resources)」이라고도 불린다. 정부 비용분담은 특정 국가의 정부가 자국 내의 프로그램이나 프로젝트의 지원이라는 용도로 사용을 제한하여 제공하는 자발적 기금을 통해 이루어지는 기금조달 기제로서 국가의 주인의식(ownership)을 촉진하는 장점을 지닌다.

이 기제는 프로그램 국가 정부가 그 자신의 자원(이러한 자원에는 국제금융기구로부터의 차입된 자원 등도 포함될 수 있다)을 UNDP와 같은 국제기구의 프로그램이나 프로젝트에 할당하는 기금조달 방식으로서 비용분담 자원은 완전하게 UNDP의 예산으로 통합이 되며 UNDP의 과업(mandates)과 규정에 따라서 사용된다.

이때 프로그램이나 프로젝트는 물론 국가의 계획과 UNDP의 전략적 계획이 노선을 같이 하는 것이다. 여기서 「정부(Government)」라고 할 때 이러한 정부는 국가정부(중앙정부)만을 의미하는 것이 아니라 중앙 혹은 지방 수준에 있어서의 조직을 포함하는데 이들은 물론 UNDP와 협정을 체결할 수 있는 적법의 권한이 주어져야만 한다.

이러한 프로그램 국가정부 비용분담 방식(programme country government cost-sharing modality) 이외에 제3자 비용분담 방식(third party cost-sharing modality)도 존재한다. 후자의 예로서 일본정부가 UNDP와의 비용분담 협정을 체결하여 동티모르에 있어서의 사회적 포용·다층적 지배체제·법치의 강화를 위한 선거지원(Electoral Assistance for Social Inclusion, Multi-Tier Governance, and Strengthening of Rule of Law in Timor-Leste 2016-2018)에 관한 상위 프로그램(umbrella programme)을 재정적으로 지원한 것을 예로 들 수 있다.

② 비교적 유연하게 용도가 제한된 자발적 기여금

비교적 엄밀하게 용도가 제한된 자발적 기여금의 대폭적인 증가로 유엔을 비롯한 국제기구들은 자신들이 이들 공여자로부터 수령한 기금의 사용에 있어서 융통성(flexibility)을 갖는 것이 제한되었다. 즉 국제기구가 우선적으로 생각하는 부문에 자원을 배분하는 것이 불가능하게 되었다. 이러한 자발적 기여금은 국제기구로 하여금 다른 국제기구와의 활동의 중첩과 경쟁을 증가시키기도 했다.

앞서 언급한 용도가 제한된 자발적 기여금 (특히 비교적 엄밀하게 용도가 제한된 자발적 기여금)의 문제를 완화하기 위한 기금조달 기제들이 설립되었다. 이러한 기금 전반을 가리켜 「통합기금(pulled fund)」이라고 부르며 이러한 통합기금은 통상적으로 다자신탁기금(multi-donor trust fund, MDTF) · 기구에 특정된 주제별 기금(agency-specific thematic fund/entity-specific thematic fund/single-agency thematic trust fund/single-agency pooled fund) · 합동프로그램(joint programme/inter-agency pooled fund)으로 구분된다.

용도가 제한되지 않은 기여금의 경우 국제기구는 이러한 기여금이 어떻게 사용되어야 하는가에 대한 결정을 하는 데 융통성을 가진다. 유연한 기여금의 경우 국제기구가 기여금을 운영하는 전 과정에서 좀 더 전략적으로 계획을 수립할 수 있고 중첩의 문제를 다루기 위해 소요되는 거래비용을 절감하는 등의 방식으로 이러한 자원을 효율적이고 효과적으로 관리할 수 있다. 통합기금에 속하는 이러한 여러 종류의 기금을 하나씩 살펴보기 전에 통합기금의 일반적인 특징을 살펴보면 다음과 같다.

통합기금은 다수의 공여자들이 통합하여 공동의 프로그램을 지원하는 기금으로서 오랜 기간에 걸쳐 통합적이고 범분야적인 이니셔티브(cross-cutting initiatives)를 촉진하기 위한 설계된 기금조달 기제이다. 좀 더 구체적으로 통합기금은 특정의 국가나 지역 혹은 전 지구적으로 우선적으로 해야 할 사업 등을 지원하기 위해 다수의 공여자로부터 기여금을 받아 이러한 기금을 하나 혹은 다수의 집행기구에 할당하는 기금이다. 집행기구가 다수일 경우 모든 기구들이 주도적인 기구의 운용절차를 따를 필요가 없다. 대신에 통합기금은 집행기구들이 물건 구매와 재정 관리를 위한 그들 자신의 운용절차에 따라 집행을 할 수 있도록 하는 유연한 기제를 제공한다. 이러한 재정조달 방식은 다음과 같은 장점과 단점을 지닌다.[31]

장점 가운데 하나는 우선 원조를 둘러싼 다양한 공여자들(유엔기구 · 다자개발은행 · 쌍무적인 기관 · 시민사회 등) 간의 조정과 일관성을 향상시킬 수 있다. 원조는 종종 다양한 공여자들이 다양한 채널을 통해 원조를 제공함으로써 분절화(fragmentation)를 피하기 어렵다. 따라서 소수의 잘 관리되는 통합된 기금은 효과성을 증진하고 중복을 피하며 다양한 공여자들 간의 조율을 촉진할 수 있는 구심점이 될 수 있다.

---

31) United Nations Development Group, "The Role of UN Pooled Financing Mechanisms to deliver the 2030 Sustainable Development Agenda," UNDG Discussion Paper 1 (28 March 2016) https://www.un.org/ecosoc/sites/www.un.org.ecosoc/files/files/en/qcpr/undg-paper-on-pooled-financing-for-agenda-2030.pdf (검색일: 2018. 11. 10).

둘째, 좀 더 나은 위험 관리를 가능하게 할 수 있다. 정부와 유엔뿐 아니라 기타 개발 파트너를 운영위원회(Steering Committee)로 함께 불러들이는 통합기금의 지배구조는 공동의 이해(understanding) 속에서 위험에 대한 조정된 관리를 할 수 있는 특별한 기반을 제공한다. 통합기금에 있어서의 공동의 의사결정과 감독은 개개 공여자들이 정치적 위험과 평판상의 위험에 노출되는 것을 막거나 줄여준다.

셋째, 통합기금은 공여자 기반을 확대하고 다양화할 수 있는 기회를 창출한다. 확대되고 다양화된 공여자 기반은 특히 새롭게 부상하는 비전통적인 공여자와 사적/개인적 공여자를 포함한다. 통합기금은 재정적 자원 조달을 위한 혁신적인 재정조달 기제의 개발을 유도해 내는 역할을 한다.

넷째, 통합기금은 유엔기관이 중요하고 지속적인 변화를 지원할 수 있는 비핵심 재원(non-core resources)의 질을 향상시킬 수 있는 기제를 제공한다. 구체적으로 말해 재정 공여자들은 기여금을 주제별 혹은 국가별로 용도를 지정하고 재정의 구체적인 배분과 더불어 기금의 집행에 있어서 유엔과 같은 국제기구가 주도적인 역할을 하도록 하여 이들 국제기구가 우선하고자 하는 것에 기초하여 결정하도록 한다. 따라서 통합기금은 좀 더 융통성이 있고 좀 더 높은 질의 비핵심자원(non-core resources)이 될 수 있다.

넷째, 통합기금은 변혁적인 변화(transformative change)를 용이하게 한다. 앞서 언급했듯이 통합기금은 장기간에 걸쳐 통합적이고 여러 분야를 포함하는 주도적 노력이다. 따라서 개개 공여자에 의한 개별적인 프로젝트가 점진적인 변화를 지원하는 것과는 달리 통합기금은 변화에 관한 인과론적이고 과학적인 종합적인 이론에 기반을 둔 기금으로서의 특징으로 인해 커다란 변혁을 가져올 수 있는 성과를 달성할 수 있다.

다섯째, 인도적 문제와 평화/안보 및 개발지원에 개별적으로 접근하지 않고 이들을 연결하여 종합적으로 접근하는 것을 가능하게 한다. 국가 수준에서 개발과 인도주의 행동을 취하기 위한 기금은 유엔체제가 특히 위기가 지속되고 있는 상황하에서 인도적 대응과 장기적인 개발 사이의 통합된 다년도 행동과 시너지 효과를 촉진할 수 있는 능력을 훼손한다. 이와는 달리 새로운 세대의 통합기금은 개발과 인도적 목적의 기금제공을 혼합하고 순서를 정하며 서로를 고려하는 것을 용이하게 한다.

이러한 통합기금은 다음과 같은 문제점도 가지고 있다. 우선 기존에 존재해 온 기구에 기반을 둔 재정조달 기제와의 경쟁의 위험이 있다. 즉 이러한 위험은 통합기금이 기존의 재정조달 기제로부터 기여금을 빼앗아 오는 합이 영이 되는 게임(zero-sum game)인지 아니면 추가적인 기여금이 통합기금으로 유입되는 것인지에 대한 우려와 관련되어 있다.

또 다른 단점은 거래비용이 높을 수도 있다는 점이다. 통합기금의 경우 국제기구가 자신들의 핵심 자원(core resources)이나 직접적인 비핵심 자원(direct non-core resources)을 가지고 사업을 할 때와는 달리 자발적 기여금의 공여자와 수혜자 사이에 중간자의 역할을 하는 관계로 좀 더 많은 거래비용(transaction cost)이 발생될 수 있는 위험성이 크다. 이와는 달리 공여자와 수혜국 정부에게는 상당한 정도의 거래비용을 줄여주는 것 역시 사실이다. 다음에서는 이러한 통합기금에 속하여 3종류의 기금을 하나씩 살펴보고자 한다.

• 다자신탁기금

다자신탁기금은 다자출연 방식의 신탁기금이다. 이 기금은 다수의 공여자로부터 출연된 자발적 기여금을 특정한 목적의 사업(명백하게 정의된 광범위한 프로그램) 수행을 위해 지원하는 기금으로서 일반적으로 유엔기구와 세계은행에 의해 관리된다. 이러한 기여금은 공동기금으로서 기금을 관리하는 국제기구의 수입(revenue)으로 간주되지 않고 신탁기금으로 관리된다. 또한 기금은 지정된 지배구조와 기금의 관리 대행자(administrative agent)/기금운영자(fund manager)를 통해 다수의 수혜자/참여 기구들에게 지급된다.

여기에서 주목해야 하는 것은 이러한 다자신탁기금은 지원되는 프로젝트가 특정의 공여자의 돈에 의해 재정조달이 되는 것이 아니라 다자신탁기금에 참여하는 모든 공여자들로부터의 공동자원(pooled resources)에 의해 재원이 조달되는 용도가 제한되지 않는 기금이다. 즉 이론적으로는 개개 기금 공여자가 기금 공여와 더불어 특별한 용도를 제한할 수 없는 경직된 용도제한 자발적 기여금으로서의 성격을 지닌다.

그러나 공여자는 자신들이 간접적으로 드러내는 선호가 기금 관리를 위한 협정에 반영되도록 협상을 할 수 있고 관리의 주체는 이러한 것들을 대체적으로 만족시키고자 한다. 그 결과 이러한 다자신탁기금 내에 다수의 창구(windows)가 존재하게 된다. 이와 같이 간접적으로 드러낸 선호가 관리협정에 포함될 수 있는 한편 공여자들은 신탁기금의 운용단계 기간 동안에 관념적인 용도제한(notional earmarking)을 사용함으로써 좀 더 많은 유연성을 유지할 수 있다. 관리 기구의 담당자들은 때때로 공여자에게 자신들의 기여금이 지원되기를 바라는 국가들의 리스트에 대해 물음으로써 공여자들의 우선권을 두는 것을 맞추어주려고 노력하기도 한다.[32] 종합적으로 보아 이론적으로는 공여자들이 용도를 제약할 수 없으나 실제에 있어서는 신탁기금의 사이클의 모든 단계에 있어서 공여자들이 영향을 완전히 배재할 수 없다고 볼 수 있다.

유엔은 인도적 개입・평화구축・개발・기후변화와 같은 광범위한 유엔의 일을 지원하는 다자신탁기금들을 관리하고 있다. 이러한 다자신탁기금의 대표적인 예로서 유엔평화구축기금(UN Peacebuilding Fund, PBF)과 중앙긴급대응기금(Central Emergency Response Fund, CERF)을 들 수 있다.

유엔평화구축기금은 유엔총회의 요청에 의거하여 유엔 사무총장에 의해 2006년에 설립된 갈등 후 평화구축(post-conflict peace-building)을 위한 다년도 상설 신탁기금으로서 2억 5,000만 달러를 초기 목표액으로 했다. 이러한 신탁기금의 공여자들은 유엔 회원국・국제기구・개인 등이다. 2017년의 경우 31개 국가에서 82개의 프로젝트를 수행했다. 유엔평화구축기금은 유엔 사무총장을 대신하여 평화구축 지원 담당의 사무차장보에 의해 관리되고 평화구축지원사무실(Peacebuilding Support Office, PBSO)에 의해 지원된다. 실제적으로 UNDP의 다자신탁기금 사무소(Multi-Partner Trust Fund Office, MPTF Office)가 이 기금의 관리 대행자(Administrative Agent, AA)의 역할을 한다. 구체적으로 MPTF Office는 공여자들로부터의 기여금을 수령하고 이 기금을 유엔 인도주의 업무 조정국(United Nations Office for the Coordination of Humanitarian Affairs, OCHA)을 비롯한 기구들에게 배분한다.

중앙긴급대응기금(CERF)은 유엔총회의 결의문에 의해 자연재해나 무장충돌로 영향을 받는 사람들에게 인도적 지원을 하도록 2005년에 설립된 인도적 지원을 위한 다자신탁기금이다. 이 자발적 기여금은 정부・사적 부문・재단・개인 등을 공여자로 하며 유엔 사무총장을 대신하여 Emergency Relief Coordinator가 관리

32) Bernhard Reinsberg(Wiley Online Library), "Trust Funds as a Lever of Influence at International Development Organizations," https://onlinelibrary.wiley.com/doi/full/10.1111/ 1758-5899.12464 (검색일: 2018. 11. 15).

하고 중앙긴급대응기금 사무국(CERF Secretariat)의 의해 지원된다. 구체적으로 CERF Secretariat는 기금의 적절한 배분 · 적절한 시기에의 지불 · 적합하고 투명한 기금 사용의 보고를 책임진다.

유엔평화구축기금(PBF)에서 보듯이 유엔의 다자신탁기금은 경우에 따라 UNDP의 MPTF Office에 의해 관리되기도 하고 중앙긴급대응기금(CERF)에서 보듯이 유엔의 사무국(구체적으로 유엔 인도주의 업무 조정국)에 의해 관리되기도 한다.[33)]

• 기구에 특정된 주제별 기금

기구에 특정된 주제별 기금(agency-specific thematic fund/entity-specific thematic fund)은 「단일 기구 주제별 기금(single-agency thematic fund)」 혹은 「단일 기구 통합기금(single-agency pooled fund)」이라고도 불린다. 이 기금은 특정 기구의 전략적인 계획이 기대하는 성과의 달성을 위해 특정의 주제에 자원을 유치하는 것을 목표로 하는 통합기금을 의미한다. 단일의 국제기구에 의해 관리되는 이 기금은 재원을 제공하려는 모든 공여자들에게 개방되어 있으며 이러한 기금은 전 지구적 수준이나 지역 수준 혹은 국가 수준에서 설립될 수 있다.

이 기금은 기금의 용도제한이 유연한 기금인데 이러한 기금의 성격은 국제기구 자체가 총체적인 프로그램 내에서 특정의 프로젝트로의 기금을 배정하는 결정을 내리고 기금을 집행하는 데 있어서도 주도적인 역할을 하는 것으로부터 유래된다. 다시 말해 이 기금은 국제기구의 과업활동(mandated activities)의 범위 내에 있는 특별한 주제에 대해 재정을 지원하는 기금으로서 국제기구는 자신의 활동이 기금의 주제영역 내에 있는 한 어떤 활동이든 그리고 어떤 프로그램 실행 국가에서든 주제별 기금으로부터의 자원을 사용하는 데 있어서 융통성을 가진다.

이처럼 지정된 전략적인 계획의 결과 영역(designated Strategic Plan outcome area) 내에서 더 이상의 용도제한이나 다른 구체적인 조건이 기금의 배분과 연계

33) MPTF Office는 2003년에 통합적인 재정조달 기제에 대하여 전문성을 갖춘 유엔 센터로서 UNDP 내에 설립이 되어 유엔체제와 정부들이 통합 재정조달 기제인 다자신탁기금과 다음에서 살펴볼 공동계획(Joint Programme)을 설립하고 관리하는 것을 지원한다. 구체적으로 다양한 기금 공여자로부터의 기금을 수집하고 광범위한 집행기구들에게 배분하는 역할을 한다. MPTF Office는 혁신적인 통합 기금조달 기제의 효율적이고 책임성이 있으며 투명한 설계와 관리를 통해 개발 효과성과 유엔의 조정(coordination)을 지원하고자 한다. 이 기구는 유연한 용도제한(soft earmarking)을 촉진시키는 데 성공적이며 이러한 유연한 용도제한 덕분에 기금조달의 융통성을 높임으로써 기금조달의 질을 향상시켜 오고 있다. 용도제한은 개개 유엔기구에 의해 관리되는 신탁기금에서보다 MPTF Office하에서 좀 더 유연성을 가진다.

가 되지 않는다. 이러한 주제별 기금의 융통성으로 인해 국제기구는 좀 더 효과적으로 문제에 대응할 수 있고 좀 더 장기간의 계획 수립과 지속 가능성과 더불어 거래비용의 감소를 용이하게 한다. 이로 인해 좀 더 많은 자원들을 국제기구의 프로그램으로 만드는 데 기여한다.

유엔인구기금(UNFPA)이 관리하는 임산부보건주제기금(Maternal Health Thematic Fund, MHTF)과 UNDP가 관리하는 환경주제신탁기금(Environment Thematic Trust Fund, ETTF)을 이러한 예로 들 수 있다.

• 합동프로그램

합동프로그램은 「기구 간 통합기금(inter-agency pooled fund)」이라고도 불리는데 이는 특정의 국가나 지역 혹은 전 지구적인 프로젝트나 프로그램을 지원하기 위해 다수의 공여자들로부터 기여금을 받아 다수의 집행기구에 할당하는 통합기금을 의미한다.[34)]

합동프로그램은 유엔체계에 속하는 다수의 국제기구들이 개별적으로 신탁기금을 조성하여 독자 사업을 진행함에 따라 원조집행의 중복·분산·행정부담 등의 비효율성이 높다는 문제 인식하에서 생긴 기금조성 프로그램으로서 두 개 이상의 기구들이 합동으로 수행하는 프로그램이다. 따라서 이러한 프로그램을 다기구 기금(multi-entity fund)의 성격을 지니며 공동의 전략적인 결과를 지향하는 두 개 이상의 국가 반드시 관여한다는 점에서 다른 통합기금과 구별이 된다.

유엔 합동프로그램은 프로그램의 효과성을 증진시키는 것을 목적으로 하여 둘 이상의 유엔기구와 더불어 국가나 국가 하부 파트너(sub-national partner)를 포함하며 공동의 작업 계획과 공동의 예산으로 활동을 한다. 좀 더 구체적으로 합동프로그램의 재정은 국제기구들에 의해 혹은 국제기구에의 공여자에 의해 직접적으로 조달될 수도 있고 다자신탁기금에 의해서도 조달될 수도 있고 정부와 더불어 공동으로 재원이 조달될 수도 있다. 또한 합동프로그램은 국가 수준·지역 수준·전 지구적 수준에서 설립될 수 있다.

유엔 합동프로그램의 경우 명백하게 정의된 프로그램의 목적과 결과의 틀(programmatic purpose and results framework)을 통상적으로 1개 이상의 공여자로부터 제공받은 다자기금으로서 특정 유엔기구에 용도가 제한되지 않고 유엔의 기금 관리자에 의해 보유되는 기여금을 통해 지원하고자 설계된 제정조달 기제이

34) Joint Programme는 우리말로 「협력 프로그램」이라고도 불린다.

다. 이러한 기금의 배분에 대한 결정은 유엔이 이끄는 지배구조의 기제에 의해 기금의 프로그램의 목적과 결과의 틀을 고려하여 이루어진다. 기금의 집행은 전적으로 혹은 대체적으로 수령한 자원에 대한 프로그램적 그리고 재정적 책임을 지는 유엔기구에 맡겨진다. 결과적으로 공여자들은 특정 국제기구로의 기여금의 용도를 책정할 수 없다. 합동프로그램은 다자신탁기금과 마찬가지로 다년도 및 용도제한이 없는(혹은 유연하게 용도가 제한된) 기금으로서 유엔으로 하여금 장기간에 걸쳐 지속 가능한 능력개발에 집중할 수 있도록 하는 기금이다.

합동프로그램의 예로는 ILO와 IFC의 공동작업 프로그램인 좀 더 나은 일 프로그램(Better Work Programme)과 UNFPA와 UNICEF의 협력 프로그램인 조혼퇴치 행동 촉진 전 지구적 프로그램(Global Programme to Accelerate Action to End Child Marriage) 등을 들 수 있다.

(2) 자발적 기여금제의 장 · 단점

① 장점

정규예산 분담금의 경우 강제적인 것이기 때문에 회원국은 자신의 분담금이 원하지 않는 프로그램 등에 사용되는 것을 통제하는 것이 어렵다. 이와는 달리 자발적 기여금제의 경우 자신이 원하는 프로그램에만 재정적인 지원을 할 수 있어 자발적인 참여의 확보가 용이하다.

또한 자발적 기여금제는 회원국들이 이러한 기금을 제공할 의무가 없기 때문에 이러한 기금으로 운영될 프로그램에 참가하지 않는 국가들도 프로그램의 결정에 찬성하기가 쉽다는 장점을 지닌다.

유엔 회원국들은 부족한 재정적 자원을 둘러싼 경쟁으로 인해 UN의 프로그램들은 좀 더 민감하게 반응하고 역동적이며 효율적이다. 왜냐하면 공여국들은 가장 큰 개발 효과가 가져오거나 그들 자신이 우선시하는 원조와 부합하는 특정의 활동을 재정적으로 지원하기 위해 결정을 내릴 수 있기 때문이다.[35)]

② 단점

이러한 장점과는 달리 자발적 기여금제는 회원국의 자발적인 의사에 의존하기 때문에 어느 정도의 기금이 확보될 수 있는가에 대한 예측이 어려워 구체적인

35) Pete Troilo, "Simplifying the UN budget," https://www.devex.com/news/simplifying-the-un-budget-77709 (검색일: 2018. 11. 6).

프로그램을 계획하여 확정짓는 것이 용이하지 않다. 이 때문에 자발적 기여금에 크게 의존하고 있는 국제기구들은 자발적인 기여금의 제공국들에게 다년간에 걸친 기여금 제공의 약속(multi-year funding commitment)을 촉구해 오고 있다.

자발적 기여금의 문제는 일찍이 평화유지활동의 경비에도 들어났다. 유엔은 콩고평화유지활동(ONUC)의 경비에 대해 소련과 프랑스 등이 분담금 지불을 거부하자 자발적 기여금이나 공채발행을 통해 자금을 조달했으며 1960년대에 실시된 평화유지활동은 분담금 지불 거부의 문제를 미연에 방지하기 위해 자발적 기여금과 병력 제공국의 부담에 의해서만 운영되었다.[36] 그러나 유엔의 가장 중요한 활동인 평화와 안전의 유지가 일부 회원국의 자발적 기여금에만 의존한다는 것은 바람직하지 않다는 문제 인식으로 인해 1973년부터 평화유지활동의 경비에 대한 특별예산을 편성해서 앞서 살펴 본 것과 같은 방식으로 할당하고 있다.

2017년을 기준으로 하여 유엔개발계획(UNDP)의 경우 상위 10개 기금 제공국(미국 · 영국 · 스웨덴 · 일본 · 노르웨이 · 스위스 · 캐나다 · 네덜란드 · 독일 · 덴마크)이 UNDP의 정규 자원(regular resources)에 제공한 자발적 기여금의 총액이 UNDP 정규자원 총액인 6억 1,170만 달러의 약 86%를 차지한 바 있다.[37] 이러한 사실에서 보듯이 자발적 기여금에 의해 운영되는 국제기구가 소수의 국가에 재정적으로 크게 의존하고 있다. 따라서 자발적 기여금을 제공하는 선진국에 의해 프로그램이 영향을 받지 않을 수 없다.

다시 말해 자발적 기여금이 갖는 문제점은 개개 국가가 자발적 기여금을 제공해야 된다는 도덕적인 의무감을 가질 수는 있으나 자유로이 자발적 기여금의 제공을 중단할 수 있으며 줄일 수 있기 때문에 국제기구의 사무국은 자발적 기여금을 제공하는 국가(들)의 견해를 무시하는 모험을 감행하기 어렵다. 따라서 국제기구가 자발적 기여금에 크게 의존할 경우에 국제기구의 자율성이 훼손될 수 있다.[38]

이러한 문제점 때문에 유엔의 개혁에 대해 개도국의 입장을 체제적으로 제시

---

36) 유엔키프로스평화유지군(UNFICYP) · 유엔예멘감시단(UNYOM) · 유엔서이리안보안대(UNSF)가 여기에 속한다.

37) United Nations Development Programme, Funding Compendium 2017 (New York: UNDP, 2018), p. 10-11의 자료를 종합하여 계산한 결과이다.

38) 이러한 이유로 자발적 기여금은 다자원조의 양자화(bilateralization of multilateral assistance)를 가져오고 정규예산 분담금은 양자원조의 다자화(multilateralization of bilateral assistance)를 가져온다고 말한다.

하고 있는 South Center는 자발적 기여금제가 점차적으로 없어지고 개선된 사정체제(reformed assessment system)와 국제적인 과세 및 부과금을 포함하는 새로운 기금제도를 혼합한 새로운 재정체제에 의해 궁극적으로 대체되어야 한다는 안을 오래 전부터 내놓고 있다.[39]

3) 출자금

국제기구 중 국제통화기금(IMF) · 세계은행(WB) · 국제금융공사(IFC) · 국제개발협회(IDA) · 국제투자보증기구(MIGA) · 국제농업개발기금(IFAD) · 아시아개발은행(ADB) · 미주개발은행(IDB), · 미주투자공사(IIC) · 유럽부흥개발은행(EBRD) · 아프리카개발은행(AfDB) · 아프리카개발기금(AfDF) 등과 같은 국제금융기구는 회원국의 출자금으로 운영된다. 출자의 주체는 국가로만 한정되지 않는다. 유럽부흥개발은행(EBRD)이 이러한 경우에 속하는데 국가 이외에 유럽경제공동체(EEC)와 유럽투자은행(EIB) 역시 이 은행에 출자를 하고 있다.

출자금은 일반적으로 회원국의 경제력을 기준으로 하여 할당된다.[40] IMF의 경우 회원국의 경제력과 무역규모 등을 기준으로 하여 산정되어 할당되며 이러한 출자 할당금은 회원국의 투표권과 IMF의 자금 이용액 등의 산정기준이 된다. 이러한 출자 할당액은 원칙적으로 5년마다 재검토를 하도록 되어 있다. 국제전기통신위성기구(INTELSAT)나 국제해사위성기구(INMARSAT)와 같은 국제기구에 있어서 회원국의 출자금은 이러한 국제기구가 제공하는 위성서비스를 사용하는 실적에 비례하여 할당된다.

가중표결제(weighted voting system)가 적용되고 있는 국제금융기구에서 의사결정 시 일국이 행사할 수 있는 표가 자국의 출자액이 총 출자액에서 차지하는 비율에 의해 결정되기 때문에 출자 능력이 있는 국가는 되도록 많은 출자를 하여

---

39) South Center, *For a Strong and Democratic United Nations: a South Perspective on UN Reform* (Geneva: South Center, 1996), p. 99.

40) IMF 설립 당초에는 출자금의 25%는 금으로 출연하고 나머지 75%는 자국의 통화로 출연하도록 하였으나 1978년 이후부터는 금 대신에 특별인출권(Special Drawing Rights, SDR)이나 IMF가 선정한 통화로 납부할 수 있게 되었다. 다시 말해 출자액 중 25%는 SDR이나 IMF가 요구하는 외환으로 IMF에 보내져야 하며 나머지 75%는 자국의 통화로 언제든 출자가 가능하도록 자국의 중앙은행의 계정에 출자 형식으로 잡아두어야 한다. IMF에 보내는 출자금의 25%에 대해서는 IMF로부터 이자를 지급받는다. 한국의 경우 출자액 중 75%를 우리나라 돈으로 언제든 출자가 가능하도록 한국은행의 원화계정에 출자형식으로 잡아둔다. 즉 원화계정에 출자형식으로 잡아둬야 하는 75%는 일단 서류상으로만 존재하게 되며 만약 IMF가 이 돈을 요구하게 되면 한국은행이 발권을 통해 돈을 내주어야 한다. IMF는 지난 60년간 한 번도 원화계정에 잡혀 있는 출자금을 요구한 적이 없다.

자국의 출자 지분의 비율을 높이려고 한다. 그러나 일국의 출자 지분율의 증가는 타국의 출자 지분율의 감소를 의미하기 때문에 출자 지분의 증대는 그리 쉽게 일어나지 않는다.

국제통화기금(IMF)에 있어서 지분율의 변경을 위해서는 총지분의 85% 이상의 찬성을 요구하는데 미국이 2018년 4월 현재 지분율 17.46%와 투표권 16.52%를 보유하고 있어 미국의 찬성 없이는 지분의 변경이 불가능하다. 이러한 미국의 영향력에 의해 일본·독일·중국과 같은 국가들은 출자 능력이 상당히 큼에도 불구하고 지분율이 상당히 과소평가 되어 있다.[41)]

4) 기타 수입원

(1) 회전유보기금

국제기구는 분담금에 의한 수입이 부족한 경우·분담금의 체납에 의해 일시적으로 현금이 부족한 경우·예상하지 못한 특별한 경비를 필요로 할 경우에 대비하여 자발적 기여금을 모집하는 외에 미리 내부에 유보한 기금을 회전해 운용한다. 이러한 기금을 「회전유보기금(revolving reserve fund)」이라고 부른다. 이러한 회전유보기금은 회원국들이 정규예산 분담금의 비율에 따라 기금을 출자해서 기탁함으로써 형성된다.

회전유보기금은 「운전기금(working capital fund)」이라고도 불리는데 유엔의 경우에도 이러한 기금을 운용하고 있다. 이 기금은 분담금이 미처 수령되지 않은 상황에서 이미 배정된 예산을 지원하고 총회의 예산 지출 조치가 있기 전에 예기치 않은 비용과 특별한 비용을 충당하기 위해 1946년에 설립되었다. 1982년에 기금의 수준은 1억 달러로 설정되었고 2006년에 유엔총회는 이 수준을 1억 5,000만 달러로 인상해야 한다는 결정을 내린 바 있다.

유네스코의 경우 세계유산기금을 위한 재정규칙(Financial Regulations for the World Heritage Fund)은 제5조 제1항에 유보기금 조항을 두고 있다. 이 조항은 재해나 자연재앙으로 인한 지원 요청에 응하기 위해 유보기금(reserve fund)이 설

---

41) IMF에 있어서의 지분율이 경제능력보다는 정치적인 요인에 의해 결정된다는 것을 보여주는 글로는 다음 논문이 있다: David P. Rapkin, Joseph U. Elston, and Jonathan R. Strand, "Institutional Adjustment to Changed Power Distributions: Japan and the United States in the IMF," *Global Governance*, Vol. 3, No. 2 (1997), pp. 171-195.

립되어야 하며 세계유산기금으로부터의 이전금으로 적립될 유보기금의 액수는 사무총장이 결정할 것이라고 규정하고 있다.

유엔총회는 1992년에 1억 5,000만 달러 수준의 평화유지활동 유보기금(Peace-keeping Reserve Fund)의 설치를 결정하는 결의문을 통과시킨 바 있다.[42] 이 결의문에 따르면 이 기금은 유엔이 평화유지활동의 필요에 신속하게 대응하는 것을 보장하기 위한 것으로서 평화유지활동과 관련된 예견치 못하고 특별한 비용을 제공하는 것을 목적으로 하고 있다.

(2) 과세

유럽공동체(EC)의 경우 과거에는 다른 국제기구처럼 회원국의 분담금에 의해 수입을 획득했다. 그러다가 1971년부터는 국제기구의 일반적인 수입원인 회원국의 분담금에 의존하지 않고 자체의 자원을 두게 되었다.[43] 이것은 국제기구에 있어서는 예외에 속하는 것으로서 재정적인 자율성과 독립성이 다른 국제기구에 비해서 현저하게 발달된 것을 보여주며 오늘날의 유럽연합의 초국가성(supernationality)을 보여주는 일면이기도 하다.

구체적으로 현재 유럽연합의 예산의 수입원은 크게 자체의 자원(own resources)과 기타 수입(other revenue)이라는 두 가지로 분류된다. 2018년을 기준으로 예산의 98%가 자체의 자원으로부터 오고 나머지 2%가 기타 수입으로부터 온다. 즉 유럽연합의 예산은 주로 유럽연합 자체의 자원으로부터 조달이 되고 기타 수입에 의해 보충이 된다고 볼 수 있다.

자체의 자원은 다시 3가지의 자원으로 구분된다. 우선 전통적인 자체의 자원(traditional own resources)이 있는데 이는 주로 역외 국가로부터의 수입품에 부과되는 관세(customs duties)와 생산쿼터 이상으로 생산된 설탕에 부과되는 설탕부담금(sugar levies)이다. 또 다른 자체의 자원들은 부가가치세에 기반을 둔 자체의 자원(own resources based on value added tax)과 국민총소득(GNI)에 기반을 둔 자체의 자원(own resources based on GNI)이다. 후자의 경우 용도가 수입과 지출의 균형을 맞추기 위한 것이다. 즉 기타 자원에 의해 충당되지 않는 예산 부분을

---

42) General Assembly resolution 47/217, *Establishment of a Peace-keeping Reserve Fund*, A/RES/47/217 (23 December 1992).

43) 여기에서 「자체의(own)」라는 말의 의미는 「회원국으로부터 독립하여(independent from member states)」의 의미이다.

메꾸기 위한 것이다. 이처럼 후자는 수입과 지출의 균형을 맞추기 위한 수입원인데 유럽연합의 예산 가운데 가장 큰 부분을 차지한다. 이 수입원은 회원국들의 분담금으로서의 성격을 가지고 있다고 볼 수 있다.

이러한 3가지의 자체의 자원과 더불어 기타 수입이 존재하는데 여기에는 유럽연합 직원들의 급여에 대한 세금 · 유럽연합 비회원들로부터의 특정 프로그램에 대한 부담금(contribution) · 경쟁법(competition laws)의 위반에 대해 회사에게 부과되는 벌금 등이 포함된다.

(3) 영업수입

국제금융기구 가운데 국제개발협회(IDA)처럼 무이자로 자금을 대여하는 기구도 있지만 통상적으로 국제통화기금(IMF)이나 세계은행(WB)과 같은 국제금융기구는 회원국 정부나 민간 기업에 자금을 빌려주고 이자(interest)나 수수료(charge) 등을 받는다.

유엔이라든가 각 전문기구 등 다수의 국제기구는 관련된 전문 분야에 있어서의 출판물을 제작하여 판매함으로써 수입을 얻기도 한다. 유엔아동기금(UNICEF)은 카드판매에 의해서도 많은 수입을 올리는 것으로 유명하다. 세계지적재산권기구(WIPO)는 상표와 의장 등 국제등록업무에 관한 요금을 징수하고 있다. 국제전기통신위성기구(INTELSAT)나 국제해사위성기구(INMARSAT)와 같은 국제기구는 위성 서비스에 대한 사용료를 징수하여 수입으로 하며 이를 운영비 · 출자금의 상환 · 출자액에 부과되는 이자 등에 사용한다.

(4) 차입금과 기채

국제기구는 정규예산 분담금 · 자발적 기여금 · 회전유보자금으로도 여전히 자금이 충분하지 않거나 특별한 목적을 위한 기금을 확보하고자 할 때에 융자를 얻거나 채권을 발행하여 자금을 조달한다.

국제금융공사(IFC)의 경우는 회원국으로부터의 출자금 이외에 세계은행으로부터 자금을 차입하고 국제자본시장에서 채권을 발행하여 자금을 조달하여 대출재원의 일부로서 사용한다.

세계은행은 세계은행채권을 발행하여 자금의 대부분을 조달하며 각국의 중앙은행으로부터 차입을 하기도 한다. 예컨대 세계은행은 2008년에 기후변화 · 재생에너지와 같은 친환경 프로젝트・기간사업의 자금 조달을 위해 특수목적의 채권으로서 녹색채권(Green Bond)을 발생했다. 2017년 3월에 빈곤을 퇴치하고 기후변화에 대항하며 평등을 촉진하기 위한 전 지구적인 노력을 돕기 위한 일환으로 유엔의 지속가능개발목표(SDGs)와 연계된 채권을 발행했다. 세계은행에 있어서 이러한 예들은 지극히 일부에 지나지 않을 정도로 세계은행은 매년 채권을 발행하여 환경과 연관된 채권시장을 발전시키는 데 선도적인 역할을 해 오고 있다. 세계은행은 2018년 8월에 호주의 최대 은행인 커먼웰스 은행(Commonwealth Bank of Australia, CBA)과 함께 세계 최초로 이더리움 프라이빗 블록체인(Ethereum Private Blockchain)에 기반을 둔 1억 1천만 호주 달러 규모의 2년 만기 채권을 지속 가능한 개발 목표를 재정적으로 지원하기 위해 발행한 바 있다.

1961년 제16차 유엔총회는 유엔의 재정위기 속에 유엔의 활동을 존속시키기 위해 사무총장에게 유엔이 공채를 발행할 수 있는 권한을 부여한 바 있으며 이에 따라 1962년과 그 후 잠시 동안에 걸쳐 정규예산의 수입으로부터 상환하기로 하고 1억 6,900만 달러의 공채를 발행한 바 있다.

(5) 기부와 증여

국제기구는 국가・비정부기구(NGO)・다른 국제기구・기업・재단・개인 등으로부터 기부를 받는 경우가 있다. 대표적인 경우로 유엔아동기금(UNICEF)을 들 수 있는데 UNICEF의 경우 2017년도 총 수입은 65억 7,700만 달러였는데 이 가운데 국가위원회(UNICEF National Committees)・비정부기구(NGO)・재단・개인 등으로부터의 수입 즉 사적 부문으로부터의 기부와 증여로부터의 수입이 26%를 차지했다. 참고로 총 수입 가운데 정부・국제기구・국제기구간제도(inter-organizational arrangements)로부터의 수입 즉 공적 부문으로부터의 수입(public-sector revenue)이 72%를 차지했고 나머지 2%는 기타 수입(other revenue)으로서 투자와 조달(procurement) 등으로부터 온 것이다.

미국의 뉴스전용 채널인 CNN의 설립자 터너(Ted Turner)는 1998년 1월에 출범시킨 유엔재단(United Nations Foundation)을 통해 매년 1억 달러씩 10년 동안에 걸쳐 총 10억 달러를 난민구호・빈곤퇴치・지뢰제거・사회개발 등 세계의 가장 시급한 문제의 해결을 위한 유엔의 활동을 위해 유엔에 기증한 바 있다. 이 재단은 현재 전 지구적 기업(global corporation)・재단・정부・개인들에 의해 지원되어 오고 있다.

마이크로소프트(MS)의 공동 창업자인 게이츠는 그의 재단인 게이츠재단(Bill & Melinda Gates Foundation)을 통해 세계보건기구(WHO)에 미국보다 더 많은 기부금을 내는 등 특히 보건 분야의 국제기구에 상당한 액수의 기부를 해 오고 있다. 한국에 본부를 두고 있는 국제기구인 국제백신연구소(IVI) 역시 게이츠재단으로부터 1,000만 달러를 연구기금으로 지원받은 바 있다.

더불어 2014~2016년 사이에 유엔을 비롯한 53개 주요 다자기구에 회원국들이 제공한 재정적 자원의 액수를 연 평균으로 계산하여 순서를 매길 경우 덴마크가 16위를 차지하는데 게이츠재단이 동 기간 동안에 이들 국제기구들에 기부한 액수인 8억 8,000만 달러를 연 평균으로 계산하여 대입하면 덴마크에 이어 17위가 될 정도이다. 이는 18위와 19위를 각각 차지한 사우디아라비아와 한국보다 앞선 것이다.[44]

(6) UNDP로부터의 프로그램과 프로젝트의 집행 비용

자발적 기여금으로 운영되는 유엔개발계획(UNDP)은 스스로 프로그램과 프로젝트를 집행하기도 하지만 많은 경우 기금조달 기구로서 정부나 국제기구에게 프로그램이나 프로젝트의 집행을 위한 기금을 제공하는 역할을 수행한다.

즉 UNDP는 예산을 회원국 정부에 배분하여 개발과 관련된 프로그램 및 프로젝트를 실행하도록 한다. 또한 UNDP는 유엔교육과학문화기구(UNESCO)·유엔공업개발기구(UNIDO)·식량농업기구(FAO)·국제노동기구(ILO)·세계은행(WB)·국제전기통신연합(ITU)·세계보건기구(WHO)·국제민간항공기구(ICAO)·세계기상기구(WMO)·국제해사기구(IMO)와 같은 전문기구, 아시아개발은행(ADB) 등과 같은 지역개발은행, 유엔 경제사회이사회(ECOSOC) 산하의 지역경제(사회)위원회·유엔무역개발회의(UNCTAD)·유엔인간정주센터(UNCHS)·유엔훈련조사연구소(UNITAR) 등과 같은 유엔의 보조기관, 국제원자력기구(IAEA)와 같은 국제기구에도 예산을 배분하여 개발과 관련된 프로그램 및 프로젝트를 집행하도록 한다.

44) John McArthur and Krista Rasmussen (Brookings), "Order from Chaos: Who Actually Funds the UN and Other Multilaterals," https://www.brookings.edu/blog/order-from-chaos/2018/01/09/who-actually-funds-the-un-and-other-multilaterals/(검색일: 2018. 11. 19)

제2장 국제기구의 지출

1. 개　요

이제까지 국제기구의 수입에 대해 살펴보았는데 여기에서는 국제기구의 지출경비에 대해 살펴보고자 한다. 국제기구를 유지하고 운영하기 위해서는 경비가 필요하다. 이러한 국제기구의 경비는 인건비·회의비·건물의 건설비와 유지비·시설비와 자재비·출판비·통신비 능 국세기구의 유지와 유영을 위해 필요한 행정경비와 개발원조와 평화유지활동 등 회원국에 대해 재화와 서비스를 제공하는 업무활동을 위한 활동경비로 대별된다.

2. 지출의 종류

1) 행정경비(administrative expenses)[45]

(1) 인건비

국제기구의 행정경비의 상당한 부분이 국제기구의 직원의 인건비로 지출된다. 규모가 작은 국제기구 중에는 본부가 소재하고 있는 국가가 인건비를 지불하는 예도 없지 않지만 일반적으로 국제기구의 정규예산으로부터 지불된다.

(2) 회의비

국제기구의 회의는 많은 경우 국제기구의 본부 소재지에서 개최되지만 간혹 회원국의 영역과 같이 본부 소재지 밖에서도 개최된다. 유엔의 예산 지출내역을 살펴보면 회의와 통역을 위해 지출된 비용이 다른 항목의 비용과 견주어 볼 때

45) 유엔 정규예산의 대부분은 자신의 행정경비로 쓰이나 작은 일부분은 유엔난민최고대표사무소(UNHCR)·유엔환경계획(UNEP)·유엔팔레스타인난민구호사업기관(UNRWA)과 같은 유엔의 보조기관의 행정경비를 위해서도 쓰인다.

압도적으로 가장 많은 부분을 차지하고 있다.

국제기구의 회의가 본부 소재지 밖에서 개최될 경우에는 직원의 이동에 소요되는 경비를 포함하여 별도의 회의 개최비가 상당히 많이 소요된다. 유엔 예산의 많은 부분을 부담하고 있는 미국을 비롯한 선진국들은 이러한 이유로 대규모의 국제회의(전 지구적 회의)가 국제기구 밖에서 빈번하게 개최되는 것에 대해 불만을 토로하고 있다.

(3) 건물의 건설비와 유지비

국제기구는 본부 건물을 처음 건립하거나 기존 건물 이외의 건물을 추가로 건립할 때 많은 경비를 필요로 한다. 또한 이러한 건물을 유지하는 데도 적지 않은 경비를 지출한다. 특히 건물을 소유하지 않은 경우 임대료까지 추가되면 유지비는 더욱 커진다.

그러나 많은 경우 본부 소재지의 정부 혹은 기업·재단·개인 등이 건물의 부지를 무상으로 제공하거나 본부 건설을 위해 일정한 액수를 증여하고 있다. 또한 이들은 건물을 무료 혹은 유리한 조건으로 임대해 주기도 한다. 예컨대 이탈리아는 식량농업기구(FAO)에게 1년에 1달러를 받고 본부를 임대해 주고 있다. 국제백신연구소(IVI)를 유치한 한국정부는 유치협정에 따라 5천여 평의 부지와 건물·시설·기자재를 제공했고 연간 운영비의 30%를 부담하고 있다.

(4) 시설비와 기자재비

국제기구는 또한 많은 시설과 기자재를 새로 구입하거나 이미 구입된 시설과 기자재의 유지를 위해 많은 경비를 지출한다. 국제기구들은 제각기 다른 활동으로 인해 제각기 다른 시설과 기자재를 필요로 한다. 예컨대 과학기술 협력을 위한 국제기구는 실험실습을 위한 시설을 필요로 한다. 활동의 차이에도 불구하고 국제기구들이 공통적으로 보유하고 있는 시설이 있는데 도서관 시설 같은 것이 이러한 예에 속한다.

(5) 그 밖의 경비

국제기구는 위에서 언급한 비용 이외에 번역을 위한 비용·국제기구의 활동을 기록하고 출판하기 위한 비용·인구나 경제지표 등에 관한 공식적인 통계를 수집하고 출판하는 데 필요한 경비·교통과 통신을 위한 비용 등을 필요로 한다.

2) 활동경비

유엔은 활동경비를 5가지 프로그램 부류(programme categories)로 분리하여 지출에 대한 자료를 제공해 오고 있다. 5가지 부류에는 구체적으로 ⅰ) 개발원조(development assistance) ⅱ) 인도적 원조(humanitarian assistance) ⅲ) 기술협력(technical cooperation) ⅳ) 평화유지활동(peacekeeping operation) ⅴ) 규범적·조약 관련·지식창출 활동(normative, treaty-related and knowledge creation activities)이 포함된다. 국제기구의 활동경비를 이러한 분류에 기초하여 살펴보고자 한다.[46)]

(1) 개발원조

개발원조(development assistance)란 매우 광범위한 개념으로서 지원 대상국에 있어서의 발전적인 변화에 영향을 미치는 것을 목표로 하는 다양한 형태의 원조를 지칭한다. 이러한 개발원조는 통상적으로 개도국의 경제개발에만 국한하지 않고 환경적·사회적·정치적 개발을 지원하기 위해 정부와 기타 기구에 의한 재정적 원조를 의미한다. 달리 말해 개발원조란 지속 가능한 개발(sustainable development)의 촉진이라는 구체적인 목표를 가지는 활동을 의미한다. 이러한 개발원조는 단기적인 대응이라기보다 장기적인 관점에서 빈곤 등을 완화시키는 데 중점을 둠으로써 뒤에서 살펴볼 인도적 지원과는 구별이 된다.

2016년의 경우 국제기구들(유엔체제에 속하는 유엔기구와 전문기구 및 IAEA와 WTO)은 118억 1,981만 3,232 달러를 개발원조를 위해 지출했다.[47)] 주요 개발원조 국제기구에는 UNDP·UNICEF·UNFPA·UN·FAO·UNESCO·UN Women·WFP·UNIDO·UNAIDS·IFAD·WHO·UNOPS(United Nations Office for Project Services)·ITC(International Trade Centre)·IOM·WIPO·UN-HABITAT·ITU 등이 있다.

개발원조 활동을 하는 다수의 유엔체제 기구들(개발 관련한 유엔의 프로그램과

46) 기술협력을 개발원조의 한 요소로 간주하는 경우가 많은데 유엔의 경우는 이를 각기 다른 것으로 구별하고 있다. 구체적으로 유엔은 개발원조를 기술원조가 아닌 재정적 지원으로 국한하고 있다.

47) United Nations System, Chief Executives Board for Coordination, “Total Expenditure by Category,” https://www.unsystem.org/content/FS-F00-04 (검색일: 2018. 11. 22).

기금 및 전문기구들)이 제각기의 활동을 함으로써 활동의 중첩 등이 심각한 문제로 등장하자 이들 기구들의 국가 수준에 있어서의 활동을 조정하여 활동의 효율성을 증대할 필요에 직면하게 되면서 유엔 사무총장이 1997년에 유엔개발그룹(United Nations Development Group, UNDG)을 설립했다. 이 그룹이 중심이 되어 2005년에 좀 더 효과적이고 효율적이며 일관성이 있고 조율이 된 개발원조 활동을 위한 원조 일원화(Delivering as One, DaO) 이니셔티브를 출범시켰다. 현재 32개의 개발원조 활동을 하고 있는 유엔의 기금과 프로그램(Funds and Programmes) · 유엔의 부와 사무실(Departments and Offices) · 전문기구들이 속해 있으며 옵서버들도 참가하고 있다.

개발원조의 제공은 유엔과 전문기구의 주요한 활동이다. 이러한 개발원조 경비는 국제기구의 정규예산 분담금으로부터 지출되기도 하나 그 액수는 지극히 미미하다.[48] 유엔은 또한 유엔의 보조기관으로서 사회개발 원조 분야에서 활동하고 있는 유엔난민최고대표사무소(UNHCR) 및 유엔환경계획(UNEP)과 같은 기관의 행정경비를 정규예산으로부터 지원하고 있다. 이러한 예외를 제외하고 개발원조를 위한 경비의 대부분은 자발적 기여금에 의해 충당된다.

(2) 인도주의 원조

인도주의 원조(humanitarian assistance)란 인간이 초래한 위기와 자연적 재해가 발생한 동안과 그 이후에 생명을 구하고 고통을 덜어주며 인간의 존엄성을 유지하기 위한 지원과 상황이 발생했을 때에 대비하여 방지하거나 준비를 강화하기 위한 지원 행위이다.

인도주의 원조를 좀 더 세밀하게 살펴보면 우선 오래 지속되는 위기와 망각된 위기에 노출된 사람들에게 원조와 지원을 제공하는 일 · 국가 기구들과 협력하여 장기간의 개발목표를 고려한 가운데 재난 이후와 위기 이후의 회복을 위한 프로젝트를 수행하는 일 · 자연재해에 의해 야기된 이주와 인간의 활동에 의해 야기된 위기와 관련이 있는 어려움을 극복하는 일 · 재난 방지와 이러한 재난의 부정적인 결과를 완화시키는 일 등이 포함된다.[49]

48) 예컨대 유엔은 자발적 기여금에 의해 지원되는 프로그램이 없던 때의 유산으로서 기술원조 정규프로그램(regular program)에 아주 적은 정규예산을 아직도 배정하고 있다.

49) Polish Aid, "Humanitarian Aid," https://www.polskapomoc.gov.pl/Humanitarian, aid,251.html (검색일: 2018. 11. 21).

이러한 성격의 인도주의 지원은 전형적으로 자연적 혹은 인위적 재해에 단기적으로 대응하는 지원활동으로서 체계의 빈곤(systemic poverty)과 같은 지속적인 구조적인 이슈를 위해 장기적인 지원을 제공하는 것을 의미하는 개발원조와는 구별이 된다.

2016년도에 국제기구들(유엔체제에 속하는 유엔기구와 전문기구 및 IAEA와 WTO)이 인도주의 원조로 지출한 재정적 자원은 약 163억 6,958만 달러로 추정된다.[50] 인도주의 원조에 가장 중요한 역할을 하는 9개 유엔체제하의 국제기구들에는 WFP · UNHCR · UNICEF · UNRWA · IOM · UNDP · WHO · FAO · UN OCHA이다.[51] 이 가운데 WFP가 인도주의 원조와 관련하여 가장 많은 지출을 한다. 특히 UN OCHA는 다양한 인도주의 원조를 하는 행위자들에 의해 수행되는 인도주의 원조를 조정하는 것을 중요한 임무로 한다. 유엔은 구체적인 인도주의 활동의 업무 분야를 가지고 있는 전문기구를 통해 인도주의 활동을 수행하기도 한다. 미국 · 독일 · 영국 · 일본 · 스웨덴이 인도주의 지원 분야에서 가장 많은 재정적 사원을 제공하는 대표적인 국가들이다.

(3) 기술협력

세계은행(WB)은 기술 원조를 경제개발을 증진시키기 위한 아이디어 · 지식 · 실제(practice) · 과학기술(technology) · 기술(skill)의 이전 혹은 적응(adaptation)으로 정의한 바 있다. 세계은행의 기술원조의 목적은 정책 개발 · 제도 개발 · 능력배양 · 프로젝트나 프로그램의 지원으로 분류된다.[52]

「기술협력(technical cooperation)」이란 말은 「원조」라는 말 대신에 「협력」이라는 말을 사용함으로써 좀 더 동등한 협력자 관계를 지향하는 태도상의 변화를 의미함으로써 지난 20년 동안 좀 더 대중적인 용어가 되었다. 국제기구에 따라서는 기술원조와 기술협력을 동등한 의미로 사용하기도 하나 좀 더 많은 경우에 구별하여 사용한다. 기술협력이란 지식 · 기술 · 과학기술의 이전과 적응 및 이용을 통해 사람과 제도의 능력을 향상시키는 것을 목표로 하는 모든 활동에 대한

50) United Nations System, Chief Executives Board for Coordination, "Total Expenditure by Category," https://www.unsystem.org/content/FS-F00-04 (검색일: 2018. 11. 22).

51) Development Initiatives, Global Humanitarian Assistance 2018 (Washington D.C., USA: Development Initiatives, 2018), p. 46

52) World Bank, *Managing Technical Assistance in the 1990s: Report of the Technical Assistance Review Task Force* (Washington D.C.: World Bank, 1991).

광의의 서술을 의미한다. 다른 한편 기술 원조란 기술협력의 구체적인 작동 측면을 서술하기 위해 좀 더 협소하게 사용된다.[53]

가장 큰 기술원조 프로그램은 비재정적인 원조(non-financial assistance)로서 유엔과 산하의 보조기관들에 의해 관리된다. 이러한 프로그램은 회원국들로부터의 자발적 기여금에 의해 재정이 조달된다. 국제기구들(유엔체제에 속하는 유엔기구와 전문기구 및 IAEA와 WTO)이 2016년에 기술협력을 위해 36억 3,388만 9,124 달러를 지출했다.[54]

(4) 평화활동

평화활동은 원래 많은 경비를 필요로 하는 국제기구의 활동이기 때문에 경비 조달 문제를 둘러싸고 많은 논란이 과거부터 현재까지 지속되어 왔으며 국제기구의 재정적인 위기의 주요한 요인으로 지목되어 왔다. 평화유지활동이 유엔 이외에 미주국가기구(OAS)・아프리카연합(AU)・아랍국가연맹(LAS)과 같은 지역적 국제기구에 의해서도 전개되기도 했으나 많은 부분이 유엔에 의해 전개되어 온 것이 사실이다.

평화활동이란 갈등예방 활동(conflict prevention operation)・평화조성 활동(peacemaking operation)・평화강제 활동(peace enforcement operation)・갈등 후 평화구축 활동(post conflict peacebuilding)・평화유지 활동(peacekeeping operation)을 포함하는 포괄적인 개념으로 사용된다.

갈등예방 활동이란 통상적으로 국가 내부 혹은 국가 간 존재하는 긴장과 분쟁이 폭력적인 갈등으로 확대되는 것을 막기 위한 외교적 조치를 포함하는 활동이다. 평화조성 활동이란 진행되어 나가고 있는 갈등을 다루기 위한 조치를 포함하며 통상적으로 적대적인 당사자들을 협상을 통한 합의로 불러들이기 위한 외교적 행동을 포함한다. 이러한 의미에서 평화조성이란 분쟁을 평화적으로 해결하고자 하는 노력을 볼 수 있다. 평화강제란 군사력의 사용을 포함한 다양한 강제적 조치를 포함하는 활동이다. 유엔의 경우 안보리의 동의가 필요하다. (갈등 후) 평

53) Governance and Social Development(GSD), "Helpdesk Research Report: Changing approaches to technical assistance," http://www.gsdrc.org/docs/open/hd586.pdf (검색일: 2018. 11. 26).

54) United Nations System, Chief Executives Board for Coordination, "Total Expenditure by Category," https://www.unsystem.org/content/FS-F00-04 (검색일: 2018. 11. 22).

화구축이란 갈등 관리를 위한 모든 수준에서의 국가의 역량을 강화함으로써 갈등에 빠져들거나 갈등에 다시 빠져드는 위험을 줄이고 지속 가능한 평화와 개발을 위한 기초를 닦아놓는 것을 목표로 하는 활동을 의미한다. 이러한 활동은 지속 가능한 평화를 위해 필요한 조건을 만들기 위한 복합적이고 장기간의 과정이다.

평화유지 활동이란 특히 국제적인 군사력이 적대적인 집단 혹은 적대적인 국가들 사이에 정전협정이 실시되었을 때 적대 세력들 간에 보다 항구적인 평화를 가져오기 위해 논의를 위한 시간을 벌어줄 목적으로 주로 군사력을 통해 국제평화와 안전을 유지하기 위해 취하는 활동을 의미한다.

우리가 현재 평화유지활동이라는 용어를 여전히 쓰고 있지만 실제의 평화유지활동은 위에서 언급한 활동에 그치지 않고 평화구축 활동 등을 포함한 다면적인 활동(multidimensional peacekeeping operations)이 되어오고 있다. 즉 위에서 언급한 다양한 종류의 활동의 경계가 점차적으로 허물어져 가고 있다. 구체적으로 정치적인 과정을 촉진하고 민간인을 보호하며 전투원이었던 사람들의 무장해제와 부대해산 및 재통합을 지원할 뿐 아니라 선거의 조직화를 지원하고 인권을 보호하고 증진하며 법치의 회복을 돕는다. 따라서 이러한 용어의 혼돈을 피하기 위해 이러한 활동을 평화활동이라고 칭하고 있으며 평화활동은 이처럼 이러한 활동들 가운데 어느 한 활동으로 한정되지 않는다.

유엔의 평화유지활동은 1973년 이래 정규예산과는 다른 특별계정(special account)이 설치되어 별도의 예산으로 운영되고 있다. 냉전으로 억제되었던 분쟁들이 탈냉전으로 분출하면서 평화유지활동의 수가 급증하면서 유엔의 재정적 위기가 가속화되었다.

2017년의 경우 유엔과 지역기구에 의한 평화활동과 일시적인 연합(ad hoc coalition)에 의한 평화활동을 합하여 63개의 다자 평화활동(multilateral peace operation)이 있었다. 지리적으로 보아 아프리카 지역에 25개 · 유럽 지역에 18개 · 중동 지역에 9개 · 아시아와 오세아니아 지역에 6개 · 미주 지역에 5개의 평화활동이 전개되었다.[55)]

이 가운데 유엔은 17개의 평화유지활동과 7개의 특별정치임무단(special

55) Timo Smit(Stockholm International Peace Research Institute), “Global and Regional Trends in Multilateral Peace Operations, 2008 - 17,” https://www.sipri.org/commentary/topical-backgrounder/2018/global-and-regional-trends-multilateral-peace-operations-2008-17 (검색일: 2018. 11. 25).

political mission)을 합하여 24개의 다자 평화활동을 전개했으며 이로써 2017~2018 회계연도에 68억의 예산을 지출했다. 이는 직전 회계연도(2016년 7월 1일~2017년 6월 30일)의 78억 7,000만 달러로부터 많이 줄어든 액수이다.

유엔의 평화활동이 아닌 지역기구와 일시적 연합에 의한 평화활동의 경우 는 2017년도에 39개의 임무를 수행했다. 예컨대 유럽연합(EU)의 이라크안보부문지원자문단(European Union Advisory Mission in Support of Security Sector Reform in Iraq, EUAM Iraq) · 서아프리카국가경제공동체(ECOWAS)의 감비아임무단(Economic Community of West African States Mission in the Gambia, ECOMIG) · 남아프리카개발공동체(SADC)의 레소토예방임무단(Southern African Development Community Preventive Mission in the Kingdom of Lesotho, SAPMIL) 등을 예로 들 수 있다.

(5) 규범적 · 조약 관련 · 지식창출 활동

규범적 · 조약 관련 · 지식창출 활동이란 위에서 언급한 종류의 활동에 속하지 않는 광범위한 활동을 의미한다. 국제구들은 표준이나 규범을 수립하거나 국제적인 협정과 조약의 결과로서 사업 프로그램을 떠맡을 수 있다. 또한 대부분의 국제기구들은 지식을 향상시키거나 창출할 목적으로 정책을 수립하고 연구를 수행하는 등의 광범위한 활동을 떠맡는다. 이러한 활동은 대부분의 국제기구들이 수행하는 활동으로서 2016년의 경우 국제기구들(유엔체제에 속하는 유엔기구와 전문기구 및 IAEA와 WTO)은 77억 5,338만 935 달러를 지출했다.[56)]

56) United Nations System, Chief Executives Board for Coordination, “Total Expenditure by Category,” https://www.unsystem.org/content/FS-F00-04 (검색일: 2018. 11. 22).

제3장 고유재원 확보 제안[57)]

1. 서 론

국제기구가 주권국가들(특히 재정적으로 기여도가 큰 국가들)로부터 독립적이기 위해서는 국제기구가 재정적으로 독립적인 능력을 확보하는 것이 무엇보다 중요하다. 국제기구들이 부국의 힘과 영향력으로부터 벗어나기 위해 여러 가지 헌장상의 제도적인 장지를 마련히기도 하지만 결국 이러한 장치들은 국제기구를 움직이는 재정적인 자원의 필요에 의해 무시되어 온 경험을 가지고 있다. 이러한 문제를 극복하기 위한 여러 가지 대안들이 꾸준히 제안되어 오고 있다.

냉전이 종식되면서 환경보호 문제 · 건강보호 문제 · 인권보호 문제 · 난민 보호 문제 · 개발과 평화의 촉진 문제와 같은 세계적인 차원에서 많은 재정적 자원을 동원하여 해결해야 할 문제들이 대거 등장했다. 그러나 국내적으로 예산삭감의 압력을 받고 있는 국가들이 정규예산 분담금을 체납하고 자발적 기여금의 액수를 늘이지 못하거나 오히려 줄이면서 국제기구의 독자적인 기금을 조달하기 위한 대안을 찾을 필요성이 고조되었다. 이러한 필요성은 1995년에 스웨덴의 코펜하겐에서 개최된 사회개발정상회의(World Summit for Social Development, WSSD)를 전후하여 활발하게 전개되었다.

이러한 대안들은 대체적으로 세계적인 차원에서의 세금(taxes)의 부과와 수수료(fees)의 징수에 기초를 두고 있다. 이러한 대안의 제안자들은 이러한 독립적인 재원을 통해 주권국가의 불안정한 재정적 자원의 조달에 덜 의존적이 됨으로써 강한 국제기구라는 목표를 달성할 수 있으리라고 본다.

이러한 대안은 이처럼 주권국가로부터 좀 더 독립적인 국제기구를 만들 수 있을 뿐 아니라 다른 중요한 목표도 동시에 달성할 수 있다고 본다. 예컨대 전

57) "Alternative Financing for Global Peace and Development," http://www.globalpolicy.org/finance/alternat/analysis.htm (검색일: 2018, 1. 5).

지구적으로 탄소세를 부과하여 국제기구의 재원으로 씀과 동시에 이를 통해 환경적으로 공해를 유발시키는 화석연료의 소비를 줄일 수도 있다. 외환거래에 대해 전 세계적으로 부과금을 징수함으로써 국제기구에 필요한 재원을 조달하고 동시에 통화투기(currency speculation)의 감소를 가져올 수 있다고 본다.

2. 각종 대안들

여러 제안 중에서 가장 잘 알려진 제안은 노벨경제학상 수상자이며 예일대 경제학 교수이던 토빈(James Tobin)에 의해 1972년 처음으로 제안된 통화거래(currency exchange)에 일명 「토빈세(Tobin Tax)」라고 불리는 세금을 부과하자는 제안이다. 토빈세라는 아이디어는 원래 국제환율제도의 불안정성을 완화하기 위한 방안으로서 토빈이 도입을 주장했던 것으로서 통화거래에 세금을 부과함으로써 투기적인 자본이동을 제한하는 효과가 있을 것이라는 기대로부터 출발한 것이었다. 토빈 교수는 외환거래가 이루어지고 있는 모든 곳에서 동일한 세금이 부과되기 때문에 국제적인 합의가 필요하며 세금부과의 공정성과 확실성을 높이기 위해 IMF가 세금징수 업무를 담당할 수 있을 것이라고 보았다. 이러한 제안은 아시아의 금융위기와 더불어 다시금 주목을 받은 바 있다.

이 밖에 해양과 대기권의 상업적 이용에 대한 요금 · 지구궤도에 있는 위성의 정차요금 · 공중파(airwaves)의 상업적 이용에 대한 요금 · 해저의 상업적 이용에 대한 요금 · 무기거래에 대한 세금 · 담배제품에 대한 세금 · 화석연료와 원자력 에너지에 대한 세금 · 임산물(forest products)에 대한 세금 · 광물의 채굴에 대한 세금 · 환전에 대한 과세 · 대양에 쓰레기 및 폐기물의 투기와 그 밖의 다른 환경오염에 대한 벌금 · 국제법 위반에 대한 벌금 · 국제우편과 통화에 대한 과세 · 국제적인 항공과 선박 여행에 대한 과세 등이 흔히 논의되어 온 대안들이다.

이러한 요금의 징수와 벌금 및 세금의 부과 이외에 물건이나 서비스의 제공을 통해 수입을 확보하는 방안도 논의되고 있다. 앞서 언급했듯이 유엔아동기금(UNICEF)은 이미 카드의 판매를 오래 전부터 해 오고 있다. 이러한 종류의 제안으로는 세계적인 복권의 발매 · 특별한 우표의 판매 · 국제기구의 서비스 제공에 대한 수수료 징수 등의 제안들이 있다.

3. 제안에 대한 반응

국가주권의 훼손을 우려하는 전통적인 국가주의자들은 전 세계적 과세에 대한 모든 제안에 반대해 왔다. 이러한 전 세계적 과세 아이디어에 대해 미국이 가장 강한 비판을 해 오고 있다. 국제통화기금(IMF)을 위시한 많은 국제금융기구들도 마찬가지 입장을 보이고 있다.

이와는 달리 스웨덴·호주·오스트리아·말레이시아·캐나다·네덜란드와 같은 국가들은 국제기구의 고유한 독자적인 재정 조달책을 지지하고 있다. 이러한 아이디어는 또한 국제기구의 개혁에 관한 문제를 다루는 있는 연구물들에 의해서도 지지되고 있다. 점차적으로 더 많은 국가들이 이러한 아이디어에 관심을 표명해 오고 있다. 개도국들은 국제적인 세금과 부과금이 현재의 분담금 체제를 당분간 보완하다가 궁극적으로 대체할 것을 제안하고 있다.[58)]

이러한 지지는 국제기구에 대한 대안적인 재원을 모색하는 사람들에 의해서뿐만이 아니라 공해 배출물을 줄이고 지구온난화를 감소시키는 데 관심을 갖고 있는 환경관련 국제기구와 규제되지 않는 금융시장의 불안정성을 우려하고 있는 사람들로부터 오기도 한다.[59)] 또한 많은 비정부기구(NGO)도 이러한 대체적인 재원에 대해 활발한 활동을 해 오고 있다. 예컨대 무기감축을 위한 경제전문가 연합(Economist Allied for Arms Reduction, ECAAR)은 회의를 개최하여 대체 재정에 대한 제안들을 고려한 바 있다.

이처럼 진 지구적인 세금(global tax)의 징수에 대한 제안이 미국정부의 강력한 반대에 직면해 있었지만 좀 더 많은 정치가·학자·국제기구·비정부기구들이 이러한 생각을 지지했다. 2004년에 브라질·프랑스·칠레의 대통령들이 개발재원을 확보하기 위해 국제적인 과세를 촉진하기 위한 이니셔티브를 개시했다 뒤이어 스페인·독일·알제리·남아프리카공화국 등이 이러한 대열에 합류했다. 2005년에 일러한 일단의 국가들에 의해 이러한 세금에 대한 제안이 전 지구적인 보건 기금을 조달하기 위해 국제선 비행기 표에 부과하는 연대 기여금(solidarity

---

58) South Center, *For a Strong and Democratic United Nations: a South Perspective on UN Reform* (Geneva: South Center, 1996), p. 223.

59) 1997년에 한국을 위시한 아시아 국가에 외환위기가 도래하면서 이러한 문제에 대한 관심이 높아졌다. 이러한 관심은 이러한 외환위기가 외환투기에 의해 발생하기 때문에 자본의 자유로운 이동을 규제하여야 한다는 인식에 기초하고 있다.

contribution)인 항공권연대기여금(Air-ticket Solidarity Contribution)으로 구체화되었다.[60]

그러나 이러한 노력은 국제기구의 전통적인 재정조달을 대체하기 위한 것이 아니라 전통적인 재정조달 방식의 추가적이고 보완적인 방식의 하나하는 한계를 지닌다. 또한 이러한 추가적이고 보완적인 방식은 개발원조라는 제한된 분야에 있어서 재정조달 방식으로 채택되고 있다는 한계를 지닌다. 구체적으로 개발을 위한 창의적인 재정조달(innovative financing for development or innovative sources of development finance) 방식에 그치고 있다는 것이다. 항공권연대기여금이 주는 중요한 함의는 이 기여금이 유엔과 같은 전 지구적 기구가 정규예산처럼 회원국들에게 강제성을 가지고 분담금을 징수하는 것이 아니라 자유의사로 참여하는 개개 국가가 징수권을 가지고 과세를 한 후 이를 국제적인 조직에 제공하는 방식을 택하고 있다는 점이다. 유엔 정규예산의 22%를 분담하고 있는 미국이 자신이 부담하는 높은 비율의 분담에 불만을 표시해 오고 있는 것과 같은 맥락에서 미국은 전 지구적인 국제기구가 강제성을 가지고 전 지구적 세금을 징수하는 것에 반대하고 있기 때문에 이러한 종류의 전 지구적 세금 부과 방식은 짧은 시일 내에 실현되기 어려울 것이다.

4. 유엔에서의 논의

1995년 말레이시아·파키스탄·스웨덴·호주를 포함한 몇몇 국가의 원수들이 유엔에서 연설을 통해 대체 기금의 확보에 관한 제안을 했다. 네덜란드와 오스트리아도 이 문제에 대해 적극적인 관심을 표명했다. 호주는 이러한 제안에 대한 구체적인 논의를 위해 고위급 위원회(High-Level Commission)의 수립을 제안하기도 했다. 유엔 사무총장의 보고서와 연설에서도 이러한 대체 재정의 확보 문제가 다루어졌다. 이러한 일련의 과정을 통해 1995년 5월 유엔총회는 사무총장으로 하여금 개발을 위한 기금을 확보할 수 있는 새롭고 혁신적인 아이디어에 관해 보고하도록 하는 결의안을 통과시킨 바 있다.

1996년 7월 이 문제가 호주의 제안에 의해 경제사회이사회(ECOSOC)의 특별

60) Global Policy Forum, "Global Taxes," https://www.globalpolicy.org/global-taxes.html (검색일: 2018. 12. 1).

의제가 되었다. ECOSOC에서 본 의제에 많은 국가가 참여하여 충분한 논의가 이루어졌다. 많은 국가의 대표단들은 여기서 대안적인 재정이 회원국들이 현재 지불의 의무를 지고 있는 것에 대한 대체물이 되어서는 안 되고 선진국 국민총소득(GNI)의 0.7%에 해당하는 개발원조를 대체하는 것이어서도 안 된다는 점을 강조했다.

이러한 논의과정에서 미국은 개발을 위한 새로운 재원의 필요성을 일축했으며 어떠한 종류의 세계적인 과세도 주권에 대한 위협으로 간주하고 이에 강력하게 반대했다. 그러나 대다수의 나머지 국가들은 이러한 제안들에 호의적이었다. 이러한 일련의 과정 끝에 ECOSOC은 다음 회기인 1997년에 유엔 사무총장이 실질적인 보고서를 제출하도록 요청하는 결의안을 통과시킨 바 있다.

5. 진 망

지금까지 제시되어 온 대안적 재정에 관한 제안들은 대개의 경우 현실성이 미약하다. 대안적인 재정에 관한 안을 수용한다고 해도 과연 누가 이를 지불할 것이며 어떻게 이러한 재원이 통제되며 어떤 용도로 쓰일 것인가에 대한 현실적인 대안을 찾기 위한 많은 논의가 필요하다. 이는 세계정부가 아닌 유엔과 같은 국제기구가 세금을 부과할 권한을 보유하고 있지 않을 뿐 더러 세금을 거두어들일 기제를 보유하고 있지 않다는 현실로부터 기인하는 문제들이다.

국제기구 가운데 개도국에 대한 개발원조의 중심적인 기구라고 할 수 있는 유엔개발계획(UNDP)이 이러한 대안적인 재원의 확보에 적극적이었다. 구체적으로 UNDP는 개발원조를 위한 대안적인 재원의 확보에 관한 세미나를 개최하고 이와 관련된 전문적인 논문을 의뢰하고 발간하는 등 적극적인 활동을 전개한 바 있다. 그러나 UNDP에 대한 미국의 기금삭감 등의 압력에 의해 1996년 대안적인 기금확보에 대한 노력을 거의 완전히 그만두지 않을 수 없게 되었고 그 결과 대안적 재정에 관한 논의는 1990년대 후반 이후로 잠잠해졌다.

대안적 재정에 관한 논의가 이렇게 소강상태에 빠진 것은 유엔 등 국제기구에 재정적인 기여를 많이 하고 있는 국가들이 재정체제를 개혁하는 데 소극적이기 때문이다. 이들은 대안적인 재정으로 인해 정치적인 지렛대(political leverage)를 잃을 것을 우려하고 있다. 앞으로 유엔에 재정적인 위기가 도래하면 이러한 대안적인 재정에 관한 논의는 언제든 다시 활발하게 전개될 것으로 보이지만 이들 국가들의 태도가 바꾸지 않는 한 대안적 재정이 현실화되기는 쉽지 않을 것이다.[61]

---

61) 유엔해양법협약(UN Convention on the Law of the Sea)에 의해 설립되어 1994년에 발효된 국제심해저기구(International Seabed Authority, ISA)의 경우 하나의 예외적인 경우로서 심해저 활동을 재정적으로 지원하기 위해 심해저 탐광으로부터 나오는 국제적 수입을 수집하는 권한을 보유하고 있다.

제12부

국제기구 간 관계

제1장 국제기구 간 관계에 관한 이론

1. 국제기구 간 관계의 연구 필요성

국제기구의 수가 증대하면서 다른 국제기구들이 특정 국제기구의 활동에 중대한 영향을 미치는 외부적인 환경의 일부가 되어 국제기구 간의 관계(interorganizational relation)에 영향을 미치고 이러한 국제기구 간 관계가 나아가 국가의 행동과 국제관계에 중대한 영향을 미치고 있다

구체적으로 국제기구의 수가 증가하면서 보완적인 영역을 가지고 있는 국제기구 간에는 협력이 발생하기도 하고 활동과 기능이 중복되는 경우 경쟁과 경합관계가 발생하기도 한다. 국제기구들 사이의 이러한 경쟁과 갈등 그리고 조정과 협력을 특징으로 하는 국제기구 간의 정치(interorganizational politics)를 이해하지 않고 국제기구를 이해한다는 것은 이제 거의 불가능해졌다고 말해도 과언이 아니다.

예컨대 유엔과 전문기구 간의 관계를 살펴보면 유엔이라는 정치적 기구와 독립하여 전문적인 기능을 담당하는 전문기구들이 존재함으로써 기능적 분야에서 유엔에서와 같은 정치를 어느 정도 배제할 수 있다.[1] 또한 유엔이라는 보편적 국제기구와 독립하여 지역적인 문제를 지역적인 수준에서 처리할 수 있는 지역기구들이 존재함으로써 지역적인 문제를 보다 효율적으로 처리할 수 있으며 국제문제의 과도한 집중화를 방지할 수 있다. 이처럼 전문기구와 지역기구들이 유엔과 독립하여 다양하게 존재함으로써 여러 가지 이점을 가지는 것이 사실이다.

그러나 이와는 반대로 여러 국제기구가 존재함으로써 이들 사이에 활동의 중첩과 관할권을 둘러싼 갈등이 발생하며 때때로 문제의 처리를 다른 국제기구에 미룸으로써 국제기구의 손길이 전혀 미치지 않는 영역이 발생하기도 한다. 이러

1) 실제로 전문기구들이 정치화되어 미국과 같은 국가가 유네스코(UNESCO) 및 국제노동기구(ILO)와 같은 전문기구로부터 탈퇴한 바 있다.

한 문제점으로 인해 국제기구 간에 있어서의 조정과 협력이 필요하다. 그러나 이러한 조정과 협력이 바람직하기는 하나 독립된 헌장과 별도의 예산을 가지고 있는 국제기구 간에 이러한 조정과 협력이 그리 쉽게 이루어지지 않는다.

개도국에게 개발원조(development assistance)를 제공하는 국제기구들 사이의 관계를 살펴보면 이들 국제기구들은 모두 개도국의 저발전과 빈곤의 해소라는 동일한 목표를 가지고 있다는 점에서 개발원조라는 분야에서 체제(system)를 구성하고 있다고 볼 수 있다. 체제란 복잡해질수록 효율적인 관리를 위해 의사결정을 집중화시키고 예산과 프로그램에 대한 통제를 집중화시킬 필요성이 옹호되는 경향을 갖는다.

그러나 이러한 집중화는 일반적으로 체제의 효율적인 관리라는 초기의 목표를 무색하게 만들고 주요 행위자의 이해관계를 좌절시킨다.[2] 이러한 것은 갈등과 분권화라는 것은 집단적인 행위에 본질적으로 내재해 있기 마련이고 조직화된 집합체는 일정한 정도의 집중화와 더불어 일정한 정도의 자율성을 동시에 필요로 한다는 사실에 기인하기 때문이다.[3]

이제까지 국제기구를 연구함에 있어서 국제기구 간 관계보다는 기구 내의 관계(intra-organizational relations)에 중점을 두어온 것이 사실이다. 그러나 국제기구의 수적 증가와 더불어 국제기구 현상을 동태적이고 포괄적으로 이해하기 위해서는 국제기구들 사이의 협력과 이들 사이의 경합 등이 중요한 연구의 대상이 되어야 한다. 하나의 국제기구를 잘 이해하기 위해서는 외부환경으로서의 역할을 하는 다른 국제기구들을 잘 이해해야 하고 나아가 이들 국제기구들 사이의 관계를 잘 살펴보아야 할 필요가 절실해지고 있다. 이러한 필요는 국제기구 간 관계에 대한 조직사회학적 접근에 주의를 기울일 필요성을 증대시키고 있다.[4]

2. 국내조직 이론의 국제기구에의 적용 타당성

국내조직을 연구하는 학자들은 조직간 관계를 조직론에 있어서 하나의 중요한

---

2) John E. Fobes and Lawrence S. Finkelstein, "*The Governance of UNESCO: An Issues*," *Discussion Paper Prepared for the UNESCO Project of UNA/USA* (November, 1988), p. 4.

3) E. Litwak and L. F. Hylton, "Interorganizational Analysis: A Hypothesis on Coordinating Agencies," *Administrative Science Quarterly*, Vol. 6, No. 4 (March 1962), pp. 397, 413.

4) 제2부 제2장 「국제기구 이론」 부분의 조직사회론을 참조하시오.

하위 분야(subfield)로서 설정해 왔다. 그러나 국제기구 연구자들은 일반적으로 조직간 관계에 관한 사회학적 접근은 물론 조직 자체에 관한 사회학적 접근에 대해 많은 주의를 기울여 오지 않았던 것이 사실이다. 이로 인해 국제기구의 연구와 조직사회학(organizational sociology) 사이에 깊은 괴리가 존재해 왔다.[5)]

조직사회학으로부터의 개념을 차용하여 국제기구를 분석하고자 하는 시도가 전혀 없었던 것은 물론 아니다. 그러나 국제기구가 국내적인 환경과 매우 다른 환경에서 작동하기 때문에 국내적인 환경 속에서 작동하는 조직에 대한 이론적인 연구의 성과를 국제기구에 적용할 수 없다는 결론에 이르곤 하였다.[6)]

그러나 몇몇 연구자들은 국제적인 상황이 국내적인 상황과 그 정도로까지 다르지 않다는 주장을 제기하면서 국내조직과 국제기구의 연구를 위한 이론적 관점이 수렴될 수 있다고 본다. 예컨대 휜켈스타인과 같은 학자는 국제기구의 정치(politics of international organizations)가 다른 어떤 종류의 국제관계보다도 국내정치와 좀 더 유사하다고 본다. 앞서 국제기구 이론 편에서 살펴보았듯이 휜켈스타인은 국내의 결정이나 국제적인 결정이라는 것이 권위(authority)의 정도 면에서 차이는 있으나 모두 가치를 배분한다는 가정하에 이스턴(David Easton)의 정치에 대한 정의를 적용하여 국제기구의 정치를 가치의 권위적인 배분과 관련이 있는 활동으로 정의하고 국제기구를 분석하고 있다. 조엔슨(Christer Jönsson)과 같은 학자는 다양한 일반 조직이론들 가운데 조직의 환경 중 특히 다른 조직과의 관계에 초점을 두는 이론들이 국제기구의 분석에 적용될 수 있다고 주장한다.[7)]

국내조직들의 경우 이들 상호 간의 관계에 대한 체계적인 분석이 많이 있어 왔다. 그러나 대부분의 국제기구 연구자들은 주로 특정 국제기구의 내적 현상(intra-organizational phenomena)에만 관심을 갖고 조직간 관계 이론이 국내조직을 연구하면서 축적해 온 학문적인 성과에 별 관심을 기울여 오지 않은 것이 사실이다. 대부분의 국제기구 연구자들은 조정(coordination)이라는 문제에 대한 많은 논의를 제외하고는 국제체제에 있어서 국제기구 간 관계의 성격과 중요성에 분석의 초점을 두지 않았다. 여기에서 국제기구에 적용 가능한 조직간 관계에 관

---

5) Gary D. Ness and Steven R. Brechin, "Bridging the Gap: International Organizations as Organizations," *International Organization*, Vol. 42, No. 2 (Spring 1988), p. 245

6) Christer Jönsson, "Interorganization Theory and International Organization," *International Studies Quarterly*, Vol. 30, No. 1 (March 1986), pp. 39-57.

7) Ibid.

한 이론을 살펴보면 다음과 같다.

3. 조직간 관계 이론

1) 이론의 개요

국가 내에서의 조직간 관계에 대한 지배적인 이론적 관점은 레바인과 화이트(Sol Levine and Paul E. White)에 의해 도입된 상호교환이론(exchange theory)이었다.[8] 원래의 상호교환 이론은 조직들 사이의 형평성(equality)을 가정했으며 조직간 관계의 자발적인 설정과 그로 인한 후속적인 조직 간의 협력에 초점을 두었다. 즉 조직 간에 있어서의 갈등이나 협상과 같은 현상에 주목하지 않았다.

이러한 이론은 조직간 관계라는 것이 모든 관련된 조직들이 협력으로부터 이득을 얻을 것이라는 인식으로 유래되는 것으로 파악한다. 따라서 하나의 조직이 다른 조직을 통제하는 비평형적 조직간 관계(asymmetrical IORs)는 강조되지 않았다. 힘의 배분 · 목적에 있어서의 차이점 · 조직 간의 갈등 · 조직간 관계의 와해와 같은 현상은 무시되었다.

다른 일단의 조직 분석가들은 권력의존이론(power-dependence theory) 혹은 자원의존이론(resource-dependence theory)을 채택했다.[9] 이들은 관련된 조직들 사이에 힘이 불평등했을 때 발생하는 조직간 관계에 관심을 가졌다. 이러한 이론들은 조직간 관계라고 하는 것이 하나의 조직이 다른 조직에게 상호작용을 하도록 강요하거나 유인할 수 있을 정도로 강력할 경우 형성되는 것으로 본다. 이 경우 조직간 관계라고 하는 것은 협상과 갈등으로 특징지어지며 중요한 자원을 통제하고 있는 조직이 강력한 조직으로 간주된다.[10] 왜냐하면 자원을 가지고 의존

8) Sol Levine and Paul E. White, "Exchange as a Conceptual Framework for the Study of Interorganizational Relationships," *Administrative Science Quarterly*, Vol. 5. No. 4 (1961), pp. 583-601.

9) James G. March and Herbert A. Simon, *Organizations* (New York: Wiley, 1958); Harold Guetzkow, "Relations Among Organizations, in Raymond V. Bowers, eds., *Studies on Behavior in Organizations* (Athens: University of Georgia Press, 1966), pp. 13-44; Stuart M. Schmidt and Thomas A. Kochan, "The Concept of Conflict," *Administrative Science Quarterly*, Vol. 17, No. 2 (1972), pp. 359-370; and Howard E. Aldrich, "An Interorganizational Dependency Perspective on Relations Between the Employ Service and Its Organization Set," in Ralph H. Kilman, Louis R. Pondy, and Dennis P. Slevin, eds., *The Management of Organizational Design* (New York: North Holland, 1976), pp. 231-266.

10) 여기서 중요한 자원이란 재정적인 자원과 전문화된 기술 등 여러 가지가 있을 수 있다.

적인 조직의 활동을 규정지을 수 있기 때문이다.

지금까지 살펴본 상호교환이론과 권력의존이론은 두 종류의 조직간 관계인 평형적인 조직간 관계 혹은 비평형적 조직간 관계가 존재할 수 있음을 보여 준다. 그러나 이러한 두 견해는 조직간 관계의 한 유형이 다른 유형과 공존할 수 있으며 시간이 경과하면서 하나의 유형이 다른 유형으로 진화할 수 있다는 가능성에 주목하지 않았다. 즉 이들은 조직간 관계라는 것이 순수하게 평형적이기만 한 것은 아니며 또한 순수하게 비평형적이기만 한 것은 아니라는 사실을 묵과했다.[11)]

일단의 학자들이 기존의 상호교환 이론에 비평형적인 교환 · 권력 · 의존과 같은 개념을 추가하여 원래의 상호교환이론을 확장시키고자 했다. 이와 더불어 어느 한 시점에서의 조직간 관계라는 정태적인 연구에서 벗어나 오랜 시간에 걸친 조직간 관계의 동태적인 변화에 대한 연구를 하고자 했다.

예를 들자면 벤슨(Kenneth J. Benson)과 같은 학자는 전통적인 상호교환이론이 조직 사이의 지배의 문제를 살펴보지 않았다는 것을 지적하고 상호성이 있는 조직간 관계와 갈등적인 조직간 관계 모두를 포함함으로써 기본적인 상호교환이론을 확장시켰다.[12)] 쿡(Karen S. Cook)과 같은 학자는 조직간 관계의 동태적인 특징을 다루는 이론이 구축되어야 하며 조직간 관계의 장기간에 걸친 연구의 필요성을 역설했다.[13)] 반 디 반과 워커(Andrew H. Van de Ven and Gordon Walker)는 조직간 관계의 동학적인 측면의 중요성을 강조하고 조직간 관계의 진화(즉 조직간 관계의 창출 · 성장 · 쇠퇴라는 과정)를 분석하기 위한 이론적인 틀을 제시했다.[14)] 자이츠(Gerald Zeitz)는 조직간 관계의 형성과 와해를 좀 더 잘 이해하기 위해 조직간 관계의 분석에 변증법적인 논리를 적용하기도 했다.[15)]

---

11) Stuart M. Schmidt and Thomas A. Kochan, "Interorganizational Relationships: Patterns and Motivations," *Administrative Science Quarterly*, Vol. 22, No. 2 (1977), p. 221.

12) Kenneth J. Benson, "The Interorganizational Network as a Political Economy," *Administrative Science Quarterly*, Vol. 20, No. 2 (June 1975), pp. 233-234.

13) Karen S. Cook, "Exchange and Power in Networks of IORs," *The Sociological Quarterly*, Vol. 18, No. 1 (1977), pp. 62-82.

14) Andrew H. Van de Ven, "On the Nature, Formation, and Maintenance of Relations among Organizations," *Academy of Management Review*, Vol. 1, No. 1 (1976), pp. 24-36; and Andrew H. Van de Ven and Gordon Walker, "The Dynamics of Interorganizational Coordination," *Administrative Science Quarterly*, Vol. 29, No. 4 (1984), pp. 598-621.

15) Gerald Zeitz, "Interorganizational Dialectics," *Administrative Science Quarterly*, Vol. 25, No. 1 (1980), pp. 72-88.

2) 조직간 관계의 동태적 변화

여기에서는 국내조직을 통해 구축된 이론적인 성과의 하나로서 조직간 관계의 발생과 더불어 변화라는 조직간 관계의 생애주기(life cycle)를 동태적으로 설명하려는 이론을 소개하고자 한다.

(1) 조직간 관계의 창출

조직들은 그들이 원하는 행동을 취할 수 있는 자유를 의미하는 자율성(autonomy)을 유지하고자 노력한다. 조직 간에 관계를 가질 경우 조직들은 정도의 차이가 있지만 일정한 정도의 독자적으로 행동할 수 있는 자유를 상실하게 된다. 그럼에도 불구하고 조직들이 조직간 관계를 맺는 이유는 무엇인가?

상호교환이론과 권력의존이론 모두 부족한 자원에 대한 필요성에서 그 원인을 찾는다. 보다 구체적으로 말해 조직들은 서로 밀접하게 관련되어 있는 두 요인인 자원의 부족과 그들이 수행하는 전문화된 기능 때문에 조직간 관계를 가지지 않을 수 없다고 본다. 자원의 부족은 조직들로 하여금 그들의 활동을 제한된 전문화된 기능으로 한정시키며 이러한 기능의 수행은 다른 조직으로부터의 추가적인 자원을 필요로 하게 하여 조직 간의 자원의 의존을 가져오게 한다. 이처럼 조직간 관계의 설정을 필요한 자원에 대한 불확실성을 줄이는 것을 목표로 한 가장 중요한 적응전략 가운데 하나라고 본다.

자원의 희소성 및 제한된 전문화된 기능과 관련이 있으면서 조직간 관계의 형성에 중요한 영향을 미치는 요인으로서 조직 사이의 영역에 대한 합의(domain consensus)가 있다. 조직들은 다른 조직에 의해 도전을 받지 않는 영역이라는 의미의 배타성(exclusiveness)·다른 조직들로부터 독립하여 활동을 수행하는 것을 허용하는 영역이라는 의미의 자율성(autonomy)·같은 영역에서 활동하고 있는 다른 조직들을 권위적으로 지도할 수 있는 영역이라는 의미의 지배성(dominance)을 특징으로 하는 영역을 유지하고자 한다.[16)]

조직들 사이에 영역에 대한 최소한의 합의에 도달하지 않고는 조직간 관계를 형성하는 것이 불가능하다. 따라서 조직들 사이에 영역에 대한 합의의 정도가 크

16) Kenneth J. Benson, "The Interorganizational Network as a Political Economy," *Administrative Science Quarterly*, Vol. 20, No. 2 (June 1975), pp. 232-233.

면 클수록 조직간 관계가 형성될 가능성이 높아지며 자원의 영역이 보완적인 경우 조직 간의 관계의 형성에 호의적인 요인으로 작용한다. 영역에 대한 합의가 일단 이루어지면 이들 사이의 기능의 분화는 안정성을 갖게 되고 영역을 둘러싼 갈등과 경쟁의 가능성을 배제할 수 있다.

(2) 조직간 관계의 성장

조직간 관계의 성장에 영향을 미치는 가장 중요한 요인은 조직 간의 자원의 거래가 과연 평등이라는 규범을 만족시키는가의 여부에 달려 있다. 일반적으로 평등이라는 규범은 다음과 같은 요소들 가운데 하나 혹은 그 이상을 의미한다고 본다. i) 하나의 조직이 받은 것에 대한 대가로 무엇을 주어야 한다는 도덕적인 의무감을 의미하는 상호성(reciprocity) ii) 거래에 있어 비용에 대한 이득의 높은 비율 즉 관련 조직들이 자신의 투자에 비례하여 이득을 얻는다는 것을 의미하는 분배의 정의(distributive justice)가 구체적인 평등이라는 규범의 내용을 구성한다.[17]

상호교환이론은 조직들 사이의 평등과 그로 인한 후속적인 협력을 가정하며 그 결과 조직간 관계의 성장에 낙관적이다. 그러나 이는 하나의 조직이 다른 조직에 부족한 자원을 의존하고 있을 때 자원의 거래가 증가하면서 평등한 조직간 관계가 불평등한 조직간 관계로 발전할 수 있다는 가능성을 고려하고 있지 않는 문제점을 지니고 있다.

(3) 자율성의 상실과 권력의 획득

어떤 조직이 부족한 자원의 조달을 위해 다른 조직에 의존할 때 의존도가 크면 클수록 의존적인 조직의 의사결정이 자원을 조달하는 조직에 의해 영향을 받는다. 즉 의사결정의 자율성이 감소되는데 이때 의존적인 조직의 자율성의 정도는 외부세력과의 연계 · 자원의 다른 공급원에 대한 접근성 · 교환하여 획득하는 자원이 없어서는 안 되는 본질적인 것인가의 정도에 의해 영향을 받는다.

자원 의존적인 조직의 자율성 감소는 거꾸로 자원을 제공하는 조직의 권력의 증가를 의미한다. 국제정치이론의 하나인 상호의존론(theory of interdependence)은

---

17) Andrew H. Van de Ven and Gordon Walker, "The Dynamics of Interorganizational Coordination," *Administrative Science Quarterly*, Vol. 29, No. 4 (1984), p. 604.

조직 간에 있어서의 권력이 아닌 국가 간에 있어서의 권력의 개념에 대해 이야기하고 있지만 조직이론과 비슷한 논리로 상호의존적인 국가 간에 있어서 국제관계는 덜 의존적인 국가가 권력을 갖는다고 본다.

특정 조직이 조직간 관계에 있어서 권력을 획득하면 어떻게 행동할 것인가의 문제를 생각해 보아야 한다. 많은 학자들은 권력의 사용이라는 것을 불가피한 것으로 본다. 권력을 갖는 조직은 조직간 관계로부터 오는 보상을 증진시키고 조직간 관계를 자신에게 좀 더 유리하도록 만들기 위해 권력의 우위를 필연적으로 이용하려 한다고 본다. 그렇다면 권력의 우위를 어떤 방식으로 행사하려 하는가의 문제를 생각해 보아야 한다.

권력의 우위에 있는 조직은 약한 조직의 활동을 사후적으로 승인하든가 심지어 사전적으로 인가하고자 한다. 또는 협력 프로그램을 만들거나 분쟁을 해결하기 위한 교섭에 있어 자신이 제시하는 조건을 수용하도록 강요하고자 한다. 그리고 실패나 부진한 성과를 확실하게 하는 기준을 수립함으로써 자신의 지배력을 보호할 수 있는 방식으로 조직간 관계를 구축하려고 한다. 권력이 강한 조직의 요구를 충족시키지 못한다든가 거부할 경우 약한 조직은 자원을 획득하는 데 있어서 심각한 문제에 봉착하게 된다.[18]

(4) 조직의 자율성에 대한 위협에의 저항

만약 자원공급 조직이 부족한 자원의 제공의 대가로서 권력을 행사하고 의존적인 조직의 자율성을 제한하고자 할 때 의존적인 조직은 그들의 의존성을 줄이고 자율성을 유지 내지 증가시키기 위해 어떠한 전략을 구사할 것인가를 생각해 보면 다음과 같다.

앞서 조직의 자율성의 정도에 영향을 미치는 요인에 대한 논의에서 언급했듯이 조직은 다른 공급원으로부터 자원을 획득하거나 의존하고 있는 자원의 필수불가결한 면을 감소시키거나 혹은 상호 조직간 관계 밖의 다른 세력과 연계함으로써 조직의 자율성에 대한 위협에 저항할 것이다. 권력이 강한 조직 역시 이러한 저항에 대응하기 위해 여러 전략을 구사할 것이다.

벤슨(Kenneth J. Benson)은 현존하는 조직간 관계를 바꾸기 위해 의존적인 조

18) Kenneth J. Benson, "The Interorganizational Network as a Political Economy," *Administrative Science Quarterly*, Vol. 20, No. 2 (June 1975), p. 234.

직이나 강한 조직이 채택하는 네 가지 전략을 밝히고 있다.[19] i) 관련 조직들 사이에 협상과 타협이라는 과정을 통해 변화를 추구하는 협력적 전략(cooperative strategy) ii) 자원을 창출해 내는 조직의 능력을 위협함으로써 변화를 추구하는 붕괴 전략(disruptive strategy)[20] iii) 외부로부터 유입되는 자원의 양을 통제하거나 자원의 대체적인 공급원을 외부에서 찾아냄으로써 변화를 추구하는 조작적 전략(manipulative strategy) iv) 자원을 통제하고 있는 강력한 조직이 권위적으로 기존의 조직간 관계를 조정하려는 권위적 전략(authoritative strategy)이 이들에 속한다.

벤슨은 두 개 이상의 전략이 동시에 추구될 수 있다는 것과 이러한 전략이 오랜 시간에 걸쳐 바뀌면서 조직간 관계가 발전될 수 있다고 지적하고 있다. 그는 또한 어떤 조건하에서 어떤 전략이 선택될 가능성이 높은가에 대해서도 언급하고 있다. 협력적인 전략은 관련 조직이 상대방 조직에 대해 서로 권력을 가지고 있을 때 선택될 수 있다. 조작적 전략은 이러한 전략을 사용하는 조직이 조직 상호 간에 벌어지는 일에 대해 직접적이고 권위적인 통제를 결하고 있다든가 혹은 통제를 행사할 수 있는 권력을 결하고 있을 때 이용되기 쉽다. 붕괴 전략과 권위적인 전략은 조직 간에 권력의 본질적인 차이가 존재할 때 선택되기 쉽다. 특히 전략을 구사하는 조직의 현저하게 권력이 강한 경우 권위적인 전략이 효과적이라고 본다.

(5) 영역의 불분명화 · 갈등 · 분권화

상호관계가 비평형적일 경우 의존적인 조직은 앞서 언급한 여러 전략을 구사할 수 있다. 그런데 자원의 대체적 공급원이 가능할 경우 다른 공급원으로부터 의존적인 자원을 획득함으로써 조직 간의 영역이 보완적이었던 것으로부터 유사해진다. 즉 기능적인 역할의 분화가 점차적으로 불분명해지고 활동이 중복된다. 이로 인해 영역을 둘러싼 조직 간의 갈등이 동태적인 국제체제에서 필연적으로 발생하게 되며 조직 간의 갈등은 이들 조직 간의 관계의 분리를 동반한다.

---

19) Ibid., pp. 241-247.

20) 붕괴전략(disruptive strategies)은 다음과 같은 세 가지 전술에 의해 이루어진다. 붕괴의 목표가 되고 있는 조직의 영역에 대한 침범을 의미하는 영역위반(domain violations) · 붕괴의 목표가 되고 있는 조직으로 갈 기금을 딴 곳으로 돌리는 것을 의미하는 기금전용(fund diversion) · 붕괴의 목표가 되고 있는 조직의 프로그램의 효율성을 방해하여 기금과 권위를 얻기 위한 조직의 경쟁능력을 저하시키는 활동을 의미하는 프로그램 방해(program circumvention)가 이러한 전술에 속한다.

이와 같은 갈등과 조직 간의 분리는 조직 간에 있어서의 기능의 상호의존과 자원의 부족으로부터의 필연적인 결과물이다.[21] 결론적으로 말해 상호 보완적인 국제기구 간의 조직간 관계의 창출과 확장은 조직 간의 갈등과 이로 인한 분리의 씨를 잉태하고 있다고 볼 수 있다.

이러한 이론적 논의에 기초하여 다음 장부터 유엔과 전문기구의 관계 · 유엔과 지역기구의 관계 · 유엔 보조기관과 전문기구의 관계 · 전문기구와 지역기구의 관계 · 전문기구 간 관계 · 국제기구와 지방정부간기구의 관계를 살펴보고자 한다.

---

21) H. Assael, "Constructive Role for Interorganizational Conflict," *Administrative Science Quarterly*, Vol. 14, No. 4 (1969), p. 573.

제2장 유엔과 전문기구의 관계

1. 관계 설정의 역사

현재 유엔체제(UN System)에는 유엔과 더불어 17개의 전문기구(specialized agencies, SAs)가 포함되어 있다. 이들 전문기구는 조약에 의해 창설되고 독립된 법인격을 가지고 있는데 이들과 유엔의 관계는 어떠한가를 살펴보도록 하자.[22]

제1차 세계대전을 매듭지은 베르사유조약 제13항(노동)에 따라 1919년에 청설된 국제노동기구(ILO)는 국세연맹 규약에 의해 국제연맹 기구의 하나로 창설되었고 국제연맹의 재정적인 통제하에 놓여 있어 국제연맹과 ILO 사이의 관계는 중앙집중적이고 계서적이었다. 이와는 대조적으로 유엔체제에 있어서 유엔과 전문기구의 관계는 분권화를 그 특징으로 한다.

유엔 창설자들은 유엔의 성공을 위해 이미 특정의 기능적 분야에서 전문지식을 가지고 활동하고 있던 기존의 전문기구인 국제노동기구(ILO) 및 만국우편연합(UPU)과 더불어 앞으로 생길 전문기구가 필요하다고 인식했다. 이러한 인식하에 이들을 유엔체제 속으로 끌어들여 보조기관(subsidiary organ)으로 만들고자 했다. 그러나 이미 독립된 헌장체제와 예산을 가지고 있던 기존의 전문기구들은 기구의 자율성을 유지하기 위해 이러한 유엔 창설자들의 노력에 강력하게 저항했다. 그러나 그 당시 제한된 수의 회원국을 가지고 있으며 충분한 재원을 확보하는 것이 어려웠던 전문기구는 유엔이라고 하는 보편적인 국제기구가 가질 수 있는 재정적인 능력으로부터의 도움을 필요로 했기 때문에 이들 사이에 있어서 제한적인 타협이 이루어졌다.

그 결과 비정부기구(NGO)가 유엔헌장 제71조에 근거하여 유엔 경제사회이사회와 일정한 관계를 설정하고 있듯이 전문기구들은 유엔헌장 제57조와 제63조에 근거하여 유엔(구체적으로 유엔 경제사회이사회)과 제휴관계를 설정하는 협정을 체결

22) 横田洋三編著, 『國際機構論』(東京: 國際書院, 1994), pp. 140-143 참조.

할 수 있게 되었다.

동시에 전문기구는 그들의 활동영역과 유엔의 활동영역이 중첩되지 않도록 하고 그들의 활동이 자신들의 정규예산에 의해 운영되도록 하는 등의 수단을 통해 법률적으로 독립된 행위자로서의 지위를 인정받게 되었다. 구체적으로 유엔헌장과 전문기구의 기본문서가 이들 사이의 관계를 어떻게 규정하고 있으며 이들 사이의 제휴협정이 어떤 규정을 두고 있는가를 차례차례 살펴보고자 한다.

2. 관계에 관한 규정

1) 유엔헌장의 규정

기본적으로 유엔헌장은 유엔과 전문기구의 관계를 매우 느슨하게 정의하고 있다. 유엔헌장 제57조 제1항은 정부 간 협정에 의해 설치되고 경제・사회・문화・교육・보건 분야 및 관련 분야에서 기본문서에 따라 광범위한 국제적 책임을 지는 각종 전문기구는 유엔과 제휴관계를 설정한다고 규정하고 있다. 제63조 제1항은 유엔의 경제사회이사회가 전문기구와 제휴관계를 설정하는 조건을 규정하는 협정을 체결할 수 있다고 하여 제57조 제1항을 구체화하고 있다. 이러한 규정들은 바로 이들 사이의 관계가 위계적인 것이 아니고 계약적이라는 것을 보여 준다.

유엔헌장은 기본적으로 유엔을 전문기구의 정책과 활동에 대한 조정자로서의 지위를 부여하고 있다. 즉 명백한 상하관계를 보였던 국제연맹과 전문기구의 관계와는 달리 유엔에게 전문기구보다 한 단계 높은 조정자로서의 지위를 부여하고 있다고 볼 수 있다. 이를 구체적으로 살펴보면 다음과 같다.

헌장 제58조에 따라 유엔은 전문기구의 정책과 활동을 조정하기 위해 권고를 할 수 있는 권한을 보유한다. 제62조 제1항은 경제사회이사회가 경제・사회・문화・교육・보건 분야 및 관련 국제사항에 대해 연구 및 보고를 하거나 발의할 수 있고 이러한 사항에 대해 전문기구에 권고할 수 있다고 규정하고 있다. 경제사회이사회는 또한 제63조 제2항에 의해 전문기구와의 협의・전문기구에 대한 권고・총회와 유엔 회원국에 대한 권고를 통하여 전문기구의 활동을 조정할 수 있다.

유엔헌장 제17조 제3항에 따라 총회는 전문기구의 행정예산(administrative

budgets)에 관해 일정한 권한을 보유한다. 구체적으로 전문기구의 재정약정(financial arrangements)과 예산약정(budgetary arrangements)을 심의하고 승인하며 당해 전문기구에 권고할 목적으로 전문기구의 행정예산을 검사할 수 있다. 이외에 제64조는 경제사회이사회가 전문기구로부터 정기보고를 받기 위해 적절한 조치를 취할 수 있는 권한을 인정하고 있다. 그러나 유엔헌장이 인정하고 있는 이러한 유엔의 권한이 제휴협정에 그대로 반영되고 있는 것은 아니라는 것에 주목해야 한다.

2) 전문기구의 기본문서의 규정

전문기구의 기본문서는 일반적으로 양자의 관계에 대해 상세한 언급을 하지 않고 기본조약의 범위 내에서 협력한다든가 혹은 유엔과의 제휴협정이 정하는 바에 따른다는 식으로 규정하고 있다.

3) 제휴협정의 규정

1946년 12월 14일에 가장 먼저 국제노동기구(ILO)·식량농업기구(FAO)·유네스코(UNESCO)가 유엔과 체결한 제휴협정이 효력을 발했으며 여타 전문기구의 제휴협정이 그 뒤를 이었다.

유엔과 전문기구가 개별적으로 체결한 제휴협정들은 크게 두 종류로 분류할 수 있다. 그 중의 하나가 세계은행(WB)·국제통화기금(IMF)·국제개발협회(IDA)·국제금융공사(IFC)·국제농업개발기금(IFAD) 등의 국제금융을 다루는 전문기구가 체결한 제휴협정이고 또 다른 것은 국제노동기구(ILO)를 위시한 그 밖의 전문기구가 체결한 제휴협정이다.

국제금융을 다루는 전문기구가 유엔과 체결한 제휴협정은 유엔헌장이 의도하고 있는 전문기구보다 한 단계 위에 있는 조정자로서의 유엔의 위상을 인정하지 않고 전문기구와 유엔과의 관계의 대등성에 중점을 두고 있다. 앞서 언급한 유엔의 권고할 수 있는 권한도 매우 제한적으로 인정하고 있을 뿐만 아니라 유엔의 행정예산에 대한 검사권도 부정되고 있다. 이와는 대조적으로 국제금융을 다루는 전문기구를 제외한 여타 전문기구는 유엔헌장이 의도하고 있는 국제기구 상호간의 관계를 인정하여 유엔의 권고 권한과 행정예산에 대한 검사권을 인정하고 있다.

그러나 이러한 차이에도 불구하고 이들 제휴협정들은 일정한 표준적인 규정을 공통으로 지니고 있다. 중요한 것 가운데 하나는 상호성의 원칙(principle of reciprocity)으로서 이들 제휴협정은 일련의 특권과 의무를 상호 인정하고 있다. 이러한 상호성의 원칙은 회의에의 참석·의제의 제안·문서와 정보의 상호교환·통계작업의 조정·공동 서비스에 대한 재원마련에 관한 규정에 적용되고 있다. 이와 더불어 경쟁적이거나 중첩되는 기관의 설립과 운영을 피하는 것이 바람직하다는 규정을 공통적으로 가지고 있다.

3. 유엔에 의한 조정활동[23)]

앞서 살펴보았듯이 유엔헌장 제58조는 유엔에게 전문기구의 정책과 활동을 조정하기 위한 권고권을 부여하고 제63조 제2항은 보다 구체적으로 경제사회이사회에게 전문기구와 협의할 수 있는 권한과 전문기구에 권고할 수 있는 권한을 통해 전문기구의 정책과 활동을 조정할 수 있는 권능을 부여하고 있다. 그러나 헌장 제60조는 유엔이 갖는 이러한 권한은 총회와 총회의 권위하에 경제사회이사회에 부과된다고 규정함으로써 총회에게 우월한 지위를 부여하고 있다.

1) 총회 산하의 조정기관

유엔총회(구체적으로 총회 제5위원회)는 산하에 조정기관으로서 행정·예산문제자문위원회(Advisory Committee on Administrative and Budgetary Question, ACABQ)와 합동감사단(Joint Inspection Unit, JIU)을 두고 있다.

ACABQ는 행정문제에 대한 자문을 하는데 여기에 유엔과 전문기구의 행정문제가 심의의 대상이 된다. ACABQ는 예산문제에 대해서도 자문을 하는데 구체적으로 유엔 전체의 예산안과 결산보고를 심의한 후 권고를 포함한 보고서를 작성하여 예산을 관장하는 총회 산하의 제5위원회에 보고한다. 또한 국제금융을 다루는 전문기구를 제외한 다른 전문기구의 행정과 예산문제도 심의해서 유엔총회에 제안을 한다.

---

23) 橫田洋三編著, 『國際機構論』(東京: 國際書院, 1994), pp. 155-157 참조.

JIU는 전문기구를 포함한 유엔체제에 속하는 국제기구들이 떠맡은 활동들이 가장 경제적으로 이루어지고 있는지와 가용한 자원들이 가장 효율적으로 이용되고 있는가를 조사할 수 있는 권한을 가지고 있다. JIU는 이처럼 효율성과 기금의 적절한 사용과 관련된 모든 일을 조사할 수 있는 권한을 가지며 적절하다고 판단하는 경우 사전통고 없이 전문기구를 포함한 유엔체제에 속하는 기구의 행정과 재정에 대해서도 조사와 감사를 할 수 있다. 또한 JIU는 경영을 향상시키고 기구 간에 좀 더 나은 조정을 할 수 있도록 개혁을 제안하고 권고를 할 수 있다.

JIU는 ACABQ가 심의하고 권고한 것과 총회의 결정을 받아 유엔 전체의 예산에 관해 감사하는 기관으로서 전문기구에 대해서는 앞서 언급한 유엔헌장 제17조 제3항에 근거하여 행정과 예산 문제를 감사한다. 여기서 언급한 JIU의 전문기구에 대한 권한은 모든 전문기구에 적용되는 것은 아니다. 앞서 ACABQ의 경우와 마찬가지로 국제금융을 다루는 전문기구를 제외한 전문기구에만 적용되는 한계를 여전히 가지고 있다.

2) 경제사회이사회와 총회 산하의 조정기관

유엔 경제사회이사회에 의해서 설립된 조정기관으로서 사업·조정위원회(Committee for Programme and Co-ordination, CPC)가 있다. 위원회의 이름 자체가 말해주듯이 이 기구는 사업조정을 위한 기관이다.

CPC는 구체적으로 중기 계획으로 정의된 유엔의 사업을 검토하고 사업들 사이에 우선적으로 실행되어야 할 것에 대한 순서를 권고하며 사업의 평가절차를 개발하고 활동의 중첩을 피할 필요성을 고려하여 사무국에 의해 제안된 사업에 대해 권고를 한다. 이러한 기능과 아울러 CPC는 유엔체제 내에 있어서의 경제사회이사회(ECOSOC)의 조정 기능을 돕는 역할을 한다.

간단히 말해 CPC는 경제적·사회적 개발 분야에서 유엔과 전문기구가 추진하는 각종 사업활동에 대한 검토와 조정 그리고 평가를 수행하며 이러한 과정에서 ACABQ와 협력을 하고 JIU와도 협의를 한다.

3) 유엔 사무국 내의 조정기관

유엔 사무국의 조정기관으로서 유엔·유네스코를 포함한 17개의 전문기구들 · 3개의 유엔 관련 기구(IAEA/WTO/IOM) · 유엔개발계획(UNDP)을 포함하여 유엔총회에 의해 설립된 12개의 기금과 프로그램들(Funds and Programmes)의 수장으로 구성되어 있는 유엔체제고위급조정이사회(CEB)가 있다. 2001년에 1949년부터 2000년까지 행정조정위원회(Administrative Committee on Coordination, ACC)라는 이름을 가지고 있던 조직이 개명된 것이다.

이 기구의 주된 기능은 국제기구 사무국들 상호 간의 조정이다. 구체적으로 위에서 언급한 기구들의 사무국 사이의 협정의 실시를 감독하고 이들의 활동이 충실히 조정되도록 하는 것이다. CEB는 통상 1년에 2회 정기적으로 앞서 언급한 사업 · 조정위원회(CPC)와 합동으로 만나 조정을 촉진한다.

하부에 주된 조직으로서 고위급 프로그램위원회(High-Level Committee on Programmes, HLCP) · 고위급경영위원회(High-Level Committee on Management, HLCM) · 유엔개발그룹(UN Development Group, UNDG)을 두고 있다.

4. 유엔과 국제금융을 다루는 전문기구의 관계

유엔과 국제금융을 다루는 전문기구의 관계의 사례로서 유엔과 국제통화기금(IMF)/세계은행(WB)의 관계를 살펴보면 다음과 같다.[24] 유엔헌장 제63조에 따라 IMF와 WB는 각각 유엔 경제사회이사회와 협정을 체결했으나 이러한 협정은 상징적인 성격이 강했다. 한 마디로 IMF와 WB 모두는 국제금융을 다루지 않는 다른 전문기구와 체결한 협정과 유사한 협정의 체결을 거부했다.

비록 WB는 경제사회이사회와 체결한 협정에서 WB가 유엔체제에 속하는 하나의 전문기구임을 선언했지만 그가 떠맡은 책임의 성격상 독립적인 국제기구로서 기능해야만 한다는 것을 기술함으로써 유엔과의 협력보다는 유엔으로부터의 독립을 강조했다. 이러한 것은 IMF에 있어서도 마찬가지였다.

따라서 이 두 국제기구는 위에서 살펴본 ACABQ · JIU · CPC를 통한 정부 간 수준과 CEB를 통한 사무국 수준에 있어서의 유엔의 실질적인 조정에 예속되지 않았다. 이 두 기구는 유엔이 필요로 하는 어떠한 정보도 제공하지 않으며 유엔에게 이 두 기구의 회의에 접근하는 것을 허용하지 않았다. 또한 이 두 기구는

---

24) South Center, *For a Strong and Democratic United Nations: a South Perspective on UN Reform* (Geneva: South Center, 1996), pp. 151-173.

이들의 예산관련 활동에 유엔이 관여하는 것을 허용하지 않는 등 유엔의 어떠한 결정으로부터도 구속되는 것을 원치 않았다. 이처럼 이 두 기구는 처음부터 유엔과 거리를 유지해 왔다.

이 두 국제기구와 이들을 장악하고 있는 선진국들은 유엔이 주도권을 가지고 제시하는 제안과 정책에 때때로 반응을 보여 국제개발협회(IDA)와 같은 개도국의 경제발전을 위해 자금을 제공하는 기구를 WB 내에 설치하기도 했다. 그러나 실상 IDA는 유엔이 주도적으로 유엔경제개발특별기금(Special United Nations Fund for Economic Development, SUNFED)을 설치하려는 것에 기선을 제압하려는 의도로 설치된 것이었다.

1964년에 유엔의 결의문에 의해 유엔무역개발회의(UNCTAD)가 설립되었다. 이는 자유무역을 실현하려는 선진국 중심의 국제기구인 관세 및 무역에 관한 일반협정(GATT)에 대항하기 위한 개도국 중심의 국제기구로서 이의 설립을 통해 유엔에 개도국을 위한 무역과 개발을 전문으로 하는 연구능력이 부여되었다.

또한 UNCTAD는 77그룹(G-77)으로 하여금 집단적인 행동을 취할 수 있는 정치적인 공간을 제공함으로써 유엔을 무역과 개발뿐 아니라 기타의 다른 문제영역에 있어서도 중심적인 위치에 놓이도록 했다. 이러한 결과로 유엔은 IMF · WB · GATT 등에 효율적인 대항세력이 어느 정도 될 수 있었다.

오랜 기간 동안 IMF와 WB는 유엔과 어느 정도 균형을 유지해 왔으나 1980년대에 들어서 이러한 균형은 IMF와 WB 쪽으로 기울기 시작했다. 냉전과 동서간의 갈등의 종식과 더불어 구소련 진영의 국가들이 이 두 전문기구에 가입하는 등의 주요한 정치적 · 이념적 변화로 인해 이 두 전문기구는 경제의 자유화와 규제의 폐지와 같은 그들이 추구하는 정책을 촉진할 수 있는 영역을 확대하게 되었다. 한편 이와는 대조적으로 개도국들은 외채에 시달리게 되었고 이들의 집단적인 영향력도 상당히 약화되었다.

IMF와 WB를 장악하고 있는 선진국들은 이 두 기구의 우월성을 강조하면서 이 두 기구로 하여금 개발을 비롯한 개도국의 문제를 다루는 데 큰 역할을 할 수 있도록 했다. 동시에 선진국들은 무역 · 화폐 · 재정 등과 같은 중요한 경제영역에서 유엔이 중요한 역할을 하는 것을 약화시키기 위한 여러 조치를 취했다.

그 결과 유엔은 인적 · 재정적인 자원을 많이 잃게 되었고 원하는 이슈의 의제화에 실패하는 등 일찍이 가지고 있던 능력을 상실했다. 구체적으로 유엔은 국제경제와 개발 문제에 관해 정치적인 무게와 영향력을 상실해 갔다. 선진국들로부터 풍부한 자원과 정치적 지지를 지원받는 IMF와 WB는 이들의 능력을 강화하고 전통적인 역할을 넘어서는 영역으로까지 활동영역을 확대했다. 선진국들은 의도적으로 유엔과 몇몇 전문기구에게 자원을 제공하기를 거부하고 많은 자원을 IMF와 WB에 제공함으로써 유엔뿐만 아니라 다른 전문기구와의 불균형을 심화시켜 나갔다.

그 결과 개도국들은 IMF · WB · GATT의 영향력 속으로 빠져들어 갔으며 선진국들은 경제적인 문제에 있어서의 유엔의 역할을 약화시키기 위해 전문기구의 하나인 유엔공업개발기구(UNIDO)와 유엔의 산하기구인 유엔무역개발회의(UNCTAD)와 지역경제위원회(Regional Economic Commission)의 폐지까지 강하게 요청하고 있다. 이러한 것들이 실현될 경우 선진국들은 아이디어 · 경제 분석 · 데이터의 편집 등에 있어서의 독점을 행사하게 된다.

유엔헌장은 유엔에게 세계 거시경제 정책과 전략의 형성과 실천에 있어서 중심적인 역할을 부여했다. 그러나 위에서 살펴본 바와 같이 IMF와 WB는 여전히 유엔체제로부터 분리되어 있을 뿐 아니라 유엔체제에 대항하고 있다.

이러한 것들이 유엔과 다변적인 국제금융기구 간의 효율적인 조정과 민주적인 대화의 가능성을 약화시키고 있으며 개발 문제 등에 관한 통합적인 접근을 곤란하게 하고 있다. 이를 위해 개도국들은 IMF · WB · 세계무역기구(WTO)가 유엔헌장 규정이 요구하고 있는 대로 유엔과 관계를 맺기를 강력하게 주장하고 있다.

제3장 유엔과 지역기구의 관계

1. 서　　론

지역기구(regional organizations)에는 유럽연합(EU)·아프리카연합(AU)·아랍국가연맹(LAS)·미주국가기구(OAS)·북대서양기구(NATO)·서유럽연합(WEU)·동남아국가연합(ASEAN)과 같은 기구들이 있다.

유엔헌장을 제정하는 과정에서 미국은 세계기구의 우월성을 강조하는 범세계주의(universalism)를 옹호했으나 중남미 국가들은 지역기구를 통한 국제평화와 안전 그리고 복지의 추구 등 지역의 자율성을 강조하는 지역주의(regionalism)를 주장했다.[25] 유엔헌장에 규정된 이들 사이의 관계는 이러한 두 주장 사이에 이루어진 타협의 산물이었다. 유엔헌장은 그러나 지역기구에게 국제평화와 안전이라는 역할만을 부여하고 경제적·사회적 역할은 부여하지 않았다는 특징을 지니고 있다.

2. 유엔헌장 규정

유엔과 지역기구 간의 관계를 설정하고 있는 유엔헌장 제8장은 지역기구가 유엔의 목적과 원칙에 일치하는 것을 조건으로 국제평화와 안전의 유지를 위해 존재하는 것을 인정하고 있다(제52조 제1항). 회원국들은 지역적 분쟁을 안보리에 회부하기 전에 지역기구를 통해 평화적으로 해결하도록 모든 노력을 다하여야 하며(제52조 제2항) 안보리는 지역기구에 의한 지역분쟁의 평화적 해결의 발달을 장려하도록 되어 있다(제52조 제3항).

안보리는 강제조치를 위해 지역기구를 이용할 수 있으며 안보리의 허가 없이 지역기구는 어떠한 강제조치도 취할 수 없다(제53조). 지역기구는 이미 착수한 행동이나 계획하고 있는 활동에 대해 안보리에 항상 충분히 통보하여야 한다(제

25) 범세계주의는 「국제주의(internationalism)」 혹은 「보편주의(universalism)」라고도 불린다.

54조).

헌장 제8장 이외에도 헌장 제33조 제1항 역시 국제평화와 안전의 유지를 위태롭게 할 우려가 있는 분쟁의 경우에 분쟁 당사자는 평화적 해결을 모색해야 하며 지역기구를 이러한 평화적 해결수단의 하나로서 언급하고 있다. 또한 헌장 제51조는 안보리가 필요한 조치를 취할 때까지라는 조건과 회원국이 취한 조치가 즉시 안보리에 보고되어야 한다는 조건하에 회원국의 개별적 또는 집단적 자위권을 인정하고 있다.

3. 지역기구와 평화유지활동

유엔헌장에는 평화유지활동(PKO)에 관한 규정이 전혀 없다. 따라서 평화유지활동 분야에 있어 유엔과 지역기구의 관계에 대한 직접적인 언급이 없다. 탈냉전 이후 평화유지활동은 북대서양조약기구(NATO)와 같은 지역기구의 역할에 보다 많은 중점을 두기 시작했다. 특히 보스니아에서의 평화유지활동과 관련하여 지역기구의 평화유지활동에의 역할이 활발하게 논의되었고 실제로 보스니아에 NATO군이 개입했는데 이는 지역분쟁은 가능하다면 지역기구에 의해 다루어져야 한다는 유엔헌장의 내용과 일치하는 것이다.

그러나 동아시아처럼 지역에 따라서는 이러한 역할을 담당할 지역기구 자체가 부재하는 경우가 있다. 그리고 지역기구가 존재한다 해도 평화유지활동을 다룰 능력과 전문기술 그리고 자원을 결하고 있는 경우가 있으며 더욱 문제가 되는 것은 현존하는 지역기구가 지역분쟁에서 공정성을 해치는 편파성을 보일 수 있다는 점이다.

이러한 문제점으로 인한 경계의 시각에도 불구하고 미주국가기구(OAS)・동남아국가연합(ASEAN)・아프리카연합(AU) 등과 같은 지역기구가 유엔의 평화유지활동의 일원으로서 어떠한 역할을 할 것이며 유엔과 어떠한 관계를 정립해야 하는가를 둘러싼 논의가 진행되어 도고 있다.

이러한 논의 가운데 지역기구의 평화유지활동에 대해 국가 간에 많은 이견이 노정되고 있다. 국가에 따라서는 유엔 안보리가 가장 중요한 역할과 책임을 한다는 전제하에 유엔헌장 제8장에 따라 평화유지활동을 위해 유엔과 지역기구 간의 관계를 강화해야 한다는 입장을 보이고 있다. 또 다른 일단의 국가들은 평화유지활동이 지역기구의 사용보다는 유엔 자체에 의해(특히 안보리의 권능에 의해) 이루어져야 한다는 것을 강조한다.

예컨대 중국은 아시아에서 동남아국가연합(ASEAN)이 아세안지역포럼(ARF)을 통해 지역의 안보관련 분쟁을 해결하려는 계획에 반대하고 있다. 간단히 말해 ASEAN의 지역안보 구상에 중국이 반대하고 있는데 이는 중국이 ARF가 강제력을 지닌 작은 유엔이 되어서는 안 되며 단지 대화의 장에 머물러야 한다는 입장을 견지하고 있기 때문이다.

4. 전 망

유엔과 지역기구 간의 협력과 조정은 유엔과 전문기구의 관계와 비교해 볼 때 미미한 초기단계에 머물러 있다. 유엔과 전문기구 사이에 체결된 제휴협정 같은 것이 체결된 적도 없고 또한 제휴협정의 체결이 헌장에 예정되어 있지도 않다. 또한 앞서 언급했듯이 유엔헌장은 평화와 안전의 역할을 하는 지역기구와의 관계를 규정하고 있으나 경제적 · 사회적 협력을 추구하는 지역기구와의 관계는 전혀 규정하고 있지 않다.

이에 따라 유엔은 통상적으로 결의안을 채택함으로써 경제적 · 사회적인 문제를 다루는 지역기구와 협력 및 조정관계를 갖는데 그치고 있다. 지역기구의 수가 증가하고 이에 따라 이들의 역할이 증대됨에 따라 지역기구와 유엔 간의 관계가 점차적으로 중요한 문제로 등장할 것으로 보인다.

제4장 유엔 보조기관과 전문기구의 관계

1. 서 론

앞서 언급했듯이 유엔과 전문기구 사이에 체결된 제휴협정은 경쟁적이거나 중첩되는 기관의 설립과 운영을 피하는 것이 바람직하다는 규정을 공통적으로 지니고 있다. 그러나 실제에 있어 유엔의 보조기관과 전문기구 간에 활동내용이 중첩되는 경우가 많다.

그 결과 이들 국제기구들 사이에 활동영역에 있어서의 경합이 흔히 발생하고 이들 사이의 조정의 필요성이 큰 문제로서 대두되고 있다. 여기에서는 이러한 관계의 예로서 유엔의 보조기관인 유엔개발계획(UNDP)과 전문기구들과의 관계를 살펴보고자 한다.

2. UNDP와 전문기구의 관계

개발원조 분야에서 활동하고 있는 국제기구들은 대단히 많다. 유엔의 보조기관으로는 가장 대표적인 유엔개발계획(UNDP)을 위시하여 경제사회이사회(ECOSOC) 산하의 지역경제(사회)위원회가 있다. 유엔공업개발기구(UNIDO)와 같은 전문기구와 더불어 세계은행(WB)·국제금융공사(IFC)·국제개발협회(IDA)와 같은 국제금융을 다루는 전문기구들도 개발원조 분야에서 활동을 한다. 아시아개발은행(ADB)·아프리카개발은행(AfDB)·미주개발은행(IDB)·유럽부흥개발은행(EBRD) 등과 같은 지역개발은행(regional development bank) 역시 개발원조 활동을 한다.

전적으로 개발원조를 위한 국제기구는 아니나 식량농업기구(FAO)·국제민간항공기구(ICAO)·국제노동기구(ILO)·국제해사기구(IMO)·국제전기통신연합(ITU)·유네스코(UNESCO)·만국우편연합(UPU)·세계보건기구(WHO)·세계기상기구(WMO)와 같은 전문기구 역시 개발원조 활동에 관여한다.

유엔체제에 속하면서 국제개발원조 활동을 하는 국제기구들 가운데 기금조달기구(funding organization)인 유엔개발계획(UNDP)과 이 국제기구의 재정적 지원하에 각종 프로그램과 프로젝트를 집행하는 집행기구(executing organization)로서의 유네스코(UNESCO)를 위시한 각종 전문기구들 사이의 상호관계가 어떻게 수립·성장·쇠퇴하였는가를 살펴보면서 현재의 국제개발원조체제의 분권화를 살펴보고자 한다.[26)]

기금조달기구와 집행기구는 상호 보완적인 필요에 의해 상호관계를 수립했다. 구체적으로 기금조달기구로서는 집행기구가 가지고 있는 프로그램과 프로젝트를 집행하는 전문적인 지식과 경험이 필요했고 집행기구로서는 이러한 것들을 집행하기 위한 재정이 필요했기 때문에 서로의 필요에 의해 상호관계가 수립되었다.

출발 당시 기금조달기구인 UNDP는 재정의 독점적인 공급을 통하거나 아니면 집행기구의 예산을 자신의 예산체계로 통합시켜 집행기구인 전문기구들을 그들의 통제하에 두려고 했다. 그러나 자율성 보존을 기본적 목표로 하는 집행기구의 반발 속에서 평등한 상호조직 간의 관계로 출발했다.

이러한 국제기구들이 개발원조 분야에서 함께 활동함으로써 기구 간 활동의 조정이라는 것이 중대한 문제로서 부각되자 우선 유엔 사무국 내에 행정조정위원회(ACC)를 설치하여 유엔과 전문기구의 조정을 꾀했다.[27)] 그러나 ACC는 종종 전문기구들에 의해 자신들의 이익을 옹호하는 기관으로 이용되었다. 비록 ACC의 의장이 유엔 사무총장이었지만 전문기구의 사무국의 수장은 사무총장과 상하관계가 아닌 동격의 위상을 가지고 있었기 때문이었다.

기금 제공국들은 기금조달기구인 UNDP에 기금을 제공함으로써 자신들이 제공한 기금이 어떤 목적에 사용될 것인가에 직접적으로 관여하지 않았으며 기금제공으로 인한 특별한 대우를 받지 않았다. 이로써 기금 제공국들은 개발원조 분야에 있어서의 전통적인 다자주의(multilateralism) 원칙에 비교적 충실하였다.

UNDP에 대한 전문기구들의 재정적 의존도가 높아짐에 따라 이들 사이의 상호관계는 본래의 평등한 관계에서 불평등한 관계에로의 큰 변화를 겪었다. 기금조달기구는 집행기구의 재정적 의존을 이용해 집행기구를 그들의 통제하에 두는 것을 목표로 하는 중앙집권화를 시도했다. 즉 UNDP는 자신을 중심으로 하여 분

26) Jae-Young Park, *Organizational Autonomy, State Sovereignty and Decentralization in International Development Aid* (Dissertation, Northern Illinois University, 1992).

27) ACC는 후일 CEB로 명칭이 변경되었다.

권화되어 있는 국제개발원조체제를 중앙집중화하여 자원의 효율적인 배분을 꾀하고자 했다.

유엔체제의 개발원조 분야의 이러한 중앙집중화는 1969년 잭슨 보고서(Jackson Report)의 발표와 더불어 본격적으로 추진되었다. 1970년에는 개발원조 분야에 있어서의 UNDP의 지도적인 역할을 인정하는 「합의 결의문(Consensus Resolution)」이라고 불리는 결의문이 유엔총회에서 통과되었다.

전문기구들의 저항에도 불구하고 잭슨 보고서가 제안한 중앙집중화의 조치 가운데 일부가 실행에 옮겨졌으며 UNDP가 기금을 제공하는 개발원조 프로그램 활동의 조정을 위한 국별 프로그램(Country Program)이 1970년부터 시행되었다. 국별 프로그램은 특정 국가에 있어서 유엔이 기금을 제공하는 프로젝트들을 통합적으로 운영하기 위한 것으로서 이 계획을 통해 개개 국가에 파견되어 있는 UNDP의 상주대표(Resident Representatives)가 개개 국가에서 전개되고 있는 UNDP 프로그램의 총체적인 책임을 지고 유엔과 전문기구 활동의 조정자(coordinators)가 되어 일단의 전문기구의 대표들을 이끌어 나가게 되었다. 나아가 UNDP는 자신이 기금을 제공하는 프로젝트를 집행하는 전문기구들과 협정을 체결하여 개발원조 분야에 있어서의 UNDP의 지도적인 역할을 공식화하고자 했다.

이러한 일련의 조치에 대항하여 집행기구인 전문기구들은 위협받고 있는 자율성을 확보하는 하나의 방책으로서 재정적 자원을 자체적으로 확보하여 기금조달기구인 UNDP에 대한 의존도를 줄이고자 했다. 이러한 노력의 일환으로 집행기구들은 기금 제공국들에게 기금제공과 관련하여 영향력과 주권적 권리의 행사를 가능하게 하는 기금조달 제도(funding arrangement)를 신설했다. 이러한 새로운 기금조달제도 중에서 「신탁기금(trust funds)」이라는 특별 목적 기금(special-purpose funds)이 가장 대표적인 경우이다.[28] 이러한 신탁기금은 다음과 같은 특징을 지닌다.

신탁기금은 다자적인 국제기구가 기금을 위탁 관리하며 기탁국가를 대신하여 프로그램과 프로젝트를 집행한다는 점에서 다자원조(multilateral aid) 성격을 지닌다. 이와 동시에 기탁국가가 수혜국가(recipient country)와 용도를 지정하여 국제기구에 기금을 맡긴다는 점에서 양자원조(bilateral aid)의 성격도 동시에 지니고 있다.

28) 신탁기금에 대한 자세한 설명은 제11부 제1장 국제기구의 수입 부분을 참조하시오.

이 당시 개발원조 국제기구인 UNDP에서 개도국들에 의해 더 많은 기금제공 압력을 받으면서 그들이 제공한 기금에 대해 제한된 영향력만을 행사할 수 있었던 기금 제공국들에게 이러한 쌍무적인 성격을 가지고 있는 신탁기금을 위시한 특별 목적 기금은 커다란 반향을 불러일으켰다. 집행기구로서의 전문기구들은 이러한 쌍무적인 성격의 프로그램과 프로젝트를 기금 제공국들을 대신해 집행해 주면서 그에 소요되는 간접비용(overhead costs)까지도 기금 제공국들에 부과시키지 않고 그들 스스로의 정규예산에서 충당하는 등 이례적이고 파격적인 방법으로 주권국가들을 유인했다. 이로 인해 기금 제공국들은 이제까지 주로 UNDP와 같은 다목적 기금조달 기구를 통해 제공해 온 기금의 비율을 대폭 줄이고 대신에 전문기구의 신탁기금과 같은 특별 목적 기금에의 기금 비율을 대폭 증가시켜 나갔다.

이는 기금 제공국들이 1970년에 합의 결의문을 통해 그들의 재정적 자원 대부분을 UNDP에 제공하여 UNDP를 중심으로 한 중앙집중적인 국제개발원조체제를 수립할 것에 동의한 약속과는 정면 배치되는 것으로서 그들의 규범적 선언과 실질적인 국익추구 사이의 괴리를 보여 주는 사례이다. 대외원조에 있어서 전통적으로 UNDP라는 다목적 기금조달 기구에 예외적으로 높은 비율의 기금을 제공해 온 스칸디나비아 국가들도 같은 경향을 보여 주었다.

이처럼 UNDP로부터 기금을 받아 UNDP가 의뢰한 프로그램과 프로젝트를 집행해 온 전문기구들이 스스로 기금조달을 모색함으로써 기금조달 기구의 영역을 침범하자 기존의 기금조달 기구인 UNDP는 정체성의 위기에 직면하게 되었다.

이러한 위기를 극복하기 위해 UNDP는 국제개발원조체제를 분권화시킨다는 이유로 신랄하게 비판하고 거부해 온 전문기구들의 신탁기금과 같은 기금제공 창구를 만들어 전문기구와 치열한 기금 유치경쟁을 벌이는 자기모순을 보였다. 기금조달 기구인 UNDP는 또한 전문기구들이 자체의 기금조달 창구를 만들어 자신의 영역을 침범한 것에 대응하여 스스로도 프로그램과 프로젝트를 집행함으로써 전문기구의 전통적인 영역을 침범하였다.

이와 같은 고유영역의 상호침범은 서로의 불신을 증폭시켰으며 이는 결국 각기 다른 기구를 통한 각기 다른 독자적인 개발원조의 추구로 이어져서 국제개발원조체제의 분권화를 초래했으며 이러한 경향을 가속화했다.

결론적으로 말해 국제체제에 있어서 중앙집중화의 시도는 특정 국제기구의 독립성과 주권국가의 자율성을 위협했으며 이러한 위협에 국제기구(즉 전문기구)와 주권국가(즉 선진 개발원조 공여국)가 공동으로 대처함으로써 전통적인 다변주의에 쌍무적인 요소의 침투를 가져오는 등 다변주의의 성격을 변질시켰으며 나아가 본래의 의도인 중앙집중화와는 정반대인 분권화를 초래했다.

제5장 전문기구와 지역기구의 관계

1. 서　　론

전문기구와 지역기구들도 상호작용을 한다. 비슷한 영역에서 활동하는 다른 국제기구들과 마찬가지로 이들 사이에도 경합과 보완의 관계가 존재한다. 여기서는 전문기구와 지역기구의 관계의 일례로서 아프리카의 개발을 위해 활동하고 있는 보편적인 국제기구로서의 세계은행(WB)과 지역기구로서의 아프리카개발은행(AfDB)의 상호관계를 살펴보고자 한다.[29)]

2. 세계은행과 아프리카개발은행의 관계

세계은행과 아프리카개발은행은 모두 개도국에 대한 개발원조를 담당하는 국제금융기구라는 면에서 공통점을 가지기 있다. 그러나 이들 사이에는 경제발전에 관한 이론적 시각에 있어서의 차이와 물질적 자원에 있어서의 차이가 존재하고 두 조직이 계서적인 관계에 있다는 위상에 있어서의 차이가 존재하며 이러한 차이가 갈등의 요인으로 작용한다.

구체적으로 WB는 아프리카의 저개발 문제를 국내적인 요인으로부터 기인하는 것으로 보고 국내정책의 개혁이 아프리카 개발에 필수적이라는 입장을 견지했다. 이에 반해 AfDB는 서구에서 교육을 받은 구성원들 중 서구의 자유시장적 접근을 옹호하는 일파와 아프리카의 특성에 맞는 접근방법을 옹호하는 일파가 내부적으로 긴장관계를 갖는 등의 이유로 해서 저개발 문제에 대해 모호한 입장을 가졌다.

이 두 기구는 또한 재정적 자원 · 능력 있는 요원 · 연구시설 면에서 큰 차이

29) Karen A. Mingst, "Inter-organizational politics: the World Bank and the African Development Bank," *Review of International Studies*, Vol. 13, No. 4 (October 1987), pp. 281-293.

가 있었다. 즉 AfDB는 WB와 견주어 이런 면에서 아주 열악했으며 그 결과 두 기구 사이의 불평등이 심화되었고 AfDB의 WB에 대한 의존이 가속화되었다. 자원과 경험 면에서 우월한 WB가 AfDB의 트레이너의 역할을 하는 등 실질적으로 AfDB에 대해 지도적인 역할을 함으로써 AfDB의 의존적인 위치가 심화되었다. 이로부터 두 기구 간에는 계서(hierarchy)가 존재한다는 인식이 강화되었다. 그 결과 한 예를 들자면 아프리카 국가들은 WB의 대출금을 먼저 상환하고 난 후에야 비로소 AfDB의 대출금을 상환하곤 했다.

이 두 조직은 위와 같은 차이와 불평등으로 인해 갈등을 경험했으나 갈등만이 이들 두 조직의 관계의 특징은 아니었고 실제에 있어서 협력도 존재했다. 협력이 존재할 수 있었던 것은 상호 보완적인 요소로서 상대방이 가지고 있지 않은 강점을 서로가 보유하고 있어 이들 사이에 상호성이 있는 교환이 가능했기 때문이다.

우선 AfDB는 WB의 풍부한 경험으로부터 많은 도움을 받을 수 있었다. WB 측에서는 AfDB가 지역적 국제기구로서 아프리카 사람들로부터 상당한 정도의 정통성을 향유하고 있어 아프리카 국가 정부와의 관계에 있어서 유용한 중개자의 역할을 할 수 있었다는 것으로부터 도움을 받을 수 있었다. 구체적으로 WB는 아프리카 국가들의 저개발 문제의 극복을 위한 방책으로 정책개혁을 주장했고 아프리카 국가들은 이에 대해 비판을 가했으나 AfDB가 중간에서 이를 무마해 주었다. 또한 WB가 아프리카 국가들에 대해 차관 등을 제공하면서 부과하는 이행조건(conditionality)을 완화하는 역할을 AfDB가 하기도 했다.

이러한 갈등과 협력의 과정에서 AfDB는 역외 회원(non-regional members)을 불러들여 재정적인 자원을 증가시키기 위한 노력을 하는 등 WB의 의존으로부터 독립하려는 시도를 했다. 또한 AfDB의 정체성을 위해 WB와는 구별되는 이념적 경향과 정책적 경향을 반영하는 정책을 채택하기도 하는 등 AfDB는 여러 방면에서 혁신적인 정책들을 기꺼이 실행하고자 노력했다. 또한 AfDB는 WB와 비교하여 자신의 정향(orientation)이 대다수의 아프리카 국가들의 정향과 좀 더 일치한다는 점을 통해 최소한 상징적으로나마 WB와 자신을 분리시키고자 했다.

AfDB가 WB의 의존으로부터 벗어나려는 이러한 노력은 이들 두 조직 간의 관계에 긍정적으로 영향을 미쳐 WB는 점차적으로 AfDB를 아프리카에 있어서의 다변적인 개발은행을 위한 정통성의 매개체(legitimizing agent)로 간주해 나갔다.

제6장 전문기구 간의 관계

1. 서 론

전문기구들 사이에도 경합과 협력의 관계가 존재한다. 유엔의 보조기관과 전문기구의 관계에서 발생하는 활동의 중첩보다는 정도 면에서 덜하나 이들 사이에도 활동의 중첩이 발생한다. 국제금융을 다루는 전문기구들을 제외한 전문기구들 사이의 관계는 앞서 살펴본 유엔의 총회 · 경제사회이사회 · 사무국의 조정기관에 의해 어느 정도 조정이 되나 전문기구들의 독자성 추구는 잘 알려져 있다.

전문기구 간의 관계의 예로서 이들 유엔 조정기관의 손길이 미치지 않고 있는 세계은행(WB)과 국제통화기금(IMF)의 관계를 살펴보고자 한다. 국제금융 분야의 전문기구인 이 두 국제기구의 관계를 살펴봄에 있어서 이 두 기구 간에 활동영역이 어떻게 구분되어 있었으며 이러한 구분이 시간이 지남에 따라 어떻게 모호해져 왔고 이러한 두 기구 간의 관계가 개도국에게 어떠한 영향을 미치는가를 살펴보고자 한다.[30]

2. 세계은행과 국제통화기금의 관계

브레턴우즈체제(Bretton Woods System)를 이끌어 나갈 국제기구를 설립할 당시 WB와 IMF라는 두 기구를 독립하여 별도의 기구로서 설립할 것인지 아니면 하나의 국제기구로 통합하여 설립해야 할 지 많은 논란이 있었다. 그러나 하나의 기구로서 통합될 경우 효율성이 상실되기 쉽고 권력이 지나치게 집중되기 쉬우며 잘못된 판단을 내릴 경우 큰 대가를 치를지 모른다는 논리가 우세하여 결국 두 국제기구가 별도로 설립되게 되었다.

---

30) Richard E. Feinberg, "The Changing Relationship Between the World Bank and the International Monetary Fund," *International Organization*, Vol. 42, No. 3 (Summer 1988), pp. 545-560 참조.

초기에 이 두 기구 간에는 영역이 구별되어 있었다. 즉 IMF는 거시경제적인 개혁을 지원하기 위한 단기의 안정화 프로그램(short-term stabilization programs)에 중점을 두고 국제수지의 불균형을 시정하기 위한 단기성 차관을 신속히 제공하는 것을 주된 과업으로 했다. WB는 보다 장기적인 관점에서 경제개발을 위해 필요한 자본집약적인 생산적인 사업과 개혁 프로그램을 위한 차관을 제공하는 것을 주된 목표로 했다.

이러한 영역의 분할은 상대적으로 좋은 세계경제 상황하에서 개도국들의 성장이 가능했던 1960년대에는 비교적 잘 지켜졌고 1966년에 이들 사이에 교환각서를 통해 독자적인 영역을 명확하게 했다. 그러나 1970년대에 들어서 고정환율제가 붕괴되고 1973년에 제1차 오일쇼크가 발생하면서 개도국에게 불확실하고 어려운 국제상황이 전개되자 IMF는 국가들이 저성장과 취약한 국제수지 상황에 면해 있고 생산과 교역에 있어서 구조적인 문제점으로 말미암아 심각한 국제수지의 불균형을 겪고 있음에 주목하기 시작했다.

IMF는 개도국의 지속적인 국제수지 적자가 일시적인 현상이 아닌 구조적인 문제라는 인식하에 개도국의 국제수지의 어려움을 해결하기 위해서는 보다 근원적으로 개도국의 구조조정에 대한 지원을 해야 한다고 생각하기 시작했다. 이에 따라 IMF는 장기적인 국제수지의 개선을 위해 개도국에게 구조조정을 위한 중기 자금을 제공하기 시작했으며 이러한 IMF의 구조조정에 대한 지원은 단기적으로 국제수지의 불균형을 완화시키는 것을 주목적으로 하던 IMF에 있어서 커다란 변화였다. 구체적으로 IMF는 1974년에 개도국의 구조조정을 위한 중기 안정화 프로그램(medium-term stabilization program)을 위해 확대신용금융(Extended Fund Facility, EFF)을 설립했다. 이러한 IMF의 영역의 확장은 WB의 영역을 침범하는 것으로서 이들 사이에 지켜져 오던 영역의 구별을 모호하게 만들었다.

이러한 영역 간의 충돌은 1979년 WB가 제2차 오일쇼크에 대응하여 심각한 국제수지 문제와 채무위기로 개발을 지속하기 힘든 개도국에 대해 국제수지의 적자 폭을 완화하기 위한 구조조정에 필요한 자금인 소위 구조조정 차관(Structural Adjustment Loan, SAL)을 제공하면서 심화되었다. 이는 국제수지 적자의 구조적인 문제를 해결하기 위한 중기의 구조조정 차관으로서 WB정책에 있어서의 커다란 변화를 의미했다. WB는 전통적으로 특정의 개발 프로젝트에 대한 지원을 해왔는데 이러한 구조조정 차관은 구체적인 프로젝트가 아닌 국제수지의 개선을 위한

차관이었기 때문이다.

IMF와 WB 두 국제기구의 영역의 확장과 이로 인한 영역의 중첩은 IMF가 1986년에 최저개발국(최빈국)을 위한 구조조정기금(Structural Adjustment Facility, SAF)과 1987년에 강화된 구조조정기금(Enhanced Structural Adjustment Facility, ESAF)을 설립하면서 더욱 더 문제가 되었다. 구체적으로 노력의 중첩 · 관료들 사이의 갈등 · 전문적인 지식의 낭비와 같은 문제를 야기했다.

한편 이들 사이의 영역의 중첩은 이 두 기구의 스탭들 사이의 협력을 증대시킨 것도 사실이다. 특히 동일한 지역에서 일하는 스탭들은 상대방의 회합에 참여한다든가 자신들의 생각에 대한 코멘트를 구한다든가 하는 일이 빈번하게 발생했다. 이러한 영역의 중첩이 가져온 이들 사이의 협력은 다음과 같은 교차이행조건(cross-conditionality)의 가능성을 증대시켰다.[31)]

두 국제기구의 스탭들이 자주 면밀하게 협의를 진행하여 정책적인 입장을 조율하고 공동의 입장을 견지함으로써 어떤 국가가 이들 중 어떤 한 기구로부터 자금을 필요로 하는 경우에 이 두 기구 모두를 만족시켜야만 했다. 또한 IMF가 차관을 제공하거나 WB가 차관을 제공할 때 상대방 기구가 차관을 필요로 하는 국가가 지불능력이 있다고 판단하는가에 따라 차관제공 여부를 결정함으로써 결국 차관을 제공받으려는 국가는 이들 모두를 만족시켜야만 했다. 예컨대 IMF로부터의 차관이 가능하려면 WB로부터도 동의가 있어야 한다.

두 국제기구는 영역의 중첩을 피하기 위해 여러 차례의 협의를 거쳐 IMF는 주로 차관을 제공받는 국가의 거시경제 정책조정(macroeconomic policy adjustment)을 지원하고 WB는 산업 부문과 무역 부문 그리고 농업 부문 등에 있어서의 미시경제 정책조정(microeconomic policy adjustment)을 지원하도록 역할 분담을 했다.

또한 두 기구는 개도국의 경제개혁을 위해 공동 협의단을 파견하고 이사회에 직원을 상호 참여시키는 등 개도국 지원에 있어서의 중복 지원을 피하고 정책자문에 있어서의 일관성을 유지하기 위한 노력을 행하고 있다. 그럼에도 불구하고 개도국의 경제발전을 위한 두 기구의 지원은 중복되고 있다. 이런 저런 이유로

31) 교차이행조건(cross-conditionality)이란 이들 두 국제기구가 차관을 제공하면서 충족시켜야 할 조건(conditionality)을 부과하는데 이들이 내거는 조건 간의 연계(linkage)를 의미한다. 차관을 제공하는 이들 두 기구가 일종의 카르텔을 형성하게 되면 협상 상황에 있는 개도국에게 부당한 압력을 가하는 것이 될 수 있다.

두 기구는 통합되어야 한다는 주장도 제기되고 있는 현실이다.[32)]

32) 조윤제, “세계은행 그룹,” 윤영관 · 황병무 외 『국제기구와 한국외교』(서울: 민음사, 1996), pp. 372-374.

제13부

국제기구와 NGO의 관계

제1장 국제기구와 NGO 관계 일반
제2장 유엔과 NGO의 관계
제3장 전문기구와 NGO의 관계
제4장 지역기구와 NGO의 관계
제5장 WTO와 NGO의 관계
제6장 국제기구와 NGO 관계의 이론

제1장 국제기구와 NGO 관계 일반

국제기구들은 NGO와의 다양한 관계 설정을 통해 NGO에게 다양한 지위를 부여해 오고 있다. 이들 국제기구들이 NGO에게 부여하는 지위는 기구에 따라 다르며 같은 기구라 하더라도 NGO에 따라 부여하는 지위를 달리하기도 한다. 또한 유엔의 경우에서 보듯이 동일한 기구 내에서도 경제사회이사회(ECOSOC)와 같은 특정 기관만이 NGO에게 협의지위를 부여하고 총회나 안보리와 같은 다른 기관들은 이러한 지위를 부여하지 않는 경우도 있다.

국제기구가 NGO에 부여하는 다양한 지위를 연장선(continuum)상에 배열한다면 연장선의 한 극단에 아무런 공식적인 관계를 부여하지 않은 채 비공식적인 관계만을 가지고 있는 국제기구를 위치시키고 또 다른 극단에 유엔에이즈계획(UNAIDS)의 경우처럼 비록 투표권이 주어지지는 않으나 중요한 의사결정이 일어나는 기관의 공식적인 구성원으로서 의사결정에 참여할 수 있는 권한이 부여되는 국제기구를 위치시킬 수 있다. 대부분의 국제기구들이 NGO에 부여하는 지위는 이러한 양 극단 사이의 어딘가에 위치하고 있다고 볼 수 있는데 다수의 국제기구들은 NGO에게 투표권을 가지는 의사결정권을 부여하지 않는 가운데 협의지위(consultative status)를 부여하는 것이 일반적이다.

여기에서는 다양한 국제기구들이 NGO와 어떠한 관계를 맺어 오고 있고 이러한 관계가 어떻게 변화하고 있는가를 살펴보고자 한다. 본격적으로 이러한 관계들을 탐구하기 전에 국제기구와 NGO가 관계를 갖는 배경과 이러한 관계의 일반적인 특성에 대해 살펴보고자 한다.

1. 관계의 배경

국제기구는 NGO와 더불어 바람직한 국제사회의 미래에 대한 비전을 공유하고 있다고 볼 수 있지만 이들은 명백하게 구별되는 나름의 능력(competence)을 보유하고 있다. 여기에서는 이 두 행위자 사이에 설정되는 관계의 특징을 이해하기 위한 기초로서 우선적으로 이 두 행위자가 상대방과 비교하여 지니고 있는 장단점을 살펴보고자 한다.

1) 국제기구의 장단점

국제기구는 NGO와 비교하여 재정적 기반이 좀 더 튼튼하고 좀 더 큰 규모의 프로그램이나 프로젝트를 집행할 수 있는 기술적인 전문성과 경영 관리의 전문성을 보유하고 있다. 국제기구가 NGO와 대비하여 지니는 보다 중요한 장점이란 국제기구는 이들이 지니고 있는 국제적인 지위와 다른 국제적인 행위자들과의 긴밀한 유대로 인해 국가 정부에 의해 쉽게 배척될 수 없다는 점이다. 총체적으로 국제기구는 NGO에 비해 중요한 전 지구적인 이슈에 국제적인 관심을 집중시키고 해결하는 데 있어서 좀 더 준비가 잘 되어 있다고 볼 수 있다.[1] 그러나 국제기구는 정당성(legitimacy)의 결여를 단점으로 한다. 이러한 정당성의 결여는 민주성의 결여 · 책임성의 결여 · 투명성의 결여 등으로부터 유래된다고 볼 수 있다. 이러한 단점을 좀 더 세밀하게 살펴보면 다음과 같다.

우선 국제기구는 민주성(내부의 민주적 과정과 대표성)을 결여하고 있다. 유엔의 안보리에서 회원국에 의해 선출되지 않은 상임이사국 5개국만이 거부권과 같은 특별한 권리를 행사하며 국제통화기금(IMF) · 세계은행(WB) · 세계무역기구(WTO)와 같은 국제경제기구들은 소수의 선진국에 의해 지배되고 있어 내부의 민주적 과정이 취약하다.

또한 국제기구에서는 국제사회를 구성하고 있는 광범위한 일반 대중들에 의해 선출된 대표자들의 참여가 배제된 가운데 정부대표들에 의해 의사결정이 이루어진다는 의미에서의 대표성의 결여되어 있을 뿐 아니라 유엔 회원국의 대부분이 개도국인데 반해 상임이사국 5개국의 분포를 보면 중국을 제외하고는 모두 선진국에 속한다는 의미의 대표성도 결하고 있다.

이러한 민주성의 결여와 더불어 국제기구들은 일반 대중들의 의사에 따라 권력을 행사하지 않을 경우 이러한 권력의 남용을 막을 수 있는 효과적인 기제를

---

1) Thomas G. Weiss and Leon Gordenker, eds., *NGOs, the UN, and Global Governance* (Boulder and London: Lynne Rienner Publishers, 1996).

제대로 가지고 있지 않다는 의미에서 책임성을 결하고 있다. 또한 자원의 사용과 의사결정 및 거버넌스에 있어서 투명성이 결여되어 있다는 단점을 가지고 있다.

2) NGO의 장단점

NGO가 국제기구와 대비하여 가지게 되는 장단점에 초점을 맞추어 살펴보면 다음과 같다. NGO는 전통적인 장점인 융통성·헌신·단일 이슈에 대한 집중·지역 공동체와의 긴밀한 유대·행동의 자율성을 기반으로 정부나 국제기구의 정책을 지지하거나 반대하는 여론을 동원할 수 있고 정부나 국제기구의 책임성을 제고하기 위해 정보를 만들어 낼 수 있으며 국제규범을 창출하고 강화시킬 수 있다. 이와 더불어 NGO는 교육을 통해 세계시민의 힘을 강화시킬 수 있고 위험하거나 논쟁적인 활동에 참여할 수 있으며 정부나 국제기구가 제공하기를 주저하거나 제공할 능력이 없는 서비스를 제공할 수 있다.

예외가 없는 것은 아니지만 NGO는 일반적으로 다음과 같은 단점 역시 지니고 있다. NGO는 통상적으로 작은 규모를 지니며 종종 다른 NGO들과 중첩된 활동을 수행하기 쉽고 재정적으로 취약하기 때문에 종종 자국이나 외국의 기금 제공자에 의존하거나 기금 조성을 목적으로 한 프로그램이나 프로젝트에 의존하지 않을 수 없다. 보다 심각한 단점은 NGO의 경우 일반적으로 정부의 동의가 존재해야 활동이 가능하다는 점이다. 따라서 만약 NGO가 관여하는 프로그램이나 프로젝트가 정권의 정통성이나 통제력에 위해가 된다고 인식될 경우 정부는 NGO(국내 NGO와 국제 NGO)를 불신하거나 활동을 하지 못하도록 할 수 있다.

2. 관계의 일반적 특성

국제기구는 NGO와 협력적인 관계·적대적인 관계·경합적인 관계 등 다양한 관계를 가진다. 적대적인 관계의 사례로서 NGO가 국제기구에 의해 추진되던 다국간투자협정(MAI)을 무산시킨 것을 들 수 있다. 경합적인 관계의 사례로서 NGO가 대인지뢰금지협약의 체결 과정에서 주도적인 역할을 하고 유엔이나 유엔의 보조기관인 유엔아동기금(UNICEF)과 같은 국제기구가 오히려 부차적인 역할을 한 것을 들 수 있다. 여기에서는 국제기구와 NGO의 협력적 관계에 중점을 두고 이러한 관계가 가져다주는 상호이익이 무엇인가와 더불어 이러한 협력적 관계의 한계를 살펴보고자 한다.

1) 협력적 관계의 상호이익

각기 다른 장단점을 보유한 국제기구와 NGO의 협력은 구체적으로 다음과 같은 상호이익을 가져온다. 우선 국제기구의 관점에서 볼 때 국제기구의 정책결정 과정에 NGO를 직간접적으로 참여하도록 함으로써 국제기구에 있어서의 합의도출을 돕는다. 예컨대 환경이나 인권 분야에서 활동하는 선진국의 NGO은 물론 개도국의 NGO까지 가세하여 환경이나 인권 분야에서의 개선을 거부하거나 소극적인 개도국에게 압력을 가함으로서 국제적인 합의에의 도달을 도울 수 있다. 또한 NGO들은 국제기구를 통해 도출된 국제적인 합의의 국내적 이행을 감시함으로써 합의의 준수를 보다 용이하게 할 수 있다. 국제기구는 또한 의사결정 과정에 NGO의 대표의 참여를 허용하여 시민사회의 의사를 반영할 수 있는 기회를 제공함으로써 이로부터 이루어진 결정의 정당성을 확보하게 된다.

NGO의 관점에서 볼 때 NGO는 국제기구에의 참여를 통해 다른 NGO들과의 초국적인 연대를 형성할 수 있을 뿐 아니라 자문이나 구두 발언 혹은 서면진술 등을 통해 정부대표들에게 영향력을 행사함으로써 추구하는 목표를 보다 수월하게 달성할 수 있다. 또한 NGO들은 국제기구로부터 협의지위나 공인지위를 획득하여 국제적인 위상을 제고함으로써 국내적인 정치적 탄압에 쉽게 노출되지 않을 수 있게 된다.

2) 협력적 관계의 한계

NGO의 능력에 대한 광범위한 인정에도 불구하고 그들의 활동에 NGO를 현재 이상으로 좀 더 깊이 관여시키고자 하는 국제기구는 별로 없다. 국제기구의 국가 중심적인 설립헌장 등은 다음에서 보듯이 여전히 국제기구의 활동과 의사결정에의 NGO 참여를 제한하고 있다.

소수의 국제기구에 국한된 것이기는 하나 이익단체와 기업의 경우 투표권을 비롯한 다양한 공식적인 권한을 갖고 국제기구 활동에 참여하고 있다. 그 대표적인 예로서 전문기구의 하나인 국제노동기구(ILO)를 들 수 있는데 ILO는 고용주

단체와 노동자 단체로 하여금 정부대표와 함께 참여하여 협의 이상의 투표권까지 행사하는 것을 허용한다.

또 다른 전문기구인 국제전기통신연합(ITU)의 경우는 전기통신업의 기업들을 협의지위 이상을 부여하여 참여시키고 있다. ITU는 정부 행위자들과 더불어 통신망 운영자·서비스 제공자·장비 제조자·과학 조직과 기술 조직·재정금융기구·개발조직 행위자들 사이의 협력을 육성함으로써 전기통신망의 발전과 전기통신 서비스에의 접근을 촉진하는 역할을 수행한다.

이러한 역할을 수행하기 위해 ITU는 회원국(member state) 이외에 ITU의 무선통신 부문·표준화 부문·개발 부문 가운데 하나 혹은 그 이상의 부문에 참여하는 부문회원(sector member)과 ITU의 부문 내에 특정 연구 그룹(study group)에 참여하는 준회원(associate member) 그리고 대학이나 연구소와 같은 학술회원(academia member)이라는 4종류의 회원을 두고 이들에게 각기 다른 의무와 권리를 부여하고 있다.

이들 4종류의 회원 가운데 전기통신 업체들과 전기통신과 관련이 있는 국제기구로 구성된 부문회원과 준회원의 경우 총회와 이사회에서 법적 강세력을 가지는 실질문제(substantive matters)에 대한 투표권을 가지는 국가회원(회원국)의 지위에는 미치지 못하지만 법적 강제력이 없는 권고의 채택을 비롯하여 작업방식이나 관련 부문의 절차문제와 관련된 의사결정에 참여한다.

NGO를 광범위하게 정의하여 영리를 추구하지 않는 과학·기술 조직을 포함할 경우 ITU에는 적지 않은 NGO들이 참여한다고 볼 수 있다. 그러나 공익을 위해 시민들이 자발적으로 조직한 조직이라는 통상적인 NGO의 정의의 요서를 따른다면 이들은 NGO에서 배제되고 따라서 ITU는 무선통신 기업들과는 달리 어떠한 형태로든 NGO의 공식적인 참여를 위한 지위를 부여하고 있지 않다. 현재 ITU는 다른 국제기구들이 NGO과 어떠한 관계를 가지고 있는가에 대해 연구를 수행하고 있는 것도 이러한 이유 때문이라고 볼 수 있다.

통상적으로 국제기구는 NGO에게 기껏해야 협의지위(consultative status)를 부여한다. 투표권까지 부여하지는 않았지만 NGO로 하여금 중요한 의사결정을 하는 기관의 공식적인 구성원으로서 의사결정에 참여할 수 있는 협의 이상의 지위를 부여받은 유엔에이즈계획(UNAIDS)도 있기는 하지만 이는 극히 제한적인 경우이다.

즉 NGO가 국제기구와 관계를 맺고 있다고 하는 경우 NGO는 협의자(consultants)로서의 지위만 주어지는 게 일반적이다. 이러한 협의지위에도 여러 등급이 있으나 가장 높은 수준의 것이라야 의제를 제안할 수 있는 권한이고 회의에 참여하여 구두진술을 하거나 서면진술을 하는 것이 일반적으로 주어지는 권한이다.

이처럼 가장 높은 수준의 협의지위뿐 아니라 UNAIDS에 의해 부여되는 협의지위 이상의 지위 역시 투표권이 부여되지 않기 때문에 NGO들이 국제기구 내에서 영향력을 행사하는 데 한계를 지니고 있다.[2)] 따라서 국제기구에서 이들 NGO의 이해관계와 밀접한 관련이 있는 이슈에 관한 의사결정이 이루어지는 경우 NGO는 국제기구에서보다 국가 내에서의 관련된 결정에 영향을 미치는 데 더 많은 노력을 경주하는 성향을 보이기도 한다.[3)]

국제기구의 의사결정에의 참여 제한으로 인해 NGO들은 정부와 국제기구의 관리에게로의 로비·병행포럼의 개최·정부대표단에의 참여·대중매체의 힘의 이용 등을 통해 정부 간 의사결정에 간접적으로 영향을 미치고자 노력하고 있다.

---

2) 유엔의 특별총회나 전 지구적 회의에서 정부대표들은 표결 없이 합의에 의해 회의의 결과문건을 채택하곤 한다. 또한 유엔 정기총회의 위원회의 경우 위원회마다 편차가 있는 것은 사실이나 총회 위원회의 전체 의제항목들 가운데 약 75%가 합의에 의해 채택되고 있다. 따라서 NGO들이 투표권이 없다는 것이 반드시 의사결정에 영향을 미칠 수 없다는 것을 의미하는 것은 아니다.

3) Harold K. Jacobson, *Networks of Interdependence: International Organizations and the Global Political System, 2nd ed.* (New York: Alfred A. Knopf, 1984), pp. 116-117.

제2장 유엔과 NGO의 관계

여기에서는 유엔과 NGO가 어떤 관계를 설정하고 변화시켜 왔는가를 역사적인 관점에서 살펴보고 현재 NGO와 유엔의 주요기관들과 보조기관들의 관계를 살펴본 다음 이들의 관계가 앞으로 어떤 방식으로 전개되어 갈 것인가를 전망해 보고자 한다.

1. 유엔과 NGO의 관계 정립과 변화

유엔 경제사회이사회(ECOSOC)는 유엔헌장 제71조의 원론적인 규정을 구체화하기 위해 1950년에 결의문을 통과시켰고 1968년과 1996년에는 이 결의문을 보완하는 또 다른 결의문들을 통과시켜 이들에 기초하여 이제까지 NGO와 실제적인 관계를 맺어 왔다. 이러한 큰 흐름 속에서 유엔과 NGO의 관계가 구체적으로 어떻게 변화하여 왔는가를 살펴보고자 한다.

1) 초기의 관계 설정

유엔 창설 당시 미국의 NGO 활동가들은 1945년 4월부터 6월 사이에 샌프란시스코에서 유엔헌장을 작성하기 위한 연합국 전체 회의에 미국 대표단의 일원으로 참가하여 NGO에게 유엔에 있어서 회원국 정부와 대등한 지위의 부여를 요구했다.

그러나 이러한 지위가 인정될 경우 소련의 관제 NGO(GONGO) 역시 동등한 지위를 향유할 수 있다는 우려와 경계 등으로 인해 원래의 입장으로부터 후퇴하여 유엔헌장 제71조에 유엔이 NGO와 관계를 설정할 수 있는 근거규정을 두는 선에서 타협이 이루어졌다.

유엔헌장 제71조는 「경제사회이사회는 그 권한 내에 있는 사항과 관련이 있는 NGO와의 협의(consultation)를 위해 적절한 약정을 체결할 수 있다. 그러한 약정은 국제기구와 체결할 수도 있으며 적절한 경우에는 관련 유엔 회원국과의 협의 후에 국내 기구와도 체결할 수 있다」고 규정함으로써 NGO의 존재와 기능을 인정하고 ECOSOC으로 하여금 특별협정의 체결을 통해 일정한 자격요건을 갖춘 NGO에게 협의지위(consultative status)를 부여할 수 있는 권한을 부여하고 있다.

여기에서 「협의지위」라는 말은 부차적인 역할(secondary role)을 하는 지위를 지칭하기 위해 ECOSOC에 의해 의도적으로 사용된 용어로서 조언의 제공자로서의 NGO를 의미하며 의사결정 과정의 일부로서의 NGO를 의미하는 것이 아니다.[4)]

유엔헌장 제71조와 관련하여 주목할 부분 중의 하나는 후반 부분으로서 ECOSOC이 국제 NGO(INGO)뿐만 아니라 국내 NGO(NNGO)에게도 특별한 경우 협의지위를 부여할 수 있도록 한 점이다. 당시 미국의 노조는 미국노동총동맹(American Federation of Labor, AFL)과 산업별회의(Congress of the Industrial Organization, CIO)로 양분되어 경쟁하에 있었는데 CIO가 곧 발족하게 될 세계노동조합연맹(World Federation of Trade Union, WFTU)의 회원으로서 국제 NGO로 인정될 수 있었는데 반해 AFL은 그렇지 못했기 때문에 AFL의 반발과 나아가 또 다른 국내 NGO들의 반발을 피하기 위해 국내 NGO도 유엔 회원국과의 협의를 통해 협의지위를 얻도록 길을 터놓았던 것이다. 그러나 실제에 있어서 1996년 ECOSOC의 결의문 E/RES/1996/31에 의해 NGO의 정의를 국내 NGO와 지역 NGO로 확장하기 전까지 이러한 규정에 근거하여 협의지위를 얻은 국내 NGO는 몇 개의 예외적인 것에 불과했다.[5)]

NGO가 헌장 제71조를 통해서나마 유엔과 특별한 관계를 가지고자 했던 이유는 ECOSOC과 그 보조기관에게 NGO가 활동하고 있는 전문 분야에 있어서의 세론을 전달하여 정책에 반영할 필요를 느꼈기 때문이다. 다른 한편 유엔은 NGO가 가지고 있는 전문적인 지식과 능력에 기초한 정보와 조언이 긴요했기 때문에 NGO와 관계를 설정할 필요가 있었던 것이다.

ECOSOC은 1946년에 보조기관으로서 NGO위원회(Committee on Non-

4) Peter Willetts, "From 'Consultative Arrangements' to 'Partnership': The Changing Status of NGOs in Diplomacy at the UN," *Global Governance*, Vol. 6 (2000), p. 191.

5) Ibid., p. 192.

Governmental Organizations)를 설립하여 유엔헌장 제71조에 근거한 NGO와의 협정체결을 위해 필요한 규칙들을 마련하도록 하고 이에 기반을 두고 NGO들에게 협의지위를 부여하도록 했다.

구체적으로 1946년에 처음 개최된 유엔총회는 ECOSOC에게 유엔헌장 제71조를 이행할 것을 요청했으며 이러한 요청을 받은 ECOSOC은 같은 해에 결의문 2/3을 채택했다. 이 결의문은 NGO와 ECOSOC의 관계를 지배하는 원칙과 협의지위를 부여하는 기준가 더불어 3가지 다른 협의지위(Category A · Category B · Category C)를 갖는 NGO의 권리와 의무를 포함하는 협의를 위한 임시적 제도적 장치를 제시했다.6)

2) 1950년 결의문을 통한 관계의 공식화

협의제도의 개선점에 대한 검토의 요청에 대응하여 ECOSOC은 1950년에 그때까지 협의지위 부여와 관계되는 제반 관행들을 공식적으로 규정하고 일부를 개정하는 결의문 E/RES/288B(X)를 통과시켜 헌장 제71조의 협의약정(consultative arrangements)의 주요한 측면을 공식적으로 구체화했다.

이 결의문을 통해 협의지위가 Category A · Category B · Register로 변경되었다. 구체적으로 이전의 Category C 협의지위가 폐지되고 Register 협의지위로 대체되었고 이 부류의 협의지위를 부여받을 수 있는 대상 자체도 변화시켰다. 또한 NGO가 제출할 수 있는 서면진술서의 분량에 대한 제한이 가해졌다.

3) 1968년 결의문을 통한 개정

1950년대 중반 이후 신생 독립국가들이 대거 유엔에 가입하여 회원국의 수가 늘면서 유엔이 서구의 일방적인 지배로부터 벗어나기 시작하자 NGO의 협의지위에 관한 새로운 검토의 필요성 역시 제기되었다.

이에 따라 ECOSOC은 변화의 내용을 둘러싼 격렬한 논쟁을 가졌으나 1950년

6) 1946년부터 지금까지 ECOSOC이 NGO에게 부여해 온 협의지위는 일관되게 3수준의 것으로 분류되어 왔지만 그 이름을 조금씩 달리해 왔다. 구체적으로 1946년부터 1950년까지는 Category A · Category B · Category C로 구분하였고 1950년부터 1968년까지는 Category A · Category B · Register로 분류했다. 이어서 1968년부터 1996년까지는 Category I · Category II · Roster로 구분하다가 1996년부터 지금까지는 일반 협의지위(General Consultative Status) · 특별 협의지위(Special Consultative Status) · 명부상 협의지위(Roster Consultative Status)로 구분하고 있다.

에 채택된 결의문의 내용과는 근본적인 변화가 없이 약간의 수정이 가해진 결의문 E/RES/1968/1296(XLIV)을 채택했다. 당 결의문은 협의지위의 부류를 Category I · Category II · Roster로 변경했고 이들 세 부류의 협의지위에 대한 부여의 기준은 바꾸지 않은 채 협의지위의 부류에 따라 어떤 권리를 행사할 수 있는가에 대한 내용을 확정하여 오늘에 이르고 있다. 이에 대한 구체적인 설명은 ECOSOC과 NGO가 현재 유지하고 있는 관계 부분에서 상세히 설명하고자 한다.

4) 1996년 결의문을 통한 관계의 개정

유엔과 NGO의 관계에 있어서 변화의 계기는 1972년에 개최된 유엔인간환경회의(UNCHE)였다. 이때 유엔 ECOSOC과 공식적인 관계를 맺고 있지 않던 NGO들의 대거 참여가 유도되면서 유엔체제와 NGO들의 상호작용이 현저하게 강화되기 시작했다.

1970년대에 UNCHE처럼 1990년대에 있어서 NGO와 유엔 간의 관계에 큰 획을 긋는 정부간회의가 1992년에 개최된 유엔환경개발회의(UNCED)였다. 이 회의에 사상 최대 규모로 많은 NGO들이 회의의 준비 과정뿐만 아니라 정회의(main conference)에 참가하여 새로운 아이디어와 함께 논의할 의제를 제시하고 개도국과 선진국 간의 차이를 극복하기 위한 가교 노릇을 활발하게 전개하였다.

UNCED는 NGO들로 하여금 회의의 진행과정에서 실질적으로 중요한 역할을 하도록 했을 뿐 아니라 회의의 결과물인 의제 21(Agenda 21)의 목표를 실행하는 데에 NGO들의 참여와 역할을 강조했다. 이를 계기로 정부간회의 등에 있어서 결정사항의 집행 과정에 NGO의 역할이 중요시되기 시작했다는 점에서도 주목을 받았다.

UNCED와 관련하여 보다 중요한 것은 UNCED가 계기가 되어 NGO와 유엔의 기존 관계에 대한 검토가 본격화되었다는 점이다. 우선 NGO들은 자신들의 UNCED에 대한 기여에 고무되어 환경 NGO를 유엔 활동에 통합화할 수 있는 수단을 마련하기를 원했다. 또한 UNCED 이후에 NGO들 사이에서 ECOSOC의 절차가 관료적이고 협의지위의 부여라는 것이 NGO들을 제 편으로 만들기 위한 것이며 기존의 NGO들이 풀뿌리 대중여론을 제대로 대표하지 못한다는 인식이 팽배해졌다.[7]

이러한 맥락에서 NGO가 경제 · 사회 문제를 다루는 ECOSOC하고만 공식적인 협의적 관계를 가지고 있을 뿐 유엔의 총회 · 총회의 각종 위원회 · 안보리와 같은 중요한 의사결정 기구에 참여할 공식적인 제도가 설립되어 있지 않다는 것에 대한 불만이 강하게 노정되었다. 특히 NGO의 참여하에 ECOSOC과 그 산하기관에서 논의되는 의제들과 동일한 의제들이 유엔총회에서 논의되고 있음에도 불구하고 NGO들의 유엔총회에의 참여가 배제된다는 사실에 많은 NGO들은 불만을 가지게 되었다.

이러한 NGO들의 인식과 불만에 더하여 UNCED를 비롯한 일련의 대규모 정부간회의 등에서 NGO가 전문지식을 가지고 대단히 중요한 역할을 수행함으로써 유엔의 국제공무원과 회원국 사이에 NGO의 참여 없이는 국가 간 토의나 정책결정이라는 것이 정당성을 갖기 힘들다는 인식 역시 팽배해졌다.

현실에 대한 이러한 인식의 변화와 불만에 대응하여 ECOSOC은 UNCED를 계기로 NGO와의 관계를 규정하고 있는 기존의 틀(즉 1968년에 통과되어 NGO와 ECOSOC과의 관계를 규정해 온 결의문 E/RES/1968/1296(XLIV))을 검토하고 필요할 경우 이를 바꾸기 위해 1993년에 결의인 E/1993/80을 통과시켰다. 이로써 NGO 권리의 확대를 목표로 한 정부간 협상의 문이 열렸으며 이를 위해 ECOSOC 내에 개방된 실무작업반(Open-Ended Working Group, OEWG)이 설치되었다.

이러한 노력은 이제까지 대다수의 NGO가 유엔에 의해 유엔의 정책이나 정보를 파급시키는 일방적인 통로로 사용되어 온 것으로부터 전환하여 유엔으로의 NGO 투입을 제도화하여 쌍방향적인 상호작용을 강화하기 위한 것이었다. 그러나 이러한 노력은 생각만큼 쉬운 것은 아니었다.

대체적으로 정부대표들은 NGO의 지위향상이 국제 문제의 의사결정에 있어서 이제까지 그들이 누려온 독점적인 지위의 훼손으로 이어지는 것을 공통적으로 두려워했다. 구체적으로 개도국들은 특히 자신들의 인권 문제를 제기하는 인권 NGO들의 권한이 당시의 인권위원회와 같은 기구로부터 총회와 같은 다른 기구로까지 공식화되는 것을 반기지 않았으며 선진국들은 국제적인 경제정의 · 군축 · 전 지구적 민주주의를 촉구하는 NGO들에 고운 시선을 보내지 않았다.[8]

---

7) Peter Willetts, "From "Consultative Arrangements" to "Partnership": The Changing Status of NGOs in Diplomacy at the UN," *Global Governance*, Vol. 6, No. 2 (2000), pp. 192, 194.

8) James A. Paul, NGO Access at the UN (http://www.globalpolicy.org/ngos/analysis/jap-accs.htm)

이와 동시에 개도국들은 선진국의 국제 NGO들만이 아닌 자국의 국내 NGO들도 ECOSOC의 의사결정에 참여하는 것을 원했기 때문에 국내 NGO의 협의지위 문제에 강한 관심을 두었다. 이들은 세계화를 저지하기 위한 방편의 일환으로 NGO의 공식적인 지위가 유엔총회뿐 아니라 국제통화기금(IMF)이나 세계은행(WB)과 같은 전문기구 그리고 나아가 세계무역기구(WTO)로까지 확대되기를 강력하게 원했다. 이에 반해 대다수의 선진국들은 NGO의 협의지위 확대논의의 대상을 유엔총회 정도로 제한하기를 원했다. 그 결과 이 문제가 선진국과 개도국 사이에 최대의 논란이 되어 협상을 교착상태에 빠뜨렸다.

협의지위 확대를 둘러싼 이견은 선진국과 개도국에 그치지 않고 NGO들 사이에도 견해 차이가 적지 않았다. 유엔에 오래 전부터 참여해 온 몇몇 주요 국제 NGO들은 새로운 NGO 특히 한 나라에만 기반을 두고 있는 국내 NGO의 지위가 유엔에서 공식화될 경우 NGO의 정통성이 훼손되고 협소한 기반을 가지고 정부에 의해 영향을 받는 NGO들이 대거 유엔에 등장하는 계기가 되는 것을 우려했다. 또한 ECOSOC의 협의지위를 가지고 있는 NGO들의 모임인 NGO회의(CONGO) 회원들 역시 동일한 맥락에서 이들과 견해를 같이했다. 이와는 달리 많은 새로운 국내 NGO들은 기존에 유엔과 관계를 가져온 NGO들을 특권을 독점하려는 엘리트 집단으로 바라보았다.[9] 이러한 견해 차이로 협상은 지지부진하여 1996년 7월에서야 ECOSOC은 지난 3년 동안의 논의를 종결하고 결의문 E/RES/1996/31과 E/RES/1996/297을 채택했다.

개도국들은 인권 NGO들의 활동을 좀 더 제한되지 않도록 한다는 선진국의 주장을 수용하는 대가로 국내 NGO들에게 좀 더 확대된 권한을 부여하고 NGO의 협의지위를 총회와 전문기구로 확대하고자 하는 문제는 총회가 유엔체제 내의 모든 분야에서의 NGO의 대표성의 가능성을 다룬다는 동의를 선진국으로부터 받아내는 선에서 타협을 이루었다.[10] 이들 두 결의문의 내용을 살펴보면 다음과 같다.

---

9) James A. Paul, NGO Access at the UN (http://www.globalpolicy.org/ngos/analysis/jap-accs.htm). 개도국 정부들은 그들 국가의 좀 더 많은 NGO들의 참가하는 것을 원했기 때문에 국내 NGO에게 협의지위를 주는 것에 대해 호의적이었다 [Peter Willetts, "The Rules of the Game: The United Nations and Civil Society," in John W. Foster and Anita Anand, eds., *Whose World is it Anyway?: Civil Society, the United Nations and the Multilateral Future* (Ottawa, Canada: The United Nations Association in Canada, 1999), p. 270].

10) James A. Paul, NGO Access at the UN (http://www.globalpolicy.org/ngos/analysis/jap-accs.htm)

(1) 결의문 E/RES/1996/31

당 결의문은 앞서 살펴본 1968년에 ECOSOC에 의해 채택된 결의문을 갱신하는 것으로서 다음과 같은 세 내용을 포함하고 있다.

① 협의지위 명칭의 변경

ECOSOC은 결의문을 통해 협의지위를 일반 협의지위(General Consultative Status)·특별 협의지위(Special Consultative Status)·명부상 협의지위(Roster Consultative Status)로 변경했다

② NGO 정의의 확장

이전에는 협의지위를 인정받을 수 있는 NGO는 국제 NGO(international NGO, INGO)이어야만 했으나 NGO의 정의를 확장시켜 국제 NGO라는 것을 넘어 국내 NGO(national NGO, NNGO)와 지역 NGO(regional NGO)를 포함하게 되었다. 보다 정확히 말해 국제 NGO의 국내 관련단체(affiliates)를 포함한 국내 NGO와 지역 NGO에게까시 협의지위를 인정하기로 했다.[11]

우리가 여기서 관심을 가져야 할 것은 「국제 NGO의 국내 관련단체를 포함한 국내 NGO」라는 말이다. 즉 국내 NGO에는 통상적으로 우리가 알고 있는 국내 NGO와 더불어 국제 NGO라는 모 그룹(umbrella group)의 일부를 형성하고 있는 국내 NGO가 있는데 이 두 종류의 국내 NGO 모두가 협의의 대상이 된다는 말이다. 여기서 두 종류 모두를 포함하게 된 연유가 있다.

국내 NGO들을 산하에 두고 있는 국제 NGO들은 국내 NGO들에게 협의지위를 가능하게 한다고 할 경우 이들 산하에 들어와 있는 NGO들이 협의지위를 개별적으로 받기를 원해 이들 산하로부터 벗어나가지 않을까를 우려하게 되었고 이 때문에 이들을 포함한 국내 NGO라고 함으로써 이들이 자신의 산하를 굳이 벗어나지 않은 채로 협의지위를 취득할 수 있는 길을 열어 놓게 된 것이다.[12]

이는 많은 국내 NGO와 지역 NGO들이 국제적인 관점과 국제적인 프로그램

---

11) 여기에서 국제 NGO의 국내 관련단체란 국제 그린피스(Greenpeace International, GI)라는 국제 NGO 산하에 있는 그린피스 서울사무소(Greenpeace Korea)와 같은 NGO를 일컫는다.

12) Peter Willetts, "The Rules of the Game: The United Nations and Civil Society," in John W. Foster and Anita Anand, eds., *Whose World is it Anyway?: Civil Society, the United Nations and the Multilateral Future* (Ottawa, Canada: The United Nations Association in Canada, 1999), p. 270.

을 가지고 있으며 이들 자신이 소속되어 있는 국가나 지역에 관해 풍부한 지식을 가지고 있어 관련 문제를 논하는 데 있어 깊이와 현장감을 더할 수 있기 때문이다. 이로써 많은 다양한 NGO들이 ECOSOC 및 그 보조기관과 협의적인 지위를 맺을 수 있게 되었다.

③ 간소화와 표준화

NGO가 ECOSOC에 협의지위를 신청할 때 밟아야 하는 절차를 간소화했다. 또한 NGO의 유엔 회의에의 참여를 공인하는 표준적 제도를 수립함으로써 과거 NGO의 정부간회의 참여를 공인하는 표준적인 제도가 없어 NGO의 정부간회의 참여가 개개 회의별로 개별적으로 결정되던 것으로부터 벗어나게 되었다.

(2) 결의문 E/RES/1996/297

결의문 E/RES/1996/297은 같은 해인 1996년에 개최된 제51차 유엔총회로 하여금 NGO가 ECOSOC과의 협의 제도를 통해 얻은 경험을 고려하여 유엔이 활동하고 있는 모든 영역에서 NGO가 참여할 수 있는 제도의 수립을 검토하도록 권고했다.

이는 유엔과 NGO와의 포괄적인 협력관계를 공식화하기 위한 노력의 일환이라고 볼 수 있는데 본 결의문과 더불어 유엔과 NGO의 새로운 관계의 수립을 위한 논의가 ECOSOC으로부터 총회로 확산되었다고 볼 수 있다.

5) 1996년 결의문 채택 이후 까르도소 보고서의 채택까지

위에서 언급한 두개의 결의문(특히 결의문 E/RES/1996/297)의 통과로 많은 NGO들은 이제까지 비공식적으로 접근해 온 유엔의 주요위원회·보조기관·특별총회를 포함한 유엔총회로부터 협의지위를 얻기를 희망했다. 그러나 몇 예외적인 국가를 제외하고 정부대표들은 기본적으로 이러한 결의문의 실현을 꺼렸다. 이러한 상황하에 유엔의 개혁을 위해 설립된 유엔총회의 5개 실무작업반 가운데 유엔체제의 강화 문제를 다루는 실무작업반(Working Group on the Strengthening of the United Nations System) 내에 NGO를 논의하기 위한 소그룹(sub-group)이 1997년 1월에 가까스로 구성되었다.

그러나 이 소그룹에서 미국과 유럽연합(EU) 국가들은 새로운 관계 설정의 논의 대상을 총회 본회의와 총회의 주요위원회로 제한하고 안보리와 전문기구를 배제하려 하고 개도국들은 캐나다와 호주의지지하에 이러한 선진국들의 입장에 강력하게 반대함으로써 논의는 교착 상태에 빠지고 말았다.

1997년 가을까지 NGO에 관한 논의는 막다른 길에 접어들고 NGO들은 이러한 논의를 밀고 나갈 능력이 없었다. 이러한 와중에 다행스럽게도 캐나다와 네덜란드의 주도에 의해 유엔총회에 있어서의 NGO의 지위에 관한 논의의 기초가 될 수 있는 초안작성을 위한 비공식 교섭이 있었다. 그러나 이들의 제안은 필요한 지지를 획득하지 못했으며 대신에 유엔총회는 1997년 12월에 결의문 A/52/453을 통과시켜 유엔 사무총장으로 하여금 NGO에 관한 유엔체제의 제도와 관행에 관한 보고서를 준비할 것을 요청했다.

이러한 사이에 유엔에서 몇몇 돌발적인 사건들이 발생했다. 예컨대 1998년 3월 제네바에서 개최된 인권위원회(Commission on Human Rights)에서 협의지위를 가지고 있는 NGO인 초국가진보당(Transnational Radical Party)이 자신들과 직접적으로 관련되어 있지 않은 다수의 사람들을 대표단의 일원으로 참석시켰는데 이들 가운데 쿠바로부터 이주한 사람이 회의장 내에서 쿠바 정부에게 비난을 가했다.[13)]

이러한 사건들을 계기로 NGO의 권한을 통제해야 한다는 움직임이 특히 개도국들 사이에 드세지는 등 1998년에 접어들면서 개도국들이 NGO에 대해 반감을 갖는 쪽으로 기울기 시작했다. NGO의 유엔에 대한 접근 확대에 대한 이러한 회의와 우려는 개도국 대표들에 국한되지 않고 선진국 대표들에게서도 나타났다. 그 결과 유엔총회에서의 NGO 지위의 공식화 움직임은 힘을 잃고 말았다. 이러한 가운데 총회 결정문(decision) A/52/453에서 사무총장에게 요청한 보고서(A/53/170)가 발간되어 1998년 7월에 배포되었다.[14)]

당 보고서는 NGO에 대해 부정적인 견해를 가지고 있는 국가들(개도국과 선진국 모두)의 견해가 반영된 것으로서 NGO의 유엔총회에의 접근 등 NGO의 접근의 확대 문제에 대해 거의 아무런 언급을 하지 않았다는 점에서 NGO들로서는

13) 협의지위를 가지고 있는 NGO는 대표단을 구성하는 데 있어서 반드시 자신의 조직 내부의 대표들로만 국한하지 않고 협의지위를 가지고 있지 않은 다른 단체의 대표들도 자체의 공인절차를 거쳐 참여시키곤 한다. 이렇게 하여 참가하게 된 다른 단체의 대표들은 자신의 단체 이름하에 개별적으로 발언 등을 해서는 안 된다.

14) 앞으로 NGO들이 유엔에서 어떠한 지위를 갖게 될 것인가에 관심을 가지고 있는 사람들은 이 보고서를 반드시 읽어보아야 할 것이다.

굉장히 실망스러운 결과였다.

이처럼 NGO의 지위 확대를 위한 움직임이 힘을 잃어가자 캐나다 대표단이 이 문제에 대한 관심을 재차 불러들이기 위해 위에서 언급한 사무총장의 보고서에 대해 회원국과 NGO를 포함한 다양한 행위자들로 하여금 자신들의 견해를 제출하도록 하자는 제안을 했고 그 결과 이러한 제안을 담은 총회 결의문 A/53/452이 1998년 12월에 총회를 통과했다.

이러한 결의문의 요구에 따라 사무총장은 자신의 보고서 A/53/170에 대한 유엔 회원국·전문기구 회원국·옵서버·국제기구·모든 지역 NGO의 견해를 수집하여 1999년 9월에 보고서 A/54/329를 제출했다. 이 보고서는 제도적 개선·개도국 NGO의 참여의 확대와 신탁기금의 설치·NGO의 정보접근의 확대·NGO의 총회와 유엔본부에의 접근확대 등에 관한 다양한 견해를 취합하여 소개하는 정도에 그쳐 별 다른 의미를 갖지 못했다.

2000년대 초반에 주로 유엔 인권위원회와 인권소위원회를 포함한 각종 정부간회의에서 NGO를 위해 할당된 연설시간에 NGO 대표 대신 정치적인 목적을 가진 각종 로비스트들이 연설자로 나서 마구잡이로 자신들의 주장을 펼치고 특정 국가 정부의 지원을 받는 NGO들이 자국 정부를 옹호하는 발언을 하는 등의 돌발적인 일탈행위가 자주 발행하면서 NGO에 대한 비판적인 시각이 강화되었다.

NGO에 대한 비판적인 시각은 단지 인권위원회와 인권소위원회에서 발생한 일련의 사건들에서만 기인하는 것은 아니었다. 2001년에 남아프리카공화국의 더반에서 개최된 세계인종차별철폐회의(World Conference Against Racism, WCAR)에서 반유대주의와 반시오니즘를 옹호하는 NGO들·당시 이라크 침공을 감행한 미국에 대한 비난에 집중하고자 한 국가에 의해 동원된 NGO들·다양한 형태로 존재하는 자국의 인종차별 문제들을 숨기기에 급급한 관제 NGO들에 의해 회의가 정치화되면서 NGO에 대한 비판적인 시각은 더욱 강화되었고 NGO에 대한 유엔의 태도에 변화를 가져오는 데 일조를 했다.

이제까지 NGO와의 협력관계를 강하게 주장해 온 아난 당시 유엔 사무총장은 2002년 9월에 NGO를 위시한 시민사회 행위자들과 유엔의 관계를 개혁하기 위한 노력의 일환으로 유엔과 시민사회 관계에 관한 저명인사 패널(Panel of Eminent Persons on United Nations–Civil Society Relations)을 제안하고 출범시켰다.[15]

사무총장이 이처럼 외부 저명인사들로 구성된 패널을 조직하여 유엔과 시민사회의 관계에 대한 개혁의 밑그림을 그리도록 한 것은 위에서 살펴본 일련의 NGO 일탈 사건들에 기인하는 것만은 아니었다. 보다 근본적으로 1996년의 결의문에 따라 국내 NGO들도 ECOSOC 협의지위를 보유할 수 있게 되면서 협의지위 NGO들의 수가 대폭적으로 증가하고 이들의 참여가 폭발적으로 늘어나면서 기존의 제도적인 틀로는 NGO와 유엔의 관계를 효율적으로 관리해 나가기 힘들었기 때문이었다.

당 패널은 2004년 6월에 유엔에 있어서의 NGO의 역할을 약화시킬 수도 있는 변화를 제안하는 「까르도소 보고서(Cardoso Report)」로 통칭되는 보고서를 제출했다.[16] 까르도소 보고서는 공인절차의 간소화 · 개도국 NGO의 참여를 촉진하기 위한 재정적 지원 · 안보리의 NGO와의 관계의 강화 등에 대한 제안들을 담았다. 그러나 NGO들이 보다 많은 관심을 가지고 있는 이슈인 유엔총회의 NGO에게의 개방과 같은 문제에 대해서는 별 다른 진전된 제안을 내놓지 않았다.

까르도소 보고서는 보고서의 제목과는 달리 중점이 유엔과 시민사회의 관계에 주어지지 않았다. 대신에 정부 · 기업 부문 · 시민사회를 유엔의 구성요소로 칭하면서 이들 사이의 협력관계에 중점을 두었다. 대부분의 NGO들은 까르도소 보고서가 ECOSOC을 넘어 유엔총회로까지 NGO의 공식적인 참가를 확장하는 등 유엔과 NGO 관계를 강화하도록 권고하기는커녕 유엔과 기업 부문의 관계 강화를 권고한 것에 상당히 실망하면서 향후 NGO와 유엔의 관계가 약화될지 모른다는 우려를 가지게 되었다. NGO의 권한 확대를 지속적으로 지지해 온 국가들마저도 까르도소 보고서에 대해 침묵하는 등 보고서는 유엔 회원국들로부터도 지지를 받지 못했다. 그 결과 이 보고서의 권고를 수용하는 결의안의 채택이 무산되기에 이르렀다.

유엔 사무총장은 같은 해인 2004년 9월에 까르도소 보고서의 제안에 대응한 보고서를 발간했다. 사무총장의 보고서는 까르도소 보고서에 대한 NGO와 회원국들의 부정적인 평가를 반영하여 유엔과 NGO의 관계에 집중하여 이들 간의 관계를 개선하기 위한 제안에 집중했다. 이 보고서는 비록 패널이 제안한 개혁의

---

15) 아난 유엔 사무총장은 브라질 대통령이었던 까르도소(Fernando Henrique Cardoso)를 의장으로 임명했으며 이 때문에 이 패널을 「까르도소 패널」이라고도 부른다.

16) 이 보고서의 공식 명칭은 「We the Peoples: Civil Society, the United Nations and Global Governance」이며 「까르도소 보고서」라고도 불린다.

내용 가운데 NGO의 입장에서 보아 가장 최악의 것을 피했지만 기본적인 제안의 골격의 일단은 유지했다. 주요한 내용을 살펴보면 다음과 같다.

ⅰ) 개도국 NGO의 대표들이 유엔 행사에 참가할 수 있도록 재정적 지원을 위한 신탁기금을(trust fund) 설립한다. ⅱ) 유엔 행사에의 참가를 위한 공인절차를 간소화한다. ⅲ) 유엔을 대표하는 사람들이 국가 수준에서 NGO와의 관계를 향상시킨다. ⅳ) 유엔 사무국 내에 협력관계 사무실(Partnership Office)을 개설하여 기존의 유엔 비정부연락사무소(United Nations Non-Governmental Liaison Service, UN-NGLS)와 통합한다. ⅴ) 유엔이 주요한 행사의 개최와 매년 유엔총회의 개회에 앞서 회원국과 NGO 대표들이 쌍방향의 대화를 하는 청문회(interactive hearing)를 가진다.

이러한 제안과 더불어 보고서는 가장 파격적으로 유엔헌장 제71조 규정이 유엔총회가 NGO를 초청하는 것을 배제하는 것이 아니라는 해석과 더불어 유엔총회가 NGO의 참여를 공식적으로 개방할 것을 제안했다. 이러한 제안에 대해 일부 국가들은 극명하게 반대 의견을 표시하기도 했지만 대체적으로 회원국 정부들은 극도로 신중하게 반응을 했다.

이러한 제안의 시금석은 2005년에 유엔에서 개최된 세계정상회의(World Summit)이었다. 왜냐하면 세계정상회의는 총회의 고위급 본회의의 회의(high-level plenary meeting)로 개최되는 행사로서 총회 본회의 의사규칙이 적용되고 총회 본회의 의사규칙은 전통적으로 NGO의 참여를 극도로 제한해 왔기 때문이다. 결과적으로 NGO는 세계정상회의의 준비 과정뿐 아니라 세계정상회의 자체에의 참여가 배제되었으며 세계정상회의가 개최되기 전 3개월 전 이틀 동안 개최된 비공식적인 유엔총회 청문회(General Assembly Hearing)에 기업 대표들과 더불어 참가하는 것으로 제한되었다.

2. 유엔의 주요기관과 보조기관의 NGO와의 관계

유엔헌장의 서문은 「우리 유엔 사람들은(We the peoples of the United Nations)」이라는 말로 시작됨으로써 유엔의 궁극적인 권위가 세계의 개개 시민으로부터 유래됨을 간접적으로 나타내고 있다. 그러나 이러한 헌장의 서문의 내용과는 달리 시민들과 유엔과의 관계는 매우 제한적이다. 여기에서는 유엔기구들(UNOs) 가운데 주요기관(major organ)인 경제사회이사회(ECOSOC) · 총회 · 사무국 · 안보리와 더불어 이들이 결의문의 채택을 통해 설립한 보조기관과 기타 유엔 관련 기관과 NGO의 관계를 살펴보고자 한다.

1) 유엔 경제사회이사회(ECOSOC)와의 관계

ECOSOC은 NGO에게 세 종류의 협의지위에 부여해 오고 있다. 이러한 협의지위는 1996년에 채택된 ECOSOC의 결의문에 기초를 두고 지금까지 적용되어 오고 있는 것이다. 2018년 12월 31일 기준으로 ECOSOC과 협의지위를 가지고 있는 NGO는 총 5,161개에 이른다.

(1) 일반 협의지위 NGO

일반 협의지위(general consultative status) NGO는 실질적으로 ECOSOC이 다루는 의제의 대부분을 다루는 NGO 즉 ECOSOC의 책임에 있는 대부분의 영역에 이르는 다면적 목표와 활동을 가시고 있어 이러한 영역에 있어서 공헌이 기대되고 광범위한 범위의 국가들을 대표하는 다수의 회원을 갖고 있는 NGO로서 「포괄적 협의지위 NGO」라고도 불린다. 이러한 NGO는 통상적으로 상당히 규모가 크고 광범위한 지리적인 범위를 커버하는 국제적인 NGO들이다.

이러한 지위를 가진 NGO는 ECOSOC은 물론 그 보조기관에 초청 없이도 대표를 지정하여 파견할 수 있으며 이러한 대표들은 이들 회의의 공개회의에 옵서버로서 참가할 수 있다.[17] 일반 협의지위를 가지고 있는 NGO들이 다른 종류의 협의지위를 가지고 있는 NGO들과 크게 구별되어 가지고 있는 권한은 의제 제안권이다. 그런데 이러한 의제 제안권은 ECOSOC 회의에 의제를 제안하는 경우와 ECOSOC의 보조기관에 의제를 제안하는 과정이 각기 다르다.

ECOSOC 회의에 의제를 제안하는 경우 제안은 ECOSOC의 보조기관으로서 NGO와 관련한 문제를 다루는 NGO위원회(Committee on Non-Governmental Organizations)에 하게 된다. 구체적으로 NGO는 NGO위원회로 하여금 사무총장에

17) NGO들은 ECOSOC보다는 ECOSOC에 보고를 하도록 되어 있는 ECOSOC 내의 보조기관에서 보다 적극적으로 활동한다. 왜냐하면 일반적으로 실질적인 중요한 결정은 위원회와 같은 보조기관에서 이루어지고 ECOSOC은 이를 수정 없 이때로는 약간의 수정을 가하여 통과시키기 때문이다: Peter Willetts, "The Rules of the Game: The United Nations and Civil Society," in John W. Foster and Anita Anand, eds., *Whose World is it Anyway?: Civil Society, the United Nations and the Multilateral Future* (Ottawa, Canada: The United Nations Association in Canada, 1999), p. 263.

게 NGO가 특별한 관심을 가지고 있는 의제항목(agenda item)을 ECOSOC 회의의 잠정의제(provisional agenda)에 포함시켜 줄 것을 요청하도록 하는 제안을 하게 된다.[18] 그러나 의제를 제안한다고 해서 반드시 의제로 확정되는 것은 결코 아니다. 이들 NGO들이 제안한 의제는 잠정의제로서 정부대표들에 의해 최종 의제로서 선택되지 않을 경우 논의의 대상이 되지 못한다.

ECOSOC의 보조기관에 의제를 제안하고자 하는 NGO는 해당 기관의 회기 시작 최소한 63일 전에 사무총장에게 통보를 하고 공식적인 제안에 앞서 사무총장이 제시할 수도 있는 논평(comment)에 적절한 주의를 기울여야 한다. 이러한 과정을 거쳐 공식적인 제안은 관련 문서 제출과 더불어 회기 시작 49일 이전에 이루어져야 하며 참가하여 투표한 국가의 2/3의 찬성이 있으면 정식 의제로 채택된다.[19]

일반 협의지위 NGO가 제안한 의제항목이 ECOSOC 회의의 정식의제로 채택된 경우 그 NGO는 ECOSOC에서 의제에 대한 제안 설명의 성격을 갖는 모두진술(introductory statement)을 할 수 있는 자격을 가지게 된다. 당 의제가 정부대표들에 의해 토의되는 과정에서 불분명한 점을 명백히 할 목적으로 ECOSOC 의장은 해당 NGO에게 또 다른 발언을 요청할 수 있다.

일반적 협의지위를 가지고 있는 NGO는 이러한 의제 제안권 이외에 회의에 출석하여 구두로 의견을 진술할 수 있을 뿐 아니라 유엔의 문서로서 서면진술서를 제출하여 회람하는 것이 인정된다. 우선 구두진술의 경우부터 살펴보면 다음과 같다. 일반 협의지위 NGO는 ECOSOC 자체 회의에서 구두진술이 허용되는데 그러기 위해서는 NGO위원회에게 구두진술을 요청하고 이러한 요청을 받은 NGO위원회가 어떤 NGO가 어떤 의제항목에 관해 ECOSOC 회의에서 구두진술을 할 것인가와 관련하여 ECOSOC에게 추천을 하고 ECOSOC이 이를 승인해야 한다. 일반 협의지위 NGO가 ECOSOC의 보조기관에서 구두진술을 하려면 보조기관으로부터의 요청이 있어야 하며 이러한 요청이 있을 경우 보조기관에서 직접 구두진술을 하거나 NGO와의 협의를 목적으로 보조기관의 내부에 설립된 위원회(committee)를 통해 구두진술을 하는 것이 가능하다.

서면진술의 경우 일반 협의지위 NGO들은 ECOSOC 자체나 그 보조기관에서

18) 결의문 E/RES/1996/31의 para 27.
19) 결의문 E/RES/1996/31의 para 34.

가능하며 어디에서 하든 관계없이 2,000단어 이내의 서면진술서를 회람시킬 수 있다.[20] NGO들은 서면진술서를 작성할 때 자신들이 인쇄하여 배포하는 것이 아니라 유엔 사무국이 이를 유엔의 문서로서 인쇄하여 배포한다. 만약 서면진술서가 2,000단어를 초과할 시 NGO는 요약문을 제출하여 사무국으로 하여금 회람하도록 하거나 2,000단어가 넘는 서면진술서를 스스로 만들어 공급해야 한다.

그러나 이러한 제한에 대해 예외가 없는 것은 아니다. 구체적으로 서면진술의 대상이 ECOSOC 자체인 경우 ECOSOC이나 NGO위원회의 특별한 요청이 있다면 2,000단어가 넘는 서면진술서의 회람이 가능하다. ECOSOC의 보조기관의 경우 보조기관의 특별한 요청이 있을 경우 2,000단어가 넘는 서면진술서를 회람하게 할 수 있다.

이러한 일반 협의지위를 보유한 대표적인 NGO로는 국제로터리클럽(Rotary International)・유엔협회세계연맹(WFUNA)・국제표준화기구(ISO)・국제상업회의소(ICC) 등이 있다. 한국의 NGO로서는 굿네이버스(Good Neighbors)가 1996년에 처음으로 일반 협의지위를 획득했고 1997년에 세계평화여성연합(Women's Federation for World Peace, WFWP)이 두 번째로 획득한 바 있나.

(2) 특별 협의지위 NGO

특별 협의지위(special consultative status)는 ECOSOC이 다루는 다양한 분야의 이슈들 가운데 일부에 관심을 가지고 있는 NGO로서 이러한 일부 특정 분야에서 공헌이 기대되는 국제적으로 잘 알려진 NGO에게 부여된다. 보건이나 인권 혹은 환경 등과 같은 특정 분야의 활동을 전문으로 하는 NGO에게 주어지는 지위라고 하여「특정 분야 협의지위」라고도 불린다.

이들 NGO들은 ECOSOC과 그 보조기관에 초청 없이도 대표를 지정하여 파견할 수 있고 이러한 대표들은 이들 회의의 공개회의에 옵서버로서 참가할 수 있는데 일반 협의지위 NGO와는 달리 ECOSOC와 그 보조기관에서 의제를 제출할 권한을 보유하지 않는다.

이들 NGO들은 초청 없이 출석하여 구두진술과 서면진술을 할 수 있다. 우선

20) 모든 서면진술서의 경우 이처럼 단어의 수를 제한하고 있는데 이러한 단어의 수는 표지에 포함된 단어까지를 포함하는 것이다. 유엔의 시스템의 경우 표지의 단어 수를 실제의 단어 수와 관계없이 100자로 자동으로 인식하기 때문에 표지를 제외한 서면진술서의 단어 수는 최대한 허용되는 단어의 수보다 100자가 적어야 한다.

구두진술부터 살펴보면 특별 협의지위 NGO의 경우 구두진술은 원칙적으로 ECOSOC 자체의 회의에서는 허용되지 않고 자신들이 다루고 있는 주제와 동일한 주제를 다루고 있는 ECOSOC의 보조기관에서만 가능하다.[21] 이렇게 특별 협의지위 NGO가 ECOSOC의 보조기관에서 구두진술을 하려면 보조기관으로부터의 요청을 필요로 하며 이러한 요청이 있을 경우 보조기관에서 직접 구두진술을 하거나 NGO와의 협의를 목적으로 보조기관의 내부에 설립된 위원회(committee)를 통해 구두진술을 할 수 있다. 그러나 단 예외적으로 동일한 주제를 다루고 있는 보조기관이 없을 경우 동일한 주제를 논의하는 ECOSOC 회의에서의 구두진술이 허용된다.

서면진술의 경우는 ECOSOC 자체와 ECOSOC의 보조기관 모두에서 가능하다. ECOSOC의 보조기관에서 서면진술을 할 경우 진술서는 1,500단어 이내로 한정된다. 만약 서면진술서가 1,500단어를 초과할 시 NGO는 요약문을 제출하여 사무국으로 하여금 회람하도록 하거나 1,500단어가 넘는 서면진술서를 스스로 만들어 공급해야 한다. 그러나 보조기관의 특별한 요청이 있을 경우 1,500 단어가 넘는 서면진술서를 회람할 수 있다.

ECOSOC 자체에서 서면진술을 할 경우는 보조기관에서와 달리 500단어 이내의 서면진술서만이 허용되며 서면진술서가 500단어를 초과할 경우 사무국에 의해 배포되기 위해서는 요약본을 제출해야 하지만 ECOSOC이나 NGO위원회의 특별한 요청이 있을 경우 500단어를 초과한 서면진술서의 배포가 가능하다.

특별 협의지위를 지니고 있는 대표적인 NGO로는 국제 앰네스티(Amnesty International, AI)·구세군(Salvation Army)·기독교청년회(YMCA) 등이 있다. 한국의 NGO로는 한국에 본부를 두고 있는 밝은사회클럽 국제본부(Global Cooperation Society International, GCS International)가 1997년 5월에 최초로 이러한 지위를 획득했으며 그 후에 한국여성단체협의회·환경운동연합·참여연대·경제정의실천시민연합·민주사회를위한변호사모임 등 다수의 NGO들이 추가로 특별 협의지위를 획득한 바 있다.

---

21) 예를 들자면 국제 앰네스티(Amnesty International)는 2002년에 개최된 제58차 유엔인권위원회에서 구두발언을 통해 2001년에 사형집행에 의해 처형된 사람의 수가 배 이상 증가하였다고 공개하고 즉각적인 사형집행의 유보를 촉구하는 결의안을 채택할 것을 유엔 인권위원회에 촉구한 바 있다.

(3) 명부상의 협의지위 NGO

ECOSOC의 협의지위를 신청한 NGO가 일반 협의지위나 특별 협의지위에 적합하지 않은 경우 통상적으로 명부에 포함이 된다. 즉 명부상의 협의지위(roster consultative status)는 ECOSOC과의 관계에 있어서 일반 협의지위나 특별 협의지위를 획득하지 못한 NGO로서 ECOSOC이나 유엔 사무총장에 의해서 ECOSOC 혹은 ECOSOC의 보조기관에 대해 때때로 유효한 공헌을 할 수 있다고 고려되는 NGO들에게 부여되는 지위이다. 한국의 NGO로서는 새마을운동중앙회 · 소비자시민모임 · 인구보건복지협회가 이러한 지위를 획득한 바 있다.

구체적으로 이들 명부상의 NGO(NGO on the roster)는 ECOSOC의 보조기관인 NGO위원회의 추천에 의거한 ECOSOC의 조치에 의하거나 유엔 사무총장의 조치에 의해 명부에 오를 수 있다. 여기에 더하여 전문기구나 기타의 유엔기구와 협의지위 혹은 이와 유사한 지위에 있는 NGO는 명부상의 NGO가 될 수 있다.

상기한 두 종류의 협의지위인 일반 협의지위와 특별 협의지위를 보유한 NGO가 ECOSOC과의 관계에 있어서 회의에 참가할 대표를 지정할 권리와 더불어 서면진술과 구두진술을 할 수 있는 권리 등을 본질적으로 가지고 있어 ECOSOC이나 그 보조기관으로부터의 초청 없이 이러한 권한을 행사할 수 있는데 반해 명부상의 협의지위를 부여받은 NGO들은 이러한 권한을 본질적으로 가지고 있지 않기 때문에 ECOSOC이나 ECOSOC의 보조기관에 초청을 받을 경우에 한해 참가하여 그들이 전문적으로 다루는 분야의 문제에 대해 일정한 권한을 행사할 수 있다. 이러한 일정한 권한을 ECOSOC의 보조기관으로부터 초청을 받은 경우와 ECOSOC 자체로부터 초청을 받은 경우로 구분하여 살펴보면 다음과 같다.

ECOSOC 보조기관에 초청을 받을 경우 이러한 기구에서 구두진술과 서면진술이 가능하다. 구체적으로 ECOSOC 보조기관에서의 구두진술은 유엔 사무총장의 추천이나 ECOSOC 보조기관의 요청이 있을 시 가능하다. 서면진술의 경우 사무총장이 보조기관의 의장이나 보조기관 자체와의 협의를 거쳐 요청할 경우 가능한데 특별 협의지위 NGO와 마찬가지로 서면진술을 할 경우 진술서는 1,500단어 이내로 한정된다. 만약 서면진술서가 1,500단어를 초과할 시 NGO는 요약문을 제출하여 사무국으로 하여금 회람하도록 하거나 1,500단어가 넘는 서면진술서를 스스로 만들어 공급해야 한다. 그러나 보조기관의 특별한 요청이 있을 경우

1,500단어가 넘는 서면진술서를 회람할 수 있다.

보조기관이 아닌 ECOSOC 자체에 초청을 받을 경우 서면진술은 허용되나 구두진술은 어떠한 경우에도 허용되지 않는다. 구체적으로 서면진술은 사무총장이 ECOSOC의 의장이나 ECOSOC 자체 혹은 NGO위원회와의 협의를 거쳐 요청할 경우 가능하다. 이때 특정 협의지위 NGO와 마찬가지로 서면진술은 500단어 이내에서만 가능하다. 단 서면진술서가 500단어를 초과할 경우 사무국에 의해 배포되기 위해서는 요약본을 제출해야 하나 ECOSOC이나 NGO위원회의 특별한 요청이 있을 경우 500단어를 초과한 서면진술서의 배포가 가능하다.

위에서 살펴본 일반 협의지위 NGO와 특별 협의지위 NGO는 4년마다 보고서를 제출해야 하는 의무를 지나 명부상의 NGO는 이러한 의무를 지지 않는다.

2) 유엔총회와의 관계

유엔총회는 ECOSOC과는 달리 NGO와 공식적인 관계를 설정한 것이 없다. 그럼에도 불구하고 유엔의 정기총회는 6개 주요위원회(main committee)와 몇몇 보조기관에서 의제항목(agenda item)의 토의를 돕기 위해 NGO의 비공식적인 참여를 일정한 정도 허용해 온 것이 사실이다.

이러한 정기총회 이외에 특별총회와 유엔 밖에서 대규모로 개최되는 전 지구적 회의 역시 NGO들의 일정한 참여하에 이루어지고 있다. 또한 유엔무역개발회의(UNCTAD)나 유엔에이즈(UNAIDS)와 같은 유엔총회의 보조기관의 회의에도 NGO의 참여가 이루어지고 있다. 여기에서는 이들 유엔총회와 관련 있는 기관들과 NGO의 관계를 하나씩 살펴보면 다음과 같다.

이러한 관계를 본격적으로 살펴보기에 앞서 이들과의 관계를 보다 충실히 이해하기 위해 참고해야 할 중요한 사항부터 살펴보면 다음과 같다. 유엔의 정기총회와 특별총회는 여러 가지 면에서 차이가 존재하지만 모두 유엔본부에서 개최된다는 공통점을 가지고 있다. 따라서 정부대표들만으로 회의를 갖기에도 공간이 부족한 유엔본부에서 열리는 회의의 경우 부족한 공간은 필연적으로 NGO의 참여에 물리적인 제약 요소가 될 수밖에 없다.

물리적인 제약요소에 앞서 정기총회와 특별총회는 정도의 차이는 있지만 기본적으로 의사규칙 등이 엄격하게 지켜지는 등의 공식성이 높은 회의이기 때문에

NGO의 참여를 배제하려는 성격이 강하다. 그러나 다양한 이슈들을 다루는 정기총회와 달리 전 세계적으로 긴급한 해결을 요하는 하나의 이슈를 집중적으로 다루는 특별총회의 경우 유엔은 이러한 이슈의 해결에 시민사회를 대표하는 NGO의 관심과 참여가 중요하다고 생각하여 이들의 참여에 정기총회와는 달리 배제도가 상대적으로 낮다.

이러한 정기총회와 특별총회와는 달리 유엔이 개최하는 전 지구적 회의는 공간적인 제약이 없는 유엔 밖에서 개최될 뿐 아니라 1972년에 개최된 유엔인간환경회의(UNCHE)를 시작으로 NGO의 참여를 고무해 오고 있어 NGO의 참여에 대한 배제도가 가장 낮다.

정기총회 · 특별총회 · 전 지구적 회의가 NGO의 참여를 허용하는 정도를 비교하여 살펴보면 전 지구적 회의가 상대적으로 가장 유연하게 허용하고 있고 그 다음으로 특별총회가 유연하다. 이들 가운데 정기총회가 가장 까다롭고 극히 예외적으로 NGO의 참여를 허용하고 있다. 이들을 하나씩 살펴보면 다음과 같다.

(1) 정기총회

정기총회는 본회의(plenary)와 6개 주요위원회로 구분하여 살펴보고자 하는데 이는 이들이 NGO와 각각 다른 관계를 가지고 있기 때문이다. 일반적으로 정기총회 본회의의 경우 NGO 참여는 비공식적으로도 통제되고 있다. 이와는 달리 위원회의 경우는 각기 다르기는 하나 NGO의 참여에 매우 제한적이기는 하지만 부분적으로 인정해 오고 있다.

구체적으로 유엔총회의 위원회는 본회의와는 달리 초기부터 갈등에 관련되어 있는 비국가적 행위자(non-state actors)로 하여금 주로 제1위원회와 제4위원회에서 관련된 의제항목에 관한 토론을 돕기 위해 그들의 견해를 제시하는 것을 허용하여 왔다. 예컨대 NGO들은 특별정치와 탈식민 문제를 취급하는 제4위원회에 청원자(petitioner)로 참여하여 연설 등을 해왔다.

그러나 이러한 예외를 제외하고 NGO들은 일반적으로 정기총회의 주요 위원회에 비공식적인 참여만이 허용되고 있다. 비공식적인 참여의 방식으로는 공식회의를 정회시키고 NGO들로 하여금 발언을 하도록 한 다음 공식 회의를 다시 속개하는 방식을 택하기도 하고 NGO들로 하여금 위원회의 실무작업반(working groups) 회의에 참가하도록 하거나 주요위원회의 의장과 협의 또는 간담회를 갖

도록 하는 방식을 이용한다.[22]

NGO들은 오래 전부터 정기총회의 위원회에 이러한 비공식적인 참여가 아닌 공식적인 참여를 요구하고 있으나 지금까지처럼 NGO의 참여에 대해 부정적인 입장을 보이고 있는 정부 대표들이 많은 한 NGO들의 요구가 관철되는 것은 그리 쉽지 않을 것으로 보인다.

일반적인 NGO들과는 달리 극히 제한된 일부 NGO들이 유엔총회의 옵서버 지위를 가지고 총회에 참여해 오고 있다. 구체적으로 1990년에 처음으로 국제적십자사위원회(ICRC)에게 유엔총회의 옵서버의 지위가 부여되었으며 이후 1994년에 몰타독립기사단(Sovereign Military Order of Malta)과 국제적십자사연맹(IFRC)이 옵서버 자격을 얻었다.[23] 1999년에는 국제자연보전연맹(IUCN)이라는 국제환경 NGO가 옵서버 지위를 획득했다. 이어서 국제의원연맹(IPU)과 국제올림픽위원회(IOC)가 각각 2002년과 2009년에 동일한 지위를 획득했다. 이들 NGO들은 유엔총회의 회의와 업무에 옵서버로서 상시적 참가초청을 받으며 유엔본부에 상설대표부를 유지할 수 있다. 그러나 미국의 주도에 의해 유엔총회가 더 이상 NGO에게 옵서버 지위를 부여하지 않겠다는 결정을 내림으로써 이러한 방식을 통한 NGO의 총회 참여가 통제되게 되었다.

(2) 특별총회와 전 지구적 회의

NGO들은 유엔의 정기총회뿐만 아니라 특별총회와 전 지구적 회의에 활발하게 참여해 오고 있다. 여기서 이 두 종류의 회의를 하나로 묶어 준비회의(preparatory conference) 과정에의 참여와 정회의(main conference) 과정에의 참여로 구분하여 살펴보고자 한다.

유엔총회는 특별한 안건이 있을 때 특별총회(Special Session of the General Assembly)를 개최한다.[24] 1990년대에 들어서 유엔총회는 결의안의 통과를 통해

---

22) Peter Willetts, "The Rules of the Game: The United Nations and Civil Society," in John W. Foster and Anita Anand, eds., *Whose World is it Anyway?: Civil Society, the United Nations and the Multilateral Future* (Ottawa, Canada: The United Nations Association in Canada, 1999), p. 273.

23) 「Sovereign Military order of Malta」는 우리말로 「몰타기사단」으로 번역되는 단체로서 로마에 본부를 두고 있는 국제구호단체이다. 현재 1만 명에 이르는 남녀 기사(Knights and Dames)를 거느리고 있으며 전 세계에 걸쳐 수십 개의 병원과 보건 클리닉을 운영하고 있다.

24) 유엔총회는 매년 정기적으로 개최되는 정기총회가 있고 특별한 안건이 있을 경우 필요에 따라 수시로 개최되는 특별총회와 긴급특별총회가 있다. 특별총회의 예로서는 1998년 6월 8일 전 세계에서 불법 생산 및 거래되고 있는 마약과 향정신성 물질 등의 퇴치방안을 논의하기 위한 개최된 유엔 마약

특별총회를 대규모로 개최하기 시작했으며 NGO들의 참여를 허용해 오고 있다.

유엔은 이러한 특별총회 이외에 유엔 밖에서 대규모의 전 지구적 회의를 빈번하게 개최하여 이를 통해 환경 · 인구 · 여성 · 사회정책 · 아동 문제와 같은 중요한 사회경제적 문제들에 있어서 국가 간의 합의를 도출하려는 경향을 보여 왔다. 이러한 경향은 1970년대부터 간헐적으로 존재해 온 것이 사실이나 1990년대에 이르러 보다 빈번해졌다. 이러한 전 지구적 회의는 대다수 국가의 원수나 정부의 수반 등 일련의 정상급 또는 각료급이 참여하는 고위급 수준의 회의라는 점을 그 특징 중의 하나로 하고 있다.[25] 이와 아울러 시민사회(civil society)를 대표하는 많은 행위자들이 참여하고 있다는 특징 역시 지니고 있다.

NGO들은 이러한 유엔 특별총회와 전 지구적 회의의 정회의 단계(main conference stage)는 물론 정회의 준비를 위해 정회의 개최 2~3년 전부터 개최되는 정회의 이전의 과정 즉 준비회의(preparatory conference) 과정에도 참가한다. 이들을 구분하여 살펴보면 다음과 같다.

① 준비회의 과정에의 참여

우선 NGO는 특별총회와 전 지구적 회의의 준비 과정에 참여한다. 구체적으로 준비위원회(preparatory committee, PrepComs)에 참여할 수도 있고 회기와 회기 사이에 열리는 회의(inter-sessional meetings)와 지역을 단위로 개최되는 지역준비회의(regional preparatory meetings) 등에도 참여한다. 회의의 준비를 위해 준비위원회가 별도로 설치되는 경우도 있고 기구에 따라서는 1994년의 카이로 국제인구개발회의(International Conference on Population and Development, ICPD)에서의 인구개발위원회(Commission on Population and Development, CPD)와 같은 기존의 기관이 이용되기도 한다.

준비회의 과정에서 NGO들은 보고서 준비를 책임 맡고 있는 사무국과 정부대표들에게 조언을 하고 자료와 같은 것들을 제공하기도 한다. 특히 다루고 있는 주제가 기술적인 것일 경우 정보나 전문지식을 제공하기도 한다. 문서안(draft documents)이나 결의안(draft resolutions)의 문안을 조정하여 정부대표단에게 제출

특별총회를 들 수 있다. 긴급특별총회의 예로서는 예루살렘을 포함한 팔레스타인 자치지역 전역에서 이스라엘이 추진하고 있는 유태인 정착촌 건설 문제를 다루기 위해 아랍국가연맹 회원국들의 요구에 의해 1997년 4월 25일에 소집된 긴급특별총회를 들 수 있다.

25) Jacques Fomerand, "UN Conferences: Media Events or Genuine Diplomacy?" *Global Governance*, Vol. 2, No. 3 (1996), pp. 361-375 참조.

하기도 한다.

부언하자면 많은 경우 유엔총회와 경제사회이사회(ECOSOC)가 결의문의 통과를 통해 특정 의제항목에 관한 유엔회의의 개최를 결정할 때 논의의 기초자료로서 유엔 사무총장과 정부들에게 다루고자 하는 의제항목과 관련한 보고서의 준비를 요청한다. 이때 의제항목 자체가 국제기구나 정부들에게 있어 새로운 것일 경우 사무국 직원과 정부관리들은 이러한 보고서를 작성하는 데 있어서 관련 NGO에게 도움을 요청하지 않을 수 없게 된다. 이러한 요청에 의해 NGO들이 처음부터 보고서 작성에 참여함으로써 의제항목의 논의의 방향에 중대한 영향을 미칠 수 있다.

공인된 NGO(accredited NGO)는 유엔 ECOSOC과의 협의지위 보유 여부에 관계없이 준비위원회와 같은 정회의의 준비 과정에서 간단하게 구두진술을 요청할 수 있다. 이는 정부간회의의 정회의에 참가가 공인된 NGO는 유엔의 관례와 의장의 재량 그리고 관련 기구의 동의에 의거하여 준비위원회와 정회의의 본회의와 하부기관에서 간단하게 구두진술을 할 수 있다는 ECOSOC의 결의문 E/RES/1996/31에 따른 것이다.

준비위원회에서 과도한 수의 NGO들이 구두진술을 원할 경우 시간적인 제약으로 인해 준비위원회는 발언할 NGO의 수와 이들의 발언시간을 제한하며 이들 NGO들을 발언하고자 하는 내용 등을 기준으로 분류한 다음 NGO들로 하여금 대표 NGO를 선정하여 대표 발언을 하도록 요청할 수 있다.

이들 공인된 NGO들은 물론 준비 과정에서 서면진술서를 자신의 경비에 의해 복사하여 회람시킬 수도 있다. 결의문 E/RES/1996/31에 따르면 정회의의 참가가 공인된 NGO는 준비 과정 중에 유엔의 공용어로서 서면진술을 할 수 있다. 이러한 서면진술은 유엔 의사규칙과 일치하는 경우를 제외하고는 유엔의 공식문건으로서 발행되지 않는다.

준비회의 과정 중에서도 최종 단계에 이르러서는 NGO들의 참여가 배제되는 경우가 많으며 이를 두고 「제4차 준비위원회 현상(Fourth PrepCom Phenomenon)」이라고 부른다. 이는 준비위원회가 항상 4차례의 회의를 갖는 것은 물론 아니지만 통상적으로 4차례 정도 갖는 경우가 많은데 회의 막바지인 4차 회의에서는 NGO의 참여가 허용되지 않는다는 의미를 담고 있다. 즉 절차적인 문제들이 많이 논의되고 공식 회의가 주를 이루는 초기단계의 준비위원회 회의와는 달리 막바지에 이를수록 준비위원회는 실질적인 문제들에 초점을 맞추게 되며 이견을 조정하기 위해 비공식 회의를 많이 개최하게 된다. 따라서 정부 대표들은 통상적으로 이러한 회의에 NGO들을 배제하는 경향을 보여 오고 있다. 특히 정회의가 열리기 전 마지막 준비위원회에서 정회의에서 채택될 문건들의 초안이 작성되는 것이 통례인데 이러한 과정에서 NGO들은 배제되는 것이 일반적이다.26)

이처럼 국제기구의 회의에서 주요한 일은 폐쇄된 비공식 회의에서 이루어지는데 이러한 회의에 NGO들은 배제된다. 특히 NGO들은 준비위원회든 아니면 정회의든 일련의 최종 문안작성 회의들로부터 배제된다. NGO들에게 있어 최종 문안작성 회의로부터의 배제는 NGO들로 하여금 최종 문건에 대해 자신들이 영향을 미칠 수 있는 가능성을 제한하기 때문에 커다란 제약점으로 작용한다. 이 경우 NGO들은 국가 대표들에게 문구 제안서를 건네줌으로써 간접적으로 영향을 미칠 수 있을 뿐이다.

② 정회의 과정에의 참여

유엔 성기총회의 경우 NGO들이 위원회 회의에 참여하는 것은 상당히 제한되는데 본회의에의 참여는 더욱 더 제한된다. 유엔 특별총회와 전 지구적 회의를 비교할 경우 앞서 언급했듯이 특별총회에 비해 전 지구적 회의의 경우가 NGO의 본회의 참여에 상대적으로 너그럽다고 할 수 있다. 그러나 전 지구적 회의의 경우에 있어서도 허용되는 시간에 매우 제한되며 통상적으로 모든 NGO들을 대표한 하나의 NGO의 짧은 연설이 허용된다.

NGO들이 특별총회 정회의에 참여하고자 할 때 준비회의에서와는 달리 ECOSOC과 협의적 관계가 있느냐 없느냐가 중요한 차이를 가져온다. 즉 특별총회 정회의의 경우 유엔 ECOSOC과의 협의지위를 가지고 있는 제한된 수의 NGO들만이 본회의에서 구두진술을 하는 것이 허용된다. 이와는 대조적으로 전 지구적 회의의 정회의의 경우 공인된 NGO들이라면 ECOSOC과의 협의지위에 관계없이 본회의에서의 구두진술이 허용된다.

정회의에서도 준비회의에서와 마찬가지로 의제항목과 관련하여 구두진술을 하고자 하는 NGO는 우선 사전에 발언자 명부(speakers' list)에 등재를 해야 한다.

---

26) Ann Marie Clark, Elisabeth J. Friedman, and Kathryn Hochstetler, "The Sovereign Limits of Global Civil Society: A Comparison of NGO Participation in UN World Conference on the Environment, Human Rights, and Women," *World Politics*, Vol. 51 (October 1998), pp. 17-18.

많은 NGO들이 구두진술을 하고자 할 경우 시간적인 제약으로 인해 발언할 NGO의 수와 발언시간에 제한이 가해질 수 있다. 발언자의 수를 제한하는 과정에서 비슷한 내용의 발언을 하고자 하는 NGO들을 묶어서 대표발언 NGO를 정해 공동진술(joint statement)을 하도록 하는 경우가 많다.

발언시간은 발언이 시작되기 전에 회의에 주어진 시간과 발언 신청자의 수를 감안하여 미리 정해지며 정부간회의가 다 그렇듯이 주어진 시간을 초과하여 발언하는 것이 허용되지 않는다. 또한 회의 사무국은 발언할 NGO에게 발언에 앞서 발언문을 일정한 수만큼 복사하여 제출할 것을 요청하며 이는 배포와 통역 등의 필요에 의한 것이다.

어떤 정회의인가에 따라 다르기는 하나 본회의와 더불어 전체위원회(committee of the whole, CoW)를 병행하여 개최함으로써 더 많은 NGO들에게 발언의 기회를 부여하기도 한다.[27] 유엔총회의 6개 주요위원회의 경우 예외적으로 회원국 전체를 위원회의 구성원으로 하고 있지만 일반적으로 위원회는 회원국들 중에서 일부의 회원국만으로 구성되는 것이 일반적이다. 이렇게 구성요소를 제한하는 위원회와 더불어 회원국 전체를 구성요소로 하는 위원회인 전체위원회라는 것을 별도로 두기도 한다.[28] 이러한 경우 회의는 본회의 · 위원회 · 전체위원회라는 3가지 형태의 회의로 구성되게 된다.[29]

국제기구의 회의가 이러한 3개 형태의 회의로 구성되었을 경우 왜 이러한 형태의 회의가 필요하며 이들 간의 관계란 무엇인가를 살펴볼 필요가 있다. 이러한 형태의 회의는 중요도가 상대적으로 낮은 의제항목(들)은 제한된 회원국으로 구성된 위원회(들)에게 맡기고 중요도가 상대적으로 높은 의제항목은 전체위원회에 논의를 맡기고자 할 경우 조직된다. 이 두 종류의 위원회에서 채택된 결의안(draft resolution)이나 결정안(draft decision)은 본회의에 다시 회부되어 채택되어야 최종적인 결의문(resolution)과 결정(decision)이 된다. 이러한 경우 본회의는 개회와 폐회를 주관하고 개별 위원회든 전체위원회든 채택한 것을 최종적으로 승인하는 역할을 주로 하게 된다. 본회의와 전체위원회는 모든 회원국을 구성요소로 함

---

27) 마영삼, "새로운 주체: NGO의 국제법 주체성 검토," 오윤경 외, 『현대국제법: 외교실무자들이 본 이론과 실제』(서울: 박영사, 2000년).

28) 전체위원회는 구성원 전원이 참가하는 회의라는 점에서는 본회의와 다르지 않다.

29) 정부간회의 가운데는 흔한 경우는 아니지만 제한된 회원국만을 구성요소로 하는 위원회를 두지 않고 전체위원회와 본회의만을 두고 있는 경우도 존재한다.

으로써 물리적으로 동시에 개최되는 것이 불가능하다. 이러한 개략적인 설명을 바탕으로 하여 다음에 NGO의 정회의 과정에의 참여 대상을 유엔 특별총회와 전 지구적 회의로 구분하여 보다 상세히 살펴보고자 한다.

• NGO의 특별총회의 정회의에의 참여

NGO들은 특별총회에 어느 정도 참여를 허용 받아 왔으나 이 역시 총회에 의해 개최되는 다른 회의에의 참여와 마찬가지로 특정의 공식적인 원칙 아래 일관되게 이루어진 것은 결코 아니다. 특별총회 정회의에의 NGO의 참여는 준비회의에 의해 결정되는 사항인 것이 일반적인데 NGO의 참여를 불허할 것인가 허용할 것인가의 문제와 더불어 참가를 허용한다면 어떤 NGO를 어느 수준에서 활동하도록 할 것인가의 문제를 둘러싸고 정부 대표들 간에 격론이 벌어지곤 한다. 그 결과 극단적으로 NGO의 참여가 불허되기도 하고 때에 따라서는 본회의에의 참여까지 허용되기도 한다. NGO의 참여가 허용될 경우 일반적으로 NGO들에게는 구두진술과 서면진술의 기회가 주어진다.

1995년에 개최된 북경여성회의의 후속조치를 논하기 위해 5년 후인 2000년에 유엔에서 여성특별총회(일명 Beijing+5)가 개최되었는데 이 회의의 준비를 위해 1999년 3월에 개최된 준비위원회 회의에서 회의의 참석을 허용할 NGO의 범위를 놓고 제한적인 참여를 주장하는 77그룹(G-77)과 좀 더 포괄적인 참여를 주장하는 유럽연합(EU) 그룹이 중심이 되어 치열한 논쟁이 전개된 바 있고 그 결과 다음과 같은 결정이 이루어졌다.

우선 ECOSOC의 협의지위를 가지고 있지 않거나 1995년에 북경에서 개최된 제4차 세계여성회의와 그 준비 과정에 공인이 되지 않은 NGO들도 특별총회에 공인을 신청할 수 있도록 했으며 특별총회에 참여가 공인된 NGO들에게 특별총회가 설치한 임시전체위원회(Ad Hoc Committee of the Whole)에서의 진술을 할 수 있도록 허용했다

둘째, 특별총회에 참여가 공인된 NGO 가운데 ECOSOC과 협의지위를 가지고 있는 NGO에게는 특별총회의 본회의의 토론 과정에서 진술을 허용하는 결정을 했다. 그러나 이러한 진술은 시간이 허용하는 범위 내에서 모든 NGO가 아닌 제한된 수의 NGO에게만 가능하다는 단서와 이러한 NGO들은 ECOSOC에 협의지위를 신청하여 거부된 적이 없어야 할 뿐 아니라 협의지위가 철회되거나 정지된

적이 없어야 한다는 단서가 붙어 있다.

셋째, 이러한 결정과 더불어 특별총회가 시간의 제약으로 인해 구두진술을 원하는 NGO들에게 개별적으로 구두진술을 허용하지 않고 그들 가운데 대변인(spokesperson)을 선정하여 대표로 구두진술을 하도록 요청할 경우 NGO들은 이들의 명단을 사무국을 통해 특별총회 의장에게 제출해야 한다는 결정을 내렸다. 이와 더불어 회원국 정부대표들은 자신들이 이러한 명단에 대한 승인의 여부를 결정할 수 있도록 특별총회 의장에게 이러한 NGO 명단을 적절한 시간 내에 제출할 것을 요청할 수 있고 특별총회는 이러한 선정이 NGO들의 지역적인 대표성과 다양성을 고려한 가운데 평등하고 투명한 기반하에 이루어져야만 한다고 결정했다.

넷째, 특별총회는 NGO의 참여와 관련한 이러한 결정들은 유엔의 앞으로 개최할 다른 특별총회의 선례가 되지 않을 것이라는 점을 명백히 한다는 결정도 내렸다. 이와 관련하여 NGO들은 비록 구두진술의 허용이 비록 제한적이기는 하지만 특별총회의 본회의에서 진술의 기회가 개개 특별총회마다 회원국들의 논쟁의 대상이 되어 달리 결정되는 것보다는 안정적으로 일관되게 진술할 수 있는 제도화된 권리를 희망했기 때문에 이러한 결정 사항들이 향후 특별총회의 선례가 될 것을 강력하게 희망했다. 그러나 유엔 측에서는 이러한 것들이 확립된 원칙으로서의 선례의 의미가 있는 것은 아니라는 점을 주장함으로써 지금까지 특별총회가 개최될 때마다 NGO의 참여 허용의 여부와 참여의 수준을 둘러싸고 지속적으로 논란을 벌여오고 있다.

• NGO의 전 지구적 회의의 정회의에의 참여

유엔은 다른 어떤 회의에 비해 전 지구적 회의에의 NGO 참여에 가장 너그러움을 보여 왔다. 앞서 살펴보았듯이 특별총회의 정회의의 경우 ECOSOC과 협의지위를 가지고 있는 NGO만이 본회의에서의 구두진술이 허용되나 전 지구적 회의의 경우 공인된 NGO들은 ECOSOC과의 협의지위에 관계없이 유엔의 관례에 따르고 의장의 재량과 관련 기구의 동의하에 본회의에서 구두진술이 가능하다. 물론 전 지구적 회의의 정회의의 전체위원회에서 구두진술을 하는 것 역시 허용된다.

그러나 모든 전 지구적 회의가 다 그런 것은 아니다. 특히 인권과 관련한 전 지구적 회의의 경우 인권을 유린하는 국가나 인권이 취약한 국가로서 NGO의 비판의 대상되고 있는 국가들의 저항에 의해 NGO가 공식 회의에 접근하는 것에 대해 소극적이거나 부정적이다.

예컨대 1993년 비엔나에서 개최된 세계인권회의에서 많은 NGO들이 참가했으나 회의의 공식 과정에 접근하는 것이 제한되었다. 구체적으로 아랍과 아시아 국가들의 저항에 의해 NGO들은 간신히 초기 문안작성 그룹의 공식 회의에만 참가가 허용되었고 주요한 결정이 이루어지는 비공개의 비공식 회의에서 배제되었을 뿐 아니라 NGO들은 준비위원회의 최종 문안작성 회의와 정회의의 최종 문안작성 회의에서도 배제되었다.

어느 회의에서나 마찬가지지만 회의의 최종 결과물에 원하는 내용을 삽입하거나 원하지 않는 내용을 빼기 위해서는 문안을 최종적으로 가다듬는 회의에의 참여가 대단히 중요하다. NGO들은 하는 수 없이 원하는 문안을 적은 것을 정부대표들에게 전달하여 간접적으로 영향을 미치는 것에 만족해야 했다. NGO들의 참여를 제한한 결과 선언문은 예컨대 NGO들이 국내법의 틀 속에서 활동을 하도록 하는 등 은연 중 NGO의 활동에 제한을 가하는 내용을 포함시켰나.[30]

(3) 유엔총회 보조기관

앞서 살펴보았듯이 유엔총회 역시 ECOSOC과 마찬가지로 다수의 보조기관을 설립하여 가지고 있다. 여기에서는 이들 가운데 유엔무역개발회의(UNCTAD)와 유엔에이즈(UNAIDS)를 대표적인 경우로서 살펴보고자 한다.[31]

① UNCTAD와 NGO의 관계

UNCTAD는 유엔총회의 보조기관으로 설립되었지만 실제에 있어서는 개별적인 기구로서 활동을 하며 자체적으로 NGO에게 특정의 권한을 부여하는 자신들의 규칙을 가지고 있다. 즉 UNCTAD와 같이 준자율적인 보조기관들은 자체의

30) Kerstin Martens, "NGO Participation at International Conference: Assessing Theoretical Accounts," *Transnational Associations*, 3 (2000), pp. 115-127.

31) 좀 더 많은 보조기관들과 NGO와의 관계는 1998년 7월 10일 유엔 사무총장에 의해 발간된 「유엔체제의 모든 활동에 있어서의 NGO들의 상호작용을 위한 제도와 관행(Arrangements and Practices for the Interaction of Non-governmental Organizations in All Activities of the United Nations System)」이라는 제목의 보고서(A/53/170)와 유엔교육과학문화기구(UNESCO)의 문서인 202 EX/37. INF.2 (Relations with Non-governmental Partners: Study of Mechanisms and Practices for Interaction with NGOs in the United Nations System and Similar Organizations)를 참조하시오.

이사회(governing body)에 해당하는 기구의 의사규칙을 통해 NGO와의 협력을 위한 장치들을 스스로 마련하고 있으나 이들 보조기관들이 NGO와의 협력을 위해 채택하고 있는 의사규칙이나 제도의 대부분은 ECOSOC이 채택하고 있는 협의제도에서 그 원형을 찾을 수 있다.

UNCTAD는 NGO와 제휴관계를 가질 수 있는데 제휴관계의 종류와 이러한 관계를 가지기 위한 자격요건은 UNCTAD의 무역개발국(Trade and Development Board, TDB)의 의사규칙 77조와 결정 43(Ⅶ)에 규정되어 있다.[32] 이러한 제휴관계에는 일반 부류(General Category)·특별 부류(Special Category)·명부(register)라는 3 부류가 존재한다.

일반 부류의 지위를 가지려면 NGO의 활동이 UNCTAD 활동의 대부분과 관련되어 있는 국제 NGO(international NGO)이어야 한다. 특별 부류 지위를 가지려면 NGO의 활동이 UNCTAD 활동의 일부와 관련되어 있는 국제 NGO이어야 한다. 명부 부류의 NGO가 되려면 UNCTAD의 일에 중대한 공헌을 할 수 있다고 인정받는 국내 NGO(National NGO)이어야 한다. UNCTAD의 사무총장이 NGO 소속의 회원국 대표와의 사전 협의를 가진 후 명부(register)에 등재할 수 있다.[33]

이들 3개 부류의 NGO들 가운데 일반 부류와 특별 부류의 NGO에게 옵서버 지위(observer status)가 부여된다. 이러한 지위를 부여받은 NGO를 「옵서버 지위를 가지는 NGO(NGOs with observer status)」라고 부른다. 여기에서 옵서버 지위란 앞서 살펴본 ECOSOC의 「협의지위」라는 말과 의미상 다르지 않다.

이러한 옵서버 지위의 NGO들은 무역개발국과 그 보조기관의 공개회의에 표결권이 없이 옵서버로서 참가하여 서면진술서를 제출할 수 있고 의장에 의해 요청을 받고 무역개발국(TDB)이나 보조기관에 의해 승인을 받으면 구두진술을 할 수 있다. 이들 옵서버 지위의 NGO들은 추가적인 공인이 없이 4년마다 열리는 회의에 참가할 수 있는 기회를 가질 수 있다.

옵서버 지위의 NGO들은 UNCTAD의 사무국으로부터 다음과 같은 지원을 받을 수 있다. 구체적으로 UNCTAD 사무총장이 적절하다고 판단하는 무역개발국

32) UNCTAD의 무역개발국(TDB)은 이사회(governing council)에 해당하는 조직이다.

33) 유엔 ECOSOC은 1996년 결의문 E/RES/1996/31을 통해 국제 NGO(international NGO)가 아닌 지역 NGO(regional NGO)·하부지역 NGO(subregional NGO)·국내 NGO(national NGO)에게도 협의지위를 부여할 수 있도록 규정을 개정했는데 UNCTAD도 유엔 ECOSOC처럼 규정의 개정을 검토 중이다.

과 그 산하기관의 문서를 접수할 수 있고 UNCTAD의 보도문건(Press Document)에의 접근과 적절하다고 고려되는 UNCTAD의 활동과 연관된 공개정보에 정기적인 접근이 허용되며 그룹이나 조직에게 특별한 관심이 되는 문제에 대한 비공식 토의를 위한 준비 서비스를 받을 수 있다.

이러한 공통점에도 불구하고 일반 부류 NGO와 특별 부류 NGO 사이에는 차이가 존재한다. 일반 부류 NGO는 UNCTAD의 모든 정부간기관의 공개회의에 참가할 수 있는데 반해 특별 부류의 NGO의 경우 해당 NGO의 활동과 관계가 있는 특정 부문에 대한 논의가 전개되는 공개회의만으로 참가가 제한된다.

명부에 등재된 NGO의 경우는 옵서버 지위 NGO들과는 달리 서면진술권과 구두진술권 및 회의 참가권을 보유하지 못하고 위에서 언급한 UNCTAD 사무국이 제공하는 서비스를 받을 수 있을 뿐이다. 그러나 이들도 일정한 요건을 충족시킬 경우 일정한 공인절차를 걸쳐 UNCTAD의 정부간회의에서 일정한 권한을 인정받게 된다.

구체적으로 옵서버 지위를 가지고 있지 않으면서 UNCTAD에 의해 공인된 NGO들은 옵서버 지위를 가지고 있는 NGO들과는 달리 공식 회의에서 구두진술을 하거나 서면진술서를 회람시킬 수 있는 권한이 없다. 따라서 옵서버 지위 없이 참가가 공인된 NGO들은 옵서버 지위를 가지고 있는 NGO들을 통해 자신들의 견해를 알리거나 이들의 견해를 담은 서면진술서를 특별히 지정된 장소에 놓아 정부대표들이 가져다 참고할 수 있도록 할 수 있다.

이들 옵서버 지위 없이 공인된 NGO들에게는 특별한 배지가 제공되어 회의장에의 접근·공개된 회의의 참관·NGO들을 위한 브리핑에의 참가가 허용된다. 또한 별도의 제한이 가해지지 않은 일반문서에로의 접근이 가능하고 NGO들에게 제공된 시설을 사용하는 것이 허용된다.

UNCTAD는 무역·재정·환경 등과 같은 문제에 있어서 연구와 출판 능력을 가지고 있는 일단의 NGO들과 정기적인 협의를 가지고 있다. UNCTAD는 또한 부채완화나 개발원조 등과 같은 문제와 관련한 개도국의 목표를 촉진시키기 위해 NGO의 투입에 의존하고도 있다.

결론적으로 말해 UNCTAD는 NGO에게 옵서버 지위를 부여함으로써 NGO로부터 그들이 활동하고 있는 특정 영역과 관련하여 정보와 조언을 획득하고 있다. NGO는 UNCTAD로부터 옵서버 지위를 얻음으로써 정기적으로 제공되는 UNCTAD

의 연구물과 간행물 그리고 문서를 통해 최근의 UNCTAD 활동에 관한 정보를 얻고 정부간회의에 대한 통고를 받는다. 이와 더불어 NGO는 UNCTAD 회의에 옵서버로서 자신의 활동영역에 속하는 사항에 대해 구두진술을 할 수 있고 의제항목과 관련 있는 사항에 대해 서면진술서를 배포할 수 있는 등 자신의 견해를 국제기구의 논의에 투입할 수 있는 기회를 가진다.

② 유엔에이즈(UNAIDS)와 NGO의 관계

유엔에이즈는 의사결정을 하는 중요한 기관인 프로그램조정이사회(Programme Coordinating Board, PCB)에 NGO의 대표를 공식적인 구성원의 일원으로 참여시킨 최초의 유엔 보조기관이다. 구체적으로 PCB는 총 22개 회원국으로 구성되며 여기에 5개의 NGO가 참여하여 에이즈와 관련한 시민사회의 관점을 전달하는 역할을 수행한다. 5개 NGO 가운데 3개는 개도국의 NGO이고 2개는 선진국 혹은 전환기 경제에 있는 국가의 NGO이다. 그러나 이들 NGO에게는 투표권은 주어지지 않는다.

대부분의 보조기관들이 중요한 의사결정이 이루어지는 이사회나 집행위원회 혹은 집행이사회에 ECOSOC의 협의지위를 보유하고 있는 NGO의 참여를 허용하나 이는 이사회나 집행위원회 혹은 집행이사회의 초청을 전제조건으로 한다. NGO들은 참가가 허용되더라도 옵서버 지위를 가지는 데 그친다. 그러나 유엔에이즈의 경우 NGO가 옵서버의 지위로서가 아니라 이러한 기관의 구성원의 일원으로서 참여를 하게 된다는 점에서 국제기구로부터 가장 높은 수준의 접근을 허용 받고 있다고 볼 수 있다. 비록 투표권은 부여 받지 못했지만 토론 등에 회원국들과 동등한 수준에서 참여하기 때문이다.

3) 유엔 사무국과의 관계

유엔 사무국 내에는 NGO와 관련을 가지고 있는 여러 조직들이 존재하여 다양한 형태로 NGO와의 관계를 가져오고 있다. 여기에서는 유엔 사무국과 NGO의 관계의 대표적인 일례로서 공보국(Department of Public Information, DPI)과 NGO의 관계를 살펴보고자 한다.

DPI는 NGO와 공식적 제휴(formal association)의 관계를 가지는데 이러한 제휴관계를 가진 NGO를 「DPI 제휴 NGO(DPI-Associated NGO)」라고 부른다. DPI

가 NGO와 제휴하는 것은 유엔의 정책결정에의 NGO의 기여와 같은 것을 고려한 소산이라기보다 NGO의 정보전파 기능을 이용한다는 측면이 크게 고려된 것이다.

1946년 유엔에 공보국이 신설되었을 때 유엔은 유엔의 총체적인 정보활동의 일환으로서 NGO와 더불어 그리고 NGO를 통해 일하는 것이 중요하다고 인식했다. 그 결과 유엔총회는 결의문 13(I)을 통해 DPI로 하여금 유엔에 관한 정보를 전파하는 데 관심을 가지고 있는 모든 종류의 조직(구체적으로 개개 국가의 정보센터 · 교육기관 · 정부기구 · NGO)을 돕고 고무할 것을 지시했다. 1968년 유엔 ECOSOC은 결의문 E/RES/1297(XLIV)을 통해 DPI에게 NGO와 공식적인 제휴를 맺을 것을 요청했다.

한국의 경우 2000년에 새마을운동중앙회가 국내 처음으로 이러한 DPI에 등록된 조직이 되었으며 아시아인권센터 등 여러 조직들이 추가적으로 등록이 되었고 비교적 최근인 2016년에는 한국의 한동대학교가 한국 대학교서는 처음으로 이러한 관계를 가지게 되었으며 지속가능개발목표(Sustainable Development Goals, SDGs)의 성취를 위해 세계시민 교육이라는 주제를 가지고 2016년 5월 말에 한국의 경주에서 개최된 제66차 유엔 DPI/NGO 컨퍼런스의 주관 기관이 된 바 있다.

유엔 ECOSOC과 일반 혹은 특별 협의지위를 가지고 있는 NGO들이 DPI와 중복적으로 관계를 가지는 것은 허용되어 일반 협의지위를 가지고 있는 Good Neighbors와 특별 협의지위를 가지고 있는 세계유아교육기구 · 한국자원봉사기구 · 하늘문화세계평화광복 · 구생회 그리고 명부상 협의기구인 새마을운동중앙회가 DPI와도 제휴를 하고 있다.

ECOSOC의 산하에 NGO위원회가 하듯이 DPI에는 NGO 제휴위원회(DPI/NGO Association Committee)가 공보국과 공식적인 제휴(formal association)를 맺기 원하는 NGO들이 자격요건을 갖추고 있는가를 심사한다. DPI와 제휴를 갖기 위한 조건으로서 NGO는 유엔헌장의 원칙을 지지하고 존중해야 하며 국내적이거나 지역적 혹은 국제적 지위를 지니고 있는 명망이 있는 NGO이어야 한다. 또한 최소한 2년 동안 등록이 되어 있어야 하고 오로지 비영리적인 기반 위에 활동해야 하며 세금이 면제되는 지위를 지니고 있어야 한다.

DPI와 제휴관계를 가지고 있는 NGO들은 다음과 같은 책임을 지게 된다. i) 유엔헌장과 일치하고 유엔 사무총장이 우선시 하는 문제를 포함한 유엔의 의제상의 중요한 이슈에 대해 특히 풀뿌리 수준에서 대중의 인식을 지속적으로 제고해야 한다. ii) 정책비판 및 제언 캠페인(advocacy campaign)이나 다른 공공정보를 촉진하는 활동에 관여하는 유엔정보센터나 유엔정보서비스 혹은 다른 유엔 조직과 협력을 하거나 지원해야 한다. iii) NGO 활동에 대한 평가를 위해 매년 CSO Net을 통해 온라인상의 연례평가서(Annual Review)를 제출해야 한다. iv) 유엔의 이름 · 유엔의 깃발 · 유엔의 엠블럼을 적법하게 사용해야 한다.

DPI에 의해 NGO에게 제공되는 서비스에는 정기적인 서한 발송 · NGO 대표들을 위한 전 지구적인 문제에 대한 주례 브리핑 · NGO를 위한 연례 NGO/DPI 회의(Annual NGO/DPI Conference) · 새롭게 DPI와 공식적인 관계를 갖게 된 NGO를 위한 연례 오리엔테이션 과정 · 뉴욕에 있는 유엔의 NGO자원 센터(NGO Resource Center)의 이용 등이 포함되어 있다. DPI와 공식적인 관계를 갖고 있는 NGO들은 유엔이 관여하고 있는 다양한 이슈들에 관한 유엔의 활동을 자신들의 회원들에게 알림으로써 유엔에 대한 일반인들의 지식과 지지를 증대시키도록 기대된다.

ECOSOC과 협의적 관계에 있는 NGO들은 앞서 살펴보았듯이 ECOSOC 또는 ECOSOC의 보조기관에 참석하여 구두진술을 하고 서면진술을 하는 등 명실상부한 유엔의 자문기관으로서의 역할을 한다. 그러나 이와는 대조적으로 유엔 DPI와의 공식적인 관계를 맺고 있는 NGO들의 활동은 DPI와 NGO들 간의 교류와 협력에 그친다.

DPI와 공식적인 제휴를 맺고 있는 NGO들은 2년 임기로 선출한 18인으로 구성된 NGO/DPI 집행위원회(NGO/DPI Executive Committee)를 조직하여 이들의 이해관계를 대변하고 NGO들과 DPI 간의 정보를 소통시키는 연락 사무소(liaison office)의 역할을 하도록 하고 있다.[34] 우리가 여기서 주의할 것은 NGO/DPI 집행위원회라는 조직이 DPI 조직의 일부분이 아니라 DPI와 공식적인 제휴를 맺고 있는 NGO들이 설립한 조직이다.

34) NGO/DPI Executive Committee의 정식명칭은 「Executive Committee of Non-Governmental Organizations Associated with the United Nations Department of Public Information」이다.

4) 안보리와의 관계

안보리는 NGO들과의 관계를 개선해 오고 있지만 여전히 극히 비공식적이고 제한적인 관계에 머물고 있다. 그러나 안보리 이사국의 대표단은 NGO로부터 증언을 청취함으로써 정보를 얻고 이해를 증진하기 위한 실용적인 목적으로 몇 가지 관계를 맺어 오고 있다.[35)]

(1) 안보리와 NGO의 주요 관계

① 정규적인 비공식 회의

일단의 NGO들이 안보리와 정규적인 비공식 회의를 가져오고 있다. 여기에서 일단의 NGO란 주로 안보리NGO실무작업반(NGO Working Group on the Security Council, NGOWG/SC)을 구성하고 있는 NGO들을 일컫는데 이들은 모두 안보리의 일에 특별한 관심을 가지고 있는 NGO들이다. 2017년 11월 현재 37개의 NGO가 속해 있으며 이들은 인도적 구호 · 인권 · 군축 · 글로벌 거버넌스 등 다양한 분야의 NGO들이다.

이 실무작업반은 1995년에 설립되었으나 현재의 형태로 회의를 가지게 된 것은 1997년부터이다. 1997년 이래로 실무작업반은 비공개 브리핑을 조직하여 거의 매주 안보리 이사국들 가운데 한 이사국의 대표를 참여시켜 오고 있다. 이러한 브리핑을 위한 회의에는 NGO와 안보리 이사국 대표뿐 아니라 유엔의 고위직 직원과 국제안보 분야에서 중요한 역할을 하는 행위자도 참여의 대상이 된다. 장소는 안보리 회의장(Security Council Chamber)이나 안보리 협의장(Security Council Consultation Chamber)이 아닌 이들의 대표부이거나 NGO 회의실(NGO conference room) 등인데 이는 이러한 회의가 안보리의 공식적인 회의가 아니라는 것을 보

---

35) M. Halil M. Bektaş, "Analysing Relations between the United Nations Security Council and NGOs," *Turkish Journal of TESAM Academy*, Vol 4, No. 2 (2017), pp. 11-33; Martin Binder, "The Politicization of International Security Institutions: The UN Security Council and NGOs," WZB Discussion Paper, No. SP IV 2008-305 (2008); James A. Paul, "A Short History of the NGO Working Group," http://www.ngowgsc.org/content/short-history -ngo-working-group (검색일: 2017. 11. 19); Global Policy Forum, "Security Council Consultation with Humanitarian NGOs," https://www.globalpolicy.org/component/content/article/185/40099.html (검색일: 2017. 11. 19): Security Council Report, "UN Security Council Working Methods: Arria-Formula Meetings," http://www.securitycouncilreport.org/un-security-council-working-methods/arria-formula- meetings.php (검색일: 2017. 11. 19).

여주기 위한 것이다. 회의는 통상적으로 1시간 반 정도 지속되며 이사국 대표로부터의 브리핑이 먼저 있고 질의와 응답이 뒤를 잇는다.

실무작업반은 NGO들의 다양성 등을 이유로 특정의 쟁점 등에 관해 통일된 입장을 취하지 않는다. 실무작업반이 이러한 비공개 브리핑을 갖는 정기적인 회의를 조직하는 주된 목적은 NGO들과 안보리 이사국을 위한 토론장을 제공하여 정보를 교환하고 대화를 갖는 것이다. 이러한 회의를 통해 안보리의 정책 이때때로 바뀌기도 한다.

② 아리아 공식과 사모비아 공식에 따른 비공식 회의

NGO들은 아리아 공식(Arria Formula)과 사모비아 공식(Samovia Formula)에 따라 안보리와의 비공식관계를 가진다. 1992년 유고슬라비아의 분리를 둘러싼 위기의 시기에 안보리 비상임이사국으로서 의장국을 수임하고 이던 베네수엘라의 아리아(Diego Arria) 대사가 보스니아와 헤르체고비나에서 목격한 폭력을 안보리 이사국들에게 증언하기 위해 찾아온 크로아티아인 신부를 만났다.

안보리 이사국들이 크로아티아인 신부와 공식적인 회의를 가질 수 있는 방법이 없음을 알고 있는 아리아 대사는 이사국들을 안보리의 회의실이 아닌 유엔 대표단 라운지(Delegation Lounge)로 초대했다. 이러한 혁신적인 형식의 비공식 회의 즉 안보리 이사국들을 초대하여 안보리에게 상당히 중요한 일에 관해 저명한 인사나 저명한 국제적인 인물과 솔직한 의견을 교환하는 비공식 회의를 「아리아 공식에 의한 회의」라고 일컫는다. 저명한 인사나 저명한 국제적인 인물에는 고위 공직자나 국제기구의 대표 혹은 고위 유엔 직원 등이 포함된다.

이러한 비공식 회의는 안보리 이사국들이 결의문이나 결정을 채택하기에 앞서 항상 진행하는 회의인 비공식 협의로 간주되지 않으며 회의 장소도 안보리 협의장에서 개최되지 않는다. 또한 안보리 의장국에 의해 회의가 소집되지도 않고 주재되지도 않는다. 나아가 통역과 번역을 제외하고는 사무국 직원이 참가하지도 않는다. 이들 모두는 공식 회의의 형식을 벗어나가 위한 방식인 것이다.

아리아 공식을 확대하여 NGO를 대상으로 한 회의를 가지고자 한 최초의 시도에 대해 안보리 상임이사국들이 반대를 했다. 그럼에도 불구하고 안보리 비상임이사국인 칠레의 대사인 소마비아(Juan Somavia)가 1997년에 처음으로 아리아 공식에 약간의 수정을 가하여 안보리 이사국과 3개의 인도주의 활동을 하는

NGO인 옥스팜(Oxfam)·국경없는 의사회(MSF)·케어(CARE) 사이의 협의를 처음으로 시도했다. 이처럼 안보리 이사국이 NGO의 증언을 청취하기 위해 회의를 가지는 것을 「소마비아 공식에 의한 회의」라고 칭한다.

이 회의에서 NGO들은 동부 콩고(Eastern Congo)와 이웃 국가들에서의 난민위기와 갈등에 대해 브리핑을 했고 이러한 상황에서 안보리가 행동을 취하지 않은 것을 혹독하게 비판하는 공동성명을 발표했으며 이러한 비난에 직면한 안보리는 더 이상 이러한 방식의 회의를 허용하지 않게 되었다.

그러다가 2000년에 아리아 공식에 의한 회의가 재개되었으며 과거와는 달리 회의의 대상으로서 빈번하게 NGO의 대표와 시민사회의 대표들이 포함되게 되었다. 이사국들 사이에 이견의 해소에 의해 이러한 아리아 공식에 의한 회의의 장소는 대표단 라운지로부터 지하에 있는 유엔 회의실(conference room)로 옮겨가고 좀 더 최근에는 개점 휴업상태에 있는 신탁통치이사회와 같은 큰 회의실에서 개최되어 오고 있다.

③ NGO와 개개 이사국의 비공식 양자회의

NGO가 개별적으로 개개 안보리 이사국의 대표와 비공식적인 양자 회의를 가지는 방식이 있다. 이러한 방식의 회의를 갖는 대표적인 NGO에는 전문적인 분석을 주된 활동으로 하는 국제평화아카데미(International Peace Academy, IPA)와 국제위기그룹(International Crisis Group, ICG)이 있다. 국제평화아카데미의 경우는 평화의 연구와 개발을 통해 국내 무력갈등과 국제적인 무력갈등의 예방과 해결을 촉진하는 것을 목표로 하는 싱크탱크(think tank)형 NGO이다. 국제위기그룹은 중대한 국제적 갈등을 방지하고 해결하기 위해 현장에 기초한 분석을 하고 정책의 비판과 제언을 하는 싱크탱크형 NGO이다. 이러한 회의 역시 비공식 회의로서 유엔 안보리 회의실 밖에서 열린다.

(2) 안보리와 NGO의 기타 관계

NGO들은 위에서 살펴본 3가지 형태의 비공식 관계와는 다른 방식의 상호작용 역시 가져오고 있다.[36] 이러한 방식 중 하나는 NGO가 단독으로 혹은 다른 NGO들과 연대하여 혹은 뜻을 같이 하는 국가들과도 연대하여 안보리(이사국)를

36) Martin Binder, "The Politicization of International Security Institutions: The UN Security Council and NGOs," WZB Discussion Paper, No. SP IV 2008-305 (2008), pp. 14-17.

대상으로 로비를 행하는 것이다.

또 다른 하나는 국제적인 캠페인을 전개하는 방식이다. 캠페인이란 정책의 변화와 같은 특정의 목적을 달성하기 위한 공격적인 일단의 계획된 체계적인 활동을 일컫는데 전형적인 예로서 피의 다이아몬드(blood diamond)에 반대하는 캠페인을 들 수 있다. 이 캠페인은 대량의 실향민과 사망자를 발생시키는 아프리카의 내전이 다이아몬드에 원인이 있다는 인식에서 출발한 캠페인이다. 일반인들이 군지도자들과 반란군들이 불법으로 거래하는 다이아몬드를 구매함으로써 이들로 하여금 무기를 구입할 수 있도록 하여 전쟁 수행을 돕는다는 것이다. 전 지구적 증인(Global Witness, GW)이라는 NGO가 앙골라에 있어서의 갈등의 주된 원인이 다이아몬드라는 내용의 보고서를 발간하자 곧 이어 안보리의 요청을 받아 안보리 내의 앙골라 제재위원회와의 협의를 가진 바 있으며 이러한 협의의 결과 안보리 결의문 1295가 채택되어 좀 더 강력하고 세밀한 제재가 가해진 바 있다.

마지막으로 NGO는 안보리 정책의 집행자로서의 역할을 수행함으로써 안보리의 정책에 영향을 미친다. 안보리가 자신의 정책을 자원과 전문성을 지니고 있는 NGO를 통해 집행하는 것은 특히 인도적 지원 부문에 있어서 상당히 중요하다. 냉전이 종식된 후 평화유지와 평화구축에 있어서의 안보리 활동이 확대되면서 인도적 지원을 담당하는 NGO와의 상호작용이 강화되었다.

5) 기타 유엔 관련 기관들과의 관계

지금까지 유엔의 주요기관인 경제사회이사회 · 총회 · 사무국 · 안보리와 NGO의 관계들을 차례로 살펴보았다. 여기에서는 이들 이외의 다른 유엔 관련 기관들과 NGO와의 관계를 살펴보고자 한다.

NGO들은 유엔 비정부연락사무소(United Nations Non-Governmental Liaison Service, UN-NGLS)를 통해서도 유엔과 연계되어 있다. 이 기관은 유엔체제에 속하는 국제기구들과 NGO를 포함한 시민사회조직(CSO) 사이에 가교 역할을 통해 상호 이해와 대화 그리고 협력을 촉진함으로써 건설적인 관계를 발전시킬 목적으로 유엔에 의해 1975년에 설립된 유엔의 기관이다. UN-NGLS는 관리 부서로서 유엔 공보국을 두고 있으며 뉴욕과 제네바에 사무실은 두고 있다.

이러한 목적하에 UN-NGLS는 자신들이 전문성을 가지고 있는 다양한 분야에서 유엔체제에 속하는 기구들과 NGO를 포함한 시민시회조직 모두에게 상당한 지원을 제공하고 있다. 이러한 지원에는 유엔총회의 의장실(Office of the President of the General Assembly)이 고위급 행사에 참가할 CSO의 참가자를 물색하는 것을 돕는 것으로부터 유엔 사무총장의 고위급 패널과 자문그룹을 위한 협의를 조직하고 CSO의 유엔에서 벌어지는 협상과 회의 및 행사에의 참가를 지원하다. 또한 CSO를 위해 브리핑과 오리엔테이션 그리고 워크숍을 조직하고 더불어 논의 중인 실질적인 이슈에 대한 인식을 제고하고 의견 교환을 위한 기회를 제공하기 위해 몇몇 유엔기구와 NGO의 협의를 공동으로 조직하기도 한다.[37]

UN-NGLS가 NGO를 위해 수행하는 활동을 좀 더 구체적으로 살펴보면 유엔체제에 속하는 기구들의 중요한 활동과 이슈에 NGO의 주의를 환기시키고 NGO로 하여금 유엔체제 내에서 논의되고 있는 이슈들에 대해 적극적이 되도록 도우며 유엔 회의와 행사 등에 있어서의 NGO의 활동을 용이하게 한다. 또한 NGO가 비슷한 관심을 가지고 있는 다른 NGO들 및 유엔체제 내의 기구들과 접촉을 할 수 있도록 주선을 하며 NGO들에 관한 데이터베이스를 만들어 관리하기도 한다.

3. NGO와 유엔 관계에 대한 전망

유엔과 NGO의 관계가 어떻게 변화될 것인가를 전망하는 데 있어서 가장 중요한 요인은 이 문제를 바라보는 주권 국가들의 태도이다. 유엔과 NGO의 관계에 있어서 가장 중요한 현안은 유엔총회에서 NGO들이 일시적이 아닌 ECOSOC에서와 같은 항구적인 공식적인 지위를 인정받으려 하는 것인데 이를 둘러싸고 국가들 간에 의견이 완전히 일치되는 것은 아니지만 기본적으로 NGO에 대해 보여주고 있는 주권 국가들의 열정적인 수사(rhetoric) 뒤에는 뿌리 깊은 불안이 숨겨져 있다. 즉 선진국과 개도국을 가리지 않고 정부대표들은 전 지구적 의사결정에 있어서 주권 국가들이 지금까지 행사해 온 독점적인 지위가 약화될지 모르는 변화를 근본적으로 두려워하고 있다.

총회에서도 NGO의 공식적인 지위가 인정되어야 한다는 주장의 논거는 ECOSOC

37) UN-NGLS, "About UN-NGLS," https://www.un-ngls.org/index.php/about-ngls (검색일: 2017. 11. 20).

과 유엔이 개최하는 전 지구적 회의(global conferences)의 의사결정 과정에 NGO의 참여가 허용되어 있는 마당에 ECOSOC으로부터의 보고서를 검토하고 전 지구적 회의의 후속조치에 관한 정책을 수립하는 등 NGO의 참여하에 다룬 ECOSOC과 전 지구적 회의의 이슈를 또 다시 다루는 총회에의 참여를 막는 것은 비논리적이라는 것이다.

그러나 기실 인권을 다루는 국제기구 등에서 자국의 인권 상황이나 다른 이슈와 관련하여 NGO로부터 공격을 받는 개도국들은 이러한 NGO들이 총회에 공식적인 행위자로 등장하는 것을 꺼리고 있다. 이런 점에서 볼 때 개도국들이 진정 원하는 것은 국제통화기금(IMF)·세계은행(WB)·세계무역기구(WTO)와 같이 세계화를 선도해 나가는 국제경제기구에 NGO들의 참여를 확대하여 NGO와 더불어 이들 기구에 영향력을 행사하기를 원하는 것이라고 할 수 있다.

또한 NGO가 환경이나 경제 및 사회문제에 관계하는 것은 괜찮다고 생각하는 선진국도 NGO들이 군비통제·군축·경제정의·전 지구적 민주주의를 요구하는 것까지 수용하려 하지 않는다. 특히 미국과 같은 국가는 NGO들이 총회에서 평화유지 및 군비통제와 같은 문제를 다루는 데 참여하게 될 경우 이러한 문제를 다루게 될 안보리에의 참여를 배제하는 것이 모순된다고 보고 있기 때문에 NGO의 총회 참여에 경직된 입장을 보이고 있다.[38)]

또한 선진국과 개도국을 가리지 않고 적지 않은 국가의 정부들이 NGO의 대표성의 문제를 제기하면서 NGO의 공식적 지위의 확대를 반대하고 있는 것도 사실이다. 한 마디로 NGO들은 외부적으로 정의된 지리적이거나 공동체적 구성요소를 가진다는 의미의 대표성을 지니고 있지 않고 잘 해야 회원들의 이해관계나 관심사를 대표하며 최악의 경우 설립자나 NGO를 이끌고 있는 지도자의 이해관계나 관심사를 대표하는 데 그친다는 지적이다. 즉 NGO들 가운데는 국제사회 전체의 이익보다는 한정된 이익을 국제사회에 반영하고자 노력하는 NGO들의 수가 점차적으로 늘어나고 있다는 지적이다.

이와 더불어 유엔과 같은 국제기구에 접근하고 있는 NGO들 가운데 많은 NGO들이 선진국 NGO들로서 개도국 NGO들과 견해를 항상 같이 한다고 단정할 수 없으며 이 때문에 NGO의 영향이 편파적이 될 수 있다는 우려가 제기되고

38) 미국은 NGO가 안보리에 공식적으로 참여하게 될 경우 자국이 NGO의 주된 비판 대상이 될 것이라고 본다.

있다. 일부 국가들은 이러한 이유로 NGO들이 국제기구에 접근하여 영향력을 행사하려는 대신에 자신들이 속해 있는 국가의 정부에 접근하여 정부에 영향을 미치는 데 집중해야 한다는 주장을 제기하면서 NGO의 국제기구에의 접근의 확대에 반대하고 있다.

NGO의 공식적 접근의 확대에 대해 국가들 사이에 존재하는 입장 차이가 유엔 내에서 단순다수결의 표결에 의해 최종적으로 결정될 사항도 아니다. 즉 유엔이 보다 확대된 공식적인 역할을 NGO에게 부여하기 위해서는 헌장의 개정을 필요로 하며 이 경우 안보리 상임이사국의 거부권이 적용되고 회원국 2/3이상의 찬성이 있어야 한다. 따라서 유엔에 있어서의 NGO의 지위향상은 유엔의 안보리 개혁 등 다른 개혁문제와 마찬가지로 국가들 간의 이견으로 인하여 정치적으로 어렵고 예민한 문제가 될 수밖에 없다.[39)]

결론적으로 말해 선진국이나 개도국 모두에게 있어 NGO의 유엔에의 참여의 확대는 얻는 것만큼 혹은 그 이상으로 잃는 것을 가져다주기 때문에 이러한 딜레마적 상황에서 정부대표들은 NGO들의 공식적인 참여의 확대에 지속적으로 주저하지 않을 수 없다. 그 결과 NGO의 참여 확대가 가까운 시일 내에 이루어지리라고 기대하는 것은 무리다. 때문에 일부 NGO들의 부적절한 행동은 곧 바로 정부대표들의 NGO의 참여 확대 거부에 적절한 구실을 제공하고 있는 것이다. 이런 점을 고려할 때 NGO의 목소리가 지속적으로 커질 경우 정부대표들은 공식적인 방식이 아닌 비공식적인 방식을 통해 NGO들의 참여욕구를 충족시키리라 예측된다.

39) Karen A. Mingst and Margaret P. Karns, *The United Nations in the Post-Cold War Era* (Boulder, Colorado: Westview Press, 1995), p. 154.

제3장 전문기구와 NGO의 관계

앞서 살펴보았듯이 NGO는 제한된 경우 의제의 항목을 제안할 수도 있는 등 부류에 따라 약간 다르기는 하나 기본적으로 유엔의 ECOSOC에 대해 협의지위를 가짐으로써 ECOSOC이나 그 보조기관에 참석하여 서면진술서(written statements)를 제출할 수 있으며 구두진술을 할 수 있다. 대부분의 전문기구들도 NGO의 제한적인 참여에 대한 이와 유사한 규정을 두고 있다.[40] 그러나 전문기구들이 NGO에게 일정한 지위를 부여하는 데 있어서 획일적인 것은 결코 아니다.

전문기구에 따라서는 유엔교육과학문화기구(UNESCO)처럼 ECOSOC과 같이 한 종류 이상의 지위를 부여하고 있는 기구도 있고 세계보건기구(WHO)처럼 한 종류의 단일한 지위만을 부여하는 전문기구도 있다. 경우에 따라서는 국제통화기금(IMF)처럼 NGO와 어떠한 공식적인 협의관계도 갖고 있지 않는 경우도 있다.

여기에서는 전문기구와 NGO와의 관계의 대표적인 예로서 유엔교육과학문회기구(UNESCO) · 세계보건기구(WHO) · 국제통화기금(IMF) · 식량농업기구(FAO) · 세계은행(WB)이 NGO와 가지고 있는 관계를 하나씩 살펴보고자 한다.

한국의 NGO들은 유엔 경제사회이사회(ECOSOC)로부터 협의지위를 얻는 데 많은 노력을 경주하여 그 결과 다수의 NGO들이 일반 협의지위와 특별 협의지위 등을 획득하는 성과를 거두었다. 그러나 이와는 대조적으로 전문기구와의 공식적인 관계를 설정하는 데는 거의 관심을 두고 있지 않다. 따라서 전문기구와 NGO의 관계에 대한 논의를 통해 한국 NGO들이 전문기구와의 관계 설정에 관심을 가져야 할 것이다.

---

40) Karen A. Mingst and Margaret P. Karns, *The United Nations in the Post-Cold War Era* (Boulder, Colorado: Westview Press, 1995), p. 56.

1. UNESCO와 NGO의 관계

유네스코(UNESCO)는 창설 초기부터 다른 전문기구들과도 비교가 될 정도로 국제 수준에서 다양한 국제 NGO들과 긴밀한 협력관계를 가져왔다. 이들 간의 관계는 UNESCO 헌장에 간단하게 규정되었으며 1960년에 UNESCO 총회가 「UNESCO의 국제 NGO와의 관계에 관한 지침(Directives Concerning UNESCO's Relations with International NGOs)」이라는 문건을 채택함으로써 구체화되었다. UNESCO는 이 지침에 근거를 두고 UNESCO의 활동에 대한 실질적인 기여의 정도를 고려하여 NGO에게 세 등급의 지위(Category A · Category B · Category C)를 차등적으로 부여했다.

UNESCO는 1995년에 「UNESCO의 NGO와의 관계에 관한 지침(Directives Concerning UNESCO's Relations with NGOs)」이라는 문건을 새롭게 채택하면서 기존 NGO와의 관계에 커다란 변화를 꾀했다. 가장 큰 변화는 UNESCO로 하여금 국가 수준 · 지역 수준 · 국제 수준 등 어떠한 수준이든 관계하지 않고 UNESCO의 권능의 분야에서 활발하게 활동하고 있는 모든 NGO와 융통성 있고 동태적인 협력관계를 설정하는 것을 가능하도록 하고자 「운용활동 관계(Operational Relations)」라는 것을 새롭게 규정했다는 점이다.

이러한 관계는 기존에 UNESCO가 관계를 맺어온 NGO들 즉 국제 NGO들과의 관계보다는 덜 구조화되고 훨씬 비공식적인 관계로서 이로 인해 지역 NGO와 국내 NGO들까지도 UNESCO에 의해 조직된 회의에 초청을 받을 수 있게 되는 등 UNESCO와 직접적으로 관계를 가질 수 있게 되었다.

이러한 운용활동 관계라는 새로운 관계의 설정과 더불어 기존의 관계를 하나로 묶어 「공식관계(Formal Relations)」라 하고 그 밑에 2개의 다른 관계로서 「협의관계(Consultative Relations)」와 「제휴관계(Associate Relations)」를 두었다.

UNESCO는 2011년에 총회가 채택한 새로운 지침(Directives concerning UNESCO's partnership with non-governmental organizations)을 통해 또 다시 개정을 했다. 과거와 크게 달라진 점은 우선 1995년의 개정에서는 NGO와의 관계를 크게 공식관계와 운용활동 관계라는 두 가지로 구분하고 공식관계를 다시 협의지위와 제휴지위로 분류한 바 있는데 2011년 개정의 경우는 운용활동 관계라는 것을 없애고 공식관계인 협의지위와 제휴지위만을 둠으로써 관계를 보다 단순화시켰다.

과거에는 공식관계인 협의지위와 제휴지위의 경우 광범위한 대표성과 전문성을 가지고 있는 국제 NGO에게만 주어지고 운용활동 관계는 국가 수준·지역 수준·국제 수준 등 어떠한 수준이든 관계하지 않고 현장에서 활발하게 활동하고 있는 모든 NGO들에게 부여되었다. 2011년 개정의 경우 협의지위는 과거의 운용활동 지위와 마찬가지로 어느 수준이든 관계없이 UNESCO의 권능에 속하는 분야에서 활동적인 모든 NGO에게 부여되며 제휴지위는 국제 수준과 지역 수준의 NGO에게 국한하여 부여된다. 즉 과거에 공식관계가 아닌 운용활동 관계를 공식관계의 협의지위로 끌어올렸다고 볼 수 있다.

간단하게 말해 협의지위는 국가·지역·국제 수준에 관계없이 UNESCO의 권능에 속하는 분야에서 활발하게 활동하고 있는 모든 조직과 융통성 있고 동태적인 협력관계를 수립하고 유지하기 위해 설정된 관계로서 지위의 부여는 UNESCO 사무총장의 권한에 속한다. 제휴지위는 최소한 2년 동안 UNESCO와 지속적이고 효과적인 협력관계를 가져온 국제 NGO나 지역 NGO와 가지게 되는 관계로서 사무총장의 권고로 집행이사회가 지위를 부여하는 권한을 가지고 있다. 여기에서는 협의지위와 제휴지위를 구분하여 자세히 살펴보고자 한다.

(1) 지위 부여의 조건

① 공통의 본질적인 조건

우선 NGO는 UNESCO의 권능에 속하는 활동 분야 중 한 가지 이상의 활동에 종사해야 하며 UNESCO 헌장에 규정되어 있는 원칙과 일치하여 UNESCO의 목표달성이나 프로그램의 실행에 효과적인 기여를 할 수 있는 능력과 의지를 지니고 있어야 한다.

NGO는 인류의 이익을 위하고 문화적 정체성을 존중하면서 협력·관용·결속의 정신을 가지고 활동에 효과적으로 종사해야 한다. NGO는 인정된 법적 지위를 지녀야 하며 본부와 민주적으로 채택된 규정(내규)을 가지고 있어야 한다. NGO의 일반정책은 총회나 민주적으로 운영되는 대표기관에 의해 결정되어야 한다. NGO 규정은 NGO의 기능을 가능하게 하는 상설성과 대표성을 가지면서 정기적으로 바뀌는 집행기관과 주요 기관에 의해 적절하게 선출된 대표들 그리고 주로 회원의 분담금과 사업 그리고 증여 혹은 유산으로부터 나오는 기본적 자원을 가져야 한다는 내용 등을 포함하고 있어야 한다. 또한 협력관계의 수립을 요청할 당시에 최소한 2년 이상 존재하면서 활동을 수행해 온 전력이 있어야 한다.

② 협의지위의 부여 조건

협의지위는 어느 수준이든 관계없이 UNESCO의 권능에 속하는 분야에서 활동적인 모든 시민사회의 조직이 대상이 된다. UNESCO는 NGO와 융통성 있고 동태적인 협력관계를 수립하여 유지하며 NGO로부터 전문성·정보의 확산을 위한 NGO 연계망의 대표성·NGO의 현장에서의 운용활동 능력(operational capacity)으로부터 도움을 받기 위한 것이기 때문에 NGO는 이러한 요건을 갖추어야 한다. 이러한 협의지위는 또한 시민사회의 대표성을 지닌 조직의 등장을 가능하게 하고 이러한 조직들이 미약하고 상호작용이 없이 단절되어 있는 세계의 지역에서 이러한 조직들 사이에 국제 수준에서의 상호작용을 용이하게 하는 것이어야 한다.

③ 제휴지위의 부여 조건

제휴지위는 사무총장이 UNESCO의 목적 달성에 유용할 것이라고 생각할 경우 집행이사회(Executive Board)에 권고를 하며 권고를 받은 집행이사회는 위에서 언급한 지위 획득을 위한 공통의 본질적 조건과 협의지위 NGO의 조건 모두를 충족시키고 다음에 제시된 추가 조건을 충족시킨 국제 NGO나 지역 NGO에게 부여할 수 있다.

추가 조건이란 구체적으로 교육·과학·문화·의사소통(communication)의 중요 분야에서 능력을 입증하고 UNESCO가 하는 일에 정기적으로 주요한 공헌을 한 기록을 보유하고 있어야 한다. 더불어 최소한 2년 동안 지속적이고 효과적인 협의지위를 보유해 오고 있어야 한다.

(2) 협의지위와 제휴지위 NGO의 의무

① 일반적인 의무

NGO는 자신들의 활동(특히 UNESCO의 권능에 속하는 분야에서의 활동)과 더불어 자신들의 이사회(governing body)에서의 변화와 UNESCO 목적의 달성을 위한 지원활동에 대해 UNESCO 사무총장에게 정기적으로 통보를 해야 한다. NGO는 모든 가용한 수단을 통해 회원들에게 UNESCO의 프로그램 활동과 회원들이 관심을 가질만한 UNESCO의 실적을 알려야 한다. NGO는 UNESCO가 관심을 가지는 의제를 다루는 회의에서 UNESCO가 대표될 수 있도록 요청을 해야 한다. 협력 파트너로서 NGO와의 집단 협력을 위한 NGO국제회의(International Conference of Non-Governmental Organizations)에 가능한 한 최고위급 대표를 보내야 한다. 사무총장이 집행이사회와 총회에 제출하는 보고서를 작성할 때 NGO는 자신들이 UNESCO의 행동에 기여한 내용의 작성과 관련하여 사무총장을 도와야 한다.

② 협의지위 NGO의 의무

협의지위 NGO의 경우는 위에서 언급한 일반적인 의무를 진다.

③ 제휴지위 NGO의 의무

제휴지위 NGO는 위에서 언급한 일반적인 의무 이외에 다음과 같은 추가적인 의무를 지게 된다. NGO는 UNESCO의 권능의 분야에 속하는 공동의 활동을 확대함으로써 UNESCO와 긴밀하고 규칙적이며 효과적으로 협력을 해야 한다. 또한 NGO는 그들의 연계망과 지역 대표 그리고/혹은 국가 대표들을 통해 UNESCO의 현장 부서 및 다수 국가에 존재하는 UNESCO 국가 위원회(National Commission for UNESCO)와 활동에 있어서 효과적인 조정을 해야 한다.

(3) 협의지위와 제휴지위 NGO의 권리

① 일반적인 권리

협의지위와 제휴지위 NGO는 의무와 더불어 다음과 같은 권리를 일반적으로 보유한다. 우선 UNESCO 사무총장은 공동의 관심사에 대해 NGO와 정보와 문서의 적절한 교류를 위해 필요한 모든 조치를 취한다. NGO는 그들의 특별한 분야에 해당하는 UNESCO 프로그램의 계획과 집행의 여러 단계에서 가능한 한 긴밀하고 정기적인 협력의 대상이 되어야 한다.

제휴지위 NGO는 총회의 회의에 옵서버를 파견할 수 있으며 협의지위 NGO는 총회를 대행하는 사무총장의 결정에 의해 옵서버 파견을 요청받을 수 있다. 이러한 옵서버들은 의장의 동의하에 위원회(commissions and committees)와 총회의 보조기관에서 그들의 권능 내에 있는 문제에 대한 구두진술을 할 수 있다. 이러한 NGO들은 총회의 의사규칙에 따라 총회의 운영위원회(General Committee of the General Conference)가 허용하면 NGO의 권능 내에 속하는 아주 중요한 특별한 문제에 관해 총회의 본회의에서 구두진술을 할 수 있다.

이들 옵서버들은 집행이사회의 NGO 협력 파트너 위원회(Committee on Non-Governmental Partners of the Executive Board)의 의장에 의해 이 위원회에 옵서버로서 참가를 요청받을 수 있으며 의장의 승인이 있을 경우 회원국들에 이어 구두진술을 할 수도 있다. NGO 협력 파트너 위원회는 UNESCO가 NGO와의 협력과 관련한 문제들을 검토하기 위해 설립한 집행이사회 소속의 위원회로서 NGO 협력 파트너를 UNESCO의 행동에 포함시키는 문제에 관한 주제별 토론을 한다.

NGO가 서면으로 요청을 하고 집행이사회 의장이 승인할 경우 NGO는 집행이사회의 다른 위원회(Commission and Committee)에도 옵서버로 참가할 수 있다. NGO는 자체 이사회의 승인과 더불어 그들의 권능에 속하는 UNESCO 프로그램 문제에 대해 아무 때나 사무총장에게 서면진술서를 제출할 수 있다. 사무총장은 필요하다고 생각하면 이러한 진술서의 내용을 집행이사회 혹은 적절하다고 생각할 경우 총회에 통보할 수 있다.

② 협의지위 NGO의 권리

협의지위 NGO는 위에서 언급한 일반적인 권리 이외에 하나 혹은 그 이상의 구체적인 프로젝트의 집행에 관한 합의각서를 UNESCO와 체결할 수 있다.

③ 제휴지위 NGO의 권리

제휴지위 NGO는 일반적인 권리 이외에 일반적인 협력에 관한 것이면서 8년이라는 갱신 가능한 기간 동안 가능한 협력을 위한 기본협정(framework agreement)을 UNESCO와 체결하여 NGO와 UNESCO가 공동으로 추구할 일의 우선순위를 정할 수 있다. 이러한 기본협정은 일반적인 협력에 관한 것이며 8년이라는 갱신 가능한 기간 동안에 걸쳐 가능하다. 또한 UNESCO의 사무국이 UNESCO 프로그램의 집행을 위해 지속적으로 접촉을 할 특별한 필요가 있다고 생각하는 NGO에게는 가장 좋은 조건으로 사무실 시설이 제공될 수 있다.

(4) UNESCO와 NGO의 집단 협력을 촉진하기 위한 추가적인 기제

① NGO국제회의

NGO국제회의(International Conference of Non-Governmental Organizations)라는 조직은 UNESCO와 공식적인 협력관계를 가지고 있는 NGO들이 2년마다 함께 모여 UNESCO와의 협력의 상태를 점검하고 UNESCO의 프로그램과 예산의 주요 노선에 대해 집단적인 협의를 수행하며 공통의 관심사를 가지고 있는 조직들 간의 협력을 촉진하는 기제이다.

② NGO-UNESCO 연락위원회

이 조직은 위에서 언급한 NGO국제회의가 지리적 배분의 원칙에 따라 선출한 10개의 NGO로 구성된다. 주된 역할은 무엇보다도 모든 NGO 협력 파트너들의 이익을 대변하며 NGO와 UNESCO 사이의 협력관계의 적절한 작동과 효율성의 확보에 필요한 조치를 취한다. 이와 더불어 집단적으로 취해진 의견이 UNESCO에 의해 프로그램안(draft program)에 확실히 반영되도록 하고 집행이사회의 NGO 협력 파트너 위원회(Committee on Non-Governmental Partners)에서의 토론을 위한 준비에 기여하며 1년에 2회 개최되는 UNESCO가 우선하는 이슈를 논하는 포럼을 조직한다.

③ 주제별 집단 협의

NGO는 UNESCO 프로그램의 집행과 관련하여 UNESCO에 의해 조직된 특별한 주제에 관한 다양한 집단적인 NGO 협의에 참여를 요청받을 수 있다. NGO는 협력을 위한 일부 재정적인 절차에 접근할 수 있다.

④ 기타

만일 사무총장이 NGO가 회의의 업무에 중대한 기여를 할 수 있는 위치에 있다고 의견을 내면 NGO는 일부 UNESCO의 회의에 옵서버를 파견하도록 요청을 받을 수 있다. 이러한 회의에 대표를 파견할 수 없을 경우 그들의 견해를 문서로서 적어 송부할 수 있다.

2) 새로운 관계 설정을 위한 연구

UNESCO 집행이사회는 2015년의 결정에 의거하여 사무총장에게 회원국과 NGO-UNESCO 연락위원회와 긴밀하게 협의하여 UNESCO 회원국과 NGO 사이에 질적 대화를 위한 기회의 창출을 위하여 유엔기구들을 위시하여 유사한 기구들의 최적사례를 바탕으로 하여 새로운 방안을 제안할 것을 요청했다. 이에 따라 UNESCO는 2017년 8월에 집행이사회의 문서(202 EX/37.INF.2)를 발간했다. 따라서 이를 바탕으로 한 새로운 방안이 현실에 어떻게 반영될 것인가 주목할 필요가 있다.

2. 세계보건기구(WHO)와 NGO의 관계[41)]

WHO 헌장 제71조는 유엔헌장 제71조와 유사하게 WHO가 건강과 관련된 과업을 수행하는 데 있어서 NGO와 협의와 협력을 위해 적절한 약정을 체결할 수 있다고 규정하고 있다. 이러한 원론적인 규정은 그 후 1948년에 개최된 제1차 세계보건총회(World Health Assembly)에서 채택된 「WHO와 공식적인 관계로의 NGO의 수용을 규정하는 실무 원칙들(Working Principles Governing the Admission of Non-Governmental Organizations into Official Relations with WHO)」이라는 제목을 가진 결의문의 채택을 통해 구체화되었다.[42)]

이러한 1948년에 채택된 결의문은 1987년에 채택된 「WHO와 NGO의 관계에 관한 원칙들(Principles Governing Relations between the World Health Organization and Nongovernmental Organizations)」이라는 제목을 가진 결의문 WHA40.25에 의해 개정되었으며 이것이 현재까지의 WHO와 NGO의 관계를 규정해 오고 있다. WHO는 유엔의 ECOSOC과는 달리 「공식적 관계(official relations)」라고 알려진 단 한 종류의 공적 관계만을 NGO와 맺고 있는데 이에 대해 살펴보면 다음과 같다.[43)]

1) 공식적 관계의 자격요건

NGO가 WHO와 공식적인 관계를 갖기 위해서는 NGO의 권능의 범위가 WHO의 권능의 범위 내에 속해야 하며 보건 및 보건 관련 분야에서 개발업무(development work)에 집중되어야 한다. 또한 NGO는 그 구조나 영역에 있어서 국제적이어야만 하며 상업적이거나 이윤을 창출하는 성격의 관심사를 가지고 있어서는 안 된다.

이와 더불어 공식적 관계를 신청하는 NGO는 WHO에 충실해야 한다. 즉

41) WHO, “Principles Governing Relations between the World Health Organization and Nongovernmental Organizations,” http://www.who.org/programmes/ina/ngo/prince.htm (검색일: 2017. 12. 10).

42) 「세계보건총회(World Health Assembly)」란 회원국 전체로 구성된 여타 국제기구의 총회(General Assembly)에 해당하는 WHO의 기관 이름이다.

43) 이와 더불어 WHO는 NGO와 비공식적인 관계도 가져오고 있다.

NGO는 WHO 헌장의 정신·목적·원칙에 충실해야 하며 WHO의 집행이사회(Executive Board)의 결정에서 유래되는 정책·전략·프로그램들 특히 「모두를 위한 보건(Health for All)」 전략을 촉진해야 한다.

2) 공식적 관계에 이르기까지의 과정

WHO가 NGO와 가지고 있는 관계로서 다른 국제기구가 NGO와 가지고 있는 관계와 크게 구분되는 것은 한 종류의 공식적인 관계만을 가지고 있으면서 이러한 공식적인 관계에 이르기 전까지 두 단계를 거치게 한다는 점이다. 이러한 단계를 하나하나 살펴보면 다음과 같다.

(1) 비공식 접촉단계

WHO와 NGO와의 관계는 이들 간의 비공식적 접촉 관계로부터 시작된다. 이 단계에서 WHO는 NGO와 상호 이해를 창출하고 발전시키는 것을 돕기 위해 접촉을 하며 흔히 정보를 상호 교환하고 기술회의(technical meeting)에 서로 참여하는 형태를 띤다.

이 단계에서 WHO는 전문적인 활동에 종사하고 있는 NGO와 구체적인 공동의 활동을 할 수 있는지의 여부를 검토한다. 이러한 단계가 얼마나 지속될 것인가에 대해 일정한 시한이 설정되어 있지 않으며 이러한 관계는 서면 협정의 체결 없이 지속된다.

(2) 실무관계 단계

다수의 공동의 활동이 구체화될 경우 이들 간의 관계는 한 걸음 나아가 대개 2년간 지속되는 실무 관계로 발전한다. 이 관계는 이전의 단계와는 달리 상호 간에 서신의 교환(exchange of letters)을 통해 이루어지며 이러한 문서에는 동 기간 동안 취할 활동의 세부사항과 WHO와 NGO가 제공할 자원에 관한 내용 등이 포함된다.

이 기간의 말미에 이들 간에 있어 온 협력의 결과를 공동으로 평가하여 미래의 이들 간 관계를 검토한다. 이때 기존의 관계가 더 지속될 수도 있고 NGO는 이러한 관계에서 나아가 WHO와 공식적 관계(official relations)를 갖기 위한 신청을 할 수도 있다.

(3) 공식적 관계의 단계

일정한 요건을 갖춘 경우 NGO는 이제까지의 관계에서 나아가 WHO와 공식적 관계를 설정할 수 있다. 공식적 관계의 설정을 위해 충족시켜야 할 요건 중의 하나는 NGO의 권능이 WHO의 권한 내에 속해야 한다. 즉 NGO의 목표와 활동이 WHO 헌장의 정신・목적・원칙과 일치해야 하며 상업적인 성격을 가져서는 안 된다. 또한 NGO는 헌장과 같은 설립 기본문서가 있어야 하며 본부・총회・이사회・사무국 조직을 가지고 있어야만 한다. 구성원들은 NGO의 정책이나 행동과 관련하여 투표권을 행사할 수 있어야 한다.

NGO는 또한 구조나 영역에 있어 통상적으로 국제적이어야 한다. 즉 NGO는 그 자신이 활동하고 있는 분야와 동일한 분야에서 세계적으로 조직되어 활동하고 있는 사람들의 상당 부분을 대표할 수 있어야 한다. 구체적으로 이러한 NGO는 국내 NGO들로 구성되어 있든 지역을 단위로 하는 지역 NGO들로 구성되든 아니면 상이한 국가의 개인들로 구성되든 국제 NGO이어야 한다.

그러나 예외적으로 국제 NGO와 연계되어 있든 아니든 관계없이 국내 NGO 혹은 이러한 국내 NGO들로 구성된 국내 NGO 연합체가 활동과 자원의 대부분을 국제 보건 및 이와 관련된 일에 투입하고 있거나 WHO와 공동의 활동사업을 전개하고 있거나 혹은 이들의 활동이 WHO가 필요로 하는 경험을 제공할 경우에 WHO와 공식적인 관계를 가질 수 있다. 이러한 관계의 신청은 실무적인 관계가 최소한 2년 있은 후에야 가능하다.

3) 공식적 관계 보유 NGO의 권리와 의무

(1) 권리

첫째, 공식적 관계를 갖는 NGO들은 다음의 조건을 충족시킬 경우 WHO 회의나 WHO의 권한에 의해 소집된 위원회(committees)와 회의(conferences)에 대표를 임명하여 참여시킬 수 있는 권한을 가진다. 그러나 이때 대표는 투표권을 가지지 않는다.

조건이란 세계보건총회(World Health Assembly)나 WHO의 권한하에 소집된 위원회나 회의가 해당 NGO가 특별히 관심을 두고 있는 의제를 다루며 세계보건총회 혹은 위원회나 회의의 의장으로부터 참석하여 진술을 하도록 요청을 받거나 이러한 회의가 있기 전에 의제를 논하는 과정에서 진술을 하도록 의장으로부터 요청을 받아야 한다는 것이다.

둘째, NGO는 비밀로 분류되지 않은 문건에 접근할 수 있으며 WHO가 설립한 특별 배포 시설과 같은 곳을 통해 배포하는 것이 적합하다고 WHO의 총재(Director-General)가 간주하는 문건에 접근할 수 있다.

셋째, NGO는 WHO 총재에게 제안서(memorandum)를 제출할 권리를 가진다. 총재는 이러한 제안서를 회람시키는 데 있어서 그 성격과 범위를 결정한다. 제출된 제안서에 대해 총재가 세계보건총회의 의제에 올려놓을 수 있다고 판단하면 이 제안서는 세계보건총회의 의제에 포함시킬지의 여부를 최종적으로 결정하기 위해 집행이사회로 넘겨진다.

(2) 의무

공식적 관계를 갖는 NGO는 다음과 같은 의무를 진다. ⅰ) NGO는 WHO와 상호 합의한 공동 프로그램을 실행하는 것에 책임을 져야 하며 이전에 합의를 통해 NGO가 수행하기로 한 것을 이행할 수 없을 경우 즉시 WHO에게 통고해야 한다. ⅱ) NGO는 일상적인 업무를 하는 가운데 WHO의 정책과 프로그램에 관한 정보를 유포시키기 위해 가용한 기회를 잘 활용해야 한다. ⅲ) NGO는 「모두를 위한 보건(Health for All)」이라는 목표를 촉진하기 위해 개별적으로 혹은 집단적으로 WHO의 프로그램에 협력해야 한다. ⅳ) NGO는 회원국의 활동이 국내 수준·지역 수준·국제 수준에서 「모두를 위한 보건」이라는 전략의 실행에 기초를 두고 있을 경우 이러한 회원국과 개별적 또는 집단적으로 협력한다.

3. 식량농업기구(FAO)와 NGO의 관계

FAO는 공식적 관계로서 협의지위(Consultative Status)·전문화된 협의지위(Specialized Consultation Status)·연락 약정 지위(Liaison Arrangement Status)라는 3가지를 두고 각각 협의(consultation)·협력(cooperation)·연락(liaison)이라는 것에 중점을 두고 있다. 이러한 공식적인 지위의 특징은 이러한 지위가 오직 국제

NGO에게만 주어진다는 점이다. 이들 지위들을 살펴보면 다음과 같다.

1) 협의지위

협의지위는 FAO의 활동 분야의 많은 부분을 포함하는 문제에 관심을 두고 있는 국제 NGO에게 부여된다. 정책에 관한 이들의 견해가 정부와 FAO에 중대한 관심사가 될 정도로 인정받는 지위를 지니고 있어야 한다. 지위의 부여에 관한 결정은 이사회(Council)가 제출한 제안에 대해 총회(Conference)가 검토하고 결정을 내린다.

협의지위를 부여받은 NGO는 회기가 시작되기 전에 정책 문제나 기술 문제와 관계가 있는 모든 문서를 FAO 총재로부터 받기 위해 총회와 이사회에 투표권이 없는 옵서버를 파견할 수 있다. 서면으로 의견서를 작성하여 총회에 회람할 수 있고 이사회의 국제기구 관계 위원회(Committee on Relations with International Organizations)에서 구두진술을 할 수 있다. 또한 총회의 기술 위원회들(technical committees)에서 구두진술이 허용되나 의장이 동의하지 않는 한 토론에의 참여는 허용되지 않는다. 총재에게 요청을 하고 총회의 운영위원회(General Committee)가 동의할 경우 총회에서의 구두진술이 가능하다.

NGO는 그들의 관심 분야에 속하는 주제를 다루는 전문가 회의·기술 회의·세미나에 총재로부터 초청을 받을 경우 참가할 수 있다. 참가가 이루어지지 않을 경우 서면으로 의견서를 제출할 수 있다. NGO는 비밀이 아닌 문건과 더불어 사무국과 합의한 주제에 대해 계획된 회의에 대한 정보를 받을 수 있다. NGO는 자체 이사회의 승인하에 FAO의 실무 언어 가운데 하나로 200단어 이내로 프로그램에 관한 서면진술서를 총재에게 제출할 수 있으며 총재는 이 진술서를 이사회의 국제기구 관계 위원회에 보낼 수 있다.

협의지의 NGO는 다음과 같은 의무를 진다. i) NGO는 자신들의 전문화된 분야들 내에서 FAO의 목표를 진전시키기 위해 FAO와 충분하게 협력하여야 한다. ii) NGO는 FAO와의 협력을 통해 활동의 중첩을 피할 목적으로 전문화된 분야들에서의 활동들을 조정하기 위한 방식과 수단을 결정한다. 이를 위해 NGO는 FAO 총재를 대표하는 사람에게 NGO의 이사회·총회·적합한 기술 회의에 참가할 수 있도록 초청을 하고 사무국 수준에서의 조정을 준비해야 한다. iii)

NGO는 가능한 한 그리고 FAO 총재의 요청에 따라 적절한 형식의 홍보를 통해 FAO의 프로그램과 활동에 대한 좀 더 나은 지식과 이해를 촉진하는 데 기여해야 한다. ⅳ) NGO는 FAO에게 보고서와 발간물을 송부해야 한다. ⅴ) NGO는 자신들의 업무계획·계획된 회의·헌장/회원/사무국과 관련된 모든 변화에 대해 정기적으로 FAO에게 통보해야 한다.

2) 전문화된 협의지위

전문화된 협의지위는 FAO의 활동 분야 가운데 특정 부분을 포함하는 문제에 관심을 두고 있는 국제 NGO에게 부여된다. 지위의 부여는 FAO 총재가 그의 권한으로 부여할 수 있다. 전문화된 협의지위 NGO는 위에서 언급한 협의지위 NGO와 동일한 의무를 부담하며 다음과 같은 상이한 권리를 향유한다.

전문화된 협의지위를 취득한 NGO는 다음과 같은 권리를 향유한다. ⅰ) NGO는 총재의 승인하에 적합한 기술 회의에 옵서버를 파견할 수 있고 국제기구 관계 위원회의 적합한 회의에 참가할 수 있으며 적합한 간행물을 받을 수 있다. ⅱ) NGO는 전문적으로 관심을 두고 있는 FAO 프로그램의 기술적인 측면에 관하여 FAO에게 제안서(memorandum)를 제출할 수 있다. ⅲ) 적절한 경우 총회와 이사회의 승인이 있을 경우 일시적으로 총회 회의와 이사회 회의에 옵서버를 보내도록 초청을 받을 수 있다. ⅳ) NGO는 FAO 총재에 의해 NGO의 관심사 분야에 관한 문제를 다루는 전문가 회의와 기술 회의 혹은 세미나에 참가하도록 초청될 수 있으며 참가가 가능하지 않을 경우 이러한 회의에 서면으로 의견서를 제출할 수 있고 이러한 회의에 관한 비밀이 아닌 문서와 정보를 받아볼 수 있다. ⅴ) NGO는 자체 이사회의 승인하에 FAO의 실무 언어 가운데 하나로 200단어 이내로 그들의 전문적인 권능에 속하는 프로그램에 관한 서면진술서를 총재에게 제출할 수 있으며 총재는 이 진술서를 이사회의 국제기구 관계 위원회에 보낼 수 있다.

3) 연락 약정 지위

연락 약정 지위는 FAO의 활동 분야에 속하는 활동을 하며 FAO의 정책과 기술 목표를 촉진시키고 그들의 회원들을 통해 FAO의 프로그램과 활동을 홍보하려고 하는 국제 NGO에게 부여된다. 전문화된 협의지위의 경우와 마찬가지로 총재가 자신의 권한으로 NGO와 연락 약정을 수립할 수 있다.

이러한 NGO들은 FAO의 공식적인 기록에 등재된다. 총재는 상호 관심을 가지고 있는 문제에 대한 정보와 문서를 이들 NGO와 교환하기 위해 필요한 모든 조치를 취해야만 한다. 총재는 NGO의 참여가 관련 회의에 중대한 기여를 할 것이라고 만족할 경우 이러한 지위를 가지고 있는 NGO들 가운데 몇몇에게 FAO의 후원하에 개최되는 전문적인 회의에 옵서버를 파견하도록 요청할 수 있다. 적절할 경우 총회와 이사회의 승인하에 FAO 총재는 FAO의 목적과 프로그램에 대한 대중들의 이해를 자극하는 데 특별한 가치 있는 기여를 해온 NGO들을 옵서버 자격으로 총회와 이사회에 일시적으로 초청할 수 있다.

4. 국제통화기금(IMF)과 NGO의 관계

IMF는 국제 수준과 국가 수준에서 NGO와 몇 가지 형태의 관계를 가지고 있는데 대부분이 정보 교환과 대화 및 협의의 방식이다. 이러한 관계에는 공식적인 협의지위와 같은 것은 포함되어 있지 않다. 구체적으로 이러한 방식의 관계를 살펴보면 다음과 같은 것들이 있다.

국제 수준에서 IMF가 NGO와 가지는 관계를 살펴보면 다음과 같다. ⅰ) 연례회의(Annual Meeting)가 개최되는 시기에 IMF 총재와 NGO와의 타운 홀 회의(Townhall Meeting)를 포함한 작은 규모의 회의와 IMF 운영진과 NGO 대표들 간에 큰 포럼 형식의 접촉을 가진다. ⅱ) IMF의 정책과 전략 문건에 관해 IMF와 NGO가 공개협의(public consultation)를 가진다. ⅲ) IMF의 특정 정책이나 국가별 이슈와 관련하여 IMF의 본부와 전 세계에서 활동하고 있는 IMF 이사(Executive Director)와 직원이 NGO오 회의와 세미나를 갖는다. ⅳ) IMF가 IMF의 정책 검토에 기여하도록 NGO를 초청하여 NGO가 세미나에 참가하거나 온라인에 게재된 문건에 대한 코멘트를 제공한다. ⅴ) IMF와 세계은행의 연례 봄 회의(Annual and Spring Meeting)와 병행하여 IMF와 세계은행이 공동으로 시민사회정책포럼(Civil Society Policy Forum, CSPF)을 개최함으로써 다양한 주제에 관하여 시민사회가 동료 시민사회 참여자 · 세계은행과 IMF의 직원 · 정부 대표단 · 기타 이해관계자와 대화하고 견해를 교환하도록 한다. ⅵ) 연례 봄 회의의 기간 동안에

NGO가 참여하는 시민사회조직 펠로우십 프로그램(CSO Fellowship Program)을 가진다. vii) IMF 내의 독립평가실(Independent Evaluation Office, IEO)이 NGO를 포함한 시민사회조직들과 정기적인 접촉을 통해 NGO로 하여금 독립평가실에 피드백・평가・제안을 하도록 한다.[44)]

개개 국가 수준에서 IMF는 다음 몇 가지 형태의 관계를 NGO와 가져오고 있다. i) IMF 총재가 특정 국가를 방문할 경우 규칙적으로 시민사회조직과 회의를 가진다. ii) 직원 사찰단(Staff Surveillance Mission)의 경우 개개 국가 내에서 노동조직과 싱크탱크 조직 등이 포함된 시민사회조직과 회의를 반드시 가진다. iii) 저소득 국가에서 프로그램을 설계하고 협상을 할 때 IMF 사절단은 종종 빈곤 감소 전략을 준비하는 협의의 과정에 있는 시민사회조직들과 회의를 가진다. iv) 개개 국가에 주재하는 IMF의 상주 대표(Resident Representatives)는 시민사회조직에 다가가서 이들과 접촉을 한다.

5. 세계은행(WB)과 NGO의 관계[45)]

1) 관계의 역사

1970년대부터 세계은행에 대한 NGO들의 비판이 증가하자 세계은행은 이에 대응하여 시민사회와의 정책대화를 주도하고 시민사회에 대한 관여정책을 채택했으며 시민사회 출신 인사를 채용하고 시민사회와의 협력을 통한 세계은행의 프로젝트 집행을 촉진했다.[46)] 세계은행은 처음으로 자신들이 재정적으로 지원하는 프로젝트와 관련하여 환경적 관심을 가지고 있는 NGO들과의 대화를 통해 시민사회와의 상호작용을 시작했다.

44) UNESCO Executive Board, *Relations with Non-Governmental Partners: Study on Mechanisms and Practices for Interaction with NGOs in the United Nations System and Similar Organizations*, 202 EX/37.INF.2 (8 August 2017), p. 7.

45) 이후 전개되는 글의 일부는 다음 글들의 일부를 참고하였음: World Bank, "History," http://www.worldbank.org/en/about/partners/brief/history (검색일: 2017. 11. 20); World Bank, "Civil Society," http://www.worldbank.org/en/about/partners/civil-society#2 (검색일: 2017. 11. 20); The Economist (December 11-17, 1999); Corner, "Civil Society, the U.N. and the World Bank," http://www.globalpolicy.org/ngos/role/globalact/int-inst/2000/civicus. htm (검색일: 2017. 11. 30)).

46) 세계은행의 경우 NGO를 포함하는 시민사회조직과의 관계에서 시민사회조직의 「참여(participation)」라는 표현을 사용하지 않는 것은 아니지만 대부분의 경우 시민사회조직의 「관여(engagement)」라는 표현을 사용하고 있다. 이러한 표현을 사용하는 세계은행의 의도를 생각해 볼 필요가 있다.

1980년대 초 세계은행에 대한 NGO의 비판과 공격은 더욱 심해졌다. 구체적으로 국제환경 NGO는 대규모 댐 건설 등과 같은 세계은행 프로젝트가 환경에 미치는 영향과 관련하여 세계은행에 공격을 가했다. 다른 분야에서 활동하는 NGO들도 개도국의 외채문제 · 억압적인 정권에의 차관의 제공 · 구조조정프로그램으로 인한 인적비용(human cost)의 문제 · 기간시설 프로젝트(infrastructure project)로 인한 원주민의 강제 이주문제 등과 관련하여 세계은행과 부딪쳤다. 이러한 일련의 외부적 상황이 세계은행에 좀 더 많은 변화를 가져오도록 압박을 가했다.

이러한 일련의 상황에 대응하여 1981년에 세계은행의 집행이사회(Board of Executive Directors)가 NGO와의 관계에 관한 운용정책 문건(Operational Policy Note)을 승인했으며 이를 계기로 세계은행은 시민사회와의 관계를 강화하기 위한 노력을 경주했다. 이때 이후로 세계은행과 시민사회 사이의 상호작용과 협력의 수준이 크게 진전되었다.

특히 1982년에 주요 국제 NGO들과 세계은행은 NGO-세계은행 위원회(NGO-World Bank Committee)를 설립하고 이를 통해 세계은행의 정책 · 프로그램 · 프로젝트에 관한 고위급 대화 모임을 가졌다. 이 모임에서 사회적 안전조치와 환경적 안전조치 · 외채 탕감 · 정보의 공개 등이 시민사회에 의해 제안되고 토의되었으며 이러한 것들 가운데 다수가 세계은행의 개혁정책으로 채택되었다.

NGO들은 세계은행과 국제통화기금(IMF)이 창설 50주년을 맞은 1994년부터 「50년은 충분하다(Fifty Years is Enough, FYE)」는 캠페인을 벌여 세계은행의 기본 개발 패러다임에 초점을 두고 세계은행의 경제성장 정책이 빈자와 부자 간의 소득격차를 줄이기보다는 더욱 벌려 놓는다는 주장을 강력하게 전개했다.

NGO 활동가들이 이러한 캠페인의 일환으로 세계은행 회의실에 침입함으로써 세계은행은 이미 이때 1999년 시애틀에서 세계무역기구(WTO)가 경험한 것과 유사한 것들을 겪었다. 이러한 캠페인은 원조 제공국에게 압박을 가하여 이들로 하여금 세계은행이 좀 더 엄격한 환경정책과 사회정책을 취하도록 했으며 그 결과 이전 같았으면 통과되었을 프로젝트가 초기 설계단계에서 거부되거나 수정되었다.

이러한 캠페인과 더불어 1990년대 초에 유엔이 개최한 대규모 개발관련 정부간회의들 즉 1992년의 유엔환경개발회의(UNCED) · 1994년의 카이로 국제인구개발회의(ICPD) · 1995년의 코펜하겐 사회개발세계정상회의(WSSD)에 NGO들이 대규모로 참가하여 회의 결과에 영향을 미친 것들이 세계은행의 태도 변화를 유도

했다

이러한 일련의 상황과 더불어 1990년대의 중반에 시민사회와 세계은행의 관계가 강화되기 시작했다. 구체적으로 세계은행은 울펜손(James Wolfensohn) 총재의 취임과 더불어 변화를 가시화했다. 변화의 일환으로서 세계은행에 비정부과(NGO Unit)가 새롭게 설치되고 시민사회 주도의 사회자본 프로그램과 NGO들과 함께 하는 다양한 빈곤퇴치 프로그램과 같은 것들이 시작되었다. 또한 NGO들과 함께 일하는 법을 세계은행 직원들에게 가르치기 위해 NGO의 전문가들이 개개 국가의 세계은행 현장 사무소에 채용되어 배치되고 세계은행 직원과 모든 지역의 NGO 지도자들로서 NGO-세계은행위원회(NGO-World Bank Committee)가 구성되어 구조조정 및 투명성 문제와 같은 주요 이슈에 의견을 투입하는 토론장으로서의 역할을 수행했다. 일단의 NGO들은 세계은행의 초미니 기업 대출에 대해 자문을 제공하고 감시를 하기도 했다. 1997년에는 세계은행과 NGO 연계망이 세계은행에 의해 추진되면서 종종 논란의 대상이 되고 있는 경제조정 조치들의 영향을 평가하는 구조조정 참여평가 이니셔티브(Structural Adjustment Participatory Review Initiative, SAPRI)를 공동으로 시작했다.

이런 조치들과 더불어 세계은행은 개도국에 있어서 빈곤감소라는 목표를 달성하기 위해 광범위한 행위자들(특히 NGO)의 적극적이고 실질적인 개입이 필요하다는 인식하에 1980년대에 세계은행 프로젝트의 12% 정도에 NGO를 관여시키던 것을 몇 년 사이에 50% 정도 수준으로 끌어 올리는 등 NGO와의 협력관계를 강화시켰다. NGO들은 세계은행 프로젝트의 과정 중 프로젝트의 실행 단계에 관여를 많이 해왔으나 점차적으로 프로젝트의 준비 단계에도 그 관여도를 높여 갔다.[47)]

이코노미스트지는 NGO들이 1999년 11월 시애틀에서 WTO의 뉴라운드 출발을 위한 회의를 무산시킬 당시 세계은행에 대해서는 놀랄 정도로 침묵을 지키고 있었던 것은 NGO 특히 기술 NGO(technical NGO)를 포섭하고자 전개한 세계은행의 지대한 노력의 결과라고 평가했다. 그러면서 구체적으로 그 당시 70명 이상의 NGO 전문가가 세계은행의 현장 사무소에서 일하고 있었으며 매년 세계은행 프로젝트의 절반 이상에 NGO들이 관계하고 있고 종교집단으로부터 환경 NGO

---

47) United Nations, *Arrangements and Practices for the Integration of Non-governmental Organizations in All Activities of the United Nations System*, A/53/170 (10 July 1998).

에 이르기까지 이들과 동맹관계를 구축함으로써 NGO들의 동원 연계망(mobilization networks)의 힘을 약화시켰다는 점을 지적했다.

그러나 세계은행에 대해 모든 NGO들이 호의적인 태도를 보였던 것만은 결코 아니었다. 적지 않은 NGO들은 세계은행이 개도국의 경제와 사회에 미치는 영향에 대해 근본적으로 회의적이었다. 좀 더 구체적으로 말해 이들 NGO들은 세계은행을 위시한 국제경제기구들을 선진국과 다국적기업의 이익만을 추구하는 이들의 전위조직으로 인식하고 있었으며 1990년대 들어서서는 전 세계적으로 부익부 빈익빈을 강화시키고 있는 세계화를 앞장서서 이끌어 나가는 추동체로 인식하고 있었다. 따라서 이러한 NGO들은 여전히 세계은행에 등을 돌리고 있었던 것이다.

이러한 사실은 2000년 4월 미국 워싱턴에서 개최된 국제통화기금(IMF)과 세계은행의 봄철 연례회의 및 같은 해 9월 체코의 프라하에서 개최된 국제통화기금과 세계은행의 연례총회 등이 각국 NGO들의 국제연대를 통한 반대시위로 제대로 회의를 진행할 수 없게 되는 등 NGO의 공격의 대상이 되었던 것에서도 잘 알 수 있다.

세계은행과 시민사회의 관계에 있어서 2000년대에는 주목할 만한 변화가 없었고 2010년대에 들어서서 약간의 변화를 보였다. 구체적으로 세계은행은 2013년에 2030년까지 빈곤을 근절한다는 계획과 지속적이고 포괄적인 방식으로 공동의 번영을 증진시킨다는 2개의 목표를 우선시하는 전략을 채택했다. 이러한 노력의 일환으로 세계은행은 세계은행이 지원하는 운용활동에 있어서의 시민 관여의 주류화를 위한 전략적 틀(Strategic Framework for Mainstreaming Citizen Engagement in World Bank Group-Supported Operations)을 발전시켰다. 이러한 전략적 틀은 세계은행과 시민사회의 관계를 더욱 향상시킬 것으로 기대되어 오고 있다.

세계은행은 또한 국가 수준에서 세계은행이 지원하는 프로젝트에 시민사회를 보다 적극적으로 관여하게 함으로써 이를 통해 시민사회와의 운용활동상의 협력을 좀 더 증진하고자 노력해 오고 있다. 그 결과 세계은행이 지원하는 모든 프로젝트에서 시민사회가 관여하는 프로젝트의 비율이 1990년도에 21%이었던 것이 2012년에는 약 82%에 달했다.

2) 현재의 세계은행과 NGO 관계

오늘날 NGO를 포함한 시민사회는 세계은행의 정책에 영향을 미치고 세계은행이 재정적으로 지원하는 운용활동에 관여하며 세계은행이 지원하는 무상의 기금을 지원받는다. 세계은행은 시민사회의 조직과 거버넌스 · 정보에의 접근 · 성과기준과 같은 전 지구적 정책에 대해 전 지구적이고 포괄적인 협의를 한다. 세계은행은 전 세계에 걸쳐 다수의 NGO들과 정보 공유 · 정책 대화 · 전략 협의 · 운용활동 협력 · 제도적 협력 등의 상호작용을 한다.

미국 워싱턴의 세계은행 본부와 100여 개 국가 사무소에서 120명이 넘는 전문가들이 지방 수준에서부터 전 지구적 수준에 걸쳐 시민사회조직의 관여를 책임지는 시민사회 구심점(Civil Society Focal Point)으로 활동하고 있다. 또한 세계은행의 대외 및 기업 관계국(External and Corporate Relations Department) 내에 전 지구적 시민사회팀(Global Civil Society Team)을 두어 시민사회조직과의 총체적인 관계를 조정하는 역할을 수행하고 있다.

세계은행과 시민사회조직이 현재 가지고 있는 관계를 대화와 협의를 위한 관계를 중심으로 살펴보면 다음과 같다. 상당한 다수의 시민사회조직들이 세계은행과 국제통화기금의 연례 봄 회의에 참여한다. 여기에서 시민사회조직은 집행이사와의 시민사회조직 원탁회의(CSO Roundtable with Executive Directors)와 세계은행 총재와의 타운 홀 회의(Townhall with the President of the World Bank) 그리고 대개 시민사회조직에 의해 조직되는 40개가 넘는 정책대화 회의를 가지는 시민사회포럼(Civil Society Forum)을 포함하는 시민사회정책포럼(CSPF)에 참여한다.

이러한 시민사회 정책포럼은 시민사회조직이 광범위한 주제에 걸쳐 세계은행 · 국제통화기금 · 정부대표 · 동료 NGO · 기타 이해관계자들과 대화를 하고 의견을 교환할 수 있는 공간을 제공한다. 주제들은 시민사회조직이 제출한 것으로부터 선정된다.

세계은행과 NGO 사이의 운용활동에 있어서의 협력(operational collaboration)을 살펴보면 세계은행은 시민사회조직들을 세계은행이 재정적으로 지원하는 프로젝트에 관여시키고 시민사회조직들이 주도하는 개발 프로젝트에 재정적 자원을 제공함으로써 시민사회조직과의 운용활동상의 협력을 점진적으로 증대시켜 오고 있다. 앞서 언급했듯이 세계은행이 지원하는 모든 프로젝트에서 시민사회가 관여하는 프로젝트의 비율이 1990년도에 21%이었던 것이 2012년에는 약 82%에 달했는데 이제 2015년에는 88%로 늘어났다.

위에서 살펴본 정책 대화와 운용활동상의 협력 이외에 제도적인 협력관계 면에서 세계은행과 시민사회조직은 다음과 같은 관계를 가지고 있다. 시민사회조직의 대표들은 사회적 책임을 위한 전 지구적 협력관계(Global Partnership for Social Accountability, GPSA)와 전 지구적 농업 및 식량 안보 계획(Global Agriculture and Food Security Program, GAFSP)의 운영위원회에 일원으로 관여한다. 이 두 조직은 모두 자원을 할당하는 것을 돕는 역할을 한다.

시민사회조직은 또한 몇몇 세계은행 프로그램과 기금을 제공하는 기제의 자문기구에 일원으로서 관여한다. 이러한 것에는 시민 관여 틀(Citizens Engagement Framework) · 건강과 영양 및 인구 시민사회조직 협의 그룹(Health, Nutrition, and Population CSO Consultative Group) · 지구환경기금(Global Environment Facility, GEF) · 기후투자기금(Climate Investment Funds, CIFs)이 포함된다.

세계은행과 NGO와의 관계를 종합적 평가해 보면 IMF와 미친가지로 공식적인 협의지위와 같은 것은 포함되어 있지 않는 가운데 정보 교환과 대화 및 협의 형태의 관계가 주를 이루고 있다. IMF와 크게 다른 점이 있다면 세계은행의 경우 다수의 NGO들로 하여금 자신이 재정적으로 지원하는 프로젝트에 집행기관으로서 관여하도록 하거나 NGO 자신의 프로젝트를 재정적으로 지원하는 등 운용활동(operational activity)을 둘러싼 협력이 주를 이루고 있다는 점이다.

제4장 지역기구와 NGO의 관계

지역기구들도 NGO들과 일정한 관계를 가지고 있다. 여기에서는 우선 지역기구 중에서 가장 초국가적 성격이 강한 유럽연합(European Union, EU)이 NGO와 어떠한 관계를 설정하고 있는가를 살펴보고자 한다. 이어서 유럽의 인권기구인 유럽평의회(Council of Europe, CoE)와 NGO의 관계를 추가적으로 살펴보고자 한다.

1. 유럽연합(EU)과 NGO의 관계

유럽연합은 시민사회조직에 대해 이중적인 태도를 보이고 있다. 즉 공공연하게는 NGO를 포함한 시민사회조직과의 협력관계를 환영하면서 기실 시민사회조직이 유럽연합의 영역이라고 생각되는 것을 침해하지 않도록 하고 있다. 이러한 기본 입장으로 인해 유럽연합은 NGO들과 여러 가지 형태의 관계를 맺고 있는 것은 사실이나 이러한 관계는 법적 기반이 부재하다는 것을 특징으로 한다.

따라서 유럽의 시민사회조직들은 유엔 경제사회이사회(ECOSOC)나 다음에 살펴볼 유럽평의회와 마찬가지로 유럽연합도 자격을 갖춘 NGO에게 공식적인 협의 지위를 부여하는 법적 토대를 만들 것을 요청하고 있다. 좀 더 구체적으로 말해 이들은 유럽연합과의 공식적인 관계가 유럽연합 조약의 일부 조항으로서 포함되기를 바라고 있다.

유럽연합의 주요기관 가운데 의회(European Parliament)와 (각료)이사회(European Council)의 경우는 기관의 성격상 NGO에 대해 덜 개방적이다. 특히 (각료)이사회는 NGO와 가장 소원한 관계를 가지고 있다. 유럽의회는 회원국의 국민들로부터 직접 선출된 사람들로 구성되기 때문에 이미 시민사회의 대표성을 일정한 부분 지니고 있기 때문이라고 볼 수 있다. 또한 (각료)이사회는 유럽연합 전체의 이익을 위한 입장에서 의사결정을 하는 등 초국가적 성격이 강한 집행위원회와는 대조적으로 여전히 회원국 개개 국가의 국익의 관점이 많이 투영되는 국가적 성격이 강한 기구이기 때문이다.

이들과 비교하여 볼 때 유럽연합을 대외적으로 대표하는 집행위원회(European Commission)가 상대적으로 가장 NGO에 대해 개방적이라고 할 수 있다. 따라서 집행위원회는 유럽연합과의 관계의 법제화를 요구하는 NGO들의 요구를 어느 정도 수용하여 기존의 관계를 검토하고 개선점을 찾고자 노력을 했지만 의회와 (각료)이사회의 반대와 무관심뿐만 아니라 집행위원회 내부에서조차의 강력한 반대 의견으로 인해 뜻을 이룰 수 없었다.

집행위원회는 반대의 변으로서 집행위원회는 공인제도의 실시 없이 NGO와 가능한 한 개방적인 대화를 원하며 유럽연합에 있어서의 의사결정 과정이란 다른 국제기구에서와는 달리 유럽인들에 의해 선출된 대표들에 의해 무엇보다도 우선적으로 정당화된다는 점을 강조한다. 집행위원회가 NGO와 유지하고 있는 대표적인 관계의 형태를 살펴보면 다음과 같다.

i) 집행위원회는 필요할 때마다 임시회의(ad hoc meeting)를 NGO와 가져오고 있다.[48] 특정한 조건을 부과하고 있지 않기 때문에 자신의 견해를 개진하고자 하는 다양한 NGO들에게 집행위원회는 개방되어 있다고 볼 수 있다. ii) 집행위원회는 운영규칙을 가지고 있는 위원회와 같은 공식적인 구조 등을 가지고 있지 않은 가운데 NGO와 정책 이슈에 대해 체계적이고 정기적인 회의를 갖기도 한다. iii) 집행위원회는 규정된 절차를 가지고 있는 자문그룹(advisory group)이나 협의 위원회(consultative committee)의 구성원 혹은 옵서버로서의 NGO들과 회의를 갖는다.

48) 「임시회의(ad hoc meeting)」란 미리 계획된 스케줄에 따라 정기적으로 개최되는 회의가 아니라 필요할 때마다 임시적으로 개최되는 회의를 의미한다.

2. 유럽평의회(CoE)와 NGO의 관계[49]

유럽평의회는 주된 목적으로서 인권·다원주의적 민주주의·법의 지배를 추구하는 유럽의 지역기구이다. 이러한 목적과 더불어 유럽평의회는 유럽의 문화 정체성과 다양성의 발전을 고무하며 소수 인종에 대한 차별·외국인에 대한 혐오·불관용·환경 보호·유전자 조작·에이즈·마약·조직범죄와 같은 유럽사회가 직면하고 있는 다양한 문제들에 대한 해결을 추구한다.

유럽평의회는 유럽연합과도 긴밀한 협력관계 속에서 활동을 하고 있으며 유엔 및 유럽안보협력기구(Organization for Security and Cooperation in Europe, OSCE)와도 협력하고 있다. 또한 인근 협력 파트너 국가들뿐 아니라 전 세계적으로 협력을 해 오고 있다.

유럽평의회는 설립 당시부터 NGO와 실무 관계를 설정해 왔으며 1952년에 국제 NGO가 획득할 수 있는 협의지위(consultative status)를 도입했다. 그 후 유럽평의회는 NGO에게 협의지위를 부여하는 것을 포함한 NGO와 유럽평의회의 관계를 규정하는 규칙들은 개정해 오면서 시민사회의 대표로서의 NGO와 훨씬 긴밀하고 결실이 있는 관계를 발전시켜 왔다.

유럽평의회는 2003년에 국제 NGO를 위한 새로운 지위에 관한 규칙을 담고 있는 각료회의 결의문 CM/Res(2003)8을 채택하여 기존의 협의지위를 버리고 참여지위(Participatory Status)를 도입하여 국제 NGO로 하여금 유럽평의회의 정책과 프로그램에 활발하게 참여할 수 있도록 했으며 유럽평의회와 회원국 내의 다양한 협회들(associations) 사이의 협력을 강화하도록 했다.

1) 유럽평의회의 조직 구조

참여지위 NGO의 지위 부여 조건과 더불어 권리와 의무 등을 살펴보기 전에 유럽평의회의 조직 구조를 살펴볼 필요가 있다. 우선 유럽평의회에는 유럽평의회

49) 「Council of Europe」을 우리말로 어떻게 번역하는가의 문제가 있다. 말 그대로 번역할 경우 「유럽이사회」라는 말이 적절하다. 그러나 유럽연합(EU)의 주요 기관 중 하나인 「Council of the European Union」을 통상 간단하게 「European Council」이라고 칭하고 우리말로 「유럽이사회」로 번역한다. 따라서 이 두 기구의 명칭이 동일해지기 때문에 혼동을 피하기 위해 「Council of Europe」을 우리말로 「유럽평의회」로 번역하여 사용하는 경우가 많다,

의 사무국을 대표하는 사무총장(Secretary General)과 부사무총장(Deputy Secretary General)이 있다. 다른 기구들의 이사회에 해당하는 의사결정 기관으로서 각료회의(Committee of Ministers)를 두고 있는데 이 기관은 회원국의 외교 담당 부서의 장관이나 외교 대표로 구성되어 정책을 결정하고 예산과 프로그램 활동을 승인한다.

다른 기구들의 총회에 해당하는 기관으로서의 유럽평의회는 의원총회(Parliamentary Assembly)를 두고 있으며 회원국의 국회에서 임명된 사람으로 구성되어 있다. 회원국의 지방과 지역의 민주주의 강화를 책임지고 있는 기관으로서 지방지역정부협의회(Congress of Local and Regional Authorities)라는 조직도 두고 있으며 산하에 3개 위원회가 설치되어 있다.

유럽평의회에는 별도의 독립적인 기관으로서 유럽인들 모두에게 유럽인권협약에 의해 보장되는 권리를 보장하는 사법기관인 유럽인권재판소(European Court of Human Rights)가 있을 뿐 아니라 보고서와 대화 그리고 회원국에의 권고 등을 통해 회원국들에서 인권의 존중을 촉진하는 것을 책임지고 있는 기관인 인권대표사무소(Commissioner for Human Rights)도 있다.

2) 참여지위의 부여와 권리 및 의무

참여지위를 부여받기 위해서 NGO는 국제 NGO로서 다음과 같은 조건들을 충족시켜야 한다. ⅰ) NGO는 그들의 권능의 분야(들) 즉 유럽평의회에 의해 공유된 행동의 분야에서 특별하게 대표성을 가지고 있어야 한다. ⅱ) NGO는 유럽 수준에서 대표성이 있어야 한다. 즉 유럽의 상당히 많은 국가들 내의 회원들로 구성이 되어야 한다. ⅲ) NGO는 그들의 일을 통해 유럽평의회의 헌장 제1조에 언급된 좀 더 긴밀한 통합을 달성하는 것을 지원해야 한다. ⅳ) NGO는 유럽평의회의 심의와 활동에 기여하고 활발하게 참여할 수 있어야 한다. ⅴ) NGO는 유럽 시민들에게 유럽평의회의 일에 대해 알릴 수 있어야 한다.

국제 NGO에게 이러한 참여지위를 부여하는 결정은 유럽평의회의 사무총장이 위에서 언급한 기준에 기초하여 내린다. 사무총장은 지위 부여 시에 유럽평의회의 활동 프로그램의 주요 우선순위와 특정 활동 부문에서의 국제 NGO의 수를 늘리는 것을 고려할 수 있다.

참여지위를 지닌 NGO는 연락 위원회(Liaison Committee)나 사무총장이 조직한 행사의 주제별 그룹(thematic grouping)에 대표를 보내도록 요청을 받을 수 있다. 운영위원회와 정부 전문가 위원회 그리고 각료회의의 기타 조직들은 각료회의의 결의문상의 조건에 따라 참여지위를 지닌 NGO에게 연락 위원회와 NGO의 주제별 그룹의 옵서버 지위를 부여함으로써 유럽평의회의 정책과 프로그램 그리고 특별히 행동을 결정하는 데에 참여시킬 수 있다.

의원총회와 지방지역정부협의회의 위원회들은 참여지위 NGO에게 옵서버 지위를 부여하거나 연락 위원회나 국제 NGO의 주제별 그룹에게 전문성을 제공하도록 요청함으로써 이들과의 협력을 강화할 수 있다. 유럽평의회의 인권대표사무소 역시 참여지위를 지니고 있는 국제 NGO와 긴밀한 협력을 유지하도록 고무된다.[50] 사무총장은 국제 NGO나 연락 위원회 혹은 국제 NGO의 주제별 그룹이 시민사회와 관련한 문제에 조언자로서 역할을 할 수 있음을 고려하여 서면이나 청문회의 수단을 통해 상호 관심사에 대해 협의를 할 수 있다.

참여지위 NGO는 다음과 같은 권리를 가지게 된다. ⅰ) 이들은 위에서 언급한 위원회들과 인권대표(Commissioner for Human Rights)에게 제출할 목적으로 사무총장에게 제안서(memoranda)를 보낼 수 있다. ⅱ) 이들은 자신들의 특정의 활동이나 경험을 바탕으로 유럽평의회의 정책과 프로그램 및 행동에 관해 전문적인 조언을 제공하도록 요청받을 수 있다. ⅲ) 이들은 의원총회의 일반인에게 배정된 자리(public sitting)에 참가할 수 있는데 이러한 참가를 위해 의원총회의 의제와 공식 문건을 받아볼 수 있다. 또한 지방지역정부협의회의 일반인에게 배정된 자리에도 초대될 수 있다. ⅳ) 이들은 사무국이 이들을 위해 조직한 활동에도 초대될 수 있다. ⅴ) 이들은 자신들의 일과 관련이 있는 세미나·회의·콜로키움에의 참가를 요청받을 수 있다.

이들은 다음과 같은 의무를 진다. ⅰ) 인터넷을 비롯하여 가용한 다수의 정보출처를 통해 유럽평의회의 활동과 기준에 있어서의 진전사항에 대해 정기적으로 잘 알도록 해야 한다. ⅱ) 자발적이거나 유럽평의회의 기구들의 요청에 의해 유럽평의회가 현재 고려하고 있거나 앞으로 다룰 수도 있는 문제에 관해 NGO의 권능에 속하는 분야와 연관된 정보와 문서 혹은 의견을 제공해야 한다. ⅲ) 회원

50) 「Commissioner for Human Rights」는 인권위원이라는 직책을 나타내지만 인권위원사무소를 지칭하기도 한다. 직책이 아니니 사무소를 나태내기 위해 「Office of the Commissioner for Human Rights」이라는 용어를 사용하기도 한다.

국들이 유럽평의회의 기준과 협정 및 법제도를 더욱 존중할 수 있도록 활동을 해야 하며 지방 NGO와 지역 NGO 및 국내 NGO들과 긴밀하게 접촉하여 이러한 기준들 집행되는 것을 지원해야 한다. ⅳ) 자신들의 권능 분야에서 유럽평의회의 주도적인 활동과 실적을 최대한 홍보해야 한다. ⅴ) 유럽평의회의 기준・제도・활동과 국제 NGO의 주제별 그룹들의 정보를 정기적으로 그들의 회원들에게 확산시켜야 하며 참여지위의 의무사항을 이행하기 위해 적극적으로 활동해야 한다. ⅵ) 4년마다 사무총장에게 보고서를 제출해야 한다.

3) 참여지위 NGO들의 조직

유럽평의회로부터 참여지위를 획득한 국제 NGO들로 구성된 국제NGO회의(Conference of INGOs)가 있는데 이 조직은 유럽평의회의 의사결정 과정과 프로그램의 집행에 활발하게 기여하고 있다. 주된 역할은 정치인들과 대중 사이를 연결하는 중요한 고리로서 시민사회의 목소리를 유럽평의회에 전달하는 역할을 한다. 이 조직은 자체 내에 국(bureau)・상설 위원회・주제별 위원회・등을 지니고 있다.

이와 더불어 국제NGO회의에 의해 선출된 NGO들로 구성된 연락위원회(Liaison Committee)가 조직되어 있다. 연락위원회는 정기적으로 회의를 가지면서 유럽평의회의 사무국과 국제 NGO들 사이의 대화와 협력을 촉진하고 유럽평의회의 정치적인 기구들인 각료회의・의원총회・지방지역정부협의회・인권대표사무소와 긴밀한 접촉을 유지한다.

참여지위를 가지고 있는 국제 NGO들은 다수의 주제별 그룹(thematic grouping)을 설립하여 의원총회의 회기 동안에 1년에 4회 모임을 갖는다. 현재 10개의 주제별 그룹이 존재한다. 이들 그룹은 구체적으로 인권・성 평등・유럽사회헌장과 사회정책・극도의 빈곤과 사회 통합・교육과 문화・유럽의 시민사회와 민주주의・보건・지방과 환경・도시・남북 대화와 연대를 다루는 그룹들이다. 이러한 주제별 그룹들은 유럽평의회 대표들과 정기적인 대화를 유지하며 유럽평의회의 활동에 관한 일차적인 정보를 받고 이들의 가지고 있는 전문적 기술을 통해 유럽평의회 활동의 집행에 기여한다.

제5장 WTO와 NGO의 관계[51)]

1. 관계의 법적 기초

1995년에 세계무역기구(WTO)가 관세와 무역에 관한 일반협정(GATT)을 승계하여 새롭게 설립되면서 WTO 회원국들은 WTO의 설립헌장인 마라케시 협정(Marrakesh Agreement Establishing the World Trade Organization)의 제5조 제2항을 통해 NGO와의 협의와 협력을 위한 법률적인 기초를 마련했다. 구체적으로 설립협정 제5조 제2항은 「일반이사회(General Council)는 WTO의 소관 사항과 관계가 있는 NGO와의 협의와 협력을 위하여 적절한 조치를 취할 수 있다」고 규정했다.

1996년 6월에 WTO의 일반이사회(General Council)는 이러한 법률적인 기초에 근거하여 이를 구체화하기 위해 일련의 지침(guidelines)을 담고 있는 문건(WT/L/162)을 채택함으로써 NGO와의 관계의 틀을 더욱 명료하게 하여 오늘날의 WTO와 NGO의 관계의 기초가 되도록 했다.[52)]

1996년의 지침 문건은 6개의 단락(paragraphs)으로 구성되어 있는데 중요한 내용을 중심으로 살펴보면 다음과 같다. 우선 지침 문건은 NGO와의 관계를 설정하는 지침을 결정함에 있어서 WTO 활동에 대한 대중들의 인식을 증진하기 위해 NGO가 수행할 수 있는 역할을 인정하고 이러한 점에서 투명성을 향상시키며 NGO와의 소통을 발전시키는 데 동의했다.

---

51) Centre for Global Studies, "Channels for NGO Participation in International Organizations" paper presented at the Voice of Global Civil Society Conference, Waterloo, Ontario, 2006; Peter Van den Bossche, "NGO Involvement in the WTO: A Lawyer's Perspective on a Glass Half-full or Half-empty?" Maastricht Faculty of Law Working Paper, 2006/10 (2006); Maria Perez-Esteve, "WTO Rules and Practices for Transparency and Engagement with Civil Society Organizations," Staff Working Paper, ERSD-2012-14 (2012); World Trade Organization, "NGOs and the WTO," https://www.wto.org/english/forums_e/ngo_e/ngo_e.htm (검색일: 2017. 12. 10).

52) World Trade Organization, *Guidelines for Arrangements on Relations with Non-Governmental Organizations: Decision Adopted by the General Council on 18 July 1996*, WT/L/162 (23 July 1996).

또한 사무국은 일반 대중들의 토론에 정확함과 풍부함을 가져다주는 데 공헌할 중요한 자산인 NGO와의 직접적인 접촉을 가지는 데 좀 더 적극적인 역할을 해야만 하며 NGO와의 상호작용이 WTO와 관련한 특정 이슈에 대한 심포지엄이나 NGO가 원하는 정보의 제공을 위한 비공식적 제도와 같은 수단들을 통해 발전되어야 함을 언급하고 있다.

1996년의 지침 문건은 NGO와 가질 관계에 있어서의 제약에 대해서도 언급하고 있다. 우선 WTO 이사회들(councils)과 위원회들(committees)의 의장이 NGO와의 토론이나 회의에 참가할 경우 특정 이사회나 위원회가 달리 결정하지 않는 한 개인의 자격(in their personal capacity)으로 참가한 것이 된다고 언급함으로써 NGO와의 토론이나 회의가 공식적인 것이 아님을 강조하고 있다.

또한 WTO가 법적으로 구속력이 있는 회원국들 사이의 권리와 의무를 규정하고 있는 정부 간 조약이며 협상을 위한 토론장이라는 특별한 성격을 지니고 있음을 지적하고 이 때문에 NGO들이 WTO의 업무나 회의에 직접적으로 관여하는 것은 불가능할 것이라는 것이 현재 광범위하게 공유하고 있는 견해임을 못박고 있다.

이처럼 공식적인 NGO의 참여를 거부한 가운데 지침 문건은 NGO와의 좀 더 긴밀한 협의와 협력은 국가 수준에서 적절한 과정을 통해 건설적으로 이루어질 수 있다고 언급하는 한편 국제적인 수준에서는 WTO와 관련된 특정 주제를 다루는 심포지엄의 개최와 NGO가 협의를 위해 원하는 정보에 접근할 수 있는 비공식적인 제도와 같은 수단을 통해 NGO와의 상호작용이 발전될 수 있다고 언급하고 있다. 이처럼 지침 문건은 WTO와 NGO의 관계란 임시적이고 비공식적인 관계임을 강조하고 있다.

2. 관계의 실제

여기에서 WTO가 NGO와 가져오고 있는 관계를 구체적으로 살펴보고자 하는데 이러한 관계란 크게 보아 위에서 살펴본 설립헌장과 지침 문건에 기반을 두고 설정되지만 이들이 포함하고 있지 않은 내용도 추후의 논의 과정을 통해 포함이 되어 있다.

WTO는 NGO와의 관계를 다루기 위한 조직으로서 정보 및 대외관계국

(Information and External Relations Division)에 NGO와의 협력을 위한 팀을 두고 있다. NGO가 WTO와 가질 수 있는 관계의 이모저모를 살펴보면 다음과 같다.

1) 각료회의 본회의에의 참여

각료회의 본회의에의 참여에 대해서는 위에서 살펴본 지침 문건에는 언급이 되어 있지 않다. NGO의 각료회의 본회의 참여는 지침 문건이 채택된 다음 일반이사회(General Council)가 싱가포르에서 개최될 각료회의(Ministerial Conference)에 앞서 열린 회의에서 싱가포르 각료회의의 공식 본회의에 NGO의 참여를 요청할 수 있다고 결정함으로써 시작된 관계이다.

각료회의 본회의는 WTO의 가장 상위에 있는 의사결정 기관으로서 2년에 한 번 개최되는데 여기에 참여하고자 하는 NGO는 WTO로부터 공인을 받아야 한다. 회의 기간 동안 NGO들은 WTO로부터 회원국들 사이의 토론의 진척사항에 대해 정기적으로 브리핑을 받는다.

NGO의 각료회의 본회의 참여와 관련하여 관심을 가질 문제는 NGO에게 어떤 지위가 부여되는가의 문제이다. 초창기에 NGO에게 옵서버 지위(observer statues)가 주어지지 않은 관계로 구두진술이나 문서회람이 허용되지 않았다. 그러나 사무총장(Director-General)의 투명성 제고와 NGO와의 대화 증진을 위한 조치의 일환으로 NGO들의 문서의 회람이 허용되어 오늘날에 이르고 있다.

여기서 문서란 구체적으로 무역과 관련한 특정 의제에 대한 NGO의 입장이 반영된 입장문(position paper)을 의미하는데 이러한 입장문은 WTO의 회원국들에게 배포된다. 이러한 입장문의 배포는 각료회의에만 국한되는 것이 아니라 다른 회의에서도 가능하다. 이러한 입장문은 회원국들에게 배포될 뿐 아니라 WTO의 웹사이트의 NGO 페이지에도 게재되어 공개된다.

2) 공개 심포지엄과 공개 포럼에의 참여

공개 심포지엄과 공개 포럼에의 NGO 참여는 지침 문건이 직접 언급한 방식이다. 이러한 공개 심포지엄은 무역과 환경 혹은 무역과 개발 등과 같이 NGO들이 관심을 두는 특정의 이슈를 주제로 WTO의 사무국에 의해 조직되며 NGO와 WTO 회원국 대표단이 참가한다. 이러한 심포지엄은 NGO들에게 그들이 관심을 가지는 이슈에 대해 WTO 회원국 대표들과 비공식적으로 토의를 할 수 있는 기회를 제공한다.

2005년 이후에 이러한 공개 심포지엄은 「공개 포럼(Public Forum)」이라는 이름으로 바뀌어 매년 개최되고 있다. 공개 포럼은 참여자들이 세계 무역에 있어서 가장 최근의 관심사에 대해 토의를 하고 다자무역 체제를 향상시키기 위한 방안을 제안하는 공개 토론장으로서의 역할을 한다. 여기에는 NGO뿐만 아니라 국제기구·학계·국회의원·기업·미디어 등이 참여한다. 2017년의 경우는 「무역: 헤드라인의 이면(Trade: Behind the Headlines)」이라는 주제로 개최된 바 있다.

3) WTO 정보에의 접근

WTO 조직들에 NGO가 참여하는 것이 극도로 제한되어 있는 관계로 NGO가 WTO를 주도면밀하게 감시하기 위해서는 WTO의 문건에 접근하는 것이 매우 중요하다. NGO가 WTO 문건에 접근할 필요에 대한 고려는 지침 문건에서 원론적인 언급된 바 있었는데 이후 일반이사회가 이를 구체화하는 원칙들을 수립했다.

이러한 원칙에 따르면 대부분의 문선은 제약 없이 즉시 NGO에게 배포되나 현재 작업 중인 문건(working documents)·WTO 회의 의사록·WTO 사무국의 논의 배경 설명서(background paper)·각료회의의 요약기록(summary records)은 즉각적인 배포의 대상에서 제외되나 일정한 시간이 경과 한 후 공개된다.

4) WTO의 활동에 관한 정보 취득 통로

WTO는 NGO가 WTO 활동에 대해 정보를 얻을 수 있도록 여러 통로를 개설해 두고 있다. 우선 WTO의 인터넷 웹사이트에 무역 협상·WTO 협정의 이행·WTO의 간행물·최근 무역통계 등에 관한 정보를 게재하고 있으며 전적으로 NGO나 기업 등만을 위한 별도의 지정된 페이지를 두고 있다.

이 밖에 WTO는 주요한 회의가 있은 후에 WTO 사무국은 제네바 소재의 WTO의 본부에서 비공식 브리핑을 제공한다. 이러한 브리핑에는 등록된 NGO들이 참가할 수 있다. 또한 WTO 뉴스 속보나 RSS(Really Simple Syndication) 피드(feed)에 등록을 한 경우 WTO 웹사이트에서 제공하는 최신 정보를 사이트 방문 없이 실시간으로 받아볼 수 있다.

5) NGO와의 비공식 회의

1996년의 지침 문건은 앞서 언급했듯이 WTO 이사회들과 위원회들의 의장들이 조직의 공식적인 대표로서가 아니라 개인의 자격으로 NGO와 비공식 회의를 가질 수 있는 가능성을 언급한 바 있지만 이러한 언급을 구체화한 별도의 문건은 존재하지 않는다.

실제에 있어서 이러한 회의는 관련 이사회와 위원회의 의장들의 제안에 의해 이루어지기도 하지만 NGO의 주도에 의해 이루어지는 것이 일반적이다. 누가 회의를 주도했든 이러한 회의를 통해 NGO와 더불어 관련 이사회들과 위원회들의 의장들은 주로 진행 중인 협상과 관련한 정보와 견해를 교환한다. 이로써 이러한 회의는 NGO들에게 있어서 WTO의 협상에 있어서 진척 사항 등에 접근할 수 있는 또 다른 기회가 되고 있다.

6) 비공식적인 NGO 자문기구

모든 국제기구는 아니지만 「시민사회자문위원회(UNDP Civil Society Advisory Committee, CSAC)」라는 이름의 NGO 자문기구를 두고 있는 유엔개발계획(UNDP)을 위시한 일부 국제기구들이 이러한 자문기구를 두고 이를 통해 회원국과 시민사회가 공식적인 대화를 가진다. 이와는 달리 WTO는 이러한 공식적인 상설 자문기구를 두고 있지 않다.

그러나 2002년에 WTO 사무총장으로 취임한 파닛차팍(Supachai Panitchpakdi) WTO 사무총장이 2003년에 비공식 NGO 자문기구(Informal NGO Advisory Body)와 비공식 기업 자문기구(Informal Business Advisory Body)를 설치하면서 시작이 되어 현재에도 지속되고 있다.

이 두 자문기구는 모두 비공식적인 조직일 수밖에 없었는데 이는 1996년의 지침 문건이 사무총장에게 이러한 방식으로 NGO와 관계를 가질 수 있는 권한을 부여하고 있지 않기 때문이다. 이러한 비공식적인 자문기구의 설치는 관행적으로 이어져 오고 있으며 WTO의 사무총장과 NGO 사이의 대화를 위한 장으로서의 역할을 해 오고 있다.

7) WTO 분쟁해결에의 참여

NGO는 다른 제3자와 더불어 WTO의 무역 분쟁해결의 심의과정에 참여가 가능하다. 이러한 참여는 여러 가지 방식의 통로를 통해 가능하다. ⅰ) 우선 NGO들은 WTO의 분쟁해결 절차의 일환으로 당사자의 요청에 의해 일반 대중들에게 청문회가 개방될 경우 이러한 청문회에 참여가 가능하다. ⅱ) 분쟁해결 패널이 자체적으로 전문가로부터 조언을 추구할 경우에 회원국 간의 모든 무역분쟁에 통일적으로 적용되는 WTO 분쟁해결양해각서(Dispute Settlement Understanding, DSU) 제13조에 의거하여 NGO는 전문가로서 패널을 도울 수 있다. ⅲ) NGO는 분쟁 당사자의 진술서(brief)를 준비함으로써 분쟁 당사자를 지원할 수 있다. ⅳ) NGO는 분쟁 당사자가 아니면서 분쟁해결 과정에 참고가 될 수 있도록 분쟁해결 패널(Dispute Settlement panels)이나 상소기구(Appellate Body)에 법정조언자(amicus curiae)의 자격으로 법정조언자 의견서(amicus curiae brief)를 제출할 수 있다.

제6장 국제기구와 NGO 관계의 이론

1. NGO와 국제기구 관계의 현황

1999년 11월 미국 시애틀에서 개최된 세계무역기구(WTO) 각료회의에서 출범시키려고 했던 뉴라운드가 세계화를 반대하는 NGO들에 의해 무산되고 2000년 1월 스위스 다보스에서 개최된 세계경제포럼(WEF)이 폭력시위로 얼룩졌다. 2000년 4월 워싱턴에서 열린 국제통화기금(IMF)과 세계은행(WB)의 봄철 연례회의와 2000년 9월 체코의 프라하에서 개최된 국제통화기금과 세계은행의 연례총회 등이 각국 NGO들의 국제연대를 통한 반대시위로 회의진행이 어렵게 되자 국제기구들은 이러한 일련의 사건들이 계기가 되어 NGO들의 협조 없이는 국가들 간의 의사결정이 어렵다고 인식을 강하게 가지기 시작했다.

이러한 국제기구들의 인식의 변화와 높아진 위상과 더불어 국제기구와의 관계를 향상시키기 위한 NGO들의 노력은 국제기구와 NGO의 관계에 있어서 변화를 가져왔다. 이러한 것을 가장 잘 보여주는 예로서 세계무역기구(WTO)를 들 수 있다.

구체적으로 앞서 살펴보았듯이 WTO는 설립협정 제5조 제2항에 「일반이사회(General Council)는 WTO의 소관 사항과 관계가 있는 NGO와의 협의와 협력을 위하여 적절한 조치를 취할 수 있다」는 규정을 두고 있음에도 불구하고 NGO의 공식적인 참여를 허용하지 않았는데 무역분쟁의 심의과정에 NGO를 비롯한 제3자의 참여를 허용했다. 1995년 WTO 출범 이후 무역분쟁 심의과정에서 제3자의 진술을 허용하는 문제를 놓고 여러 차례 논란이 벌어졌으나 상소기구가 이를 공식으로 수용하겠다는 방침을 정한 것은 처음이었다.[53]

그러나 이러한 WTO의 변화는 지극히 예외적인 경우이고 국제기구들이 취한 변화의 대부분은 설립헌장의 변경이나 결의문의 통과 등을 통한 공식적인 협력관

53) 한국일보(인터넷), 2000년 11월 13일.

계의 개설이나 개선이 아니라 NGO들의 주장의 일부를 정책의 일부로 수용한다든가 혹은 비공식적이고 비제도적인 참여의 확대 및 심화를 위한 일련의 조치들을 취하는 데 그쳤다. 이러한 예들을 구체적으로 들어보면 다음과 같다.

우선 일부 국제기구들은 NGO와의 연락을 위한 연락사무소(NGO Liaison Office)를 새롭게 개설하거나 기존의 연락사무소를 강화했다. 대부분의 유엔기구들은 NGO들과 정기적인 협의를 가져오고 있으며 세계은행(WB)·국제농업개발기금(IFAD)·세계식량계획(WFP)을 포함한 많은 국제기구들은 NGO와의 대화를 촉진하기 위해 상설 NGO 자문위원회를 만들기도 했다.

이와 더불어 국제기구들은 NGO와의 상호작용을 촉진하기 위해 비공식적인 장치로서 패널을 구성하기도 하고 브리핑 회의를 가지기도 했다. 유엔공업개발기구(UNIDO)와 유엔무역개발회의(UNCTAD)는 공동의 관심사를 둘러싸고 NGO와 워크숍을 가지고 유엔은 뉴욕과 제네바에 NGO에 관한 부서 간 실무작업반(Interdepartmental Working Group on NGOs)을 다시금 설치하기도 했다.

세계은행의 경우에서 보듯이 운용활동을 위한 NGO와의 협력도 눈에 띄게 증대했으며 NGO의 능력구축에 상조점을 둔 유엔과 NGO 간의 공동개발을 위한 자금조달도 증가했다. 유엔난민최고대표사무소(UNHCR)의 행동하는 협력 파트너(Partner-in-Action)와 세계식량계획(WFP)이 주요 NGO 협력 파트너와 체결한 양해각서(memorandum of understanding)와 같은 프로그램적이고 제도적인 장치들도 도입되었다.

유엔은 2000년 5월에 새천년 NGO 포럼(Millennium NGO Forum)을 미국 뉴욕의 유엔본부에서 개최하여 그 결과물을 나중에 개최된 새천년 정상회의(Millennium Summit)와 새천년 유엔총회(Millennium General Assembly)에 제출되도록 하여 이들 회의에서의 논의의 기초가 되도록 했다. 2000년 1월 다보스에서 개최된 세계경제포럼은 처음으로 15개 NGO의 대표들로 하여금 세계화에 대한 토의에 참가하도록 초청한 바 있다.[54]

전 지구적인 환경 문제·국경을 넘는 난민과 이주자의 대량 유입 문제·초국적인 전염성 질병의 확산·초국적인 범죄·테러·내전 등과 같이 국제사회의 평화와 안전을 위협하는 전 지구적 이슈들이 다양하게 발생하면서 이러한 이슈들의

54) Michael Bond, "The Backlash Against NGOs," *Prospect Magazine* (April 2000) http://www.globalpolicy.org/ngos/backlash.htm (검색일: 2018. 2. 5).

해결이 NGO의 적극적인 참여 없이 어렵다는 인식의 확산과 더불어 NGO들에게 공식적인 접근을 가능하게 해야 한다는 NGO들의 압박의 결과로 위에서 이미 살펴보았듯이 안보리마저도 굳게 닫힌 문을 열고 NGO들과의 관계를 개선해 오고 있지만 이러한 관계란 여전히 비공식적인 관계에 머물고 있다.

국제기구 내에서의 NGO의 역할을 강화하기 위한 보다 파격적인 제안들도 줄곧 제시되었으나 이제까지 이에 대해 별다른 성과를 거두고 있지 못하다. 이러한 제안들에는 지구시민사회를 위한 지구의회(Global Peoples' Assembly)의 창설이 필요하다는 제안 · 유럽연합(EU)의 한 기관으로서 회원국의 국민을 대표하는 유럽의회와 같은 조직을 세계무역기구(WTO)를 위시한 국제기구에 설치하자는 제안 · 국제노동기구(ILO)가 정부대표 이외에 비록 이익집단이기는 하나 노동자와 사용자라는 민간대표들이 참여시키고 있듯이 NGO에게 일정한 비율의 대표성을 부여하자는 제안(예컨대 환경관련 국제기구에 정부대표와 더불어 기업의 대표 그리고 환경 NGO의 대표를 공식적으로 참여시키자는 제안) · 유엔 내에서 ECOSOC이 부여하는 공식적인 협의지위를 다른 기관으로 확대하자는 제안 · 유럽연합으로 하여금 유엔 ECOSOC이 NGO에게 부여하는 있는 것과 같은 협의지위를 설립하자는 제안 등이 있다.

이러한 예들을 통해 알 수 있듯이 NGO들이 여러 쟁역에서 중요한 행위자로서의 역할을 실질적으로 활발하게 전개하고 있음에도 불구하고 국제사회의 주권국가 중심성으로 인해 제한된 국제기구만이 극히 제한된 정도로 의사결정 과정에 NGO의 참여를 허용하고 있을 뿐이며 법에 기초한 공식적인 협의지위를 부여하거나 확대하는 것을 극도로 꺼리고 있다. 따라서 국제기구는 일반인들이 의사를 직접적이고 공식적으로 반영하는 데는 여전히 많은 한계를 가지고 있다.

2. 국제기구와 NGO의 관계에 대한 이론적 논의

국제기구는 다양한 형태로 NGO와 협력관계를 해 오고 있다. 이와 관련하여 왜 국제기구는 NGO와 이러한 협력관계를 가지려고 하는가와 무엇이 국제기구들로 하여금 각기 다른 형태의 협력관계를 NGO와 가지게 하는가에 대한 이론적인 질문을 던지지 않을 수 없다. 이러한 국제기구와 NGO의 관계에 영향을 미치는 요인에 대한 나름의 연구들이 수행되어 왔는데 여기에서는 이러한 연구들을 간단하게 소개하고자 한다. 구체적으로 여기에서는 두 학자가 분류하여 제시하고 있는 경쟁적이면서도 상호 보완적이라고 볼 수 있는 이론적 시각들을 소개하고자 한다.

빈더(Martin Binder)라는 학자는 자원교환 이론 · 세력 이론 · 규범 이론 · 정치화 이론을 주요 이론적 시각으로서 제시하고 있다. 또 다른 학자인 톨베르그(Jonas Tallberg)는 기능적 효율성 이론(합리적 선택 제도주의 이론) · 민주적 정당성 이론(사회학적 제도주의 이론) · 세력 이론(세력 정향적 제도주의 이론)을 제시하고 있다.[55)]

이들이 제시하고 있는 국제기구가 NGO와 협력관계를 가지도록 하는 요인(독립변수)에 관한 이론적인 시각들은 일면 다르게 보이나 실제에 있어서는 그렇지 않다. 구체적으로 빈더의 자원교환 이론과 톨베르그의 기능적 효율성 이론 · 빈더의 세력 이론과 톨베르그의 세력 이론 · 빈더의 규범이론과 톨베르그의 민주적 정당성 이론들은 크게 다르지 않다. 이 두 학자 사이에 차이가 있는 것은 규범 이론으로 설명되지 않는 것을 설명하기 위해 빈더가 정치화라는 요인을 추가하고 있다는 점이다. 따라서 여기에서는 좀 더 포괄적인 이론적 시각을 소개하고 있는 빈더의 논의를 중심으로 하면서 톨베르그의 논의를 보완하여 설명하고자 한다.

1) 자원교환 이론

자원교환 이론(resource exchange theory)은 다수의 학자들과 실무가들이 국제기구와 NGO의 관계뿐만 아니라 다양한 조직들 상호 간의 관계(interorganizational relations, IORs)를 설명하고자 할 때 종종 적용하는 합리적 선택이론에 바탕을 둔 이론적인 시각이다. 앞서 국제기구와 NGO의 관계에 대한 본격적인 논의에 앞서 이러한 관계의 배경에 대해 개략적으로 소개를 한 적이 있는데 이 역시 이러한 시각에 바탕을 둔 것이다.

55) Jonas Tallberg, Transnational Access to International Institutions: Three Approaches, in Christer Jönsson and Jonas Tallberg, eds., *Transnational Actors in Global Governance* (Basingstoke: Palgrave, 2010), pp 45-66; Jonas Tallberg, "Explaining Transnational Access to International Institutions," paper presented at International Studies Association 49th Annual Convention, San Francisco, CA, 2008; Jonas Tallberg, "Explaining Transnational Access to International Organizations: Theories and Hypotheses," in Jonas Tallberg, Thomas Sommerer, Theresa Squatrito, and Christer Jönsson, eds., *The Opening Up of International Organizations: Transnational Access in Global Governance* (New York, NY: Cambridge University Press, 2013).

이 시각에 따르면 국제기구가 NGO와 협력관계를 가지고자 하는 것은 비록 NGO와의 상호작용을 통해 거래비용이 발생하는 것은 사실이지만 NGO가 가지고 있는 자원으로부터 얻을 수 있는 이익이 더 크기 때문이다. 여기에서 국제기구가 관심을 가질 수 있는 NGO의 자원이란 구체적으로 재정적 자원과 같은 물적 자원뿐 아니라 지식이나 전문성과 같은 비물질적 자원이다.

이러한 시각에 따르면 국제기구의 경우 다루고자 하는 이슈의 복잡성의 정도가 크고 국제기구의 자원이 제한적이라면 NGO의 추가적인 재정적 자원의 제공・국제기구가 결하고 있는 지식과 전문성의 제공・국제기구의 정책의 집행・국제협정의 준수에 대한 감시 등이 국제기구에 특별한 혜택이 될 것이기 때문에 NGO와의 협력관계를 추구할 것으로 본다.[56] NGO의 경우는 국제기구에의 접근이 국제기구와의 협력을 추구하게 하는 동인이 될 것으로 본다.[57]

메이어(Peter Mayer)는 NGO가 국제기구에 접근할 수 있는 기회는 이슈의 복잡성과 NGO의 수중에 놓여 있는 자원에 대한 요구와 더불어 증가할 것이라는 가설을 가지고 유럽의 안보이슈를 다루는 국제기구인 유럽안보협력기구(OSCE)와 북대서양조약기구(NATO)의 NGO에 대한 개방성에 있어서의 차이를 살펴보고자 했다. 연구의 결과는 OSCE가 NATO보다 NGO와의 협력관계에 좀 더 개방적이었는데 이러한 결과는 두 안보 국제기구의 주요한 활동 분야에 있어서의 차이로부터 기인한 것이라고 결론짓고 있다. 구체적으로 OSCE는 NATO와 비교하여 갈등의 예방(conflict prevention)・평화유지(peace-keeping)・갈등 후 평화구축(post-conflict peace-building)에 좀 더 많은 관심을 두고 있는데 이러한 활동 분야야말로 NGO가 OSCE를 지원할 수 있는 자원을 소지하고 있는 분야라는 것이다.[58]

빈더는 유엔 안보리가 비공식적이고 제한적이기는 하지만 NGO에게 개방적인 자세를 취하고 있는 이유를 안보개념이 전통적인 국가안보(national security)라는

---

56) Michael Zürn, Martin Binder, Matthias Ecker-Ehrhardt and Katrin Radtke, "Politische Ordnungsbildung wider Willen," *Zeitschrift für Internationale Beziehungen*, 14. Jahrg., H. 1. (Juni 2007), p. 138 (Martin Binder, "The Politicization of International Security Institutions: The UN Security Council and NGOs," WZB Discussion Paper, No. SP IV 2008-305 (2008), p. 18에서 재인용).

57) Kal Raustiala, "States, NGOs, and International Environmental Institutions," *International Studies Quarterly*, Vol. 41, No. 4 (Dec., 1997), p. 720

58) Peter Mayer, "Civil Society Participation in International Security Organizations: The Cases of NATO and the OSCE," in Jens Steffek, Claudia Kissling and Patrizia Nanz, eds., *Civil Society Participation in European and Global Governance: A Cure for the Democratic Deficit?* (Basingstoke: Palgrave Macmillan, 2008), pp. 116-139.

개념으로부터 안보리가 다루기에 복잡한 인간안보(human security)라는 개념으로 바뀌고 있는 것에서 찾고 있다. NGO들이 인간안보 문제와 관련하여 전문성 · 인도적 지원 · 인권 침해에 대한 사찰 등의 자원을 통해 문제 해결을 도울 수 있기 때문이라고 본다. 또한 유엔 안보리에서 상임이사국이 아닌 비상임이사국들이 NGO에게 접근의 기회를 제공하는 데 좀 더 적극적인 것은 이들이 제한적인 자원을 소지하고 있어 NGO와의 협력을 통해 상임이사국과 비교하여 좀 더 많은 것을 얻을 수 있기 때문이라고 진단하고 있다.[59]

2) 세력 이론

세력 이론은 국제기구가 NGO와의 협력 관계를 추구하는 것은 국제기구의 회원국들 사이에 있어서의 힘겨루기의 산물로서 힘에 대한 고려가 동인이 된다고 본다. 구체적으로 국제기구 내에서 추가적인 지렛대의 획득 · 같은 견해를 가진 행위자의 접근 지원 · 적대적인 행위자의 접근 반대 · 현존하는 권력구조의 강화 등의 동기를 가진다는 것이다.

이러한 이론적 시각을 이미 살펴본 바 있는 유엔 안보리와 NGO의 관계에 적용해 볼 경우 안보리 상임이사국들이 NGO와의 공식적인 관계의 수립을 저지하고 지극히 제한적인 비공식적 관계로 국한시키려는 이유를 세력 이론의 관점에서 현존하는 권력의 구조를 유지하기 위한 시도로서 설명할 수 있다.

이러한 이론적 시각은 현재의 국제기구와 NGO의 관계란 국제기구 내의 가장 강력한 행위자(들)의 선호가 반영된 것으로 보고자 한다. 그러나 강력한 행위자들의 선호라는 설명만으로는 안보리 내에서 힘이 상대적으로 열세인 비상임이사국들이 NGO와의 관계 수립에 적극적인 것을 설명하기 어렵다. 따라서 이러한 것을 세력 이론의 틀 안에서 설명하기 위해서는 국제기구 내에서 상대적으로 세력이 약한 국가들이 강력한 국가의 세력에 대한 견제를 통해 힘의 균형을 이루고자 하는 경향도 포함되어야 한다.[60]

세력 이론은 이처럼 국제기구와 NGO의 관계란 국제기구의 회원국인 국가들 간에 존재하는 세력 관계의 산물로서 상대적으로 세력이 약한 국가(들)의 경우

59) Martin Binder, op. cit., p. 18.

60) James A. Paul, "Working with Nongovernmental Organizations," In David Malone, ed., *The UN Security Council: From the Cold War to the 21st Century* (Boulder, CO; London: Lynne Rienner 2004), p. 376.

NGO들이 자신들과 견해를 같이 할 경우 연계를 통해 불리한 세력관계를 극복하려 하고 상대적으로 세력이 강한 국가(들)의 경우 자신들과 견해를 달리하는 NGO와의 연계를 거부함으로써 유리한 세력관계를 유지하려고 한다고 본다. 물론 상대적으로 세력이 강한 국가(들)의 경우 자신들과 견해를 같이 하는 NGO와의 연계를 통해 유리한 세력관계를 더욱 강화하려고도 할 수 있을 것이다.

국제기구 내에서의 세력 게임(power game)이라는 관점을 통해 유엔의 회원국들 가운데 수적 열세로 인해 표결을 통해 의사결정이 이루어질 경우 불리한 위치에 있는 선진국들이 환경문제와 인권문제 등에 있어서 자신들의 견해를 관철시키기 위한 수단의 하나로서 NGO들의 참여를 고무하는 것을 설명하는 것도 가능할 것이다.

3) 규범 이론

규범 이론은 국제기구와 NGO의 관계는 국제 규범에 의해 증진된다는 시각이다. 이 시각에 따르면 국제기구는 전 지구적으로 확산되고 있는 민주성·책임성·투명성·시민의 참여 등을 요소로 하는 민주적 정당성(democratic legitimacy) 규범에 의해 NGO와 협력적인 관계를 가지려고 한다는 견해이다. 이러한 규범에 의거하여 NGO들은 국제기구에의 접근을 요구하고 국제기구는 이러한 규범에 응하여 NGO와의 협력을 위한 제도의 설계(institutional design)를 하게 된다는 것이다.

달리 말해 전 지구적 수준에서의 정당한 거버넌스(legitimate governance)라는 새로운 규범의 생성과 확산이 국제기구로 하여금 전 지구적 시민사회의 대표를 포함함으로써 민주적으로 정당한 국제기구로 간주되도록 요구한다는 것이다. 이러한 규범 이론은 앞서 소개한 자원교환 이론과 세력 이론이 국제기구가 NGO와의 협력을 추구하는 동기로서 각각 제시하고 있는 자원에 대한 요구와 세력에 대한 고려가 없음에도 불구하고 이들 간에 협력이 일어나는 것을 설명하기에 적절하다고 볼 수 있다.

이러한 시각은 국제통화기금(IMF)과 세계무역기구(WTO)가 NGO와의 협력을 통해 얻을 수 있는 것이 거의 없는데도 불구하고(즉 협력의 인센티브가 부재한 가운데도 불구하고) 제한적이지만 NGO에게 문을 열고자 한 것을 설명할 수 있다.[61]

이 이론의 문제는 이러한 규범이 확산되면서 국제기구가 NGO와의 관계를 수용하는 것이 보편화될 것으로 본다는 점이다.[62] 그러나 실제에 있어서는 국제기구들마다 NGO와의 관계란 일률적이지 않다. 이러한 괴리를 설명하기 위해 빈더는 위에서 언급한 규범이라는 것이 자동적이고 일률적으로 국제기구와 NGO의 관계의 실제에 반영되는 것이 아니고 정치화의 강도(strength of politicization)에 따라 변이가 존재한다고 본다. 이러한 요인을 통한 설명은 일련의 대규모 항의 데모가 있은 후에 국제통화기금(IMF)과 세계은행(WB)이 NGO에게 문을 연 것을 적절하게 설명한다. 빈더는 이러한 이론적 시각을 안보리와 NGO의 관계에도 적용하고 안보리에게도 정당성이라는 것은 중요한 자원으로서 상관하지 않을 수 없는 것이기에 NGO와의 관계를 가지지 않을 수 없었지만 아주 제한적인 비공식관계에 머물고 있는 것은 정치화의 강도가 낮기 때문이 아닐까 하는 결론을 내리고 있다.[63]

---

61) Martin Binder, op. cit., pp. 19-20.

62) Jonas Tallberg, Transnational Access to International Institutions: Three Approaches In Christer Jönsson and Jonas Tallberg, eds., *Transnational Actors in Global Governance* (Basingstoke: Palgrave , 2010), p 45.

63) Martin Binder, op. cit., p. 20.

제14부

국제기구와 지방정부의 관계

제1장 지방정부간기구와 지방정부의 관계

1. 지방정부간기구의 정의

냉전이 종식되면서 세계화(globalization)와 동시에 지방화(localization)가 가속화되고 있으며 이러한 현상을 일컬어 「세방화(glocalization)」라고 부른다. 지방화를 통해 중앙정부와의 관계에서 독립적인 권한을 강화해온 지방정부들은 중앙정부의 대외기관을 거치지 않고 국경을 넘어 타국의 지방정부와 중앙정부뿐 아니라 국제기구와의 관계를 갖는 데 많은 관심을 경주해 오고 있다.

국제기구를 협의의 의미로 사용할 경우 유엔과 같이 국가의 중앙정부들로 구성된 정부간기구(intergovernmental organization, IGO)를 일컫는다. 근자에 들어 이러한 정부간기구와는 별도로 개개의 지방정부 혹은 이러한 지방정부들의 연합체를 구성요소로 하여 국제적으로 조직된 기구들이 많이 등장하고 있는데 이들을 정부간기구와 구별하여 「지방정부간기구(inter-local-governmental organization)」 혹은 「국제지방정부기구(international local government organization)」라고 부른다. 본 저서에서는 이 두 용어 가운데 「지방정부간기구」라는 용어를 사용하고자 하며 앞서 국제기구의 정의를 다루는 부분에서 언급했듯이 지방정부간기구를 광의의 국제기구의 하나로 간주하고자 한다.

따라서 여기에서 국제기구와 지방정부의 관계를 살펴본다는 것은 정부간기구와 지방정부의 관계뿐 아니라 지방정부간기구와 지방정부의 관계를 살펴본다는 의미이다. 여기에서 광의의 국제기구라는 개념에 포함되는 정부간기구와 지방정부간기구를 좀 더 확연하게 구별을 짓기 위해 편의상 정부간기구를 지방정부간기구와 대조적으로 중앙정부간기구로 칭하고자 한다. 중앙정부간기구와 지방정부의 관계뿐 아니라 지방정부간기구와 지방정부의 관계를 살펴보는 과정에서 지방정부간기구와 중앙정부간기구의 관계가 언급될 것이다.[1)]

1) 박재영, “지방정부의 국제화: 국제기구와의 협력을 중심으로,” 『국제기구저널』, 제2집(1)호

2. 국제사회의 중요 행위자로 부상하는 지방정부

세계화와 지방화의 동시 진행은 중앙정부의 권한의 상대적인 약화를 가져오는 한편 중앙정부간기구와 지방정부의 상대적인 권한의 강화를 가져오고 있다. 다시 말해 중앙정부간기구와 지방정부의 국제사회에서의 역할이 점차적으로 강화되고 있으며 나아가 이들 중앙정부간기구와 지방정부의 관계 역시 강화되고 있다.

국제사회에서 지방정부의 역할이 강화되는 것은 국제사회가 직면하고 있는 문제들의 대부분이 지방정부 수준에 그 뿌리를 두고 있고 그 결과 문제해결의 효율적인 주체로서 지방정부의 역할이 긴요해지고 있기 때문이다. 이로 인해 다양한 전 지구적 이슈들을 다루어 나가는 과정에서 국제사회는 지방정부의 역할에 점차적으로 의존하지 않을 수 없게 되어가고 있기 때문이다.

이러한 추세 속에서 개개 국가의 지방정부들은 지방수준에 머무르지 않고 국제사회 수준에서 지방정부간기구라는 국제기구를 결성하여 상호협력을 도모하는 한편 중앙정부와 중앙정부간기구를 향해 결집된 목소리를 냄으로써 글로벌 거버넌스의 중요한 행위자로 점차적으로 인식되어 가고 있다.

2002년 아프리카의 요하네스버그에서 개최된 지속 가능한 개발을 위한 정상회의(WSSD)에서 개개의 지방정부 · 지방정부들의 국내 연합체인 국내지방정부연합(National Local Government Association) · 지방정부들의 국제조직인 지방정부간기구들은 지방정부선언(Local Government Declaration to the World Summit on Sustainable Development)을 발표하여 지방정부의 일치된 목소리를 국제사회에 전달하면서 단결된 힘을 과시하기도 했다.

지방정부의 중요성에 대한 인식은 일단의 중앙정부간기구에 의해 공유되고 있다. 이는 특히 세계은행(WB) · 유엔개발계획(UNDP) · 유엔인간정주위원회(UNCHS) · 유엔자본개발기금(UNCDF) 등이 분권화와 지방정부의 강화를 그들의 정책의 우선순위에 두고 있는 것에서도 잘 알 수 있다. 또한 1992년의 유엔환경개발회의(UNCED) · 1995년의 세계사회개발정상회의(WSSD) · 1996년의 유엔인간정주회의(UNCHS)와 같이 유엔이 개최한 전 지구적 회의에서 지속 가능한 개발 이슈 · 사회개발 이슈 · 인간정주 이슈에 지방정부의 참여가 확대되어야 함이 강조된 것에

(2007), pp. 33-50.

서도 드러난다.

이처럼 지방정부의 중요한 행위자로서의 부상에는 중앙정부간기구의 인식의 변화가 중요한 역할을 하고 있지만 이러한 중앙정부간기구의 인식의 변화의 저변에는 지방정부가 중앙정부의 중요한 보완적인 존재라고 인식하고 있는 일단의 국가들의 중앙정부들의 인식의 변화가 자리하고 있다. 특히 유럽연합(EU)에 속해 있는 많은 국가들의 중앙정부들이 유엔인간정주센터(UNCHS)와 같은 유엔기구의 집행기관에서 지방정부가 중앙정부와는 별도의 행위자로서 대표되어야 한다는 압력을 가하기까지 하고 있다. 유럽연합의 국가들과 일본의 경우에 지방정부들이 이제까지 중앙정부가 해 오던 개도국에 대한 공적개발원조(ODA)의 일부를 떠맡는 주체로까지 변신을 하는 등 국제사회에서 중앙정부가 수행해 온 중요한 업무의 일부를 보완적으로 떠맡고 있다.[2)]

이러한 흐름 속에서 지방정부들은 유엔을 위시한 중앙정부간기구를 향해 자신들을 중앙정부와 동일하게 대우하라는 주장을 제기하는 등 중앙정부간기구 내에서의 지위향상을 위한 노력을 경주하고 있다. 이러한 노력은 2007년 10월 한국의 제주도에서 개최된 세계지방정부연합(UCLG)의 세계총회(World Congress)가 채택한 선언에서도 잘 드러난다.

당 회의는 전 지구적 이슈인 지구온난화 문제의 해결을 지방정부의 최우선 해결과제로 삼는다고 선언하고 지방정부가 기후변화에 관한 새로운 유엔 프레임워크 회의의 협상과정에 주요 당사자로의 참여를 요청했다. 이와 더불어 지방정부들이 서로간에 외교와 협력을 통해 국제평화와 국제이해 등 평화구축에 중요한 역할을 수행하고 있기 때문에 중앙정부간기구의 지원과 이들의 지위에 대한 인정이 당연히 뒤따라야 함을 강조한 바 있다.

3. 지방정부간기구와 지방정부의 관계

지방정부들은 국내적으로 지방정부연합과 같은 조직을 결성하여 일국 내에서 지방정부들 사이의 협력을 꾀하는 한편 국경을 넘어 지방정부간기구를 설립하여 국제적인 협력을 해 오고 있다. 이러한 지방정부간기구들 가운데에는 지방정부의

2) An Desmet and Partick Develtere, *Sub-national Authorities and Development Co-operation in the OECD-DAC Member Countries* (Belgium: Higher Institute of Labor Studies, 2002).

문제 전반을 다루는 기구가 있는가 하면 환경문제와 같은 특정 분야의 문제를 집중적으로 다루는 기구가 존재한다.[3)]

지방정부간기구들은 주로 지방정부들 사이에 전문지식 · 행정적인 경험 · 최적 사례(best practice)를 교환하고 전파하는 공간으로서의 역할을 수행한다. 이처럼 지방정부간기구가 정보 기능을 주된 기능으로 하고 있는 것은 이들 지방정부간기구가 중앙정부간기구와는 달리 분담금이 아닌 회비에 의해 운영되는 등 재정적으로 열악하기 때문이다.

이러한 정보 기능과 더불어 지방정부간기구는 연구와 시범사업을 수행하며 기술지원과 자문을 제공하기도 한다. 또한 지방정부 간에 네트워크 형성을 돕고 인적 · 물적 교류를 촉진하며 인력자원의 훈련의 기회를 제공하기도 한다.

지방정부간기구의 또 다른 중요한 기능은 중앙정부간기구를 비롯한 국제사회를 대상으로 하는 대변기능(advocacy function)이다. 즉 지방정부간기구의 구성원인 지방정부들의 의견을 결집하여 국제사회를 향해 영향력을 행사하는 기능이다. 이러한 대변 기능을 통해 지방정부간기구는 지방정부들의 의견을 정부간기구를 비롯한 국제사회에 전달하는 매개자로서의 역할을 수행한다.

2000년대에 접어들어 활동의 중첩을 막고 국제사회에서의 영향력을 제고하기 위한 방편의 하나로서 지방정부간기구들 사이에 통폐합이 이루어지고 있다. 대규모 지방정부간기구였던 국제지방정부연합(International Union of Local Authorities, IULA)과 국제도시연맹(Federation Mondiale de Cites Unies, FMCU)이 2004년 1월에 통합하여 세계 최대 규모의 지방정부간기구인 세계지방정부연합(United Cities and Local Governments, UCLG)을 설립한 것을 예로 들 수 있다.[4)]

---

3) 이는 정부간기구들 가운데 유엔과 같은 다목적적인 기구가 있고 유네스코(UNESCO)와 같이 전문적인 문제 영역을 갖는 전문기구가 존재하는 것과 같다.

4) 국제도시연맹을 약어로 「FMCU」라고도 하고 「FMCU-UTO」라고도 하는데 여기에서 FMCU는 「Federation Mondiale de Cites Unies」라는 불어의 약어이고 UTO는 「United Towns Organisation」라는 영어의 역어이다.

제2장 중앙정부간기구와 지방정부의 관계

1. 중앙정부간기구에 있어서의 지방정부 지위의 변화

중앙정부간기구와 지방정부의 관계에 있어서의 특징을 살펴보기 전에 중앙정부간기구가 지방정부에게 과연 어떠한 지위를 부여해 오고 있는가를 연대기적으로 살펴보고자 한다. 지방정부 이외에 중앙정부간기구에 의해 비국가적 행위자(non-state actor)로서 한정된 권한만을 인정받아 온 전형적인 사례가 바로 비정부기구(NGO)인데 중앙정부간기구가 이들을 유사하게 취급해 왔기 때문에 더불어 살펴보고자 한다.

1) 광의의 비정부기구의 일원으로서의 지위

「비정부기구(NGO)」라고 할 때 광의의 비정부기구와 협의의 비정부기구로 분리하여 생각할 필요가 있다. 협의의 비정부기구란 공익을 추구하는 자발적인 시민사회의 조직만을 의미한다. 유엔이 헌장 제71조와 관련하여 사용하는 비정부기구라는 용어는 좀 더 포괄적으로 사용되어 협의의 비정부기구는 물론 종교단체·지방정부간기구·기업이나 정당의 국제적인 연합체 등이 포함된다.[5] 이처럼 유엔은 비정부기구라는 용어를 좀 더 포괄적으로 사용하면서 지방정부간기구를 이러한 비정부기구의 부류로 분류하고 이 부류에 속하는 다른 기구와 구별을 하지 않았다.

지방정부간기구는 국민에 의해 선출된 대표성을 가진 지방정부들로 구성된다고 하는 점에서 협의의 비정부기구와 확연하게 구분된다. 그러나 이러한 차이에도 불구하고 유엔에 의해서 지방정부간기구는 오랜 기간 동안 광의의 비정부기구의 하나로서 이러한 협의의 비정부기구와 동일한 취급을 받아왔다.

---

5) 박재영, 『국제관계와 NGO』 (서울: 법문사, 2003), p. 4

따라서 일정한 요건을 갖춘 지방정부간기구는 유엔의 경제사회이사회(ECOSOC)로부터 비정부기구에게 부여되는 것과 동일한 협의지위를 획득하여 유엔과 일정한 관계를 맺어 왔다. 인간정주 관리를 위한 지방정부지역망(CITYNET) · 세계지방정부연합(UCLG) · 지방정부국제환경협의회(ICLEI) · 세계대도시연합(Metropolis) 등이 유엔 경제사회이사회로부터 이러한 협의지위를 획득하여 유엔과 일정한 관계를 가져오고 있는 대표적인 지방정부간기구이다.[6]

이러한 지방정부간기구는 협의지위를 얻은 비정부기구와 마찬가지로 유엔과 제한적이지만 일정한 공식적인 관계를 가져오고 있다. 지방정부간기구의 협의지위와 관련하여 주목할 것은 유엔은 협의의 지위를 일국 내의 개별적인 지방정부나 이들의 국내 연합체에게 부여하지 않고 지방정부들이 국경을 넘어 조직한 지방정부간기구에게만 부여해 오고 있다는 점이다.

2) 비정부기구의 타 요소와의 분리와 의사결정의 집행자 지위

유엔에서의 비정부기구의 지위는 1992년 브라질의 리우데자네이루에서 유엔에 의해 개최된 전 지구적 회의인 유엔환경개발회의(UNCED)를 계기로 변화했다. 우선 경제사회이사회와 협의지위를 가지고 있지 않은 비정부기구들도 이 회의에 대규모로 참가하는 것이 인정되었으며 나아가 비정부기구들에게 이 회의가 채택한 행동계획인 의제 21(Agenda 21)의 공식적인 중요한 집행자로서의 지위가 부여되었다.

유엔환경개발회의가 비정부기구에게 이러한 중요한 의미를 가져다주었던 회의였던 것과 마찬가지로 지방정부와 지방정부간기구에게도 중요한 의미를 가져다준 회의였다. 유엔 경제사회이사회로부터 협의지위를 획득하지 않은 지방정부들도 이 회의에서 처음으로 자신들을 대표할 수 있게 되었기 때문이다.

지방정부 및 지방정부간기구와 관련하여 유엔환경개발회의가 가지는 또 다른 중요한 의의는 과거 유엔이 지방정부를 포함한 광의의 비정부기구를 하나의 그룹으로서 집단적으로 취급하여 왔으나 이들 구성요소들을 개별적으로 구별하여 인정하기 시작했다는 점이다. 구체적으로 행동계획인 의제 21(Agenda 21)은 행동계획의 중요한 집행자들로서 9개의 주요그룹(Major Groups)을 개별적으로 인정했는

---

6) UCLG는 포괄적 협의지위를 가지고 있으며 CITYNET · ICLEI · Metropolis는 특정 분야 협의지위를 가지고 있다.

데 여기에 노동조합・기업과 산업체・비정부기구(NGO)・농부・학계・토착민・청년・여성과 더불어 지방정부가 별도의 그룹으로서 포함되었던 것이다.

유엔은 이렇게 지방정부를 별도의 그룹으로 인정함과 동시에 동 회의에서 지방정부와 지방정부간기구를 중요한 파트너로 인정하면서 동 회의가 채택한 의제 21(Agenda 21)의 제28장을 통해 이들에게 의제 21의 공식적인 집행자로서의 지위를 부여했다. 유엔이 이러한 지위를 인정한 것은 의제 21이 다루고 있는 문제와 해결책의 상당 부분들이 지방의 활동에 뿌리를 두고 있기 때문에 지방정부의 참여와 협력이 이러한 목표를 달성하는 데 있어서 결정적인 요인이 될 것이라는 평가에 기초했다.

유엔은 구체적으로 지방정부들이 경제・사회・환경 기간시설을 구축하여 운영하고 유지할 뿐 아니라 계획과정을 감시하고 지방의 환경정책과 규제를 수립하며 국가와 국가하위 수준(sub-national level)의 환경정책의 집행을 돕는다고 보았다. 또한 유엔은 시민들에 가장 가깝게 접근해 있는 지배체제의 수준으로서 지방정부들이 지속 가능한 개발을 촉진하기 위해 일반대중을 교육시키고 동원하고 이들의 요구에 응하는 데 절대적으로 중요한 역할을 수행한다고 평가했다.

3) 의사결정 과정에의 참여[7]

유엔환경개발회의를 계기로 지방정부는 포괄적인 비정부기구의 요소로서 집단적인 취급을 받아오던 것으로부터 벗어나 개별성이 인정되었다. 그러나 이러한 개별성이 정부간기구의 의사결정의 참여의 주체로서 부여된 것이 아니라 집행자로서 주어진 것이라는 한계를 지니고 있었다. 이러한 기존의 지위에 획기적인 변화를 가져다 준 것이 1996년 유엔인간정주센터(United Nations Center for Human Settlements, UNCHS)에 의해 터키의 이스탄불에서 개최된 제2차 인간정주회의(United Nations Conference on Human Settlements, UNCHS)였다.[8]

이 회의에서 지방정부간기구는 마침내 민주적으로 선출된 시민들의 정당한 대표로서 다른 비정부기구의 요소들과 구별되는 별도의 행위자로서 회의에 직접적으로 참가하여 각국 중앙정부의 대표들과 더불어 총회의 본회의(plenary)에서 발

7) "Istanbul+5: UN General Assembly Review of the Habitat Agenda," http://www.un-system. org/ngls/ documents/text/roundup/79habgass.htm (검색일: 2017. 12. 2).

8) 인간정주회의(UNCHS)는 「도시정상회의(City Summit Conference)」 혹은 「HABITAT Ⅱ」라고도 불린다.

언을 하는 기회까지 가지게 되었다. 즉 과거에는 유엔의 광의의 비정부기구 부류에 속하는 기구의 일원으로 회의에 공식적으로 참가했으나 동 회의에는 지방정부들이 직접 대표성을 가지고 참여하여 발언권을 처음으로 행사했던 것이다.

제2차 인간정주회의는 협의의 비정부기구와 더불어 지방정부를 주거지 파트너로 간주하고 이들로 하여금 정부 간 초안작성위원회에 활발하게 참여하도록 허용하기까지 했다. 이처럼 제2차 인간정주회의는 포괄적인 협상의 틀을 보유했다는 점과 협의의 비정부기구와 더불어 지방정부와의 협력과 관계에 큰 강조점을 두었다는 면에서 하나의 이정표를 세운 유엔 회의로 널리 간주된다.

제2차 인간정주회의가 개최된 지 5년만인 2001년에 제2차 인간정주회의에서 결정된 사항의 이행을 점검하기 위해 제25차 유엔 특별총회가 뉴욕에서 개최되었는데 이 회의의 과정에서 협의의 비정부기구와 더불어 지방정부의 지위에 변화가 왔다.[9] 특별총회에 앞서 개최된 제1차 준비위원회의 결정과는 달리 제2차 준비위원회가 특별총회에서 발표될 정치선언을 위한 협상의 대부분을 비공개로 갖기로 결정을 내림으로써 이들의 참여가 협상과정에서 배제되었다. 이러한 결정은 미국을 비롯한 몇몇 대표단의 주장에 의한 것인데 이들 대표단들은 유엔총회에 적용되는 규칙이란 유엔의 외부에서 개최되는 전 지구적 회의에 적용되는 규칙보다 좀 더 엄격하여야 한다는 주장을 견지했던 것이다.

이처럼 협의의 비정부기구와 더불어 지방정부가 유엔 특별총회에서 채택될 결과문건의 협상과정에서는 배제되었지만 몇 국가의 반대에도 불구하고 이들은 유엔총회의 본회의(Plenary of the General Assembly)와 임시전체위원회(Ad Hoc Committee of the Whole)에서 발언할 수 있는 기회는 가질 수 있었다.[10]

4) 중앙정부와 대등한 지위에서의 의사결정의 참여자

1999년에 세계은행(WB)과 유엔인간정주센터(UNCHS)가 주축이 되어 도시문제를 다루기 위한 국제조직으로서 도시연맹(Cities Alliance)을 탄생시키면서 보편적인 현상이 아닌 특정 국제조직에 한정된 것이기는 하지만 지방정부간기구의 국제적인 지위가 중앙정부와 대등한 위치에 서게 되었다.

---

9) 이 회의를 일명 「Istanbul+5」라고 부른다.

10) 지방정부와 협의의 비정부기구에게 본회의와 임시전체위원회에서의 발언권을 줄 것인가의 여부가 제2차 준비위원회의 표결에 부쳐졌다. 이때 미국·중국·이란이 반대표를 던졌다.

도시연맹의 자문그룹(Consultative Group)은 ⅰ) 세계은행(WB)·유엔인간정주센터(UNCHS)·유엔환경계획(UNEP)·아시아개발은행(ADB)과 같은 정부간기구 ⅱ) 세계지방정부연합(UCLG)·세계대도시연합(Metropolis)·세계도시·지방정부협회(WACLAC)와 같은 지방정부간기구 ⅲ) 미국과 영국 등의 원조 공여국으로 구성되어 있는데 이 조직에서 지방정부간기구는 중앙정부와 대등한 파트너로서 대표되었다.

5) 지방정부와의 협력을 위한 유엔기구의 설립 및 참여

유엔인간정주센터(UNCHS)는 2000년에 유엔인간정주센터의 의제를 실행하는데 관여하는 전 세계의 지방정부와의 대화를 강화하기 위한 목적으로 유엔 내에 유엔지방정부자문위원회(United Nations Advisory Committee on Local Authority, UNACLA)라는 자문기구를 설치했다. 유엔은 이를 통해 인간정주를 위해 지방정부와의 협력을 강화하고자 했는데 이는 유엔에서의 지방정부의 위상과 관련하여 커다란 변화라고 간주될 수 있다.

2. 정부간기구에 있어서의 지방정부 지위의 특징

위에서 살펴보았듯이 지방정부는 유엔과 같은 정부간기구에 있어서 협력의 파트너로서의 위상을 강화해 오고 있다. 이러한 사실은 일단의 정부간기구에 한정된 것이기는 하나 지방정부를 다른 광의의 비정부기구 요소들과 구별하여 의사결정 과정에의 참여를 허용하고 있는 것에서 잘 드러난다.

이렇게 지방정부와 정부간기구의 관계가 긴밀해진 것은 앞서 언급한 바와 같이 정부간기구들에 의해 다루어지고 있는 많은 문제들이 지방정부에 뿌리를 두고 있고 이러한 문제들의 해결책 역시 지방정부에 있기 때문에 지방정부의 참여와 협력이 이러한 문제의 해결에 결정적이라는 정부간기구의 인식이 있기 때문이다.

지방정부 역시 이들이 직면하고 있는 많은 문제들의 해결에 중앙정부뿐만 아니라 정부간기구와의 긴밀한 협력이 긴요하다고 인식이 있기 때문이다. 구체적으로 정부간기구와의 관계의 필요성은 일부분 정부간기구가 지니고 있는 재정적인 능력에 기인한다. 지방정부나 지방정부간기구들이 중앙정부로 구성된 정부간기구와 비교하여 크게 다른 점 가운데 하나는 열악한 재정적인 능력이다. 정부간기구의 경우 회원국의 정규예산 분담금과 자발적 기여금에 의해 운영되는 데 비해 지방정부간기구의 경우 통상적으로 지방정부들의 회비에 의해 운영되기 때문이다. 지방정부나 지방정부간기구가 정부간기구와의 협력을 필요로 하는 또 다른 이유는 정부간기구가 지니고 있는 문제해결을 위한 전문성이라고 볼 수 있다. 1992년 유엔환경개발회의 이래로 유엔이 지방정부와 가져온 관계를 살펴보면 다음과 같은 특징이 발견된다.

첫째, 일부 정부간기구가 지방정부나 지방정부간기구를 협의의 비정부기구와 구별하여 취급하고 있지만 대부분의 정부간기구는 이들을 여전히 광의의 비정부기구 부류에 포함시켜 협의의 비정부기구와 동일하게 취급한다. 대전시가 주축이 되어 한국에 설립한 지방정부간기구인 세계과학도시연합(World Technopolis Association, WTA)이 유네스코(UNESCO)에 지방정부의 정체성을 가진 기구가 아닌 비정부기구로 공식 등록이 되어 있는 것에서도 잘 알 수 있다.

둘째, 지방정부나 지방정부간기구를 중요한 파트너로 인정하고 긴밀한 협력관계를 추구하는 정부간기구는 활동 분야 면에서 주로 개발 및 환경 분야(지속가능한 발전 분야)와 인간정주 분야에 국한되어 있다는 점이다. 구체적으로 유엔체제에 속하는 정부간기구 중에서 유엔개발계획(UNDP)·유엔환경계획(UNEP)·유엔인간정주센터(UNCHS) 등에 한정되어 있다.

셋째, 극히 이례적으로 도시연맹 자문그룹과 같은 정부간기구가 지방정부간기구의 대표를 중앙정부의 대표와 동등한 투표권을 갖는 의사결정자로서 인정했지만 대부분의 경우 정부간기구는 지방정부간기구의 대표의 투표권을 배제는 물론 의사결정 과정 자체에 참여시키는 데 지극히 제한적이다. 의사결정의 집행자로서의 지위를 부여하는 데는 상대적으로 덜 제한적이다.

넷째, 유엔은 유엔환경개발회의와 제2차 인간정주회의처럼 유엔 밖에서 개최되는 전 지구적 회의의 경우 지방정부의 참여와 활동에 상대적으로 적극적인 편이지만 유엔 내에서 개최되는 특별총회의 경우 좀 더 제한적이고 정기총회의 경우는 극도의 제한을 가하고 있다는 점이다.

다섯째, 정부간기구가 파트너로서 긴밀한 협력관계를 갖고자 하는 대상은 일국 내의 지방정부가 아니라 이들의 연합체이면서 영향력이 있는 지방정부간기구이다. 따라서 2004년에 기존의 국제지방정부연합(IULA)과 국제도시연맹(FMCU)이 세계지방정부연합(UCLG)으로 통합된 것도 유엔을 비롯한 정부간기구에게 일치된 큰 목소리를 내기 위한 세력의 확대조치의 일환이라고 볼 수 있다.[11)]

3. 지방정부의 정부간기구와의 관계에 있어서의 과제

지방정부들이 정부간기구와의 관계에 있어서 직면하게 되는 과제는 지방정부가 정부간기구의 의사결정에 참여하여 직접적으로 영향을 미치는 것이 용이하지 않다는 점이다. 지방정부들이 정부간기구의 국제회의에 참여하고자 하나 지방정부가 개별적으로 정부간기구가 개최하는 정부대표들의 정기회의(regular session)에 참여하는 것이 통상적으로 허용되지 않기 때문이다. 이러한 정부대표들의 회의에 제한적이나마 참여가 허용되는 조직은 유엔과 협의지위를 가지고 있는 지방정부간기구에 한한다.

따라서 지방정부가 자신들에게 영향을 미칠 수 있는 의사결정을 내리는 정부간기구의 회의에 침여하려면 협의지위를 얻은 지방정부간기구의 대표단의 일원이 되어야 한다. 지방정부의 구성원이 정부대표들의 회의에 참여할 수 있는 또 다른 방식은 지방정부의 대표가 중앙정부에서 구성한 정부대표단의 일원에 포함되는 것이다. 실제로 선진국의 중앙정부의 경우에 의제와 밀접한 관련을 가지는 협의의 비정부기구나 지방정부의 대표를 정부대표단에 포함시키고 있다.

유엔 밖에서 개최되는 대규모 전 지구적 회의의 경우에 협의지위를 가지고 있지 않은 일국 내의 지방정부라도 정부간기구에 의해 회의에의 참석이 공인될 경우 참여가 가능하다. 또한 유엔의 정기총회가 아닌 특별총회의 경우에 전 지구적 회의의 경우보다는 제약적이기는 하나 일국 내의 지방정부가 공인을 받을 경우 협의지위가 없이도 참여가 가능하다.

11) 세계지방정부연합(UCLG)은 지방정부의 협력을 통해 민주적인 지방자치의 단합된 목소리를 대변하고 지방자치의 가치와 목표 등을 국제사회에 대변하려는 것에 목표를 두고 있다.

제3장 국제기구와 지방정부의 관계의 사례와 결론

1. 국제기구와 지방정부의 관계의 사례

지방정부의 국제기구(정부간기구와 지방정부간기구)와의 협력에 있어 하나의 모델이 될 수 있는 한국의 사례로서 대전시의 경우를 들 수 있다. 대전시는 1998년에 자신의 주도적인 역할을 통해 지방정부간기구로서 세계과학도시연합(WTA)을 설립했다. 이 기구는 2018년 12월 현재 6대륙 48개국 109개 회원을 확보하고 있으며 정부간기구인 유네스코(UNESCO)의 공식 비정부기구(NGO)로 등록되어 있다. 대전시는 여기에서 더 나아가 UNESCO와 협정을 체결하여 세계과학도시연합과 UNESCO의 공동의 협력 사업을 효과적으로 추진하고자 「과학도시연구센터(Technopolis Development Center)」라는 조직을 설립하고 2006년 11월에 개소식을 가진 바 있다.

과학도시연구센터는 UNESCO와 협력하여 세계과학도시연합 회원도시들에서 축적된 과학도시의 개발과 운영에 대한 다양한 실제 사례를 제공하고 관련 전문가들의 네트워크를 활용하도록 하는 역할을 수행한다. 구체적으로 과학도시 관련 사례와 정보의 제공・과학도시 개발전략의 연구와 컨설팅・과학도시 정책결정자들에 대한 교육・관련 전문가들의 연례 워크숍 등 다양한 프로그램을 제공한다.

UNESCO의 협조하에 세계과학도시연합이 운영하게 되는 과학도시연구센터는 과학도시 발전을 위한 국제적인 전문 연구기관으로서 UNESCO의 지역센터로서의 역할을 수행하게 되는데 과학도시와 관련하여 UNESCO의 지역센터가 지방정부 주도로 설치된 것은 과학도시연구센터가 처음이다.[12)]

이 사례의 의의는 일국의 지방정부가 국제적인 지방정부간기구의 설립주체가 되었다는 점과 동시에 이러한 지방정부간기구가 정부간기구인 UNESCO로부터 협의지위를 획득하였다는 점이다. 둘째, 설립된 지방정부간기구는 정부간기구인

12) UNESCO의 지역센터는 일반적으로 국가의 중앙정부가 UNESCO와 협정을 체결하여 운영되는데 한국에 설립된 아시아태평양국제이해교육원(APCEIU)이 이러한 예에 속한다.

UNESCO와의 통상적인 협력관계를 가지는 것으로부터 한 걸음 더 나아가 정부간기구와의 협력사업의 일환으로 정부간기구의 성격을 가지는 과학도시연구센터를 새롭게 설립하였다는 점이다.

2. 국제기구와 지방정부의 관계에 대한 결어

「Local problem, global solution」이라는 말이 있다. 이는 지방정부 차원의 문제가 전 지구적인 해결을 필요로 한다는 의미이다. 이 때문에 지방정부들은 국제적인 수준에서 활동하는 정부간기구와의 협력을 추구한다. 또한 「Global problem, local solution」이라는 말이 있다. 이 말은 전 지구적인 문제의 해결에 일정한 정도의 경제적인 자원·지식·능력·경험을 가지고 있으며 주민의 필요를 충실히 반영할 수 있는 최전선에 위치하고 있는 지방정부 차원의 해결이 필요하다는 것을 의미하며 이 때문에 정부간기구는 지방정부와의 협력을 추구한다.

이처럼 정부간기구와 지방정부는 서로를 필요로 하고 있으나 정부간기구는 지방정부를 의사결정 과정의 참여자가 아닌 집행자로서의 지위 정도를 부여하려고 하고 지방정부는 단순한 의사결정 집행자가 아닌 의사결정 과정에의 참여자로서의 지위를 정부간기구에게 요구하고 있다. 지방정부들은 이러한 의사결정에의 참여를 통해 지방정부 수준의 문제해결에 유리한 국제적인 환경을 구축하고자 한다.

이러한 두 주체의 상충하는 이해관계 속에서 정부간기구는 집행자로서의 지방정부의 역할이 절실한 분야인 개발·환경·인간정주 분야에 한해 지방정부의 요구에 일정한 정도 부응하여 광의의 비정부기구의 다른 요소들과 구분된 행위자로서 인정하고 의사결정 과정에의 참여를 제한적으로 허용하고 있다. 도시연맹(Cities Alliance)이라는 정부간기구의 자문그룹은 지방정부간기구에게 정부간기구 및 중앙정부와 동일한 지위를 부여하기까지 했다.

이러한 것이 일정한 정도 가능한 것은 정부간기구를 구성하고 있는 중앙정부의 대표들의 인식의 변화의 결과라고 볼 수 있다. 이는 많은 유럽연합(EU) 국가들의 중앙정부들이 글로벌 거버넌스의 일환으로 지방정부가 유엔인간정주센터(UNCHS)와 같은 유엔기구의 집행부에서 자신을 대표할 수 있어야 한다고 주장을 강하게 제기하고 있는 것에서도 드러난다.

정부간기구는 일반적으로 이러한 지위를 통상 개별적인 지방정부가 아닌 지방정부간기구에게 부여하고 있으며 이로써 지방정부간기구가 국제사회에서 글로벌 거버넌스(global governance)의 중요한 일원으로 부상하고 있다. 세계지방정부연합(UCLG) 및 세계대도시연합(Metropolis)과 같은 지방정부간기구들이 도시연맹(Cities Alliance)이나 유엔지방정부자문위원회(UNACLA)와 같은 정부간기구의 구성원으로서 정부 행위자와 협력하고 이들을 향해 건설적인 비판을 제기해 오고 있는 것에서 잘 드러난다.

사/항/색/인

ㄱ

ㄴ

ㄷ

ㅁ

ㅂ

ㅅ

ㅇ

ㅈ

인/명/색/인

ㅇ

ㅈ

ㅋ

ㅌ

ㅍ

ㅎ

저자약력

한국외국어대학교 정치외교학과(학사)
Northern Illinois University(국제기구 전공: 석사, 박사)

[경 력]
외무고시 출제위원 및 채점위원
국립외교원 외교관 후보자시험 출제위원
외교부장관 국제기구 분과 자문위원
외교부 초급전문가(JPO) 선발 면접위원
외교부 유엔논문경연대회 심사위원
한국정치학회 이사
한국국제정치학회 이사
한국국제정치학회 부회장
한국국제정치학회 국제기구평화분과위원회 위원장
행정안전부 중앙인사위원회 공무원 국제기구 파견 심사위원

[현 재]
국립 경상대학교 정치외교학과 교수
한국유엔협회 부회장
유엔학생협회한국연맹(KFUNSA) 지도교수
전국대학생모의유엔회의 자문교수

[저 서]
국제정치패러다임(법문사)
국제관계와 NGO(법문사)
국제환경정치론(법문사)
국제기구정치론(법문사)
NGO와 글로벌 거버넌스(법문사)
유엔과 국제기구(법문사)
유엔과 사무총장(도서출판 예응)
유엔회의의 이해(법문사)
유엔회의 가이드북(법문사)
모의유엔회의 지침서(유엔한국협회)
모의유엔회의 핸드북(법문사)
국제기구 진출 어떻게 하나요(법문사)
대학생 해외탐방 학습 가이드(문우사)

국제기구와 글로벌 거버넌스

2018년 12월 26일 초판 인쇄
2018년 12월 31일 초판 1쇄 발행

저 자 박 재 영
발행인 배 효 선

발행처 도서출판 法 文 社

주 소 10881 경기도 파주시 회동길 37-29
등 록 1957년 12월 12일/제2-76호(윤)
전 화 (031)955-6500~6 FAX (031)955-6525
E-mail (영업) bms@bobmunsa.co.kr
(편집) edit66@bobmunsa.co.kr
홈페이지 http://www.bobmunsa.co.kr
조 판 법 문 사 전 산 실

정가 33,000원 ISBN 978-89-18-03261-0